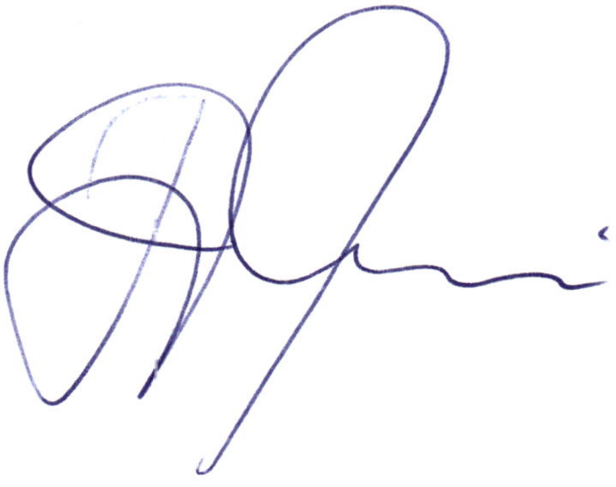

Systemgastronomie

Kompetent in Ausbildung und Beruf

Jürgen Haase
Dörte Hayner
Michael Schopohl
Stephan Siegert
Sandra Warden
Heinz-Peter Wefers
Prof. Dr. Markus Zeller

Handwerk und Technik · Hamburg

Autoren
Haase, Jürgen: Albrecht-Dürer-Schule, Berufskolleg der Stadt Düsseldorf
Hayner, Dörte: Albrecht-Dürer-Schule, Berufskolleg der Stadt Düsseldorf
Schopohl, Michael: Albrecht-Dürer-Schule, Berufskolleg der Stadt Düsseldorf
Siegert, Stephan: Dipl.-Kfm., Steuerberater, geschäftsführender Gesellschafter
SIEGERT | EDEN | KASTENS Steuerberatungsgesellschaft mbH, Bremen
Warden, Sandra: DEHOGA Bundesverband, Geschäftsführung Fachabteilung Systemgastronomie, Berlin
Wefers, Heinz-Peter: Albrecht-Dürer-Schule, Berufskolleg der Stadt Düsseldorf
Zeller, Markus Prof. Dr.: Professur für Systemgastronomie, Fakultät für International Business (IB), Hotel- und Restaurantmanagement, Hochschule Heilbronn

Hinweis der Autoren:
Wegen der besseren Lesbarkeit verwenden wir im Buch meistens die männliche Berufsbezeichnung. Selbstverständlich sprechen wir aber in gleichem Maße alle weiblichen Auszubildenden an.

ISBN 978-3-582-**04990**-2

Verlag Handwerk und Technik GmbH,
Lademannbogen 135, 22339 Hamburg; Postfach 63 05 00, 22331 Hamburg – 2013
E-Mail: info@handwerk-technik.de – Internet: www.handwerk-technik.de

Satz und Layout: PER Medien+Marketing GmbH, 38102 Braunschweig
Umschlagmotiv (Abb. v. l. n. r.):
OKAPIA KG Michael Grzimek & Co, Frankfurt am Main: 1 (imagebroker/Siegfried Grassegger);
Sergeant Pepper GbR, corporate fashion design, Berlin: 2;
Fotolia Deutschland, Berlin, © www.fotolia.de: 3 (Uwe Annas);
iStockphoto, Berlin: 4 (nullplus);
iStockphoto, Berlin: 5 (Dori OConnell);
Fotolia Deutschland, Berlin, © www.fotolia.de: 6 (Maksim Shebeko)
Druck: Offizin Andersen Nexö Leipzig GmbH, 04442 Zwenkau

Geleitwort

Liebe Auszubildende,

zunächst einmal möchte ich Ihnen herzlich gratulieren. Sie starten Ihren beruflichen Lebensweg in einem spannenden und boomenden Arbeitsfeld, welches nicht nur durch Innovationsfreude und -kraft gekennzeichnet ist, sondern auch durch die Liebe zum Produkt, zu den Gästen und nicht zu vergessen zu den Mitarbeitern.

Die Systemgastronomie befindet sich auf Erfolgskurs. So verläuft die Umsatzentwicklung in diesem Segment seit Jahren deutlich besser als der Gesamtmarkt.

2012 haben die Top 100 der größten Unternehmen bzw. Systeme 11,57 Milliarden Euro netto umgesetzt. Ein großer Erfolg, an dem die engagierten und gut ausgebildeten Mitarbeiter einen nicht zu unterschätzenden Anteil haben.

Eine gute Ausbildung ist immer noch die beste Job- und Karrieregarantie. Mit der anspruchsvollen managementorientierten Ausbildung zur Fachfrau und zum Fachmann für Systemgastronomie legen Sie das solide Fundament für den weiteren beruflichen Lebensweg. Das vorliegende Buch ist dabei Ihr Wissensspeicher für die kommenden drei Jahre. Brandaktuell und praxisnah finden Sie hier Ihr Rüstzeug für eine erfolgreiche Ausbildung und auch für die Zeit danach.

Denn das Lernen endet nicht mit dem Abschluss der Ausbildung. Lebenslanges Lernen ist heute wichtiger denn je.

Nutzen Sie die vielfältigen Weiterbildungsmöglichkeiten, die Ihnen die Unternehmen bieten. Bleiben Sie hellwach, blicken Sie über den Tellerrand und seien Sie aufgeschlossen für innovative Ideen. Auch durch die oftmals internationale Ausrichtung der Unternehmen stehen Ihnen vielfältige Karriereperspektiven offen.

Ich wünsche Ihnen einen guten Start in Ihrem neuen, spannenden Berufsfeld und eine lehrreiche und erfolgreiche Ausbildung!

Ihr

Thomas Hirschberger
Vorsitzender der Fachabteilung Systemgastronomie
im DEHOGA Bundesverband

Inhaltsverzeichnis

Lernfeldkompass

Nr.	Lernfelder	Zeitrichtwerte in Stunden	Behandelt in Kapitel
1.1	**Arbeiten in der Küche**	140	**5** Umweltschutz **6** Arbeitssicherheit und Gesundheitsschutz **7** Hygiene **9** Organisation der Küche **11** Ernährungsphysiologische Grundlagen **12** Lebensmittel und deren Verarbeitung
1.2	**Arbeiten im Service**	120	**3** Organisation des Servicebereichs **4** Kommunikation **8** Wirtschaftsdienst **13** Getränke und Getränkeherstellung, insbesondere 13.2 Alkoholfreie Getränke **14** Angebotskarten
1.3	**Arbeiten im Magazin**	60	**2** Organisation des Systems, insbesondere 2.2.4 Büroorganisation **10** Warenwirtschaft
2.1	**Beratung und Verkauf im Restaurant**	100	**3** Organisation des Servicebereichs **4** Kommunikation, insbesondere 4.3 Verkaufsgespräche **11** Ernährungsphysiologische Grundlagen **12** Lebensmittel und deren Verarbeitung **13** Getränke und Getränkeherstellung **15** Marketing, insbesondere 15.6 Marketing-Controlling und Beschwerdemanagement
2.2	**Marketing**	80	**15** Marketing
2.3	**Wirtschaftsdienst**	40	**8** Wirtschaftsdienst
2.4	**Warenwirtschaft**	60	**10** Warenwirtschaft **17** Controlling und Rechnungswesen, insbesondere 17.5.3 Anlagenbuchführung (Inventar/Inventur)
3.1	**Systemorganisation**	120	**1** Systemgastronomie **2** Organisation des Systems **3** Organisation des Servicebereichs **9** Organisation der Küche **15** Marketing, insbesondere 15.5 Marketinginstrumente (Marketingmix)
3.2	**Personalwesen**	60	**16** Personalwirtschaft
3.3	**Steuerung und Kontrolle betrieblicher Leistungserstellung**	100	**10** Warenwirtschaft, insbesondere 10.6 Warenwirtschaftssysteme **17** Controlling und Rechnungswesen

Symbolerläuterungen

Wesentliches im Blick

Nachhaltigkeit im Blick

§ Gastgewerberecht im Blick

www... Internetverweise

1 Systemgastronomie

- Definition und Entwicklung
- Standardisierung
- Multiplikation und zentrale Unternehmenssteuerung
- Inhalte und Grundlagen der Ausbildung
- berufliche Perspektiven

1.1 Definition „Systemgastronomie"

Begriff Gastronomie
Gastronomie ist ein modernerer Ausdruck für die formale Bezeichnung *Gaststättengewerbe*. Gemeinsam mit der Hotellerie bildet sie den Wirtschaftszweig *Gastgewerbe*. Wirtschaftszweige nennt man auch *Branchen*.

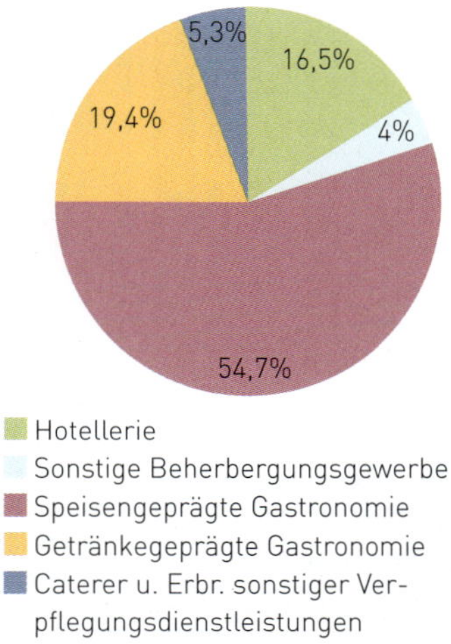

Verteilung der Betriebsarten im Gastgewerbe 2012
(Quelle: DEHOGA Bundesverband nach Zahlen des Statistischen Bundesamts)

Der Begriff „Systemgastronomie" enthält bereits die beiden bestimmenden Komponenten dieses Segments des Gastgewerbes:

- Systemgastronomie ist *Gastronomie*. Das bedeutet, im Mittelpunkt steht der gewerbliche (= gegen Entgelt mit Gewinnerzielungsabsicht) Verkauf und Verzehr von Speisen und Getränken. Dies kann in den unterschiedlichsten Betriebsarten erfolgen, z. B. Restaurants, Selbstbedienungsrestaurants, Cafés oder Bistros, Imbisse, Kneipen oder Bars.
- Systemgastronomie ist *systematisiert*. Das bedeutet, die Organisationsstruktur und das Angebot werden von einer Systemzentrale auf mehrere Einzelbetriebe übertragen (= multipliziert) und sind in allen einzelnen Betrieben weitgehend einheitlich (= standardisiert). Dadurch unterscheidet sich die Systemgastronomie von der sogenannten Individualgastronomie (oder auch klassischen Gastronomie).

Die einzelnen Merkmale der Systemgastronomie werden in Kapitel 1.3 detailliert beschrieben.

Dr. Erich Kaub, Gründungsvorsitzender der Fachabteilung Systemgastronomie im DEHOGA Bundesverband, definierte Systemgastronomie in den 80er-Jahren wie folgt:

> Systemgastronomie betreibt, wer entgeltlich Getränke und/oder Speisen abgibt, die an Ort und Stelle verzehrt werden können, und über ein standardisiertes und multipliziertes Konzept verfügt, welches zentral gesteuert wird.

1.2 Geschichte und Entwicklung

Die moderne Systemgastronomie kann nur verstehen, wer eine Vorstellung von der Herkunft, der wirtschaftlichen Entwicklung und Bedeutung hat.

In fast jedem Unternehmensleitbild, jeder Philosophie in der Systemgastronomie spielen die Worte „Gastfreundschaft" oder „Gastgeber" eine Rolle. Unter einem „Gast" wurde früher ganz allgemein ein Fremdling verstanden. Heute ist damit ein zum begrenzten Bleiben eingeladener Besucher gemeint. Dies schließt die Vorstellung von willkommen sein ein.

Gastronomie ist Dienstleistung und Produktion
Systemgastronomie gehört zu den Dienstleistungsbranchen. Wichtigste Dienstleistungen dort sind Gästeberatung, Service und Verkauf. Durch die Herstellung von Speisen und Getränken enthält Systemgastronomie auch Elemente der Produktion.

Die Idee vom „Gastrecht“, also der Anspruch darauf, als Fremder freundlich bewirtet und beherbergt zu werden, ist schon sehr alt. Sie hat ihre Wurzeln in den großen Weltreligionen und natürlich auch darin, dass die Menschen in einer oft feindlichen Umgebung nur mit gegenseitiger Unterstützung überleben konnten. Die professionelle Bewirtung gibt es seit der Antike; ihre Grundidee – Essen, Trinken, eventuell Unterhaltung sowie professionelle Freundlichkeit gegen Geld – hat sich seitdem im Grundsatz nicht geändert.

Speisenherstellung im System (LSG Sky Chefs)

Gastronomie ist professionelle Gastfreundschaft!

Die Systematisierung der Gastronomie ist dagegen eine neuzeitliche Entwicklung. So wie die automatisierte Fertigung von Produkten in der Industrie teilweise klassisches Handwerk ersetzt hat, haben auch in der Gastronomie die industrielle Lebensmittelherstellung (Convenience-Produkte), die Notwendigkeit der gleichzeitigen Versorgung einer großen Anzahl von Menschen (Großküchen und Kantinen) und standardisierte und vereinfachte Serviceabläufe (Selbstbedienung) Einzug gehalten. Systemgastronomie ist insofern auch Rationalisierung.

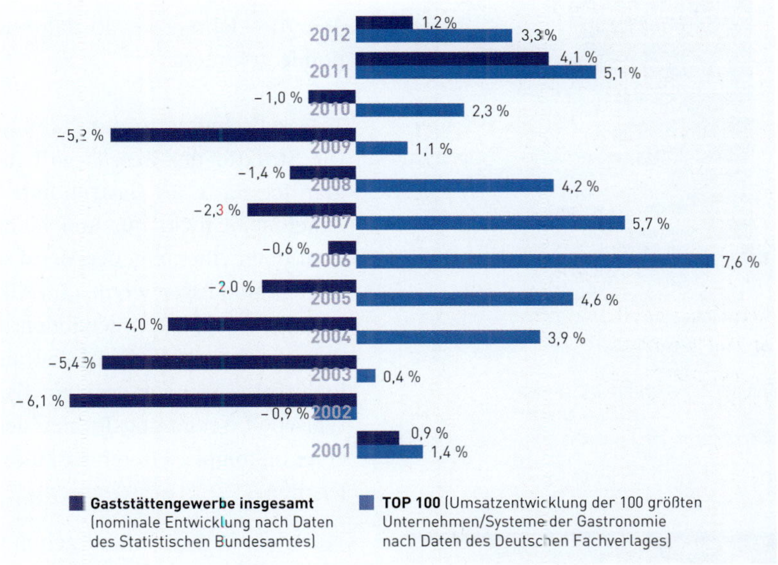

Umsatzentwicklung im Gastgewerbe in Deutschland 2001–2012

(Quelle: DEHOGA Bundesverband)

Systemgastronomie als Wachstumssegment

Anders als insbesondere in den USA, aber auch in vielen Ländern Europas gehören in Deutschland nach wie vor die meisten Gastronomiebetriebe zu kleinen und mittelständischen Unternehmen. Sie sind meist inhaber- bzw. familiengeführt und haben nur wenige Beschäftigte.

§

Der Begriff **Unternehmen** bezeichnet eine rechtliche und wirtschaftliche Einheit, die die gesamte gewerbliche und berufliche Tätigkeit dieser „Person“ im Rechtssinn umfasst. Dabei kann es sich um eine oder mehrere sogenannte natürliche Personen (Unternehmer) handeln oder um eine sogenannte juristische Person (in der Systemgastronomie z. B. GmbH oder Aktiengesellschaft).

Der **Betrieb** (= Betriebsstätte) ist in der Systemgastronomie dagegen die technisch-organisatorische Einheit, in der die Dienstleistung gegenüber dem Gast erbracht wird. Ein Unternehmen kann einen oder auch mehrere Betriebe haben. Umgangssprachlich werden systemgastronomische Unternehmen auch als **Restaurantketten** bezeichnet. Dies umfasst die Systemzentrale sowie die Filialen vor Ort. Die einzelnen Betriebe werden meist als **Restaurant, Store, Point of Sale (PoS) oder Outlet** bezeichnet.

Beschäftigtenstruktur

Nach Daten des Statistischen Bundesamts hatten im Jahr 2009 von den rund 170.000 Gastronomie-Unternehmen in Deutschland mehr als 110.000 maximal fünf Beschäftigte. Nur rund 30.000 Unternehmen hatten mehr als zehn Beschäftigte.

Informationen über die Systemgastronomie

Aktuelle Kennzahlen und mehr zur Geschichte der Systemgastronomie sind in der jährlich neu erscheinenden Publikation „Systemgastronomie in Deutschland“ zu finden. Download unter:

www.dehoga-bundesverband.de/publikationen/systemgastronomie/

Festzustellen ist ein anhaltender Strukturwandel in der Systemgastronomie. Die Bedeutung der Restaurantketten im Vergleich zu den Kleinunternehmen wächst. Erkennbar ist dies z.B. an der Zahl der Betriebsstätten, den Beschäftigtenanteilen sowie am Umsatz. Aufschluss bietet insbesondere die jährlich durchgeführte Untersuchung des Wirtschaftsmagazins „food-service" des Deutschen Fachverlages, die Umsatz und Betriebsstättenzahl der 100 größten Gastronomieunternehmen Deutschlands ermittelt. Die meisten davon sind der Systemgastronomie zuzuordnen. Seit Jahrzehnten wachsen die Top 100 stärker als der Gesamtmarkt der Gastronomie.

Die unterschiedlichen Rechtsformen systemgastronomischer Unternehmen werden im Kapitel 2.3 im Detail erläutert, die Besonderheiten in Franchisesystemen im Kapitel 2.2.1.

Wachstumschancen – Perspektiven in den nächsten zwei bis drei Jahren

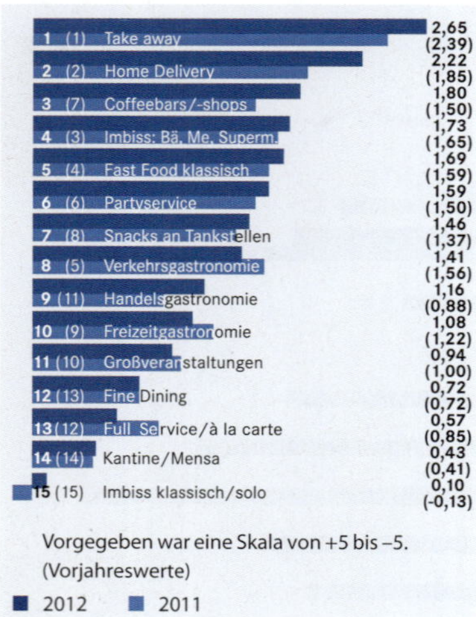

(Quelle: Zeitschrift „food-service"/ Deutscher Fachverlag, weitere Informationen über www.dfv-archiv.de/)

Erfolgs- und Risikofaktoren

Verschiedene Faktoren haben in den letzten Jahrzehnten, insbesondere seit den 70er-Jahren des 20. Jahrhunderts, die Verbreitung der Systemgastronomie gefördert:

1. Gesellschaftsstruktur

Die Struktur der Gesellschaft in Deutschland und damit die Anforderungen der Gäste an Gastronomie haben sich stark gewandelt: Frauen sind zunehmend nicht nur und nicht allein für den Haushalt zuständig, sondern üben einen eigenen Beruf aus. Es gibt immer mehr Single-Haushalte. Kochen und Essen werden im Alltag vieler Haushalte zur Nebensache, eilige Zwischenmahlzeiten gewinnen an Bedeutung. Der klassische Mittagstisch, das traditionelle Bedienrestaurant und mehrgängige Menüs sind für solche Bedürfnisse weniger geeignet als Selbstbedienungs- und Schnellrestaurants, typische Erscheinungsformen der Systemgastronomie. Dies geht einher mit einer unkomplizierteren Esskultur und häufig dem Verzicht auf traditionelle Essriten.

Vor allem in den Anfangszeiten von Fast Food galten Produkte wie Burger, Hot Dog oder Cola als Verkörperung des „American Way of Life". Die Gastarbeiter der 60er- und 70er-Jahre brachten ihre Esskultur mit, deren Produkte wie Pizza, Pasta oder Döner häufig von Imbissen bzw. der Systemgastronomie übernommen wurden. Heute finden Einflüsse aus Urlaubsreisen in immer fernere Länder ebenfalls häufig ihren Niederschlag in der Systemgastronomie, z.B. in mexikanischen Restaurants oder asiatischen Konzepten.

Essen unterwegs (Wöllhaf und Rubenbauer)

2. Mobilität

Mit dem Slogan „Man isst, wo man ist" der Wirtschaftsfachzeitschrift „food-service" werden die Auswirkungen einer zunehmenden Mobilität (lateinisch mobil = beweglich) eingängig beschrieben: Immer mehr Menschen sind immer öfter unterwegs – zwischen Wohnort und Arbeitsort, auf Dienstreisen, in der Freizeit. Dort wo sie gerade sind, z.B. am Bahnhof, auf der Autobahn oder beim Shopping, verpflegen sie sich auch, häufig mit Snacks oder kleinen Mahlzeiten. Standorte der Verkehrs- oder Handelsgastronomie (siehe Kapitel 2.1.3 und 2.1.4) aber sind typischerweise systemgastronomische Standorte.

3. Markenbewusstsein

Systemgastronomie wird teilweise auch als Markengastronomie bezeichnet. Das stimmt nur halb, denn auch Individualgastronomien können sehr bekannte Marken sein, z. B. das Münchner Hofbräuhaus oder ein Gourmetrestaurant wie die Schwarzwaldstube in Baiersbronn. Richtig ist aber: Systemgastronomie kann nur funktionieren, wenn hinter der Vielzahl an Betrieben ein gemeinsames Produkt- und Dienstleistungsversprechen - eben eine Marke - steht.

Bekannte Marke der Individualgastronomie (Hofbräuhaus München)

> Die Eigenschaften der Marke geben dem System sein Profil.

In der ständig wachsenden Angebotsvielfalt werden Kunden und Gäste immer markenbewusster. Beim Einkauf und beim Restaurantbesuch suchen sie nach Bekanntem und nach Verlässlichkeit. Dieses Bedürfnis können systemgastronomische Unternehmen mit ihrer Vielzahl an Betrieben und ihren breiteren Kommunikationsmöglichkeiten leichter befriedigen. Deshalb ist Marketing in der Systemgastronomie besonders wichtig (siehe Kapitel 15).

Systemgastronomie im Ausland (McDonald's)

Bei starken Marken der Systemgastronomie weiß der Gast auch in einer fremden Stadt oder sogar einem fremden Land, welche Zielgruppe, welche Produkte, welche Atmosphäre, welches Qualitäts- und Preisniveau und welcher Service hinter der Marke stehen. Dies ermöglicht Orientierung und Identifikation und macht den Gast zum Stammgast.

Die Herausforderung für das Unternehmen ist dabei, dass die Marke zwar in der Systemzentrale aufgebaut und geführt wird, die Umsetzung des Markenversprechens muss allerdings in weiten Teilen (z. B. Speisenqualität, Freundlichkeit des Service, Einhaltung von Hygienevorschriften) vor Ort gewährleistet werden. Dabei kommt es auf jeden einzelnen Mitarbeiter an.

> Marke - zentral geplant, lokal gelebt.

4. Spezialisierung

Eng mit dem Begriff der Marke verbunden ist der Prozess der Spezialisierung. Der Markenkern muss klar und erkennbar sein, um dem Gast Orientierung zu geben. Auf Angebot und Qualität muss dieser sich verlassen können. Für das Unternehmen bedeutet dies den Zwang, aber auch die Chance, sich zu fokussieren und zu profilieren, z. B. auf ein begrenztes Sortiment (z. B. Kaffee, Steaks, Pizza, Burger), einen bestimmten Standorttyp (z. B. Einkaufszentren, Bahnhöfe, Messen) oder eine eng definierte Zielgruppe (z. B. junge Erwachsene und Partygänger).

Spezialisierung in der Systemgastronomie (Joey's)

In der Individualgastronomie dagegen wird häufig der schwierige Versuch unternommen, jedem potenziellen Gast möglichst alles zu bieten, während sich die meisten Systemgastronomie-Unternehmen von Beginn an vergleichsweise stark spezialisieren. Wer sich spezialisiert, kann sich auf die Qualität seiner Kernkompetenzen konzentrieren und diese leichter gewährleisten.

Systemgastronomie-Trends
Trends beschreiben Wandlungen oder Strömungen in allen Bereichen der Gesellschaft. Trends sind kaum messbar und oft recht subjektiv; Trendforscher versuchen allerdings, sie zu beobachten und in gewissem Umfang vorherzusagen. Auch Systemgastronomen beobachten Trends, z. B. durch Meinungsforschung oder über Trendreisen, um das Konsumverhalten und Konsumveränderungen ihrer Gäste zu erkennen und zu deuten und daraus Entwicklungen ihres Angebots abzuleiten.

Aktuelle Trends sind z. B.:
- Frontcooking
- Asia Food
- Italienisch
- „Better Burger"
- Kaffee-Bars
- Fast Casual
- Brot- & Backkonzepte
- Außengastronomie
- Gastronomie als öffentliches Wohnzimmer
- Heimat – regionale Küche
- Lust auf Natur
- Soziale Netzwerke
- Self-Ordering und E-Ordering (d. h. Bestellvorgang mit Technikunterstützung)
- Der mobile Esser
- Entstrukturierung des Alltags
- Entgrenzung und Durchmischung von Einzelhandel und Gastronomie

Trend: Sushi

Trend: Wraps to go

5. Kosten, Organisation und Expansion

Die bis hierher beschriebenen Erfolgsfaktoren der Systemgastronomie beziehen sich darauf, was Betriebe der Systemgastronomie aus Sicht der Gäste attraktiv macht. Die Verbreitung der Systemgastronomie wird jedoch nicht nur durch diese Seite – die Nachfrage – gefördert. Auch für die Angebotsseite, d. h. aus Sicht des Unternehmens, gibt es Vorteile:

- Beim Einkauf entstehen durch größere Mengen teils enorme **Kostenvorteile**. Diese ermöglichen günstigere Preise für den Gast und/oder eine größere Gewinnspanne für das Unternehmen. Beides gibt Wettbewerbsvorteile gegenüber kleineren Konkurrenten. Durch eine professionelle Logistik können diese Vorteile voll ausgeschöpft werden.
- Durch die Aufgabenverteilung zwischen Systemzentrale und Betrieben vor Ort kann größere **Professionalität** entstehen. Ein Individualgastronom muss sich mit allen Fragen von der Verwaltung bis zur Gästebetreuung auskennen und viele Aufgaben gleichzeitig bewältigen. In systemgastronomischen Unternehmen gibt es Experten, z. B. für Personalwesen, Marketing oder Controlling. Die Mitarbeiter vor Ort können sich voll auf die Gäste konzentrieren.
- Durch die Spezialisierung werden Planung und Umsetzung der **Arbeitsprozesse** (z. B. Einkauf, Speisenproduktion, Marketing) weniger komplex. Die Organisation wird vereinfacht, Fehler werden minimiert. Personalkosten sind niedriger, weil viele standardisierte Tätigkeiten auch durch weniger qualifizierte Mitarbeiter ausgeübt werden können.
- Systemgastronomische Unternehmen sind in der Regel auf **Expansion** hin orientiert. Durch das Wachstum wird das unternehmerische Risiko besser verteilt. Die **Finanzierung** wird erleichtert und es ergeben sich mehr unterschiedliche Finanzierungsmöglichkeiten (z. B. durch Finanzinvestoren, Börsengang oder Kreditfinanzierung).

> Systemgastronomie =
> Rationalisierung + Professionalisierung + Fokussierung

6. Herausforderungen und Risiken

Die Marktentwicklung beweist, dass diese Erfolgsfaktoren sich im Ergebnis vorteilhaft für die Systemgastronomie auswirken. Es darf aber auch nicht verschwiegen werden, dass Systemgastronomie gegenüber Individualgastronomie auch Risiken beinhaltet und besondere Anforderungen an die Unternehmensführung stellt:

- Die Tätigkeit der Systemzentrale *ermöglicht* nicht nur Expertentum, sie *erfordert* es auch. Ungenauigkeiten und Fehler, die bei einem kleinen Einzelunternehmer nicht schwer ins Gewicht fallen, können sich bei mehreren Betrieben schnell potenzieren und großen wirtschaftlichen Schaden anrichten. Auch das Gesetz stellt an Großunternehmen andere Anforderungen, z. B. bei der Bilanz. Durch diese höheren Anforderungen an die Verwaltung kann leicht ein bürokratischer und kostenintensiver „Wasserkopf" entstehen.

> Umsatz wird nur im Betrieb gemacht, nicht in der Systemzentrale.

- Verlust an Individualität: Viele Betriebe leben von der Persönlichkeit des Wirts, d. h. von der persönlichen Gastfreundschaft eines Unternehmers gegenüber seinen Gästen. Dieses Selbstverständnis und dieses Gefühl auf ein ganzes Gastronomiesystem zu übertragen und zu standardisieren, ist nicht einfach. Auch aufseiten der Mitarbeiter kann die Vereinheitlichung die Kreativität und das persönliche Engagement verringern.
- Je größer ein Gastronomiesystem, desto schwieriger ist es, flexibel genug auf sich ändernde Gästeerwartungen, Trends oder wirtschaftliche Rahmenbedingungen zu reagieren. Wenn z. B. eine global agierende Burger-Kette das Design ihrer Restaurants modernisieren will oder eine neue Produktlinie einführt, ist ein riesiger Prozess erforderlich. Wenn eine argentinische Steakhaus-Kette aufgrund einer Seuche kein argentinisches Rindfleisch mehr bekommt, steht das gesamte Unternehmen auf dem Spiel.

1.3 Merkmale der Systemgastronomie

Folgende Merkmale beschreiben die erläuterten Erfolgsfaktoren und kennzeichnen die Systematisierung in der Gastronomie:
- Standardisierung
- Multiplikation
- zentrale Unternehmenssteuerung

1.3.1 Standardisierung

Spezialisierung und die Bedeutung der Marke ermöglichen und erfordern die Standardisierung von Produkten, Service und Arbeitsprozessen.

Standards begegnen uns in unserer heutigen Welt überall und jeden Tag: Jeder Babyschnuller und jeder Schulranzen, jede Glühbirne und jeder Briefumschlag, jeder Autoreifen und jedes Fußballtor sind standardisiert, ebenso auch komplexe Prozesse wie Finanzdienstleistungen oder Feuerwehreinsätze. Standards werden auch als Richtlinie, Maßstab oder Norm bezeichnet. Erstmals in größerem Stil wurden Standards in der Industrie entwickelt, um Einheitlichkeit bei Teilen und Werkzeugen zu erreichen und einen gemeinsamen Stand von Wissenschaft und Technik zu definieren.

Reichweite von Standards

Verschiedene Arten von Standards können im Alltag und im Rechtsverkehr eine sehr unterschiedliche Bindungswirkung und Reichweite entfalten:
- Zwingende Standards

  Die Einhaltung mancher Standards ist für Unternehmen verpflichtend, diese sind Teil der Rechtsordnung geworden.

  Beispiele:

  Hält der Architekt, der eine Gaststätte neu baut oder umbaut, bestimmte DIN-Normen nicht ein, wird keine Baugenehmigung erteilt.

  Der Hygiene-Standard HACCP ist mittelbar in die europäische Hygienegesetzgebung integriert.

Zwingende und freiwillige Standards

- **DIN – Deutsches Institut für Normung**

  Das DIN ist die bedeutendste nationale Normungsorganisation in Deutschland. Der privatwirtschaftlich organisierte Verein hat seit 1917 im Konsensverfahren mehr als 30.000 DIN-Normen erarbeitet und veröffentlicht. Sein Arbeitsgebiet ist heute längst nicht mehr auf die Industrie beschränkt.

  www.din.de

- **ISO – International Organization for Standardization**

  Die internationale „Parallelorganisation" des DIN ist die ISO. Von „ISO-Zertifizierung" wird umgangssprachlich aber auch oft gesprochen, wenn ganz generell ein zertifiziertes Qualitätsmanagement gemeint ist. Das liegt daran, dass die ISO 9000 gewissermaßen die „Mutter aller Qualitätsmanagement-Systeme" darstellt. Die entsprechende Organisation auf europäischer Ebene heißt CEN.

  www.iso.org **www.cen.eu**

- **Deutsche Hotelklassifizierung**

  Der bekannteste Branchenstandard sind die Hotelsterne. Nach dieser freiwilligen Klassifizierung erhält ein Hotel desto mehr Sterne (1–5), je mehr definierte Kriterien erfüllt sind.

  www.hotelsterne.de

- **EU-Bio-Logo**

  Aus dem Bereich Ernährung sei das EU-Bio-Logo genannt. Es garantiert den Verbrauchern als Standard die Einhaltung der EU-Rechtsvorschriften zum ökologischen Landbau.

  www.biosiegel.de

Berufsstandard: nach fachlichen Regeln korrekt eingedeckter Tische (Europa Park)

Unternehmensstandard: nach Systemvorgaben korrekt eingedeckte Tische (Mongo's)

Bereiche mit standardisierten Arbeitsabläufen
- Verkauf und Service
- Begrüßung und Verabschiedung
- Beratungsgespräch
- Reklamation
- Reservierung
- Kassiervorgang

Produktion
- Art und Qualität der Rohstoffe
- Rezepturen
- Herstellungsverfahren, Hygiene
- Anrichteweise/Präsentation

Warenwirtschaft
- Bestellwesen
- Einkauf
- Eingangskontrollen
- Lagerung und Warenpflege
- Warenausgabe
- Inventur

Personal
- Personalbeschaffung und -einstellung
- Personaleinsatzplanung
- Mitarbeitergespräche
- Personalfreistellung

Administration
- Rechnungsbegleichung
- Lohnbuchhaltung
- Controllingberichte

- **Freiwillige Standards**
  Anderen Standards unterwirft man sich völlig freiwillig. Hat man sich allerdings Standards einmal unterworfen, muss man sie auch einhalten.
  Beispiel:
  Ein Gastronom kann sich einer Kooperation wie Slow Food anschließen oder sich bio-zertifizieren lassen, er muss aber nichts dergleichen tun.
- **Faktisch zwingende Standards ohne rechtliche Grundlage**
  Ohne die Einhaltung dieser Standards wäre der Betrieb nicht marktfähig.
  Beispiel:
  Die Herstellung eines Kopfhörers, dessen Anschluss nicht in genormte Buchsen passt, ist zwar nicht verboten, aber sinnlos.
- **Übergreifende Standards, Branchen- und Unternehmensstandards**
  Insbesondere technische Standards gelten in der Regel mindestens national, zunehmend sogar europäisch oder international.
  Beispiele:
  Netzstecker waren noch vor wenigen Jahrzehnten in jedem Land unterschiedlich, sodass häufig Adapter erforderlich waren; mittlerweile wird hier mehr und mehr vereinheitlich. USB-Sticks dagegen, die von Anfang an für eine globalisierte Welt entwickelt wurden, sind international einheitlich.
  Viele Standards beschränken sich auf eine Branche, eine Region oder ein Unternehmen.
  Beispiel:
  Die vorgeschriebene Grußformel an der Rezeption eines Luxushotels lautet: „Einen schönen guten Tag und herzlich willkommen in ... . Ich hoffe, Sie hatten eine gute Anreise. Womit darf ich Ihnen behilflich sein?"
  In der Szenekneipe sind die Mitarbeiter gehalten, Gäste mit „Hallo" zu begrüßen, zu duzen und locker mit ihnen umzugehen.

Standard = Vereinheitlichung + Vereinfachung + Verlässlichkeit

Standards in der (System-)/Gastronomie

Auch in der klassischen Gastronomie gelten Standards, die oft schon lange überliefert sind. Jedes Kochrezept ist von der Idee her ein Standard, ebenso wie klassische Regeln zum Eindecken von Besteck, Tellern und Servietten. Jedoch ist die Individualgastronomie typischerweise dadurch gekennzeichnet, dass es weniger verbindliche, insbesondere schriftlich niedergelegte Unternehmensregeln gibt. Arbeitsprozesse sind stärker am einzelnen Wirt orientiert, darüber hinaus in vielen Einzelheiten den Führungskräften und den einzelnen Mitarbeitern im Rahmen dessen, was fachlich korrekt und dem Gast gegenüber angebracht ist, selbst überlassen. So sind die Rezepturen oftmals das Kapital des Küchenchefs, teilweise sogar nur in seinem Kopf vorhanden; wechselt dieser den Arbeitgeber, ändern sich auch die Rezepturen und die Speisekarte.

Die Systemgastronomie hat im Vergleich dazu einen deutlich höheren Standardisierungsgrad. Die wesentlichen Arbeitsprozesse sind durch die Systemzentrale vorgeschrieben und werden von den Betrieben vor Ort umgesetzt.

Die Managementaufgaben in der Systemgastronomie bestehen somit darin,

- **festzulegen, in welcher Breite und in welcher Tiefe standardisiert wird, um optimale Ergebnisse für den Gast und für das Unternehmen selbst zu erzielen.**
  Beispiele: Manche Unternehmen legen das vollständige Sortiment bindend für alle Betriebe einheitlich fest, andere erlauben regionale oder betriebliche Abweichungen. Manche Unternehmen geben die Grußformel im Restaurant oder am Telefon wörtlich vor, andere wollen bei diesem eher zwischenmenschlichen Thema Individualität ausstrahlen.
- **die einzelnen Standards praxisgerecht zu entwickeln.**
  Beispiel: Beschäftigt ein Restaurant keine gelernten Restaurantfachleute, müssen die Servicestandards auf das Wissen und Können angelernter Mitarbeiter ausgerichtet sein, z. B. kein Fischfiletieren am Tisch des Gasts, Kassieren nur durch Schichtleiter.
- **die Standards darzustellen und intern und/oder extern zu kommunizieren.**
  Beispiel: Für das Produkt „Hähnchen-Wrap mit Curry und Ananas" der Kette Wrap Company werden in einem Rezepturstandard die Zutaten, die jeweiligen Mengen, die Art der Zubereitung und die Verpackung festgelegt. Für die Mitarbeiter wird dies anhand von Fotos als Ablaufplan erklärt, der im Produktionsbereich aufgehängt ist. Für die Gäste sind die Wraps in der Vitrine ausgelegt, auf kleinen Schildchen mit dem Firmenlogo an festgelegter Stelle, dem Namen „Wrap Company's Chicken Bombay" und den Zutaten (Anrichtestandard und Standard für Marketing).
- **die Umsetzung der Standards in den einzelnen Betrieben und durch die einzelnen Mitarbeiter tatsächlich sicherzustellen und zu überprüfen.**
  Beispiel: Jeder neue Mitarbeiter bekommt das Belegen und Wickeln der Wraps vom Schichtführer gezeigt und erhält Gelegenheit zum Üben, dann erfolgt Training-on-the-Job (Standard für Personalschulung). Bei Testkäufen machen sogenannte Mystery Shopper sich ein Bild, ob die Anrichte- und Produktionsstandards eingehalten wurden (Controlling Standard).
  Beispiel: Der Qualitäts- und Hygienestandard sieht vor, dass die Kerntemperaturen beim Erhitzen von Geflügel mit einem Stichthermometer stichprobenartig mehrmals täglich gemessen, in eine Checkliste eingetragen und durch Unterschrift bestätigt werden.
- **bei Verletzung von Standards Maßnahmen zu ergreifen, um dies zu ahnden und für die Zukunft zu verhindern.**
  Beispiel: Ein Hygiene-Standard sieht vor, dass Handschmuck verboten ist. Beim ersten Verstoß ist ein Mitarbeitergespräch vorgesehen, beim zweiten Verstoß eine Abmahnung (Standard für Personalführung).
- **Standards anzupassen und zu aktualisieren.**
  Beispiel: Bei Änderung des Lebensmittelrechts ist der Hygiene-Standard anzupassen.
  Beispiel: Die Gäste zeigen sich zunehmend kalorienbewusst, deshalb wird die Mayonnaise im Produktionsstandard für Kartoffelsalat teilweise durch Joghurt ersetzt.
  Beispiel: Das Unternehmen wird demnächst stark expandieren, daher wird ein spezielles Eröffnungshandbuch entwickelt.

Standardisierter Aufbau eines Salatbüfetts (Block House)

Festlegung eines Qualitäts-Produktstandards (Sushi Circle)

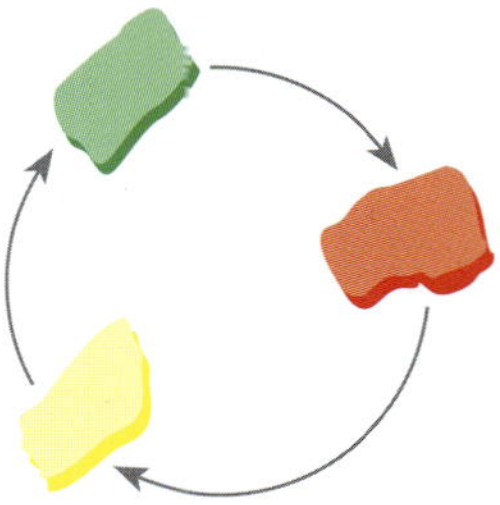

- Paprikastückchen in drei Farben auf den Tellern
- stündlicher Wechsel der Paprikafarbe
- immer nur zwei Farben gleichzeitig auf dem Band

Somit stehen alle Artikel, die rohen Fisch enthalten, nicht länger als 120 Minuten auf dem Band.

Maßnahmen zur Standardisierung

Standardisierung kann insbesondere mittels **Handbüchern, Checklisten, Arbeitsanweisungen und Ablaufplänen** erfolgen. Vom Grundsatz her kann jeder Unternehmensbereich und jeder Arbeitsprozess der Systemgastronomie standardisiert werden.

Beispiele für Standardisierungen in unterschiedlichen Unternehmensbereichen

Bereich	**Administration ↓ Personal**	**Küche ↓ Salatbüfett**	**Service ↓ Frühdienst**
Arbeitsprozess	**Einstellen neuer Auszubildender**	**Auf- und Abbau Salatbüfett**	**Bedienen der Geräte**
Beispiele für Standards in diesem Arbeitsprozess	▪ Checkliste für die Planung eines Vorstellungsgesprächs (z. B. Einladung, Zeitplanung, zu stellende Fragen, zu gebende Informationen)	▪ im Handbuch Information zur Vorbereitung und Verarbeitung der Komponenten (z. B. Blattsalat waschen, Gurken schälen und mit der Küchenmaschine in Scheiben schneiden)	▪ im Handbuch allgemeine Informationen zum Arbeitsbereich (z. B. Arbeitsmaterialien, Produktinformationen) und Mise en place
	▪ Beurteilungsbogen für Bewerber (z. B. Bewertung bestimmter Verhaltensweisen anhand von Schulnoten)	▪ Bestückungsplan (Salatkomponenten, vorbereitete Salate, Dressings, welche Schüssel für was)	▪ Kleiderordnung-Service für weibliche und männliche Mitarbeiter
	▪ Checkliste für die vom neuen Auszubildenden vorzulegenden Unterlagen für die Personalakte (z. B. Ausbildungsvertrag, ggf. mit Unterschrift der Eltern, steuerliche Identifikationsnummer	▪ Rezeptur für hausgemachten Kartoffelsalat mit Herstellungsanleitung	▪ Eindecken eines Tisches nach Systemvorgaben (z. B. Menagen, Speise-, Getränke-, Dessertkarten, Aktionsflyer) mit Skizzen für Zweier- und Vierertische sowie runde Tische
	▪ Organisationsplan 1. Tag im Betrieb	▪ Geschäftsablauf Abbau (z. B. Reinigung, Lagerung)	▪ Ablauf Bestellaufnahme mit Beispielsätzen

Entstehung von Gastronomiestandards

Bei der Entwicklung von Standards für Systemgastronomieunternehmen bestehen unterschiedliche Möglichkeiten:

- **Inhabergeführte, mittelständische Gastronomie-Systeme:** Sie entwickeln sich häufig aus einem Einzelbetrieb. Sie wachsen zunächst langsam und organisch und je nach Erfolg, Expansionslust und Unternehmensstrategie des Unternehmers kann sich das Wachstum dann beschleunigen und ggf. auch strukturell verändern.
  Solche Unternehmen standardisieren typischerweise zunächst die Bereiche, in denen ihnen die Vereinheitlichung unmittelbare Kostenvorteile bringt (z. B. Einkauf, Rezepturen, Speisenproduktion, Personalgewinnung). Standards werden sukzessive entwickelt und im täglichen Geschäft überprüft und verbessert. Im Marketing werden zunächst nur elementare Instrumente standardisiert wie Logo, Grundsätze der Innengestaltung, Angebotspolitik, Produktwerbung. Verwaltung und Führungsaufgaben werden erst dann standardisiert, wenn das Unternehmen eine kritische Größe erreicht hat.

- **Entwicklung eines ganz neuen Betriebstyps durch ein bestehendes und funktionierendes Systemgastronomie-Unternehmen:** In diesem Fall existieren die gesamten im Hintergrund stattfindenden Arbeitsprozesse bereits. Die Standards werden weitgehend übertragen bzw. modifiziert (z.B. Einkauf, Controlling, Personal). Das im Unternehmen vorhandene Know-how wird so genutzt. Das, was nach außen für den Gast sichtbar ist (z.B. Speisen und Getränke, Logo, Design, Werbung, Standortprofil), muss neu aufgestellt und neu standardisiert werden.
- **Gastronomiesysteme, die bereits bestehen und einen neuen Markt erschließen wollen** (z.B. Expansion einer US-Marke in den deutschsprachigen Raum): Bei diesen Systemen sind insbesondere die Bereiche, die die sogenannte Corporate Identity prägen, in der Regel schon sehr weitgehend standardisiert. Dazu gehören Standards des Corporate Design, die die Marke nach außen darstellen (z.B. Logo, Farben und Formen, Gestaltung der Verkaufsräume, Berufskleidung), die Preis- und Angebotspolitik und die gesamte Werbung. Diese Bereiche, die die Marke für den Gast wahrnehmbar machen, machen die Bekanntheit und damit den wirtschaftlichen Wert einer Marke aus.

  Die Bereiche, die die Organisationsstruktur auf dem neuen Markt betreffen, müssen dagegen häufig regional angepasst und Standards deshalb neu entwickelt werden (z.B. Lieferantenauswahl, Personalverwaltung, Betriebseröffnungen), weil die rechtlichen und wirtschaftlichen Rahmenbedingungen andere sind als auf dem Heimatmarkt.

Beispiele für die Entwicklung völlig neuer Betriebstypen aus bestehenden Systemen heraus

- McDonald's implementiert McCafé in bestehende Betriebe.
- Hallo Pizza und coa entwickeln Standortlösungen für Betriebskantinen.
- Die klassische Karstadt Warenhausgastronomie entwickelt das Fresh-Flow-Konzept LeBuffet.
- Das mediterrane Full-Service-Konzept Café del Sol nutzt seinen Freestander (frei stehendes Haus auf großem Grundstück) für eine Bavaria Alm.
- Das für Frontcooking bekannte Unternehmen Marché entwickelt ein typisches amerikanisches Diner (Cindy's DINER).

Corporate Identity (CI)

Dieser Fachbegriff aus dem Marketing (siehe Kapitel 15.4.2) bezeichnet die Unternehmensidentität, d.h. die Gesamtheit der besonderen Charakteristika eines Unternehmens. Das Konzept der CI geht davon aus, dass Unternehmen wie Menschen gewissermaßen eine „Persönlichkeit" haben, die durch die Unternehmenskommunikation nach außen tritt.

Im einfachsten Modell wird die CI wie in der Tabelle dargestellt unterteilt.

Corporate Identity (CI) = Unternehmensidentität = Selbstbild des Unternehmens		
Corporate Design (CD)	**Corporate Communication**	**Corporate Behaviour**
= visuelle Identität = einheitliches Erscheinungsbild	= einheitliche interne und externe Kommunikation	= Verhalten gegenüber Öffentlichkeit, Gästen, Lieferanten, Mitarbeitern = einheitliche Unternehmenspolitik
Beispiele: Logo, Farben, Arbeitskleidung, Briefpapier, Webseite, Restaurantgestaltung (Counter, Aushänge, Tische und Stühle, Terrassengestaltung/Markise/Schirme)	Beispiele: Produktwerbung (Flyer, Fernsehwerbung, Plakate ...), Öffentlichkeitsarbeit/PR, Mitarbeiterkommunikation	Beispiele: Preisniveau, Sortiment, Sonderaktionen, Mitarbeiterführung und Umgangston

Einflussfaktoren auf Systemstandards in der Gastronomie

Wie die Standards in einem Unternehmen konkret entwickelt, gestaltet, umgesetzt und kontrolliert werden, ist Gegenstand der Ablauforganisation (siehe Kapitel 2.2.3). Generell lässt sich allerdings sagen, dass eine Reihe unterschiedlichster Einflussfaktoren die Ausgestaltung von Standards und ihre Tiefe und Breite beeinflussen. Standards können sich deshalb im Laufe der Zeit wesentlich verändern und von Unternehmen zu Unternehmen sehr unterschiedlich sein.

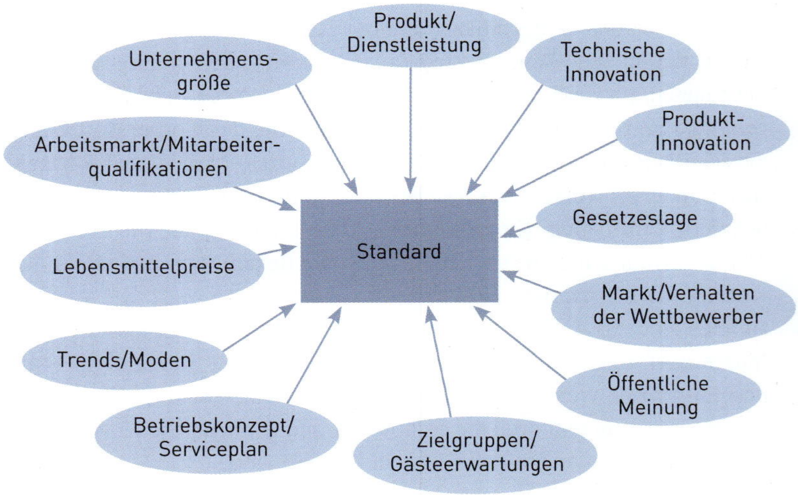

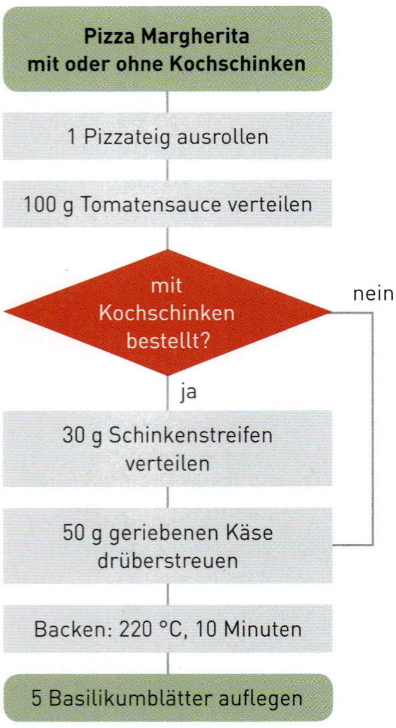

Produktstandard zur Fertigung einer Pizza

Anforderungen an Systemstandards

Übersichtlichkeit, Eindeutigkeit und die Möglichkeit, effizient damit zu arbeiten, stehen bei der Ausgestaltung von Standards im Vordergrund. Was dies konkret bedeutet, kann jedoch je nach Einsatzgebiet und Zielgruppe selbst innerhalb eines Unternehmens sehr unterschiedlich sein.

So kann z.B. ein Standard für den komplexen und rechtlich wie kaufmännisch anspruchsvollen Arbeitsprozess der Einstellung eines neuen Mitarbeiters einen ausführlichen und mit Hintergrundinformationen und Mustern für Verträge und Schriftverkehr versehenen Volltextstandard erfordern. Die Planung einer größeren Veranstaltung, an der mehrere Mitarbeiter über längere Zeit beteiligt sind, macht wahrscheinlich eine online zugängliche Checkliste mit Erinnerungsfunktionen nötig. Ein Produktstandard zur Fertigung einer Pizza, der sich an die Küchenhilfskräfte richtet, muss dagegen schnell, eindeutig und eventuell auch mit weniger deutschen Sprachkenntnissen erfassbar sein, d.h., er wird häufig grafisch (siehe links) mit Fotos (siehe Kapitel 2.2.3), Zeichnungen oder Symbolen stichpunktartig dargestellt.

Vorteile von Systemstandards

Zuvor wurde ausgeführt, dass die stärkere Standardisierung einer der Erfolgsfaktoren der Systemgastronomie ist. Warum ist das so? Vereinheitlichung, Vereinfachung und Verlässlichkeit bieten sowohl für den Gast als auch für das Unternehmen Vorteile:

- **für den Gast**

Standards schaffen Vertrautheit und Vertrauen.

Neben dem Marketing bilden die Standards die Basis der Marke. Anhand der Standards gestaltet das Unternehmen gegenüber den Gästen sein Profil. Beim wiederholten Besuch eines Betriebs der Kette kann der Gast sich somit auf das bekannte Preis-Leistungs-Verhältnis verlassen. Er weiß bereits, was ihm schmeckt („Das bestelle ich immer ohne Tomate" ...), kennt die Serviceabläufe (Als Nächstes fragt er: „Zum Hieressen oder zum Mitnehmen" ...) und kann sich sogar im Raum orientieren („Besteck liegt immer hinter der Kasse" ...). Dadurch entsteht das Gefühl von Vertrautheit und Vertrauen. Der Wiedererkennungseffekt nimmt dem Gast Unsicherheit und lässt ihn sich zu Hause fühlen.
Insbesondere wenn es schnell gehen soll, ist es für den Gast von Vorteil, wenn er sich über Angebot und Service nicht lange orientieren muss. Je ungewohnter die Umgebung, z. B. in einer fremden Stadt oder sogar einem fremden Land, desto beruhigender ist es für viele Gäste, wenn sie im Restaurant wissen, was sie erwartet. Deshalb kann die bekannte Marke, die in einer unbekannten Straße entdeckt wird, große Anziehungskraft entfalten.

Neues wird vertraut
Hätten Sie z. B. vor 10 Jahren gewusst, was ein „Sub" ist, wie viel Kaffee Sie bei einem „Tall" oder „Grande" bekommen oder wie man in einem Selbstbedienungsrestaurant mit der Chipkarte bezahlt?
Starke Marken, die ihre Standards konsequent durchhalten und kommunizieren, können Neues bald zu Vertrautem machen.

Standards erhöhen die Qualität.

Unsicherheiten verursachen Fehler. Wenn ein Produkt oder eine Dienstleistung standardisiert ist und die Mitarbeiter den Standard kennen und verstehen, werden Unsicherheiten und Fehler vermieden. Wenn z. B. die Menge der Mayonnaise auf dem Sandwich standardisiert ist und der Standard eingehalten wird, erlebt der Gast nicht die Situation eines entweder zu trockenen oder zu fettigen Sandwiches und somit eines negativen Geschmackserlebnisses. Auch ungelernte Mitarbeiter oder Aushilfen wissen, was sie zu tun haben.

Dosierhilfe

- **für das Unternehmen**

Standards sichern die Qualität.

Diese Profilierung beim Gast funktioniert nur, wenn die Qualität in Produkten und Service sowie das Preis-Leistungs-Verhältnis tatsächlich immer gleich sind. Je größer und komplexer das System, desto weniger kann sich die Unternehmensführung vor Ort selbst um die Qualität kümmern. Desto wichtiger sind in diesem Fall detaillierte Standards, um die einmal definierte Qualität auch an jedem Tag, in jedem Betrieb und mit jedem Mitarbeiter sicherzustellen.
Qualitätsmanagement ist daher ein wichtiges Element der Markenbildung. Standards werden beschrieben und können nachgelesen werden. Die Einarbeitung von Mitarbeitern wird erleichtert und eigenmächtiges Handeln minimiert. Bei der Qualitätskontrolle kann ein Bezug auf die Standards erfolgen, um das Fehlermanagement zu erleichtern.

Erhöhter Wareneinsatz beim Einschenken aus einer Flasche ohne Dosierhilfe (links); Dosierflaschenausgießer (rechts)

Standards optimieren den Ertrag.

Viele wirtschaftliche Schwierigkeiten in der Gastronomie resultieren daraus, dass Preise nicht ordentlich kalkuliert sind und die Einhaltung kalkulierter Kosten nicht sichergestellt wird. Wenn z. B. der Spirituosenanteil eines Cocktails aus dem Handgelenk eingeschenkt oder das Fleisch in der Küche „nach Gefühl“ geschnitten wird, können schon kleine, aber regelmäßige Abweichungen in die roten Zahlen führen.

Standardisierung durch Rezepturen und die Verwendung von Portionierern/Dosierhilfen bzw. das Wiegen helfen, den Wareneinsatz unter Kontrolle zu behalten. Auch bereits beim Einkauf können Standards wie die Konzentration auf wenige Produkte und Lieferanten Kostenvorteile z. B. durch Mengenrabatte hervorrufen. Standardisierte Arbeitsabläufe können Zeit und somit Personalkosten sparen.

Effekte von Standards für den Gast und das Unternehmen

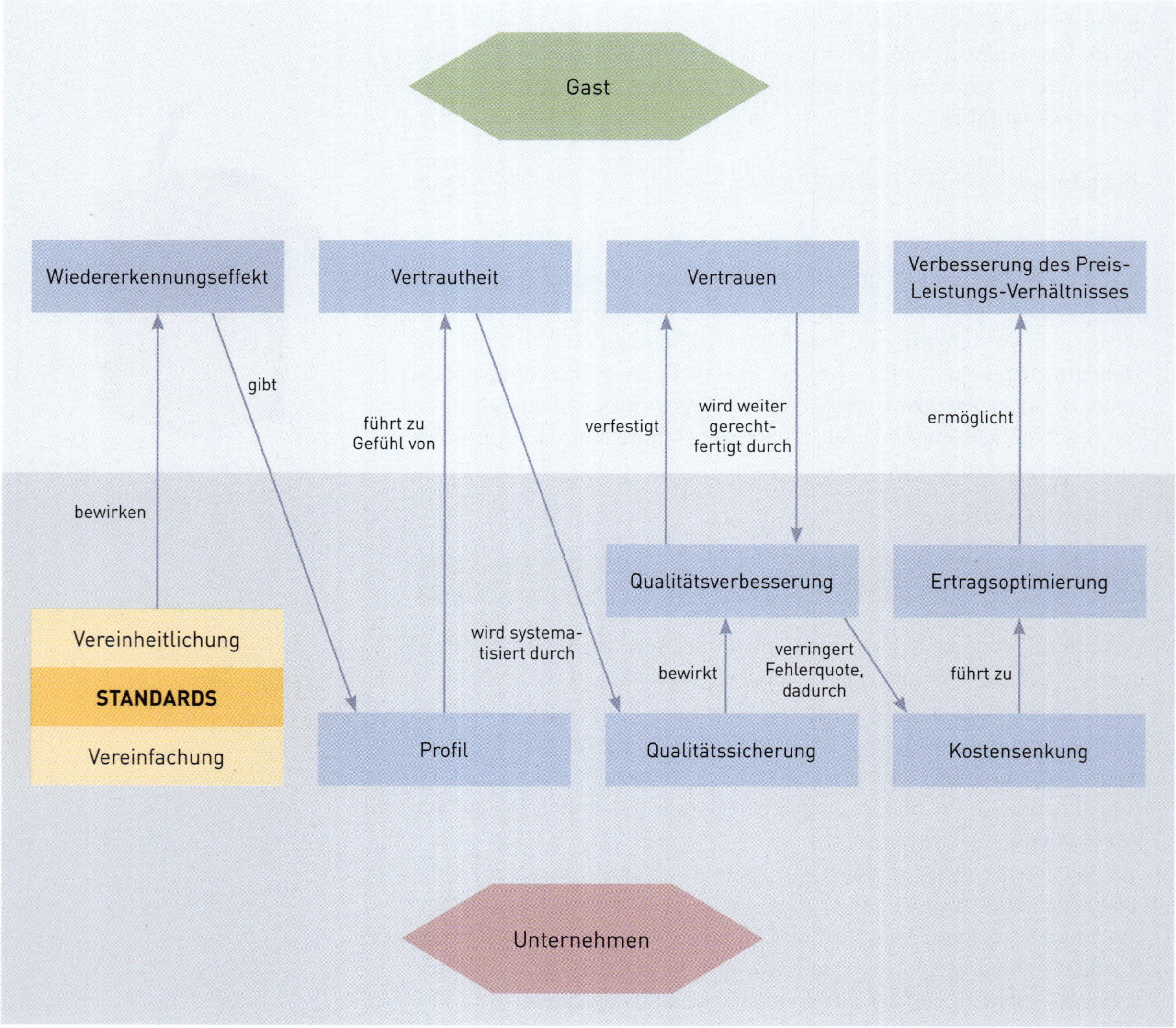

1.3.2 Multiplikation

Die meisten Definitionen sprechen von mindestens drei, manche von fünf Betriebsstätten, die ein Unternehmen haben muss, damit von Systemgastronomie gesprochen wird. Klar ist: Multiplikation bedeutet Vervielfachung, die Systemgastronomie bietet dem Gast ihre standardisierte Leistung an mehreren Orten an. Dabei kann der Aktionsradius des Unternehmens weltweit sein (wie z. B. bei den Burger-Ketten McDonald's oder Burger King) oder sich auf eine Stadt oder eine Region beschränken (wie bei dem im Ruhrgebiet aktiven American Food-System Road Stop oder den in Norddeutschland beheimateten Restaurant-Café-Bars der Marke Luzifer). Entscheidend sind der Wiedererkennungseffekt der Marke und die Standardisierung zentraler Bestandteile des Angebots (Konzept, Produkte, Service).

Aktionsradius (oben) und Umsatz (unten) der Top-Companies 2011

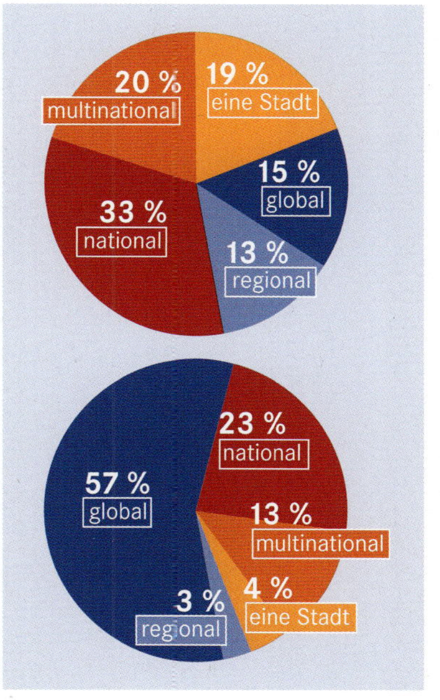

(Quelle: Zeitschrift „food-service"/ Deutscher Fachverlag, weitere Informationen über www.dfv-archiv.de/)

1.3.3 Zentrale Unternehmenssteuerung

Schließlich ist Systemgastronomie dadurch gekennzeichnet, dass die Betriebe in wichtigen Fragen von einer **Zentrale** aus gesteuert werden. Die Zentrale wird in den Unternehmen z. B. als **Hauptverwaltung, Systemzentrale** oder **Headoffice** bezeichnet. In international agierenden Unternehmen oder Konzernen gibt es meist eine Konzernzentrale oder internationale Zentrale und weitere nationale Zentralen (z. B. Deutschland-Zentrale oder Zentrale für den deutschsprachigen Raum). In komplexen Unternehmensstrukturen ist die Zentrale oft als **Holding** organisiert.

Die Frage der Unternehmensstruktur im Einzelnen, der Aufgaben und Zuständigkeiten der Zentrale und der einzelnen Betriebe ist eine Frage der Aufbauorganisation, die in Kapitel 2.2.2 behandelt wird.

Was ist eine Holding?
Der Begriff Holding bezeichnet eine Dachorganisation für die Bildung von Firmengruppen. Dabei handelt es sich nicht um eine Rechtsform, sondern um eine Organisationsform. Gesellschaftsrechtlich kann die Holding sehr unterschiedlich konstruiert sein. Näheres dazu wird in Kapitel 2.3.2 ausgeführt.

> Jede zukünftige Führungskraft in der Systemgastronomie kann begründen, welche Fragen im eigenen Unternehmen zentral und welche dezentral entschieden werden müssen.

Zentrale und dezentrale Entscheidungen
Von ganz grundsätzlicher Bedeutung für die Frage der Unternehmenssteuerung ist die Frage der Hierarchie und des Letztentscheidungsrechts.

- In **Filialsystemen** hat die Zentrale die Leitung (siehe Kapitel 15.2.3). In strategischen Fragen steuert sie das Unternehmen. Wenn operative und evtl. strategische Zuständigkeiten in den Betrieben oder auf der Regionalebene liegen, wurden sie entsprechend vergeben. Letztlich kann die Zentrale jede Zuständigkeit wieder zurückholen und jede Entscheidung treffen. Sie trägt die alleinige finanzielle und rechtliche Verantwortung. Das System insgesamt ist formal gesehen hierarchisch strukturiert. Die in der Realität bestehende Partnerschaft zwischen den Ebenen entsteht über die Aufbauorganisation und die Unternehmenskultur. So werden typischerweise die Regional- und/oder Betriebsleiter in bestimmte Entscheidungsprozesse der Zentrale eingebunden. Zentrale Entscheidungen werden so dezentralisiert.

- In **Franchisesystemen** sind die einzelnen Franchisenehmer mit ihren Betrieben selbstständige Unternehmer mit eigenen, von der Zentrale unabhängigen Zuständigkeiten. Die Verantwortlichkeiten und Entscheidungskompetenzen der Zentrale über wichtige strategische und im Einzelfall operative Fragen sind über die Franchiseverträge geregelt. Das System insgesamt ist formal gesehen partnerschaftlich strukturiert. Die finanzielle und rechtliche Verantwortung sind geteilt.
  Die zentrale Steuerung in der Realität entsteht über die Franchiseverträge und wirtschaftliche Gegebenheiten. Typischerweise existiert ein Franchisenehmerbeirat o. Ä., der gemeinsam mit dem Franchisegeber/der Zentrale über für alle wichtige Entscheidungen befindet. Dezentrale Entscheidungen werden so zentralisiert.
  Filial- und Franchisesystem werden in Kapitel 2.2.1 im Detail dargestellt.
- In **komplexen Unternehmensstrukturen** (gemischtes Filial- und Franchisesystem, Konzernen, Holdings, Unternehmenskooperationen und Finanzbeteiligungen) können die finanzielle und rechtliche Verantwortung sowie das Steuerungsrecht in strategischen und operativen Fragen ganz unterschiedlich geregelt sein. Davon hängt dann auch das Maß der Zentralisierung ab.

Das richtige Maß an Zentralität und die Zusammenarbeit zwischen Zentrale und Betrieben ist das A und O des Erfolgs in der Systemgastronomie.

1.4 Berufsbildung

Informationen über die Berufsbildung
Über das System der beruflichen Bildung und seine Möglichkeiten informiert die Kampagne der Bundesministerien für Bildung und für Wirtschaft
www.praktisch-unschlagbar.de

Berufliche Bildung
Praktisch unschlagbar.

Unter Berufsbildung wird die Ausbildung sowie die Fort- und Weiterbildung verstanden. In der Systemgastronomie weitverbreitete Qualifikationen unterhalb der Schwelle einer anerkannten Berufsausbildung („Anlernen“) sowie akademische Ausbildungen gehören nicht zum System der beruflichen Bildung.

1.4.1 Aufbau und Inhalte der Ausbildung

So vielfältig wie die Segmente in der Systemgastronomie, von Fast Food über Verkehrs-, Handels- und Freizeitgastronomie bis zur Full-Service-Gastronomie (siehe Kapitel 2.1), so vielfältig ist auch die Ausbildung zum Fachmann/zur Fachfrau für Systemgastronomie in den verschiedenen Ausbildungsunternehmen. Allen gemeinsam ist: Die Verbindung von „Gastronomie“ und „System“ spiegelt sich auch in den Ausbildungsinhalten wider, die durch die Verknüpfung praktischer gastronomischer Kompetenz mit kaufmännischem Wissen gekennzeichnet sind.

Vermittelt werden soll in erster Linie **Handlungskompetenz.** Sie beinhaltet eine Kombination aus:

- Fachkompetenz
- Sozialkompetenz
- Methodenkompetenz

Das duale Ausbildungssystem

Die Berufsausbildung wird in Deutschland nach dem **dualen System** durchgeführt. Das bedeutet, es gibt mit **Ausbildungsbetrieb und Berufsschule** zwei Lernorte, die sich ergänzen. Das Berufsbildungsgesetz bezeichnet dies als **Lernortkooperation.**

Der **schulische Teil** der Berufsausbildung ist Sache der einzelnen Bundesländer und richtet sich nach dem **Lehrplan.** Damit sich der Berufsschulunterricht in den verschiedenen Bundesländern nicht zu sehr unterscheidet, hat sich die Kultusministerkonferenz auf einen gemeinsamen Rahmenlehrplan verständigt. Dieser ist in Lernfelder gegliedert (z.B. Küche, Service, Warenwirtschaft, Systemorganisation). Die Berufsschulpflicht richtet sich ebenfalls nach Landesrecht und besteht in den meisten Bundesländern mindestens bis zum 18. Lebensjahr.

Das duale Ausbildungssystem

Der **betriebliche Teil** der Ausbildung wird bundesweit einheitlich im **Ausbildungsrahmenplan** als Teil der **Verordnung über die Berufsausbildung im Gastgewerbe vom 13. Februar 1998** geregelt. Diese Verordnung wurde vom Bundesministerium für Wirtschaft erlassen und gemeinsam mit Experten der Sozialpartner (Gewerkschaft NGG und Arbeitgeberverband DEHOGA) und der Wissenschaft erarbeitet.

Ausbildungsrahmenplan
www.gesetze-im-internet.de/bundesrecht/gastgewausbv_1998/gesamt.pdf

Der Verlauf der Ausbildung wird auf der folgenden Seite dargestellt.

Leitlinien beim Erlass des Ausbildungsrahmenplans waren:

- Gästeorientierung
- Teamfähigkeit
- Servicekompetenz
- Verkaufskompetenz

Ausbildungsvoraussetzung für die Ausbildung zum Fachmann für Systemgastronomie ist der Hauptschulabschluss, besser sind der mittlere Bildungsabschluss (mittlere Reife) oder Abitur.

Struktur der Systemgastronomie-Ausbildung

Ausbildungsrahmenplan und Lehrplan sehen in den ersten beiden Ausbildungsjahren eine gemeinsame berufliche Grundbildung und gemeinsame berufliche Fachbildung in allen fünf gastgewerblichen Ausbildungsberufen (außer Koch/Köchin) vor:

- Restaurantfachmann/-frau
- Hotelfachmann/-frau
- Hotelkaufmann/-frau
- Fachmann/-frau für Systemgastronomie
- Fachkraft im Gastgewerbe (zweijährige Ausbildung)

Im dritten Ausbildungsjahr werden im Rahmen der besonderen beruflichen Fachbildung die Inhalte vermittelt, die für die Systemgastronomie besonders typisch sind.

Die Anzahl der Ausbildungsverhältnisse ist bis 2009 kontinuierlich angestiegen. Seitdem ist sie rückläufig (siehe folgende Seite).

Ausbildung
Berufsbildungsdarstellung des Ausbildungsberufs Fachmann/-frau für Systemgastronomie mit Filmen und Interviews:

www.beroobi.de/berufe/systemgastronom/#/start/

Ausbildungsverhältnisse Fachmann/-frau für Systemgastronomie in allen drei Ausbildungsjahren

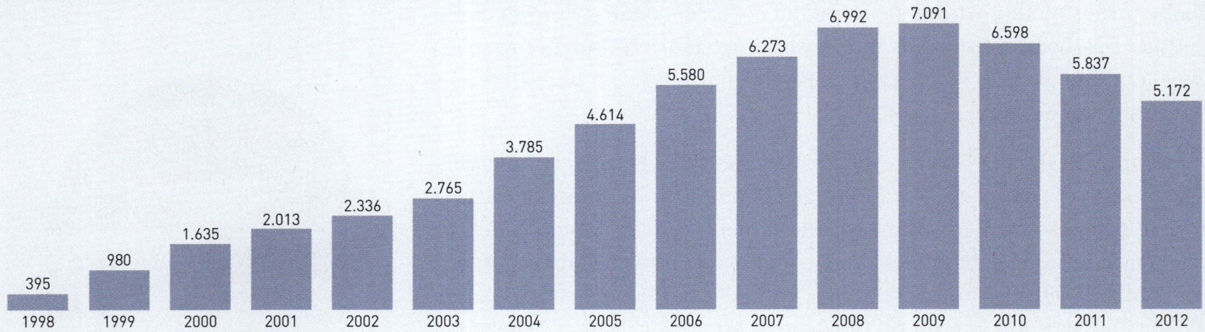

(Quelle: DEHOGA Bundesverband nach Zahlen des DIHK)

Verlauf der Ausbildung in Ausbildungsbetrieb und Berufsschule

Abschlussprüfung

↑

3. Ausbildungsjahr = Fachstufe 2/Oberstufe

Besondere berufliche Fachbildung, z. B.

- Systemorganisation: Standards prüfen, Arbeitsabläufe planen, Ablauforganisation nutzen
- Marketing: Marketinginstrumente anwenden und bewerten, Produktpräsentation einsetzen
- Beratungs- und Verkaufsgespräche planen, führen und bewerten
- Personalwesen: Personaleinsatz planen, Arbeits- und Sozialrecht anwenden, Entgeltabrechnung erklären, Beendigung von Beschäftigungsverhältnissen, Arbeits- und Fehlzeiten bearbeiten, Schulungsmaßnahmen organisieren, bei Personalbeschaffung und Mitarbeitergesprächen mitwirken
- Steuerung und Kontrolle: Belege prüfen, Kostenkontrolle durchführen, Warenwirtschaftssystem einsetzen, betriebliche Kennzahlen auswerten

2. Ausbildungsjahr = Fachstufe 1/Mittelstufe

Gemeinsame berufliche Fachbildung, z. B.

- Gastorientiertes Gespräch, Reklamationen, Reservierungen
- Wartung und Instandsetzung von Maschinen und Geräten
- Arbeitsplanung, Kontrolle von Arbeitsergebnissen
- Warenbedarf ermitteln, Bestellungen, Inventur
- Zahlungsvorgänge bearbeiten, Kosten und Erträge berechnen, Verkaufspreise ermitteln
- Grundlagen des Marketings: Markterkundung, Werbemittel und -träger, Werbeaktionen, Angebote, Dekorationen
- Gästeräume herrichten, reinigen, pflegen
- Warenbedarfsermittlung und -beschaffung, Rechtsgeschäfte

Zwischenprüfung

Teilnahme ist Voraussetzung für Zulassung zur Abschlussprüfung

↑

1. Ausbildungsjahr = Grundstufe

Berufliche Grundbildung, z. B.

- Berufsbildung, Arbeits- und Tarifrecht
- Aufbau und Organisation des Ausbildungsbetriebs
- Sicherheit und Gesundheitsschutz bei der Arbeit
- Umweltschutz
- Grundsätzliches zum Umgang mit Gästen, Wahrnehmung der Gastgeberfunktion
- Anwendung berufsbezogener Rechtsvorschriften
- Arbeitsplatz vorbereiten, Geräte und Gebrauchsgüter einsetzen
- Personal-, Betriebs- und Produkthygiene
- Küche: einfache Speisen nach Vorgaben vor- und zubereiten und präsentieren, Ernährungslehre, lebensmittelrechtliche Grundlagen
- Service: Speisen und Getränke servieren, Kassensystem bedienen, Zahlungsmöglichkeiten
- Büroorganisation und -kommunikation, Postbearbeitung, Dateneingabe und -sicherung
- Warenannahme und Lagerwirtschaft

1.4.2 Abschluss des Berufsausbildungsvertrags

Der Berufsausbildungsvertrag wird zwischen dem **Ausbildenden** und dem **Auszubildenden** abgeschlossen. Der **Ausbilder** ist demgegenüber die Person, die die Berufsausbildung *tatsächlich* durchführt. *Rechtlich* verpflichtet bleibt aber der Ausbildende als Vertragspartner.

Wenn mehrere Ausbildende zusammenwirken, bezeichnet man dies als **Verbundausbildung.**

Die rechtlichen Regelungen über den Berufsausbildungsvertrag finden sich insbesondere im **Berufsbildungsgesetz.**

Zuständige Stelle für die Überwachung der Berufsausbildung und die Beratung ist die **Industrie- und Handelskammer (IHK).** Sie führt ein Verzeichnis der Berufsausbildungsverhältnisse, in das der wesentliche Inhalt des Ausbildungsvertrags niedergelegt wird. Sie ist auch zuständig für die Zwischen- und Abschlussprüfung und erlässt die Prüfungsordnung.

Aufgaben der Auszubildenden, des Ausbildenden, des Ausbilders und der IHK

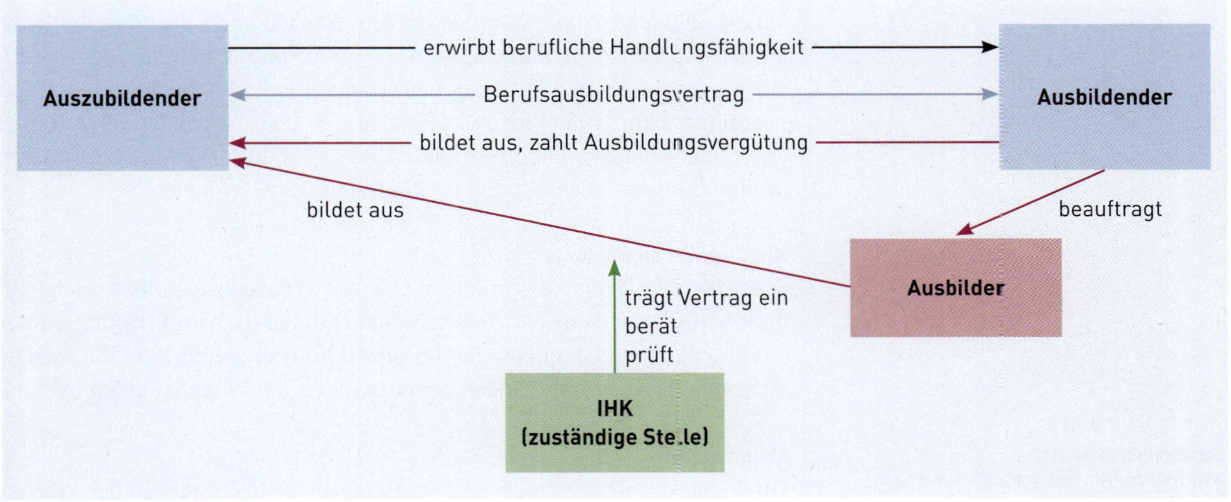

Der Ausbildungsvertrag muss **schriftlich niedergelegt** werden. Eine elektronische Form reicht dafür nicht aus. Die Niederschrift muss unterzeichnet und dem Auszubildenden ausgehändigt werden. Der Mindestinhalt ist vorgeschrieben.

Auf den Berufsausbildungsvertrag finden grundsätzlich die Bestimmungen über den Arbeitsvertrag Anwendung. Diese werden in Kapitel 16.4.2 ausführlich dargestellt. Jedoch gelten einige Besonderheiten:

Gesetzliche Vertreter

Viele Auszubildende sind bei Abschluss des Ausbildungsvertrags noch minderjährig und damit nur **beschränkt geschäftsfähig** (siehe Kapitel 2.3.1). Der Ausbildungsvertrag muss dann zusätzlich zum Auszubildenden selbst auch von dessen gesetzlichen Vertretern, das sind meist die Eltern, unterschrieben und diesen ebenfalls ausgehändigt werden.

Mindestinhalt des Berufsausbildungsvertrags

1. Art, sachliche und zeitliche Gliederung sowie Ziel der Berufsausbildung, insbesondere die Berufstätigkeit, die ausgebildet wird
2. Beginn und Dauer der Berufsausbildung
3. Ausbildungsmaßnahmen außerhalb der Ausbildungsstätte
4. Dauer der täglichen Arbeitszeit
5. Dauer der Probezeit
6. Zahlung und Höhe der Vergütung.
7. Dauer des Urlaubs
8. Voraussetzungen, unter denen der Berufsausbildungsvertrag gekündigt werden kann
9. Hinweis auf die Tarifverträge, Betriebs- oder Dienstvereinbarungen, die auf das Berufsausbildungsverhältnis anwendbar sind

Deutscher Industrie- und Handelskammertag
Merkblätter zu verschiedenen Ausbildungsthemen, Musterverträge und Formulare:

www.dihk.de

Berufsbildungsgesetz
www.gesetze-im-internet.de/bundesrecht/bbig_2005/gesamt.pdf

Teilzeitausbildung
Informationen der Bundesagentur für Arbeit zur Teilzeitausbildung:

www.arbeitsagentur.de/nn_19148/Dienststellen/RD-SAT/Jena/AA/A01-Allgemein-Info/Allgemein/BCA/Teilzeitausbildung.html

Dauer der Berufsausbildung

Die Berufsausbildung zum Fachmann/zur Fachfrau für Systemgastronomie dauert grundsätzlich drei Jahre. Auf gemeinsamen Antrag von Auszubildendem und Ausbildendem kann die Ausbildungszeit abgekürzt werden, wenn voraussichtlich auch in der kürzeren Zeit das Ausbildungsziel erreicht wird. Auch eine Teilzeitberufsausbildung ist möglich.
Das Berufsausbildungsverhältnis endet mit dem Ablauf der Ausbildungszeit. Besteht der Auszubildende bereits vorher die **Abschlussprüfung**, so endet es mit Bekanntgabe des Prüfungsergebnisses durch den Prüfungsausschuss. Bei **Nichtbestehen** der Abschlussprüfung verlängert sich das Ausbildungsverhältnis bis zur nächstmöglichen Wiederholungsprüfung, höchstens um ein Jahr.

Probezeit

Die Probezeit muss mindestens einen Monat und darf höchstens vier Monate betragen.

Kündigung

Während der Probezeit kann das Ausbildungsverhältnis von beiden Seiten ohne Kündigungsfrist gekündigt werden. Danach kann der Auszubildende mit Vierwochenfrist kündigen, wenn er die Ausbilung aufgibt oder sich für einen anderen Ausbildungsberuf entscheidet. Der Ausbildende kann nur aus **wichtigem Grund** kündigen. Das können z. B. Diebstähle oder Tätlichkeiten gegenüber Kollegen oder Vorgesetzten sein, aber auch Betriebsstilllegungen infolge Insolvenz. Die Kündigung muss schriftlich erfolgen.

Nichtige Vereinbarungen

Es ist nicht zulässig, Auszubildende für die Zeit nach Ausbildungsende in ihrer beruflichen Tätigkeit zu beschränken, ihnen die Verpflichtung aufzubürden, für die Ausbildung eine Entschädigung zu zahlen oder die Ausbildungsgebühren zu tragen oder Vertragsstrafen mit ihnen zu vereinbaren.

Arbeitszeiten

Für volljährige und jugendliche Auszubildende gelten bezüglich der Arbeitszeiten, der Freistellung für die Berufsschule und des Urlaubs Sonderregelungen nach dem Berufsbildungsgesetz und dem Jugendarbeitsschutzgesetz. Diese werden in Zusammenhang mit der Dienstplangestaltung in Kapitel 16.7 dargestellt.

Erstuntersuchung

Bei jugendlichen Auszubildenden (d. h. Minderjährigen zwischen 14 und 17 Jahren) muss eine ärztliche Unbedenklichkeitsbescheinigung aus den letzten 14 Monaten vorliegen.

Eignung der Ausbildungsstätte, der Ausbildenden und Ausbilder

Auszubildende dürfen nur eingestellt werden, wenn die Ausbildungsstätte nach Art und Einrichtung für die Berufsausbildung geeignet ist. Die Zahl der Auszubildenden muss in einem angemessenen Verhältnis zur Zahl der Fachkräfte stehen.

Ausbildende und Ausbilder müssen **persönlich geeignet** sein. Daran fehlt es z. B., wenn sie wiederholt gegen das Berufsbildungsgesetz verstoßen haben oder wegen eines Verbrechens verurteilt wurden. Ausbilden darf weiterhin nur, wer **fachlich geeignet** ist, d. h. wer die beruflichen sowie berufs- und arbeitspädagogischen Kenntnisse und Fähigkeiten besitzt. Die berufs- und arbeitspädagogische Qualifikation wird über die **Ausbildereignungsprüfung** (auch AEVO-Prüfung oder umgangssprachlich AdA-Schein – Ausbildung der Ausbilder) nachgewiesen. Wenn der Ausbildende fachlich nicht geeignet ist, muss er einen Ausbilder beauftragen. Über die Eignung wacht die IHK.

1.4.3 Rechte und Pflichten während der Berufsausbildung

Der Berufsausbildungsvertrag regelt die wechselseitigen Pflichten von Ausbildendem und Auszubildendem, die sich gewissermaßen spiegeln.

Ausbildende	Auszubildende
... sorgt dafür, dass dem Auszubildenden die berufliche Handlungsfähigkeit vermittelt wird, die zum Erreichen des Ausbildungsziels erforderlich ist.	... bemüht sich, die berufliche Handlungsfähigkeit zu erwerben.
... gliedert die Ausbildung zeitlich und sachlich **(betrieblicher Ausbildungsplan)**.	... führt ordnungsgemäß das **Berichtsheft** und legt es regelmäßig vor.
... zahlt eine angemessene monatliche **Ausbildungsvergütung**. Diese ist nach dem Lebensalter der Auszubildenden so zu bemessen, dass sie mit fortschreitender Berufsausbildung, mindestens jährlich, ansteigt. Sie richtet sich in der Regel nach dem geltenden Tarifvertrag. Sie ist spätestens am letzten Arbeitstag des Monats zu zahlen.	... führt seine **Aufgaben** sorgfältig aus und befolgt **Weisungen**.
... **stellt** den Auszubildenden für den **Berufsschulunterricht** (einschließlich Pausen und Wegstrecke) und für die Teilnahme an **Prüfungen frei**. Berufsschulunterricht wird auf die Arbeitszeit angerechnet. An Berufsschultagen mit mehr als fünf Unterrichtsstunden von mindestens je 45 Minuten einmal in der Woche darf der jugendliche Auszubildende nicht beschäftigt werden (§ 9 Jugendarbeitsschutzgesetz). Das Gleiche gilt für Berufsschulwochen im Blockunterricht von mindestens 25 Stunden an mindestens fünf Tagen.	... nimmt an den Veranstaltungen, für die er freigestellt worden ist, teil. Die **Berufsschulpflicht** richtet sich nach Landesrecht.
... stellt dem Auszubildenden kostenlos die erforderlichen **Ausbildungsmittel** zur Verfügung, z. B. Berichtsheft, Schreibmaterial, eventuell Berufskleidung.	... behandelt Werkzeug, Maschinen und sonstige Einrichtungen **pfleglich**.
... hält den Auszubildenden zum Besuch der Berufsschule sowie zum Führen von schriftlichen Ausbildungsnachweisen an.	... beachtet die für die Ausbildungsstätte geltende **Ordnung** (z. B. Sicherheits- und Unfallverhütungsvorschriften, Rauchverbote, Hygienevorschriften, Haus- und Kleiderordnung, betriebliche Pausenregelungen).
... fördert den Auszubildenden charakterlich und sorgt dafür, dass er sittlich und körperlich nicht gefährdet wird. Nur ausbildungsgerechte Beschäftigungen sind zulässig.	... bewahrt **Stillschweigen** über Betriebs- und Geschäftsgeheimnisse.
... stellt bei Beendigung der Ausbildung ein schriftliches **Zeugnis** aus (auf Verlangen des Auszubildenden ein qualifiziertes Zeugnis, siehe Kapitel 16.12.3).	

1.4.4 Beruflicher Aufstieg, Fort- und Weiterbildungsmöglichkeiten

Mit dem Bestehen der Abschlussprüfung ist eine wichtige Hürde genommen. Jedoch ist es für eine erfolgreiche Berufs- und Karriereplanung wichtig, die berufliche Entwicklung als einen Prozess des **lebenslangen Lernens** zu begreifen. Das gilt in besonderem Maße für ein Segment, das so vielen beruflichen, gesellschaftlichen und gastronomischen Veränderungen ausgesetzt ist, wie die Systemgastronomie. Das lebenslange Lernen findet einerseits als sogenanntes „informelles Lernen" im Berufsalltag statt, durch Sammeln von Berufserfahrung, Übernehmen zusätzlicher Aufgaben und Verantwortung, „Training on the job". Besonders wichtig in der Systemgastronomie ist dabei auch die **berufliche Mobilität und Flexibilität**, das ist die Bereitschaft, den Ort oder die Tätigkeit zu wechseln. Andererseits ist aber auch der Besuch geeigneter Weiterbildungsveranstaltungen sinnvoll und für das Erreichen vieler Positionen außerdem notwendig.

Die Ausbildung zum Fachmann/zur Fachfrau für Systemgastronomie bereitet in erster Linie auf eine berufliche Laufbahn im **Restaurantmanagement** vor, d.h. im operativen Geschäft. Aber es bestehen auch Perspektiven in den Unternehmenszentralen oder in der Selbstständigkeit. Der erste berufliche Schritt nach erfolgreich absolvierter Ausbildung ist für viele Berufseinsteiger eine Position als Schichtführer („Shiftleader"). Danach können Entwicklungsschritte als Assistent des Restaurantleiters, stellvertretender Storemanager oder Junior-Assistent folgen. Die Funktionsbezeichnungen unterscheiden sich von Unternehmen zu Unternehmen.

Die klassischen Meister-Fortbildungen (Küchenmeister, Restaurantmeister, Hotelmeister) stehen formal auch den Fachleuten für Systemgastronomie offen. Jedoch bieten sie wenige Qualifikationen, die für dieses Segment typisch und verwertbar sind. Daher wurde im März 2002 die Fortbildung zum **Fachwirt im Gastgewerbe** geschaffen. Der Fachwirt im Gastgewerbe ist eine berufsbegleitende IHK-Fortbildung mit Schwerpunkten in den Bereichen Gästeorientierung, Marketing, branchenbezogenes Management und Recht. Zulassungsvoraussetzung ist neben der bestandenen Abschlussprüfung eine mindestens zweijährige Berufserfahrung. Vorbereitungslehrgänge werden von verschiedenen IHKs und privaten Anbietern angeboten (auch im Fernstudium). Der Besuch eines Lehrgangs ist für die Prüfung nicht vorgeschrieben, aber sehr empfehlenswert. Im Rahmen der öffentlich-rechtlichen IHK-Prüfung ist „Systemgastronomie" eine von drei gastronomischen Angebotsformen, die ausgewählt werden kann.

An einer **Hotelfachschule** kann eine zweijährige Weiterbildung zum **staatlich geprüften Betriebswirt Fachrichtung Hotel- und Gaststättengewerbe** absolviert werden. Zusätzlich kann dabei auch die Fachhochschulreife erworben werden. Die Schule findet zwei Jahre in Vollzeit statt. Voraussetzung ist eine abgeschlossene Berufsausbildung und eine mindestens einjährige Berufspraxis.

Karrierechancen für Systemgastronomen

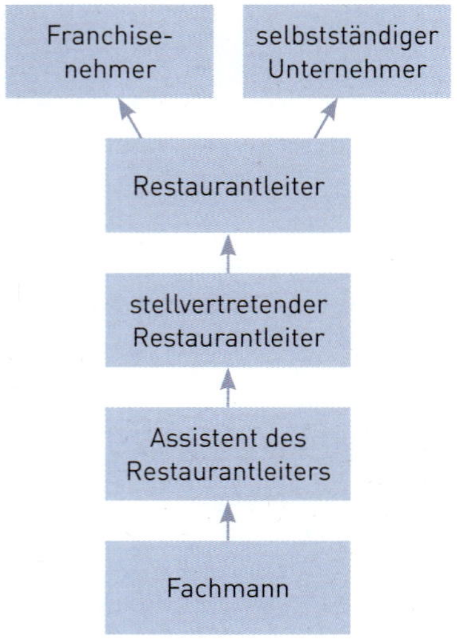

Unterrichtsfächer sind z. B. Volks- und allgemeine Betriebswirtschaftslehre, Marketing, Personalwesen, Finanzierung, Recht, Rechnungswesen und Controlling, Steuerlehre, EDV, Wirtschaftsmathematik, Ernährungslehre und Lebensmittelrecht, Politik und Wirtschaft, Fremdsprachen und Deutsch. Es können verschiedene Wahlpflichtfächer gewählt werden. Alternativ ist auch innerhalb eines Jahres ein Bildungsgang zum **staatlich geprüften Gastronomen** möglich.

An der Hotelmanagement-Akademie (HMA) der IHK Koblenz sowie am IST-Studieninstitut Düsseldorf werden berufsbegleitende Weiterbildungen zum **Betriebswirt Systemgastronomie (HMA bzw. IST)** angeboten. Die Abschlüsse stellen private Prüfungen dar.

Wer im Besitz des Abiturs oder der Fachhochschulreife ist, kann an verschiedenen **Fachhochschulen** Tourismus- oder Hospitality-Management oder Betriebswirtschaftslehre studieren. Darüber hinaus gibt es zahlreiche Seminare oder Veranstaltungen bei den Berufs- oder Wirtschaftsverbänden, Industrie- und Handelskammern oder privaten Anbietern zu Einzel- oder Spezialthemen.

Beispiele für Anbieter von Seminaren
www.dehoga-akademie.de
www.dsft-berlin.de

Jede berufliche Weiterbildung erfordert ein großes Engagement. Vielfach sind Schul- oder Studiengebühren zu entrichten. Wer plant, eine Vollzeitschule zu besuchen oder ein Vollzeitstudium zu absolvieren, muss bedenken, dass während dieser Zeit der gewohnte Verdienst wegfällt und Nebentätigkeiten nur eingeschränkt möglich sind. Berufsbegleitende Weiterbildungen, insbesondere Fernlehrgänge, stellen dagegen große Anforderungen an die Disziplin und beanspruchen für eine gewisse Zeit nahezu die gesamte Freizeit.

Informationen zu Weiterbildungsmöglichkeiten
www.aufstieg-durch-bildung-info

Finanzielle Förderung von Fortbildungen ist möglich über das sogenannte **„Meister-BAföG“** (Aufstiegsfortbildungsförderungsgesetz). Zuständig sind die kommunalen Ämter für Ausbildungsförderung bei den Städten oder Landkreisen. Hochschulstudien werden durch BAföG (Berufsausbildungsförderungsgesetz) gefördert. Die KfW-Mittelstandsbank vergibt Studienkredite.

Informationen des Bundesministeriums für Bildung und Forschung über das Meister-BAföG
www.meister-bafoeg.info

1.5 Let's think about ... your training!

An Ihre Berufsschule wird eine Gruppe Austauschschüler aus Reading, UK, kommen, die dort ein **Vocational/Technical College** besuchen, um einen Abschluss in der „Catering and Hospitality“-Branche zu erlangen. Sie bereiten sich darauf vor, den englischen Gästen die verschiedenen Aspekte Ihrer Ausbildung zu erläutern, da die Ausbildung in gastronomischen Berufen in Deutschland sich deutlich von der in Großbritannien unterscheidet. Der Beruf des Systemgastronomen beispielsweise ist dort nicht bekannt.

1. **Um den Austauschschülern dieses Berufsbild zu erklären, greifen Sie auf Ihr Schulbuch zurück und geben die dort aufgeführte Definition auf Englisch wieder (siehe Kapitel 1.1).**

2. **Da auch das duale Ausbildungssystem im UK so gut wie unbekannt ist, erklären Sie es den Austauschschülern in seinen Grundzügen.**

   Insbesondere weisen Sie auf folgende Aspekte hin:
   - Ausbildungsdauer drei Jahre (kann eventuell verkürzt werden)
   - Ausbildungsvertrag mit einem Betrieb
   - ein- oder zweimal pro Woche Unterricht in der Schule (alternativ Blockunterricht)
   - Berufsschule: theoretisches Hintergrundwissen
   - Betrieb: praktische Ausbildung
   - Zwischenprüfung ist Pflicht
   - Abschlussprüfung

background knowledge	Hintergrundwissen
block release course	Blockunterricht
brand	Marke
branded restaurants	Markenrestaurants, Systemgastronomie
chain	Kette
day release course	wöchentlicher Unterrichtstag
dish	Speise, Gericht
drink	Getränk
examination	Prüfung
food	Speise, Lebensmittel
franchisee	Franchisenehmer
franchiser	Franchisegeber
gastronomy	Gastronomie
independent restaurants	Individualgastronomie
interim-examination	Zwischenprüfung
meal	Speise, Mahlzeit, Gericht
training	Ausbildung
against payment	entgeltlich
for money	entgeltlich
central	zentral
to centralise^{BE} to centralize$^{AE/BE}$	zentralisieren
to consume	verzehren
to manage	steuern
to multiply	multiplizieren
to sell sth.	etw. entgeltlich abgeben
to standardize $^{AE/BE}$	standardisieren
on the premises	an Ort und Stelle
right on the spot	an Ort und Stelle

Eine Ausbildung zum Burgerbraten?
[...] Blöde Reaktionen von den Freunden habe sie eigentlich nicht bekommen. Viele hätten zwar gesagt: „Mein Ding ist es nicht", erzählt Jasmin Müller. Aber die meisten fänden ihren Job ganz cool. Die 21-Jährige macht eine Lehre zur Fachfrau für Systemgastronomie. [...]

Restaurants mit System
Restaurants mit Systemgastronomie – das sind derzeit vor allem Fast-Food-Ketten wie McDonald's oder Burger King. Aber auch Selbstbedienungsläden oder Ketten wie Maredo, Pizza Hut oder Nordsee zählen dazu. Diese Shops haben eines gemein: In allen Filialen gibt es die gleichen Produkte mit dem gleichen Standard. Egal, ob man zu einem McDonald's in Berlin, Madrid oder Los Angeles geht: Es gibt dort Cheeseburger – und zwar im besten Fall zu einer bestimmten Qualität. Zu großen Teilen sind die Abläufe in diesen Restaurants standardisiert. [...]

Teamwork ist gefragt
Drei Sachen brauchen junge Menschen, die diese Lehre machen wollen: „Sie brauchen eine hohe Affinität zur Dienstleistung [...]. Sie dürften die Schichtarbeit nicht scheuen. Denn Fachkräfte für Systemgastronomie sind häufig auch am Wochenende und nachts im Einsatz. Und schließlich müssten sie gut im Team arbeiten können. Denn die Arbeit sei vor allem Teamwork. [...]

Auch klassische Büroaufgaben gehören dazu
„Die Systemorientierung nimmt in Restaurants immer mehr zu", so Grupe *[Ausbildungsexperte bei der Industrie- und Handelskammer, Anm. der Autoren]*.
Das sei ein Bereich mit Zukunft. Bestätigen kann das auch Guido Zeitler von der

Gewerkschaft für Nahrung, Genuss, Gaststätten: „Mit der breiten kaufmännischen Ausbildung lässt sich leicht in andere Branchen wechseln."
Nach der Lehre sind die Perspektiven auf eine Übernahme meist sehr gut. [...]
(dpa)

3. Schließlich beschreiben Sie, welche Tätigkeiten Sie als Auszubildende in der Systemgastronomie ausführen müssen bzw. welche Aufgabenbereiche Ihre Ausbildung umfasst.

Dafür greifen Sie auf die oben stehenden Auszüge eines Artikels zurück, den Sie im Internet gefunden haben.

Darüber hinaus sollte Ihre Beschreibung auch die folgenden Inhalte berücksichtigen:

- Arbeit an Essensausgabe und Kasse
- Bedienung der Küchengeräte
- Kontrolle betrieblicher Standards
- Dienstplangestaltung
- Führung einer Schicht
- Durchführung der Inventur
- Warenannahme
- ...

cash-point	Kasse
cleaning	Reinigung
control	Kontrolle
cost analysis/control	Kostenanalyse
curriculum	Ausbildungsplan
demand, request	Anforderung
deep (fat) fryer	Fritteuse
food counter	Essensausgabe
handling, working with ...	Umgang
line of business	Branche
night-shift	Nachtschicht
process	Ablauf
self-service	Selbstbedienung
shift-work	Schichtarbeit
staff management	Mitarbeiterführung, Personalwesen
standard	Standard
stock-taking	Inventur
task, job	Aufgabe, Büroaufgabe
weekend-shift	Wochenendarbeit
commercial	kaufmännisch
operational	betrieblich

4. Die Austauschschüler interessiert zudem, was Sie persönlich veranlasst hat, eine Ausbildung in der Systemgastronomie zu beginnen. Sie antworten auf Englisch.

1.6 Aufgaben

1 | Beschreiben Sie drei Punkte aus der gesellschaftlichen Entwicklung, die den großen Erfolg der Systemgastronomie unterstützt haben und unterstützen.

2 | Formulieren Sie eine Definition für den Begriff „Systemgastronomie".

3 | Benennen Sie Gründe, die für eine systematisierte Produktionsweise von Vorteil sind.

4 | Erläutern Sie, wofür folgende Abkürzungen stehen:
a) PoS
b) DIN
c) HACCP
d) USP
e) CI

5 | Erklären Sie, was unter dem „dualen System" in der Berufsausbildung zu verstehen ist.

6 | Nennen Sie die Aufgaben der Industrie- und Handelskammer bei der beruflichen Ausbildung und Weiterbildung.

7 | Geben Sie an, wie lange die Ausbildung zum Fachmann/zur Fachfrau für Systemgastronomie dauert und welche Ausbildungsvoraussetzungen gelten.

8 | Erläutern Sie die Rollen und Aufgaben von Ausbildendem und Ausbilder in Ihrem eigenen Berufsausbildungsverhältnis. Welche Person übt welche Funktionen aus?

9 | Im Kapitel 1.3.2 wurde auf die „Multiplikation" eingegangen. Das Wort kennen Sie auch aus dem Mathematikunterricht. Was haben das kleine Einmaleins und die Systemgastronomie gemeinsam?

10 | Versetzen Sie sich in die Situation eines Gastronomen, der bisher ein Restaurant betreibt. Jetzt will er expandieren und zwei Filialen eröffnen. Zu diesem Zweck möchte er Dinge standardisieren.
a) Benennen Sie je zwei Arbeitsprozesse aus den Bereichen Küche, Service und Warenwirtschaft, die standardisiert werden könnten.
b) Nennen Sie je drei Vorteile und drei Nachteile bzw. Risiken einer solchen Standardisierung.

11 | Standards sind nicht für immer festgeschrieben, sondern werden ständig angepasst. Diskutieren Sie in der Klasse, wie und warum die folgenden Entwicklungen zu Veränderungen bei Standards führen können oder sollen.
a) Die DIN bezüglich der Reinigung von Getränkeschankanlagen wird an neueste mikrobiologische Erkenntnisse angepasst: Der Reinigungsturnus nach DIN wird um die Hälfte verkürzt.
b) Der Arbeitsmarkt ist leer gefegt. Ihr Unternehmen hat Schwierigkeiten, Servicekräfte zu finden, und verändert deshalb das Anforderungsprofil: Eine abgeschlossene Ausbildung bzw. mehrjährige praktische Serviceerfahrung ist keine Einstellungsvoraussetzung mehr.
c) Eine Gästebefragung hat ergeben, dass die Gäste sich „gesunde Speisen" wünschen.
d) Für die Restaurants Ihres Systems werden neue, hochmoderne Kaffee-Vollautomaten angeschafft.

12 | Recherchieren Sie in Ihrem Ausbildungsunternehmen, ob die folgenden Fragen zentral oder dezentral gesteuert und entschieden werden. Bedenken Sie, dass die Antworten sehr unterschiedlich ausfallen können.
a) Eröffnung eines neuen Standorts
b) Auswahl eines neuen Lieferanten für Kartoffeln/Kartoffelprodukte
c) Einstellung einer Küchenhilfe
d) Einstellung eines Betriebsleiters
e) Farbe des aktuellen Aktionsflyers
f) Orte und Zeiten, an denen der neue Aktionsflyer verteilt werden soll

13 | Überprüfen Sie die Mindestinhalte eines Berufsausbildungsvertrags nach dem Berufsbildungsgesetz anhand Ihres eigenen Vertrags. Welche Inhalte wurden in Ihrem Vertrag auf welche Weise geregelt?

14 | Nach erfolgreicher Abschlussprüfung streben Sie eine Weiterbildung zum/zur Fachwirt/-in im Gastgewerbe an. Recherchieren Sie unter www.meister-bafoeg.info, welche Voraussetzungen für eine staatliche finanzielle Förderung bestehen.

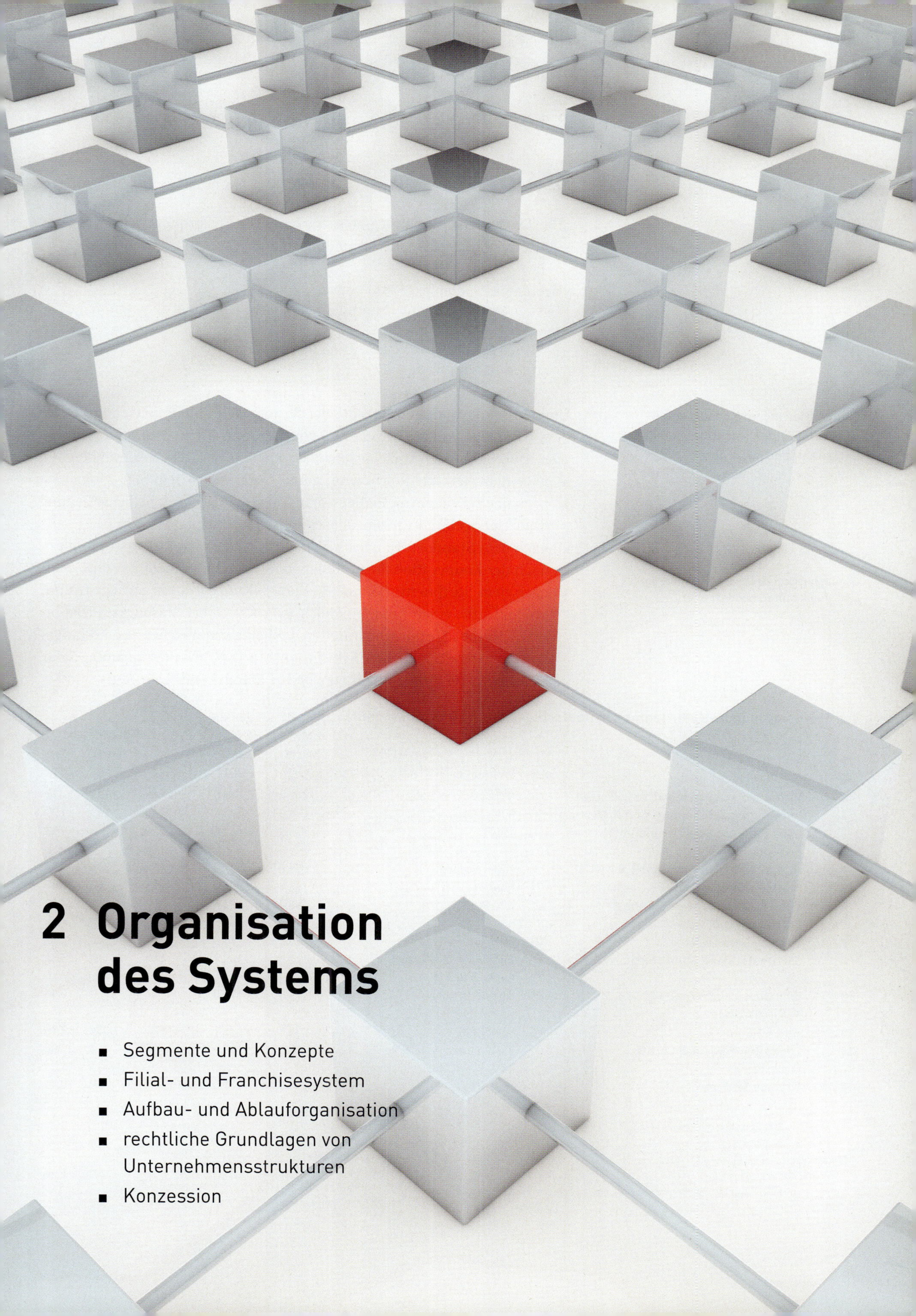

2 Organisation des Systems

- Segmente und Konzepte
- Filial- und Franchisesystem
- Aufbau- und Ablauforganisation
- rechtliche Grundlagen von Unternehmensstrukturen
- Konzession

2.1 Marktsegmente und Konzepte

2.1.1 Einteilung

„Die Systemgastronomie" gibt es nicht. Systemgastronomische Konzepte sind so vielfältig wie der Gastronomie-Markt insgesamt.

Systemgastronomie ≠ Fast Food
Systemgastronomische Unternehmen können Fast Food anbieten – müssen es aber nicht.
Fast-Food-Betriebe können systematisiert sein – müssen es aber nicht.

Segmentierung im Konsumentenpanel CREST des Marktforschungsunternehmens npdgroup

- Leisure/Entertainment
- Gesamtmarkt
- Full-Service-Restaurants/Hotels
- Workplace/Education
- Quickservice-Restaurants

www.npdgroup.de/wps/portal/npd/de/branchenkenntnis/foodservice/

Um den Markt und die Konzepte der Systemgastronomie besser zu verstehen, ist es sinnvoll, eine weitere Segmentierung (Unterteilung) vorzunehmen. Dies kann nach verschiedenen Merkmalen erfolgen, insbesondere

- nach dem **Netz**/der **Reichweite**: global – national – regional – lokal
- nach der **Serviceform**: Bedienrestaurants (Full Service), Selbstbedienung (Quickservice) und verschiedenste Zwischenformen
- nach dem **Standort**: Handels-, Verkehrs-, Event-, Freizeitgastronomie
- nach der **Kooperationsform**: Filial- und Franchisesystem, Mischformen
- nach dem **Sortiment**: (Mono-)Producter (Konzentration auf ein Grundprodukt bzw. einen Produktbereich, z. B. Kaffee bei Starbucks, Pizza bei Pizza Hut) – Sortimenter (breiteres, aber harmonisches Produktangebot mit unterschiedlichen Schwerpunkten (z. B. frisches Gemüse, Salat, Fleisch etc. im Frontcookingbereich bei Marché oder LeBuffet)

Top 100 Gastronomie-Unternehmen in Deutschland 2011/2012 (Ausschnitt)

Rg.	Vj.	Unternehmen	Kat.	Vertriebslinien	Netz	Umsatz (o. MwSt.) Mio. € 2012	Umsatz (o. MwSt.) Mio. € 2011	Zahl der Betriebe 2012	davon FR[2]	Zahl der Betriebe 2011
1	1	**McDonald's Deutschland Inc.**, München	QS	McDonald's, McCafé	g	3.247,0	3.195,0	1.440	1.179	1.415
2	2	**Burger King Beteiligungs GmbH**, München	QS	Burger King	g	833,0*	790,0*	700	593	696
3	3	**LSG Lufthansa Service Holding AG**, Neu-Isenburg[3]	VG	LSG	g	730,0	714,0	19	0	19
4	4	**Autobahn Tank & Rast GmbH**, Bonn[4]	VG	T&R Raststätten	n	599,0*	597,0*	392	383	393
5	5	**Nordsee Holding GmbH**, Bremerhaven	QS	Nordsee	g	291,0	301,0	336	68	345
6	7	**Yum! Restaurants International Ltd. & Co. KG**, Düsseldorf	QS	KFC, Pizza Hut	g	199,0	177,6	157	119	139
7	10	**Subway GmbH**, Köln	QS	Subway	g	185,0*	175,0*	600	600	612
8	6	**SSP Deutschland GmbH**, Eschborn	VG	Airport/Bahnhof/Straße: Gastro & Handel	g	182,0	185,0	280	0	284
9	9	**Ikea Deutschland GmbH & Co. KG**, Hofheim-Wallau	HG	Ikea-Gastronomie	g	179,0	175,0	46	0	46
10	8	**Aral AG**, Bochum	VG	PetitBistro	g	175,8	175,1	1.084	1.084	1.076
11	11	**Edeka Zentrale AG & Co. KG**, Hamburg	QS	Bäcker-Imbiss: Schäfer's, K&U, Wünsche usw.	n	165,0*	160,0*	2.700*	0	2.700*
12	13	**Vapiano SE**, Bonn	QS	Vapiano	g	144,8	128,8	52	29	45

* Schätzwert
1) ohne Hotellerie, Gastro/System inkl. Fremdregie-Betriebe
2) FR = Fremdregie/Franchising
3) keine gastronomietypische Absatzsituation
4) Pachtbetriebe der Tank & Rast
(Quelle: Zeitschrift „food service"/Deutscher Fachverlag, weitere Informationen über http://www.dfv-archiv.de/)

Kat = Kategorie/Segmente
QS = Fast Food, Imbiss, Home Delivery
VG = Verkehrsgastronomie
HG = Handelsgastronomie
FZ = Freizeitgastronomie
FS = Fullservicegastronomie
EC = Event/Messe/Sport-Catering

Netz (räumlicher Radius)
g = global
m = multinational
n = national
r = regional
c = in einer Stadt

Im Folgenden sollen anhand dieser gängigen Unterteilung der Top 100 Gastronomie-Unternehmen einige wichtige Segmente besonders beleuchtet werden. Zu beachten ist, dass sich die Zuordnungen auch überschneiden können.

2.1.2 Quickservice

Quickservice, auch als Fast Food bezeichnet, meint Konzepte für die schnelle, einfache Mahlzeit oder einen Snack. Häufig werden die Produkte auch oder sogar nur zum Mitnehmen („Take away“, „To go“) angeboten. Quickservice repräsentiert über 50 % der Erlöse der Top 100 mit steigender Tendenz und ist damit das mit Abstand größte Segment der Systemgastronomie.

„Junkfood“
Dieser teilweise verwendete Begriff (englisch „junk“ = minderwertiges Material) ist dagegen abwertend. Gemeint sind industriell gefertigte Lebensmittel, die stark fett-, salz- oder zuckerhaltig sind (z. B. Pommes frites, Limonaden)

Zu den Quickservice-Systemen gehören klassisch die großen amerikanischen Ketten wie McDonald's, Burger King, Pizza Hut oder Subway, aber auch z. B. Coffeeshops wie Starbucks oder Tchibo oder der Fischspezialist Nordsee. Auch spezielle Konzeptformen wie Home Delivery oder Fast Casual (siehe Kapitel 2.1.9) werden dazugezählt. Außerdem gehören die meisten Anbieter an den Schnittstellen zwischen Gastronomie und Lebensmitteleinzelhandel sowie Lebensmittelhandwerk (Bäcker und Metzger) in dieses Segment.

Charakteristisch für Quickservice sind in der Regel:

- schneller Bestell- und Verzehrvorgang
- dadurch hoher Gästedurchsatz, d. h. Hochfrequenzlagen erforderlich
- Geschäft auch außerhalb klassischer Essenszeiten
- starke Produktspezialisierung, d. h. straffes und gängiges Sortiment
- hoher Standardisierungsgrad
- oft Counter-Service, meist mit „Take-away“-Option
- deshalb große Bedeutung von Verpackungslösungen
- starker Einsatz von Convenience-Produkten
- viele ungelernte und angelernte Mitarbeiter
- niedriges Durchschnittsalter der Gäste

Typischer Quickservice-Counter (Burger King)

2.1.3 Verkehrsgastronomie

„Man isst, wo man ist.“ – ein viel gehörter Slogan. Verkehrsgastronomie bezeichnet gastronomische Standorte, die von Menschen unterwegs aufgesucht werden, sei es auf dem täglichen Arbeitsweg oder dem Weg in den Urlaub:

- Gastronomie an Bahnhöfen – Verpächter ist die Deutsche Bahn
- Gastronomie im Zug (Speisewagen, Bordbistro, betrieben meist von der Deutschen Bahn)
- Gastronomie am Flughafen – öffentliche Gastronomie landside und airside, d. h. vor und hinter der Sicherheitskontrolle (z. B. SSP, Wöllhaf, Stockheim) sowie die Lounges der Fluggesellschaften (z. B. Lufthansa Lounge)
- Flugcatering – das Essen im Flugzeug (z. B. LSG Sky Chefs, Gate Gourmet)
- Gastronomie an der Autobahn – Autobahnraststätten (Verpächter Tank & Rast) sowie Autohöfe
- sonstige Tankstellen

2012er Erlöse der Top 100

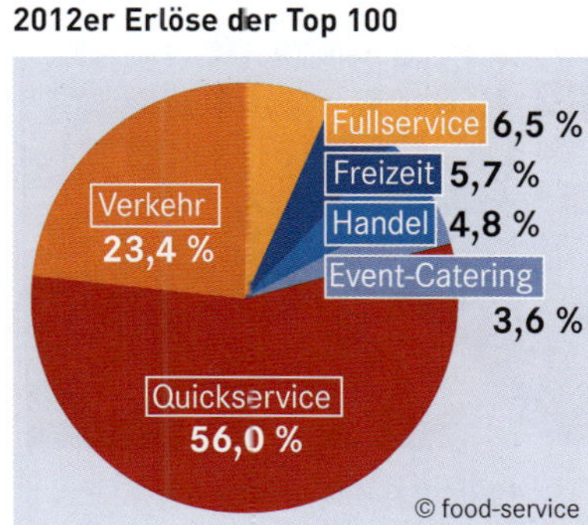

(Quelle: Zeitschrift „food-service“/Deutscher Fachverlag, weitere Informationen über www.dfv-archiv.de)

Verkehrsgastronomie auf kleinstem Raum; hier direkt auf dem Bahnsteig; wegen hoher Pachten ein aktueller Trend

Da das Geschäft an Verkehrsstandorte sehr spezielle Anforderungen betreffend Logistik und operative Umsetzung stellt, sind hier zunehmend spezialisierte Unternehmen aktiv, die an unterschiedlichen Verkehrsstandorten agieren (z. B. SSP, Stockheim). Sie treten dabei häufig als institutionelle Franchisenehmer mehrerer bekannter Marken auf.

Charakteristisch für die Verkehrsgastronomie sind in der Regel:

- hohe Mieten/Pachten, daher oft sehr kleine Outlets (Imbissstände ohne Sitzmöglichkeit)
- Schnelligkeit hat für die meisten Gäste absolute Priorität, daher hoher und weiter wachsender Quickservice- und „To-go"-Anteil, Full Service schrumpft zusehends
- wenig Lager- und Produktionsfläche, daher hoher Conveniencegrad und straffe Sortimente
- lange Öffnungszeiten
- extrem starke Ausschläge bei der Frequenzkurve (z. B. Autobahnraststätte: 24 Stunden an 365 Tagen geöffnet, allerdings nachts sehr ruhig)
- Gästezahl nur bedingt selbst steuerbar, Abhängigkeit vom Passagieraufkommen (z. B. Urlaubszeit, Berufsverkehr, Wettereinbrüche, Streiks)
- starke Fixierung auf nationale/globale Marken
- Verzehrimpuls sehr wichtig, daher große Bedeutung der Warenpräsentation
- an internationalen Standorten Mitarbeiter mit Fremdsprachenkenntnissen erforderlich

2.1.4 Handelsgastronomie

Dachterrasse des „Leonhard's" in der GALERIA Kaufhof in Frankfurt – Pilotprojekt einer neuen gastronomischen Generation bei DINEA

Typische Standorte für die Handelsgastronomie sind:

- Warenhäuser
- Einkaufszentren
- Möbelhäuser

Kleinere Outlets, z. B. Coffee Shops oder Snackbars, finden sich zunehmend auch im sonstigen Einzelhandel, beispielsweise in Buchläden, im Elektronikfachhandel oder in Modegeschäften.

Die Landmark Mall, Hong Kong, setzt Maßstäbe: Die Gastronomie im Shopping Center ist edel aufgemacht und prominent platziert.

Die Gastronomie im Einzelhandel hat sich in den letzten Jahren und Jahrzehnten mehr und mehr von einem bloßen Service für die einkaufenden Kunden und Frequenzbringer für den Einzelhandel hin zu eigenständigen gastronomischen Einrichtungen mit eigener Geschäftspolitik gewandelt. Sie werden nicht mehr nur zum Ausruhen und für den Kaffee zwischendurch während des Shoppings aufgesucht, sondern auch unabhängig davon, z. B. von der Wohn- und Arbeitsbevölkerung im Umfeld oder von Passanten in der Einkaufsstraße. Durch diese Ausweitung stellen sich neue Anforderungen an das Sortiment, die Aufenthaltsqualität und den Service. Zu erkennen ist dies z. B. daran, dass die Gastronomie bereits vereinzelt von den obersten Etagen der Warenhäuser in das Erdgeschoss wandert oder auch an Öffnungszeiten, die von den Ladenöffnungszeiten abgekoppelt sind. Verglichen mit internationalen Malls hat die Handelsgastronomie in Deutschland aber noch viel Nachholbedarf.

Die Gastronomie im Einzelhandel wird heute meist als „Profitcenter" betrieben, d. h., sie ist für das Erreichen eines wirtschaftlichen Ergebnisses selbst verantwortlich. Damit einher geht vielfach eine auch rechtliche Ausgliederung. Der Restaurantleiter ist dann nicht mehr dem örtlichen Filialmanagement des Handelshauses unterstellt, sondern der Zentrale der Gastro-Tochter. Dies bedingt in gastronomisch-fachlicher Hinsicht eine Professionalisierung sowie eine stärkere Standardisierung. Eine Bindung an die strategischen Ziele des Mutterkonzerns bleibt aber auch in selbstständigen Gastronomietöchtern erhalten. Davon hängt es z. B. ab, ob die Tochter in andere Geschäftsfelder expandiert oder sich auf das Kerngeschäft konzentriert.

Je stärker Einzelhandel und Gastronomie räumlich verbunden sind, desto wichtiger ist die Küchentechnik, insbesondere was die Abluft angeht. Die Einzelhandelskunden würden eine Geruchsbelästigung beim Shopping nicht hinnehmen. Aufgrund der sehr hohen Pachten für Einzelhandelsflächen ist die Platzoptimierung bei der Handelsgastronomie außerhalb von Warenhäusern von großer Bedeutung; die Flächen werden daher immer kleiner. Festzustellen ist weiter ein Trend von „Einzelhandel mit Gastronomie" hin zu „Gastronomie mit Einzelhandel": Restaurants bieten Produkte, z. B. Lebensmittel aus ihrem Sortiment oder Geschirr, auch zum Verkauf an.

Charakteristisch für die Handelsgastronomie sind in der Regel:

- Anlehnung an die Ladenöffnungszeiten des Einzelhandels
- starkes Mittagsgeschäft, kaum Abendgeschäft
- typische Serviceform in der Warenhausgastronomie ist Free Flow (Stationen mit einzelnen Speisekomponenten), in neueren Betrieben mit hohem Anspruch an Frische und Qualität und mit hohem Individualisierungsgrad
- in Einkaufszentren sind oftmals sogenannte Food-Courts (siehe Kapitel 2.1.9) zu finden.
- teilweise ist Counter-Service zu finden
- gutes Preis-Leistungs-Verhältnis, teilweise extrem preisattraktive Aktionsangebote als Frequenzbringer
- beim Umsatz, bei der Kundenstruktur und bei der Geschäftspolitik hohe Abhängigkeit vom Einzelhandel (z. B. Warenhausgastronomie: hohes Durchschnittsalter der Gäste)

Ausgliederung = Outsourcing
Beim Outsourcing handelt es sich um eine rechtliche und organisatorische Verselbstständigung eines Unternehmensteils, meist in einer GmbH. Diese ist dann eine „Tochter" unter dem Dach des „Mutterkonzerns".

Beispiele für Outsourcing in der Systemgastronomie

- DINEA Gastronomie GmbH als Tochter der GALERIA Kaufhof GmbH. Diese ist ihrerseits Teil des METRO-Konzerns.
- LeBuffet Restaurant&Cafe GmbH als Tochter der Karstadt Warenhaus GmbH

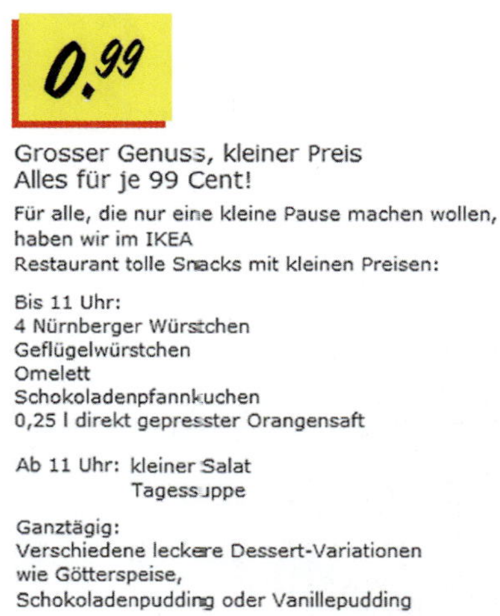

Erhöhung der Gästefrequenz über den Preis eines Aktionsangebots (Ikea)

2.1.5 Freizeitgastronomie

Als Freizeitgastronomie wird die Gastronomie in Einrichtungen bezeichnet, bei denen das Freizeitvergnügen und der Wunsch des Gasts nach Spaß und Ablenkung den hauptsächlichen Anlass für den Besuch liefern. Die Konzepte sind sehr vielfältig und entziehen sich einer verallgemeinernden Betrachtungsweise. In dieses Segment gehören z. B.

- Party-/Bar-/Kneipen-/Bistro-Konzepte wie Sausalitos, Enchilada, Café Extrablatt, Alex oder Bolero. Hier sind Essen und vor allem Trinken zwar integraler und zentraler Bestandteil, andere Komponenten wie Geselligkeit, Musik und Atmosphäre sind aber ebenso wichtig. Verglichen mit dem Gesamtmarkt ist hier der Anteil der Systemgastronomie eher gering, es gibt aber eine zunehmende Systematisierung.

Lifestyle-Beach-Club (Alex)

Gastronomie im Multiplexkino (Cineplex)

Dinnershow (Roncalli's Panem and Circensis)

- Gastronomie in Freizeiteinrichtungen wie Kinos, Freizeitparks, Zoos, Theatern, Museen etc. Auch Gastronomie in Arenen oder Sportstadien könnten unter Freizeitgastronomie gefasst werden, diese werden jedoch unter Kapitel 2.1.7 separat dargestellt. Da die Gäste in aller Regel nicht wegen der Gastronomie kommen und lediglich als Nebenzweck zu Spaß, Freizeit, Kultur ihren Hunger und Durst stillen möchten, steht nicht das unverwechselbare gastronomische Angebot, sondern Logistik, Preis und Handhabbarkeit im Vordergrund. Insbesondere die zuverlässige Versorgung großer Menschenmassen in kürzester Zeit (z. B. in der Konzert- oder Theaterpause) stellt logistische Anforderungen. Gleichzeitig wächst allerdings der Qualitätsanspruch der Gäste bis hin zur Nachfrage nach VIP-Lounges oder hochkarätigen Banketts. Weil diese Anforderungen mit standardisierten Arbeitsabläufen besser zu bewältigen sind, schreitet in diesem Segment die Systematisierung stark voran.
- Gastronomische Sonderformen mit Freizeitcharakter wie Diskotheken und Clubs. Auch hier steht die Individualgastronomie im Vordergrund, es gibt aber eine zunehmende Systematisierung.
- Sogenannte Dinnershows, in denen die Gastronomie selbst das Freizeitereignis darstellt, das mit weiteren Elementen (Varieté, Musik, Artistik) angereichert wird (z. B. Pomp Duck and Circumstance, Roncalli's Panem and Circensis). Da hier ein sehr hoher Qualitätsanspruch in Bezug auf Food & Beverage (F & B) besteht, sind meist nur die organisatorischen Abläufe, nicht aber F & B standardisiert.

2.1.6 Full-Service-Gastronomie

Full-Service-Gastronomie (Schweinske)

Zur Full-Service-Gastronomie gehören Bedienrestaurants wie Block House, Maredo, Café del Sol, Schweinske oder Wienerwald (außer Express). Dieses Segment der Systemgastronomie liegt am nächsten bei der klassischen Gastronomie. Der Gast erhält den kompletten Service am Tisch, vom Eindecken des Tisches über die Aufnahme der Bestellung, das Bringen von Getränken und Speisen bis zur Rechnung. Die Standardisierung ist aber auch hier – teilweise für den Gast gar nicht wahrnehmbar – weit fortgeschritten, z. B. bei Qualitätssicherung, Einkauf, Serviceabläufen, Speisekarten, Vor- und Zubereitung der Speisen (z. B. Portionierung) bis hin zur Kommunikation mit dem Gast (z. B. Grußformeln).

Charakteristisch für die Full-Service-Gastronomie sind in der Regel:

- viele langjährige Marken
- Herausforderung, gleichzeitig Stärken der Tradition zu nutzen und die Marke regelmäßig aufzufrischen
- hohe Produktkompetenz
- entsprechend hoher Qualitätsanspruch
- höheres Preisniveau, daher mindestens mittleres Durchschnittsalter der Gäste
- meist viele langjährige Mitarbeiter, mehr Fachkräfte als in anderen Systemgastronomieformen
- hohe Gastgeberkompetenz
- höhere Kosten

2.1.7 Event-/Messe-/Sport-Catering

- Unter Event-Gastronomie fällt die F & B-Versorgung bei Großereignissen unterschiedlichster Art, z. B. Volksfeste, Galas, Firmenveranstaltungen. Wegen des damit verbundenen hohen logistischen Aufwands und der unterschiedlichen Anforderungen der Gäste sind hier meist auf Events spezialisierte Unternehmen tätig, z. B. Feinkost Käfer oder Kofler & Kompanie. Ihr Angebot beschränkt sich nicht auf die gastronomische Dienstleistung, sondern umfasst auch Technik, Dekoration, Musik, Show etc. sowie die Gesamtkonzeption der Veranstaltung.
- Von der Messegastronomie werden sowohl große und kleinere Veranstaltungen und Kongresse auf den Messen geplant und durchgeführt als auch die alltägliche Versorgung der Messegäste in den Restaurants und an den Imbissständen in den Messehallen gewährleistet. Auch hier sind Logistik und Kostenkontrolle die zentralen Herausforderungen. Messegastronomie wird von spezialisierten Unternehmen wie Feinkost Käfer, der Stockheim-Gruppe, Aramark oder Accente betrieben.
- Ein stark wachsender Markt ist das Sport-Catering in Arenen und Stadien. Ging es hier früher nur um die Bratwurst in der Halbzeitpause und somit fast ausschließlich um logistische Anforderungen, so ist in den letzten Jahren, z. B. durch die VIP-Lounges, auch der Qualitätsanspruch der Gäste stark gestiegen. Akteure sind hier zum einen die Sportvereine selbst (z. B. der FC Schalke 04) bzw. die Betreiber der Arenen (z. B. Arena One in München) und zum anderen auf Sport spezialisierte Caterer (z. B. Aramark, Eurest Sports and Food).

Event-Gastronomie (Accente)

Sport-Catering (Lanxess Arena)

2.1.8 Mischformen und Grenzformen

Der Gastronomiemarkt ist vielfältig und äußerst lebendig. „Schubladen“, um ihn zu ordnen, lassen sich nie wirklich schließen. Alle schematischen Unterteilungen können daher nur eine Annäherung an die Realität sein.

Individualisierte Systemgastronomie und systematisierte Individualgastronomie

Bei vielen am Markt erfolgreichen Konzepten verschwimmt die Grenze zwischen Individual- und Systemgastronomie:

- Systemgastronomische Unternehmen lassen ganz bewusst Individualisierungen zu, z. B. durch beliebte heimische Produkte und Gerichte in bestimmten Regionen, regionale Lieferanten, Aktionen zu bestimmten örtlichen Festen oder lokale Marketingaktionen. So kann die Identifikation der Gäste mit dem Kettenrestaurant vor Ort verstärkt werden. Denn zu starke Standardisierung, z. B. in der Kommunikation, wird von vielen Gästen als uniformiert empfunden. Stattdessen werden die Freiräume des Franchisenehmers bzw. Betriebsleiters vergrößert und somit die Eigenverantwortung gestärkt. Selbst ein hoch standardisiertes Unternehmen wie McDonald’s nimmt Differenzierungen vor, betreibt z. B. koschere Restaurants in Israel oder hat im hinduistischen Indien kein Rindfleisch, stattdessen aber Geflügel- und Lammfleischburger im Angebot.

- Individualgastronomen, insbesondere solche mit mehreren Betrieben, nutzen zunehmend die Systematisierung, z. B. im Personalwesen, im Einkauf oder im Marketing, um ihre Kosten im Griff zu behalten, ihre Arbeitsprozesse zu optimieren und ihre Qualität zu kontrollieren. Die Kunst besteht hier zumeist darin, nur solche Abläufe zu standardisieren, die der Gast nicht sieht und spürt. Es werden also betriebswirtschaftliche Vorteile der Systemgastronomie genutzt, ohne dabei die Individualität des einzelnen Restaurants aufzugeben.

Marke im Contract-Catering (Compass Group)

Contract-Catering und Gemeinschaftsverpflegung

Verpflegungsdienstleister, die Einrichtungen wie Werkskantinen, Schulen, Mensen oder Krankenhäuser versorgen, gehören formal nicht zur Systemgastronomie, sondern in das Gastronomie-Segment „Kantinen und Caterer". Insbesondere dann, wenn sie aufgrund von Rahmenverträgen viele Kunden beliefern, aber auch, wenn sie als Eigenbetrieb für mehrere Industriestandorte zuständig sind, arbeiten sie in der Praxis mit den gleichen Methoden wie die Systemgastronomie: Systematisierung, Standardisierung, Multiplikation, Zentralsteuerung. Personalmanagement, Produktion, Einkauf, Qualitätsmanagement u. a. sind daher weitgehend vergleichbar.

Lebensmittelhandwerk mit Gastronomie (Bäckerei Junge)

Lebensmitteleinzelhandel und Lebensmittelhandwerk

Immer „gastronomischer" werden das Lebensmittelhandwerk (Bäcker, Metzger, Konditoren) sowie der Lebensmitteleinzelhandel (Supermärkte, Feinkostgeschäfte). Der gastronomische Anteil, d. h. der Verzehr an Ort und Stelle, wird gegenüber dem Handelsanteil in vielen Betrieben sowohl von der optischen Anmutung als auch vom Umsatz und Ertrag her immer wichtiger. Vielfach kann sogar von einer Entwicklung vom „Einzelhandel mit Gastronomie" hin zur „Gastronomie mit Einzelhandel" gesprochen werden. Da im Lebensmitteleinzelhandel und Lebensmittelhandwerk die Filialisierung noch weit stärker voranschreitet als in der Gastronomie, ist „gastronomisch" dort vielfach gleichbedeutend mit „systemgastronomisch".
Wegen der geschilderten Annäherungen und Überschneidungen werden in diesen Branchen und Segmenten vielfach ebenfalls Fachleute für Systemgastronomie ausgebildet und eingesetzt.

2.1.9 Konzeptgestaltung

Grundsätzlich kann nahezu jedes gastronomische Konzept, jede Idee vervielfältigt und systematisiert werden. Im Folgenden sollen einige Konzepttrends erläutert werden, die in der Systemgastronomie besonders relevant sind.

Fast Casual (coa)

Fast Casual

Die Wortschöpfung entstand Anfang der 2000er-Jahre aus einer Kombination von „Fast Food" und „Casual Dining". Gekennzeichnet sind Fast-Casual-Konzepte einerseits durch Schnelligkeit und Effizienz, andererseits durch Lifestyle, Aufenthaltsqualität und kulinarische Wertigkeit. Neben die SB-Counter treten Bar- und Lounge-Bereiche. Häufig spielen Frische und Gesundheit eine Rolle.

Pionier und nach wie vor erfolgreichstes Unternehmen in diesem Segment ist der Pasta-/Pizza-/Salat-Spezialist Vapiano. Weitere Beispielmarken: Osteria (ebenfalls ein italienisch gefärbtes Konzept) sowie die asiatischen Konzepte MoschMosch und coa.

Telefonische Bestellannahme (Joey's Pizza)

Lieferdienst/Home Delivery

Fast alle Arten von Speisen werden heutzutage geliefert. Das beliebteste Bestellgericht in Deutschland sind Pommes frites. Systemgastronomisch arbeiten vor allem Pizza-Lieferservices wie Joey's Pizza, Hallo Pizza, Smiley's, Call a Pizza und Pizza Max als Lieferdienst. Geordert wird per Telefon, Fax, zunehmend auch über die Unternehmens-Webseite oder Lieferportale wie lieferando.de, pizza.de, lieferservice.de oder lieferheld.de. Ausgeliefert wird meist per Auto oder Motorroller, teilweise per Fahrrad.

Autoschalter (McDonald's)

Drive-in

In einem Drive-in werden Dienstleistungen angeboten, ohne dass der Kunde dafür sein Auto verlassen muss. In Deutschland sind Drive-in-Restaurants üblich, in denen der Gast an einem extra für Autofahrer errichteten Schalter seine Bestellung aufgeben, das bestellte Essen entgegennehmen und im Auto (auf dem Parkplatz oder während der Fahrt) oder zu Hause verzehren kann. Hauptsächlich findet man sie bei den amerikanischen Burger-Ketten, mittlerweile aber auch bei anderen Anbietern. Neben Standorten an Autobahnen und Landstraßen gibt es Drive-ins zunehmend auch innerstädtisch.

Begriff „Drive-in"

„Drive-in" ist ein Pseudo-Anglizismus. Der eigentliche englische Begriff lautet „Drive-thru" (von to drive through = durchfahren). In den USA ist dieses Konzept sehr verbreitet.

Food Court

Food Court ist die Bezeichnung für eine Zone innerhalb eines Gebäudes, in der es Verkaufsstellen verschiedener Restaurants und Imbisse gibt, die sich Sitzplätze teilen. Food Courts sind vor allem in Einkaufszentren/Malls, an Bahnhöfen und Flughäfen zu finden. Entweder bewirtschaftet ein einziger Betreiber mehrere Verkaufsstellen mit verschiedenen Marken (z. B. SSP am Hbf. Berlin oder Rubenbauer am Hbf. München) oder die Restaurants werden an unterschiedliche Pächter (Mix aus globalen Ketten und lokalen Gastronomen) verpachtet, die eine gemeinsame Infrastruktur durch den Verpächter unterhalten. Bei der dichten Konkurrenz ist es besonders wichtig, dass das einzelne Restaurant profilstark und unverwechselbar ist.

Food Court (CentrO Oberhausen)

Frontcooking/Fresh Flow

Beim Frontcooking bereitet der Koch die Speisen unmittelbar vor dem Gast zu. Dieser kann so Teile des Zubereitungs- und Kochvorgangs selbst beobachten. Da Frische und Transparenz immer wichtiger werden, spielt Frontcooking insbesondere in der Handels-, aber auch der Verkehrsgastronomie, im Catering und in Erlebnisrestaurants eine große Rolle. Ziel ist es, Vertrauen zu schaffen und die Beratung des Gasts zu intensivieren. Wichtig sind die Warenpräsentation, gute Verständlichkeit des Systems, kommunikative Fähigkeiten des Kochs und eine geeignete Küchentechnik (z. B. Dunstabzug). Besonders geeignet sind schnelle Garmethoden wie das Kochen mit dem Wok oder Grillen. In der modernen Handelsgastronomie gibt es oft verschiedenartige Frontcooking-Stationen in einem Restaurant, was auch als Fresh Flow bezeichnet wird.

Frontcooking an der Wokstation (LeBuffet)

2.2 Unternehmensstrukturen

2.2.1 Filial- und Franchisesystem

Unterschiedliche Aufgaben im Franchise- und Filialsystem
Ein Franchisesystem benötigt in der Unternehmenszentrale eine Franchiseabteilung bzw. einen Franchise-Manager, die z. B. für die Akquise neuer Franchisepartner, Franchiseverträge und die Herbeiführung gemeinsamer Entscheidungen mit den Franchisenehmern zuständig sind. In einem Filialsystem muss geregelt sein, wie die Arbeitgeberpflichten zwischen Zentrale und Betrieb verteilt sind: Wer stellt ein, wer entlässt Mitarbeiter, wer legt das Gehalt fest, wer genehmigt den Urlaub?

Die Grundentscheidung bei der Frage, wie eine systemgastronomische Marke betrieben bzw. aufgebaut wird, ist die zwischen einem Filialsystem einerseits und einem Lizenzsystem, meist einem Franchisesystem, andererseits. Diese Entscheidung bestimmt die Aufgaben und den Zuschnitt der zentralen Abteilungen, die Befugnisse und Verantwortlichkeiten der Betriebe sowie die Expansion und die interne Kommunikation.

In der Praxis bestehen in vielen Systemgastronomieunternehmen sowohl Filialen als auch Franchisebetriebe nebeneinander.

Im Folgenden werden die Grundstrukturen beider Systeme dargestellt.

Filialstruktur

Im Filialsystem bilden die Restaurants und die Zentrale ein einheitliches Unternehmen. Berechtigt und verpflichtet wird immer das Gesamtsystem. Der Restaurantleiter ist weisungsgebunden.

In der **Zentrale** werden die strategischen Entscheidungen getroffen (z. B. Marketinginstrumente festgelegt, Sortimentsanpassungen vorgenommen, Personalbedarf definiert). Sie ist in der Regel auch Sitz der Verwaltung mit ihren typischen Tätigkeiten (z. B. Finanz- und Lohnbuchhaltung). Aufgabe der Betriebe (= **Filialen**) ist das operative Geschäft, d. h. die Umsetzung des Konzepts, Produktion, Verkauf, Service (die „Arbeit am Gast"). Soweit dort verwaltende Tätigkeiten durchgeführt werden (z. B. Bezahlung von Rechnungen, Einstellung von Mitarbeitern), ist die Zuständigkeit dafür von der Zentrale übertragen worden.

Filialen sind an Weisungen der Zentrale gebunden.

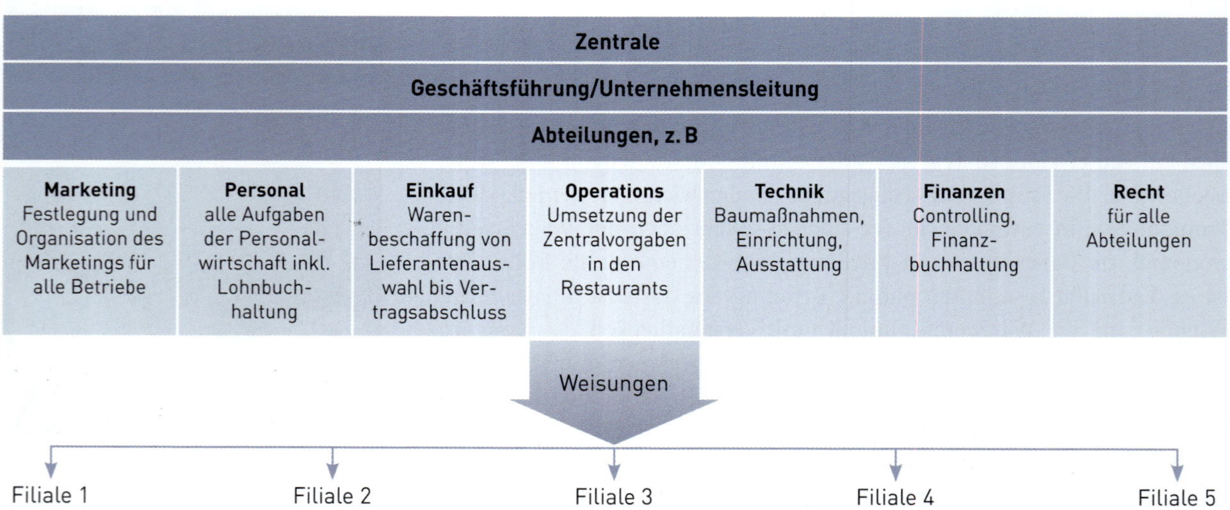

In größeren Unternehmen ist zwischen Zentrale und Betrieb noch eine Hierarchieebene zwischengeschaltet, die Regionalleitung. Von der Zentrale über die Region in den Betrieb besteht eine durchgehende Weisungskette.

Träger aller Rechte und Pflichten im Gesamtsystem ist das Unternehmen, meist eine GmbH oder GmbH & Co. KG (zu den Rechtsformen siehe Kapitel 2.3.2). Dieses wird rechtlich vertreten durch die Geschäfts-/Unternehmensleitung (meist Geschäftsführer – je nach Rechtsform). Das bedeutet insbesondere:

- Unternehmen ist Pächter der Restaurants bzw. Eigentümer der Immobilien.
- Unternehmen ist gegenüber den Lieferanten zur Zahlung verpflichtet und kann diesen gegenüber Mängel geltend machen.
- Unternehmen ist Arbeitgeber aller Mitarbeiter in allen Betrieben.
- Geschäftsführer des Unternehmens ist Inhaber der Gaststättenerlaubnis.

Filialstruktur

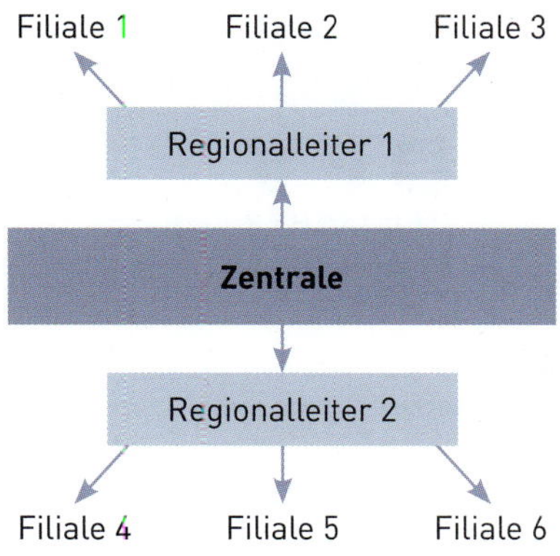

Filialen sind organisatorische, rechtlich unselbstständige Einheiten.

Die **Aufgaben und Zuständigkeiten des Filialleiters (= Restaurantleiter)** werden diesem durch den **Arbeitsvertrag** in Kombination mit der Stellenbeschreibung und Vollmachten **übertragen**. Mit seinen Erklärungen verpflichtet und berechtigt er nicht „seine" Filiale, sondern das Gesamtunternehmen. Deshalb ist er weisungsgebunden und deshalb ist die Festlegung, welche Entscheidungen er treffen darf und welche nicht, Sache der Unternehmensleitung. Typische Kompetenzen des Filialleiters sind:

- Umsetzung der Planungsziele der Zentrale bezüglich Umsatz und Kosten
- Kalkulation im Rahmen der Zentralvorgaben
- Personaleinsatzplanung (Dienstplan)
- Mitarbeiterqualifizierung (Trainings, ggf. in Zusammenarbeit mit der Zentrale)
- Einstellung und Entlassung gewerblicher Mitarbeiter
- Warenbestellung bei gelisteten Lieferanten, teilweise auch eigene Lieferantenauswahl bei regionalen Zulieferern (z.B. Gemüse)
- Lagerhaltung unter Einhaltung der lebensmittelrechtlichen Bestimmungen
- Produktion des Sortiments nach Rezepturen der Zentrale
- Präsentation des Sortiments nach Anrichtevorgaben der Zentrale
- Serviceorganisation nach Servicekonzept der Zentrale
- Umsetzung zentral geplanter Aktionen, ggf. Durchführung regionaler Marketingmaßnahmen

Der Filialleiter muss zwingend alle organisatorischen und inhaltlichen Richtlinien des Systems und alle Leistungs- und Qualitätsstandards einhalten. Dennoch hat er eine starke und verantwortungsvolle Stellung, denn ihm sind viele wichtige Entscheidungen und Verantwortungen übertragen.

Für die Einhaltung gesetzlicher Verpflichtungen, insbesondere im Lebensmittelrecht und in der Hygiene sowie im Arbeitsschutz, werden ihm durch den Arbeitsvertrag Unternehmerpflichten übertragen. Bei deren Verletzung haftet er.

Der Filialleiter ist ein Angestellter, dem eine hohe Verantwortung mit verschiedenen Rechten und Pflichten übertragen wird.

DFV
DEUTSCHER FRANCHISE VERBAND E.V.

Deutscher Franchise-Verband e.V.
www.franchiseverband.com

Franchisestruktur

Franchising ist ein auf Partnerschaft basierendes Absatzsystem mit dem Ziel der Verkaufsförderung. Der Franchisegeber übernimmt die Planung, Durchführung und Kontrolle eines erfolgreichen Betriebstyps. Er erstellt ein unternehmerisches Gesamtkonzept, das von seinen Geschäftspartnern, den Franchisenehmern selbstständig an ihrem Standort umgesetzt wird. (Quelle: Deutscher Franchise-Verband e.V.)

Ein Franchisesystem ist ein Kooperationssystem zwischen Franchisegeber und Franchisenehmern. Diese sind jeweils selbstständige Unternehmer mit eigenen Rechten und eigenem Risiko. Die Zentrale ist Teil der Unternehmensstruktur des Franchisegebers.

Basis der Struktur in einem Franchisesystem ist der **Franchisevertrag** zwischen Franchisegeber und Franchisenehmer (auch: Franchisepartner, Franchisee).

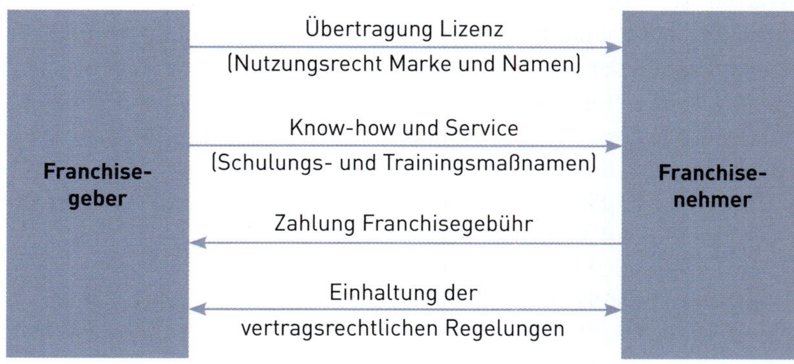

Durch den Franchisevertrag „verkauft" der Franchisegeber dem Franchisenehmer ein sogenanntes „Franchise-Paket". Dieses enthält typischerweise:

- die Lizenz zur Nutzung der Markenrechte (insbesondere Konzept, Name, Logo) unter definierten Bedingungen (z. B. Pflicht- und Wahlsortiment, einheitliche Preisgestaltung, Verpflichtung auf Qualitätsstandards und Marketingaktionen)
- spezifisches Betriebs-Know-how (z. B. Kalkulationen, Marketingkonzept, Qualitätsmanagementsystem)
- Serviceleistungen der Zentrale (z. B. technische und juristische Beratung, Personalschulungen, Durchführung von Betriebsvergleichen)
- häufig Unterstützung bei der Finanzierung (z. B. Darlehen, Tragen von Investitionskosten)

Im Gegenzug für diese Leistungen bezahlt der Franchisenehmer eine Franchise-Fee (Gebühr). Diese besteht meist aus einer Eintrittsgebühr sowie einer laufenden, oft umsatzabhängigen Gebühr. Dazu kommt in der Regel eine Werbekostenumlage.

Lizenzvertrag
Einen Vertrag, der lediglich die Nutzung von Rechten gestattet, ohne darüber hinaus auch Beratung und Service zu bieten, ist ein Lizenzvertrag. In der Gastronomie ist die Lizenzüberlassung meist nur ein Teil des Franchisevertrags. Isolierte Lizenzverträge sind jedoch auch möglich; der Lizenzgeber hat dann kaum Kontrollrechte.

Joint Venture
Eine weitere Kooperations-/Expansionsform, die gelegentlich in der Systemgastronomie vorkommt, ist das Joint Venture (= Gemeinschaftsunternehmen). Dabei bilden zwei oder mehr selbstständige Unternehmen eine gemeinsame Tochtergesellschaft. Systemgeber und Systemnehmer handeln hierbei als Partner auf der gleichen Handlungsebene. Dies geschieht auf gemeinsame Rechnung und im gemeinsamen Namen.

Zweck des Franchisevertrags ist es, sowohl Franchisegeber als auch Franchisenehmer betriebswirtschaftlichen Erfolg beim gemeinsamen Auftritt der Marke und des Systems am Markt zu ermöglichen. Franchise funktioniert auf Dauer nur kooperativ als Partnerschaft. Vertragliche Rechte und Pflichten müssen daher ausgewogen sein.

Was sollte im Franchisevertrag stehen?

Potenzielle Franchisenehmer sollten ihre Rechte (z. B. Gebietsschutz) und Pflichten (z. B. Bezugsverpflichtung aus Zentralproduktion, bauliche Vorgaben) sorgfältig prüfen und kalkulieren.

Aufgabenverteilung

Der Franchisegeber unterhält eine **Zentrale**, die als Ansprechpartner für die Franchisenehmer dient und die vertraglich festgelegten Serviceleistungen erbringt sowie Kontrollen durchführt. Die Franchisenehmer betreiben jeweils ein oder mehrere Restaurants.

Franchisesystem (Joey's Pizza)

Franchisegeber = Markeninhaber = Zentrale
Franchisenehmer = Restaurantbetreiber

Anders als ein angestellter Restaurantleiter im Filialsystem ist der Franchisenehmer ein eigenständiger Unternehmer. Er arbeitet

- im eigenen Namen,
- auf eigene Rechnung,
- auf eigenes Risiko.

Für das Geschäftsleben bedeutet das insbesondere:

- Der Franchisenehmer ist als Restaurantbetreiber Inhaber der Gaststättenerlaubnis.
- Er ist meist Pächter der Räumlichkeiten (teilweise unter Beteiligung des Franchisegebers, z. B. durch Untermietverhältnis).
- Er ist Arbeitgeber der Mitarbeiter in seinem Restaurant.
- Er ist Vertragspartner seiner Lieferanten und seiner Gäste.

Franchisenehmer sind rechtlich selbstständige Unternehmer mit eigenen Rechten und Pflichten.

Existenzgründung und Expansion in Filial- und Franchisesystemen

Aus den unterschiedlichen Bedingungen bei Filial- und Franchisesystemen ergeben sich Chancen und Risiken für beide Seiten.

Aus Sicht des Franchisenehmers ist bei einer **Existenzgründung** insbesondere zu beachten, wie der Abschluss eines Franchisevertrags im Vergleich zur Eröffnung einer Individualgastronomie zu bewerten ist.

Checkliste für Franchisenehmer
www.franchiseverband.com/bestandteile-franchise-vertrag.html

Zuständigkeit Restaurantleiter/Franchisenehmer

An einem Beispiel sollen die Unterschiede verdeutlicht werden: Es wird eine neue Servicekraft in einem Restaurant der Marke „Burger Ahoi" eingestellt.

- Filiale: Der Restaurantleiter ist zum Abschluss des Arbeitsvertrags im Rahmen bestimmter Vorgaben bevollmächtigt. Er unterschreibt im Namen der Burger Ahoi GmbH „i. A.", Arbeitgeber wird die Burger Ahoi GmbH. Deren Lohnbuchhaltung nimmt die Anmeldung und Abrechnung vor.
- Franchisebetrieb: Der Franchisenehmer schließt im eigenen Namen den Arbeitsvertrag. An Musterverträge o. Ä. ist er nicht gebunden. Er hat alle Arbeitgeberpflichten inne, ist insbesondere Schuldner des Arbeitsentgelts und für Anmeldung und Abrechnung verantwortlich.

Franchising im Vergleich zur Eigenentwicklung (idealtypisch)

Vorteile des Franchisenehmers	Nachteile des Franchisenehmers
▪ profitiert von Bekanntheit und Image einer starken Marke	▪ eigener unternehmerischer Erfolg hängt stark von Erfolg und Image der Marke ab, Negativschlagzeilen (z. B. Hygienemängel an einem einzelnen Standort) wirken sich schnell auf die Gesamtmarke aus
▪ gewährleistet Einführung und Weiterqualifizierung des Franchisenehmers	▪ Verzicht auf einen Teil der Erträge (Franchisegebühr)
▪ gemeinsames Marketing erzielt höhere Reichweite	▪ Kosten durch Werbekostenumlage für Franchisenehmer kaum steuerbar
▪ geringeres Unternehmensrisiko, da Konzept bereits erprobt und bewährt und Know-how vorhanden	▪ Einschränkung der unternehmerischen Entscheidungsfreiheit durch vertragliche Bindung
▪ bessere Konditionen bei Lieferanten aufgrund von Mengenrabatten und stärkerer Verhandlungsposition	▪ Franchisevertrag schränkt Franchisenehmer bezüglich Sortiment, Einkauf, Preisbildung ein
▪ laufende Optimierung durch Weiterentwicklung des Konzepts	▪ eigene Möglichkeiten zu Veränderungen eng begrenzt
▪ erhält Finanzierungshilfe durch Franchisegeber (z. B. Darlehen); meist höhere Kreditwürdigkeit bei Banken, weil bereits Erfahrungswerte vorliegen	▪ wirtschaftliche Abhängigkeit vom Franchisegeber
▪ durch Netzwerk mit anderen Franchisenehmern und dem Franchisegeber Informationsaustausch möglich	▪ Notwendigkeit zu Konsens und Kompromissen
▪ höhere Professionalität durch Serviceleistungen des Franchisegebers (z. B. QM-System, Rechtsberatung, Mitarbeitertrainings)	▪ höhere Kontrolldichte
▪ durch Verlagerung bestimmter Aufgaben auf die Zentrale (z. B. Marketing, Kalkulation) Entlastung von Steuerungsaufgaben und somit mehr Zeit für das operative Geschäft (Gäste, Mitarbeiter)	▪ Kosten für die Zentrale müssen vom Gesamtsystem erwirtschaftet werden

Franchising im Vergleich zum Filialsystem

Vorteile für den Franchisegeber	Nachteile für den Franchisegeber
▪ Franchisenehmer bringt Eigenkapital ein. Dadurch schnelleres Wachstum und schnellere Marktdurchdringung. Der Franchisegeber muss weniger Kapital aufbringen als bei Eröffnung eigener Filialen	▪ in der Regel Finanzierungshilfen für Franchisenehmer erforderlich
▪ Erschließung neuer Standorte durch Partner mit Lokalkenntnissen und persönlichen Kontakten vor Ort, Know-how-Gewinn durch Franchisenehmer-Netzwerk	▪ weniger Nähe zu den Gästen und zum Markt als bei eigenen Filialen
▪ Aufteilung des wirtschaftlichen Risikos; keine Haftung des Franchisegebers für Schulden des Franchisenehmers	▪ wirtschaftliches Scheitern des Franchisenehmers betrifft zumindest mittelbar auch Franchisegeber
▪ Einnahmen durch Franchisegebühr	▪ kein eigener Umsatz am PoS (Point of Sale)
▪ Kostenersparnis, weil kein eigener betrieblicher Mitarbeiterstamm aufgebaut werden muss	▪ Kosten durch Maßnahmen effektiven Markenschutzes und Service-/Beratungs-/Verwaltungsleistungen
▪ Franchisevertrag ermöglicht Sicherstellung eines systemkonformen Marktauftritts	▪ bei mangelnder Kontrolle und Sanktionen Gefahr der Verwässerung der Marke
▪ Franchisenehmer bringt eigene Arbeitsleistung ein und ist als selbstständiger Unternehmer mit eigenen Gewinnchancen in der Regel motivierter und engagierter als ein Angestellter	▪ Fehlverhalten des Franchisenehmers fällt auf die Marke und somit den Franchisegeber zurück. Bei Versagen des Franchisenehmers keine arbeitsrechtlichen Handlungsmöglichkeiten (z. B. Abmahnung)

Der Franchisenehmer geht im Vergleich zum Einzelgastronomen ein geringeres Risiko ein, hat jedoch weniger Flexibilität.

Aus der Perspektive des Systems bzw. des Franchisegebers ist Franchising in erster Linie ein Mittel zur **Expansion.**

Franchising vervielfältigt die Expansionskraft eines Systems.

Aus den dargestellten Vor- und Nachteilen des Franchisings ergeben sich auch die Bedingungen, die gegeben sein müssen, damit ein systemgastronomisches Franchisesystem funktioniert (**Erfolgsfaktoren**):

- Vor Vergabe der ersten Lizenzen wurde das Konzept in mindestens einem Pilotbetrieb über einen längeren Zeitraum getestet. Die Pilotbetriebe funktionieren organisatorisch und sind wirtschaftlich erfolgreich.
- Die nötigen Instrumente und Hilfsmittel (Handbuch, Checklisten, Qualitätsmanagementsystem, Technikkonzept, Trainingsprogramme, Musterverträge, Rahmenvereinbarungen für den Einkauf...) sind vorhanden und funktionieren.
- Die wechselseitigen Erwartungen und Anforderungen sind bekannt und niedergelegt. Die Partner passen zueinander. Die wirtschaftlichen Chancen und Risiken sind realistisch eingeschätzt. Der Franchisenehmer denkt unternehmerisch und besitzt kaufmännisches Know-how.
- Es erfolgen Information, Mitwirkung und Einflussnahme der Franchisenehmer in partnerschaftlich besetzten Gremien des Franchisesystems. Meinungsverschiedenheiten werden in einem festgelegten Verfahren fair geregelt.
- Der Franchisegeber gewährleistet einen effektiven Markenschutz. Überregionale Marktforschung und Marketing sind gewährleistet.
- Die Gemeinkosten für den Franchisenehmer (Franchisegebühr, Werbekostenbeitrag) und ihre Berechnungsgrundlagen sowie der Investitionsbedarf sind transparent. Kosten und die vom Franchisegeber erbrachten Leistungen stehen in einem ausgewogenen Verhältnis. Die Franchisenehmer bewerten Umfang und Qualität von Service und Beratung der Zentrale als angemessen. Zuständigkeiten und Ansprechpartner sind klar.

Company-Betriebe im Franchisesystem
In der Praxis führen die meisten Franchisegeber dauerhaft auch eigene Restaurants. So kennen sie betriebliche Abläufe und Gästewünsche aus erster Hand und können entsprechend reagieren und mit den Franchisenehmern auf Augenhöhe kommunizieren. Viele Unternehmen wachsen parallel mit eigenen Filialen und mit Franchise.

Gremien im Franchisesystem
Die Franchisenehmer haben über verschiedene Organe die Möglichkeit, das System insgesamt mit zu beeinflussen. Sie beraten die Systemzentrale, entwickeln gemeinsam das System weiter, und entscheiden über die Verwendung gemeinsam aufgebrachter Mittel. Typische Organe sind die Vollversammlung, der Franchisenehmer-Beirat und aufgabenbezogene Arbeitsgruppen/Kommissionen aus Vertretern von Franchisenehmern und Franchisegeber.

Aktuelle Entwicklungen bei der Expansion in der Systemgastronomie

Natürlich kann auch ein kleineres Unternehmen wirtschaftlich erfolgreich arbeiten. Grundsätzlich ist unser Wirtschaftssystem und besonders die Systemgastronomie allerdings auf Wachstum ausgerichtet. Wachstum in systemgastronomischen Unternehmen kann auf zwei Arten entstehen:

1. Der einzelne Betrieb macht mehr Umsatz auf gleicher Fläche durch:
   - Preiserhöhungen
   - Gewinnung zusätzlicher Gäste
   - Erhöhung des Durchschnittsbons
2. Das Unternehmen insgesamt expandiert, d. h. vergrößert sich. Dafür sind finanzielle Mittel erforderlich.

Im **Filialsystem** ist die Expansionsgeschwindigkeit an die Finanzkraft des Unternehmens gebunden. Sie kann entweder über die Reinvestition (erneute Investition) von Gewinnen, über Bankkredite oder über Investoren erfolgen.

Franchisesysteme verteilen die Finanzierung auf mehrere Schultern und wachsen daher meist stärker als Filialsysteme. Im klassischen Modell „ein Franchisenehmer – ein Betrieb" ist aber das Wachstum dennoch begrenzt. Um wachsen zu können, muss der Franchisegeber mehr neue (erfolgreiche und liquide) Franchisenehmer gewinnen und ins System integrieren. Um die Expansionskraft zu verstärken und den Verwaltungsaufwand zu minimieren, bildet sich derzeit ein Trend zu weniger, aber größeren und expansiveren Franchisenehmern heraus.

Expansive Franchisenehmer

Mehrfachlizenzen	Master-Franchising	Multimarken-Franchisepartner
▪ Einem Franchisenehmer wird vom Franchisegeber das Recht übertragen, mehrere Betriebe derselben Marke zu führen.	▪ Ein Master-Franchisenehmer erhält das Recht, in einem bestimmten Markt seinerseits Unterlizenzen an Einzel-Franchisenehmer zu vergeben.	▪ Große institutionelle Franchisenehmer führen ein ganzes Markenportfolio mit verschiedenen Eigen- und Fremdmarken nebeneinander.
▪ Viele Franchisenehmer betreiben zwei, drei oder vier Restaurants in einer Stadt oder Region. Der größte deutsche McDonald's Franchisenehmer betreibt rund 40 Restaurants.	▪ Vor allem in international agierenden Unternehmen zur Erschließung neuer nationaler Märkte verbreitet.	▪ Insbesondere in der Verkehrsgastronomie verbreitet, z. B. bei SSP oder Stockheim.
▪ Der Franchisenehmer steht nicht mehr selbst und immer im Betrieb, sondern nimmt stärker eine übergeordnete Rolle ein. Er bildet selbst ein Filialsystem innerhalb des Franchisesystems mit angestellten Restaurantleitern. Dies erfordert eine bessere Managementqualifikation und eine höhere Finanzkraft des Franchisenehmers. Die operative Verantwortung für jeden Betrieb bleibt beim Franchisenehmer.	▪ Der Master-Franchisenehmer hat eine Marktentwicklungsrolle. Selbst entfernt er sich vollständig oder weitgehend vom operativen Geschäft. Dies wird durch die Einzel-Franchisenehmer ausgeübt.	▪ Was die Arbeitsabläufe und die Entwicklung der Eigenmarken angeht, funktionieren diese Unternehmen als Filialsystem. Für die Fremdmarken erwerben sie Lizenzen verschiedener Franchisegeber.

2.2.2 Aufbauorganisation

Jedes Unternehmen und jeder Betrieb bedarf einer inneren Organisation. Dabei wird zwischen Aufbau- und Ablauforganisation unterschieden. Die Aufbauorganisation beschreibt, wie ein Unternehmen strukturiert ist. Die kleinste organisatorische Einheit ist die Stelle, umgangssprachlich oft als Arbeitsplatz bezeichnet. Jeder Stelle sind bestimmte Aufgaben, Rechte und Befugnisse (sogenannte Kompetenzen) sowie Verantwortlichkeiten zugeordnet. Diese sind in der Regel in der Stellenbeschreibung festgehalten (siehe Kapitel 16.2.3).

Hinsichtlich des Rangs lassen sich Ausführungsstellen und Leitungsstellen unterscheiden. Ausführungsstellen sind – wie der Name schon sagt – mit ausführenden Tätigkeiten betraut. Sie haben keine Weisungsbefugnis. Allerdings haben sie innerhalb ihres Aufgabenbereichs bestimmte Entscheidungskompetenzen. Leitungsstellen (sogenannte Instanzen) dagegen haben Weisungs- und Kontrollrechte. Sie weisen den untergeordneten Stellen Aufgaben zu und kontrollieren diese. Mehrere Ausführungsstellen mit ähnlichen Aufgaben bilden zusammen mit einer Leitungsstelle eine Abteilung.

Für eine klare Organisationsstruktur ist es unerlässlich, die hierarchische Eingliederung aller Stellen und Abteilungen eines Unternehmens, ihre Aufgabenverteilung und ihre Kommunikationsbeziehungen untereinander zu erfassen. Dies geschieht grafisch mithilfe eines Organigramms.
Folgende Organisationsstrukturen sind möglich:

1. Einliniensystem

Das Einliniensystem ist die straffste Form der Organisation. Alle Stellen und Abteilungen sind an einen sogenannten Dienstweg gebunden, d. h., es besteht von der Betriebsleitung bis zur untersten Stelle eine eindeutige Linie der Weisungsbefugnis und Verantwortlichkeit. Anweisungen, Aufträge und Informationen gehen von der Leitung an die jeweils unmittelbar unterstellte Abteilung weiter, von dort zur nächsten bis schließlich die ausführende Stelle erreicht ist. Auch von unten nach oben ist der Dienstweg einzuhalten. Einzelne Hierarchiestufen dürfen nicht übersprungen werden. Ebenso wenig sind Querverbindungen zwischen gleichgeordneten Abteilungen erlaubt.

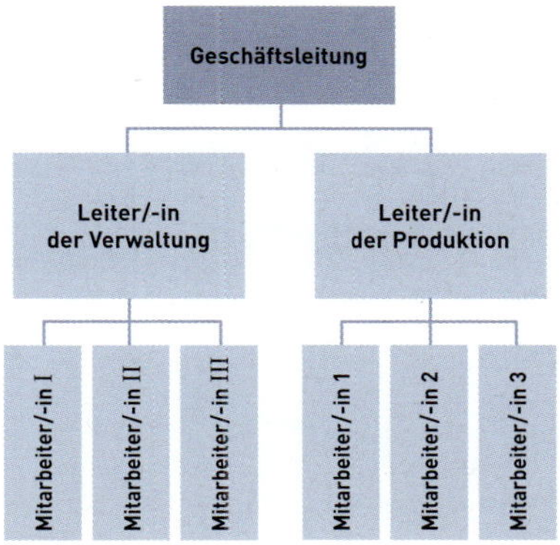

Einliniensystem

Vorteile des Einliniensystems	Nachteile des Einliniensystems
▪ klarer, übersichtlicher Aufbau ▪ eindeutige Abgrenzung von Zuständigkeiten ▪ keine Kompetenz-Überschneidungen	▪ langer und schwerfälliger Dienstweg ▪ mögliche Überlastung der Betriebsleitung (insbesondere fachlicher Art)

Einliniensysteme sind aufgrund ihrer Schwerfälligkeit eher für kleinere Betriebe zweckmäßig. Sie werden etwas effizienter, wenn man für einzelne Vorgänge wie z. B. für den Austausch von Informationen das Überspringen von Hierarchiestufen zulässt (sogenannte verkürzte Dienstwege).

2. Stabliniensystem

Das Stabliniensystem ist ein Einliniensystem, das durch Stabsstellen erweitert ist. Hierbei handelt es sich um Stellen, die bestimmte Aufgaben übernehmen, aber keine Weisungsbefugnis haben. Sie sind den Leitungsstellen beigeordnet, beraten und unterstützen diese. In der Regel werden sie von Spezialisten besetzt. Dadurch wird die Leitungsstelle entlastet.

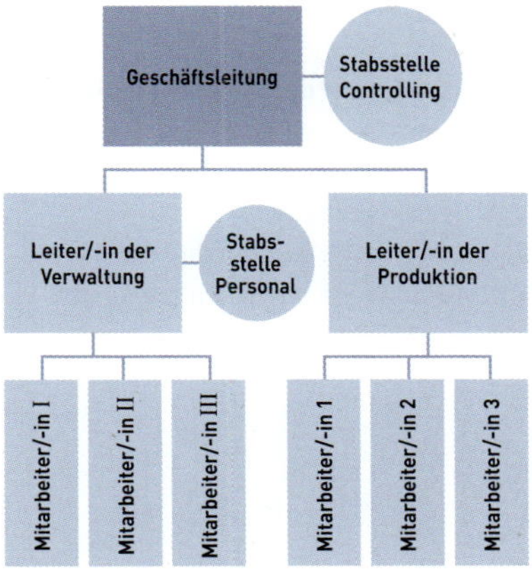

Stabliniensystem

Vorteile des Stabliniensystems	Nachteile des Stabliniensystems
▪ Einhaltung der Dienstwege ▪ spezielle Sachkenntnis der Stabsstellen führt zur Entscheidungssicherheit ▪ Entlastung der Leitungsstelle	▪ Abstimmungsschwierigkeiten zwischen Linie und Stab ▪ Stab muss Entscheidung, die er herbeigeführt hat, nicht verantworten

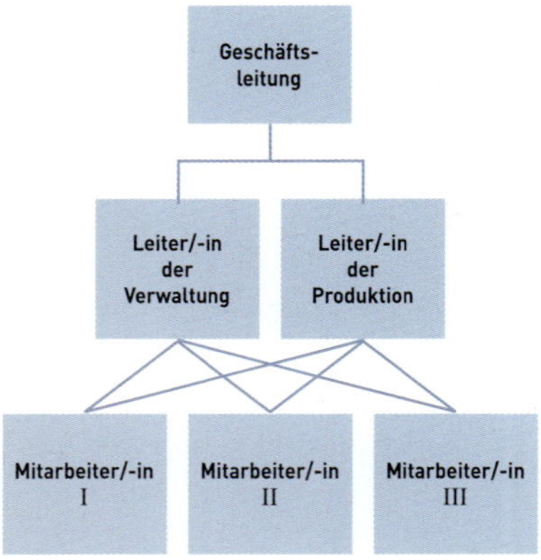

Mehrliniensystem

3. Mehrliniensystem

Beim Mehrliniensystem können untergeordnete Stellen Anweisungen, Aufträge und Informationen von mehreren übergeordneten Instanzen erhalten. Dies führt dazu, dass die Kompetenzen für bestimmte Vorgänge geteilt werden. So können z.B. bei einer Neueinstellung der Abteilungsleiter Produktion und der Personalchef als Abteilungsleiter der Verwaltung ein gemeinsames Entscheidungsrecht haben. Weder der Abteilungsleiter noch der Personalchef kann von sich aus alleine einen neuen Mitarbeiter einstellen, sondern beide müssen zusammen eine gemeinsame Entscheidung treffen.

Vorteile des Mehrliniensystems	**Nachteile des Mehrliniensystems**
▪ spezielle Sachkenntnisse der Vorgesetzten sind nutzbar ▪ kürzere Informationswege	▪ Überschneidungen oder Widersprüchlichkeiten von Anweisungen ▪ Kompetenzstreitigkeiten

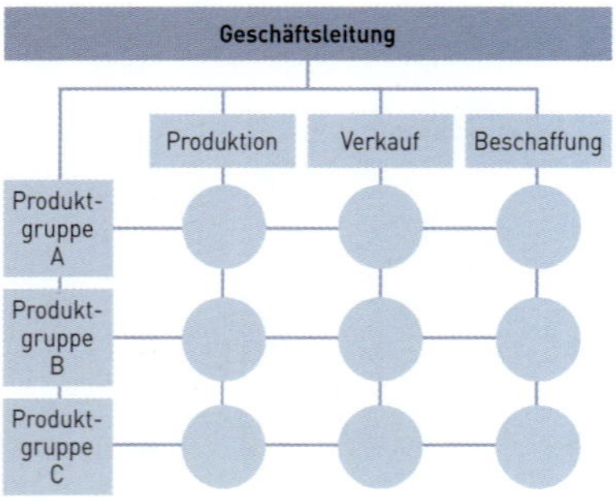

Matrixorganisation

4. Matrixorganisation

Die Matrixorganisation ist eine Form des Mehrliniensystems. Hier bestehen zwei voneinander unabhängige, gleichberechtigte Hierarchien; die eine ist nach Funktionen (hier: Beschaffung, Produktion, Verkauf) gegliedert, die andere nach objektorientierten Sparten (hier: Produktgruppen A, B, C). Jeder Abteilungsleiter hat auf seinem Gebiet Weisungsbefugnis und Entscheidungsvollmacht. Die Mitarbeiter stehen somit zugleich in zwei gleichrangigen Abhängigkeiten. Daher hängt bei der Matrixorganisation der reibungslose Betriebsablauf vor allem von der guten Zusammenarbeit der Entscheidungsträger ab.

Vorteile der Matrixorganisation	**Nachteile der Matrixorganisation**
▪ möglicher Synergieeffekt durch verschiedene Fachspezialisten ▪ Betonung der Teamarbeit	▪ eventuell zeitaufwendige Entscheidungsfindung ▪ Kompetenzprobleme ▪ großer Kommunikationsbedarf

2.2.3 Ablauforganisation

Aspekte, die bei der Ablaufplanung zu berücksichtigen sind

- hygienische Anforderungen
- Arbeitssicherheit
- ergonomische Gesichtspunkte
- Umweltschutz und Nachhaltigkeit
- Wirtschaftlichkeit

Während sich die Aufbauorganisation mit der Struktur des Unternehmens und der Vernetzung der einzelnen Stellen und Abteilungen beschäftigt, setzt sich die Ablauforganisation mit der Planung, Gestaltung und Steuerung von Arbeitsprozessen auseinander.

Um diese organisieren und – wie in der Systemgastronomie – standardisieren zu können (siehe Kapitel 1.3.1), müssen zunächst alle anfallenden Aufgaben, Tätigkeiten bzw. Prozesse möglichst genau analysiert und beschrieben werden. Je besser dies gelingt, desto besser lassen sich die Arbeitsabläufe organisieren und standardisieren. Folgende Punkte sind deswegen vorab zu klären:

- **Arbeitsinhalt bzw. Arbeitsauftrag:** Was ist zu tun? In welche Teilschritte kann der Arbeitsprozess zerlegt werden? Welche Schwierigkeiten und Besonderheiten sind bei der Aufgabenerfüllung zu berücksichtigen? Welche Materialien, Hilfsmittel und Maschinen sind jeweils einzusetzen? Wie soll das Arbeitsergebnis bzw. das fertige Produkt im Idealfall aussehen?
- **Zuständigkeit:** Welcher Mitarbeiter bzw. welche Stelle oder Abteilung ist für welche Tätigkeit zuständig? Arbeitet ein Mitarbeiter allein und eigenverantwortlich oder teilt sich ein Team die Aufgaben? Welche Abstimmungen unter den Mitarbeitern sind gegebenenfalls nötig?
- **Arbeitszeit:** In welcher Reihenfolge sind die einzelnen Arbeitsschritte zu erledigen? Wie lange soll/darf jeder Arbeitsschritt dauern? Bis zu welchem Zeitpunkt muss das Produkt fertig sein?
- **Arbeitsort/Arbeitsraum:** Wo finden die einzelnen Arbeitsprozesse statt? Wie müssen deshalb die Arbeitsplätze gestaltet sein? Wie sind die einzelnen Arbeitsräume sinnvoll anzuordnen? Wie müssen die Wege zwischen den einzelnen Arbeitsorten gestaltet sein?

Die Ergebnisse werden gesammelt und zur Information der Mitarbeiter und zur Organisation der Arbeitsprozesse schriftlich festgehalten. Sie repräsentieren alle arbeitsplatz- bzw. tätigkeitsbezogenen Informationen, die in den einzelnen Betriebsbereichen gültig sind und die Standards des Unternehmens widerspiegeln. Sinnvollerweise werden sie am jeweiligen Arbeitsplatz aufbewahrt.

Typische Informations- und Organisationsmittel sind:

- **Formblätter bzw. Formulare**, z.B. für Veranstaltungen (sogenannte Function-Sheets, siehe Kapitel 4.3.2) oder für Warenanforderungen (siehe Kapitel 10.5.3)
- **Pläne** wie Veranstaltungspläne, Raumpläne oder Ablaufpläne, z.B. für Reinigungsarbeiten (siehe Kapitel 8.4)
- **Merk- und Checklisten**, z.B. für den Wareneinkauf oder die Warenannahme, für Schulungen oder die Einstellung von Mitarbeitern
- **Arbeitsanweisungen** mit konkreten Erläuterungen der einzelnen Arbeitsschritte, oft verbunden mit Abbildungen oder mit Ablaufdiagrammen, z.B. für die Herstellung bestimmter Speisen

In der Systemgastronomie werden in der Regel sogenannte **Handbücher** (engl. „manuals") verwendet. Diese enthalten die wichtigsten Informationen sowie die entsprechenden Vorgaben und Standards des Unternehmens. Nur so lässt sich gewährleisten, dass alle Mitarbeiter einheitlich im Sinne des Unternehmens handeln.

Da Handbücher ständig aktualisiert und weiterentwickelt werden, bestehen sie meist aus einem Ringordner mit losen Blättern, die schnell ausgetauscht bzw. ergänzt werden können. Handbücher sollten ein Inhaltsverzeichnis enthalten sowie klar und übersichtlich aufgebaut sein. Die Informationen sollen präzise, aber gut verständlich sein. Der Einsatz von Bildern und Symbolen kann dabei helfen.

Veggie-Snack

Zutaten (für 10 Portionen):

5	Ciabattas
200 g	Remoulade
10	Tomaten
3	Paprika (grün, gelb, rot)
250 g	geriebener Käse

Zubereitung:

Brote halbieren und mit Remoulade bestreichen.

Tomatenscheiben und Paprikawürfel darauf verteilen.

Geriebenen Käse über den Belag streuen.

Snack überbacken, bis der Käse geschmolzen ist.

Arbeitsanweisung in Form eines Rezepts mit Fotos

Handbücher

In der Systemgastronomie verwendete Handbücher	Mögliche Bestandteile eines Mitarbeiterhandbuchs	Mögliche Bestandteile eines Systemhandbuchs
▪ Systemhandbuch ▪ Mitarbeiterhandbuch ▪ Handbuch Hygiene ▪ Handbuch Unfallverhütung ▪ Handbuch Personal ▪ Handbuch Produktionsabläufe ▪ Handbuch Verkauf ▪ Handbuch Technik ▪ Handbuch Controlling ▪ Handbuch Marketing	▪ Vorwort und Inhaltsverzeichnis ▪ Unternehmensphilosophie und Unternehmensstruktur ▪ Organisatorisches ▪ Rechte und Pflichten des Mitarbeiters ▪ Verhalten am Arbeitsplatz ▪ Aussehen und Dienstkleidung ▪ Arbeiten in der Küche ▪ Arbeiten im Service ▪ Arbeiten im Magazin ▪ Arbeitssicherheit und Erste Hilfe ▪ Hygiene ▪ Umweltschutz ▪ Sonstiges ▪ Schlusswort	▪ Vorwort und Inhaltsverzeichnis ▪ Unternehmensgrundsätze und Unternehmensstrategie ▪ Unternehmensorganisation und Systemberatung ▪ Franchisevereinbarungen ▪ Nutzung des Logos und des Firmennamens ▪ Standortsuche und Anmietung ▪ Einrichtung des Restaurants und Ausstattung mit Geräten ▪ Reinigung und Instandhaltung ▪ Produktprogramm ▪ Warenbeschaffung und -lagerung ▪ Zubereitung der Speisen ▪ Standards im Service ▪ Arbeitssicherheit und Hygiene ▪ Personalschulungen ▪ Marketing ▪ Rechnungswesen und Versicherungen ▪ Controlling und wirtschaftliche Effizienz

2.2.4 Büroorganisation

Ein Büro ist zunächst einmal ein Raum, in dem vor allem Verwaltungstätigkeiten ausgeübt werden und der deswegen mit geeigneten Büromöbeln und verschiedenen Kommunikationsmitteln wie Telefon, Faxgerät und PC/Internet ausgestattet ist. Im übertragenen Sinn bedeutet Büro aber auch die zentrale Einheit einer Abteilung, wo Informationen zusammenlaufen, bearbeitet, gespeichert oder weitergeleitet werden (z.B. Reservierungsbüro, Personalbüro, Küchenbüro, Verkaufsbüro).

Zu den wichtigsten Tätigkeiten zählen:
- **Interner Schriftverkehr** zwischen den einzelnen Abteilungen oder mit einzelnen Mitarbeitern, wie z.B. Erstellen und Kopieren innerbetrieblicher Informationen, Verfassen von Dienstanweisungen, Erstellen von Speise- und Getränkekarten und das Führen von Listen oder bestimmten innerbetrieblichen Formularen.
- **Externer Schriftverkehr** mit Lieferanten, Gästen oder Behörden, wie z.B. das Erstellen, Bearbeiten und Verschicken von Angeboten, Anfragen, Bestellungen, Rechnungen, Mahnungen; das Entgegennehmen und Weiterleiten von Reservierungen oder Bewerbungen oder die Vervielfältigung und Versendung von Werbematerialien.
- **Führen von Karteien und Dateien,** wie z.B. Gästedatei/-kartei, Lieferantendatei/-kartei, Aufträge, Termine und Rezepturen.
- **Registrierung und Ablage** von wichtigen Schriftstücken unter Berücksichtigung gesetzlicher Vorgaben für die Archivierung, wie z.B. das Abheften von Hygienebelehrungen der Mitarbeiter oder von HACCP-Unterlagen, das Sammeln und Registrieren von externen Unterlagen wie Angebote, Auftragsbestätigungen, Lieferscheine, Rechnungen oder Kündigungen, aber auch das Abheften interner Dokumente wie Aktennotizen, Protokolle oder Berichte. Dies kann in Papierform oder elektronisch geschehen.

Büro mit Kommunikationsmitteln

Beispiele für Ablage- bzw. Ordnungssysteme
- Hängemappe und Hängeregistratur
- Klarsichthülle, Aktendeckel oder Mappe
- Ablagekasten
- Ordner
- Hefter
- EDV-gestützte Ablage

Aufbewahrungsfristen

Die wichtigsten Aufbewahrungsfristen sind in der Abgabenordnung, im Handelsgesetzbuch und im Umsatzsteuergesetz geregelt. Allgemein gilt folgende Aufbewahrungsfrist:
- 6 Jahre für alle Geschäftsbriefe mit Kunden oder Lieferanten und für alle steuerlich relevanten Unterlagen
- 10 Jahre für Rechnungen, Buchungsbelege, Geschäftsbücher, Jahresabschlüsse, Inventarlisten, Bilanzen oder zollrelevante Unterlagen

Datenschutz

Den Umgang mit **personenbezogenen Daten**, egal ob sie elektronisch oder herkömmlich erfasst werden, regeln das Bundesdatenschutzgesetz und die Datenschutzgesetze der einzelnen Bundesländer. Danach ist das **Erheben, Verarbeiten und Nutzen** personenbezogener Daten prinzipiell nur dann zulässig, wenn es dazu eine bestimmte Rechtsgrundlage gibt oder die Person ausdrücklich zustimmt. Personenbezogene Daten, die erhoben werden dürfen und dem Datenschutz unterliegen, sind z. B. Name und Vorname, Geburtsdatum, Adresse, E-Mail-Adresse oder Telefonnummer. Daten aus öffentlich zugänglichen Quellen wie z. B. Telefonbuch oder aus vertraglichen Bindungen wie z. B. Rechnung dürfen dagegen unbeschränkt verarbeitet werden.

Datenschutzbeauftragter
Sind in einem Unternehmen mindestens 10 Personen mit der automatisierten Erfassung bzw. 20 Personen mit der nicht automatisierten Erfassung und Verarbeitung personenbezogener Daten beschäftigt, muss es im Unternehmen einen Datenschutzbeauftragten geben.

Erheben	= Beschaffen von Daten
Verarbeiten	= Speichern, Verändern, Übermitteln, Sperren und Löschen von Daten
Nutzen	= Verwenden von Daten für bestimmte Zwecke

Im Hinblick auf die Büroorganisation in der Gastronomie ist der Datenschutz in zweierlei Hinsicht bedeutsam:

- bezüglich der Gäste (siehe Kapitel 15.7.2)
- bezüglich der Mitarbeiter (siehe Kapitel 16.5.4)

2.3 Rechtliche Grundlagen von Unternehmensstrukturen

2.3.1 Das Unternehmen im Rechtsverkehr

Ein systemgastronomisches Unternehmen, die einzelnen Restaurants sowie die Geschäftsleitung und sogar jeder einzelne Mitarbeiter nehmen täglich auf vielfältige Weise am **Rechtsverkehr** teil. Das Recht hat die Aufgabe, die Beziehungen der Einzelnen untereinander sowie im Verhältnis zum Staat zu regeln. Es basiert auf verschiedenen **Rechtsquellen.** Rechtsquellen, die einen höheren Rang haben, gehen solchen, die einen niedrigeren Rang haben, vor. Neben dem deutschen Recht wird auch für die Systemgastronomie das europäische Recht immer wichtiger. Das Recht wird in drei große Rechtsgebiete aufgeteilt.

Rechtsquellen

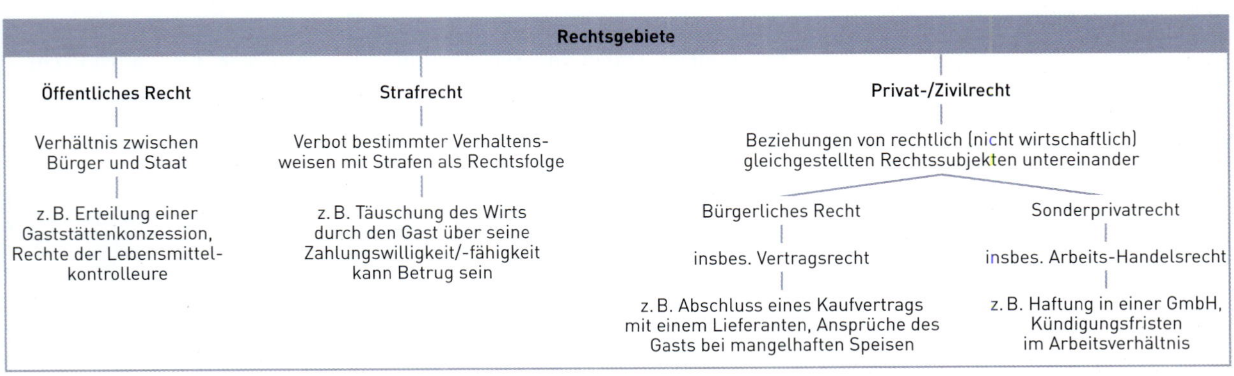

Beispiel:
Das Unternehmen im Rechtsverkehr
„Das Unternehmen" Karstadt wurde 2010 an den Investor Nicolas Berggruen verkauft.

Beispiel: Der Unternehmensträger im Rechtsverkehr
„Das Unternehmen" Karstadt hat neue Lieferverträge mit einer Brauerei abgeschlossen.

Betrachtet man die Rolle eines systemgastronomischen Unternehmens im Rechtsverkehr, so ist zu unterscheiden:

Das **Unternehmen** ist eine Gesamtheit sachlicher und personeller Mittel zur Verfolgung wirtschaftlicher Zwecke. Es ist **Rechtsobjekt**, d.h. der Gegenstand, mit dem gehandelt wird.

Der **Unternehmensträger** ist die Person, der das Unternehmen rechtlich zugeordnet ist. Er ist **Rechtssubjekt**, d.h. derjenige, der handelt. Wird von einem Rechtssubjekt als „Unternehmen" gesprochen, so ist der Unternehmensträger gemeint.

Über Rechtsobjekte kann man durch Rechtsgeschäft verfügen, d.h., man kann sie z.B. verkaufen.

Beispiel:
Rechtssubjekt und Rechtsobjekt
Bewirtungsvertrag zwischen Systemgastronomie GmbH (S) und Gast (G).
Der Bewirtungsvertrag ist ein privatrechtliches, zweiseitiges Rechtsgeschäft.
Das Unternehmen ist eine juristische Person und Rechtssubjekt 1.
Der Gast ist eine natürliche Person und Rechtssubjekt 2.
Der Gast hat das Recht auf die bestellten Speisen und die Pflicht, den Preis dafür zu zahlen. Die Speisen sind eine bewegliche Sache und Rechtsobjekt.

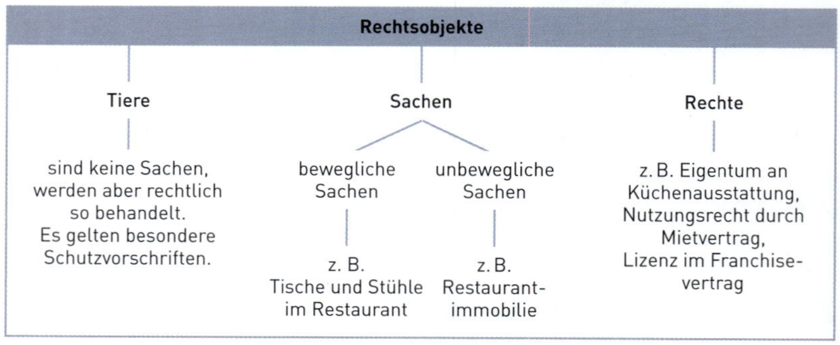

Rechtssubjekte dagegen sind die Träger von Rechten und Pflichten, d.h., sie können z.B. einen Kaufvertrag abschließen.

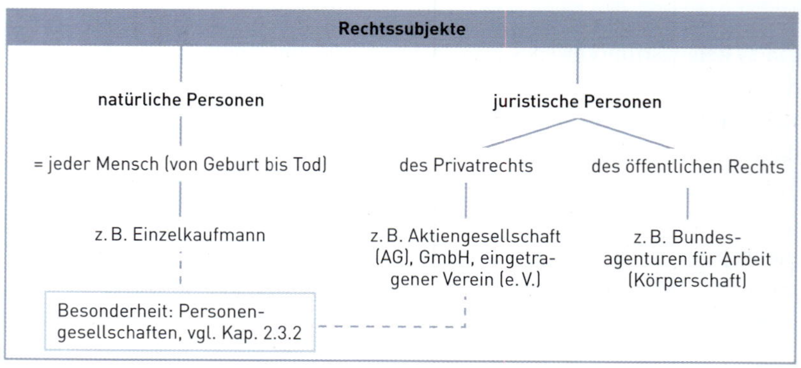

Die Fähigkeit, Träger von Rechten und Pflichten zu sein, heißt auch **Rechtsfähigkeit**. Alle Rechtssubjekte sind auch rechtsfähig. Zu unterscheiden ist dies von der Geschäftsfähigkeit.

Verträge
Ein Vertrag ist ein gegenseitig verpflichtendes Rechtsgeschäft. Am Beispiel des Kaufvertrags wird in Kapitel 10.3.1 der Vertragsschluss genauer dargestellt.

Geschäftsfähigkeit ist die Fähigkeit, rechtswirksam Willenserklärungen abzugeben und Rechtsgeschäfte selbst vorzunehmen.

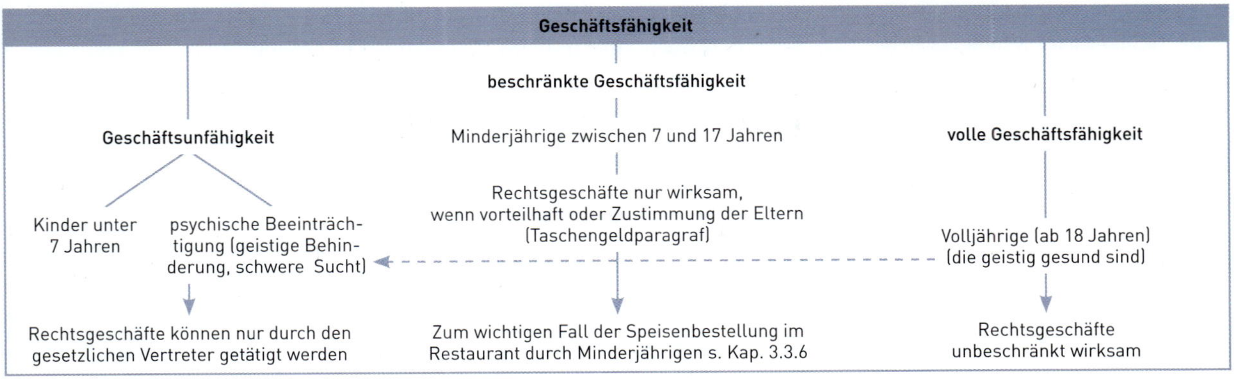

2.3.2 Unternehmensformen und Grundbegriffe des Handelsrechts

Während es in der Individualgastronomie vielfach Einzelunternehmen gibt, sind fast alle Systemgastronomie-Unternehmen Kapitalgesellschaften, meist GmbHs.

Gründe für die Bildung einer Gesellschaft

- Erhöhung des Eigenkapitals
- Verbreiterung der Kreditbasis
- Verteilung des Risikos
- Verringerung der persönlichen Haftung des Unternehmers
- steuerliche Gründe
- Fortbestand des Unternehmens, unabhängig von der Person des Unternehmers (z. B. im Krankheits- oder Todesfall)

Personen- und Kapitalgesellschaften

Gesellschaften können in sehr vielen verschiedenen Rechtsformen bestehen. Diese unterscheiden sich insbesondere hinsichtlich des Grundkapitals, der Geschäftsführungsbefugnisse und der Haftung.

Gesellschaft

Privatrechtliche Personenvereinigung, die zur Erreichung eines bestimmten Zwecks durch den Gesellschaftsvertrag begründet wird. Die Unternehmer/Eigentümer nennt man Gesellschafter.

Geschäftsführung und Vertretung

Jede Gesellschaft muss eine oder mehrere Personen haben, die sie nach außen hin vertritt. Wer dies ist, richtet sich nach der Rechtsform und internen Regelungen. Zur Bedeutung für die Gaststättenerlaubnis siehe Kapitel 2.3.4, für Vertragsschlüsse siehe Kapitel 10.3.1

Unterschiede zwischen Personen- und Kapitalgesellschaften

	Personengesellschaften	Kapitalgesellschaften
wichtigste Rechtsformen nach deutschem Recht	▪ Gesellschaft bürgerlichen Rechts (GbR) ▪ offene Handelsgesellschaft (OHG) ▪ Kommanditgesellschaft (KG) ▪ GmbH & Co. KG ▪ stille Gesellschaft	▪ Gesellschaft mit beschränkter Haftung (GmbH) ▪ Aktiengesellschaft (AG) ▪ Kommanditgesellschaft auf Aktien (KGaA) ▪ Unternehmergesellschaft (UG)
Kennzeichen	Die Gesellschafter und ihr persönlicher Einsatz stehen im Vordergrund. Sie führen als natürliche Personen das Unternehmen und vertreten es nach außen.	Eine Kapitalgesellschaft ist eine juristische Person. Sie wird von Managern (Geschäftsführern bzw. Vorständen) geführt und vertreten. Die Gesellschafter sind dagegen Kapitalgeber. Wenn sie nicht gleichzeitig auch Geschäftsführer sind, treten sie oft nach außen nicht in Erscheinung.
Haftung	je nach Rechtsform auch mit dem Privatvermögen der Gesellschafter	nur mit dem Gesellschaftsvermögen/der Kapitaleinlage
Vermögen	veränderliches Gesamthandsvermögen, das allen Gesellschaftern gemeinsam gehört	festes Stammkapital, in der Regel Mindestkapital
Bestand des Unternehmens	abhängig von den Gesellschaftern	unabhängig vom Gesellschafterbestand

Systemgastronomie-Gesellschaften in Deutschland nach nichtdeutschem Recht

- McDonald's Deutschland Inc.
  Eine „Corporation" nach US-amerikanischem Gesellschaftsrecht, das „Inc." steht für „Incorporated". Es handelt sich um eine Kapitalgesellschaft, die die Haftung auf das Gesellschaftsvermögen beschränkt, jedoch ohne die strengen Kapitaleinbringungsvorschriften wie in Europa.
- Kentucky Fried Chicken Ltd. (German Branch)
  Die „Limited Company" nach britischem Recht ist eine haftungsbeschränkte Gesellschaft, die ähnliche wirtschaftliche Funktionen hat wie eine GmbH oder eine kleine Aktiengesellschaft.
- Vapiano SE
  Eine Europäische Aktiengesellschaft; das „SE" steht für „Societas Europaea". So kann die Expansion über Ländergrenzen hinweg vorgenommen werden, ohne jeweils die Formalitäten für Tochtergesellschaften in den einzelnen Staaten beachten zu müssen.

Ein-Personen-GmbH

Eine GmbH, in der ein Gesellschafter allein alle Gesellschaftsanteile besitzt, wird als Ein-Personen-GmbH oder Ein-Mann-GmbH bezeichnet.

Konzern

Ein Konzern besteht aus einer „Muttergesellschaft" und mehreren „Tochtergesellschaften". Die Mutter übt einen bestimmenden Einfluss auf die Töchter aus. Alle beteiligten Unternehmen sind rechtlich selbstständig und treten unter eigener Firma auf. Die Rechtsformen der Unternehmen können unterschiedlich sein. Konzernstrukturen können sehr kompliziert sein, wenn die Töchter auch untereinander (horizontal) miteinander verflochten sind. Häufig gibt es personelle Verflechtungen

Im Folgenden werden die für die Systemgastronomie wichtigsten Gesellschaftsformen kurz in ihren Grundzügen dargestellt:

- **Gesellschaft bürgerlichen Rechts (GbR)**
  Nichtkaufmännische Gesellschaft, kein Handelsgewerbe, betreibt z.B. Gemeinschaftskanzlei, Fahrgemeinschaft. Keine Formvorschriften, kein Mindestkapital.
- **Offene Handelsgesellschaft (OHG)**
  Personengesellschaft mit mindestens zwei gleichberechtigten Gesellschaftern, die jeweils unbeschränkt mit ihrer Kapitaleinlage und ihrem gesamten Privatvermögen haften. Alle Gesellschafter haben das Recht auf die Geschäftsführung; in der Praxis gibt es meist eine Aufgabenteilung (z.B. kaufmännische und operative Leitung).
- **Kommanditgesellschaft (KG)**
  Weiterentwickelte OHG, in der die persönlich haftenden Gesellschafter (Vollhafter) Komplementäre heißen. Dazu kommen Kommanditisten (Teilhafter) als bloße Kapitalgeber ohne Haftung mit ihrem Privatvermögen.
- **Stille Gesellschaft**
  Eine Person (z.B. ein Ehepartner) beteiligt sich am Geschäft einer anderen mit einer Vermögenseinlage, tritt aber nach außen nicht in Erscheinung.
- **Gesellschaft mit beschränkter Haftung (GmbH)**
  Es sind ein notarieller Gesellschaftervertrag und ein Mindeststammkapital von 25.000 € erforderlich. Die Gesellschafter haften nur mit ihren Kapitaleinlagen, nicht mit dem Privatvermögen. Sie bestimmen über die Gesellschafterversammlung die Geschäftspolitik und berufen einen Geschäftsführer, der die GmbH nach außen vertritt.
- **Unternehmergesellschaft (UG)**
  „Mini-GmbH" oder „Ein-Euro-GmbH" mit einer Mindestkapitaleinlage von nur 1 €. Gewinne müssen angespart werden, um das Stammkapital einer „normalen" GmbH zu erreichen.
- **Aktiengesellschaft (AG)**
  Das Gesellschaftskapital muss mindestens 50.000 € betragen und ist in Aktien zerlegt. Diese können an der Börse frei gehandelt werden. Die Aktionäre (=„Gesellschafter") bestimmen über die Hauptversammlung die Grundsatzentscheidungen. Die Geschäfte werden durch einen Vorstand geführt. Dieser wird durch einen Aufsichtsrat überwacht. Nach außen haftet nur das Vermögen der Gesellschaft, der Aktionär geht kein Haftungsrisiko ein.
- **GmbH & Co. KG**
  Mischform aus Personen- und Kapitalgesellschaft; KG, in der der Komplementär (Vollhafter) eine GmbH ist. Dadurch wird die Haftung auf das Stammkapital der GmbH begrenzt.

Bei Existenzgründung in der Gastronomie, egal ob mit einem Einzelbetrieb, mit Ziel des Aufbaus einer Restaurantkette oder als Franchisepartner, muss die Frage der Rechtsform gelöst und zuvor mit Fachleuten (Betriebs- oder Steuerberater) sorgfältig beleuchtet werden.

Grundbegriffe des Handelsrechts

- **Handelsgewerbe**
  Wer ein Handelsgewerbe betreibt, ist Kaufmann. Für ihn gelten die Vorschriften des Handelsgesetzbuchs.
- **Kaufmann**
  Alle oben dargestellten Handelsgesellschaften bis auf die GbR sind schon kraft ihrer Rechtsform sogenannte Formkaufleute und somit Kaufleute nach dem Handelsgesetzbuch (HGB). Auch der Einzelkaufmann (eingetragener Kaufmann e. K.) ist ein Kaufmann im Sinne des HGB.
- **HGB**
  Zu den besonderen Rechten und Pflichten des HGB gehören insbesondere bestimmte Buchführungspflichten, die Pflicht, eine Firma zu tragen, besondere Vorschriften zum Handelskauf (siehe Kapitel 10.3.4) und die Pflicht, auf Handelsbräuche Rücksicht zu nehmen.
- **Firma**
  Fachbegriff für den Namen des Kaufmanns, unter dem er seine Geschäfte betreibt, seine Unterschrift abgibt und vor Gericht klagen oder verklagt werden kann. Im HGB ist detailliert geregelt, wie die Firma beschaffen sein muss. Insbesondere muss sie Unterscheidungskraft besitzen; bei OHG und KG müssen die Gesellschafternamen enthalten sein. Die Firma muss die Bezeichnung der Rechtsform enthalten.
- **Handelsregister**
  Jeder Kaufmann ist verpflichtet, seine Firma zur Eintragung in das Handelsregister anzumelden.

Sprachgebrauch
Umgangssprachlich wird auch das Handelsgeschäft selbst, d. h. der Betrieb oder das Unternehmen, als „Firma" bezeichnet („Ich gehe jetzt in die Firma."). Rechtlich ist das nicht korrekt.

Firma in der Systemgastronomie
Firmennamen in der Systemgastronomie bestehen in der Regel aus dem Markennamen sowie einem Rechtsformzusatz (z. B. Block House Restaurantbetriebe AG, Call a Pizza Franchise GmbH). Rechtlich hat die Marke allerdings mit der Firma nichts zu tun, es könnte auch ein Fantasiename gewählt werden. Augenfällig wird dies bei Franchisenehmern: Deren Firmen enthalten nur zum Teil überhaupt einen Hinweis auf die Marke (die Firma des größten McDonald's Franchisenehmers in Deutschland lautet z. B. „Heinritzi Betriebs GmbH").

2.3.3 Der Betriebsstandort

Im Wirtschaftsrecht und in der Systemorganisation ist „Betrieb" die Bezeichnung für das einzelne Restaurant vor Ort. Der Betrieb ist rechtlich und tatsächlich Anknüpfungspunkt für verschiedenste Regelungen.

Standortentscheidungen für Betriebe gehören zu den betriebswirtschaftlich wichtigsten Weichenstellungen eines systemgastronomischen Unternehmens. Standorte müssen rentabel sein und zum Unternehmenskonzept passen. Angesichts teilweise hoher Investitionen in neue Standorte und langfristiger Bindungen können Fehlentscheidungen zu hohen Verlusten führen.

> Möglichkeiten, zu einem Standort zu kommen:
> bauen, kaufen, mieten, pachten

Umgangssprachlich wird davon gesprochen, dass einem Unternehmer ein Betrieb „gehört". Rechtlich gesehen bezeichnet der Begriff „gehören" eigentlich Eigentum. Eigentümer der Räumlichkeiten sind jedoch die wenigsten Restaurantbetreiber.

Die Freestander von Cafe del Sol sind alle vom Unternehmen selbst nach einem einheitlichen Grundriss gebaut und inklusive der Außenanlagen Eigentum des Unternehmens.

Prozess der Standortentscheidung in der Systemgastronomie

Expansionsstrategie

regional · national · international

↓

Standortprofil
= Soll-Anforderungen für potenzielle Standorte

z. B.
- Ortsgröße
- Flächengröße/Kapazität
- technische Anforderungen (z. B. Abluft)
- Lage (z. B. Lauflage)
- Außenfläche

↓

Standortsuche

↓

Standortanalyse
= Ist-Beschaffenheit des angebotenen Standorts anhand der Standortfaktoren

z. B.
- Einwohnerzahl
- Kaufkraft
- Erreichbarkeit/Frequenz
- Verhältnis Gastraum/Nebenflächen
- Konzessionsfähigkeit
- Öffnungszeiten
- Umfeld
- Bevölkerungsstruktur
- Konkurrenzsituation
- Miet- und Nebenkosten
- Lärmschutzregelungen
- Raumzuschnitt

↓

Standortbewertung

z. B. Umsatzprognoserechnung, Sichtung aller Unterlagen

↓

Standortwahl

Früchte im Rechtssinn

Hierunter werden die Erträge oder eine Ausbeute aus einer Sache oder einem Recht verstanden.

Beispiel:

Bei der Gastronomiepacht sind es die Einnahmen, die der Pächter durch die Bewirtung der Gäste erzielt.

Herrschaft über eine Sache z. B. Restauranträume oder -einrichtung	
Eigentum	**Besitz**
= rechtliche Sachherrschaft	= tatsächliche Sachherrschaft
z. B. Immobilieneigentümer und Verpächter eines Restaurants	z. B. Pächter eines Restaurants
↓ vollständiges Verfügungsrecht über die Sache	↓ vertragliches Nutzungsrecht für die Sache

Eigentümer einer Restaurant-Immobilie wird man,

- indem man ein Grundstück kauft und darauf baut,
- indem man ein Haus kauft, in dem sich auch eine Restaurantfläche befindet bzw. einrichten lässt, und die restlichen Flächen anderweitig verwertet (z. B. vermietet),
- indem man (vergleichbar einer Eigentumswohnung) Teileigentum an der Restaurantfläche innerhalb einer Immobilie erwirbt.

Besitzer einer Restaurant-Immobilie wird man in der Regel durch Abschluss eines **Pachtvertrags** mit dem Eigentümer.

Überlassungsverträge → Verschaffung des Besitzes			
Mietvertrag	**Pachtvertrag**	**Leihvertrag**	**Leasingvertrag**
= entgeltliche Überlassung von Sachen zum Gebrauch	= entgeltliche Überlassung von Sachen zum Gebrauch sowie Genuss der Früchte	= unentgeltliche Überlassung von Sachen	= Kombination aus Miete und Finanzierung
z. B. Miete einer Wohnung, Miete eines Autos/Fahrrads gegen Geld	insbesondere im gewerblichen Bereich, da z. B. der Restaurantpächter durch seine Umsätze Erträge aus der Pachtsache gewinnt	der „DVD-Verleih" oder „Fahrrad-Verleih" ist rechtlich keine Leihe, sondern Miete	zum Leasing in der Warenwirtschaft siehe Kapitel 10.3.5

Für Pachtverträge gelten im Wesentlichen das Mietrecht sowie einige Sondervorschriften. Pachtverträge in der Gastronomie regeln üblicherweise:

- Beschreibung des Pachtobjekts, ggf. inklusive des mitverpachteten Inventars wie Kücheneinrichtung, Fettabscheider o. Ä. sowie der Nutzungsart
- Pachtzins: entweder Festpacht, ggf. mit Wertsicherungsklausel/Indexierung (automatische Anpassung an die Inflation), oder Umsatzpacht
- Pachtdauer und Kündigungsfristen, ggf. Verlängerungsoption
- Instandhaltungspflichten und Schönheitsreparaturen
- Nebenkosten und Kaution

Vorteile Eigentum

- bauliche Veränderungen einfacher
- Investitionen ins Eigentum verbesern die Bilanz
- keine Kündigung durch Dritte

Vorteile Pacht

- Flexibilität
- leichtere Aufgabe des Standorts
- weniger Eigenkapital erforderlich
- viele Kosten trägt der Verpächter

2.3.4 Gaststättenerlaubnis

Die Erteilung einer Gaststättenerlaubnis durch die Kommune ist in bestimmten Fällen Voraussetzung dafür, dass ein Restaurant betrieben werden darf.

Erlaubnispflicht

Noch vor wenigen Jahren waren alle Gastronomie- und Hotelleriebetriebe erlaubnispflichtig. Die Erlaubnispflicht ist durch den Gesetzgeber immer weiter begrenzt worden. Zunächst wurden reine Beherbergungsbetriebe, dann auch solche Gastronomiebetriebe, die keinen Alkohol ausschenken, von der Erlaubnispflicht ausgenommen.

Seit dem Jahr 2006 sind die Bundesländer für das Gaststättenrecht zuständig. Seitdem gibt es keine bundeseinheitliche Regelung der Erlaubnispflicht mehr. Manche Bundesländer haben ein Landes-Gaststättengesetz verabschiedet, das dann das Bundes-Gaststättengesetz verdrängt und in den meisten Fällen (siehe Übersicht rechts) die Erlaubnispflicht abgeschafft hat. In Ländern, in denen es (noch) kein Landesgesetz gibt, gilt die Erlaubnispflicht nach dem Bundes-Gaststättengesetz einstweilen weiter. Die Darstellung im Folgenden folgt dem Bundesgesetz.

Erlaubnispflicht/Erlaubnisfreiheit in den Gaststättengesetzen der Bundesländer

Brandenburg	erlaubnisfrei
Bremen	erlaubnispflichtig bei Alkoholausschank
Hessen	erlaubnisfrei
Niedersachsen	erlaubnisfrei
Saarland	erlaubnisfrei
Sachsen	erlaubnisfrei
Thüringen	erlaubnisfrei

§ Bundesgesetz: Wer in einem Gaststättengewerbe Alkohol ausschenkt, benötigt eine Gaststättenerlaubnis.

Ein **Gaststättengewerbe** betreibt, wer

- im stehenden Gewerbe Getränke zum Verzehr an Ort und Stelle verabreicht (Schankwirtschaft) oder
- zubereitete Speisen zum Verzehr an Ort und Stelle verabreicht (Speisewirtschaft) oder
- im Reisegewerbe von einer für die Dauer der Veranstaltung ortsfesten Betriebsstätte aus Getränke oder zubereitete Speisen zum Verzehr an Ort und Stelle verabreicht,
- wenn der Betrieb jedermann oder bestimmten Personenkreisen zugänglich ist.

Wird Alkohol ausgeschenkt, ist eine Gaststättenerlaubnis erforderlich.

Erlaubnisverfahren

Die Gaststättenerlaubnis (= Konzession) muss bei der zuständigen Behörde (meist Landkreis oder kreisfreie Stadt) beantragt werden. Für die Gaststättenerlaubnis muss eine Gebühr entrichtet werden. Die Erlaubnis gilt nur für einen bestimmten Erlaubnisträger, eine bestimmte Betriebsart und für bestimmte Räume. Bei wesentlichen Betriebsänderungen wird deshalb eine neue Konzession erforderlich. Die Konzession ist das wichtigste Instrument der Behörden, um die Umsetzung des Gaststättengesetzes und anderer gesetzlicher Regelungen sicherzustellen. Verhält ein Gastronom sich fortgesetzt gesetzwidrig, kann ihm die Konzession entzogen, die Gaststätte geschlossen werden. Wenn die Voraussetzungen für die Erteilung der Erlaubnis vorliegen, hat der Gastronom auch einen Anspruch darauf, den er im Widerspruchsverfahren oder notfalls gerichtlich durchsetzen kann.

Voraussetzungen für die Erteilung der Gaststättenerlaubnis

- **Zuverlässigkeit** des Betreibers
  Beispiele für Unzuverlässigkeit: Alkoholismus, Verstöße gegen Jugendschutz oder Drogengesetze, Schwarzarbeit oder Steuerhinterziehung
- Teilnahme am **Unterrichtungsverfahren** der IHK oder abgeschlossene gastgewerbliche Ausbildung
- Eignung der **Räume** für den Betrieb einer Gaststätte und Umweltverträglichkeit für die **Umgebung**
  Beispiele: Brandschutz, Beschaffenheit der Fußböden, Lärmschutz
- polizeiliches **Führungszeugnis** und steuerliche **Unbedenklichkeitsbescheinigung**

Unternehmensform	Erlaubnisträger
Einzelunternehmer/e.K.	Unternehmer als natürliche Person
GbR	Jeder einzelne Gesellschafter mit Geschäftsführungsbefugnis
OHG	Jeder einzelne Gesellschafter mit Geschäftsführungsbefugnis
KG	Jeder Komplementär, nicht aber Kommanditisten
GmbH	GmbH selbst als juristische Person
GmbH & Co. KG	GmbH als Komplementärin
AG	AG selbst als juristische Person

Erlaubnisträger in der Systemgastronomie

Sowohl natürliche als auch juristische Personen können eine Gaststättenerlaubnis erhalten. Ein für die Systemgastronomie besonders relevanter Aspekt ist: Der Träger der Erlaubnis ist abhängig von der Rechtsform des Unternehmens.

Werden z. B. einzelne Betriebe oder ein ganzer Geschäftsbereich verkauft oder wechselt die Firma eines Unternehmens, so muss eine neue Erlaubnis beantragt werden.

Zweck der Gaststättenerlaubnis

Der Zweck des Gaststättenerlaubnis und des gesamten Gaststättenrechts liegt darin, die Allgemeinheit, die Gäste und die Mitarbeiter vor den besonderen Gefahren zu schützen, die mit dem Betrieb einer Gaststätte verbunden sind. Dazu gehören z. B. Lärmschutz, Schutz vor Geruchsbelästigung oder allgemeine Gefahren für Gesundheit und „Sittlichkeit“, insbesondere jedoch Gefahren, die mit dem Alkoholmissbrauch verbunden sind. Die besonderen Regelungen zum Alkoholausschank, zum Nichtraucherschutz und zum Jugendschutz werden in den Kapiteln 3.3.2 bis 3.3.5 ausführlich dargestellt.

Arten der Gaststättenerlaubnis

Regelfall: **Dauerkonzession** für **Schank-** oder/und **Speisewirtschaft**	Erlaubnis mit **Auflagen** Beispiele: begrenzte Gästezahl, Außenbewirtschaftung nur bis 22 Uhr, Lautstärkenbegrenzung	**Vorläufige** Erlaubnis meist für drei Monate – insbesondere bei Inhaberwechsel	**Stellvertretungserlaubnis** für die Führung des Betriebs durch einen Stellvertreter	**Gestattung** erleichterte „Erlaubnis" aus besonderem Anlass Beispiel: Schützenfest	Gaststättenerlaubnis verbunden mit **Sondernutzungserlaubnis** für Außengastronomie im öffentlichen Raum

Gewerbeanzeige

Unabhängig davon, ob im jeweiligen Bundesland eine Erlaubnispflicht besteht oder nicht, ist der Betreiber verpflichtet, den Beginn, die Verlegung oder die Aufgabe eines Gewerbes bei der Behörde anzuzeigen.

Sperrzeiten

Die Sperrzeit ist die Zeit, in der kein Gast in den Räumen einer Gaststätte verweilen darf.

Es ist Sache der einzelnen Bundesländer, ob sie überhaupt eine Sperrzeit festsetzen und wenn ja, welche. Die Regelungen sind daher von Land zu Land unterschiedlich. Sperrzeiten dienen insbesondere dem Schutz der Nachbarn vor Lärm. Teilweise gibt es am Wochenende andere Regelungen als von sonntags bis donnerstags. In den letzten Jahren sind die meisten Bundesländer dazu übergegangen, die Sperrzeit ganz abzuschaffen oder lediglich auf eine sogenannte „Putzstunde" von 5.00 bis 6.00 Uhr zu verkürzen. Jedoch gibt es vielfach kommunale Sperrzeitregelungen durch Satzungen oder Verfügungen der Ordnungsbehörden.

Bei den Öffnungszeiten sind vorgeschriebene Sperrzeiten zu beachten.

Auch für die **Außengastronomie** haben viele Länder oder Kommunen eigene Regelungen erlassen, da hier Konflikte mit der Nachtruhe besonders häufig sind. Reichen diese generellen Regelungen nicht aus, kann auch die Behörde für ein bestimmtes Gebiet oder einen einzelnen Betrieb eine **Sperrzeitverlängerung** aussprechen. Auf der anderen Seite kann ein Gastronom unter bestimmten Voraussetzungen eine **Sperrzeitverkürzung** beantragen.

Pflichten des Gastronomen zur Einhaltung der Vorschriften:

- Bei Eintritt der Sperrzeit seine Gaststätte schließen.
- Vor Eintritt der Sperrzeit seine Gäste auffordern, die Gaststätte zu verlassen und alles tun, um dies auch durchzusetzen (z.B. Tische und Theke abräumen, Beleuchtung im Wesentlichen löschen). Eine Schonfrist sieht das Gesetz nicht vor, meist werden in der Praxis aber 15-20 Minuten zum Austrinken und Bezahlen anerkannt.
- Als letztes Mittel, wenn der Gast sich weigert zu gehen, die Polizei verständigen.

2.4 Let's think about ... data security!

In Ihrem Betrieb ist es üblich, neuen Mitarbeitern bei ihrer Einstellung ein Informationsblatt auszuhändigen, in dem die Geschäftsführung den Umgang mit persönlichen Daten ihrer Mitarbeiter festlegt. Diese Erklärung gibt es bisher nur in deutscher Sprache. Sie soll auch in andere Sprachen übersetzt werden.

Sie arbeiten derzeit in der Personalabteilung und werden beauftragt, einen Entwurf für eine englische Übersetzung anzufertigen.

1. Erstellen Sie eine englische Version ...

a) ... des folgenden Informationsblatts, in dem der Leser über alle wichtigen Punkte zum Datenschutz aufgeklärt wird.

Eat Supreme
Konkordiastraße 2
43210 Düsseldorf

Wichtiges zum Datenschutz

Ihr Recht auf Datenschutz wird bei uns selbstverständlich ganz groß geschrieben. Sämtliche Eintragungen und Daten Ihrer Personalakte unterliegen in unserer Firma der strengsten Geheimhaltung. Alle unsere Bemühungen, den Schutz Ihrer Daten sicherzustellen, folgen streng den Vorschriften des Bundesdatenschutzgesetzes.

Das bedeutet, dass keine Sie betreffenden Angaben von uns an Dritte weitergegeben werden. Dies betrifft die Geschäftsführung ebenso wie Ihre unmittelbaren Vorgesetzten (z. B. Schichtleiter, Restaurantleiter, Personalchef usw.). Ebenso verpflichten wir uns, alle Daten – sowohl in Papierform als auch in elektronischer Form – gegen unberechtigten Zugriff Dritter abzusichern.

Sie brauchen keine Sorge zu haben, dass personenbezogene Daten wie z. B.
- Informationen über Erkrankungen, Abmahnungen, Schwangerschaften, Beschwerden Ihrerseits,
- aber auch persönliche Daten wie Ihre Adresse, Telefon-/Faxnummern, E-Mail-Adresse
- sowie Angaben aus Ihrem Lebenslauf wie z. B. über Hobbys, Vorbildung oder Arbeitszeugnisse

in irgendeiner Form von anderen in Erfahrung gebracht werden können.

Wenn Sie Fragen zu diesem Thema haben oder weitere Erläuterungen wünschen, wenden Sie sich bitte an den Datenschutzbeauftragten unserer Firma, den Sie telefonisch in der Systemzentrale unter der Durchwahl 345 erreichen können.

Die Geschäftsführung

b) ... der folgenden Erklärung.

Einverständniserklärung zum Datenschutz

Wir erwarten von Ihnen, dass Sie unter keinen Umständen Informationen über betriebliche Abläufe unseres Unternehmens (z. B. Dienstpläne, Urlaubsregelungen, Löhne, Rezepturen, Standards usw.) oder Daten und Informationen über Personal unserer Firma, die Ihnen bekannt sind, an andere weitergeben.

Hiermit bestätige ich, dass ich die o. g. Vorschrift zur Kenntnis genommen habe, und erkläre, dass ich sie einhalten werde.

_____________ ____________________

Datum Unterschrift

Aus der Lohnbuchhaltung sind vertrauliche Daten bekannt geworden. In einem Treffen, das der Betriebsrat zu diesem Thema abhält, wird auch darüber gesprochen, welche Verhaltensweisen am Computer im Umgang mit sensiblen Daten einzuhalten sind und welche Bedingungen ein Passwort erfüllen muss, damit es möglichst sicher ist.
Damit alle Mitarbeiter sich in Zukunft entsprechend verhalten, sollen auch diese Informationen auf Deutsch und Englisch an die Mitarbeiter gegeben werden.

2. Geben Sie die folgenden Hinweise auf Englisch wieder.

Bedingungen für sichere Passwörter:

- Kombination aus Groß- und Kleinbuchstaben
- Kombination aus Buchstaben und Ziffern
- nicht speichern oder notieren
- keine persönlichen Daten
- keine allgemein bekannten Wörter oder Sprüche
- keine Systematik
- Mindestanzahl an Zeichen
- regelmäßig ändern

Ausloggen nicht vergessen!

written warning	Abmahnung
testimonial	Arbeitszeugnis
operational process	betrieblicher Ablauf
German Data Protection Act	Bundesdatenschutzgesetz
data	Daten
data security	Datenschutz
data security officer	Datenschutzbeauftragter
roster	Dienstplan
work schedule	Dienstplan
third person	Dritte/r
extension	Durchwahl
electronic form	elektronische Form
confidentiality	Geheimhaltung
curriculum vitae, CV	Lebenslauf
salary	Lohn
hardcopy form	Papierform
staff, personnel	Personal
personnel file	Personalakte
staff manager	Personalchef
recipe	Rezeptur
shift leader	Schichtleiter
pregnancy	Schwangerschaft
right to privacy	Selbstbestimmung
headquarters	Systemzentrale
holiday regulations	Urlaubsregelung
qualification	Vorbildung
superior	Vorgesetzte/r
rule	Vorschrift
access	Zugriff
personal	personenbezogen
strict	streng
unauthorized	unberechtigt
to observe	einhalten
to affirm	erklären
this is to certify	hiermit bestätige ich

2.5 Aufgaben

1 | Unternehmen der Systemgastronomie gehören zum Gastgewerbe. Erarbeiten Sie eine Definition für diesen Begriff.

2 | Der Markt der Systemgastronomie lässt sich in eine Vielzahl von Segmenten einteilen.
a) Erläutern Sie, warum eine Einteilung in Segmente sinnvoll ist.
b) Nennen und beschreiben Sie anhand konkreter Beispiele drei unterschiedliche Segmente.

3 | a) Definieren Sie die Begriffe „(Mono-)Producter“ und „Sortimenter“.
b) Stellen Sie dar, welche unternehmerischen Vorteile bzw. Risiken ein (Mono-)Producter hat.

4 | Das größte Segment innerhalb der Systemgastronomie ist der „Quickservice“.
a) Geben Sie die Merkmale dieses Segments an.
b) Unterscheiden Sie in diesem Zusammenhang: Counter-Service, Home Delivery, Drive-in und Fast Casual.

5 | Im Segment Verkehrsgastronomie gibt es u. a. die Standorte Autobahn, Bahnhof und Flughafen.
a) Bestimmen und erläutern Sie mindestens fünf gemeinsame charakteristische Merkmale.
b) Worin bestehen typische Unterschiede zwischen den Standorten?

6 | Beschreiben Sie anhand eines selbst gewählten Beispiels charakteristische Merkmale der Full-Service-Gastronomie.

7 | Hinsichtlich der Unternehmensstruktur wird zwischen Filial- und Franchise-Systemen unterschieden.
a) Was ist ein Filial-System?
b) Zählen Sie typische Aufgaben der Zentrale und der Filialen auf.
c) Welche Verantwortung und welche Rechte hat ein Filialleiter/Restaurantleiter?
d) Wie kommunizieren Zentrale und Filiale miteinander?
e) Erläutern Sie, warum manchmal die Zusammenarbeit zwischen Zentrale und Filiale nicht reibungslos funktioniert.

8 | a) Was ist unter dem Begriff „Franchising“ zu verstehen?
b) Nennen und erklären Sie wesentliche Merkmale eines Franchisesystems.
c) Stellen Sie die Ihrer Meinung nach wichtigsten Gesichtspunkte eines Franchisevertrags zusammen.
d) Welche Rechte hat ein Franchisegeber, welche ein Franchisenehmer?

9 | Warum entscheiden sich viele Existenzgründer für die Partnerschaft in einem Franchisesystem?

10 | Jeder Betrieb braucht eine innere Organisation.
a) Erklären Sie den Begriff „Aufbauorganisation“.
b) Definieren Sie den Begriff „Stabsstelle“.
c) Erläutern Sie den Begriff „Organigramm“.
d) Entwickeln Sie für Ihre Betriebsstätte ein Organigramm.

11 | a) Erklären Sie den Begriff „Ablauforganisation“.
b) Legen Sie (anhand eines selbst gewählten Beispiels) Merkmale einer Checkliste fest.
c) Entwerfen Sie (anhand eines selbst gewählten Beispiels) eine Arbeitsanweisung (textlich oder bildlich).

12 | Nennen und erläutern Sie die wesentlichen Regelungen zum Datenschutz:
a) bezüglich der Gäste
b) bezüglich der Mitarbeiter

13 | Viele Unternehmen der Systemgastronomie haben die Form einer GmbH.
a) Stellen Sie mögliche Gründe hierfür dar.
b) Zählen Sie die wichtigsten Kennzeichen einer GmbH auf und erläutern Sie diese.

14 | Ein Unternehmen steigerte seinen Umsatz von 160 Mio. € auf 197,2 Mio. €. Gleichzeitig erhöhte sich die Anzahl der Betriebe von 64 auf 68. Um wie viel Prozent stieg der Durchschnittsumsatz pro Betrieb?

15 | Vom Gewinn einer GmbH in Höhe von 80.000 € sollen 40 % an die vier Gesellschafter ausgeschüttet werden, eine Hälfte nach Anzahl der Gesellschafter, die andere Hälfte nach Höhe ihrer Einlagen (A: 20.000 €, B: 45.000 €, C: 10.000 €, D: 25.000 €). Wie viel € erhält jeder?

3 Organisation des Servicebereichs

- Servicemitarbeiter
- Restaurantgestaltung
- Servicegeräte und Servicelogistik
- Tischwäsche
- Gläser
- Geschirr
- Besteck
- Servicemanagement
- Serviceformen
- Recht im Service

DISQ
Das Deutsche Institut für Service-Qualität verfolgt das Ziel, den Service in Deutschland zu verbessern.

www.disq.de

Service Ranking
Die ServiceValue GmbH, die Goethe-Universität Frankfurt am Main und DIE WELT haben 2011 Deutschlands größtes Service-Ranking für verschiedenste Bereiche erstellt.

www.service-champions.de
www.servicevalue.de

3.1 Die Serviceorganisation

In jedem systemgastronomischen Betrieb müssen alle Abteilungen eng zusammenarbeiten, um eine gästeorientierte, qualifizierte Serviceleistung zu erbringen.

Das Deutsche Institut für Service-Qualität (DISQ) testet regelmäßig verschiedene systemgastronomische Betriebe und beurteilt deren Servicequalität nach Sauberkeit, Angebot, Kompetenz und Freundlichkeit aller Mitarbeiter im Betrieb.

Diese unterschiedlichen Aspekte müssen in einer je nach Produktpräsentation individuellen „Serviceorganisation" zusammengeführt werden, die dann die Grundlage für einen professionellen Service im systemgastronomischen Betrieb darstellt.

Es wird deutlich, dass die Serviceorganisation viele Schnittstellen zu unterschiedlichsten Bereichen des Betriebs hat.

3.2 Der Servicemitarbeiter

Der Ruf eines Betriebs wird in besonderem Maße von seinen Servicemitarbeitern geprägt. Sie sind die direkten Ansprechpartner für die Gäste und haben daher einen großen Einfluss darauf, ob diese sich wohlfühlen oder nicht.

Der erste Eindruck hat keine zweite Chance!

Damit Servicemitarbeiter verkaufsfördernd und dienstleistungsorientiert arbeiten können, sind folgende Eigenschaften und Fähigkeiten Voraussetzung:

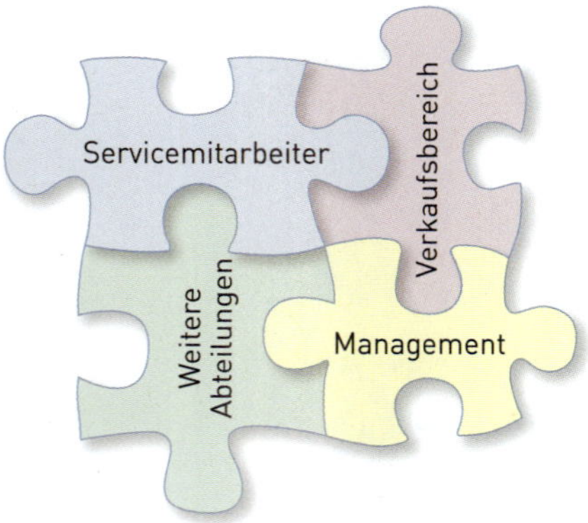

Serviceorganisation

Körperliche und psychische Belastbarkeit
Flexible Arbeitszeiten bis in den frühen Morgen, der Umgang mit vielen unterschiedlichen Menschen, körperlich schwere Tätigkeiten beim Service (Tragen, Heben, langes Stehen) verlangen von jedem Servicemitarbeiter körperliche und mentale Fitness.

Gepflegte Umgangsformen/höfliches, unaufdringliches Verhalten
Die Servicemitarbeiter verbringen mehr Zeit mit den Gästen als jeder andere Mitarbeiter. Sie sind verantwortlich dafür, dass jeder Gast den Betrieb mit einer positiven Serviceerfahrung erlebt.

Kommunikative Kompetenz/Redegewandtheit
Professionelle Kommunikation ist ein Grundbestandteil für die Beratung der Gäste. Hier begegnen sich Gastwunsch und gastronomisches Angebot. Daher gilt:

- gezielte Fragen stellen und zuhören
- mitdenken und Auswahlmöglichkeiten präsentieren
- Entscheidungen veranlassen

Äußeres Erscheinungsbild
Das Erscheinungsbild und die korrekte Berufskleidung haben für jeden Betrieb einen hohen Identifikationswert und sind fester Bestandteil der Corporate Identity (Erscheinungsbild des Betriebs nach innen und außen), die als Garant für die Unverwechselbarkeit des Betriebs steht. Ansprechende, individuelle Berufskleidung soll als Instrument des Personalmarketings auch dazu beitragen, dass die Mitarbeiter sich wohlfühlen. Eine angenehme Arbeitskleidung sorgt daher für Arbeitszufriedenheit, Motivation und Leistung.

Die traditionelle gastronomische Berufskleidung „schwarz-weiß" bzw. „schwarz-schwarz" wird im systemgastronomischen Betrieb durch kreative Varianten ersetzt. Bistroschürzen, Shirts und Hauben mit Logo dienen dazu, einen zum Ambiente des Betriebs passenden Eindruck herzustellen.

Äußeres Erscheinungsbild als Teil der Corporate Identity (Nordsee)

§

Die Systemzentrale ist berechtigt, eine Kleiderordnung für die Mitarbeiter festzulegen oder eine bestimmte Dienstkleidung/Uniform festzuschreiben. Meist sind Vorgaben dieser Art Bestandteil des Arbeitsvertrags. Gibt es einen Betriebsrat, bestimmt dieser mit.

Besteht eine Kleiderordnung, kann auch festgelegt werden, dass der Mitarbeiter sein äußeres Erscheinungsbild daran anpasst (z. B. keine sichtbaren Piercings oder Tattoos).

Wer die Kleidung anzuschaffen, zu bezahlen und zu reinigen hat, ist meist im Tarifvertrag geregelt. Wo nur die berufsübliche Kleidung vorgeschrieben wird (z. B. weiße Bluse und schwarze Hose im Service), trägt in der Regel der Arbeitnehmer die Kosten, bei Uniformen meist der Arbeitgeber.

Vorgeschriebene Schutzkleidung schafft der Arbeitgeber an.

Das Umkleiden und Waschen zählt nicht zur Arbeitszeit.

Für einige Betriebe ist der Mietberufsbekleidungs-Service eine professionelle Alternative (Berufsbekleidungs-Leasing).

Das Angebot an Kleidung für den gastronomischen Betrieb ist umfassend. Beratung zur Corporate Identity und zum Image, die Entwicklung hauseigener Kreationen, Reinigung, Umtausch und Lagerung der Textilien gehören zum maßgeschneiderten Paket für den Betrieb.

Einwandfreie persönliche Hygiene und Sauberkeit gehören zur Verpflichtung für jeden Servicemitarbeiter. Deren Einhaltung lässt oft Rückschlüsse auf die Führung eines Unternehmens zu.

Besondere Bedeutung haben gepflegte Hände und Fingernägel, weil sie jeder Gast in Verbindung mit den servierten Speisen und Getränken sieht. Gepflegte Haare, unaufdringliches Make-up, korrekte Rasur und dezenter Schmuck sind in den meisten Betrieben Standard. Die Standards der Szenegastronomie unterscheiden sich teilweise davon.

Mund- und Körpergeruch wirken abstoßend. Deshalb sind regelmäßige Körperpflege und ein angemessener Wäschewechsel Grundvoraussetzungen.

Teamspirit (Vapiano)

Teamfähigkeit

Mitarbeiter im systemgastronomischen Betrieb werden oft mit der Bewältigung einer gemeinsamen Aufgabe beauftragt. Hier ist der Teamgeist, d.h. die gemeinsame Zielsetzung und Verantwortung, eine Grundvoraussetzung für erfolgreiches Arbeiten.

Gelingt es dem Management, die Teamarbeit erfolgreich zu gestalten, dann ist diese Form der Arbeitsorganisation anderen Formen vielfach überlegen. Arbeitsaufträge der einzelnen Teammitglieder sind so organisiert, dass sie sich gegenseitig beeinflussen und ergänzen und sich damit ein Synergieeffekt aus der Vielzahl der Einzelleistungen ergibt.

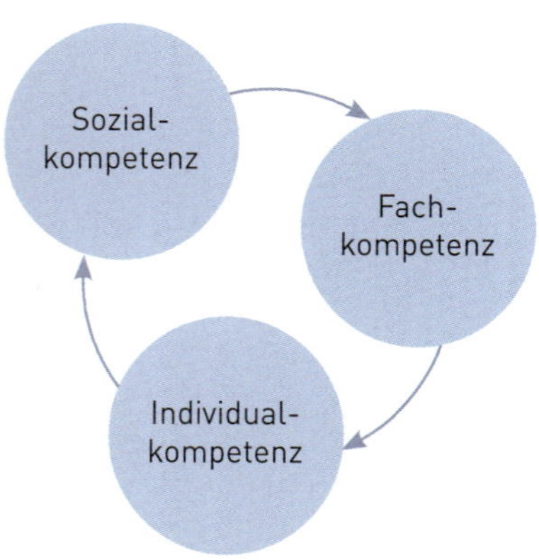

Ganzheitliche Serviceleistung

Dienstleistungsbereitschaft

Jeder Servicemitarbeiter wird in der Gastronomie mit den verschiedensten Einstellungen, Ansichten und Ansprüchen von Gästen konfrontiert. Die Bereitschaft, sich auf unbekannte Menschen einzustellen, ihre Bedürfnisse zu erkennen und so zu erfüllen, dass ihre Erwartungen übertroffen werden, muss als Herausforderung angenommen werden. Jeder Gast mit seiner Persönlichkeit erwartet eine dementsprechende individuelle Dienstleistung, die ein professioneller Servicemitarbeiter zu erfüllen versucht.

Fachkenntnisse

Für ein angemessenes Verkaufsgespräch sind Grundkenntnisse in der Getränke- und Speisenkunde eine wichtige Voraussetzung.

Servicemitarbeiter müssen Fragen der Gäste zur Zubereitung sowie zu Inhaltsstoffen und Zusammensetzung der Speisen und Getränke (z.B. Allergieverträglichkeit der angebotenen Produkte) kompetent beantworten können.

3.3 Recht im Service

Der Servicemitarbeiter ist Gesicht und Stimme des Systemgastronomie-Betriebs für den Gast. Das heißt nicht nur, dass der Gast Produkt und Dienstleistung der Marke mit ihm identifiziert; es bedeutet auch, dass der Service die meisten rechtlich relevanten Handlungen des Unternehmens gegenüber dem Gast vornimmt. Auch da, wo detaillierte Vorgaben und Unternehmensstandards existieren, sind Service und ggf. Betriebsleitung ausführende Organe, deren Handlungen und Unterlassungen dem Unternehmen auch rechtlich zugeordnet werden.

Wer im Service professionell arbeitet und erst recht, wer den Servicemitarbeitern vor Ort Anweisungen erteilt, muss daher eine gewisse Sicherheit in der Anwendung der zugrunde liegenden Rechtsvorschriften entwickeln. Das betrifft unter rechtlichen Gesichtspunkten insbesondere

- die Stellung des Gasts als Verbraucher, der geschützt werden muss,
- den Abschluss von Verträgen zwischen dem Gastronomen und dem Gast und die sich daraus ergebenden wechselseitigen Rechte und Pflichten,
- die Haftung des Gastronomen gegenüber dem Gast, wenn Schäden eintreten.

Die Gastbeziehung ist auch rechtlich geprägt

Vertragsfreiheit
Vertragsfreiheit bedeutet, dass jede natürliche oder juristische Person die Freiheit hat, zu entscheiden, ob und mit wem ein Vertragsschluss vorgenommen wird (Abschlussfreiheit) und wie der Inhalt eines Vertrags ausgestaltet wird (Inhalts- oder Gestaltungsfreiheit).
Die Vertragsfreiheit ist Teil der allgemeinen Handlungsfreiheit und der Privatautonomie und wird durch Art. 2 des Grundgesetzes geschützt. Sie hat somit Verfassungsrang.

3.3.1 Hausrecht, Vertragsfreiheit und deren Grenzen

Der Gastronom selbst bzw. die von ihm damit beauftragten Mitarbeiter vor Ort üben das Hausrecht aus. Das bedeutet, sie sind berechtigt, Gästen innerhalb der räumlichen Einflusssphäre des Unternehmens bestimmte Vorgaben über ihr Verhalten zu machen und diese auch durchzusetzen. Ob ein Gast bewirtet wird oder nicht und wie, ist rechtlich vom Grundsatz her die Entscheidung des Unternehmens („Vertragsfreiheit").

Beispiele für zulässige Ausübung des Hausrechts und Vertragsfreiheit:

- Eine Kneipe weist betrunkene Gäste schon am Eingang ab oder erteilt Randalierern ein Hausverbot. Ein Gast, der sich darüber hinwegsetzt, begeht Hausfriedensbruch; dagegen kann sich der Gastronom mit Notwehrmitteln, d.h. notfalls mit Gewalt, wehren.
- Es ist die Entscheidung des Gastronomen, wie er damit umgeht, wenn Gäste ihr mitgebrachtes Essen verzehren. In bayerischen Biergärten ist es z.B. allgemein üblich, dass nur Getränke bestellt werden und dazu das mitgebrachte Picknick verzehrt wird; der Wirt muss dies aber nicht dulden.
- Ein Edelrestaurant legt eine Kleiderordnung fest, die das Tragen von Mützen verbietet. Ein Club verfolgt eine Türpolitik, die Turnschuhe verbietet. Gäste, die sich an diese Vorgabe nicht halten, werden vom Türsteher am Betreten des Edelrestaurants bzw. des Clubs gehindert.
- Trotz vieler Nachfragen von Gästen lehnt ein Restaurant es ab, Kinderteller oder Kinderportionen auf die Karte zu setzen. Eine Weinstube hat lediglich Wein und Wasser im Getränkeangebot, kein Bier, keine Softdrinks, keine Spirituosen.
- Ein Fast-Food-Betrieb hat nur einen von vier Countern geöffnet, obwohl die Gäste Schlange stehen und genügend Mitarbeiter da sind.

Der Gastronom darf eine Kleiderordnung festlegen

Kussverbot
Rechtens ist auch ein Kussverbot, das ein Wirt in Innsbruck erteilt hat. Auf einer Hinweistafel steht: „Aus Respekt vor unseren Mitarbeitern und internationalen Gästen bitten wir Sie, Zärtlichkeiten in unserem Lokal zu unterlassen." Paare, die sich nicht daran halten, werden rausgeworfen. So will der Wirt verhindern, dass Gäste, die sich gestört fühlen, den Bewirtungsvertrag kündigen.

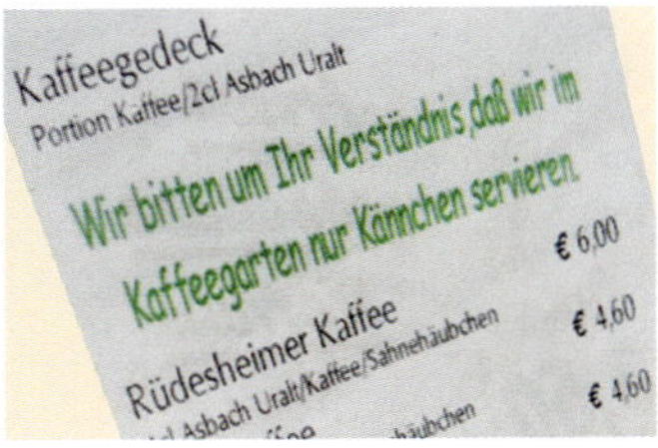

Der Gastronom darf eine Bestellgröße festlegen

Der Gastronom muss keine Kartenzahlung akzeptieren

AGB

Das Recht der Allgemeinen Geschäftsbedingungen ist in §§ 305–310 BGB geregelt. Es unterwirft Vertragsbedingungen, die von einem der Vertragspartner für eine Vielzahl von Verträgen schriftlich vorformuliert worden sind, einer Inhaltskontrolle.

AGG

Das Allgemeine Gleichbehandlungsgesetz verbietet bei sogenannten Massengeschäften des Zivilrechts sowie im Arbeitsleben sachlich nicht gerechtfertigte Benachteiligungen wegen der Rasse oder ethnischen Herkunft, des Geschlechts, der Religion oder Weltanschauung, einer Behinderung, des Alters oder der sexuellen Orientierung. Keine Diskriminierung sind dagegen Ungleichbehandlungen, die der Vermeidung von Gefahren oder dem Schutz der Intimsphäre dienen. Auch wenn durch die Ungleichbehandlung besondere Vorteile gewährt werden und ein Interesse an der Durchsetzung der Gleichbehandlung fehlt, wie z. B. bei einem Seniorenteller oder einem Studentenrabatt, ist dies unproblematisch.
(Anwendungsbereiche des AGG siehe Kapitel 16.13)

- In einem Restaurant, das sich der gesunden Küche verschrieben hat, sind Softdrinks dreimal so teuer wie üblicherweise. Ein Nobelhotel verkauft die Flasche japanisches Quellwasser für 80 €.
- „Auf der Terrasse nur Kännchen“: Ein Café bietet in der Außengastronomie Heißgetränke nur als Kännchen und zu einem deutlich höheren Preis als innen an.
- Ein Café hat nur vier Stunden täglich von 13 bis 17 Uhr geöffnet, obwohl Gäste und Mitarbeiter sich längere Öffnungszeiten wünschen.
- Der Gastronom akzeptiert keine Kartenzahlung, sondern nur Bargeld.

Von der Frage der rechtlichen Zulässigkeit ist die nach der Sinnhaftigkeit bestimmter Entscheidungen im Hinblick auf die Gästezufriedenheit und betriebswirtschaftliche Erwägungen zu unterscheiden. Das Hausrecht und die Vertragsfreiheit gelten jedoch auch rechtlich gesehen nicht grenzenlos.

Die wichtigsten Grenzen für die Systemgastronomie sind:

1. Verträge, die gesetz- oder sittenwidrig sind, sind unwirksam. Darunter fallen z. B. Wucherverträge mit extrem überhöhten Preisen.
2. Nach dem Recht der Allgemeinen Geschäftsbedingungen (AGB) sind Vertragsklauseln unwirksam, wenn sie intransparent oder unklar formuliert sind oder den Vertragspartner unangemessen benachteiligen. Beispielsweise ist es unzulässig, über die AGB die Haftung für grobe Fahrlässigkeit auszuschließen.
3. Die Ablehnung von Gästen darf nicht diskriminierend sein. Ein Verstoß gegen das Allgemeine Gleichbehandlungsgesetz (AGG) liegt z. B. vor, wenn Gäste wegen ihrer ausländischen Herkunft, ihrer Hautfarbe oder einer Behinderung abgewiesen werden.
4. Der Gastronom kann seine Vertragsfreiheit selbst vertraglich begrenzen. Beispielsweise kann er sich in seinem Pachtvertrag zur Einhaltung bestimmter Öffnungszeiten verpflichten (typisch z. B. in Einkaufszentren oder in der Verkehrsgastronomie) oder Rahmenverträge oder Marketingkooperationen abschließen, die ihn zur Freihaltung von Kontingenten, zur Gewährung von Rabatten oder zur Bereithaltung eines bestimmten Angebots verpflichten.
5. Das Wettbewerbsrecht (siehe Kapitel 15.7.2) verbietet unlautere (d. h. unfaire) Wettbewerbsmethoden und schützt so Gäste und Konkurrenten.
6. Spezielle Ge- und Verbote schützen die Gäste vor den besonderen Gefahren, die von Gaststätten ausgehen können, insbesondere im Bereich Alkohol, Rauchen und Glücksspiel (siehe Kapitel 3.3.2, 3.3.3 und 3.3.4).
7. Kinder und Jugendliche als besonders schutzbedürftige Gästegruppe werden durch das Jugendschutzgesetz speziell in den Blick genommen (siehe Kapitel 3.3.5).
8. Die Speise- und Getränkekarte bzw. vergleichbare Instrumente bei den typischen Serviceformen der Systemgastronomie (z. B. Displays am Counter, Ausschilderung am Büfett, Tafeln beim Frontcooking) bahnen typischerweise den Vertragsschluss mit dem Gast an. Im Interesse des Verbraucherschutzes müssen daher Wahrheit und Klarheit der Karte gewährleistet sein. Dafür sieht das Recht detaillierte Vorschriften vor, wie Speisen und Getränke zu bezeichnen und zu kennzeichnen sowie mit Preisen auszuzeichnen (siehe Kapitel 14.3).

Spezielle Ausprägungen des Verbraucherschutzes in der Gastronomie sind:
- Jugendschutz
- Diskriminierungsschutz
- Nichtraucherschutz
- Schutz vor Alkoholmissbrauch
- Speisekartenrecht

Das Konzept des Verbraucherschutzes beruht auf der Sicht, dass Verbraucher gegenüber den Anbietern von Produkten und Dienstleistungen strukturell unterlegen sind, d. h. aufgrund mangelnder Fachkenntnis, Information oder Erfahrung benachteiligt sind. Ihnen drohen dadurch bestimmte Gefahren, z. B. für die Gesundheit, oder sie sind nicht in der Lage, als „mündiger Verbraucher" reflektierte Entscheidungen zu treffen. Diesem Ungleichgewicht soll im Verbraucherschutz mit gesetzlichen Mitteln sowie mit Verbraucherbildung und -beratung entgegengesteuert werden.

3.3.2 Bekämpfung des Alkoholmissbrauchs

Auch erwachsene Gäste müssen nach der Vorstellung des Gesetzgebers in der Gastronomie in besonderem Maße vor dem missbräuchlichen Konsum von Alkohol geschützt werden. Deshalb enthält das Gaststättengesetz des Bundes (GastG) verschiedene Vorschriften, die einem vernünftigen Umgang mit Alkohol dienen sollen. Soweit die Bundesländer eigene Gaststättengesetze erlassen haben, haben sie diese Vorschriften teilweise übernommen, teilweise sogar erweitert:

„Apfelsaftparagraf" § 6 GastG

Es muss mindestens ein alkoholfreies Getränk nicht teurer verabreicht werden als das billigste alkoholische Getränk. Der Preisvergleich erfolgt dabei auch auf der Grundlage des hochgerechneten Preises für einen Liter der betreffenden Getränke. Dabei sollte als billigstes alkoholfreies Getränk ein gängiges Getränk gewählt werden.

Ausschank- und Abgabeverbote §§ 19 und 20 GastG

Aus besonderem Anlass kann der gewerbsmäßige Ausschank alkoholischer Getränke vorübergehend für eine bestimmte Zeit und einen bestimmten örtlichen Bereich ganz oder teilweise verboten werden, wenn dies zur Aufrechterhaltung der öffentlichen Sicherheit und Ordnung erforderlich ist. So können z. B. alle oder „harte" Alkoholika bei Demonstrationen oder Großveranstaltungen verboten werden.

Generell ist es verboten,
- Spirituosen an Automaten zu vertreiben,
- Alkohol an erkennbar Betrunkene zu verabreichen. Entscheidend ist dabei, ob der Gast körperliche Ausfallerscheinungen zeigt und sich sichtlich nicht mehr eigenverantwortlich verhalten kann. Der Gastronom ist dann auch verpflichtet, die Teilnahme am Straßenverkehr zu verhindern.

Anwendung des „Apfelsaftparagrafen"

Eine Getränkekarte enthält folgende Preise für die jeweils günstigsten alkoholischen bzw. alkoholfreien Getränke:

0,2 l Pils	2,00 €
0,2 l Quellwasser	2,00 €
0,5 l Weizenbier	4,80 €

Diese Preisgestaltung ist mit § 6 GastG nicht vereinbar. Folgende Rechnung ist anzustellen:

0,2 l Pils	2,00 € ≙	Literpreis 10,00 €
0,2 l Quellwasser	2,00 € ≙	Literpreis 10,00 €
0,5 l Weizenbier	4,80 € ≙	Literpreis 9,60 €

Das Wasser hat also einen höheren Literpreis als die alkoholischen Getränke. Es reicht nicht aus, dass 0,2 l Wasser zum gleichen Preis wie 0,2 l Pils angeboten werden, da der Literpreis maßgeblich ist.

Informationen über Alkohol
www.kenn-dein-limit.info

„Komasaufen" – Auszug aus einem Artikel der Westdeutschen Zeitung vom 13. Januar 2012 zur Diskussion über die Wirksamkeit gesetzlicher Maßnahmen zur Bekämpfung des Alkoholmissbrauchs bei Jugendlichen und jungen Erwachsenen

„Meist beginnt es mit ein, zwei Bier oder Wodka-Mix vor einem Party-Besuch – „Vorglühen" nennen junge Leute diese inoffiziellen Trinkgelage, bei denen jeder, der an Alkohol rankommt, etwas mitbringt. Und für manchen endet ein Abend, der so anfängt, dann im Kampf um Leben und Tod in der Notaufnahme. Die ersten Kinder fangen heute schon mit neun Jahren an zu probieren, etwa ab dem Alter von zwölf werde dann regelmäßig Alkohol getrunken."

Stand der Gesetzgebung zum Nichtraucherschutz

Die Nichtraucherschutzgesetze der Bundesländer verändern sich derzeit noch relativ häufig. Der jeweils aktuelle Stand ist zu finden unter **www.dehoga-bundesverband.de/fileadmin/Inhaltsbilder/Synopse_NRS-Gesetze_in_den_Bundeslaendern_280212_01.pdf**

Vor- und Nachteile der Automatenaufstellung

Durch Automatenaufstellverträge können in der Gastronomie zusätzliche Einnahmen erzielt werden. Der Einsatz von Glücksspielgeräten in der Gastronomie ist jedoch streng limitiert, um der Spielsucht vorzubeugen.

Verbot von Flatrate-Partys

Auf Grundlage des Verbots, Alkohol an Betrunkene auszuschenken, können die Behörden auch sogenannte Flatrate-Partys verbieten. In den meisten Bundesländern, in denen in den letzten Jahren eigene Gaststättengesetze verabschiedet wurden, wurden weitergehend ausdrückliche Regelungen integriert, wonach alkoholische Getränke nicht in einer Art angeboten und vermarktet werden dürfen, übermäßigem Konsum Vorschub zu leisten. Das ist insbesondere dann der Fall, wenn Alkohol in unbestimmten Mengen zu einem Festpreis oder erheblich unter dem marktüblichen Preis verabreicht wird.

Koppelungsverbot § 20 Nr. 3 GastG

Es ist verboten, das Bestellen alkoholfreier Getränke von der Bestellung alkoholischer Getränke abhängig zu machen oder bei Nichtbestellung von Alkohol die Preise zu erhöhen. Die früher oftmals üblichen „Gedecke" sind deshalb nicht zulässig.

Trinkzwangverbot § 20 Nr. 4 GastG

Weiter ist verboten, das Verabreichen von Speisen von der Bestellung von Getränken abhängig zu machen oder bei Nichtbestellung die Preise zu erhöhen. Umgekehrt darf der Gastronom aber die Abgabe eines Getränks ablehnen, wenn der Gast nicht essen möchte.

3.3.3 Nichtraucherschutz

In allen Bundesländern gelten Nichtraucherschutzgesetze, die das Rauchen in der Gastronomie einschränken. Die Regelungen unterscheiden sich von Land zu Land. Teilweise gibt es absolute Rauchverbote, die das Rauchen in jeder Art von Gastronomie ohne Ausnahmen untersagen. In den meisten Ländern gelten differenzierte Regelungen, die z.B. kleinen Einraumbetrieben mit ausschließlich erwachsenen Gästen die Möglichkeit geben, sich als „Raucherkneipe" zu kennzeichnen oder die die Möglichkeit von separaten Raucherräumen eröffnen.

3.3.4 Automaten und Glücksspiele

Nach der Spieleverordnung dürfen in Schank- oder Speisewirtschaften höchstens drei Geld- oder Warenspielgeräte aufgestellt werden. Der Gastronom ist verpflichtet, bei bis zu zwei Geräten durch eine ständige Aufsicht, bei drei Geräten durch zusätzliche technische Sicherungsmaßnahmen die Einhaltung des Jugendschutzes sicherzustellen. Geldspielgeräte dürfen nicht aufgestellt werden in Betrieben, die ihrer Art nach oder tatsächlich vorwiegend von Kindern und Jugendlichen besucht werden (z.B. Eiscafés, Milchstuben, Betriebe in Sporthallen oder Tanzschulen).

Wer Glücksspielgeräte aufstellen oder Geschicklichkeitsspiele mit Gewinnmöglichkeit veranstalten will, benötigt dafür nach der Gewerbeordnung eine behördliche Erlaubnis.

Der Automatenaufsteller ist in aller Regel nicht der Gastronom, sondern ein professioneller Automatenbetreiber. Zwischen dem Aufsteller und dem Gastronomen wird ein Automatenaufstellvertrag abgeschlossen, nach dem gegen eine Umsatzbeteiligung das Betreiben des Automaten in der Gaststätte gestattet wird.

Solche Aufstellverträge kommen nicht nur bei Glücksspielgeräten, sondern auch für reine Unterhaltungsautomaten (z. B. Flipper oder Musicbox) oder bei Warenautomaten (z. B. für Zigaretten, Getränke, Süßigkeiten) zum Einsatz. Bei Zigarettenautomaten sind die Vorschriften des Jugendschutzes zu beachten (siehe weiter unten). Branntwein oder branntweinhaltige Getränke dürfen nicht an Automaten feilgeboten werden (§ 20 Nr. 1 GastG).

Wer Glücksspiele ohne eine Erlaubnis veranstaltet, macht sich strafbar

Wer öffentlich und ohne behördliche Erlaubnis Glücksspiele in Sinne des Strafgesetzbuchs veranstaltet oder als Gastronom in seinem Betrieb duldet, bei denen um nicht unbedeutende Vermögenswerte gespielt wird, macht sich strafbar. Dazu gehören z. B. Würfelspiele, Poker oder Roulette. Eine Erlaubnis dafür erhalten ggf. Spielbanken.

Die Erlaubnis ist ebenfalls an die Zuverlässigkeit des Automatenaufstellers oder Betreibers geknüpft sowie bei Glücksspielgeräten an bestimmte technische Bedingungen. Insbesondere wird keine Erlaubnis erteilt, wenn die Gefahr besteht, dass der Spieler unangemessen hohe Verluste in kurzer Zeit erleidet. Bestimmte Geschicklichkeitsspiele wie turniermäßige Preisspiele oder Gewinnspiele in Gaststätten, bei denen das Entgelt bzw. die Kosten niedrig sind, sind von der Erlaubnispflicht befreit. Dazu gehören Spiele wie Preisskat, Preisbillard oder Preiskegeln.

3.3.5 Jugendschutz

Von besonderer Bedeutung in der Gastronomie ist die Einhaltung des Jugendschutzes. Das Jugendschutzgesetz enthält u. a. Regelungen zum Besuch von Gaststätten sowie zum Verkauf an und Konsum von Alkohol und Tabakwaren bei Kindern und Jugendlichen. Wer als Gastronom gegen das Jugendschutzgesetz verstößt, begeht eine Ordnungswidrigkeit, die mit einer Geldbuße bis 50.000 € geahndet werden kann, und er kann seine Gaststättenerlaubnis verlieren.

Begriffe

Kind = noch nicht 14 Jahre alt	**Personensorgeberechtigte Person** = Eltern oder Vormund
Jugendlicher = mindestens 14, aber noch nicht 18 Jahre alt	**Erziehungsbeauftragte Person** = jede Person über 18 Jahre, die gemäß Vereinbarung mit den Eltern Erziehungsaufgaben wahrnimmt (z. B. Lehrer, Ausbilder, älterer Bruder)

Wissenstest im Internet
Unter **www.jugendschutzaktiv.de** (Webseite des Familienministeriums) oder **www.schu-ju.de** (Schulungsinitiative Jugendschutz des Spirituosenverbands gemeinsam mit verschiedenen Partnern wie dem DEHOGA, dem Einzelhandel, der Polizei oder dem Berufsschullehrerverband) kann man sein Wissen über den Jugendschutz testen.
Bei der Schu-Ju-Initiative können sich Gastronomie-Mitarbeiter und Auszubildende nach bestandenem Test ein Zertifikat ausdrucken.

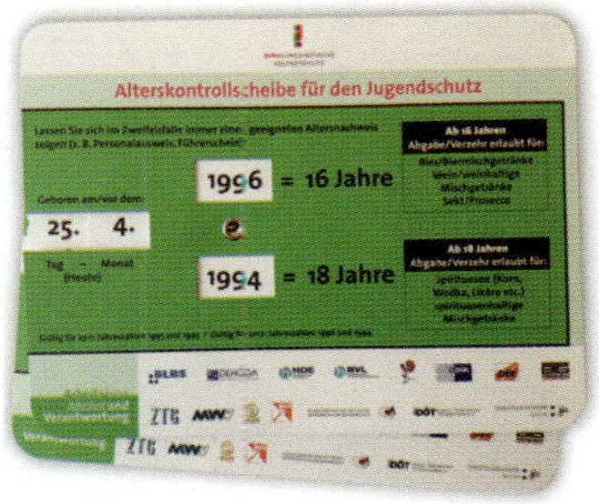

SchuJu-Alterskontrollscheibe für Mitarbeiter

Für Gaststätten wichtige Bestimmungen des Jugendschutzgesetzes (JuSchG)

Aufenthalt in Gaststätten § 4 JuSchG	Kinder und Jugendliche **unter 16 Jahre** nur in Begleitung einer personensorgeberechtigten/erziehungsbeauftragten Person. Ausnahmen: ▪ Sie nehmen an einer Veranstaltung eines anerkannten Trägers der Jugendhilfe teil. ▪ Sie befinden sich auf Reisen. ▪ Sie nehmen zwischen 5 Uhr und 23 Uhr eine Mahlzeit oder ein alkoholfreies Getränk ein.
	Jugendliche über 16 Jahre bis 24 Uhr ohne Begleitung einer personensorgeberechtigten/erziehungsbeauftragten Person. Auch hier gelten Ausnahmen bei Veranstaltungen von Jugendhilfeträgern und auf Reisen.
Nachtbars, Nachtclubs § 4 JuSchG	Aufenthalt nicht gestattet
Alkohol § 9 JuSchG	**Kinder:** kein Verkauf, kein Verzehr **Jugendliche unter 16 Jahre:** Grundsätzlich kein Verkauf, kein Verzehr; es sei denn, sie werden von einer personensorgeberechtigten Person begleitet, aber auch dann kein Branntwein und branntweinhaltige Getränke. **Jugendliche ab 16 Jahre:** Branntwein (d. h. Spirituosen) und branntweinhaltige Getränke oder Lebensmittel sind verboten. Andere alkoholische Getränke (z. B. Wein, Bier) sind erlaubt.
	Sogenannte **Alcopops** enthalten Branntwein und sind daher für Jugendliche vollständig verboten. Sie müssen entsprechend auf der Flasche gekennzeichnet sein.
Tabak und Rauchen § 10 JuSchG	Keine Abgabe von Tabakwaren an Kinder und Jugendliche unter 18 Jahre. Das Rauchen darf ihnen nicht gestattet werden.
	Tabakwaren dürfen nicht in der Öffentlichkeit in **Automaten** angeboten werden. Ausnahme: Automat ist für Kinder und Jugendliche unzugänglich (durch Ort der Aufstellung, ständige Aufsicht oder technische Vorrichtung/Chipkarte).
Tanzveranstaltungen § 5 JuSchG	**Unter 16 Jahre:** nur in Begleitung einer personensorgeberechtigten/erziehungsbeauftragten Person **Ab 16 Jahre:** ohne Begleitung bis 24 Uhr, danach mit Begleitung Ausnahmen gelten für Tanzveranstaltungen von Trägern der Jugendhilfe, bei Brauchtumspflege (z. B. Schützenfest) oder künstlerischer Betätigung.
Spielhallen, Glücksspiele § 6 JuSchG	Anwesenheit in öffentlichen Spielhallen für Kinder und Jugendliche nicht gestattet. Teilnahme an Spielen mit Gewinnmöglichkeit nur auf Volksfesten, Schützenfesten, Jahrmärkten, Spezialmärkten oder ähnlichen Veranstaltungen und nur bei geringwertigen Gewinnen.

Jugendschutzgesetz (JuSchG) – Auszug
Gültig ab 1. 4. 2004, zuletzt geändert am 23. 7. 2004, 13. 10. 2004, 1. 9. 2007 bzw. 1. 1. 2009

Aushang Jugendschutzgesetz

Pflichten des Gastwirts

- Aushangpflicht:
  Der Gastronom muss die relevanten Bestimmungen komplett, d. h. die §§ 4–10 und 13 JuSchG, deutlich sichtbar und gut lesbar aushängen. Beispiele für mögliche Orte: im Eingangsbereich, hinter der Theke.
  Nicht ausreichend ist ein Aushang z. B. unter der Garderobe, wenn dieser von Jacken verdeckt werden kann, oder im Toilettenbereich.
- Prüfungs- und Nachweispflicht:
  Der Gastronom muss im Zweifel das Lebensalter der Kinder oder Jugendlichen überprüfen, indem er sich den Personalausweis zeigen lässt.

3.3.6 Bewirtungsvertrag

Der Vertrag zwischen Gastronom und Gast, in dem der Austausch „Essen, Trinken und Service gegen Geld" geregelt wird, wird als Bewirtungsvertrag bezeichnet.

Der Bewirtungsvertrag ist gesetzlich nicht geregelt. Er setzt sich im Wesentlichen aus Elementen von Kauf-, Werk-, Dienst- und Mietvertrag zusammen. Daher gelten für die Abwicklung des Vertrags und bei Störungen die entsprechenden Rechtsvorschriften dieser Vertragsvorschriften nach dem BGB, je nach Schwerpunkt der Leistung (Kaufvertrag, siehe Kapitel 10.3.1).

Für die „Kernleistung" des Bewirtungsvertrags, das Verabreichen einer Speise oder eines Getränks, gilt das Kaufrecht, z. B. für Ansprüche auf Nachbesserung, Minderung oder Schadensersatz bei nicht einwandfreier Qualität. Liegt dagegen der Schwerpunkt auf der Überlassung der Räumlichkeiten und sind diese zu beanstanden, greift das Mietrecht ein. Richtet ein Systemgastronomie-Betrieb z. B. einen Kindergeburtstag komplett aus, ist das Werkvertragsrecht anwendbar.

Elemente des Bewirtungsvertrags

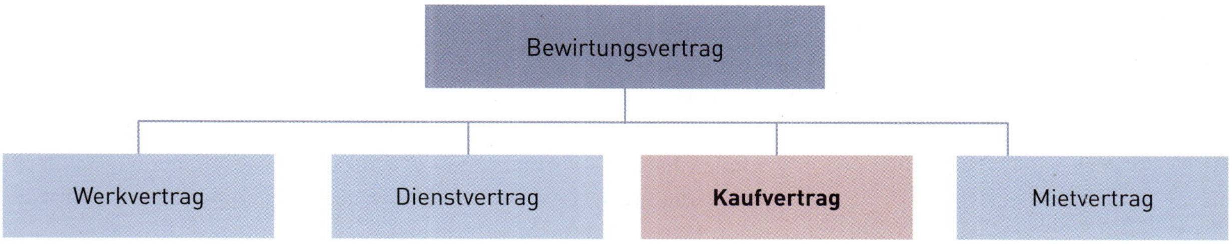

Vertragsschluss

> Wie jeder Vertrag kommt der Bewirtungsvertrag durch zwei übereinstimmende Willenserklärungen – Angebot und Annahme – zustande. §

1. Die Speise- und Getränkekarte ist noch kein Angebot des Gastronomen, sondern lediglich eine Aufforderung an den Gast, seinerseits ein Angebot abzugeben. Bestellt also der Gast ein auf der Speisekarte verzeichnetes Gericht und teilt ihm der Service mit, dieses sei „aus", so ist keine vertragliche Bindung entstanden.

2. Für den Bewirtungsvertrag ist keine besondere Form vorgeschrieben. Im Normalfall kommt er mündlich zustande. Selbst im wortlosen Aufnehmen der Bestellung durch den Service und dem anschließenden Bringen der Speisen und Getränke liegt eine Annahme durch sogenanntes „schlüssiges" Verhalten. Auch der Bestellvorgang am Telefon oder über Internet im Home-Delivery-Segment ist ein vollwertiger Vertragsschluss.

Typischer Bestellvorgang aus rechtlicher Sicht

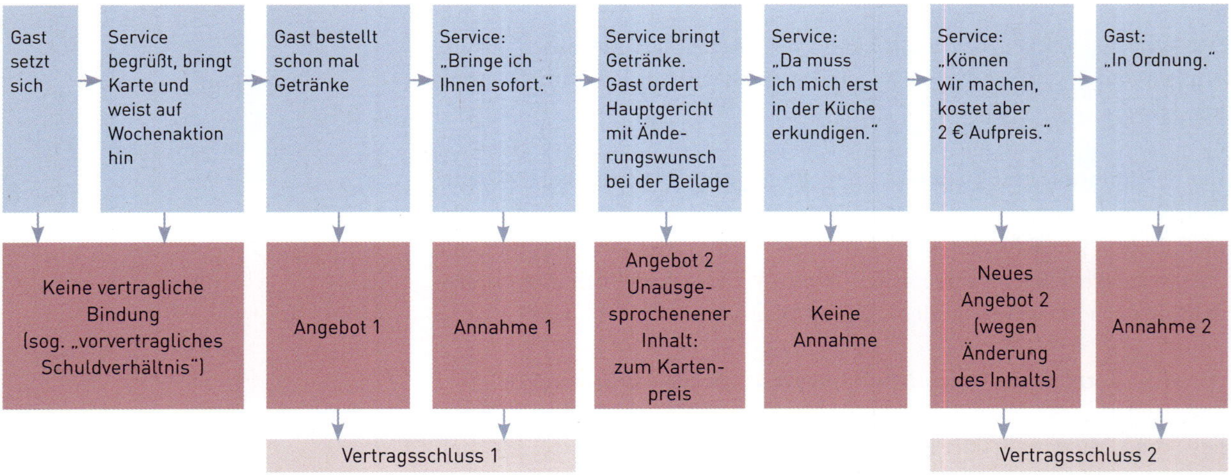

3. Auch eine Tischreservierung kann bereits einen Vertragsschluss darstellen, wenn sie verbindlich ist. Rechtlich gesehen kann der Gastronom, wenn der Gast nicht kommt und er den Tisch trotz Nachfrage nicht freigibt, den durchschnittlichen Verzehr als Schadensersatz berechnen. Praktisch ist dies aber meist nur bei festgelegten Menübestellungen im Vorfeld üblich. Kleinere Reservierungen werden oft als Gefälligkeit bewertet.

4. Der Vertrag kommt zwischen dem systemgastronomischen Unternehmen und dem Gast zustande. Der Servicemitarbeiter, der die Bestellung aufnimmt, hat die „Vertretungsmacht", für das Unternehmen eine Willenserklärung abzugeben. Der Mitarbeiter selbst als natürliche Person wird dadurch rechtlich nicht verpflichtet.

5. Bei Bestellungen durch Minderjährige ist zu beachten:
   - Vor Vollendung des siebten Lebensjahrs sind Kinder geschäftsunfähig, d. h., von ihnen abgeschlossene Verträge sind „nichtig".
   - Ein Minderjähriger, der das siebte Lebensjahr vollendet hat, ist beschränkt geschäftsfähig. Das bedeutet, er benötigt für Willenserklärungen, die „nicht lediglich rechtlich vorteilhaft" sind, entweder die (vorherige) Einwilligung oder die (nachträgliche) Genehmigung seines gesetzlichen Vertreters. Eine Bestellung in der Gastronomie ist nie „lediglich rechtlich vorteilhaft", da sie die Zahlungspflicht des Gasts begründet; eine Schenkung dagegen wäre es. Gesetzliche Vertreter sind in der Regel die Eltern. Solange die Einwilligung bzw. Genehmigung fehlen, ist der Vertrag „schwebend unwirksam".
   - Davon gibt es eine wichtige Ausnahme, den „Taschengeldparagrafen" (§ 110 BGB): Ein von einem Minderjährigen geschlossener Vertrag ist von Anfang an wirksam, wenn dieser die Leistung mit Mitteln bewirkt, die ihm zu diesem Zweck oder zur freien Verfügung überlassen worden sind.

Die Besonderheiten bei einem Online-Vertragsschluss sind in Kapitel 15.7.3 beschrieben.

Nichtige Rechtsgeschäfte
Nichtige Rechtsgeschäfte können die mit ihnen beabsichtigten Rechtswirkungen von Anfang an nicht hervorbringen; sie sind quasi nicht existent.

Schwebend unwirksame Rechtsgeschäfte
Schwebend unwirksam bedeutet, dass das Rechtsgeschäft zunächst wirkungslos ist, aber noch wirksam werden kann.

Geltung des „Taschengeldparagrafen"
§ 110 BGB greift nur dann ein, wenn
- das Taschengeld (auch) für Gastronomiebesuche oder zur freien Verfügung überlassen wurde. Geld, das Minderjährigen z. B. für Kino oder Bücher oder zum Sparen geschenkt wurde, kann rechtlich gesehen nicht auf diese Weise zweckentfremdet werden.
- der Minderjährige das Geld von den Eltern oder mit deren Zustimmung erhalten hat.
- der Minderjährige seinen Zahlungsanspruch gegenüber dem Gastronomen bereits vollständig erfüllt hat.

Rechte und Pflichten des Gastronomen und des Gasts sowie Leistungsstörungen
Die Rechte und Pflichten von Gastronom und Gast spiegeln sich wechselseitig.

Gastronom	Gast
Pflicht zur Lieferung mangelfreier Speisen und Getränke in angemessener Zeit, mit angemessenem Service.	**Pflicht** zur Zahlung des vereinbarten Preises.
Recht auf Bezahlung. Wenn der Gast nicht zahlt, wird dies umgangssprachlich als „Zechprellerei" bezeichnet. Diese ist als Betrug strafbar, wenn der Gast von Anfang an vorhatte, die Zeche schuldig zu bleiben (und ihm dies auch nachzuweisen ist). Hat der Gast z. B. nur sein Portemonnaie vergessen, sollte sichergestellt werden, dass die Zeche nachträglich beglichen wird. Dafür ist es wichtig, Beweise zu sichern (z. B. Zeugenaussage von Mitarbeitern oder anderen Gästen, schriftliches Schuldanerkenntnis des Gasts) und die Identität des Gasts festzustellen (Ausweis). Dafür darf der Gast auch festgehalten werden (Selbsthilfe). Gelingt dies nicht, sollte die Polizei gerufen werden. Zahlt der Gast auch nachträglich nicht, muss der Gastronom die Zeche einklagen.	**Recht** auf Verzehr in der Regel an Ort und Stelle. **Recht** auf Rückgabe mangelhafter Speisen und Getränke, Neulieferung, Minderung bzw. Schadensersatz. **Recht** auf Rücktritt bei verspäteter Leistung.

Rechte und Pflichten im Bewirtungsvertrag

Wenn beim Leistungsaustausch etwas „schiefgeht“, wird von Leistungsstörungen gesprochen. Das Leistungsstörungsrecht im Kaufvertrag wird im Zusammenhang mit dem Einkauf des Gastronomen bei seinen Lieferanten in Kapitel 10.3.3 behandelt. Hier sei daher nur auf den beim Bewirtungsvertrag häufig vorkommenden Fall der mangelhaften Leistung eingegangen.

Typische Beispiele für mangelhafte Leistungen:

- Das Essen ist nicht fachgerecht zubereitet, es ist z. B. versalzen, es befindet sich Sand im Salat, die Pasta ist verkocht oder das Fleisch verbrannt.
- Getränke sind zu warm oder zu kalt, schlecht gezapft oder falsch eingeschenkt, es befindet sich Kork im Wein oder Spülmittel im Bier.
- Gläser oder Besteck sind nicht sauber.
- Das servierte Essen entspricht nicht dem angebotenen und bestellten Essen. Beispielsweise bestellt der Gast das in der Karte ausgewiesene „Wiener Schnitzel“ (= Kalbfleisch), erhält aber ein Schweineschnitzel. Oder das Steak wird englisch bestellt und medium serviert. Problematisch können Fälle werden, in denen regionale Bezeichnungen oder Zubereitungsarten sich unterscheiden und deshalb Missverständnisse entstehen. Hier muss auf einen durchschnittlichen Empfänger abgestellt werden. Beispiel: Der aus Düsseldorf kommende Gast bestellt in einem einfachen Magdeburger Restaurant ein „Jägerschnitzel“. Er freut sich auf ein Schweineschnitzel mit Pilzsauce – erhält aber einige Scheiben panierte Jagdwurst mit Tomatensauce.
- Es fehlt eine zugesicherte Eigenschaft, z. B. ist das Essen nicht wie auf Nachfrage zugesagt vegetarisch, alkoholfrei oder glutenfrei.

Reklamiert der Gast in solchen Fällen und liegt der Mangel tatsächlich vor, hat der Gast zunächst einen Anspruch auf fehlerfreie Nacherfüllung. Das bedeutet, der Gastronom muss den Mangel beheben oder Speise bzw. Getränk gegen eine fehlerfreie Variante umtauschen. Dies muss immer ein Produkt „mittlerer Art und Güte“ sein. Was das im Einzelfall bedeutet, richtet sich auch nach der Art des Betriebs und der Region. Erst wenn die Nacherfüllung verweigert wird oder fehlschlägt, kann der Gast stattdessen den Preis mindern oder vom Vertrag zurücktreten. Eine Nacherfüllung gilt nach dem zweiten Versuch als fehlgeschlagen.

Das Haar in der Suppe
Auch das buchstäbliche „Haar in der Suppe" ist rechtlich gesehen der Fall einer mangelhaften Lieferung, der Gewährleistungsansprüche auslöst.

Auch eine Raupe im Salat stellt eine mangelhafte Leistung dar

Persönlicher Geschmack und unberechtigte Beschwerden sowie Kulanz
Schmeckt einem Gast das Essen nicht, ohne dass es dafür einen objektiven Grund gibt, hat er eine unangemessen hohe Qualitätserwartung oder rügt einen Fehler, der gar nicht existiert, ist dies rechtlich gesehen kein Mangel, der zu irgendetwas berechtigt. Jedoch: Reklamationsmanagement ist in der Praxis in erster Linie Imagepflege und Kundenbindung. Das Zufriedenstellen des Gasts, z. B. durch Neulieferung, einen Preisnachlass oder Kaffee „aufs Haus", ohne Ansehen der rechtlichen Bewertung ist in solchen Fällen üblich. Besteht der Rechtsanspruch tatsächlich nicht, wird von Kulanz gesprochen.

Besondere Formen von Bewirtungsverträgen

Als Sonderformen von Bewirtungsverträgen sind in der Praxis besonders verbreitet:

Ausrichtung eines Banketts (Europa-Park)

- **Bankettvertrag**

Ein Bankett ist ein gemeinsames Festessen einer größeren Gruppe in feierlichem Rahmen. Meist wird das Essen in Menüform mit vorgegebener Tischordnung eingenommen, auch Büfetts sind möglich. Der Veranstalter schließt mit dem Gastronomen einen in der Regel schriftlichen Vertrag, der außer der Zahl der Gäste sowie der Menüfolge und den zu servierenden Getränken auch weitere Punkte regelt. Hierzu gehören beispielsweise ein vorhergehender Sektempfang, Dekoration, Bestuhlung, Garderobe, Musik. Da der wirtschaftliche Umfang hier in aller Regel deutlich größer ist als bei einem „normalen Essengehen", werden auch Nebenabreden wie Vorschüsse, Stornierungsmöglichkeiten oder Fristen getroffen.

Event-Catering (Bayer Gastronomie)

- **Cateringvertrag**

Das Cateringsegment mit seinen verschiedenen Erscheinungsformen ist bereits in Kapitel 2.1.7 dargestellt worden. Cateringverträge können entsprechend dem Leistungsumfang sehr unterschiedlich gestaltet sein.

Ein **Event-Catering-Vertrag** ist einer Bankettvereinbarung vergleichbar: Außer Essen und Trinken werden auch das Ereignis, die gesamte Veranstaltung, z. B. mit Musik, Licht- und Tontechnik sowie sonstigem Programm, „verkauft".

Beim **Partyservice** werden die Lieferung der Speisen und Getränke und ggf. sonstige Anlagen und Dienstleistungen (z. B. Geschirr und Besteck, Chafing-Dishes, Personal zum Vorlegen der Speisen, Spülen) vertraglich festgelegt.

Beim sogenannten **Contract Catering** handelt es sich um Dauerverträge zwischen dem Cateringunternehmen und dem Kunden (z. B. Fabrik für Betriebsverpflegung, Krankenhaus, Schule), die typischerweise auch Vereinbarungen über die Nutzung und Pflege von Küche, Kücheneinrichtungen und Nebenräumen, Öffnungszeiten, Vorgehen bei der Festlegung des Angebots, Abfallentsorgung, Zugangsrechte, Laufzeit und Kündigungsmöglichkeiten enthalten.

3.3.7 Haftung gegenüber dem Gast

Wenn dem Gast im Zusammenhang mit dem Besuch des Restaurants ein Schaden entsteht, stellt sich regelmäßig die Frage, ob und inwieweit der Gastronom dafür haftet. Rechtsfolge der Haftung ist, dass dem Gast ein Schadensersatzanspruch entsteht, in manchen Fällen zusätzlich ein Schmerzensgeldanspruch. Auch umgekehrt können Schadensersatzansprüche entstehen, also eine Haftung des Gasts gegenüber dem Gastronomen.

Als Grundsatz gilt: Keine Haftung ohne Verschulden
Ein Verschulden liegt vor bei Vorsatz oder Fahrlässigkeit.

Fahrlässigkeit

Fahrlässigkeit bedeutet Außerachtlassung der im Verkehr erforderlichen Sorgfalt; worin die erforderliche Sorgfalt besteht, ist situationsabhängig.

Beispiel: Beim Servieren wird dem Gast Rotwein über die Kleidung gegossen. Die Fahrlässigkeit kann z. B. darin bestehen, dass die Servicekraft keine rutschfesten Schuhe getragen hat oder einfach nicht auf ihre Füße geachtet hat und gestolpert ist. Wurde der Wein aber z. B. deshalb verschüttet, weil ein anderer Gast die Servicekraft angerempelt hat, trifft diese kein Verschulden und rechtlich gesehen entsteht kein Schadensersatzanspruch des beschmutzten Gasts gegen den Gastronomen (allerdings eventuell gegen den anderen Gast).

Grundsätzlich setzt das Entstehen einer Haftung Verschulden voraus. Verschulden kann entweder in Vorsatz bestehen oder aber in Fahrlässigkeit. Es wird zwischen vertraglichen und gesetzlichen Haftungstatbeständen unterschieden:

- **Vertragliche Haftung aus dem Bewirtungsvertrag:** Der Schaden des Gasts entsteht aus der mangelhaften Vertragserfüllung (Beispiel: Weil der Gast auf ein Steinchen beißt, das sich im Essen befindet, bricht ihm ein Stück vom Zahn ab) oder aus einer Pflichtverletzung bei Erfüllung des Vertrags (Beispiel: Beim Servieren wird dem Gast Rotwein über die Kleidung geschüttet). Der Schaden, den der Gastronom zu ersetzen hat, liegt im ersten Beispiel in den Zahnarztkosten sowie dem erlittenen Schmerz, im zweiten Beispiel bei den Reinigungskosten
- **Gesetzliche Haftung aus Deliktsrecht:** Werden Rechtsgüter wie Gesundheit, Körper, Freiheit oder Eigentum eines anderen verletzt, entsteht ebenfalls ein Schadensersatzanspruch (Beispiel: Der Gast beschimpft oder beleidigt den Gastronomen (oder umgekehrt) und verletzt damit dessen Ehre). Da dieser Anspruch unabhängig von dem Bestehen eines Vertrags ist, würde er auch greifen, wenn z. B. ein Gast einen anderen Gast beleidigt (die beiden Gäste haben keinerlei vertragliche Beziehung miteinander).

Wird beim Servieren fahrlässig die Kleidung des Gasts verschmutzt, muss der Gastronom die Reinigungskosten ersetzen

Verkehrssicherungspflicht

Ein Sonderfall der gesetzlichen Haftung ist die allgemeine Verkehrssicherungspflicht. Die Besonderheit liegt darin, dass vermutet wird, dass das Verschulden bei demjenigen liegt, in dessen Verantwortungsbereich sich die Gefahrenquelle befindet. Denn wer eine Gefahrenquelle schafft, muss dafür sorgen, dass durch sie niemand verletzt wird. Typische Verletzungen der allgemeinen Verkehrssicherungspflicht im Restaurant sind nasse Fußböden, unbeleuchtete Treppen, ungesicherte Baustellen.

Verkehrssicherung bei steilen Treppen

Haftung für Personal

Sowohl bei der vertraglichen als auch bei der gesetzlichen Haftung wird das Verschulden der Mitarbeiter in den meisten Fällen dem Gastronomen zugerechnet. Dieser haftet daher nicht nur für eigenes Verschulden, sondern auch für das seiner Arbeitnehmer oder sonstiger Personen, derer er sich bedient.

Garderobenhaftung

Kommt Garderobe abhanden, ist mit Hinblick auf eine Schadensersatzpflicht zu unterscheiden:

1. **Verwahrungsvertrag**
   Wenn ein spezieller Vertrag geschlossen wird, dessen Inhalt das Verwahren der Garderobe darstellt, haftet der Wirt bzw. der Pächter der Garderobe bei Verschulden. Ein solcher Vertrag liegt z. B. vor, wenn sich bei einer größeren Veranstaltung am Eingang eine Garderobe mit Personal befindet, an der gegen Entgelt Kleidung deponiert wird und der Gast eine Garderobenmarke bekommt. Ein Verschulden des Gastronomen wäre z. B. anzunehmen, wenn die bewachte Garderobe kurz wegen eines Telefonats der Garderobiere unbeaufsichtigt bleibt.

An vielen Garderoben sind Schilder mit diesem Text angebracht. Rechtlich haben solche Schilder praktisch keine Wirkung. Besteht ein Verwahrungsvertrag, kann die Haftung nicht ausgeschlossen werden, da die Obhutspflicht gerade die vertragliche Hauptpflicht ist. Hängt die Garderobe im Gastraum und besteht deshalb ohnehin keine Haftung, hat das Schild lediglich Informationsfunktion gegenüber dem Gast.

2. **Obhutspflicht aus dem Bewirtungsvertrag**
   Bei einer normalen Garderobe im Restaurant kann eine Haftung als sogenannte selbstständige Nebenpflicht aus dem Bewirtungsvertrag entstehen. Nach der Rechtsprechung ist dies immer dann der Fall, wenn der Gast die Garderobe nicht sehen kann, weil sie z. B. in einem Nebenraum oder in einer nicht einsehbaren Ecke angebracht ist. Hat der Gast aber die Möglichkeit, seine Jacke oder seinen Mantel selbst im Auge zu behalten, trägt er selbst das Diebstahlrisiko durch Dritte.

3.3.8 Fundsachen

Fundsachen sind sechs Monate aufzubewahren

Immer wieder kommt es vor, dass im Restaurant Gegenstände aufgefunden werden, die Gäste dort vergessen haben (z. B. Schirm im Schirmständer, Mantel an der Garderobe, die heruntergefallenen Handschuhe unter dem Tisch).

Die Servicemitarbeiter sind bei solchen Fällen in aller Regel arbeitsvertraglich verpflichtet, das Gefundene unverzüglich dem Vorgesetzten auszuhändigen. Rechtlich gesehen wird dadurch der Gastronom Finder sowie Besitzer der Sache. Der Gast bleibt Eigentümer der Sache (zur Unterscheidung zwischen Eigentum und Besitz siehe Kapitel 2.3.3).

Von der rechtlichen Seite ist zu unterscheiden, ob es sich um eine „Fundsache" im juristischen Sinne handelt (d. h., der Gast weiß nicht, wo die Sache ist) oder ob sie lediglich „liegen geblieben" ist (d. h., der Gast erinnert sich, wo er den vermissten Gegenstand gelassen hat).

Die Behandlung von Fundsachen ist im BGB gesetzlich geregelt:
- Kennt der Finder den Verlierer, muss er ihn informieren. Kennt er ihn nicht und ist die Fundsache mehr als 10 € wert, muss er die zuständige Behörde (Polizei oder Fundamt) informieren.
- Der Finder muss dem Verlierer die Sache herausgeben und hat einen Anspruch auf Finderlohn in Höhe von 5 % bei Sachen bis 500 € Wert (bei einem höheren Wert 5 % auf 500 € und 3 % auf den Wert, der über 500 € liegt).
- Der Finder muss die Sache verwahren. Kann sie verderben oder ist die Verwahrung mit großem Aufwand verbunden, kann sie auch versteigert werden. Hat sich sechs Monate nach Anzeige des Fundes der Verlierer nicht gemeldet, wird der Finder Eigentümer.
- Hat der Finder Ausgaben, um die Sache zu verwahren oder zu erhalten oder um den Eigentümer zu ermitteln, kann er einen entsprechenden Ersatz verlangen.

Liegen gebliebene Sachen sind ein halbes Jahr aufzubewahren und werden danach wie eine Fundsache behandelt.

3.4 Restaurantgestaltung

Die Gestaltung eines Stores in der Systemgastronomie ist je nach Organisation von großer Variationsbreite gekennzeichnet. Tischkultur und Restaurantoptik spielen je nach Betriebsimage und Betriebstyp eine wichtigere oder unwichtigere Rolle.

Die Restaurantgestaltung sollte immer auf viele verschiedene Gästegruppen zugeschnitten sein, dabei ist gerade in der Systemgastronomie ein familien- und behindertengerechtes Ambiente erforderlich.

Familienfreundliche Restaurantgestaltung (McDonald's)

3.4.1 Familienfreundliche Gestaltung

Familien und damit Eltern und Kinder sind ein bedeutender Umsatzfaktor in der Systemgastronomie. Daher ist es unabdingbar, ein kindgerechtes Angebot und eine entsprechende Atmosphäre zu schaffen.

Besondere Einrichtungen machen Restaurants für Familien mit Kindern jeden Alters zu einem angenehmen Aufenthaltsort. Dazu gehören z. B.:

- Wickelräume
- Kindertoiletten
- Flatscreens mit Bastelprogramm
- Sounddusche
- Tische mit integrierten Projektionsspielen
- Tablets mit kostenlosem Internetzugang
- WLAN/Steckdose an jedem Platz
- GYM-Club etc.

3.4.2 Barrierefreiheit

Barrierefreiheit bedeutet, dass das Restaurant so gestaltet ist, dass es von jeder Person, unabhängig von einer eventuellen Beeinträchtigung, uneingeschränkt und ohne fremde Hilfe genutzt werden kann. Geregelt werden die Vorschriften in den Bauordnungen der Bundesländer.

Darüber hinaus wurde im März 2005 von verschiedenen Behinderten- und Unternehmensverbänden eine Zielvereinbarung „Standardisierte Erfassung, Bewertung und Darstellung barrierefreier Angebote in Hotellerie und Gastronomie" verfasst. Hier werden Mindeststandards der Barrierefreiheit, also Mindestmaße oder Mindestausstattungen, festgelegt und zu Kategorien zusammengefasst. Jeder Kategorie ist ein Piktogramm zugeordnet. Wenn Betriebe Piktogramme verwenden, zeigen sie an, dass ihre Einrichtung sämtliche Anforderungen einer Kategorie vollständig erfüllt.

Kategorie A:
für Gäste mit einer Gehbehinderung, die zeitweise auch auf einen nicht motorisierten Rollstuhl oder eine Gehhilfe angewiesen sein können.

Kategorie A-i:
für Hotels und Restaurants, die auf bestimmte Bedürfnisse von gehbehinderten Gästen eingestellt sind. Dies muss dokumentiert werden.

Kategorie B:
für Gäste, die gehunfähig und ständig auf einen Rollstuhl angewiesen sind.

Kategorie C:
für Gäste, die sehbehindert oder blind sind.

Kategorie D:
für Gäste, die schwerhörig oder gehörlos sind.

Kategorie E:
Die Anforderungen aller Kategorien werden erfüllt.

Direkte und indirekte Beleuchtung

Vorteile der LED-Leuchtmittel
- hohe Lebensdauer
- geringe Wartungskosten
- gute Farbwiedergabe
- kleine Abmessungen

3.4.3 Lichtdesign

Die Atmosphäre eines Restaurants oder Clubs ist in bedeutendem Maße von der Lichttechnik abhängig. Licht kann eine behagliche, wohnliche Atmosphäre schaffen, kann aber, wenn es zu grell ist, einen Raum so verändern, dass sich kein Gast lange darin aufhalten möchte. Lichtdesigner sind die Fachleute in der Kunst der Beleuchtung.

Drei grundsätzliche Aufgaben der Beleuchtung sind zu beachten:
- **Licht zum Sehen:** Grundhelligkeit, um Waren und Umfeld sichtbar zu machen.
- **Licht zum Hinsehen:** Der Blick des Gasts wird gezielt auf hervorgehobene Bereiche gelenkt.
- **Licht zum Ansehen:** Es ist das atmosphärisch designte Gesamtkonzept.

LED-Beleuchtung ist das wichtigste Lichtmedium. Es ist sparsam und bietet für den kreativen Umgang mit Licht die meisten Möglichkeiten. Die kleinen Halbleiterleuchten sind flexibel einsetzbar.

LED = Lumineszenz-Diode/Light Emitting Diode

Kotrollsysteme regeln und dimmen die Beleuchtung abhängig von Öffnungszeiten und Außenlicht. Dies verlängert die Lebensdauer der Leuchtmittel und senkt die Energiekosten. Bei Bedarf können feste Lichtszenen für bestimmte Tageszeiten oder Anlässe definiert und auf Knopfdruck abgerufen werden.

3.4.4 Dekoration

Atmosphäre durch Tischdekoration

Zur Raumkultur im Restaurant gehören Dekorationen wie Pflanzen, Blumen und Kerzen und je nach Philosophie (z. B. Feng-Shui) sind sie maßgeblich an der Atmosphäre des Raums beteiligt.

Aspekte für die Verwendung von Blumen
- Blumenarrangements sollten dem Typ des Restaurants, dem Anlass der Veranstaltung oder der Jahreszeit entsprechen.
- Blumengestecke am Tisch sollten ausreichend Platz für die Gedecke lassen und nie so gesteckt sein, dass die Gäste sich nicht sehen können.
- Blumen dürfen nicht so intensiv duften (Hyazinthen, Maiglöckchen), dass sie für die Gäste störend wirken oder den Geruch der Speisen überdecken.
- Die Blumenfarbe sollte auf die Tischwäsche und die Kerzen abgestimmt sein.

Aspekte für die Verwendung von Kerzen
- Kerzen müssen sicher stehen und gut fixiert werden, da jede Brand- oder Verbrennungsgefahr ausgeschlossen werden muss.
- Kerzen sollten vor dem Einsetzen in die Halterung einmal kurz angezündet werden, so wird das endgültige Anzünden bei der Veranstaltung/im Restaurant einfacher.

- Tropfende Kerzen verschmutzen den Tisch oder die Tischwäsche. Es lohnt sich daher, hochwertige Kerzen einzusetzen.
- Kerzen oder Kerzenleuchter sollten nie den Blick zum Gegenüber beeinträchtigen.
- Im Innenbereich dürfen keine Duftkerzen verwendet werden.

3.4.5 Musikalische Unterhaltung

Die musikalische Gestaltung der Hintergrundmusik in Restaurants, Bars, Lobbys, Telefonwarteschleifen oder auf der Homepage hat einen nicht zu unterschätzenden Wert. Musik beeinflusst die Stimmung der Gäste, dient der Verkaufsförderung und ist die akustische Visitenkarte des Unternehmens. Im Eventbereich spielen Unterhaltungs- und Tanzmusik oft auch als Livemusik eine bedeutende Rolle.

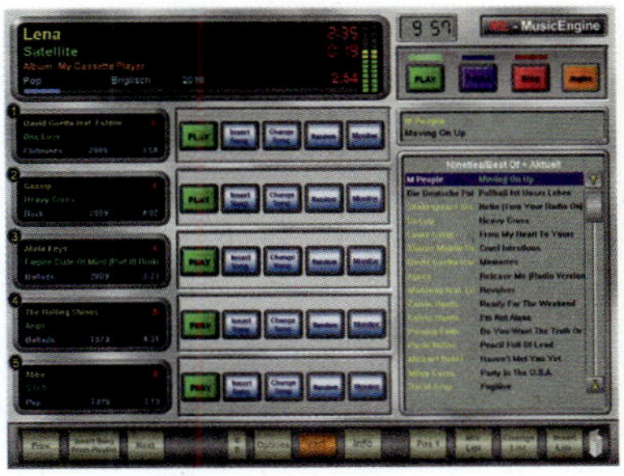

Music-Organizer

Music-Organizer

Music-Organizer übernehmen die professionelle Gestaltung von Beschallung. Musik wird nicht automatisch z. B. per Internetleitung gestreamt, sondern individuell für verschiedene Bereiche mit unterschiedlichen Genres zusammengestellt (Chill-out, Lounge, Jazz, Piano usw.). Grundidee ist die Überzeugung, dass Räume und Dienstleistungen bestimmten Musikrichtungen entsprechen und Musiktitel Aufgaben erfüllen. Für jeden Betrieb kann so ein maßgeschneidertes Sound-Branding entwickelt werden.

GEMA-Anmeldung

Fast alle Formen der Musiknutzung in gastronomischen Betrieben müssen der GEMA (Gesellschaft für musikalische Aufführungs- und mechanische Vervielfältigungsrechte) gemeldet werden.

Rechtsgrundlage für die Melde- und Vergütungspflicht sind die Urheberrechte der Künstler und Produzenten an der Musik. Wer sie kommerziell nutzen will, z. B. ein Gastronom, braucht dafür die Erlaubnis des Rechteinhabers. Da es den Urhebern praktisch nicht möglich ist, mit allen Nutzern einzeln Verhandlungen zu führen und Verträge zu schließen, haben sie sich zu sogenannten Verwertungsgesellschaften zusammengeschlossen. Die wichtigste davon in Bezug auf Musik ist die GEMA, die die Rechte der Komponisten, Textdichter und Musikverleger vertritt. Die Rechte der ausübenden Künstler werden durch die Verwertungsgesellschaft GVL vertreten, für die die GEMA allerdings den Einzug der Forderungen (Inkasso) durchführt. Für den Gastronomen ist daher immer die GEMA Vertragspartner.

Für die Erlaubnis zur Musiknutzung berechnet die GEMA dem Gastronomen eine Vergütung. Deren Höhe richtet sich nach sogenannten Tarifen, deren Höhe ihrerseits von der Intensität der wirtschaftlichen Nutzung abhängt (z. B. Live- oder Hintergrundmusik, Größe des Veranstaltungsraums, Höhe des Eintrittspreises). Die Nutzung muss vorab angemeldet werden, ansonsten liegt eine unerlaubte Musikaufführung vor, die Strafzuschläge nach sich zieht. Die Anmeldung erfolgt bei den Bezirksdirektionen der GEMA.

Rechte für die Musiknutzung
www.gema.de

GEMA
Gesellschaft für musikalische Aufführungs- und mechanische Vervielfältigungsrechte

GVL
Gesellschaft zur Verwertung von Leistungsschutzrechten mbH

Rundfunkbeitrag
Neben den GEMA-Gebühren, mit denen zivilrechtlich die wirtschaftliche Nutzung eines privaten Rechts vergütet wird, müssen Gastronomen für Musik auch eine öffentlich-rechtliche Abgabe in Form des sogenannten Rundfunkbeitrags an den Beitragsservice von ARD, ZDF und Deutschlandradio zahlen.
Ab dem 1.1.2013 muss jeder Betrieb (genau wie jeder Privathaushalt) unabhängig vom Vorhandensein eines Rundfunkgeräts (Radio, Fernseher oder internetfähiger PC) und unabhängig von der tatsächlichen Nutzung Rundfunkbeiträge zahlen. Rechtsgrundlage hierfür ist der sogenannte Rundfunkbeitragsstaatsvertrag. Die Beitragshöhe richtet sich nach der Beschäftigtenzahl. Unternehmen der Systemgastronomie zahlen für jede Filiale einzeln Rundfunkgebühren.

GEMA/GVL-vergütungspflichtig ist alle Musik, die zum GEMA-Repertoire gehört, unabhängig von der Art der Nutzung. Das bedeutet, für das Abspielen von CDs oder Musikdateien aus dem Laptop ist ebenso zu bezahlen wie für Fernseh- oder Radiowiedergabe oder auch für Musik in der Warteschleife des Anrufbeantworters, auf der Toilette oder in der Tiefgarage.

Sogenannte „gemafreie" Musik ist solche Musik, für die GEMA und GVL die Nutzungsrechte nicht wahrnehmen. Das Repertoire ist begrenzt und in der Regel nur als Hintergrundmusik in weniger wichtigen Bereichen wie der Toilette oder einem Aufzug sinnvoll. Für „GEMA-freie" Musik gibt es spezialisierte Anbieter.

Ablauf des GEMA-Verfahrens

Liegt eine öffentliche, vergütungspflichtige Musiknutzung vor?

Beispiele:
Auftritt eines Musikers oder Abspielen von CDs in der Gaststätte,
Musik auf der Website,
Musik in der Telefonwarteschleife

→

Anmeldung der Musiknutzung bei der GEMA
GEMA berechnet den Tarif

Beispiele:
Tarife für Großbildschirme,
Wiedergabe von CDs

→

Lizenzerwerb durch Bezahlung der Rechnung,
ggf. Rabatt durch Gesamtvertrag,
z. B. mit DEHOGA

3.5 Einrichtungsgegenstände

Tische und Stühle als Blickfang

Einrichtungsgegenstände gehören zum Blickfang in einem Restaurant. Von der Art des Restaurants und somit vom Gästekreis ist es abhängig, in welcher Art und Qualität sie anzuschaffen sind, dabei ist die Zweckmäßigkeit ein wichtiger Aspekt. Nur ein Einrichtungskonzept aus einem Guss erzeugt eine gemütliche und harmonische Atmosphäre.

3.5.1 Tische und Stühle

Farben, Formen und Materialien von Essmöbeln werden stets nach individuellen Restaurantkonzepten umgesetzt. Die Kunst liegt im perfekten Zusammenspiel, dabei werden allgemeine Standards berücksichtigt.

Bei den Tischen und Stühlen richtet sich das jeweilige Material nach der Art des Restaurants und ob sie im Innen- oder Außenbereich benutzt werden.

Modulare Systeme für Tische und Stühle

Herkömmliche Restauranttische sollten ca. 75 cm hoch und die Sitzfläche der Stühle ca. 45 cm hoch sein. Diese Maße sind für Gäste mittlerer Größe ideal und für größere und kleinere Gäste akzeptabel.
Tische lassen sich durch Einlegeplatten oder Ansteckplatten erweitern und so können die unterschiedlichsten Tafelformen ohne Mühe gestaltet und aufgebaut werden.
Im Catering werden Tischfüße verwendet, auf die je nach Bedarf runde oder quadratische Platten aufgeschraubt werden können.

Tafelformen

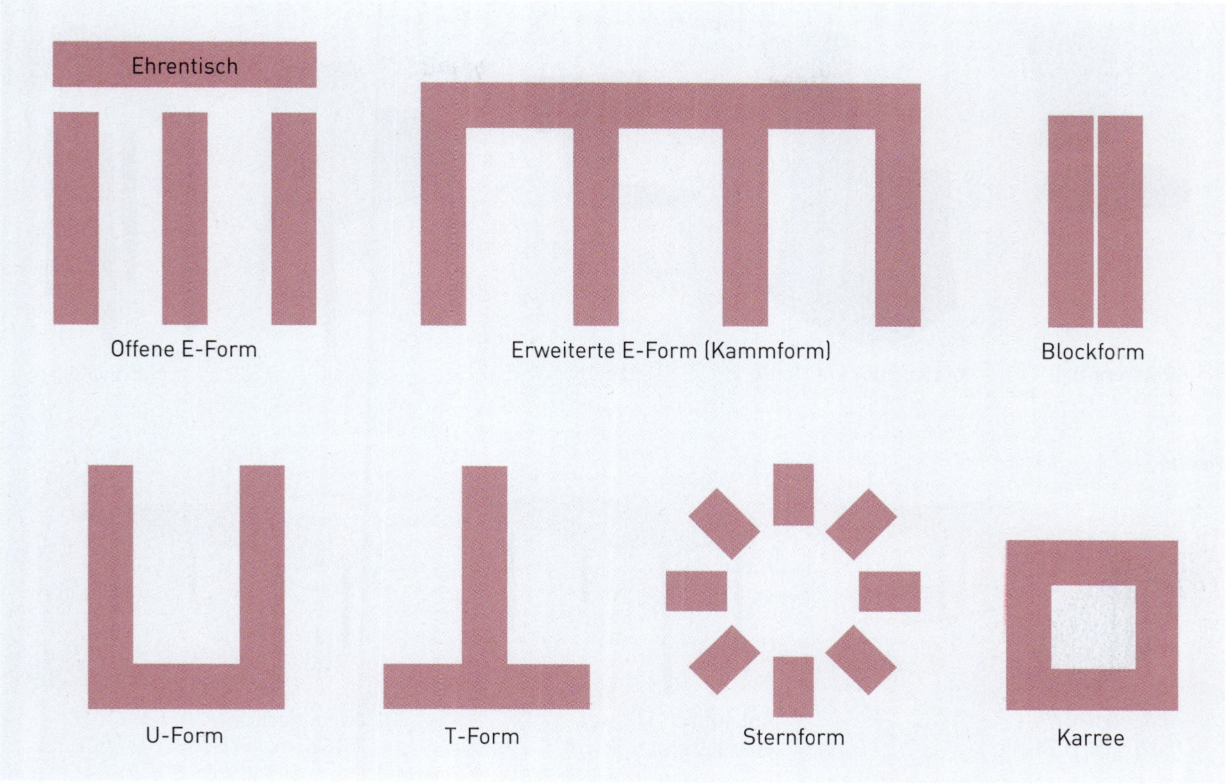

Bei Stühlen ist der Sitzkomfort von besonderer Bedeutung. Die Sitzhöhe, eine ergonomisch geformte Sitzschale und Polsterung sowie Rückenlehnen und Sitzkissen sind zu beachten. Gleichzeitig legen Gastronomen großen Wert auf eine optimale Raumausnutzung und wünschen individuelle und flexible Stell- und Kombinationsmöglichkeiten.

Zahlreiche Ausstattungsvarianten sind auf unterschiedlichste Raumkonzepte abgestimmt, wobei ein gutes Designkonzept letztendlich Funktion und Optik optimal vereinigt.

Auf die Lokalität abgestimmte Tische und Stühle

Beim Erwerb von Stühlen sollten die Stühle, die in der engeren Wahl sind, einige Tage zum Probesitzen zur Verfügung stehen. Unbequemlichkeiten machen sich oft nicht sofort bemerkbar.

Im Event- und Messe-Catering sind alle Einrichtungsgegenstände auf die Location und den Anlass abgestimmt und müssen transportabel sein. Daher werden in der Regel fast alle Einrichtungsgegenstände für den konkreten Anlass ausgeliehen, da es zu kostenaufwendig wäre, die vielfältigen Einrichtungsgegenstände anzuschaffen und zu lagern.

Tische und Stühle für besondere Lokalitäten

Zu den klassischen Einrichtungsgegenständen für das Catering gehören Stehtische, Bierzeltgarnituren, Loungemöbel etc., aber auch Strandkörbe, Leuchtmöbel oder Poolgarnituren müssen zur Verfügung gestellt werden können.

Stühle

Tische

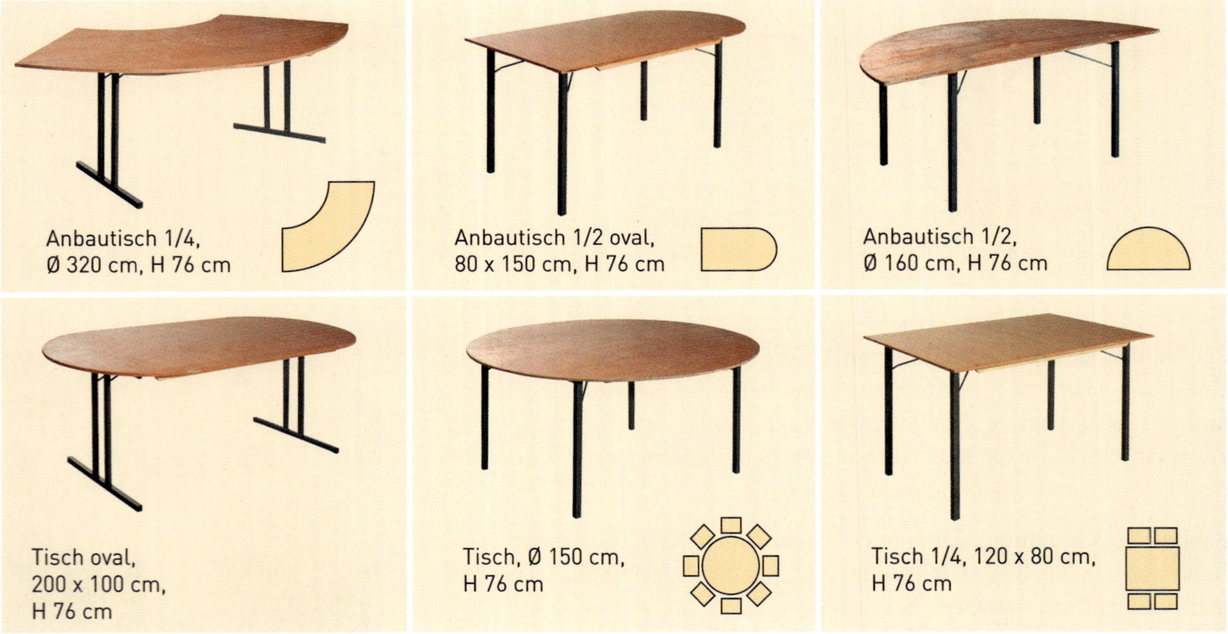

Fahrbare Servicestation

3.5.2 Servicetische und Serviceschränke

Servicetische oder -schränke werden zu Bereitstellung von Servicegeräten eingesetzt. Sie dienen als Arbeitsplatz und Abstellfläche in den einzelnen Stationen eines Restaurants. Eine Zone dient für Teller, Menagen, Tischgeräte und Tischwäsche, eine zweite Zone für Besteck und Gläser und die dritte Zone bleibt frei für letzte Handgriffe und zur Ablage. Sie ist jedoch kein Sammelplatz für benutzte Sachen.

Eine spezielle Form des Servicetischs ist der **Servant**. Es ist ein fahrbarer Servicetisch, meist nicht einsehbar. Er kann von Station zu Station gerollt werden.

3.5.3 Beistelltisch

Der Beistelltisch, auch **Guéridon** genannt, wird an den Tisch des Gasts gestellt und dient zum Tranchieren, Filetieren, Flambieren und Anrichten (englischer Service). Als Grundausstattung wird er mit einer Serviette und ausreichend Vorlegebesteck versehen. Aber auch der Getränkeservice für Wein oder Schaumwein kann hier stattfinden.

Beistelltisch für den Tisch des Gasts

3.6 Geschirr

Geschirrteile werden aus verschiedenen Materialien hergestellt oder kreativ kombiniert. Porzellan, Holz, Metall, Glas, textile Bestandteile, Kunststoffe, aber auch Papier oder Pappe sind Elemente einer ambitionierten, modernen Geschirrgestaltung. Den größten Anteil stellt immer noch Geschirr aus Porzellan, wobei Qualität, Ausführung und Dekor von der Betriebsart abhängen. Je nach Porzellanart ist die Rohstoffzusammensetzung mengenmäßig unterschiedlich.

Rohstoffe des Porzellans		
Kaolin	Quarz	Feldspat

Porzellanarten		
Hartporzellan	Weichporzellan	Feuerfestes Porzellan

Die Glasur gibt dem Porzellan eine glatte, versiegelte Oberfläche und vereinfacht damit die Reinigung. Bei der Dekoranbringung werden unterschieden:

- Auf- oder Unterglasurdekor, je nachdem, ob vor oder nach dem Glasieren aufgebracht
- Flächendekor mit Blumen, Obst, geometrischen Formen
- Randdekor mit kleinen Bildmotiven, Monogrammen oder Vignetten

Glasiertes Geschirr aus Porzellan

Auswahlkriterien für Gastronomiegeschirr

- Hartporzellan, um Beschädigungen und Bruch niedrig zu halten.
- Harte Glasuren und Unterglasuren, da sie beim Essen und Spülen unempfindlicher sind.
- Ofenfestes Geschirr zum Garen und Überbacken und heißen Anrichten.
- Stapelbare und deshalb raumsparende Formen.
- Schlichte Dekors, da multifunktionaler.

Geschirrarten

Platzteller

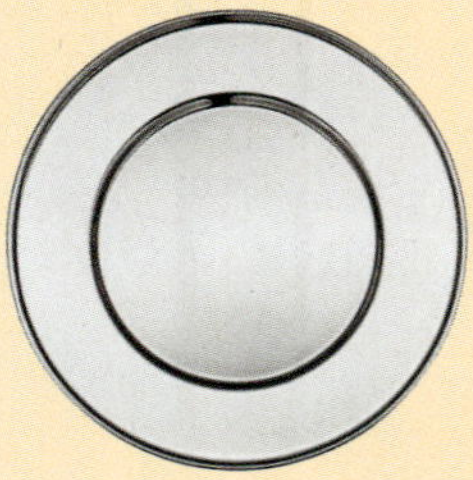

- Große Teller, die den Gedeckplatz markieren.
- Der Teller der Speisenfolge wird aufgesetzt.
- Damit der Rand des Tellers sichtbar bleibt, sind Platzteller immer größer als der größte aufgesetzte Teller.
- Platzteller werden spätestens mit dem letzten Gang ausgehoben.

Speisenteller

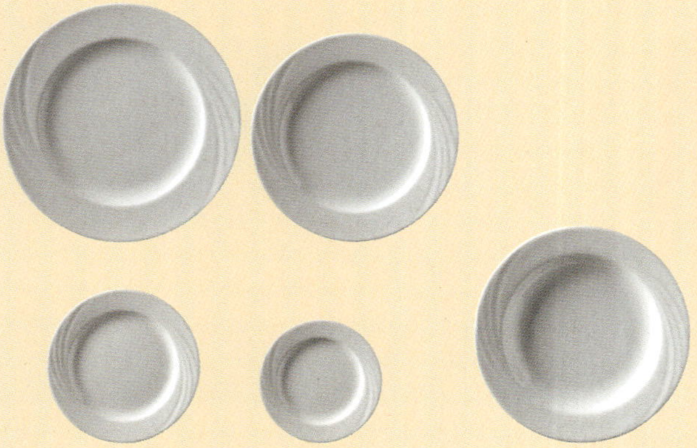

- Großer Teller bis 31cm Durchmesser, auch Grillteller genannt, für komplette Gerichte aus Hauptbestandteil und Beilagen.
- Großer Teller bis 26 cm Durchmesser, auch Menüteller für Vor-, Haupt- und Nachspeisen, als Ablageteller und Trageteller für tiefe Teller.
- Mittelteller bis 21 cm Durchmesser, für Frühstück, Gebäck, Salate, Desserts, als Ablageteller für Vorlegebestecke und Trageteller für Cocktailgläser, Glasschalen, Tassen.
- Kleiner Teller bis 17 cm Durchmesser, auch Brotteller genannt, für Brot, Brötchen, Butter oder Konfekt.
- Tiefer Teller, auch als Suppenteller bezeichnet, für Speisen, bei denen ein höherer Tellerrand erforderlich ist. Für Suppen, Eintöpfe, Teigwarengerichte, Salatvariationen, warme Desserts und Frühstücksgerichte wie Cornflakes.

Suppentasse

Essenztasse

- Mit oder ohne Henkel und Untertasse (0,05 l-0,2 l Inhalt) für Suppen.
- Kleine Spezialtassen für exotische Suppen und Essenzen.

Getränketassen

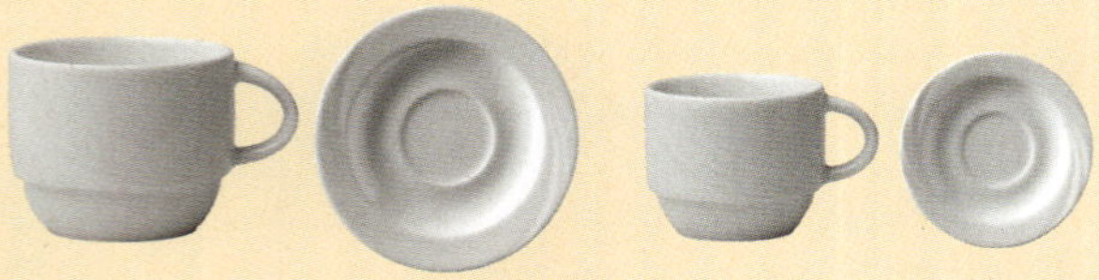

- Mit oder ohne Untertasse für Kaffee, Tee, Schokolade und Milch.
- Espressotassen

Schüsseln

Terrine

- Verschiedene Größen für Gemüse- und Sättigungsbeilagen.
- Terrinen mit Deckel für Eintöpfe und Suppen.

Kanne und Kännchen

- Mit und ohne Deckel für Kaffee, Tee, Schokolade, Milch und Kaffeesahne.

Die Reinigung und Pflege von Geschirr werden in Kapitel 8.3.3 Wirtschaftsdienst beschrieben.

3.7 Gläser

Für die Gastronomie werden Gläser unterschiedlicher Qualität, je nach Verwendungszweck und Zweckmäßigkeit angeboten. Für jeden Stil, jede Preisklasse oder jede Trinkkultur kann eine entsprechende Gläserauswahl getroffen werden. Die Qualität eines Glases wird vom Grundmaterial, vom Klang, von der Form und der Wandstärke bestimmt. Glas wird geblasen oder gepresst.

3.7.1 Schankgläser

Schankgläser sind einfache Gläser aus Pressglas mit hoher Haltbarkeit. Sie sind meist dickwandig und spülmaschinenfest. Sie verfügen meistens über einen Füllstrich, eine Volumenangabe und ein anerkanntes Herstellerzeichen. Der Füllstrich und die Volumenangabe zeigen dem Büfettier an, wie weit die Gläser gefüllt werden müssen, und die Gäste können kontrollieren, ob sie die bestellte Menge erhalten haben. Das Herstellerzeichen dient der Rückverfolgbarkeit.

Folgende Getränke dürfen in Gläsern ohne Füllstrich serviert werden:

- Kaffee-, Tee-, Kakao- oder Schokoladengetränke
- alkoholhaltige Mischgetränke, die unmittelbar vor dem Ausschank aus mehr als zwei Getränken gemischt werden
- Kaltgetränke, die in Automaten durch Zusatz von Wasser hergestellt werden

Werden Getränke in geeichten Flaschen oder Karaffen bzw. Krügen mit Füllstrich serviert, so dürfen auch nicht geeichte Gläser verwendet werden. Dies trifft beispielsweise auf Weingläser zu, die an einem Tisch verwendet werden, für den eine Flasche Wein bestellt wurde.

Das Eichgesetz und die Eichordnung bilden die Grundlagen für die gesetzlichen Anforderungen an Gläser.

Vorgaben für den Füllstrich

- gut sichtbar
- waagerecht verlaufend
- mindestens 10 mm lang
- mit Volumenangabe

Zulässige Nennvolumen

Im Ausschank sind Ausschankmaße mit folgenden Nennvolumen zulässig:

- 1, 2, 4, 5 oder 10 Zentiliter oder
- 0,1, 0,2, 0,25, 0,3, 0,4, 0,5, 1, 1,5, 2, 3, 4 oder 5 Liter

Eichgesetz
www.gesetze-im-internet.de/eichg/index.html

Eichordnung
www.gesetze-im-internet.de/eo_1988/index.html

3.7.2 Tisch- und Tafelgläser

Tisch- und Tafelgläser sind qualitativ hochwertiger. Es handelt sich meist um Kristallgläser. Sie sind in vielfältigen Formen erhältlich. Auch sie müssen den Vorgaben des Eichgesetzes und der Eichordnung entsprechen.

3.7.3 Gläserformen

Getränke werden in unterschiedlichen Glasformen serviert. Die angegebenen Bezeichnungen variieren teilweise regional.

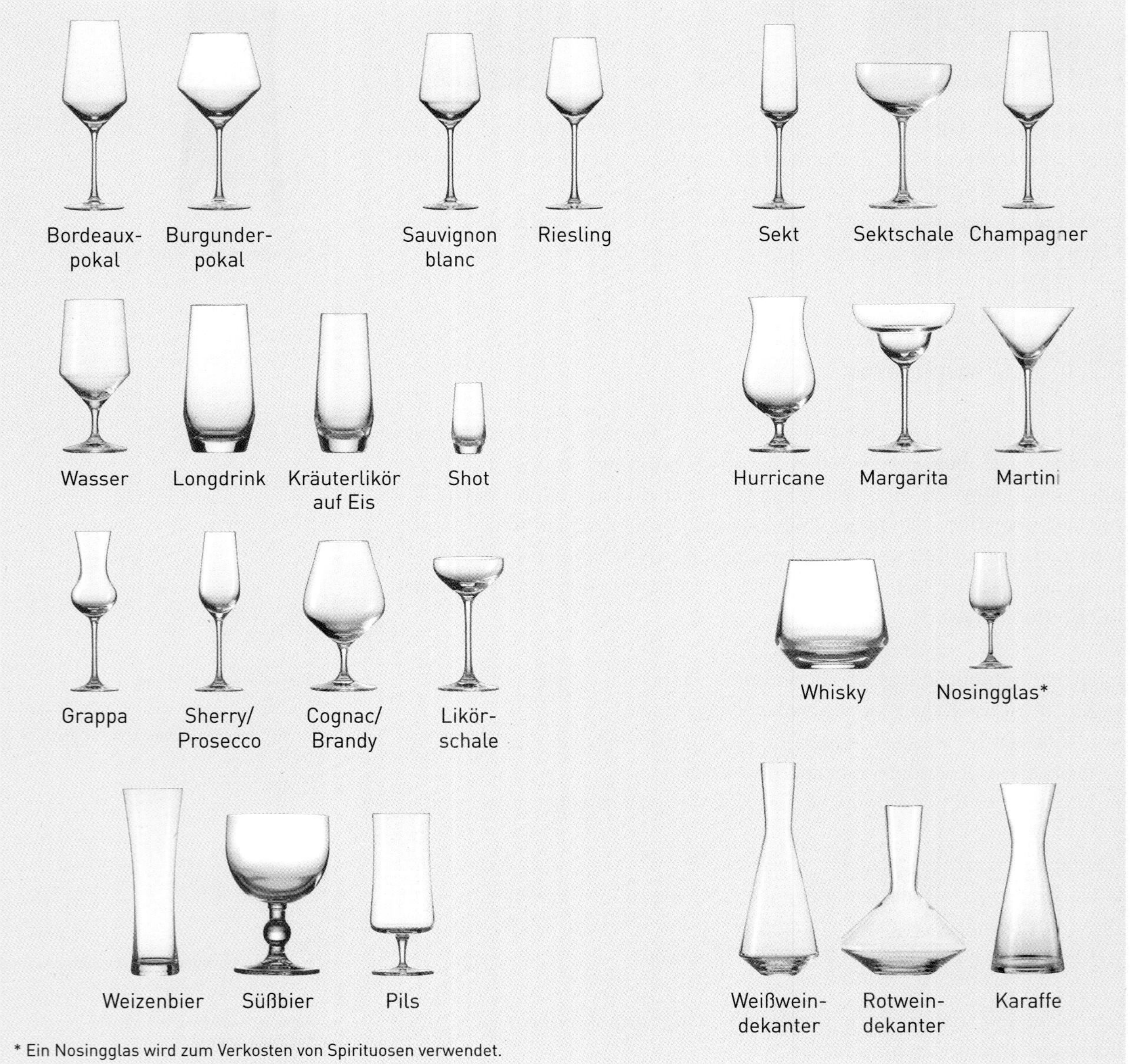

* Ein Nosingglas wird zum Verkosten von Spirituosen verwendet.

Reinigung und Pflege von Gläsern siehe Kapitel 8.3.3 Wirtschaftsdienst.

3.8 Besteck

Bestecke tragen entscheidend zum Gesamteindruck eines Restaurants bei. Zweckmäßigkeit und Formgebung müssen der Ausstattung und Esskultur des Betriebs entsprechen.

In manchen Betrieben der Systemgastronomie wird ganz auf Besteck verzichtet

Teilweise gehört es zur Kultur der Systemgastronomie, ganz auf die Benutzung von Besteck zu verzichten: Esspsychologie und Esskultur als tragender Bestandteil der Firmenphilosophie machen es in den meisten Betrieben unmöglich, einen Burger oder Pommes frites mit Messer und Gabel zu verzehren.

Bestecke werden unterteilt in:
- Grundbestecke
- Spezialbestecke
- Servierhilfsbestecke

Das Material der Bestecke hat einen wesentlichen Einfluss auf ihre Lebensdauer. Im systemgastronomischen Bereich bestehen Bestecke im Allgemeinen aus Metall. Das am häufigsten verwendete Grundmaterial ist Stahl, weil es stabil und hart ist. Um das Rosten zu verhindern, wird der Stahl veredelt (Edelstahl: rostfrei/stainless).

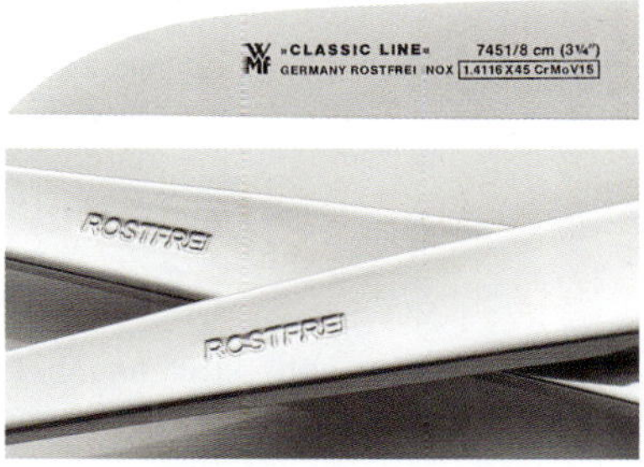

Rostfreier Edelstahl

Die Festigkeit und Korrosionsbeständigkeit von Besteck werden durch Legierungen gewährleistet.

Chrom - Chromstahl
Ideal für den täglichen Einsatz sind Chromstahlbestecke, da sie unempfindlich gegen Speisesäuren sind und rostfrei durch die Chromlegierung. Diese Besteckqualität ist an dem Stempel „Inox“ oder „rostfrei“ zu erkennen.

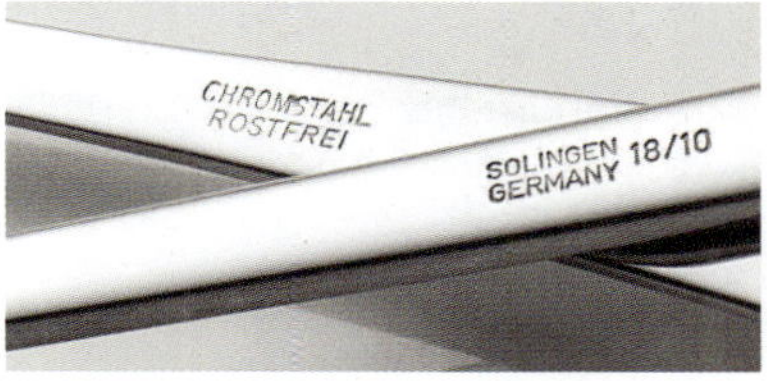

Chromstahl und Chromnickelstahl

Chrom und Nickel - Chromnickelstahl
Anspruchsvoller ist Chromnickelbesteck. Die Oberfläche glänzt und ist umso härter und damit kratzfester, je höher der Nickelanteil in der Legierung ist. Die Einprägungen 18/8 oder 18/10 sind Hinweise auf die Art der Legierung: 18 % Chromanteile sowie 8 % bzw. 10 % Nickel.

3.8.1 Grundbesteck

Die Grundbestecke werden entsprechend ihrer Größe eingeteilt.

Grundbesteck und dessen Verwendung

Großes Besteck	Mittelbesteck	Kleines Besteck
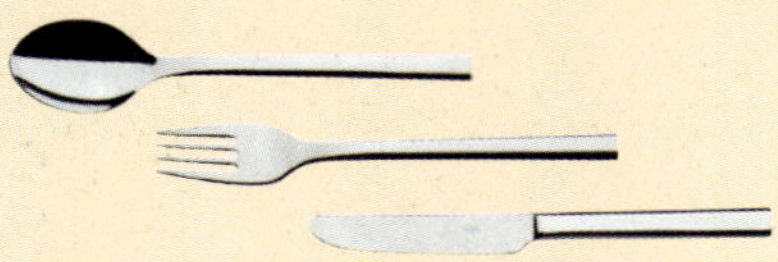	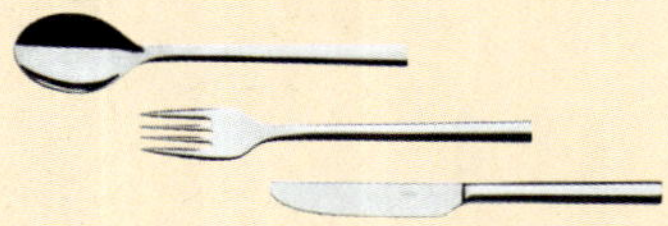	
▪ Löffel: für Suppen in tiefen Tellern ▪ Löffel: zum Vorlegen von Speisen ▪ Löffel und Gabel: als Vorlegebesteck ▪ Löffel und Gabel: für Gerichte aus Pasta ▪ Messer und Gabel: für Hauptspeisen	▪ Löffel: für Suppen in der Suppentasse ▪ Löffel: für Frühstücksspeisen (Cornflakes, Müsli) ▪ Löffel und Gabel: für Desserts ▪ Löffel und Gabel: für Teigwaren (Ravioli, Cannelloni) ▪ Gabel und Messer: für Frühstück, Vorspeisen, Zwischengerichte, Käse ▪ Messer: für das einfache Frühstück	▪ Löffel: für Suppen in Spezialtassen ▪ Löffel: für cremige Speisen in Gläsern oder Schalen ▪ Löffel: für Heißgetränke wie Kaffee, Tee ▪ Löffel und Gabel: für Vorspeisen und Nachspeisen in Gläsern oder Schalen wie Shrimps- oder Gemüsecocktail, Obstsalat

3.8.2 Spezialbestecke

Spezialbestecke und deren Verwendung

Buttermesser	Fischbesteck	Gourmetlöffel	Steakmesser	Maiskolbenhalter
	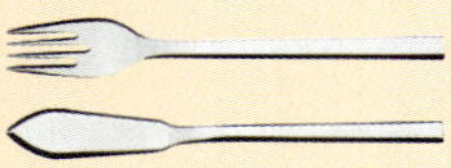	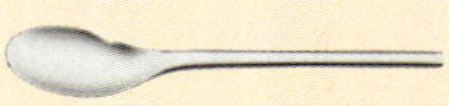		
für das Frühstücksgedeck/ das Kuvertgedeck	▪ für leicht zerteilbare Fischgerichte ▪ nicht für geräucherte oder marinierte Fischgerichte	▪ für alle Gerichte mit Saucen (auch Desserts) ▪ kann auch anstelle des Fischmessers bei Fischgerichten mit viel Sauce eingesetzt werden	für alle Steakarten und Speisen mit krosser Kruste (z. B. Haxe)	für Maiskolben „am Stück"
Austernbrecher und Austerngabel	**Krebsgabel und Krebsmesser**	**Hummergabel und Hummerzange**	**Schneckenzange und Schneckengabel**	**Limonaden- oder Kaffeelöffel**
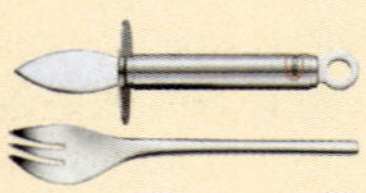	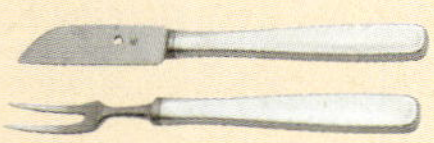		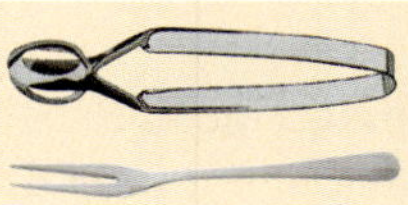	
▪ Austernbrecher zum Öffnen der Austern ▪ Austerngabel zum Lösen der Austern	zum Zerteilen von Krebsen	▪ Hummerzange zum Aufbrechen der Scheren und Gelenke bei Hummern und Langusten ▪ Hummergabel zum Auslösen des Fleisches bei Hummern, Langusten und Krabben	▪ Schneckenzange zum Halten des Schneckenhauses ▪ Schneckengabel zum Herauslösen der Schnecke aus dem Gehäuse ▪ auch für Schnecken ohne Gehäuse	für Getränke in hohen Gläsern

Happy Spoon
Ein beliebter Trend ist das „Flying Büfett“ mit individuellem Service aus Löffelschalen oder Happy Spoons aus Porzellan oder Edelstahl. Happy Spoons sind auch als Spezialbesteck für Amuse-Gueule bzw. Amuse-Bouche, beim Stehempfang und für den Pausensnack einsetzbar.

Essstäbchen
Zur asiatischen Esskultur gehört das Essen mit Stäbchen und daher sind bei Systemern mit asiatischem Konzept Essstäbchen als alleiniges Besteck teilweise üblich. Essstäbchen sind ein Paar gleich lange Stäbchen, die als Essbesteck verwendet werden. Die Speisen werden nicht aufgespießt, sondern gegriffen oder wie mit einer Gabel geschaufelt.

Büfettkegel mit Happy Spoons

3.8.3 Servierhilfsbestecke

Ausgewählte Servierhilfsbestecke und deren Verwendung

Käsemesser	Gebäckzange	Tortenheber	Brotmesser	Salatvorleger
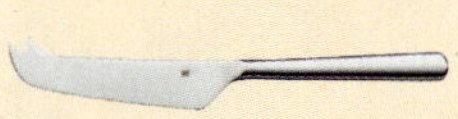	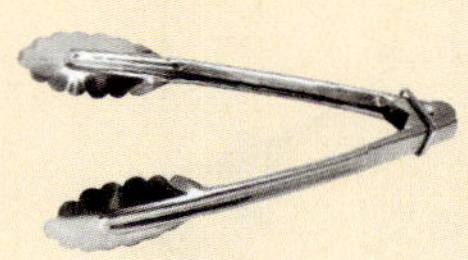			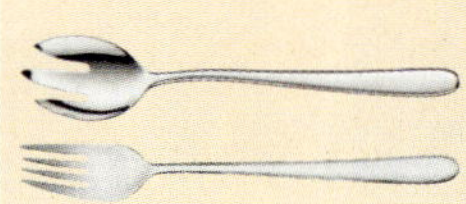
zum Schneiden, Portionieren und Anspießen von Käse	zum Anrichten und Transportieren von Gebäck, z. B. Cupcakes	zum Anrichten und Transportieren von Tortenstücken	zum Schneiden von Brot auf dem Brett	zum Mischen und Anrichten von Salat in der Schüssel
Tranchierbesteck	**Saucenkelle**	**Suppenkelle**	**Universalzange**	**Tortenmesser**
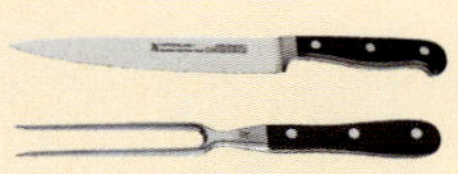	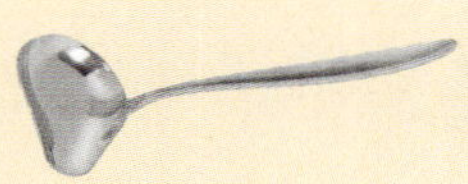	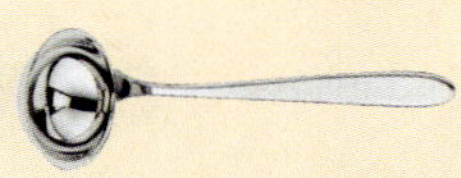	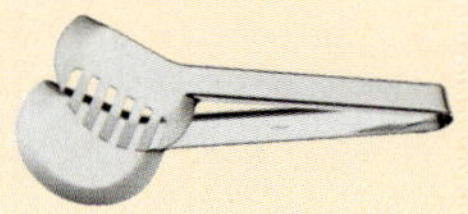	
zum Tranchieren/ Zerlegen von Braten	zum Nappieren/ Übergießen von Speisen mit Soße aus der Sauciere	zum Ausschenken von Suppe aus der Terrine in den Teller	zum Greifen von Nudeln, aber auch Salaten oder anderen Vorspeisenbestand-teilen	zum Schneiden von Creme- und Sahneschnitten oder Torten

Die Reinigung und Pflege von Besteck werden in Kapitel 8.3.3 Wirtschaftsdienst beschrieben.

3.9 Einweggeschirr, Einweggläser und Einwegbesteck

Einweggeschirr

Systemgastronomische Betriebe mit Take-away- oder Außer-Haus-Geschäft stellen besondere Anforderungen an die Präsentation ihrer Produkte und somit auch besondere Anforderungen an Geschirrkomponenten.

Foodverpackungen als Komplettangebot von der Menüschale bis zur Siegelfolie oder transparentem Deckel sind als anspruchsvolle Verpackungslösungen für die Systemgastronomie unverzichtbar.

Achteckige Box zum Verpacken kalter und heißer Speisen

Kompostierbare Box zum Verpacken kalter und heißer Speisen

Salatschale für eine hochwertige Warenpräsentation

Stapelbarer Portionsbehälter

Menübox

Kartonverpackung für Suppe oder Salat

Umweltgerechte Kartonverpackung mit Sichtfenster

Sandwichbox aus recyceltem Material

Hochwertiges Einwegglas

Anforderungen an Kunststoffgeschirr

- kompakt und platzsparend
- einfach und effizient in der Handhabung
- ansprechende Warenpräsentation
- gut stapelbar und für den Transport geeignet
- tiefkühlgeeignet
- temperaturbeständig (–5 °C bis 60 °C)
- Antifog-Beschichtung, die das Beschlagen verhindert
- mikrowellengeeignet
- hygienisch und lebensmittelecht
- geschmacksneutral
- FCKW-frei
- ökologisch unbedenklich oder recycelbar

Einwegtrinkgefäße

In der Systemgastronomie werden im Fast-Food-Segment oft Einweggetränkebecher verwendet. Der Getränkeservice erfolgt meistens in Trinkbechern und Trinkgläsern aus Kunststoff, Styropor oder Pappe.

Neutrale Thermobecher | Farbiger Thermobecher | Farbige Gläser | Edle Gläser

Einwegbesteck

Einwegbesteck gehört zur vollständigen Einweg-Zubehörausstattung dazu. Geringe Investitionskosten und Ersparnis beim Schwund von Besteckteilen im Restaurant oder beim Rücktransport im Catering sind eindeutige Vorteile, die diese Alternative für Gastronomen interessant machen.

Einwegbesteck in Metalloptik | Einzeln verpacktes Einwegbesteck | Besteckset | Rührstäbchen | Einweg-Essstäbchen

Umweltfreundlichkeit

In der modernen Systemgastronomie werden mehr und mehr umweltfreundliche Materialien als Einweggeschirr eingesetzt, die aus natürlichen, nachwachsenden und biologisch abbaubaren Rohstoffen hergestellt werden. Dies können z. B. Maisstärke, Papier- und Pflanzenfasern sein.

Der Einsatz von umweltfreundlichem Einweggeschirr gehört für die meisten Betriebe zur Betriebsphilosophie.

Nachhaltiges Verpackungsmaterial

3.10 Servicegeräte

Das Spülen des Geschirrs sowie das Aufbewahren, Transportieren und Präsentieren der Speisen und Getränke sind je nach Betriebsart wichtige Serviceelemente, die erst mithilfe spezieller Geräte professionell durchgeführt werden können.

Ausgewählte Servicegeräte und deren Verwendung

Warmhaltepfanne Chafing Dish		**Suppenkesseel**	**Service-Tabletts**
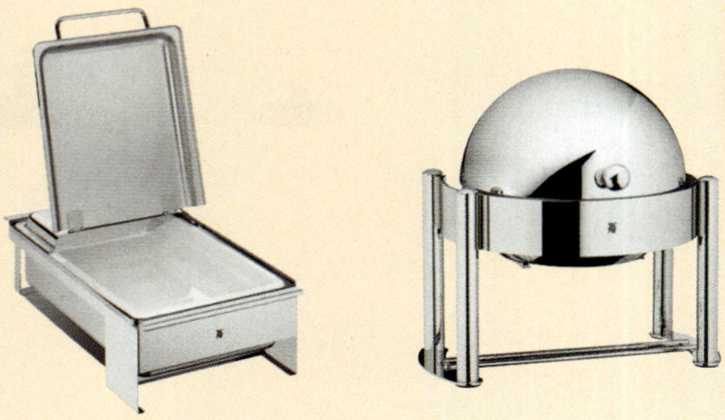			
zum Warmhalten von Speisen		zum Warmhalten von Suppen	zum Transportieren von Speisen und Getränken
Tellerglocke/Cloche	**Abdeckhaube**		**Tranchierbrett**
	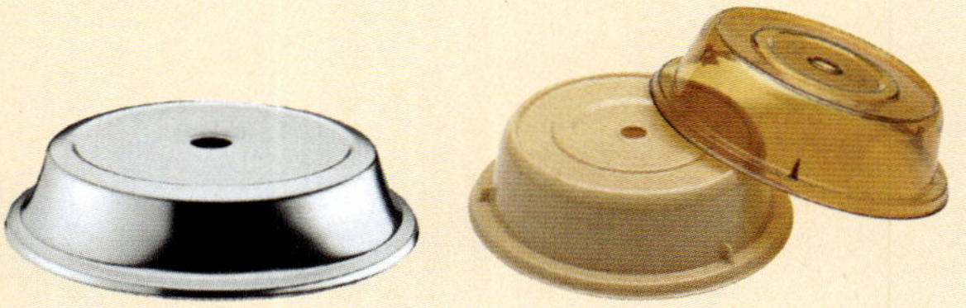		
zum Abdecken/Warmhalten von Speisen	zum Abdecken/Warmhalten von Speisen		zum Zerlegen von Geflügel etc.
Punchbowl	**Sekt/Weinkühler**	**Würzmittelständer/ Menage**	**Milch-Zucker-Set**
	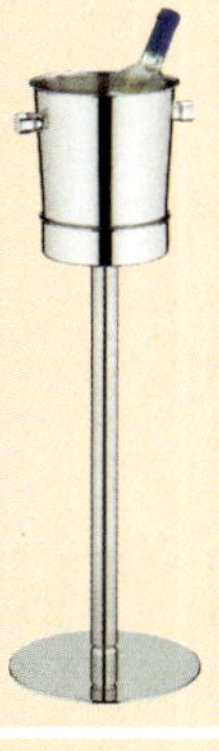		
zum Kühlen von Schaumwein oder Wein	zum Kühlen von Getränken	zum Nachwürzen am Tisch des Gasts	für Kaffee-Service

3.11 Servicelogistik

Geschirrlogistik

Geschirr ist in einem systemorientierten Betrieb im geschlossenen System portabel und hygienisch gereinigt aufzubewahren sowie zu transportieren.

Stapelbare Körbe zum Spülen, Aufbewahren und Transportieren

Korb für Teller	Korb für Gläser
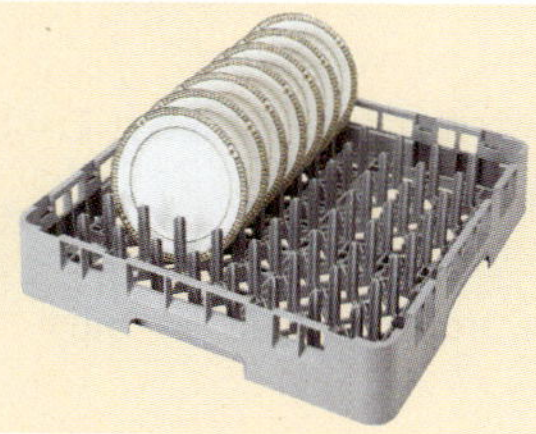	
Korb für Besteck	**Korb für Tabletts**
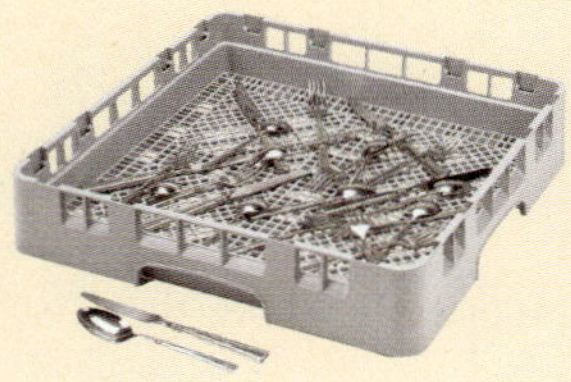	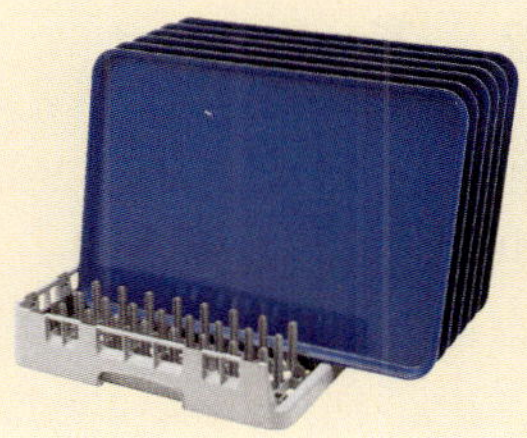

Tablettsysteme

Tablettsysteme sind für das Speisen- und Getränkeangebot im Fast-Food-Restaurant und in der Selfservice-Gastronomie ein wichtiger Bestandteil.

Polyestertabletts	Laminierte Schichtstofftabletts	Isoloierte Tabletts

Für die Restaurantorganisation sind häufig Tabletttransportwagen erforderlich. Sie erleichtern das Abräumen und Transportieren von Tabletts.

3.12 Tischwäsche und Servietten

Die Tisch - oder Tafelwäsche ist je nach Betrieb unterschiedlich, da sie auf die übrige Ausstattung abgestimmt wird, um ein harmonisches Gesamtbild zu erzeugen. Im Catering-Event-Bereich ist die Tischwäsche oft ein wichtiger gestalterischer Bestandteil des Konzepts, im Fast-Food-Bereich ist Tischwäsche in der Regel kein Thema.

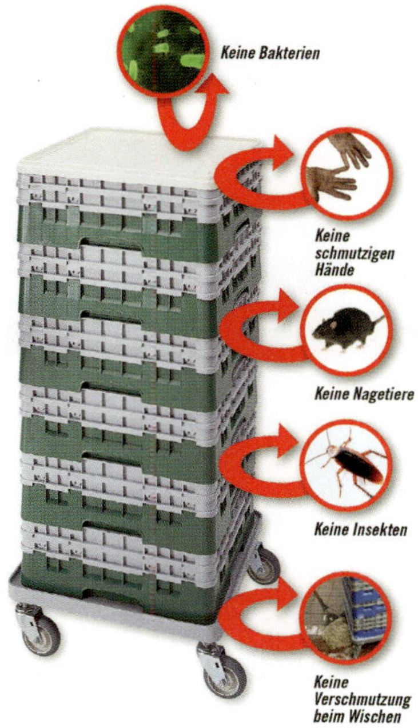

System zum Spülen, Aufbewahren und Transportieren

Anforderungen an Tablettsysteme

- spülmaschinenfest
- bruchsicher
- temperaturbeständig
- Stapelnocken für ungehinderte Luftzirkulation
- bedruckbar

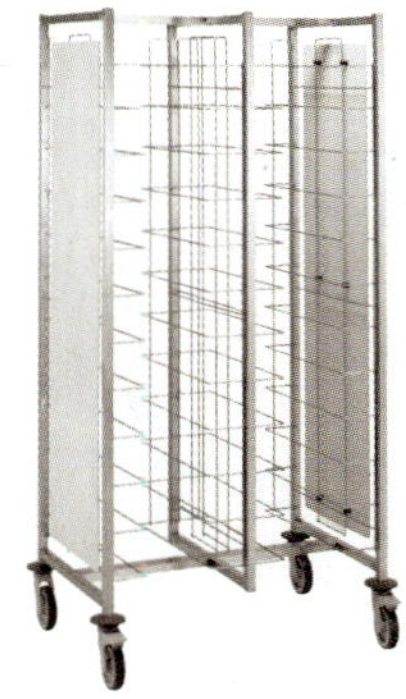

Tabletttransportwagen

Arten von Tischwäsche

- Tischtuchunterlagen
- Tischtücher und Tafeltücher
- Deckservietten und Mundservietten
- Sets und Tischläufer
- Skirtings
- Hussen

Flüssigkeitsundurchlässige Tischunterlage aus PVC zum Zerschneiden

3.12.1 Tischtuchunterlagen (Molton)

Tischtuchunterlagen bestehen überwiegend aus aufgerauter Baumwolle oder Synthetik. Sie werden entweder lose aufgelegt oder mithilfe der Gummibänder im Saum an den Tischbeinen befestigt oder fest verklebt.

Gründe für das Auflegen der Tischtuchunterlage:

- Durch die raue Beschaffenheit des Moltons kann das Tischtuch nicht verrutschen.
- Tischtücher lassen sich besser auflegen und auswechseln.
- Geräusche werden beim Einsetzen von Geschirr und anderen Tischgeräten durch „weicheres Aufsetzen" gedämmt.
- Tischtücher werden an den Tischecken und -kanten geschont.
- Beschädigungen an der Tischoberfläche durch heiße Teller oder Platten werden vermieden.

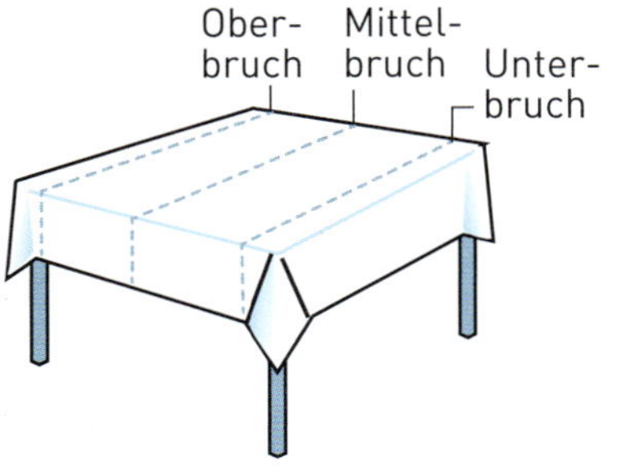

Kanten und Brüche von Tischdecken

3.12.2 Tischtücher

Tischtücher sind weiß oder farbig. Das Material kann Zellstoff, Baumwolle, Halbleinen oder Leinen sein.

Tischtücher sind der Größe des Tisches angepasst, wobei das Tischtuch 25–30 cm an jeder Seite überhängt.

Tischtücher haben Kanten und Brüche, die durch das Mangeln oder Bügeln entstehen und beim Eindecken beachtet werden sollten.

3.12.3 Tafeltücher

Tafeltücher sind für zusammengestellte Tische (Tafeln) geeignet. Sie können maßgerecht angefertigt werden, sind in der Regel aber größere Tischtücher, die übereinandergelegt die Tafeloberfläche bedecken.

Besonders praktisch und zeitsparend ist das Auflegen, wenn das Tafeltuch aus Zellstoff von der Rolle kommt.

Tischläufer

3.12.4 Tischläufer und Tischsets

Tischläufer und Tischsets dienen als Ersatz für Tischtücher und werden verwendet, wenn dekorative oder edle Tischoberflächen sichtbar bleiben sollen. Außerdem eignen sie sich im Fast-Food-Bereich als Einleger für Tabletts. Sets aus Zelltuch oder Papier können für Werbezwecke bedruckt werden, z. B. um die Kunden auf Aktionen aufmerksam zu machen oder um sie über Produkte zu informieren. Für Kinder sind sie auch als Malunterlage zu verwenden und haben somit eine vielfältige Verwendung im gastronomischen Betrieb.

Tischsets

3.12.5 Skirtings

Skirtings (Büfettschürzen) sind Stoffe zum Umspannen von Büfetttischen. Sie sind mit Klettleisten, Klammern, Druckknopfverschlüssen an der Tischkante befestigt. Aufbewahrt werden sie auf Skirtingbügeln.

Skirting

3.12.6 Hussen

Hussen sind Bezüge aus Stoff oder auch Vlies für Tische, Stühle und Bänke. Sie verleihen dem Mobiliar ohne viel Aufwand eine klassische Eleganz und können farbig auf das Ambiente des Betriebs bzw. der Veranstaltung angepasst werden.

Husse

3.12.7 Mitteldecken

Mitteldecken (Deckservietten oder Napperons) werden auf die Tischtücher gelegt, um den Verbrauch an Tischwäsche zu reduzieren. Die Tischdecke wird vor Flecken bewahrt oder bereits vorhandene Flecken können überdeckt werden. Deckservietten aus Zellstoff werden oft farblich abgestimmt auf die Tischdecke und Serviette eingesetzt und sind dann Bestandteil der Tischdekoration bzw. des Gesamtkonzepts.

Gängige Größen für Deckservietten:

- 80 x 80 cm
- 90 x 90 cm
- 100 x 100 cm

Mitteldecke

3.12.8 Servietten

Servietten sind Gebrauchsgegenstand und Gestaltungselement, je nach Betriebsart und Verwendung.

Grundsätzlich gibt es zwei Gruppen von Servietten:
Die erste Gruppe sind die **Mundservietten.** Dazu zählen Menüservietten und Cocktailservietten.
Menüservietten werden je nach Anlass zu unterschiedlichen Formen gefaltet (gebrochen). Bei den Serviettenformen sind einfache oder aufwendig gefaltete Formen möglich. In der Praxis werden aus hygienischen Gründen einfache Serviettenformen bevorzugt, die man mit wenigen Griffen herstellen kann.
Die kleineren **Cocktailservietten** (12 x 12 cm) werden oft an der Bar benutzt und dienen auch als Untersetzter für Cocktailgläser.

Gängige Größen für Servietten:

- 20 x 20 cm
- 24 x 24 cm
- 33 x 33 cm
- 40 x 40 cm
- 50 x 50 cm
- 60 x 60 cm

Die zweite Gruppe sind die **Handservietten.** Mit ihnen arbeiten die Servicemitarbeiter. Handservietten werden über dem linken Unterarm getragen und müssen grundsätzlich in einem einwandfreien Zustand sein (Hygiene). Sie werden verwendet

- beim Tragen heißer Teller oder Platten zum Schutz der Hände,
- um Fingerabdrücke auf Tellern oder Platten durch das Tragen zu vermeiden,
- zum Tragen, Präsentieren und Öffnen von Wein- und Sektflaschen.

Tragen eines Tabletts mit Handserviette

Serviette falten: Fächer

Bei einseitig bedruckten Servietten sollte die nicht bedruckte Seite oben liegen.

- Serviette zu einem Rechteck halbieren.
- Streifen von etwa 3 cm Breite abwechselnd nach vorn und hinten falten, und zwar so lange, bis von dem Rechteck noch etwa ein Drittel übrig ist.
- Serviette der Länge nach halbieren und dabei den unteren Teil nach hinten falten, sodass die nicht verfalteten Flächen aneinanderliegen.
- Linke obere Ecke nach rechts unten falten. Die dabei entstehende rechte Kante muss bündig an den vorher gefalteten übereinanderliegenden Streifen sein. Dabei sollte unten ein rechteckiger Überstand von etwa 3 cm entstehen. Diesen nochmals nachstreichen und Fächer aufstellen.

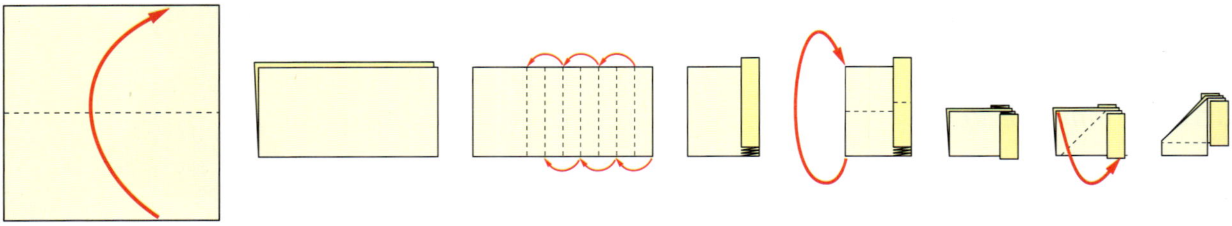

Serviette falten: Bischofsmütze

- Serviette zu einem Rechteck halbieren. Dabei die untere Hälfte nach oben schlagen.
- Die linke untere Ecke und die rechte obere Ecke zur Mitte hin falten, sodass ein Trapez entsteht. Jetzt die Serviette für den nächsten Schritt um 45 Grad drehen und danach wenden, sodass die geschlossene Seite oben liegt.
- Die untere Hälfte nach oben falten und dabei die Ecke auf der rechten Seite mitnehmen. Danach sollten beide Ecken wie in der Abbildung sichtbar sein.
- Die rechte Seite nach oben legen und die linke Hälfte so nach rechts falten, dass die linke Ecke halbiert wird. Danach die rechte Seite wieder nach unten legen.
- Die rechte Seite analog dem vorherigen Schritt, aber diesmal nach hinten falten und die Ecke in die Falte stecken. Die Serviette aufziehen und ein wenig oval ziehen.

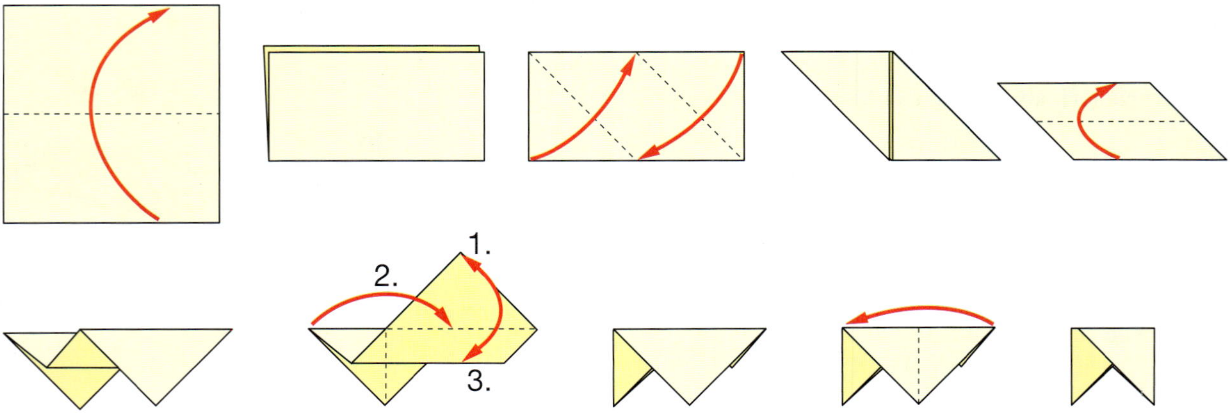

Serviette falten: Dschunke

- Serviette zu einem Rechteck halbieren.
- Serviette nochmals halbieren, sodass wieder ein Quadrat entsteht. Serviette um 45 Grad drehen, damit die offene Seite der Serviette oben liegt.
- Serviette zu einem Dreieck falten, wobei der untere Teil nach hinten geschlagen wird.
- Die linke und die rechte Seite nun zur Mitte hin falten.
- Die frei liegenden unteren Ecken an der unteren Dreieckskante nach hinten falten.
- Die Serviette durch Nachhintenfalten beider Seiten des entstandenen Dreiecks halbieren. Dadurch werden die vier frei liegenden Enden sichtbar. Mit einer Hand die Serviette an der langen Seite halten und die Ecken von innen nach außen (siehe 1–4) nach oben ziehen.

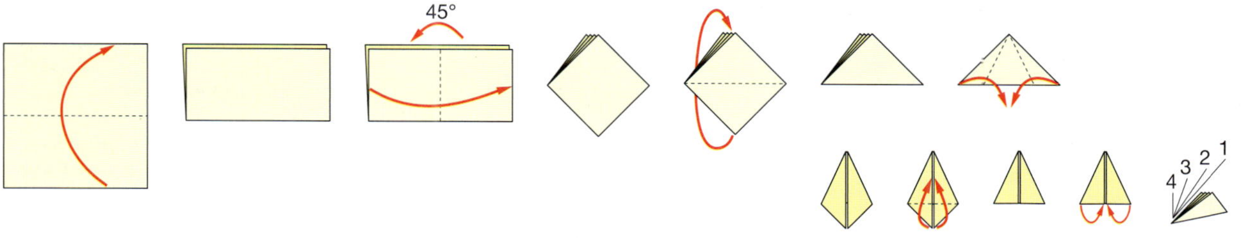

Serviette falten: Lilie

- Serviette diagonal falten, Ecke auf Ecke.
- Rechte und linke Ecke auf die obere Ecke zufalten. Die Mitte ist offen.
- Ecke drei Viertel nach oben knicken.
- Ecke zurückknicken, Faltkanten nachstreichen.
- Ecken nach hinten biegen und ineinanderstecken.
- Offene Zipfel zur Seite ziehen.

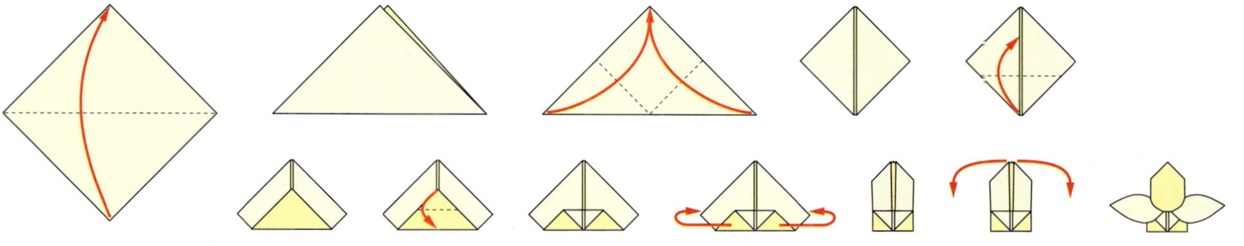

3.12.9 Reinigung und Pflege von Tischwäsche

Die Verwaltung, Reinigung und Pflege von Tischwäsche wird häufig von Textilleasing-Firmen mit einem durchdachten Gesamtkonzept vorgenommen. Sie bieten einen umfassenden Wäscheservice mit Kosten- und Zeitersparnis für den Gastronomen an. Der Service ist bedarfsgerecht auf das Unternehmen zugeschnitten und lässt sich auf die Qualitätsstandards abstimmen.

Ausführliche Beschreibung der Reinigung siehe Kapitel 8.3.1 Wirtschaftsdienst.

3.13 Serviceformen

In der Systemgastronomie gibt es verschiedene Serviceformen.

Counter-Service	Büfett-Service	Selfservice	Full Service	Home Delivery
Die Speisen und Getränke werden über einen Tresen (Counter) gereicht.	Die Servicekräfte stehen hinter einem Büfett und bedienen, beraten und unterstützen die Gäste.	Die Speisen und Getränke stehen zur Selbstbedienung für den Kunden bereit.	Die Speisen und Getränke werden am Tisch serviert, zuvor wird der Gast beraten.	Die Speisen und Getränke werden zum Kunden ins Haus geliefert.

Full Service

Amerikanischer Service	Französischer Service	Englischer Service
Die Speisen werden im Produktionsbereich auf einem Teller angerichtet und im Restaurant am Tisch von der rechten Seite des Gasts eingesetzt.	Die Speisen werden im Produktionsbereich auf Platten angerichtet und im Restaurant dem Gast von links präsentiert und vom Servicepersonal von links auf den Teller vorgelegt.	Die Speisen kommen auf Platten angerichtet aus der Küche ins Restaurant und werden auf einem Tisch neben dem Gästetisch abgestellt. Das Servicepersonal legt die Speisenkomponenten am Beistelltisch auf einen Teller vor und setzt diesen Teller von der rechten Seite des Gasts ein.

3.14 Servicemanagement am Counter

Bestellung am Counter (Burger King)

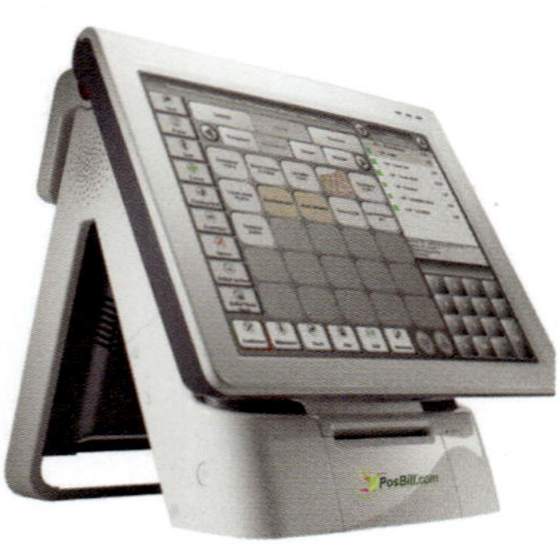

Kassensystem mit integriertem Bondrucker

Die meisten Fast-Food-Systeme verwenden den Counter-Service, der das Servicemanagement zwar reduziert, aber es nicht weniger anspruchsvoll macht. Grundelemente des Servicemanagements am Counter:

- Verkaufsgespräch mit anschließender Bestellung
- Speisen- und Getränkebereitstellung, in der Regel auf Tabletts
- Rechnungsstellung und Kassieren

Das Verkaufsgespräch am Counter beginnt mit einer Begrüßung und sollte kurz gestaltet sein. Es ist oft standardisiert, d. h., es gibt standardisierte Elemente, die je nach Betrieb unterschiedliche Aspekte berücksichtigen (siehe Kapitel 4.3).

Kassensysteme sind für den Counter-Service ein bedeutender Faktor. Touchscreens erleichtern es der Servicekraft, das Verkaufsgespräch strukturiert zu führen und die Bestellung festzuhalten. Die Bildschirme sind spritzwasser- und staubgeschützt und können mit einer individuellen Bedienoberfläche auf die spezifischen Belange des Betriebs eingestellt werden. Unterschiedliche Artikelbaukästen können auf die jeweiligen Speisen- und Getränkeangebote zugeschnitten werden.

So werden schon während der Bestellaufnahme wichtige Standards gesetzt und die verschiedenen Abteilungen informiert. Die Bestellung wird an die zuständigen Stationen weitergeleitet. Jederzeit abrufbar ist, welche Warengruppen, Getränke und Speisen wie häufig verkauft wurden.

Die Speisen- und Getränkebereitstellung führt die Servicekraft durch, indem sie die unterschiedlichen Elemente der Bestellung aus den verschiedenen Bereichen der Zubereitung und des Getränkeangebots abruft oder selber herstellt und auf dem Tablett platziert.

Die Rechnungserstellung und die Bezahlung der georderten Speisen und Getränke erfolgt wiederum über das Kassensystem mit oder ohne Bon. In einigen Fast-Food Restaurants ist es üblich, erst zu kassieren und dann die Speisen und Getränke bereitzustellen und auszugeben.

3.15 Servicemanagement beim Home Delivery

Das Servicemanagement beim Home Delivery besteht aus drei Schwerpunkten:

- Bestellannahme
- Speisen- und Getränkezubereitung
- Auslieferung der Ware

Die Bestellannahme erfolgt in der Regel telefonisch oder per Internet, demzufolge sind Fähigkeiten und Grundlage der Kommunikation (siehe Kapitel 4.1) ein wichtiger Aspekt für einen erfolgreichen Auftritt. Kunden bekommen einen ersten Eindruck sowohl am Telefon wie durch die Internet-Präsentation und sollten professionell beraten und behandelt werden.

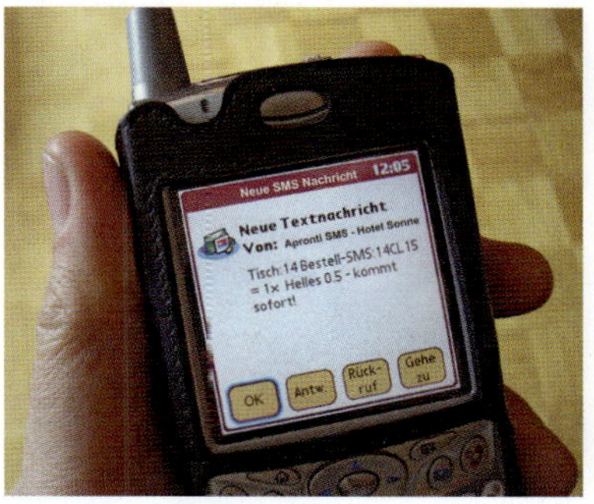

Bestelleingang per SMS

Einer der modernsten Trends sind Plattformen für Online-Essensbestellungen. Bestellt ein Gast über die Homepage, sein Handy oder Smartphone-App, gelangt der Auftrag direkt an die Küchen- oder Servicemitarbeiter. Die Übertragung erfolgt über GPRS. Lediglich Strom, ein SMS-Bon-Drucker und handelsübliche Bonrollen werden benötigt.

Warenauslieferung mit Firmenfahrzeugen

Ist die Speisen- und Getränkeherstellung vorgenommen, besteht die nächste Herausforderung an das Servicemanagment darin, die Speisen und Getränke mit der richtigen Temperatur zum Kunden zu transportieren.

Speisenlogistik

Speisen, die kalt oder warm serviert werden, sind im Außer-Haus Geschäft in geeigneten Behältern zu transportieren. Thermoboxen für kalte wie für heiße Speisen gehören zur Grundausstattung.

Isolierbox zum direkten Transport auf dem Motorroller

Anforderungen an Thermoboxen:

- gute Isoliereigenschaften
- bruchstabil, langlebig, leicht
- stapelbar
- hygienisch und spülmaschinenfest

Klassischer Isolier-Transportbehälter

Mit Lieferfahrzeugen, also Auto, Roller oder Fahrrad, werden die Speisen und Getränke in der jeweils passenden Verpackung wie z. B. Pizzakarton oder Pastaschale zum Kunden transportiert. Der Gesamtbereich der Speisen- und Getränkelieferung kann auch an Lieferdienste vergeben werden, die zusätzlich das gesamte Equipment organisieren und außerdem für die Markenvisiblität (Berufsbekleidung/Poster/Reklame) zuständig sind.

3.16 Servicemanagement am Getränke- und Speisenbüfett

Speisen- und Getränkepräsentation an verschiedenen Büfettformen (Nordsee, McCafé)

Für jeden Systemgastronomen ist es selbstverständlich, dem anspruchsvollen Gast Auskunft und Empfehlungen bezüglich der angebotenen Speisen und Getränke zu geben. Dabei sind wichtige Punkte zu beachten, die von der jeweiligen Produktpalette eines Betriebs abhängen.

Sowohl bei Free-Flow-Konzepten mit Selfservice an verschiedenen Stationen als auch im klassischen Büfett-Service mit „Bedienung hinter der Theke" gilt folgende Grundregel:

> Werden Speisen und Getränke richtig angeboten und serviert, ist schon ein großer Schritt für die Zufriedenheit der Gäste getan.

3.16.1 Speisen- und Getränkepräsentation am Büfett

Eine klare Einteilung am Büfett sorgt für eine einfache Orientierung bei den Gästen. Eine Untergliederung in einzelne Bereiche wie z. B. Brot und Backwaren, Kuchen, Snacks, Frontcooking und Heißgetränke bietet den Gästen einen schnellen Überblick, damit sie wissen, wo sie was bekommen. Die einzelnen Bereiche können unterschiedlich, je nach Bedarf in Szene gesetzt werden, ob als SB-Ausgabestation an einer Theke oder als System, bei dem der Gast sich die Zutaten seines Essens an Stationen selbst zusammenstellt und diese oft vor seinen Augen frisch gegart werden. Dabei können je nach Tageszeit unterschiedliche Sortimentsschwerpunkte angeboten werden.

Speisen- und Getränkepräsentation an verschiedenen Büfettformen (Euroshop, bok, Vapiano)

In der Systemgastronomie sind für die Präsentation professionelle Theken- und Büfettanlagen von großer Bedeutung:

- Speisen werden durch verglaste Fronten in verschiedenen Temperaturzonen präsentiert.
- Arbeits- und Laufwege für Mitarbeiter und Gäste sind optimiert.
- Automatische Reinigungs- und Entkeimungssysteme sorgen für einwandfreie hygienische Qualität.

Grundbestandteile der Einrichtung sind:

- Schankanlagen für Softdrinks/Bier
- Kühl- und Gefrierschränke/Eiswürfelbereiter
- Schankanlagen für Heißgetränke
- Thekenanlagen mit Vitrinen für Speisen und Getränke
- Reinigungsbereich mit Spülbecken und Spülmaschine

In systemgastronomischen Betrieben mit Free-Flow-Einheiten, aber auch im Casual Dining findet immer öfter die Produktion von Speisen vor dem Gast statt (Frontcooking). Hier rücken auch Küchenmitarbeiter in den Vordergrund und tragen ebenfalls im Servicebereich wesentlich zum professionellen Eindruck eines Betriebs bei.

Die Mitarbeiter stehen hinter dem Büfett und arbeiten als serviceorientierte Fachkräfte. Die Gäste stehen oder sitzen an der Bartheke, am Büfett, greifen nach dem, was sie mögen und so lange wie sie es mögen. Die Servicekraft hinter der Theke bereitet die Speisen zu und berät produkt- und serviceorientiert bei der Speisen- und Getränkeauswahl.

Das **klassische Speisenbüfett** wird auf Tischen, die bis zum Boden mit Tafeltüchern oder Skirtings eingekleidet sind, präsentiert. Das Dekorationsmaterial wird je nach Anlass oder Art des Büfetts gewählt. Bei großen Gesellschaften werden auch mehrere Büfetts im Raum verteilt.

Aufgaben des Servicepersonals am Speisenbüfett

- bei der Auswahl beraten
- eventuell Speisen auf den Tellern anrichten
- geleerte Schüsseln und Platten wieder attraktiv auffüllen
- benutztes Geschirr abräumen

Aufbau eines Speisenbüfetts

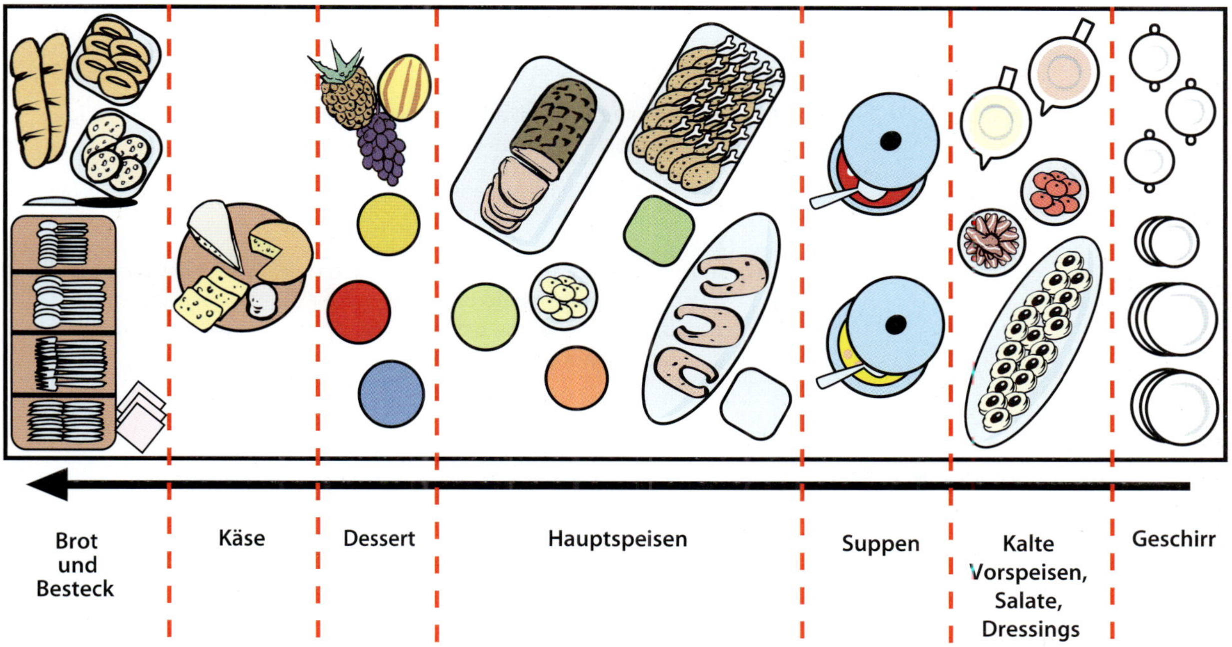

Bei dieser Büfettform, oft als Frühstücksbüfett/Brunchbüfett/Mittags- oder Abendbüfett angeboten, kann der Gast in der Regel zu einem pauschalen Preis aus einem reichhaltigen Angebot auswählen.

Die Größe der Büfettfläche ist abhängig von der Anzahl der Gäste und vom Speisenangebot, d. h. auch vom Preis (Wareneinsatz), der pro Person kalkuliert wurde.
Die Planung und Versorgung eines Büfetts erfolgt im Teamwork von Küche und Service. Für große Veranstaltungen werden bei der Servicebesprechung (Briefing) alle notwendigen Details festgelegt.

3.16.2 Schankanlagen

Zusammenfassung der allgemeinen Anforderungen an Schankanlagen
www.dortmund.ihk24.de
Suchbegriff: Schankanlagen

Schankanlage

In der Systemgastronomie sind Ausschankanlagen üblich. Der geringe Lagerraumbedarf und die automatische Kühlung bieten für den systemgastronomischen Betrieb eindeutig Vorteile, auch wenn die Wartung und ein hygienisch einwandfreies Betreiben zusätzliche Arbeiten verursachen.

Die allgemeinen hygienischen Anforderungen werden durch die Lebensmittelhygiene-Verordnung (LMHV), durch das Lebensmittel-, Bedarfsgegenstände- und Futtermittelgesetzbuch (LFGB) sowie die Betriebssicherheitsverordnung geregelt. Diese Verordnungen enthalten jedoch keine konkreten Hinweise zu Schankanlagen. Daher liegt die alleinige Verantwortung beim Betreiber.

Nach DIN 6650-6 soll sich die regelmäßige Reinigung der Anlage (Zapfkopf, Getränkeleitung, Zapfarmatur) an folgenden Intervallen orientieren:

Getränke	Intervall
Fruchtsaft, Fruchtnektar, Fruchtsaftgetränk	täglich
Stilles Wasser, alkoholfreies Bier	1–7 Tage
Bier (außer alkoholfreies Bier)	alle 7 Tage
Wein, kohlensäurehaltiges, alkoholfreies Erfrischungsgetränk, kohlensäurehaltiges Wasser	7–14 Tage
Getränkegrundstoff, Spirituosen	30–90 Tage

Der Betreiber ist immer für den hygienisch einwandfreien Zustand seiner Schankanlagen sowie die einwandfreie Pflege der Gläser und Gläserspüleinrichtungen selbst verantwortlich. Dies gilt auch, wenn Fremdfirmen die Wartung und Reinigung übernehmen.

Zwei Typen von Schankanlagen werden unterschieden:

- **Premixanlage (PEM)**
  Bei dieser Anlage wird das fertige Originalgetränk mit Steckanschluss an die Schankanlage angeschlossen und kann dann mit CO_2-Druck portionsweise gezapft werden.
- **Postmixanlage (POM)**
  Ein Container mit Sirup wird an das Zapfgerät angeschlossen. Beim Betätigen des Zapfhahns wird der Sirup mit Treibgas zum Zapfhahn getrieben und mit CO_2-versetztem, gekühltem Wasser vermischt.
  Die Postmixanlage sollte nur bei Betrieben mit gutem Abverkauf (mindestens 100 Getränke pro Tag) eingesetzt werden, da die Sirupbehälter sehr groß und die Sirupe nicht unbegrenzt haltbar sind.

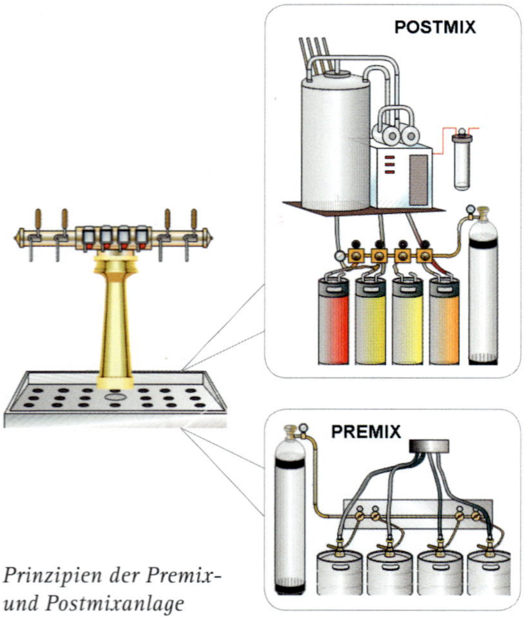

Prinzipien der Premix- und Postmixanlage

3.16.3 Kaffeemaschinen und Espressomaschinen

Für die einzelnen Gastronomie- und Gemeinschaftsverpflegungskonzepte stehen unterschiedliche Maschinen zur Verfügung. Es muss jeweils nach einer Lösung gesucht werden, die den Ansprüchen und Bedürfnissen des Betreibers und der Gäste genügt.

Kriterien für Wahl einer Kaffeemaschine sind:

- Bedienbarkeit
- Service
- Schnelligkeit
- Lautstärke
- Qualität der Getränke
- technische Dimensionierung
- Tassenleistung
- Vielfalt an Spezialitäten
- Energieeffizienz
- Preis

Kaffeevollautomat mit Aromastation

Ein zentrales Entscheidungskriterium ist außerdem die Serviceleistung des Herstellers. Die meisten Betriebe wünschen sich, dass auch abends und am Wochenende ein Servicemitarbeiter für Notfälle zur Verfügung steht. Häufig werden die Betriebsinhaber bei Problemen über eine Hotline beraten. Oft werden die Serviceleistungen an den Abschluss eines Wartungsvertrags gekoppelt. Einige Unternehmen bieten auch Weiterbildungsangebote an.

Kaffee wird mehr und mehr emotionalisiert, deshalb spielt die Wahl der richtigen Kaffeemaschine eine wichtige Rolle. Ebenso wichtig ist die richtige Zubereitung der verschiedenen Kaffeegetränke.

Barista ist der Spezialist, der für die professionelle Zubereitung des Kaffees verantwortlich ist.

Kaffeevollautomat

Der perfekte Kaffee ist eine Kunst, bei der Mensch und Maschine harmonieren müssen und Zeit keine so große Rolle spielt, denn Qualität braucht manchmal Zeit.

Kaffeevollautomaten

Mit Kaffeevollautomaten können auch ungeübte Mitarbeiter diverse Kaffeespezialitäten zubereiten. Der Trend geht bei diesen Maschinen zu bedarfsgerecht kombinierbaren Modulen.

Zu den Modulen der Kaffeevollautomaten gehören:

- verschiedene Mahlwerke
- mehrere Brühgruppen/einstellbare Brühtemperaturen
- unterschiedliche Heißwassertemperaturen für Kaffee/Tee/grünen Tee
- seperater Dampfbezug
- Kaffeepads oder Kapselsysteme
- Filterkaffee-Mengenbrüher
- Milchaufschäumer
- Instantbehälter für Schokolade/Schokomodul
- Flavour-Station für Sirup
- Toppingbehälter
- Tassenwärmer
- Wassertank oder Festwasseranschluss
- automatische Spül-, Reinigungs- und Entkalkungsprogramme

Kaffeevollautomat

Standards für Filterkaffee
Die Speciaility Coffee Association of Europe (SCAE) entwickelte das Gold-Cup-Programm zur Festlegung internationaler Standards für die Zubereitung von Filterkaffee in der Gastronomie.
Die SCAE bietet außerdem eine Ausbildung zum „Brewmaster" (Brühmeister) mit SCAE-Zertifizierung an.
www.scae-deutschland.de

Kaffeevollautomaten bieten vielfältige Möglichkeiten. Angefangen bei automatischen Programmen mit einfacher Handhabung (Display-Dialog-System/Produktwahltasten) über das Hygienemanagement bis hin zu Beistellgeräten wie Kühlschrank und Tassenwärmern. Manche Vollautomaten verfügen sogar über Anschlussmöglichkeiten an Abrechnungssysteme und Registrierkassen.

Für Free-Flow-Systeme und Selfservice-Systeme gibt es integrierte, computergesteuerte Kartensysteme mit programmierbaren Userkarten (Debit/Kredit).

Betriebe, die einen Kaffeevollautomaten benutzen, setzen auf Schnelligkeit.

In einigen Barista-Schulen sind Kaffeevollautomaten tabu.

Filterkaffeemaschine mit Isolierkanne

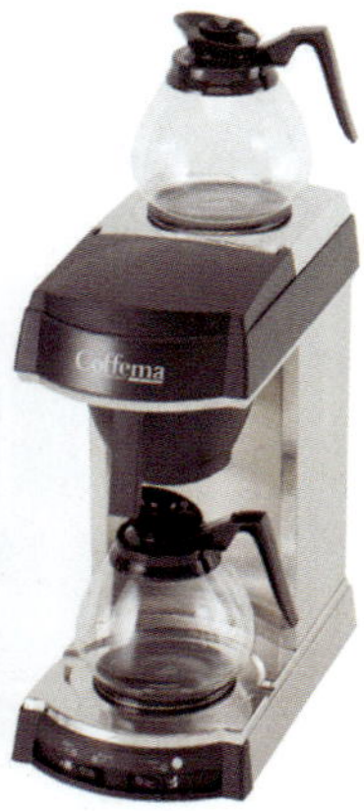

Filterkaffeemaschine mit Glaskanne

Filterkaffeemaschine

Der klassische Filterkaffee ist aus der Gastronomie nicht wegzudenken. Daher steht die Technik zur einfachen Filterkaffeezubereitung der der Kaffeespezialitäten in nichts nach.

Gemahlenes Kaffeepulver wird in einen Filter gegeben und mit heißem Wasser übergossen. Bei modernen Maschinen lassen sich verschiedene Brühtemperaturen einstellen. So können in Abhängigkeit von der Kaffeesorte die Wassertemperatur, die Brühzeit und der Mahlgrad optimiert werden (siehe Kapitel 13.2.1).

Die Brühmengen sind programmierbar und reichen von der Einzeltassenbrühung über die Pumpthermoskannenbefüllung bis zur Vorratsfilterung mit Nachbrühprogramm im mehrere Liter fassende Vorratsbehälter. Diese Flexibilität ist besonders attraktiv für das Catering und Großveranstaltungen.

Filterkaffee sollte immer frisch aufgebrüht werden, d. h. nicht älter als 30 Minuten sein. Durch die neu entwickelte Nachbrühautomatik wird automatisch eine definierte Menge frischer Kaffee nachgebrüht, wenn der Inhalt im Vorratsbehälter eine Grenze unterschreitet.

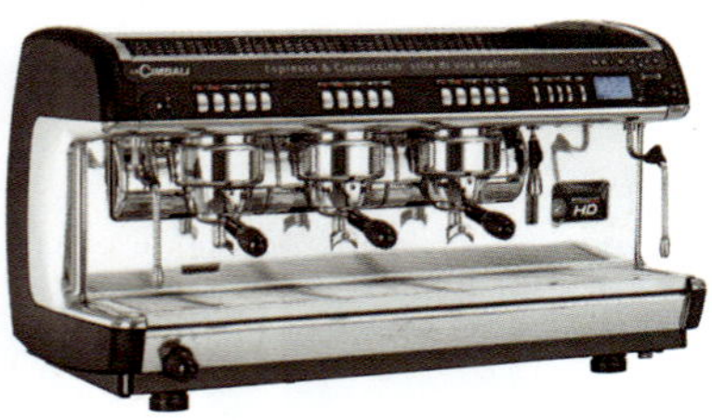

Siebträgermaschine

Siebträgermaschinen

Siebträgermaschinen als Kaffeehalbautomaten haben wieder eine Chance auf dem Markt, denn sie versprechen mehr Showerlebnis.

Bei einer Siebträgermaschine presst eine Pumpe das Wasser mit konstantem Druck bei einer bestimmten Temperatur durch den Kaffee, der sich im Siebträger befindet. Der Siebträger ist mit einem Bajonettverschluss am Gerät fixiert.

Siebträgermaschine mit Temperaturanzeige

Die Brühtemperatur kann bei einigen Siebträgermaschinen jederzeit, auch während des Brühvorgangs, verändert werden. Damit kann der Barista für jede verwendete Kaffeesorte ein Temperaturprofil für den Brühvorgang erarbeiten, um die perfekten Aromen aus dem Kaffeepulver zu extrahieren.

3.17 Servicemanagement an der Bar

Für die Systemgastronomie ist die Bar mit ihren vielen Gestaltungsmöglichkeiten, insbesondere im Catering- und Eventbereich, eine willkommene Abwechslung, Serviceleistungen zu verwirklichen und zu präsentieren. Dabei wird oft das Thema „Bar“ mit dem Trendthema „Lounge“ kombiniert. Der klassische Barbetrieb spielt sich fast ausschließlich in der American Bar, der Restaurant-Bar und der Hotel-Bar ab.

Strandbar (Sausalitos)

Der Begriff „Bar“ stammt vom französischen Wort „Barriere“. Diese sollte den Wirt und seine Waren vor den raubeinigen Trinkgenossen schützen. Der Begriff entstand zur Zeit der Kolonisation Amerikas im 16. Jahrhundert. Der Alkohol spielte damals eine große Rolle und wurde „Strong Water“ genannt. Er wurde in den „Common Stores“ ausgegeben, allerdings war der Ausschank an bestimmte Zeiten gebunden. Geführt wurden diese Bereiche zunächst von Geistlichen und Offizieren. Erst viel später wurden in den Städten die Saloons eingerichtet, in denen zum Schutze des Barkeepers eine Barriere errichtet wurde. Aus diesen Saloons sind anschließend die ersten Bars entstanden.

Mobile Cocktailbar

Der Beruf des Bartenders bzw. Barkeepers (der Mann hinter der Bar) beinhaltet heute ein abwechslungsreiches und anspruchsvolles Aufgabengebiet. Das Berufsbild stellt hohe Ansprüche an Warenkenntnisse, Zubereitungstechniken, aber auch an Verkaufstechniken und den Umgang mit dem Gast.

Barkeeperorganisationen
Deutsche Barkeeper-Union e.V.
www.dbuev.de
International Bartenders Association
www.iba-world.com

Die Vermittlung des Barwissens, die Förderung der Berufsinteressen und die internationale Kontaktpflege für Deutschland werden hauptsächlich von zwei großen Organisationen, der Deutschen Barkeeper-Union und der Internationalen Barkeeper-Union, wahrgenommen. Daneben gibt es zahlreiche private Barschulen. Für Barkeeper werden regelmäßig internationale Veranstaltungen, Landesmeisterschaften und Cocktailwettbewerbe durchgeführt.

3.17.1 Gläser

Das vielseitige Angebot der Glasindustrie an Gläsern schafft einen großen Spielraum bei der Zusammensetzung des Sortiments und ermöglicht, kreative Ideen in Form, Größe und Farbe umzusetzen (Szenegastronomie).

Das klassische professionelle Sortiment an Bargläsern ist nach folgenden Kriterien auszuwählen:

- Gläser sollten ansprechend aussehen. Nur in formschönen Gläsern kommen Cocktails und Mixgetränke richtig zur Geltung.
- Gläser sollten zweckmäßig sein. Jedes Getränk braucht ein spezielles Glas, um sein Bukett und seinen Charakter voll entfalten zu können.
- Gläser sollten wirtschaftlich sein. Bruchsicherheit und Polierbarkeit sind wichtige Aspekte in der Praxis für das Servicepersonal.

Je nach Bartyp werden auch die bereits beschriebenen Standardgläser (siehe Kapitel 3.7.3) eingesetzt. Werden von Spirituosenfirmen spezielle Gläser angeboten, finden diese in erster Linie an der Bar Verwendung.

Aperol

Asbach Uralt

Campari

Havana Club

Linie Aquavit

Jägermeister

Licor 43

3.17.2 Barutensilien

Ohne Barutensilien ist ein professionelles Arbeiten an der Bar unmöglich. Die Barutensilien sind das sogenannte Handwerkszeug des Bartenders. Englisch ist die internationale Barsprache.

3.17.3 Eisarten

Ein wichtiges Hilfsmittel in der Bar ist das Roheis, denn viele Mixgetränke werden mit Eis hergestellt oder serviert. Eisbereiter (Würfeleismaschinen) liefern dieses Eis in der gewünschten Menge als Eiswürfel oder als Flockeneis, wenn ein Crusher vorhanden ist. Eis, das in der Bar verwendet wird, muss geschmacksneutral sein, die richtige Größe haben und darf nicht zu kalt sein. Je kälter die Eiswürfel sind, desto geringer ist der Kühleffekt. Eiswürfel mit geringerer Kälte lösen sich beim Mixen schneller auf und geben Flüssigkeit ab. Fachleute verwenden Eiswürfel mit einem Kältegrad um –15 °C.

Eisarten

Eiswürfel / Ice Cubes	Fancy Ice Cubes	Crushed Ice	Cobbler Ice	Schneeeis / Shaved Ice	Roheis / Cracked Ice /Rock Ice

Eiswürfel mit verschiedenen Größen und Gewichten zwischen 10 g und 20 g	Fruchtstücke in Eiswürfel eingefroren oder mit Kaffee, Tee oder Sirupen gefärbt und gefroren, als Garnitur	fein gekörntes Eis, mit der Crushed-Eis-Maschine elektrisch oder manuell hergestellt	etwas gröber gekörntes Eis als das Crushed Eis	geschabtes Eis oder gefrorene und geschabte Fruchtcocktails	Eisblöcke und Roheisstangen, die mit dem Eishammer oder Eispickel in unregelmäßige Stücke geschlagen werden

Würfeleis aus hygienischen und schmelztechnischen Gründen niemals mit den Händen berühren, sondern eine Eisschaufel oder Eiszange verwenden!

3.17.4 Barstock

Als Barstock wird die Gesamtheit aller alkoholischen und nicht alkoholischen Getränke in einer Bar bezeichnet, welche pur oder gemixt verwendet werden.

Barstock (Sausalitos)

Basisgetränke

Die Basisgetränke sind die Grundausstattung an der Bar, um in Kombination mit Säften, Limonaden, Sirupen oder Milch etwa 100 verschiedene Cocktails zubereiten zu können. Hierzu gehören u. a.

- Cognac, Weinbrand, Brandy
- Whisky (Irish, American und Canadian, Scotch)
- Wodka
- Rum (braun und weiß)
- Gin
- Tequila
- Liköre (Orange/Kirsch/Crème de Cacao)
- Sekt und Champagner

Mixzutaten

Folgende Mixzutaten werden zur Geschmacksgebung und/oder Geschmacksabrundung an der Bar benötigt:

- Gewürz- und Fruchtsirupe, z. B. Kokos-, Limetten-, Vanille-, Karamellsirup
- Gemüse- und Fruchtsäfte, z. B. Tomaten, Orangen-, Zitronen-, Ananassaft
- Limonaden, z. B. Coca-Cola, Bitter Lemon, Ginger Ale, Tonic Water
- Milchprodukte, z. B. Milch, Sahne, Eiscreme
- Zucker, z. B. Läuterzucker, brauner Zucker, Würfelzucker
- Gewürze, z. B. Muskat, Nelken, Zimt, Pfeffer, Salz
- flüssige Gewürze, z. B. Tabascosauce, Worcestershiresauce

Garnituren

Die Garnitur eines Getränks ist von besonderer Bedeutung für die Präsentation und soll auf den Genuss einstimmen. Das ganzjährige Angebot an exotischen Früchten ermöglicht viele kreative Kombinationen.

Garnituren

Bei der Verwendung von Garnituren sind folgende Regeln zu beachten:

- Grundsätzlich frische, essbare Früchte und Gemüse verwenden.
- Die Garnitur muss mit der Geschmacksrichtung des jeweiligen Drinks harmonieren.
- Die Garnitur muss von ihrer Größe im Verhältnis zum Volumen des Drinks stehen.
- Für die Garnitur werden Früchte oder Gemüse bzw. Früchte- oder Gemüsestücke an den Glasrand gesteckt, direkt in den Drink gegeben oder aufgespießt über den Rand gelegt.
- Der Barkeeper berührt die Garnitur niemals mit den Händen, sondern nur mit einer Zange, Gabel oder der Spitze des Barmessers.
- Cocktails mit Garnitur stets mit Unterteller und einer Serviette reichen.

3.17.5 Arbeiten an der Bar

Bar-Setup

Bevor die Gäste eintreffen, müssen an der Bar Vorarbeiten geleistet werden:

- Bar lüften
- Barutensilien und Bareinrichtung auf Sauberkeit und Funktion prüfen
- Barstock kontrollieren
- Garnituren vorbereiten

Beratung

Der Barkeeper ist nicht nur für die Qualität der Cocktails verantwortlich, sondern muss außerdem den Gast fachgerecht beraten. Ist der Gast unschlüssig, erläutert er ihm die Bestandteile und Zubereitungsart eines Cocktails, um ihm die Auswahl zu erleichtern.

Barleute, Bars und deren Cocktails gingen oft deshalb in die Bargeschichte ein, weil sie für bestimmte Anlässe den „idealen Cocktail“ kreierten. Einige Mixgetränke lassen sich bestimmten Anlässen oder Gästegruppen eindeutig zuordnen, andere sind sehr unterschiedlich einsetzbar.

Der professionelle Barkeeper muss bei der Auswahl die unterschiedlichen Erfordernisse und Bedürfnisse berücksichtigen. Das Angebot hängt u. a. ab von folgenden Faktoren:

- Anlass
- Ort
- Tageszeit
- Verweildauer der Gäste
- Alter der Gäste
- Geschmacksvorstellungen der Gäste
- gewünschter Alkoholgehalt der Drinks

So ist für die Systemgastronomie auch der Cocktail to go ein Thema geworden. In Zusammenarbeit mit Verpackungsspezialisten wurde ein Träger für Cocktails to go entwickelt. Mobile Gäste haben die Möglichkeit, mehrere Cocktails im Becher mit Strohhalm zum Mitnehmen zu bestellen.

Cocktail to go (Sausalitos)

Trinkfertige und vorportionierte Cocktails
Brandaktuell ist ein Trend, der für die Systemgastronomie in Zukunft eine wichtige Rolle spielen könnte. Die ersten trinkfertigen und einzeln vorportionierten Cocktails überzeugen mit Geschmack und Barqualität. Einfach geschüttelt und auf Eis gegossen werden so schnell und perfekt Cocktails zubereitet. Der pfandfreie Cocktail in der Verpackung ist ungekühlt mehrere Monate haltbar.

Trinkfertige, vorportionierte Cocktails

3.18 Servicemanagement am Gästetisch

Das Servicemanagement am Gästetisch ist für alle Full-Service-orientierten systemgastronomischen Betriebe von besonderer Bedeutung. Das professionelle Beratungs- und Verkaufsgespräch ist die Grundlage, um einen reibungslosen Service zu gewährleisten (siehe Kapitel 4.3.1).

3.18.1 Eindecken der Tische

Zuerst wird die Standfestigkeit des Tisches überprüft und anschließend je nach Restauranttyp das Molton mit einem Tischtuch oder nur ein Tischläufer oder ein Tischset aufgelegt. Dann wird eingedeckt und zuletzt erfolgt je nach Bedarf die Platzierung von

- Blumenschmuck,
- Kerzen,
- Menagen,
- Aufstellern mit Getränke- und Speisekarten sowie Aktionskarten.

> Menagen bestehen meist aus Salz- und Pfefferstreuer und werden mit Würzsoßen ergänzt. Menagen ermöglichen den Gästen eine individuelle Würzmitteldosierung.

Die Anordnung der Tischausrüstung ist auf jedem Tisch gleich zu gestalten, da somit ein einheitlicher und ordentlicher Eindruck entsteht.

Korrigieren von „Wackeltischen"
Aus unterschiedlichsten Gründen kann die Standfestigkeit eines Tisches nicht mehr gegeben sein. Das Unterlegen von Korkteilen schafft Abhilfe. Besser sind Tische mit Korrekturrädern unter den Tischbeinen, sie können nach Bedarf verstellt werden.
Auf Bierdeckel als Unterlage ist aus optischen Gründen zu verzichten.

3.18.2 Auflegen der Gedecke

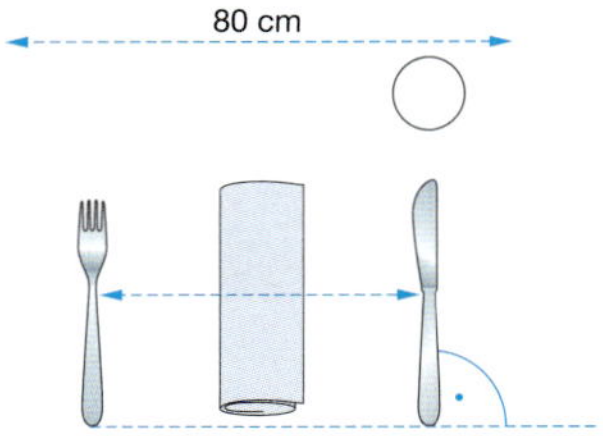

Grundgedeck

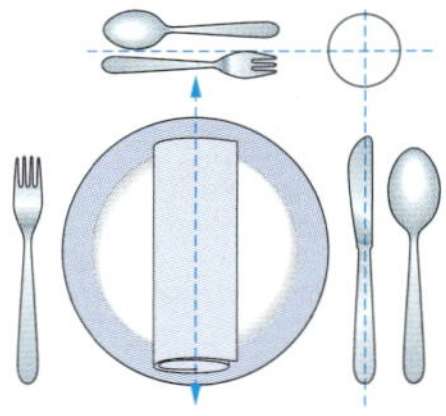

Erweitertes Grundgedeck

Menügedeck

Grundsätzlich wird zwischen drei Gedeckarten unterschieden:
1. Grundgedeck
2. erweitertes Grundgedeck
3. Menügedeck

> Couvert ist die Bezeichnung für das Tischgedeck.

Das **Grundgedeck** besteht aus folgenden Komponenten:
- großes Messer
- große Gabel
- Universalglas
- Serviette

Das **Grundgedeck** wird aufgelegt, wenn die Verzehrwünsche der Gäste nicht im Voraus bekannt sind. Es richtet sich nach dem Restauranttyp und den durchschnittlichen Verzehrgewohnheiten der Gäste.

Das **erweiterte Grundgedeck** enthält außerdem einen großen Löffel und das Dessertbesteck.

Das **Menügedeck** wird in der gehobenen Gastronomie bei Speisenfolgen von mehreren Gängen eingedeckt. Hier entscheidet der Gast durch seine Speisenauswahl, wie das Grundgedeck erweitert oder ausgetauscht wird. Als Ergänzung werden Brotteller und Brotmesser, Mittelbesteck, Spezialbestecke, mehrere Weingläser etc. eingedeckt.

> Auf der rechten Seite des Tellers dürfen bis zu vier, auf der linken Seite bis zu drei und über dem Teller maximal drei Besteckteile eingedeckt werden. Hinzu kommt der Brotteller mit Brotmesser.
>
> Das Wasserglas ist immer das kleinste Glas. Es sollte vor den Stielgläsern stehen, damit die Servicekraft das Wasser einfach einschenken kann.

Bei Veranstaltungen im Catering- und Eventbereich mit einem mindestens dreigängigen Menü und einer festgelegten Getränkefolge werden möglichst alle Besteckteile eingedeckt. Der Brotteller ist dabei ein fester Bestandteil.

Regeln für das Eindecken von Couverts
- Serviette oder Platzteller als Gedeckmitte festlegen.
- Alle Bestecke auf Sauberkeit prüfen.
- Für ein Couvert maximal zehn Besteckteile eindecken.
- Die Bestecke auf der rechten Seite haben einen Abstand von 1,5 cm zur Tischkante, die mittlere Gabel auf der linken Seite kann höhenversetzt eingedeckt werden.
- Die Abstände der Besteckteile untereinander müssen gleich sein.
- Die Besteckteile müssen sichtbar sein und dürfen nicht durch Porzellan oder andere Gedeckteile verdeckt werden.
- Der Brot- oder Mittelteller befindet sich links neben den Gabeln.

Eindecken der gegenüberliegenden Gedecke auf gleicher Linie

- Das Butter- oder Mittelmesser liegt mit der Schneide nach links zeigend auf der rechten Seite des Brot- oder Mitteltellers.
- Die Gläser so einstellen, dass beim Entnehmen eines Glases kein weiteres eingedecktes Glas gefährdet wird.
- Wird ein Glas eingedeckt, steht es in Verlängerung des Hauptgangmessers.
- Bei mehreren Gläsern ist das Glas, das zum Hauptgang eingedeckt wird, das Richtglas. Es wird oberhalb der Spitze des Messers für den Hauptgang in Höhe des Dessertbestecks platziert, die weiteren Gläser werden im Block oder als Linie gestellt.
- Gegenüberliegende Couverts genau gegenüber eindecken.

Gläserpositionen

Ist das Restaurant fertig eingedeckt, sollte zum Schluss ein einheitlicher Eindruck entstanden sein, der vom Serviceleiter überprüft wird.

Bestecke werden beim Eindecken an der jeweils schmalsten Stelle angefasst, um Fingerabdrücke zu vermeiden.

Beim Tragen von Besteck in Anwesenheit von Gästen sollte ein Tablett oder ein mit einer Serviette belegter Teller verwendet werden.

Das Eindecken der Gläser ist vom Tablett aus vorzunehmen. Eindecken aus der Hand führt unweigerlich zu Fingerabdrücken auf den Gläsern.

3.18.3 Trage- und Serviertechniken

Für das fachgerechte Tellertragen gibt es mehrere Griffe. Grundsätzlich wird mit der linken Hand getragen und mit der rechten serviert und ausgehoben.

Tragen

Obergriff mit zwei Tellern

Untergriff mit zwei Tellern

Abservieren von Tellern und Besteck

Servieren

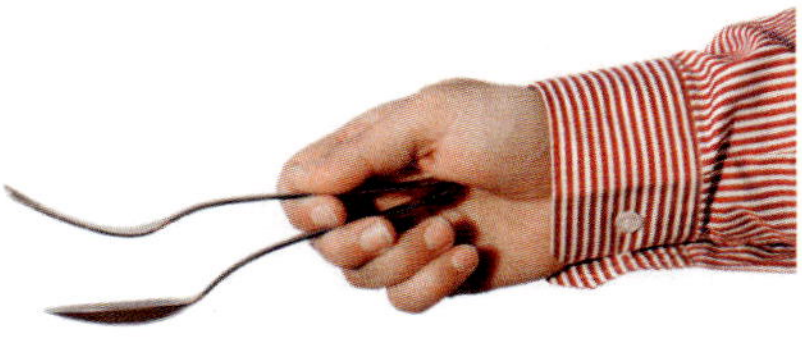
Vorlegegriff

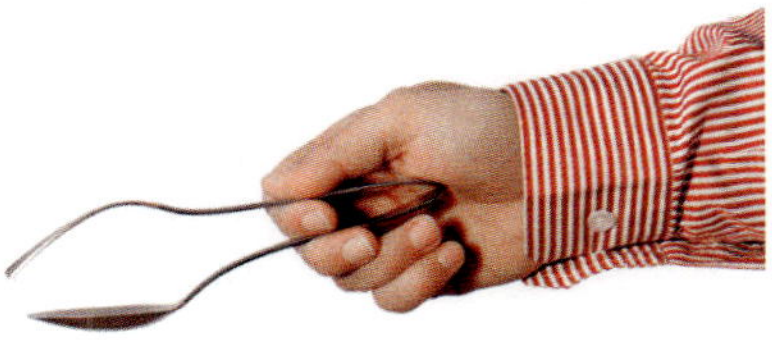
Zangengriff

3.18.4 Speisen- und Getränkeservice

Für einen professionellen Speisen- und Getränkeservice gibt es Regeln, die weltweit angewendet werden und den Servicemitarbeitern die Zusammenarbeit erleichtern:

- Beim Aufdecken, Servieren und Ausheben ist es üblich, dass alle Servicemitarbeiter im Uhrzeigersinn gehen, und zwar immer vorwärts. Rückwärtsgehen ist unfallträchtig, da der Mitarbeiter nicht sieht, wer oder was hinter ihm steht.
- Der Service sollte möglichst geräuscharm erfolgen.
- Serviergegenstände werden in der Regel auf einem Tablett und nicht in der Hand getragen.
- Der Service erfolgt in Abhängigkeit von der Serviceart von der linken bzw. rechten Seite des Gasts.

Gläser eindecken

Falsch *Richtig*

Regeln für das Eindecken von der linken und der rechten Seite

Von der linken Seite erfolgen:

- Einsetzen von Brotteller, Ablageteller, Salaten, Beilagen
- Präsentieren von Speisen/Getränken
- Vorlegen von Speisen
- Ausheben der von links eingesetzten Gegenstände
- Auswechseln und Ergänzen der Besteckteile, die links liegen

Von der rechten Seite erfolgen:

- Einsetzen aller Speisen, die nicht von links eingesetzt werden
- Servieren der Getränke
- Ausheben der Teller und Gläser
- Auswechseln und, Ergänzen der Besteckteile, die rechts liegen

3.19 Servicemanagement beim Veranstaltungsservice/Catering

Standardisiertes Cateringangebot (Stockheim)

Die Geschäftsidee Veranstaltungsmanagement als Catering oder im Außer-Haus-Gastronomie-Bereich entwickelt sich als eigenständiges Segment der Systemgastronomie mit hervorragendem Wachstumspotenzial. Auf Wunsch des Veranstalters wird fast alles möglich gemacht und dies ist eine große Herausforderung an das organisatorische Geschick des Betriebs.

Früher waren die Food-Caterer für das gesamte verwendete Equipment verantwortlich. Heute gibt es hierfür Spezialisten – die Non-Food-Caterer. Modulartig wird das an Material, Technik etc. geliefert, was zur themenspezifischen Ausstattung benötigt wird. Sogenannte Netzwerkpartner sind im modernen Catering unverzichtbar.

Der Systemgastronom kann sich dann ganz auf seine Kernkompetenz konzentrieren und sorgt für das Speisen- und Getränkeangebot, eine Kombination aus Kreativität, Kochkunst, Organisation und exzellentem Service. Hierbei sind dann die bereits beschriebenen servicemanagementbezogenen Aspekte zu berücksichtigen, denn eine Catering-Veranstaltung kann mit Bar oder am Tisch des Gasts, im Free Flow, aber auch mit Counter-Service stattfinden. Dabei sind diese Veranstaltungen als Außer-Haus-Veranstaltungen große Home-Delivery-Veranstaltungen.

Wie so oft in der Systemgastronomie, wird die angebotene Produktpalette in diesem Segment immer tiefer und breiter. Nicht nur der klassische Veranstaltungsservice (Event und Bankett), sondern auch Arbeitsplatz- oder Konferenzverpflegung, die Versorgung im Krankenhaus oder Altenheim wie auch aktuell die Kinderhort- und Schulverpflegung haben sich zu wichtigen Absatzmärkten für dieses Segment entwickelt.

Vor diesem Hintergrund gewinnt das Angebot einer abgestimmten, gesundheitsfördernden Verpflegung auch für Caterer immer mehr an Bedeutung. Die Deutsche Gesellschaft für Ernährung e.V. (DGE) bietet Caterern zwei Möglichkeiten, ihr Angebot einer vollwertigen Verpflegung (siehe Kapitel 11.3.2) auszeichnen zu lassen – durch die DGE-Zertifizierung und die DGE-Premiumzertifizierung. Basis dafür bilden die DGE-Qualitätsstandards für Einrichtungen der Gemeinschaftsverpflegung.

Grundlagen einer erfolgreichen Veranstaltung

Genaue Absprachen sind für das Gelingen einer Veranstaltung besonders wichtig. Der Kunde und der Caterer benötigen ein intensives Vorgespräch, um Vorstellungen und Erwartungen zu klären und dann ein individuelles Paket zu schnüren, das auf die Bedürfnisse und Möglichkeiten von Kunde und Caterer zugeschnitten ist (siehe Kapitel 4.3.2).

Es muss ein detaillierter **Leistungskatalog** erstellt werden, der angibt, was vom Caterer erbracht wird und wofür der Kunde selbst sorgt.

Systemer entwickeln ein **standardisiertes Angebot**, aus dem der Kunde Alternativen wählen kann. Dabei hilft ein klar definiertes Preis-Leistung-Verhältnis dem Kunden, die Alternativen zu vergleichen (Präsentationsmappen/Bankettmappen etc.).

Die Speisen- und Getränkezubereitung sowie der Service werden von einem **Kernteam** durchgeführt, das je nach Bedarf durch Aushilfs- oder Leihkräfte erweitert wird. Die Zusammenarbeit mit Aushilfskräften setzt ein gut organisiertes Kernteam voraus, in dem Verantwortlichkeiten und Organisationsstrukturen geklärt sind, damit der Veranstalter den Überblick behält.

Am Ende eines Projekts sollte immer eine Nachbereitung/**Auswertung der Veranstaltung** durchgeführt werden. Schwachstellen, aber auch positive Erfahrungen müssen diskutiert und reflektiert werden, um Defizite in Zukunft zu vermeiden.

Catering-Bereiche

- Event-Catering: Inszenierung von Veranstaltungen mit Erlebnischarakter.
- Business-Catering: Betriebs- und Arbeitsplatzverpflegung
- Messe-Catering: Verpflegung auf Messen
- Air-Catering: Verpflegung von Fluggästen für Airlines
- Sport-Catering: Verpflegung in Sportarenen
- Care-Catering: Versorgung von Krankenhäusern, Alten- und Pflegeheimen
- Schul-Catering: Verpflegung von Ganztagsschulen und Kindergärten

DGE-Zertifizierungen für Unternehmen der Gemeinschaftsverpflegung

(Quelle: DGE-zertifizierte Verpflegung, DGE Bonn, 2. Auflage 9/2011)

Veranstaltungsorganisation per Funk

3.20 Let's think about ... legal aspects in the service area!

Nach längerer Tätigkeit im Service von **T&B (Tacos & Beverages)** arbeiten Sie heute den ersten Tag in der Verwaltung. Sie sortieren gerade die Lieferscheine der letzten Woche, als das Telefon läutet. Sie nehmen ab:

Sie: *Schönen guten Tag, T&B, Stefan am Apparat. Was kann ich für Sie tun?*
Anrufer: *I must speak to the manager – quickly!*
Sie: *Oh, ähm, – es tut mir ... I'm sorry but the manager is not here yet. Can I help you? And can you tell me your name, please?*
Anrufer: *Fletcher, my name is Mr. Fletcher. Maybe it was you who sold my son loads of alcohol last night? That will have serious consequences for you, believe me. He's only 16 and is still drunk this morning. He told me he hadn't got much money and that beer was the cheapest drink on the list! So how much beer did you sell him, damn you? This is contrary to your "Jugendschutzgesetz"? It looks like binge drinking to me. Dinky joint! I'll take you to court, I promise.*
Sie: *Mr. Fletcher, please, I really understand why you're so angry and excited, but it's very difficult to deal with this problem on the phone. Would you mind giving me your phone number and address or e-mail? Then the manager will be able to contact you as soon as he arrives.*
Anrufer: *Hope it won't take too long, otherwise ... okay, my phone number is ... Step on it – I can't wait to hear your explanation!*
Sie: *Thank you very much. You can be sure that we're taking your problem seriously*

Der Anruf macht Sie nachdenklich, zumal Sie am vorherigen Abend tatsächlich noch im Service waren und sich an mehrere Gruppen junger Leute erinnern können, die Alkohol getrunken hatten und in dementsprechender Stimmung waren. Sie fragen sich, ob Sie etwas falsch gemacht haben und was Sie Herrn Fletcher auf Englisch entgegnen können, wenn Sie ihn erneut am Telefon haben. Sie recherchieren in der Sache im Internet und finden diesen Artikel:

Lower Alcohol Consumption Amongst Young People – But Binge-Drinking Continues

Young people are hitting the bottle less often than before. Experts are noting a record low not seen since the seventies. Yet the Federal Drug Commissioner Dyckmans cannot sound the all-clear: binge-drinking continues.

Berlin – Whilst some young Germans are drinking themselves into a coma, on the whole they are drinking less alcohol than ever. The number of young people who get into a state of intoxication four or more times a month decreased only a little last year. But the regular weekly consumption of alcohol sank to its lowest level since the 1970s, according to a study by the Federal Centre for Health Education (BZgA – Bundeszentrale für gesundheitliche Aufklärung) which was presented on Friday in Berlin. A young person's circle of friends plays a central role in whether he or she goes on the booze.

In spite of the decrease, the Federal Drug Commissioner Mechthild Dyckmans revealed she was concerned about weekly alcohol consumption. "Binge-drinking remains a problem", she said. She sees problems especially amongst the younger ones. "Under-sixteen-year-olds are still drinking too much, too often. Here we really must tighten up our controls." In future, she intends to focus education on particular groups at risk, such as girls between twelve and fifteen, and young men.

The number of twelve to seventeen-year-olds who drink alcohol at least once a week has halved in the last thirty years or so, and sank from 25.4 % in 1979 to 12.9 % in 2010. In the 18–25 age group, the figure also halved and within a period of just forty years dropped from 67.1 % in 1973 to 34.5 %.

Competitive drinking and the even more dangerous binge-drinking are not, however, steadily on the decrease. Around one sixth of minors admitted excessive drinking in the previous month. In 2004 this figure was in fact almost a quarter (22.6 %). The proportion of those who drink five glasses or more at least four times a month is however stable amongst 12–17 year-old boys at around 8 %.

The first alcoholic drink is being consumed in the surveyed group of 12–25 year-olds at an ever later age. In 2004 it was on average 14.1 years, rising to 14.5 in 2010. The first intoxication came at 15.5 years in 2004, and at 15.9 years now.

One's circle of friends is of considerable importance according to BZgA-Director Elisabeth Pott's findings. An overwhelming majority of the seven thousand people questioned admit that most of their friends also frequently indulge in excessive drinking. Most of them drink a lot to be relaxed and to let their hair down.

A study in Baden-Württemberg shows that, according to the Drug Commissioner, young people drink more than normal around carnival time and before and after the summer and autumn holidays.

Altogether, around ten million people in Germany are classified as risky drinkers and around 1.8 million as alcohol-dependent. (dpa)

1. Informieren Sie sich über das deutsche Jugendschutzgesetz (siehe Kapitel 3.3.5) in Bezug auf den Ausschank von Alkohol. Übertragen Sie die folgende Tabelle in Ihre Notizen und ergänzen Sie die jeweiligen Bestimmungen.

Wichtige Bestimmungen in Bezug auf den Alkoholausschank in Deutschland					
age	**beer**	**wine/ sparkling wine**	**mixed drinks with wine/beer**	**mixed drinks with spirits**	**spirits**
under 14					
14–15					
at 18					

2. Formulieren Sie auf Englisch, was unter „binge drinking" zu verstehen ist.

3. In Ihrem Betrieb ist Bier nicht das billigste Getränk. Diesen Vorwurf von Herrn Fletcher können Sie entkräften, denn Sie halten sich an den sogenannten „Apfelsaftparagrafen". Übersetzen Sie die folgende Erklärung des „Apfelsaftparagrafen" ins Englische!

Der sogenannte Apfelsaftparagraf ist eine Vorschrift des deutschen Gaststättengesetzes, nach der in Gaststätten kein alkoholisches Getränk billiger sein darf als das billigste alkoholfreie Getränk. Dies bezieht sich nicht nur auf den Preis für ein Glas, sondern auch auf den hochgerechneten Preis für einen Liter. Die Vorschrift soll Gaststättenbesucher, die Geld sparen wollen, davor schützen, zu alkoholischen Getränken greifen zu müssen.

In einem ausführlichen Gespräch mit Ihrem Chef, in dem Sie das Problem des Alkoholausschanks an Jugendliche diskutieren, kommen Sie gemeinsam zu der Erkenntnis, dass allein der Aushang eines Auszugs des Jugendschutzgesetzes sehr unzureichend ist. Niemand liest das!

4. Sie wollen Ihre Gäste – auch die nicht deutschsprachigen – in Bezug auf Altersgrenzen, Alkoholkonsum und Ausweiskontrolle besser informieren. Entwerfen Sie einen optisch ansprechenden Aushang im A3-Format in Deutsch und Englisch für Ihre Gäste.

adolescent	Heranwachsender
consumption	Verbrauch
dinky joint	miese Kneipe
load	große Menge, Haufen
increase	Anstieg
intoxication	Rausch, Rauschzustand
peer pressure	Gruppenzwang
regulation	Vorschrift
to approach	sich annähern
to concern so.	beunruhigen
to drop	sinken, fallen
to give rise to	zu etwas führen
to gross up	hochrechnen
to identify oneself	sich ausweisen
to prevent	verhindern
to release	veröffentlichen
to survey	befragen (Umfrage)
to take so. seriously	jmd. ernst nehmen
to take so. to court	jmd. verklagen
decisive	entscheidend
ill-informed	schlecht informiert
merely	lediglich, nur
obligatory	verpflichtend
serious	ernsthaft
Step on it!	Gib Gas!

Folgende Internetseiten können Ihnen weiterhelfen:
www.gesetze-im-internet.de/juschg (Jugendschutzgesetz)
www.gesetze-im-internet.de/gastg (Gaststättengesetz)

3.21 Aufgaben

1 | Das Erscheinungsbild der Servicemitarbeiter repräsentiert den Betrieb. Begründen Sie diese Aussage.

2 | Wesentliche Eigenschaften der Servicemitarbeiter können nicht vom äußeren Erscheinungsbild der Servicemitarbeiter abgeleitet werden. Geben Sie Beispiele.

3 | Für die Servicebrigade im Restaurant gelten Bekleidungsstandards. Was ist darunter zu verstehen?

4 | Welche Absicht verfolgt das Jugendschutzgesetz?

5 | Erklären Sie den Begriff „Apfelsaftparagraf".

6 | Erläutern Sie drei Beispiele für die Behandlung von Fundsachen, wie diese im BGB geregelt ist.

7 | Ist ein Restaurantbesitzer verpflichtet, mit jedem Gast einen Vertrag abzuschließen und ihn zu bewirten?

8 | „ARD ZDF Deutschlandradio Beitragsservice" und „GEMA", erklären Sie die Bedeutung dieser Gesellschaften für einen Restaurantbesitzer.

9 | Bei einem Gedeck werden mehrere Gläser eingedeckt. Wo ist das Richtglas zu platzieren?

10 | Nennen Sie die Vorarbeiten an der Bar, die geleistet werden müssen, bevor die Gäste eintreffen.

11 | Beschreiben Sie, welche Auswirkungen die Glasform auf das Bukett/den Kohlensäuregehalt eines Getränks hat.

12 | Nennen Sie drei Servierhilfsbestecke und beschreiben Sie deren Verwendung.

13 | Je nach Anlass und Anzahl der Gäste werden für besondere Veranstaltungen unterschiedliche Tafelformen gewählt. Nennen und beschreiben Sie drei konkrete Beispiele.

14 | Welche Anforderungen stellen Sie als Unternehmer an Geschirr, das Sie im Catering-Bereich einsetzen wollen?

15 | Im Restaurant sollen To-go-Pastaprodukte eingeführt werden. Stellen Sie Überlegungen zur Beschaffung von passendem Geschirr an. Fertigen Sie anschließend eine konkrete Liste an.

16 | Stellen Sie ein Angebot zusammen, das für ein attraktives Brunchbüfett am Sonntag geeignet ist.

17 | Gestalten Sie einen Werbeflyer/einen E-Mail-Newsletter für dieses Angebot.

18 | Zeichnen Sie den richtigen Aufbau eines kalt-warmen Büfetts auf.

19 | Beschreiben Sie die Vor- und Nachteile, die Büfett-Angebotsformen für Gäste, Betrieb und Personal haben.

20 | Sie sind für die Ausgestaltung des Gastraums für eine Aktionswoche „Coffee Time" verantwortlich. Entwickeln Sie drei Vorschläge für eine angemessene Raumgestaltung und drei Vorschläge für eine attraktive Tischdekoration.

21 | In Ihrem Full-Service-Restaurant wird eine Gruppe von 15 Businessgästen zum 3-Gang-Lunch mit Weinbegleitung erwartet. Erstellen Sie eine Mise-en-place-Liste mit allen Teilen, die Sie zum Eindecken für diesen Anlass benötigen.

22 | Um den Umsatz zu steigern, sollen bestimmte Hauptgerichte ausschließlich zusammen mit einer Flasche Wein zu einem Festpreis angeboten werden. Ist dieses Angebot zulässig?

23 | Tischwäsche leasen oder selbst pflegen? Zählen Sie Vor- und Nachteile der beiden Möglichkeiten auf.

24 | Ein amerikanischer Gast bezahlt seine Rechnung über 278,00 € mit drei 100-Dollar-Scheinen. Der Kurs steht bei 1 USD = 1,22 €. Wie viel Euro sind zurückzugeben?

25 | Eine Rechnung über 10.133,00 € für eine Sonderveranstaltung war am 15.02. fällig, wurde aber nicht bezahlt. Welcher Betrag muss angemahnt werden, wenn am 01.05. noch 11,5 % Verzugszinsen und 25,00 € Mahngebühren hinzukommen?

4 Kommunikation

- verbale Kommunikation
- nonverbale Kommunikation
- Kommunikationsstörungen
- Verkaufsgespräch
- Beschwerdemanagement

4.1 Kommunikationsgrundlagen

Professionelles gastbezogenes Kommunikationsgeschick ist für alle Mitarbeiter im Service als Kernkompetenz anzusehen. Unterschiedlichste Kommunikationsbedingungen müssen von Mitarbeitern im Umgang mit den Gästen erkannt und beherrscht werden.

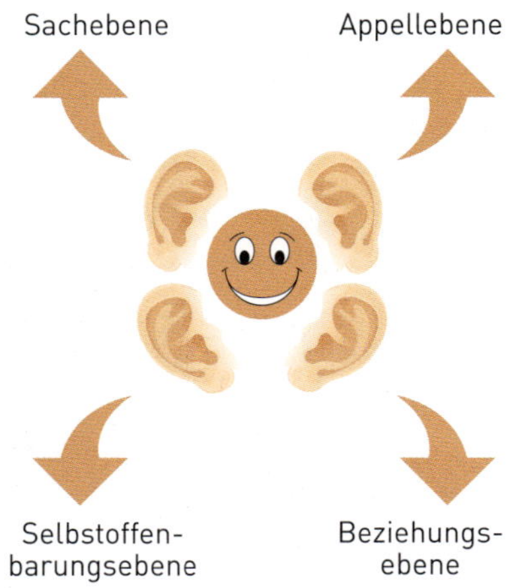

Die vier Ohren einer Botschaft (nach Schulz von Thun)

4.1.1 Die vier Ohren einer Botschaft

Zunächst ist es wichtig, die Vielseitigkeit einer Nachricht zu kennen. Dies gilt für den Gast wie für den Servicemitarbeiter. Der Kommunikationswissenschaftler Schulz von Thun geht davon aus, dass jede Nachricht vier Aspekte hat, die es zu beachten gilt:

- **Sachebene:** Hier geht es um eine objektive Aussage, um eine bestimmte Sache. Welche Informationen geben der Gast und der Servicemitarbeiter?
- **Selbstoffenbarungsebene:** Jeder, der spricht, gibt auch etwas von sich selbst bekannt. Dies geschieht bewusst oder unbewusst. Der Gast und vor allem der Servicemitarbeiter sollten diese Signale wahrnehmen.
- **Beziehungsebene:** Hier kommt zum Ausdruck, wie der Gast den Servicemitarbeiter und der Servicemitarbeiter den Gast einschätzt.
- **Appellebene:** Der Schwerpunkt liegt darin, seinen Gesprächspartner zu beeinflussen, sein Denken in eine bestimmte Richtung zu lenken.

(in Anlehnung an: Friedemann Schulz von Thun: Miteinander reden, Bd. 1)

Sachinhalt:
Was hat der Gast bestellt?
Was kann ich empfehlen?

Beziehung:
Wie redet der eigentlich mit mir?

Gastorientiertes Gespräch mit Nachricht/Mimik/Gestik

Selbstoffenbarung:
Was ist das für einer?

Appell:
Was soll ich/der Gast denken oder fühlen?

Jeder Gast sowie Servicemitarbeiter entscheidet selbst, auf welcher Ebene des Gesprächs er reagieren will.

Kommunikation wird auf einer Sach- und auf einer Beziehungsebene geführt. Auf der Sachebene geht es um einen Gesprächsinhalt, also was wir miteinander reden. Auf der Beziehungsebene geht es darum, wie wir miteinander reden. Je nachdem, in welcher Verfassung sich der Servicemitarbeiter befindet und wie er seinen Gast einschätzt, werden Lautstärke, Blickkontakt, Körperhaltung und viele andere Faktoren variieren.

Entscheidend ist, dass der Kommunikationsprozess auf der Sachebene erst dann reibungslos funktioniert, wenn die Beziehungsebene störungsfrei ist.

Damit wird deutlich, dass im gastorientierten Gespräch auch die Beziehung der miteinander sprechenden Personen eine Rolle spielt. Wie der Servicemitarbeiter mit dem Gast spricht und umgeht, gibt Aufschluss über seine Einstellung zu ihm. Aber auch der Gast macht durch sein Verhalten deutlich, welche Bedürfnisse ihn prägen und was er erwartet.

Es ist wichtig, Sache und Person zu trennen: Nicht einer Sache kritisch gegenüberstehen, nur weil die Person, die den Vorschlag gemacht hat, nicht sympathisch ist.

Eisbergmodell der Kommunikation
Bei einem Eisberg ist nur der kleinere Teil sichtbar. Dieser Teil entspricht der Sachebene.
Der größere Teil des Eisbergs befindet sich unsichtbar unterhalb der Wasseroberfläche. Dieser Teil entspricht der Beziehungsebene.

4.1.2 Digitale und analoge Kommunikation

Unsere Kommunikation ist zunächst digital (Wort- und Schriftsprache), aber auch Bilder können „sprechen" (Fotos, Piktogramme, Symbole etc.).

Besonders im Fast-Food-Bereich arbeitet die Systemgastronomie mit großen Bildern auf beleuchteten Displays am Counter und benutzt somit analoge Kommunikationselemente. Der große Vorteil der analogen Kommunikation ist, dass Bilder von der Muttersprache unabhängig und daher für jeden Menschen, besonders auch für Kinder, verständlich sind. Nicht selten beeinflussen diese professionell gestalteten Bilder/Charts unbewusst die Kaufentscheidung vieler Gäste.

Auch das gastorientierte Gespräch sollte Bilder in den Köpfen der Gäste hervorrufen.

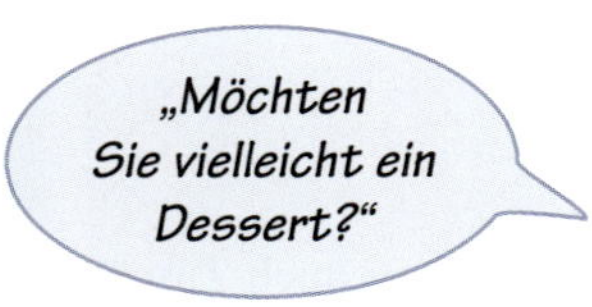

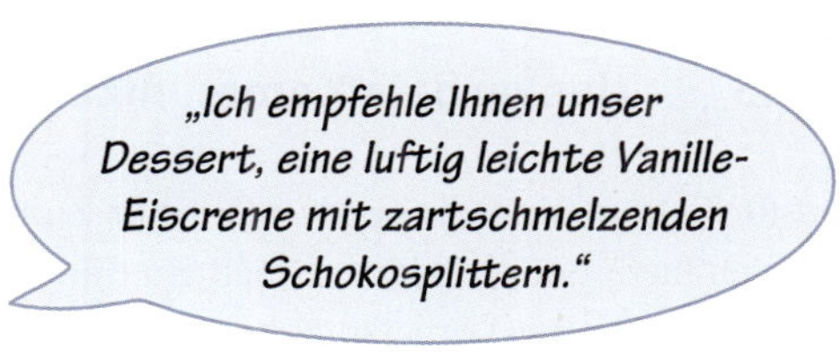

Analoge Kommunikation mithilfe eines bebilderten Speisenangebots (Burger King)

4.1.3 Symmetrische und asymmetrische Kommunikation

Bei der symmetrischen Kommunikation gehen beide Partner von einem gleichberechtigten gewachsenen Verhältnis zueinander aus. Bei der asymmetrischen Kommunikation sind die Gesprächspartner nicht gleichberechtigt, sondern einer fühlt sich höhergestellt und macht dies auch verbal deutlich.

Für alle Angestellten im Dienstleistungsgewerbe ist es besonders wichtig, wenn sie diese Unterscheidung bewusst einschätzen und folgerichtig kommunizieren können. Es gibt Gäste, die sehr viel Wert darauf legen, als besondere Menschen behandelt zu werden, und solche, die deutlich machen, dass sie eigentlich auch als Gast der „gute Kumpel" sein wollen. In beiden Fällen ist die richtige Wortwahl ein besonders zu beachtender Aspekt.

Immer höflich und respektvoll bleiben. Nicht alles hinnehmen, aber immer auf einen angemessenen Tonfall und die richtige Wortwahl achten.

Wortwahl
Eine umgangssprachliche Ausdrucksweise ist im Umgang mit Gästen und Vorgesetzten unangebracht.

Verbale Kommunikation am Counter (Subway)

4.1.4 Verbale Kommunikation

Der Austausch von Informationen zwischen Menschen findet häufig mithilfe des gesprochenen Wortes statt.

Verbale Kommunikation = sprachliche Verständigung

Durch verbale Kommunikation werden Informationen und Gedanken an die Gäste und Mitarbeiter übermittelt.

Fachliche Gespräche finden zunächst auf der Sach- oder Inhaltsebene statt. Hierzu gehören z. B:

- Verkaufsgespräche
- Beratungsgespräche
- Diskussionen
- Berichte

Mit jedem Wort, mit jedem Satz verfolgt der Mensch ein Ziel, d. h., er will seinen Gesprächspartner zu einer Antwort, zu einer Reaktion bewegen.

Man kann nicht nicht kommunizieren. Da wir uns immer irgendwie verhalten oder irgendetwas zum Ausdruck bringen, selbst wenn wir nicht reden, gibt es nicht die Möglichkeit, nicht zu kommunizieren.

Nonverbale Kommunikation an der Bar (Enchilada)

4.1.5 Nonverbale Kommunikation

Im Restaurant sind die Gäste nicht nur Zuhörer, sondern auch Zuschauer, die sich mehr oder weniger schnell ein Bild von den Personen im Restaurant machen. Über die Körpersprache senden Personal und Gäste auch nonverbale Signale aus, sie kommunizieren.

Nonverbale Kommunikation = Verständigung ohne Worte

Erscheinungsbild
Ein positives Erscheinungsbild ist die Voraussetzung für Sympathie. Sichtbare Körperpflege und korrekte Berufsbekleidung sind die Grundelemente (siehe Kapitel 3.2), um ein angenehmes Erscheinungsbild zu gewährleisten.

Für die meisten Betriebe ist das Outfit ihrer Mitarbeiter ein wichtiger Bestandteil der Corporate Identity und somit auch der nonverbalen Kommunikation. Durch Farbe, Material und Stil der Uniform werden bestimmte Signale bewusst nonverbal gesetzt und ein spezielles Image vermittelt.

Einheitliches Erscheinungsbild (Vapiano)

Kleider machen Leute!

Körperhaltung

Die Stimmung oder innere Einstellung eines Menschen kann durch seine Körperhaltung deutlich werden. Wie sich ein Servicemitarbeiter bewegt, wie er geht, wie er vor dem Gast steht, sind Aspekte, mit denen er beim Gast einen Eindruck hinterlässt.

Distanz

Jeder Mensch braucht einen Schutzraum, seine Intimsphäre. Der räumliche Bereich, in dem Gespräche geführt werden, gehört dazu. Eine angemessene räumliche und verbale Distanz zum Gast einzuhalten, hat mit Taktgefühl zu tun (professionelle Distanz). Der mitteleuropäische soziale Abstand beträgt mindestens eine Armlänge. In anderen Kulturen gehen Menschen näher aufeinander zu und berühren sich häufiger oder Körperkontakt ist grundsätzlich verboten.

Auch emotionales Zunahetreten verletzt die Distanzgrenze eines Menschen. Aggressives, plumpes oder auffallendes Verhalten wirkt aufdringlich und kann verletzen.

Gestik

Grundsätzlich soll die Gestik das gesprochene Wort unterstreichen und das Sprechen beleben. Mit Gesten geben Menschen oft unkontrolliert ihre Stimmungslage bekannt.

Mimik

Mit der Mimik bringt ein Mensch seine Gefühle und Empfindungen zum Ausdruck. Durch die Mimik wirken Emotionen bewusst oder unbewusst auf den Mitmenschen. Daher führt eine unfreundliche Mimik in der Regel beim Gast zur Ablehnung.

Lächeln ist die wichtigste Mimikform, denn Lächeln motiviert und schafft Vertrauen.

Die Stellung der Augenbrauen und des Mundes prägen ebenfalls den Gesichtsausdruck. Heruntergezogene Mundwinkel wirken nicht so verkaufsfördernd wie strahlende Augen und hochgezogene Mundwinkel.

Ein guter Servicemitarbeiter versucht, die Mimik des Gastes auszuwerten und für den weiteren Verlauf des Beratungsgesprächs zu nutzen. Aus dem Gesicht eines Gastes lässt sich meistens ablesen, ob er zufrieden, genervt, verunsichert oder verärgert ist.

Verärgerung

Verständnislosigkeit

Nachdenklichkeit/Zweifel

Entschlossenheit

Freude

Entsetzen

Sprache und Sprechdynamik
Auch die Stimme drückt Gefühle aus und entscheidet über Sympathie und Antipathie. Durch die Elemente Lautstärke, Tonlage und Klangvolumen kann die Stimme Höflichkeit, Sachlichkeit, Ärger, Wut, Traurigkeit, Arroganz usw. ausdrücken.

Da Stimme und Sprachgeschick nicht nur Folge unserer Vererbung sind, sondern gelernt werden, sind folgende Grundregeln für das Gastgespräch zu beachten:

- Das richtige Sprachtempo verwenden. Zu schnelles Sprechen erzeugt Misstrauen (der will mich überreden), zu langsames Sprechen wird als langweilig und desinteressiert empfunden.
- Motivierend sprechen, d.h. Sprechtempo und Betonung wechseln. Obwohl sich die inhaltlichen Informationen durch einen unterschiedlichen Tonfall nicht ändern, sind die Auswirkungen auf die Beziehung der Gesprächspartner groß.
- Sprechlautstärke der Geräuschkulisse anpassen; die erforderliche Diskretion ist dabei immer zu wahren.
- Pausen im Gespräch machen, denn sie geben dem Zuhörer das Gefühl, einen ruhigen, überlegten Mitarbeiter vor sich zu haben, der Sicherheit ausstrahlt. Pausen geben Zeit zum Verarbeiten einer Nachricht und die Wirkung des Gesagten wird deutlich.

Der Ton macht die Musik!

4.2 Kommunikationsstörungen

Gesagt und bestellt?

Gesagt
bedeutet noch nicht
gehört.

Gehört
bedeutet noch nicht
verstanden.

Verstanden
bedeutet noch nicht
einverstanden.

Einverstanden
bedeutet noch nicht
bestellt.

Kommunikationsstörungen entstehen im Restaurant in Situationen, die durch Stress, Ärger oder Zeitdruck geprägt sind und in denen Menschen nicht mehr fähig sind, problemlos zu kommunizieren. Oft äußern Gäste ihre Wünsche unklar oder wissen nicht genau, was sie wollen.

Entstehen auf dieser Ebene Missverständnisse (z.B. Mehrdeutigkeit von Begriffen, Fremdsprachenbesonderheiten), sind diese in der Regel leicht zu erkennen und zu erklären.

Findet ein Gespräch auf unterschiedlichen Kommunikationsebenen statt, sind Störungen schwieriger zu beheben. Befehlston, aufdringliche Empfehlungen oder Überredungskünste provozieren Störungen auf der Beziehungsebene. Eine Sachbotschaft wird als Beziehungsbotschaft gedeutet, d.h., Argumente und Empfehlungen werden oder wollen nicht gehört und verstanden werden. Dies kann auch zu Kommunikationsblockaden führen, d.h., die Gesprächspartner verstehen sich überhaupt nicht mehr.

Erst wenn der verbale Ausdruck mit dem nonverbalen Ausdruck übereinstimmt, kann das Gesprochene beim Gesprächspartner glaubwürdig ankommen.

Um den Kommunikationsfluss im Gespräch nicht zu stören, sollten folgende Aspekte vermieden werden:
- Anordnungen erteilen
- Mahnungen oder Drohungen aussprechen
- Vorträge/Predigten halten
- Lösungen vorschreiben
- lächerlich machen

Kritik darf nie persönlich beleidigend wirken!

4.3 Verkaufsgespräche

4.3.1 Persönlicher Verkauf im Restaurant

Ein erfolgreiches Verkaufsgespräch läuft in vier Phasen ab.

1. Gesprächseröffnung
   Ein freundliches Anfangsklima beeinflusst den gesamten Fortgang des Verkaufsgesprächs. Der Gast muss erkennen, dass er willkommen ist.

   Begrüßung
   - Der Servicemitarbeiter geht, wenn möglich, dem Gast entgegen.
   - Der Servicemitarbeiter grüßt als Erster höflich, der Tageszeit entsprechend und mit Namen, wenn bekannt.
   - Der Servicemitarbeiter nimmt Blickkontakt auf, er sieht den Gast beim Gruß an.
   - Besonders die ersten Sätze formuliert er einfach und verständlich und verwendet keine Fremdwörter und Abkürzungen.

2. Bedarfsuntersuchung und Vertrauensphase
   Der Servicemitarbeiter hört genau zu, was der Gast wünscht. Die Bedürfnisse des Gastes stehen im Mittelpunkt des Gesprächs und sollten vom Servicemitarbeiter ernst genommen und festgehalten werden. Durch aktives Zuhören stellt sich der Servicemitarbeiter bewusst auf den Gast ein und schafft durch seine positive Grundhaltung ein angenehmes Gesprächsklima.

   Aktives Zuhören
   - Den Gast reden lassen und nicht unterbrechen.
   - Sich auf das Gesagte konzentrieren und die gehörten Informationen ordnen.
   - Aufmerksamkeit signalisieren und dem Gast das Gefühl geben, dass er wichtig ist.
   - Bei Unklarheiten sofort nachfragen.
   - Bei schwer verständlichen Sachverhalten noch einmal mit eignen Worten wiederholen
   - Mit der Körpersprache zusätzlich Aufmerksamkeit signalisieren.

Fragenkompass im Verkaufsgespräch

1. Offene Fragen
Eine offene Frage beginnt meist mit einem Fragewort (z. B. wie, was, warum – W-Fragen) und bringt den Gast zum Erzählen.
- Wie gefällt Ihnen unsere neue Tischdekoration?
- Was halten Sie von unserem Weinangebot?

Offene Fragen liefern Informationen über Gästebedürfnisse. Sie brauchen mehr Zeit, insbesondere bei Vielrednern.

2. Geschlossene Fragen
Eine geschlossene Frage lässt nur einen engen Spielraum zur Beantwortung, meist nur ein „Ja" oder „Nein".
- Darf ich Ihnen noch ein Bier servieren?
- Waren Sie schon einmal in unserem Restaurant?

Geschlossene Fragen schränken ein Gespräch ein, sie gelten als „Gesprächskiller", denn sie erinnern an ein Verhör.

3. Alternativfragen
Alternativfragen bieten dem Gast mehrere Möglichkeiten zur Antwort.
- Trinken Sie lieber Rot- oder Weißwein?
- Möchten Sie gerne am Fenster oder am Kamin Platz nehmen?

Alternativfragen führen eine Entscheidung herbei. Es sollten nicht zu viele Alternativen angeboten werden.

4. Suggestivfragen
Suggestivfragen lenken ein Gespräch und nehmen in der Formulierung der Frage schon die Antwort vorweg.
- Wollen Sie nicht auch zahlen?
- Finden Sie nicht auch, dass unser Sandwich super schmeckt?

Suggestivfragen können dazu dienen, Gästeentscheidungen schneller herbeizuführen. Vorsicht, geben Sie dem Gast aber nicht das Gefühl, überrollt oder manipuliert zu werden!

5. Rhetorische Fragen
Bei einer rhetorischen Frage erwartet der Fragesteller keine Antwort, er gibt sich die Antwort selbst.
- Ich sehe, Ihr Teller ist leer. Sie wollen doch bestimmt zahlen?
- Wie lösen wir das Getränkeproblem? Ich hätte da einen Vorschlag ...

Rhetorische Fragen wirken auf den Gast oft besserwisserisch oder rechthaberisch.

Verkaufsgespräche am Tisch des Gastes (Besitos, Block House)

3. **Angebotsphase**
   Jetzt gibt der Servicemitarbeiter konkrete Empfehlungen und weckt das Interesse des Gastes. Der Servicemitarbeiter übernimmt die Initiative und versucht, mit der richtigen Fragestellung den Gast zu beraten.

   Wer fragt, der führt!

   Der Servicemitarbeiter macht Vorschläge und bietet Variationen an (Zusatzverkäufe/Upgrading). Dabei verliert er den Gast und seine Wünsche nie aus den Augen und überlegt, welche Empfehlungen zum Gast passen, wie er den Wünschen gerecht werden kann. Vom Servicemitarbeiter wird eine breit gefächerte Sensibilität verlangt. Die Komplexität der Angebotsphase wird von Produkt- und Dienstleistungskenntnissen, Verkaufstechniken und Verkaufspsychologie bestimmt und als „aktives Verkaufen“ bezeichnet.

   Aktives Verkaufen
   - Mit den richtigen Fragen zum Ziel kommen.
   - Nicht zu viel reden, vielmehr Wertschätzung und Interesse zeigen.
   - Nicht vorschnell urteilen, sondern Freundlichkeit und Toleranz zeigen.
   - Auch auf das achten, was nicht gesagt wird, denn Gäste sprechen aus verschiedenen Gründen nicht immer alles an. Durch Nachfragen unausgesprochene Bedürfnisse herausfinden.
   - Den Gast immer ernst nehmen, nichts verharmlosen, herunterspielen oder ungefragt Ratschläge geben.

4. **Abschlussphase**
   Der Gast trifft eine Kaufentscheidung, ohne sich zum Kauf gezwungen zu fühlen. Der Servicemitarbeiter wiederholt die Bestellung, um Missverständnisse auszuschließen. Jetzt wird alles unternommen, um die Bestellung zu perfektionieren.

Verkaufsgespräche sollten dem Gast wie dem Servicemitarbeiter Spaß machen. Der Servicemitarbeiter versteht es, die vom Gast geäußerten Wünsche durch ausgewählte Fragen weiter aufzuschlüsseln, und präsentiert ein entsprechendes Produkt oder eine Dienstleistung.

Mit dem Tablet-PC bestellen

Eine Bestellung per Tablet-PC ist in immer mehr Betrieben möglich. In diesem Fall ist das gastorientierte Verkaufsgespräch auf ein Minimum reduziert.

Durch das Tippen auf den Bildschirm wird das Bestellsystem aktiviert und der Gast bewegt sich menügesteuert durch die Speise- und Getränkekarte. Die Bestellung wird per Berührung des Sendebuttons an die Küche versendet. Die Bezahlung erfolgt am Ausgang unter Vorlage einer Codekarte.

Es ist auch möglich, die Speise- und Getränkekarte auf einem Tablet-PC darzustellen. Der Gast sieht dann auf der interaktiven Karte alle Angebote des Restaurants und kann die Bestellung ebenfalls selbst auslösen.

Bestellung per Tablet-PC (LaBaracca)

4.3.2 Kommunikation bei Veranstaltungen/ MICE-Management

Meetings, Incentives, Kongresse und Events sind ein wichtiger Wirtschaftsfaktor mit Zukunftsperspektive für die Gastronomie in Deutschland und somit auch für Systeme mit einem Catering-Angebot ein profitables Geschäft. Anfragen werden in der Regel durch die Medien Telefon, Fax und E-Mail empfangen und dann bearbeitet.

Incentives
Dies sind Veranstaltungen von Unternehmen, die zur Motivationsförderung und Umsatzsteigerung des Unternehmens dienen.

Das GCB German Convention Bureau (GCB) vermarktet Deutschland international wie national als Standort für Kongresse, Tagungen, Incentives und Events und ist der zentrale Ansprechpartner für alle Kunden, die in Deutschland Veranstaltungen planen.

www.gcb.de

Wichtige Aspekte für ein erfolgreiches Eventmanagement sind:

- professionelle, persönliche und zeitnahe Bearbeitung der Anfrage (max. 24 Stunden)
- keine Standardangebote, sondern individualisierte Angebote mit emotionalisierenden Fotos und sprachlich ansprechenden Elementen
- Präsentationsmappen für das Verkaufsgespräch kundenorientiert und verkaufsfördernd zusammenstellen
- Erstellen von Checklisten und To-do-Listen für einen reibungslosen Ablauf
  - Dokumentation für eine Event-Anfrage
  - Dokumentation für eine Event-Absprache
  - Event-Checklisten
- Termin-Management
- Vertragsgestaltung (siehe auch Bankettvereinbarung/Cateringvertrag Kapitel 3.3.6)
  - Datum; Uhrzeit; Dauer; Personenzahl
  - Name, Anschrift, Telefon/E-Mail des Kunden/Betriebs
  - Name, Anschrift, Telefon/E-Mail des Rechnungsempfängers
  - Auflistung der zu erbringenden gastronomischen Leistungen
  - Ausstattung der Räumlichkeiten/Tische
  - Sonderwünsche
  - Preisvereinbarung
  - Zahlungsweise/AGB
  - Unterschriften der Vertragspartner
- Follow-up-Gespräch als Merkmal von Servicequalität/konstruktiver Kritik. Negative wie positive Kommentare von Kunden werden schriftlich fixiert und mit dem Team nachbereitet

Bearbeitung von Anfragen

Telefon – Fax – Internet
↓
Bündelung – Kapazität – Bewertung
↓
Angebotserstellung

> Ein Angebot muss schnell erfolgen und vollständig sein.

Grundvoraussetzung für eine perfekt geplante Veranstaltung ist dann das professionell durchgeführte Verkaufsgespräch. Hierfür gelten die in Kapitel 4.3.1 beschriebenen Aspekte und eine genaue Dokumentation im Function Sheet/Event Order.

> Function Sheet ist der schriftlich dokumentierte Auftrag, der im Rahmen eines Veranstaltungsverkaufs angefertigt wird.

Function Sheet

Kunde:		Kontaktperson:	
Adresse:		Rechnungsempfänger:	
Telefon:		E-Mail:	
Datum der Veranstaltung:		Ort der Veranstaltung:	
Art der Veranstaltung:		Dauer der Veranstaltung:	
Anzahl der Personen:			
Location/Raum/Raummiete:			
Bestuhlung: ☐ ... ☐ ...	Tischform: ☐ ... ☐ ...	Tischwäsche: ☐ ... ☐ ...	Tischdekoration: ☐ ... ☐ ...
Gastronomisches Angebot: ☐ Speisen	☐ Getränke	☐ Serviceart	☐ Menükarte
Veranstaltungsablauf:			
Technik/Beschilderung/Musik/Eventgestaltung/Zeitplan:			
Übernachtungsangebote/Zimmerreservierungen:			
Preis/Zahlungsmodalitäten/AGB:			
Buchungsname/Buchungsstatus/Vertragsnummer:			
Notizen/Sonderwünsche/Anhang mit internen Bemerkungen:			
Unterschrift des verantwortlichen Mitarbeiters			

Im Function Sheet werden aus den Absprachen des Verkaufsgesprächs konkrete Arbeitsanweisungen deutlich und somit muss das Function Sheet vervielfältigt und an alle für den Ablauf verantwortlichen Abteilungen weitergeleitet werden. Basierend auf den Informationen des Function Sheets werden Dienstplanung, Wareneinkauf und Arbeitsplangestaltung vorgenommen. Das erste Function Sheet wird in der Regel bei der Buchungsanfrage erstellt. Aktualisierte Versionen gibt es dann bei Änderung der Veranstaltungsdaten.

Im operativen Veranstaltungsbereich können die Veranstaltungen nur dann reibungslos durchgeführt werden, wenn eine vollständige Weitergabe aller vorliegenden Informationen sichergestellt ist. Ausgereifte Software hilft z. B. bei der internen Verwaltung relevanter Veranstaltungsdetails und umfasst alle Komponenten von der Aufnahme aller Einzelheiten zum Veranstaltungszeitpunkt, zum Gast/Veranstalter, zur Veranstaltung selbst etc.

Durch zusätzliche Ergänzungen (Module) kann weiterhin eine Anpassung an die individuellen betrieblichen Bedürfnisse vorgenommen werden.

4.3.3 Telefonischer Verkauf

Funktionen einer Veranstaltungs-Software
- Informationen auf einen Blick
- Wiedervorlagen und Erinnerungen
- Statusverwaltung
- Adressmanagemant
- Veranstaltungsorganisation
- Korrespondenz (Serienbriefe)
- Kassenbuch
- Artikelverwaltung
- Raumverwaltung
- Zeichnungsprogramm
- Vorlagen für Angebote, Verträge usw.
- Auswahllisten und Checklisten
- Automatische Generierung: Angebot – Bestellung – Rechnung
- Auswertung

Das Telefon/Handy ist ein wichtiges Kommunikationsmittel zum Kunden und hat im Zeitalter der Mobile Phones noch mehr an Bedeutung gewonnen.

Das Telefonverhalten der Mitarbeiter ist dabei ein wichtiger Indikator für die Serviceorientierung in der Systemgastronomie und somit auch ein Imagefaktor. Der Kunde sieht den Gesprächspartner nicht und orientiert sich an dem, was er hört und wie er es hört. Es muss dem Servicemitarbeiter gelingen, freundlich, höflich und hilfsbereit zu sein und auch so zu klingen.

Die meisten Systemer haben ein individuelles Telefonmarketing entwickelt, da der Kunde/Gast sich auch am Telefon mit der Marke identifizieren und ein gutes Gefühl vermittelt bekommen soll. Alle Gespräche am Telefon, die die Servicemitarbeiter führen, sind Verkaufsgespräche mit nicht zu unterschätzender Wirkung, denn immer steht der Servicemitarbeiter repräsentativ für den Betrieb.

Mit betriebsspezifischen Telefonstandards werden die einzelnen Bestandteile eines Telefongesprächs wie zum Beispiel die Begrüßung oder die Verabschiedung standardisiert und auf den Betrieb zugeschnitten.

Prinzipiell ist zu unterscheiden, ob ein Gespräch geführt werden soll oder ob ein Anruf erfolgt. Beabsichtigt ein Mitarbeiter, ein Telefonat zu führen, sollte er gut vorbereitet sein und ein Ziel verfolgen. Nimmt ein Mitarbeiter ein Gespräch an (z. B. Home Delivery), sollte er sich zunächst auf seinen Gesprächspartner einstellen und dann die Gesprächsführung übernehmen.

> Neben dem Telefonat keine anderen Tätigkeiten durchführen; nicht essen, trinken, rauchen oder auf einer zweiten Leitung telefonieren.

Telefonnotiz

Gesprächsteilnehmer/-in:	
Datum:	Zeit:
Anliegen:	
Bearbeitung:	
Zu informierende Personen/Abteilungen:	
Telefon:	E-Mail:
Adresse:	
Unterschrift/Zeichen:	

Häufig müssen Informationen aus Telefonaten an andere Abteilungen weitergegeben werden. Dazu ist eine schriftliche Notiz, die während des Telefonats oder anschließend gemacht wird, unerlässlich. Telefonnotizvorlagen können vorgefertigt gekauft oder individuell auf den Betrieb zugeschnitten werden.

Regeln für den Telefonverkauf

Arbeitsplatz
Voraussetzung für ein professionelles Telefongespräch ist ein geordneter und sauberer Arbeitsplatz. Schreibutensilien sowie Aktionsprogramme und Prospekte liegen bereit.

Lächeln
Auch wenn man sein Gegenüber am Telefon nicht sieht, kann man ein Lächeln am Telefon „hören". Je sympathischer und besser gelaunt der Mitarbeiter als Person wahrgenommen wird, desto eher lassen sich Kunden auf ein Gespräch ein.

Beim Telefonieren lächeln

> Stimme macht Stimmung – besonders am Telefon!

Begrüßung
Grußformel, Betriebsname und eigener Name müssen klar verständlich sein.

Aktives Zuhören
Konzentration überträgt sich auf den Anrufer. Es ist spürbar, ob sich der Telefonpartner ernsthaft mit dem Gesprächspartner beschäftigt oder nicht.

Fragestellungen und Formulierungen
Mit gezielten Fragen, das Ziel vor Augen, das Gespräch führen. Möglichst W-Fragen verwenden. Freundlich sprechen und den Anrufer in seinem Anliegen bestätigen. „Danke" und „bitte" sowie Bestätigungen wie „ja, gerne" oder „selbstverständlich" möglichst häufig verwenden. Längeres Schweigen und Ausdrücke wie „ich versuche mal" vermeiden. Der Anrufer muss die Kompetenz und das Interesse spüren.

W-Fragen
Mit offenen W-Fragen werden ein Gespräch eröffnet und der Gesprächsfluss des Gegenübers angeregt.
Zu den W-Fragen gehören:
- Was ...?
- Wer ...?
- Wo ...?
- Welche ...?
- Wie viel ...?
- Wann ...?
- Warum ...?

Namensnennung
Den Anrufer in einem längeren Gespräch mehrmals mit Namen ansprechen, das schafft eine persönliche Atmosphäre. Besonders im Restaurant erwartet der Gast einen persönlichen Ansprechpartner. Das Gespräch auf jeden Fall mit Namensnennung beenden.

Buchstabiertabelle

	Deutschland	International
A	Anton	Alpha
B	Berta	Bravo
C	Cäsar	Charly
D	Dora	Delta
E	Emil	Echo
F	Friedrich	Foxtrott
G	Gustav	Golf
H	Heinrich	Hotel
I	Ida	India
J	Julius	Juliet
K	Kaufmann	Kilo
L	Ludwig	Lima
M	Martha	Mike
N	Nordpol	November
O	Otto	Oscar
P	Paula	Papa
Q	Quelle	Quebec
R	Richard	Romeo
S	Samuel	Sierra
T	Theodor	Tango
U	Ulrich	Uniform
V	Viktor	Victor
W	Wilhelm	Whiskey
X	Xanthippe	X-Ray
Y	Ypsilon	Yankee
Z	Zacharias	Zulu

Verabschiedung
Am Ende die Ergebnisse zusammenfassen und bedanken. Die ersten Sekunden eines Gesprächs entscheiden über den Gesprächsverlauf, die letzten verbindlichen Worte darüber, was der Gast vom Anruf im Kopf behält.

Das Wiederholen des Inhalts eines Gesprächs mit eigenen Worten stellt sicher, dass alle Informationen richtig verstanden wurden.

4.3.4 Verkauf mithilfe elektronischer Medien

Im Folgenden werden die verschieden Möglichkeiten, den Verkauf mittels elektronischer Medien zu gestalten und zu optimieren, kurz vorgestellt. Der Einsatz dieser Elemente als managementorientierte Marketingelemente wird in Kapitel 16.5.9 beschrieben.

Präsenz in sozialen Netzwerken

Um im Wettbewerb zu bestehen, müssen Gastronomen stärker als bisher mit ihren Gästen in den Dialog treten. Dabei geht es nicht nur um Informationen, sondern auch um Kommunikation. Zu den möglichen Plattformen gehören beispielsweise Facebook, Google+ oder Twitter.

Soziale Medien sind digitale Medien und Technologien, die es Nutzern ermöglichen, sich untereinander auszutauschen und mediale Inhalte zu gestalten.

Veränderte Gästebedürfnisse und zunehmende Marktsättigung erfordern die Präsenz in sozialen Netzwerken, um mit Gästen zu interagieren und diese an sich zu binden. Es gilt, ein Verständnis für eine neue Generation von Konsumenten in den modernen Kommunikationsmedien zu entwickeln (Gästebetreuung/guest relation).

Die 20 Fan-stärksten Gastromarken/Gastronomiemarken auf Facebook

R	R*	Marke	Anzahl Fans am 16.07.2013	Anzahl Fans am 17.06.2013	Zuwachs zum 17.06.2013 absolut	Zuwachs zum 17.06.2013 prozentual
1	1	McDonald's D	2.247.917	2.238.062	9.855	0,4
2	2	Subway D	666.557	661.418	5.139	0,8
3	3	Starbucks D	571.367	568.146	3.221	0,6
4	4	Burger King D	545.237	531.395	13.842	2,6
5	5	Pizza Hut D	478.393	470.346	8.047	1,7
6	6	KFC D	414.463	410.700	3.763	0,9
7	7	Vapiano	356.460	355.319	1.141	0,3
8	8	Joey's Pizza	143.867	139.110	4.757	3,4
9	9	Hallo Pizza	87.329	86.650	679	0,8
10	11	Bräustüberl Tegernsee	58.563	57.864	699	1,2
11	10	PetitBistro (Aral)	58.346	58.725	–379	–0,6
12	13	Hofbräuhaus (München)	49.639	46.857	2.782	5,9
13	16	Sansibar (Sylt/Hamburg)	49.253	46.652	2.601	5,6
14	12	BoboQ	49.090	49.263	–173	–0,4
15	15	Jim Block	42.944	42.127	817	1,9
16	14	Cafe Extrablatt	42.284	41.579	705	1,7
17	17	Sausalitos	40.664	40.577	87	0,2
18	18	Call a Pizza	33.282	33.184	98	0,3
19	19	Le CroBag	31.395	31.356	39	0,1
20	20	Nordsee Deutschland	23.960	23.765	195	0,8

* 17.06.2013 (Quelle: food-service/cafe-future.net, Stand 16.07.2013)

Unternehmensdarstellung auf der Homepage

Eine eigene Website gehört für fast alle systemgastronomischen Betriebe zum Standard einer optimalen Verkaufsförderung. Die Website ist der digitale Knotenpunkt, wo alle Online-Aktivitäten des Betriebs gebündelt und auf die Zielgruppe abgestimmt werden. Welche Informationen die Homepage eines gastronomischen Betriebs enthalten sollte, wird in Kapitel 15.5.9 beschrieben.

Optimierte Unternehmensdarstellung für unterschiedliche Medien (ALEX)

Neben dem direkten Verkauf der Produkte eines Unternehmens steht oft auch das Anwerben neuer Mitarbeiter (Employer Branding) im Vordergrund.

Immer mehr Websites arbeiten zusätzlich mit interaktiven Bausteinen, die einen direkten Austausch ermöglichen. Hinzu kommen ein gezieltes Facebook-Marketing sowie Verlinkungen auf spezielle Dinner- und Lunchangebote.

Via Mobile Website können Gäste auch unterwegs jederzeit erfahren, wo sich das nächste gewünschte Restaurant befindet. Hier passen Gastronomen selbstständig ihre bestehende Homepage für jedes mobile Endgerät an. Jedes Mal, wenn ein potenzieller Gast über eine Suchmaschine die Restaurant-Webseite aufruft, wird ihm die mobile Version angezeigt.

Bestellplattformen im Internet

Neben der direkten telefonischen bzw. elektronischen Bestellung bei einem Betrieb gibt es die Möglichkeit, über Bestellplattformen einen Betrieb auszusuchen und anschließend gebührenfrei über die Plattform oder die entsprechende App zu bestellen. Die Bezahlung erfolgt oft ebenfalls über die Plattform.

Gastronomische Bestellplattform (lieferheld.de)

Die kostenlose Bestellung kann von Privatpersonen und Unternehmen genutzt werden. Für Unternehmen bietet sie den Vorteil der Reduzierung des Buchhaltungsaufwands.

Applikationen/Apps

Aktive Kommunikation mit dem Gast findet in der Systemgastronomie immer häufiger über Apps für Smartphones statt. Die Applikationen für alle führenden Handymodelle und Smartphones sind entweder kostenlos oder kostenpflichtig.

Tischaufsteller (Serways)

Umsatzträchtige Inhalte und anzusprechende Gäste sollten genau definiert werden, damit der Aufwand und die Kosten für die Entwicklung einer App im Verhältnis dazu stehen.

Eine der weltgrößten Reise-Communities mit ca. 35 Millionen registrierten Mitgliedern bietet eine kostenlose Applikation u. a. zur Suche nach Restaurants. Dies geschieht in 13 Sprachen und gibt Reisenden rund um den Globus Zugang zu länderspezifischen Inhalten.

Spiele per App (CUP&CINO)

Immer mehr Restaurants sind mit einer eigenen Smartphone-Applikation im Markt des mobilen Internets präsent. Neben den Stammdaten zum Betrieb kann der Gastronom z.B. auch Events eintragen, Fotos hinterlegen oder Specials ankündigen.

Viele Apps enthalten auch Spiele. So gibt es beispielsweise eine App für „Milchschaum-Artisten". Das Spiel macht das Smartphone zum Milchkännchen, mit dem Latte-Art-Bilder gezeichnet werden und dann an Freunde verschickt werden können.

Hilfreiche Apps für Gastronomen (Metro Cash & Carry)

Aber auch Gastronomen können Informationen über Apps abrufen. Ein Großhandelsunternehmen bietet zum Beispiel ein ausgefeiltes Online-Portfolio mit verschiedenen Anwendungen für unterschiedliche Zielgruppen an. Dabei wird deutlich, welch große Variationsbreite und Ansprechmöglichkeiten der Online-Markt/mobile commerce bietet (siehe auch Kapitel 15.5.9):

- Mit der App „Einfach lecker" können sich Kunden kreative Rezeptideen und Tipps aus der Profiküche direkt auf ihr Smartphone holen. Schritt-für-Schritt-Anleitungen, Fotos und Videoclips können als Unterstützung bei der Zubereitung genutzt werden.
- Die App „Finder" bietet Informationen zum nächstgelegenen Großmarkt des Unternehmens sowie über spezielle Angebote.
- Mit der App „Tischbar" kann der Nutzer bundesweit nach Cafés, Bistros und Restaurants suchen. Gastronomiekunden des Unternehmens können sich kostenlos eintragen und ihren Betrieb vorstellen.
- Die App „Das gute Essen" liefert 500 Rezepte aus dem Kochbuch des Unternehmens.

QR-Code

Werbung mit QR-Code (Nordsee)

Immer häufiger wird in der Gastronomie und der Lebensmittelindustrie der QR-Code genutzt. QR heißt übersetzt Quick Response. Bei dem Code handelt es sich um eine quadratische Matrix aus schwarzen und weißen Punkten. Der QR-Code wird über die Kameras von Smartphones gescannt und anschließend von einer Software ausgelesen (Mobile Tagging). Der Kunde gelangt dann direkt zu weiteren Informationen, z.B. Speisekarte, Tischreservierung, Anfahrt, Online-Shop, Inhaltsstoffe und Herkunft von Lebensmitteln oder direkt zur Homepage des Unternehmens.
QR-Codes befinden sich häufig auf Flyern, Plakaten und Anzeigen sowie Verpackungen.

Newsletter

Der Newsletter ist ein Klassiker im Bereich der Gästekommunikation und trotz gestiegener Konkurrenz innerhalb des Bereichs der neuen Medien ein bedeutendes Instrument des Marketings (siehe Kapitel 15.5.8). Um sich von der Masse an Zusendungen abzuheben, darf der Newsletter nicht zu schablonenartig und standardisiert wirken. Ein Newsletter sollte über aktuelle Themen des Unternehmens und anstehende Ereignisse und Aktionen informieren. Nonverbale Aspekte und eine klare Bildsprache erhöhen dabei die Aufmerksamkeit des Lesers. Ein Bild sagt auch in einem Newsletter mehr als viel Worte.

Joey's Newsletter

Januar-Aktion

Best of
Sie haben gewählt: Ihre Lieblingspizzen 2012 frisch für Sie aufgelegt

Gültig bis zum 31.01.2013

Joey's
Think Pizza...

Liebe Frau Daniel,
zum Jahresanfang haben wir für Sie noch einmal unsere beliebtesten Aktion-Pizzen aus 2012 zusammengestellt. Freuen Sie sich auf die würzige Pizza Smoky Chicken und unsere italienischen Kreationen Pizza Provolone und Pizza Napoli.
Einmalig lecker und nur für kurze Zeit.

Also, am besten gleich bestellen!

Wir wünschen guten Appetit,

Ihr Joey's Team

Newsletter (Joey's)

Newsletter Basics
Absender: Ein deutlich erkennbarer Unternehmensname sorgt für Vertrauen der Leser.
Anrede: Niemals unpersönlich, denn die Abstimmung auf die Kommunikationswelt der Absender erhöht die Neugier und Aufmerksamkeit.
Betreffzeile: Kurz und prägnant wird das Interesse des Lesers geweckt.
Rubriken: Wiederkehrende Themen binden die Empfänger nachhaltig.
Teaser: Kurze, spannende Appetizer laden den Empfänger ein, sich auf der Homepage umzuschauen.

Bewertungsplattformen/Online-Umfragen

Das Sammeln von Feedbacks kann passiv geschehen, beispielsweise durch Social-Media-Monitoring, das Lesen und Auswerten von einschlägigen Bewertungsplattformen (siehe Kapitel 15.5.9).

Alternativ wird der Restaurantbesitzer selbst aktiv und befragt seine Fans und Gäste nach Vorschlägen zur Optimierung. Diese Umfrage sollte auf der eigenen Internetseite platziert werden. In Zusammenarbeit mit einem Dienstleister können daraus Berichte und Statistiken erstellt werden.

Die richtige Fragestellung und ein ansprechender, aktivierender Einladungstext sind wichtig. Meist ist eine Belohnung der Teilnehmer vorgesehen, eventuell mit einem Gewinnspiel oder ansprechenden Aktionen, um möglichst viel Feedback zu erhalten.

McDonald's Aktion „Mein Burger"
Bei dieser Aktion kann jeder seinen Lieblingsburger aus vorgegebenen Zutaten zusammenstellen. Die Top 5 werden in den Restaurants getestet und anschließend der Sieger gekürt. 2012 wurden in der Aktion „Mein Burger" über 300.000 Burger kreiert und über 5 Mio. User bewerteten die eingereichten Vorschläge. Auch Smartphone-Besitzer konnten mobil abstimmen.

Bewertungsaktion durch die Kunden (McDonald's)

Reservierungsmanagement

Die unterschiedlichsten Reservierungsarten werden auch in der Systemgastronomie genutzt, wobei der Trend zur Buchung über die Internetpräsenz (Website) eines Betriebs und über Buchungsportale auch in der Systemgastronomie stark zunimmt.

Reservierungsarten
- persönliche Reservierung
- telefonische Reservierung
- EDV-gestützte Reservierung

Mobile Tischreservierung

Die Reservierung von Restauranttischen durch ein persönliches Gespräch oder am Telefon gilt prinzipiell als unverbindlich und meist werden auch keine gastronomischen Leistungen abgesprochen.

Der Mitarbeiter, der eine Reservierung annimmt, sollte
- sich namentlich vorstellen,
- alle Informationen erfragen,
- Hinweise zu Angeboten oder Aktionen geben,
- den Reservierungswunsch wiederholen und bestätigen,
- die Reservierung im jeweiligen Reservierungssystem dokumentieren.

Informationen, die vom Gast für eine Reservierung benötigt werden:
- Name
- Datum
- Uhrzeit
- Personenzahl
- Telefonnummer für Rückfragen

Elektronisches Reservierungssystem, häufig mit Rabattangeboten (tischefrei.de)

Immer mehr Gäste recherchieren im Internet nach Restaurants, z. B. für ein gemütliches Essen mit Freunden, den Business Lunch mit Geschäftspartnern, die Büroverpflegung vor Ort, und möchten die Angebote wahrnehmen. Mit elektronischen Reservierungssystemen/Online-Tischreservierungen ist dies direkt umsetzbar. Elektronische Buchungsportale sind 24 Stunden an 365 Tagen im Jahr online.

Vorteile elektronischer Reservierungssysteme für den Gast
- Er kann ungebunden Reservierungen über einen Zugang vom PC oder via Smartphone vornehmen.
- Er sieht auf einen Blick, ob und wann noch Plätze verfügbar sind.
- Er wird über spezielle gastronomische Angebote zum gewünschten Buchungszeitpunkt informiert.
- Er kann Zusatzangebote kostenlos nutzen. So wird z. B. durch das in Smartphones integrierte GPS Gästen via Google Maps der schnellste Weg zum Restaurant mit dem gebuchten Tisch aufgezeigt.

Vorteile elektronischer Reservierungssysteme für den Gastronomen
- Er kann mit einem elektronischen Reservierungsbuch die Reservierungen für seinen Betrieb von jedem PC aus verwalten und pflegen (z. B. Statistiken zur Reservierungshäufigkeit).
- Jede Reservierung kann per E-Mail, Fax oder SMS weitergegeben werden.
- Reservierungen können immer erfolgen, egal zu welcher Tageszeit, ob am Ruhetag oder mitten im Service.
- Er kann Werbeblogs direkt mitliefern, z. B. Newsletter-Anmeldeformulare, Social Tools zur Verknüpfung mit der Fan-Seite bei Facebook etc.
- Er sendet mithilfe des Systems individuelle Reservierungsbestätigungen.
- Eine aktuelle Gästekartei mit Vorlieben und Kontaktadressen kann automatisch erstellt werden.
- Neue Gäste können durch Aufschaltung auf starke Internetportale und Mittler (Bookatable, Qype) gewonnen werden.

4.3.5 Abrechnungs- und Zahlungssysteme

Kassensysteme

PC-Kassensysteme gehören zur Standardausrüstung eines systemgastronomischen Betriebs. Sie bieten viele Vorteile, u. a.:

- Eine Flachtastatur und/oder Hubtastatur ermöglicht das Registrieren von Warengruppen über die Warengruppennummer. Die Flachtastatur ist durch eine Folie, die jederzeit erneuert werden kann, geschützt (Abb. 1).
- Eine integrierte Kundenanzeige, die ausziehbar und drehbar ist, ermöglicht es dem Kunden, den Kassenvorgang zu verfolgen (Abb. 2).
- Der Bon wird mit einem Thermodrucker über eine Bonrolle erstellt. Dies geschieht oft mit Grafik-Logo (Abb. 3).
- Der Bondrucker wird auch als Journaldrucker genutzt. Hier können allgemeine Tagesberichte, stündliche Umsatzberichte etc. abgefragt werden (Abb. 4).

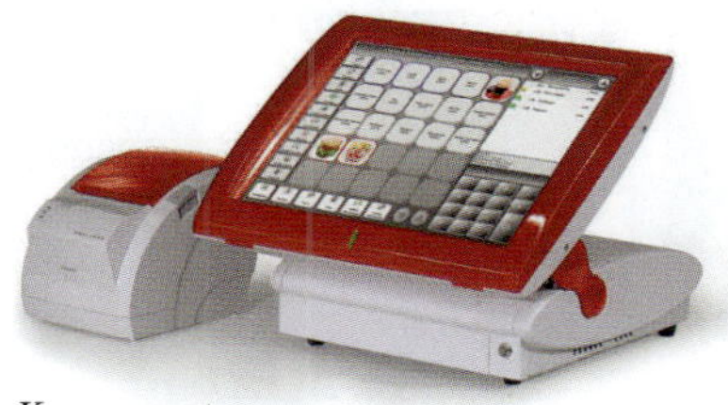

Kassensystem

1

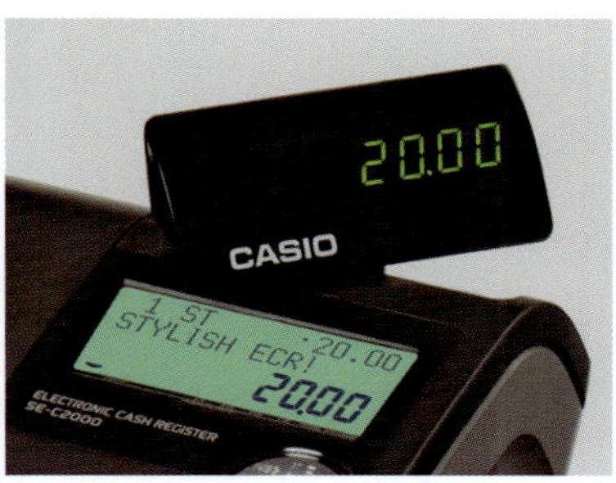

2

3

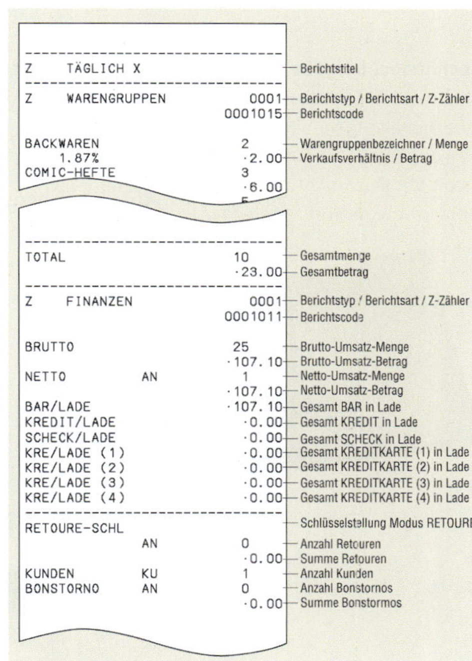

4

Viele elektronische Abrechnungssysteme verfügen über einen Touchscreen. Die Eingabe erfolgt durch das Antippen von Symbolen, Bildern oder Nummern auf dem Bildschirm.

Tablet-PC-Kassensystem

Faktoren für die Kaufentscheidung sind:

- Komplexität
- Bedienbarkeit
- Robustheit
- Rentabilität
- Design

Mobiler Bondrucker

Mobile Kassenlösungen sind heute im Trend. Die tragbare Hardware ist leistungsfähig und die Vorteile der To-go-Lösung sind umfangreich. Das Servicepersonal kann die Bestellung direkt am Gästetisch oder am Counter durch Eingabe von Artikelcodes und der Bestellmenge aufnehmen. Kasse oder Bondrucker, Kücheninfo, Büfettinfo werden ferngesteuert aktiviert, dabei wird in der Kasse ein sogenannter Guestcheck für den Besteller (Tisch) angelegt. Bei größeren Außenbereichen mit entsprechenden Laufwegen oder bei einer großen Anzahl von Servicemitarbeitern (Staugefahr an der Kasse) sind diese mobilen Kassensysteme besonders vorteilhaft. Durch die mobile Lösung ist das Personal fast ständig am Gast. Somit kann sich die höhere Investition rentieren.

Meist verfügen die mobilen Kassensysteme über eine drahtlose Verbindung zum Internet, wobei die Daten in ein geschütztes Dashboard übertragen werden. Der Gastronom kann überall auf sein Dashboard zugreifen und Kennzahlen, Umsätze und unterschiedlichste Informationen über den aktuellen Stand in seinem Betrieb auswerten und ausdrucken.

Rechnungsübergabe
Rechnungen sollten vom Servicemitarbeiter präsentiert und gegebenenfalls erläutert werden, damit der Gast nicht das Gefühl hat, einfach „abkassiert" zu werden.

Bezahlung

In vielen systemgastronomischen Betrieben wird bar bezahlt, da sich mit dieser Zahlungsmethode Kleinbeträge schnell begleichen lassen. Aber auch das bargeldlose Bezahlen am Point of Sale wird immer beliebter, weil es bequem ist. Für den Gastronomen ist es wichtig, die unterschiedlichen Gebühren der Zahlungsdienstleister zu berücksichtigen. Wer dem Gast den Komfort des bargeldlosen Bezahlens ermöglichen möchte, braucht nicht nur ein Kartenterminal, sondern auch einen Netzbetreiber, der die Zahlungsdaten verarbeitet.

Bargeldlos bezahlt wird dann mit Autorisierung per Unterschrift oder per PIN-Eingabe, mit oder ohne Online-Kartenprüfung. Es gibt mehrere Karten mit jeweils unterschiedlichen Systemkosten.

Folgende Symbole sind bei einer bargeldlosen Bezahlung üblich:

Kartenzahlungen werden am Kartenterminal abgewickelt. Dies ist meistens eine mobile Einheit. Das Kartenzahlungsgerät sollte sowohl Magnetstreifen als auch Chipkarten lesen können. Eine Zifferntastatur, möglichst mit Sichtschutz, ermöglicht dem Gast die PIN-Eingabe.

Mobiles Kartenterminal

Für Gastronomen gibt es kleine drahtlose und über einen Akku betriebene Terminals, die über Bluetooth oder GPRS mit dem Hauptterminal verbunden sind. Sie können vom Servicepersonal in der Gürteltasche getragen und zur Kreditkartenbearbeitung mit Ausdruck direkt am Tisch benutzt werden.

Immer mehr Kartenherausgeber und Terminalhersteller bieten die Möglichkeit an, kontaktlos zu bezahlen. Dabei wird die Karte zum Bezahlen nur noch vor das Terminal gehalten.

Bargeldlose Zahlungsarten

- Electronic Cash = Zahlung mit Kundenkarte eines deutschen Kreditinstituts mit Eingabe der PIN-Nummer zur Prüfung des Finanzrahmens des Kontos und der Sperrdatei der Kreditinstitute
- Elektronisches Lastschriftverfahren (ELV) = Zahlung ohne Prüfung der Sperrdateien der Kreditinstitute
- GeldKarte = aufgeladene elektronische Geldbörse
- Kreditkarte = Abrechnung über eine Händlerbank mit Zahlungsgarantie

Kreditkarten

Das Kassieren darf nicht der letzte Kontakt zum Gast sein, denn das Verabschieden am Counter, am Tisch oder an der Garderobe ist genauso wichtig wie eine freundliche Begrüßung. Der Dank für den Besuch des Restaurants und eine freundliche Verabschiedung gehören zum Standard eines gastorientierten Verhaltens.

Der erste Eindruck ist der entscheidende, der letzte der bleibende!

4.3.6 Beschwerdemanagement/Reklamationen

Kein gastronomischer Betrieb der Welt kann so perfekt sein, dass jeder Gast zu jeder Zeit mit den Leistungen und Angeboten des Betriebs zufrieden ist. Aus diesem Grund gehören Beschwerden und Reklamationen zum Alltag eines jeden Betriebs.

Beschwerdemanagement ist die Art und Weise, wie mit Reklamationen umgegangen wird.

Entscheidend ist der professionelle Umgang mit Reklamationen, denn obwohl Reklamationen oft als ärgerlich, unberechtigt oder unangenehm empfunden werden, steckt in jeder Reklamation eine große Chance, Gäste zu binden und Schwachstellen im Betrieb aufzudecken.

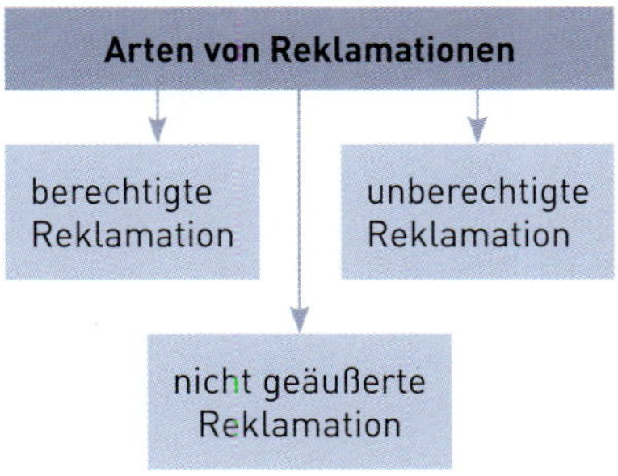

Jede Reklamation muss ernst genommen werden, denn der Gast verbindet die Behandlung der Reklamation mit der Qualität des Betriebs. Daher sollte jede Reklamationsbehandlung als Werbechance genutzt werden.

Bei der Bearbeitung einer Beschwerde ist es von Bedeutung, um welche Art von Beschwerde es sich handelt (siehe auch Kapitel 3.3.6).

Kompensationsinstrumente
- Gutschein
- Alternativangebot
- Leistungsaustausch
- Nachbesserung
- Abhilfe
- Entschuldigungsschreiben
- Erstattung eines Geldbetrags

Berechtigte Reklamation

Bei einer berechtigten Beschwerde handelt es sich um objektive Beschwerdegründe, die den Gastronomen auf Schwachstellen in seinem Betrieb hinweisen.

Folgende Gründe können vorliegen:
- Der Gast erhält nicht die versprochene Qualität oder Menge.
- Der Gast erhält nicht das bestellte Produkt.
- Die Gastrechnung ist nicht korrekt.
- Das Geschirr ist nicht sauber.
- Der Service ist nicht angemessen.

Erfolgreiches Beschwerdemanagement

Fachkompetenz
+
Persönlichkeit des Mitarbeiters
+
fachliche und persönliche Überzeugungskraft

Unberechtigte Reklamation

Unkenntnis, Stress, Ärger, Geltungsbedürfnis, aber auch private oder körperliche Probleme können Gründe für eine unberechtigte Reklamation sein. Der Mitarbeiter sollte unterscheiden können, zwischen unberechtigten Reklamationen,
- die aus Unkenntnis des Gastes entstanden sind, weil dieser von falschen Voraussetzungen ausgegangen ist, oder
- die vom Gast wissentlich unter falschen Voraussetzungen vorgebracht werden, um sich Vorteile zu verschaffen.

Unberechtigte Reklamationen sind eine große Herausforderung an die psychologische Servicekompetenz der Mitarbeiter, denn Gäste können unverschämt werden und das Personal fühlt sich nicht ernst genommen. Will ein Gast sich offensichtlich einen einseitigen Vorteil verschaffen, müssen ihm mit geeigneten Maßnahmen Grenzen aufgezeigt werden. Es kommt jedoch oft zu einem Spagat, um die Interessen des Betriebs zu wahren und gleichzeitig den Gast nicht zu verlieren.

„Ist alles zu Ihrer Zufriedenheit?“

„Kann ich noch etwas für Sie tun?“

Nicht geäußerte Reklamation

Obwohl der Gast zunächst keine Reklamation äußert, werden mit fachlichem Sachverstand und psychologischem Geschick Signale der Unzufriedenheit des Gastes wahrgenommen und angesprochen (Mimik, Gestik, Reste auf dem Teller ...). Auch das Herausfordern von Beschwerden durch Fragen bedeutet, den Grad der Zufriedenheit durch Kommunikation zu testen, damit eine Unzufriedenheit in Erfahrung gebracht werden kann.

Es ist wichtig, die Gäste zur Kritik zu motivieren, denn nicht geäußerte Beschwerden nehmen dem Gastronomen die Chance, Beschwerdegründe abzustellen und für eine Gästezufriedenheit zu sorgen. Betroffene Gäste kommen nicht wieder und treten gegebenenfalls als Negativwerber auf.

Vorteile der Reklamationsdokumentation
- Mitarbeiter aller Schichten sind informiert
- Eintragungen lassen sich statistisch auswerten
- Der Betrieb gewinnt einen Überblick über seine Schwächen aus Sicht des Gastes

Grundsätze bei der Behandlung von Reklamationen
- In der ersten Phase jede Reklamation als berechtigt ansehen.
- Aggressive Reklamationen nicht persönlich nehmen.
- Reklamationen individuell und nicht vor den Gästen diskutieren.
- Reklamationen dokumentieren

Die Phasen der Bearbeitung einer Reklamation

1. Annahme der Reklamation	Der erste Eindruck, den der Servicemitarbeiter zu Beginn eines Reklamationsgesprächs abgibt, ist entscheidend für den weiteren Verlauf. In den ersten Sekunden muss er den Gast auf der menschlichen Seite für sich gewinnen.
2. Verständnis signalisieren	Jetzt muss es dem Servicemitarbeiter gelingen, vom Gast als kompetenter Gesprächspartner akzeptiert zu werden. Dem Gast wird signalisiert, dass sein Problem verstanden wurde. Mit Ich-Botschaften und eigenen Worten wird beschrieben, wie die Reklamation des Gastes verstanden wurde. Es ist wichtig, freundlich zu bleiben und nicht laut zu werden, auch wenn der Gast den Mitarbeiter provoziert.
3. Sachverhalt konkretisieren	Zu diesem Zeitpunkt ist der Moment gekommen, an dem von der passiven Gesprächsführung durch Zuhören oder Wiedergabe des Gesagten zur aktiven Steuerung umgeschaltet wird. Durch offene Fragen (siehe Kapitel 4.3.1) werden die Hintergründe der Beschwerde herausgearbeitet.
4. Lösungen anbieten	Sind die echten Gründe der Reklamation herausgefunden, müssen im nächsten Schritt Lösungen angeboten werden. Der Gast muss über das weitere Vorgehen informiert werden. In dieser Phase ist es besonders hilfreich, wenn dem Mitarbeiter im Rahmen des Beschwerdemanagements für die wesentlichen Beschwerden Lösungsmöglichkeiten bzw. Reaktionsinstrumente bekannt sind. Der Zufriedenheitsgrad einer Reklamationsbehandlung hängt nicht nur von der Kompensationsleistung, also der Wiedergutmachung ab. Meist geht es in erster Linie um das Gefühl, ernst genommen zu werden. Die Servicekraft sollte die Kompensationsleistung nicht zu schnell und zu großzügig anbieten, sondern insbesondere exklusiv. Die Situation sollte sie auf ihre gastorientierte Wirkung hin inszenieren.
5. Entschuldigung	Auch hier muss der Gast anhand der Art und Weise, wie sich der Mitarbeiter entschuldigt, erkennen können, dass es ernst gemeint ist. Die Entschuldigung muss echt wirken, ein einfach hingeworfenes „Entschuldigung" reicht nicht!
6. Dank für die Reklamation	Auf keinen Fall sollte sich der Mitarbeiter persönlich angegriffen fühlen, sondern im Gegenteil sich für die Beschwerde als Chance zur Qualitätsverbesserung bedanken. Der Gast trägt mit berechtigten Beschwerden und Hinweisen dazu bei, das Image des Betriebs zu optimieren.
	Nachbearbeitung im Betrieb
7. Reklamation auswerten/ Nachbearbeitung	Beschwerden müssen analysiert und ihre Ursachen dauerhaft ausgeschaltet werden. Reklamationen sollten in einem Reklamationsbuch festgehalten werden. Darüber hinaus werden im EDV-System Beschwerden, Maßnahmen zur Abhilfe und Vorschläge zur Wiedergutmachung/Kompensation gesammelt und ausgewertet.
8. Follow-up-Gespräche	Wenn eine Reklamation vollständig bearbeitet ist, bedeutet dies nicht automatisch, dass der Gast zufrieden ist. In einem Follow-up Gespräch kann der Gastronom feststellen, wie weit der Gast die Reklamation und den damit verbundenen Ärger verarbeitet hat. Die wenigsten Gäste erwarten, dass sie nach einer Reklamation noch einmal vom Betrieb angesprochen werden. Das Follow-up-Gespräch sollte zeitnah durchgeführt werden, damit sich der Gast noch gut daran erinnern kann, wie positiv und professionell die Art der Problemlösung war. Durch solche Gespräche entsteht das Gefühl, dass dem Betrieb an einer weiteren Zusammenarbeit viel gelegen ist. Die Gespräche sind daher ein wichtiges Kundenbindungsinstrument. Weiterhin können bei Follow-up-Gesprächen Zusatzumsätze erzielt werden, denn diese Gespräche eignen sich hervorragend dazu, mit dem Gast über zukünftige Geschäfte ins Gespräch zu kommen.

4.4 Let's think about ... complaints!

Sie arbeiten in einem Take away und Delivery Store, der internationale Nudelgerichte und Salate sowie Kaltgetränke anbietet. An einem Samstagabend um 21:18 Uhr erhalten Sie per E-Mail die folgende Beschwerde:

Von:	brian@york.com
An:	international-pasta@gastro.com
Betreff:	complaint

hi

we were at your store this evening to get some take-aways. we're back home now and some thai noodles and a coke are missing. we can't come back because we had some booze. what now? do you give us the money back or will you bring us the missing things? waiting for prompt answer!

brian

1. Als serviceorientiertes Unternehmen antworten Sie umgehend. Ihre Antwort soll folgende Aspekte enthalten (vgl. auch Kapitel 4.3.6):

- Dank dafür, dass auf einen Mangel aufmerksam gemacht wurde
- Entschuldigung dafür, dass der Kunde Unannehmlichkeiten hatte
- Vorschlag, wie die Situation gelöst werden kann (eventuell muss ein Entgegenkommen abgelehnt werden)
- Verabschiedung

2. Spielen Sie die folgenden Beschwerdesituationen auf Englisch durch.

Selfservice-Restaurant mit Tellergerichten

"Hey you, come here. Look at that! A beetle in my salad! That's absolutely disgusting!! You can't mean that – I'm leaving!"

Sie sind ehrlich bestürzt und versuchen, den Gast zu beruhigen. Selbstverständlich erhält er sein Geld zurück. Außerdem bieten Sie ihm verschiedene alternative Speisen an, die der Gast jedoch ablehnt. Um den Gast nicht als Kunden zu verlieren, bitten Sie ihn um seine Kontaktdaten, damit Sie sich zwecks einer Wiedergutmachung mit ihm in Verbindung setzen können.

Counterservice-Restaurant mit Pizzavariationen

Ein Gast kommt mit seiner zu zwei Dritteln aufgegessenen Pizza an den Counter und beschwert sich:

"Sorry, but this pizza is uneatable. It doesn't taste nice at all. I want to have a new one!"

Sie fragen höflich nach, aus welchem Grund die Pizza nicht schmecke und wieso er sie nahezu aufgegessen habe. Auf die Erklärung des Gastes hin zögern Sie nicht lange und lassen eine neue Pizza für ihn zubereiten.

Bistro mit Full Service

"Oh gosh. I asked specifically for a small helping. There's no way I can eat all that."

Sie reagieren angemessen.

Gutbürgerliches Full-Service-Restaurant

"Excuse me, please, I've got a problem: I see that the escalope of pork with carrots and peas and boiled potatoes is 12.50 €. Could I have it for 10.00 € because that's all I have with me at the moment?"

Sie erklären ihm zunächst, dass dies leider nicht möglich sei. Als der Gast nicht locker lässt und weiter mit Ihnen diskutieren möchte, bitten Sie um einen Moment Geduld, um den Restaurantleiter zu fragen.

"Good evening, Sir. My name is Müller. I'm the restaurant manager! My colleague told me that you haven't got enough money for the dish you want to eat. Is that correct?"
"Yes, that's my problem. All I've got is this 10.00 € note."

Sie kommen dem Gast entgegen und bringen den Wunsch zum Ausdruck, dass Sie ihn in Zukunft wieder als Gast mit ausreichend Geld begrüßen möchten.

Steakhouse mit Full Service

Ein ausländischer Gast hat für ein Spezialmenü mit korrespondierenden Weinen ohne sich zu beschweren 83,00 € bezahlt. Während er noch seinen Wein austrinkt, bittet er darum, Sie, den Manager, zu sprechen. Er erklärt Ihnen:
"The meal and the wine were really excellent, but I'm afraid that your staff is not up to the same standard. I found my waitress gruff, impolite and much too slow. And besides: a bit of more careful personal hygiene wouldn't come amiss – she smells."

Sie reagieren angemessen.

apology/-ies	Entschuldigung/-en
compensation	Wiedergutmachung
gosh	du meine Güte
helping	Portion
inadequacies	Unannehmlichkeiten
inconveniences	Unannehmlichkeiten
manager	Restaurant-/Storeleiter
refund	Rückerstattung (von Geld)
suggestion	Vorschlag
voucher	Gutschein
to apologize^AE^/ apologise^BE^	(sich) entschuldigen
to assume responsibility	Verantwortung übernehmen
to bear the costs	Kosten übernehmen
to change	auswechseln, umtauschen
to compensate	wiedergutmachen
to excuse sth./so.	etwas/jemanden entschuldigen
to offer	anbieten
to pay for sth.	für etwas bezahlen
to refund	(Geld) erstatten
to regret	bedauern
to suggest	vorschlagen
free	umsonst
instead of	anstatt
unfortunately	leider

I do apologize …
I'm (really/very) sorry about that …
I'm (really/very) sorry to hear that …
I regret very much …
Let me offer/suggest …
Can/May I offer/suggest …
Please accept my apologies …
This shouldn't have happened …
I'm afraid …

4.5 Aufgaben

1 | Gastgewerbliche Unternehmen fordern, dass ihre Mitarbeiter kommunikationsfähig sind. Beschreiben Sie fünf Standards, die Sie im täglichen Miteinander für wichtig halten.

2 | Benennen Sie Kommunikationsmedien, die Sie in Ihrem Unternehmen als unverzichtbar ansehen.

3 | Von welchen Kriterien machen Sie Auswahl und Einsatz Ihrer Kommunikationsmedien abhängig?

4 | Welche Bereiche der modernen Information und Kommunikation zählen zu den schwierigen Aufgaben eines Unternehmens?

5 | Erläutern Sie die Aspekte, die beim Führen eines Telefonats mit einem Gast zu berücksichtigen sind.

6 | Erstellen Sie Formblätter für die
- telefonische Annahme einer Bestellung im Home-Delivery-Pizza-Service,
- Bestellung eines Fast-Food-Menüs im Drive-in,
- Reservierung eines Tisches im Restaurant.

7 | Entwickeln Sie eine Checkliste mit Verhaltensweisen für Mitarbeiter beim Verkaufsgespräch.

8 | Führen Sie mit der in Aufgabe 7 erstellten Liste ein Mitarbeiter-Briefing mit Ihren Klassenkameraden durch.

9 | Warum ist es sinnvoll, am Ende eines Verkaufsgesprächs das Ergebnis zusammenzufassen?

10 | Beschreiben Sie die Besonderheiten elektronischer Abrechnungs- und Zahlungssysteme, und zwar in Bezug auf
- die Rechnungsstellung für den Gast,
- das Abrechnen mit dem Betrieb.

11 | Wie muss eine Rechnung für einen Gast ausgestellt werden, die er als Nachweis für Bewirtungskosten dem Finanzamt vorlegen kann?

12 | Erstellen Sie eine Liste mit Kriterien, die ein Restauranttester für Ihren Betrieb in Bezug auf die Servicefreundlichkeit überprüfen soll.

13 | Im Mai ist ein Aktionsgericht „Bagel mit Lachs und Avocadocreme“ geplant. In Mitarbeiterschulungen lassen Sie die Mitarbeiter Verkaufsgespräche am Counter üben. Formulieren Sie zwei geeignete Beispielsätze für den gastorientierten Verkauf des Aktionsgerichts.

14 | Vor Ihrem Restaurant soll eine Werbetafel aufgestellt werden, um für den Verkauf des Aktionsbagels zu werben. Gestalten Sie ein werbewirksames Tafelbild für den Aktionsbagel und präsentieren Sie diesen Vorschlag an der Tafel im Klassenraum.

15 | Nach Erhalt eines Espressos beschwert sich ein Gast über die zu kalte Temperatur des Espressos. Formulieren sie zwei unterschiedliche Antwortmöglichkeiten, mit denen Sie als Servicemitarbeiter auf diese Reklamation eingehen.

16 | Nach dem Besuch Ihres Restaurants beschwert sich Frau Müller schriftlich über den unfreundlichen Service Ihrer Mitarbeiter. Sie habe über 40 Minuten auf ihr Pastagericht warten müssen und die Nudeln seien versalzen gewesen. Erstellen sie ein kurzes Antwortschreiben an Frau Müller.

17 | Welche konkreten Maßnahmen können Sie ergreifen, um die in Aufgabe 15 und 16 beschriebenen Vorkommnisse in Zukunft zu vermeiden?

18 | Ihr Betrieb möchte eine Online-Befragung zum Thema „Mein idealer Pausensnack“ durchführen. Entwickeln Sie für diese Fragestellung einen ansprechenden, aktivierenden Einladungstext für die Website Ihres Betriebs.

19 | Mit einer Aushilfskraft für den Service wurden 15 Prozent Umsatzbeteiligung vereinbart. Ihr Tagesumsatz beträft 525,00 € bei 19 Prozent MwSt. Berechnen Sie die Umsatzbeteiligung in €.

20 | Ihr Betrieb liefert ein rustikales Büfett für 1.545,00 € einschließlich der gültigen Mehrwertsteuer.
a) Welcher Mehrwertsteuersatz wurde berechnet?
b) Berechnen Sie die im Rechnungsbetrag enthaltene Mehrwertsteuer.

5 Umweltschutz

- Nachhaltigkeit
- Schonung der Rohstoff-Ressourcen
- umweltbewusster Umgang mit Wasser
- effiziente Nutzung der Energie
- Müllvermeidung
- Reduzierung der Lärmbelastung
- Umweltschutz im System

5.1 Definition Umweltschutz

Gesetze und Verordnungen aus dem Geschäftsbereich des Bundesministeriums für Umwelt (BMU)
Die komplette Linksammlung aller Gesetze und Verordnungen aus dem BMU-Geschäftsbereich ist innerhalb der Sachgebiete nach dem Alphabet sortiert. Die Gesetze und Verordnungen liegen als pdf-Dateien vor und können kostenlos runtergeladen werden:

www.bmu.de/gesetze_verordnungen/alle_gesetze_verordnungen_bmu/doc/35501.php

Sachgebiete
- allgemeiner Umweltschutz
- Abfallwirtschaft
- Chemikalienrecht
- erneuerbare Energien/Klimaschutz
- Gewässerschutz
- Immissionsschutz
- kerntechnische Sicherheit und Strahlenschutz
- Naturschutz und Landschaftspflege
- Sonstiges

Der Umweltschutz umfasst alle Bestrebungen und Maßnahmen, die dazu dienen, die Natur und damit die Lebensgrundlagen für die Menschen zu erhalten, dabei die Umwelt zu schonen und eventuell eingetretene Umweltschäden zu beheben.

Der Staat schafft durch Gesetze und Verordnungen die notwendigen Rahmenbedingungen, innerhalb derer jeder Einzelne verpflichtet und aufgefordert ist, durch verantwortungsvolles und bewusstes Verhalten zum Umweltschutz beizutragen.

Umweltschutz geht jeden an!

Die klassischen Bereiche des Umweltschutzes, die sogenannten Umweltfaktoren, sind:
- Luft
- Boden/Rohstoffe
- Wasser/Abwasser
- Energie
- Müll/Abfall
- Lärm

5.2 Nachhaltigkeit

Ursprung der Nachhaltigkeit
Der Begriff der Nachhaltigkeit hat seinen Ursprung im Jahr 1713 in der Forstwirtschaft. Wegen der zunehmenden Vernichtung von Waldflächen wurde von Carl von Carlowitz eine Bewirtschaftungsweise definiert, bei der immer nur so viel Holz entnommen wurde, wie nachwachsen konnte, sodass sich der Wald immer wieder regenerieren konnte.

Wiederaufforstung

Die heutige Umweltsituation ist durch viele Tatsachen gekennzeichnet, die Anlass zur Sorge geben:
- Die Belastung der Luft, des Wassers, der Böden und der Nahrung mit chemischen und radioaktiven Schadstoffen nimmt immer mehr zu.
- Der Energieverbrauch weltweit erhöht sich permanent; Treibhausgase werden vermehrt in die Atmosphäre abgegeben.
- Aufgrund des Treibhauseffekts steigt die globale Lufttemperatur an; daraus resultieren Klimaveränderungen wie z. B. Abschmelzen der Polkappen und Gletscher, Anstieg des Meeresspiegels, Überflutungen, Stürme, Dürren.
- Die Zerstörung der Ozonschicht schreitet voran („Ozonloch").
- Wälder (insbesondere auch der tropische Regenwald) werden abgeholzt.
- Durch Erosion, Verdichtung, Versalzung, Versteppung und Verwüstung kommt es zu einer ständig steigenden Bodenzerstörung.
- Bei Pflanzen und Tieren ist ein zunehmender Artenschwund zu beobachten; viele Meere sind überfischt.
- Die Problematik der Abfallentsorgung ist größtenteils ungelöst.

Doch der Mensch ist langfristig auf eine intakte Umwelt angewiesen. Im Jahr 1992 wurde auf der UN-Konferenz für Umwelt und Entwicklung in Rio de Janeiro erstmals das Recht der Menschen auf eine **„nachhaltige Entwicklung"** (sustainable development) verankert.

Bei der nachhaltigen Entwicklung stehen drei Aspekte im Vordergrund:
- **Erhalt der natürlichen Ressourcen im Interesse der zukünftigen Generationen** (sogenannte ökologische Nachhaltigkeit)
  Die Bedürfnisbefriedigung der heutigen Generation darf nur auf die Art und Weise erfolgen, dass eine Bedürfnisbefriedigung kommender Generationen nicht gefährdet ist. Dies umfasst den Erhalt der ökologischen Vielfalt, den Klimaschutz, die Pflege von Kultur- und Landschaftsräumen in ihrer ursprünglichen Gestalt sowie generell einen schonenden Umgang mit den vorhandenen Ressourcen, und zwar auf lokaler, regionaler, nationaler und globaler Ebene.
- **Verbesserung der sozialen Situation der heute lebenden Menschen** (sogenannte soziale Nachhaltigkeit)
  Hier geht es darum, einen Ausgleich der sozialen Kräfte zu bewirken, um eine auf Dauer zukunftsfähige und lebenswerte Gesellschaft zu verwirklichen. Alle Mitglieder einer Gesellschaft sollen an ihrer Entwicklung teilhaben können.
- **Verbesserung der wirtschaftlichen Situation der heute lebenden Menschen** (sogenannte ökonomische Nachhaltigkeit)
  Die Art und Weise des wirtschaftlichen Handelns soll so angelegt sein, dass sie dauerhaft eine tragfähige Grundlage für den Erwerb und den Wohlstand aller bietet. Hier wird insbesondere der Schutz des Einzelnen vor wirtschaftlicher Ausbeutung hervorgehoben.

Konzept der Nachhaltigkeit
Alles Handeln unter sozialen, ökologischen und ökonomischen Aspekten geschieht unter der Berücksichtigung der Grenzen der natürlichen Tragfähigkeit der Umwelt.

Nachhaltigkeit in aller Munde
Durch eine teilweise inflationäre und willkürliche Verwendung des Begriffs Nachhaltigkeit hat seine Aussagekraft in der letzten Zeit stark abgenommen. Er wird häufig nur noch im Sinn von „dauerhaft aufrechterhaltbar" oder „sich auf längere Zeit auswirkend" benutzt.

5.3 Umweltfaktoren

5.3.1 Luft

Luftverunreinigungen entstehen durch Gase, Rauch, Ruß und Staub. Im gastronomischen Unternehmen können dies z.B. die Verbrennungsabgase von Gasherden, das Chlorgas in Desinfektions- und Sanitärmitteln, der Rauch und Ruß von Kerzen im Restaurant oder der in allen Bereichen des Unternehmens vorhandene Staub sein. Dämpfe, die beim Garen von Speisen entstehen, sind dagegen eher unkritisch, da sie keine oder kaum Schadstoffe enthalten.

Die beste Gegenmaßnahme besteht darin, Gase, Rauch und Ruß gar nicht erst entstehen zu lassen. Da sich dies nur begrenzt umsetzen lässt, sind u.a. folgende Schutzmaßnahmen für Mitarbeiter, Gäste und Umwelt zu beachten:
- Reinigungs-, Desinfektions- und Sanitärmittel sachgerecht und zielgerichtet einsetzen
- Spraydosen mit umweltfreundlichen Treibgasen verwenden
- Dunstabzugshauben in der Küche einschalten
- Kühlgeräte mit umweltfreundlichen Kältemitteln kaufen
- Klimaanlagen mit wirksamen Filtern versehen
- Grünpflanzen im Restaurantbereich aufstellen, denn diese können bestimmte Schadstoffe aus der Luft herausfiltern
- öffentliche Verkehrsmittel benutzen; sparsame Kraftfahrzeuge einsetzen

Verbrennungsabgase und Dämpfe in der Küche

EU-Bio-Logo und Bio-Siegel

Lebensmittel mit dem europäischen Bio-Logo müssen gemäß den EU-Rechtsvorschriften für den ökologischen Landbau zu mindestens 95 % aus ökologischem Landbau stammen.
Für die Herstellung der Produkte sind u. a. folgende Mindestanforderungen einzuhalten:

- Die Produkte dürfen nicht bestrahlt werden.
- Die Verwendung von chemisch-synthetischen Pflanzenschutzmitteln ist verboten.
- Gentechnik darf nicht eingesetzt werden.
- Auf chemische Mineraliendünger muss verzichtet werden.
- Tiere müssen artgerecht gehalten werden.
- In die Futtermittel dürfen keine Antibiotika und Wachstumsförderer gegeben werden.
- Auf den Feldern ist eine wechselnde Fruchtfolge einzuhalten.

DE-ÖKO-000
EU-Landwirtschaft

EU-Bio-Logo

Deutsches Bio-Siegel

www.biosiegel.de
www.oekolandbau.de

5.3.2 Boden/Rohstoffe

Umweltschutz fängt schon bei der Lebensmittelerzeugung an. Viele umweltbelastende und für den Menschen schädliche Stoffe wie z. B. Nitrate in Düngemitteln sowie Unkrautvernichtungs- und Schädlingsbekämpfungsmittel, aber auch Blei und andere Schwermetalle gelangen in die Lebensmittel und ins Trinkwasser. Darum sollte sich der Gastronom informieren, wo und wie die von ihm gekauften Lebensmittel erzeugt wurden.

Bio-Lebensmittel

Gastronomen sollten insbesondere auf Lebensmittel zurückgreifen, deren Zutaten aus kontrolliert ökologischem/biologischem Anbau stammen, denn sie belasten die Umwelt weniger als konventionelle Erzeugnisse. Es werden keine Pestizide und keine leicht löslichen Mineraldünger eingesetzt. Bei ihrer Produktion wird zudem weniger Energie verbraucht, sodass Rohstoffreserven geschont werden. Der ökologische Landbau fördert ferner natürliche Kreisläufe und die Artenvielfalt. Vorverpackte Bio-Lebensmittel sind mit dem EU-Bio-Logo gekennzeichnet. Die Etikettierung enthält außerdem den **Kontrollstellencode** und eine **Herkunftsangabe** für die Zutaten. Zusätzlich können die Lebensmittel mit dem deutschen **Bio-Siegel** und Zeichen der privaten **Öko-Anbauverbände** gekennzeichnet werden.

Ziele der EU-Rechtsvorschriften für den ökologischen Landbau §

- umfassender Verbraucherschutz vor Irreführung
- konsequenter Schutz von Erzeugern, Verarbeitenden und Händlern vor unlauterem Wettbewerb
- nachhaltige Profilierung und Stärkung des ökologischen Landbaus durch Transparenz aller Erzeugungs- und Verarbeitungsschritte der Wertschöpfungskette

Die Verbraucherzentrale Bayern e.V. gibt hierzu folgende Hinweise:

Bezeichnungen, die auf ökologischen Landbau hinweisen*	Vorsicht: Hier sind erfahrungsgemäß nicht unbedingt Öko-Produkte zu erwarten!*
bio	alternativ
biologisch	auf Gründünger gewachsen
biologisch-dynamisch	biologische Schädlingsbekämpfung
Bio-Anbau	naturgedüngt
kontrolliert ökologischer Anbau	gewachsen ohne Chemie
kontrolliert biologischer Anbau (kbA)	kontrollierter Anbau
ökologische Agrarwirtschaft	naturnahe Verfahren beim Umweltschutz
organisch	nicht chemisch behandelt
ökologisch	nicht gespritzt
ökologischer Landbau – EG-Kontrollsystem	aus umweltschonendem Anbau
ökologischer Landbau	ohne Kunstdünger
organic	umweltverträglich
organisch-biologisch	unbehandelt
	ungespritzt

* Vorverpackte und in der EU hergestellte Bio-Lebensmittel müssen verpflichtend mit dem EU-Bio-Logo, dem Kontrollstellencode und der Herkunftsangabe gekennzeichnet sein.

Bio-Verbände
Viele Bio-Bauern sind in Bio-Verbänden organisiert. Diese machen oft strengere Vorgaben als es die EG-Öko-Verordnung fordert.

Bio-Eigenmarken der Supermärkte
Strikt von den Bio-Siegeln der Verbände sind solche der Supermarktketten zu unterscheiden. Diese erfüllen nicht alle Anforderungen der EG-Öko-Verordnung. Nur wenn gleichzeitig das europäische Bio-Logo oder deutsche Bio-Siegel auf der Verpackung angebracht ist, stammt das Produkt sicher aus ökologischem/biologischem Anbau.

Lebensmittel aus der Region
Neben der Verwendung von Lebensmitteln aus kontrolliert ökologischem Anbau unterstützt auch der Einsatz von regionalen Erzeugnissen den Umweltschutz. Der Transportaufwand für diese Lebensmittel ist deutlich geringer, sodass Energie gespart und die Atmosphäre weniger belastet wird. Außerdem verschafft der direkte Kontakt zu den Erzeugern eine Vertrauensbasis und teilweise eine Kontrollmöglichkeit.

Bio-Siegel von Öko-Anbauverbänden

Naturland

bio kreis

Bioland
ÖKOLOGISCHER LANDBAU

ECOLAND e.V.

demeter

BIOPARK®
Ökologischer Landbau

Gäa e.V.
Ökologischer Landbau

5.3.3 Wasser/Abwasser

Das Wasser auf der Erde befindet sich in einem ständigen Kreislauf, nichts geht verloren, nichts kommt hinzu. Von den 1,4 Milliarden km^3 verfügbarem Wasser sind 97 % Salzwasser und nur 3 % Süßwasser. Dieses ist aber zum größten Teil im Eis der Pole und Gletscher gebunden, sodass nur etwas 0,5 % des gesamten Wasservorrats von den Menschen genutzt werden können.

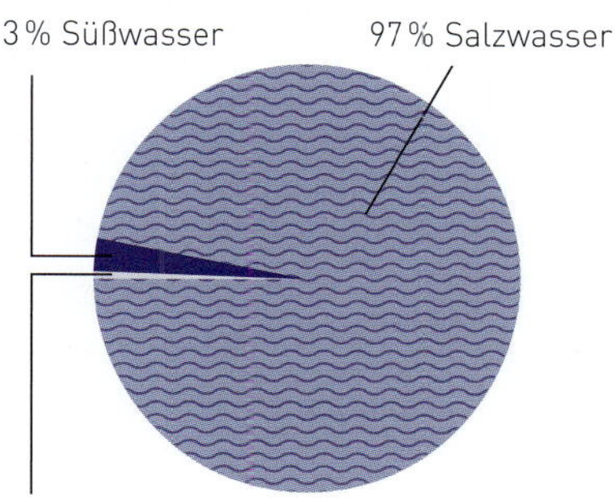

Wasserverteilung auf der Erde

Das Wasser, das aus dem Wasserhahn kommt, ist ein technisch aufwendig gereinigtes Produkt. Als **Trinkwasser** zählt es in Deutschland zu den Lebensmitteln und unterliegt somit strengen Auflagen und Kontrollen.

Ziel in der Gastronomie muss es sein, den Wasserverbrauch zu verringern und die Verschmutzung des Abwassers so gering wie möglich zu halten. Die Verringerung des Wasserverbrauchs spart außerdem Kosten.

Möglichkeiten, den Wasserverbrauch zu verringern
- Waschanlagen, z. B. Handwaschbecken und Urinale, mit Sensoren ausstatten, die den Wasserdurchfluss begrenzen und automatisch abschalten, oder wasserfreie Urinale einsetzen; bei WCs Spartasten anbringen; am Waschbecken Einhebel-Mischventile verwenden
- moderne Gar- und Waschgeräte mit niedrigem Wasserdurchfluss einsetzen
- Spül- und Waschmaschinen optimal bestücken und geeignete Spül- und Waschprogramme nutzen
- Rohstoffe nicht unter fließendem Wasser waschen; beim Garen und Reinigen geeignete Wassermengen einsetzen; Wasser nicht laufen lassen
- tropfende Wasserhähne reparieren
- für die Reinigung von Außenanlagen eventuell Brauchwasser, z. B. aufgefangenes Regenwasser, nutzen

Gemüse (Obst) möglichst in stehendem Wasser waschen

Fettabscheider

Fettreste, die mit dem Schmutz- oder Spülwasser ins Abwasser gelangen, belasten das Abflusssystem, wenn sie in den Rohren der Kanalisation erstarren und diese dann verstopfen. Fettabscheider trennen Fette und Öle vom Abwasser. Sie funktionieren nach dem Schwerkraftprinzip: Feststoffe, z. B. Essensreste, sinken auf den Boden und setzen sich im Schlammfang ab. Fett sammelt sich aufgrund der geringeren Dichte an der Oberfläche im Fettsammler und kann dort abgeschöpft werden. Das fettfreie Abwasser fließt in die Abwasserrohre.

Möglichkeiten, die Wasserverschmutzung zu reduzieren

- Waschmittel entsprechend der Wasserhärte dosieren
- umweltschonende Waschmittel einsetzen
- möglichst auf Weichspüler verzichten
- Spülmittel sachgerecht und richtig dosiert einsetzen
- biologisch abbaubare Reinigungs- und Desinfektionsmittel verwenden
- Desinfektionsmittel nur dort einsetzen, wo unbedingt nötig
- Reinigungs- und Desinfektionsmittel richtig dosieren; lösungsmittelhaltige Flüssigkeiten nicht in die Kanalisation gelangen lassen
- Küchenabfälle, insbesondere Fett- und Ölreste, nicht in den Ausguss gießen
- Fettabscheider und Stärkeabscheider einsetzen; diese regelmäßig sachgerecht reinigen lassen

5.3.4 Energie

Im Jahr 2010 wurden in Deutschland immer noch knapp 90 % des gesamten Verbrauchs an Wärme, Strom und Kraftstoffen durch konventionelle Energien sowie durch Atomkraft bereitgestellt. Aber gerade bei der Erzeugung der Energie durch die Verbrennung fossiler Energieträger wird die Umwelt belastet. Es kommt zum Ausstoß von Kohlenstoffdioxid, Kohlenstoffmonoxid, Stickoxiden und Schwefeldioxid. Eine Alternative stellt die intensivere Nutzung **erneuerbarer Energien** dar.

Unabhängig von der eingesetzten Energieform muss es das Ziel sein, durch den Einsatz moderner Geräte die Energie effizienter zu nutzen und durch bewusstes und sorgsames Handeln Energie einzusparen. Energiesparen mindert außerdem die Kosten.

Definition Energieeffizienz

Energieeffizienz ist ein Maß für die Ausnutzung der eingesetzten Energie. Ziel einer optimalen Energieeffizienz ist es, einen erwünschten Nutzen mit dem Einsatz von möglichst wenig Energie zu erreichen.

Erneuerbare Energien im Überblick

Ursprung	Wirkung	Anlagen	Nutzenergie
Sonne: Solarstrahlung	Erwärmung der Erdoberfläche (Landmassen, Ozeane)	Wasserkraftwerke Windkraftwerke Wellenkraftwerke Strömungskraftwerke Meereswärmekraftwerke Wärmepumpen	Strom Strom Strom Strom Strom Wärme
	direkte Solarstrahlung	Fotovoltaikkraftwerke solarthermische Kraftwerke Fotolyseanlagen Biomassegewinnung und -verarbeitung	Strom Wärme Brennstoffe Brennstoffe
Erde	Erdwärme	Geothermiekraftwerke	Strom, Wärme
Mond	Gravitation	Gezeitenkraftwerke	Strom

Möglichkeiten, Energie zu sparen

- Gebäudefassaden isolieren; Fenster mit Wärmeschutzverglasungen ausrüsten; auf gut abgedichtete Türen achten
- sinnvolles Belüftungskonzept erarbeiten; eventuell Lüftungsanlagen zur Sicherstellung der hygienisch notwendigen Frischluftzufuhr einsetzen; diese angemessen einstellen; eventuell Schaltuhren einsetzen
- Einsatz moderner Heizungsanlagen; diese regelmäßig warten; einzelne Heizkörper mit modernen Thermostatventilen ausrüsten; vernünftiges Heizen; Heizungs- und Warmwasserrohre dämmen
- bei der Anschaffung elektrischer Geräte auf den Energieverbrauch achten; sparsame Geräte kaufen; prinzipiell Elektrogeräte ausschalten, wenn sie nicht mehr gebraucht werden; Erarbeitung und Einsatz eines Geräteeinschaltplans
- Kühlräume nicht unnötig oder unnötig lange begehen; Türen gut geschlossen halten; Verdampfer nicht vereisen lassen; eventuell Vorkühlraum anlegen; Kühlgeräte regelmäßig abtauen; keine Großkühlschränke mit durchgehender Tür anschaffen
- zentrale Wasserversorgung und Wärmerückgewinnung anstreben; Wassertemperatur begrenzen; Temperaturkontrolle des Spülwassers; regelmäßige Reinigung der Filter in Spülmaschinen, um Zusatzspülgänge zu vermeiden; möglichst auf elektrische Händetrockner verzichten
- Wärmegeräte nicht ständig eingeschaltet lassen; Geräte mit Sensoren verwenden; bei Gasherden auf ein sauberes Flammenbild achten, verschmutzte Brenner reinigen, ebenso die Herdplatten bei elektrischen Öfen; Topfdurchmesser den Kochfeldern anpassen; möglichst Topfdeckel und energiesparende Gartechniken einsetzen
- Licht nur bei Bedarf einschalten; eventuell Bewegungsmelder, z. B. bei Außenanlagen, in Fluren, Treppenhäusern und Toiletten, installieren; Dimmer und Lichtregelanlagen einsetzen wie tageslichtabhängige Beleuchtungssteuerung; Energiesparlampen statt Glühbirnen benutzen

Energieausweis für Nichtwohngebäude
Wer eine Immobilie erwerben oder mieten möchte, hat einen gesetzlichen Anspruch auf den Einblick in den Energieausweis, der sich auf die Energieeffizienz des Gebäudes bezieht.

EU-Energielabel
Das EU-Energielabel ist für viele Haushaltsgeräte bereits vorgeschrieben. Es soll künftig auch für gewerbliche Geräte verbindlich werden.

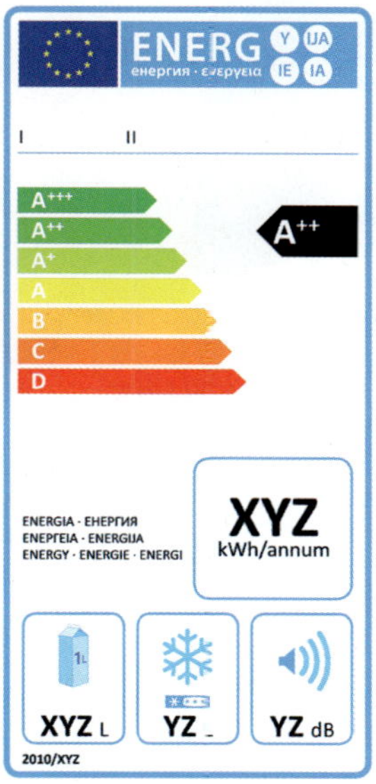

EU-Energielabel für Kühlgeräte

5.3.5 Müll/Abfall

In Deutschland produziert jeder Bürger jährlich ca. 450 kg Müll. Ungefähr die Hälfte davon wird wiederverwertet. Abfall, der nicht wiederverwertet werden kann, muss sachgerecht entsorgt werden. Dies geschieht auf der Deponie oder in der Müllverbrennungsanlage. Wenn wir langfristig etwas für die Umwelt tun wollen, müssen wir eine sinnvolle Kombination aus Müllvermeidung und **Müllverwertung** betreiben.

> Müllvermeidung geht vor Müllentsorgung.

Um Müll zu vermeiden, sollte wenn möglich mit den Lieferanten vertraglich vereinbart werden, dass Verpackungen wie Kisten, Kartonagen und Eimer nur ausgeliehen und nach dem Entleeren zurückgegeben werden. Nach der Verpackungsverordnung besteht für viele Verpackungen eine Rücknahmepflicht.

Umweltschädliches Einweggeschirr und -besteck

Fünfstufige Abfallhierarchie nach dem Kreislaufgesetz

1. Vermeidung
2. Vorbereitung zur Wiederverwendung (z. B. Reinigung von Altkleidern)
3. Recycling
4. Sonstige Verwertung (z. B. energetische Verwendung)
5. Beseitigung (z. B. auf der Deponie)

Mülltrennung (die Bundesländer haben unterschiedliche Regelungen)

Restmüll

Geschirr, Asche, Staubsaugerbeutel, Hygieneartikel, Windeln, Kristall-/Flachglas, Porzellan, Keramik, normale Glühbirnen

Papier

Papier, Pappe, Kartonagen, Faltschachteln, Zeitungen, Zeitschriften, Bücher

Bioabfall

Obst-/Gemüseabfälle, Eier-/Kartoffelschalen, Tee-/Kaffeefilter, Gebäckreste, Gartenabfälle, Papierservietten/-taschentücher

Wiederverwertbare Verpackungen

Kunststoffverpackungen, Verbundverpackungen, Metalldosen, Leichtverpackungen aus Styropor, Plastik oder Aluminium, leere Sprayflaschen, Glas, Papier und Kartonagen, wenn es keine gesonderten Behälter gibt

Wertstoffe

Verpackungen/Gegenstände aus
Kunststoff, z. B. Becher, Kunststoffflaschen;
Gebrauchsgegenstände, z. B. Gießkannen oder Spielzeug, Schaumstoffe;
Metall, z. B. Töpfe, Werkzeuge, Besteck, Schrauben, Alufolie;
Verbundstoffe, z. B. Getränkekartons

Weitere Mülltrennung

Glas, Korken, Altkleider, Problemabfälle/Sondermüll, Sperrmüll

Möglichkeiten, Müll zu vermeiden

- Großgebinde statt Portionsverpackungen einkaufen; wenn möglich, Refill-Systeme nutzen; auf Waren in aufwendigen Verpackungen verzichten
- Mehrwegverpackungen, Pfandflaschen und Nachfüllverpackungen bevorzugen
- bei der Aufbewahrung von Lebensmitteln auf Frischhalte- und Aluminiumfolien verzichten, stattdessen Mehrzweckkunststoffbehälter einsetzen
- im Service möglichst auf Einweggeschirr, Einwegbesteck oder Einweggetränkeverpackungen verzichten
- Speiseportionen auf Verzehrgewohnheiten abstimmen; Verringerung der Essensreste durch den Einsatz von Salatbüfetts oder Frühstücksbüfetts
- im Außer-Haus-Verkauf (Take away oder Home Delivery) Verpackungsmaterial einsparen, z. B. zusätzliche Umverpackungen; darauf achten, dass keine Verpackungen aus geschäumten oder beschichteten Materialien verwendet werden

Mülltrennung

Lässt sich Abfall nicht vermeiden, ist es sinnvoll, ihn zu sortieren und getrennt zu entsorgen. Denn nur sortierter Abfall kann wiederverwertet werden. Dadurch wird die Umwelt geschont und es werden wertvolle Rohstoffe eingespart.

Restmüll

Restmüll sind alle sonstigen Abfälle, die sich keiner anderen Abfallart zuordnen lassen. Hierzu gehören z. B. Hygieneabfälle, Porzellan, Spiegelglas, Zigarettenkippen oder Kehricht. Sie werden meistens in der grauen Tonne gesammelt.

Papier

Papier, Pappen und Kartonagen, die zum Altpapier gegeben werden, müssen frei von Verschmutzungen wie z. B. Speiseresten sein. Altpapier wird u. a. zu Verpackungsmaterial und Umweltpapier verarbeitet. Nicht zum Altpapier gehören Getränkeverpackungen, Papiertaschentücher und kunststoffbeschichtete Papiere. Papierabfälle werden meist in der blauen Tonne gesammelt.

Bioabfall/Lebensmittelabfälle

Eier-, Obst- und Kartoffelschalen, Obst- und Gemüsereste wie auch Kaffeesatz und Pflanzenreste können kompostiert werden und werden in meist grünen oder braunen Tonnen gesammelt. Speisereste, kleinere Knochen und Fleischparüren dürfen nur in kleinen Mengen in die Biotonne gegeben werden. Größere Mengen gehören in spezielle Lebensmitteltonnen. Diese müssen gut verschließbar sein und sollten gekühlt – am besten in einem eigenen Raum abseits der Küche – gelagert werden. Sie sind regelmäßig zu leeren, zu reinigen und zu desinfizieren.

Wiederverwertbare Verpackungen

Durch die im Jahr 1991 in Kraft getretene Verpackungsverordnung wurde der Handel verpflichtet, Verkaufsverpackungen nach Gebrauch zurückzunehmen und der Entsorgung zuzuführen. Daraufhin entstand das sogenannte duale System, das mithilfe einer gelben Tonne oder eines gelben Sackes die Verpackungsabfälle beim Endverbraucher einsammelt und abholt. Zu den wiederverwertbaren Verpackungen gehören Kunststoffverpackungen (z.B. Joghurtbecher), Verbundverpackungen (z.B. Tetrapaks), Metalldosen (z.B. Konservendosen, Getränkedosen), Leichtverpackungen z.B. aus Styropor, Plastik oder Aluminium, Glas sowie Papier, Pappe und Kartonagen. Alle Abfälle sollen zwar restentleert sein, müssen aber nicht vor der Entsorgung gespült werden.

Wertstoffe

In einigen Bundesländern gibt es eine orange Wertstofftonne mit sehr unterschiedlichem Einsatz, z.B.:

- für Gegenstände aus Kunststoff, Metall und Folien die keine Verkaufsverpackungen sind sowie Textilien und Elektrokleingeräte
- zusätzlich für Leichtverpackungen (Ersatz für die gelbe Tonne,) aber nicht für Textilien und Elektrokleingeräte

Glas

Altglas wird – nach Farben getrennt – in Glascontainern gesammelt und der Wiederverwertung zugeführt. Dort wird es eingeschmolzen und wieder zu Glas verarbeitet. Das spart Rohstoffe und Energie. Umweltfreundlicher ist jedoch die Verwendung von Mehrwegflaschen. Zu beachten ist, dass Porzellanscherben nicht zum Altglas gehören, sondern zum Restmüll.

Kork

An einigen Stellen gibt es Sammelbehälter für Kork. Er ist ein wertvoller Rohstoff und kann u.a. zur Wärmedämmung eingesetzt werden.

Altkleider

Brauchbare Kleidung und Schuhe gehören in die Altkleidersammelbehälter.

Sondermüll/Problemmüll

Sondermüll gehört in keine Abfalltonne, sondern muss getrennt entsorgt werden, z.B. über Sammel- oder Abgabestellen in den Gemeinden/Kommunen. Zum Sondermüll gehören z.B. Batterien, Energiesparlampen, Desinfektionsmittel oder lösungsmittelhaltige Farben. Aber auch alle Altfette wie Fritteusen-, Grill- und Backfette sowie die Sinkstoffe und Fette aus dem Fettabscheider gehören zum Sondermüll. Diese müssen von Spezialfirmen entsorgt werden. Die Entsorgung ist kostenpflichtig.

Sperrmüll

Zum Sperrmüll gehören alle sperrigen Einrichtungsgegenstände, wie z.B. Tische, Stühle und Regale, die nicht über Mülltonnen entsorgt werden können. Sperrmüll wird entweder von Entsorgungsfirmen abgeholt oder er kann auf kommunalen Recyclinghöfen abgegeben werden.

Duale Systeme

Die „Der Grüne Punkt – Duales System Deutschland GmbH" war die erste Betreiberin eines Rücknahme- und Verwertungssystems für gebrauchte Verkaufsverpackungen in Deutschland, um Industrie und Handel von ihrer Rücknahme- und Verwertungspflicht zu befreien. Mittlerweile gibt es weitere anerkannte duale Systeme.

Seit dem 1. Januar 2009 müssen sich diejenigen, die eine Verpackung für private Endverbraucher als Erste in den Verkehr bringen, einem dualen System anschließen. Eine Kennzeichnung der Verpackung, bei welchem System die Lizenzierung erfolgte, ist nicht erforderlich.

Das Gesetz sieht eine Ausnahme für Serviceverpackungen vor, also Verpackungen des Handels, der Gastronomie und anderer Dienstleister, die die Übergabe von Waren an den Endverbraucher ermöglichen oder unterstützen, sowie Einweggeschirr. Typische Serviceverpackungen sind Pommesschalen, Styroporverpackungen, Tragetaschen usw. Für Serviceverpackungen kann derjenige, der diese nutzt und befüllt, verlangen, dass sich der Hersteller oder Lieferant der Verpackungen an einem dualen System beteiligt. Der Gastronom sollte eine entsprechende Bestätigung fordern.

interseroh

Der Grüne Punkt – Duales System Deutschland GmbH

Redual – Das alternative duale System

LANDBELL®

BellandVision – Zukunft braucht Recycling

Kennzeichnung von Kunststoffen

Um die Wiederverwendung von Kunststoffen zu erleichtern, werden sie mithilfe von Buchstabenkombinationen gekennzeichnet, z.B.:

PE = Polyethylen
PP = Polypropylen
PS = Polystyrol

5.3.6 Lärm

Geräusche treten immer und überall auf. Sobald Geräusche beeinträchtigen oder stören, werden sie als Lärm bezeichnet. Zu viel Lärm kann das Gehör schädigen sowie das körperliche und seelische Wohlbefinden der betroffenen Person negativ beeinflussen. Im Körper werden Stresshormone freigesetzt, die zu verschiedenen Beschwerden führen können, z. B. erhöhte Herzfrequenz, Bluthochdruck, Muskelkrampf, Stoffwechselstörungen. Ist jemand dieser Situation länger ausgesetzt, kann unter Umständen seine Gesundheit auf Dauer gefährdet werden.

Wie ein Geräusch auf den Menschen wirkt und welche Wirkung es in ihm auslöst, ist zunächst einmal von den messbaren physikalischen Größen abhängig. Dabei handelt es sich vor allem um die Lautstärke und die Frequenz. Die **Lautstärke** wird als Schallpegel in der Einheit **Dezibel (dB)** gemessen und die Frequenz als Druckschwankungen der Luft in der Einheit Hertz (Hz).

Wenn es um eine Lärmbelästigung geht, spielen aber auch subjektive Faktoren eine maßgebende Rolle. Einerseits ist das Lärmempfinden jedes einzelnen Menschen anders, andererseits wird die Wahrnehmung der einzelnen Geräusche auch durch die aktuelle Situation, in der sich der Betroffene befindet, und durch seine momentane Tätigkeit beeinflusst. Lärm ist deshalb mit physikalischen Geräten allein nicht messbar. Daher lässt sich keine allgemeingültige Grenze zwischen angenehmen und störenden Geräuschen, also Lärm, festlegen.

Dennoch gilt: Andauernde Lärmbelastung mit einer Lautstärke über 85 dB (täglich acht Stunden über Jahre hinweg) führt langfristig zu Gehörschäden, wie z. B. Schwerhörigkeit oder zeitlich begrenzten, manchmal auch dauerhaften Ohrgeräuschen. Kurzfristige Schallereignisse mit sehr hohen Schallpegeln wie Knalltraumen haben ähnliche Folgen.

Hörschäden durch Lärm sind nicht heilbar!

Schallpegel und ihre Auswirkungen

Schall-pegel	Typische Geräusche und Auswirkungen
0 dB	Hörschwelle, keine Schallwahrnehmung
30 dB	Blätterrauschen
60 dB	normales Gespräch, Konzentrationsbeeinträchtigung
80 dB	starker Straßenlärm, Verständigung nur mit lauter Stimme
85 dB	schweres Baufahrzeug, Gefährdung des Gehörs
100 dB	Kreissäge, Verständigung nur durch lautes Rufen
130 dB	Gewehrknall, Schmerzschwelle, akute Gehörgefährdung

Lärmbelastung am Arbeitsplatz
Laut einer im Jahr 2008 erstellten Studie der „Europäischen Agentur für Sicherheit und Gesundheitsschutz am Arbeitsplatz" sind etwa 29 % der Arbeitnehmer im Gastgewerbe permanentem Lärm ausgesetzt. Dies gilt vor allem für die Mitarbeiter in Bars und Musiklokalen. Aber auch in gastgewerblichen Küchen werden die kritischen Werte schnell erreicht.

Wie lässt sich Lärm verringern?

Der Gesetzgeber hat mit vielen Gesetzen und Verordnungen Maßnahmen zur Lärmvermeidung beschrieben und klare Grenzen definiert, z. B. durch das Bundes-Immissionsschutzgesetz, die Arbeitsstättenverordnung, die Geräte- und Maschinenlärmschutzverordnung, die Schallschutzverordnung. Allein durch die Beachtung und konsequente Umsetzung dieser Vorschriften wäre schon viel erreicht, z. B. durch die Verwendung von Gehörschutz in bestimmten betrieblichen Bereichen.

Bei der Schaffung und Einrichtung von Räumlichkeiten für die Gastronomie sind konsequente Planungen bezüglich des Lärmschutzes unumgänglich. Aber auch im Nachhinein sollten die Arbeitsräume, Sozialräume und Gasträume regelmäßig auf eine mögliche Gefährdung hin analysiert werden und Pläne zur Beseitigung oder Verringerung von gefährlichem Lärm aufgestellt werden.

Geräuschquellen im Gastgewerbe
Die Geräuschkulisse bei der Arbeit im Gastgewerbe setzt sich aus vielen unterschiedlichen Geräuschquellen zusammen. Hierzu gehören z. B.:

- Maschinen wie Geschirrspüler, Belüftungsanlagen oder Kaffeemühlen
- Kochgeräusche
- Reinigungsarbeiten
- Wäschereiarbeiten
- Signaltöne
- Musik in Bars
- Gespräche mit Kollegen oder Gästen

Ebenso können technische Maßnahmen zur Lärmreduzierung beitragen, z. B.:

- Einsatz von Maschinen mit geräuscharmen Motoren
- Bodenisolation, die eine Schwingungsübertragung verhindert
- Schalldämpfer für Stuhl- und Tischunterseiten
- Abrutschplatten, die den Schall im Gastraum verringern

5.4 Umweltschutz im System

Auch die Unternehmen in der Systemgastronomie sind dem Umweltschutz verpflichtet. Der Umweltschutz muss Teil ihrer Unternehmensphilosophie sein. Ausgehend von einer Bestandsaufnahme der konkreten Umweltsituation müssen Umweltmaßnahmen kontinuierlich geplant und umgesetzt werden. Dies kann in kleineren, direkt umsetzbaren Maßnahmen geschehen, aber auch die Planung langfristiger Maßnahmen zur Verbesserung der Umweltbedingungen beinhalten. Oberstes Ziel muss dabei immer sein, unter Einbeziehung der regionalen, nationalen, aber auch weltweiten Rahmenbedingungen Produkte und Prozessabläufe umweltgerecht zu gestalten und so die Ressourcen zu schonen und die Umweltbelastungen konsequent zu reduzieren.

Sinnvoll sind in diesem Zusammenhang die Einrichtung eines zentralen Umweltmanagementsystems und – unter Einhaltung aller umweltrelevanten Gesetze und Richtlinien – die Umsetzung folgender Maßnahmen:

- Vorgaben für die Auswahl von Standorten, Bau und Einrichtung von Gebäuden
- Vorgaben für die Auswahl von Produkten und Dienstleistungen bezüglich ihrer Umweltverträglichkeit, z. B. Kennzeichnung mit dem Blauen Engel, dem MSC-Siegel (siehe Kapitel 12.5.3) und dem Fairtrade-Siegel (siehe Kapitel 13.2.1).
- Erstellung eines Handlungsleitfadens in Form von Standards für den sorgsamen Umgang mit Rohstoffen, Wasser, Energie, Reinigungs- und Desinfektinsmitteln sowie für die Mülltrennung.
- Überwachung, Dokumentation und Analyse aller Maßnahmen und Prozesse, die die Umweltaktivitäten betreffen; Verpflichtung zur ständigen Verbesserung der Umweltleistung
- Einbeziehen aller Lieferanten, Subunternehmer und eventueller Franchisepartner
- Förderung des Umweltbewusstseins aller Mitarbeiter, z. B. durch regelmäßige Schulungen oder Workshops, sowie Anleitungen zum umweltbewussten Handeln
- regelmäßige Durchführung interner Audits zur Eigenüberwachung

Parallel dazu können die Gäste regelmäßig über konkrete Umweltmaßnahmen, die vor Ort oder unternehmensweit umgesetzt werden, unterrichtet werden. So kann es gelingen, Umweltschutz als konkretes Marketinginstrument einzusetzen. Die Auswirkungen sind eine Imageverbesserung des Unternehmens sowie eine positive Berichterstattung.

Außerdem wird mit einem aktiven Umweltschutz die Identifikation der Mitarbeiter mit dem Unternehmen gesteigert. Letztendlich entscheidend für den Erfolg des Umweltschutzes ist die Mitwirkung jedes Einzelnen.

Der Blaue Engel

Der Blaue Engel ist das erste und vielleicht bekannteste Umweltzeichen der Welt. Es wurde 1978 auf Initiative des Bundesministeriums des Innern ins Leben gerufen.
Ein unabhängiges Gremium aus Umweltverbänden, Verbraucherorganisationen und der Wirtschaft vergibt nach definierten Kriterien den Umweltengel an Produkte, die hinsichtlich der Herstellung, der Verwendung und der Entsorgung als umweltfreundlich eingestuft werden.

Eine umweltfreundliche Unternehmensphilosophie wirkt sich positiv auf das Image des Unternehmens aus

5.5 Let's think about ... the environment!

Der Bundesverband der Systemgastronomie hat einen Wettbewerb initiiert, in dem die umweltfreundlichsten Betriebe auf EU-Ebene ausgezeichnet werden sollen. Ihr Betrieb, bei dem es sich um ein frei stehendes Gebäude mit Grünanlagen und Kundenparkplatz handelt, möchte daran teilnehmen.

Der Storeleiter hat sich die Ausschreibung, die aufgrund der internationalen Ausrichtung des Wettbewerbs in Englisch verfasst ist, schicken lassen. Das Thema lautet: „Save the environment – save money!"

Ihr Ausbilder schlägt vor, dass Sie und die anderen Auszubildenden für Ihren Betrieb Verbesserungsvorschläge für Umweltschutzmaßnahmen, die auch gleichzeitig zu Geldeinsparungen führen, ausarbeiten und auf Englisch formulieren.

Green Oasis

Bei der Recherche stoßen Sie auf einen Artikel in einer britischen Zeitung, der Ihnen erste Ideen liefert, die Sie auch in Ihrem Betrieb umsetzen könnten.

Fast food chain unveils new energy-efficient restaurant in Germany

A new energy-efficient fast food restaurant in Waghäusel, Germany, uses renewable energy sources to supply a third of its power.
Burger King made a pioneering step on Monday by opening its first energy-efficient restaurant. Located in Waghäusel, a town in southwestern Germany, the new restaurant was developed in conjunction with Wirsol Solar AG which utilized state-of-the-art technology and renewable energy sources in order to supply a third of the power needed by the restaurant. The restaurant's design includes energy-saving features such as:

- An interior heat recovery ventilation system which heats and cools the restaurant and saves 73 percent of energy consumption per year.
- Long-lasting LED bulbs located on the interior and exterior of the restaurant which save 55 percent of annual energy consumption.
- The new restaurant captures excessive heat loss using it to generate hot water, which conserves 50 percent of annual energy consumption per year.
- The traditional external Burger King logo has been modified to include a wind turbine, which supplies 2500 kWh of the restaurant's power supply.
- The restaurant is also fitted with over 720 solar photovoltaic modules which generate around 53,500 kWh of electricity per year, which, according to the US department of energy, is the equivalent annual power consumption of 5 US households.
- A solar panelled recharging station for electric cars.

Burger King's new restaurant is the first to apply renewable energy technology to an entire outlet.

Sie haben festgestellt, dass ...	Sie schlagen vor, dass ...
... zur Verbesserung der Innenraumluft im Gästebereich ausschließlich Deckenventilatoren eingesetzt werden.	... Klimaanlagen eingebaut werden und dass die Räume begrünt werden.
... Schmutzwäsche immer sofort gewaschen wird, wenn tagsüber saubere Wäsche benötigt wird.	... nur voll beladene Maschinen gestartet und Nachttarife genutzt werden.
... schmutziges Geschirr unter fließendem Wasser abgespült wird, bevor es in die Spülmaschine kommt, um ein kürzeres Spülprogramm nutzen zu können.	... so wenig wie möglich unter fließendem Wasser gearbeitet wird und dass Spülmaschinen vor dem Start immer voll bestückt werden.
... in der Küche immer wieder die Fenster geöffnet werden, wenn es dem dort arbeitenden Personal zu heiß wird.	... Klimaanlagen oder Ventilatoren installiert werden.
... die Beleuchtung aller Räume über Lichtschalter geregelt wird.	... Bewegungsmelder eingebaut werden.
... der Wasserverbrauch um 2,7 Prozent über dem der Restaurants der übrigen Kette liegt.	...
... die Heizkörper im gesamten Gebäude sich nur an- oder ausschalten lassen.	...
...	...
...	...

1. **Um sich auf die Formulierung der Verbesserungsvorschläge vorzubereiten, fertigen Sie eine deutsch-englische Liste mit Begriffen an, die das wichtige Vokabular sowie die benötigten Fachausdrücke enthält. Beachten Sie dabei, dass manche Begriffe nicht direkt übersetzt werden können, sondern beschrieben bzw. umschrieben werden müssen.**

2. **Beschreiben Sie mündlich den Istzustand Ihres Ausbildungsbetriebs auf Englisch und machen Sie mithilfe der von Ihnen erstellten Liste Vorschläge zur Verbesserung der Situation.**

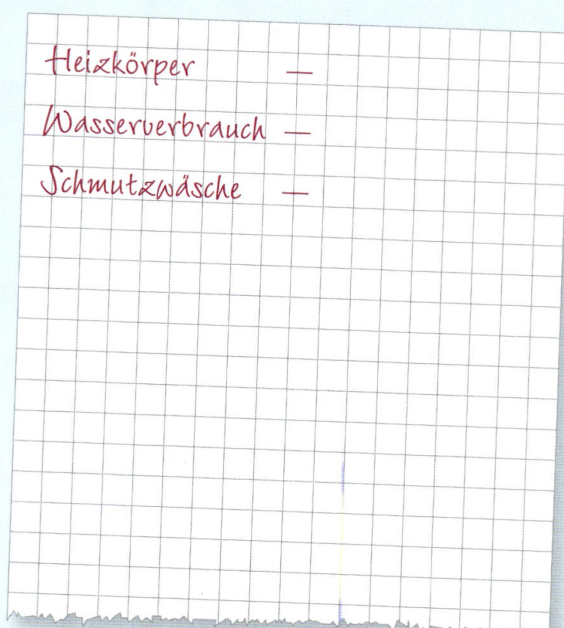

5.6 Aufgaben

1 | a) Erläutern Sie den Begriff „Umweltschutz“!
b) Nennen Sie typische Bereiche des Umweltschutzes!
c) Erklären Sie die Aussage „Umweltschutz geht jeden an!“

2 | Definieren Sie den Begriff „Nachhaltigkeit“.

3 | a) Zählen Sie vier mögliche Ursachen auf, wodurch in einem Gastronomiebetrieb Luftverunreinigungen entstehen können.
b) Beschreiben Sie jeweils vorbeugende Maßnahmen.

4 | a) Nennen und erläutern Sie fünf Vorschriften, die gemäß EG-Öko-Verordnung für Bio-Produkte gelten.
b) Unterscheiden Sie zwischen dem europäischen Bio-Logo, den Bio-Siegeln von Anbauverbänden und denen von Supermarktketten.

5 | Diskutieren Sie folgende Thesen:
a) Bioprodukte sind gesünder als konventionell erzeugte.
b) Bioprodukte sind ökologisch sinnvoller als konventionell erzeugte.

6 | Tragen Sie Maßnahmen zusammen, durch die der Verbrauch von Waser reduziert wird:
a) in Ihrem privaten Umfeld
b) in Ihrem beruflichen Umfeld

7 | a) Warum ist in gewerblichen Küchen die Verwendung eines Fettabscheiders zwingend erforderlich?
b) Beschreiben Sie anhand einer selbst erstellten Skizze dessen Funktionsweise.

8 | Erklären Sie den Begriff „erneuerbare Energien“.

9 | Stellen Sie jeweils fünf Maßnahmen aus Ihrem beruflichen Alltag zusammen, durch die es möglich ist, Energie einzusparen:
a) hinsichtlich des Einsatzes von elektrischen Geräten
b) bezogen auf Kühlräume
c) mittels baulicher Maßnahmen

10 | Beschreiben Sie jeweils drei Maßnahmen, die dem Umweltschutz dienen:
a) beim Einkauf von Produkten
b) bei deren Lagerung
c) bei deren Entsorgung

11 | Nach Ladenschluss sind Sie für die Kontrolle des Tiefkühllagers hinsichtlich Umweltschutz und Hygiene zuständig. Entwickeln Sie dafür eine kurze Checkliste.

12 | a) Was bedeutet „Mülltrennung“?
b) Welche Stoffe sollten beim Abfall/Müll getrennt werden?
c) Erläutern Sie den Begriff „Recycling“.

13 | a) Unterscheiden Sie Mehrwegverpackungen von Nachfüllverpackungen.
b) Was ist unter einem Verwertungssystem für Verkaufsverpackungen zu verstehen?
c) Nennen Sie Beispiele für Verwertungssysteme.

14 | In Ihrem Betrieb wird der Einsatz von Einweggeschirr und -besteck diskutiert. Erstellen Sie eine tabellarische Übersicht mit Pro- und Kontraargumenten.

15 | Zählen Sie mindestens fünf Maßnahmen aus Ihrem beruflichen Alltag auf, durch die sich Lärmbelastung verringern lässt.

16 | Für die Anwendung zweier Reinigungsmittel gelten folgende Dosierungsvorschriften:
- Reinigungsmittel A: 200 ml auf 10 l Wasser
- Reinigungsmittel B: Verdünnung mit Wasser im Verhältnis 1 zu 40

Wie viel Prozent mehr Reinigungsmittel B müssen auf 10 l Wasser zugegeben werden?

17 | Bei Geräuschen entspricht die Erhöhung des Schallpegels um 10 dB in etwa der Verdopplung der subjektiv wahrgenommenen Lautstärke.
- Um wie viel Mal lauter erscheint demnach das Hupen eines Autos in 7 m Abstand (100 dB) im Vergleich zum Fahrgeräusch des Autos (70 dB)?

6 Arbeitssicherheit und Gesundheitsschutz

- Arbeitssicherheit
- Brandschutz
- Erste Hilfe
- Ergonomie
- Arbeitsschutz im System

6.1 Rechte und Pflichten der Arbeitgeber und Arbeitnehmer

Folgende Gesetze und Verordnungen sind u. a. zu beachten:
- Arbeitsschutzgesetz (ArbSchG)
- Arbeitsstättenverordnung (ArbStättV) mit den zugehörigen Arbeitsstätten-Richtlinien (ASR)
- Bildschirmarbeitsverordnung (BildscharbV)
- Arbeitssicherheitsgesetz (ASiG)
- Betriebssicherheitsverordnung (BetrSichV)
- Geräte- und Produktsicherheitsgesetz (GPSG)
- Gaststättengesetz (GastG)
- Gefahrstoffverordnung (GefStoffV)
- Bauverordnungen der einzelnen Bundesländer
- Jugendarbeitsschutzgesetz (JArbSchG)

Folgende berufsgenossenschaftliche Vorschriften sind u. a. zu beachten:
- Berufsgenossenschaftliche Vorschriften (BGV)
- Berufsgenossenschaftliche Regeln (BGR)
- Berufsgenossenschaftliche Informationen (BGI)
- Unfallverhütungsvorschriften
- Arbeitssicherheitsinformationen (ASI)

Vorschriftsmäßige Einrichtung einer Großküche

Auf der einen Seite ist jeder Arbeitgeber gemäß Gesetz verpflichtet, durch geeignete Maßnahmen die Sicherheit und Gesundheit seiner Beschäftigten zu gewährleisten. Er muss dafür sorgen, dass im Unternehmen das **Arbeitsschutzgesetz** mit den daraus abgeleiteten **Rechtsverordnungen** sowie die Unfallverhütungsvorschriften eingehalten werden. Außerdem muss er seine Mitarbeiter informieren und schulen. Auf der anderen Seite ist jeder Mitarbeiter verpflichtet, sich so zu verhalten, dass ein sicheres Arbeiten möglich ist.

6.2 Arbeitsschutzgesetz und Arbeitsstättenverordnung

Das Arbeitsschutzgesetz soll dazu dienen, die Gesundheit der Beschäftigten durch Maßnahmen des **Arbeitsschutzes** zu sichern und zu verbessern. Zu den Maßnahmen gehören:
- Gefährdungsbeurteilungen der Arbeitsbedingungen
- Überprüfung daraus abgeleiteter Präventionsmaßnahmen auf deren Wirksamkeit
- regelmäßige Unterweisung der Mitarbeiter zum Arbeitsschutz
- Übertragung von Aufgaben und Pflichten auf geeignete Mitarbeiter

Die Arbeitsstättenverordnung ist eine Rechtsverordnung, die auf Grundlage des Arbeitsschutzgesetzes erlassen wurde. Sie regelt grundsätzliche **Anforderungen an Arbeitsstellen:** „Der Arbeitgeber hat dafür zu sorgen, dass Arbeitsstätten so eingerichtet und betrieben werden, dass von ihnen keine Gefährdungen für die Sicherheit und die Gesundheit der Beschäftigten ausgehen." (Verordnung über Arbeitsstätten § 3a).

In der Praxis bedeutet dies:
- Arbeitsstätten sind instand zu halten; festgestellte Mängel müssen unverzüglich beseitigt werden.
- Arbeitsstätten müssen regelmäßig gereinigt werden.
- Sicherheitseinrichtungen zur Verhütung oder Beseitigung von Gefahren wie Beleuchtungen, Feuerlöscheinrichtungen oder Notschalter sind regelmäßig zu warten.
- Verkehrswege, Fluchtwege und Notausgänge sind ständig frei zu halten; Flucht- und Rettungspläne sind aufzustellen und auszuhängen; es sind regelmäßige Übungen durchzuführen.
- Mittel und Einrichtungen zur Ersten Hilfe sind zur Verfügung zu stellen und regelmäßig zu prüfen.

Die Arbeitsstättenverordnung einschließlich der daraus abgeleiteten Arbeitsstättenrichtlinien ist bundesweit gültig. Verschiedene Institutionen wachen darüber, dass die Vorschriften eingehalten werden. Zu diesen Institutionen gehören u. a. die Berufsgenossenschaft und das Gewerbeaufsichtsamt.

6.3 Berufsgenossenschaften

Seit über 100 Jahren besteht in Deutschland für Arbeitnehmer eine gesetzliche Unfallversicherung als Teil der Sozialversicherung. Träger dieser gesetzlichen Unfallversicherung sind die gewerblichen und landwirtschaftlichen Berufsgenossenschaften.

Für das Gastgewerbe ist die **Berufsgenossenschaft Nahrungsmittel und Gastgewerbe (BGN)** zuständig. Alle Mitarbeiter im Gastgewerbe sind kraft Gesetzes bei Arbeitsunfällen, sofern diese nicht leichtsinnig oder mutwillig verursacht werden, und bei Berufskrankheiten durch die BGN versichert. Die Beiträge für diese Versicherung trägt zu 100 % der Arbeitgeber. Unternehmer und ihre im Unternehmen ohne Arbeitsvertrag mitarbeitenden Ehepartner können sich freiwillig versichern.

BGN
Berufsgenossenschaft
Nahrungsmittel
und Gastgewerbe

Aufgaben der Berufsgenossenschaften
- Präventionsmaßnahmen zur Unfallverhütung durch Aufklärung und Sensibilisierung der Arbeitgeber und Arbeitnehmer
- Überwachung der Einhaltung der Sicherheitsvorschriften und Sicherstellen der Maßnahmen zur Ersten Hilfe in den Unternehmen
- Rehabilitationsmaßnahmen für Verletzte und Erkrankte, d. h. Maßnahmen zur gesundheitlichen Wiederherstellung und zur beruflichen wie auch gesellschaftlichen Wiedereingliederung
- soziale Absicherung durch Geldleistungen

Arbeitsunfälle

Als Arbeitsunfälle gelten:
- Unfälle bei betrieblicher Tätigkeit am Arbeitsort
- Unfälle auf direktem Weg von und zu der Arbeitsstelle
- Unfälle auf betrieblich veranlassten Dienstfahrten und Dienstgängen

> Unfälle von Auszubildenden auf dem Weg zu und von der Berufsschule sowie in der Schule werden von der zuständigen Unfallkasse getragen.

Berufskrankheiten

Berufskrankheiten sind Erkrankungen, die durch die Berufskrankheiten-Verordnung der Bundesregierung als solche anerkannt sind. Die Ursache muss in der ausgeübten Berufstätigkeit liegen, das heißt, es muss ein Zusammenhang zwischen der Erkrankung und der beruflichen Tätigkeit nachgewiesen sein.

Leistungen der Berufsgenossenschaften
- Übernahme der Kosten für eine Heilbehandlung (z. B. Arztbesuche und Arzneimittel, Krankenhausaufenthalt, Umbau eines Autos)
- Übernahme der Kosten zur Wiederherstellung der Erwerbstätigkeit (z. B. Kosten für die berufliche Wiedereingliederung oder für eine Umschulung)
- Leistungen bei Pflegebedürftigkeit (z. B. Kosten für den Pflegedienst oder das Pflegeheim)
- Geldleistungen (z. B. Rente, Übergangsgeld, Sterbegeld)

Mitteilungspflicht

Arbeitgeber müssen einen Arbeits- oder Wegeunfall mit einer daraus resultierenden Arbeitsunfähigkeit von mindestens drei Tagen innerhalb von drei Tagen bei der Berufsgenossenschaft melden, indem sie einen ausgefüllten Vordruck an die zuständige Bezirksverwaltung der Berufsgenossenschaft schicken. Auf dem Formular müssen u. a. die berufliche Tätigkeit und der Arbeitsbereich des Verletzten genannt und der genaue Unfallhergang beschrieben sein. Das Gleiche gilt bei dem Verdacht auf eine Berufskrankheit.

Tödliche Unfälle und Unfälle mit schweren Gesundheitsschäden müssen der BGN sofort, d. h. noch am selben Tag gemeldet werden.

> Die Unfallanzeige muss an die Berufsgenossenschaft und an das Gewerbeaufsichtsamt gesendet werden, bei tödlichen Unfällen ist zusätzlich die Polizeibehörde zu informieren.

Download der Unfallanzeige
www.bgn.de

6.4 Gefährdungsbeurteilung und Unterweisungspflicht

6.4.1 Ermittlung der Gefahrenpunkte

Jeder Arbeitgeber muss die Gefährdungen, denen die Mitarbeiter bei der Arbeit ausgesetzt sind, ermitteln und beurteilen. Bei mehr als zehn Mitarbeitern ist das Ergebnis zu dokumentieren. Ausgehend von der erstellten Gefährdungsbeurteilung hat der Arbeitgeber dann die erforderlichen Maßnahmen des Arbeitsschutzes festzulegen, also wo und was getan werden muss, um die Sicherheit und den Gesundheitsschutz der Mitarbeiter zu gewährleisten. Diese Maßnahmen sind regelmäßig auf ihre Wirksamkeit zu überprüfen.

Checklisten der BGN zur Gefährdungsbeurteilung

- Organisation und Führung
- Information und Kommunikation
- Arbeitsablauf und Arbeitsorganisation
- Einkauf und Beschaffung
- Notfallvorsorge
- arbeitsübergreifende Anforderungen
- Küche: Lagerung, kalte Küche, warme Küche, Spülküche
- Gastraum: Service-Bereich, Getränkeausschank, Bankettbereich

6.4.2 Unterweisung der Arbeitnehmer

Arbeitgeber müssen ihre neuen Mitarbeiter vor Aufnahme der Beschäftigung im Umgang mit den Maschinen, Geräten und gesundheitsgefährdenden Arbeitsmitteln unterweisen, sie über mögliche Gefahren, die bei der Arbeitstätigkeit auftreten können, informieren und ihnen Schutzmaßnahmen zur Unfallverhütung erläutern. Die Unterweisung erstreckt sich auch auf die zur Verfügung gestellten persönlichen Schutzausrüstungen. Die Sicherheitsunterweisungen sollen möglichst praxisnah vor Ort erfolgen. Die Arbeitnehmer haben die Anweisungen zu beachten. Der Arbeitgeber kann die Unterweisungspflicht auf andere erfahrene Mitarbeiter übertragen, muss allerdings die Durchführung kontrollieren.

Arbeitsschutzgesetz
www.gesetze-im-internet.de/arbschg

BGV A1
(Basisvorschrift für die Prävention)
http://vorschriften.portal.bgn.de
unter Vorschriften → Berufsgenossenschaft

Jugendarbeitsschutzgesetz
www.gesetze-im-internet.de/jarbschg

Die **Sicherheitsunterweisungen** sind in regelmäßigen Abständen, mindestens jedoch einmal jährlich, zu wiederholen. Die Unterweisungen sind zu dokumentieren (siehe Arbeitsschutzgesetz §§ 7, 12 und 13 sowie BGV A1 § 4 „Grundsätze der Prävention"). Für Jugendliche gilt zusätzlich, dass sie nur unter Aufsicht an den Maschinen arbeiten dürfen (siehe Jugendarbeitsschutzgesetz § 22). Im Rahmen der Sicherheitsunterweisung sind die Arbeitnehmer auch über den Alarmplan sowie den Flucht- und Rettungsplan zu informieren.

Interner Alarm: Räumungsalarm z. B. Sirene durch Diensthabende/n, Aufsichtsführende/n oder sonstige zuständige Person auslösen. Brandmeldung weiterleiten:		
	Name	**Telefon**
1. Feuerwehr 2. Betriebs-/Werkfeuerwehr		112
3. Rettungsleitstelle		
4. Lotse für öffentliche Feuerwehr		
5. Ersthelfer/Betriebssanitäter/Arzt		
6. Geschäfts-/Werksleitung		
7. Sicherheitsfachkraft		
8. Brandschutzbeauftragter		
Intern	**Name**	**Telefon**
Betriebstechnik		
Elektronik		
Gas		
Wasser/Abwasser		
Heizung		
Druckluft		
Extern		
Polizei		110
Krankenhaus		
Gaswerk (Störungsdienst)		
Wasserwerk (Störungsdienst)		
Klärwerk (Störungsdienst)		
Elektrizitätswerk (Störungsdienst)		
Feuerversicherung (Störungsdienst)		
Die Brandmeldung muss enthalten: • Brandstelle/Brandumfang • Personen verletzt oder in Gefahr • Name des Meldenden		

Alarmplan für das Verhalten bei Bränden (Quelle: ASI 9.30/11)

Alarmplan

Der Alarmplan dient dazu, die schnelle Alarmierung im Unternehmen und anderer wichtiger Stellen außerhalb des Unternehmens (z. B. Feuerwehr) sicherzustellen.

Flucht- und Rettungsplan

Er dient dazu, Fluchtwege mit Notausgängen und geeignete Verhaltensweisen aufzuzeigen, und ist u. a. aufzustellen, wenn die regelmäßige Anwesenheit betriebsfremder und ortsunkundiger Personen (z. B. Gäste im Restaurant) das Gefährdungspotenzial erhöht. Flucht- und Rettungspläne (siehe nächste Seite) sollten an Ein- und Ausgängen bzw. in Treppenhäusern an Zu- und Abgängen angebracht werden.

6.4.3 Bestellung der Sicherheitsbeauftragten

Arbeiten in einem Betrieb eines Unternehmens regelmäßig mehr als 20 ständig beschäftigte Mitarbeiter, müssen unter Beteiligung des Betriebsrats oder Personalrats Sicherheitsbeauftragte bestellt werden. Als ständig beschäftigt gelten Mitarbeiter, wenn sie mindestens 13 Wochen zusammenhängend im Beschäftigungsverhältnis eines Unternehmens stehen. Die Sicherheitsbeauftragten unterstützen den Arbeitgeber bei der Durchführung der Maßnahmen zur Verhütung von Arbeitsunfällen und Berufskrankheiten.

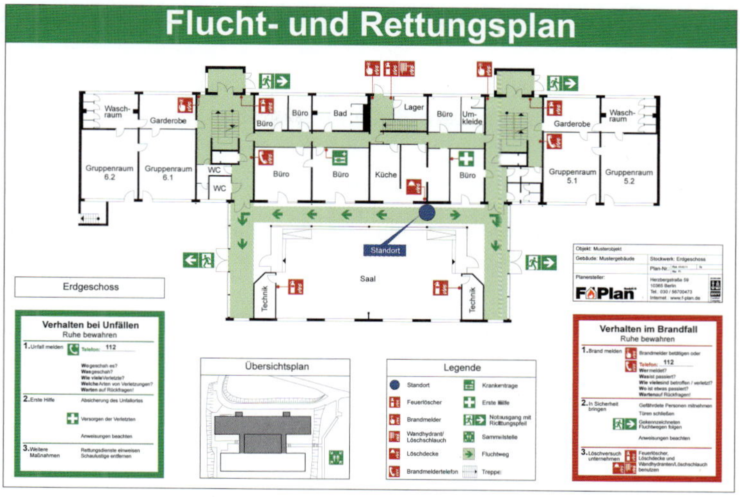

6.5 Unfallschutz

6.5.1 Vermeidung von Unfällen

Unfälle können viele Ursachen haben. So können Übermüdung und damit verbundene Konzentrationsschwierigkeiten, Unaufmerksamkeit und Ablenkung, aber auch emotionaler Stress mit daraus resultierenden psychischen Beeinträchtigungen zu Unfällen führen. Eine hohe Arbeitsbelastung und ein hohes Arbeitstempo mit teilweise übertriebener Eile und hastigem, unüberlegtem Arbeiten führen schnell zu einer physischen Überforderung. Aber auch die Unkenntnis von Gefahrensituationen, eine fehlende Einweisung im Umgang mit Geräten, Leichtsinn oder gar das bewusste Missachten der Sicherheitsvorschriften sind oft mitverantwortlich für Unfälle. Alkohol- und Medikamentenkonsum gehören ebenfalls zu den Auslösern.

Schon das Einhalten weniger Grundregeln kann das Unfallrisiko senken:

- Kommen Sie ausgeruht zur Arbeit!
- Halten Sie Ordnung am Arbeitsplatz und räumen Sie weg, was nicht gebraucht wird!
- Planen Sie die einzelnen Arbeitsschritte!
- Arbeiten Sie ruhig, aufmerksam und konzentriert!
- Tragen Sie bei Ihrer Arbeit die vorgeschriebene Arbeits- und Schutzkleidung!
- Lassen Sie sich über mögliche Unfallgefahren aufklären und beherzigen Sie die Hinweise auf besondere Gefahrenquellen!
- Berücksichtigen Sie die Sicherheitsvorschriften und befolgen Sie insbesondere die Gebrauchsanleitungen für die einzelnen Maschinen!
- Nutzen Sie an den Geräten und Maschinen die vorgeschriebenen Schutzvorrichtungen!
- Sortieren Sie schadhafte Geräte umgehend aus!
- Berücksichtigen Sie die Sicherheits- und Gesundheitsschutzzeichen am Arbeitsplatz!

6.5.2 Sicherheits- und Gesundheitsschutzkennzeichen am Arbeitsplatz

Die Arbeitssicherheit wird unterstützt durch viele Sicherheitszeichen.
Sie unterscheiden sich je nach Bedeutung in ihrer Farbe und Form.

Schilder für die Sicherheits- und Gesundheitsschutzkennzeichnung am Arbeitsplatz (BGV A8)

Art der Zeichen	Geometrische Form	Farbe	Aussehen
Verbotszeichen	Kreis	Rot	
Warnzeichen	Dreieck	Gelb	
Gebotszeichen	Kreis	Blau	
Rettungszeichen und Erste-Hilfe-Zeichen	Rechteck, Quadrat	Grün	
Material und Einrichtungen zur Brandbekämpfung	Rechteck, Quadrat	Rot	
Rauchen verboten	Kreis	Rot	
Feuer, offenes Licht und Rauchen verboten	Kreis	Rot	
Mit Wasser löschen verboten	Kreis	Rot	
Kein Trinkwasser	Kreis	Rot	
Warnung vor feuergefährlichen Stoffen	Dreieck	Gelb	
Warnung vor ätzenden Stoffen	Dreieck	Gelb	
Warnung vor gefährlicher elektrischer Spannung	Dreieck	Gelb	
Gefahrenstelle	Dreieck	Gelb	
Fußschutz benutzen	Kreis	Blau	
Handschutz benutzen	Kreis	Blau	
Augenschutz benutzen	Kreis	Blau	

6.5.3 Arbeitskleidung

Die richtige Arbeitskleidung ist ein wesentlicher Faktor zur Vermeidung bzw. Verhütung von Unfällen. Arbeitskleidung ist Kleidung, die anstelle bzw. in Ergänzung der Privatkleidung getragen wird. Sie muss so beschaffen sein, dass durch sie kein Arbeitsunfall verursacht werden kann. Zur Arbeitskleidung gehört auch das geeignete Schuhwerk.

Koch in vorschriftsmäßiger Arbeitskleidung

6.5.4 Schutzausrüstungen

Bei besonderen Unfall- bzw. Gesundheitsgefahren hat der Arbeitgeber den Mitarbeitern besondere Schutzausrüstungen zur Verfügung zu stellen. Hierzu gehören u.a.:

- Kopfschutz, z.B. im Lager- oder Verladebereich
- Fußschutz, z.B. Sicherheitsschuhe im Transportbereich
- Augen- und Gesichtsschutz, z.B. beim Umgang mit ätzenden Reinigungs- und Desinfektionsmitteln
- Schutzkleidung und Schutzhandschuhe zum Schutz vor Verätzungen, Verbrennungen, Unterkühlungen oder Stich- und Schnittverletzungen

Gefahr erkannt – Gefahr gebannt!

Stechhandschuh zur Vermeidung von Schnittverletzungen

6.5.5 Unfallquellen

Werden Unfallquellen erkannt und beseitigt, können Arbeitsunfälle vermieden werden.

Vermeidung von Stürzen

- Böden sollen rutschfest, eben und leicht zu reinigen sein; sie dürfen keine Stolperstellen haben; nasse oder verunreinigte Böden sind sofort zu reinigen und gründlich zu trocknen.
- Arbeitswege sind frei zu halten; Hindernisse sind sofort zu beseitigen; Stromkabel dürfen nicht über die Laufwege führen.
- Abflussöffnungen und Metallroste im Boden müssen immer verschlossen sein; Gefahrenstellen sind zu kennzeichnen.
- Arbeitsbereiche, Verkehrs- und Fluchtwege müssen gut ausgeleuchtet sein.
- Treppen müssen mit einem Handlauf versehen, gut beleuchtet und frei von Hindernissen sein.
- Steighilfen und Leitern müssen einen sicheren Stand haben.
- Es ist das richtige Schuhwerk auszuwählen; die Schuhe sollen fest sitzen und rutschfest sein; Absätze müssen über eine ausreichend große Auftrittsfläche verfügen und dürfen nur eine mäßige Höhe haben.

Kennzeichnung rutschiger Arbeitsstellen

Vermeidung von Verkühlungen

- Kühlräume müssen von innen entriegelt werden können, wenn die Türen von außen verschlossen sind.
- Tiefkühlräume nur mit Kleidung betreten, die vor Kälte schützt (Jacke, Handschuhe).

Schutzhandschuh zur Vermeidung von Verbrennungen

Sichere Aufbewahrung für Messer

Prüfzeichen auf elektrischen Geräten

CE

Das Produkt erfüllt alle für dieses Produkt gültigen EG-Richtlinien.

VDE

VDE Verband der Elektrotechnik, Elektronik und Informationstechnik e.V.

Hochspannung

GS

Geprüfte Sicherheit

Gefahrensymbole auf Betriebsanweisungen und Verpackungen

Ätzend

Gesundheitsschädlich

Gesundheitsgefährlich

Hochentzündlich oder Leichtentzündlich

Giftig

Vermeidung von Verbrennungen und Verbrühungen

- Mit heißen Flüssigkeiten und heißem Fett vorsichtig umgehen; Gefäße mit heißem Fett möglichst nicht bewegen; nie Flüssigkeiten oder feuchte Lebensmittel ins Fett geben; heißes Kochgut möglichst in Bodennähe vorsichtig umfüllen.
- Verschüttetes Fett auf Herdplatten sofort entfernen.
- Heiße Kochgeräte, Backbleche oder Backformen kennzeichnen (Warnrufe) und nur mit Topflappen anfassen.
- Kombidämpfer so öffnen, dass der Körper vor dem Dampf geschützt ist; Gleiches gilt beim Abnehmen von Topfdeckeln von Kochtöpfen und Abgießen von heißen Flüssigkeiten.
- Auf besondere Vorsicht bei offenen Flammen (z. B. bei Gasherden) achten.

Vermeidung von Schnittverletzungen

- Bei Bedarf Schutzkleidung (Stechschutzhandschuhe und -schürze) tragen.
- Messer mit rutschsicherem Griff und gut geschärfter Klinge benutzen.
- Niemals mit Messern in der Hand umherlaufen.
- Für die jeweilige Arbeitstätigkeit geeignete Messer auswählen.
- Auf eine fachgerechte Messerführung achten.
- Messer, die nicht benötigt werden, wegräumen.
- Messer nicht ins Spülwasser legen.
- Fallenden Messern nicht nachgreifen.
- Schneidemaschinen standfest aufstellen und nur mit den vorgesehenen Schutzeinrichtungen benutzen; nie in laufende Maschinen fassen.
- Dosen und Behälter nur mit den dafür vorgesehenen Werkzeugen öffnen.
- Kaputte Gläser sowie beschädigtes Geschirr sofort entsorgen.

Vermeidung von Verletzungen durch Strom

- Alle elektrischen Arbeitsgeräte müssen den Sicherheitsvorschriften entsprechen; auf Prüfzeichen achten; nur Schutzkontaktstecker bzw. -steckdosen verwenden.
- Bedienungsanleitungen für elektrische Geräte genau beachten; keine Schutzvorrichtungen von den Geräten entfernen.
- Mängel an Elektrogeräten sofort melden; in der Zwischenzeit die Geräte nicht mehr benutzen.
- Reparaturen an elektrischen Geräten nur von Fachleuten durchführen lassen.
- Beschädigte Steckdosen, Kabel oder Schalter sofort reparieren lassen.
- Vor dem Reinigen von elektrischen Geräten den Stecker ziehen; darauf achten, dass der Stecker nicht am Kabel aus der Steckdose gezogen wird.

Vermeidung von Verätzungen

- Betriebsanweisungen für den Umgang mit gefährlichen Reinigungs- bzw. Desinfektionsmitteln befolgen und die Gefahrensymbole beachten.
- Beim Umgang mit gefährlichen Stoffen, wie z. B. Reinigungsmittel, immer Schutzkleidung tragen; hierzu gehören Handschuhe, Schutzbrille, Gummischürze und Schutzstiefel.
- Reinigungsmittel immer nur in den dafür vorgesehenen Behältern aufbewahren bzw. in solche umfüllen; diese unbedingt kennzeichnen.

6.6 Brandschutz

6.6.1 Vermeidung von Bränden

Löschanlagen und Rettungswege

Je nach Brandgefährdung müssen in den einzelnen Räumen entsprechende Einrichtungen zum Löschen möglicher Brände vorhanden sein. Hierzu gehören Löschanlagen (z.B. Sprinkleranlagen), Feuerlöschgeräte und Feuerlöschdecken.

Feuerlöscher sollen an gut sichtbaren, deutlich gekennzeichneten und im Brandfall erreichbaren Stellen angebracht sein. Sinnvoll ist es, Feuerlöscher auf verschiedene Stellen im Betrieb zu verteilen. Pro Stockwerk muss aber mindestens ein Feuerlöscher vorhanden sein. Die Feuerlöscher müssen mindestens alle zwei Jahre auf ihre Funktionsfähigkeit geprüft werden. Verwendete Feuerlöscher sind umgehend neu zu füllen.

Rettungswege und **Notausgänge** müssen dauerhaft gekennzeichnet sein. Sie sind stets frei zu halten. Türen müssen in Fluchtrichtung zu öffnen sein. Feuerschutztüren, die dazu dienen, im Brandfall den Durchtritt von Feuer und Rauch zu verhindern, müssen geschlossen sein.

Rettungszeichen für einen Rettungsweg links und einen Rettungsweg rechts, nur in Verbindung mit einem Richtungspfeil erlaubt

Rettungszeichen mit Richtungspfeilen

Kennzeichnung des Standorts für den Feuerlösche

Brandschutzhelfer

Der Arbeitgeber muss alle Mitarbeiter in regelmäßigen Abständen über die geltenden Brandschutzmaßnahmen belehren. Er muss an geeigneten Stellen eine Liste mit Maßnahmen für das Verhalten im Brandfall gut sichtbar aushängen. Es sind Übungen, insbesondere im Umgang mit den Feuerlöschern durchzuführen. Die Mitarbeiter sind verpflichtet, durch ihr Verhalten und umsichtiges Arbeiten zur Verhütung von Bränden beizutragen. Ab einer bestimmten Betriebsgröße muss ein Brandschutzbeauftragter benannt sein. Daneben ist gemäß Arbeitsschutzgesetz eine genügende Anzahl von Brandschutzhelfern zu benennen, auszubilden und auszurüsten. Etwa 5 % der Mitarbeiter sollten Brandschutzhelfer sein. Sie übernehmen im Brandfall Aufgaben der Brandbekämpfung und der Evakuierung.

Anforderungen an bestimmte Arbeitsgeräte und Materialien

Alle Arbeitsgeräte und Maschinen müssen den gesetzlichen Bestimmungen der Sicherheits- und Unfallverhütungsvorschriften entsprechen. Beim Kauf ist daher auf die entsprechenden Prüfzeichen zu achten. Insbesondere die Gasgeräte und elektrischen Geräte müssen regelmäßig überprüft werden, denn schadhafte Geräte können zur Brandursache werden.

Auch **brennbare Flüssigkeiten und Gase** stellen eine große Gefahrenquelle dar. Daher müssen diese besonders gelagert werden (siehe nächste Seite). Für die Verwendung von Spraydosen gilt ferner:

- Flaschen vor Sonne und Hitze schützen.
- Flaschen nie gewaltsam öffnen und nur völlig leer entsorgen.
- Gas nicht in offene Flammen sprühen.
- Gas niemals in die Augen sprühen.
- Gas niemals einatmen.

Im Brandfall sind zu berücksichtigen:

- Feuerwehr und/oder Handmelder betätigen — Ruf-Nr.: 112
- Telefonzentrale — Ruf-Nr.: ______
- Abteilungsleiter/Werkstatt-Mstr./Betriebsleiter/Brandschutzbeauftragter — Ruf-Nr.: ______
- Geschäftsführung — Ruf-Nr.: ______

Nächste Löscheinrichtung: ______________________

Sammelplatz: ______________________

Verhalten

- Menschenrettung geht vor Brandbekämpfung
- Bei Brand an elektrischen Anlagen: Strom abschalten
- Maschinen, Transport- und Absauganlagen abschalten
- Mit der Brandbekämpfung beginnen
- Feuerschutzabschlüsse, Türen und Fenster schließen
- Gegebenenfalls brennbares Material – Gase, Flüssigkeiten etc. – aus der Brandnähe entfernen
- Keinen Aufzug als Fluchtweg benutzen
- Freimachen von Verkehrswegen für Löschfahrzeuge
- Feuerwehr einweisen

Interner Aushang „Verhalten im Brandfall“
(Quelle: ASI 9.30/11)

Lagerung brennbarer Flüssigkeiten und Gase

Flüssigkeit/Gas	Lagerung/Sicherheitsbestimmungen
Reinigungsmittel	Lagerung in gekennzeichneten Behältern; diese sind getrennt in abgeschlossenen Räumen aufzubewahren
Brennspiritus	Lagerung in abgeschlossenen Räumen
Spirituosen	Lagerung in abgeschlossenen Räumen
Flüssiggas wie z.B. Propan oder Butan	Lagerung von Stahlflaschen mit max. 14 kg Füllgewicht stehend in Arbeitsräumen; ansonsten im Freien oder in besonderen Räumen; Flaschen vor unzulässiger Erwärmung schützen; auch die entleerten Flaschen sind stehend zu lagern
Kohlensäure	Stahlflaschen sind liegend oder gegen Umfallen gesichert in kühlen, trockenen Räumen zu lagern; Flaschen vor Wärmeeinwirkung schützen; Flaschen nur aufrecht stehend an Druckminderungsventile anschließen

Umgang mit offenem Feuer und heißem Fett

Brände entstehen durch das Zusammenspiel von brennbaren Stoffen, Sauerstoff und Hitze. Eine **Brandgefahr** besteht also immer dann, wenn diese drei Faktoren zur gleichen Zeit am gleichen Ort vorhanden sind. Dies ist insbesondere beim Umgang mit offenem Feuer und heißem Fett der Fall. Deshalb gelten folgende Grundsätze:

- Achtsamer Umgang mit offenem Feuer; brennbare Materialien von offenem Feuer fernhalten.
- Kochgeräte und Fritteusen regelmäßig reinigen, damit keine brennbaren Fettreste übrig bleiben; die Fettfilter in den Dunstabzugshauben regelmäßig austauschen bzw. reinigen.
- Fette niemals überhitzen; sie können bei Zufuhr von Sauerstoff (z.B. durch Abnehmen des Deckels) leicht entflammen.
- Niemals Flüssigkeiten in erhitztes Fett gießen; Explosionsgefahr!
- Brennendes Fett in Pfannen und Töpfen durch Unterbrechung der Sauerstoffzufuhr mithilfe einer Löschdecke löschen; bei großem Feuer entsprechenden Feuerlöscher (siehe nächste Seite) nutzen; niemals Wasser verwenden.

Für Frittiereinrichtungen bis 50 Liter Gesamtfüllmenge ist ein Feuerlöscher mit nachgewiesener Eignung zum Löschen von Fettbränden nach DIN EN 3 bereitzuhalten.

6.6.2 Brandbekämpfung

Sollte es trotz aller Schutzmaßnahmen zum Brand kommen, ist das oberste Gebot, Ruhe zu bewahren und Hektik zu vermeiden. Das richtige Verhalten umfasst drei Aufgaben:

- **Alarmieren:** Alarmieren Sie möglichst schnell die Vorgesetzten oder direkt die Feuerwehr.
- **Retten:** Helfen Sie mit, dass alle Mitarbeiter in Sicherheit gebracht werden, Menschrettung geht vor Brandbekämpfung.

Kennzeichnung des Notruftelefons

- **Löschen:** Bei einem Brand an Maschinen möglichst zunächst den Strom abschalten; gegebenenfalls brennbares Material aus der Brandnähe entfernen; Türen und Fenster schließen. Löschen Sie Feuer von vorne nach hinten und unten nach oben. Mehrere Feuerlöscher sollten gleichzeitig und nicht nacheinander eingesetzt werden.

Ist die Feuerwehr alarmiert, ist ihr Einsatz vorzubereiten. Verkehrswege für die Löschfahrzeuge müssen frei gemacht und frei gehalten werden. Beim Eintreffen der Feuerwehr ist diese über die Situation zu informieren und einzuweisen. Anordnungen der Einsatzleitung sind unbedingt zu befolgen.

ABC-Pulverfeuerlöscher (links)
Fettbrandfeuerlöscher (rechts)

6.6.3 Brandklassen und Löschmittel

Da sich brennbare Materialien bei einem Brand unterschiedlich verhalten, wurden verschiedene Brandklassen mit den für sie geeigneten Löschmitteln festgelegt.

Brandklassen und geeignete Löschmittel

Brandklasse	Material (Beispiele)	Löschmittel
Brände fester, organischer Stoffe	Holz, Papier, Textilien, Faserstoffe	Wasser, Handfeuerlöscher mit ABC-Löschpulver, Wasser oder Schaum, Löschdecke
Brände von flüssigen oder flüssig werdenden Stoffen	Öle, Lacke, Benzin, Alkohol	Handfeuerlöscher mit ABC-Löschpulver, Kohlenstoffdioxid oder Schaum, Löschdecke
Brände von Gasen	Methan, Wasserstoff, Stadtgas	Handfeuerlöscher mit ABC-Löschpulver
Brände von Metallen	Aluminium, Magnesium	Handfeuerlöscher mit Metallbrandlöschpulver, Sand, kein Wasser verwenden!!
Brände von Speiseölen und Fetten	Frittierfette, Back- und Bratfette	Fettbrandlöscher (Speziallöschmittel), kein Wasser verwenden!!!

Beim Einsatz von Feuerlöschgeräten unbedingt auf den Bestimmungszweck achten.

6.7 Erste Hilfe

Bei Unfällen oder plötzlich auftretenden Erkrankungen am Arbeitsplatz ist eine sofortige wirksame Hilfeleistung erforderlich.

Um in Notfällen Erste Hilfe leisten zu können, müssen
- notwendiges Erste-Hilfe-Material zur Verfügung stehen,
- notwendige Erste-Hilfe-Einrichtungen vorhanden sein,
- eine ausreichende Zahl von ausgebildeten Ersthelfern im Betrieb anwesend sein,
- die innerbetriebliche Rettungsorganisation mit den konkreten Rettungsmaßnahmen gut funktionieren.

Allgemeines Zeichen für Erste Hilfe

6.7.1 Erste-Hilfe-Material und Erste-Hilfe-Einrichtungen

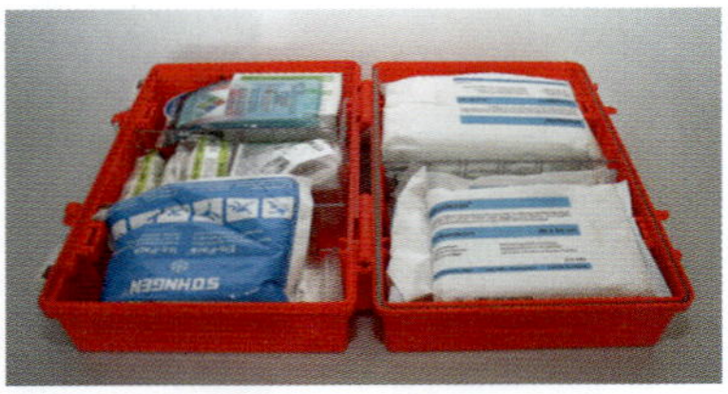

Erste-Hilfe-Kasten

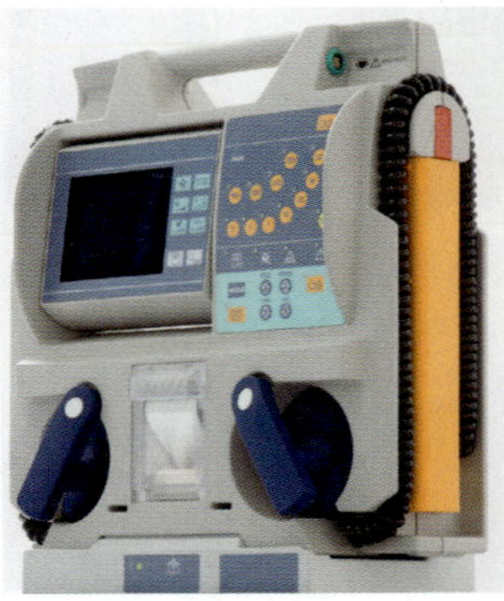

Defibrilator

Erste-Hilfe-Material
Zum Erste-Hilfe-Material gehören Verbandsmaterial, bestimmte medizinische Geräte (z. B. Defibrillatoren), bestimmte Arzneimittel und andere Hilfsmittel (z. B. Augenspülflaschen), die der Ersten Hilfe dienen. Jeder Betrieb sollte entsprechend seiner Größe mit einer ausreichenden Menge an Erste-Hilfe-Material ausgestattet sein. Dieses muss schnell erreichbar und leicht zugänglich sein. Daher sollte es dort aufbewahrt werden, wo die Arbeitsbedingungen es erfordern könnten. Die Aufbewahrungsstellen sind durch das weiße Kreuz auf grünem Grund zu kennzeichnen. Durch Schulungen ist sicherzustellen, dass jeder Betriebsangehörige die Standorte kennt und das Material ordnungsgemäß einsetzen kann. Erste-Hilfe-Material ist zum Schutz vor schädigenden Einflüssen in geeigneten Behältnissen aufzubewahren (z. B. Verbandskästen). Es muss rechtzeitig ergänzt und erneuert werden. Wenn das Verfalldatum abgelaufen ist oder es augenscheinlich nicht mehr einwandfrei ist, ist es zu entsorgen.

Im Verbandskasten, der für die Betriebsart und Betriebsgröße zugelassen sein muss, sind die „Anleitungen zur Ersten Hilfe“ aufzubewahren.

Im Verbandsbuch sind durchgeführte Erste-Hilfe-Maßnahmen zu dokumentieren (siehe Seite 178).

Erste-Hilfe-Einrichtungen
Erste-Hilfe-Einrichtungen sind technische Rettungsmittel wie z. B. Notduschen, Löschdecken und Rettungstransportmittel sowie Meldeeinrichtungen. Diese sind vorgeschrieben, soweit es die betrieblichen Verhältnisse erforderlich machen.

6.7.2 Ersthelfer

Gesetzliche Bestimmung zur Anzahl der Ersthelfer

Anzahl der anwesenden Versicherten	Mindestanzahl der Ersthelfer
2–20	1
mehr als 20	10 % der Versicherten

Auch in kleinen Unternehmen sollte es möglichst mehr als einen Ersthelfer geben, da dieser aufgrund von Krankheit oder Urlaub im Betrieb fehlen kann.

In jedem Betrieb müssen ausgebildete Ersthelfer zur Verfügung stehen. Der Ersthelfer sorgt dafür, dass bei einem Notfall schnell und wirksam Erste Hilfe geleistet werden kann und überbrückt mit seiner Hilfe die Zeit, bis der Arzt oder Krankenwagen kommt. Allerdings darf er keine Maßnahmen ergreifen, die den Ärzten vorbehalten sind. Die Zahl der Ersthelfer richtet sich nach der Anzahl der anwesenden Versicherten. Die Ausbildung zum Ersthelfer erfolgt in einem Erste-Hilfe-Lehrgang bei einer zur Ausbildung berechtigten Hilfsorganisation. Sie dauert mindestens acht Doppelstunden. In Abständen von mindestens zwei Jahren müssen die Lehrgänge wiederholt werden.

6.7.3 Rettungsmaßnahmen

Ziel ist es, durch organisatorische Maßnahmen sicherzustellen, dass die notwendige Hilfe unverzüglich herbeigerufen und an den Einsatzort geleitet werden kann. So müssen die Notrufnummern bekannt sein und die Mitarbeiter sollten geschult sein, welche Angaben beim Notruf notwendig sind.

Die Rettungskette

Die Rettungskette besteht aus:

- Sofortmaßnahmen
- Notruf
- Erste Hilfe

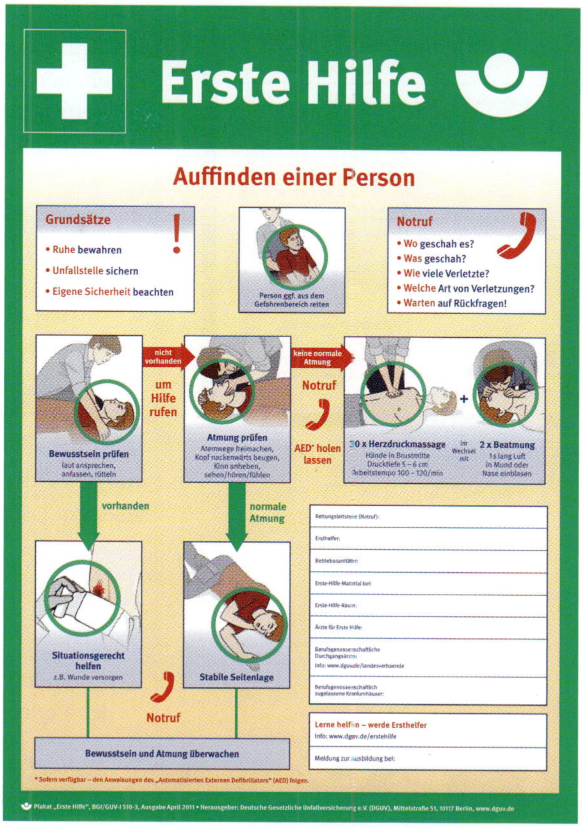

Erste-Hilfe-Sofortmaßnahmen beim Auffinden einer Person

Jeder ist zur Hilfeleistung verpflichtet.
Unterlassene Hilfeleistung gilt als Straftat.

Sofortmaßnahmen

Oberstes Gebot für den Ersthelfer ist es, Ruhe zu bewahren, um effektiv arbeiten zu können, und den Verletzten nicht zu beunruhigen.

Eventuell muss der Ersthelfer die verunglückte Person aus dem Gefahrenbereich bringen und die Unfallstelle sichern. Hierbei sollte der Helfer immer die eigene Sicherheit beachten.

Danach sind gegebenenfalls lebensrettende Sofortmaßnahmen einzuleiten.

Die folgenden Texte und Abbildungen zu Sofortmaßnahmen und Erste-Hilfe-Maßnahmen sind der „BGI/GUV-I 503 – Anleitung zur Ersten Hilfe“ (Herausgeber: Deutsche Gesetzliche Unfallversicherung e.V.) entnommen.

Sofortmaßnahmen am Unfallort

Stabile Seitenlage	Herzdruckmassage	Beatmung
▪ Beine des Bewusstlosen strecken ▪ Nahen Arm angewinkelt nach oben legen, die Handinnenfläche zeigt dabei nach oben ▪ Ferne Hand des Bewusstlosen fassen und Arm vor der Brust kreuzen, Hand nicht loslassen ▪ Mit der anderen Hand an den fernen Oberschenkel (nicht im Gelenk!) des Bewusstlosen greifen und Bein beugen ▪ Bewusstlosen zu sich herüberziehen ▪ Hals überstrecken und Mund leicht öffnen ▪ An der Wange liegende Hand so ausrichten, dass der Hals überstreckt bleibt ▪ Ständige Atemkontrolle	▪ Rückenlage auf harter Unterlage ▪ Oberkörper freimachen ▪ Handballen der zweiten Hand auf die erste Hand setzen ▪ Mit gestrecktem Arm das Brustbein 4 bis 5 cm nach unten drücken ▪ Brustbein nach jedem Druck entlasten ▪ 30 × Herzdruckmassage (Arbeitstempo 100/min) im Wechsel mit 2 × beatmen ▪ Wiederbelebung bis Atmung einsetzt oder Rettungsdienst übernimmt	▪ 2 × beatmen im Wechsel mit 30 × Herzdruckmassage ▪ Mund zu Mund (Nase zuhalten) oder ▪ Mund zu Nase (Mund zuhalten) siehe Abbildung ▪ 1 Sekunde lang gleichmäßig Luft in Mund oder Nase einblasen

Aushang „Verhalten bei Unfällen"

Notruf

Bei schweren Unfällen muss möglichst schnell ein Arzt angefordert und gegebenenfalls ein Transport ins Krankenhaus veranlasst werden. Damit die Rettungsleitstellen Hilfe schicken können, müssen beim Notruf folgende „5-W-Angaben" gemacht werden:

- **Wo** ist der Unfall passiert (genaue Ortsangabe bzw. Ortsbeschreibung)?
- **Was** ist passiert (Beschreibung der Unfallsituation)?
- **Wie viele** Verletzte/Erkrankte gibt es?
- **Welche** Arten von Verletzungen/Erkrankungen liegen vor?
- **Warten** auf Rückfragen (evtl. Name und Telefonnummer für Rückrufe nennen)!

Erste-Hilfe-Maßnahmen

Die durchzuführenden Maßnahmen sind abhängig von den konkreten Verletzungen. Allerdings sollte stets darauf geachtet werden, den Verletzten nicht allein zu lassen, ihm Betreuung zukommen zu lassen und Trost zu spenden.

Blutungen

Erkennen

- blutende Wunden können durch Kleidungsstücke oder durch die Lage des Verletzten verdeckt sein

Maßnahmen

- Einmalhandschuhe tragen
- Wunden keimfrei bedecken
- gegebenenfalls Schocklagerung
- gegebenenfalls Anlegen eines Druckverbands

Anlegen eines Druckverbands

- Wundauflage auf Wunde legen und mit 2 bis 3 Bindegängen fixieren
- Druckpolster, z.B. zweites Verbandpäckchen, auf der Wundauflage platzieren
- mit weiteren Bindegängen stramm befestigen

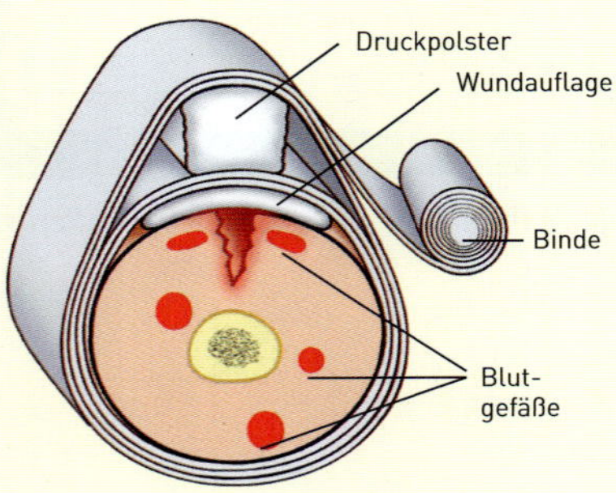

Prinzip des Druckverbands

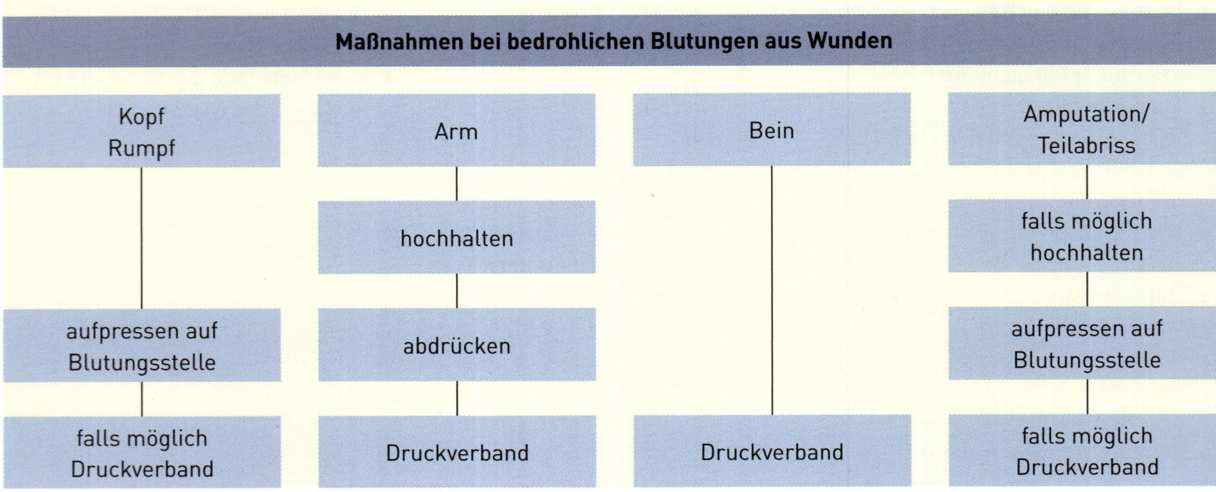

Abriss von Körperteilen
- abgetrennte Körperteile suchen
- in keimfreiem Verbandsmaterial kühl verpackt dem Verletzten mitgeben, z. B. Replantat-Beutel

Schock

Erkennen
- Frieren/Zittern
- blasse, kalte Haut
- Schweiß auf der Stirn

Diese Anzeichen treten nicht immer alle und nicht immer gleichzeitig auf.

Maßnahmen
- für Ruhe sorgen
- gegebenenfalls Blutungen stillen
- vor Wärmeverlust schützen (Decke unterlegen, zudecken)
- Schocklage herstellen
- Zuwendung, Betreuung
- ständige Kontrolle von Bewusstsein und Atmung

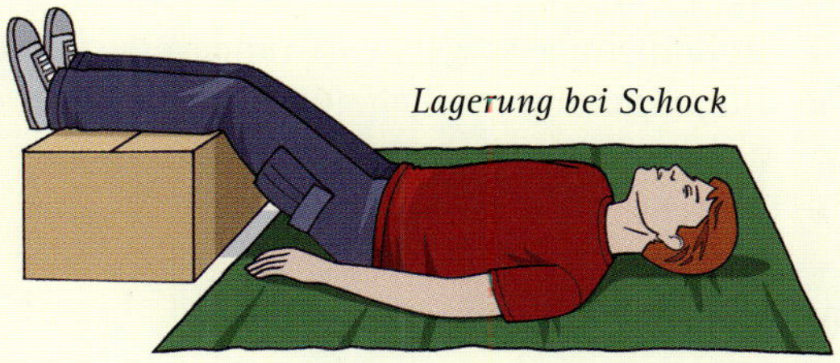

Lagerung bei Schock

Knochenbrüche, Gelenkverletzungen

Erkennen
- Schmerzen
- abnorme Lage/Beweglichkeit
- Verkürzung der Gliedmaßen
- Funktionsverlust
- Schonhaltung

Maßnahmen
- Ruhigstellung des verletzten Körperteils in vorgefundener Lage
- Prellungen und Verrenkungen der Gelenke kühlen
- bei Verdacht auf Wirbelsäulenverletzung Lage des Verletzten möglichst **nicht** ändern
- bei offenen Knochenbrüchen Wunden mit sterilem Material bedecken

Verbrennungen

Maßnahmen
- brennende Person ablöschen
- mit heißen Stoffen behaftete Kleidung sofort entfernen
- auf der Haut festhaftende Kleidungsstücke nicht entfernen
- lokale Kühlung mit fließendem Wasser, bis Schmerz nachlässt (etwa 10 Minuten)
- Brandwunden keimfrei bedecken
- vor Wärmeverlust schützen

Verätzungen

Erste-Hilfe-Maßnahmen sind bereits bei Verdacht auf eine Verätzung durchzuführen, da die Wirkung von ätzenden Stoffen mit zeitlicher Verzögerung auftreten kann.

Allgemeine Maßnahmen
- auf Selbstschutz achten (z. B. Schutzhandschuhe, Atemschutz)
- für Körperruhe sorgen
- vor Wärmeverlust schützen
- ärztliche Behandlung veranlassen
- Erbrechen nicht herbeiführen

Verätzungen der Augen
- Auge unter Schutz des unverletzten Auges sofort bei geöffneten Augenlidern ausgiebig mit Wasser spülen
- im Auge verbliebene feste Stoffe mechanisch, z. B. mit einem feuchten Tupfer, entfernen
- steriler Schutzverband

Verätzungen der Haut
- verunreinigte Kleidung, auch Unterwäsche und Schuhe, sofort ausziehen
- Haut mit viel Wasser spülen
- Wunden keimfrei bedecken

Verschlucken von ätzenden Stoffen
- sofortiges kräftiges Ausspülen des Mundes
- Wasser in kleinen Schlucken trinken lassen (Verdünnungseffekt)

Vergiftungen

Erkennen
- Angaben des Verletzten und anwesender Personen
- Anzeichen im Umfeld für das Einwirken giftiger Stoffe

Allgemeine Maßnahmen
- vergiftete Personen unter Selbstschutz (z. B. Schutzhandschuhe, Atemschutz) aus dem Gefahrbereich bringen
- für Körperruhe sorgen, vor Wärmeverlust schützen
- Gifteinwirkung ermitteln (Giftstoff, Konzentration, Menge und Dauer der Einwirkung)
- Erbrechen nicht herbeiführen
- gegebenenfalls Giftreste sichern
- ärztliche Behandlung veranlassen

Berührung der Haut mit giftigen Stoffen
- verunreinigte Kleidung, auch Unterwäsche und Schuhe, sofort ausziehen
- Haut mit viel Wasser spülen
- Wunden keimfrei bedecken

Verschlucken von giftigen Stoffen
- sofortiges kräftiges Ausspülen des Mundes

Unfälle durch elektrischen Strom

Bei jedem Stromunfall muss mit Herz-Kreislauf-Stillstand gerechnet werden.

Allgemeine Maßnahmen
- auf Selbstschutz achten
- in jedem Fall für Stromunterbrechung sorgen

Unfälle mit Niederspannung (üblich im Haushalt und Gewerbe bis maximal 1000 Volt)
- Stecker ziehen
- ausschalten
- Sicherung/Sicherungsautomat betätigen

Unfälle mit Hochspannung (Anlagen über 1000 Volt)
- Abstand halten (5 m Abstand) und sofort Notruf „Elektrounfall" veranlassen
- Fachpersonal herbeirufen (zwecks Ausschalten)
- Rettung nur durch Fachpersonal!
- Hilfeleistung erst nach Eingreifen von Fachpersonal

Unfälle mit unbekannter Spannung
- Maßnahmen wie bei Unfällen mit Hochspannung

Maßnahmen am Patienten
- bei jedem Elektrounfall ständige Kontrolle von Bewusstsein und Atmung (Kreislauf)
- Versorgung je nach Zustand (Verbrennung)
- ärztliche Behandlung veranlassen

Dokumentationen von Erste-Hilfe-Leistungen

Erste-Hilfe-Leistungen sind im Verbandsbuch zu dokumentieren. Die Aufzeichnungen müssen mindestens fünf Jahre lang aufbewahrt werden und sind vertraulich zu behandeln.

Folgende Mindestangaben sind vorgeschrieben:
- Name des Verletzten bzw. des Erkrankten
- Datum, Uhrzeit und Ort des Unfalls
- Hergang des Unfalls bzw. des Gesundheitsschadens
- Namen von Zeugen
- Art und Umfang der Verletzung bzw. der Erkrankung
- Datum und Uhrzeit der Erste-Hilfe-Leistung
- Art und Weise der Erste-Hilfe-Maßnahmen
- Namen der Personen, die Erste Hilfe geleistet haben

Lfd. Nr.	Name des Verletzten bzw. Erkrankten	Angaben zum Hergang des Unfalls bzw. des Gesundheitsschadens				Art und Umfang der Verletzung bzw. Erkrankung	Erste-Hilfe-Leistung		
		Datum, Uhrzeit	Ort (Unternehmensteil)	Hergang	Name der Zeugen		Datum, Uhrzeit	Art und Weise der Maßnahmen	Name des Ersthelfers
1	2	3	4	5	6	7	8	9	10

Erste-Hilfe-Nachweis aus dem Verbandsbuch

6.8 Ergonomie

Die Ergonomie beschäftigt sich mit der Anpassung der Arbeitsbedingungen und Arbeitsgeräte an den Menschen. Diese sollen so gestaltet sein, dass einerseits die Gesundheit und Leistungsfähigkeit der Arbeitnehmer auch über einen langen Zeitraum erhalten bleiben und andererseits durch fehlerfreies und effizientes Arbeiten das Arbeitsergebnis optimal wird.

Folgende Punkte spielen dabei eine wesentliche Rolle:
- angemessene Arbeitsbedingungen
- geeignete und sichere Arbeitsgeräte
- eine ergonomische Arbeitsweise

6.8.1 Arbeitsbedingungen

Die richtige Gestaltung des Arbeitsplatzes trägt zum Wohlbefinden des Arbeitnehmers, zu einer Verbesserung seiner Konzentrationsfähigkeit und zu einer Minimierung gesundheitlicher Risiken wie z.B. Verletzungen und chronischen Belastungen bei. Deshalb sind bei der Gestaltung des Arbeitsraums und seiner Ausstattung folgende Punkte zu beachten:
- angemessene Größe des Arbeitsraums in Abhängigkeit von der Zahl der dort arbeitenden Arbeitnehmer
- Gestaltung des Arbeitsraums mit angenehmen Farben und strapazierfähigen Materialien
- leicht elastischer Fußboden
- sinnvolle Anordnung der Möbel bezüglich der notwendigen Arbeitsschritte
- an Körpergröße der Mitarbeiter und an die Arbeitstätigkeit optimal ausgerichtete Arbeitshöhe der Arbeitsflächen; insbesondere bei Bildschirmarbeitsflächen
- blendungsfreies Ausleuchten des Arbeitsplatzes mit einem tageslichtähnlichen Licht
- geeignete Raumtemperatur (20 °C bis 23 °C) bei nicht zu hoher Luftfeuchtigkeit (idealerweise bis zu 70 %)
- gute Belüftung der Arbeitsbereiche bei langsamem und kontinuierlichem Luftaustausch
- möglichst geringer Lärmpegel bei Vermeidung monotoner und hochfrequenter Geräusche

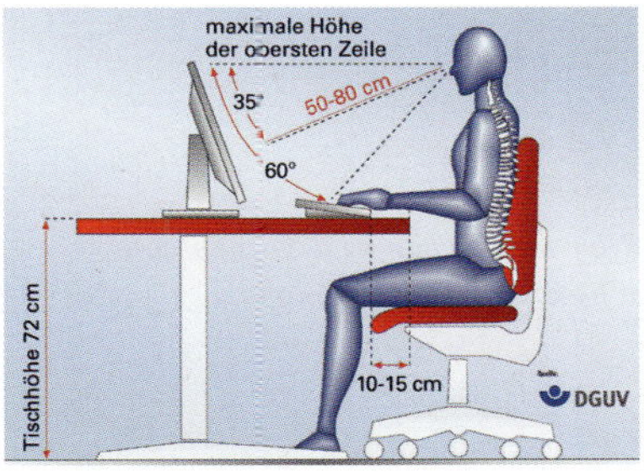

Ergonomischer Bildschirmarbeitsplatz

Bildschirmarbeitsverordnung
www.gesetze-im-internet.de/bildscharbv

6.8.2 Arbeitsgeräte

Die Arbeitsgeräte sollen zweckmäßig gestaltet sein, damit die Arbeitsaufgabe optimal erledigt werden kann. Ferner sollen sie leicht zu handhaben, gut zu reinigen, strapazierfähig und sicher sein. Nur so können sie die täglichen Arbeitsabläufe erleichtern. Ferner ist darauf zu achten, dass sie allen vorgeschriebenen und notwendigen Sicherheitsbestimmungen entsprechen.

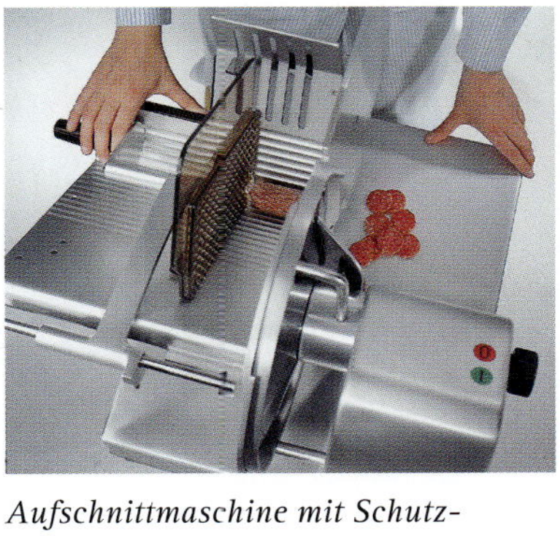

Aufschnittmaschine mit Schutzvorrichtung

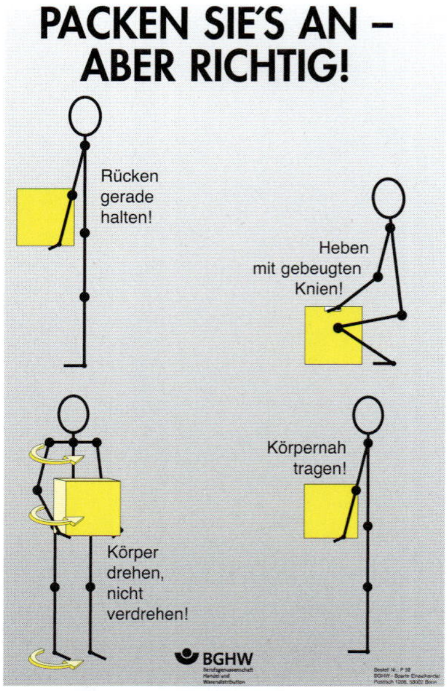

Richtiges Heben und Tragen von schweren Gegenständen

6.8.3 Ergonomische Arbeitsweise

Der einzelne Mitarbeiter kann durch eine richtige Arbeitshaltung die Belastungen während des Arbeitsprozesses senken und so zur Erhaltung seiner eigenen Gesundheit beitragen.

Zu einer rationellen, gesundheitsförderlichen Arbeitsweise gehören:
- aufrechte Körperhaltung, dabei Rücken, Schulter und Arme entspannen
- Veränderung der Körperhaltung bei länger andauernden Tätigkeiten
- Vermeidung einseitiger Beanspruchung
- keine ruckartigen Bewegungen
- Vermeidung unnötiger Belastungen
- richtiges Bücken und Heben von Gegenständen mit geradem Rücken und gebeugten Knien
- richtiges Tragen von schweren Lasten möglichst körpernah

Zusätzlich sollte darauf geachtet werden, dass alle Arbeiten in einem Arbeitsfluss erfolgen und innerhalb des Greifbereichs ausgeführt werden können. Dies erfordert eine gute Planung der einzelnen Arbeitsschritte, eine sinnvolle Anordnung aller Einrichtungsgegenstände und eine gute Erreichbarkeit aller Arbeitsgeräte.

6.9 Arbeitssicherheit und Gesundheitsschutz im System

Auch in der Systemgastronomie liegen Arbeitssicherheit und Gesundheitsschutz der Mitarbeiter, aber auch das Wohl der Gäste grundsätzlich in der Verantwortung der Unternehmensführung. Diese hat hierfür die organisatorischen und materiellen Voraussetzungen zu schaffen. Mithilfe einer speziell auf die Größe des Unternehmens, die Art seiner Aktivitäten und die vorhandenen Gefährdungen zugeschnittenen und im Management-Handbuch verankerten Arbeitsschutzpolitik muss es ihr gelingen, den Arbeitsschutz nachhaltig in die betrieblichen Abläufe zu integrieren.

Die Führungskräfte und insbesondere die Betriebsleiter in den einzelnen Filialen müssen sich verpflichten, den Arbeitsschutz zu fördern, die Arbeitsschutzmaßnahmen umzusetzen sowie deren Umsetzung vor Ort zu kontrollieren. Die Mitarbeiter müssen motiviert und bereit sein, sich aktiv am Arbeitsschutz zu beteiligen.

Nur im Zusammenspiel aller Beteiligten können die Sicherheit und Gesundheit aller Beschäftigten und der Gäste kontinuierlich gewährleistet und gegebenenfalls verbessert werden.

Zur Umsetzung einer erfolgreichen Arbeitsschutzpolitik gehören:
- Einrichtung notwendiger Arbeitskreise und Ausschüsse zur Förderung der Arbeitssicherheit und des Gesundheitsschutzes
- Benennung und Schulung der einzelnen Beauftragten wie z.B. Sicherheitsbeauftragter, Ersthelfer, Brandschutzbeauftragter, Gefahrstoffbeauftragter, evtl. auch Betriebsarzt

- Zuweisen von Zuständigkeiten, Verantwortlichkeiten und Befugnissen innerhalb des Systems; Festlegung für jeden Arbeitsbereich, wer für die Umsetzung der Arbeiten verantwortlich und weisungsbefugt ist – hilfreich sind Organigramme sowie gut durchdachte und ausführlich beschriebene Stellen- und Funktionsbeschreibungen
- Information aller Mitarbeiter über die Zuständigkeiten und Verantwortlichkeiten, die Kommunikationswege sowie die konkreten Ansprechpartner
- Einkauf qualitativ hochwertiger und sicherer Arbeitsmittel, Einrichtungen und Anlagen; regelmäßige Überprüfung und Instandhaltung dieser Arbeitsmittel und Anlagen
- Erarbeitung von kurzen, zweckmäßigen, vor allem aber klar und verständlich formulierten, standardisierten Arbeitsanweisungen, z. B. im Umgang mit Maschinen oder Gefahrstoffen, für effektive und sichere Arbeitsabläufe; Festlegung von Handlungsstandards; Überprüfung mithilfe von Checklisten
- Unterrichtung der Mitarbeiter über Gefährdungen und Risiken am Arbeitsplatz mithilfe von regelmäßigen Schulungen und betrieblichen Unterweisungen; Kontrolle der Schulungen auf Wirksamkeit, Relevanz und Nachhaltigkeit; Dokumentation der Schulungen und Unterweisungen
- Aufforderung der Mitarbeiter zu Eigenverantwortung für Sicherheit und Gesundheitsschutz
- Einführung eines standardisierten betrieblichen Vorschlagwesens für die Verbesserung im Arbeitsschutz
- Festlegung von Verhaltensregeln im Notfall; Umsetzung der notwendigen Maßnahmen zur Ersten Hilfe und zum Brandschutz; Abstimmung der Maßnahmen mit Feuerwehr und Rettungskräften
- Erarbeitung von Gästeinformationen für den Notfall
- Erarbeitung von klaren Regeln für die Zusammenarbeit mit Aushilfen und Fremdfirmen (z. B. Zeitarbeitsfirmen) hinsichtlich Qualifikation der Beschäftigten, Arbeitsaufgaben bzw. Arbeitsumfang, Weisungsbefugnissen und Unterweisungen
- Sicherstellung einer störungsfreien Kommunikation mit Behörden, Unfallversicherungsträgern, Prüfstellen, aber auch der Öffentlichkeit

A 1 Betriebsorganisation

A 1.4 Einkauf und Beschaffung

! **Gefährdung/Belastung:**
Bei Einkauf und Beschaffung von Waren sollten mögliche Gefährdungen beim Einsatz im Betrieb von Vornherein ausgeschaltet werden. Mögliche Gefährdungen sind zum Beispiel sicherheits-
technisch nicht einwandfreie oder qualitativ minderwertige Maschinen, Werkzeuge, Elektro-
geräte, der Einsatz "scharfer" Reinigungs- und Desinfektionsmittel, ungeeignete persönliche Schutzausrüstung.

Maßnahme	Umgesetzt ja	Umgesetzt nein	Wenn nicht umgesetzt, dann besteht Handlungsbedarf
Bei der Beschaffung von Maschinen, Werkzeugen, Elektrogeräten usw. wird auf deren Qualität, auf gute Handhabbarkeit und auf den arbeitssicheren Zustand geachtet. Falls möglich werden geprüfte Produkte gekauft (möglichst GS-Zeichen, VDE-Zeichen). Formulierungsvorschlag für eine Auftragsbestätigung bei Bestellung von Maschinen	○	○	Wer erledigt? Bis wann (Datum)?
Es werden die Reinigungs- und Desinfektionsmittel eingekauft, die die Gesundheit der Mitarbeiter am wenigsten gefährden (möglichst ungefährliche Stoffe).	○	○	Wer erledigt? Bis wann (Datum)?
Es werden nur Schutzhandschuhe, Sicherheitsschuhe, Schutzbrillen oder andere persönliche Schutzausrüstung angeschafft, die für die vorgesehene Verwendung geeignet sind (vom Lieferanten beschei-nigen lassen) und die gekennzeichnet sind (CE-Zeichen).	○	○	Wer erledigt? Bis wann (Datum)?

Bemerkungen/Beratungsbedarf:

Weitere Maßnahmen

BGN

Beispiel für eine BGN-Checkliste

Eine gute Personalführung, die das Wohl der Mitarbeiter im Auge hat, sowie die menschengerechte Gestaltung der Arbeit und des Arbeitsplatzes, insbesondere das Vermeiden von Zeitdruck und Überforderung, dienen auf der einen Seite dem Wohl der Mitarbeiter. Auf der anderen Seite kann sie z. B. durch die Senkung der Unfallhäufigkeit und der damit verbundenen Ausfälle auch zum wirtschaftlichen Erfolg des Unternehmens beitragen.

BGN-Checkslisten
http://vorschriften.portal.bgn.de

6.10 Let's think about ... accidents at work!

1. In Ihrem Betrieb kommt ein neuer Kühlhausreiniger zum Einsatz. Die Herstellerfirma liefert mit dem Reiniger auch ein Faltblatt mit Hinweisen zur Ersten Hilfe bei Unfällen mit dem Reinigungsmittel. Da das Faltblatt auf Englisch verfasst ist, bittet Ihr Betriebsleiter Sie, es zu übersetzen.

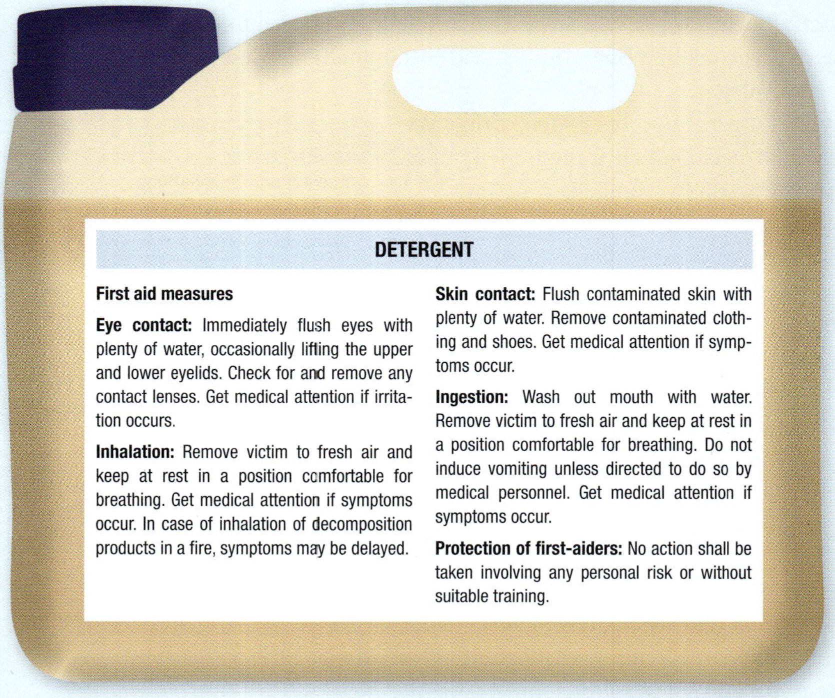

DETERGENT

First aid measures

Eye contact: Immediately flush eyes with plenty of water, occasionally lifting the upper and lower eyelids. Check for and remove any contact lenses. Get medical attention if irritation occurs.

Inhalation: Remove victim to fresh air and keep at rest in a position comfortable for breathing. Get medical attention if symptoms occur. In case of inhalation of decomposition products in a fire, symptoms may be delayed.

Skin contact: Flush contaminated skin with plenty of water. Remove contaminated clothing and shoes. Get medical attention if symptoms occur.

Ingestion: Wash out mouth with water. Remove victim to fresh air and keep at rest in a position comfortable for breathing. Do not induce vomiting unless directed to do so by medical personnel. Get medical attention if symptoms occur.

Protection of first-aiders: No action shall be taken involving any personal risk or without suitable training.

2. Ordnen Sie die Bilder den Merksätzen zu, indem Sie jeweils die richtige Kombination aus Zahl und Buchstabe auf einen Zettel schreiben.
Entscheiden Sie anschließend, welche der Bilder in der oben angegebenen Produktinformation verwendet werden könnten.

1

2

3

4

5
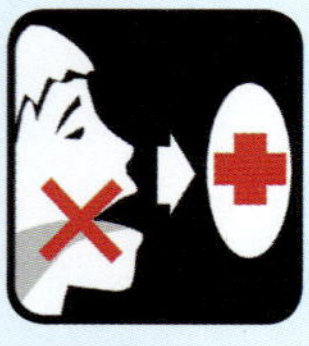

6

7

8

A Do not mix with other products.

B People with sensitive or damaged skin should avoid prolonged contact with the product.

C Do not ingest. If product is ingested, seek medical advice.

D Rinse hands after use.

E Keep away from eyes. If product gets into eyes, rinse thoroughly with water.

F Ventilate the room after use.

G Keep away from children.

H Do not change container to store contents.

3. Bei einem überbetrieblichen Erste-Hilfe-Seminar, an dem auch viele Kollegen teilnehmen, die nicht so gut Deutsch sprechen, werden die Maßnahmen bei verschiedenen Unfällen aufgeschrieben. Zur besseren Verständigung mit Kollegen und gegebenenfalls Gästen im Ernstfall sollen die Teilnehmer anschließend die Unfallsituationen und die zu ergreifenden Maßnahmen auf Englisch beschreiben.

Brandverletzungen an Hand und Gesicht durch brennendes Öl einer defekten Fritteuse

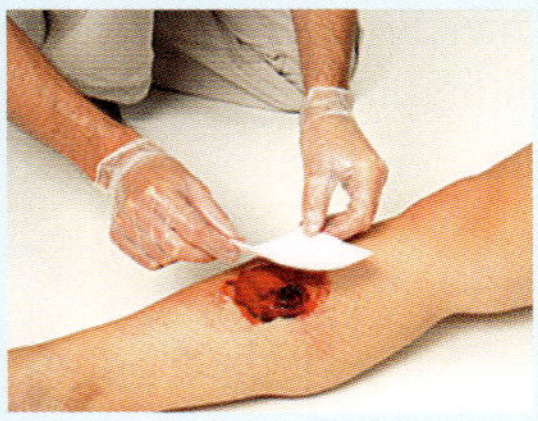

- unter fließendem Wasser kühlen
- mit keimfreiem Tuch/Verband lose abdecken
- Verletzten hinlegen, Beine erhöht, um den Kreislauf zu stabilisieren

Tiefe, stark blutende Schnittverletzung am Arm

- Verletzten hinlegen, um den Kreislauf zu stabilisieren
- Blutung mit Druckverband stillen
- Arm hochhalten, damit weniger Blut in die Wunde fließt

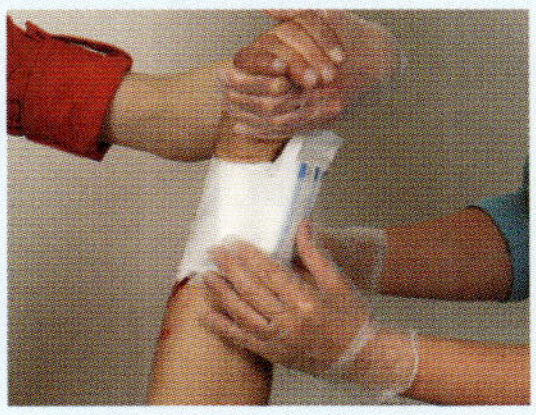

Fremdkörper im Auge

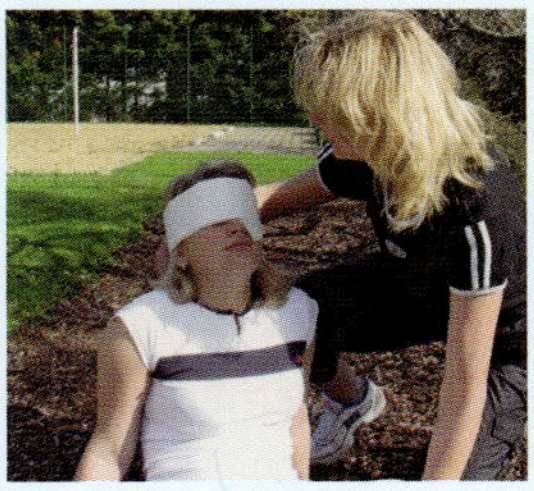

- Verletzten hinsetzen
- Auge verbinden
- darauf achten, dass der Verband nicht auf das verletzte Auge drückt
- bei Verletztem bleiben und ihn beruhigen

Armbruch

- Verletzten in vorgefundener Lage behandeln
- Dreiecksverband anlegen, um den Arm ruhig zu stellen

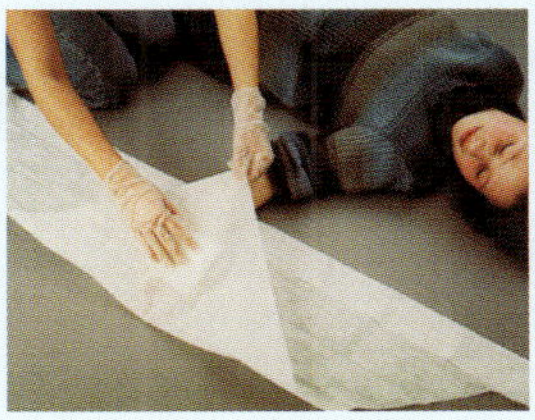

Epileptischer Anfall

- Betroffenen frei auf dem Boden lagern
- Platz/Bewegungsfreiheit schaffen
- weiche Unterlage unter den Kopf legen

bleeding	Blutung
(blood) circulation	(Blut-)Kreislauf
compression bandage	Druckverband
burn	Brandverletzung, Verbrennung
cut	Schnittverletzung
fracture	Bruch
hemorrhage^AE/ haemorrhage^BE	Blutung
pressure bandage	Druckverband
pressure dressing	Druckverband
triangular bandage	Dreiecksverband
defective	defekt
faulty	defekt
germ-free	keimfrei
loose	lose, locker
running	fließend
to apply	auftragen
to bleed	bluten
to break	brechen
to cover	abdecken
to immobilize^AE/ immobilise^BE	ruhig stellen
to lay so./sth. down	jdn./etw. hinlegen
to spread	auftragen
to stabilize^AE/ to stabilise^BE	stabilisieren

6.11 Aufgaben

1 a) Was sind Berufsgenossenschaften?
b) Welche Aufgaben haben sie?

2 a) Erläutern Sie, für welche Versicherungsfälle die Berufsgenossenschaft aufkommt.
b) Geben Sie an, welche Leistungen sie dann übernimmt.
c) Erklären Sie in diesem Zusammenhang den Begriff „Rehabilitation"!

3 Überlegen Sie, wann ein Arbeitsunfall leichtsinnig bzw. mutwillig herbeigeführt worden sein kann.

4 Unfälle geschehen oft durch Fehlverhalten.
a) Zählen Sie dafür mindestens fünf Beispiele auf.
b) Wie verhalten Sie sich korrekt? Nennen und erläutern Sie fünf Grundregeln, die das Unfallrisiko senken.

5 Begründen Sie den Merksatz: „Gefahr erkannt, Gefahr gebannt!"

6 Was sind Schutzausrüstungen? Nennen Sie Beispiele aus Ihrem beruflichen Alltag.

7 Unfälle durch Stürze sind in der Gastronomie weitverbreitet.
a) Beschreiben Sie mögliche Ursachen anhand konkreter Beispiele.
b) Formulieren Sie mindestens fünf Maßnahmen, durch die es gelingt, Unfälle durch Stürze zu verringern.
c) Stellen Sie Erste-Hilfe-Maßnahmen bei Knochenbrüchen zusammen.

8 Sicherheitszeichen geben Informationen in bildhafter Form. Welche Form und Farbe haben folgende Zeichen?
a) Verbotszeichen
b) Warnzeichen
c) Hinweiszeichen

9 a) Was ist ein Alarmplan und welche Angaben sollte er enthalten?
b) Was ist ein Flucht- und Rettungsplan und welche Angaben sollte dieser enthalten?

10 a) Unterscheiden Sie folgende Begriffe:
b) „Sicherheitsbeauftragter"
c) „Brandschutzhelfer"
d) „Ersthelfer"

11 Ein neuer Auszubildender soll in die Arbeit an der Fritteuse eingewiesen werden. Geben Sie ihm Hinweise betreffend der Arbeitssicherheit.

12 In diesem Zusammenhang erinnern Sie sich an eine Unfallsituation an einer Fritteuse. Schreiben Sie den Hergang dieser Situation so auf, wie es eine Unfallanzeige für die Berufsgenossenschaft erfordert.

13 Erläutern Sie den Unterschied zwischen Sofortmaßen und Erste-Hilfe-Maßnahmen.

14 Bei schweren Unfällen muss ein Arzt herbeigerufen oder ein Rettungstransport veranlasst werden. Welche Angaben müssen bei einem Notruf gemacht werden?

15 Für die neuen Auszubildenden sollen Sie eine Schulung zum Thema „Arbeiten mit Messern und Schneidewerkzeugen – wie werden Unfälle vermieden?" durchführen.
a) Wie bereiten Sie die Schulung vor?
b) Welche Inhalte vermitteln Sie?
c) Welche Materialien setzen Sie ein?
d) Wie überprüfen Sie den Erfolg der Schulung?

16 Erstellen Sie für den Bereich Lagerräume eine Checkliste zum Thema „Unfallverhütung".

17 Stellen Sie ausführlich dar, was Sie unter einer ergonomisch gestalteten Küche verstehen.

18 Laut Statistik sanken im Gastgewerbe die Arbeitsunfälle von 72.921 (im Jahr 2010) auf 69.061 (im Jahr 2011).
a) Berechnen Sie den Rückgang in Prozent.
b) Finden Sie Gründe, auf die der Rückgang zurückzuführen sein könnte.

19 Im Jahr 2010 hatte es 23 tödliche Arbeitsunfälle gegeben. Im Jahr 2011 sank diese Zahl um 13,045 %. Wie viele tödliche Unfälle geschahen im Jahr 2011?

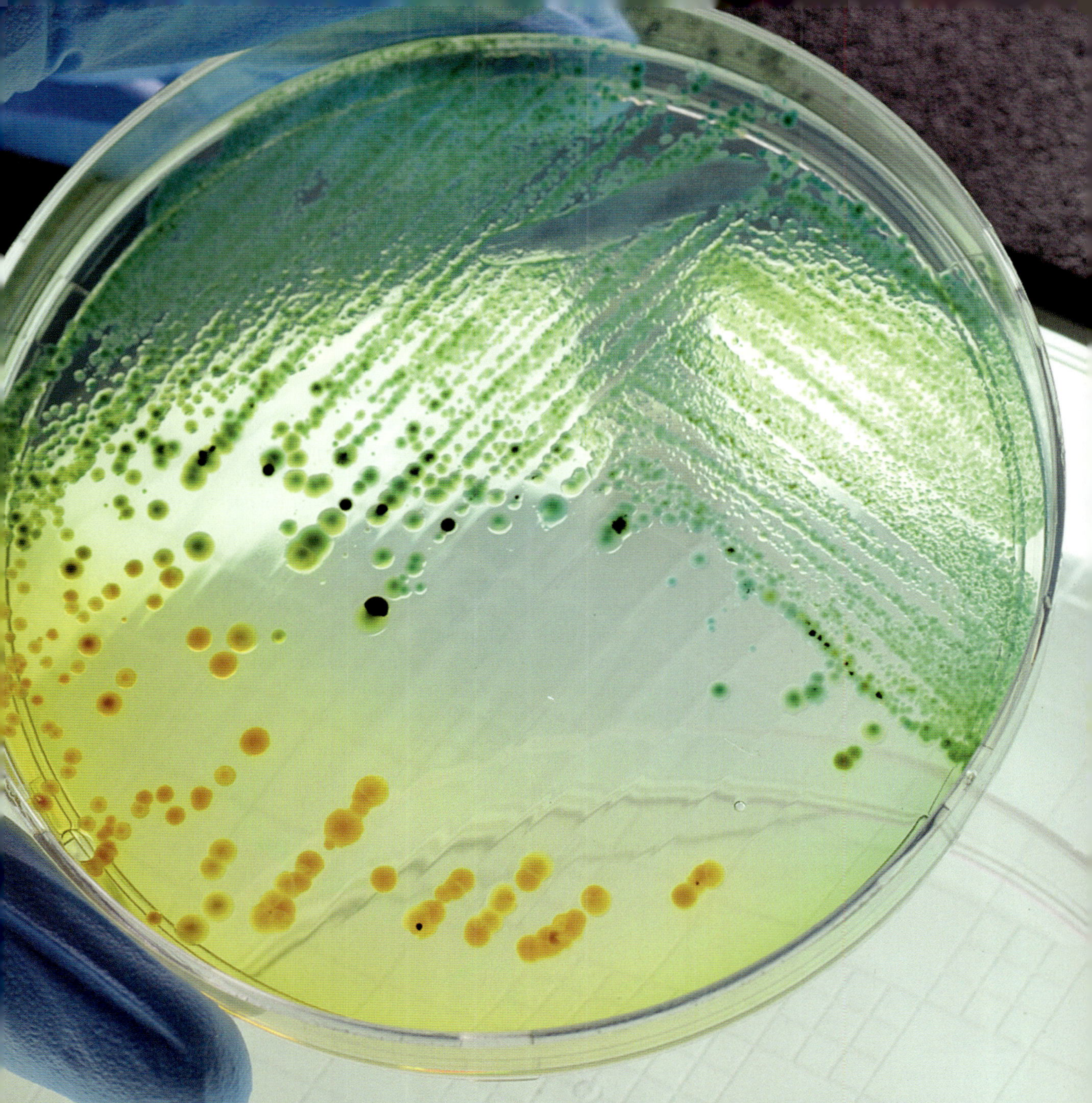

7 Hygiene

- Mikroorganismen
- Viren und Parasiten
- Schädlinge
- Lebensmittelverunreinigung und Lebensmittelverderb
- Hygienemaßnahmen
- HACCP-Konzept
- Hygiene im System

7.1 Mikroorganismen

7.1.1 Vorkommen

Bedeutung von „mikro"
„mikro" stammt aus dem Griechischen und bedeutet „klein".

Viele Veränderungen in der Natur wie auch an den Lebensmitteln werden durch Lebewesen hervorgerufen, die so klein sind, dass sie einzeln nur unter dem Mikroskop zu sehen sind. Diese Mikroorganismen werden manchmal auch Mikroben oder Keime genannt. Mikroorganismen verbreiten sich meist unbemerkt.

Mit unseren Augen nehmen wir sie erst wahr, wenn sie in großen Mengen bzw. in hoher Konzentration auftreten und dann als sogenannte **Kolonie** sichtbar werden; oder wir erkennen sie anhand ihrer Wirkungen, wenn z. B. Fruchtsäfte gären, Lebensmittel schmierig werden oder zu riechen beginnen.

Die mehr als 30 000 verschiedenen Mikrobenarten kommen überall vor: im Wasser, an Land, im Erdreich und in der Luft, auf Gegenständen, auf Tieren und Pflanzen und natürlich auch auf und in Lebensmitteln. Besonders zahlreich sind Mikroorganismen immer dort, wo es warm ist und wo sie zugleich Nahrung und Wasser finden. Beim Menschen leben Mikroorganismen vor allem auf der Haut, im Rachen und im Darm. Es wird geschätzt, dass jeder Mensch Heimat für etwa 100 Billionen Mikroorganismen ist.

Keimzahlen auf Lebensmitteln und Gegenständen

Lebensmittel/ Gegenstand	Gesamtkeimzahl je 10 cm²
Kopfsalat (ungewaschen)	10 000 bis 100 0000
Kopfsalat (gewaschen)	1000 bis 100 000
frische Erdbeeren	1000 bis 1 000 000
Schweinefleisch (abgehangen)	bis 100 000 000
Küchentisch	300
Küchenbesteck	10 bis 250

(Quelle: nach Bertling, 2011)

Positive Wirkung von Mikroorganismen

Negative Wirkung von Mikroorganismen

7.1.2 Einteilung

Mikroorganismen sind meist sehr einfach aufgebaut. Oft bestehen sie nur aus einer Zelle. Sie sind enorm anpassungs- und widerstandsfähig, d. h., sie können auch noch unter extremen Bedingungen existieren. Trotz ihrer Vielzahl gehören alle Mikroorganismen zu einer der folgenden drei Gruppen:

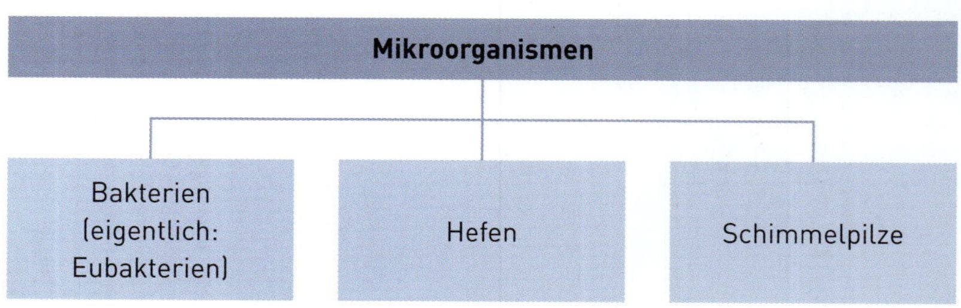

Bakterien, Hefen und Schimmelpilze unterscheiden sich in
- ihrer Erscheinungsart und Vermehrungsweise,
- ihren bevorzugten Nährstoffen und notwendigen Lebensbedingungen,
- ihrer Wirkungsweise.

Durch Kenntnisse dieser Merkmale lassen sich gezielt Maßnahmen ergreifen, um Wachstum und Vermehrung der Mikroorganismen zu beeinflussen.

7.1.3 Erscheinungsart und Vermehrungsweise

Bakterien

Bakterien können kugel-, stäbchen-, komma- oder schraubenförmig aussehen. Sie vermehren sich durch **Zellteilung**. Bei günstigen Lebensbedingungen kann dies schon nach 20 Minuten geschehen.

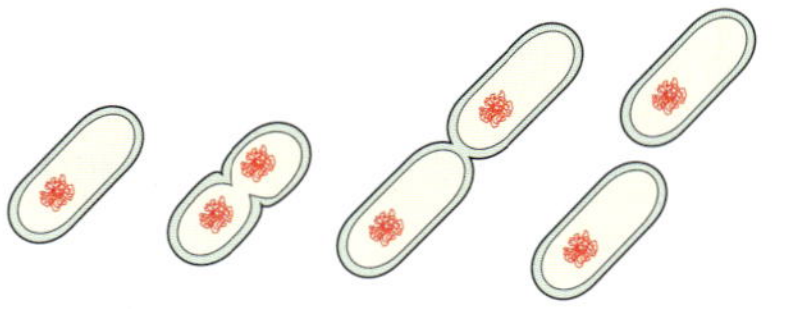

Zellteilung bei Bakterien

Manche Bakterienarten (z. B. Clostridien und Bazillen) bilden bei schlechten Lebensbedingungen **Sporen**. Sporen sind Überlebensformen, in denen nur die Erbanlagen der Bakterien stecken. Sie sind äußerst widerstandsfähig. So halten sie extreme Trockenheit, aber auch starke Kälte oder Hitze aus und können selbst der Einwirkung von Säuren und Desinfektionsmitteln widerstehen. Unter günstigen Lebensbedingungen entwickeln sich dann aus den Sporen wieder aktive Bakterien.

> Sporen sind widerstandsfähige Überlebensformen von bestimmten Bakterienarten.

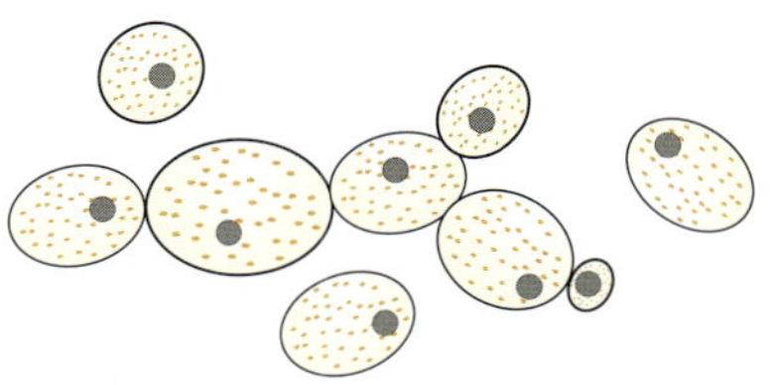

Sprossende Hefezellen

Hefen

Hefen sind ovale oder leicht rundliche einzellige Pilze. Sie vermehren sich vorwiegend ungeschlechtlich durch **Sprossung**, d. h., aus einer Mutterzelle wächst eine Tochterzelle, die dann ihrerseits wieder zur Mutterzelle heranwächst. So können innerhalb kurzer Zeit aus einer Hefezelle ganze Sprossverbände entstehen.

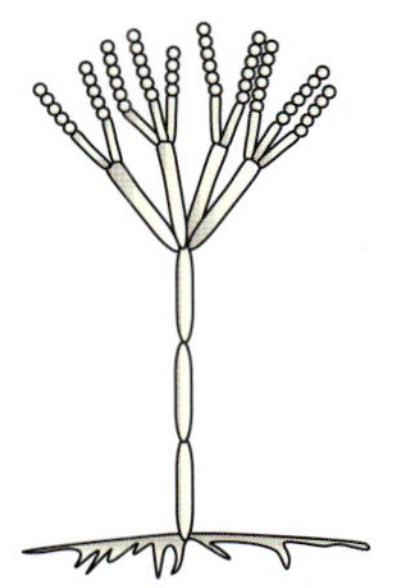

Schimmelpilz mit Sporen

Schimmelpilze

Im Gegensatz zu Bakterien und Hefen handelt es sich hierbei um Mehrzeller. Sie bilden **Samen**, die ebenfalls Sporen genannt werden. Gelangen diese Samen auf Lebensmittel, beginnen sie zu keimen und es entsteht ein Fadengeflecht, das **Myzel** genannt wird. Aus dem Fadengeflecht wachsen Fruchtkörper heran, die neuen Samen enthalten. So bildet sich ein sichtbarer Schimmelrasen.

7.1.4 Einflussfaktoren auf die Lebensbedingungen

Wie bei allen übrigen Lebewesen sind auch bei den Mikroorganismen Wachstum und Vermehrung von verschiedenen Einflussfaktoren abhängig.

Wachstum und Vermehrung von Mikroorganismen

Nährstoffe	freies Wasser	ph-Wert	Sauerstoff	Temperatur	Konkurrenzflora

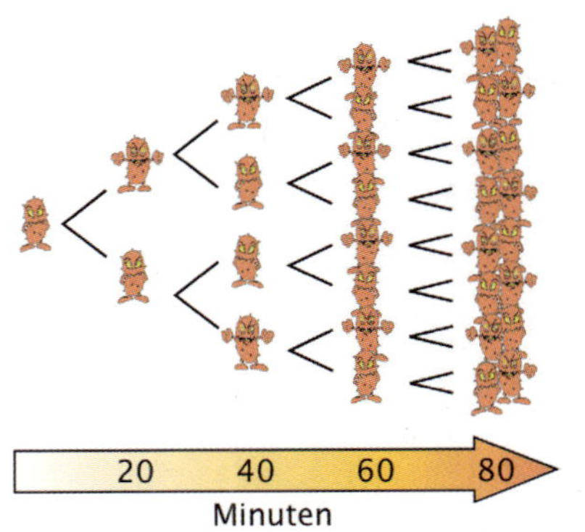

Vermehrungsgeschwindigkeit von Mikroorganismen

a_w-Werte verschiedener Lebensmittel

Lebensmittel	a_w-Wert (Durchschnitt)
Getreidemehle	0,75
Honig	0,75
Salami	0,78
Schinken, geräuchert	0,84
Kondensmilch	0,84
Hartkäse	0,92
Frischfleisch	0,96

pH-Werte verschiedener Lebensmittel

Lebensmittel	pH-Wert (Durchschnitt)
Eiklar	bis 9,6
Backpulver	8,5
Frischfleisch (schlachtwarm)	7,2
Milch	6,8–7,0
Garnelen	6,8–7,0
Trinkwasser	6,5
Geflügel	6,3–6,7
Fisch	5,7–6,6
Fleisch (verzehrfähig)	5,4–6,0
Rohwürste	5,0–5,8
Weißbrot	5,0–6,0
viele Gemüsesorten	5,0–6,5
Sauerteigbrot	4,5
Cola	4,0
Tomaten	4,0–4,4
Sauergemüse	3,5–4,5
viele Obstsorten	3,0–4,5
Zitronenlimonade	3,0
Essig	3,0
Zitronensaft	2,3

(Quellen: Krämer, 2011, und www.lebensmittellexikon.de)

Nährstoffe
Als Nahrung bevorzugen die Mikroorganismen je nach Art einen bestimmten Nährstoff. Die Bakterien verwerten insbesondere Eiweiß, die Hefen Kohlenhydrate. Die Schimmelpilze können Eiweiß, Fett und Kohlenhydrate in gleicher Weise nutzen. Da aber fast alle Lebensmittel aus mehreren Nährstoffen bestehen, kann ein Lebensmittel auch von unterschiedlichen Mikroorganismen befallen sein.

Freies Wasser
Mikroorganismen brauchen Wasser, um zu leben und um sich vermehren zu können. Entscheidend ist allerdings nicht, wie viel Wasser insgesamt in den Lebensmitteln vorhanden ist, sondern wie viel Wasser ungebunden als frei verfügbares, sogenanntes aktives Wasser vorliegt. Als Messzahl hierfür wird der **a_w-Wert** verwendet, der zwischen 0 und 1 liegt. Je höher der a_w-Wert ist, umso mehr freies Wasser liegt vor und umso günstiger ist dies für die Mikroorganismen, weil ihnen dann genügend Wasser mit den darin gelösten Nährstoffen zur Verfügung steht. Eiweiß, Stärke, Salz und Zucker binden Wasser. Dieses steht den Mikroorganismen dann nicht mehr zur Verfügung. Die für die Vermehrung der Mikroorganismen ideale Wasseraktivität ist von Art zu Art unterschiedlich. Während Bakterien einen a_w-Wert zwischen 0,91 und 0,96 benötigen, liegt die Untergrenze für Hefen zwischen 0,88 und 0,94. Schimmelpilze sind hinsichtlich des a_w-Werts am wenigsten anspruchsvoll. Sie wachsen und vermehren sich noch bei a_w-Werten bis 0,80. Die a_w-Werte unter 0,7 gelten als sicherer Bereich, weil selbst die Sporen dann nicht mehr auskeimen können.

pH-Wert
Für die Entwicklung der Mikroorganismen ist ferner der pH-Wert ausschlaggebend. Der pH-Wert gibt an, wie sauer bzw. basisch das Umgebungsmilieu ist. Er kann zwischen 0 und 14 liegen. Werte um 7 werden als neutral bezeichnet, Werte unterhalb von 7 als sauer und Werte oberhalb von 7 als basisch. Die Mehrzahl der Bakterien bevorzugt mittlere pH-Werte zwischen 4,5 bis 9. In diesem pH-Bereich liegen viele Lebensmittel wie z. B. Fisch, Fleisch und Wurst, Eier und Milch. Milch- und Essigsäurebakterien sowie Hefen und Schimmelpilze haben eine hohe Säuretoleranz und wachsen bevorzugt im leicht sauren Bereich zwischen 3 und 6. Diese Werte haben Brot, viele Obst- und Gemüsesorten, Fruchtsaftgetränke und Sauerkraut.

Sauerstoff
Auch hinsichtlich ihres Bedarfs an Sauerstoff unterscheiden sich die Mikroben. Die **Aerobier** brauchen Sauerstoff und sind daher meist auf den Lebensmitteln zu finden. In luftdichten Verpackungen sterben sie ab. Zu den Aerobiern zählen die meisten Bakterien, aber auch die Schimmelpilze. Die **Anaerobier** können nur ohne Sauerstoff existieren, sie vermehren sich daher vor allem im Inneren von Konservendosen und Vakuumverpackungen. Zu den Anaerobiern gehören insbesondere die sporenbildenden Clostridien, die ein hochwirksames Gift bilden können. Die **fakultativen Anaerobier** hingegen können sowohl mit als auch ohne Sauerstoff leben. Hierzu gehören die Hefen und verschiedene Bakterienarten wie z B. die Milchsäurebakterien.

Temperatur

Mikroorganismen bevorzugen unterschiedliche Temperaturbereiche. Die meisten von ihnen wachsen und vermehren sich am besten bei einer Temperatur zwischen 20 °C und 40 °C. Dieser Temperaturbereich wird daher auch als **kritischer Temperaturbereich** bezeichnet. Niedrigere und höhere Werte verlangsamen die Vermehrung entscheidend. Oberhalb von 65 °C überleben nur wenige Bakterienarten. Die Sporen der Bazillen und Clostridien werden allerdings erst bei über 121 °C abgetötet.

Kälte liebende Arten sind auch noch bei Kühlschranktemperaturen und bei Temperaturen unter dem Gefrierpunkt aktiv. Deshalb ist für das Tiefkühllager und für die Kühlkette eine Temperatur von mindestens −18 °C vorgeschrieben. Allerdings sterben Mikroorganismen weder durch Kühlen noch durch Frosten ab, sie stellen nur vorübergehend ihre Vermehrung und Aktivität ein.

Bedeutung der Temperatur für das Wachstum von Mikroorganismen

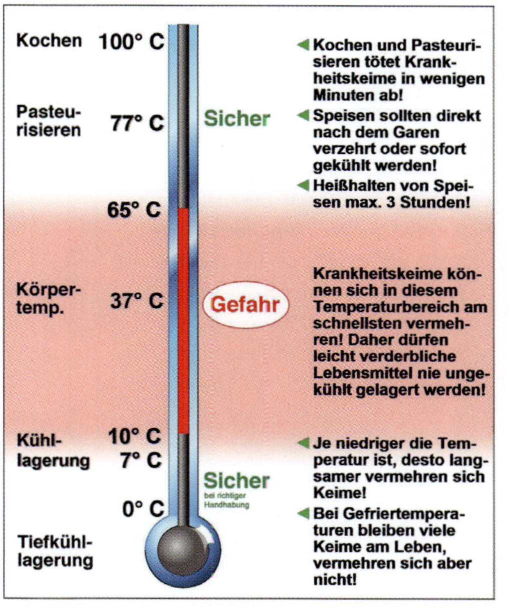

(Quelle: „Leitlinie für eine gute Hygienepraxis", DEHOGA)

Konkurrenzflora

Das Wachstum und die Vermehrung bestimmter Mikroorganismen sind auch von der Anwesenheit anderer Mikroorganismen, der sogenannten Konkurrenzflora, abhängig. Die verschiedenen Arten von Mikroorganismen konkurrieren oft um die gleichen Nährstoffe. Zwischen ihnen herrscht eine Art Verdrängungswettbewerb. Die Mikroorganismen, die am besten an die Umgebung angepasst sind, werden aufgrund ihres schnelleren Wachstums und ihrer schnelleren Vermehrung zur dominierenden Art und verdrängen nach und nach die anderen Mikroorganismen. Zudem produzieren manche Mikroorganismen zusätzlich Ausscheidungsprodukte, durch die die anderen Arten in der Vermehrung gehindert werden.

Seit einigen Jahren werden solche Schutzkulturen verstärkt industriell entwickelt und Lebensmitteln bewusst zugesetzt, um sie vor dem Befall von unerwünschten und krankheitserregenden Keimen zu schützen. Die Schutzkulturen selbst sind gesundheitlich unbedenklich und verändern das Lebensmittel auch sensorisch nicht.

7.1.5 Haltbarmachung und Konservierung

Um die Aktivität, das Wachstum und die Vermehrung der Mikroorganismen einzuschränken bzw. ganz zu verhindern, gibt es folgende Möglichkeiten:

- **Nährstoffentzug:** Reste von Lebensmitteln auf Arbeitsflächen oder Geräten können den Mikroorganismen als Nahrung dienen. Durch penible Sauberkeit, eine sachgerechte und gründliche Reinigung aller Geräte und Arbeitsflächen und eine eventuell anschließende Desinfektion (siehe Kapitel 8.2.3) kann den Mikroorganismen die Nahrung entzogen werden.
- **Verringerung des a_w-Werts:** Dies kann entweder durch direkten Wasserentzug, wie z. B. beim Trocknen oder Gefriertrocknen der Lebensmittel, oder durch Binden des freien Wassers mithilfe von Salz oder Zucker geschehen. Auch beim Räuchern kommt es zu einer Senkung des a_w-Werts.

Gefriertrocknen
Das Lebensmittel wird im Vakuum gefroren. Dabei geht das Wasser in den Lebensmitteln direkt in den gasförmigen Zustand über.

Gefriergetrockneter Kaffee

Spezielle Konservierungsmethoden durch Hitze

- **Pasteurisierung**: kurzzeitiges Erhitzen mit oder ohne Überdruck bei Temperaturen unter 100 °C; es erfolgt nur eine Teilentkeimung; dafür bleiben die Inhaltsstoffe der Lebensmittel weitgehend erhalten.
- **Ultrahocherhitzung**: kurzzeitiges Erhitzen auf Temperaturen zwischen 135 °C und 150 °C; das Lebensmittel ist praktisch keimfrei; es entstehen Vitaminverluste bis 20 %.
- **Sterilisation**: lang andauerndes Erhitzen der Lebensmittel mit Überdruck auf Temperaturen zwischen 121 °C und 135 °C über eine Zeitspanne von 20–30 Minuten; alle vermehrungsfähigen Mikroorganismen einschließlich der Sporen werden abgetötet; allerdings werden auch die Inhaltsstoffe der Lebensmittel durch die Hitze in ihrer Struktur und im Geschmack verändert.

Konservieren durch Räuchern

Gefahren der Konservierungsstoffe

Einige Konservierungsstoffe können beim Menschen allergische Reaktionen auslösen und sind deswegen umstritten. Zudem können sie mit Inhaltsstoffen der Lebensmittel zu gesundheitsschädlichen Verbindungen reagieren.

- **Veränderung des pH-Werts:** Die Aktivität und Vermehrung der meisten Bakterien können durch das Absenken des pH-Werts verringert werden. Dies wird durch Zugabe von Genusssäuren wie Zitronensäure, Essigsäure, Milchsäure oder Weinsäure zu den Lebensmitteln erreicht. Allerdings ist zu beachten, dass Hefen und Schimmelpilze selbst bei niedrigen pH-Werten noch aktiv sind und somit auch gesäuerte Produkte verderben können.
- **Veränderung des Sauerstoffgehalts:** Dies geschieht dadurch, dass Lebensmittel verpackt und dann vakuumiert oder mit reaktionsträgen Gasen wie Kohlendioxid oder Stickstoff begast werden. Allerdings sterben beim Vakuumieren nur die sauerstoffabhängigen Mikroorganismen ab.
- **Veränderung der Temperatur:** Durch Kühlen, Gefrieren und Tiefgefrieren werden die Aktivität und die Vermehrung der Mikroorganismen lediglich herabgesetzt bzw. nur vorübergehend unterbrochen. Dagegen werden durch Anwendung von Hitze die Mikroorganismen zerstört und somit dauerhaft inaktiviert. Dies geschieht bei allen Garverfahren, beim Pasteurisieren, Sterilisieren und Ultrahocherhitzen. Die Sporen der Bakterien werden allerdings erst bei Temperaturen über 121°C inaktiviert. Zu beachten ist ferner, dass viele von den Mikroorganismen produzierte Gifte auch durch große Hitze nicht zerstört werden.
- **Einsatz von Alkohol:** Alkohol ist ein Zellgift und tötet die Mikroorganismen ab. Besonders wirksam ist eine Konzentration von 70 %, die meist in Desinfektionsmitteln eingesetzt wird.
- **Räuchern:** Beim Räuchern werden die Mikroorganismen durch Substanzen, die im Rauch sind, abgetötet. Außerdem wird der a_w-Wert gesenkt. Unterschieden werden die Kalträucherung, die bei Temperaturen zwischen 18 °C und 25 °C über mehrere Tage erfolgt, und die Heißräucherung mit Temperaturen zwischen 65 °C und 80 °C über wenige Stunden.
- **Pökeln:** Beim Pökeln wird Pökelsalz, eine Mischung aus Kochsalz und 0,5 % Natriumnitrit, verwendet. Nitrit ist ebenso wie Alkohol ein Zellgift und führt zum Absterben der Mikroorganismen. Beim Pökeln erfolgt zudem eine Senkung des a_w-Werts. Das Pökeln wird häufig in Kombination mit dem Räuchern eingesetzt.
- **Einsatz von Konservierungsstoffen:** Konservierungsstoffe sind chemische Substanzen, die den Lebensmitteln zugesetzt werden, um ihre Haltbarkeit zu verlängern. Die Konservierungsstoffe werden von den Mikroorganismen aufgenommen und greifen in ihren Stoffwechsel ein. Sie hemmen ihr Wachstum und ihre Vermehrung oder töten sie. Allerdings ist ihre Wirkung dosisabhängig. Die Zugabe von Konservierungsstoffen zu Lebensmitteln ist deklarationspflichtig (siehe Kapitel 12.1.3).
- **Bestrahlung:** In Deutschland ist das Bestrahlen von Lebensmitteln nur für getrocknete, aromatisierte Kräuter und Gewürze erlaubt. In vielen Mitgliedsstaaten der EU ist die Bestrahlung auch zur Entkeimung von Gewürzen oder zur Abtötung von Salmonellen zulässig. Die Bestrahlung muss deklariert werden.

7.1.6 Nützliche Mikroorganismen

Viele Mikroorganismen sind für den Menschen harmlos oder sogar nützlich. So zersetzen sie z. B. abgestorbene Pflanzen und verendete Tiere und führen die Zersetzungsprodukte (z. B. Mineralstoffe) wieder dem Naturkreislauf zu oder sie sorgen für die biologische Reinigung der Abwässer. Beim Menschen unterstützen sie z. B. die Verdauung und stimulieren das Immunsystem. Sie werden gezielt in der Pharmaindustrie eingesetzt (Produktion von Antibiotika), aber auch bei der Herstellung bestimmter Lebensmittel.

Erwünschte Mikroorganismen

Mikrobenart	Lebensmittel
Milchsäure- und Joghurtbakterien	Joghurt, Kefir, Sauermilcherzeugnisse, Käse, Rohwürste, saure Gurken, Mixed Pickles, Oliven, Sauerkraut, Sauerteig
Essigsäurebakterien	Essig aus Obst und aus Weintraubenrückständen, Kombucha
Blauschimmel	Edelpilzkäse, Roquefort
Weißschimmel	Camembert, Brie, Weichkäse
Grauschimmel (Edelfäule)	auf Weintrauben (Beerenauslese)
Hefen	Bier, Wein, Sekt, Sherry, Hefeteig

7.1.7 Lebensmittelverderbende Mikroorganismen

Lebensmittelverderbende Mikroorganismen verändern Lebensmittel in Geruch, Farbe und Struktur und machen sie für den Menschen ungenießbar. So verströmen von **Botulismusbakterien** befallene Lebensmittel meist einen üblen Geruch und weisen an der Oberfläche wahrnehmbare Veränderungen auf. Bei Lebensmitteln in geschlossenen Behältnissen wie z. B. Vakuumverpackungen oder Konservendosen entstehen Gase, die dazu führen, dass sich die Vakuumverpackungen bzw. Dosen aufblähen (Bombagen).

Auch der Befall der Lebensmittel durch fäulniserregende Mikroorganismen ist gut zu erkennen. **Fäulniserregende Mikroorganismen** bauen das Eiweiß in den Lebensmitteln zu teilweise für den Menschen giftigen Zwischenprodukten ab. Da aber die Lebensmittel durch den Eiweißabbau übel zu riechen beginnen, ihre Konsistenz verändern, schmierig und unansehnlich werden, können sie rechtzeitig entsorgt werden. Vergiftungserscheinungen sind daher selten.

Bombage

Sind Lebensmittel (z. B. Fruchtsäfte) von **Hefen** befallen, fangen diese an zu gären, da der Zucker in ihnen von den Hefen zu Kohlendioxid und Alkohol abgebaut wird. Es bilden sich Gasblasen, die sich an der Oberfläche des Getränks absetzen. Gleichzeitig entstehen als Nebenprodukte der alkoholischen Gärung typische Aromen, die über den Geruch gut wahrnehmbar sind.

Verdorbenes Fleisch

Schwieriger ist es, zu erkennen, ob Lebensmittel von **Schimmelpilzen** befallen sind. Der gut sichtbare Schimmelrasen bildet sich erst dann, wenn die Schimmelpilze sich schon stark vermehrt und Kolonien gebildet haben. Aber das Lebensmittel kann auch bereits von Schimmel befallen sein, wenn noch überhaupt nichts zu sehen ist. Die Pilzfäden des Myzels sind so fein, dass sie für das Auge unsichtbar sind. Zudem können sie das ganze Lebensmittel durchziehen. Auf diese Weise werden die vom Schimmel produzierten und teilweise schon in kleinsten Mengen gefährlichen Giftstoffe im ganzen Lebensmittel verteilt. Verschimmelte Lebensmittel sind daher immer vollständig zu entsorgen.

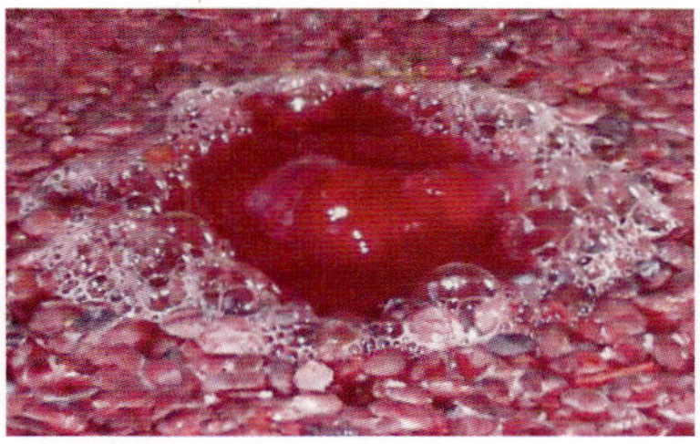

Gärender Fruchtsaft

> Lebensmittel verderben auch ohne die Einwirkung von Mikroorganismen, und zwar durch chemische oder enzymatische Reaktionen. Beispiele hierfür sind das Ranzigwerden von Fetten oder der Abbau von Eiweißstoffen.

Bei Lebensmitteln am häufigsten vorkommende schädliche Mikroorganismen

Mikroorganismus	Merkmale
Eitererreger (Staphylococcus aureus) 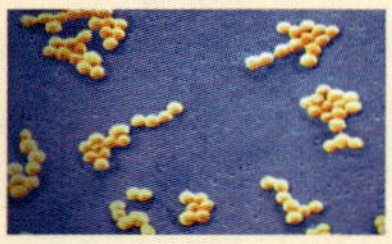	▪ kommen im Rachenraum, in eiternden Wunden, Abszessen und Pickeln vor und werden von dort auf Lebensmittel übertragen ▪ sterben bei 75 °C – 80 °C ab ▪ produzieren ein Gift, das auch Temperaturen über 120 °C übersteht
Salmonellen (Salmonella enteritidis) 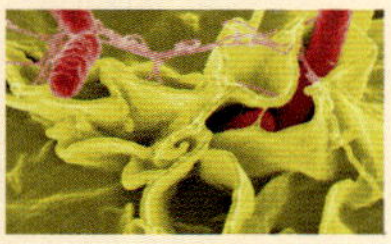	▪ können in der Umwelt über Wochen und Monate lebens- und infektionsfähig bleiben ▪ sterben bei etwa 70 °C ab (Kerntemperatur über mindestens 5 Minuten) ▪ Übertragung oft durch **„Schmierinfektionen“**, aber auch von Mensch zu Mensch
Botulismus- bzw. Bodenbakterien (Clostridium botulinum) 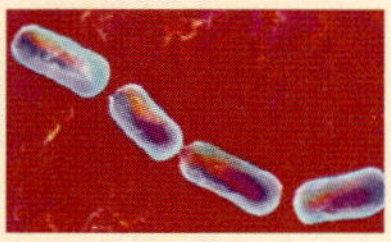	▪ Bodenbakterien: leben im Boden, in Flusssedimenten und auch im Kot ▪ Anaerobier ▪ bilden Sporen, die erst bei über 121 °C absterben ▪ bilden Gase (**„Bombagen“**) ▪ spielen in Deutschland praktisch keine Rolle mehr
Clostridium perfringens 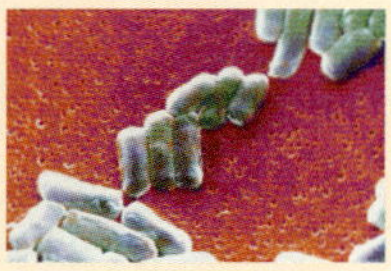	▪ Anaerobier ▪ sind eigentlich Erdbewohner ▪ bilden Sporen ▪ gelangen über fäkale Verunreinigungen in Tiere
Coliforme Bakterien (Escherichia coli) 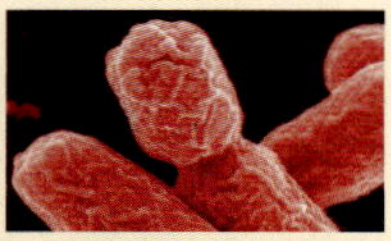	▪ natürliche Bewohner des menschlichen Darmtrakts ▪ ihr Vorkommen gilt als Indikator für Fäkalverunreinigung von Trinkwasser und Lebensmitteln
Enterohämorrhagische Escherichia coli (EHEC) 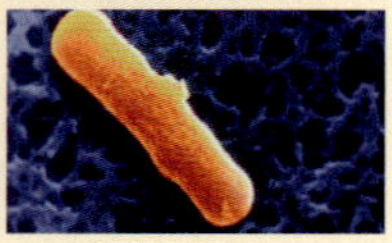	▪ EHEC-Stämme sind hochinfektiös, schon 10 bis 100 Erreger können eine Infektion auslösen ▪ Antibiotika sind unwirksam
Listerien (Listeria monocytogenes) 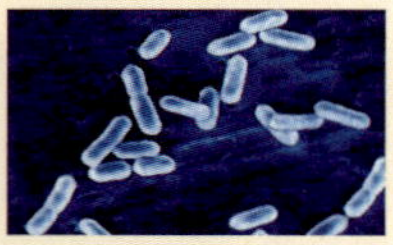	▪ fakultativ anaerob ▪ wachsen noch bei Kühlschranktemperaturen ▪ sind eigentlich Erdbewohner ▪ im Betrieb oft an Geräten und Maschinen in Bereichen, die feucht sind; auch an Innenseiten von Rohrleitungen und Gullys ▪ Übertragung auch durch infizierte Haustiere
Campylobakterbakterien (Campylobacter jejuni) 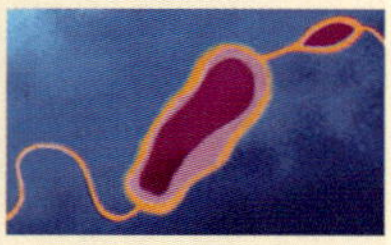	▪ hoher Durchseuchungsgrad bei Schlachtgeflügel und Nutztieren ▪ sehr hitzeempfindlich, sterben schon bei Temperaturen um 50 °C ab
Bacillus cereus 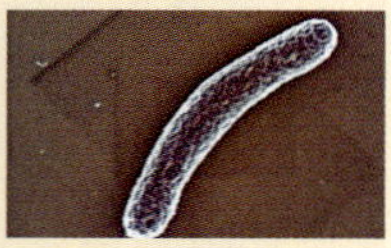	▪ Sporen haben eine hohe Hitzeresistenz ▪ bilden Toxine, die aber durch Temperaturen über 60 °C schnell inaktiviert werden
Schimmelpilze 	▪ die meisten Schimmelpilze erzeugen Gifte (**Mykotoxine**) ▪ sind anspruchslos

(Quelle: nach Krämer, 2007)

Wirkung	Befallene Lebensmittel
▪ Inkubationszeit: 1–7 Stunden ▪ plötzliche Übelkeit, dann Durchfall und Erbrechen, kein Fieber ▪ eventuell Kreislaufprobleme, Krämpfe und Schwindel ▪ Krankheitsdauer: 1–3 Tage	▪ vor allem eiweißreiche und kohlenhydratreiche Lebensmittel mit hohem Wassergehalt: Rohmilch, Cremes, Puddinge, Fisch, Krabben, Fleisch- und Wurstwaren wie gekochter Schinken, Fleischsalat und Frikassee
▪ Inkubationszeit: wenige Stunden bis zu 2 Tage ▪ Abgeschlagenheit, dann Übelkeit, Durchfall, Erbrechen, oft Fieber (Gastroenteritis) ▪ Krankheitsdauer: 1–8 Tage ▪ Problem: manche Menschen werden **Dauerausscheider**	▪ tierische Lebensmittel wie Geflügel, Wild und Hackfleisch, Eier oder Muscheln und Austern aus küstennahen, evtl. fäkalienbelasteten Gewässern ▪ Speisen, die mit nicht durcherhitzten Eiern hergestellt sind, wie z. B. Mousse oder Mayonnaise ▪ (importierte) Gewürze
▪ Inkubationszeit: 2 Stunden – 6 Tage ▪ produzieren stark wirkendes Nervengift; dies führt zu Lähmungen (erst der Augenmuskeln, später von Zunge und Schlund, schließlich der Atemmuskulatur und so zum Tod) ▪ Krankheitsdauer bis zu 8 Monate	▪ Lebensmittel unter Luftabschluss, z. B. vakuumverpackte Fleisch-, Wurst- und Fischprodukte ▪ Gemüsekonserven ▪ ungenügend gesalzene oder gepökelte Räucherwaren
▪ Inkubationszeit 8 – 24 Stunden ▪ Durchfall, bisweilen Erbrechen ▪ Krankheitsdauer: bis zu 2 Tage	▪ im Inneren von zubereiteten Fleisch- und Geflügelgerichten, die nicht richtig durcherhitzt sind oder zu langsam abgekühlt sind ▪ in großen, mit warmen Suppen oder Saucen gefüllten Behältern
▪ Inkubationszeit: 12–72 Stunden ▪ Brechdurchfall, Bauchkrämpfe und Erbrechen ▪ Krankheitsdauer: 3–5 Tage ▪ Inkubationszeit: 3–10 Tage ▪ können Darmschranke durchbrechen, Harnwegsinfektionen, Nierenschäden und Nierenversagen, Bauchfellentzündungen, Entzündungen der Galle, Gehirnhautentzündungen, Tod ▪ Krankheitsdauer: ein paar Tage bis einige Wochen	▪ rohe oder nicht durchgegarte Produkte von Rind, Schaf und Ziege wie z. B. Hamburger, Rinderhack, Roastbeef, Rohwürste; aber auch Rohmilch und daraus hergestellter Käse ▪ Obst und Gemüse, das mit EHEC-belasteten Ausscheidungen oder Abwässern gedüngt worden ist ▪ bedeutende Rolle spielen Schmierinfektionen
▪ Inkubationszeit: 2–8 Wochen ▪ zunächst Gastroenteritis, Symptome ähnlich einer Angina ▪ Befall anderer Organe möglich (z. B. Vereiterungen und Abzesse in Gehirn, Leber oder Milz) ▪ etwa 30 % der Erkrankungen enden tödlich (Hirnhautentzündung), v. a. bei Embryonen, Babys und Kleinkindern ▪ Krankheitsdauer: mehrere Wochen bis Monate	▪ rohes Fleisch und Geflügel, Fischprodukte, aber auch Gemüse, das mit tierischen Abwässern gedüngt wurde ▪ Rohmilch und daraus hergestellte Produkte; wie z. B. Rohmilchkäse ▪ Weichkäse mit und ohne Rotschmiere ▪ vakuumverpackter Räucherlachs oder Räucherforellen
▪ Inkubationszeit: 1–11 Tage ▪ hohes Fieber zusammen mit Kopf- und Muskelschmerzen; Darmkoliken, blutige Durchfälle ▪ Krankheitsdauer: 2–7 Tage	▪ rohes oder unzureichend erhitztes Fleisch oder Geflügel ▪ Rohmilch und daraus hergestellte Speisen
▪ Inkubationszeit: 8–12 Stunden ▪ Übelkeit, Erbrechen, kein Fieber ▪ Krankheitsdauer: bis zu 2 Tage	▪ Getreide und Getreideerzeugnisse ▪ kohlenhydrathaltige (!) Lebensmittel ▪ Gewürze, Puddinge
▪ akute Vergiftung bei hoher Giftdosis ▪ **chronische Wirkung** (meist auf Leber) kann Krebs auslösen	▪ Backwaren ▪ ungeräucherte Wurstwaren ▪ Obst und Obsterzeugnisse ▪ Käse, Nüsse und Gewürze

7.1.8 Pathogene Mikroorganismen

Primäre Kontamination
Eine primäre Kontamination liegt dann vor, wenn schon das lebende Tier oder die Pflanzen von Mikroorganismen befallen sind.

Sekundäre Kontamination
Bei einer sekundären Kontamination erfolgt der Befall der Lebensmittel erst später, z. B. durch tierische oder menschliche Fäkalien (Schmierinfektion), Haare, Wundsekrete, aber auch durch Erdboden oder Erdstaub.

Kreuzkontamination
Von einer Kreuzkontamination wird gesprochen, wenn Mikroorganismen von einem Lebensmittel direkt auf andere, bislang nicht kontaminierte Lebensmittel übertragen werden.

Mikroorganismen, die Krankheiten (Lebensmittelinfektionen) hervorrufen oder zu Vergiftungserscheinungen (Lebensmittelintoxikationen) führen, werden **pathogen** genannt. Beim Vorhandensein von pathogenen Mikroorganismen erfolgt oft keine Veränderung der Lebensmittel. Deshalb ist es fast unmöglich, zu erkennen, ob ein Lebensmittel von ihnen befallen ist oder nicht.

Pathogene Mikroorganismen sind für den Menschen oft erst dann schädlich, wenn sie von ihm in großen Mengen aufgenommen werden. Bei kleinen Mengen reichen die Abwehrkräfte des Körpers normalerweise aus, diese unschädlich zu machen, ohne dass es zu Krankheitserscheinungen kommt. Bei Menschen mit einem geschwächten Immunsystem (kranke und alte Menschen), belasteten Immunsystem (schwangere Frauen) oder noch nicht richtig entwickelten Immunsystem (Embryonen, Babys und Kleinkinder) kann es allerdings schon bei der Aufnahme von nur gering kontaminierten Lebensmitteln zu Infektionen kommen.

Kontamination ist die Verunreinigung oder der Befall von Personen, Lebensmitteln oder anderen Gegenständen mit chemischem, mikrobiologischem oder radioaktivem Material.

Lebensmittelinfektionen
Lebensmittelinfektionen werden durch Mikroorganismen hervorgerufen, die nach der Nahrungsaufnahme in die Schleimhautzellen des Darms eindringen und sich dort vermehren. Es kommt dann im Darm zu Entzündungserscheinungen, meist begleitet von Übelkeit, Fieber und Durchfall. Manche Mikroorganismen können sich aber auch durch die Darmwand ins Gewebe ausbreiten. Über die Lymph- oder Blutbahnen gelangen sie zu ihren Zielorganen und schädigen diese.

Lebensmittelintoxikationen
Lebensmittelintoxikationen werden durch Mikroorganismen hervorgerufen, die Gifte bilden können. Diese Gifte entstehen oft schon in den Lebensmitteln und sind gegenüber äußeren Einwirkungen wie z.B. Hitze in der Regel viel unempfindlicher als die Mikroorganismen selbst. Daher können sie nach der Aufnahme in den menschlichen Körper weiter wirken und zu Vergiftungserscheinungen führen, selbst wenn die Mikroorganismen inzwischen abgetötet sind. Manchmal werden die Gifte aus den Mikroorganismen erst freigesetzt, wenn diese im Körper abgetötet werden.

Typische Vergiftungserscheinungen sind vor allem Durchfall und Erbrechen, verbunden mit Kreislaufproblemen. Manche Gifte allerdings wirken auf die Nervenzellen (z. B. das Botulismusgift) oder reichern sich im Körper an und können langfristig Krebs verursachen (z.B. die Mykotoxine der Schimmelpilze).

Informationen über Infektionskrankheiten
Robert-Koch-Institut
www.rki.de

7.2 Viren

Viren gehören trotz ihrer geringen Größe (0,01–0,1 µm) nicht zu den Mikroorganismen, da sie sich nur in lebenden Zellen vermehren können. Eine Anreicherung in Lebensmitteln ist daher ausgeschlossen. Lebensmittel und Trinkwasser können aber Überträger von solchen Viren sein, die auch außerhalb von Zellen lebensfähig und infektiös bleiben. Häufiger ist aber eine sekundäre Kontamination, bei der die Viren durch fäkale Verunreinigungen oder durch Hygienemängel auf die Lebensmittel gelangen.
Viele Viren bleiben selbst bei Tiefkühltemperaturen lange infektiös, überstehen Temperaturen von 100 °C und sind gegenüber den Verdauungssäften weitestgehend resistent. Zudem wirken sie im Gegensatz zu den Mikroorganismen oft schon in kleinen Mengen.

Ausbrüche von Krankheiten, die durch Mikroorganismen und Viren verursacht werden

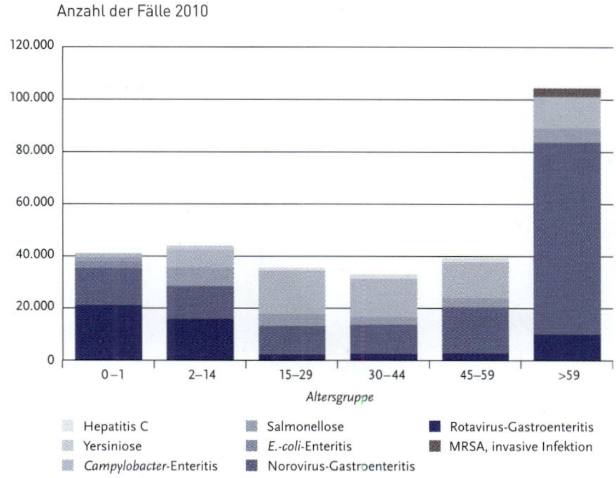

(Quelle: Robert-Koch-Institut: Infektionsepidemiologisches Jahrbuch für 2010, Berlin 2011)

Durch Lebensmittel auf Menschen übertragbare Viren

Virus		Besonderheiten	Krankheitszeichen/Wirkung
Hepatitis-A-Virus	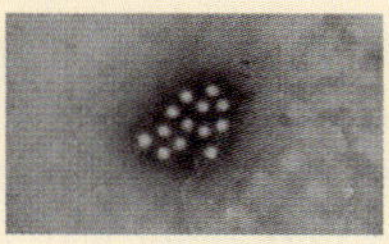	▪ sehr resistent bis pH-Wert 3 und gegenüber Desinfektionsmitteln ▪ sichere Inaktivierung erst durch längeres Kochen	Gelbsucht (zunächst Bauchschmerzen, Gelenk- und Gliederschmerzen, grippeähnliche Symptome)
Norovirus	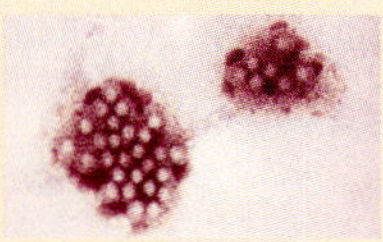	▪ kann auch durch Tröpfcheninfektion übertragen werden	Gastroenteritis (Übelkeit, Bauchkrämpfe, Erbrechen, Durchfall)
Rotavirus	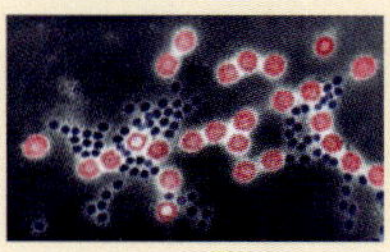	▪ vor allem Kleinkinder unter einem Jahr sind anfällig	Gastroenteritis (Übelkeit, Bauchkrämpfe, Erbrechen, Durchfall)

(Quelle: nach Krämer, 2007)

7.3 Parasiten

Auch Parasiten können auf den Menschen übertragen werden, vor allem durch den Verzehr von rohem oder nicht durchgegartem Fleisch und Fisch oder von Obst, Gemüse und Trinkwasser, das durch Abwässer kontaminiert ist. Zu den Parasiten, die in Lebensmitteln vorkommen können, gehören u.a. die **Finnen** von Rinder- oder Schweinebandwürmern (z.B. in Tatar, Hack, Mett), **Trichinen** (z.B. in Fleisch von Schweinen oder Wildschweinen), **Nematoden** (z.B. im Matjes oder in kalt geräucherten Fischen), **Spulwürmer** (z.B. in Obst und Gemüse) und die **Toxoplasmen** (z.B. in Schweine- oder Schaffleisch). Parasiten verursachen neben akuten Erscheinungen wie Übelkeit, Bauchschmerzen, Erbrechen und Durchfall oft lang anhaltende Spätfolgen, indem sie durch die Darmwand wandern und die inneren Organe, Gelenke und Muskeln oder das Gehirn befallen.

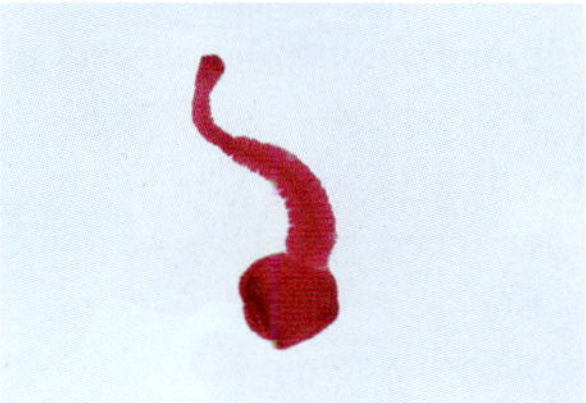

Bandwurm

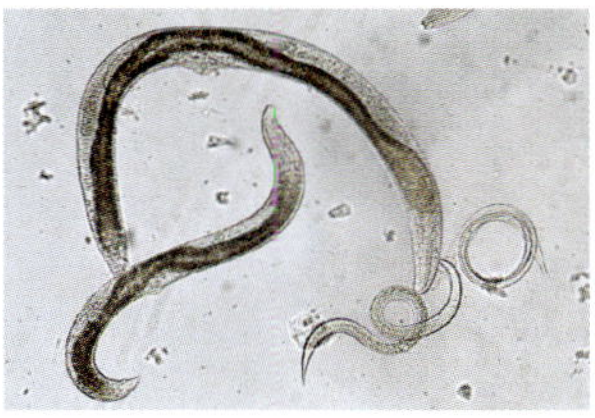

Nematoden

7.4 Schädlinge

Maus

Schabe

Ameise

Mehlmotte

Fliege

Mehlkäfer und Mehlwurm

Im Gegensatz zu den Mikroorganismen, Viren und Parasiten sind Schädlinge aufgrund ihrer Größe mit bloßem Auge zu erkennen. Zu den typischen Lebensmittelschädlingen gehören **Nagetiere** wie Ratten und Mäuse und einige **Insekten** wie Schaben (z.B. Küchenschaben), Ameisen (z.B. Pharaoameisen), Motten (z.B. Mehlmotten, Dörrobstmotten), Fliegen (z.B. Stubenfliegen, Schmeißfliegen, Frucht- und Taufliegen) und Käfer (z.B. Speckkäfer, Mehlkäfer).

Nagetiere stellen ein großes hygienisches Risiko dar. Sie können durch ihre Ausscheidungen (Kot, Urin), aber auch durch den Kontakt mit Fell und Pfoten Lebensmittel verunreinigen und Bakterien, Pilze, Viren und Parasiten auf die Lebensmittel übertragen. Mit ihren Zähnen können sie Verpackungsmaterialien zernagen und an Lebensmitteln große Fraßschäden anrichten oder an Geräten technische Defekte verursachen.

Auch Insekten sind Überträger lebensmittelverderbender und krankheitserregender Mikroorganismen und Parasiten. Die Mikroorganismen befinden sich einerseits auf der Körperoberfläche und andererseits im Verdauungstrakt, wo sie ausgeschieden werden. Kot und Urin von Insekten sind ein idealer Nährboden für Mikroorganismen. Zudem legen viele Insekten ihre Eier in oder auf Lebensmitteln ab. Aus den Eiern entwickeln sich Larven bzw. Maden, die große Fraßschäden verursachen können. Befallene Lebensmittel sind ekelerregend und müssen vernichtet werden. Manche Insekten verursachen auch direkte Gesundheitsschäden wie Hauterkrankungen oder Allergien.

7.5 Hygiene im Betrieb

7.5.1 Zielsetzung

Leitlinie für eine gute Hygienepraxis
In Zusammenarbeit zwischen DEHOGA, BGN, den zuständigen obersten Landesbehörden der Lebensmittelüberwachung sowie dem Bundesverband der Lebensmittelkontrolleure wurde die „Hygiene-Leitlinie für die Gastronomie" veröffentlicht. Sie definiert für die Gastronomie rechtsverbindlich einen Standard in Hygienefragen, bietet praxisnahe Hilfestellungen zur betrieblichen Umsetzung der lebensmittelhygienischen Vorschriften nach dem EU-Recht und kann bei Unstimmigkeiten als Nachweis gegenüber der Lebensmittelüberwachung herangezogen werden.

Unter Hygiene wird die Lehre von der **Verhütung von Krankheiten** sowie der **Erhaltung und Förderung der Gesundheit** verstanden. In der Gastronomie hat Hygiene immer zwei Zielrichtungen:

- Schutz der Gäste
- Schutz der Mitarbeiter

Wirksame Hygiene ist aus wirtschaftlichen Gründen unumgänglich. Verdorbene Lebensmittel müssen entsorgt werden. Hierdurch entsteht zwar ein direkter wirtschaftlicher Verlust, aber der Hersteller haftet auch persönlich für die Schäden, die durch sein Produkt entstanden sind.

Auch erkrankte Mitarbeiter kosten Geld und die Arbeitsausfälle müssen kompensiert werden. Außerdem haben auch Mitarbeiter gegebenenfalls das Recht auf Schadensersatzansprüche gegenüber ihrem Arbeitgeber. Zudem können hygienische Beanstandungen Bußgelder, ja sogar Betriebsschließungen nach sich ziehen. Es droht ein Image- und Vertrauensverlust, die Gäste bleiben aus, es kommt zu Umsatzeinbußen bis hin zum wirtschaftlichen Zusammenbruch.

> Zufriedene Gäste kommen wieder,
> zufriedene Mitarbeiter arbeiten gerne!

Eine gute Hygienepraxis ist daher in allen Lebensmittelbetrieben das oberste Gebot. Hierunter werden alle Maßnahmen verstanden, die eine gute Hygiene gewährleisten. Diese lassen sich in drei Bereiche unterteilen.

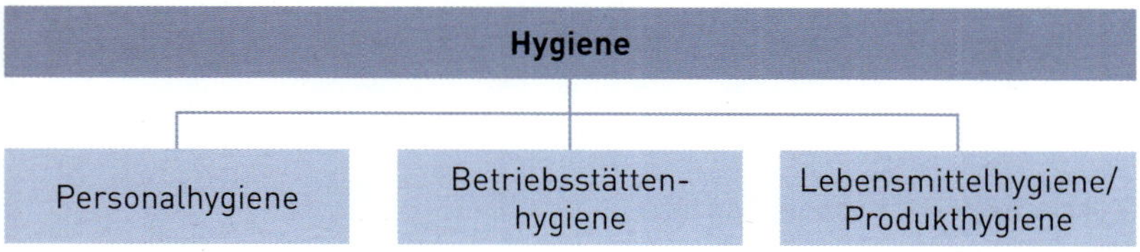

7.5.2 Personalhygiene

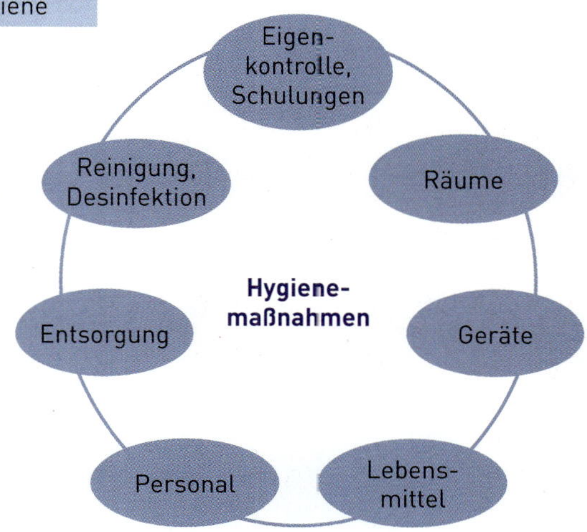

Mitarbeiter sind als Kontaminationsquelle ein großer Risikofaktor. Nur durch hygienisch einwandfreies Verhalten jedes Einzelnen kann der Schutz der Lebensmittel vor Verunreinigungen gewährleistet und die Gefahr der Übertragung von Krankheiten vermindert werden. Die Personalhygiene umfasst die folgenden Bereiche:

- Arbeitskleidung
- Körperhygiene, Körperpflege, insbesondere Handhygiene
- Verhalten am Arbeitsplatz und im Umgang mit Lebensmitteln
- Verhalten bei Erkrankungen oder Verletzungen

Keimzahlen beim Menschen

Körperteil	Keimzahl
Kopfhaut	1 500 000 Keime/cm²
Achselhöhle	2 400 000 Keime/cm²
Unterarm	110 Keime/cm²
Stirn	200 000 Keime/cm²
Nasensekret	1 000 000 – 100 000 000 Keime/g
Speichel	10 000 000 – 10 000 000 000 Keime/g
Ohrenschmalz	bis zu 100 000 000 Keime/g

(Quelle: nach Bertling, 2011)

Arbeitskleidung

Personen, die in einem Bereich arbeiten, in dem mit Lebensmitteln umgegangen wird, müssen eine geeignete und saubere Arbeitskleidung tragen. In systemgastronomischen Betrieben wird diese meistens vom Unternehmen vorgeschrieben. Idealerweise soll sie hell, leicht waschbar und schwer brennbar sein. Sie muss ferner so beschaffen sein, dass sie die persönliche Kleidung bedeckt. Im Küchenbereich sollte eine Kopfbedeckung getragen werden, die das Haupthaar vollständig umschließt. Die Arbeitskleidung ist täglich – bei Bedarf, z. B. bei Verschmutzung, auch mehrmals täglich – zu wechseln. Sie ist getrennt von der Privatkleidung aufzubewahren.

Hygienische Arbeitsbekleidung

Arbeitsschuhe müssen geschlossen und rutschfest sein sowie einen sicheren Halt bieten. Gegebenenfalls muss Schutzkleidung vorhanden sein. Der Einsatz von Einmalhandschuhen ist gesetzlich weder vorgeschrieben noch empfohlen. Werden Einwegprodukte wie Mundschutz, Bartbinde oder Handschuhe getragen, müssen sie nach Pausen, Toilettengängen oder nach einem Wechsel des Arbeitsplatzes ausgetauscht werden.

> Arbeitsräume nicht in Straßenkleidung oder mit Straßenschuhen betreten! Arbeitskleidung nicht außerhalb des Betriebs tragen.

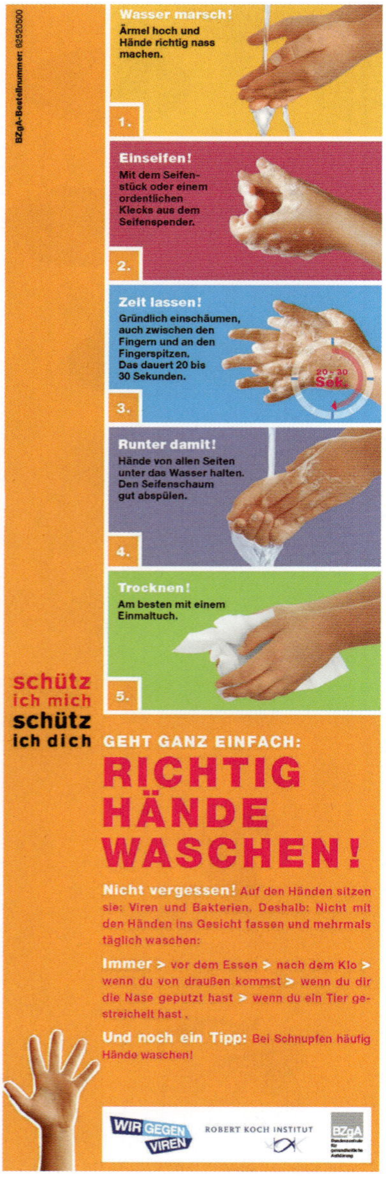

Körperhygiene, Körperpflege

Personen, die in der Gastronomie arbeiten, müssen ein hohes Maß an persönlicher Sauberkeit mitbringen. Hierzu gehört vor allem eine regelmäßige tadellose Körperpflege, d. h. tägliches Duschen und Waschen sowie eine gute Zahn- und Mundhygiene. Ein gepflegtes äußeres Erscheinungsbild sollte selbstverständlich sein.

Vor Arbeitsbeginn sind Ringe, Ketten, Armbanduhren und Schmuck abzulegen, da sie ein Schlupfwinkel für Mikroorganismen sind und die Gefahr besteht, dass sie unbemerkt ins Lebensmittel gelangen.

Lange Haare sind zusammenzubinden und hochzustecken. Schuppen und Haare in Lebensmitteln sind unhygienisch und ekelerregend.

Handhygiene

Auf die Wichtigkeit einer gründlichen Handhygiene kann nicht oft genug hingewiesen werden. Permanent gelangen Mikroorganismen beim Anfassen aller möglichen Dinge auf die Hände. Die Furchen und Poren der Hand sowie die Fingernägel bieten ihnen viele Unterschlupfmöglichkeiten, wo sie sich schnell vermehren können. Daher ist eine gründliche **Reinigung** und **Desinfektion** der Hände vor Arbeitsbeginn und nach jeder Pause unbedingt erforderlich. Das gilt insbesondere nach einem Toilettenbesuch oder nach der Beendigung von Reinigungsarbeiten, aber auch nach Arbeiten mit rohem Fleisch, Geflügel, Ei und Fisch sowie nach dem Anfassen verschmutzter Gegenstände (z. B. Taschentücher, Abfall oder auch Geld) oder vor dem Wechsel der Arbeitstätigkeit.

Die Fingernägel sind immer sauber und kurz geschnitten zu halten. Denn gerade hier kann sich sehr viel Schmutz ansammeln, sodass sich Keime gut vermehren können. Fingernägel müssen nagellackfrei sein. Künstliche Fingernägel dürfen nicht verwendet werden.

Bei der Handhygiene ist darauf zu achten, dass Reinigungs- und Desinfektionsmittel nach der Gebrauchsanweisung des Herstellers angewendet werden und dass sie ausreichend lange einwirken können. Das Abtrocknen sollte mit Einmalhandtüchern geschehen.

Kleine Schnittwunden oder Verletzungen an den Händen sind so zu versorgen, dass sie völlig und wasserdicht abgedeckt sind. Gegebenenfalls ist ein Fingerling oder Handschuh zu tragen.

Verhalten am Arbeitsplatz und im Umgang mit Lebensmitteln

Beim Umgang mit Lebensmitteln am Arbeitsplatz müssen folgende Verhaltensregeln beachtet werden:

- Nie auf Lebensmittel husten oder niesen.
- Das Kratzen am Körper, insbesondere der Kopfhaut oder Nase, vermeiden, ebenso die Reinigung der Ohren mit den Fingern.
- In den Produktionsräumen nicht rauchen, nicht essen und nicht trinken. Keinesfalls Glasgefäße mit in die Produktionsräume nehmen.
- Lebensmittel nur anfassen, wenn unbedingt nötig; dann immer mit gereinigten Händen.
- Speisen nicht mithilfe der Finger probieren, sondern fachgerecht mit Löffel, Gabel oder Probierteller. Diese nach dem Verkosten der Speisen säubern.
- Den Arbeitsplatz sauber halten; die Arbeitsgeräte gründlich und angemessen häufig reinigen; Schmutz und Müll direkt entfernen.
- Kugelschreiber, Heftklammern, Kaugummi, aber auch Medikamente gehören nicht in die Taschen der Arbeitskleidung. Es besteht die Gefahr, dass sie als Fremdkörper in die Lebensmittel gelangen.
- Auf den Boden gefallene Produkte stets entsorgen.

Speisen immer mit dem Löffel probieren

Infektionsschutzgesetz (IfsG)
www.gesetze-im-internet.de/bundesrecht/ifsg/gesamt.pdf

Verhalten bei Erkrankungen oder Verletzungen

Kranke Mitarbeiter können entweder Kollegen und Gäste auf direktem Weg anstecken oder die Lebensmittel kontaminieren und so wiederum die Gäste und Kollegen gefährden. Nach § 42 des **Gesetzes zur Verhütung und Bekämpfung von Infektionskrankheiten beim Menschen (Infektionsschutzgesetz - IfSG)** gilt ein Tätigkeits- und Beschäftigungsverbot für Personen,

- die in Küchen von Restaurants und Kantinen arbeiten,
- die in Einrichtungen zur Gemeinschaftsverpflegung beschäftigt sind,
- die beim Herstellen, Behandeln oder Inverkehrbringen von kritischen Lebensmitteln mit diesen in Berührung kommen,
- die mit Bedarfsgegenständen (z.B. Besteck, Geschirr oder anderen Arbeitsmaterialien) so in Berührung kommen, dass eine Übertragung von Krankheitserregern auf Lebensmittel möglich ist,

wenn

- sie an bestimmten übertragbaren Krankheiten leiden,
- bei ihnen der Verdacht besteht, dass sie an bestimmten übertragbaren Krankheiten leiden,
- sie bestimmte Mikroorganismen ausscheiden,
- sie infizierte Wunden oder Hautkrankheiten haben und die Möglichkeit besteht, dass die Krankheitserreger auf die Lebensmittel übertragen werden können.

Sollten sich daher bei Mitarbeitern im Lebensmittelbereich Krankheitssymptome wie Durchfall, Erbrechen und Fieber zeigen, ist umgehend der Arbeitgeber zu verständigen. Gegebenenfalls ist ein Arzt aufzusuchen.

Achtung bei Erkrankungen im Magen-Darm-Bereich.

Krankheiten mit Tätigkeits- und Beschäftigungsverbot

- Typhus abdominalis
- Paratyphus
- Cholera
- Shigellenruhr
- Salmonellose
- infektiöse Gastroenteritis
- Virushepatitis A
- Virushepatitis E
- Ausscheider von Shigellen
- Ausscheider von Salmonellen
- Ausscheider von enterohämorrhagischen Escherichia coli
- Ausscheider von Choleravibrionen

Kritische Lebensmittel gemäß Infektionsschutzgesetz

- Fleisch, Geflügelfleisch und Erzeugnisse daraus
- Milch und Erzeugnisse auf Milchbasis
- Fische, Krebse oder Weichtiere und Erzeugnisse daraus
- Eiprodukte
- Säuglings- und Kleinkindernahrung
- Speiseeis und Speiseeishalberzeugnisse
- Backwaren mit nicht durchgebackener oder durcherhitzter Füllung oder Auflage
- Feinkost-, Rohkost- und Kartoffelsalate, Marinaden, Mayonnaisen, andere emulgierte Soßen, Nahrungshefen

Alte Bescheinigung nach dem Bundesseuchengesetz
Wer noch ein Gesundheitszeugnis nach dem Bundesseuchengesetz, das am 1.1.2001 außer Kraft trat, besitzt, muss keine neue Erstbescheinigung durch das Gesundheitsamt vorlegen.

Belehrung
Gemäß § 43 des **Infektionsschutzgesetzes** benötigen Mitarbeiter, die in Küchen von Restaurants, Kantinen oder in Einrichtungen der Gemeinschaftsverpflegung arbeiten, vor der erstmaligen Ausübung ihrer Tätigkeit eine Bescheinigung des Gesundheitsamts, die nicht älter als drei Monate sein darf. Nach dieser Belehrung müssen sie erklären, dass ihnen keine Tatsachen bekannt sind, die ein Tätigkeitsverbot erzwingen. Nach der Aufnahme der Tätigkeit müssen die Mitarbeiter alle **zwei Jahre** neu belehrt werden. Diese Belehrung, die vom Arbeitgeber durchgeführt werden kann, ist zu dokumentieren. Die Bescheinigung des Gesundheitsamts und die Dokumentationen der Belehrungen sind vom Arbeitgeber aufzubewahren.

7.5.3 Betriebsstättenhygiene

Gebräuchliche Begriffe
Oft werden statt Betriebsstättenhygiene auch die Begriffe Betriebshygiene oder Arbeitsplatzhygiene verwendet.

Die Betriebsstättenhygiene umfasst die Hygiene unterschiedlichster Bereiche.

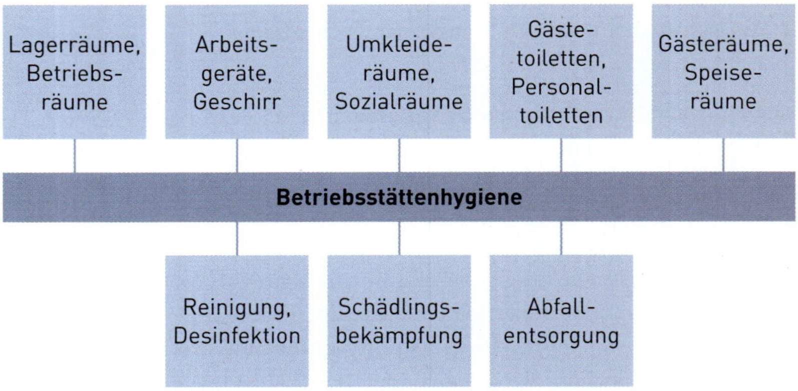

Allgemeine Anforderungen
Prinzipiell gilt, dass Betriebsstätten so angelegt sein müssen, dass eine gute Lebensmittelhygiene möglich ist, d.h. eine nachteilige Beeinflussung der Lebensmittel vermieden bzw. minimiert wird. Weder Gast noch Mitarbeiter dürfen durch ihren Aufenthalt im Betrieb bzw. den Verzehr von Speisen und Getränken einem erhöhten Infektionsrisiko ausgesetzt sein. Daher müssen Betriebsstätten in einem guten baulichen Zustand und leicht zu reinigen bzw. zu desinfizieren sein. Sie müssen so angelegt sein, dass eine Ansammlung von Schmutz vermieden wird und dass keine Schädlinge eindringen können. Ferner müssen sie über eine angemessene Beleuchtung verfügen. Dabei ist sicherzustellen, dass von den Leuchtkörpern herabfallende Fremdstoffe (z.B. Splitter) nicht in die Lebensmittel gelangen können. Auch muss für eine ausreichende Belüftung gesorgt sein. Die Lüftungssysteme müssen leicht zu reinigen sein. Lebensmittel dürfen durch die Abluft nicht nachteilig beeinflusst werden. Betriebsstätten müssen an geeigneten Stellen mit genügend Handwaschbecken, die eine Warm- und Kaltwasserzufuhr haben, ausgestattet sein. Neben den Handwaschbecken müssen Mittel zum Reinigen, Desinfizieren und hygienischem Trocknen der Hände vorhanden sein.

Spezielle Hygieneanforderungen

Lagerräume und Betriebsräume

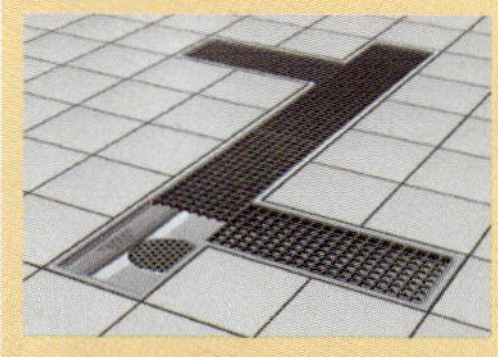

- **Fußböden** in einem einwandfreien Zustand, fugendicht, wasserundurchlässig, fettbeständig, rutschhemmend und leicht zu reinigen bzw. zu desinfizieren
- **Ablauföffnungen** für Flüssigkeiten gegen das Eindringen von Schädlingen geschützt und ebenfalls leicht zu reinigen; das Wasser muss ohne Rückstau und Geruchsbildung abfließen können
- **Wandflächen** in einem einwandfreien Zustand und leicht zu reinigen; bis zu einer bestimmten Höhe glatt, wasserundurchlässig und abwaschbar; möglichst in einer hellen Farbe, um das Erkennen von Verschmutzungen zu erleichtern
- **Decken** aus einem Material, das nicht abblättern kann und Schmutzansammlungen und Schimmelbildung verhindert
- **Fenster** und **Türen** sauber und gut instand zu halten; können sie zum Lüften ins Freie geöffnet werden, müssen sie mit Insektengittern ausgestattet sein
- **Fensterbretter** sauber und sie dürfen nicht als Abstellflächen benutzt werden
- **Türen** mit einer für den Gebrauch nötigen Stabilität; selbsttätig und dicht schließend
- **Arbeitsflächen** glatt, korrosionsbeständig und leicht zu reinigen bzw. zu desinfizieren; genügend Arbeitsflächen für ein hygienisch einwandfreies Arbeiten
- **Spülbecken** (zum Waschen von Lebensmitteln und zum Reinigen von Geräten) und **Handwaschbecken** getrennt
- **Fett- und Stärkeabscheider** sowie **Dunstabzugshauben** regelmäßig prüfen, reinigen und gegebenenfalls auswechseln
- keine Topfpflanzen, Schnittblumen, Zierpflanzen und Haustiere in Lager- und Arbeitsräumen

Lagerräume

- entsprechend der zu lagernden Gegenstände und Lebensmittel und der Temperaturvorgaben ausgestattet
- bei Kühl- und insbesondere bei Tiefkühlräumen Materialien, die die kältetechnischen Eigenschaften besitzen
- an Kühl- und Tiefkühlräumen gut sichtbare Temperaturanzeigen; akustische Warneinrichtungen beim Unterschreiten der vorgegebenen Temperatur
- genügend Platz für die Lagerung der Produkte

Arbeitsgeräte, Geschirr

- aus einem geeigneten Material (z. B. Edelstahl, Kunststoff, Glas, Porzellan), von dem keine negative Beeinflussung der Lebensmittel ausgeht
- leicht zu reinigen und evtl. zu desinfizieren; gegebenenfalls korrosionsfest sowie hitzebeständig und sterilisierbar
- Entsorgung hygienisch nicht mehr einwandfreier oder beschädigter Arbeitswerkzeuge
- Schneidebretter aus einem hartem Kunststoff; regelmäßig reinigen und abschleifen

Umkleide-, Sozialräume

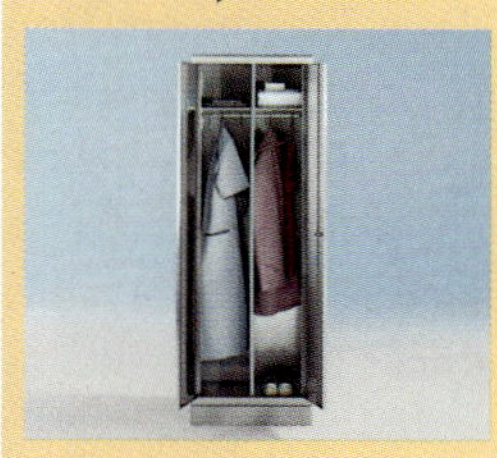

- getrennte Räumlichkeiten für Männer und Frauen
- außerhalb des eigentlichen Arbeitsbereichs
- keinen direkten Zugang zu Räumen, in denen Lebensmittel gelagert, verarbeitet oder in den Verkehr gebracht werden
- genügend Sitzgelegenheiten und Tische, damit vermieden wird, dass das Personal sich auch während der Pausenzeiten in den Arbeitsräumen aufhält und dort isst oder trinkt
- Garderobenschränke/Spinde so beschaffen, dass Arbeitskleidung getrennt von der Straßenkleidung aufbewahrt werden kann
- Wasch- und Umkleideräume räumlich getrennt voneinander, aber direkt nebeneinander
- Personalräume dürfen ausschließlich vom Personal genutzt werden

Gäste-, Personaltoiletten

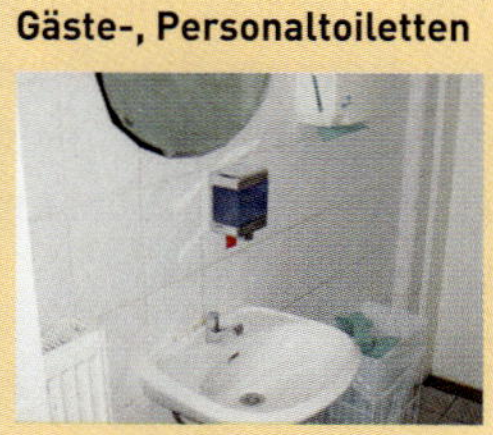

- Toiletten und Waschgelegenheiten in angemessener Anzahl
- gut belüftet, beleuchtet und beheizbar
- mit Handwaschbecken, Vorrichtungen für Reinigungs- und Desinfektionsmittel sowie hygienisches Trocknen der Hände ausgestattet

Gästeräume, Speiseräume

- ausreichend belüftbar und leicht zu reinigen
- Gästebereich vom Arbeitsbereich getrennt
- kein direkter Zugang zu den Lager- und Personalräumen
- im Selbstbedienungsbereich oder im Free-Flow-System Lebensmittel vor Kontamination durch die Gäste geschützt (z. B. Spuckschutz)
- Tische regelmäßig abräumen und reinigen; saubere Tischwäsche auflegen; Stühle reinigen
- im Selbstbedienungsbereich Tablettstationen und Besteckkästen sauber halten

Reinigung und Desinfektion

Reinigen ist das Entfernen aller sichtbaren Verschmutzungen.

Bei sachgerechter Durchführung wird dabei auch die Zahl der Krankheits- bzw. Verderbniserreger schon erheblich reduziert.

Desinfizieren ist das Abtöten von Krankheitserregen, um das Risiko einer Infektion zu minimieren.

Die Desinfektion mit Desinfektionsmitteln (siehe Kapitel 8.2.3) erfolgt gegebenenfalls nach der Reinigung

Ablauf der Reinigung

Mechanische Reinigung
↓
Reinigung mit Wasser und evtl. Reinigungsmittel
↓
Nachspülen mit Wasser
↓
Trocknen

Bei der **Reinigung** werden folgende Arbeitsschritte unterschieden, die meistens nacheinander und aufeinander abgestimmt erfolgen:

- Mechanische Reinigung: Der Arbeitsplatz wird aufgeräumt, grober Schmutz bzw. die Abfälle werden zusammengewischt oder zusammengekehrt und entsorgt, verbliebene Reste auf der Arbeitsfläche, den Geräten oder Werkzeugen werden nötigenfalls trocken abgekratzt, abgeschabt oder abgebürstet.
- Reinigung mit Wasser: Als Wasser darf nur Trinkwasser verwendet werden. Die Arbeitsflächen, Geräte und Werkzeuge werden mit einem Lappen feucht abgewischt oder mit heißem Wasser abgespült; eventuell werden Schwamm oder Bürste eingesetzt; die Reinigungsutensilien müssen sauber sein; Reinigungstücher sind regelmäßig, mindestens einmal täglich zu wechseln. Wenn möglich, sollten Einwegtücher eingesetzt werden.
- Reinigung mit Wasser und Reinigungsmitteln: Dem klaren, erwärmten Wasser werden entsprechende Reinigungsmittel dosiert zugegeben; durch die Reinigungsmittel wird der Schmutz von der Haftfläche gelöst; dies geschieht mithilfe von Tüchern, Schwämmen oder Bürsten. Nach jeder Reinigung mit Reinigungsmitteln muss mit klarem, heißem Wasser nachgewischt bzw. -gespült werden, bis keine Rückstände des Reinigungsmittels mehr vorhanden sind.
- Trocknen: Unmittelbar nach dem Reinigen mit Wasser oder Reinigungsmitteln werden die Flächen, Geräte und Werkzeuge getrocknet, damit sich die Mikroorganismen im Flüssigkeitsfilm oder an feuchten Stellen nicht vermehren können. Die Trocknung kann z.B. mithilfe eines sauberen Tuchs, Einweghandtüchern oder eines Warmluftgebläses erfolgen.

Reinigungsmittel

Schädlingsbekämpfung

Ziel aller Schädlingsbekämpfungsmaßnahmen muss es sein, den Schädlingen den Zugang zu den Produktions- und Lagerräumen zu erschweren bzw. bestenfalls unmöglich zu machen und ihren Lebensraum zu zerstören. Einfache Maßnahmen sind ständige Sauberkeit und gewissenhafte Reinigung der Betriebsräume sowie eine gute Wareneingangskontrolle, Warenpflege und Vorratshaltung.

Angelieferte Lebensmittel sind sorgfältig auf Schädlinge zu überprüfen und bei Befall sofort auszusortieren und zu vernichten.

Bei der Lagerung sollten die Lebensmittel immer gut verpackt sein. Die Verpackungen sind regelmäßig auf Schäden zu kontrollieren.

Abfälle sind sachgerecht zu entsorgen.

Aber auch Sorgfalt im Bau, in der Gestaltung und der Instandhaltung eines Gebäudes sind im Hinblick auf eine praktikable und effiziente Schädlingsbekämpfung von Bedeutung. Nötigenfalls sind Ritzen und Spalten im Mauerwerk abzudichten bzw. zu isolieren. Abflüsse und Siebeinsätze sowie Lüftungsschächte und deren Abdeckgitter sind regelmäßig gründlich zu reinigen. Die Fenster sollten mit Schutzgittern versehen sein, Türen und Fenster nicht unnötig offen stehen. Auch Nischen, Zimmerwinkel und dunkle Ecken sind in bestimmten Abständen zu kontrollieren. Elektronische Insektenfallen können sinnvoll sein. Auch das Aufstellen und regelmäßige Kontrollieren von Köderfallen/Lockfallen ist ein wichtiger Punkt des Schädlingsmonitorings.

Köderfalle

Zudem empfiehlt es sich, einen betriebsbezogenen **Schädlingsbekämpfungsplan** aufzustellen. Hierzu gehört auch, das Personal in regelmäßigen Abständen zu schulen, denn das Vorhandensein von Schädlingen ist an vielen Merkmalen zu erkennen, für die das Personal sensibilisiert werden muss.

Monitoring
Monitoring ist die Beobachtung und Überwachung eines Vorgangs oder eines Prozesses mit dafür geeigneten Methoden.

Sollte ein Schädlingsbefall stattgefunden haben, sind folgende Maßnahmen zu ergreifen:

- umgehende Meldung an die Betriebsleitung
- Entsorgung und Vernichtung aller Lebensmittel, die von Schädlingen befallen oder verdorben sind
- Gesamtreinigung der Betriebsräume; wenn nötig hierzu alle Lebensmittel ausräumen
- eventuell Einsatz chemischer Schädlingsbekämpfungsmittel; hierbei sind alle notwendigen Vorsichtsmaßnahmen einschließlich der gesetzlichen Bestimmungen zu beachten
- eventuell Einsatz professioneller Schädlingsbekämpfungsfirmen

Erkennungsmerkmale für den Befall mit Schädlingen

- tote Tierkörper oder Teile hiervon
- Larven, Puppen, Maden von Insekten
- Fellreste
- Kot, Tierexkremente
- Geruch
- Fußspuren, Laufpfade
- Geräusche
- Fraßschäden
- Rieselgut

Reinigungsmittel, Desinfektionsmittel und Schädlingsbekämpfungsmittel müssen sachgerecht gekennzeichnet sein und von Lebensmitteln getrennt gelagert werden. Bei ihrem Gebrauch ist darauf zu achten, dass sie nicht mit Lebensmitteln in Berührung kommen.

Müllentsorgung

Das Abfallaufkommen sollte so gering wie möglich gehalten werden. Fallen Abfälle an, sind sie konsequent und fachgerecht zu trennen (siehe Kapitel 5.3.5). Von Abfällen darf keine gesundheitliche Gefährdung ausgehen. Die Möglichkeit einer mikrobiellen Kontamination oder einer anderen nachteiligen Beeinflussung der Lebensmittel muss ausgeschlossen werden.

Getrennte Abfallentsorgung

Verordnungen und Gesetze zur Lebensmittel- bzw Produkthygiene

Verordnung (EG) 178/2002
www.bfr.bund.de/cm/343/2002_178_de_efsa.pdf

Verordnung (EG) Nr. 852/2004
http://eur-lex.europa.eu/LexUriServ/LexUriServ.do?uri=OJ:L:2004:139:0001:0054:de:pdf

Verordnung (EG) Nr. 853/2004
http://eur-lex.europa.eu/LexUriServ/LexUriServ.do?uri=OJ:L:2004:139:0055:0205:DE:pdf

Lebensmittelhygiene-Verordnung (LMHV)
www.gesetze-im-internet.de/bundesrecht/lmhv_2007/gesamt.pdf

Lebensmittel-, Bedarfsgegenstände- und Futtermittelgesetzbuch (LFGB)
www.gesetze-im-internet.de/bundesrecht/lfgb/gesamt.pdf

Somit ergeben sich folgende Anforderungen an eine hygienische Müllentsorgung:

- Wareneingang bzw. -ausgabe und Müllentsorgung sind zeitlich und räumlich zu trennen.
- Abfälle dürfen in Räumen, in den Lebensmittel verarbeitet werden, nur insoweit gelagert werden, wie es für den ordnungsgemäßen Betriebsablauf notwendig ist. Sie müssen so rasch wie möglich entfernt werden.
- Abfallbehälter müssen verschließbar sein; sinnvoll ist eine Fußbedienung.
- Abfallbehälter in den Betriebsräumen sind täglich, spätestens nach Betriebsschluss, zu leeren, zu reinigen und gegebenenfalls zu desinfizieren.
- Abfallsammelräume müssen sauber und vor Schädlingsbefall geschützt sein; sie sind täglich zu reinigen. Gegebenenfalls sind sie zu kühlen.
- Mülllager im Außenbereich sind so zu gestalten, dass weder Schädlinge angelockt werden noch nachteilige Beeinflussungen wie z. B. unangenehme Gerüche entstehen.

7.5.4 Produkthygiene

Unter Lebensmittelhygiene bzw. Produkthygiene werden alle Maßnahmen und Konzepte verstanden, die sicherstellen, dass ein Lebensmittel gesundheitlich unbedenklich und für den menschlichen Verzehr geeignet ist.

Ziel der Lebensmittelhygiene ist es, Lebensmittelverunreinigungen und Lebensmittelverderb zu vermeiden.

Ursachen für Lebensmittelverunreinigung und Lebensmittelverderb
Die Gefahrenarten für Lebensmittelverunreinigungen und Lebensmittelverderb werden in biologische, chemische und physikalische unterteilt.

Beispiele für Gefahrenarten der Lebensmittelverunreinigung und des Lebensmittelverderbs

Biologische Gefahren	Chemische Gefahren	Physikalische Gefahren
▪ Übertragung von Mikroorganismen auf Lebensmittel durch unsauberes Arbeiten ▪ Vermehrung von Mikroorganismen in Lebensmitteln durch unsachgemäßen Umgang mit den Lebensmitteln (z. B. Schimmel) ▪ Entstehung von giftigen Abbauprodukten durch Mikroorganismen ▪ Befall der Lebensmittel mit Parasiten, Viren oder Insekten ▪ enzymatischer Abbau von Nahrungsinhaltsstoffen durch zu langes oder falsches Lagern (z. B. Fettverderb) ▪ Bildung von Giftstoffen durch falsche Verwendung von Rohstoffen (z. B. Acrylamidbildung beim zu hohen Erhitzen von Frittierfetten)	▪ Rückstände von Pflanzenschutzmitteln und Düngemitteln in Lebensmitteln ▪ Rückstände von Schädlingsbekämpfungsmitteln in Lebensmitteln (z. B. durch falsche Handhabung von Insektengiften) ▪ Reste von Reinigungs- und Desinfektionsmitteln in/auf Lebensmitteln ▪ nicht lebensmittelechtes Geschirr	▪ Fremdkörper in Lebensmitteln (z. B. Schmuck von Mitarbeitern, Werkzeugteile, Glasscherben und Keramiksplitter, Metallteile von Konserven, Holzsplitter, Knochensplitter) ▪ Verunreinigung durch Tierexkremente ▪ Verunreinigung durch Haare/Haarreste ▪ Verunreinigung durch Schmutz, Dreck ▪ mechanische Beschädigungen (z. B. durch Schlag, Quetschungen)

Die strenge Einhaltung hygienischer Vorschriften von der Anlieferung der Waren über die Lagerung bis zur Be- und Verarbeitung der Lebensmittel ist daher unabdingbar.

Temperaturkontrolle

Hygienevorschriften für die Warenanlieferung:

- Stichprobenartige Sichtkontrolle auf Verschmutzungen sowie Temperaturkontrolle des Lieferfahrzeugs; eventuell auch Inaugenscheinnahme des Lieferanten
- Überprüfung des Frischezustands der Waren; Sichtkontrolle auf Schädlingsbefall, Verderbniserscheinungen oder Fremdkörper; stichpunktartige Temperaturkontrollen der Waren
- Kontrolle der Verpackungen auf Beschädigung und unvollständige Kennzeichnung
- Kontrolle von Mindesthaltbarkeitsdatum bzw. Verbrauchsdatum
- Annahme der Rohstoffe und Lebensmittel nur, wenn alles in einem einwandfreien Zustand ist, das Mindesthaltbarkeitsdatum stimmt und die vorgeschriebene Temperatur eingehalten ist
- Sachgerechtes, schnelles Verräumen der Ware; Beachtung der Kühlkette beim Verräumen

Verbrauchsdatum und Mindesthaltbarkeitsdatum

Das **Mindesthaltbarkeitsdatum** (MHD) gibt an, bis zu welchem Termin ein Lebensmittel bei sachgerechter Aufbewahrung auf jeden Fall ohne wesentliche Geschmacks- und Qualitätseinbußen sowie ohne gesundheitliches Risiko verzehrt werden **kann**.

Das **Verbrauchsdatum** gibt an, bis zu welchem Termin ein Lebensmittel spätestens verbraucht sein **muss**. Nach diesem Termin darf es nicht mehr in den Verkehr gebracht werden, sondern ist auf jeden Fall zu entsorgen.

Das vom Hersteller festgelegte Mindesthaltbarkeitsdatum bzw. Verbrauchsdatum gilt selbstverständlich nur, wenn die vorgeschriebenen Temperaturen eingehalten werden.

Beispiel für eine Checkliste für den Wareneingang

Datum/Uhrzeit	Lieferant	Kontrolle
2.9.13./9.30 Uhr	*Bolle*	*Maier*

Ware	Temperatur	Aussehen/ Geruch	Fremdkörper	Verpackung/ Kennzeichnung	Maßnahme Ware o.k.	Maßnahme Ware zurück
Milch						
Käse						
Joghurt						

Kühlkette

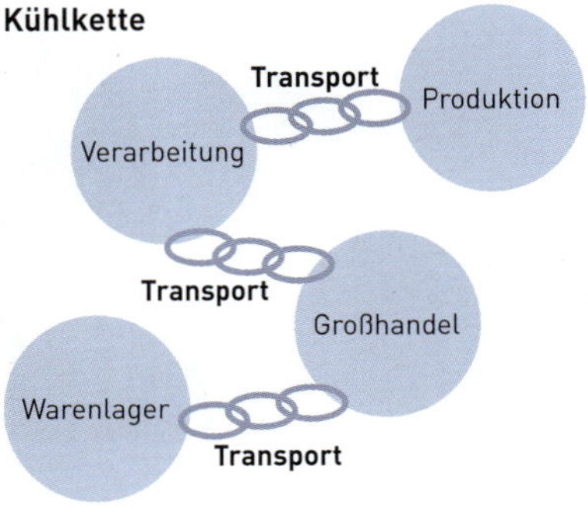

Gefrierbrand

Die Randschichten von tiefgefrorenen Lebensmitteln trocknen bei Beschädigung der Verpackung aus; gleichzeitig kommt es zum Abbau der Inhaltsstoffe und zu Farbveränderungen an den betroffenen Stellen; die Struktur und der Geschmack der Lebensmittel sind dadurch stark beeinträchtigt.

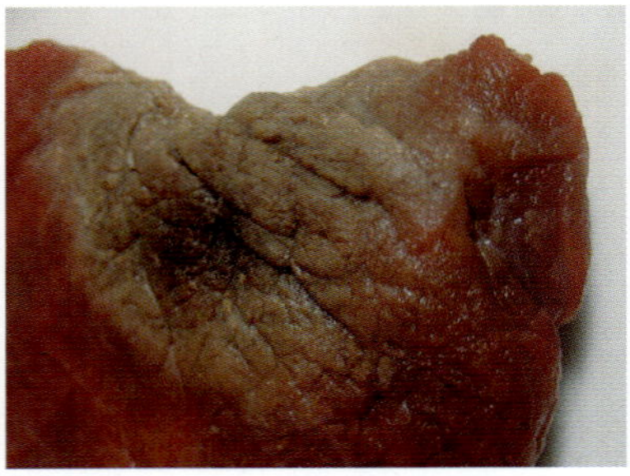

Hygienevorschriften für die Warenlagerung:

- Leicht verderbliche Lebensmittel möglichst kurz und immer gekühlt aufbewahren; vorgeschriebene Lagertemperaturen beachten (siehe unten); auch pflanzliche Lebensmittel können bei entsprechender Zubereitung verderben, daher diese bei maximal 7 °C lagern; Temperaturkontrollen durchführen, bei Überschreiten der Toleranzgrenzen (kurzfristig werden meist ca. 2 °C akzeptiert) Maßnahmen einleiten.
- Bei verpackten Lebensmitteln immer die Temperaturangaben im Zusammenhang mit dem Mindesthaltbarkeitsdatum beachten.
- Rohe Lebensmittel und zubereitete Speisen getrennt lagern (Achtung: Gefahr einer Kreuzkontamination); getrennte Lagerung von Lebensmitteln, die sich gegenseitig nachteilig beeinflussen (z. B. durch Gerüche, Verschmutzungen oder mikrobielle Verunreinigungen); rohes Geflügel und Eier immer von anderen Lebensmitteln getrennt lagern.
- Zubereitete Lebensmittel abgedeckt oder verpackt lagern; Gefäße und Verpackungen müssen aus geeignetem Material bestehen, von einwandfreier Beschaffenheit, sauber und keimarm sein; Datum der Einlagerung auf Verpackung vermerken; Lebensmittel nicht zu lange lagern (enzymatischer Abbau).
- FiFo-Prinzip (First in – First out) beachten; Mindesthaltbarkeitsdatum und Verbrauchsdatum regelmäßig, wenn möglich täglich kontrollieren; abgelaufene oder verdorbene Ware kennzeichnen, von anderen Lebensmitteln trennen und gegebenenfalls möglichst schnell entsorgen.
- Produkte aus Qualitätsgründen nicht länger als zwei Monate tiefgekühlt lagern; Kühlkette nicht unterbrechen; regelmäßige Temperaturkontrolle; bei Überschreiten der Toleranzgrenzen Maßnahmen einleiten.
- Beim Einfrieren zubereiteter Speisen diese sachgemäß vorbehandeln; Verpackungsmaterial entsprechend der Produkte auswählen; Produkte luftdicht verpacken, wenn möglich vakuumieren; Datum der Einlagerung auf Verpackung vermerken.
- Verpackung der eingelagerten und tiefgefrorenen Produkte kontrollieren; beschädigte Verpackungen verursachen Gefrierbrand; Lebensmittel mit Gefrierbrand sind wertgemindert und gegebenenfalls zu entsorgen.

Beispiele für einzuhaltende Lagertemperaturen (Produkttemperaturen)

Lebensmittel	Höchsttemperatur	Lebensmittel	Höchsttemperatur
frisches Fleisch	+7 °C	Milchprodukte (z. B. Butter, Käse)	+10 °C
Fleischerzeugnisse	+7 °C	Hühnereier (ab 18. Tag)	+8 °C
Innereien	+3 °C	Eiprodukte (z. B. flüssiges Eigelb oder Eiklar)	+4 °C
Hackfleisch	+2 °C	roheihaltige Lebensmittel	+7 °C
Geflügelfleisch	+4 °C	Backwaren mit nicht durcherhitzten Füllungen	+7 °C
pasteurisierte Milch (Konsummilch)	+8 °C	Fisch	+2 °C oder mit Crushed-Eis bedeckt
Vorzugsmilch	+4 °C	Tiefkühlprodukte	−18 °C

(Quellen: nach Krämer, 2007, und DIN 10508 Temperaturen für Lebensmittel)

Beispiel für eine Checkliste für die Temperaturkontrolle bei Kühlhäusern

Bereich	Gemessene Temperatur; Namenskürzel							Eingeleitete Maßnahme
	Mo	Di	Mi	Do	Fr	Sa	So	
Gemüsekühlhaus, max. Temperatur: 10 °C								
Molkereikühlhaus, max. Temperatur: 8 °C								
Fleischkühlhaus, max. Temperatur: 4 °C								
Tiefkühlhaus, max. Temperatur: –18 °C								

Bearbeitung und Verarbeitung der Lebensmittel

- Lebensmittel vor Verwendung auf Gebrauchsfähigkeit überprüfen; Kontrolle des Mindesthaltbarkeits- bzw. des Verbrauchsdatums; Sichtkontrolle auf Verderbniserscheinungen.
- Eingefrorene Lebensmittel sachgerecht auftauen; insbesondere bei roheihaltigen Produkten und Geflügel Auftautemperatur nie über 7 °C (d. h. roheihaltige Produkte und Geflügel immer im Kühlhaus oder Kühlschrank auftauen); Verpackung beim Auftauen entfernen; Auftauflüssigkeit muss abfließen können; vom Auftauwasser verunreinigte Arbeitsflächen und Arbeitsgeräte reinigen und gegebenenfalls desinfizieren.
- Arbeitsplatz und Arbeitsgeräte nach jeder Verwendung gründlich reinigen, nach Verarbeitung von Eiern, Geflügel und Fisch auch desinfizieren; Handhygiene beachten.
- Lebensmittel auch bei der Verarbeitung vor Insekten schützen.
- Gegarte Zutaten vor der Weiterverarbeitung zwischenkühlen.
- Lebensmittel zügig verarbeiten; bei der Verarbeitung reine und unreine Seite trennen; für unterschiedliche Produkte verschiedenfarbige Kunststoffschneidebretter nutzen.
- Speisen ausreichend erhitzen, auch beim Aufwärmen (Kerntemperatur mindestens 70°); beim Aufwärmen von Speisen in der Mikrowelle oder im Konvektomaten auf gleichmäßige Erwärmung achten; sachgerecht abschmecken.
- Speisen möglichst kurz (maximal drei Stunden) und nicht unter 70 °C warm halten; besser zwischendurch abkühlen und wiedererwärmen.
- Sollen erhitzte Lebensmittel kühl serviert oder kühl zwischengelagert werden, die heißen Lebensmittel möglichst schnell auf 7 °C abkühlen; heiße Speisen daher zum Abkühlen in kleinere Behältnisse abfüllen.
- Für leicht verderbliche Lebensmittel, die nicht durchgegart werden (z. B. Sushi, Carpaccio, Roastbeef), nur absolut frische Produkte für die Zubereitung verwenden und alle Bereiche der Hygiene besonders streng beachten.

Vermehrungsgeschwindigkeit von Salmonellen

Bei einer Temperatur von 37 °C verdoppelt sich die Zahl der Salmonellen alle 20 Minuten; je tiefer die Temperatur, umso langsamer erfolgt die Vermehrung.

Temperatur	Vermehrungsgeschwindigkeit im Vergleich zu einer Temperatur von 37 °C
+27 °C	1,9-mal langsamer
+22 °C	3,25-mal langsamer
+17 °C	24,5-mal langsamer
+12 °C	170 5-mal langsamer
+9 °C	209 7-mal langsamer
+7 °C	373 5-mal langsamer

(Quelle: Bundesinstitut für Risikobewertung, 2006)

Verschiedenfarbige Kunststoffschneidebretter

Checkliste für Rückstellproben

DIN 10526 „Lebensmittelhygiene – Rückstellproben in der Gemeinschaftsverpflegung" beschreibt eine geeignete Vorgehensweise bei der Probennahme:

- Der Zeitpunkt der Probennahme sollte gegen Ende der Ausgabe an den Verbraucher erfolgen.
- Die Kennzeichnung muss eine Rückverfolgbarkeit erlauben; daher sind die Bezeichnung der entnommenen Komponenten, Tag und Zeitpunkt der Entnahme sowie der Name der Person festzuhalten, die die Probe entnommen hat.
- Die Probenmenge sollte mindestens 100 g betragen und in fest verschließbare, saubere Gefäße abgefüllt werden.
- Die Proben sollten übersichtlich und systematisch gelagert werden. Eine nachteilige Beeinflussung anderer Lebensmittel muss ausgeschlossen werden können.
- Eine Kühllagerung soll bei +4° C bis zu vier Tage erfolgen; dabei ist die Lagertemperatur regelmäßig zu überprüfen.
- Eine Gefrierlagerung soll bei –18 °C bis zu sieben Tage erfolgen; sie ist insbesondere für nicht durcherhitztes Fleisch, Rohei und Fisch sinnvoll.

Kühlschrank mit Rückstellproben

- Zum Frittieren nur geeignete Fette nutzen; Frittierfett nicht überhitzen (Acrylamidgefahr) und regelmäßig auswechseln (Brandgefahr bei überaltertem oder überhitztem Fett); Lebensmittelreste im Frittierfett sofort entfernen.
- Verzehrfähige Speisen und Innenflächen des Geschirrs nicht mit den Händen berühren; Ausgabegefäße erst nach Reinigung nachfüllen.

Bereits angetaute oder aufgetaute Lebensmittel dürfen nicht mehr eingefroren werden!

Rückstellproben

Sollten Lebensmittelinfektionen oder Intoxikationen auftreten, ist eine Ursachenermittlung leichter, wenn Rückstellproben zur Verfügung stehen. Zudem könnte der Gastronom damit gegebenenfalls nachweisen, dass er für die Erkrankungsfälle keine Verantwortung trägt. Gesetzlich vorgeschrieben sind Rückstellproben nur bei der Abgabe roheihaltiger, nicht ausreichend durcherhitzter Speisen in Betrieben der Gemeinschaftsverpflegung, in denen besonders empfindliche, kranke oder alte Menschen gepflegt werden.

Aus oben genannten Gründen kann es aber generell in der Gemeinschaftsverpflegung sinnvoll sein, von allen hygienisch kritischen Komponenten, d. h. leicht verderblichen Lebensmitteln, die mikrobiell kontaminiert sein können, Rückstellproben anzulegen.

Beispiel für eine Checkliste für die Temperaturkontrolle im Kühlschrank für Rückstellproben

	Kühlschrank-Rückstellproben Solltemperatur: mind. 0 °C, max. 4 °C (Bei Temperaturabweichungen vom Sollwert ist umgehend die Betriebsleitung zu benachrichtigen.)					
Tag	6.00 Uhr		15.00 Uhr		24.00 Uhr	
	°C	Kürzel	°C	Kürzel	°C	Kürzel
01.01.						
02.01.						
03.01.						
04.01.						

7.6 Hygieneschulungen

Alle **Mitarbeiter**, die mit Lebensmitteln umgehen, müssen entsprechend ihrer Tätigkeit überwacht und in Fragen der Lebensmittelhygiene regelmäßig unterwiesen und/oder geschult werden. Diese Schulungsvorschrift gilt auch für Personen, die für die Entwicklung und Anwendung von Verfahren, die auf HACCP-Grundsätzen beruhen, zuständig sind.

Dabei ist zu beachten:
- Eine erste Hygieneschulung soll zu Beginn der Tätigkeitsaufnahme erfolgen. Danach sind Hygieneschulungen in regelmäßigen Abständen, mindestens aber 1 x jährlich, und in leicht verständlicher Form durchzuführen.
- Die Inhalte der Schulungen müssen sich an den Tätigkeiten der Mitarbeiter orientieren. Sinnvoll ist es, betriebseigene Problempunkte an konkreten, arbeitsplatzbezogenen Beispielen zu verdeutlichen.
- Auf eventuelle Sprachdefizite bei ausländischen Mitarbeitern ist Rücksicht zu nehmen. Anschauungsmaterialien wie Schautafeln oder Piktogramme können bei der Vermittlung der Inhalte hilfreich sein.
- Es sollten Erfolgskontrollen durchgeführt werden.
- Die Teilnahme an den Schulungen soll von den Mitarbeitern bestätigt werden. Die Dokumente sind vor Ort aufzubewahren, um sie gegebenenfalls den Behörden vorlegen zu können.
- Eine Verbindung dieser Schulungen mit den ebenfalls regelmäßig notwendigen Belehrungen nach Infektionsschutzgesetz (siehe Kapitel 7.5.2) ist sinnvoll und daher empfehlenswert.

Inhalte einer Schulung sollten sein:
- Grundkenntnisse der Lebensmittelmikrobiologie
- Wachstumsvoraussetzungen für Mikroorganismen
- mikrobielle Risiken
- Personalhygiene
- Betriebsstättenhygiene
- Lebensmittelhygiene
- Vorschriften des Lebensmittelrechts und des Infektionsschutzgesetzes sowie Konsequenzen bei Verstößen

Mitarbeiter, die mit leicht verderblichen Lebensmitteln umgehen, müssen darüber hinaus in folgenden Punkten über Fachkenntnisse verfügen:
- Eigenschaften und Zusammensetzung des jeweiligen Lebensmittels
- hygienische Anforderungen an die Herstellung und Verarbeitung des jeweiligen Lebensmittels
- Lebensmittelrecht
- Warenkontrolle, Haltbarkeitsprüfung und Kennzeichnung
- betriebliche Eigenkontrollen und Rückverfolgbarkeit
- Havarieplan, Krisenmanagement
- hygienische Behandlung des jeweiligen Lebensmittels
- Anforderungen an Kühlung und Lagerung des jeweiligen Lebensmittels
- Vermeidung einer nachteiligen Beeinflussung des jeweiligen Lebensmittels beim Umgang mit Lebensmittelabfällen, ungenießbaren Nebenerzeugnissen und anderen Abfällen
- Reinigung und Desinfektion

Leicht verderbliche Lebensmittel

Hackfleisch

Geflügelfleisch

Frischfleisch

Eier

Bei Personen, die eine wissenschaftliche Ausbildung oder eine Berufsausbildung abgeschlossen haben, wird vermutet, dass sie über die erforderlichen Fachkenntnisse verfügen. Für andere Mitarbeiter gilt, dass sie dementsprechend auch in diesen Punkten geschult werden müssen.

Ziel aller Schulungen muss es sein, das Hygienebewusstsein der einzelnen Mitarbeiter zu stärken. Ihnen soll deutlich werden, welche rechtlichen Forderungen und betrieblichen Notwendigkeiten bestehen und dass jeder Einzelne einen Beitrag zu einem hygienisch einwandfreien Arbeiten leisten und so zu einer Risikoverminderung beitragen kann.

Werden Hygienevorschriften nicht eingehalten, müssen die Gründe hierfür herausgefunden werden. Ebenso wichtig ist eine kontinuierliche Motivation der Mitarbeiter.

Mögliche Gründe für die Nichteinhaltung der Hygienevorschriften durch die Mitarbeiter	Motivationsmöglichkeiten für Einhaltung der Hygienevorschriften durch die Mitarbeiter
▪ Unwissenheit, Unklarheiten ▪ Ungeübtheit ▪ Vergesslichkeit ▪ Nachlässigkeit im Alltag ▪ Zeitmangel ▪ Bequemlichkeit ▪ mangelndes Verantwortungsempfinden ▪ Dickköpfigkeit, Sturheit ▪ Führungsschwäche der Betriebsleitung ▪ gezielte Schädigungsabsicht	▪ Lob, Anerkennung ▪ Belohnungssysteme ▪ Schaffen von Verantwortungsbewusstsein ▪ Vorbildfunktion der Führungskräfte ▪ informative Schulungen, die am Kenntnisstand der Mitarbeiter orientiert sind ▪ Benennung von Ansprechpartnern bei Fragen ▪ Förderung der Identifikation mit dem Unternehmen ▪ Verdeutlichung der Folgen bei Nichteinhaltung für Unternehmen, Mitarbeiter, aber auch Gäste ▪ Androhung von Sanktionen

7.7 HACCP-Konzept

7.7.1 Notwendigkeit

HACCP

H – **H**azard
A – **A**nalysis
C – **C**ritical
C – **C**ontrol
P – **P**oints

Übersetzt bedeutet HACCP: Gefährdungsanalyse der kritischen Lenkungspunkte.

Lebensmittel müssen für den menschlichen Verzehr tauglich und sicher sein. Sie dürfen nur so hergestellt, behandelt und in den Verkehr gebracht werden, dass sie in keiner Weise die Gesundheit des Verbrauchers negativ beeinflussen. Diese Lebensmittelsicherheit muss auf allen Stufen der Lebensmittelkette, d.h. auf allen Produktions-, Verarbeitungs- und Vertriebsstufen gewährleistet sein. Daher hat jeder Lebensmittelunternehmer ein Eigenkontrollsystem zu erstellen, das auf HACCP-Grundsätzen beruht.

Dieses Konzept umfasst

- eine vorbeugende Gefahrenanalyse, bei der die spezifischen Gefahren für die Gesundheit des Gastes, die durch die Lebensmittel und ihre Verarbeitung entstehen, identifiziert und bewertet werden,
- die anschließende Festlegung der notwendigen Maßnahmen zur Beherrschung bzw. zur Ausschaltung dieser Gefahren sowie
- die Durchführung, Überwachung, Dokumentation dieser Maßnahmen.

HACCP-Grundsätze in der Verordnung (EG) Nr. 852/2004
http://eur-lex.europa.eu/LexUriServ/LexUriServ.do?uri=OJ:L:2004:139:0001:0054:de:PDF

Das HACCP-Konzept ist ein Verfahren, mit dessen Hilfe Gefahren und Risiken erfasst, analysiert und überwacht werden können. Es dient dem Gesundheitsschutz und trägt zu Qualitätssicherung bei.

7.7.2 Betriebliche Voraussetzungen

Bevor mit der Erstellung und dem Einsatz eines HACCP-Konzepts begonnen wird, muss sichergestellt sein, dass im Unternehmen gemäß der „guten Hygienepraxis" gearbeitet wird (siehe Kapitel 7.5.1). Sinnvoll ist es, alle Hygienemaßnahmen und ihre Kontrollen in einem Hygieneplan zu dokumentieren.

Für die Erarbeitung eines HACCP-Konzepts sind ein HACCP-Beauftragter und ein HACCP-Team zu benennen. Der Beauftragte und die Teammitglieder sind mithilfe einer Schulung mit den Grundlagen bzw. Grundsätzen eines HACCP-Konzepts, der Sach- und Fachkunde in allen Fragen der Produktion, mit den potenziellen Hygienerisiken und den Grundlagen der Mikrobiologie vertraut zu machen. Hierfür muss ein Zeitplan erstellt und ein Budget bereitgestellt werden.

Alle Produktdaten, Produktbeschreibungen und Anforderungen an das Produkt müssen erfasst und zusammengetragen werden. Hierzu gehören z.B. die Zusammensetzung der Produkte, ihre Beschaffenheit, ihre Lagerung, ihre Haltbarkeit und ihre Zubereitungsmöglichkeiten. Danach gilt es, den Herstellungs- bzw. Verarbeitungsprozess vom Wareneingang bis zur Warenausgabe zu beschreiben. Dies kann mithilfe von Fließschemata oder Herstellungsdiagrammen geschehen. Schließlich sollte die Richtigkeit der Beschreibungen und Schemata vor Ort überprüft werden.

Erst danach sollte mit der Erarbeitung eines HACCP-Konzepts begonnen werden.

7.7.3 HACCP-Grundsätze

In der Verordnung (EG) Nr. 852/2004 sind die sieben HACCP-Grundsätze festgehalten.

1. Ermittlung von Gefahren („Hazard Analysis")
Zunächst hat eine umfassende, vorbeugende Gefahrenanalyse zu erfolgen. Hierbei sollen alle Gefahren des gesamten Produktionsprozesses, die die Gesundheit der Gäste gefährden können, identifiziert und bewertet werden. Zur Ermittlung dieser Gefahren ist es zweckmäßig, alle Lebensmittel und alle Prozesse von der Warenanlieferung bis zur Warenausgabe zu erfassen und dabei die jeweiligen Risiken, die auftreten könnten, aufzulisten. Diese können biologischer, chemischer oder physikalischer Natur sein (siehe Kapitel 7.5.4). Ausgehend von der Risikoanalyse ist dann eine Risikobewertung durchzuführen, mithilfe derer die Lebensmittel in Risikoklassen eingeteilt werden. Eine Bestimmung der kritischen Kontrollpunkte ist bei den Lebensmitteln vorzunehmen, die über ein hohes Risiko für eine gesundheitliche Gefährdung der Gäste verfügen.

Die 7 Grundsätze der HACCP-Studie nach Codex Alimentarius

1 Durchführung der Gefahrenanalyse
↓
2 Ermitteln der kritischen Kontrollpunkte (CCPs)
↓
3 Festlegung der kritischen Grenzen (Grenzwerte)
↓
4 Schaffung eines Überwachungssystems für die CCPs/vom CCP
↓
5 Festlegung von Korrekturmaßnahmen, die angewandt werden müssen, wenn ein CCP nicht unter Kontrolle ist
↓
6 Einrichten von Überprüfungsabläufen, um die Wirksamkeit des HACCP-Systems sicherzustellen
↓
7 Erstellen einer Dokumentation, in der alle Prozesse nach HACCP-Grundsätzen erfasst sind

Bedeutung des Critical Control Points
Der Begriff „Critical Control Point" ist problematisch, da er nicht eindeutig übersetzbar ist. „To control" kann kontrollieren, aber auch lenken oder steuern heißen.
Im Rahmen des HACCP-Konzepts wäre es besser, „control" mit Lenkung, Steuerung oder Beherrschung zu übersetzen.
Es geht beispielsweise nicht darum, zu kontrollieren, ob Mikroorganismen sich während eines Produktionsprozesses vermehren, sondern vielmehr darum, ob es möglich ist, sie durch bestimmte Maßnahmen, z. B. Steuerung der Temperatur, abzutöten.

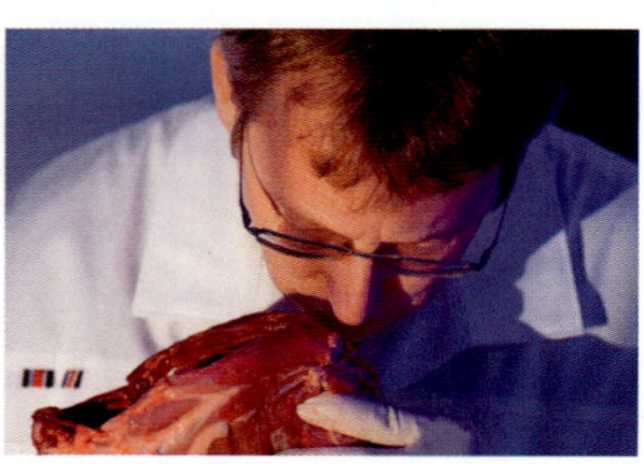
Geruchskontrolle

2. Bestimmung der kritischen Kontrollpunkte/Critical Control Points (CCPs)
Die kritischen Kontrollpunkte (CCPs) – besser übersetzt als „Lenkungspunkte" – nehmen im HACCP-Prozess eine Schlüsselrolle ein. Ein Arbeitsschritt innerhalb einer Prozessstufe ist dann als kritisch zu betrachten, wenn
- der Arbeitsschritt dazu führen kann, dass von dem Lebensmittel eventuell eine gesundheitliche Gefährdung des Gastes ausgehen kann **und**
- eine Überwachung dieses Arbeitsschrittes möglich ist **und**
- Korrekturmaßnahmen während dieses Arbeitsschrittes vorgenommen werden können, die das Risiko ausschalten oder auf ein annehmbares Niveau reduzieren.

Entscheidungsbaum zur Festlegung kritischer Kontrollpunkte

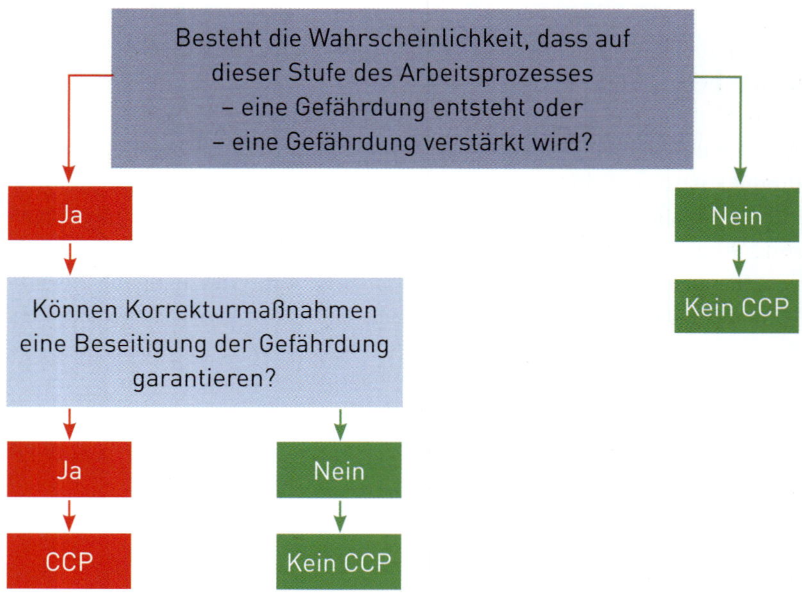

3. Festlegung von Grenzwerten
Ein CCP erhält seinen Sinn erst in Verbindung mit entsprechenden Grenzwerten, die im Hinblick auf die Vermeidung, Ausschaltung oder Reduzierung gerade noch akzeptabel sind. Beim Überschreiten dieser Grenzwerte ist anzunehmen, dass die Gesundheit des Gastes gefährdet ist. Grenzwerte gibt es z. B. für Temperatur und Zeit, Feuchtigkeitsgehalt und pH-Wert. Dabei ist zu beachten, dass gesetzlich vorgeschriebene Grenzwerte, z. B. hinsichtlich der Lagertemperatur (siehe Kap. 7.5.4), auf jeden Fall berücksichtigt werden müssen. Werden die Grenzwerte eingehalten, ist davon auszugehen, dass der Arbeitsschritt ordnungsgemäß abläuft. Werden sie überschritten, muss korrigierend eingegriffen werden.

4. Festlegung und Durchführung effektiver Verfahren zur Überwachung der kritischen Kontrollpunkte (Monitoring)
Die Überwachung der Grenzwerte kann durch Messung oder Beobachtung geeigneter Eigenschaften der Produkte erfolgen. Ihr Ziel ist es, sicherzustellen, dass die Grenzwerte eingehalten werden bzw. bei Abweichungen rechtzeitig Korrekturmaßnahmen vorgenommen werden können.

Hierbei sind folgende Punkte zu klären:

- Wie und mit welchen Hilfsmitteln wird kontrolliert? Geschieht dies durch konkrete Messverfahren oder andere Verfahren wie z. B. Tast-, Sicht-, Geruchs- oder Geschmacksprobe? Dabei sind zu unterschiedlichen Zeitpunkten im Arbeitsprozess manche Messverfahren besser geeignet als andere. Gleichzeitig werden die zur Kontrolle benötigten Hilfsmittel wie z. B. Thermometer, Erläuterungen oder vergleichende Fotos bestimmt.
- Wann und wie oft wird kontrolliert? Hier geht es um die Frage des Kontrollzeitpunkts und der Kontrollfrequenz. Es ist also z. B. zu klären, ob die Prozesse vollkommen oder nur stichprobenartig überwacht werden sollen.
- Wer kontrolliert? Hier gilt es festzulegen, wer für die Durchführung der einzelnen Kontrollen zuständig und verantwortlich ist bzw. wer im Bedarfsfall diese Person/en vertritt.

Beispiele für Messverfahren

- Temperatur bei der Warenannahme
- Lagerdauer und Lagertemperatur
- Zeit und Temperatur von Erhitzungsprozessen
- Kühlgeschwindigkeiten beim Abkühlen nach Erhitzungsprozessen
- pH-Werte bei der Herstellung von Feinkostprodukten
- Standzeiten von empfindlichen Zwischenprodukten
- Dosierung von Konservierungsstoffen
- Kontrolle der Unversehrtheit von Maschinen und Maschinenteilen
- Einsatz von Metalldetektoren

(Quelle: nach Krämer, 2007)

5. Festlegung von Korrekturmaßnahmen

Werden die festgelegten Akzeptanzgrenzen nicht eingehalten, ist zu entscheiden, wie mit den Produkten weiter umgegangen wird. Ziel der Korrekturmaßnahmen ist es, die identifizierten Fehler zu eliminieren.
Folgende Punkte sind dabei zu klären:

- Ist es möglich, durch Korrekturmaßnahmen die Akzeptanzgrenze nachträglich zu erreichen? Wie, d. h. durch welche Maßnahme wird das gewünschte Resultat erzielt? Was geschieht mit Produkten, bei denen das Ziel nicht erreicht werden kann?
- Wer leitet die Korrekturmaßnahmen ein?

6. Festlegung von regelmäßig durchgeführten Überprüfungsverfahren

Es ist regelmäßig zu überprüfen, ob das Kontrollsystem und die Überwachungsverfahren noch funktionieren und wirksam sind. Dies gilt sowohl für die Festlegung der akzeptablen Grenzwerte als auch für die Festlegung der Kontrollverfahren und die notwendigen Korrekturmaßnahmen. Insbesondere bei Änderungen im Betriebsablauf, z. B. beim Einsatz anderer Maschinen und Geräte oder bei Personalwechsel, muss überprüft werden, ob dadurch neue Risiken entstehen. Gegebenenfalls muss das System verändert und den aktuellen Bedingungen angepasst werden. Vermehrt auftretende Gästereklamationen deuten immer auf Schwachstellen im HACCP-System hin.

Überprüfungsverfahren für die Wirksamkeit des HACCP-Konzepts

- Mikrobiologische und chemische Endproduktuntersuchungen
- Auswertung der Überwachungsaufzeichnungen
- Prüfung des Metalldetektors mit Testpackungen
- zusätzliche externe Prüfungen

(Quelle: nach Krämer, 2007)

7. Erstellung von Dokumenten und Aufzeichnungen

Hygienekontrolle und -überwachung sind nicht ohne Dokumentation möglich. Daher hat jedes Unternehmen Dokumente und Aufzeichnungen zu erstellen. Allerdings können Art und Umfang der Dokumentation je nach Art und Größe des Unternehmens unterschiedlich sein. Auf jeden Fall muss intern festgelegt werden, wer dokumentiert und in welchem Rahmen es zu geschehen hat. Mithilfe der Dokumentationen kann der Gastronom bei juristischen Streitfällen oder bei Kontrollen durch die Lebensmittelüberwachung seine Maßnahmen und somit die Erfüllung seiner Sorgfaltspflicht nachweisen. In der Rechtsprechung wird normalerweise davon ausgegangen, dass Dokumentiertes geschehen und Nicht-Dokumentiertes nicht geschehen ist. Daher sollten die Aufzeichnungen über einen angemessenen Zeitraum aufbewahrt werden. Was „angemessen" konkret bedeutet, ist nicht festgelegt.

HACCP-Konzept am Beispiel Geflügelfleisch

Prozess-schritt	Gefahr	Überwachungsverfahren	Toleranzgrenze	Korrektur-maßnahmen	Dokumen-tation
Waren-eingang	verdor-benes Produkt, hohe Keim-belastung	▪ Etikettenkontrolle ▪ Sichtkontrolle auf Aussehen und Frische ▪ Sichtkontrolle auf Schäd-lingsbefall oder Schimmel ▪ Sichtkontrolle auf Beschädi-gung oder Verschmutzung der Verpackung	Verbrauchsdatum nach Erfahrung der Mitarbeiter	eventuell Annahme-verweigerung	Aufzeich-nung der gemessenen Temperatur-werte
		▪ Temperaturmessung	max. 4 °C		
Lage-rung	Keimver-mehrung	▪ Etikettenkontrolle ▪ Sichtkontrolle auf Aussehen und Frische ▪ Sichtkontrolle auf Schäd-lingsbefall oder Schimmel	Verbrauchsdatum nach Erfahrung der Mitarbeiter	eventuell schneller Verbrauch oder Entsorgung	Aufzeich-nung der gemessenen Temperatur-werte
		▪ Temperaturmessung	max. 4 °C		
Vorbe-reitung	Kreuz-konta-mination	▪ Sichtkontrolle auf Sauberkeit und richtiges Arbeits-verhalten ▪ konsequente Trennung der Rohstoffe ▪ Einsatz farblich unterschied-licher Schneidebretter ▪ regelmäßiges Reinigen der Geräte und Arbeitsfläche	–	schnelle und hygienisch einwand-freie Verarbeitung der Produkte Durchgaren eventuell kontaminierter Produkte oder Entsorgung erneute Reinigung und Desinfektion aller Schneidebretter, Arbeitsgeräte und Arbeitsflächen	Checklisten
Zube-reitung	keine Keim-abtötung	▪ Messung von Garzeit ▪ Messung der Gartemperatur (Stichproben)	mindestens 70 °C über mindestens 10 Minuten oder 80 °C über mindestens 3 Minuten	Verlängerung der Garzeit oder Gartemperatur	Aufzeich-nung der gemessenen Temperatur-werte und Gardauer
Speisen-ausgabe	Keimver-mehrung	▪ Messung der Warmhaltezeit	maximal 3 Stunden	schnellere Ausgabe, Erhöhung der Warm-haltetemperatur	Aufzeich-nung von Temperatur und Zeit
		▪ Messung der Temperatur	mind. 65 °C		
Abküh-lung der Speisen	Keimver-mehrung	▪ Messung der Abkühlzeit	maximal 90 Minuten	schnellere Abkühlung auf 3 °C, eventuell in kleineren Portionen	Aufzeich-nung von Temperatur und Zeit
		▪ Messung der Temperatur	max. 3 °C		

7.8 Hygiene im System

Nicht zuletzt verunsichert durch eine Fülle von Lebensmittelskandalen in den vergangenen Jahren, ist für kritische Verbraucher Hygiene und insbesondere die Lebensmittelhygiene heutzutage ein entscheidendes Verkaufsargument. Hygiene wird mit Gesundheit assoziiert und Gesundheit liegt im Trend.

In der Systemgastronomie vertrauen Gäste auf Marken, die ihnen bekannt sind, und erwarten, dass die Produkte, die Qualität, der Service und natürlich auch die Hygiene in allen Stores gleich sind. Diesem Anspruch muss sich jeder Store stellen. Denn ein Hygieneverstoß in einem Betrieb wird sofort der ganzen Marke zugerechnet.

Immer dann, wenn von verschiedenen Personen an unterschiedlichen Orten das Gleiche auf demselben Weg in derselben Qualität hergestellt werden soll, ist es sinnvoll, Arbeitsabläufe zu normieren, Richtlinien festzulegen und Qualitätsstandards aufzustellen. Dies gilt in gleicher Weise für die Umsetzung der Hygienemaßnahmen im Unternehmen. Alle Hygienevorschriften und die sich daraus ergebenden Hygienekontrollen werden in einem Hygienehandbuch (als Handlungsleitfaden) zusammengestellt, das für alle Mitarbeiter verbindlich ist.

Innerhalb des Hygienehandbuchs ist die Beschreibung der Hygienekontrollen von besonderer Bedeutung. Für alle Kontrollen sind jeweils die Anforderungen, die Maßnahmen bei Nichterfüllung der Vorgaben, die Art der Dokumentation (z. B. Checklisten oder Formblätter), die Kontrollhäufigkeit bzw. die Kontrollintervalle festzulegen sowie zu bestimmen, ob die Kontrollen intern oder extern durchgeführt werden und wer sie durchführt.

Die Inhalte des Handbuchs und ihre Umsetzung sind im Rahmen von Mitarbeiterschulungen zu vermitteln. Gegebenenfalls sind Nachschulungen erforderlich. Zur Eigenüberwachung und zur Überprüfung der Wirksamkeit aller Maßnahmen ist die regelmäßige Durchführung interner Bewertungen sinnvoll. Werden Hygienevorschriften nicht eingehalten, müssen die Gründe hierfür herausgefunden werden. Ebenso wichtig ist eine kontinuierliche Motivation der Mitarbeiter.

Temperaturkontrolle

Beispiel für den Aufbau eines Hygienehandbuchs

- Beschreibung der Hygieneziele
- Festlegung der Verantwortlichkeiten
- bauliche Hygieneanforderungen (z. B. Räume, Sanitärräume)
- Anweisungen zur Personalhygiene (z. B. Handhygiene, Körperpflege, Arbeitskleidung)
- Anweisungen zur Produkt- bzw. Produktionshygiene (z. B. Warenannahme, Lagerung, Verarbeitung, Verkauf)
- Reinigung- und Desinfektionsplan (z. B. eingesetzte Mittel, Verfahren, genutzte Geräte und Maschinen)
- Anweisungen zur Abfallentsorgung
- Anweisungen zur Schädlingsbekämpfung
- Häufigkeit und Inhalte der Hygieneschulungen für Mitarbeiter
- Art und Häufigkeit der Hygienekontrollen
- Sammlung gesetzlicher Bestimmungen

Beispiele für Hygienekontrollen

- Temperaturkontrollen
- Kontrolle der Raum- und Arbeitsplatzhygiene
- Wareneingangskontrollen
- Endproduktkontrollen
- Kontrolle der durchgeführten Reinigungs- und Desinfektionsmaßnahmen
- Kontrolle der Schädlingsbekämpfungsmaßnahmen

7.9 Let's think about ... hygiene!

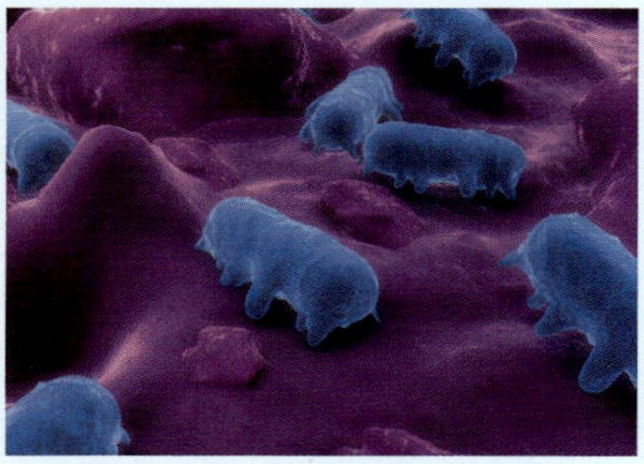

Salmonella

1. Eine Aushilfskraft Ihres Betriebs leidet an einer heftigen Durchfallerkrankung. Nach einem Besuch beim Arzt bekommt sie vom zuständigen Gesundheitsamt das nachstehende Schreiben. Da ihre Deutschkenntnisse begrenzt sind, wendet sie sich an Sie als den zuständigen Schichtleiter mit folgender Bitte:

"I'm sorry boss, but I've got this letter here and I'm not quite sure what it means. I think it's from the local health office. Could you help me and tell me what it's about?"

Erklären Sie der Aushilfskraft die wichtigsten Inhaltspunkte des Schreibens auf Englisch.

... Ihr Arzt bzw. das von ihm mit einer Stuhluntersuchung beauftragte Labor meldete uns, dass Sie an einer infektiösen Durchfallerkrankung leiden.

In diesem Zusammenhang weisen wir Sie auf § 42 des Infektionsschutzgesetzes (IfSG) hin, nach dem Sie beim Herstellen, Behandeln oder Inverkehrbringen folgender Lebensmittel nicht tätig sein dürfen:

1. Fleisch, Geflügelfleisch und Erzeugnisse daraus
2. Milch und Erzeugnisse auf Milchbasis
3. Fische, Krebse oder Weichtiere und Erzeugnisse daraus
4. Eiprodukte
5. Säuglings- und Kleinkindernahrung
6. Speiseeis und Speiseeishalberzeugnisse
7. Backwaren mit nicht durchgebackener oder durcherhitzter Füllung oder Auflage
8. Feinkost-, Rohkost- und Kartoffelsalate, Marinaden, Mayonnaisen, andere emulgierte Soßen, Nahrungshefen

Das Gleiche gilt für Dauerausscheider oder für Personen, die mit Bedarfsgegenständen, die für die oben genannten Tätigkeiten verwendet werden, so in Berührung kommen, dass eine Übertragung von Krankheitserregern auf die Lebensmittel zu befürchten ist.

Ebenfalls dürfen Sie nicht in Küchen von Gaststätten und sonstigen Einrichtungen mit oder zur Gemeinschaftsverpflegung tätig sein.

Ferner weisen wir auch auf § 34 IfSG hin, nach dem Kinder, die jünger als sechs Jahre sind, im Falle einer solchen Erkrankung so lange keine Gemeinschaftseinrichtung besuchen dürfen, wie die entsprechenden Krankheitssymptome erkennbar sind.

Mit diesen Maßnahmen soll eine Weiterverbreitung der Krankheitserreger in Ihrem Verwandten-, Bekannten- und Kollegenkreis sowie bei Personen, die mit o.a. Lebensmitteln als Konsumenten oder Weiterverarbeitende in Berührung kommen, vermieden werden. Erst wenn Ihr Arzt Sie wieder für gesund erklärt, dürfen Sie die o.a. Tätigkeiten wieder aufnehmen bzw. darf Ihr Kind wieder eine Gemeinschaftseinrichtung besuchen.

Bitte verhalten Sie sich verantwortungsbewusst und befolgen Sie diese Anweisungen. Informieren Sie bitte auch Ihren Arbeitgeber über Ihre Erkrankung und die damit gegebenenfalls verbundenen Einschränkungen.

Gerne stehen wir Ihnen für die Beantwortung weitergehender Fragen zur Verfügung. ...

2. Erstellen Sie für Ihre ausländischen Mitarbeiter auf Englisch ein Merkblatt mit den wichtigsten hygienischen Maßnahmen zur Vermeidung von Infektionen, um zukünftig solchen Vorkommnissen vorzubeugen.

Es soll folgende Fragen beantworten:

- An welchen Symptomen sind Erkrankungen des Magen-Darm-Trakts zu erkennen?
- Welche Ursachen können die Erkrankungen haben?
- Welche Regeln sind in den drei Hygienebereichen (siehe Kapitel 7.5) zu beachten, damit Krankheitserreger keine Chance haben?
- Wann ist ein Lebensmittel nicht mehr für den Verzehr geeignet?
- Welche beruflichen Konsequenzen bzw. Einschränkungen kann eine solche Infektion haben?

Preparing starters

bacterium/-a	Bakterium/-en
chronic carrier	Dauerausscheider
cross-contamination	Kreuzkontamination
diarrhea^{AE}, diarrhoea^{BE}	Durchfall
dizziness	Schwindel
fever	Fieber
food poisoning	Lebensmittelvergiftung
fungus/-i	Pilz/-e
germ	Keim
headache	Kopfschmerz
hygiene	Hygiene
Infection Protection Act	Infektionsschutzgesetz
microorganism	Mikroorganismus
mould	Schimmel
nausea	Übelkeit
occupational ban	Berufsverbot
salmonella/-ae	Salmonelle/-n
stomach ache	Magenschmerz
stomach cramp	Magenkrampf
symptom	Krankheitsmerkmal
virus/-es	Virus/-en
vomiting	Erbrechen
dizzy	schwindelig
feverish	fiebrig
hygienic	hygienisch
to ban so. from a profession	jdm. ein Berufsverbot aussprechen
to be sick	erbrechen
to disinfect	desinfizieren
to feel sick	sich krank fühlen
to increase	erhöhen, verstärken
to infect	infizieren
to spread	verbreiten, ausbreiten
to transmit	übertragen
to vomit	erbrechen

Die Internetseiten folgender Organisationen können Ihnen bei der Erstellung des Merkblatts weiterhelfen:
National Health Service
Food Standards Agency
Gesundheitsämter

Mögliche Suchbegriffe:
food safety, Infektionsschutzgesetz
hygiene, food hygiene

7.10 Aufgaben

1 | Erläutern Sie den Begriff „Hygiene".

2 | a) Erklären Sie den Begriff „Mikroorganismen".
b) Geben Sie die drei Gruppen von Mikroorganismen an.
c) Unterscheiden Sie diese drei Gruppen.
d) Was sind Sporen?

3 | a) Benennen Sie die maßgeblichen Einflussfaktoren auf das Wachstum der Mikroorganismen.
b) Geben Sie zu jedem Einflussfaktor zwei konkrete Maßnahmen an, wie sich die Vermehrung und das Wachstum der Mikroorganismen einschränken lassen.

4 | Nennen Sie Beispiele aus Haushalt oder Industrie, wo die Tätigkeit von Mikroorganismen bewusst gefördert wird.

5 | Wie macht sich der Befall von Lebensmitteln mit Mikroorganismen bemerkbar? Zählen Sie fünf konkrete Beispiele auf.

6 | Erläutern Sie, worin der Unterschied zwischen Lebensmittelinfektion und Lebensmittelintoxikation besteht.

7 | Bereiten Sie eine Schulung vor über:
a) Salmonellen
b) Clostridien
c) Staphylokokken
d) Schimmelpilze
e) Norovirus
Setzen Sie sich in diesem Rahmen mit folgenden Aspekten auseinander:
- Welches sind die spezifischen Merkmale der einzelnen Arten?
- Was bewirken sie?
- In welchen Lebensmitteln kommen sie u. a. vor?
- Wie sieht ein wirkungsvoller Schutz aus?

8 | Nennen Sie jeweils fünf möglichst konkrete unterschiedliche Maßnahmen zur:
a) Personalhygiene
b) Produkthygiene
c) Arbeitsplatz- bzw. Betriebshygiene

9 | In einer der Köderfallen in Ihrem Store wurden Küchenschaben gefunden.
a) Formulieren Sie, welche Maßnahmen zu ergreifen sind.
b) Erläutern Sie, warum eine gezielte Schädlingsbekämpfung in der Gastronomie so wichtig ist.
c) Erstellen Sie eine Übersicht mit vorbeugenden Maßnahmen gegen Schädlingsbefall.

10 | Erstellen Sie ein betriebsspezifisches Informationsblatt für Ihre Kollegen und Kolleginnen zu folgenden Themen:
a) Handhygiene
b) Lagerung und Verarbeitung von Geflügel

11 | a) Fassen Sie den Inhalt des Infektionsschutzgesetzes kurz zusammen.
b) Welche Schwerpunkte umfassen die regelmäßig durchzuführende
- Hygieneschulung und
- Belehrung gemäß Infektionsschutzgesetz?
c) In der Nacht hatten Sie Bauchschmerzen, Ihnen war übel und Sie haben Durchfall bei einer leicht erhöhten Körpertemperatur. Um 8.00 Uhr müssten Sie Ihre Arbeit beginnen. Beschreiben Sie, wie Sie sich verhalten.

12 | a) Erläutern Sie die Bedeutung von HACCP.
b) Auf welchen Grundsätzen baut ein HACCP-Konzept auf?
c) Verdeutlichen Sie dies an einem konkreten Beispiel.

13 | Auf dem mit frischen Eiern hergestellten Pudding wurden um 9.00 Uhr morgens bei einer Keimzahlbestimmung 5000 Keime pro cm^3 festgestellt. Wie hoch wäre die Anzahl der Keime um 12.00 Uhr mittags, wenn sich aufgrund von schlechten hygienischen Bedingungen die Anzahl alle 20 Minuten verdoppeln würde?

14 | Sie wollen 2 l Reinigungsflüssigkeit (bestehend aus Wasser und Reinigungsmittel) herstellen. Wie viel ml Wasser müssen Sie verwenden, wenn der Reiniger im Verhältnis 1 : 4 zu verdünnen ist?

8 Wirtschafts- dienst

- Einteilung der Materialien
- Reinigungs- und Pflegemittel
- Nachhaltigkeit
- Reinigung und Pflege
- Organisation der Reinigung und Pflege

8.1 Materialkunde

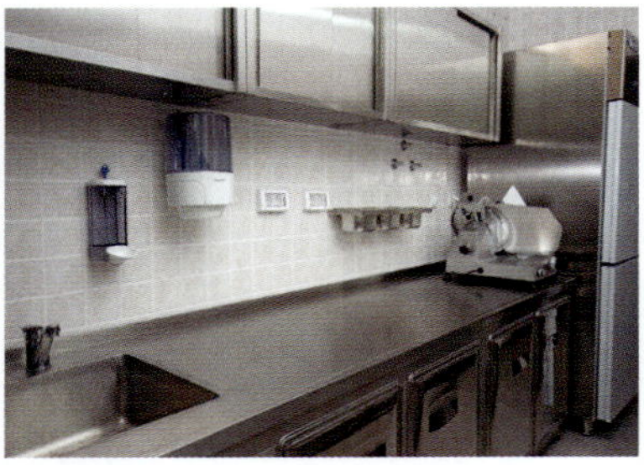

Edelstahlküche

Restaurant mit Holzfußboden

Zum Wirtschaftsdienst gehören die Reinigung, Pflege und Wartung des Produktions- sowie Servicebereichs. Die Aufgaben des Wirtschaftsdienstes sind für das Wohlbefinden des Gastes von zentraler Bedeutung. Insbesondere das Hygienemanagement ist Voraussetzung dafür, dass die Gäste erstklassige Produkte angeboten bekommen und sich im Gastraum wohlfühlen. Eine festgelegte Organisationsstruktur zur Durchführung der Aufgaben sowie eine permanente Kontrolle sichern den Betriebserfolg.

In der Gastronomie kommen je nach Verwendungszweck unterschiedliche Materialien in den verschiedenen Bereichen des Betriebs zum Einsatz.

Für den Wirtschaftsdienst werden diese Materialien hinsichtlich der anzuwendenden Reinigungs- und Pflegemethoden eingeteilt.

8.1.1 Metalle, natürliche und synthetische Werkstoffe

Metalle
Eisenmetalle: Stahl/Stahlblech/Edelstahl/Schmiedeeisen/Gusseisen
Nichteisenmetalle: Gold/Silber/Kupfer/Bronze/Zinn/Zink/Aluminium
Legierungen: Messing/Bronze/Cromargan/Alpaka

Alpaka (Neusilber) besteht aus Kupfer mit Zinn und Nickel.

Hitzebeständiges und feuerfestes Borosilikatglas

Natürliche Werkstoffe
Holz: Hartholz/Weichholz
Leder: Rauleder/Lackleder/Wildleder
Stein: Marmor/Granit
Kork: Korkeiche

Synthetische Werkstoffe
Glas: Natronglas/Kaliglas/Bleikristall/Borosilikatglas (hitzebeständig und feuerfest)
Porzellan: Einteilung abhängig vom Herstellungsverfahren nach
- der Härte (weiches und hartes Porzellan),
- der Glasur (Weich- und Hartglasuren mit Auf- und Unterglasurdekor),
- der Hitzebeständigkeit (feuerfestes und nicht feuerfestes Geschirr).

Steingut: Keramik, die ohne Glasur wasserdurchlässig ist
Steinzeug: wasserundurchlässige Keramik
Feinkeramik: Terrakotta, Fayence oder Majolika (glasierte Keramik mit Muster)
Kunststoffe: Einteilung abhängig vom Herstellungsverfahren in
- Thermoplaste, nicht hitzebeständig und verformbar,
- Duroplaste, formstabil und temperaturbeständig,
- Elastomere, gummielastisch, flexibel.

Isolierende Kunststoffbecher, die Getränke länger warm oder kalt halten

8.1.2 Faserstoffe/Textilien

Fasern sind die Grundstoffe für die Herstellung von Textilien. Natur- oder Chemiefasern werden zu Fäden und Garnen gesponnen, die dann weiter zu textilen Flächen verarbeitet werden.

Naturfasern werden aus folgenden natürlichen Rohprodukten gefertigt:

- tierische Fasern: Wolle und Seide
- pflanzliche Fasern: Baumwolle, Flachs (Leinen), Jute, Hanf, Kokos und Sisal

Siegel und Gütezeichen für Textilkennzeichnung

Reine Baumwolle

Rein Leinen – Reinleinen

Halb Leinen – Halbleinen mit mind. 40 % Leinen

100 % Seide

Reine Schurwolle – Reine Schurwolle (Woolmark)

Schurwolle mit Beimischung – Fasermischungen mit mindestens 50 % Schurwolleanteil und maximal 50 % nichtwollenen Fasern (Woolmarkblend)

COOL WOOL Reine Schurwolle – 100 % Schurwolle, Bezeichnung für leichte, sommerliche Stoffe

Chemiefasern werden mittels einer chemischen Behandlung aus folgenden Rohstoffen zu spinnbaren Materialien verarbeitet:

- Fasern aus Cellulose: Acetat, Viskose, Modal, Cupro, Vlies
- Synthetische Fasern aus Erdöl, Erdgas und Steinkohle: Nylon, Polyacryl, Polyamid, Polyester, Elastan

Gewebeausrüstung von Textilien

Bei der Gewebeausrüstung werden veredelnde Maßnahmen an Textilien vorgenommen, um sie zweckgerichtet auszustatten und ihren Gebrauchswert zu erhöhen. Hierzu gehören beispielsweise folgende Maßnahmen:

- **Farbechte Ausrüstung:** Behandlung mit Indanthren garantiert absolute Farbechtheit.
- **Schmutzabweisende Ausrüstung:** Durch diese Behandlung wird Schmutz vom Gewebe abgestoßen, auch anhaftender Schmutz kann schlecht in das Gewebe eindringen.
- **Antimikrobielle Ausrüstung:** Das Gewebe ist gegen den Befall von Mikroorganismen ausgerüstet und meist auch desodoriert, um Geruchsbildung zu verhindern.
- **Flammschutz-Ausrüstung:** Das Gewebe wird durch chemische Behandlung schwer entflammbar.
- **Imprägnieren:** Das Gewebe wird beschichtet und damit wetterfest, wasserdicht und Schmutzabweisend.
- **Antistatische Ausrüstung:** Die elektrostatische Aufladung synthetischer Fasern wird verhindert.
- **Sanforisieren:** Das Gewebe bleibt formbeständig und läuft kaum ein.
- **Eulanisieren:** Das Gewebe wird unverdaulich für Motten und Käfer.

Seidenraupen und Seidenkokons

Baumwollpflanze *Flachspflanze*

Schadstoffprüfung von Textilien

Im Zuge der Nachhaltigkeit von Produkten gibt es Maßstäbe, nach denen Textilien bewertet werden. Ein Beispiel ist das internationale OEKO-TEX®System. Nach dem OEKO-TEX® Standard 100 wurde bereits 1992 ein weltweit einheitlicher Maßstab für unabhängige Schadstoffprüfungen festgelegt. Geprüft werden Roh-, Zwischen- und Fertigprodukte aller Verarbeitungsstufen innerhalb der textilen Kette inklusive Zubehör. Bei dem weiteren OEKO-TEX®Standard 1000 werden auch die Produktionsstätten im Hinblick auf Umweltfreundlichkeit bewertet und zertifiziert.

TEXTILES VERTRAUEN
Geprüft auf Schadstoffe
nach Oeko-Tex® Standard 100
00000000 Institut

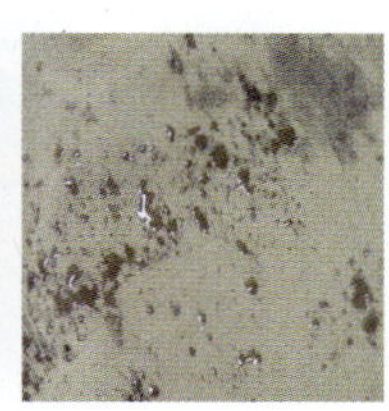

Schmutzabweisende Ausrüstung (links: behandelt; rechts: unbehandelt)

8.2 Reinigungs-, Pflege- und Desinfektionsmittel

Reinigungsmittel haben entsprechend ihrer Zusammensetzung unterschiedliche Einsatzgebiete

Eine gründliche, regelmäßige und hygienische Reinigung ist für den gastronomischen Betrieb vorgeschrieben (siehe Kapitel 7.5.3) und Grundvoraussetzung für professionelles Arbeiten in der Gastronomie.

Um die Sauberkeit und Hygiene im gastronomischen Betrieb zu garantieren, müssen effiziente, professionelle Mittel eingesetzt werden. Im Handel werden Reinigungs-, Pflege- und Desinfektionsprodukte unterschieden.

8.2.1 Reinigungsmittel

Entsprechend ihrer Zusammensetzung können Reinigungsmittel wie folgt eingeteilt werden:

- Lösungsmittelreiniger wie Aceton, Nitroverdünnung oder Terpentin: Diese Reinigungsmittel werden unverdünnt eingesetzt, um z. B. Verschmutzungen mit Fetten, Ölen oder Teer zu entfernen.
- Lösungsmittelhaltige Reiniger wie Fensterreiniger, Sanitär- und Badreiniger: Diese Reinigungsmittel enthalten Tenside und Lösungsmittel und werden immer mit Wasser eingesetzt.
- Lösungsmittelfreie Reiniger mit oder ohne Scheuermittelanteil, aber oft mit natürlichen oder synthetischen Tensiden: Sie dienen zur Entfernung von weniger hartnäckigem Schmutz auf fast allen Flächen.

Tenside
Tenside sind waschaktive Substanzen, die die Oberflächenspannung einer Flüssigkeit herabsetzen, damit eine Vermischung besser gelingt. Tenside unterstützen so das Ablösen und die Entfernung der Schmutzpartikel von festen Oberflächen.

Reinigungsmittel lösen und entfernen den Schmutz.

Pflege von Holz mit einem trockenen, weichen Tuch

Wird die Reinigung sachgerecht durchgeführt, lässt sich die Zahl der Krankheits- bzw. Verderbniserreger erheblich reduzieren.

8.2.2 Pflegemittel

Entsprechend ihrer Zusammensetzung werden folgende Pflegemittel unterschieden:

- Lösungsmittelhaltige Pflegemittel enthalten Wachse und Lösungsmittel und werden oft zur Holz- und Möbelpflege verwendet, da sie in die Materialien einziehen.
- Lösungsmittelfreie Pflegemittel wie Emulsionen, Wischglanzmittel oder Wischwachse sind gut geeignet für Kunststoff- und Ledermaterialien, versiegelte oder lackierte Flächen. Sie hinterlassen einen glänzenden und schützenden Film und ersparen das Nachpolieren.

Pflege von Edelstahl mit Spezialreiniger und Handschuhen

Pflegemittel sorgen für ein ansprechendes Aussehen und schützen vor weiteren Verschmutzungen.

Beim Umgang mit Reinigungsmitteln müssen unbedingt die Gefahrensymbole (siehe Kapitel 6.5.5) auf den Verpackungen beachtet werden, um Gesundheitsschädigungen zu vermeiden.

Gift-Notruf

Vorwahl der Stadt
+
19240

Bei Anwendung lösungsmittelhaltiger Reinigungs- und Pflegemittel muss der Raum gut gelüftet werden, da Lösungsmittel flüchtig sind. Dies bedeutet, dass sie teilweise in einem gasförmigen Zustand in der Umgebungsluft vorliegen.

8.2.3 Desinfektionsmittel

Eine Desinfektion kann mithilfe chemischer Desinfektionsmittel, einer Heißwasserdesinfektion oder einer Dampfstrahldesinfektion erfolgen. Desinfektionsmittel, meist auf Alkoholbasis, dienen zum Abtöten von Mikroorganismen, vor allem im Sanitärbereich. Da Desinfektionsmittel allergen und hautätzend wirken können, ist besondere Vorsicht geboten. Dosierung und Schutzmaßnahmen bei der Anwendung sind daher zu beachten.

Desinfektion mit einem Dampfstrahl

Desinfektionsmittel sind chemische Substanzen zur Flächen- oder Hautdesinfektion. Mikroorganismen werden durch sie getötet.

Für eine rationelle Arbeit werden häufig kombinierte Produkte eingesetzt, die sowohl Reinigungs- und Pflege- als auch Desinfektionsmittel sind. Die zu reinigende Oberfläche wird in einem Arbeitsgang gesäubert, schützend versiegelt und gleichzeitig desinfiziert.

8.2.4 Auswahl und Lagerung

Die Auswahl der entsprechenden Produkte erfolgt im systemgastronomischen Betrieb oft durch die Zentrale und ist in der Regel von Reinigungssystemen und Konzepten abhängig. Bei der Auswahl ist es wichtig, die vom Fachhandel und der Herstellerfirma gegebenen Reinigungs- und Pflegehinweise für die verschiedenen Materialien zu beachten.

Außerdem dürfen nur Reinigungs- und Desinfektionsmittel verwendet werden, die für Lebensmittelbetriebe geeignet sind. Es ist darauf zu achten, dass sie keinesfalls mit Lebensmitteln in Berührung kommen. Daher sind die Mittel dementsprechend zu lagern und dürfen nicht in Lebensmittelbehälter umgefüllt werden. Nach dem Umfüllen oder Abfüllen in neutrale Behälter sind diese deutlich zu kennzeichnen.

§

Sicherheitsdatenblätter für die einzelnen Produkte mit ihren Gefahrenstoffen müssen übersichtlich in einer Mappe geordnet oder auf dem Computer gespeichert sein.
Mitarbeiterunterweisungen zu den einzelnen Gefahrstoffen müssen durchgeführt, dokumentiert und wiederholt werden.

8.2.5 Nachhaltiger Umgang

Blauer Engel *EU-Ecolabel*

Umweltfreundliche Reinigungs- und Pflegemittel

Umweltfreundliche Reinigungs- und Pflegemittel reinigen und pflegen unter ökologischen Gesichtspunkten, d.h., diese Produkte belasten die Umwelt möglichst wenig. Der Wasserkreislauf wird nicht durch schwer abbaubare Stoffe und die Ozonschicht nicht durch Treibgase, z.B. aus der Spraydose, belastet.

Umweltfreundliche Reinigungs-und Pflegemittel sind oft mit dem Blauen Engel oder mit dem durch eine EU-Verordnung eingeführten EU-Ecolabel (EU-Blume) gekennzeichnet.

> Reinigungs- und Pflegemittel mit möglichst wenig umweltbelastenden Substanzen verwenden!

Sprühgerät für Reinigungs- und Desinfektionsmittel

Mit dem Einsatz alternativer Reinigungsmittel kann ebenfalls die Umwelt entlastet werden. Beispiele hierfür sind:

- Essigessenz und Essigwasser für die Sanitärreinigung und Kalkentfernung
- Kernseife und Schmierseife als Allzweckreiniger
- Salz als Fleckenentfernungsmittel
- Soda als Allzweckreiniger
- Schlämmkreide als Sanitärreiniger
- Spiritus als Glasreiniger und Fleckenentfernungsmittel

Dosierung und Anwendung von Reinigungs- und Pflegemitteln

Die Einhaltung der Dosierangaben ist aus ökologischer und ökonomischer Sicht von großer Bedeutung. Die Sicherheits- bzw. Produktdatenblätter geben Auskunft über Anwendung, Dosierung und Lagerung. Eventuell vorhandene Gefahrenzeichen (siehe Kapitel 6.5.5) sind unbedingt zu beachten.

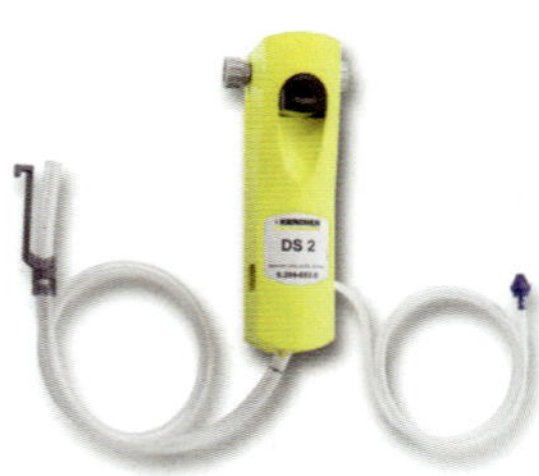

Dosiergerät zum Anmischen von Reinigungs- und Pflegemitteln

> Die „Schussdosierung" führt fast immer zur Überdosierung. Dies ist unökonomisch, bringt keinen zusätzlichen Erfolg und ist für Material und Umwelt schädlich.

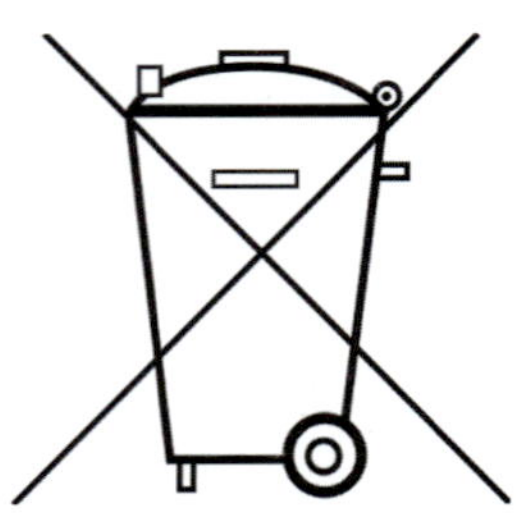

Verpackungen und Produkte, die mit diesem Symbol gekennzeichnet sind, dürfen nicht über den Hausmüll entsorgt werden

Entsorgung von Reinigungs- und Pflegmitteln

Die Entsorgung der leeren Verpackungen muss verantwortungsvoll und ökologisch geschehen. Verpackungen mit Gefahrenzeichen sind grundsätzlich Sondermüll und müssen entsprechend entsorgt werden (siehe Kapitel 5.3.5).

> Nachfüllpackungen und Konzentrate von Reinigungs- und Pflegemitteln helfen, den Müll zu reduzieren.

8.2.6 Wirkungsweise

Temperatur

Die Reaktionstemperatur von reinigungsaktiven Produkten liegt in der Regel bei ca. 40 °C. Bei zu hohen Wassertemperaturen können sich bestimmte Substanzen verflüchtigen, wodurch die Wirksamkeit geringer wird bzw. verloren geht.

Bei starken Verschmutzungen können jedoch bei bestimmten Verfahren durch eine Erhöhung der Wassertemperatur (Hochdruckgeräte, Heißdampfreiniger) Zeit und Chemie eingespart werden.

Zeit

Einwirk- und Trocknungszeiten sind für eine fachgerechte Anwendung bei vielen Produkten von Bedeutung, besonders bei hartnäckigen und starken Verschmutzungen. Weiterhin bestimmen das Reinigungsverfahren und der Einsatz entsprechender Geräte den Faktor Zeit.

> Die angegebene Einwirkzeit ist unbedingt zu beachten, da durch das Einweichen die Dosiermenge und die eigentliche Reinigungszeit verringert werden.

Maschinelles mechanisches Reinigungsgerät

Mechanische Wirkung

Reinigungsmittel entfalten ihre Reinigungskraft in der Regel durch chemisch-mechanische Wirkung, dabei ist der Faktor Mechanik vielseitig und erfordert genaue Fachkenntnisse.

Für die unterschiedlichen Erfordernisse werden Reinigungsmaterialien (Schwämme, Tücher, Pads) sowie Reinigungsgeräte und Reinigungsmaschinen (manuell oder maschinell geführt) angeboten. Ihr Einsatz hängt von den Materialien und baulichen Gegebenheiten ab.

Chemische Wirkung

Der Einsatzbereich eines Reinigungsmittels hängt entscheidend von seinem pH-Wert ab.

> Der pH-Wert ist ein Maßstab für die saure, neutrale oder alkalische Wirkung einer Lösung.

Im Datenblatt jedes Reinigungsmittels wird der spezifische pH-Wert angegeben. Diese Angabe lässt Rückschlüsse auf die speziellen Reinigungseigenschaften zu:

- neutralerBereich:
  Unterhaltsreiniger, z. B. Wischpflegemittel/Allzweckreiniger
- saurer Bereich:
  Sanitärreiniger, z. B. Essigsäure/Zitronensäurereiniger
- alkalischer Bereich:
  Grundreiniger, z. B. Schmierseife, Salmiakgeist

Der Messbereich für den ph-Wert wird auf einer Skala von 1–14 dargestellt

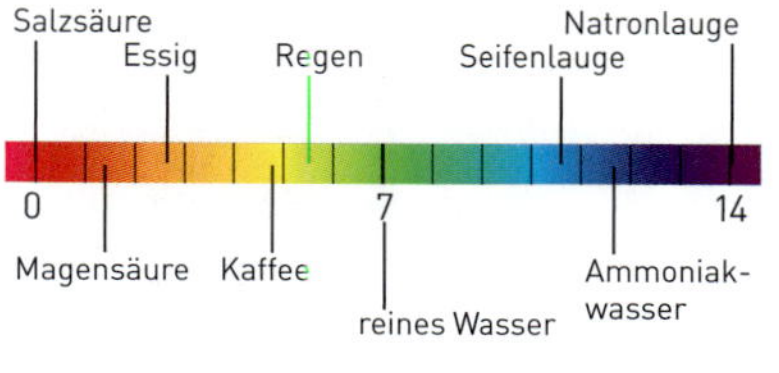

8.3 Reinigung und Pflege von Räumen und Materialien

Welche Maschinen, Reinigungsgeräte und Arbeitsmittel in den Betrieben zum Einsatz kommen, ist nach den örtlichen baulichen Gegebenheiten, den vorhandenen Materialien und dem Reinigungskonzept zu entscheiden. Außerdem ist zu beachten, wofür ein Raum genutzt wird.

In der Gastronomie werden die Räumlichkeiten meist in drei Bereiche unterteilt:
- Produktionsräume
- Gäste- und Servicebereich
- Sanitärbereich

Im Folgenden werden anhand von Materialien aus den Kernbereichen der Gastronomie Beispiele für Reinigungskonzepte beschrieben.

8.3.1 Wäschepflege

Wäsche ist in allen Bereichen ein wichtiger Gebrauchsgegenstand und stellt somit im Wirtschaftsdienst einen bedeutsamen Faktor dar. Hierzu gehört auch die Beschaffungs- und Reinigungsplanung der Berufsbekleidung.

Wäschebedarf
Der Wäschebedarf hängt von mehreren Faktoren ab:
- Betriebsart: Konzept, Größe, Lagerkapazitäten
- Wirtschaftlichkeit: Langlebigkeit, Preis, Ökologie
- Funktionalität: Gebrauchseigenschaften, Reinigungs- und Pflegeeigenschaften
- Optik: Design, Ambiente

Die meisten Betriebe reinigen die unternehmenseigene Wäsche nicht selbst, sondern verwenden Leasingwäsche oder die unternehmenseigene Wäsche wird von einer Fremdfirma gereinigt und gepflegt.

Die wichtigsten Arbeitsschritte bei der Reinigung und Pflege der Wäsche sind:
- Waschen bzw. chemisch Reinigen
- Trocknen
- Bügeln

Die vorherige Wäschetrennung/Sortierung erleichtert die Organisation der unterschiedlichen Behandlung der verschiedenen Wäschestücke.

Damit die Wäsche je nach Textilart richtig gereinigt und gepflegt wird, sind die Pflegekennzeichen zu beachten, die auf den Wäscheetiketten zu finden sind.

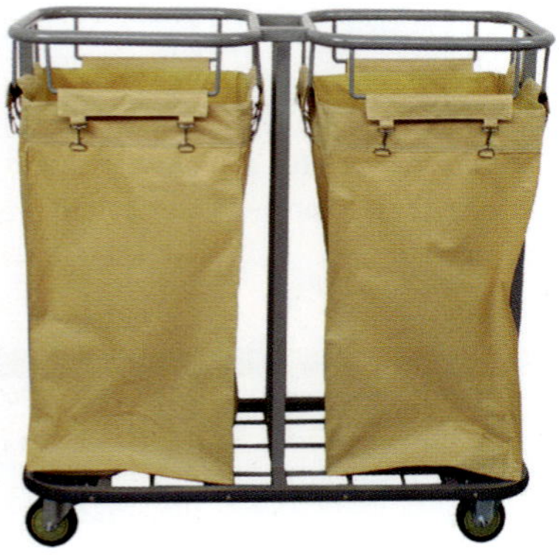

Behälter zur Wäschetrennung

Textilpflegekennzeichnung
Sie gibt durch Piktogramme/Symbole Auskunft über die Pflege eines Textilstücks. Die international gültigen Symbole wurden von GINETEX®, der internationalen Vereinigung für Pflegekennzeichnung, entwickelt.

Der Pflegekennzeichnungscode auf der Basis von Symbolen wird in der DIN EN ISO 3758 geregelt, die Kennzeichnung von Arbeitskleidung für die industrielle Wäsche in der DIN EN ISO 30023. Eine Textilpflegebeschreibung ohne Symbolabbildung ist nicht zulässig.

Waschen							
Normalwaschgang	95	Normalwaschgang	60	Normalwaschgang	40	Normalwaschgang	30
Schonwaschgang	60	Schonwaschgang	40	Schonwaschgang	30	Die Zahlen im Waschbottich zeigen die maximal zulässige Waschtemperatur in °C an.*	
Spezialschonwaschgang	40	Spezialschonwaschgang	30	Handwäsche maximale Temperatur 40 °C		Nicht Waschen	
Bleichen							
Chlor- oder Sauerstoffbleiche erlaubt		Nur Sauerstoffbleiche (keine Chlorbleiche) erlaubt		Nicht Bleichen			
Trocknen							
Trocknen im Tumbler möglich, normale Temperatur, 80 °C normaler Trocknungsprozess		Trocknen im Tumbler möglich, niedrige Temperatur, 60 °C normaler Trocknungsprozess		Nicht im Wäschetrockner/ Tumbler trocknen		Die Punkte kennzeichnen die Trocknungsstufe des Tumblers. Die Striche kennzeichnen Art und Ort des Trocknens.	
Trocknen auf der Wäscheleine		Trocknen aus dem tropfnassen Zustand		Trocknen auf der Wäscheleine im Schatten		Trocknen aus dem tropfnassen Zustand im Schatten	
Liegend trocknen		Liegend trocknen aus dem tropfnassen Zustand		Liegend trocknen im Schatten		Liegend trocknen aus dem tropfnassen Zustand im Schatten	
Bügeln							
Bügeln mit einer Höchsttemperatur der Bügeleisensohle von 200 °C		Bügeln mit einer Höchsttemperatur der Bügeleisensohle von 110 °C*		Bügeln mit einer Höchsttemperatur der Bügeleisensohle von 150 °C		Nicht Bügeln	
Die Punkte kennzeichnen die Temperaturstufe des Bügeleisens.						* Vorsicht beim Dampfbügeln	
Professionelle Textilpflege							
Professionelle Trockenreinigung mit Perchlorethylen oder Kohlenwasserstoffen, normaler Prozess	P	Professionelle Trockenreinigung mit Perchlorethylen oder Kohlenwasserstoffen, schonender Prozess	P	Nicht Trockenreinigen		Die Buchstaben im Kreis kennzeichnen die Lösemittel (P, F) die in der Trockenreinigung angewendet werden oder die Nassreinigung (W).*	
Professionelle Trockenreinigung mit Kohlenwasserstoffen, normaler Prozess	F	Professionelle Trockenreinigung mit Kohlenwasserstoffen, schonender Prozess	F	Nicht Nassreinigen	W	*Generell: Der Strich unter dem Symbol kennzeichnet eine mildere Behandlung (z. B. Schongang für Pflegeleichtartikel). Der doppelte Strich kennzeichnet Pflegestufen mit besonders schonender Behandlung.	
Professionelle Nassreinigung, normaler Prozess	W	Professionelle Nassreinigung, schonender Prozess	W	Professionelle Nassreinigung, besonders schonender Prozess	W		

Pflegekennzeichnung (Quelle: GINETEX GERMANY c/o GermanFashion, An Lyskirchen 14, D-50676 Köln, ginetex@germanfashion.net, www.ginetex.de)

8.3.2 Boden- und Flächenreinigung

Boden- und Flächenreinigung gehören gerade im Produktionsbereich eines gastronomischen Betriebs zur Basisaufgabe im Wirtschaftsdienst. Hier ist nicht nur optische Sauberkeit, sondern auch mikrobiologische Reinheit erforderlich.

Die Böden im Küchenbereich sind meist mit rutschhemmenden Sicherheitsfliesen mit Noppen ausgelegt. Daher lässt sich die Oberfläche professionell nur mit einer Scheuermaschine oder einem Hochdruckgerät säubern. Die Scheuermaschine gelangt mittels Bürstenwalzen in die Struktur der Fliese und in die Fugen hinein und entfernt den Schmutz.

Bei Feinsteinzeug-Bodenbelägen werden Mikrofaserwalzen eingesetzt.

Es gibt auch Bodenbeläge aus PVC im Küchenbereich (Sicherheitsbodenbeläge mit Rutschhemmung). Diese können mit einem Wandbelag aus PVC zu einem wannenähnlichen System kombiniert werden, sodass sich weder Flüssigkeit noch Keime in Fugen oder Stoßkanten festsetzen können.

Bodenbeläge und Wandbeläge aus PVC

Scheuersauger

Eine Grundreinigung muss je nach Betriebsart und Verschmutzungsaufkommen regelmäßig durchgeführt werden. Dabei wird zunächst mit einem alkalischen Reinigungsmittel gearbeitet, um Fette zu entfernen. Dann wird mit Wasser nachgespült und mit einem sauren Reinigungsmittel die Reinigung fortgesetzt, um zum Bespiel Kalk und Rost zu entfernen. Wichtig ist, die Fugen zu wässern, damit die Säure die Fugen nicht angreift.

Abschließend kann, wenn erforderlich, eine Desinfektion durchgeführt werden.

Die Grundreinigung erfolgt mit der Zweischritt-Methode, d. h., die Reinigungsflotte wird zunächst aufgelegt und nach einer entsprechenden Einwirkzeit wieder aufgenommen.

> Als Reinigungsflotte wird das Reinigungs-, Pflege- oder Desinfektionsmittel bezeichnet bzw. ein Gemisch aus dem Mittel und Wasser.

Die tägliche Reinigung, die auch als Unterhaltsreinigung bezeichnet wird, erfolgt in der Regel mit der Einschritt-Methode, d. h., die Reinigungsflotte wird in einem Arbeitsgang aufgelegt und abgesaugt.

Bei der Hochdruckreinigung kann nicht der gesamte Schmutz abgesaugt werden, sondern muss mit geeignetem Gerät in den Abfluss geschoben werden. Für Küchen ohne Abfluss ist eine Scheuersaugmaschine erforderlich, die über eine Absaugung verfügt.

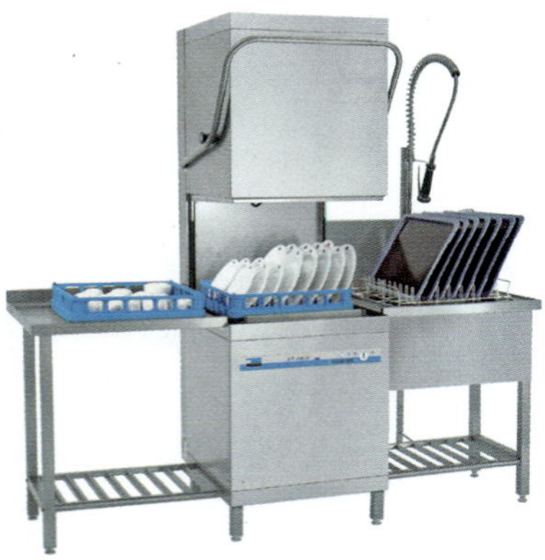

Spülmaschine mit stationärem Waschverfahren für Geschirr und Tabletts

8.3.3 Geschirrreinigung

Ein gutes Spülergebnis fängt mit der professionellen Planung der Spülküche an. Dabei sollten Raumnutzung, Spülabläufe und Geschirraufkommen berücksichtigt werden. Flexibel auf die Geschirrkomponenten, deren Menge und Verschmutzung einzugehen, ist ein wichtiger Faktor, denn je nach Art des Betriebs gehören z. B. neben dem Geschirr auch große Teile wie Bleche und Tabletts zum Spülgut.

Faktoren einer professionellen Geschirrreinigung

Wasserqualität
Zum Spülen wird immer Wasser mit einem niedrigen „Gesamtsalzgehalt" empfohlen, damit auf dem Spülgut kein Kalk und keine Schlieren sowie Flecken zurückbleiben. Mit einer entsprechenden Wasseraufbereitung (Umkehrosmose-Systeme) sind makellose Spülergebnisse möglich und somit entfällt jegliches Nachpolieren von Gläsern und Bestecken. Kompakte Wasseraufbereitungselemente können individuell an die Wasserqualität vor Ort angepasst werden. Sie sorgen zudem für eine erhöhte Wirksamkeit von Reiniger und Klarspüler sowie für mehr Hygienesicherheit.

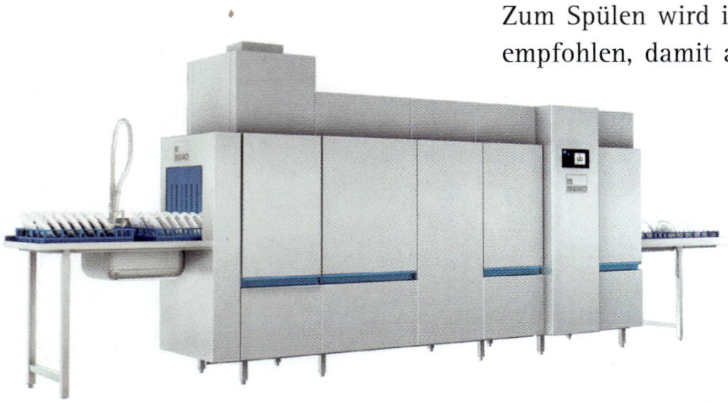

Spülmaschine mit Durchlaufsystem

> Umkehrosmose-Systeme verfügen über eine osmotische Membran, die so fein ist, dass alle gelösten Stoffe wie Mineralien und Salze herausgefiltert werden. Dadurch kommt das Spülgut sauber und glänzend aus der Maschine. Polieren von Hand ist überflüssig.

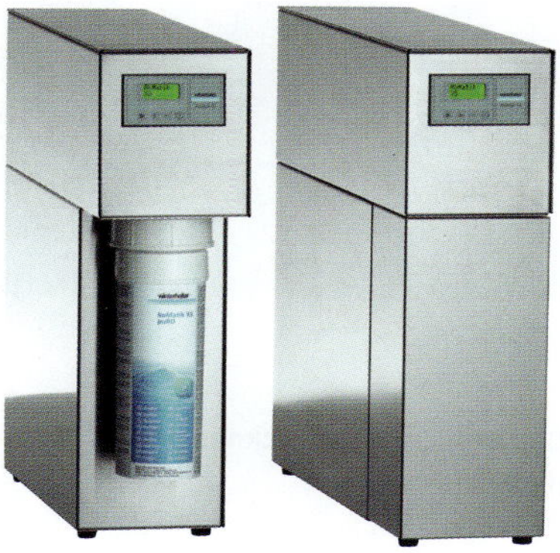

Umkehrosmose-System

Spülfelder
Die Verteilung der Wasserdüsen muss eine maximale Flächendeckung erzielen und Reinigungskraft von oben und unten gewährleisten. Nur eine maximale Flächendeckung garantiert ein vernünftiges Spülergebnis bis in jeden Winkel.

Wasserdruck
Spülgut mit hartnäckigen Verschmutzungen muss mit besonders hohem Wasserdruck gereinigt werden, damit ein hygienisch einwandfreies Ergebnis erzielt wird.

Für besonders leichtes Geschirr sollte der Spüldruck regulierbar sein, damit das Spülgut sicher in der Position in der Maschine bleibt.

Energieeffizienz/Wirtschaftlichkeit
Beim Kauf einer Spülmaschine sollten Gastronomen nicht nur auf die Leistung, sondern auch auf den Wasser- und Stromverbrauch achten. Auch der Verbrauch an Spülmittel ist von nachhaltiger wirtschaftlicher Bedeutung.

Sonderprogramme
Viele Geschirrspülmaschinen bieten Sonderprogramme wie z. B.:
- Kurzprogramme
- Intensivprogramme
- ECO-Programme
- selbst konfigurierbare Programme
- Entkalkungsprogramme
- Selbstreinigungsprogramme

Spülmaschinen für unterschiedliche Anwendungsbereiche

Geschirrspülmaschinen/Spülmaschinen für Arbeitsgeschirr und Behälter sowie Teller und Tassen
Arbeitsgeschirr und die verschiedensten Behälter sind in der Regel am stärksten und hartnäckigsten verschmutzt. Deshalb garantieren nur ein hoher Druck und eine hohe Nachspültemperatur die spurenlose Beseitigung von Eiweiß, Fett oder Stärkeresten.

Aktuell ist eine granulatoptimierte Spültechnologie in der Diskussion. Hier wird die Kraft aus der Kombination von Granulat (kleine Kunststoffkörner) und Wasser genutzt, um Küchen- bzw. Schwarzgeschirr (Backbleche, Töpfe usw.) mechanisch zu reinigen. Das Spülgut wird bei hohen Temperaturen hygienisch rein. Wasser, Energie und Chemie werden sparsam eingesetzt.

Spülmaschine für Töpfe, Bleche, Schüsseln usw.

Kombinierte Allroundspülmaschinen/Bistrospülmaschinen
Bei diesen Spülmaschinen stellt das unterschiedliche Spülgut vom Teller über das Glas und das Besteck besonders hohe Anforderungen an Technik und Wasserqualität. Schwebeteilchen wie Fleisch- oder Gemüsereste, Tee- und Kaffeerückstände müssen möglichst schnell herausgefiltert werden, damit das Wasser sauber bleibt und somit sauber gespült werden kann.

Bei Spülmaschinen gibt es in Bezug auf die Arbeitsweise zwei Verfahren:
- handbeschickte Programmautomaten mit stationärem Waschverfahren, handelsüblich als Fronttürmaschinen und Korbdurchschubmaschinen
- Spülmaschinen mit Transport- oder Durchlaufsystem, als Band- und Korbtransportmaschinen

Glaskorrosion

Gläser nicht nachtrocknen oder nachpolieren

Zum Thema Gläserspülen hat die VGG „Vereinigung gewerbliches Geschirrspülen" eine Broschüre herausgegeben. Darin wird darauf hingewiesen, dass nach DIN 10511 Gläser weder maschinell nachgetrocknet noch poliert werden sollen, da der hygienische Reinigungserfolg durch erneutes Aufbringen von Keimen gefährdet würde.

www.vgg-online.de

Gläserspülmaschinen

Der Anspruch an hygienische und optische Sauberkeit ist bei Gläsern besonders hoch, jedoch sind Gläser empfindlicher. Hier ist die Qualität des Spülwassers wichtig, um der Glaskorrosion (Trübung durch eine strukturelle Veränderung der Oberfläche) vorzubeugen.

Zur Reinigung von Gläsern in einer Profi-Spülmaschine ist ein spezieller Gläserreiniger zu empfehlen. Der Gebrauch von intensiveren Spülmitteln, wie etwa zur Reinigung von Geschirr, wirkt sich negativ auf die Lebensdauer des Glases und seines Dekors aus. Nach dem Spülvorgang ist die Spülmaschine sofort zu öffnen, damit der Dampf schnell entweichen kann. Gläser sollten zudem nicht über Nacht in der Spülmaschine verbleiben.

Standardprogramme zum Gläserspülen

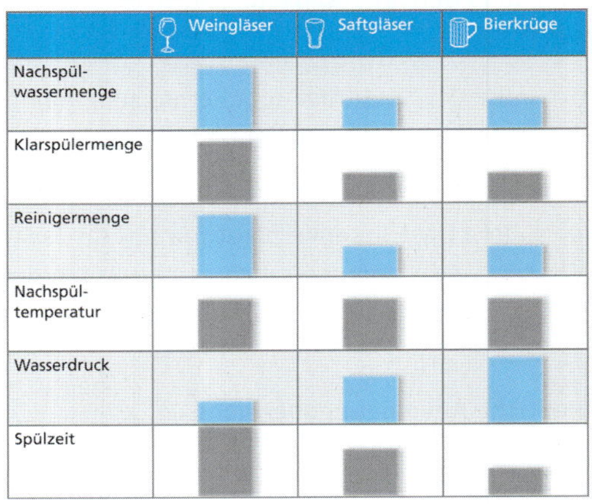

(Quelle: Winterhalter Gastronom GmbH)

Besteckspül- und Poliermaschinen

Im systemgastronomischen Betrieb werden oft Besteck sowie Koch- und Vorlegeutensilien wirtschaftlich, d.h. maschinell gereinigt. Dabei muss gewährleistet sein, dass selbst über Stunden angetrocknete Speisereste ohne manuelle Vorreinigung zuverlässig entfernt werden.

Die sauberen Besteckteile können dann für den Großverbraucher sogar maschinell mit einer Serviette in einen Papierbeutel oder Folienbeutel eingepackt werden, z.B. für Fluggesellschaften. Dies stellt gerade für den Cateringbereich und Kantinen eine wirtschaftliche Alternative dar (siehe Kapitel 3.9).

Reinigungsstufen bei der hydromechanischen Besteckreinigung mit Granulat:
1. mechanisches Säubern
2. Spülen
3. Trocknen und Polieren

8.4 Organisation von Reinigung und Pflege

Die Organisation der Reinigung wird im systemgastronomischen Betrieb durch die Zentralen gesteuert. Hier werden Standards entwickelt, die dann für alle Filialen gelten. In der Regel werden von der Zentrale Checklisten entwickelt, die der Storemanager oder Schichtführer dokumentiert.

Die Reinigungsarbeiten werden generell unterschieden in:

- täglich anfallende Aufgaben und Maßnahmen
- Aufgaben, die sich jeweils nach längeren Abständen wiederholen

Außerdem ist zu differenzieren, welche Aufgaben von internen Mitarbeitern durchzuführen sind und welche Tätigkeiten die Mitarbeiter der externen Firmen zu erledigen haben. Eine Grundreinigung von Produktions- und Gasträumen wird oft von Fremdfirmen durchgeführt.

Grundsätzlich ist bei Bedarf zu reinigen und wenn nötig zu desinfizieren. Für die Durchführung einer sachgerechten und regelmäßigen Reinigung bzw. Desinfektion ist ein Reinigungs- bzw. Desinfektionsplan sinnvoll. Der Plan sollte mindestens folgende Punkte beinhalten:

- Was wird gereinigt/desinfiziert?
- Womit und wie wird etwas gereinigt/desinfiziert?
- Wann und wie oft wird etwas gereinigt/desinfiziert?

Als zusätzliche Angabe sind folgende Informationen sinnvoll:

- Wer ist für die Reinigung bzw. Desinfektion zuständig?
- Wer übernimmt die Kontrolle?

Reinigungs- und Desinfektionsplan

Was	Womit	Wie	Wie oft	Wer	Kontrolle
Hand-waschbecken	„Fixsauber"	einsprühen, Einwirkzeit 2 Minuten, mit Wasser abspülen	1 x täglich	Küchenpersonal	Müller
Arbeits-tische	„Sauber-tisch"	10 ml in 10 l heißes Wasser geben, Tische einreiben, Einwirkzeit 2 Minuten, mit Wasser abspülen	nach Gebrauch, mindestens 1 x täglich	Küchenpersonal	Müller
Maschinen	„Clear-up"	mit klarem heißen Wasser säubern, mit „Clear-up" einsprühen und abwischen, nachspülen	nach Gebrauch	Küchenpersonal	Müller

BECHER

Reinigungs- und Desinfektionsplan

Bereich: KÜCHE **Zeitraum:**

zu reinigender Gegenstand	Reinigungs-/ Desinfektionsmittel	Dosierung/ Einwirkzeit	Maßnahmen	Wann	Verantwortlich	Kontrolle/Datum
Arbeitsflächen, Türklinken, Schränke	**Küchen Rein**	gebrauchsfertig	aufsprühen, mit feuchtem Tuch verteilen und gründl. nachwaschen	täglich	Reinigungs-/ Küchen-Personal	
	Schnelldesinfektion DGHM/VAH-zertifiziert	gebrauchsfertig, ab 30 sec	aufsprühen, trocknen lassen	täglich		
Wandflächen aus Edelstahl	**Edelstahl Pflege**	gebrauchsfertig	aufsprühen mit trockenem Tuch nachwischen	täglich	Reinigungs-/ Küchen-Personal	
Anlagen, z.B. Herd, Kessel	**Fett Löser**	gebrauchsfertig 100 ml / 10 l Wasser	aufsprühen, mit feuchtem grünen Mit Tuch verteilen und mit klarem Wasser nachwaschen	täglich	Küchen-Personal	
Fritteusen	**Fritteusen Rein**	2 x 130 ml für 30 l Wasser, 20 Min.	aufheizen, einwirken lassen, gut ausspülen	1 x wöchentlich oder nach Bedarf	Küchen-Personal	
Heißwassergeräte	**Kalk Raus**	1 Teil Kalk-Raus/ 4 Teile Wasser	Lösung durchlaufen lassen, nachspülen, evtl. wiederholen	alle 14 Tage oder nach Bedarf	Küchen-Personal	
Kaffee-/Espresso-maschinen	**Kaffeemaschinen Reiniger**	1/2 Essl. pro 1 l Wasser	mit Wasser durchlaufen lassen, nachspülen	alle 14 Tage oder nach Bedarf	Küchen-Personal	
	Kaffeemaschinen ReinigungsTabs	gebrauchsfertig	Gebrauchsanleitung beachten	alle 14 Tage oder nach Bedarf	Küchen-Personal	
	EntkalkungsTabs	gebrauchsfertig	nach Vorschrift des Maschinen-herstellers verwenden	nach Bedarf	Küchen-Personal	
	Milchaufschäumer Reiniger	30-60ml/1 l Wasser	mischen, durchlaufen lassen, Gebrauchsanleitung beachten	täglich nach Gebrauch	Küchen-Personal	

Reinigungs- und Desinfektionsplan (Ausschnitt)

8.5 Let's think about ...

8.5.1 ... cleaning utensils!

1. Im Originalhandbuch Ihres Betriebs wird das Reinigen von Schneidebrettern in acht Schritten auf Englisch beschrieben. Sie werden vom Filialleiter gebeten, die Anleitung ins Deutsche zu übersetzen.

How to clean Plastic Chopping Boards

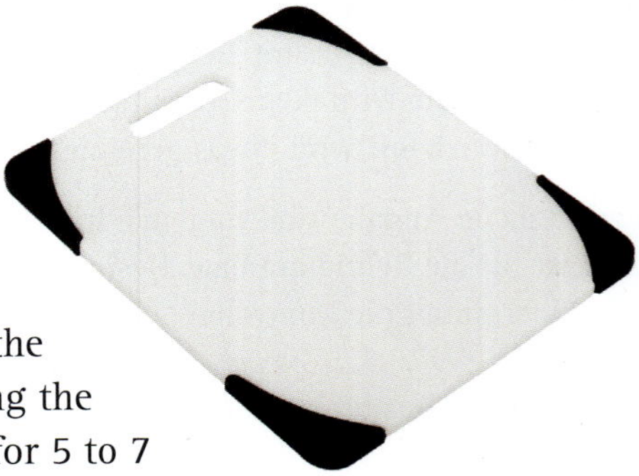

1. Put on rubber gloves.
2. Scrape excess food off the chopping board.
3. Scrub the board down with soap and hot water.
4. Allow the board to dry.
5. Make a solution of detergent and water according to the instructions on the label. Sanitize the board by pouring the mixture onto it to wet the entire surface. Leave it on for 5 to 7 minutes and then rinse the board with clean water. Wipe it down with a paper towel moistened with hydrogen peroxide for extra germ protection.
6. Combat persistent stains by wetting the board with hot water. Allow it to remain undisturbed for a while. Use a scrubbing sponge to work on remaining stains. Use soap and water for a final washing.
7. Get rid of strong odours like garlic or onion by rubbing half a lemon over the board's surface to give it a fresh scent.
8. Give your board a final washing and rinsing. Allow it to air-dry.

Tips & Warnings
- Remember to clean both sides of the board.
- It is best to keep a board for each type of food – e.g. fish, poultry, vegetables etc.
- You can wash your plastic chopping board in the dishwasher.

2. Da Ihr Chef mit Ihrer Übersetzung der Reinigungsanleitung sehr zufrieden war, bittet er Sie, für die Mitarbeiter, die Sprachprobleme im Deutschen haben, eine kurze Anleitung zum Reinigen von Arbeitsflächen aus Edelstahl auf Englisch zu verfassen.

Sie soll folgende Aspekte enthalten:
- keine Bürsten und Schwämme mit Reibfläche benutzen
- verkrusteten Schmutz mit Wasser anfeuchten und einwirken lassen
- den Stahl mit etwas Spülmittel und Wasser reinigen
- erneut wischen und die Fläche trocknen
- Kalkflecken mit etwas Kalkentferner auf einem Tuch wegwischen und erneut trocknen
- das Einreiben mit etwas Speiseöl auf einem Tuch und das Nachpolieren mit einem Papierhandtuch verhindern das erneute Verschmutzen

3. **Ihr Betriebsleiter hat einen Newsletter über ein Wischtuch erhalten. Er bittet Sie, die wichtigsten Merkmale und Eigenschaften des Produkts auf Deutsch schriftlich zusammenzufassen.**

N E W S L E T T E R

Spick and Span

Spick and Span is a pre-moistened, no-rinse wipe for use on hard, non-porous food contact and food preparation surfaces such as food prep tables, non-wood cutting boards, counter tops, thermometer probes, microwaves, scales, reach-in freezer and refrigerator units, etc. where the control of cross-contamination is of extreme importance. This wipe is a food contact surface cleaner and recommended for use in fast food chains, restaurants, cafeterias, schools, healthcare foodservice, supermarkets, food processing plants.

8.5.2 ... cleaning textiles!

4. **Ihr Kollege aus Delhi möchte seine Arbeitskleidung reinigen und fragt den Schichtleiter nach der Bedeutung der Zeichen auf dem Wäscheetikett. Da Sie mehrere ausländische Kolleginnen und Kollegen haben, beauftragt der Schichtleiter Sie, eine deutsch-englische Liste mit Begriffen zu erstellen, die für das Verständnis der Pflegehinweise für Textilien in der Gastronomie benötigt werden.**

chemische Reinigung
Mischgewebe
Wäschetrockner

brush/scrubber	Bürste
chalk stain	Kalkfleck
cleaning cloth	Reinigungstuch
cooking oil	Speiseöl
detergent	Reinigungsmittel
odor AE/odour BE	Geruch
paper towel	Papierhandtuch
plant	Betriebsstätte, Fabrik
wipe	Reinigungstuch
sponge	Schwamm
scent	Duft
solution	Lösung
staining	Verschmutzung
stainless steel	Edelstahl
surface	Oberfläche
incrusted AE/encrusted BE	verkrustet
persistent	hartnäckig
porous	porös
to combat	bekämpfen
to leave sth. on	einwirken lassen
to moisten	nass machen, wässern
to polish	polieren
to rinse	abspülen
to rub	scheuern
to sanitize AE/to sanitise BE	reinigen
to scrape	abkratzen
to scrub	reiben
to wet	anfeuchten, befeuchten

8.6 Aufgaben

1 | Erläutern Sie den Unterschied zwischen mechanischer und chemischer Wirkungsweise von Reinigungsmitteln.

2 | Die Reinigungsintervalle sind je nach Geräten und Anlageteilen unterschiedlich. Geben Sie Beispiele für vorgeschriebene Reinigungsintervalle bei unterschiedlichen Anlageteilen bzw. Geräten.

3 | Beschreiben Sie das Prinzip der Grundreinigung am Beispiel eines Restaurantraums in Ihrem Betrieb. Wer reinigt was, wann, wo, womit ...?

4 | Nennen Sie Grundreinigungsmittel für die Reinigung des Speisenproduktionsbereichs.

5 | Beschreiben Sie die Vorbereitungen, die Sie treffen, bevor Sie mit der Reinigung des Barbereichs beginnen.

6 | Erläutern Sie mögliche Folgen einer Falschanwendung eines Reinigungsmittels für den Anwender und das Material.

7 | Erklären Sie den Unterschied zwischen Reinigungsmittel und Desinfektionsmittel.

8 | Zählen Sie Faktoren auf, von denen es abhängt, welche Mittel und Verfahren zum Reinigen und Desinfizieren von Gegenständen im systemgastronomischen Betrieb eingesetzt werden.

9 | Nennen Sie Beispiele für pflegeleichte und pflegeaufwendige Bodenbeläge.

10 | Erläutern Sie die unterschiedlichen Aspekte beim Polieren von Gläsern.

11 | Geben Sie Tipps zum nachhaltigen Umgang mit Reinigungsmitteln.

12 | Was ist bei der Entsorgung von Reinigungs- und Pflegemitteln zu beachten?

13 | Zählen Sie die in Ihrem Betrieb verwendeten Teile der Restaurantwäsche auf.

14 | Was ist bei der Lagerung der Wäsche zu beachten?

15 | Geben Sie Beispiele für Gewebeausrüstungen bei Servicewäsche, die in Ihrem Betrieb eingesetzt wird.

16 | Welches sind die am häufigsten verwendeten technischen Hilfsmittel in der Objektbetreuung/Wirtschaftsdienst Ihres Betriebs?

17 | Welche Schutzmaßnahmen sind erforderlich, um gesundheitliche Gefahren für die Mitarbeiter bei Reinigungsarbeiten zu vermeiden?

18 | Erstellen Sie eine Checkliste für Reinigungsarbeiten im Restaurant nach Dienstschluss.

19 | Weshalb gehören die Reinigung und Pflege einer Restaurantterrasse zur täglichen Arbeitsroutine einer Reinigungskraft? Welche Faktoren sind hierbei besonders zu berücksichtigen?

20 | Entwickeln Sie einen Reinigungsplan für die Kaffeestation in Ihrem Restaurant. Tragen Sie alle erforderlichen Angaben in diesen Plan ein.

21 | Wie stellen Sie sicher, dass alle Reinigungs- und Desinfektionsarbeiten durchgeführt werden?

22 | Beschreiben Sie Maßnahmen, mit denen ein Mitarbeiter für den Schutz des Gasts während der Reinigungsarbeiten im Restaurant sorgen sollte.

23 | Mit welchen Maßnahmen sorgt ein mit der Reinigung beauftragter Mitarbeiter für seinen eigenen Schutz während der Reinigungs- und Desinfektionsarbeiten in der Küche?

24 | Für die Reinigungslösung zum Reinigen des Fußbodens werden 0,4 l Reinigungskonzentrat mit Wasser auf 1 l gebrauchsfertige Lösung aufgefüllt. Wie viel Liter verdünnte Reinigungslösung lassen sich aus einer 5-l-Flasche herstellen?

25 | Die Geschirrspülmaschine, die einen Energieverbrauch von 1,2 kW/h hat, ist für einen Spülgang 45 Minuten in Betrieb. Wie viele kWh werden für einen Spülgang verbraucht?

9 Organisation der Küche

- Arbeitsbereiche
- Ausstattung
- Planung der Arbeitsabläufe
- Vorbereitung und Zubereitung der Speisen

9.1 Räumlichkeiten

9.1.1 Arbeitsbereiche

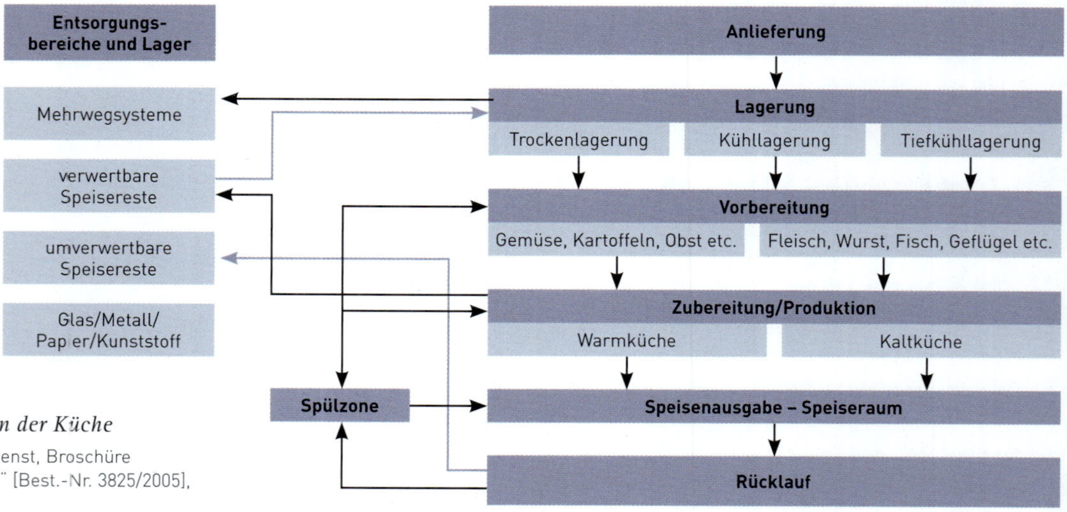

Arbeitsbereiche in der Küche
(Quelle: © aid infodienst, Broschüre „Küche und Technik" [Best.-Nr. 3825/2005], www.aid.de)

Die Konzepte in der Systemgastronomie sind breit gefächert (siehe Kapitel 2.1.9). Somit sind auch die Anforderungen an die Größe, Einrichtung und Ausstattung der Küchen sehr unterschiedlich. Maßgebliche Einflussfaktoren sind:

- Art des Gastronomiebetriebs
- Gästeanzahl
- Speisen- und Getränkeangebot
- verwendete Lebensmittel
- Rezepturen
- Convenience-Grad der Lebensmittel
- Garmethoden
- Zubereitungstechniken
- Serviceart

Trotz der vielfältigen Anforderungen haben die meisten Küchen ähnliche Arbeitsbereiche.

Anlieferung

Alle für die Speisenproduktion benötigten Lebensmittel und Materialien müssen bei ihrer Anlieferung unter Beachtung der vom Unternehmen vorgegebenen Standards kontrolliert werden (siehe Kapitel 10.5.2). Die Räume müssen groß genug sein, sowie über Zähl-, Mess- und Wiegeeinrichtungen verfügen. Je nach Notwendigkeit sollten Verlade- und Beförderungsmittel vorhanden sein.

Lagerung auf fahrbaren Regalen

Lagerung

Produkte, die nicht direkt verarbeitet werden, sind sachgerecht und hygienisch zu lagern. Dabei richtet sich die Art und Größe der Lagerräume nach Art und Menge der zu lagernden Produkte (siehe Kapitel 10.4). Die Anordnung der Lagerräume sollte auf jeden Fall einen reibungslosen Arbeitsablauf und einen optimalen Materialfluss gewährleisten. Erforderlich sind daher neben den eigentlichen Lagerräumen immer auch geeignete Lagermöglichkeiten in der Küche selbst, z. B. in Form von Kühlschränken, Tiefkühlfächern oder Vorratsschränken.

Vorbereitung
In der Vorbereitung werden aus den Rohwaren küchenfertige Lebensmittel. Dabei ist aus hygienischen Gründen auf eine strikte Trennung von tierischen und pflanzlichen Produkten zu achten. Die Vorbereitung kann teilweise oder ganz ausgelagert werden. Dies wird als „Outsourcing“ bezeichnet.

Speisenzubereitung

Zubereitung
Hier werden die vorbereiteten Lebensmittel für den Gast zubereitet bzw. bereitgestellt. In der sogenannten warmen Küche werden die Lebensmittel unter Verwendung verschiedener thermischer Geräte sachgerecht gegart. In der kalten Küche werden kalte Produkte wie etwa Salate, Wurst- und Käsewaren, Brot- und Backwaren oder Desserts für die Ausgabe vorbereitet und bereitgestellt. Warme und kalte Küche sollten voneinander getrennt sein, da in der warmen Küche oft hohe Temperaturen und hohe Luftfeuchtigkeit herrschen, die den kalten Produkten schaden oder die Qualität beeinträchtigen könnten.

Speisenausgabe
Dies ist der Bereich, in dem die fertigen Speisen zusammengestellt, präsentiert und an den Gast gebracht werden. In den Restaurants mit Fullservice liegt der Ausgabebereich („Pass“) zwischen Küche und Gastraum. Normalerweise wird zwischen einer Ausgabestelle für kalte und einer für warme Speisen unterschieden. Bei der Ausgabe von kalten Speisen ist sicherzustellen, dass die Temperatur zwischen 5 °C und 10 °C liegt. Deshalb sollten Kühlmöglichkeiten (z. B. Kühlfächer) vorhanden sein. Bei der warmen Ausgabe muss gewährleistet sein, dass die Gerichte bis zum Service beim Gast eine Temperatur von mindestens 70 °C haben. Hierfür sind eine genügend große Abstellfläche mit Warmhaltegeräten und Rechauds sowie eine Wärmebrücke, vor allem aber schnelles und aufeinander abgestimmtes Arbeiten der Servicekräfte erforderlich.

Wärmebrücke mit Infrarotstrahlern

Beim Frontcooking dagegen wird ein Teil der Speisen im Gastraum oder sogar am Tisch des Gasts zubereitet. Daneben finden sich als weitere Ausgabemöglichkeiten die Schalterausgabe (Counterservice) oder Free-Flow-Systeme (Ausgabestationen). In der Gemeinschaftsverpflegung sind darüber hinaus Tablett- und Bandsysteme verbreitet sowie die Verteilung der Speisen mithilfe wärmeisolierter Transportwagen. Besonders wichtig ist es, Ausgabesystem und Speisenangebot aufeinander abzustimmen. Denn nur eine gute Organisation verhindert längere Wartezeiten und garantiert dem Gast warme Speisen.

Rücklauf
Benutztes Geschirr und Speisereste müssen aus hygienischen Gründen so in den Spül- und Entsorgungsbereich transportiert werden, dass sie nicht mit den frisch produzierten Speisen in Kontakt kommen können. In Full-Service-Restaurants übernimmt das Servicepersonal diese Aufgabe. In Restaurants mit (teilweiser) Selbstbedienung oder in Kantinen werden Geschirr und Tabletts entweder auf Hordenwagen oder mithilfe einer Bandanlage gesammelt und transportiert.

Hordenwagen

Spülstation

Spülzone

Der Spülbereich sollte – soweit wie möglich – aus zwei auch räumlich voneinander getrennten Stationen bestehen:

- **Spülstation für verwendete Werkzeuge und Geräte**
  Alle Werkzeuge und Geräte, die zur Vor- und Zubereitung der Speisen genutzt wurden, müssen zwischendurch gereinigt werden. Dies sollte in der Nähe der entsprechenden Arbeitsplätze geschehen. Die Spülstation sollte mindestens mit einem Waschbecken mit Handbrause, einem Schrank mit den entsprechenden Reinigungsmitteln sowie einem oder mehreren Regalen zum Abstellen des sauberen Geschirrs ausgestattet sein.
- **Spülstation für schmutzige Gläser und Geschirr**
  Bei der Reinigung der schmutzigen Gläser und des schmutzigen Geschirrs ist unbedingt auf eine Trennung zwischen reiner und unreiner Seite zu achten. Zudem ist es sinnvoll, Gläser und Geschirr getrennt voneinander zu spülen. Die Reinigung selbst kann diskontinuierlich oder kontinuierlich erfolgen. Bei der **diskontinuierlichen** Reinigung wird das Geschirr in Körbe gegeben, diese werden nun in die Spülmaschine eingesetzt und dann gesäubert. Erst wenn das Programm beendet ist, können die Körbe entnommen und wieder neue eingesetzt werden. Bei der **kontinuierlichen** Reinigung lassen sich die Spülanlagen laufend mit schmutzigem Geschirr bestücken. Dieses wird nach und nach in die Reinigungszonen transportiert, dort gereinigt und schließlich getrocknet.

Entsorgungsbereich

Speisereste und Müll, der in den anderen Bereichen anfällt, werden in einen dafür vorgesehenen Lagerbereich geschafft, dort sortiert, getrennt gelagert und dann entsorgt (siehe Kapitel 5.3.5).

Einkauf und Verwaltung

Im Küchenbüro werden alle Vorgänge, die mit Einkauf, Lagerung und Verarbeitung der Lebensmittel zu tun haben, bearbeitet und verwaltet. Dies geschieht in der Regel mit elektronischen Küchenverwaltungsprogrammen.

9.1.2 Personalräume

Pausen- bzw. Aufenthaltsraum

Dieser Raum dient vorrangig der Erholung in den Pausenzeiten, kann aber auch für Besprechungen genutzt werden. Er sollte hell und freundlich eingerichtet sein sowie über einen Tisch und genügend Sitzmöglichkeiten verfügen. Ein Getränkeautomat und/oder eine Kaffeemaschine sowie ein Kühlschrank und eine Spülecke sind weitere oft übliche Ausstattungen.

Personalraum

Umkleideräume

Es müssen für Männer und Frauen getrennte Umkleideräume zur Verfügung stehen, die mit verschließbaren Schränken ausgestattet sind und einen direkten Zugang zu den Sanitärräumen haben.

Sanitärräume

Sie dürfen nur vom Personal genutzt werden und sollten aus einer Toilettenanlage und Waschmöglichkeiten (Waschbecken und Dusche) bestehen.

9.2 Ausstattung

Küchenausstattung
- Gargeräte
- Küchengeschirr
- Küchenmaschinen
- Küchenwerkzeuge

Gargeräte und Küchenutensilien

Die Wahl der Gargeräte hängt in erster Linie von der zur Verfügung stehenden Energiequelle, den zu garenden Lebensmitteln, den Garmethoden und vom finanziellen Spielraum des Unternehmens ab.

Hauptsächlich verwendete Gargeräte und deren Merkmale

Elektroherd	Induktionsherd	Gasherd	Heißluft- bzw. Kombidämpfer (oft auch als Konvektomat bezeichnet)
			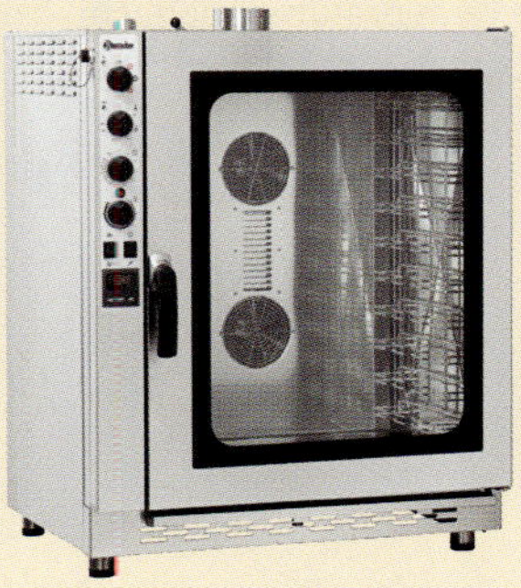
mit Kochplatten, Ceranfeldern und/oder Grillplatte	Erwärmung findet durch elektromagnetische Felder direkt im Topfboden statt; Voraussetzung: spezielle Töpfe	punktgenaues Garen durch eine stufenlose Einstellung; mit offenen Brennern, Ceranfeldern oder Zonenplatten	ermöglicht die Kombination von trockenen und feuchten Garverfahren; insbesondere geeignet zum Regenerieren von Speisen
Druckdampfgerät/ Steamer	Fritteuse	Niedertemperatur-Gargerät	Mikrowelle
		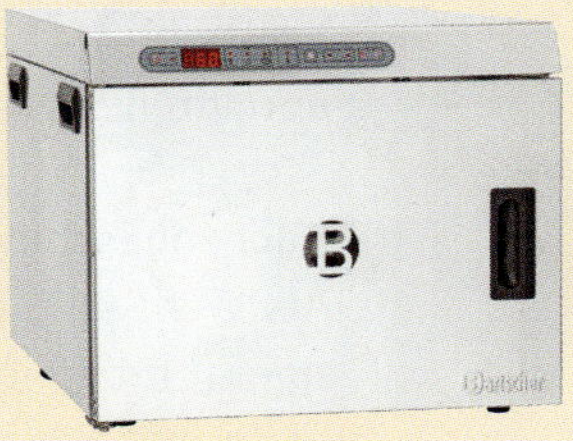	
Gargut wird bei Überdruck gedämpft; Funktion entspricht in etwa der des Dampfdrucktopfs	zum Ausbacken in heißem Fett oder Öl; erfordert den Gebrauch pflanzlicher Spezialfette	zum Garen im niedrigen Temperaturbereich bzw. zum Warmhalten von Speisen	Erwärmung der Lebensmittel durch elektromagnetische Felder

Pizzaofen	Salamander	Pastakocher	Wokstation
		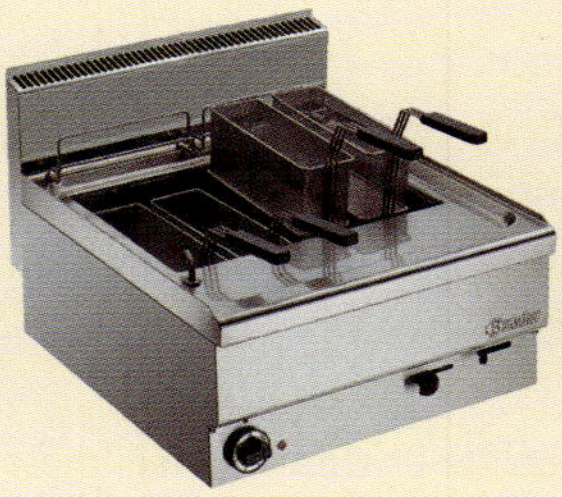	
meistens mit feuerfesten Schamottsteinen ausgekleidet; macht hohe Temperaturen möglich; gutes Warmhaltevermögen	zum Gratinieren	ähnlich aufgebaut wie Fritteusen; aber mit Wasser befüllt	Induktionswok mit Kochmulde für ein als Halbkugel geformtes Kochgefäß

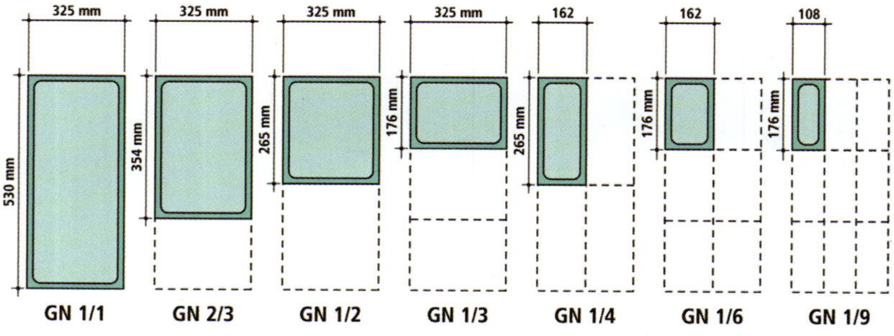

Einteilung und Bezeichnung der Gastronormbehälter

(Quelle:© aid infodienst, Broschüre „Küche und Technik" [Best.-Nr. 3825/2005], www.aid.de)

Zudem sind manche Küchen mit Warmhaltemöglichkeiten für die Speisen ausgestattet. Hierzu zählt das Warmwasserbad oder Bain-Marie. Dieses kann in geeigneter Weise mit Gastronormbehältern befüllt werden. Gastronorm ist ein für Küchen entwickeltes Maßsystem für Behälter.

Für die Lagerung von Speisen kommen neben den Gastronormbehältern aus Edelstahl oft Kunststoffbehälter zum Einsatz. Auch diese sind in Gastronormgrößen erhältlich.

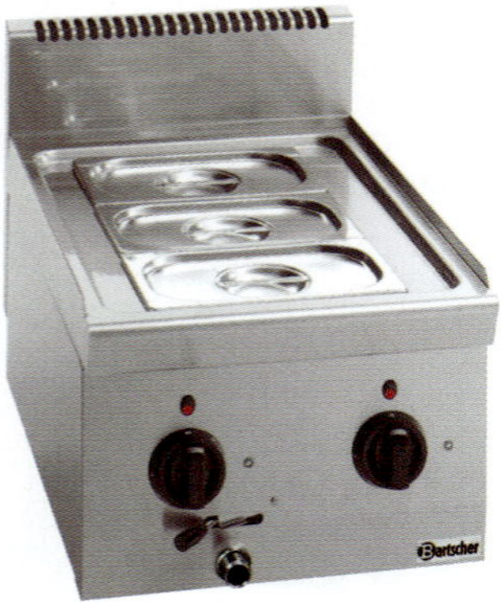

Bain-Marie mit Gastronormbehältern

Küchengeschirr

Als Werkstoff für Kochgeschirr hat sich in der Küche weitestgehend Edelstahl (Chromnickelstahl) durchgesetzt. Edelstahl ist beständig gegen Hitze, Kälte und Säure. Zudem ist er leicht zu reinigen und lange haltbar. Bei Pfannen finden sich daneben noch Gusseisen und Teflon. Gusseisen leitet Wärme besonders gut und eine Teflonbeschichtung der Pfannen verhindert das Anbrennen des Garguts.

Backformen und Backbleche dagegen bestehen meistens aus Schwarzblech. Dieses ist ein dünnes Stahlblech, das die Hitze gut an das Gargut abgibt.

Backformen und Backbleche aus Schwarzblech

Küchenmaschinen und Küchenwerkzeuge

Küchenmaschinen und Küchenwerkzeuge werden im Rahmen der einzelnen Arbeitsabläufe besprochen (siehe Kapitel 9.3).

9.3 Arbeitsabläufe in der Küche

9.3.1 Arbeitsplanung

Die Arbeitsplanung übernimmt in der klassischen Gastronomie in der Regel der Küchenchef, in der Systemgastronomie der Betriebsleiter. Er organisiert die Einsatzzeiten seiner Mitarbeiter und weist ihnen die Arbeitsplätze zu. Dies geschieht so, dass alle zu erwartenden Arbeitsaufgaben in der vorgegebenen Zeit zu bewältigen sind. In der klassischen Gastronomie wird die Arbeitseinteilung dadurch erleichtert, dass einzelne Aufgaben Funktionsbereichen, den sogenannten Posten, zugeordnet sind. Für die Umsetzung dessen, was zu tun ist, ist dann der einzelne Mitarbeiter selbst verantwortlich.

Typische Funktionsbereiche in der Restaurationsküche
- **Chef de Cuisine** – Küchenchef (zuständig für die Küchenleitung)
- **Sous-Chef** – stellvertretender Küchenchef
- **Saucier** – Saucenkoch (meist auch für Fleisch und Fisch zuständig)
- **Entremétier** – Gemüsekoch (zuständig für alle Beilagen und Suppen)
- **Gardemanger** – Koch der kalten Küche (zuständig für Vorspeisen, Salate, Käse)
- **Pâtissier** – Küchenkonditor (zuständig für alle Desserts)

9.3.2 Speisen vorbereiten

Um Speisen zubereiten zu können, müssen aus den Rohwaren zunächst küchenfertige Lebensmittel werden. Dies geschieht mit einem hohen Personaleinsatz und unter Verwendung vieler Werkzeuge und Maschinen. Typische Tätigkeiten sind:
- Waschen bzw. Wässern
- Schälen und Putzen
- Schuppen, Ausnehmen und Parieren
- Schneiden bzw. Zerkleinern
- Formen (Bridieren, Dressieren, Tournieren)
- Mischen (Mengen, Kneten, Rühren, Schlagen, Emulgieren)
- Panieren
- Marinieren
- Bardieren und Lardieren

Dieser Aufwand lässt sich durch den Einsatz von Convenience-Produkten enorm reduzieren, da dann viele Arbeitsschritte eingespart werden können.

Convenience-Produkte
Dies sind vorgefertigte Lebensmittel, bei denen der Nahrungsmittelhersteller bestimmte Verarbeitungsschritte durchgeführt hat (siehe Kapitel 12.17).

Tiefgefrorener Teig für Muffins

Waschen bzw. Wässern
Das Waschen dient allgemein dem Säubern der Lebensmittel. Unerwünschte Bestandteile, die den Lebensmitteln anhaften, werden so entfernt.

Lebensmittel – wenn möglich – ungeschält und unzerkleinert kurz unter fließendem kaltem Wasser abspülen.

Beim Wässern dagegen werden Lebensmittel (wie z.B. Innereien oder mit Salz konservierte Produkte) für einige Zeit in Wasser eingelegt, um ihnen schädliche oder den Geschmack beeinträchtigende Stoffe (wie z.B. Bitterstoffe) zu entziehen. Bei bestimmten rohen Lebensmitteln, wie z.B. Kartoffeln, dient das Wässern auch dazu, die enzymatische Bräunung durch Abschluss von Luftsauerstoff zu verhindern.

Lebensmittel unzerkleinert waschen

Beim Wässern werden viele wasserlösliche Nährstoffe aus dem Lebensmittel ausgewaschen.

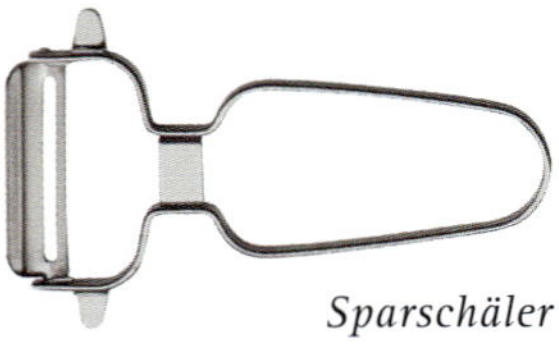
Sparschäler

Officemesser

Fischschupper

Ausbeinmesser

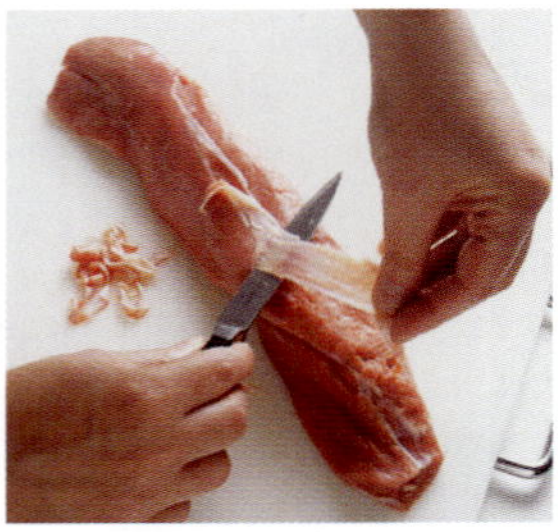
Parieren

Brotmesser

Kochmesser

Filetiermesser

Wetzstahl

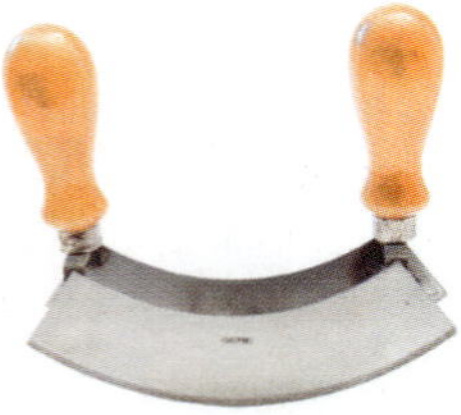
Wiegemesser

Schälen und Putzen

Pflanzliche Rohstoffe werden geschält und geputzt. Hierdurch werden unerwünschte sowie ungenießbare oder geschmacksbeeinträchtigende Bestandteile entfernt. Typische Handwerkszeuge sind Sparschäler oder kleine spitze Messer wie z. B. das Officemesser.

Schuppen, Ausnehmen und Parieren

Viele Fische werden vor der Zubereitung geschuppt. Dies geschieht mithilfe eines Fischschuppers oder eines großen Messers, das mit dem Messerrücken unter fließendem Wasser vom Schwanz zum Kopf geführt wird.

Beim Ausnehmen werden die Innereien entfernt. Dies ist meistens bei frischem Fisch und bei Geflügel notwendig.

Tierische Lebensmittel wie Fleisch, Geflügel, aber auch Fisch werden zudem in der Regel pariert. Hierbei werden Haut, Sehnen, Knorpel und Fettgewebe mit einem geeigneten Messer entfernt. Die Parüren können zum Ansetzen von Suppen und Saucen verwendet werden.

Schneiden bzw. Zerkleinern

Das Zerkleinern von Lebensmitteln erfolgt aus verschiedenen Gründen. Hierzu zählen u. a.:

- Vergrößerung der Oberfläche der Lebensmittel (z. B. zur besseren Auslaugung der Inhaltsstoffe)
- Garzeitverkürzung (je kleiner das Gargut, desto schneller gart es)
- Veränderung des Aussehens (z. B. für Garniturzwecke; mithilfe eines Buntmessers)
- Veränderung der Beschaffenheit (z. B. der Konsistenz bei Hackfleisch oder Püree)
- Portionierung (d. h. das Aufteilen eines Lebensmittels in verzehrgerechte Größen)

Besondere Methoden, etwas zu portionieren, sind das Filetieren und Tranchieren. Filetieren ist das Lösen der Fischfilets von den Gräten, Tranchieren das kunstgerechte Zerteilen von Fleisch, Geflügel oder Fisch, aber auch von Gemüse und Obst.

Das Zerkleinern der Lebensmittel erfolgt häufig mit Messern. Dabei sind die Wahl des geeigneten Messers, seine Schärfe und die richtige Schnittführung von entscheidender Bedeutung. Typische Schnittformen sind:

Julienne (feine Streifen)

Batonetts (Stäbchen)

Brunoise (feine Würfel)

Paysanne (feine Blätter)

Für das Zerkleinern ist auch der Einsatz von Maschinen denkbar, wie z. B. Aufschnittmaschine, Kutter (Maschine zum starken Zerkleinern und Vermischen von Lebensmitteln, teilweise mit Kochfunktion), Mixer, Fleischwolf oder Pürierstab.

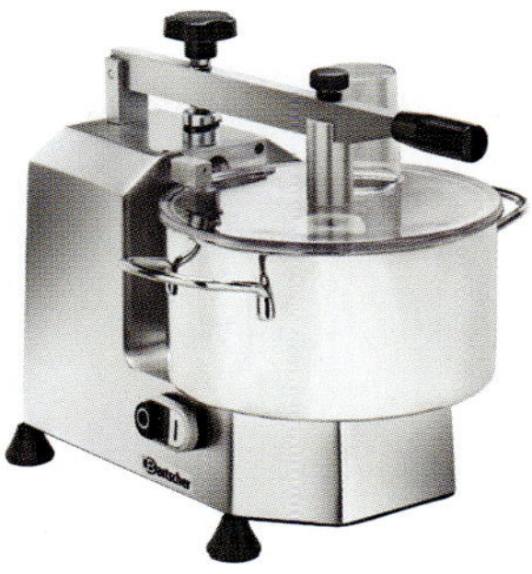

Kutter

Formen

Das Formen eines Lebensmittels kann auf unterschiedliche Weise geschehen. Vor allem Geflügel, das im Ganzen gebraten werden soll, wird mithilfe eines Bindfadens so gebunden, dass sowohl Flügel als auch Keulen eng anliegen, damit sie nicht verbrennen. Dieses Binden wird als **Bridieren** bezeichnet.

Cremes, aber auch Pürees werden oft mithilfe eines Spritzbeutels in Form gebracht und so auf dem Teller angerichtet. Diese Art des Formgebens wird **Dressieren** genannt. Insbesondere Gemüse und Kartoffeln erhalten durch Messer oder Ausstecher eine besondere Form. Hier wird von **Tournieren** gesprochen.

Tranchiermesser

Buntmesser

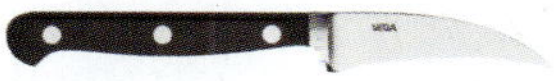

Tourniermesser

Bridiertes Geflügel

Mit Spritzbeutel dressiertes Kartoffelpüree

Tourniertes Gemüse

Kuchenmassen, Cremes, Füllungen, Sahne und Glasuren werden mit einer Palette glatt verstrichen.

Palette

Mischverfahren

Verfahren	Vorgang	Beispiele	Hilfsmittel	Besonderheiten
Mengen	Vermischen der Lebensmittel durch Unterheben	Salate, Gewürzmischungen, Gemüsezubereitungen	Hand, Besteck	
Kneten	Vermischen unter Druck, meist Zugabe von Flüssigkeit	Teige wie Hefeteig oder Mürbeteig	Hand, Knetmaschinen	Durch die Bewegung des Teigs entwickelt sich das Klebereiweiß.
Rühren	Vermischen von Flüssigkeiten, sodass alle Zutaten gleichmäßig verteilt sind	Dressings	Schneebesen, Rührlöffel, Handrührgerät, Mixer	Die Mischung ist meist nicht dauerhaft; nach einer bestimmten Zeit setzt sich das Öl wieder ab.
Schlagen	Einarbeiten von Luft in Lebensmittel	Sahne, Eischnee	Schneebesen, Handrührgerät	Sahne muss kälter als 10 °C sein; dem Eiklar darf kein Eidotter anhaften, da Fett die Schaumentwicklung verhindert.
Emulgieren	dauerhaftes Vermischen von an sich nicht mischbaren Flüssigkeiten	Mayonnaise, Sauce Hollandaise	Schneebesen, Handrührgerät	Für die dauerhafte Vermischung von Fett und wässriger Flüssigkeit ist das Vorhandensein von Emulgatoren wie z. B. Lecithin (im Eigelb) erforderlich.

Klassische Panaden

Panade	Zutaten
Wiener Panade	Mehl – Ei – Semmelbrösel
Englische Panade	Mehl – Ei – Weißbrotkrume
Mailänder Panade	Mehl – Ei – Parmesankäse und Weißbrotkrume
Pariser Panade	Mehl – Ei, das mit Sahne vermischt ist

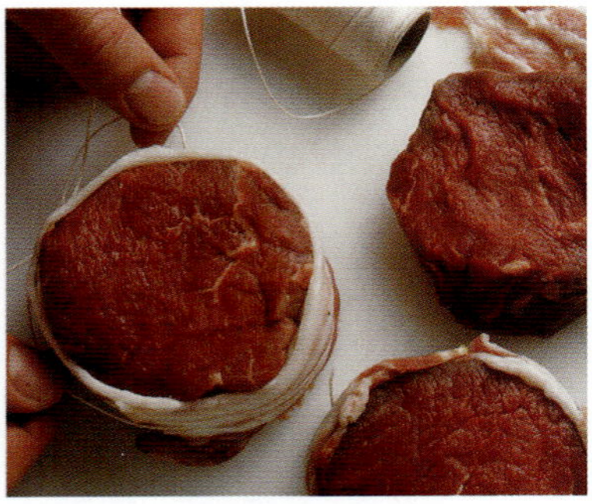

Fleisch mit Speck bardieren

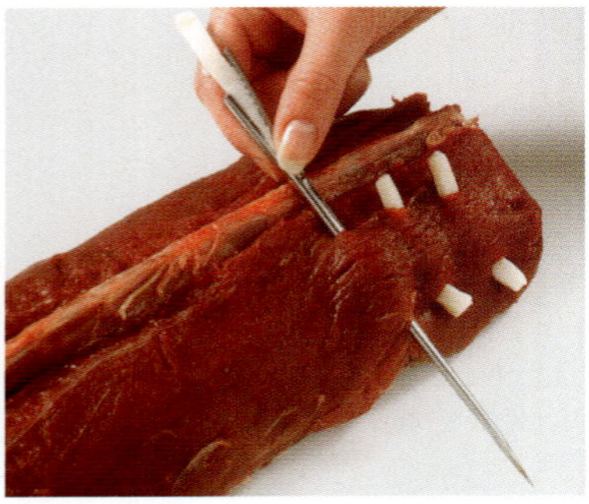

Wild mit einer Spicknadel lardieren

Panieren

Panieren ist das Umhüllen eines Lebensmittels mit einer Kruste. Dies geschieht insbesondere bei Lebensmitteln, die frittiert oder gebraten werden. Durch die Panade erhöht sich zum einen der Genusswert der Produkte, zum anderen fallen die Garverluste wesentlich geringer aus. Neben den klassischen Panaden werden insbesondere in der Systemgastronomie Panaden mit vielen unterschiedlichen Zutaten (z. B. Kokos-Ingwer; Haferflocken, Chili-Koriander oder Erdnüssen) oder auch Ausbackteige (z. B. Tempura-Teig) verwendet.

Lebensmittel möglichst erst kurz vor dem Garen panieren, da ansonsten die Panade Flüssigkeit aufnimmt und sich auflöst.

Marinieren

Als Marinieren wird das Einlegen oder Beträufeln von Lebensmitteln mit einer säurehaltigen Lösung bezeichnet. Ziele des Marinierens sind:

- bindegewebsreiches Fleisch mürbe zu machen (z. B. Wild)
- Verbesserungen in Geruch und Geschmack zu erzielen (z. B. Fisch oder Obst)
- enzymatisch bedingte Verfärbungen zu vermeiden bzw. die Farben intensiver wirken zu lassen (z. B. beim Obst)
- Lebensmittel kurzfristig haltbarer zu machen

Bardieren und Lardieren

Beim Bardieren wird das meist magere Lebensmittel (z. B. Fleisch oder Wild) mit dünnem Speck umwickelt, beim Lardieren werden Speckstreifen mithilfe einer Spicknadel in das Fleisch eingebracht.

Vorteile des Bardierens und Lardierens sind:

- Das fettarme Fleisch bleibt beim Braten saftig und wird vor Austrocknung geschützt.
- Der Bratenverlust verringert sich.
- Der Geschmack wird verstärkt.
- Der optische Eindruck wird verbessert.

9.3.3 Speisen garen

Viele Lebensmittel müssen vor dem Verzehr zunächst durch die Einwirkung von Hitze genusstauglich gemacht werden. Dies geschieht mit verschiedenen Garverfahren. Beim Garen verändert sich die Konsistenz der Lebensmittel (z. B. durch Eiweißgerinnung und Verkleisterung der Stärke). Diese Veränderung hat folgende Auswirkungen:

- Die Lebensmittel werden besser verdaulich.
- Es entstehen Farb-, Geschmacks- und Aromastoffe (z. B. durch Karamellisierung von Zucker oder durch die Entstehung von Röststoffen). Diese regen die Verdauungssäfte an.
- Es werden Mikroorganismen abgetötet und lebensmitteleigene Enzyme inaktiviert.

Allerdings können auch unerwünschte Nährstoffveränderungen und Nährstoffverluste eintreten.

> Als schonend werden Garverfahren dann bezeichnet, wenn nur geringe Nährstoffverluste auftreten und das ursprüngliche Aroma der Lebensmittel erhalten bleibt. Zu den schonenden Garverfahren zählen das Blanchieren, Pochieren, Dämpfen und Dünsten sowie das Garen in der Mikrowelle.

Garverfahren können nach unterschiedlichen Kriterien eingeteilt werden. Eine klassische Einteilung ergibt sich daraus, ob die Einwirkung der Wärme in Verbindung mit oder ohne Wasser bzw. Wasserdampf erfolgt. Danach gibt es sogenannte feuchte, trockene und gemischte Garverfahren.

Garverfahren

Feuchte Garverfahren	Trockene Garverfahren	Gemischte Garverfahren
▪ Blanchieren ▪ Pochieren ▪ Kochen ▪ Dämpfen ▪ Dampfdruckgaren	▪ Kurzzeitbraten ▪ Sautieren ▪ Langzeitbraten ▪ Grillen ▪ Frittieren ▪ Backen ▪ Garen in der Mikrowelle	▪ Dünsten ▪ Schmoren ▪ Garen im Kombidämpfer

Feuchte Garverfahren

Bei den feuchten Garverfahren erfolgt die Wärmeübertragung auf das Lebensmittel durch Wasser bzw. eine wässrige Flüssigkeit wie z. B. Brühe oder durch Wasserdampf. Die Gartemperaturen können deswegen – mit Ausnahme des Dampfdruckgarens – 100 °C nicht übersteigen. Es ist durchaus sinnvoll, die Garflüssigkeit – soweit möglich – für Brühen oder Saucen mitzuverwenden.

Blanchieren

Beim Blanchieren werden die Lebensmittel – vor allem Gemüse und Pilze – für kurze Zeit in siedendes Wasser gegeben. Dadurch wird verhindert, dass sie weiter reifen und Inhaltsstoffe abgebaut werden. Außerdem wird die Keimbelastung reduziert. Nach dem Blanchieren wird das Gargut meistens in Eiswasser abgeschreckt. Dadurch wird der Garvorgang abrupt beendet. So bleiben Struktur, Aroma und Nährstoffe weitestgehend erhalten, zudem wird die Farbe der Lebensmittel intensiver.
Oftmals wird das Blanchieren nicht den Garverfahren zugerechnet, sondern als vorbereitende Küchentätigkeit beschrieben, denn nur wenige Gemüse wie z. B. Spinat sind nach dem Blanchieren bereits gar. Tatsächlich wird das Blanchieren in der Küche eher dazu genutzt, die Lebensmittel besser lagern und insbesondere einfrieren zu können. Bei Tomaten und einigen Obstsorten erleichtert es zudem das Enthäuten.

Blanchieren

Pochieren

Beim Pochieren, das auch Garziehen genannt wird, wird das Wasser oder eine Brühe auf eine Temperatur unterhalb des Siedepunkts, meistens auf 75–90 °C, erhitzt. Dabei werden die Lebensmittel entweder direkt oder indirekt, d. h. in einer Schale oder in einer Folie in die Flüssigkeit gegeben. Typische Lebensmittel sind solche mit einer lockeren Struktur, wie z. B. Fische und Meeresfrüchte, zartes Geflügel, Eier oder auch Terrinen. Zudem gibt es eine Vielzahl von Desserts, die pochiert werden (z. B. Crème brûlée).

Pochieren

Kochen

Dämpfen

Dampfdruckgaren

Sautieren

Kurzzeitbraten

Fleischgabel zum Wenden von großen Fleischstücken

Kochen
Kochen ist Garen in Wasser oder einer wässrigen Flüssigkeit beim Siedepunkt von 100 °C. Sinkt die Temperatur kurzzeitig unter 100 °C, wird dies als Sieden bezeichnet. Typische Lebensmittel sind Kartoffeln, Teigwaren, Reis, Hülsenfrüchte und Gemüse, aber auch Eier und bestimmte Fleischwaren. Wird das Gargut kalt angesetzt, können wasserlösliche Inhaltsstoffe in die Garflüssigkeit übergehen. Dies ist immer dann erwünscht, wenn die Garflüssigkeit weiterverwendet werden soll, z. B. für Brühen oder Suppen. Wird das Gargut dagegen in die heiße Flüssigkeit gegeben, können nur wenige Nährstoffe austreten. Dies ist dann von Bedeutung, wenn bei der Speise das Gargut im Mittelpunkt steht, wie z. B. bei Tafelspitz, Blankett und Nudeln.

Dämpfen
Beim Dämpfen überträgt der Wasserdampf die Wärme. Die Lebensmittel liegen in einem Siebeinsatz und kommen mit der kochenden Flüssigkeit nicht in Berührung. So bleiben die Nährstoffe weitestgehend erhalten. Geeignete Lebensmittel sind Kartoffeln, Gemüse, Fisch und einige Fleischwaren.

Garen im Dampfdrucktopf
Eine besondere Variante des Kochens oder Dämpfens ist das Dampfdruckgaren. Dies geschieht entweder im Dampfdrucktopf oder im Steamer. Durch den erhöhten Druck wird der Siedepunkt der Flüssigkeit erhöht. So können Temperaturen von etwa 120 °C erreicht werden. Dadurch verringert sich die Garzeit wesentlich.

Trockene Garverfahren
Bei den trockenen Garverfahren erfolgt die Wärmeübertragung ohne Wasser. Die Hitze wird entweder durch heißes Fett, heiße Luft oder durch Strahlung übertragen. Die Temperaturen liegen dabei in der Regel zwischen 150 °C und 300 °C. Daher können sich **Röststoffe** bilden, die die Farbe und den Geschmack der Lebensmittel beeinflussen.

Sautieren
Sautieren ist eine besondere Form des Kurzbratens. Dünn geschnittenes Gargut, wie z. B. Fleisch („Geschnetzeltes") oder Pilze, wird mit etwas Fett unter ständigem Schwenken bei 160 °C – 200 °C gegart. Durch das Schwenken werden die Rohstoffe permanent gewendet. So kann die Hitze gut aufgenommen werden und das Gargut bekommt auf allen Seiten schnell Farbe. Sautierte Gerichte müssen sofort serviert werden („à la minute").

Kurzzeitbraten
Das Kurzzeitbraten dient der Zubereitung eher kleinerer Garstücke wie Steaks, Schnitzel oder Bratkartoffeln. Hierfür wird in einer Pfanne Fett auf etwa 200 °C erhitzt und das Lebensmittel darin gegart.

Langzeitbraten
Größere Garstücke von Schlachtfleisch, Wild oder Geflügel werden im Ofen mit heißem Fett bei Temperaturen bis zu 220 °C gegart. Die Wärmeübertragung erfolgt durch Fett, Heißluft und Wärmestrahlung. Wichtig ist dabei, das Gargut regelmäßig zu wenden und mit dem austretenden Bratensaft zu übergießen.

Niedertemperaturgaren

Auch das Niedertemperaturgaren ist eine besondere Art des Bratens. Hierfür wird das Fleisch zunächst angebraten, damit sich die gewünschten Röststoffe bilden. Anschließend wird das Gargut im Ofen bei einer Temperatur zwischen etwa 80 °C bis 90 °C weitergegart. Durch die niedrige Temperatur verlängert sich zwar die Garzeit um ein Vielfaches, aber das Fleisch trocknet nicht aus, sondern bleibt saftig und rosa. Der Gewichtsverlust gegenüber herkömmlicher Zubereitung ist ca. 60 % niedriger.

Niedertemperaturgaren

Grillen

Fast alles, was zum Braten geeignet ist, kann auch gegrillt werden. Dazu wird das Gargut eingefettet und gewürzt und dann entweder auf einen Grillrost bzw. eine Grillplatte gelegt oder auf einen Grillspieß gesteckt. Durch Strahlungswärme und Kontaktwärme können Temperaturen bis zu 350 °C entstehen.

Eine besondere Art des Grillens ist das Infrarotgrillen durch einen Infrarotstrahler (z.B. in einer Mikrowelle oder in einem Backofen).

Grillen auf einem heißen Stein

> Beim Grillen über offenem Feuer muss darauf geachtet werden, dass das Fett nicht in die Glut tropfen kann. Tropfendes Fett, das verbrennt, ist gesundheitsschädlich.

Frittieren

Beim Frittieren wird das Gargut schwimmend in heißem Fett ausgebacken. Das Gargut kann natur, paniert oder von einem Ausbackteig umhüllt sein. Die Temperatur liegt in der Regel zwischen 150 °C und 180 °C und sollte umso niedriger sein, je größer das Lebensmittel ist. Ist die Temperatur allerdings zu niedrig, nimmt das Gargut zu viel Fett auf, ist sie zu hoch, verbrennt es, während es innen noch nicht gar ist. Da das Fett die Hitze schnell überträgt, sind die Garzeiten relativ kurz.

Frittieren

> Die Qualität des Frittierfetts muss ständig überprüft werden. Zu altes Fett beginnt zu schäumen und zu rauchen. Es muss ausgewechselt werden, da ansonsten krebserregende Stoffe entstehen können. Außerdem darf das Fett nicht zu stark erhitzt werden, da sich dann gesundheitsschädliche Acrylamide und Transfettsäuren bilden können.

Backen

Beim Backen im Ofen wird das Gargut durch trockene heiße Luft gegart. Die Temperaturen liegen zwischen 150 °C und 250 °C. Gebacken werden Backwaren aus Teigen und Massen, aber auch Aufläufe/Gratins, Pizzen, Pasteten, Quiches oder Fleischstücke im Teigmantel.

Backen

Garen in der Mikrowelle

In der Mikrowelle werden elektromagnetische Wellen erzeugt, die in die Lebensmittel eindringen und dort die Wassermoleküle anregen. So entsteht überall im Lebensmittel Reibungswärme. Das Gargut gart von innen nach außen. Das Garen mit der Mikrowelle geht schnell und ist schonend. Zu beachten ist allerdings, dass keine Materialien aus Metall in der Mikrowelle verwendet werden dürfen.

Garen in der Mikrowelle

Gemischte Garverfahren

Bei den gemischten Garverfahren werden sowohl trockene als auch feuchte Garverfahren angewendet. Hierzu gehören das Dünsten und Schmoren.

> Dünsten ist eine Kombination aus Anschwitzen und Kochen.
> Schmoren ist eine Kombination aus Anbraten und Kochen.

Dünsten

Dünsten

Beim Dünsten werden die Lebensmittel zunächst mit wenig Fett angeschwitzt und dann nach Zugabe von etwas Garflüssigkeit bei milder Hitze zugedeckt gegart. Bei stark wasserhaltigen Lebensmitteln braucht keine Garflüssigkeit zugegeben werden, da diese genügend eigene Flüssigkeit abgeben: „Sie garen im eigenen Saft". Geeignete Lebensmittel sind vor allem Fische und Geflügel, Obst, Gemüse, Reis und Pilze. Aber auch einige Fleischgerichte wie z.B. Gulasch werden gedünstet.

Eine besondere Form des Dünstens ist das Garen in Folie. Dazu wird die Folie leicht eingefettet, dann das Gargut zusammen mit Kräutern und Gewürzen darin eingewickelt und anschließend in einen vorgeheizten Backofen gegeben. Durch die Hitze tritt Flüssigkeit aus dem Lebensmittel aus und es gart bei diesem Verfahren im eigenen Saft.
Als **Poelieren** wird das Dünsten mit heller Farbgebung bezeichnet.

Schmoren

Schmoren

Beim Schmoren wird das Gargut zunächst in heißem Fett scharf angebraten, damit sich Röststoffe auf seiner Oberfläche bilden können. Gegebenenfalls werden Mirepoix und Tomatenmark zugegeben und mitgeröstet. Dann wird das Gargut mit Wasser, Brühe oder mit Rotwein abgelöscht. Dadurch löst sich der Bratensatz in der Schmorpfanne. Gleichzeitig wird die Gartemperatur reduziert. Die Flüssigkeit wird so lange erhitzt, bis sie sirupartig eingekocht (reduziert) ist. Durch mehrfache Wiederholung von Ablöschen und Einkochen entsteht ein intensiver Saucenfond. Schließlich wird alles mit heißer Flüssigkeit (Wasser oder Brühe) aufgefüllt und im Ofen bis zum Garpunkt weitergegart. Anschließend wird das Gargut entnommen, die Sauce entfettet (degraissiert), abgeschmeckt und eventuell mit Sahne verfeinert. Typische Lebensmittel, die geschmort werden, sind Wild und Schlachtfleisch mit einem hohen Anteil an Bindegewebe.

Mirepoix
Mirepoix bezeichnet eine Röstgemüsemischung, die aus verschiedenen Gemüsen wie Möhren, Sellerie, Zwiebeln und Porree besteht. Diese sind in gleichmäßig große Würfel geschnitten.

Garen im Kombidämpfer

In vielen Küchen wird heutzutage unter Einsatz eines Kombidämpfers trockene und feuchte Hitze kombiniert angewendet. Das Verfahren kann zielgerichtet auf das Gargut abgestimmt werden, das so auf eine besonders schonende und einfache Art zubereitet wird. Zudem sind die Gewichtsverluste beim Garen geringer.

Garen im Kombidämpfer

Zusätzliche fertigstellende Garverfahren

Hierbei handelt es sich um Techniken zum Fertigstellen eines gegarten Gerichts, also um Verfahren, die in Anschluss an die Zubereitung angewendet werden. Diese Techniken können also im eigentlichen Sinne nicht den Garverfahren zugerechnet werden.

Glasieren

Beim Glasieren wird das fertige Produkt überglänzt. Dies kann mithilfe von Fett oder Bratensaft (bei Fleisch), von gebräuntem Zucker (bei Gemüse) oder von Glasuren auf der Basis von Zucker und/oder Kakao (bei Gebäck und Süßspeisen) geschehen.

Glasieren

Gratinieren

Gratinieren ist das Überbacken von fertigen Produkten durch das Einwirken von starker Hitze. Das Gratinieren geht einher mit der Bildung einer braunen Kruste und der Entwicklung von Röstaromen. Beispiel ist das Überbacken von Aufläufen mit einer Mischung aus Ei, Sahne und Käse unter einem Salamander. Eine besondere Form des Gratinierens ist das Karamellisieren einer Zuckerschicht auf Süßspeisen mit einer Lötlampe.

Gratinieren

9.3.4 Speisen warm halten und regenerieren

Nach dem Garen werden die Speisen in der Regel direkt serviert. Manchmal allerdings ist dies aus organisatorischen Gründen nicht möglich oder nicht sinnvoll. Dann werden die Speisen entweder bis zur Ausgabe warm gehalten oder sie werden abgekühlt und später bei Bedarf wieder erwärmt (regeneriert). Hierfür werden verschiedene Produktionssysteme eingesetzt.

Ablauf der verschiedenen Produktionssysteme

(Quelle: © aid infodienst, Special „Cook & Chill" [Best.-Nr. 3759/2004], www.aid.de)

Cook & Serve
(englisch für „Kochen und Servieren")

Dieses Prinzip ist kennzeichnend für die klassische Gastronomie, wo die Produktion der Speisen auf Bestellung („à la carte") erfolgt. Sie werden zubereitet und direkt ausgegeben. Die Speisen haben daher in der Regel eine hohe ernährungsphysiologische, sensorische und hygienische Qualität.

Cook & Hold
(englisch für „Kochen und Warmhalten")

Werden Speisen nicht erst auf Bestellung zubereitet, sondern vorproduziert, ist es unabänderlich, dass einige Komponenten warm gehalten werden müssen. Die Mindesttemperatur hierfür liegt aus hygienischen Gründen bei 70 °C. Beim Warmhalten verändern sich Aussehen, Konsistenz und Geschmack der Speisen. Vitamine und Mineralstoffe können verloren gehen. Daher sollten empfindliche Speisen maximal 30 Minuten warm gehalten werden, weniger empfindliche Speisen wie Saucen, Suppen oder Eintöpfe bis zu drei Stunden. Als Möglichkeiten zum Warmhalten bieten sich in der Restaurationsküche Wasserbäder („Bain-Maries") mit Gastronormbehältern oder bei Bankettveranstaltungen Chafing Dishes an. Zum Warmhalten und Transportieren im Cateringbereich können sogenannte Thermophoren verwendet werden.

Thermophore

Regenerierung der gekühlten Speisen

Cook & Chill (englisch für „Kochen und Kühlen")
Beim Cook & Chill-Verfahren ist die Herstellung der Speisen unabhängig vom Zeitpunkt ihres Verzehrs. Die Speisen werden nach ihrer Produktion möglichst schnell auf eine Temperatur unter 3 °C gekühlt. Durch das schnelle Abkühlen wird der sogenannte kritische Bereich, in dem sich die Mikroorganismen stark vermehren, rasch durchschritten. Die gekühlten Produkte können unter Einhaltung der Kühlkette mehrere Tage gelagert werden. Aussehen, Geschmack und Konsistenz entsprechen dem am Ende des Garprozesses. Auch die Vitamine und Mineralstoffe bleiben bei der Lagerung weitestgehend erhalten.

Die gekühlten Speisen werden erst unmittelbar vor der Ausgabe wieder auf die Verzehrtemperatur erwärmt („regeneriert"). Dieses geschieht in der Regel mithilfe eines Kombidämpfers oder eines Konvektomaten. Es ist aber auch in der Mikrowelle oder mit konventionellem Kochgeschirr möglich.

Sous-Vide-Verfahren

Sous-Vide (französisch für „unter Vakuum")
Hier wird ebenfalls nach dem Cook & Chill-Prinzip gearbeitet. Allerdings werden die Produkte im rohen Zustand in kochfeste Vakuumbeutel eingeschweißt und dann vakuumiert. Anschließend werden sie gegart und rasch abgekühlt. Die Lagerdauer kann bis zu 21 Tage betragen. Bei Bedarf werden sie im Vakuumbeutel oder ausgepackt regeniert.

Produkte, die nach dem Sous-Vide-Verfahren zubereitet werden, haben niedrige Gewichtsverluste und eine hohe sensorische Qualität, da die Verpackung verhindert, dass Aromastoffe entweichen können. Zudem können, Kühlhauskapazitäten rationeller genutzt werden, da die Verpackung sowohl eine Geruchsübertragung als auch eine Kontamination mit Mikroorganismen verhindert. Allerdings entsteht durch die Vakuumbeutel, die nicht wiederverwertet werden können, mehr Abfall und somit eine höhere Umweltbelastung.

9.3.5 Speisen anrichten und garnieren

Vor der Ausgabe an den Gast müssen die Speisen angerichtet und garniert werden. Denn nicht nur der Geschmack der Speisen ist entscheidend, sondern auch die Präsentation: „Das Auge isst mit". Die verwendeten Teller bzw. das verwendete Anrichtegeschirr müssen absolut sauber und frei von Fingerabdrücken oder eingetrockneten Wasserresten sein.

Anrichten
Beim Anrichten ist sowohl auf die Anrichtetemperatur wie auch auf die Optik zu achten. Als Temperaturrichtwerte gelten:
- für kalte Speisen: 5 °C bis 10 °C
- für eisgekühlte Speisen: unter 0 °C
- für warme Speisen: 70 °C bis 75 °C

Das Geschirr für warme Speisen sollte vorgewärmt, das für kalte Speisen gekühlt sein.

Unter optischen Gesichtspunkten ist darauf zu achten, dass gleiche Speisen auch immer gleich angerichtet werden. Um dies zu gewährleisten, gibt es bei Tellergerichten einige klassische Regeln:

- Logo: Ist auf dem Teller ein Logo zu sehen, muss es nach oben zeigen.
- Hauptbestandteil (meist Fleisch, Fisch oder Geflügel): Er befindet sich direkt vor dem Gast, d. h. mittig auf der unteren Tellerhälfte.
- Gemüsebeilage: Sie liegt rechts oberhalb des Hauptbestandteils.
- Sättigungsbeilage: Diese liegt links oberhalb des Hauptbestandteils.
- Sauce: Diese befindet sich immer am Hauptbestandteil. Sie wird meistens nur angegossen oder sie bedeckt mehr oder weniger den Hauptbestandteil („nappieren"). Auf keinen Fall darf sie den Tellerrand berühren. Daher wird sie oft auch getrennt („à part") gereicht.
- Tellerrand: Der Tellerrand muss frei bleiben.
- Garnitur: Diese wird zum Schluss passend eingesetzt.

Bei modernen Anrichteweisen wird oft von diesen Regeln abgewichen.

Nach den klassischen Regeln angerichtete Speise

Moderne Speisenpräsentation

Garnieren

Die muss auf das Gericht abgestimmt sein. Sie soll geschmacklich und farblich mit der Speise harmonieren. Daher gibt es in der klassischen Gastronomie viele feststehende Garnituren. Auf diese wird hier nicht eingegangen, weil sie in der Systemgastronomie keine große Rolle spielen.

Außerdem gelten folgende Regeln für die Garnitur:

- nur dezent garnieren
- nicht essbare Garnituren oder Garniturbestandteile vermeiden
- die Garnitur so anrichten, dass sie nicht über den Tellerrand ragt

9.4 Küchenorganisation im System

Die Systemgastronomie zeichnet sich oft durch ein schmales, aber tiefes Sortiment aus. Die angebotenen Produkte sind weitestgehend standardisiert. Nur wenige Unternehmen verarbeiten frische Produkte, die alle Fertigungsstufen durchlaufen müssen. Oftmals werden Convenience-Produkte eingesetzt, die nur noch eine begrenzte Zahl von ebenfalls standardisierten Arbeitsschritten erforderlich machen: Garfertige Produkte können meistens ohne weitere Vorbereitung gegart werden, viele Produkte sind regenerierfertig und müssen nur noch wiedererwärmt werden oder sie sind sogar tischfertig und somit direkt zum sofortigen Verzehr geeignet. Größe, Einrichtung und Ausstattung der Küchenräume sind entsprechend ausgerichtet. Die Küchen sind meist klein. Die Geräte, die für die Aufbereitung der Speisen benötigt werden, wie Kombidämpfer oder Konvektomat, Fritteuse, Grillplatte, Mikrowelle und Salamander, sind ergonomisch und praktisch angeordnet.

Küchenorganisation

Die Arbeitsabläufe sind optimiert, die Arbeitswege kurz. Es erfolgt keine Postenaufteilung wie in der klassischen Gastronomie. Stattdessen übernimmt jeder Mitarbeiter bei der Verarbeitung und Zubereitung der Lebensmittel eine begrenzte Anzahl von klar definierten, aufeinander abgestimmten Aufgaben. So kann effektiv und kostensparend gearbeitet werden.

9.5 Let's think about ... kitchen interior!

Sie befinden sich am Ende Ihrer Ausbildung zum Fachmann/zur Fachfrau für Systemgastronomie und erwägen langfristig den Schritt in die Selbstständigkeit. Bei einer Ihrer Internetrecherchen finden Sie folgenden englischsprachigen Text, der sich mit der Einrichtung von gewerblichen Küchen befasst.

Um sich einen Überblick zu verschaffen, welche Geräte und Küchenmöbel Sie benötigen, erstellen Sie mithilfe des „Guideline for designing a commercial kitchen" folgende Listen.

Kitchen Appliances

English	German
microwave oven	...

Kitchen Fittings

English	German
assembly line	...

Guidelines for designing a commercial kitchen

Commercial kitchens in restaurants need to be designed for convenience. Restaurants with well organized kitchens, designed with efficiency in mind, also require fewer workers. So careful planning of the layout is cost-effective. However, various factors need to be taken into consideration, the main one being the type of menu.

- Make clear where your priorities lie. Think about aspects like limited space, energy efficiency, ergonomics and safety. Limited space in a kitchen might be an issue if the building is already determined. Include energy-efficient ideas like placing your heating and cooling appliances (i.e. the refrigerator and the oven) as far apart from each other as possible. Design your kitchen in a way that reduces the steps necessary for employees to get from one place to another. Ergonomic design ideas will sometimes conflict with energy efficiency and should be taken into consideration, depending on what the head chef and other kitchen staff prefer.

- Carefully arrange your kitchen in advance. Consider a block design, in which the kitchen is divided into different spaces. Design one area for food preparation, another for refrigeration and storage, one for cooking, a fourth area for serving your guests and a final area for dish washing. Consider also an assembly line set-up. Place appliances and work stations in a straight line in accordance with how the food is prepared. This is most common in restaurants that serve pizza as their main dish.
- Think about where you will place your appliances. Place refrigerators in the preparation area of your work station. Place ice-machines near the kitchen entrance so servers can access them quickly. Consider a walk-in freezer for extra storage. Place appliances like mixers, grinders or mincers and food processors on the preparation table. Make sure that cooking appliances like ranges, griddles and grills are placed underneath a vent hood.
- Design a space for washing utensils, a dishwasher and at least three sinks. Most codes require three sinks in a commercial kitchen, and a good deal of space will be necessary for washing utensils. Place one of the sinks in the food-preparation area, one in the dish-washing zone and one for washing hands. Think about placing a glass washer nearby if you have a bar in your restaurant.
- Create at least three cooking stations with stoves, ovens and fryers. Some kitchens will also need small cooking appliances like microwaves, stand mixers and convection ovens. You will need to have a vent hood placed over the grill and fryers.
- Put in stainless-steel counters for prep work, with open shelving for pots and pans underneath.
- Position shelves along walls for cooking utensils and any supplies in regular use.
- Install a walk-in freezer and a cooler. Build a large pantry for dry goods. Create closet space for linen and other non-food supplies. Line a wall with open shelves for serving plates and bowls, small appliances, pots and pans and kitchen utensils.

Tip: **Use a trolley to transfer supplies, food and dishes from place to place in the kitchen.**

closet	Einbau-
code	hier: Gesetzgebung/-buch
consideration	Überlegung
employee	Arbeitnehmer, Mitarbeiter
issue	hier: Problem
linen	Textilien
preparation	Vorbereitung
priority	Vorrang/Vorrangigkeit
refrigeration	Kühlung
supply/-ies	Warenvorrat/Warenbestand
commercial	gewerblich
common	üblich
convenient	zweckmäßig
efficient	wirkungsvoll
ergonomic	arbeitserleichternd
underneath	unterhalb
walk-in	begehbar
in accordance	in Abstimmung
in advance	im Voraus
to determine	festlegen
to divide	einteilen
to line	in Reihe aufstellen
to place	platzieren, hinstellen
to reduce	vermindern
to require	erfordern
to take into consideration	überlegen
to set up	einrichten, errichten

9.6 Aufgaben

1 | Schauen Sie sich die Grafik auf Seite 236 an und erläutern Sie, warum folgende Trennungen sinnvoll sind:
a) Trennung der pflanzlichen von den tierischen Produkten in der Vorbereitung
b) Trennung der kalten von der warmen Küche
c) Trennung der Spülbereiche für schmutzige Gläser und schmutziges Geschirr sowie für verwendete Geräte und Werkzeuge

2 | Erstellen Sie eine Skizze, wie die einzelnen Küchenbereiche räumlich sinnvoll angeordnet sein könnten. Erläutern Sie Ihren Entwurf und begründen Sie die Anordnungsweise der Arbeitsbereiche.

3 | Geben Sie an, inwieweit sich die Organisation der Küche Ihres systemgastronomischen Unternehmens von der Küche in der klassischen Gastronomie unterscheidet.

4 | a) Beschreiben Sie kurz die Funktionsweise von Induktionsherd, Kombidämpfer, Steamer und Mikrowelle.
b) Nennen Sie Vorteile, die der Einsatz dieser Geräte bietet.

5 | a) Was sind Gastronormbehälter?
b) Warum ist ihre Verwendung sinnvoll?

6 | Unterscheiden Sie das Waschen vom Wässern.

7 | Erklären Sie die folgende Vorbereitungsarbeiten:
a) Panieren
b) Marinieren
c) Bridieren
d) Dressieren
e) Tournieren

8 | Sie sollen aus ganzen Forellen Filets zum Braten vorbereiten. Welche Arbeitsschritte sind dafür notwendig?

9 | Gehen Sie auf den Unterschied zwischen trockenen und feuchten Garverfahren ein.

10 | Erläutern Sie stichwortartig folgende Garverfahren und nennen Sie für jedes Garverfahren geeignete Lebensmittel:
a) Pochieren b) Dämpfen c) Dünsten

11 | Beschreiben Sie anhand der Herstellung einer Rinderroulade die einzelnen Arbeitsschritte beim Schmoren.

12 | a) Erklären Sie den Begriff Niedertemperaturgaren.
b) Welche Vorteile hat dieses Verfahren?

13 | Erstellen Sie ein Aufgabenblatt mit zehn Fragen zu Garverfahren.
(Form: Multiple Choice mit jeweils vier Antwortmöglichkeiten, von denen immer nur eine richtig ist)

14 | Sie werden gebeten, in Ihrem Unternehmen für die anderen Auszubildenden eine Schulung zum Thema „Cook & Chill" durchzuführen.
a) Wie bereiten Sie die Schulung organisatorisch vor?
b) Welche Inhalte vermitteln Sie?
c) Mit welchen Materialien arbeiten Sie?
d) Wie überprüfen Sie den Erfolg der Schulung?

15 | a) Zählen Sie Regeln für das Anrichten von Speisen auf.
b) Überlegen Sie, was beim Garnieren von Speisen zu beachten ist.

16 | a) Wie viele Portionen können aus 10 kg Fleisch hergestellt werden, wenn die Auslöse- und Parierverluste insgesamt 10 % betragen und eine Portion 180 g wiegen soll?
b) Für ein Essen werden 20 Portionen Fleisch zu je 160 g (verzehrfertig) benötigt. Wie viel Fleisch muss eingekauft werden, wenn die Filetier- und Zubereitungsverluste insgesamt 20 % betragen?

17 | Für ein Gericht benötigen Sie pro Portion 250 g garfertigen Spargel. Sie haben folgende Einkaufsmöglichkeiten:
geschälter Spargel für 12,00 € je kg,
ungeputzter Spargel für 7,20 € je kg.
Erfahrungsgemäß betragen die Putzverluste 25 % und die Zeit für das Schälen 5 Minuten pro kg. Der Bruttolohn des Mitarbeiters liegt bei 12,00 € je Stunde. Für welche Einkaufsmöglichkeit entscheiden Sie sich?

10 Warenwirtschaft

- Grundlagen einer standardisierten und systemgerechten Beschaffung
- Kaufvertrag
- Arbeiten im Magazin
- Warenwirtschaft im System

10.1 Grundlagen

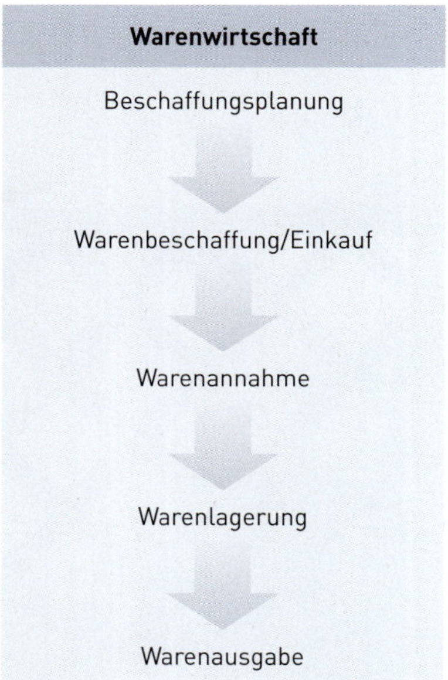

Definition

Jeden Tag besuchen in Deutschland hunderttausende Gäste die Restaurants der Systemgastronomie und konsumieren dort Speisen und Getränke. Die Produkte, die dort angeboten werden, müssen rechtzeitig beschafft, in geeigneter Weise zwischengelagert und in der erforderlichen Qualität zur Produktion bereitgestellt werden. Hierfür sorgt die Warenwirtschaft.

> Die Warenwirtschaft umfasst alle Bereiche und Tätigkeiten eines Unternehmens, die mit der Planung, Steuerung und Verwaltung der Warenbestände und Warenbewegungen zu tun haben.

Ziele

Damit keine Produktionsverzögerungen oder Produktionsausfälle entstehen, muss die Warenwirtschaft dafür sorgen, dass die benötigten Waren

- in der richtigen **Art**,
- in der richtigen **Qualität**,
- in der richtigen **Menge**,
- zur richtigen **Zeit**,
- am richtigen **Ort**,
- zu **wirtschaftlich** möglichst **günstigen** Bedingungen (kostenoptimal)

zur Verfügung stehen.

10.2 Beschaffungsplanung

10.2.1 Beschaffungsstruktur

Es werden Entscheidungen getroffen hinsichtlich

- **der geografischen Ausdehnung des Beschaffungsmarkts:** Hier gilt es zu klären, ob die Beschaffung weltweit, auf nationalen Märkten oder nur regional bzw. lokal durchgeführt wird. Die Entscheidung wirkt sich auf die Länge der Transportwege, Transportzeiten und die Transportmittel aus.
- **der Anzahl der Lieferanten:** Hier ist festzulegen, auf wie viele verschiedene Lieferanten zurückgegriffen werden soll. Beachte: Je weniger Lieferanten, desto höher die Abhängigkeit!
- **des Beschaffungswegs:** Hier ist zu überlegen, ob die Beschaffung zentral oder dezentral durchgeführt werden soll. Bei der dezentralen Beschaffung bestellt jede Filiale/jeder Store ihren/seinen Bedarf direkt beim Lieferanten, bei der zentralen Beschaffung meldet sie/er die Zahlen an die Zentrale. Diese fasst den Bedarf der einzelnen Stores zusammen und bestellt den gesamten Bedarf. Im Zusammenhang mit der Planung des Beschaffungswegs ist zu klären, ob die Beschaffung in Eigenregie oder mithilfe eines Logistikunternehmens durchgeführt wird.
- **der Beschaffungsfrequenz:** Hier gilt es zu klären, wie oft bestellt und geliefert wird. Dies ist von der Beschaffungsart, dem Bestellverfahren und von der Lieferbereitschaft der ausgewählten Lieferanten abhängig.

Beispiele für Beschaffungsgüter

Zutaten
- Rohwaren
- Halbfertigwaren
- Fertigerzeugnisse

Hilfsstoffe
- Verpackungsmaterialien
- Dekorationsmaterialien

Betriebsstoffe
- Energie
- Wasser
- Kühlmittel
- Reinigungsmittel

Handelswaren
- Tabakwaren
- Zeitschriften

Investitionsgüter
- Maschinen
- Werkzeuge
- Einrichtungen

Eng verbunden mit der Planung der Beschaffungsstruktur ist auch die Planung der **Vorratshaltung**. Hier gilt es zu entscheiden, wie viele Lagerräume es geben soll und wie groß diese sein sollen. Außerdem muss bestimmt werden, ob es ein Zentrallager geben soll oder nicht und wohin welche Waren in welchen Mengen wie oft geliefert werden. Zu berücksichtigen sind bei dieser Entscheidung die Beschaffenheit der Ware und die daraus resultierenden Lagerbedingungen.

Zentrale Beschaffung mithilfe eines Logistikunternehmens

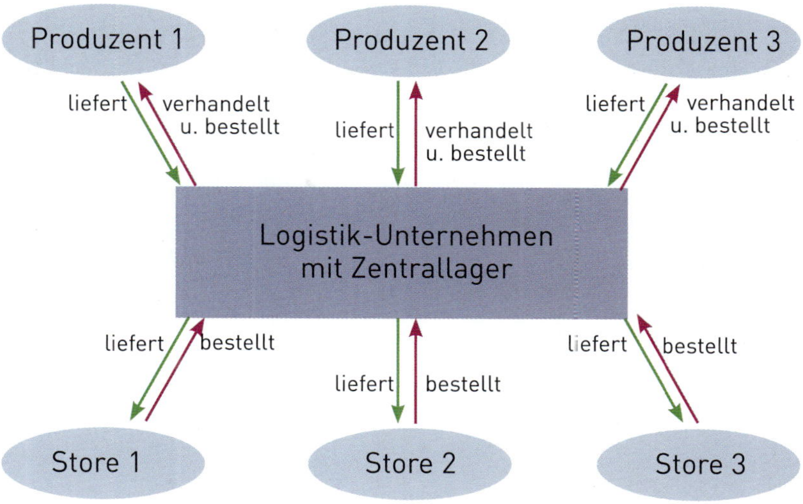

10.2.2 Beschaffungsart

Die Beschaffungsart gibt an, zu welchem Zeitpunkt ein Produkt beschafft werden soll. Folgende Beschaffungsarten werden unterschieden:

- Vorratsbeschaffung
- Just-in-time-Beschaffung
- auftragsbezogene Beschaffung

Faktoren bei der Entscheidung für eine bestimmte Beschaffungsart

- Art und Menge der benötigten Waren
- Lagerfähigkeit der benötigten Waren
- Absatzschwankungen der zu verkaufenden Produkte
- Lieferbereitschaft der Lieferanten
- saisonale Verfügbarkeit der benötigten Waren
- Preisentwicklung der benötigten Waren

Vorratsbeschaffung

In der Systemgastronomie ist die Vorratsbeschaffung die übliche Beschaffungsart, denn sie sichert auch bei Absatzschwankungen die Produktion und den Verkauf der einzelnen Produkte. Ihr Kennzeichen ist, dass die Waren zwischen Warenannahme und Verbrauch mehr oder weniger lange zwischengelagert werden. Daher erfordert sie immer auch eine geeignete Lagerwirtschaft.

Just-in-time-Beschaffung

Bei der Just-in-time-Beschaffung wird immer genau die Menge gerade dann geliefert, wenn sie verbraucht wird. Vor Ort werden nur solche Mengen zwischengelagert, die unbedingt nötig sind, die Produktion gerade noch aufrechtzuerhalten. Dies sind in der Regel nur kleine Lagermengen. So werden nur kleine Lagerflächen für die Rohstoffe gebraucht und die Lagerkosten sind gering. Die Just-in-time-Beschaffung erfordert eine standardisierte und gut planbare, möglichst gleichmäßige Produktion. In der Systemgastronomie ist die Just-in-time-Beschaffung nur begrenzt möglich.

Auftragsbezogene Beschaffung

Die auftragsbezogene Beschaffung findet vor allem bei Sonderveranstaltungen Anwendung, also immer dann, wenn ein besonderer Gästeauftrag vorliegt. Beschaffungsmenge und Beschaffungszeitpunkt sind dann direkt abhängig vom Gästeauftrag.

Vor- und Nachteile der Beschaffungsarten

Beschaffungsart	Kennzeichen	Vorteile	Nachteile
Vorratsbeschaffung	Beschaffungsmenge ist größer als Verbrauchsmenge	▪ ständige Verfügbarkeit der notwendigen Waren ▪ Ausgleich von Angebotsschwankungen ▪ günstige Konditionen	▪ hohe Kapitalbindung ▪ hohe Lagerkosten ▪ Gefahr von Schwund und Verderb
Just-in-time-Beschaffung	Beschaffungsmenge entspricht in etwa der Verbrauchsmenge	▪ niedrige Lagerkosten ▪ geringe Kapitalbindung	▪ hohe Abhängigkeit vom Lieferanten ▪ Erhöhung der Transportkosten ▪ Risiko einer Produktionsunterbrechung
auftragsbezogene Beschaffung	Beschaffung bei Bedarf	▪ Absatz ist gewährleistet ▪ geringe Kapitalbindung für eine begrenzte Zeit	▪ keine Mengenrabatte ▪ Risiko einer Stornierung

10.2.3 Bestellverfahren

In der Systemgastronomie sind zwei Bestellverfahren üblich:
- Bestellrhythmusverfahren
- Bestellzeitpunktverfahren

Bestellrhythmusverfahren
Beim Bestellrhythmusverfahren werden die Waren periodisch in regelmäßigen Zeitabständen zu gleichbleibenden Zeitpunkten bestellt und geliefert. Dieses Verfahren findet vor allem bei frischen, leicht verderblichen Produkten Anwendung oder immer dann, wenn die Liefertermine durch den Lieferanten vorgegeben sind. Die Bestellmenge kann dabei von Bestellung zu Bestellung variieren, da sie von der Lagerkapazität, den vorhandenen Lagerbeständen und dem zu erwartenden Absatz abhängig ist. Bei länger lagerfähigen Produkten, wie z. B. Mineralwasser, ist die Bestellmenge allerdings oft gleich.

Bestellrhythmusverfahren
Bestellung von frischem Gemüse mit veränderlicher Bestellmenge unter Berücksichtigung eines festen Sollbestands (vereinfacht).
Ein Mitarbeiter geht montags und donnerstags ins Kühlhaus, schaut, wie viel Gemüse noch da ist, und bestellt die Menge, die fehlt.
Diese berechnet sich wie folgt:

	Sollbestand
–	Istbestand
	Bestellmenge

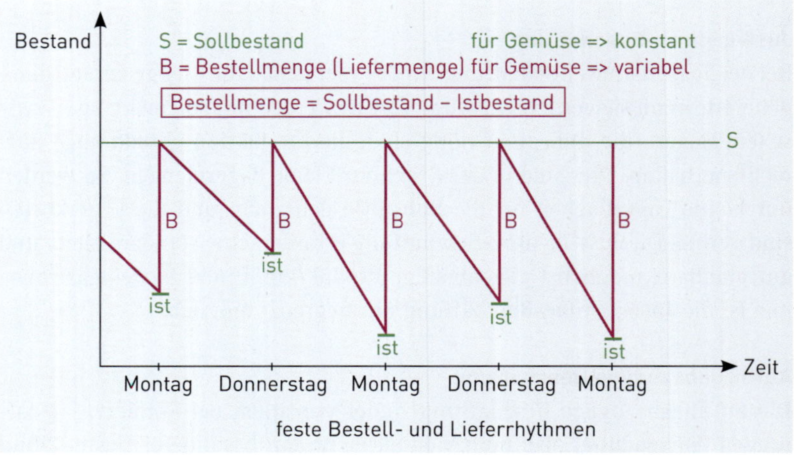

Bestellrhythmusverfahren mit veränderlicher Bestellmenge unter Berücksichtigung eines festen Sollbestands am Beispiel „Bestellung von frischem Gemüse"

Bestellzeitpunktverfahren

Beim Bestellzeitpunktverfahren, das auch Bestellpunktverfahren oder Meldebestandsverfahren genannt wird, wird die Bestellung automatisch ausgelöst, sobald ein bestimmter Lagerbestand, der sogenannte Meldebestand (siehe auch Kapitel 10.5.5), erreicht ist. Die Bestelltermine sind somit nicht im Vorhinein definiert, sondern variabel. Die Bestellmenge ist bei jeder Bestellung gleich. Dieses Verfahren findet vor allem bei Non-Food-Artikeln oder langfristig lagerfähigen Lebensmitteln (z. B. Tiefkühlkost) Anwendung.

Die Höhe des Meldebestands ist von dem sogenannten Mindestbestand, der auch eiserne Reserve genannt wird, und vom Verbrauch in der Beschaffungszeit, also der Zeit zwischen Bestellung und Lieferung, abhängig. Idealerweise trifft die Lieferung ein, wenn im Lager gerade der Mindestbestand erreicht ist.

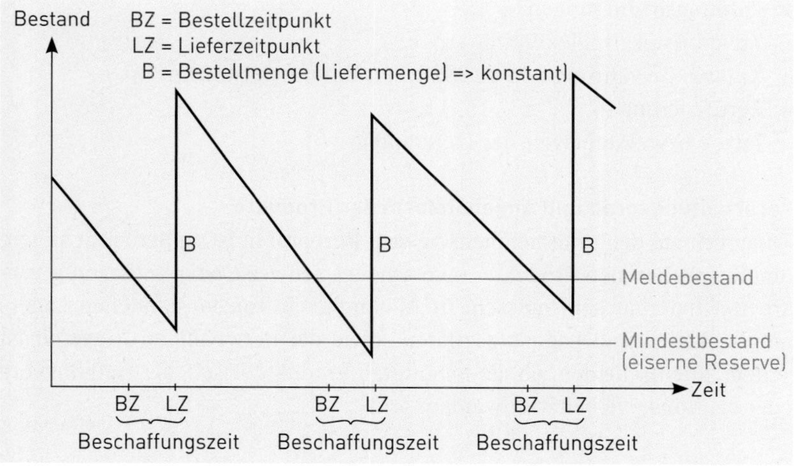

Bestellzeitpunktverfahren (Meldebestandsverfahren) mit konstanter Bestellmenge am Beispiel „Bestellung von Konservendosen Bohnen"; Bestellung wird durch Erreichen des Meldebestands ausgelöst.

Bestellzeitpunktverfahren
Bestellung von Konservendosen immer dann, wenn im Lager der Meldebestand erreicht ist (zu bestellende Menge = konstant).

10.2.4 Lieferantenauswahl

Die Auswahl eines Lieferanten erfordert sehr viel Sorgfalt und sollte möglichst methodisch erfolgen, gerade dann, wenn eine langfristige Zusammenarbeit mit dem neuen Lieferanten angestrebt wird. Dabei sind folgende Schritte sinnvoll:

- Bestimmung der Produkte in der gewünschten Qualität und erforderlichen Menge, die von einem zukünftigen Lieferanten beschafft werden sollen
- Festlegung der Kriterien, die für die Auswahl der Lieferanten wichtig sind (s. u.)
- Ermittlung infrage kommender Lieferanten
- Bewertung der möglichen Lieferanten nach den vorher festgelegten Kriterien
- Auswahl des/der geeigneten Lieferanten; Verhandlung und Abschluss von Vereinbarungen und Verträgen
- dauernde Überprüfung und eventuell Verbesserung der Zusammenarbeit

Beispiele für Quellen zur Ermittlung infrage kommender Lieferanten

- Internet
- Branchenverzeichnisse, Telefonbücher
- Fachzeitschriften, Tages- und Wirtschaftszeitungen
- Prospekte und Kataloge
- Messen, Ausstellungen und Veranstaltungen
- Markt- und Börsenberichte
- Berichte von Verbänden
- bestehende Lieferantendateien bzw. -karteien
- alte Kontakte, Gespräche mit „Altlieferanten"
- Vertreterbesuche/Gespräche mit Vertretern
- Mundpropaganda

Ein Kriterium für die Lieferantenauswahl: Frische der Produkte

Kriterien für die Auswahl der Lieferanten

Bevor mit möglichen Lieferanten Kontakt aufgenommen wird, sollte geklärt werden, welche Kriterien für die Auswahl der Lieferanten wichtig bzw. entscheidend sind. Sinnvoll ist es in diesem Zusammenhang, eine Rangfolge der einzelnen Kriterien aufzustellen, um später die Beurteilung der Lieferantenangebote und die Entscheidung für den geeigneten Lieferanten zu erleichtern. Folgende Kriterien können dabei in Betracht kommen:

- Verarbeitungsgrad und Angebotsform der Produkte
- Qualität der angebotenen Produkte
- Bezugskosten
- räumliche Entfernung des Lieferanten
- Gebindegröße und Abnahmemengen für einzelne Produkte
- Sortimentsbreite und Sortimentstiefe
- Lieferzeiten und Lieferfrequenz
- Preis und Preisnachlässe
- Zahlungsbedingungen
- Zuverlässigkeit, Flexibilität
- Kulanz, Gewährung von zusätzlichen Garantieleistungen
- Zertifizierungen
- Image bzw. Werbewert des Lieferanten

Eier in unterschiedlicher Angebotsform

Verarbeitungsgrad und Angebotsform der Produkte

Entsprechend den unternehmenseigenen Rezepturen ist zu berücksichtigen, ob die angebotenen Produkte unverarbeitet, teilweise oder vollständig verarbeitet lieferbar sein müssen. In Abhängigkeit von vorhandenen Lagermöglichkeiten und Lagerkapazitäten sowie der notwendigen Lagerzeit ist zudem zu entscheiden, ob die benötigten Produkte frisch, als Tiefkühlware oder als Konserve benötigt werden.

Qualität der angebotenen Produkte

Hier müssen die im Unternehmen festgelegten Standards (z. B. Handelsklassen, Eigenschaften, Größe, erforderliche Gütesiegel) für die einzelnen Produkte berücksichtigt werden. Der Kunde erwartet eine gleichbleibende, gute Qualität zu einem akzeptablen Preis. Sinnvoll ist es, bei Verhandlungen darauf zu bestehen, die Qualität der von möglichen Lieferanten angebotenen Produkte durch Proben oder Muster überprüfen zu dürfen.

Bezugskosten

Bezugskosten sind die Kosten, die beim Bezug der Waren anfallen. Hierzu gehören zum einen die **Transportkosten** einschließlich einer etwaigen Transportversicherung und zum anderen die **Verpackungskosten.** Bei Importen aus dem Ausland müssen manchmal zusätzlich Zollabgaben entrichtet werden.

Transportkosten

Transportkosten entstehen, wenn Waren transportiert werden. Sie setzen sich aus dem **Rollgeld** und den **Frachtkosten** zusammen. Rollgeld sind die Kosten vom Lieferer zur Versandstation (Rollgeld I) und von der Empfangsstation zum Käufer (Rollgeld II).

Frachtkosten sind die Kosten von der Versandstation zur Empfangsstation. Die Übernahme der Transportkosten kann im Kaufvertrag unterschiedlich geregelt sein:

Berechnung der Transportkosten

frei Haus	Der Verkäufer trägt die gesamten Transportkosten.
frachtfrei; frei Empfangsstation	Der Verkäufer trägt die Kosten bis zur Empfangsstation (Rollgeld I und Frachtkosten), der Käufer die Kosten ab Empfangsstation (Rollgeld II).
unfrei; ab hier	Der Verkäufer trägt die Kosten bis zur Versandstation (Rollgeld I), der Käufer die Kosten ab Versandstation (Frachtkosten und Rollgeld II).
ab Werk	Der Käufer trägt die gesamten Transportkosten.

Beispiel: Ware wird von Hamburg nach Düsseldorf geliefert

vertragliche Regelung	Werk Hamburg → Güterbahnhof Hamburg (Rollgeld I)	Güterbahnhof Hamburg → Güterbahnhof Düsseldorf (Frachtkosten)	Güterbahnhof Düsseldorf → Store Düsseldorf (Rollgeld II)
frei Haus	Verkäufer	Verkäufer	Verkäufer
frachtfrei; Güterbahnhof Düsseldorf	Verkäufer	Verkäufer	Käufer
unfrei; Güterbahnhof Hamburg	Verkäufer	Käufer	Käufer
ab Werk	Käufer	Käufer	Käufer

Verpackungskosten

Der Transport und gegebenenfalls die Lagerung der Produkte erfordern eine adäquate Verpackung. Transportverpackungen dienen zur Vereinfachung des Transports und zum Schutz des Produkts. Einwegverpackungen sind zum einmaligen Gebrauch bestimmt und müssen dann entsorgt werden. Dies kann mit zusätzlichen Kosten für das Unternehmen verbunden sein. Mehrwegverpackungen werden ausgeliehen (mit oder ohne Pfand) und dann an den Lieferanten zurückgegeben. Zusätzlich ist zu beachten, ob die Verpackung in den Preis für das Produkt einkalkuliert ist oder ob Verpackungskosten extra in Rechnung gestellt werden. Manchmal wird das Verpackungsmaterial mitgewogen und dann auch als Ware mitbezahlt („brutto für netto").

Gewichtsangaben für Produkte

Brutto	Gewicht der Ware mit Verpackung
Netto	Gewicht der Ware ohne Verpackung
Tara	Gewicht der Verpackung

Berechnung der Verpackungskosten

Preis zuzüglich Verpackung →	Kosten für die Verpackung werden dem Käufer extra in Rechnung gestellt. Der Käufer wird Eigentümer der Verpackung.
Preis einschließlich Verpackung →	Kosten für die Verpackung sind im Preis der Ware enthalten. Der Käufer wird Eigentümer der Verpackung.
Verpackung leihweise →	Der Lieferant leiht die Verpackung aus und bleibt Eigentümer. Die Verpackung muss an ihn zurückgegeben werden.
Verpackung gegen Pfand →	Der Lieferant leiht die Verpackung gegen Zahlung einer Gebühr an den Käufer aus. Diese wird bei Rückgabe erstattet bzw. gutgeschrieben.
„brutto für netto" →	Die Verpackung wird mitgewogen und wie Ware berechnet.

Unterschiedliche Gebindegrößen bei Getränken

Räumliche Entfernung des Lieferanten
Die räumliche Entfernung des Lieferanten wirkt sich auf eventuelle Transportkosten und Transportzeiten aus. Aus umweltpolitischen Gründen stehen derzeit regionale Anbieter hoch im Kurs.

Gebindegröße und Abnahmemengen für einzelne Produkte
Der Bedarf an einzelnen Produkten ist zu verschiedenen Zeiten in der Regel unterschiedlich. Manchmal wird ein Produkt nur in kleinen Mengen, manchmal in großen Mengen benötigt. Daher kann es von Bedeutung sein, ob der Lieferant die Ware in unterschiedlichen Gebindegrößen liefern kann. Ferner ist zu klären, ob es seitens des Lieferanten Mindest- oder Höchstabnahmemengen gibt. Gegebenenfalls müssen dann nämlich Mindermengenzuschläge bezahlt werden. Oder der Lieferant ist nicht in der Lage, die benötigten Mengen vollständig zu liefern.

Sortimentsbreite und Sortimentstiefe
Die Sortimentsbreite gibt an, wie viele verschiedene Produktgruppen/Warengruppen der Lieferant führt, die Sortimentstiefe, wie viele Sorten als Varianten eines Artikels innerhalb einer Produktgruppe/Warengruppe angeboten werden. Für ein Unternehmen kann es interessant sein, möglichst viele seiner Produkte durch ein und denselben Lieferanten liefern zu lassen.

Lieferzeiten und Lieferfrequenz
Lieferzeit ist die Zeit zwischen Bestellung und Lieferung, Lieferfrequenz die Anzahl der möglichen Lieferungen innerhalb eines bestimmten Zeitraums. Aus unternehmerischer Sicht sind gerade bei frischen, leicht verderblichen Produkten eine geringe Lieferzeit und hohe Lieferfrequenz sinnvoll, da so der minimale Lagerbestand für die einzelnen Produkte und somit die Kapitalbindung und die Lagerkosten gering gehalten werden können.

Mehrwertsteuer/Umsatzsteuer
Für die meisten Waren gilt laut § 19 Abs. 1 UmStG der reguläre Umsatzsteuersatz in Höhe von derzeit 19 %. Für die meisten Lebensmittel (außer Getränke) gilt dagegen laut § 19 Abs. 2 UmStG der ermäßigte Umsatzsteuersatz in Höhe von derzeit 7 %.

Preis und Preisnachlässe
Der Preis für ein Produkt ist sicherlich eines der wichtigsten Entscheidungskriterien bei der Auswahl der Lieferanten. Dabei dient der sogenannte Einstandspreis (oder Bezugspreis) in der Regel als Vergleichsgrundlage. Zur Berechnung des Einstandspreises werden vom Listenpreis (manchmal auch Listeneinkaufspreis genannt) alle kalkulationswirksamen Preisabschläge wie Rabatte und Skonto, die zwischen den Vertragspartnern ausgehandelt wurden, abgezogen und eventuell anfallende Bezugskosten hinzugerechnet. Zu beachten ist aber, dass im Einstandspreis noch keine Mehrwertsteuer enthalten ist. (Zur Berechnung der Materialkosten im Rahmen einer Preiskalkulation siehe Kapitel 17.7.2)

	Listenpreis (netto)
–	Rabatte des Lieferanten
=	Zieleinkaufspreis
–	Skonto
=	Bareinkaufspreis
+	Bezugskosten
=	**Bezugspreis (oder Einstandspreis)**

Bei der Bestellung größerer Mengen sollte ein Mengenrabatt ausgehandelt werden.

Beispiele für Preisnachlässe durch verschiedene Rabattformen

Mengenrabatt	Preisnachlass bei Abnahme größerer Mengen eines Artikels. Meist werden Rabattstaffeln festgelegt.
Treuerabatt	Preisnachlass für langjährige Kunden. Er fördert die Kundenbindung.
Einführungsrabatt	Preisnachlass bei Einführung eines neuen Produkts. Er soll das Interesse an dem neuen Produkt steigern und den Verkauf anregen.
Naturalrabatt	Statt eines Preisnachlasses erhält der Käufer zusätzlich bestimmte Mengen des Produkts unentgeltlich.
Sonderrabatte, wie z. B. Erstbesteller-, Ausverkaufs-, Jubiläums- oder Saisonrabatt	Preisnachlässe aufgrund bestimmter Situationen
nachträglicher Rabatt	Gutschrift oder nachträgliche Rückvergütung eines Teils des Kaufpreises, wenn z. B. innerhalb eines bestimmten Zeitraums bestimmte Abnahmemengen oder ein bestimmter Umsatz erreicht wurden
Skonto	Preisnachlass bei vorzeitiger Zahlung der Rechnung innerhalb einer vom Lieferanten vorgegebenen Frist

Zahlungsbedingungen

Die Zahlungsbedingungen legen den Zeitpunkt der Zahlung fest. Ohne besondere Abmachungen ist die Ware sofort zu bezahlen. Allerdings können andere Zahlungstermine vereinbart werden. Übliche Zahlungsbedingungen sind:

Vorkasse/Zahlung vor der Lieferung

Diese Zahlungsbedingung erfordert vor der Lieferung eine Bezahlung des Kaufpreises – entweder in voller Höhe oder in Form einer Anzahlung. Vorauszahlung wird insbesondere von Käufern verlangt, die als wenig zahlungskräftig oder als unzuverlässig gelten. Vorteile ergeben sich bei dieser Zahlungsbedingung allein für den Verkäufer, der hierdurch das Risiko ausschließt, für die Lieferung seiner Waren kein Geld zu erhalten.

Sofortzahlung/Zahlung bei der Lieferung

Die Sofortzahlung ist die übliche Form der Bezahlung. Sie erfolgt „Zug um Zug“. Sie kann bar oder unbar erfolgen. Typische Formulierungen lauten: „gegen bar“, „netto Kasse“ oder „gegen Nachnahme“.

Zielzahlung/Zahlung nach der Lieferung

Hier wird dem Käufer eine Frist eingeräumt, innerhalb der er die Zahlung für die Lieferung leisten muss. Bis zum Ende des Zahlungsziels finanziert der Lieferant also die Ware vor.

Der Kunde kann eventuell in dieser Zeit schon die Ware verkaufen und aus den Verkaufserlösen die Lieferung finanzieren. Zudem bleibt er im Rahmen dieser Zahlungsfrist liquide. Manchmal gewährt der Lieferant dem Käufer zusätzlich einen Barzahlungsrabatt (Skonto), wenn er innerhalb einer verkürzten Frist zahlt. Lässt sich der Käufer darauf ein (er „zieht den Skonto“), verringert sich seine Rechnungssumme. Für den Lieferanten wiederum sinkt dadurch das Risiko eines Forderungsausfalls und er erhält eher sein Geld.

Beispiele für die Formulierung von Zahlungsfristen

„Die Rechnung ist mit Erhalt der Ware sofort fällig. Bitte überweisen Sie den Rechnungsbetrag auf unser Konto.“

„Bitte überweisen Sie den Rechnungsbetrag ohne Abzug bis zum tt.mm.jjjj.“

„Zahlbar ohne Abzug innerhalb von 30 Tagen nach Erhalt der Rechnung. Bei Zahlung innerhalb von 10 Tagen gewähren wir 2 % Skonto.“

Beispiel für eine Vergleichsrechnung
Ein Gastronom kauft Fleisch für 2.400,00 €. Der Lieferant gewährt ein Zahlungsziel von 30 Tagen. Bei Zahlung innerhalb von 7 Tagen gewährt er 3 % Skonto auf den Rechnungsbetrag. Der Zinssatz, den der Gastronom an die Bank zahlen muss, wenn er seinen Dispokredit in Anspruch nimmt, beträgt 16 % p. a.

a) Berechnung des Skontoertrags:

$$\frac{2.400{,}00\ € \cdot 3}{100} = 72{,}00\ €$$

Der Unternehmer würde bei Zahlung innerhalb von 7 Tagen **72,00 €** sparen.

b) Berechnung der Zinsen, die an die Bank zu zahlen wären:
Aufzunehmender Kreditbetrag:
2.400,00 € – 72,00 € = 2.328,00 €
Zinssatz: 16 % p. a.
Kreditzeit: 30 Tage – 7 Tage = 23 Tage

$$\frac{\text{Kapital} \cdot \text{Tage} \cdot \text{Prozentsatz}}{360\ \text{Tage} \cdot 100} = \text{Zinsen}$$

$$\frac{2.328{,}00\ € \cdot 23\ \text{Tage} \cdot 16}{360\ \text{Tage} \cdot 100} = 23{,}80\ €.$$

Der Unternehmer würde bei einer Kreditaufnahme **23,80 €** Zinsen zahlen.
Um einen Skontoertrag von 72,00 € zu realisieren, müsste er 23,80 € Zinsen für die Aufnahme des entsprechenden Kredits an die Bank zahlen. Er hätte somit einen Finanzierungsgewinn von
72,00 € – 23,80 € = **48,20 €**.

Beispiele für kurzfristige Einflussfaktoren auf die erwartete Absatzentwicklung

- Witterungseinflüsse
- Veränderungen am Standort, wie z. B. Baustellen
- kurzfristige Imageveränderungen, z. B. durch positive oder negative Schlagzeilen
- Veränderungen von Bedürfnisstrukturen oder Trends
- Produktneuerungen und Preisänderungen der Mitbewerber
- Kaufkraftveränderungen
- verändertes Konsumklima

Für den Käufer ist es betriebswirtschaftlich sinnvoll, die Zahlung erst am letzten Tag der Zahlungsfrist vorzunehmen.

Ratenzahlung
Bei dieser besonderen Form der Zahlung wird der Kaufpreis über eine gewisse Zeit in mehreren Raten beglichen. Die Ware wird unter Eigentumsvorbehalt geliefert. Ratenkäufe können innerhalb von 14 Tagen ohne Angaben von Gründen durch den Käufer schriftlich widerrufen werden. Zudem muss der Käufer einen schriftlichen Hinweis auf sein Widerrufsrecht erhalten.

Vergleichsrechnung: Zahlung ohne Skonto oder Aufnahme eines Bankkredits, um bei einem Kauf den Skonto zu ziehen
Manchmal steht ein Unternehmer vor der Frage, ob er zur Realisierung eines möglichen Skontoertrags einen Kredit bei seiner Bank aufnehmen sollte. Um hier eine Entscheidung treffen zu können, muss der Unternehmer eine Vergleichsberechnung anstellen (siehe links).

Weitere Kriterien für die Auswahl eines Lieferanten
Weitere Kriterien für die Auswahl eines Lieferanten können sein:

- Zuverlässigkeit, gerade hinsichtlich Einhaltung der Lieferzeit und der abgesprochenen Produktqualität
- Flexibilität, vor allem in Bezug auf Sonderwünsche oder kurzfristig veränderte Absprachen, z. B. bei der Warenmenge oder dem Lieferzeitpunkt
- Kulanz in Problemfällen
- Gewährung zusätzlicher Garantieleistungen
- Zertifizierungen, vor allem bezogen auf Hygiene- bzw. Umweltstandards
- Image und Werbewert, z. B. bezüglich seines nachhaltigen Wirtschaftens

10.2.5 Bedarfsermittlung

In der Gastronomie kann der Bedarf an Rohstoffen und Waren innerhalb eines bestimmten Zeitraums meistens nur geschätzt werden. Selbst wenn detailliert geführte Verkaufsstatistiken penibel ausgewertet und die Erfahrungswerte vergangener Zeiträume berücksichtigt werden, ist die zukünftige Absatzentwicklung nur bedingt vorhersehbar. Zu viele und teilweise gar nicht im Vorhinein genau bestimmbare Faktoren nehmen Einfluss auf Nachfrage und Verkauf einzelner Produkte.

Zudem muss bei der Mengenkalkulation der zu beschaffenden Waren berücksichtigt werden, dass manchmal Standardrezepturen nicht eingehalten werden und bei der Verarbeitung und Zubereitung einzelner Produkte Abfall in Form von nicht verarbeitungsfähigen bzw. verwertbaren Teilen anfällt. Die Menge dieser nicht nutzbaren Anteile ist wiederum von verschiedenen Faktoren abhängig, insbesondere aber von der Qualität der einzelnen Rohstoffe und dem handwerklichen Können und der Routine der Mitarbeiter, die die Produkte verarbeiten. Eine größere Planungssicherheit schafft hier die Verwendung von Convenience-Produkten.

10.2.6 Optimale Bestellmenge

Die Kosten für die Beschaffung und Lagerhaltung entwickeln sich gegenläufig. Daher kann die Bestellung unter einem der folgenden Kriterien erfolgen:

- möglichst selten große Mengen bestellen
- möglichst häufig kleine Mengen bestellen

Die optimale Bestellmenge ist die Menge, bei der die Summe aus Beschaffungskosten und Lagerhaltungskosten ein Minimum erreicht.

Sie lässt sich auch mit folgender Formel berechnen:

$$\text{Optimale Bestellmenge} = \sqrt{\frac{2 \cdot \text{Bestellkosten} \cdot \text{jährlicher Verbrauch}}{\text{Lagerkostenfaktor} \cdot \text{Preis pro Stück}}}$$

Allerdings gilt es beim Einsatz der Formel zu bedenken, dass sie oft Werte liefert, die in der Realität nicht umzusetzen sind. Daher ist es nötig, den errechneten Wert an realistische Möglichkeiten anzupassen.

Ändert sich eine der in der Formel verwendeten Größen, so ändert sich auch die optimale Bestellmenge.

In der Praxis bereitet die exakte Berechnung der optimalen Bestellmenge große Schwierigkeiten, da zum einen die zu verarbeitenden Informationsmengen viel größer sind als die im Modell verwendeten und zum anderen die Informationen teilweise unsicher sind.

Probleme bei der Berechnung der optimalen Bestellmenge

- Berücksichtigung von Preisschwankungen
- Berücksichtigung von Rabattstaffelungen
- Berücksichtigung von unterschiedlichen zur Verfügung stehenden Gebindegrößen
- Berücksichtigung von Transportkosten und des Transportrisikos
- Verkaufsmengen können sich verändern
- Lagerabgang ist meistens nicht gleichmäßig
- bei großen Lagermengen steigt das Risiko von Verderb oder Schwund
- Lagerkosten können unabhängig von der gelagerten Menge sein
- Verteilung der Lagerkosten auf die einzelnen Produkte kann mengen- oder wertmäßig erfolgen

Einflussfaktoren auf die optimale Bestellmenge

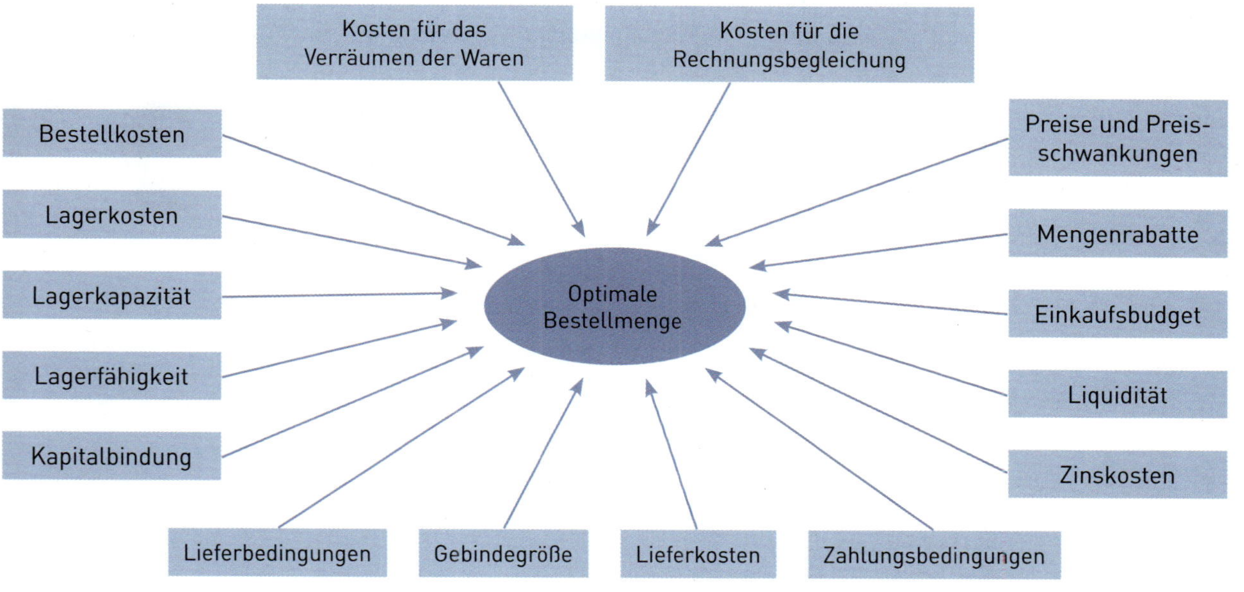

Die Berechnung der optimalen Bestellmenge ist bei Waren sinnvoll, die

- lange haltbar sind (z. B. Non-Food-Artikel),
- über einen längeren Zeitraum gleichmäßig benötigt werden,
- ständig und stets in gleicher Qualität am Markt zur Verfügung stehen.

Zudem muss berücksichtigt werden, dass die Frage des optimalen Lagerbestands auch ein Finanzierungsproblem darstellt. Ist z. B. die Liquiditätslage eines Betriebs schlecht, so wird es wahrscheinlich sinnvoll sein, gegebenenfalls von dem errechneten Optimum der Bestellmenge abzuweichen.

Vor- und Nachteile großer und kleiner Bestellmengen

	Beschaffungskosten	Rabatte	Liquidität	Lagerbestände	Lagerhaltungskosten	Zinskosten	Risiko für Verderb, Schwund
selten große Mengen	niedrig	hoch	niedrig	hoch	hoch	hoch	hoch
häufig kleine Mengen	hoch	niedrig	hoch	niedrig	niedrig	niedrig	niedrig

10.2.7 ABC-Analyse

Die Planung, Durchführung und Kontrolle der Warenbeschaffung kosten Zeit und Geld. Daher ist es sinnvoll, insbesondere die Beschaffung häufig benötigter und zugleich teurer Waren sorgfältig zu planen und durchzuführen, da hierbei viel Geld eingespart werden kann.

Mithilfe der ABC-Analyse werden Waren bzw. Warengruppen entsprechend ihres Anteils am gesamten Wareneinsatz in die drei Werteklassen A, B und C eingeteilt. Den Waren bzw. Warengruppen der Werteklasse A gilt bei der Warenbeschaffung die höchste Aufmerksamkeit. Hier sollte auf günstige Preise und Rabattstaffelungen, aber auch geeignete Lagerbedingungen und geringe Lagerbestände geachtet werden.

Beispiel für die Durchführung einer ABC-Analyse

Artikel-Nr.	Mengeneinheiten	Bezugspreis je Einheit	Gesamtwert	Anteil am Gesamtwert	Einteilung in ABC-Güter		
1	5000	20,00 €	100.000,00 €	22,2 %	A		
2	10000	0,50 €	5.000,00 €	1,1 %			C
3	4000	4,50 €	18.000,00 €	4,0 %			C
4	2000	1,00 €	2.000,00 €	0,4 %			C
5	1000	30,00 €	30.000,00 €	6,7 %		B	
6	6000	7,00 €	42.000,00 €	9,3 %		B	
7	8000	25,00 €	200.000,00 €	44,4 %	A		
8	10000	4,50 €	45.000,00 €	10,0 %	A		
9	1000	2,00 €	2.000,00 €	0,4 %			C
10	3000	2,00 €	6.000,00 €	1,3 %			C
			450.000,00 €				

A-Güter: Anteil am Gesamtwert > 10 %, **B-Güter:** Anteil am Gesamtwert zwischen 5 und 10 %, **C-Güter:** Anteil am Gesamtwert < 5 %

10.3 Warenbeschaffung

Fast alle Warenbestellungen, egal ob von der Geschäftsführung eine zehnjährige bundesweite Dauerabnahme von Hamburger-Patties vereinbart wird oder ob der Auszubildende nur kurz in den benachbarten Supermarkt geht, um einen fehlenden Topf Basilikum zu besorgen, stellen rechtlich betrachtet im Kern einen Kaufvertrag dar.
Da der Kaufvertrag zwischen Gastronom und Lieferant (neben dem Bewirtungsvertrag zwischen Gastronom und Gast, der in Kapitel 3.3.6 beschrieben wird) der wichtigste Vertragstyp in der Systemgastronomie ist, werden im Folgenden anhand des Kaufvertrags die Grundlagen des Vertragsrechts erklärt. Diese gelten ebenso für alle anderen Vertragstypen (z.B. Pachtvertrag, Bewirtungsvertrag, Arbeitsvertrag). Außerdem werden die wichtigsten Besonderheiten des Kaufrechts dargestellt. Schließlich wird noch auf spezielle Vertragstypen in der Warenbeschaffung eingegangen (Sukzessivlieferungsvertrag, Leasing).

10.3.1 Vertragsschluss und Kaufverträge

Angebot und Annahme

Ein Vertrag ist ein zweiseitiges Rechtsgeschäft. Er kommt deshalb durch zwei übereinstimmende **Willenserklärungen** zustande. Diese werden als Angebot (oder Antrag) und Annahme bezeichnet.

Beschränkungen der Bindungswirkung eines Angebots

Gerade bei Lebensmitteln, aber auch z.B. bei Energie kann der Marktpreis stark schwanken. Lieferanten begrenzen daher häufig die Bindung an ihre Angebote, insbesondere durch

- **Befristung** („Angebot gültig bis …")
- **Freizeichnungsklausel** (z.B. „ohne Obligo", „unverbindlich", „freibleibend")

Grundstruktur des Kaufvertrags bei einem Wareneinkauf

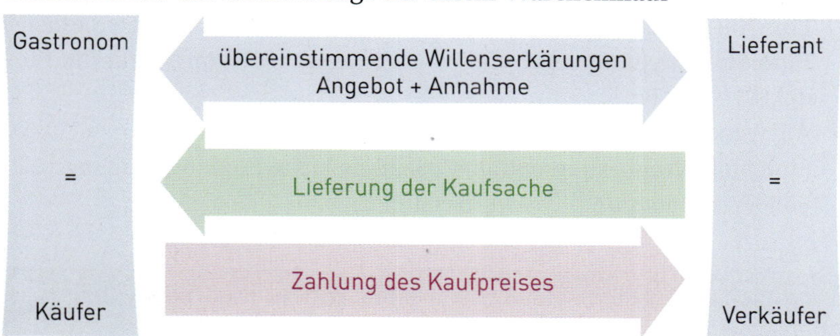

Vertragsschluss = Angebot + Annahme

Dabei ist zu beachten, dass das „Angebot" des Lieferanten im betriebswirtschaftlichen Sinn nicht unbedingt auch das Angebot im Rechtssinn sein muss. Rechtlich wird die erste Willenserklärung als Angebot, die zweite als Annahme bezeichnet.

Beispiel: Ein Spargelhof schickt folgende E-Mail an ein Restaurant: „Wir bieten an: Spargel, weiß, HKL I, 4,50 €/kg. Preise freibleibend." Einige Tage später bestellt der Restaurantleiter 10 kg Spargel für 4,50 €/kg.
→ Trotz der Verwendung des Wortes „anbieten" liegt hier wegen der Freizeichnungsklausel kein bindendes Angebot des Lieferanten vor. Weist er nach der Bestellung z.B. darauf hin, dass wegen der Wetteränderung der Spargel jetzt teurer ist, kommt kein Vertrag zum Kilopreis von 4,50 € zustande.

Beispiel: Der Küchenchef ruft seinen Lieferanten an und sagt „Schicken Sie mir 10 kg Spargel zum Tagespreis.“ Der Lieferant antwortet: „Ist o.k.“
→ Hier stellt der Anruf des Küchenchefs das Angebot dar. Mit der Antwort „Ist o.k.“, ist dieses Angebot angenommen, der Vertrag ist also wirksam abgeschlossen.

Wer ein Angebot abgibt, ist daran auch gebunden, es sei denn, er schränkt sein Angebot ein. In dem Moment, in dem die Annahme erfolgt, ist der Vertrag geschlossen.

Beispiel: Ein Spargelhof schickt folgende E-Mail an ein Restaurant: „Aufgrund der guten Witterung bieten wir Ihnen an: Spargel, weiß, HKL I, 3,50 €/kg.“ Einige Tage später fallen die Temperaturen stark, der Marktpreis für Spargel steigt um 30 %. Der Restaurantleiter bestellt unter Bezug auf die E-Mail 10 kg Spargel für 3,50 €/kg.
→ Der Kaufvertrag ist zum Preis von 3,50 €/kg zustande gekommen und muss vom Lieferanten erfüllt werden, selbst wenn er dabei Verlust macht.

Verträge sind bindend und müssen erfüllt werden.

Verträge müssen von beiden Seiten erfüllt werden

Wegen dieser weitreichenden Bindungswirkung von Angebot und Annahme ist es wichtig, rechtlich verbindliche Willenserklärungen von unverbindlichen zu unterscheiden:

- Auf Käuferseite:
  Eine Anfrage ist kein Angebot (z. B. Vereinbarung eines Vertreterbesuchs, Bitte um Mitteilung von Liefer- und Zahlungsbedingungen für ein Produkt).
- Auf Verkäuferseite:
  Eine bloße Anpreisung entfaltet ebenfalls keine Bindungswirkung (z. B. Sonderangebot durch Postwurfsendung).

Anfragen und Anpreisungen sind keine Willenserklärungen mit Rechtsbindungswillen.

Die Bindung an das Angebot besteht so lange wie
1. es nicht abgelehnt wird,
2. die Annahmefrist nicht verstrichen ist,
3. keine Annahme mit Änderungen erfolgt.

Beispiel: Ein Spargelbauer ruft im Restaurant an, um Spargel anzubieten. Der Schichtleiter will zuerst Rücksprache mit dem Restaurantleiter halten. Einige Stunden später ruft er den Bauer zurück und gibt eine Bestellung auf.
→ Der Spargelbauer ist an sein Angebot nicht mehr gebunden. Das Angebot gegenüber einem Anwesenden (dazu gehört auch Telefon) kann nur sofort angenommen werden. Bei schriftlichen Angeboten kommt es auf die „regelmäßig zu erwartende“ Annahmefrist an.

Beispiel: Angeboten werden 50 kg Spargel zum Preis von 175,00 €. Das Restaurant bestellt 30 kg.
→ Wegen der Einschränkung ist noch kein Vertrag zustande gekommen. Die Bestellung ist ein neues Angebot. Der Lieferant kann es annehmen oder ablehnen.

> Eine verspätete oder geänderte Annahme gilt als neues Angebot.

Form des Vertrags

Kaufverträge über Waren in der Gastronomie sind formfrei, d. h., es ist keine besondere Form rechtlich vorgeschrieben.

Auch **mündliche** Vereinbarungen sind daher voll gültige Verträge. In ihrer Bindungswirkung sind sie nicht geringer als schriftlich geschlossene.

In der Praxis werden jedoch im Geschäftsverkehr fast nur **schriftliche** Verträge abgeschlossen, weil nur so der Abschluss und die Inhalte im Streitfall bewiesen werden können. Konkret bedeutet dies im Regelfall:

- Der Gastronom stellt eine Anfrage – oft auch bei mehreren Lieferanten –, um einen Angebotsvergleich durchführen zu können (= unverbindlich).
- Der Lieferant teilt Preise und Konditionen mit (= Angebot).
- Der Gastronom sendet eine Auftragsbestätigung (= Annahme).

Selbst durch sogenanntes **schlüssiges** Verhalten ohne Worte kann ein Vertrag abgeschlossen werden.

Beispiele: Kopfnicken, Kopfschütteln, Vorlegen einer Ware an der Kasse des Free Flow, Hinlegen des Eintrittsgelds in der Diskothek gelten als Vertragsschluss. Bloßes **Schweigen** dagegen gilt normalerweise im Rechtsverkehr als Ablehnung (Ausnahme: Handelskauf, siehe Kapitel 10.3.4).

Vertragspartner

Willenserklärungen können nur natürliche Personen (siehe Kapitel 2.3.1) abgeben. Bei einem Wareneinkauf in der Systemgastronomie sind jedoch sowohl aufseiten des Gastronomen als auch aufseiten des Lieferanten die Vertragspartner in der Regel die jeweiligen Unternehmen, z. B. eine GmbH.

Rechtlich funktioniert dies über eine **Stellvertretung**. Innerhalb des Unternehmens sind bestimmte Personen ermächtigt, bestimmte Geschäfte abzuschließen. Dies erfolgt auf folgende Weisen:

- kraft Gesetzes, z. B. Vertretung der GmbH durch ihren Geschäftsführer, Vollmacht des Prokuristen
- vertragliche Vollmacht im Innenverhältnis, z. B. Restaurantleiter für Verträge, die der einzelne Betrieb abschließt; Einkaufsleiter für alle Einkäufe durch die Zentrale; Sachbearbeiter Einkaufsabteilung für Geschäfte bis ... €

> Ein Stellvertreter gibt eine eigene Willenserklärung ab, die den Vertretenen rechtlich bindet.

Formvorschriften

Für andere Vertragstypen bzw. einseitige Willenserklärungen ist eine besondere Form vorgeschrieben, z. B.

- öffentliche Beglaubigung für Eintragung ins Handelsregister
- notarielle Beurkundung für Grundstückskaufvertrag
- Schriftform (= Original mit Unterschrift) für Verbraucherdarlehensvertrag, Kündigung eines Arbeitsverhältnisses
- Textform (z. B. auch Fax, Schreiben mit maschinell erstellter Unterschrift) für Unterrichtung der Arbeitnehmer bei Betriebsübergang
- elektronische Form (= E-Mail mit qualifizierter elektronischer Signatur) kann meist die Schriftform ersetzen
- Formvorschriften greifen immer dann, wenn damit eine besondere Schutz- und Warnfunktion verbunden werden soll.

Namenszusätze bei Vollmacht

An dem jeweiligen Kürzel, das dem Namen vorangestellt wird, ist die Art der Vertretung zu erkennen:

- „ppa." steht für die Prokura

  ppa. Mia Peters

  ppa. Mia Peters

- „i. V." steht für eine vertragliche Stellvertretung/Vollmacht

  i. V. Mia Peters

  i. V. Mia Peters

- mit „i. A." unterzeichnet dagegen ein sogenannter Erklärungsbote. Dieser gibt keine eigene Willenserklärung ab, sondern übermittelt lediglich eine fremde Erklärung

  i. A. Mia Peters

  i. A. Mia Peters

10.3.2 Rechte und Pflichten von Gastronom und Lieferant

Die wechselseitigen Rechte und Pflichten richten sich nach der gesetzlichen Regelung sowie nach dem Inhalt des Kaufvertrags.

Gesetzliche Pflichten der Kaufvertragsparteien
(Pflicht des einen ist jeweils Recht des anderen)

Pflichten des Verkäufers	Pflichten des Käufers
Übergabe der Kaufsache	Zahlung des vereinbarten Kaufpreises
Verschaffung des Eigentums an der Sache	Abnahme der gekauften Sache
Sache muss frei von Sach- und Rechtsmängeln sein (sonst Gewährleistungsrecht, siehe unten)	

Allgemeine Geschäftsbedingungen (AGB)
Vielfach sind besondere Vertragsinhalte (z. B. Gerichtsstand, Begrenzung oder Ausweitung der Gewährleistung, Vertragsstrafen) in den AGB des Verkäufers (seltener: des Käufers) enthalten. Das „Kleingedruckte" wird Vertragsinhalt, wenn der Verwender seinen Vertragspartner ausdrücklich darauf hinweist und dieser die Möglichkeit hat, ohne besondere Schwierigkeiten vom Inhalt Kenntnis zu nehmen.

Notwendiger **Vertragsinhalt** beim Kaufvertrag sind lediglich die Kaufsache sowie der Kaufpreis. Soweit nichts anderes vereinbart wird, greifen für alles andere die gesetzlichen Regelungen (z. B. geschuldet sind Waren mittlerer Art und Güte, Leistungsaustausch Ware gegen Geld Zug um Zug, Verpackungskosten gehen zulasten des Käufers). Meist werden allerdings weitere Details vertraglich geregelt.

Zu den vertraglich geregelten Details gehören insbesondere:

- Güte (z. B. Handelsklasse, 1./2. Wahl, DIN, Gütezeichen)
- Beschaffenheit (z. B. Bezug auf ein Muster oder eine Beschreibung)
- zusätzliche Garantien
- Lieferbedingungen (z. B. Verpackungskostenpauschale, Leihverpackung, Beförderungskosten bis Versand-/Empfangsstation, ab Lager, frei Haus)
- Lieferzeit (z. B. Fixgeschäft, Leistung auf Abruf)
- Zahlungsbedingungen (z. B. Vorauszahlung, Zahlung netto Kasse bei Lieferung, Zahlungsziel 2 Wochen, Ratenzahlung)
- Nachlässe (z. B. Rabatt, Skonto)
- Erfüllungsort
- Gerichtsstand

Wenn diese Details im Angebot des Lieferanten bereits enthalten waren, kann darauf Bezug genommen werden.

10.3.3 Leistungsstörungen und Gewährleistung

Treten Lieferverzögerungen auf, stellt sich die Kaufsache als mangelhaft heraus, zahlt der Käufer nicht oder treten Unstimmigkeiten über den Umfang der vereinbarten Pflichten auf, dann ist es wichtig, die Rechte zu kennen, um richtig reagieren zu können.

Die wichtigsten Störungen und ihre (gesetzlichen) Rechtsfolgen

Was ist geschehen? **Beispiel**	**Um welche Art Störung handelt es sich?**	**Was ist die Rechtsfolge?** **Was kann der Käufer/Verkäufer tun?**
Zum 21. März wurden Saucen für das Salatbüfett bestellt. Am 22. sind sie noch nicht da.	**Lieferungsverzug**	Wegen des bestimmten Termins gerät V automatisch in Verzug (**Mahnung** deshalb nicht erforderlich). K kann **Nachfrist** setzen und **Schadensersatz wegen der Verzögerung (Verzugsschaden)** fordern. Nach Verstreichen der Nachfrist kann K vom Vertrag **zurücktreten** oder **Schadensersatz statt der Lieferung** verlangen.
Für den 21. März ist die Lieferung von Fisch vereinbart. Der Schichtleiter, der den Fisch annehmen sollte, verspätet sich wegen einer S-Bahn-Panne. Als V wie vereinbart liefern will, findet er das Restaurant verschlossen. Die eine Hälfte des Fisches verkauft er kurzfristig zu einem schlechteren Preis an ein Konkurrenzrestaurant. Die andere Hälfte verdirbt, weil V keine geeigneten Kühlmöglichkeiten zur Verfügung hat.	**Annahmeverzug** (Gläubigerverzug)	K gerät durch die Nichtannahme in **Gläubigerverzug**, ohne dass es darauf ankommt, ob die Nichtanwesenheit des Schichtleiters verschuldet war. Damit erfolgt ein **Gefahrübergang** auf K, sodass der Verderb der Ware zu seinen Lasten geht. Nur bei Vorsatz oder grober Fahrlässigkeit müsste V haften. V war berechtigt, den **Notverkauf** an das Konkurrenzrestaurant vorzunehmen; den **Mindererlös** und die **Mehraufwendungen** (z. B. Transport- oder Lagerkosten) kann er von K verlangen.
Der Betriebsleiter des K erhält am 23. April Ware, Lieferschein und Rechnung für eine Lieferung Erdbeeren. Ein Zahlungsziel ist nicht genannt. Er übersendet die Rechnung elektronisch an die Finanzbuchhaltung der Systemzentrale. Durch einen Softwarefehler kommt sie dort nicht an.	**Zahlungsverzug** (Schuldnerverzug)	Der Kaufpreis wird, wenn nichts anderes vereinbart ist, mit Lieferung fällig. Wenn kein Zahlungsziel vereinbart ist, muss die **Zahlung spätestens 30 Tage nach Fälligkeit erfolgen**, Kaufleute müssen darauf auch nicht hingewiesen werden (zum Handelskauf siehe nächste Seite). Am 23. Mai gerät K also auch ohne Mahnung in Verzug (in der Praxis sind allerdings Zahlungserinnerungen üblich). V kann **Zinsen** und Ersatz des Verzugsschadens verlangen. Setzt V noch eine Nachfrist, kann er nach deren Ablauf vom Vertrag zurücktreten, die Ware zurückverlangen und Schadensersatz fordern.
Geliefert werden 20 l Frischmilch. Als diese verwendet werden sollen, stellt der Service fest, dass die Milch sauer ist. Als der Betriebsleiter des K beim V anruft und Ersatzlieferung anfordert, verweist dieser darauf, dass der Fahrer bereits Feierabend hat.	**Sachmangel** (versteckter Mangel)	K muss den Mangel unverzüglich nach Entdeckung **rügen**. Er hat ein Recht auf **Nacherfüllung**, d. h. in diesem Fall (da eine Nachbesserung nicht möglich ist) auf Nachlieferung. V kann die Ersatzlieferung verweigern, wenn sie nur mit unverhältnismäßigen Kosten möglich ist. Dann hat K entweder die Möglichkeit der **Minderung** (macht hier keinen Sinn, da die Milch unbrauchbar ist) oder des **Rücktritts**. Außerdem kann er **Schadensersatz** verlangen, z. B. für die Ersatzbeschaffung von Milch im Supermarkt und z. B. auch für den entgangenen Gewinn für die Zeit, in der keine Milch ausgeschenkt werden konnte.

K = Käufer (= systemgastronomisches Unternehmen)
V = Verkäufer (= Lieferant)

10.3.4 Besondere Formen des Kaufvertrags

Handelskauf

Von großer Bedeutung bei Warenbestellungen in der Systemgastronomie sind die Regelungen zum Handelskauf nach dem Handelsgesetzbuch. Sie greifen als Sondervorschriften neben dem allgemeinen Kaufrecht des Bürgerlichen Gesetzbuchs ein, wenn beide Vertragspartner Kaufleute sind (siehe Kapitel 2.3.2). Folgende Besonderheiten sind dann zu beachten:

Bedeutung von unverzüglich
Rechtlich gesehen bedeutet unverzüglich „ohne schuldhaftes Zögern".

- **Schweigen als Annahme**
  Unter Privatleuten kommt Schweigen keine rechtsgeschäftliche Wirkung zu. Anders beim **kaufmännischen Bestätigungsschreiben**: Haben Kaufleute, die miteinander in Geschäftsverbindung stehen, Vertragsverhandlungen geführt und fasst einer von beiden kurz danach das Ergebnis der Verhandlungen zusammen und schickt es dem anderen, so gilt der Vertrag als geschlossen, wenn der andere nicht unverzüglich widerspricht.

Willenserklärung unter Kaufleuten

Willenserklärungen unter Kaufleuten

ausdrücklich	schlüssig durch sog. konkludentes Handeln, z. B. Gesten, Mimik, Aktivitäten	durch Schweigen auf ein kaufmännisches Bestätigungsschreiben
• schriftlich • mündlich • telefonisch		

- **Zinsen**
  Kaufleute können, z. B. bei Verzug oder bei laufendem Kontokorrent, höhere und leichter Zinsen verlangen als Privatleute.
- **Sofortige Mängelrüge**
  Privatleute können Sachmängel bei einer Kaufsache innerhalb einer **Verjährungsfrist** von zwei Jahren geltend machen. Unter Kaufleuten dagegen müssen **offene** Sachmängel (das sind solche, die sich gleich bei der Warenannahme feststellen lassen) unverzüglich gerügt werden. **Versteckte** Mängel müssen unverzüglich nach ihrer Entdeckung angezeigt werden. Anderenfalls gilt die Ware als genehmigt. Etwas anderes gilt nur, wenn der Verkäufer den Mangel **arglistig verschwiegen** hat.
- **Aufbewahrungspflicht und Notverkauf**
  Wurde die Ware dem Käufer von einem anderen Ort übersendet, so ist er im Fall einer solchen Mängelrüge verpflichtet, für die Aufbewahrung der Ware zu sorgen. Falls Verderb droht, darf er einen Notverkauf einleiten.

Bedeutung von Verjährung
Verjährung bedeutet, dass ein Anspruch zwar noch besteht, aber nicht mehr gerichtlich geltend gemacht werden kann. Die Länge der Verjährungsfrist hängt von der Art des Rechtsgeschäfts ab. Die regelmäßige Verjährungsfrist beträgt drei Jahre. Sachmängel bei Kauf- und Werkverträgen verjähren z. B. nach drei Jahren, Mängel bei Bauwerken nach fünf Jahren.

Weitere spezielle Kaufverträge

Kauf auf Probe	K kann die Kaufsache innerhalb einer vereinbarten Frist prüfen und ausprobieren. Solange steht der Kaufvertrag unter einer aufschiebenden Bedingung. Erst wenn K die Sache nicht innerhalb der Frist ablehnt oder zurückgibt, wird der Vertrag wirksam.	Insbesondere beim Versandhandel oder Kauf über das Internet (Fernabsatzvertrag)
Kauf nach Probe/ Kauf nach Muster	V liefert zunächst ein kostenloses Muster. Dann erst wird der Kaufvertrag geschlossen, wobei bezüglich Eigenschaften und Qualität der Kaufsache auf das Muster Bezug genommen wird. Das Muster ist für die Beschaffenheit verbindlich; weicht die Kaufsache davon ab, liegt ein Mangel vor.	Nicht mehr gesetzlich geregelt, jedoch im Rahmen der Vertragsfreiheit weiterhin möglich, z. B. wenn mehrere Produkte verglichen werden sollen.

Kauf zur Probe	Es erfolgt zunächst ein Kaufvertrag über eine kleine Menge unter Hinweis darauf, dass K evtl. weitere Bestellungen tätigen wird. Fällt die anschließende Bewertung positiv aus, erfolgt eine weitere, größere Bestellung. Es werden also zwei Kaufverträge geschlossen.	z. B. bei Einführung neuer Produkte, deren Akzeptanz beim Gast erst getestet werden muss
Fixkauf	Es ist vereinbart, dass die Leistung genau zu einer bestimmten Zeit oder innerhalb einer bestimmten Frist erfolgen soll. Bei Nichteinhaltung kann K ohne Mahnung und Nachfrist vom Vertrag zurücktreten und Schadensersatz fordern.	z. B. Lieferung von Fisch am 20. März für ein Event am selben Abend (absolutes Fixgeschäft)
Kauf auf Abruf	K kauft eine größere Menge und ruft Teilmengen der Kaufsache nach Bedarf ab.	z. B. Kartoffeln, die durch K selbst nicht gelagert werden können
Rechtskauf	Die gleichen Vorschriften wie für Sachen gelten auch für den Kauf von Rechten.	z. B. Nutzungsrecht an einem Foto für einen Aktionsflyer

10.3.5 Andere Vertragstypen in der Warenbeschaffung (Hybridverträge)

Bierlieferungsvertrag

Bierlieferungsverträge und andere Getränkebezugsverpflichtungen werden auch als **Sukzessivlieferungsverträge** oder Dauerlieferungsverträge bezeichnet. Abgeschlossen werden sie zwischen dem Gastronomen und einer Brauerei bzw. einem Getränkefachgroßhändler. Kombiniert werden typischerweise Elemente folgender Verträge:

- **Kaufvertrag:** Das Bier bzw. die anderen Getränke, die geliefert werden, werden wie jede andere Ware auch gekauft. Die Besonderheit: Die vertragliche Verpflichtung wird über eine längere **Dauer** begründet (in der Regel bis zu zehn Jahre). Damit verbunden ist in der Regel eine **Mindestabnahmemenge.**
- **Pachtvertrag:** Meist ist die Brauerei auch **Verpächter** (und **Eigentümer**) des Restaurants. Zur Verfügung gestellt werden mit dem Bierlieferungsvertrag auch die Räumlichkeit sowie **Ausstattung** (z. B. Schankanlage, Mobiliar, Gläser).
- **Darlehensvertrag:** Hauptmotivation für den Gastronomen zum Abschluss eines Sukzessivlieferungsvertrags ist das meist damit verbundene **zinsgünstige Darlehen,** das die Brauerei ihm gibt.

Über die Hälfte der Gastronomen in Deutschland ist auf diese oder ähnliche Art „brauereigebunden". Bei den Systemgastronomen sind es weniger.

Hybridverträge
So wie beim Hybridauto ein Verbrennungsmotor und eine elektrische Maschine miteinander kombiniert werden, so werden bei vielen modernen Verträgen Elemente mehrerer Vertragstypen miteinander kombiniert.

Knebelverträge
Wirtschaftlich gesehen „erkauft" sich der Gastronom ein Brauereidarlehen durch eine langfristige Bindung an einen bestimmten Lieferanten. Da dies eine starke Einschränkung seiner unternehmerischen Freiheit darstellt, gibt es Grenzen für Sukzessivlieferungsverträge. Werden diese Grenzen überschritten (insbesondere was die Vertragslaufzeit angeht), handelt es sich um einen sittenwidrigen „Knebelvertrag".

Vor- und Nachteile von Sukzessivlieferungsverträgen

Vorteile für den Gastronomen	Nachteile für den Gastronomen
Darlehen stellt Finanzierungsquelle dar, auch für Gastronomen, die ansonsten evtl. kein Bankdarlehen erhalten würden.	Abnahmepflicht einer bestimmten, kaum noch zu verändernden Bier- bzw. Getränkemenge, auch wenn tatsächlicher Bedarf sich ändert
Zinsen niedriger als marktüblich	Vertragsstrafen bei Nichtabnahme
Die komplette Gaststätte inkl. eines Teils der Ausstattung wird gestellt.	meist Ausschließlichkeitsklausel/Alleinbezug, d. h., Getränke anderer Brauereien dürfen nicht angeboten werden.
Gastronom kann vom Marketing und Image der Brauerei profitieren.	vereinbarter Abnahmepreis oft über dem Marktpreis

Leasingvertrag oder Mietkauf

Leasing- oder Mietkaufverträge sind **Nutzungsüberlassungsverträge**. Sie kamen zuerst bei Autos auf. Mittlerweile gibt es sie z.B. auch für Tischwäsche, Dienstkleidung, Computer oder Immobilien, letztlich für alle Waren, die nicht verbraucht, nur gebraucht werden. Kombiniert werden beim Leasing bzw. beim Mietkauf Elemente folgender Verträge:

- **Mietvertrag:** Der Leasinggeber stellt dem Leasingnehmer eine bestimmte Sache (z.B. Pkw) für eine bestimmte Zeit (z.B. ein Jahr) zur **Nutzung** zur Verfügung. Der Leasingnehmer bezahlt dafür eine **Leasingrate**. Beim Leasing bleibt der Leasinggeber Eigentümer (ggf. Kaufoption zum Restwert); beim Mietkauf geht mit Ende der Laufzeit das Eigentum automatisch auf den Leasingnehmer über.
- **Darlehensvertrag:** Der Leasinggeber beschafft und finanziert das Leasingobjekt. Während der Laufzeit amortisieren sich die Anschaffungskosten vollständig oder teilweise (**„kalkulierter Restwert“**).

Vor- und Nachteile von Leasing- bzw. Mietkaufverträgen

Vorteile für den Gastronomen	Nachteile für den Gastronomen
je nach Vertragsgestaltung Steuer- und Bilanzierungsvorteile	Leasingrate muss nicht nur Verschleiß, sondern auch Finanzierungs- und Verwaltungskosten abdecken und dem Leasinggeber einen Gewinn versprechen. Deshalb können die Kosten in der Summe höher liegen als ein Kaufpreis.
Kreditspielraum bleibt erhalten	Belastung der Liquidität durch monatliche Kosten
flexible Investition in die Sache, weniger Überalterung	eventuell langfristige und zusätzliche Vertragsbindung, z.B. durch Wartungs- oder Serviceverträge
oft Flexibilität, ob nach Vertragslaufzeit Sache zum Restwert gekauft, Verlängerungsoption ausgeübt oder Sache zurückgegeben wird	Sach- und Preisgefahr liegt beim Leasingnehmer. Wenn Sache zerstört wird, muss er dennoch Leasingraten weiterzahlen.

10.4 Lagerwirtschaft

10.4.1 Notwendigkeit einer Lagerhaltung

In der Gastronomie ist es nicht möglich, Beschaffung und Verbrauch der Rohstoffe so aufeinander abzustimmen, dass immer genau die Mengen, die beschafft werden, auch sofort verbraucht werden. Zum einen kann der voraussichtliche Absatz oft nur geschätzt werden, zum anderen erfolgt der tatsächliche Absatz normalerweise unregelmäßig und im Vorhinein verarbeitete bzw. zubereitete Produkte müssen deshalb oft zwischengelagert werden. Zudem können Transportschwierigkeiten oder Lieferverzögerungen zu Problemen bei der Warenbeschaffung führen. Um Produktionsausfälle zu vermeiden, weil nicht genügend oder gar keine Rohstoffe mehr vorhanden sind, ist eine Lagerung der Waren daher unumgänglich.

Allerdings sind die Einrichtung und der Unterhalt eines Lagers sowie die Lagerung der Waren immer mit Kosten verbunden.

Vorteile der Lagerhaltung

- Vermeidung von Produktionsausfällen
- geordnete Vorratshaltung der notwendigen Rohstoffe
- Ausgleich von Angebotsschwankungen und bei Störungen im Beschaffungsprozess
- Ausgleich von Preisschwankungen und Ausnutzung möglicher Mengenrabatte
- Überbrückung von Saisonzeiten im Einkauf und Verbrauch
- Schutz der Waren vor Verderb bei geeigneter Lagerung
- Schutz der Waren vor Diebstahl bei gesicherter Lagerung
- Reifung und Qualitätssteigerung von Waren durch sinnvolle Lagerung (z.B. bei Käse, Obst, Wein)
- mögliche Wertsteigerung von gelagerten Waren (z.B. bei Wein, Spirituosen)

Ziel jeder Lagerhaltung ist es, den Lagerbestand für einzelne Waren so festzulegen, dass es nicht zu Produktionsausfällen kommt, gleichzeitig aber die Kosten für Beschaffung und Lagerung der Waren möglichst gering gehalten werden.

10.4.2 Lagereinrichtung

Die Lagerhaltung erfordert Lagermöglichkeiten. Die Art der Lagermöglichkeiten, ihre Größe und ihre Einrichtung sind von der Art, der Beschaffenheit und der Menge der zu lagernden Waren abhängig. Im Gastgewerbe werden die Lagerräume manchmal auch **Magazin** genannt.

Allgemein gilt, dass alle Lagerräume so geräumig sein sollten, dass Lagerarbeiten rationell und sicher durchgeführt werden können. Dem Lagerpersonal sind für diese Arbeiten gegebenenfalls Schutzvorrichtungen bzw. Schutzkleidung zur Verfügung zu stellen. Die Einrichtung der Lagerräume erfolgt entsprechend den zu lagernden Waren. Während lose Waren (z.B. Kartoffeln) im Lager auf dem Boden aufgeschüttet werden können, sollten für die Lagerung von verpackten Waren Schränke oder standsichere und tragfähige Regale vorhanden sein. Dies spart Platz und sorgt für Ordnung und Übersicht.

Ist darüber hinaus die räumliche Einteilung des Lagers so gestaltet, dass die Wege innerhalb des Lagers gering gehalten werden, können Zeitverluste, die bei der Warenentnahme entstehen, minimiert werden.

In den Lagerräumen müssen gegebenenfalls bestimmte Kühlsysteme sowie Zähl-, Mess- und Wiegeeinrichtungen vorhanden sein. Auch Verlade- und Beförderungsmittel gehören zur Lagereinrichtung. Allerdings finden sich Hochregallager, die mithilfe von Gabelstablern bedient werden oder vollautomatisch laufen, in der Systemgastronomie nur vereinzelt.

Schließlich sollten zur Vorbeugung von Feuer und Einbruch Sicherheitseinrichtungen existieren, wie z.B. Stahltüren, Sicherheitsschlösser, Alarmeinrichtungen und Feuerschutzeinrichtungen.

Beispiele für Lagerhaltungskosten

- Miete für die Lagerräume
- Einrichtungskosten
- Energiekosten
- Reinigungskosten
- Kosten für Instandhaltung, Wartung und eventuelle Reparaturen
- Kosten für die Lagerverwaltung
- Personalkosten
- Kosten für das in Form von Waren gebundene Kapital
- Kosten durch Verderb, Schwund oder Diebstahl
- Kosten durch Wertverluste
- Kosten für Versicherungsprämien

Unterteilung der Lager

- offene Lager (z.B. eingezäunte Lagerplätze)
- halb offene Lager (z.B. Lagerplätze, die nur überdacht sind)
- geschlossene Lager (z.B. Gebäude, Hallen, Räume)
- Speziallager (z.B. Kühlhäuser, Tiefkühlräume, Tanks und Silos)

10.4.3 Lagerräume

Geeignete Lagerbedingungen gewährleisten die Haltbarkeit der Waren. Sie müssen den zu lagernden Waren optimal angepasst sein. Die hygienischen Erfordernisse werden in Kapitel 7.5.3 beschrieben.

Gefrier- und Tiefkühllagerung

In der Systemgastronomie werden neben Tiefkühlräumen auch Tiefkühlzellen und Tiefkühlschränke sowie Tiefkühlmöglichkeiten in haushaltsüblichen Kühlschränken verwendet.

Kühlschrank-Sternekennzeichnung

Anzahl der Sterne	Bezeichnung	Temperaturen
❄	Eisfach	ab −6° C
❄❄	Frostfach	ab −12° C
❄❄❄	Tiefkühlfach	ab −18° C
✱❄❄❄	Tiefgefrierfach	ab -18° C

Tiefgefrierschrank

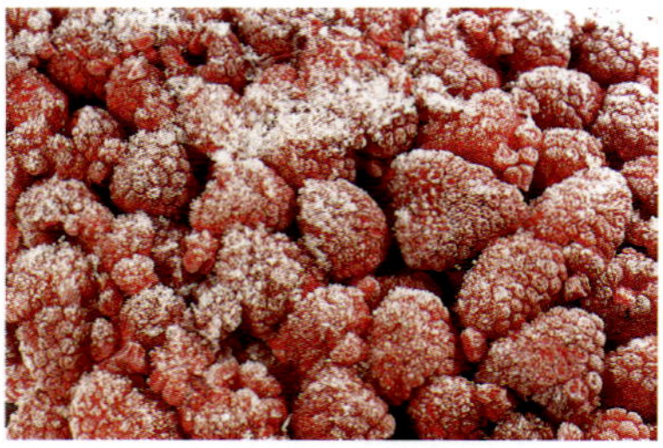

Schnee auf den Lebensmitteln entsteht durch Temperaturschwankungen

Lagerung in getrennten Kühlzellen

Bei der Gefrierlagerung wird zwischen **Gefrieren** (Frosten) und **Tiefgefrieren** unterschieden. Während bei der Gefrierlagerung Temperaturen von −12 °C und weniger herrschen, werden in Tiefkühllagerräumen Lebensmittel bei einer Temperatur von mindestens −18 °C und einer relativen Luftfeuchtigkeit von etwa 90 % aufbewahrt. Hierdurch wird eine langfristige Haltbarkeit erreicht. Allerdings muss unbedingt darauf geachtet werden, dass die Lebensmittel gut verpackt sind. Ansonsten entstünde Gefrierbrand (ausgetrocknete Randschichten) oder eine Übertragung von Mikroorganismen wäre möglich. Auch die Luftzirkulation muss gewährleistet sein. Daher sollte bei der Lagerung der Waren ein Abstand von mindestens 10 cm vom Boden oder von den Wänden eingehalten werden. Nötigenfalls sind die Produkte auf Paletten oder Regalen zu lagern. Die Temperatur in den Tiefkühllagerräumen ist regelmäßig zu überprüfen. Sinnvoll sind eingebaute Alarmsysteme für den Fall, dass die Temperatur ansteigen sollte. Aufgetaute oder angetaute Lebensmittel dürfen keinesfalls wieder eingefroren werden.

Schneebildung auf Lebensmitteln deutet immer auf Temperaturschwankungen hin. Durch kurzfristigen Anstieg der Lagertemperatur verdunstet aus dem Lebensmittel Wasser, das sich dann später als Schnee auf dem Lebensmittel oder auf der Verpackung absetzt.

> Tiefkühllagerräume sollten regelmäßig abgetaut werden, um Energie zu sparen!

Kühllagerung

Leicht verderbliche Lebensmittel werden – möglichst nach Lebensmittelgruppen getrennt – in sauberen Behältern und abgedeckt in Kühlräumen und Kühlzellen gelagert. Eingebaute Ventilatoren sorgen für eine gute Luftzirkulation mit gleichmäßiger Kühlung und gleichbleibender Luftfeuchtigkeit. Die Temperaturen liegen – abhängig von den Lebensmitteln – zwischen 0 °C bis 10 °C (siehe auch Kapitel 7.5.4). Bei diesen Temperaturen laufen **enzymatische** und **oxidative Vorgänge** in den Lebensmitteln verlangsamt ab. So wird die Qualität der Lebensmittel nur geringfügig beeinträchtigt. Auch die für die Lebensmittel kritischen Mikroorganismen vermehren sich in diesem Temperaturbereich sehr langsam.

Die relative Luftfeuchtigkeit in Kühllagerräumen ist ebenfalls von der Art der gelagerten Produkte abhängig. So ist insbesondere für Obst und Gemüse eine hohe Luftfeuchtigkeit wichtig, um das Austrocknen bzw. Verwelken zu vermeiden. Bei der Lagerung von Getränken sind ebenfalls Temperatur und Luftfeuchtigkeit zu beachten. So sollte Bier bei einer Temperatur zwischen 5 °C und 8 °C, Wein bei einer Temperatur zwischen 8 °C (Weißwein) und 16 °C (Rotwein) gelagert werden (siehe auch Kapitel 13.3.2) Die optimale Luftfeuchtigkeit für Wein liegt bei etwa 70 %.

> Bei der Lagerung der Waren unbedingt die Hygienevorschriften beachten.

Trockenlagerung (Normallagerung)
Weniger temperaturabhängige Lebensmittel und Non-Food-Artikel können in Lagerräumen ohne zusätzliche Klimatisierung gelagert werden. Die Lagerräume sollten kühl (optimal zwischen 10 °C und 15 °C), trocken, gut belüftet, dunkel und frostsicher sein. Die relative Luftfeuchtigkeit sollte 50 % nicht überschreiten. Reinigungs- und Desinfektionsmittel sowie Gefahrstoffe müssen unter Beachtung der geltenden Sicherheitsbestimmungen gelagert werden.

Beispiele für Non-Food-Artikel
Non-Food-Artikel sind alle Produkte, die keine Lebensmittel sind, wie z. B. Papier, Büromaterial, Porzellan, Gläser, aber auch Streichhölzer, Strohhalme, Verpackungsmaterial, Geräte, Maschinen und Möbel.

Reinigungs- und Desinfektionsmittel sind getrennt von Lebensmitteln aufzubewahren!

10.5 Arbeiten im Lager

Die Arbeit im Lager umfasst folgende Tätigkeiten:
- Kontrolle und Pflege der Lagerräume (Reinigung, Instandhaltung und Veranlassung nötiger Reparaturen)
- Warenpflege (Überwachung der Lagerbedingungen, Qualitätskontrolle der Waren, Aussortieren verdorbener Waren)
- Veranlassung bzw. Durchführung von Bestellungen
- Annahme und Kontrolle der Warenlieferungen
- Verräumen der angelieferten Waren
- Warenausgabe

Daneben können folgende verwaltungstechnische Aufgaben existieren:
- mengen- und wertmäßiges Erfassen der Lagerbestände im Wareneingangsbuch, auf Lagerkarten oder in Lagerdateien bei der Warenannahme und Warenausgabe zur Ermittlung des Sollbestands
- Veranlassung bzw. Durchführung der notwendigen Inventuren zur Bestandsüberwachung und Feststellung des Istbestands
- Ermittlung des Warenverbrauchs (des Wareneinsatzes)
- Überprüfung der Lagerkosten bzw. der Wirtschaftlichkeit des Lagers mithilfe der Berechnung der Lagerkennzahlen

10.5.1 Kontrolle der Lagerräume und Warenpflege

Die Lagerräume müssen regelmäßig auf folgende Punkte kontrolliert werden:
- Sauberkeit und Ordnung
- Funktionsfähigkeit aller Einrichtungen, technischen Geräte und Kontrollsysteme, wie z. B. Thermometer
- Einhaltung der vorgeschriebenen Raumtemperatur und Luftfeuchtigkeit
- Befall von Schädlingen
- Bildung unerwünschter Gerüche

Gegebenenfalls müssen Gegenmaßnahmen eingeleitet werden.

Temperaturkontrolle

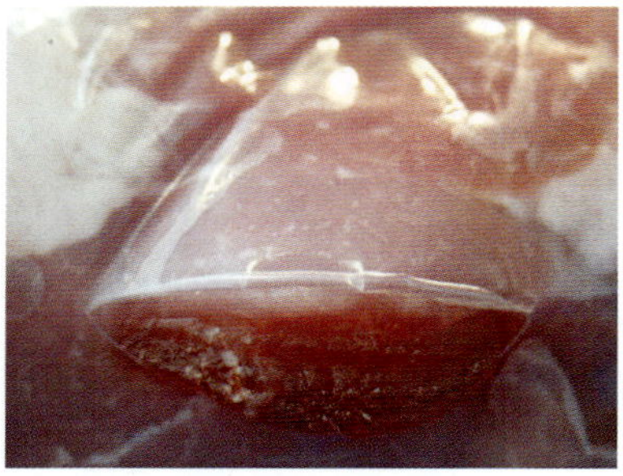

Beschädigte Verpackung

Daneben ist auch eine regelmäßige Kontrolle der einzelnen Produkte und ihrer Verpackungen notwendig. Hier sind u. a. folgende Punkte zu prüfen:

- sichtbarer Befall der Lebensmittel mit Mikroorganismen, insbesondere mit Schimmel
- Farb- oder Konsistenzveränderungen, Trübungen oder untypische Geruchsveränderungen
- Schnee- oder Eisbildung auf gefrorenen Lebensmitteln bzw. Entstehung von Gefrierbrand
- fehlendes Vakuum (Luftzieher) bei vakuumierten Lebensmitteln
- Unversehrtheit von Verpackungen
- Dichtigkeit von Behältnissen
- Bombagen oder Gläser mit losen Deckeln
- Vorhandensein von notwendigen Etiketten oder Aufklebern
- Einhaltung des Mindesthaltbarkeits- bzw. Verbrauchsdatums

Auch hier sind gegebenenfalls Gegenmaßnahmen bis hin zur Beseitigung und Entsorgung nicht mehr verwendbarer Waren einzuleiten.

10.5.2 Warenannahme

Bei der Warenannahme werden die bestellten Waren am vereinbarten Ort und zur vorgesehenen Zeit durch einen Mitarbeiter des Unternehmens vom Lieferanten übernommen. Folgende Punkte sollten hierbei berücksichtigt werden:

Keine Warenannahme ohne Lieferschein
Der Lieferschein ist als Warenbegleitpapier ein Dokument, das über die gelieferten Waren Auskunft gibt, zugleich aber auch den Eigentumsvorbehalt und die allgemeinen Geschäftsbedingungen des Lieferanten definiert. Als Belegnachweis muss er bei Kaufleuten gemäß § 147 Abgabenordnung 6 Jahre lang, in Zusammenhang mit einer Rechnung 10 Jahre lang aufbewahrt werden.

Vergleich des Bestellscheins mit dem Lieferschein
Stimmen die Angaben auf dem Bestellschein mit denen auf dem Lieferschein überein? Sind die Artikelbezeichnung und die Artikel- oder Bestellnummer identisch? Auch die Richtigkeit der Lieferadresse und des Lieferzeitpunkts sind zu überprüfen. Prinzipiell gilt, dass Waren, die nicht bestellt worden sind, auch nicht angenommen werden.

Optische Kontrolle des Lieferfahrzeugs und gegebenenfalls des Lieferanten
Ist das hygienische Verhalten des Lieferanten in Ordnung; wirkt das Lieferfahrzeug im Inneren sauber? Sind die Liefertemperaturen und die gesetzlich vorgeschriebene Kühlkette eingehalten worden?

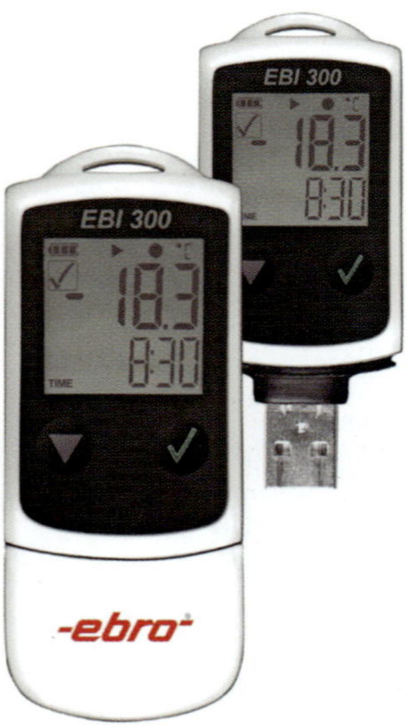

Temperaturdatenlogger

Viele Lieferfahrzeuge sind mittlerweile mit einem Temperaturdatenlogger ausgestattet. Dieser erfasst die Lufttemperatur und speichert die Werte regelmäßig ab. So ist der Temperaturverlauf im Inneren des Lieferfahrzeugs lückenlos und zuverlässig nachzuvollziehen.

Vergleich des Lieferscheins mit der gelieferten Ware
Sind die richtigen Produkte in der gewünschten Handelsklasse und Güte, Verpackungseinheit bzw. Gebindegröße und Menge geliefert worden?

Kontrolle der Ware
Ist die Verpackung der Ware sauber und unbeschädigt? Entspricht die Qualität (z. B. Aussehen, Frischezustand, Sauberkeit) der Produkte den Erwartungen? Gibt es Hinweise auf Schädlinge bzw. den Befall der Lebensmittel mit Mikroorganismen? Sind Mindesthaltbarkeitsdatum bzw. Verbrauchsdatum (siehe Kapitel 7.5.4) in Ordnung? Sind die vorgegebenen Höchsttemperaturen eingehalten?

Reklamation von Mängeln
Offene, d. h. sichtbare Mängel sind unverzüglich zu beanstanden (siehe Kapitel 10.3.3). Die Mängel werden auf dem Lieferschein vermerkt und vom Lieferanten durch Unterschrift bestätigt. Mangelhafte Waren werden nicht angenommen.

Unterschreiben des Lieferscheins
Nach Annahme der Ware und Kontrolle werden der Lieferschein sowie die Kopie des Lieferscheins unterschrieben; die Durchschrift des Lieferscheins erhält der Lieferant als Empfangsbestätigung, das Original verbleibt im Unternehmen und dient als Vorlage für die Rechnungskontrolle.

Zeitnahes Verräumen der Ware
Nach der Warenannahme werden zunächst die tiefgekühlten Lebensmittel, danach die gekühlten und zuletzt die Waren, die nicht gekühlt werden müssen, mit geeigneten Transportmitteln in die entsprechenden Lagerräume verräumt. Die neuen Waren werden gegebenenfalls umgepackt und mit Eingangsdatum versehen. Beim Einräumen der Waren ist das **FiFo-Prinzip** zu beachten.

> Die Einhaltung der Kühlkette ist auch beim Verräumen der Waren unbedingt sicherzustellen!

Erfassung des Wareneingangs
Die gelieferte Ware muss buchtechnisch erfasst werden. Hierfür dienen das Wareneingangsbuch bzw. die Wareneingangsdatei, die Lagerfachkarte und die Lagerkarteikarte bzw. Lagerdatei (siehe Kapitel 10.5.4).

Kontrolle der Rechnung
Nach Erhalt der Rechnung ist diese zu kontrollieren. Dabei wird zunächst geprüft, ob die Angaben auf der Rechnung und auf dem dazugehörigen Lieferschein identisch sind. Ferner ist zu überprüfen, ob die Einzelpreise auf der Rechnung den vereinbarten Bestellpreisen entsprechen und ob die ausgehandelten Konditionen (z. B. Frachtkosten, vereinbarte Rabatte oder Skonti) stimmen. Schließlich werden Gesamtpreis und darin enthaltene Mehrwertsteurer kontrolliert. Ist alles in Ordnung, wird die Rechnung bezahlt.

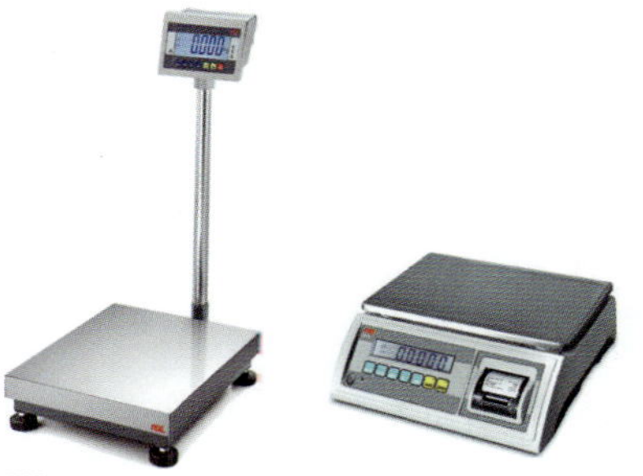

Waagen

Infratrotthermometer

Kernthermometer

Das FiFo-Prinzip
FiFo bedeutet „First in – First out"; d. h., die neuen Waren sind hinter die älteren, bereits vorhandenen einzusortieren, sodass diese zuerst verbraucht werden.

Vorgeschriebene Bestandteile einer Rechnung (gemäß Umsatzsteuergesetz)
- Name und Anschrift des Verkäufers
- Name und Anschrift des Käufers
- Termin der Lieferung/Leistung
- Menge und Bezeichnung der gelieferten Produkte
- nach Steuersätzen aufgeschlüsselte Beträge
- die jeweils darauf entfallenden Steuerbeträge
- Ausstellungsdatum/Rechnungsdatum
- einmalig vergebene Rechnungsnummer
- Steuernummer oder Umsatz-Identifikationsnummer des Verkäufers

Kleinbetragsrechnungen bis 150,00 € brutto (gemäß Umsatzsteuer-Durchführungsverordnung)
- Name und Anschrift Verkäufer
- Ausstellungsdatum
- Menge und Bezeichnung der gelieferten Produkte
- Bruttobetrag
- Steuersatz der darin enthaltenen Umsatzsteuer

10.5.3 Warenausgabe

Werden Waren aus dem Lager angefordert, werden sie dem Lager nach dem FiFo-Prinzip entnommen und zügig dorthin transportiert, wo sie gebraucht bzw. verarbeitet werden. Die Warenausgabe sollte allerdings nur erfolgen, wenn ein entsprechender Beleg, z.B. ein **Warenanforderungsschein**, vorliegt. Im Warenanforderungsschein werden die angeforderten Waren der jeweils anfordernden Abteilung in Art und Menge aufgelistet. Er enthält ferner das Datum der Anforderung und die Unterschrift des Anfordernden. Die daraufhin ausgegebenen Waren werden auf der entsprechenden Lagerfachkarte und Lagerkarteikarte erfasst.

Warenanforderung

Datum:	*08.05.*
Warenbezeichnung:	*Bohnen (Konserve 1/1)*
Warennummer:	*56*
Menge:	*10*
Anfordernde Stelle:	*Küche*
Ware erhalten:	*08.05.*
Warenzugang eingetragen:	*Özer*

Der Warenanforderungsschein ist somit als eine Art „Quittung“ für die ausgegebenen Waren zu verstehen. Zudem bilden die Scheine die Grundlage für die Berechnung des Warenverbrauchs der einzelnen Abteilungen.

In Systemgastronomie-Unternehmen wird meistens kein Warenanforderungsschein mehr verwendet. Die Waren werden stattdessen mithilfe eines **Warenwirtschaftssystems** automatisch vom Bestand abgebucht.

10.5.4 Warenbestände und Warenverbrauch

Ermittlung des Sollbestands

Der Sollbestand gibt an, wie viel von jedem Artikel in den Lagerräumen vorhanden sein sollte. Er wird buchtechnisch, d.h. anhand von schriftlichen Unterlagen wie folgt ermittelt:

	Anfangsbestand
+	Warenzugänge
–	Warenabgänge (Lagerentnahmen)
=	**Sollbestand**

Die Ermittlung erfolgt mithilfe folgender Dokumente:

- Wareneingangsbuch bzw. Wareneingangsdatei
- Lagerfachkarte
- Lagerkarteikarte bzw. Lagerdatei

Das Wareneingangsbuch bzw. die Wareneingangsdatei

Wareneingänge unterliegen der Buchführungspflicht und müssen nach § 143 Abgabenordnung aufgezeichnet werden. Nach Verräumung der Waren werden diese daher zunächst im Wareneingangsbuch mit Hinweis auf die entsprechenden Belege schriftlich bzw. in der Wareneingangsdatei elektronisch eingetragen. Die Aufzeichnungen im Wareneingangsbuch müssen zehn Jahre, die dazugehörenden Belege sechs Jahre aufbewahrt werden.

Bestandteile des Wareneingangsbuchs

- Warenart (handelsübliche Bezeichnung der Ware)
- Warennummer
- Lieferdatum bzw. Datum der Rechnung
- Firmenname und Anschrift des Lieferanten
- Menge und Preis
- Mehrwertsteuer und gegebenenfalls Rabatte und Skonti

Die Lagerfachkarte

Auch die Lagerfachkarte dient der Bestandskontrolle. Sie befindet sich normalerweise direkt bei den Waren am Lagerort. Werden neue Waren geliefert und verräumt oder werden Waren ausgegeben, so sind auf der Lagerfachkarte entsprechende Vermerke zu machen. Für die Lagerfachkarte ist keine äußere Form vorgeschrieben. Meistens sind auf ihr der entsprechende Artikel mit Artikelnummer sowie alle Zu- und Abgänge und der sich daraus ergebende Sollbestand verzeichnet. Die Lagerfachkarte ist nur dann sinnvoll, wenn jede Warenbewegung eingetragen wird. Sie ist nicht gesetzlich vorgeschrieben. Heutzutage wird sie nur noch selten eingesetzt, weil die Warenbewegungen meistens elektronisch erfasst werden.

Lagerfachkarte

Warenbezeichnung: Bohnen (Konserve)
Warennummer: 56
Gebindegröße: 1/1

Datum	Zugang	Abgang	Gesamtbestand
01.05			40
04.05		10	30
08.05		10	20
10.05	40		60
12.05		15	45
13.05		10	35
15.05		12	23
16.05		1 (Bombage)	22

Die Lagerkarteikarte bzw. Lagerdatei

Im Gegensatz zur Lagerfachkarte ist das Führen einer Lagerkarteikarte bzw. einer Lagerdatei vorgeschrieben. Die Lagerkarteikarte bzw. Lagerdatei wird in der Buchhaltung geführt. Alle Warenzugänge sowie Warenabgänge sind hier festzuhalten. Gleichzeitig erfolgt eine Wertfeststellung des Warenbestands.

Lagerkarteikarte

Lagerort: Trockenlager Konserven
Waenbezeichnung: Bohnen (Konserve)
Warennummer: 56
Gebindegröße: 1/1
Preis je Gebinde: 0,90 €
Bestellmenge: 40 Dosen
Lieferant: Firma Meier

Mindestbestand: 5 Dosen
Meldebestand: 13 Dosen
Tagesverbrauch: 4 Dosen

Datum	Zugang	Abgang		Gesamtbestand	
		Menge	Verbraucher	Menge	Warenwert
01.05.				40	36,00 €
04.05.		10	Küche	30	27,00 €
08.05.		10	Küche	20	18,00 €
10.05.	40			60	54,00 €
12.05.		15	Küche	45	40,50 €
13.05.		10	Store 2	35	31,50 €
15.05.		12	Küche	23	20,70 €
16.05.		1	Abfall (Bombage)	22	19,80 €

Ein Vergleich der Daten der Lagerkarteikarte bzw. der Lagerdatei mit denen der Lagerfachkarte ermöglicht ein schnelles Erkennen von Abweichungen.

Berechnung des Sollbestands in der Systemgastronomie

In den Unternehmen der Systemgastronomie ist das Angebot in der Regel standardisiert und es fallen durch die Verwendung von Convenience-Produkten kaum Vor- oder Zubereitungsverluste an. Daher lassen sich mithilfe der Standardrezepturen und einer Verkaufsstatistik die Verbrauchsmengen ziemlich exakt berechnen. Diese können zur Ermittlung des Sollbestands direkt vom Lagerbestand abgezogen werden. Somit ergibt sich folgende Formel für die Berechnung des Sollbestands:

  Anfangsbestand
\+ Warenzugänge
− berechnete Verbrauchsmengen

= **Sollbestand**

Werden Waren z. B. aufgrund von Verderb oder Bruch entsorgt, muss ihre Entnahme ebenfalls dokumentiert werden.

Bestandteile einer Inventur

- Körperliche Inventur:
  Ermittlung der Art und Menge der einzelnen Bestände sowie deren Bewertung durch Zählen, Messen, Wiegen oder Schätzen
- Buchinventur:
  Erfassen aller nicht körperlichen Gegenstände, wie z. B. Bankguthaben, Forderungen, Verbindlichkeiten oder Schulden; hat für den Bereich Lager/Magazin keine Bedeutung
- Anlageninventur:
  Erfassung und Bewertung aller Anlagegüter, wie z. B. Einrichtungen, Maschinen, Büroausstattungen; erfasst alle Einrichtungsgegenstände des Lagers/Magazins

Gründe für Abweichungen zwischen Soll- und Istbeständen

- gelieferte Ware wurde nicht oder falsch erfasst
- Warenausgabe wurde nicht oder falsch erfasst
- Bruch oder Verderb wurden nicht eingetragen
- Standardrezepturen wurden nicht eingehalten
- von anderen oder an andere Filialen geliehene Produkte wurden nicht erfasst
- Personalessen wurde nicht erfasst
- Personalentnahme wurde nicht erfasst
- Diebstahl
- Rechenfehler
- Zählfehler bei der Inventur

Ermittlung des Istbestands

Der Istbestand ist die tatsächlich vorhandene Menge jedes Artikels. Er wird durch eine sogenannte „körperliche" Inventur ermittelt. Die Bestandsaufnahme erfolgt durch Zählen, Messen oder Wiegen der einzelnen Produkte. Eine Schätzung ist erlaubt, wenn eine exakte Bestandsaufnahme nicht möglich oder unwirtschaftlich ist, z. B. bei angebrochenen Verpackungen von Strohhalmen oder Servietten. Zur Durchführung einer körperlichen Inventur wird eine Inventurliste ausgedruckt. Diese enthält die zu zählenden Artikel mit Artikelnummer und Verpackungseinheit. Die erfassten Bestände werden in die Liste eingetragen.

Inventur

Jedes Unternehmen ist nach § 240 HGB (Handelsgesetzbuch) bzw. §§ 140 und 141 Abgabenverordnung dazu verpflichtet, mindestens einmal jährlich eine Inventur durchzuführen und ein Inventar zu erstellen. Durch eine Inventur wird festgestellt, welches Vermögen bzw. welche Schulden ein Unternehmen hat (siehe auch Kapitel 17.5.3).

Permanente Inventur

Eine besondere Form der Bestandsaufnahme ist die permanente Inventur. Bei ihr erfolgt die Ermittlung des Warenbestands durch eine laufende buchtechnische Bestandsfortschreibung.

Vergleich zwischen Soll- und Istbestand

Abschließend werden Soll- und Istbestände verglichen. Im Idealfall sind die Werte gleich. Ergeben sich Differenzen, werden sie als Zugang bzw. Abgang in der Lagerfachkarte und Lagerkarte vermerkt bzw. in der Lagerdatei verbucht und der Lagerbestand wird somit korrigiert. Der ermittelte Istbestand ist somit der neue Anfangsbestand. Abweichungen zwischen Soll- und Istbeständen sind aufzuklären.

Ermittlung des Warenverbrauchs bzw. des Wareneinsatzes und der Wareneinsatzquote

Nach der Inventur kann der **Verbrauch** der einzelnen Waren wie folgt berechnet werden:

	Anfangsbestand
+	Warenzugänge
–	Endbestand laut Inventur
=	**Warenverbrauch (inkl. Verlust)**

Vereinfachte Möglichkeit zur Berechnung des Warenverbrauchs
Warenverbrauch = Summe aller Lagerentnahmen

Aus dem Warenverbrauch kann nun der **Wareneinsatz** abgeleitet werden. Denn der Wareneinsatz ist nichts anderes als der Wert in € der verbrauchten Waren während einer Periode, berechnet auf Grundlage des jeweiligen Einstandspreises. Er berechnet sich entsprechend wie folgt:

	Anfangsbestand (Wert in €)
+	Warenzugänge (Wert in €)
–	Endbestand laut Inventur (Wert in €)
=	**Wareneinsatz (inkl. Verlust)**

Auch die Entsorgung von Waren muss dokumentiert werden

Daraus ergibt sich für die Berechnung der Wareneinsatzquote folgende Formel:

$$\textbf{Wareneinsatzquote (\%)} = \frac{\text{Wareneinsatz} \cdot 100}{\text{Nettoumsatz}}$$

10.5.5 Lagerkennzahlen

Die Lagerhaltung dient dazu, Unregelmäßigkeiten zwischen Beschaffung, Verarbeitung und Verkauf der Waren auszugleichen. Die Lagerbestände an den einzelnen Waren müssen groß genug sein, damit keine Störungen im Betriebsablauf auftreten. Je mehr Waren aber gelagert werden, umso höher sind die Lager- und Zinskosten. Ist der Lagerbestand zu groß, steigt zudem das Risiko, dass Waren verderben oder eventuell sogar abhandenkommen.

Um die Wirtschaftlichkeit der Lagerräume zu überprüfen, werden daher bestimmte Lagerkennzahlen berechnet. Mit ihrer Hilfe kann z. B. erkannt werden, ob die Lagerkosten zu hoch sind oder die Lagerdauer einzelner Produkte zu lang ist. Daraus abgeleitete Maßnahmen sind dann z. B. die Verkleinerung der Lagerräume bzw. die Veränderung der Bestellrhythmen oder Bestellmengen.

Lagerkennzahlen dienen dazu, die Wirtschaftlichkeit des Lagers zu beurteilen.

Die in der Gastronomie am meisten verwendeten Lagerkennzahlen sind:
- Mindestbestand
- Höchstbestand
- Meldebestand
- durchschnittlicher Lagerbestand
- Lagerumschlagshäufigkeit
- durchschnittliche Lagerdauer
- durchschnittliche Lagerkosten
- Kapitalbindung
- Lagerzinssatz

Mindestbestand

Um einen zu jeder Zeit störungsfreien Ablauf des Betriebsprozesses zu ermöglichen, ist ein Reservebestand der einzelnen Waren erforderlich. Dieser Reservebestand wird Mindestbestand oder auch **eiserne Reserve** genannt und ist die Menge an Vorräten, die mindestens immer vorhanden sein muss und normalerweise nicht unterschritten werden darf. Sie dient allein dazu, Waren für eventuelle Notfälle bereitzuhalten, z. B. wenn sich die neue Lieferung verzögert oder wenn der tatsächliche Verbrauch beträchtlich größer ist als der geplante. Die optimale Höhe der eisernen Reserve lässt sich nicht berechnen, sondern nur aufgrund von Erfahrungswerten schätzen. Sie sollte regelmäßig überprüft und gegebenenfalls korrigiert werden. Der Mindestbestand sollte aber keinesfalls zu hoch angesetzt werden, da er permanent Lagerkosten verursacht, das im eisernen Bestand gebundene Kapital praktisch stillliegt und keinen Ertrag bringt.

Höchstbestand

Der Höchstbestand einer Ware ist von ihrer Haltbarkeit, ihrer Lagerfähigkeit und der Größe der vorhandenen Lagerfläche abhängig. Auch er kann aufgrund von Erfahrungswerten nur geschätzt werden. In der Regel wird er beim Eintreffen neuer Waren erreicht.

Eine Überschreitung des Höchstbestands ist meistens mit zusätzlichen Kosten verbunden, da beispielsweise neue Lagerflächen angemietet werden müssen oder Ware bis zum Abverkauf an Wert oder Qualität verliert bzw. sogar verderben kann.

Beispiel:
Berechnung des Meldebestands
Liegt der Mindestbestand bei 5 Konservendosen Bohnen, der durchschnittliche Tagesverbrauch bei 4 Dosen und die erwartete Beschaffungszeit bei 2 Tagen, ergibt sich folgender Meldebestand:
5 Dosen + (2 Tage · 4 Dosen pro Tag) = 13 Dosen
Sind nur noch 13 Konservendosen Bohnen im Lager, muss also spätestens bestellt werden.

Meldebestand

Dies ist der Lagerbestand, bei dessen Erreichen spätestens bestellt werden muss. Er muss so bemessen sein, dass es in der Zeit zwischen Bestellung und Lieferung der Waren weiterhin möglich ist, zu produzieren und zu verkaufen. Der Meldebestand besteht also aus dem Bedarf während der Beschaffungszeit und der eisernen Reserve. Aus diesen Überlegungen ergibt sich folgende Formel:

Meldebestand =
Mindestbestand + (Beschaffungszeit · Ø Tagesverbrauch)

Hier zeigt sich noch einmal ganz deutlich die Funktion des Mindestbestands. Denn sollte sich z.B. die Lieferzeit verzögern oder sollte sich während der Beschaffungszeit der durchschnittliche Tagesverbrauch erhöhen, kann der Betrieb dennoch so lange die Produktion und den Verkauf fortsetzen, bis die eiserne Reserve aufgebraucht ist. Der Meldebestand ist insbesondere dann von Bedeutung, wenn die Bestellungen nach dem Bestellzeitpunktverfahren erfolgen (siehe Kapitel 10.2.3).

Durchschnittlicher Lagerbestand

Der durchschnittliche Lagerbestand gibt an, wie viel von einer Ware sich theoretisch zu jedem Zeitpunkt durchschnittlich im Lager befindet. Für seine Berechnung gibt es folgende Formeln:

Formel im Zusammenhang mit der Jahresinventur:

$$\textbf{Ø Lagerbestand} = \frac{\text{Anfangsbestand + Endbestand}}{2}$$

Formel im Zusammenhang mit monatlichen Inventuren:

$$\textbf{Ø Lagerbestand} = \frac{\text{Anfangsbestand + 12 Monatsendbestände}}{13}$$

Allgemein gilt:

$$\textbf{Ø Lagerbestand} = \frac{\text{Bestand 1 + Bestand 2 + Bestand 3 + ... + Bestand N}}{\text{N}}$$

Manchmal sind nicht nur konkrete Lagerbestände für ein bestimmtes Produkt interessant, sondern der gesamte Warenwert, der sich durchschnittlich im Lager befindet.

Die Ermittlug des gesamten durchschnittlichen Lagerwerts erfolgt dabei in gleicher Weise mit folgender Formel:

$$\textbf{Ø Lagerwert} = \frac{\text{Lagerwert 1 + Lagerwert 2 + Lagerwert 3 + ... + Lagerwert N}}{\text{N}}$$

Der errechnete Wert spiegelt umso genauer die Realität wider, je häufiger gezählt wird.

Wird im Rahmen des **Bestellzeitpunktverfahrens** immer die **gleiche Menge** bestellt, kann mit folgender Formel gerechnet werden:

$$\textbf{Ø Lagerbestand} = \frac{\text{Bestellmenge}}{2} + \text{Mindestbestand}$$

Beispiel: Berechnung des durchschnittlichen Lagerbestands

Folgende Bestände wurden im Laufe eines Jahres für das Produkt „Konservendose Bohnen" ermittelt:

Datum der Zählung	Lagerbestand
1. Januar	50 Dosen
31. März	65 Dosen
30. Juni	45 Dosen
30. September	70 Dosen
31. Dezember	70 Dosen

Somit ergibt sich ein durchschnittlicher Lagerbestand von

$$\frac{(50 + 65 + 45 + 70 + 70)}{5} = 60 \text{ Dosen}$$

60 Dosen befinden sich durchschnittlich im Lager.

Beispiel: Berechnung des durchschnittlichen Lagerwerts

Datum der Ermittlung	Lagerbestand (Warenwert)
1. Januar	1.200 €
31. März	1.400 €
30. Juni	1.100 €
30. September	1.700 €
31. Dezember	1.600 €

Somit ergibt sich ein durchschnittlicher Lagerwert von

$$\frac{(1200\text{ €} + 1400\text{ €} + 1100\text{ €} + 1700\text{ €} + 1600\text{ €})}{5} = 1.400\text{ €}$$

1.400 € sind durchschnittlich in Form von Lagerbeständen gebunden.

Lagerumschlagshäufigkeit

Die Lagerumschlagshäufigkeit gibt an, wie oft innerhalb einer bestimmten Periode der durchschnittliche Lagerbestand umgeschlagen wurde, d.h. wie oft er komplett aus dem Lager entnommen und wieder ersetzt wurde.

Somit ergeben sich folgende Formeln für die Lagerumschlagshäufigkeit:

$$\textbf{Lagerumschlagshäufigkeit} = \frac{\text{Warenverbrauch innerhalb einer Periode}}{\text{Ø Lagerbestand in der Periode}}$$

$$\textbf{Lagerumschlagshäufigkeit (bezogen auf 1 Jahr)} = \frac{\text{360 Tage} \cdot \text{Ø Tagesverbrauch}}{\text{Ø Lagerbestand pro Jahr}}$$

Beispiel:
Berechnung der Lagerumschlagshäufigkeit mithilfe der Warenmenge
durchschnittlicher Tagesverbrauch: 5 Konservendosen Bohnen
durchschnittlicher Lagerbestand: 60 Dosen
Lagerumschlagshäufigkeit:

$$\frac{(5 \cdot 360)}{60} = 30$$

Der Lagerbestand wurde in einem Jahr also 30-mal umgeschlagen.

Auch bei der Lagerumschlagshäufigkeit kann statt mit konkreten Zahlen für die Bestände der einzelnen Waren mit dem gesamten Warenwert, der im Lager gebunden ist, gerechnet werden. Damit gilt entsprechend folgende Formel:

$$\textbf{Lagerumschlagshäufigkeit (Wert)} = \frac{\text{Wareneinsatz innerhalb einer Periode}}{\text{Ø Lagerwert in der Periode}}$$

Beispiel:
Berechnung der Lagerumschlagshäufigkeit mithilfe des Warenwerts
gesamter Wareneinsatz im Jahr: 42.000 €
durchschnittlicher Lagerwert: 1.400 €
Lagerumschlagshäufigkeit:

$$\frac{42.000\ €}{1.400\ €} = 30$$

Der Lagerbestand wurde in einem Jahr also 30-mal umgeschlagen.

> Der Wareneinsatz berechnet sich aus den Einstandspreisen ohne Mehrwertsteuer, aber inklusive Verpackungs- bzw. Transportkosten.

Durchschnittliche Lagerdauer

Die durchschnittliche Lagerdauer gibt die Zeitspanne an, wie viele Tage sich die Ware zwischen Lieferung und Verbrauch durchschnittlich im Lager befindet. Sie errechnet sich nach folgender Formel:

$$\textbf{Ø Lagerdauer} = \frac{\text{360 Tage}}{\text{Lagerumschlagshäufigkeit}}$$

Beispiel:
Berechnung der durchschnittlichen Lagerdauer
Bei den Konservendosen Bohnen ergibt sich beim Einsetzen der oben errechneten Werte folgende durchschnittliche Lagerdauer:

$$\frac{\text{360 Tage}}{30} = \text{12 Tage}$$

Eine Dose befindet sich durchschnittlich 12 Tage im Lager.

> Eine Erhöhung der Umschlagshäufigkeit hat immer eine Verkürzung der Lagerdauer zur Folge.

Eine Verkürzung der Lagerdauer für ein Produkt bedeutet:

- Verringerung des notwendigen Kapitalbedarfs und Einsparung von Zinskosten
- bessere Anpassung an Marktveränderungen
- Erhöhung der Wirtschaftlichkeit und der Rentabilität

Durchschnittliche Lagerkosten

Die durchschnittlichen Lagerkosten geben an, wie viel von den gesamten Lagerkosten auf ein Produkt entfallen. Zur Berechnung der durchschnittlichen Lagerkosten wird folgendermaßen vorgegangen:

1. Berechnung der gesamten Lagerkosten

Die gesamten Lagerkosten setzen sich aus den Kosten für die Lagerräume, die Kosten für die Lagerbestände, die Kosten für die Pflege und Behandlung der Lagerbestände und die Kosten für die Lagerverwaltung zusammen.

2. Berechnung der Lagerstückkosten

Die gesamten Lagerkosten müssen nun auf ein Stück einer Ware runtergerechnet werden. Als Verrechnungsgröße wird in der Regel der Platzbedarf des entsprechenden Lagerguts herangezogen. Somit ergibt sich folgender Rechenweg:

$$\textbf{theoretischer Höchstbestand des Lagerguts} = \frac{\text{gesamte Lagerfläche}}{\text{Fläche des Lagerguts}}$$

$$\textbf{Lagerstückkosten} = \frac{\text{gesamte Lagerkosten}}{\text{theoretischer Höchstbestand}}$$

3. Berechnung der durchschnittlichen Lagerkosten, die auf ein Produkt entfallen

Die durchschnittlichen Kosten berechnen sich dann wie folgt:

$$\textbf{Ø Lagerkosten} = \text{Lagerstückkosten} \cdot \text{Ø Lagerbestand}$$

Beispiel: Berechnung der durchschnittlichen Lagerkosten

monatliche Lagerkosten: 200 € → gesamte Lagerkosten pro Jahr: 2.400 €

Größe der zur Verfügung stehenden Lagerfläche: 100 m²

notwendige Lagerfläche für eine Konservendose Gemüse: 50 cm²

theoretischer Höchstbestand:

$$\frac{100\ \text{m}^2}{50\ \text{cm}^2} = \frac{1\,000\,000\ \text{cm}^2}{50\ \text{cm}^2} = 20\,000\ \text{Dosen}$$

Lagerstückkosten:

$$\frac{2.400\ €}{20\,000\ \text{Dosen}} = 0{,}12\ €\ \text{je Dose}$$

durchschnittliche Lagerkosten:

0,12 € je Dose · 60 Dosen = 7,20 €

Kapitalbindung

Die Kapitalbindung gibt an, wie viel Geld in Form von Ware im Lager gebunden ist. Sie wird entweder für die gesamten Lagerbestände ermittelt oder für einzelne Produkte. Auch hier besteht der Rechenweg aus zwei Schritten.

1. Berechnung des durchschnittlichen Einstandspreises

$$\textbf{Ø Einstandspreis} = \frac{\text{Einstandspreis 1} + \text{Einstandspreis 2}}{2}$$

2. Berechnung der Kapitalbindung (für ein Produkt)

$$\textbf{Kapitalbindung} = \text{Ø Einstandspreis} \cdot \text{Ø Lagerbestand}$$

Beispiel: Berechnung der Kapitalbindung

Warenwert am 1. Januar:
40,00 € für 50 Dosen
→ pro Dose: 0,80 €

Warenwert am 31. Dezember:
70,00 € für 70 Dosen
→ pro Dose: 1,00 €

durchschnittlicher Einstandspreis je Dose: $\frac{(0{,}80\ € + 1{,}00\ €)}{2} = 0{,}90\ €$

Kapitalbindung für die Konservendosen: 0,90 € je Dose · 60 Dosen = 54,00 €

Lagerzinsen

Die Lagerzinsen geben an, wie viel Zinsen durch das in den Waren gebundene Kapital während der Lagerung entstehen bzw. dem Unternehmen entgehen.

$$\textbf{Lagerzinsen} = \frac{\text{Kapitalbindung} \cdot \text{Zinssatz} \cdot \text{Ø Lagerdauer}}{100 \cdot 360}$$

Beispiel: Berechnung der Lagerzinsen

Kapitalbindung durch die Konservendosen Gemüse: 54,00 €

angenommener Lagerzinssatz: 8 %

durchschnittliche Lagerdauer: 12 Tage

Lagerzinsen =

$$\frac{54{,}00\ € \cdot 8\ \% \cdot 12}{100 \cdot 360} = 0{,}144\ €$$

10.6 Warenwirtschaftssysteme

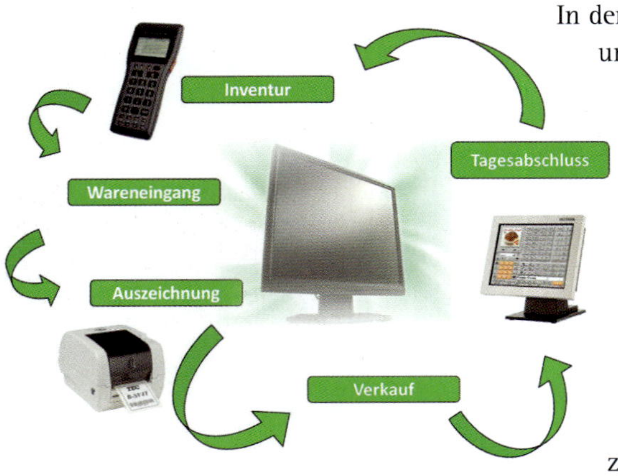

Umfassendes Warenwirtschaftssystem

In der Systemgastronomie erfolgt die Warenwirtschaft heute meistens unter Einsatz computergestützter Warenwirtschaftssysteme. Mit diesen Systemen können alle Warenbewegungen im Unternehmen erfasst und verfolgt werden (siehe links). Außerdem ist eine zielorientierte Verarbeitung aller warenbegleitenden Daten möglich.

Durch eine umfassende Datenspeicherung sowie eine hohe Datenaktualität und eine unternehmensweite Vernetzung aller wichtigen Teilbereiche können die notwendigen Daten zu jeder Zeit detailliert an unterschiedlichen Stellen abgerufen und problemlos ausgewertet werden. Somit können zeitnahe Entscheidungen getroffen und geeignete Maßnahmen eingeleitet werden. Gleichzeitig ist es möglich, Veränderungen, z. B. bei Preisen oder Lieferkonditionen, zentral zu erfassen, neue Produkte unternehmensweit zu integrieren oder auch nur den Schriftverkehr (z. B. bei Bestellungen oder Reklamationen) elektronisch durchzuführen.

10.7 Warenwirtschaft im System

Die Warenwirtschaft in der Systemgastronomie ist wie die anderen Teilbereiche weitestgehend standardisiert. Beschaffungsstruktur, Beschaffungsart und Bestellverfahren sind durch die Zentrale festgelegt, ebenso die Art und Qualität der zu beschaffenden Artikel und auch die Lieferanten, über die diese Produkte bezogen werden müssen. Nur bei wenigen Artikeln haben die einzelnen Filialen bzw. Franchise-Partner die Möglichkeit, den Lieferanten selbst zu wählen bzw. unabhängig von der Zentrale die Ware zu beschaffen. Auch die Einkaufspreise und sonstige Liefer- und Zahlungsbedingungen sind von der Zentrale mit den Lieferanten ausgehandelt.

Oft sind Logistikunternehmen zwischengeschaltet, die die Bestellungen vieler Filialen bzw. der einzelnen Franchise-Partner bündeln und die Artikel zentral einkaufen und lagern. Dies macht günstigere Einkaufspreise möglich. Gleichzeitig werden Bestell- und Lagerkosten verringert.

Die Warenannahme, Warenlagerung und die Warenausgabe dagegen obliegen weitestgehend den Filialen bzw. den einzelnen Franchise-Partnern. Allerdings gibt es auch hier Vorgaben seitens der Zentrale, z. B. in Bezug auf Hygiene oder Schädlingsbekämpfung oder bei der Wartung und gegebenenfalls Instandhaltung der für die Lagerung notwendigen Mittel und Geräte.

Durch den Einsatz von Warenwirtschaftssystemen sind Systemzentrale und Filiale bzw. Franchise-Partner zudem permanent vernetzt, sodass eine Kontrolle wichtiger Kennziffern durch die Zentrale und ein Vergleich untereinander weitestgehend gewährleistet sind.

Anforderungen an ein Warenwirtschaftssystem in Bezug auf mögliche Module und Bereiche

Modul	Bereiche	Anforderungen
Einkauf	Angebotsverwaltung	▪ Produktliste mit dazugehörenden Artikelnummern ▪ Lieferantendatei mit Übersicht z. B. über Gebindegrößen, Preise und Lieferkonditionen
	Bestellwesen	▪ Berechnung von optimalen Bestellmengen ▪ Abwicklung und Überwachung von Bestellvorgängen ▪ statistische Auswertung von Bestellungen
Waren-eingang	Warenannahme und Warenkontrolle	▪ Erfassung der Lieferscheindaten und Abgleich mit Bestelldaten ▪ Erfassung der gelieferten Waren nach Art, Menge und MHD ▪ Zuordnung der Waren zu einzelnen Kostenstellen
	Reklamation	▪ Abwicklung von Reklamationsvorgängen und Überprüfung ihrer Umsetzung
	Rechnungsprüfung und Rechnungs-begleichung	▪ Erfassen der Rechnung ▪ Abgleich von Lieferdaten, Bestelldaten und Rechnungsdaten ▪ Überprüfung der Zahlungsbedingungen ▪ Zusammenfassung von Rechnungen zu Sammelrechnungen ▪ Listung der zu zahlenden Rechnungen ▪ Abwicklung der Zahlungsvorgänge
Lager-wirt-schaft	Erfassung und Aus-zeichnung der Waren	▪ Erfassung der Waren in Wareneingangsbuch und Lagerkartei ▪ Erstellung von Etiketten für die einzelnen Produkte nach deren Artikelnummern
	Lagerplatzverwaltung und Lagerbestands-führung	▪ Zuordnung der Waren zu Lagerplätzen; Optimierung der Lagerplatzsteuerung ▪ Überprüfung des FiFo-Prinzips und der Einhaltung des MHDs ▪ Berechnung der Lagerkennzahlen
	Inventurabwicklung	▪ Fortschreiben der Warenbestände (permanente Inventur) ▪ Erstellung von Inventurlisten ▪ Soll-Ist-Vergleich
Pro-duktion	Rezepturverwaltung	▪ Erstellen von Standardrezepturen für die einzelnen Produkte ▪ Berechnung von Schwund oder Verlusten ▪ Berechnung von Einkaufsmengen
	Kalkulation	▪ Errechnung des Wareneinsatzes ▪ Ermittlung des Netto- und Bruttoverkaufspreises ▪ Ermittlung des Kalkulationsfaktors ▪ Ermittlung des Deckungsbeitrags bzw. des Break-even-Points
Verkauf	Verwaltung verkaufs-relevanter Daten	▪ Produktliste ▪ Preiserstellung für Produkte ▪ Umsatzaufgliederung bei Menüpreisen ▪ Listung möglicher Sonderkonditionen
	Umsatzerfassung	▪ Anzahl der verkauften Produkte je Kassenplatz ▪ Umsatz je Kassenplatz und Umsatz total ▪ Umsatz je Artikelgruppe bzw. je Artikel ▪ Durchschnittsbon ▪ Berechnung von Absatzveränderungen ▪ Trendberechnungen
	Sonder-veranstaltungen	▪ Planung und Durchführung von Aktionen

10.8 Let's think about ... ordering goods/stock!

Sie absolvieren zurzeit einen Teil Ihrer Ausbildung in der Systemzentrale der Firma *Eat Supreme* (Konkordiastraße 2, 43210 Düsseldorf), die Restaurants mit Gerichten der anspruchsvolleren Küche betreibt. Zusammen mit Ihrem Ausbilder besuchen Sie die ProWein-Messe. Dort fällt Ihnen beiden ein Stand der amerikanischen *Alabama Wine Estate Cooperation* auf, die hochwertige Weine anbietet. Sie verkosten einen Wein des *Hare's Creek Vineyard* aus Huntsville und äußern dem Vertreter Ian Beakes gegenüber Ihr Interesse an weiteren Weinen dieses Weinguts. Er bietet Ihnen an, Ihnen eine größere Auswahl zukommen zu lassen. Sie hinterlassen Ihre Visitenkarte.

Vier Wochen später erhalten Sie die folgende E-Mail.

Von:	Hare's Creek Vineyard, Beakes
An:	Eat Supreme, Jürte Haaner
Betreff:	wine samples
Datum:	2013-05-17, 19:25 Uhr

Dear Mr Haaner:

I hope you remember our most pleasant talk during the ProWein in Duesseldorf in the course of which you showed a certain interest in our products. I would now like to renew my offer to send you samples of our products. I could put together a case with a representative selection of our best wines.
Please let me know if you are still interested in our offer.

Truly yours
Ian Beakes

Ihr Ausbilder bittet Sie, einen ersten Entwurf für ein Antwortschreiben zu verfassen.

1. **Formulieren Sie ein Antwortschreiben an die Firma *Hare's Creek Vineyard* (harescreek@vineyard.com), in dem Sie mitteilen, dass Ihre Firma das Angebot annehmen möchte. Sie erklären, dass Sie davon ausgehen, dass das Angebot kostenfrei für Sie ist. Weiterhin erkundigen Sie sich nach den Zahlungs- und Lieferbedingungen sowie Rabatten und Skonti im Falle einer Bestellung im Wert von 1 500 Euro.**

Zwei Wochen später trifft die Weinlieferung ein, der auch Informationen über die AGB auf Englisch beiliegen.

2. Ihr Ausbilder bittet Sie, die wichtigsten Fakten zu den Lieferbedingungen auf Deutsch zusammenzufassen.

Shipping Information

Most orders ship within 2–4 business days of when you place your order. A small percentage of items require a longer ship-out time. On rare occasions we may face an unforeseen delay in shipping your order and in that case, we will notify you by email. Depending on your location, the shipment can take anywhere from 1–5 business days additional in transit. We cannot guarantee any shipments by a specific date, nor will be held responsible for any shipping instructions given on an order. We will do our best to accommodate the customer in any way.

Shipping & handling rates include the cost of cardboard boxes and foam inserts to insulate and protect your wines plus labor and all charges levied by carriers. Please note: Free shipping promotions exclude all international orders.

Harescreekvineyard.com automatically provides insurance for each order placed online at no additional cost. Our insurance policy protects our customers from any damage or lost packages during transit.

If you order from us, you are representing to us that you are at least 21 years of age and that the person to whom the order is being shipped is also at least 21 years of age. An adult signature will be REQUIRED upon delivery. Title to all items you order passes to you as soon as it leaves our doors; it is up to you to know the relevant laws in your state.

It is the customer's responsibility to be present at the time of delivery for an adult signature. If no one is available to receive the package, a subsequent attempt to deliver will be made. Whenever possible, we encourage you to use a commercial business address to assure the fastest delivery time. If subsequent attempts are unsuccessful, your order will be returned to *harescreekvineyard.com*. The customer will be required to incur the cost of shipping and handling, regardless of the customer deciding to cancel the order.

In the event that you have to return the merchandise, please re-pack the items in its original shipped packing to ensure safe return. Upon arrival at the *harescreekvineyard.com* warehouse all returned items are inspected. You will be refunded the full cost of the merchandise and all shipping charges if your return is a result of our error.

If the return is not a result of our error and your item is returned unopened within 30 days of delivery, we will grant a credit of up to 85 % of the item's value minus the original shipping charge and actual return shipping fees.

Expect to receive the refund within four weeks from shipping your return to *harescreekvineyard.com*. We will notify you via email with the details of your refund. You will receive your refund via the form of payment that you used.

10.9 Aufgaben

1 | Sie wollen in Ihrem Unternehmen ein neues Produktsegment einführen.
a) Geben Sie fünf Möglichkeiten an, wie Sie Lieferanten für Ihre neuen Produkte ausfindig machen. Erläutern Sie jeweils die Vorteile dieser Möglichkeiten.
b) Nennen und erläutern Sie stichpunktartig zehn unterschiedliche Kriterien, die für Sie bei einem Angebotsvergleich der infrage kommenden Lieferanten wichtig sind.

2 | a) Welche Beschaffungsarten kennen Sie? Erklären Sie diese kurz.
b) Beschreiben Sie, wie in Ihrem Unternehmen Bestellungen ablaufen
- für leicht verderbliche Produkte,
- für Non-Food-Artikel.

3 | Unterscheiden Sie die verschiedenen
a) Rabattarten und
b) Zahlungsbedingungen.

4 | Definieren Sie folgende Begrifflichkeiten:
a) „Lieferung frei Haus"
b) „Lieferung unfrei Köln Güterbahnhof"
c) „Verpackung leihweise"
d) „brutto für netto"

5 | Was ist eine ABC-Analyse? Welchen Zweck erfüllt sie?

6 | a) Erklären Sie den Begriff „optimale Bestellmenge".
b) Benennen und erläutern Sie Einflussfaktoren für die Berechnung der optimalen Bestellmenge.

7 | a) Wann kommt ein Kaufvertrag zustande? Geben Sie Beispiele an.
b) Wann ist ein Kaufvertrag rechtsunwirksam bzw. wann kann er angefochten werden?
c) Zeigen Sie die Rechte und Pflichten auf, die sich für Verkäufer und Käufer aus einem Kaufvertrag ergeben.

8 | a) Erläutern Sie die Merkmale eines Leasingvertrags.
b) Welche Vor- und Nachteile hat er für den Leasingnehmer?

9 | Stellen Sie die Aufgaben/Funktionen zusammen, die das Lager/Magazin innerhalb eines Betriebs übernimmt.

10 | a) Welche Arten von Lagerräumen kennen Sie?
b) Beschreiben Sie die Einrichtung dieser Lagerräume.
c) Führen Sie die jeweils geltenden Lagerbedingungen auf.
d) Welche Waren sind dort jeweils verräumt?

11 | Definieren Sie die verschiedenen Aufgaben eines Magazinverwalters.

12 | a) Erläutern Sie das Vorgehen bei einer Warenannahme.
b) Erstellen Sie hierzu eine Checkliste.

13 | a) Was ist eine „Inventur" und welche Ziele liegen ihr zugrunde?
b) Beschreiben Sie stichpunktartig, wie eine Inventur abläuft.

14 | Bei dem Artikel „Mexikaner-Eintopf" liegt zu Beginn des Jahres der Anfangsbestand bei 50 Dosen im Gesamtwert von 35,00 €. Der durchschnittliche Tagesverbrauch liegt bei 5 Dosen. Die Lieferzeit beträgt 2 Tage und der Mindestbestand beträgt 6 Dosen.
Am 28.2 wurden 45 Dosen, Ende April 55 Dosen, Ende Juni 40 Dosen, Ende August 55 Dosen, Ende Oktober 45 Dosen gezählt. Die Inventur am Ende des Jahres ergab einen Bestand von 60 Dosen mit einem Gesamtwert von 54,00 €.
Eine Dose benötigt im Regal eine Gesamtfläche von 250 cm^2. Im Trockenlager steht eine Gesamtlagerfläche von 300 m^2 zur Verfügung. Es fallen halbjährliche Lagerkosten in Höhe von 1.200,00 € an.
Berechnen Sie folgende Lagerkennzahlen:
- den Meldebestand
- den Ø Lagerbestand
- die Lagerumschlagshäufigkeit
- die Ø Lagerdauer
- die Ø Lagerkosten
- die Ø Kapitalbindung

11 Ernährungsphysiologische Grundlagen

- Nahrungsinhaltsstoffe
- Stoffwechsel
- Nährstoff- und Energiebedarf
- Ernährungsformen
- Lebensmittelallergien, Lebensmittelunverträglichkeiten, Diabetes mellitus

11.1 Nahrungsinhaltsstoffe

11.1.1 Einteilung und Funktionen

Basisverordnung EU 178/2002
eur-lex.europa.eu

Im rechtlichen Sinn sind Lebensmittel alle Stoffe oder Erzeugnisse, die dazu bestimmt sind, in verarbeitetem, teilweise verarbeitetem oder unverarbeitetem Zustand von Menschen aufgenommen zu werden.

Lebensmittel enthalten in unterschiedlicher Zusammensetzung verschiedene Inhaltsstoffe, die im menschlichen Körper spezifische Aufgaben übernehmen. Eine Übersicht vermittelt folgende Tabelle:

Einteilung der Nahrungsinhaltsstoffe

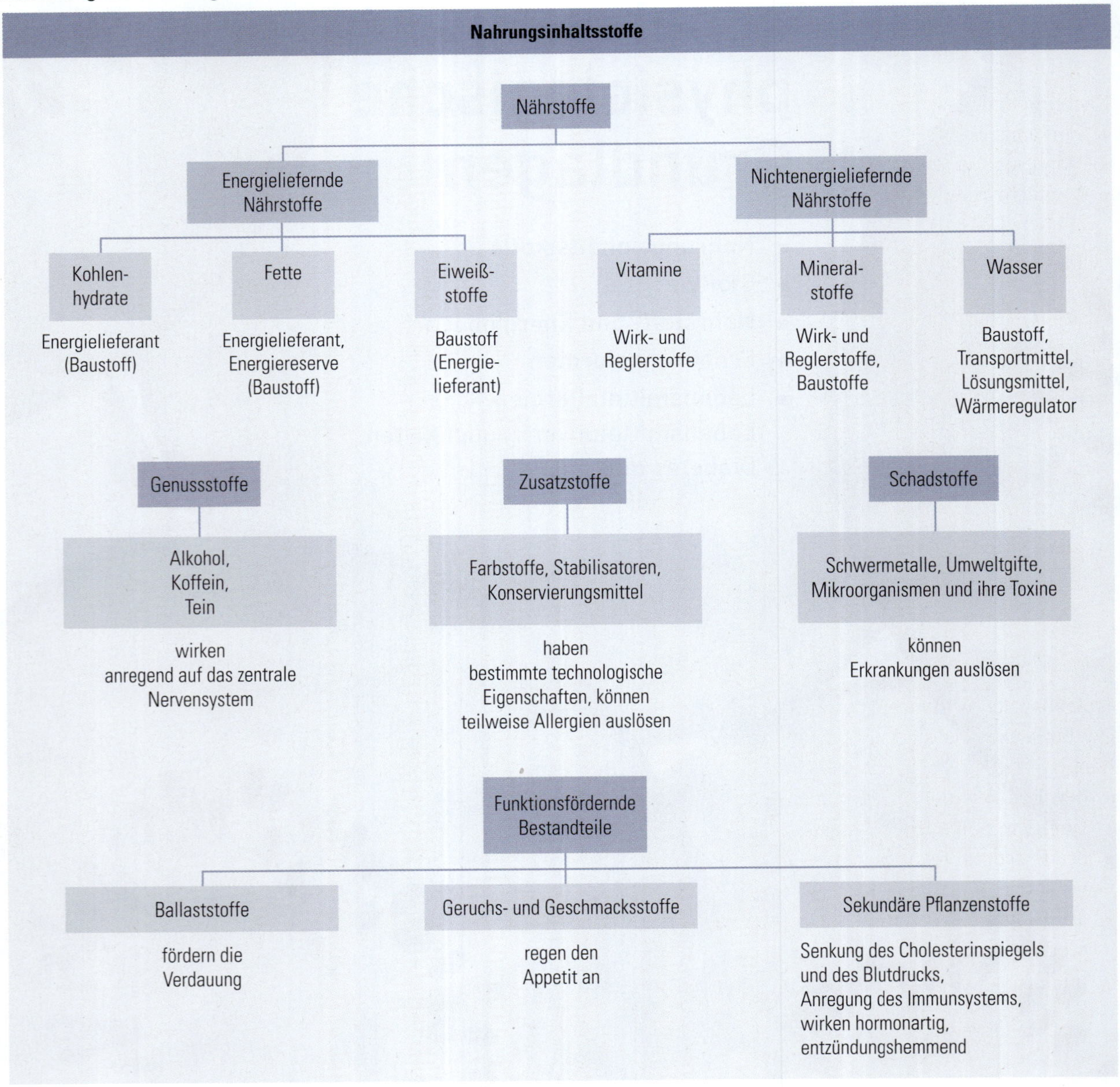

> Diejenigen Nährstoffe, die nicht durch andere ersetzt werden können und nicht vom Körper aufgebaut werden können, werden als essenziell bezeichnet. Da sie lebensnotwendig sind, müssen sie mit der Nahrung zugeführt werden. Hierzu gehören die essenziellen Fettsäuren, die essenziellen Aminosäuren, die Vitamine und die Mineralstoffe.

11.1.2 Kohlenhydrate

Kohlenhydrate (Saccharide) sind der in unserer Nahrung mengenmäßig am häufigsten vorkommende Nährstoff. Alle Kohlenhydrate bestehen aus den Elementen Kohlenstoff, Sauerstoff und Wasserstoff. Diese Elemente sind spezifisch miteinander verbunden und bedingen so den chemischen Aufbau der Kohlenhydrate.

Lebensmittel mit einem hohen Gehalt an Vielfachzuckern

Nach ihrem chemischen Aufbau werden die Kohlenhydrate eingeteilt in:
- Einfachzucker (Monosaccharide)
- Doppelzucker (Disaccharide)
- Vielfachzucker (Polysaccharide)

Einteilung der Kohlenhydrate									
Chemischer Aufbau				**Funktion**			**Vorkommen**		
Monosaccharide	**Disaccharide**	**Oligosaccharide**	**Polysaccharide**	**Brennstoff, Energielieferant**	**Energiespeicher**	**Ballaststoffe**	**Pflanzliche Kohlenhydrate**	**Tierische Kohlenhydrate**
Glucose Fructose Galaktose	Saccharose Maltose Laktose	Dextrine	Stärke Glykogen Cellulose Pektin	Alle Kohlenhydrate außer den Ballaststoffen	Stärke Glykogen	Cellulose Pektin	Glucose Fructose Saccharose Maltose Stärke Cellulose Pektin	Galaktose Laktose Glykogen

Einfachzucker (Monosaccharide)

Die Einfachzucker sind die Grundbausteine aller Saccharide. Zu ihnen gehören:
- der **Traubenzucker** (Glucose), der vor allem in süßen Früchten und Honig, in Süßigkeiten und süßen Getränken vorkommt,
- der **Fruchtzucker** (Fructose), der ebenso in süßen Früchten und Honig vorkommt,
- der **Schleimzucker** (Galaktose), der sich vor allem in Milch und Milchprodukten befindet.

Lebensmittel mit einem hohen Gehalt an Einfach- und Doppelzuckern

Glucose — Fructose — Galaktose

Saccharose (Rüben- oder Rohrzucker)

Maltose (Malzzucker)

Laktose (Milchzucker)

Doppelzucker (Disaccharide)

Die Zweifachzucker bestehen – wie der Name bereits sagt – aus zwei **chemisch** miteinander **verbundenen** Einfachzuckern. Zu den Disacchariden in unserer Nahrung gehören:

- der **Rohr- oder Rübenzucker** (Saccharose), unser „Haushaltszucker“, der in fast allen gesüßten Lebensmitteln vorhanden ist,
- der **Malzzucker** (Maltose), der in keimendem Getreide und z.B. in Malzbonbons vorkommt,
- der **Milchzucker** (Laktose), der sich in Milch und Milchprodukten befindet.

Küchentechnische Eigenschaften der Mono- und Disaccharide

Mono- und Disaccharide haben folgende Eigenschaften:

- Sie schmecken süß; dabei ist der Fruchtzucker der am stärksten, der Milchzucker der am schwächsten süß schmeckende Zucker.
- Sie lösen sich in Wasser oder in einer wässrigen Flüssigkeit; die Löslichkeit ist umso besser, je wärmer die Flüssigkeit bzw. je feinkörniger der Zucker ist.
- Sie sind Wasser anziehend (hygroskopisch) und senken daher in den Lebensmitteln den Gehalt an freiem Wasser (siehe Kapitel 7.1.4), den sogenannten a_w-Wert; dadurch kann die Haltbarkeit der Lebensmittel verlängert werden.
- Sie können durch Hefen oder Milchsäurebakterien vergoren werden; Hefen zerlegen den Zucker in Alkohol und Kohlenstoffdioxid; die Gärung ist erwünscht bei der Herstellung von Hefeteigen, Bier oder Wein, unerwünscht bei Marmeladen, Fruchtsäften oder Kompotten. Milchsäurebakterien verwandeln den Milchzucker in Milchsäure; dies wird bei der Herstellung von Sauermilchkäse, Butter oder Sauerteig genutzt.
- Sie können beim Erhitzen schmelzen; hierbei verändern sie ihre Farbe (braun) und ihren Geschmack (karamellartig).

Zuckercouleur

Wird sehr dunkler Karamell mit Wasser verkocht, entsteht Zuckercouleur, der zum Färben von Saucen oder Cremes verwendet werden kann.

Maillard-Reaktion

Wenn beim Erhitzen Monosaccharide mit Aminosäuren (Grundbaustoffe der Eiweiße) miteinander reagieren (sogenannte Maillard-Reaktion), entstehen verschiedene Röststoffe. Diese verleihen den Lebensmitteln eine braune Farbe und einen leicht bitteren Geschmack, z.B. die Bratenkruste von Fleisch oder Panade.

Vielfachzucker (Polysaccharide) und ihre küchentechnischen Eigenschaften

Polysaccharide bestehen aus vielen bis sehr vielen (10–50000) chemisch miteinander verbundenen Monosaccharidbausteinen. Einige Polysaccharide kann der Mensch nicht verdauen. Diese werden als Ballaststoffe bezeichnet. Zu den verdaulichen Polysacchariden in unserer Nahrung gehören:

- **Stärke:** Sie besteht aus Glucosebausteinen, die miteinander entweder als einfache Kette (Amylose) oder als Kette mit Verzweigungen (Amylopektin) verbunden sind. Stärke befindet sich in fast allen Pflanzen und dient ihnen als Energiespeicher. Lebensmittel, die vor allem Stärke enthalten, sind Getreide und Getreideprodukte, Kartoffeln, Hülsenfrüchte und Gemüse. Stärke schmeckt neutral (nicht süß) und ist in kaltem Wasser unlöslich; in warmem Wasser quillt sie auf und verkleistert ab etwa 70 °C. Daher ist sie als Bindemittel nutzbar.
- **Glykogen:** Es wird oft auch als tierische Stärke bezeichnet und ähnelt im Aufbau dem Amylopektin, ist jedoch stärker verzweigt. Es findet sich in geringen Mengen in Muskeln und in etwas größeren Mengen in der Leber, da es wie die Stärke als Reservestoff dient.

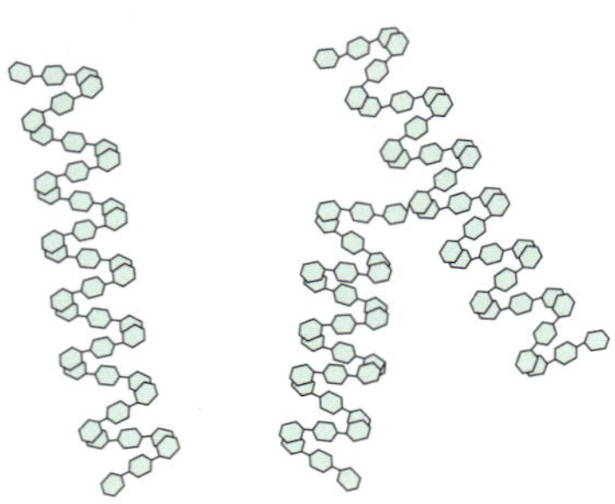
Amylose und Amylopektin

- **Dextrine:** Dextrine kommen in der Natur nicht vor. Sie sind Abbauprodukte der Stärke und entstehen bei trockener Hitze (über 150 °C) in der Kruste von Gebäcken und Brot sowie in Mehlschwitzen. Sie haben einen nur noch schwach süßlichen Geschmack und können sich in Wasser lösen. Dem Gebäck geben sie die Farbe und den Geschmack.

Dextrinbildung in der Gebäckkruste

Die unverdaulichen Polysaccharide werden **Ballaststoffe** genannt. Zu ihnen gehören u. a. Cellulose, Hemicellulose, Lignin und Pektin (siehe Kapitel 11.1.8).

Die Entstehung der Kohlenhydrate

Alle Pflanzen stellen Traubenzucker (Glucose) her. Der Traubenzucker entsteht während der Fotosynthese unter dem Einfluss von Sonnenlicht in den grünen, chlorophyllhaltigen Teilen der Pflanze. Die Pflanze nimmt hierzu über die Wurzeln Wasser aus dem Boden und über die Blätter Kohlenstoffdioxid aus der Luft auf und wandelt diese Stoffe in Traubenzucker und Sauerstoff um. Den Sauerstoff gibt sie an die Luft ab, der Traubenzucker verbleibt in der Pflanze. Hier wird er entweder gespeichert oder in andere Kohlenhydrate umgewandelt.

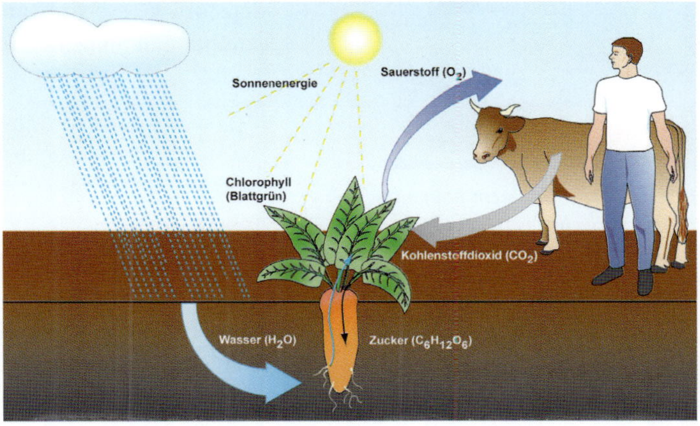

Ablauf der Fotosynthese

Bedeutung der Kohlenhydrate für den Menschen

Am schnellsten können die Einfachzucker vom Menschen genutzt werden. Sie gelangen ohne weitere Aufspaltung direkt durch die Darmwand ins Blut, das sie weiter zu den Körperzellen transportiert. Dort werden sie aufgenommen und stehen direkt für die Energiegewinnung zur Verfügung.

Alle anderen Kohlenhydrate – bis auf die unverdaulichen Ballaststoffe – müssen bei der Verdauung erst mithilfe spezieller Enzyme zu Einfachzuckern abgebaut werden, bevor auch sie ins Blut aufgenommen und ebenfalls zu den Körperzellen transportiert werden können.

Der Zuckergehalt im Blut bestimmt die Höhe des Blutzuckerspiegels. Dieser wird von den Hormonen Insulin und Adrenalin reguliert. Bei Diabetes mellitus (siehe Kapitel 11.5) ist dieser Regulationsmechanismus gestört.

Nur ein kleiner Teil der Kohlenhydrate wird für den Aufbau von Körperzellen genutzt oder in den Muskelzellen und in der Leber in Form von Glykogen gespeichert. Überschüssige Kohlenhydrate, z. B. nach einer stark zuckerhaltigen Nahrung, werden daher in Fett umgewandelt und als sogenanntes Depotfett im Körper gespeichert. Da das Sättigungsgefühl nach der Aufnahme von Ein- oder Zweifachzuckern nicht lange anhält, besteht die Gefahr, dass zu viel energiereiche Nahrung aufgenommen wird. Die Folgen sind Übergewicht und eine erhöhte Anfälligkeit für Herz-Kreislauf-Erkrankungen. Zuckerreste im Mund fördern zudem die Entstehung von Karies.

1 Gramm Kohlenhydrate liefert 17 kJ (4,1 kcal) Energie.

Enzyme

Enzyme sind besondere Eiweißstoffe, die bestimmte chemische Reaktionen im Körper ermöglichen oder beschleunigen, sich dabei selbst aber nicht verbrauchen. Da sie in den Körperzellen hergestellt werden, werden sie auch als Biokatalysatoren bezeichnet. Jedes Enzym kann allerdings immer nur eine bestimmte Reaktion bewirken.

Hormone

Hormone sind biochemische Botenstoffe. Sie werden von bestimmten Körperzellen produziert und abgegeben. Hormone regulieren Stoffwechselvorgänge, indem sie die für diese Stoffwechselvorgänge notwendigen Enzyme aktivieren oder deaktivieren.

Lebensmittel mit einem hohen Anteil pflanzlicher Fette

Lebensmittel mit einem hohen Anteil tierischer Fette

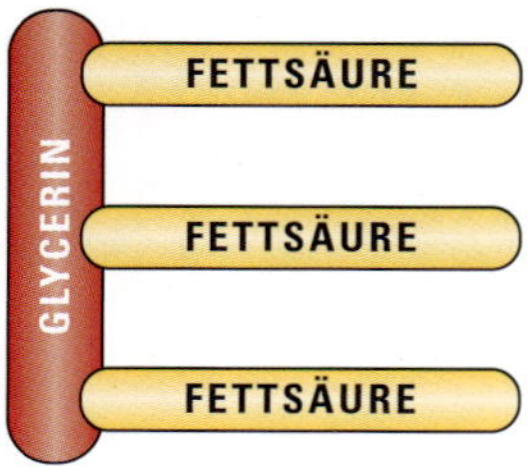

Aufbau eines Fettmoleküls

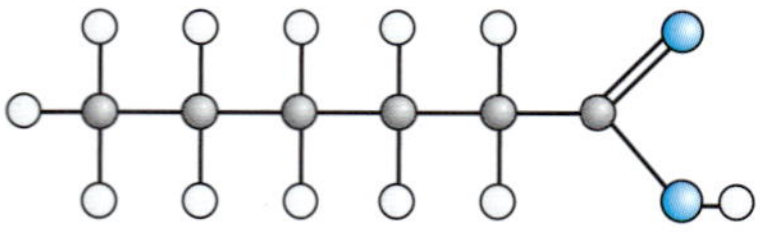

Gesättigte Fettsäure: Alle Kohlenstoffatome sind mit Wasserstoff besetzt (gesättigt).

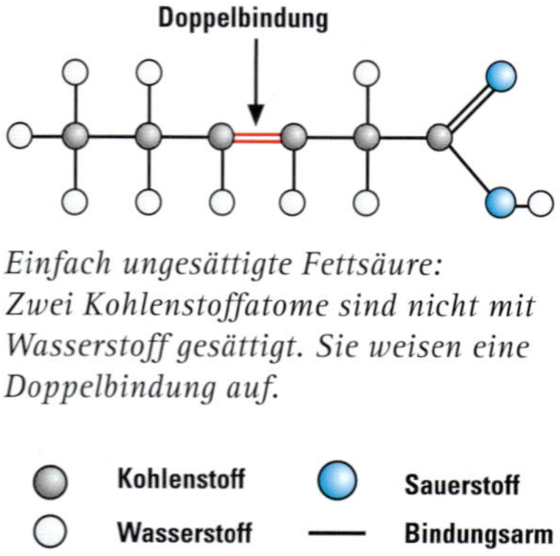

Einfach ungesättigte Fettsäure: Zwei Kohlenstoffatome sind nicht mit Wasserstoff gesättigt. Sie weisen eine Doppelbindung auf.

11.1.3 Fette

Fette (Lipide) befinden sich in vielen Lebensmitteln, manchmal gut sichtbar (Margarine, Öle, Fettrand am Fleisch), manchmal versteckt (Käse, Wurst, Knabberwaren, Schokolade). Fett kann tierischen oder pflanzlichen Ursprungs sein. Pflanzliche Fette sind für den Menschen besser verträglich und gesünder.

Wie die Kohlenhydrate bestehen Fette aus den chemischen Elementen Kohlenstoff, Wasserstoff und Sauerstoff. Da sie aber anders miteinander verknüpft sind, haben Fette andere Eigenschaften als Kohlenhydrate.

> Da Fette aus den gleichen Elementen wie Kohlenhydrate bestehen, können Kohlenhydrate in den Pflanzen, in den Tieren und im menschlichen Körper in Fette umgewandelt werden.

Aus den drei chemischen Elementen entstehen zunächst die Grundbausteine der Fette: das **Glycerin** und die **Fettsäuren**. Jeweils ein Molekül Glycerin und drei Moleküle Fettsäuren werden zu einem Fettmolekül verknüpft. Fette werden daher auch als **Triglyceride** bezeichnet. Während das Glycerin in allen Fetten gleich ist, können sich die Fettsäuren in den Fetten unterscheiden.

> Die natürlich vorkommenden Fette bestehen immer aus einer Mischung unterschiedlicher Fettsäuren.
> Fette, die bei Zimmertemperatur flüssig sind, werden Öle genannt.

Fettsäuren unterscheiden sich vor allem in zwei Merkmalen: ihrer Kettenlänge und der Sättigung. Beide Merkmale wirken sich auf die physikalischen bzw. technologischen Eigenschaften der verschiedenen Fette, aber auch auf ihre Bedeutung für die menschliche Ernährung aus:

- Hinsichtlich der **Kettenlänge** werden kurz-, mittel- und langkettige Fettsäuren unterschieden. Je kürzer die Fettsäuren in einem Fett sind, umso schneller kann es vom Körper aufgenommen und verarbeitet werden. Kurz- und mittelkettige Fettsäuren kommen vor allem in Milch, in einigen Milchprodukten und im Kokosfett vor. Kurz- und mittelkettige Fettsäuren sind immer gesättigte Fettsäuren.
- Hinsichtlich der **Sättigung** werden folgende Fettsäuren unterschieden:
  - gesättigte Fettsäuren
  - einfach ungesättigte Fettsäuren
  - mehrfach ungesättigte Fettsäuren

  Je mehr gesättigte Fettsäuren ein Fett hat, umso höher liegen sein Schmelz- und sein Rauchpunkt (siehe Seite 300). Fette mit gesättigten Fettsäuren finden sich vor allem in tierischen Produkten.

  Je mehr ungesättigte Fettsäuren ein Fett enthält, umso empfindlicher ist es gegen Hitze und Sauerstoff, aber umso wertvoller ist es für den Menschen. Mehrfach ungesättigte Fettsäuren sind für den Menschen sogar lebensnotwendig. Da er sie nicht selbst herstellen kann, muss er sie mit der Nahrung aufnehmen.

Zu den lebensnotwendigen Fettsäuren gehören die Linol-, Linolen- und die Arachidonsäure. Diese kommen vor allem in pflanzlichen Ölen vor. Auch die sogenannten Omega-3-Fettsäuren (ω-3-Fettsäuren) in Fischen und verschiedenen Ölen, denen nachgesagt wird, dass sie einem Herzinfarkt oder Schlaganfall entgegenwirken, sind mehrfach ungesättigt.

Kettenlängen der Fettsäuren
Entsprechend der Anzahl an Kohlenstoffatomen werden Fettsäuren in folgende Kettenlängen eingeteilt:
kurzkettig: 3–6 Kohlenstoffatome
mittelkettig: 7–13 Kohlenstoffatome
langkettig: 14–20 Kohlenstoffatome

Fette mit vorwiegend gesättigten Fettsäuren sind länger haltbar, aber für den Menschen weniger wertvoll. Fette mit vorwiegend ungesättigten bzw. mehrfach ungesättigten Fettsäuren sind kürzer haltbar, aber für den Menschen wertvoller.

Einteilung der Fette

Nach ihrer Wahrnehmbarkeit		Nach ihrem Vorkommen		Nach ihrer Beschaffenheit bei Zimmertemperatur		
Sichtbare Fette	**Versteckte Fette**	**Pflanzliche Fette**	**Tierische Fette**	**Feste Fette**	**Halbfeste Fette**	**Flüssige Fette (Öle)**
Margarine Butter, alle Öle, Fettrand am Fleisch	Fett in Wurst und Käse, Fett in Schokolade, Fett in Knabberwaren	alle Öle (z. B. Sonnenblumenöl Erdnussöl, Olivenöl) Kakaobutter, Margarine, gehärtete Pflanzenfette	Butter, Schmalz, Talg, Tran	Talg, gehärtete Pflanzenfette wie Kokosfett, Palmkernfett	Butter, Margarine, Schmalz, Kakaobutter	alle Pflanzenöle

Küchentechnische Eigenschaften

Träger von Geschmacksstoffen und fettlöslichen Vitaminen

Viele Geschmacks-, Aroma- und Farbstoffe sowie die Vitamine A, D, E und K sind fettlöslich. Nur mithilfe von Fett sind diese Stoffe für den Menschen verwertbar.

Carotin (Provitamin A)
Diese Vorstufe des Vitamin A kommt z. B. in Möhren vor. Da es nur in Verbindung mit Fett aufgenommen werden kann, sollte eine Rohkost, die Möhren enthält, mit Sahne oder Öl zubereitet werden.

Spezifisches Gewicht

Fett ist leichter als Wasser und setzt sich daher oben auf einer wässrigen Flüssigkeit ab. Dies kann beim Aufrahmen der Milch und bei den Fettaugen auf der Fleischbrühe beobachtet werden.

Löslichkeit in Wasser

Fett ist in Wasser nicht löslich, weil Fett und Wasser sich chemisch abstoßen. Daher kann Fett als Trennmittel (z. B. beim Einfetten von Backformen) genutzt werden.

Mischbarkeit

Fett und Wasser sind dauerhaft nicht mischbar. Nach einiger Zeit setzt sich das Fett ab und steigt nach oben. Die Vermischung von Fett und Wasser hat umso länger Bestand, je kleiner die Fettteilchen sind. Dies wird bei der sogenannten Homogenisierung der Milch genutzt, bei der die Fetttröpfchen der Milch unter Druck in sehr kleine Bruchstücke zerrissen werden.

Fett-in-Wasser-Emulsion: Wenig Fett ist in viel Wasser verteilt. Beispiele: Sahne, Milch

Wasser-in-Fett-Emulsion: Wenig Wasser ist in viel Fett verteilt. Beispiele: Butter und Mayonnaise

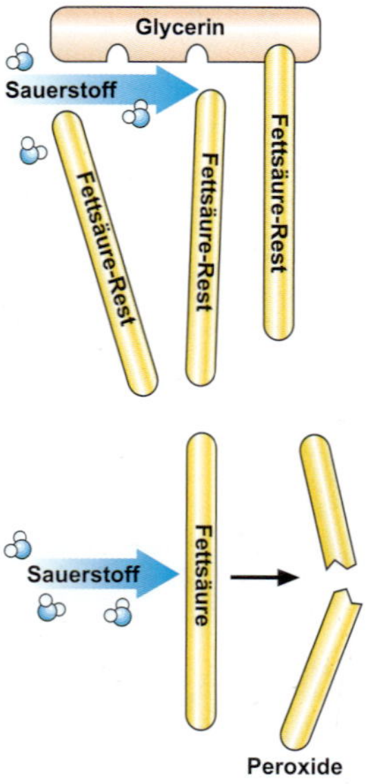

Fettverderb durch Fettspaltung (oben) oder Zersetzung der Fettsäuren (unten)

Emulgierbarkeit

Um Fett und Wasser bzw. eine wässrige Flüssigkeit **dauerhaft zu mischen,** ist die Zugabe eines Emulgators notwendig. Dieser sorgt dafür, dass sich Fett und Wasser chemisch nicht mehr abstoßen. Ein typischer Emulgator ist das Lecithin, das sich z. B. im Eigelb befindet.

Schmelzbereich

Die Temperatur, bei der feste Fette flüssig werden, wird als Schmelzpunkt der Fette bezeichnet. Dieser ist insbesondere von der Kettenlänge und der Sättigung der vorhandenen Fettsäuren abhängig. Darum schmelzen die einzelnen Fette in verschiedenen Temperaturbereichen.

Fette mit einem Schmelzbereich unter der Körpertemperatur werden geschmacklich als angenehm empfunden und leichter verdaut. Liegt ihr Schmelzbereich über der Körpertemperatur, müssen sie heiß serviert werden, da sich sonst im Mund ein Fettbelag bildet, der als unangenehm talgig empfunden wird.

Fett	Schmelzbereich
Pflanzenöle	unter 20 °C
Margarine, Butter, Kakaobutter, Schmalz	zwischen 20 °C und 40 °C
Talg, gehärtete Pflanzenfette	über 40 °C

Rauchpunkt

Der Rauchpunkt ist der Temperaturbereich, bei dem Fette anfangen, sich zu zersetzen und zu rauchen beginnen. Fette, die über ihren Rauchpunkt erhitzt werden, sind gesundheitsschädlich. Der Rauchpunkt ist nicht nur von der Kettenlänge und Sättigung der Fettsäuren, sondern auch vom Wassergehalt abhängig. Wasserhaltige Fette haben einen niedrigeren Rauchpunkt.

Der Rauchpunkt (z. B. von Frittierfett) sinkt bei langem Gebrauch durch die anhaltende Hitze. Altes, verbranntes Fett ist gesundheitsschädlich und muss sofort und vollständig entsorgt werden.

Fett	Rauchpunkt
Margarine, Butter	ab etwa 120 °C
reines Butterfett	ab etwa 150 °C
Öle und Butterschmalz	ab etwa 200 °C

Verderb

Fette können durch die Einwirkung von Mikroorganismen oder die im Lebensmittel befindlichen Enzyme sowie durch Luftsauerstoff verderben. Hierbei werden entweder die Fettsäuren vom Glycerin abgespalten oder die Fettsäuren werden zersetzt. Das Fett ist dann sauer oder ranzig. Der Verderb von Fett wird durch Feuchtigkeit, Licht und Wärme beschleunigt. Außerdem nimmt Fett relativ schnell Fremdgerüche an und bekommt dadurch einen negativen Beigeschmack. Daher sollte Fett kühl, trocken, dunkel und luftdicht verpackt aufbewahrt werden. Feste Fette sind länger lagerfähig als Öle.

> Fett abbauende Enzyme wirken auch noch bei Temperaturen unterhalb von −18 °C. Daher können Lebensmittel mit einem hohen Fettgehalt nur eine begrenzte Zeit tiefgefroren gelagert werden.

Bedeutung der Fette für den Menschen

Fett wird im Körper durch die Gallensäuren emulgiert und anschließend durch bestimmte Enzyme in die Bausteine Glycerin und Fettsäuren zerlegt und als solche in die Lymphbahn aufgenommen. Aus den Fettbausteinen wird dann körpereigenes Fett aufgebaut. Dieses erfüllt folgende Funktionen:

- Fett ist am **Zellaufbau**, insbesondere der Zellmembranen, beteiligt. Fettsäuren bilden die Grundlage für viele körpereigene Substanzen.
- Fett dient als **Energiereserve**. Nicht direkt gebrauchtes Fett wandert in die Fettdepots. Wird langfristig zu viel Energie zugeführt, bilden sich sichtbare Fettpolster.
- Fett übernimmt **Schutzfunktionen**. Es schützt die Organe vor Erschütterungen und Stößen, wirkt als Wärmeisolator, hält die Haut geschmeidig, macht sie Wasser abweisend und schützt vor Infektionen durch Mikroorganismen.

> 1 Gramm Fett liefert 37 kJ (ca. 9,3 kcal) Energie.

Fettbegleitstoffe

Neben den Triglyceriden enthalten Lebensmittel oft sogenannte Fettbegleitstoffe. Hierzu gehören z. B. Cholesterin, Lecithin und Carotinoide.

Lebensmittel mit einem hohen Anteil an Cholesterin

Cholesterin

Es befindet sich in allen Lebensmitteln tierischen Ursprungs. Beim Menschen ist es Bestandteil der Zellwände und am Aufbau von Hormonen und Gallensäuren beteiligt. Ein zu hoher Cholesterinspiegel im Blut gilt als Risikofaktor für Herz-Kreislauf-Erkrankungen, denn er kann eine Verengung der Blutgefäße (Arteriosklerose) bewirken. Das Blut kann dann nicht mehr richtig fließen und die Körperzellen nicht mehr ausreichend mit Nährstoffen versorgen. So kann es u. a. zu einem Herzinfarkt oder Schlaganfall kommen.

Lebensmittel mit einem hohen Anteil an Lecithin

Lecithin

Es ist Baustoff aller pflanzlichen und tierischen Zellen. In besonderem Maße findet sich Lecithin im Eidotter und in einigen pflanzlichen Samenzellen (vor allem Soja). Es wird als Emulgator genutzt. Ist es Lebensmitteln zugesetzt, muss es als Lebensmittelzusatzstoff gekennzeichnet sein.

Lebensmittel mit einem hohen Anteil an Carotinoiden

Carotinoide

Als Carotinoide werden die insbesondere in Karotten, Tomaten und Paprika vorkommenden Farbstoffe bezeichnet, die eine gelbe bis rötliche Färbung verursachen. Sie sind Vorstufen des Vitamin A, wirken antioxidativ und können so vielen Erkrankungen wie Krebs, Arteriosklerose oder auch der Hautalterung vorbeugen. Werden sie Lebensmitteln zugesetzt, müssen sie als Lebensmittelzusatzstoffe gekennzeichnet werden.

11.1.4 Eiweißstoffe

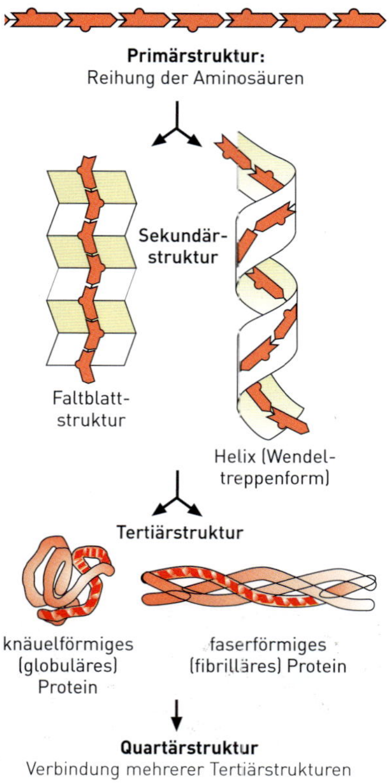

Strukturen der Eiweißstoffe

Neben den Kohlenhydraten und den Fetten sind die Eiweißstoffe (Proteine) der dritte wichtige Nährstoff. In der chemischen Zusammensetzung unterscheiden sie sich von den anderen Nährstoffen, da sie neben den Elementen Kohlenstoff, Wasserstoff, Sauerstoff immer auch Stickstoff enthalten. Diese Elemente lagern sich nach einem speziellen Muster zu sogenannten **Aminosäuren**, den Grundbausteinen aller Eiweiße, zusammen. Am Aufbau mancher Aminosäuren ist darüber hinaus noch Schwefel beteiligt. Es gibt insgesamt zwanzig verschiedene Aminosäuren. Acht von ihnen sind essenziell, das heißt, sie sind lebensnotwendig und müssen mit der Nahrung aufgenommen werden. Die anderen Aminosäuren kann der menschliche Körper selbst herstellen.

Aminosäuren können sich zu Ketten zusammenlagern. Zunächst entsteht aus zwei Aminosäuren ein sogenanntes **Dipeptid**. Bei 10 bis 100 zusammengefügten Aminosäuren wird von einem **Polypeptid** gesprochen. Sind mehr als 100 Aminosäuren verbunden, so handelt es sich um ein **Protein**. Je nach Reihenfolge der Aminosäuren entstehen verschiedene Proteine mit unterschiedlichen Funktionen.

Neben Aminosäuren können auch andere Substanzen, z. B. Kohlenhydrate, Mineralstoffe, Farbstoffe, an der Bildung von Eiweißstoffen beteiligt sein. Diese Eiweißstoffe werden als zusammengesetzte Eiweiße oder **Proteide** bezeichnet.

Der räumliche Aufbau der Eiweißstoffe erfolgt in mehreren Schritten, angefangen bei der Primärstruktur über die Sekundär- und Tertiärstruktur bis hin zur Quartärstruktur.

Eiweiße werden nach ihrem Aufbau und ihren Eigenschaften in Gruppen eingeteilt.

Aufbau, Vorkommen und Eigenschaften ausgewählter Eiweißstoffe

Eiweißstoff	Aufbau/Struktur	Vorkommen	Küchentechnische Eigenschaften
Albumin und Globulin	kugelförmig (globulär)	Eier, Milch, Fleisch, Fisch, Kartoffeln, Gemüse	sind wasserlöslich und gerinnen durch Hitze
Gluten und Gliadin (Klebereiweiß)	kugelförmig (globulär)	Getreide	sind wasserunlöslich, quellen aber in Wasser, gerinnen durch Hitze
Kollagen	faserförmig (fibrillär)	Bindegewebe, Sehnen, Knorpel, Knochen, Gräten,	löst sich in heißem Wasser und erstarrt beim Abkühlen
Caseinogen	Eiweiß und Phosphat	Milch und Milchprodukte	ist in Flüssigkeit gelöst, gerinnt durch Säure und Lab
Hämoglobin	Eiweiß und Eisen	Blut	ist in Flüssigkeit gelöst, gerinnt durch Hitze
Myoglobin	Eiweiß und Eisen	Fleisch	ist in Flüssigkeit gelöst, gerinnt durch Hitze, verliert dabei seine rote Farbe

Eiweißhaltige Lebensmittel können durch die Einwirkung von Bakterien und Enzymen leicht verderben und sind dann gesundheitsschädlich. Daher sind eiweißreiche Lebensmittel kühl aufzubewahren und schnell zu verbrauchen.

Bedeutung der Eiweißstoffe für den Menschen

Der menschliche Körper besteht zu etwa 15–20 % aus Eiweiß, das einem ständigen Auf-, Um- und Abbau unterliegt. Eiweiße sind nicht nur Bausteine jeder Zelle, sondern sie haben darüber hinaus viele weitere unterschiedliche Funktionen:

- Als **Gerüstsubstanzen** (z. B. Kollagen und Keratin) sind sie am Aufbau der Organe und Gewebe beteiligt.
- Als **Transportproteine** (z. B. Hämoglobin) und Speicherproteine (z. B. Ferritin) helfen sie bei der Versorgung der Zellen mit den notwendigen Stoffen.
- Als **Muskeleiweiß** (z. B. Actin und Myosin) ermöglichen sie dem Menschen die Fähigkeit zur Bewegung.
- Sie sind an der **Blutgerinnung** beteiligt, haben Anteil an der Blutgruppenspezifität und steuern die Genaktivität.
- Sie sind Bestandteil vieler **Enzyme** und **Hormone** sowie von Teilen des Immunsystems (z. B. der Antikörper).

Eiweißmangel kann daher, insbesondere im Wachstumsalter, zu körperlicher und auch zu geistiger Unterentwicklung führen. Außerdem sinken die Leistungsfähigkeit und die Widerstandsfähigkeit gegenüber Infektionen.

1 Gramm Eiweiß liefert 17 kJ (ca. 4,1 kcal) Energie.

Biologische Wertigkeit der Eiweißstoffe

Das mit der Nahrung aufgenommene Eiweiß wird wie alle anderen Nährstoffe während der Verdauung in seine kleinsten Bausteine zerlegt. Die dabei entstehenden Aminosäuren werden über die Darmwand ins Blut aufgenommen und zu den einzelnen Körperzellen transportiert.

In den Zellen findet dann nach einem individuell festgelegten Bauplan ein Neuaufbau der körpereigenen Proteine statt. Hierfür müssen die entsprechenden Aminosäuren vorhanden sein. Da nicht alle mit der Nahrung aufgenommenen Eiweißstoffe die jeweils erforderlichen essenziellen Aminosäuren liefern, sind mache Lebensmittel in ihrer Eiweißzusammensetzung für den Menschen günstiger als andere. Um diese Eigenschaft vergleichbar zu machen, wurde der Begriff „biologische Wertigkeit“ eingeführt.

Die biologische Wertigkeit gibt an, wie viel von 100 g Nahrungseiweiß in Körpereiweiß umgewandelt werden kann.

Die mit der Nahrung zugeführten Eiweiße können sich aber gegenseitig in ihrem Gehalt an essenziellen Aminosäuren ergänzen (Ergänzungswert).

Ergänzungswert

Tierische Eiweißstoffe haben in der Regel eine höhere biologische Wertigkeit als pflanzliche, z. B.:

- Das Eiweiß von Hühnereiern hat eine Wertigkeit von 93.
- Das Eiweiß von Kartoffeln hat eine biologische Wertigkeit von 67.
- Durch die Kombination tierischer und pflanzlicher Lebensmittel lässt sich die biologische Wertigkeit erhöhen (Ergänzungswert). So hat eine Mahlzeit aus 1/3 Hühnereiern und 2/3 Kartoffeln eine biologische Wertigkeit von 100.

Mahlzeit mit einem hohen biologischen Ergänzungswert

11.1.5 Vitamine

Wasserlösliche Vitamine
Vitamin B_1 oder Thiamin
Vitamin B_2 oder Riboflavin
Vitamin B_6 oder Pyridoxin
Vitamin B_{12} oder Cobalamin
Biotin
Folsäure
Niacin
Pantothensäure
Vitamin C oder Ascorbinsäure

Fettlösliche Vitamine
Vitamin A oder Retinol
Vitamin D oder Calciferol
Vitamin E oder Tocopherol
Vitamin K oder Phyllochinon

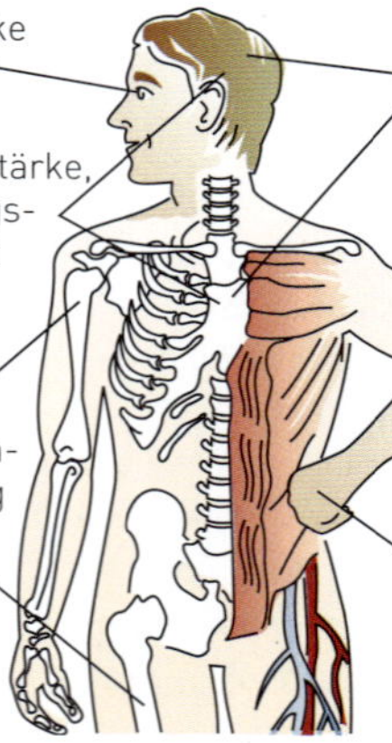

Wirkung der Vitamine

Vitamine sind chemische Verbindungen unterschiedlichster Art. Sie kommen meist in nur kleinen Mengen in pflanzlichen und tierischen Lebensmitteln vor. Manchmal sind sie diesen auch künstlich zugesetzt.

Viele Vitamine werden neben ihrem wissenschaftlichen Namen mit Großbuchstaben bezeichnet. Ihre Einteilung erfolgt nach ihrer Löslichkeit.

> Der Vitamingehalt der Lebensmittel sinkt mit ihrem Verarbeitungsgrad. Lebensmittel, die nicht oder nur wenig bearbeitet wurden (z. B. frisches Obst und Gemüse), enthalten daher die meisten Vitamine.

> Manche Vitamine haben Vorstufen (sogenannte Provitamine), die erst im Körper in die eigentlichen Vitamine umgewandelt werden. So ist z. B. das Carotin die Vorstufe des Vitamin A.

Eigenschaften der Vitamine
Die meisten Vitamine sind empfindlich gegenüber Hitze, Licht und Sauerstoff. Daher gilt:

- Transportwege so kurz wie möglich halten. Die Lebensmittel während des Transports zweckmäßig verpacken und sachgerecht kühlen.
- Vitaminhaltige Lebensmittel möglichst nur kurz kühl und dunkel lagern; am besten frisch verbrauchen.
- Vitaminhaltige Lebensmittel nur kurz und möglichst unzerkleinert in stehendem kaltem Wasser waschen; nie länger im Wasser liegen lassen.
- Schonende Garverfahren wie Dämpfen, Kochen, Dünsten einsetzen; eventuell Garflüssigkeit mitverwenden.
- Warmhalten der Speisen vermeiden.

Bedeutung der Vitamine für den Menschen
Vitamine zählen wie auch die Mineralstoffe, Spurenelemente und das Wasser zu den nicht energieliefernden Nährstoffen. Für den Menschen sind Vitamine lebensnotwendig und müssen regelmäßig mit der Nahrung aufgenommen werden. Allerdings reichen hierfür schon sehr kleine Mengen. Fettlösliche Vitamine müssen immer zusammen mit Fett aufgenommen werden, damit der Körper sie nutzen kann. Im Gegensatz zu den wasserlöslichen Vitaminen können sie im Körper gespeichert werden. Deshalb kann es hier zu einer schädlichen Überversorgung kommen. Zu viel aufgenommene wasserlösliche Vitamine hingegen werden mit dem Urin ausgeschieden. Daher ist bei ihnen insbesondere auf eine regelmäßige Zufuhr zu achten.

Vitamine gehören zu den sogenannten **Wirk- und Reglerstoffen**, d. h., sie steuern im Körper bestimmte Vorgänge und schützen so den Menschen vor bestimmten Krankheiten. Ihr Bedarf ist von vielen Einflussgrößen abhängig. Bei einer Unterversorgung kommt es zunächst zu unspezifischen Mangelerscheinungen wie ständiger Müdigkeit, Konzentrationsschwäche oder erhöhter Nervosität. Erst später zeigen sich bestimmte, für die einzelnen Vitamine typische Krankheitsbilder.

Einflussfaktoren auf den Vitaminbedarf

- Alter, Geschlecht, Größe und Gewicht
- körperliche Aktivität
- Gesundheitszustand, Schwangerschaft, Stillzeit
- Rauchen, Trinken von Alkohol
- Einnahme von Medikamenten

Vitamine – Überblick

<table>
<tr><th></th><th>Vitamine</th><th>Vorkommen</th><th>Funktion/Aufgaben</th><th>Mangelerscheinungen</th></tr>
<tr><td rowspan="9">Wasserlösliche Vitamine</td><td>B_1 oder Thiamin</td><td>Fleisch (v. a. Schweinefleisch), Vollkornprodukte, Hülsenfrüchte, Kartoffeln</td><td>Aufgaben im Stoffwechsel der Kohlenhydrate</td><td rowspan="6">Müdigkeit und Appetitlosigkeit, Hauterkrankungen und Hautveränderungen, Störungen im Nervensystem, Wachstumsstörungen</td></tr>
<tr><td>B_2 oder Riboflavin</td><td>Fleisch, Leber, Eier, Milch und Milchprodukte, Vollkornprodukte</td><td>Aufgaben im Energiestoffwechsel</td></tr>
<tr><td>Niacin</td><td>Fleisch, Fisch, Eier, Milch und Milchprodukte, Vollkornprodukte</td><td>Aufgaben im Energiestoffwechsel</td></tr>
<tr><td>Pantothensäure</td><td>Fleisch, Leber, Fisch, Milch und Milchprodukte, Hülsenfrüchte, Vollkornprodukte</td><td>Aufgaben im Stoffwechsel der Fette</td></tr>
<tr><td>B_6 oder Pyridoxin</td><td>Fleisch, Leber, Fisch, Milch und Milchprodukte, Kartoffeln, Vollkornprodukte</td><td>Aufgaben im Stoffwechsel der Proteine</td></tr>
<tr><td>Biotin</td><td>Leber und Nieren, Eier, Nüsse und Vollkornerzeugnisse</td><td>Aufgaben im Stoffwechsel von Kohlenhydraten und Fetten</td></tr>
<tr><td>Folsäure</td><td>grünes Gemüse, Sojabohnen, Weizenkeime, Vollkornprodukte, Leber, Milch und Milchprodukte</td><td>wichtig für die Zellteilung und Neubildung von Körperzellen</td><td>Störungen der Zellteilung, Schäden der Schleimhaut (v. a. des Darms) und Blutarmut</td></tr>
<tr><td>B_{12} oder Cobalamin</td><td>Leber, Fisch, Eier, Milch und Käse (in pflanzlichen Produkten nicht vorhanden!)</td><td>wichtig für Blutbildung und Zellwachstum, unterstützt Wirkung der Folsäure</td><td>Störungen der Blutbildung, Blutarmut (Anämie), nervöse Störungen</td></tr>
<tr><td>C oder Ascorbinsäure</td><td>Obst (vor allem Zitrusfrüchte, Johannisbeeren, Kiwi), Gemüse, Kartoffeln</td><td>Schutz vor Infektionskrankheiten, wichtig für Blutbildung sowie Aufbau des Bindegewebes, unterstützt Eisenverwertung</td><td>Anfälligkeit für Infektionen, Störungen der Wundheilung, Blutungen in der Schleimhaut und unter der Haut, Skorbut</td></tr>
<tr><td rowspan="4">Fettlösliche Vitamine</td><td>A oder Retinol</td><td>Leber, Milch und Milchprodukte, Gemüse mit hohem Carotingehalt (Karotten, Spinat, Tomaten)</td><td>reguliert Zellwachstum, Aufbau von Haut und Schleimhaut, Beteiligung am Sehvorgang</td><td>Wachstumsstörungen, Schäden an Haut und Schleimhaut, Sehschwäche, Sehbehinderungen</td></tr>
<tr><td>D oder Calciferol</td><td>fettreiche Fische, Lebertran, Milch und Milchprodukte, Eigelb</td><td>Knochenaufbau, Regulation der Aufnahme und der Verarbeitung des Calciums</td><td>Rachitis bei Kindern, Entkalkung der Knochen (Osteoporose)</td></tr>
<tr><td>E oder Tocopherol</td><td>in fast allen Lebensmitteln, vor allem in Ölen, Butter und Margarine sowie Gemüse</td><td>wichtig für Fettstoffwechsel, schützt Fettsäuren vor Zerstörung, Schutz der Zellmembranen</td><td>Zellschäden, Schäden an Blutgefäßen</td></tr>
<tr><td>K oder Phyllochinon</td><td>vor allem in grünem Gemüse, Fleisch, Leber, Fisch, Milch</td><td>verantwortlich für Blutgerinnung</td><td>Neigung zu Blutungen, Verlängerung der Blutgerinnung</td></tr>
</table>

11.1.6 Mineralstoffe

Einteilung der Mineralstoffe

Mengenelemente	Spurenelemente
Natrium	Eisen
Chlorid	Jod
Kalium	Fluorid
Calcium	Selen
Magnesium	Zink
Phosphat	Kupfer
Schwefel	Mangan
	Molybdän

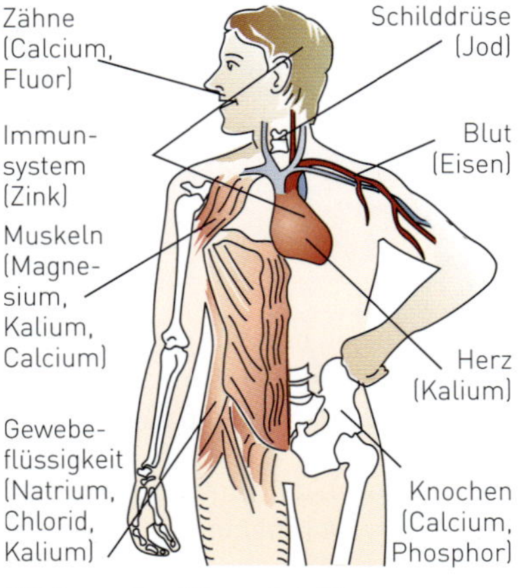

Wirkung der Mineralstoffe

Mineralstoffe sind anorganische Nahrungsbestandteile, die in allen Lebensmitteln natürlicherweise meist nur in kleinen Mengen vorkommen. Manchmal sind sie diesen aber auch künstlich zugesetzt (z. B. Jodsalz, Nitritpökelsalz, Kochsalz). Mineralstoffe werden nach ihrem Anteil im menschlichen Organismus und dem daraus resultierendem Bedarf in **Mengenelemente** und **Spurenelemente** eingeteilt.

Eigenschaften der Mineralstoffe

Mineralstoffe haben sehr unterschiedliche Eigenschaften. Sie können

- das Wasserbindungsvermögen in den Lebensmitteln erhöhen und so den a_W-Wert der Lebensmittel senken,
- den Geschmack der Lebensmittel intensivieren,
- die Farbe der Lebensmittel optisch verbessern,
- die Eiweißstoffe in den Lebensmitteln denaturieren (gerinnen lassen) und so das Lebensmittel erst verzehrfähig machen.

Im Gegensatz zu den Vitaminen sind die Mineralstoffe unempfindlich gegenüber Hitze, Licht und Sauerstoff. Allerdings sind sie wasserlöslich und werden daher in Verbindung mit Wasser aus den Lebensmitteln herausgezogen (ausgelaugt). Daher gilt auch hier:

- Lebensmittel möglichst nur kurz, nicht zu stark zerkleinert in kaltem Wasser waschen.
- Lebensmittel nicht zu lange im Wasser liegen lassen.
- Die Garflüssigkeit mengenmäßig möglichst gering halten; gegebenenfalls mitverwenden.

Bedeutung der Mineralstoffe für den Menschen

Mineralstoffe zählen zu den nichtenergieliefernden Nährstoffen. Sie wirken schon in kleinen Mengen. Für den Menschen sind sie lebensnotwendig und müssen regelmäßig mit der Nahrung aufgenommen werden.

> Werden Mineralstoffe in zu großen Mengen aufgenommen, kann dies zu schweren Vergiftungserscheinungen und anderen Erkrankungen führen.

Mineralstoffe dienen als **Wirkstoffe** und **Reglerstoffe**, aber auch als **Baustoffe** (siehe Tabelle folgende Seite).

Einflussfaktoren auf den Mineralstoffbedarf

- Alter, Geschlecht, Größe und Gewicht
- körperliche Aktivität, Schwitzen
- Gesundheitszustand (insbesondere Durchfall oder Erbrechen)
- Schwangerschaft, Stillzeit
- Einnahme von Medikamenten
- Zufuhr von Ballaststoffen

11.1.7 Wasser

Wasser besteht aus den Elementen Wasserstoff und Sauerstoff. Im Trinkwasser (Leitungswasser) sind darüber hinaus viele Mineralstoffe, die den Geschmack und die Klarheit des Wassers ausmachen, enthalten. Sie bestimmen auch die sogenannte Härte des Wassers. Je mehr Mineralstoffe im Wasser sind, umso härter ist es. Das hat zur Folge, dass z. B. die Reinigungswirkung vieler Reinigungsmittel vermindert ist und dass Maschinen und Geräte verkalken. Trinkwasser ist das am strengsten kontrollierte Lebensmittel.

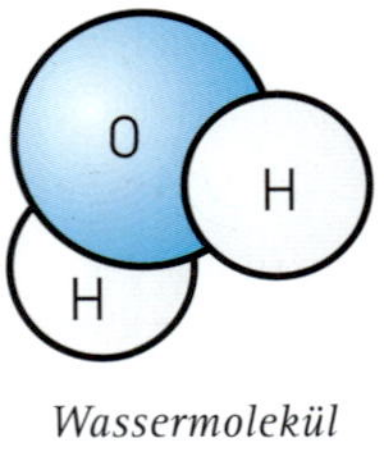

Wassermolekül

Mineralstoffe – Überblick

	Mineral-stoffe	Vorkommen	Funktion/Aufgaben	Mangelerscheinungen
Mengenelemente	Natrium	Fleisch und Wurstwaren, Fisch, Käse, Kochsalz, salzhaltige Lebensmittel	Regulierung des Wasserhaushalts in Zellen und Gewebe	Störungen im Wasserhaushalt, Kreislaufprobleme, Übelkeit, Muskelkrämpfe
	Chlorid	Fleisch und Wurstwaren, Fisch, Käse, Kochsalz, salzhaltige Lebensmittel	Regulierung des Wasserhaushalts in Zellen und Gewebe, Bestandteil der Salzsäure im Magen	Störungen im Wasserhaushalt, Kreislaufprobleme, Übelkeit, Muskelkrämpfe, Verdauungsprobleme im Magen
	Kalium	Fleisch, Milch, Käse, Obst, Gemüse, Kartoffeln	Regulierung des Wasserhaushalts in Zellen und Gewebe, Erregbarkeit der Muskeln	Störungen im Wasserhaushalt, Kreislaufprobleme, Übelkeit, (Herz-)Muskelschwäche
	Calcium	Milch- und Milcherzeugnisse, Eigelb, Vollkornprodukte, Nüsse	Baustein für Knochen und Zähne, Blutgerinnung, Erregbarkeit von Nerven und Muskeln	Entkalkung von Knochen und Zähnen, Übererregbarkeit von Nerven und Muskeln
	Phosphor	Milch- und Milcherzeugnisse, Fleisch, Eigelb, Hülsenfrüchte, phosphathaltige Getränke	Baustein für Knochen und Zähne, Aufgaben im Energiestoffwechsel	Mangel ist nicht bekannt, zu viel Phosphor stört den Calciumstoffwechsel
	Magnesium	alle grünen Pflanzen, Kartoffeln, Vollkornprodukte, Milch und Milcherzeugnisse	Erregbarkeit von Nerven und Muskeln	Übererregbarkeit von Nerven und Muskeln, Muskelkrämpfe
Spurenelemente	Eisen	Fleisch, Leber, Eigelb, in vielen grünen Gemüsen	Bestandteil des roten Blutfarbstoffs, wichtig für Sauerstofftransport und Sauerstoffspeicherung	Blutarmut, erhöhte Infektionsanfälligkeit, Müdigkeit, Erschöpfung
	Jod	Fisch, Milch und Milcherzeugnisse, jodiertes Speisesalz	Bestandteil des Schilddrüsenhormons	Vergrößerung der Schilddrüse, Kropf
	Fluor	fluoriertes Trinkwasser, Seefisch, schwarzer Tee, Getreideerzeugnisse	Härtung des Zahnschmelzes und der Knochen	Karies
	Zink	Rindfleisch, Leber, Getreideerzeugnisse, Erbsen	Bildung von Insulin, wichtig im Immunsystem, aktiviert verschiedene Enzyme	mangelnde Insulinbildung, Störungen bei der Wundheilung, erhöhte Infektionsanfälligkeit

Wasser löst und laugt aus, Wasser lässt Stoffe aufquellen und lockert sie. Diese Vorgänge laufen in heißem Wasser schneller ab als in kaltem. Wasser siedet bei 100 °C und gefriert bei etwa 0 °C. Der Siede- und Gefrierpunkt liegen allerdings bei erhöhtem bzw. erniedrigtem Luftdruck höher bzw. niedriger. Zusätze wie Alkohol, Zucker oder Salz setzen den Gefrierpunkt herab.

Wasser ist ein natürlicher Bestandteil fast aller Lebensmittel. Nur reine Öle und daraus hergestellte Fette sind praktisch wasserfrei. Selbst sich trocken anfühlende Lebensmittel wie Mehl oder Kaffeepulver weisen noch einen Wassergehalt auf.

Anforderungen an Trinkwasser

- frei von Krankheitserregern
- keimarm
- frei von gesundheitsschädlichen Beimengungen
- klar, farb-, geschmack- und geruchlos

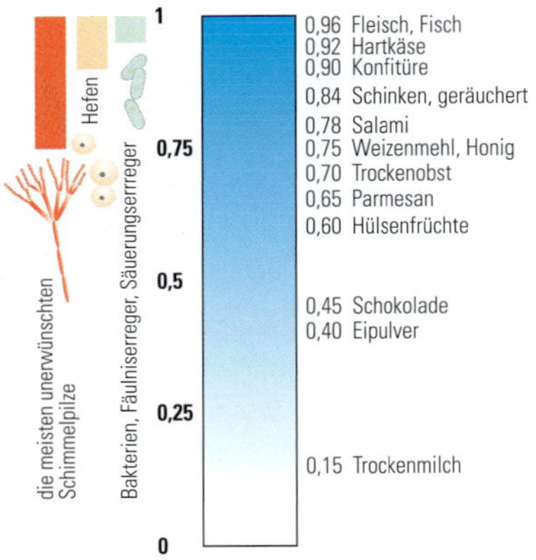

a_w-Werte verschiedener Lebensmittel

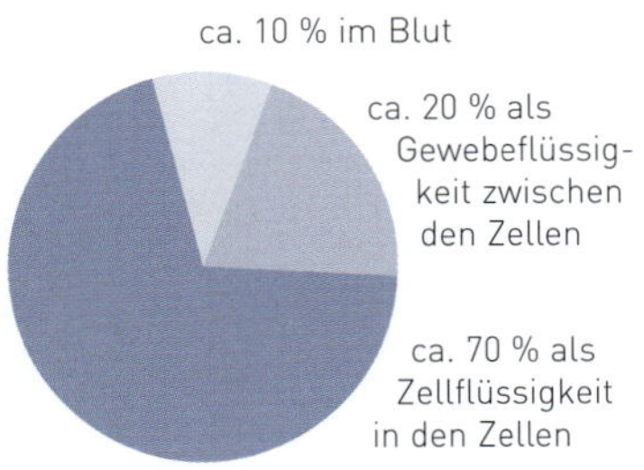

Wasserverteilung im Körper

Ballaststoffe und ihr Vorkommen

Ballaststoffe	Vorkommen
Cellulose	Getreide, Gemüse, Obst
Hemicellulose	Getreide, Hülsenfrüchte
Lignin	Getreide, Kohlsorten, Obstkerne
Pektine	Äpfel, Aprikosen, Johannisbeeren, Quitten, Möhren, Gemüse

Ballaststoffgehalt in 100 g Lebensmittel

Lebensmittel	Ballaststoffgehalt (g)
Weizenkleie	40,0–50,0
Roggenvollkornbrot	6,4–8,2
Weißbrot	3,3
Bananen	3,0
Äpfel	1,9–2,3
Paprika, Tomaten, Kopfsalat	2,0
Haselnüsse	7,0
Blattgemüse	2,0

Der Wassergehalt eines Lebensmittels wird in freies und gebundenes Wasser unterteilt. Freies Wasser macht den Feuchtigkeitsgehalt eines Lebensmittels aus. Es kann aus den Lebensmitteln austreten oder ausgepresst werden. Das freie Wasser wird auch als aktives Wasser bezeichnet, da es von den Mikroorganismen genutzt werden kann. Gebundenes Wasser wird von den Bestandteilen des Lebensmittels, insbesondere durch Mineralstoffe (hier vor allem durch Kochsalz), durch Zucker, Eiweiß und Säuren in den Lebensmitteln festgehalten. Der absolute Wassergehalt eines Lebensmittels kann allein durch Trocknen festgestellt werden.

Gesamtwasser in Lebensmitteln = freies Wasser + gebundenes Wasser

Biologische Bedeutung des Wassers für den Menschen

Der menschliche Körper benötigt etwa 2–3 l Wasser pro Tag. Bei Hitze, körperlicher Anstrengung, Fieber oder Durchfallerkrankungen ist der Bedarf erhöht. Der Mensch nimmt das Wasser entweder über Getränke oder über wasserhaltige Lebensmittel auf. Im Körper hat das Wasser verschiedene lebenswichtige Aufgaben zu übernehmen:

- Es ist **Baustoff** der Körperzellen, Gewebe und Organe: Der erwachsene Mensch besteht zu etwa 60–65 % aus Wasser.
- Es wirkt im Körper als **Lösungs-** und **Transportmittel:** Die Nährstoffe werden gelöst und mithilfe des Blutes und der Lymphe zu den Zellen transportiert. Aber auch die Stoffwechselrückstände aus den Zellen werden so abtransportiert und über den Urin ausgeschieden.
- Es dient zur Regulierung der **Körpertemperatur** (Schweiß!).

11.1.8 Ballaststoffe

Als Ballaststoffe werden die **unverdaulichen Nahrungsbestandteile** vorwiegend pflanzlicher Herkunft bezeichnet. Chemisch gesehen gehören sie zu den Polysacchariden. Folgende Ballaststoffe sind die wichtigsten in unserer Ernährung:

Cellulose

Sie befindet sich in den Zellwänden der Pflanzen und dient dort als Gerüststoff; Cellulose besteht zwar auch aus Glucosebausteinen, diese sind aber so miteinander verknüpft, dass der Mensch sie nicht verdauen kann; Cellulose ist in Wasser unlöslich und verkleistert auch nicht.

Hemicellulose und Lignin

Auch Hemicellulose und Lignin dienen den Pflanzen als Gerüstsubstanz und finden sich vorwiegend in den pflanzlichen Zellwänden.

Pektine

Sie dienen den Pflanzen ebenfalls als Gerüstsubstanz; sie bestehen allerdings vorwiegend aus veränderten Galaktosebauteilen. Da Pektine durch Wasseraufnahme gelieren, können sie als Bindemittel genutzt werden.

Biologische Bedeutung der Ballaststoffe für den Menschen

Obwohl Ballaststoffe für den Menschen unverdaulich sind, erfüllen sie im Verdauungstrakt des Menschen wichtige und zum Teil sehr unterschiedliche Funktionen mit Auswirkungen auf den gesamten Stoffwechsel:

- Sie regen die Kautätigkeit an und führen somit zu einer vermehrten Absonderung von Speichel und anderen Verdauungssäften.
- Sie erhöhen durch ihr hohes Wasserbindungsvermögen das Sättigungsgefühl.
- Sie regen die Darmtätigkeit an, beugen Darmträgheit und Verstopfung vor und erleichtern den Stuhlgang.
- Sie beeinflussen positiv die Darmflora.
- Sie binden teilweise Schadstoffe, wie z. B. krebsauslösende Substanzen, verhindern somit deren Resorption und fördern deren Ausscheidung.
- Sie besitzen einen vorbeugenden Einfluss auf die Entstehung von Darmausstülpungen (Divertikulose), Dickdarmkrebs und Gallensteinen.
- Sie können den Blutfett-, Blutcholesterin- und Blutzuckerspiegel senken.

Lebensmittel mit einem hohen Ballaststoffgehalt

Die Deutsche Gesellschaft für Ernährung empfiehlt für Erwachsene eine Aufnahme von mindestens 30 g Ballaststoffen pro Tag.

Die Ballaststoffzufuhr sollte über den Tag verteilt erfolgen. Zudem ist auf eine ausreichende Flüssigkeitszufuhr zu achten, da es sonst zu Verstopfung kommen kann. Ballaststoffkonzentrate, wie z. B. Weizenkleie, sollten nur in geringen Mengen verzehrt werden.

11.1.9 Geruchs- und Geschmacksstoffe

Geruchs- und Geschmacksstoffe werden auch als **Aromastoffe** bezeichnet. Sie befinden sich entweder von Natur aus in den Lebensmitteln oder werden ihnen zugesetzt. Letztere müssen im Zutatenverzeichnis der Lebensmittelverpackungen angegeben werden. Sie haben keine E-Nummer.

Bedeutung der Geruchs- und Geschmacksstoffe für den Menschen

Aromastoffe bestimmen maßgeblich den Genusswert eines Lebensmittels. Sie wirken appetitanregend und verdauungsfördernd. Der Mensch kann sie schon in sehr niedrigen Konzentrationen wahrnehmen. Dabei besteht zwischen Schmecken und Riechen eine enge Beziehung. So sind mit der Zunge fünf Grundgeschmacksrichtungen zu schmecken: süß, sauer, salzig, bitter und umami (= fleischig herzhaft). Über die Nase kann der Mensch sechs Geruchsarten unterscheiden: würzig, harzig, brenzlig, blumig, fruchtig und faulig. Es wird heute davon ausgegangen, dass ein Mensch auf diese Art und Weise bis zu 2000 verschiedene Aromastoffe wahrnehmen kann.

Geruchs- und Geschmacksstoffe und deren Vorkommen

Geruchs- und Geschmacksstoffe	Vorkommen
ätherische Öle (leicht flüchtig)	Zwiebeln, Knoblauch, Gewürze, Schalen von Zitrusfrüchten, Kaffee, Tee
Bitterstoffe	Hopfen, Grapefruits, Kaffee, Kakao
Gerbstoffe	Rotwein, Tee, unreife Früchte
Säuren (Zitronen-, Wein- und Apfelsäure, Milchsäure, Essigsäure, Oxalsäure)	Obst und Gemüse
Fruchtester (meistens künstliche Herstellung)	Obst
Fleischbasen	Fleisch und in den aus Fleisch hergestellten Erzeugnissen (z. B. Fleischextrakt, Fleischbrühen, Suppenwürfel)

Lebensmittel mit einem hohen Gehalt an sekundären Pflanzenstoffen

Sekundäre Pflanzenstoffe und deren Vorkommen

Sekundäre Pflanzenstoffe	Vorkommen
Carotinoide	Paprika, Tomaten, Möhren, Aprikosen, Kiwis, Grünkohl, Spinat
Flavonoide	Grünkohl, Brokkoli, Blumenkohl, Endivien, Sellerie, Kresse, Kopfsalat, Tomaten, rote Paprika, Äpfel, Birnen, Weintrauben, Apfelsinen
Polyphenole	Randschichten von Gemüse, Obst und Getreide
Phytosterine	fettreiche Pflanzenteile, insbesondere Sonnenblumenkerne, Sojabohnen, Gtreidekeimlinge
Terpene	Möhren, Zitronen, Tomaten, Pfefferminze und Kümmel
Sulfide	Knoblauch, Zwiebelgewächse, Lauch

Blutalkoholgehalt und seine Auswirkung

Blutalkoholgehalt	Auswirkung
0,3 Promille	Konzentrationsschwäche
0,5 Promille	angeheitert
1,0 Promille	Konzentrations- und Koordinierungsschwierigkeiten
2,0 Promille	Torkeln, Vollrausch, Erbrechen
3,0 Promille	Bewusstlosigkeit
4,0 Promille	oft tödlich

1 Promille entspricht 1,06 g Alkohol in 1 l Blut.

11.1.10 Sekundäre Pflanzenstoffe

In den Pflanzen finden sich viele chemische Substanzen, deren Zusammensetzung und Wirkung im Einzelnen oft noch gar nicht erforscht ist. Es wird vermutet, dass die Pflanze sie zur Abwehr von Schädlingen und Krankheiten, aber auch zur Verstärkung ihrer mechanischen Festigkeit oder zum Anlocken von Insekten produziert. Sie befinden sich in sehr kleinen Mengen vor allem in der Schale und in den Randschichten von frischem Obst und Gemüse.

Bedeutung der sekundären Pflanzenstoffe für den Menschen

Sekundäre Pflanzenstoffe sind keine lebensnotwendigen Nährstoffe, sondern sogenannte bioaktive Stoffe. Ihnen werden folgende Wirkungen zugeschrieben:

- Stärkung des Immunsystems
- Senkung des Cholesterinspiegels im Blut
- Senkung des Blutdrucks
- Regulierung des Blutzuckerspiegels
- Verringerung des Risikos für Herz-Kreislauf-Erkrankungen
- positive Beeinflussung der Stoffwechselvorgänge im Körper
- Inaktivierung sogenannter freier Radikale
- Bekämpfung von Mikroorganismen
- Schutz vor Entzündungen
- Schutz vor Krebs

Es gibt auch sekundäre Pflanzenstoffe, die für den Menschen giftig sind. Hierzu zählen z. B. das Atropin der Tollkirsche, die Alkaloide des Schlafmohns und das Nicotin der Tabakpflanze.

11.1.11 Alkohol

Im chemischen Sinne sind Alkohole eine ganze Stoffklasse. Hierzu gehört auch das Ethanol. Da es der einzige Alkohol ist, der für den Menschen genussfähig ist (Trinkalkohol), werden die Begriffe Ethanol und Alkohol oft gleichwertig gebraucht.

Ethanol ist eine farblose, leicht entzündliche Flüssigkeit, die in jedem Verhältnis mit Wasser mischbar ist. Ethanol ist leichter als Wasser und siedet schon bei 78,3 °C.

Ethanol entsteht durch alkoholische Gärung. Hefen vergären Zucker zu Ethanol und Kohlenstoffdioxid. Bei einem Alkoholgehalt von etwa 18 % kommt die Gärung allerdings zum Erliegen. Höhere Alkoholgehalte (bis etwa 96 %) können nur durch Destillation, das sogenannte „Brennen", erreicht werden (siehe Kapitel 13.3.6) (z. B. Weinbrand). Das Destillat wird daher auch „Brand" genannt.

Bedeutung des Ethanols/Alkohols für den Menschen

Ethanol wird im menschlichen Körper zu etwa 95 % zur Energiegewinnung genutzt, der Rest wird mit Harn, Schweiß und Atemluft ausgeschieden.

> Ein Gramm Alkohol liefert 30 kJ (7,1 kcal) Energie.

Alkohol kann abhängig machen und schädigt die Gesundheit. Davon können alle Organe betroffen sein. Gleichzeitig ist bei Alkoholkonsum der Bedarf an zahlreichen essenziellen Nährstoffen (vor allem an Vitaminen) erhöht. Bei Schwangeren drohen dem Embryo Hirnschädigungen, Störungen im Knochenbau, Missbildungen und Minderwuchs.

11.1.12 Koffein, Tein, Theobromin

Die Alkaloide Koffein, Tein und Theobromin sind **Genussstoffe**, die besonders in Kaffee, Tee, Kakao und in Cola vorkommen. Sie erweitern die Blutgefäße und wirken anregend auf Kreislauf und Nervensystem. Größere Mengen allerdings können zu Herzklopfen und Schlafstörungen führen. Da gleichzeitig auch die Nierentätigkeit angeregt wird, kann es zu einer erhöhten Ausscheidung von Urin und damit zu verstärkten Flüssigkeitsverlusten kommen.

Getränke mit einem hohen Gehalt an Genussstoffen

11.1.13 Zusatzstoffe

Zusatzstoffe werden den Lebensmitteln zugesetzt, um bestimmte Qualitätsmerkmale wie verlängerte Haltbarkeit, besonderer Geschmack oder besondere Farbe und Beschaffenheit zu erreichen. Sie müssen für die entsprechenden Lebensmittel zugelassen sein und auf der Zutatenliste angegeben werden. Hierfür ist jedem Zusatzstoff eine bestimmte sogenannte E-Nummer zugewiesen.

Zu den Zusatzstoffen gehören u.a. die folgenden Stoffe:

Konservierungsmittel

Diese hemmen die Wirkung von Mikroorganismen oder töten sie sogar ab. Hierzu zählen z.B. die Sorbinsäure und die Benzoesäure.

Farbstoffe

Diese können natürlich oder synthetisch sein. Natürliche Farbstoffe werden aus Lebensmitteln gewonnen, konzentriert und dann anderen Lebensmitteln zugesetzt. Synthetische Farbstoffe kommen in der Natur nicht vor, sondern werden künstlich hergestellt.

Zutaten:
Wasser, 16 % Hühnerfleisch, Reis, 6 % Ananas, 3,6 % Bambussprossen, Karotten, Mungobohnenkeimlinge, Zwiebeln, Geflügelbrühe, modifizierte Stärke, Kokosnussmilchpulver, Mango Chutney (Zucker, Mangostücke, Zuckerrohressig, Salz, Gewürze), Sahne, Gewürze (mit Milchzucker, Senf, Ei, Weizen), Gewürzextrakt (mit Sellerie), pflanzliches Öl, jodiertes Speisesalz, Hefeextrakt (mit Gerstenextrakt), Zucker, Verdickungsmittel Guarkernmehl, Emulgatoren (Mono- und Diacetylweinsäureester von Mono- und Diglyceriden von Speisefettsäuren, Mono- und Diglyceride von Speisefettsäuren), Säuerungsmittel Citronensäure, Antioxidationsmittel Ascorbinsäure, Farbstoff Riboflavin, Milcheiweiß.

Unter Schutzatmosphäre verpackt.

Deklaration von Zusatzstoffen in der Zutatenliste

Süßkraft der Zuckeraustauschstoffe und Süßstoffe im Vergleich zum Haushaltszucker

Stoff	Süßkraft
Sorbit (E 420)	0,6
Mannit (E 421)	0,5
Xylit (E 474)	1,0
Aspartam (E 951)	200
Cyclamat (E 952)	40
Saccharin (E 954)	450
Steviolglykoside (E 960)	200–300

Süßstoffe

Hierzu zählen u. a. Aspartam, Cyclamat, Saccharin und Steviolglykoside (Stevia). Sie haben eine um ein Vielfaches höhere Süßkraft als Zucker und werden vor allem in sogenannten Lightprodukten verwendet. Sie können aber unerwünschte Nebenwirkungen haben, wie z. B. Kopfschmerzen oder Allergien.

Zuckeraustauschstoffe

Sie werden auch Zuckeralkohole genannt. Es sind süß schmeckende Kohlenhydrate mit einer Süßkraft, die der des Haushaltszuckers ähnlich ist. Typische Zuckeraustauschstoffe sind Sorbit, Mannit und Xylit. Sie sind in verschiedenen Früchten und Gemüsen enthalten. Zuckeraustauschstoffe liefern nur etwa knapp 10 kJ (2,4 kcal) pro Gramm und werden insulinunabhängig verstoffwechselt. In größeren Mengen (mehr als 20 g pro Tag) können sie abführend wirken.

Geschmacksverstärker

Hier ist vor allem das Glutamat zu nennen. Es verstärkt den natürlichen Geschmack und Geruch des Lebensmittels. Empfindliche Personen reagieren häufig auf Glutamat mit Allergien.

Geliermittel

Hierzu zählen z. B. Agar-Agar und Carrageen. Sie werden aus Algen gewonnen und gehören zu den Kohlenhydraten. Der menschliche Körper kann sie nur in geringem Maße verwerten.

Aromastoffe

Sie sind entweder natürlichen Ursprungs oder werden künstlich hergestellt.

Antioxidantien

Sie verhindern den Verderb der Lebensmittel durch die Sauerstoffeinwirkung, z. B. in Margarine, indem sie den Sauerstoff binden.

Emulgatoren

Diese Stoffe sorgen für eine stabile Verbindung von Wasser und Fetttröpfchen, z. B. in Margarine, Wurstwaren und Desserts.

Aromenzusätze gemäß der EU-Aromaverordnung

- „natürliches Aroma" (mehr als 95 % aus dem genannten Lebensmittel gewonnen)
- „natürliches Aroma mit anderen Aromen" (überwiegend aus dem genannten Lebensmittel gewonnen, weitere Aromen aus natürlichen Quellen)
- „natürliches Aroma" (zu 100 % aus natürlichen Quellen, aber nicht aus dem genannten Lebensmittel)
- „Aroma" (aus nicht natürlichen Quellen gewonnen)

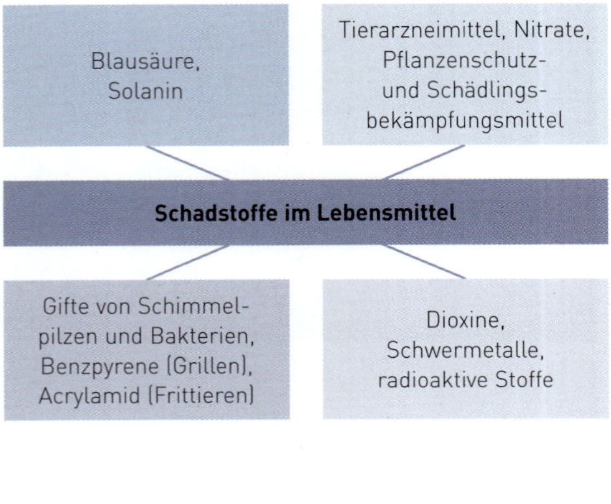

11.1.14 Schadstoffe

Schadstoffe in den Lebensmitteln können die Gesundheit beeinträchtigen. Sie sind unterschiedlichen Ursprungs:

- natürlicherweise vorhanden
- Rückstände aus der Tier- und Pflanzenproduktion
- unsachgemäße Lagerung oder Herstellung
- Umweltverschmutzung

Durch Schadstoffe können auch andere Lebewesen und die Umwelt geschädigt werden.

11.2 Grundlagen der Ernährung

11.2.1 Verdauung und Stoffwechsel

Stoffwechsel

Nahrungsaufnahme
↓
Verdauung
↓
Resorption
↓
Zellstoffwechsel
↓
Ausscheidung

Kennzeichen eines lebenden Organismus sind

- ein ständiger, sich möglichst im Gleichgewicht befindender Ab- und Aufbau der Körpersubstanz sowie
- die ständige Produktion von Energie in einer verwertbaren Form.

Die Gesamtheit aller Prozesse, die hierzu beitragen, die also die stoffliche und energetische Bilanz des Körpers aufrechterhalten, wird als **Stoffwechsel** bezeichnet.

> Das Typische für den lebenden Organismus ist sein Stoffwechsel.

Der Stoffwechsel vollzieht sich in mehreren Stufen:

Nahrungsaufnahme, Verdauung und Resorption, Sauerstoffaufnahme
Die aufgenommene Nahrung wird im Mund zerkleinert und eingespeichelt. Danach gelangt sie über die Speiseröhre in den Magen, von dort über den Zwölffingerdarm in den Dünndarm. Während dieses Weges wird die Nahrung mithilfe körpereigener Enzyme in ihre kleinsten Bausteine zerlegt. Die nun in den Verdauungssäften gelösten Nährstoffe können dann im Dünndarm durch die Darmwand aufgenommen und anschließend mithilfe des Blutes und der Lymphe zu den Körperzellen transportiert werden. Im Dickdarm werden die unverdaulichen Nahrungsbestandteile durch Wasserentzug eingedickt und dann als Kot über den After ausgeschieden.

Der Sauerstoff wird mit der Luft eingeatmet, gelangt in die Lungen und wird von dort mithilfe der roten Blutkörperchen zu den Körperzellen transportiert.

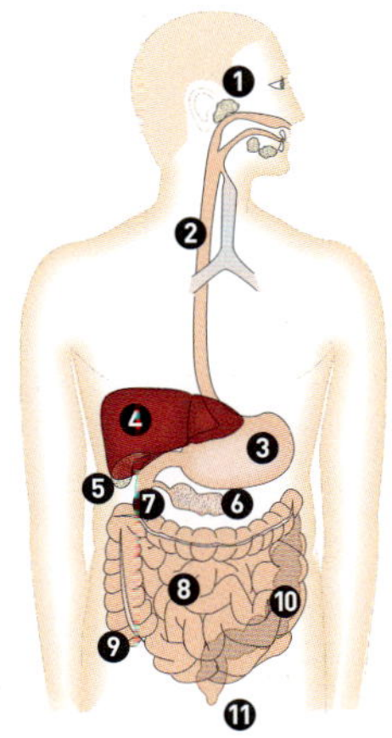

Verdauungsorgane

1. Speicheldrüse
2. Speiseröhre
3. Magen
4. Leber
5. Gallenblase
6. Bauchspeicheldrüse
7. Zwölffingerdarm
8. Dünndarm
9. Blinddarm
10. Dickdarm
11. Enddarm

Zellstoffwechsel oder Zwischenstoffwechsel
Nachdem die Nährstoffe durch die Zellmembranen in die Körperzellen gelangt sind, werden sie dort entweder in körpereigene Stoffe umgewandelt (**Baustoffwechsel**) oder zur Energiegewinnung genutzt (**Energiestoffwechsel**, siehe folgende Seite). Für die Energiegewinnung in den Zellen wird Sauerstoff benötigt. Dieser wird hierbei in Kohlenstoffdioxid umgewandelt.

Ausscheidung der Stoffwechselendprodukte und des Kohlenstoffdioxids
Im Zellstoffwechsel fallen kontinuierlich Stoffe an, die der Körper nicht mehr nutzen kann. Diese müssen, damit sie sich nicht in den Zellen ansammeln, abtransportiert und ausgeschieden werden. Die Ausscheidung der Stoffwechselproduckte erfolgt über unterschiedliche Wege:

- Kot über den Darm
- Urin über die Nieren
- Schweiß über die Haut
- Kohlenstoffdioxid über die Lunge

Lebensdauer menschlicher Körperzellen

Zelltyp	Ungefähre Lebensdauer
Schleimhautzellen des Dünndarms	30–35 Stunden
weiße Blutkörperchen	1–3 Tage
Leberzellen	10–15 Tage
Hautzellen	28 Tage
rote Blutkörperchen	120–130 Tage

Baustoffwechsel

Nach der Befruchtung der menschlichen Eizelle nimmt die Zahl der Körperzellen des heranwachsenden Embryos kontinuierlich zu, der Mensch wächst heran. Zellen teilen sich, wachsen und teilen sich wieder. Dieser Vorgang setzt sich auch über die Geburt hinaus bis in die Erwachsenenphase fort. Ständig werden neue Körperzellen gebildet. Hierfür benötigt der Mensch Material. Die Nahrung muss dem Menschen also permanent Baustoffe für neue Zellen zur Verfügung stellen.

Alte Körperzellen sterben ab und müssen erneuert werden. Denn die Lebensdauer der menschlichen Körperzellen ist nur begrenzt.

Nach neueren Schätzungen werden bei einer erwachsenen Person pro Stunde mehr als 1 Million Körperzellen erneuert. Innerhalb eines Jahres sind bei einem Erwachsenen somit knapp 90 % aller Körperzellen mindestens einmal ausgetauscht worden. Auch für diese ständige Erneuerung der Körperzellen müssen durch die Nahrung permanent Baustoffe zur Verfügung gestellt werden. Allerdings haushaltet der menschliche Körper sehr nachhaltig. Bausteine alter Zellen, die er noch gebrauchen kann, verwertet er für den Aufbau der neuen Zellen. Nur die Stoffe, die der Mensch endgültig nicht mehr nutzen kann, scheidet er aus.

Alle Körperzellen werden durch einen ständigen Umbau laufend erneuert. Hierfür müssen dem Körper durch die Nahrung permanent Baustoffe zugeführt werden.

Energiestoffwechsel

Der Mensch benötigt zur Aufrechterhaltung seiner Körperfunktionen selbst bei völliger Ruhe und Entspannung ständig ausreichend Energie, z. B.

- elektrische Energie für seine Gehirntätigkeit und die Übertragung von Nervenimpulsen,
- mechanische Energie zur Aufrechterhaltung der Atmung, des Herzschlags und des Kreislaufs,
- chemische Energie für die Herstellung körpereigener Stoffe,
- elektrochemische Energie für die Aufnahme von Stoffen in die Körperzellen,
- thermische Energie für die Regulation der Körpertemperatur.

Grundumsatz

Die Energiemenge, die ein Mensch zur Aufrechterhaltung der Körperfunktionen innerhalb von 24 Stunden benötigt, ist der Grundumsatz. Sie ist von Mensch zu Mensch sehr unterschiedlich und wird durch viele Faktoren, wie z. B. Alter, Geschlecht, Körpergröße, Körpergewicht und Muskelmasse, Schwangerschaft, Stillzeit, Gesundheitszustand, psychische Belastung/Stress, Klima, beeinflusst. Der Grundumsatz kann experimentell oder rechnerisch ermittelt werden. Als (stark vereinfachte) Faustregel wird für den Grundumsatz eines Erwachsenen abhängig von Alter und Geschlecht mit 80–100 kJ pro kg Körpergewicht gerechnet.

Begriff Energie

Energie ist die Fähigkeit, Arbeit zu verrichten. Grundeinheit der Energie ist das Joule (J). 1 Joule ist die Energie, die benötigt wird, einen Körper von einem Gewicht von 1 Newton (entspricht ungefähr 102 Gramm) 1 Meter hochzuheben.

Früher wurde als Grundeinheit der Energie die Kalorie verwendet. 1 Kalorie ist die Energie, die benötigt wird, 1 Milliliter Wasser um 1 Grad Celsius zu erwärmen.

1 Kalorie ≙ 4,2 Joule

Da beide Energiemengen sehr klein sind, sind die Einheiten kJ (1 kJ = 1 000 Joule) bzw. kcal (1 kcal = 1 000 kcal) gebräuchlicher.

Leistungsumsatz
Jede weitere Leistung, vor allem körperliche und geistige Tätigkeit, aber auch die Verdauung führt zu einem zusätzlichen Energiebedarf. Dieser zusätzliche Energiebedarf wird Leistungsumsatz genannt. Seine Höhe ist insbesondere von der beruflichen Tätigkeit der Person und ihres Freizeitverhaltens abhängig (Arbeits- und Freizeitumsatz). Je anstrengender die körperliche Arbeit und je höher die körperliche Belastung in der Freizeit ist, desto höher ist der Leistungsumsatz. Der Leistungsumsatz lässt sich experimentell ermitteln. Für viele Tätigkeiten liegen bereits Werte vor.

Gesamtumsatz
Der Gesamtenergiebedarf (= Gesamtumsatz) eines Menschen pro Tag ist die Summe seines Grundumsatzes und seines Leistungsumsatzes.
Zur Vereinfachung hat sich seit einigen Jahren folgender alternativer Berechnungsweg für den Gesamtenergiebedarf durchgesetzt:

Gesamtumsatz = Grundumsatz · PAL-Wert.

PAL ist die Abkürzung für „physical activity level" und bedeutet „körperlicher Aktivierungsgrad". Der PAL-Wert orientiert sich an der körperlichen Tätigkeit in Beruf und Freizeit und wurde experimentell für verschiedene Tätigkeiten ermittelt.

Berechnungsmöglichkeit für den Grundumsatz

Gesamtumsatz
=
Grundumsatz
+
Leistungsumsatz

oder

Gesamtumsatz
=
Grundumsatz
x
PAL-Wert

PAL-Werte für unterschiedliche Personengruppen (Erwachsene)

Aktivität	PAL	Gruppe
sitzende oder liegende Lebensweise	1,2	Bettlägerige
sitzende Tätigkeit, wenig Bewegung	1,4–1,5	Büroangestellte
sitzende Tätigkeit, zeitweise Bewegung	1,6–1,7	Studenten, Kraftfahrer
gehende und stehende Betätigung	1,8–1,9	Hausmänner, Verkäufer, Handwerker
hohe körperliche Beanspruchung	2,0–2,4	Bauarbeiter, Landwirte, Leistungssportler

Für anstrengende Freizeitaktivitäten, die wöchentlich vier- bis fünfmal über einen Zeitraum von 30 bis 60 Minuten durchgeführt werden, können die PAL-Werte um 0,3 PAL erhöht werden.

(nach: D-A-CH Referenzwerte für die Nährstoffzufuhr, 2008, S. 27)

11.2.2 Ernährungsgrundsätze

Eine gesunde Ernährung muss den Körper mit allen notwendigen Nährstoffen in einem sinnvollen Verhältnis versorgen und gleichzeitig die benötigte Energie zur Verfügung stellen.

Nährstoffzufuhr
Die Gesellschaften für Ernährung in Deutschland (DGE), Österreich (ÖGE) und der Schweiz (SGE/SVE) geben regelmäßig gemeinsam die Referenzwerte für die empfohlene Nährstoffzufuhr heraus.

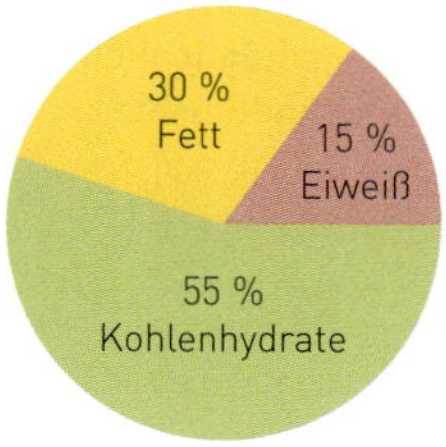

Verteilung der Nährstoffzufuhr

Für die energieliefernden Nährstoffe bei einem gesunden Erwachsenen existieren derzeit folgende Empfehlungen:

Verteilung der Nährstoffzufuhr

Kohlenhydrate: ca. 55 % der Nahrungsenergie, bei moderatem Zuckerkonsum
Fett: ca. 30 % der Nahrungsenergie, davon ungefähr jeweils 1/3 aus gesättigten Fettsäuren, einfach ungesättigten und mehrfach ungesättigten Fettsäuren
Eiweiß: ca. 15 % der Nahrungsenergie

BMI-Einteilung

BMI	Beurteilung
kleiner als 19	Untergewicht
19–25	Normalgewicht
26–30	Übergewicht
größer als 30	Fettsucht

Verteilung der Nährstoffzufuhr in Bezug auf das Körpergewicht

- 0,8 g Eiweiß je kg Körpergewicht
- 0,7–0,8 g Fett je kg Körpergewicht
- 4–7 g Kohlenhydrate je kg Körpergewicht

Außerdem sollen täglich 30 g Ballaststoffe aufgenommen werden und es muss auf eine ausreichende Zufuhr an Vitaminen, Mineralstoffen und sekundären Pflanzenstoffen geachtet werden. Hinzu kommt eine tägliche Flüssigkeitszufuhr von 2–3 Litern.

Die Energiezufuhr ist dem Energiebedarf anzupassen. Isst ein Mensch permanent zu wenig, nimmt er ab und es entsteht langfristig ein Untergewicht. Manchmal entsteht Untergewicht durch eine krankhafte Magersucht oder eine Bulimie (Ess-Brech-Sucht). Beide Erkrankungen bedürfen einer medizinischen und psychologischen Behandlung.

Isst ein Mensch permanent zu viel, wird die überschüssige Energie in Fett umgewandelt und der Mensch nimmt zu. Langfristig entsteht Übergewicht. Übergewicht kann zu Rücken- und Gelenkbeschwerden, Herz- und Kreislaufbeschwerden, Stoffwechselstörungen, Bluthochdruck und seelischen Störungen führen.

Body-Mass-Index- Nomogramm

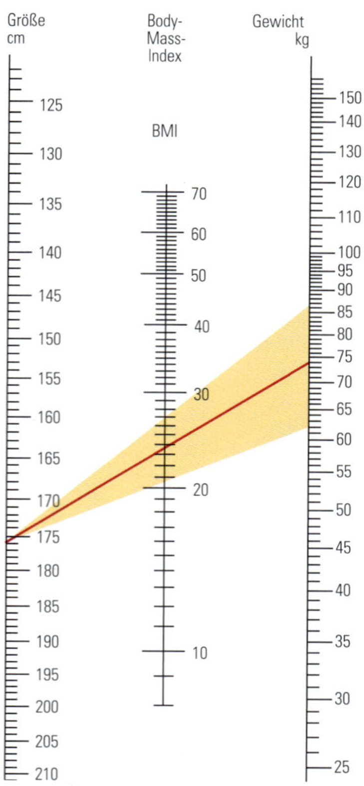

Beispiel: Größe 1,76 m, Gewicht 74 kg, BMI 24 → Normalgewicht

Body-Mass-Index (BMI)

Eine Beurteilung des Körpergewichts wird mithilfe des Body-Mass-Index (BMI) durchgeführt. Der BMI berechnet sich wie folgt:

$$\text{Body-Mass-Index (BMI)} = \frac{\text{Körpergewicht in kg}}{(\text{Körpergröße in m})^2}$$

Beispiel: Körpergewicht: 74 kg, Körpergröße: 1,76 m

$$\text{BMI} = \frac{74\ \text{kg}}{(1{,}76\ \text{m})^2} = \frac{74\ \text{kg}}{3{,}1\ \text{m}^2} = 24\ \text{kg/m}^2$$

Die Person hat Normalgewicht.

11.3 Ernährungsformen

11.3.1 Aspekte der menschlichen Ernährung

Wir essen heute nicht mehr vorrangig, um unseren Nährstoff- und Energiebedarf zu decken, sondern weil wir Appetit und „Lust auf etwas" haben, weil wir in Gesellschaft sind oder einfach nur aus Langeweile oder seelischem Kummer.

Die Folge ist, dass in Deutschland ernährungsabhängige Krankheiten wie Karies, Hyperlipidämien und Hypercholesterinämien, Übergewicht, Herz-Kreislauf-Krankheiten, Magen-Darm-Erkrankungen und Stuhlverstopfung, Gallensteine, Gicht und Diabetes mellitus inzwischen weitverbreitet sind. Viele Menschen essen langfristig zu kalorienreich und zu unausgewogen. Demgegenüber ist die Versorgung hinsichtlich einiger essenzieller Nährstoffe (wie z. B. Eisen, Folsäure, mehrfach ungesättigte Fettsäuren) trotz der Vielzahl der zur Verfügung stehenden Lebensmittel eher unzureichend. Es werden zu viel Fleisch, Wurst und Eier, aber auch zu viele stark verarbeitete zucker- und salzhaltige Nahrungsmittel wie z. B. Fertiggerichte, Süßigkeiten, Knabberartikel oder Pommes frites verzehrt. Auch der Alkoholkonsum liegt viel zu hoch. Der Verbrauch an pflanzlichen Produkten sowie an Lebensmitteln, die nur gering verarbeitet sind und eine hohe Nährstoffdichte aufweisen, sinkt dagegen.

Einflussfaktoren auf unser Essverhalten

- Kultur und Religion, in bzw. mit der wir aufgewachsen sind
- Erziehung und Gewohnheit
- körperliche Konstitution, Alter, Gesundheit
- Lebensweise
- Trends, Orientierung an Vorbildern, Werbung
- Verfügbarkeit der Lebensmittel und Einkommen

Hier kann auf Dauer nur eine nachhaltige Ernährungserziehung Abhilfe schaffen. Denn die Vermittlung von Wissen über eine gesunde Ernährung reicht nicht aus, wenn die Menschen nicht motiviert werden können, sich auch tatsächlich bewusst und gesund zu ernähren.

11.3.2 Vollwertige Ernährung

Der Begriff „vollwertige Ernährung" wurde 1955 von der Deutschen Gesellschaft für Ernährung (DGE) geprägt. Er beschreibt eine Kost, die alle nötigen Nährstoffe in den richtigen Mengen, im richtigen Verhältnis und in der richtigen Form enthält. Eine vollwertige Ernährung kann vegetarisch sein, muss es aber nicht. Die DGE fasst ihre Ernährungsempfehlungen in Form von zehn Regeln zusammen. Diese werden regelmäßig an die neuesten wissenschaftlichen Erkenntnisse angepasst.

10 Regeln der Deutschen Gesellschaft für Ernährung

1. Vielseitig essen
2. Reichlich Getreideprodukte und Kartoffeln
3. Gemüse und Obst – Nimm „5 am Tag"
4. Täglich Milch und Milchprodukte; ein- bis zweimal in der Woche Fisch; Fleisch, Wurstwaren sowie Eier in Maßen
5. Wenig Fett und fettreiche Lebensmittel
6. Zucker und Salz in Maßen
7. Reichlich Flüssigkeit
8. Schmackhaft und schonend zubereiten
9. Sich Zeit nehmen und genießen
10. Auf das Gewicht achten und in Bewegung bleiben

Ernährungskreis der DGE

Der DGE-Ernährungskreis stellt die Grundlagen der vollwertigen Ernährung dar. Er zeigt, in welchem Mengenverhältnis die einzelnen Lebensmittelgruppen berücksichtigt werden sollen.

1 Getreide, Getreideerzeugnisse, Kartoffeln, 30 %
2 Gemüse, Salate 26 %
3 Obst 17 %
4 Milch, Milchprodukte 18 %
5 Fleisch, Wurst, Fisch, Eier 7 %
6 Fette, Öle 2 %
7 Getränke

Einteilung der Lebensmittel nach Wertestufen in der Vollwerternährung

Stufe	Empfehlung	Verarbeitungsgrad	Beispiele
1	sehr empfehlenswert	nicht verarbeitet, nicht erhitzt	Frischobst, Frischgemüse, Nüsse, Vorzugsmilch
2	empfehlenswert	teilweise verarbeitet, erhitzt	Vollkornprodukte, Milch und Milchprodukte, erhitztes Gemüse
3	weniger empfehlenswert	stark verarbeitet, konserviert	Konserven, Fleisch- und Wurstwaren, H-Milch, Butter
4	nicht empfehlenswert	isoliert	Schmelzkäse, Süßwaren, Kondensmilch, Spirituosen

11.3.3 Vollwerternährung

Von dem Konzept der vollwertigen Ernährung der DGE ist trotz des ähnlichen Begriffs die Vollwerternährung abzugrenzen. Diese beinhaltet neben den physiologischen auch ökologische Aspekte. Unter Vollwerternährung wird eine vorwiegend lacto-vegetabile Ernährungsweise verstanden, deren Hauptbestandteile also Obst und Gemüse, Vollkornprodukte, Kartoffeln und Hülsenfrüchte sowie Milch und Milchprodukte sind. Daneben können auch kleine Mengen an Fleisch, Fisch und Eiern verzehrt werden. Gering verarbeitete Produkte sollen bevorzugt werden. Die Hälfte der Nahrungsmenge soll aus nicht erhitzter Frischkost bestehen. Diese Empfehlungen beruhen darauf, dass nur die wenig verarbeiteten Produkte den „vollen Wert" der natürlichen Inhaltsstoffe enthalten und daher „vollwertig" sind. Zusätzlich wird gefordert, dass die Produkte aus anerkannten ökologischen Landwirtschafsbetrieben stammen und möglichst regionalen Ursprungs sind.

Regeln für eine nachhaltige Ernährung

Der Ansatz der Vollwerternährung wurde im Sinne einer nachhaltigen Ernährung zu folgenden Grundsätzen weiterentwickelt:

1. Bevorzugung pflanzlicher Lebensmittel (überwiegend lacto-vegetabile Kost)
2. Bevorzugung ökologisch erzeugter Lebensmittel
3. Bevorzugung regionaler und saisonaler Erzeugnisse
4. Bevorzugung gering verarbeiteter Lebensmittel, vor allem Frischkost
5. Bevorzugung umweltverträglich verpackter Produkte
6. Bevorzugung fair gehandelter Produkte
7. Herstellung und Verzehr von möglichst genussvollen und bekömmlichen Speisen

(Quelle: von Koerber, Männle, Leitzmann, 2004)

11.3.4 Grundsätze für einen nachhaltigen Ernährungsstil

In der Ernährungswissenschaft erwächst seit einigen Jahren verstärkt das Bedürfnis, die vielfältigen und komplexen Beziehungen innerhalb des Ernährungssystems zu untersuchen und zu bewerten. Dabei sollen alle Teilbereiche des Ernährungssystems von der landwirtschaftlichen Erzeugung der Lebensmittel über ihre Verarbeitung und Verpackung, den Transport und Handel bis hin zum Verzehr und der Abfallentsorgung berücksichtigt werden. Ziel ist die Entwicklung eines nachhaltigen Ernährungskonzepts.

In Anlehnung an den Begriff einer „nachhaltigen Entwicklung" (siehe Kapitel 5.2), ist ein Ernährungsstil dann nachhaltig, wenn er so beschaffen ist, dass er dazu beiträgt, die natürlichen und kulturellen Ressourcen für zukünftige Generationen zu erhalten und die Situation vieler heute lebender Menschen weltweit zu verbessern.

Klassische Ernährungsformen orientieren sich hauptsächlich am Nährstoffbedarf des Einzelnen und geben Empfehlungen zur Deckung dieses Nährstoffbedarfs.

Fairtrade

Das Fairtrade-Siegel auf Produkten steht für bessere Lebens- und Arbeitsbedingungen für Bauern und Beschäftigte durch Fairtrade-Preise und -Prämien. Zusätzlich sind illegale Kinderarbeit und Zwangsarbeit verboten.

FAIRTRADE ®

Eine nachhaltige Ernährung muss folgende Faktoren beinhalten:
- Sozialverträglichekit
- Wirtschaftsverträglichkeit
- Umweltverträglichkeit
- Gesundheitsverträglichkeit

11.3.5 Vegetarische und vegane Ernährung

Bei der vegetarischen Kost werden drei Formen unterschieden:
- ovo-lacto-vegetabile Kost
- lacto-vegetabile Kost
- vegane Kost

Alle drei Formen bevorzugen hohe Rohkostanteile in der Nahrung. Werden Lebensmittel gegart, sollen möglichst schonende Garverfahren verwendet werden. Während bei der veganen Kost generell auf den Verzehr tierischer Produkte verzichtet wird, werden bei der ovo-lacto-vegetabilen und der lacto-vegetabilen Kost nur solche tierischen Produkte ausgeschlossen, die durch die Tötung von Tieren gewonnen werden. Ovo-lacto-Vegetarier verzehren zusätzlich zu pflanzlichen Produkten auch Eier und Milch, bzw. daraus hergestellte Lebensmittel, während bei der lacto-vegetabilen Kost neben pflanzlichen Produkten nur Milch und Milchprodukte zugelassen sind.

Bei allen drei Kostformen ist eine ausreichende Versorgung mit Kohlenhydraten, Fetten, Mineralstoffen und Vitaminen sowie mit Wasser gewährleistet, bei der ovo-lacto-vegetabilen und der lacto-vegetabilen Ernährung auch mit Eiweiß. Bei der veganen Kost muss auf die Deckung des Eiweißbedarfs geachtet werden. Dies kann insbesondere durch den Verzehr von Hülsenfrüchten, Getreide und Tofu geschehen. Aus ernährungsphysiologischen Gesichtspunkten ist eine vegane Kost für Kinder, Schwangere und Stillende nicht zu empfehlen.

Formen des Vegetarismus

11.4 Ernährungsstörungen

11.4.1 Lebensmittelallergien

Schon in kleinsten Mengen können bestimmte Stoffe in den Lebensmitteln bei einem Menschen eine Allergie auslösen. Der Körper verträgt diese Stoffe nicht und reagiert auf sie hochempfindlich. Typische Symptome sind:
- juckende Haut und Hautausschläge
- tränende Augen
- Schnupfen und Nieszwang
- ständiger Räusperzwang
- Asthmaanfälle mit Atemnot

Eine Allergie kann plötzlich und in jedem Alter auftreten. Sie kann erblich bedingt sein oder durch Umwelteinflüsse verursacht bzw. gefördert werden. Wird der Kontakt zu dem allergieauslösenden Stoff, dem sogenannten Allergen, nicht vermieden, kann die Allergie auch chronisch werden. Für den Betroffenen ist es also wichtig, zu wissen, welche Zutaten in den Lebensmitteln enthalten sind. Daher müssen auf Fertigpackungen laut Lebensmittel-Kennzeichnungsverordnung alle Zutaten aufgelistet werden. Seit Ende 2005 müssen in der Europäischen Union zudem die häufigsten Verursacher von Lebensmittelallergien im Zutatenverzeichnis eines Lebensmittels angegeben werden, falls sie im Produkt enthalten sind (siehe Kapitel 12.1.3).

Lebensmittel, die häufig Allergien auslösen

Informationen zur Kennzeichnung von Allergenen in der Richtlinie 2007/68/EG
www.eu-vital.org/pdf/EG_2007_68.pdf

11.4.2 Lebensmittelintoleranzen und Lebensmittelunverträglichkeiten

Neben allergischen Reaktionen können Stoffe in Lebensmitteln Unverträglichkeiten hervorrufen. Der Unterschied besteht darin, dass bei einer Allergie das Immunsystem die zentrale Rolle spielt: Es reagiert auf einen (eigentlich harmlosen) Reizstoff, indem es zu dessen Abwehr viele spezifische Antikörper bildet. Diese veranlassen den Körper, Histamine auszuschütten, welche die allergischen Beschwerden auslösen. Bei einer Unverträglichkeit ist das Immunsystem nicht beteiligt: Die Beschwerden entstehen dadurch, dass das Verdauungssystem oder der Stoffwechsel einen Nahrungsbestandteil nicht richtig verarbeiten kann. Typische Beispiele sind die Laktose- bzw. Fructoseintoleranz sowie die Zöliakie.

Fructosehaltige Lebensmittel

Fructoseintoleranz
Bei dieser Lebensmittelintoleranz kann die Fructose nicht oder nur schlecht resorbiert werden. Es kommt zu Bauchschmerzen, Blähungen und Durchfall. Die Betroffenen sollten daher möglichst den Verzehr von Obst und Obstsäften sowie von zuckerhaltigen Lebensmitteln reduzieren.

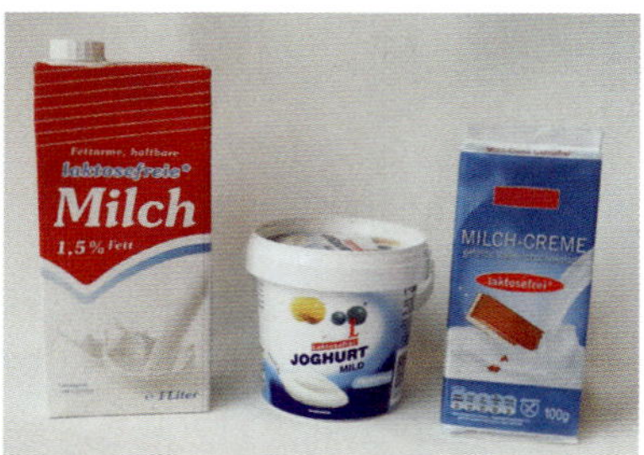

Laktosefreie Milch und Milchprodukte

Laktoseintoleranz
Aufgrund eines Enzymmangels kann der Milchzucker im Verdauungstrakt nicht aufgespalten und durch die Darmwand ins Blut aufgenommen werden. Stattdessen wird er von den Darmbakterien vergoren. Dies führt zu Bauchschmerzen, Blähungen und Durchfall. Der Betroffene sollte daher möglichst den Verzehr von Milch- und Milchprodukten vermeiden. Da eine Laktoseintoleranz recht weit verbreitet ist, werden im Handel laktosefreie Milch und Milchprodukte angeboten.

Siegel der Deutschen Zöliakie Gesellschaft e.V. (DZG) für glutenfreie Lebensmittel

Zöliakie/einheimische Sprue
Diese Intoleranz beruht auf einer Zerstörung der Darmzotten, die für die Resorption aller Nährstoffe zuständig sind. Ursache hierfür ist der Eiweißstoff Gluten, der im Weizen, Dinkel, Roggen, Hafer und in der Gerste vorkommt. Durch die Schädigung der Darmzotten wird auch die Versorgung mit den anderen Nährstoffen gefährdet bzw. unterbunden. An Zöliakie Erkrankte müssen alle Lebensmittel, in denen Gluten enthalten ist, lebenslang meiden. Daher sind sie auf die Angaben im Zutatenverzeichnis angewiesen oder müssen auf das Siegel für glutenfreie Lebensmittel achten.

11.5 Diabetes mellitus

Ursachen
Diabetes mellitus (Zuckerkrankheit) ist eine Zuckerstoffwechselkrankheit, die darauf beruht, dass die Bauchspeicheldrüse nicht genug oder kein Insulin produziert oder das Insulin nicht wirkt. Während der Verdauung werden die Kohlenhydrate zu Glucose (Traubenzucker) abgebaut und anschließend über die Darmwand ins Blut aufgenommen (siehe Kapitel 11.1.2). Über das Blut gelangt die Glucose dann zu den Körperzellen, von denen sie normalerweise mithilfe des Insulins aufgenommen und somit aus dem Blut entfernt wird.

Auswirkungen
Der Anteil des Zuckers im Blut wird als Blutzuckerspiegel bezeichnet und liegt normalerweise zwischen 80 und 120 mg pro 100 ml Blut. Ist nicht genügend Insulin vorhanden bzw. wirkt das Insulin nicht, steigt der Blutzuckerspiegel an, da die Glucose nicht in die Körperzellen gelangen kann. Es kommt zu einer Überzuckerung.

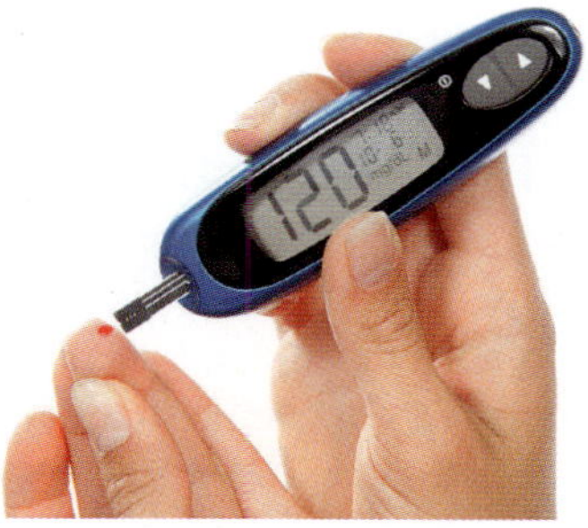

Messung des Blutglucosespiegels

Die Überzuckerung führt zunächst zu einem verstärkten Durstgefühl und zu Wadenkrämpfen. Als Reaktion auf das Durstgefühl nimmt der erkrankte Mensch verstärkt Flüssigkeit zu sich. Dadurch kommt es in den Nieren zu einer erhöhten Produktion von Urin, mit dessen Hilfe der Zucker ausgeschieden werden kann.

Bei Diabetes mellitus kann der Blutzuckerspiegel allerdings auch zu stark sinken. Das geschieht meistens dann, wenn die Insulinmenge, die der Diabeteskranke sich aufgrund seiner Erkrankung spritzt, falsch berechnet ist. Dann entsteht eine gefährliche Unterzuckerung, die mit einem Kreislaufzusammenbruch und Bewusstlosigkeit einhergehen kann. Nur der sofortige Verzehr von Traubenzucker kann diese Auswirkungen verhindern.

Risikofaktoren
Heute wird davon ausgegangen, dass es sich bei Diabetes mellitus um eine Krankheit handelt, die durch bestimmte Erbfaktoren begünstigt wird.

Zur Entstehung der Krankheit tragen jedoch weitere Risikofaktoren bei. Hierzu gehören vor allem:
- Übergewicht mit einem Fettansatz vor allem am Bauch
- Bluthochdruck
- Fettstoffwechselstörungen
- Bewegungsmangel
- zu hohe Energiezufuhr
- einige Virusinfektionen, wie z. B. Mumps und Röteln, verschiedene Medikamente, Alkohol und Nikotin

Berechnung der Kohlenhydratmenge in Lebensmitteln

1 Broteinheit (BE) ≙ 12 g Kohlenhydrate

1 Kohlenhydrateinheit (KE oer KHE) ≙ 10 g Kohlenhydrate

Die Kohlenhydratmenge bezieht sich auf die verdaulichen Kohlenhydrate ohne Ballaststoffe.

Ein normalgewichtiger Erwachsener benötigt bei leichter körperlicher Arbeit ca. 15 BE/Tag.

Ernährung
Diabetiker, die Insulin spritzen, müssen die Kohlenhydrate, die sie über die Nahrung zu sich nehmen, genau berechnen. Der Kohlenhydratgehalt in Lebensmitteln wird in Broteinheiten (BE) bzw. Kohlenhydrateinheiten (KE oder KHE) angegeben.

Allgemein gelten für Diabetiker folgende Ernährungsregeln:
- Auf eine vollwertige Mischkost mit einem etwas erhöhten Kohlenhydratanteil achten.
- Die aufgenommene Energiemenge auf den Energiebedarf abstimmen.
- Mehrere kleine Mahlzeiten (bis zu sieben) regelmäßig über den Tag verteilt aufnehmen.
- Stärkehaltige Produkte bevorzugen, die Zufuhr von zuckerhaltigen Lebensmitteln und Getränken einschränken.
- Eventuell Erzeugnisse einbeziehen, die mit Süßstoffen gesüßt sind.

Empfehlenswerte Lebensmittel für Diabetiker

11.6 Let's think about ...

11.6.1 ... alternative nutrition!

In der Berufsschule bereiten Sie sich auf ein Referat zum Thema „Alternative Ernährungsformen“ vor. Dabei finden Sie im Internet den Artikel „Are you serving flexitarians?“ (Quelle: FastCasual.com – insights for innovation restaurants) mit folgenden Erläuterungen zu den verschiedene Arten von Vegetariern:

flexitarian a person who eats a mostly vegetarian diet, but who is also willing to eat meat or fish occasionally

nutritarian a person who chooses food based on its micronutrient content

pescetarian a person who supplements a vegetarian diet with fish

rawist a person who eats only unprocessed, unheated and uncooked food, especially organic fruits, nuts, vegetables and grains

VB6 [...] "vegan before 6," a person who eats a vegan diet before 6 p.m. and then whatever he or she wants after that

vegangelical an extremely zealous vegan, who is eager to make other people believe in and convert to veganism

vegetarians with benefits ethical eater - a person who only or mostly eats food that meets certain ethical guidelines, particularly organically grown food and humanely raised meat, poultry and fish

1. **Sie möchten alle (!) im Artikel genannten Begriffe in Ihr Referat einbauen. Daher versuchen Sie, diese mit möglichst griffigen deutschen Ausdrücken bzw. Be- und Umschreibungen auf Karten festzuhalten. Beispiel:**

Flexitarier
Jemand, der sich überwiegend vegetarisch ernährt, aber auch bereit ist, gelegentlich Fleisch oder Fisch zu essen.

carnivore	Fleischfresser
content	Gehalt
diet	Ernährung
guideline	Richtlinie
fondness	Vorliebe
herbivore	Pflanzenfresser
micronutrient	Spurenelement
ethical	ethisch, sittlich
humanely	menschlich
occasionally	gelegentlich
organic	biologisch
zealous	begeistert, eifrig
to process	be-/verarbeiten, herstellen
to convert	konvertieren, überwechseln
to crave	begehren, intensiv wünschen
to raise	hier: aufziehen
to grow	anbauen

11.6.2 ... special diets!

Es gibt verschiedene religiös bzw. ethisch motivierte oder krankheitsbedingte Ernährungsweisen (z.B. Christ, Hindu, Jude, Moslem, Diabetiker, Allergiker).

2. Informieren Sie sich über die Ernährungsweisen folgender Personen und beschreiben Sie einem interessierten Englisch sprechenden Kollegen, welche Ernährungsgewohnheiten folgende Personen haben bzw. welche Ernährungsempfehlungen für sie gelten.

3. Der Kollege erzählt Ihnen, was er in der Regel zum Frühstück zu sich nimmt. Da er ein wenig abnehmen möchte, fragt er Sie, ob das so in Ordnung sei oder ob er daran etwas ändern solle.

"I always have three white bread rolls with dairy-free spread on it. I eat these with jam and Dutch cheese. And, of course, two boiled eggs. I wash all this down with three cups of coffee – white with three sugars in each."

4. In diesem Zusammenhang erzählen auch Sie ihm von Ihren eigenen Ernährungsgewohnheiten und beurteilen diese kritisch.

allergy sufferer	Allergiker
blood sugar	Blutzucker
blood sugar level	Blutzuckerspiegel
diabetic	Diabetiker
diabetes	Diabetes
diet	Ernährung
fructose	Fructose
glucose	Glucose
gluten	Gluten
insulin	Insulin
intolerance	Unverträglichkeit
lactose	Laktose
laws	Gebote
Lent	christl. Fastenzeit
obesity	Fettleibigkeit
pancreas	Bauchspeicheldrüse
Ramadan	Ramadan, isl. Fastenzeit
allergic to	allergisch gegen
halal	halal
kosher	koscher
obese	fettleibig
to obey	befolgen
to suffer from	erkrankt sein an, leiden unter

11.7 Aufgaben

1 | a) Unterscheiden Sie die Begriffe „Nahrungsinhaltsstoffe" und „Nährstoffe".
b) Nennen Sie die wichtigsten Funktionen der einzelnen Nährstoffe.

2 | a) Was sind Kohlenhydrate?
b) Wie werden sie eingeteilt?
c) Welche Bedeutung haben sie für den Menschen?

3 | Begründen Sie folgende Aussage: „Ohne Pflanzen kann der Mensch nicht überleben!"

4 | a) Benennen Sie Kriterien für die Einteilung von Fetten.
b) Geben Sie für folgende Fette geeignete Verwendungsmöglichkeiten in der Küche an:
- Butter/Margarine
- Buterschmalz/reines Butterfett
- Olivenöl
- Gänseschmalz
- gehärtete Pflanzenfette

5 | Erläutern Sie den Begriff „Emulsion".

6 | a) Begründen Sie, warum eine erhöhte Fettzufuhr auf Dauer für den Menschen ungesund ist.
b) Warum kann der Mensch dennoch nicht vollständig auf Fett verzichten?

7 | a) Stellen Sie schematisch dar, wie Eiweißstoffe aufgebaut sind und eingeteilt werden.
b) Nennen Sie vier typische Eiweißstoffe mit ihren Eigenschaften.

8 | Erklären Sie den Begriff „Biologische Wertigkeit von Eiweiß"!

9 | Zeigen Sie die Unterschiede folgender Nährstoffe auf:
a) wasser- und fettlösliche Vitamine
b) Mengen- und Spurenelemente

10 | Warum kann ein Mensch zwei Wochen ohne Nahrung auskommen, aber nur zwei Tage ohne Wasser?

11 | Entwerfen Sie ein Schaubild für die Wirkung von Alkohol auf die einzelnen Körperorgane.

12 | Stellen Sie Verhaltensweisen zusammen, wie Lebensmittel zu lagern und zu verarbeiten sind, damit möglichst viele Nährstoffe erhalten bleiben.

13 | Erläutern Sie die Begriffe „Verdauung" und „Stoffwechsel".

14 | a) Formulieren Sie die Unterschiede zwischen dem Grundumsatz und Leistungsumsatz.
b) Nennen Sie fünf Einflussfaktoren auf die Höhe des Grundumsatzes eines Menschen und erklären Sie ausführlich deren Wirkungen.

15 | Erstellen Sie eine Definition für den Begriff „Body-Mass-Index".

16 | Grenzen Sie die Ernährungsweisen eines Vegetariers und eines Veganers voneinander ab.

17 | Unterscheiden Sie „vollwertige Ernährung" von „nachhaltiger Ernährung".

18 | Stellen Sie dar, was Sie selbst unter einer sinnvollen Ernährung verstehen.

19 | In 100 ml Cola sind 16 g Kohlenhydrate enthalten, in 100 ml Bier 3,5 g Kohlenhydrate sowie 0,4 g Eiweiß und 4,2 g Alkohol.
a) Berechnen Sie, wie viel Energie jeweils aufgenommen wird mit:
- einem Glas Cola (250 ml)
- einem Glas Bier (300 ml)
b) Wie beurteilen Sie die berechneten Energiegehalte?

20 | a) Sie essen 2 Käsebrote mit je 40 g Käsebelag. Wie viel Energie nehmen Sie zu sich, wenn der Käse einen Wasseranteil von 40 % und einen Fettgehalt von 50 % in Tr. (Trockenmasse) hat?
b) Sie essen 2 Käsebrote mit je 20 g Käsebelag. Dadurch nehmen Sie 12 g Fett zu sich. Wie hoch ist der Fettgehalt des Käses in der Trockenmasse, wenn der Käse einen Wasseranteil von 40 % hat?

21 | Der Fettanteil von 120 g Fischfilet liefert 666 kJ. Wie viel Prozent Fett sind in dem Filet enthalten?

12 Lebensmittel und deren Verarbeitung

- Eignung und Nährwert
- Einkauf und Lagerung
- Verarbeitung und Zubereitung
- Verkaufsargumente
- rechtliche Grundlagen

12.1 Lebensmittelrechtliche Grundlagen

Das Lebensmittelrecht, das aus mehr als 300 europäischen und nationalen Gesetzen, Verordnungen und Richtlinien besteht, hat vorrangig drei Ziele:

- Schutz des Verbrauchers vor Gesundheitsschäden
- Schutz des Verbrauchers vor Irreführung und Täuschung
- Information des Verbrauchers

12.1.1 Schutz des Verbrauchers vor Gesundheitsschäden

Lebensmittel sind „alle Stoffe oder Erzeugnisse, die dazu bestimmt sind oder von denen nach vernünftigem Ermessen erwartet werden kann, dass sie in verarbeitetem, teilweise verarbeitetem oder unverarbeitetem Zustand von Menschen aufgenommen werden". (Verordnung (EG) Nr. 178/2002)

LFGB – Lebensmittel-, Bedarfsgegenstände- und Futtermittelgesetzbuch: www.gesetze-im-internet.de/lfgb/

Im Sinne des europäischen und deutschen Lebensmittelrechts müssen Lebensmittel so hergestellt bzw. behandelt werden, dass sie für den Verzehr durch Menschen geeignet und nicht gesundheitsschädlich sind. (VO (EG) Nr. 178/2002 Art. 14; LFGB § 5)

Neue Lebensmittel müssen nicht extra zugelassen werden. Jedes Produkt darf in den Verkehr gebracht werden, solange es die lebensmittelrechtlichen Bestimmungen erfüllt. Nur Zusatzstoffe sowie bestimmte neuartige Lebensmittel (sogenanntes **Novel Food**) und gentechnisch erzeugte Lebensmittel (**Genfood**) müssen ein Zulassungsverfahren durchlaufen.

Logo „ohne Gentechnik"

Was ist Genfood? §

Zu Genfood gehören nach VO (EG) Nr. 1829/2003

- alle Lebensmittel, die aus genetisch veränderten Organismen hergestellt sind oder so hergestellte Zutaten enthalten (z B. Stärke aus Gen-Mais).
- alle Lebensmittel, die genetisch veränderte Organismen enthalten (z. B. Joghurt mit genetisch veränderten Milchsäurebakterien).
- alle genetisch veränderten Organismen, die zur Verwendung als Lebensmittel bestimmt sind (z. B. gentechnisch veränderter Lachs).

Was ist Novel Food? §

Novel Food sind Produkte, die vor dem 15. Mai 1997 nicht in nennenswertem Umfang innerhalb der EU verzehrt wurden **und**

- die aus Mikroorganismen, Pilzen oder Algen bestehen (z. B. neuartige Schimmelpilzerzeugnisse) **oder**
- die nach einem neuartigen Verfahren hergestellt werden (z. B. enzymatische Konversionsverfahren) und bei denen dieses Verfahren eine bedeutende Veränderung der Zusammensetzung und Struktur bewirkt hat **oder**
- die eine neue oder gezielt veränderte Molekularstruktur haben (z. B. neuartige Fettersatzstoffe).

Vorrangig verantwortlich für die Sicherheit und Unbedenklichkeit der in den Verkehr gebrachten Lebensmittel ist nach der VO EG 178/2202 der Lebensmittelunternehmer. Er hat die Pflicht zur Rückverfolgbarkeit, d.h., er muss dokumentieren, woher er seine Rohstoffe/Lebensmittel bezieht und wohin er sie gegebenenfalls liefert. Für Gesundheits- und Sachschäden, die aus seinem nicht sicheren Produkt resultieren, hat er zu haften. Zudem ist er verpflichtet, das betreffende Produkt vom Markt zu nehmen, die Behörden zu informieren und gegebenenfalls mit ihnen zusammenzuarbeiten.

12.1.2 Schutz des Verbrauchers vor Irreführung und Täuschung

Nach LFGB §11 dürfen Lebensmittel nicht unter irreführender Bezeichnung, Angabe oder Aufmachung hinsichtlich

- Art,
- Beschaffenheit,
- Zusammensetzung,
- Menge,
- Haltbarkeit,
- Ursprung,
- Herkunft,
- Art der Herstellung bzw. Gewinnung,
- Wirkung oder
- Eigenschaft

in den Verkehr gebracht oder mit irreführenden Aussagen beworben werden.

Ferner dürfen Lebensmittel, die

- nachgemacht sind,
- hinsichtlich ihrer Beschaffenheit, ihres Nähr- oder Genusswerts oder in ihrer Brauchbarkeit nicht unerheblich gemindert sind oder
- eine bessere als die tatsächliche Beschaffenheit vortäuschen können,

nicht ohne besondere Kenntlichmachung in den Verkehr gebracht werden.

Außerdem ist beim Verkehr mit Lebensmitteln oder in der Werbung die Verwendung von Aussagen, die sich auf die Beseitigung, Linderung oder Verhütung von Krankheiten beziehen, verboten (siehe Kapitel 14.3.2). Dies gilt prinzipiell auch für **Functional Food**.

12.1.3 Information des Verbrauchers

Lebensmittel können verpackt oder unverpackt/lose gehandelt werden. Damit der Verbraucher bzw. der Gastronom aus der Vielzahl der Angebote eine sachkundige Wahl treffen kann, hat der Gesetzgeber bestimmte Vorschriften erlassen, wie die Lebensmittel zu kennzeichnen sind. Fast alle verpackten Lebensmittel müssen gemäß Lebensmittel-Kennzeichnungsverordnung (LMKV) folgende Angaben aufweisen:

- **Verkehrsbezeichnung**: Hierunter ist die sachlich richtige Bezeichnung für das Lebensmittel zu verstehen. Diese ist entweder in Verordnungen festgelegt oder kann mithilfe der Leitsätze des Deutschen Lebensmittelbuchs ermittelt werden. Fantasiebezeichnungen bzw. Hersteller- oder Handelsmarken können verwendet werden, müssen aber erklärt werden.

Lebensmittelunternehmen
Nach VO (EG) Nr. 178/2002 Art. 3 sind „Lebensmittelunternehmen alle Unternehmen, gleichgültig, ob sie auf Gewinnerzielung ausgerichtet sind oder nicht und ob sie öffentlich oder privat sind, die eine mit der Produktion, der Verarbeitung und dem Vertrieb von Lebensmitteln zusammenhängende Tätigkeit ausführen".
Gemäß dieser Definition gehören somit zu den Lebensmittelunternehmen alle Gaststätten, Restaurants, Imbisse, Bistros und Cafés sowie alle Einrichtungen der Gemeinschaftsverpflegung.

Lebensmittelimitate
Lebensmittelimitate, also Produkte, die andere Lebensmittel nachahmen (wie z.B. Analogkäse aus Pflanzenfett zur Verwendung auf Pizza, Schinkenimitate aus wurstartig zusammengeklebten kleinen Fleischstücken oder Surimi, ein Garnelenimitat), sind grundsätzlich erlaubt, müssen aber eindeutig gekennzeichnet sein.

Functional Food
Functional Food sind Nahrungsmittel, die mit zusätzlichen Inhaltsstoffen (z.B. Vitaminen, Mineralstoffen, Omega-3-Fettsäuren oder Präbiotika) angereichert sind und die deswegen mit einer positiven Wirkung auf die Gesundheit werben. Diese Werbeaussagen bewegen sich allerdings oft in einer rechtlichen Grauzone.

Deklarationspflichtige Allergene

- glutenhaltiges Getreide
- Krebstiere
- Eier
- Fisch
- Erdnüsse
- Soja
- Milch
- Sellerie
- Senf
- Sesamsamen
- Sulfite
- Süßlupinen
- Schalenfrüchte wie z. B. Mandeln, Nüsse oder Pistazien
- Weichtiere wie z. B. Schnecken, Muscheln oder Austern

Verordnungen und Richtlinien als Grundlage für die Lebensmittelkennzeichnung

- Lebensmittel-Kennzeichnungsverordnung
- Richtlinie 2003/89/EG (Richtlinie zur Angabe aller Zutaten in Lebensmitteln)
- Richtlinie 2007/68/EG (Richtlinie zur Deklaration von Allergenen)
- Richtlinie 90/496/EWG (Nährwert-Kennzeichnungsverordnung)
- Loskennzeichnungsverordnung
- Preisangabenverordnung
- Eichgesetz
- Fertigpackungsverordnung
- Leitsätze des Deutschen Lebensmittelbuchs
- Verordnung (EG) Nr. 1924/2006 über nährwert- und gesundheitsbezogene Angaben (Health-Claims-Verordnung)
- Zusatzstoff-Zulassungsverordnung
- VO (EG) Nr. 834/2007 (Verordnung über die ökologische/biologische Produktion und die Kennzeichnung von ökologischen/biologischen Erzeugnissen)
- VO (EG) Nr. 889/2008 (Durchführungsvorschriften zur VO (EG) Nr. 834/2007)
- VO (EG) Nr. 1829/2003 (Verordnung über genetisch veränderte Lebensmittel)
- VO (EG) Nr. 1830/2003 (Verordnung über die Rückverfolgung, Kennzeichnung und Etikettierung von genetisch veränderten Organismen und daraus hergestellten Lebensmitteln und Futtermitteln)

- **Zutatenliste** inklusive aller Aroma- und Zusatzstoffe: Sie gibt in absteigender Reihenfolge des Gewichtsanteils die einzelnen verwendeten Zutaten an. Eine genaue Mengenangabe ist nur erforderlich, wenn bestimmte Zutaten in der Verkehrsbezeichnung genannt oder auf dem Etikett besonders hervorgehoben sind.
- **Allergene:** Die deklarationspflichtigen Allergene sind zu kennzeichnen. Ein Hinweis wie „kann Spuren von Haselnüssen enthalten" (sogenannte Spurenkennzeichnung) ist allerdings ein freiwilliger Hinweis des Herstellers.
- **genetisch veränderte Lebensmittel:** Die Angabe „ohne Gentechnik" ist geschützt. Wer damit werben will, muss dies belegen können.
- **Mindesthaltbarkeitsdatum** bzw. bei sehr leicht verderblichen Lebensmitteln das **Verbrauchsdatum**
- **Füllmenge:** in Gramm bzw. Kilogramm oder in Milliliter bzw. Liter bzw. bei einigen Lebensmitteln die Mengenangabe in Stück
- **Name/Firma des Herstellers, der Packstelle oder des Vertreibers**
- **Los-/Chargennummer:** Ein Los oder eine Charge umfasst all die Lebensmittel, die unter praktisch gleichen Bedingungen hergestellt oder verpackt worden sind.
- **EAN-Code:** Der für die Scannerkassen angebrachte Strichcode gibt in verschlüsselter Form Aufschluss über Herkunft und Hersteller.
- **Alkoholgehalt** bei Lebensmitteln mit einem Alkoholgehalt von über 1,2 Volumenprozent

Zudem müssen für den Käufer der **Grundpreis** je Kilogramm oder Liter sowie der sich daraus berechnete **Endpreis** ersichtlich sein (z. B. auf der Verpackung oder am Regal).

Die **Nährwertkennzeichnung** mit der Angabe des durchschnittlichen Nährwerts ist freiwillig. Sie ist nur dann verpflichtend, wenn das Produkt nährwertbezogene Angaben enthält oder Werbung damit gemacht wird (z. B. „reich an Vitamin C"). Auch hier gilt: Es dürfen nur bestimmte nährwertbezogene Angaben gemacht werden. Nach der EU-Lebensmittelinformationsverordnung wird ab 2016 eine umfassende Nährwertdeklaration verpflichtend.

Stammen die Lebensmittel aus biologischem/ökologischem Landbau, kann dies gekennzeichnet werden, wenn die gesetzlichen Anforderungen erfüllt sind.

Für manche Lebensmittelgruppen, wie z. B. Käse oder Fleisch oder Diätprodukte, gibt es darüber hinaus weitere Kennzeichnungsvorschriften.

Auch für unverpackte Lebensmittel, wie z. B. für Produkte, die auf Wochenmärkten, an der Käsetheke oder im Restaurant verkauft werden, gelten einige Kennzeichnungsvorschriften, insbesondere der Hinweis auf verwendete Zusatzstoffe und die Angabe des Preises.

Für den Systemgastronomen ist die LMKV vor allem aus Käufersicht relevant. Für Lebensmittel, die in Anwesenheit des Käufers verpackt werden (z. B. to go), für Mini-Packungen sowie für Lebensmittel, die in Gaststätten im Rahmen der Selbstbedienung hergerichtet werden, gelten die Vorgaben nicht.

12.1.4 Verbraucherinformationsgesetz

Seit 2008 gibt es zudem das Verbraucherinformationsgesetz, das dem Verbraucher einen Anspruch verschafft, von Behörden konkrete, allerdings kostenpflichtige Auskunft darüber zu verlangen, ob ihnen zu bestimmten Produkten Informationen vorliegen, wie z. B. zu Herstellungsbedingungen, zum Vorhandensein von Allergenen oder zu anderen Untersuchungsergebnissen. Der Anspruch auf diese Informationen ist völlig unabhängig davon, ob in dem Moment durch das Produkt eine konkrete Gefahr oder ein Risiko für die Gesundheit und Sicherheit besteht. Behörden ihrerseits haben das Recht, die Verbraucher aktiv zu informieren, wenn ihnen Hinweise über Verstöße gegen verbraucherschützende Vorschriften vorliegen.

Gesetz zur Verbesserung der gesundheitsbezogenen Verbraucherinformation (Verbraucherinformationsgesetz) www.gesetze-im-internet.de/vig

12.2 Schlachtfleisch

12.2.1 Begriffsbestimmung

Als Fleisch werden alle genießbaren Teile von warmblütigen geschlachteten oder erlegten Tieren bezeichnet, die für den Menschen genießbar sind (EU-VO 853/2004). Im engeren Sinn wird unter Schlachtfleisch allerdings nur das Skelettmuskelfleisch der Schlachttiere Rind, Kalb, Schwein, Schaf (Lamm) und Ziege verstanden.

Fleisch
Nach EU-VO 853/2004 zählen somit zum Fleisch nicht nur das Skelettmuskelfleisch, sondern auch die Innereien und das Blut sowohl von Rind, Schwein, Schaf und Ziege als auch vom Pferd, vom Geflügel, von Hasen und Kaninchen sowie vom Wild.

Ökologischer Landbau
Im ökologischen Landbau müssen die Tiere artgerecht gehalten werden. Jeder Betrieb darf nur so viele Tiere haben, wie er durch eigene Acker- bzw. Weideflächen ernähren kann. Der Zukauf von Futtermitteln ist nur begrenzt erlaubt. Diese müssen dann ebenfalls aus ökologischem Landbau stammen und dürfen keine Antibiotika oder leistungsfördernden Mittel enthalten.

Kälber sind junge Rinder, die maximal acht Monate alt sein dürfen. Meist aber werden sie im Alter von vier bis sechs Monaten geschlachtet. Dann haben sie ein Gewicht von ungefähr 150 kg. Ihr Fleisch ist fettarm und hat eine hellrote Farbe.
Rindfleisch dagegen ist kräftig rot, feinfaserig und zart, leicht marmoriert und saftig. Die Masttiere sind in der Regel zwischen zwei und drei Jahre alt.
Schweinefleisch stammt meistens von Tieren, die zwischen sechs und neun Monate alt sind. Die Tiere haben dann ein Gewicht von bis zu 120 kg. Als Spanferkel werden Tiere bis zu acht Wochen bezeichnet.
Lämmer sind junge Schafe im ersten Lebensjahr. Geschlachtet werden sie meist im Alter von 3 bis 4 Monaten.
Junge **Ziegen** bis zu 6 Monaten werden als Zicklein bezeichnet und bis zu einem Jahr als Jungziegen.

Wichtigste Schlachttiere

Kalb

Rind

Schwein

Lamm

Ziege

12.2.2 Inhaltsstoffe und Eignung

Fleisch ist aufgrund der in ihm enthaltenen Nährstoffe ein wichtiges Lebensmittel. Die Zusammensetzung des Fleisches kann jedoch je nach Tierart und Fleischteil sehr unterschiedlich sein.

Verkaufsargumente für Fleisch
- Schlachtfleisch ist einer unserer wichtigsten Lieferanten für Eiweiß. Das Eiweiß hat aufgrund seiner Zusammensetzung eine hohe biologische Wertigkeit.
- Fleisch hat einen hohen Gehalt an Eisen, das für die Blutbildung sehr wichtig ist.
- Fleisch ist ein guter Lieferant von Vitaminen.
- Gerade das Fleisch junger Tiere ist gut bekömmlich und verdaulich.
- Fleisch wirkt – abhängig vom Fettgehalt – sättigend und ist energiereich. Es enthält fast keine Kohlenhydrate.
- Fleisch kann auf vielfältige Art und Weise zubereitet werden.

Fleisch in der Kritik
- Fleisch enthält teilweise ungesundes Fett und Cholesterin. Dies fördert die Entstehung von Arteriosklerose, Herzinfarkt und Schlaganfall.
- Insbesondere Schweinefleisch hat einen hohen Gehalt an Purinen. Liegt eine erbliche Veranlagung vor, können Purine die Nieren schädigen und Gicht hervorrufen.
- Abhängig von der Tierhaltung können sich in Fleisch Schad- oder Arzneistoffe befinden.
- Trotz aller Kontrollen kommt es immer wieder zu Skandalen im Umgang mit Fleisch (z. B. Gammelfleisch, BSE-Fleisch).
- Tierzucht ist ein Produktionsverfahren mit einem hohen Energieverbrauch.

Tierschutzlabel
Das zweistufige Tierschutzlabel des Deutschen Tierschutzbunds kennzeichnet Fleisch (vorerst nur das von Schweinen und Hühnern), bei dessen Erzeugung bestimmte, detailliert beschriebene Tierschutzstandards eingehalten werden.

www.tierschutzlabel.info

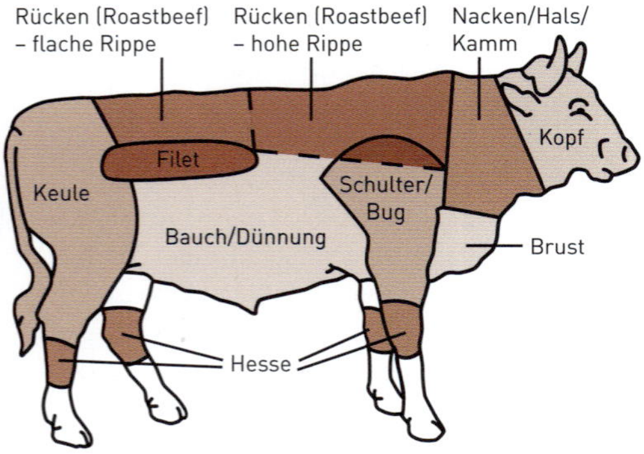

Fleischteile vom Rind

12.2.3 Einkauf

Nach dem Schlachten muss das Fleisch abhängen. Dabei quellen die Muskelfasern auf und das Fleisch wird zart, mürbe und gut verdaulich. In der Gastronomie wird aber meistens schon abgehangenes und ausgereiftes Fleisch bezogen. Je nach Rasse, Alter, Geschlecht und Lebensbedingungen (v. a. der Fütterung) der Schlachttiere ist die Zusammensetzung des Fleisches anders. Somit gibt es auch wesentliche Unterschiede hinsichtlich Qualität und Verwendung der einzelnen Fleischteile.

PSE- und DFD-Fleisch
Stresssituationen beim Transport und bei der Schlachtung der Tiere können sich negativ auf die Fleischqualität auswirken.
Beispiele:
PSE-Fleisch (pale-soft-exudative/blass-weich-wässrig); das Fleisch hat wenig Aroma und verliert beim Braten sehr viel Saft; dadurch wird es zäh und trocken.
DFD-Fleisch (dark-firm-dry/dunkel-fest-trocken); dieses Fleisch schmeckt fade und ist anfällig für bakteriellen Verderb.

Zu den wichtigsten Qualitätskriterien zählen Aussehen, Zartheit und Geruch.
- **Aussehen:** Fleisch sollte immer eine matte Oberfläche, feine Fleischfasern und eine leichte Fettmarmorierung aufweisen, d. h. von feinen Fettäderchen durchzogen sein. Liegt Fett auf, sollte dieses fest und von weißer Farbe sein. Die Farbe des Fleisches kann (abhängig vom Tier und Alter) unterschiedlich sein und sagt zunächst nichts über die Qualität aus.
- **Zartheit:** Gutes Fleisch ist an der Druckprobe zu erkennen. Das Fleisch wirkt zart und saftig, aber kompakt. Auf keinen Fall darf es wässrig sein oder sogar im eigenen Saft liegen. Es sollte sich nicht elastisch anfühlen, sondern auf Druck langsam nachgeben.
- **Geruch:** Frisches Fleisch riecht angenehm neutral, auf keinen Fall übermäßig nach Tier.

Frisches Fleisch sollte am besten unpariert gekauft werden, damit es nicht vorzeitig austrocknet. **Frisches Fleisch** ist nach EU-VO 853/2004 „Fleisch, das zur Haltbarmachung ausschließlich gekühlt, gefroren oder schnellgefroren wurde, einschließlich vakuumverpacktes oder in kontrollierter Atmosphäre umhülltes Fleisch“.

Fleisch aus heimischer Produktion bevorzugen; dabei auf Produkttransparenz achten! Produkte einsetzen, die dem Verbraucher geprüfte Qualität sichern – vom Stall bis zur Verarbeitung.

12.2.4 Lagerung, Verarbeitung und Zubereitung

Wird frisches Fleisch gelagert, darf die maximale Temperatur +7 °C nicht überschreiten; günstiger sind allerdings Temperaturen zwischen 2 °C und 4 °C. Die Luftfeuchtigkeit sollte zwischen 80 und 85 % liegen. Während der Kühlung muss eine angemessene Belüftung gewährleistet sein. Am besten wird das Fleisch deshalb auf einen Fleischhaken gehängt. Dabei dürfen sich die einzelnen Fleischteile aber nicht berühren. Heute ist es üblich, Fleisch (insbesondere Rind- bzw. Kalbfleisch) vakuumiert zu lagern. Dies schützt vor Austrocknung, verlängert die Haltbarkeit und entspricht am besten den hygienischen Anforderungen. Wichtig ist es aber, vakuumierte Verpackungen regelmäßig darauf zu kontrollieren, ob Fleischsaft ausgetreten ist. Sollte dies geschehen sein, ist dieser zu entfernen und das Fleisch erneut zu vakuumieren.

Wird Fleisch tiefgefroren gelagert, ist es als Schutz vor Gefrierbrand immer zu vakuumieren. Die Lagerdauer ist insbesondere von dem Fettgehalt der einzelnen Fleischteile abhängig.

Viele Gastronomiebetriebe greifen heutzutage auf zerlegtes und ausgelöstes Fleisch zurück. Dieses muss dann vor der Zubereitung nur noch portioniert werden. Die Art der Zubereitung beim Schlachtfleisch ist vorrangig abhängig von seinem Anteil an Bindegewebe. **Bindegewebsreiches**, wenig zartes Fleisch (wie z.B. Brust, Bauch, Schulter und einige Teile der Keule bzw. des Schinkens sowie der Schwanz) wird gekocht, gedünstet oder geschmort. **Bindegewebsarmes** Fleisch (wie z.B. der Rücken, das Filet und einige Teile der Keule bzw. des Schinkens) dagegen wird gebraten, sautiert oder gegrillt (siehe auch Kapitel 12.18.4).

12.3 Haus- und Wildgeflügel

12.3.1 Einteilung

Beim Geflügel wird zwischen Haus- und Wildgeflügel unterschieden.

Zum **Hausgeflügel** gehören Vögel, die als Nutztiere gehalten und gemästet werden. Hierzu zählen Hühner, Puten (Truthähne), Enten, Gänse und Perlhühner.

Rindfleisch

Kalbfleisch

Schweinefleisch

Lammfleisch

Lagerzeiten von tiefgefrorenem Fleisch

Fleisch	Tiefkühl-Lagerdauer bei –18 °C
Rindfleisch	10–12 Monate
Kalbfleisch	9–12 Monate
Schweinefleisch, mager	6–8 Monate
Schweinefleisch, fett	2–3 Monate
Lammfleisch, mager	8–9 Monate
Lammfleisch, fett	6–7 Monate
Hackfleisch, mager	1–3 Monate

Verfärbungen bei vakuumiertem Fleisch

Treten bei vakuumierten Fleischstücken graugrünliche Verfärbungen auf, beginnt das Fleisch durch Milchsäure zu verderben. Dies kann geschehen, wenn das Fleisch beim Vakuumieren zu frisch oder zu warm war.

Huhn

Pute

Hausente

Gans

Perlhuhn

Fasan

Rebhuhn

Wachtel

Wildtaube

Wildente

Wildgans

Strauß

Jagdzeiten für Wildgeflügel

Wildgeflügel	Jagdzeit in Deutschland
Fasan	Oktober bis Januar
Rebhuhn	September bis November
Wachtel	ganzjährige Schonzeit
Wildtaube	November bis Februar
Wildente	September bis Januar
Wildgans	November bis Januar

Als **Wildgeflügel**, das auch **Federwild** genannt wird, werden vor allem Fasane, Rebhühner, Wachteln sowie Wildtauben, Wildenten und Wildgänse angeboten. Auch Wildgeflügel wird mittlerweile oft auf Farmen wie Hausgeflügel gezüchtet. In den letzten Jahren wird auf dem deutschen Markt außerdem Straußenfleisch verkauft.

12.3.2 Inhaltsstoffe und Eignung

Der Nährwert des Hausgeflügels schwankt nicht nur von Tierart zu Tierart, sondern er ist auch vom Alter der Tiere abhängig. So ist z. B. der Fettgehalt eines Suppenhuhns ungefähr dreimal so hoch wie der eines Brathähnchens. Selbst die Zusammensetzung der verschiedenen Fleischteile eines Tiers kann recht unterschiedlich sein. So enthält die Keule eines Tiers in der Regel mehr Fett als sein Brustfleisch. Zudem nimmt die Art der Tierhaltung und der Fütterung nicht nur Einfluss auf die Geflügelqualität und den Geschmack, sondern auch auf den Gehalt an verschiedenen Nährstoffen. Das Fleisch des Wildgeflügels ist im Vergleich zum Hausgeflügel dunkler und wesentlich aromatischer.

Verkaufsargumente für Geflügel und Geflügelspeisen

- Hausgeflügel enthält viel hochwertiges Eiweiß.
- Der Fettgehalt ist bis auf den von Enten und Gänsen relativ niedrig. Insbesondere Wildgeflügel, aber auch Hühner und Puten eignen sich somit für Diätkost und leichte Vollkost.
- Das Fett der Enten und Gänse hat einen hohen Anteil an ungesättigten Fettsäuren.
- Hausgeflügel hat in der Regel wenig Bindegewebe. Insbesondere das helle Fleisch ist feinfaserig. Dadurch ist es leicht verdaulich.
- Hausgeflügel enthält als Mineralstoffe vor allem Eisen und Zink. Es ist zudem eine gute Quelle für Vitamine der B-Gruppe.
- Geflügelfleisch ist das ganze Jahr über in guter Qualität erhältlich. Es ist meistens preiswerter als Schlachtfleisch.

Geflügel in der Kritik

- Hausgeflügel wird oft intensiv gehalten. Viele Tiere leben auf engem Raum in Käfigen oder in Bodenhaltung.
- Geflügel ist aufgrund der Haltung anfällig für Krankheiten und Parasiten. Insbesondere die häufig vorkommende Belastung mit Salmonellen stellt eine große Herausforderung beim hygienischen Umgang mit Geflügel dar. In den letzten Jahren grassierte unter den Geflügelbeständen zudem die Vogelgrippe.
- Oft wird versucht, beim Tierfutter Kosten zu sparen. Es wird z. B. billiges Fischmehl verfüttert. Zudem werden dem Geflügelfutter häufig legal oder illegal Tierarzneimitteln (z. B. Antibiotika) oder Futtermittelzusatzstoffe zugesetzt.

12.3.3 Einkauf

Folgende **Angebotsformen** bei Geflügel sind möglich:

- ganze Tiere
- Geflügelteile/Teilstücke, wie z. B. Brust, Brustfilet oder Schenkel
- küchenfertige Zubereitungen, wie z. B. Steaks, Schnitzel oder Geschnetzeltes, aber auch Frikadellen, Nuggets oder Grillspezialitäten
- verzehrfertige Produkte, wie z. B. Geflügelwurst, -schinken oder Pasteten

Zu unterscheiden sind beim Einkauf insbesondere:

- **Hähnchen (Broiler, Hendl, Poulet):** maximal 6 Wochen alt; Gewicht zwischen 800 g und 1200 g. Hähnchen können beiderlei Geschlechts sein.
- **Poularde:** Masthuhn, bis zu 10 Wochen gemästet, noch vor der Geschlechtsreife geschlachtet; Gewicht mindestens 1200 g. Poularden haben ein günstigeres Fleisch-Knochen-Verhältnis als Hähnchen.
- **Suppenhuhn:** Legehennen, meist nach 12 bis 15 Legemonaten geschlachtet; Gewicht je nach Rasse 1,5 bis 2 kg.

Geflügel wird lose oder verpackt angeboten. Gesetzliche Vorschriften regeln, welche Informationen angegeben sein müssen. Hierzu gehören:

- Handelsklasse
- Verkehrsbezeichnung
- Angebotszustand
- Herrichtungsform
- Herkunftsland
- Zulassung des Schlacht- bzw. Zerlegebetriebs
- Gewicht
- Preis je Kilogramm, Gesamtpreis
- Verbrauchsdatum bei frischem Geflügel, Mindesthaltbarkeitsdatum bei gefrorenem oder tiefgefrorenem Geflügel
- empfohlene Lagertemperatur

Stammt das Geflügel aus biologischer bzw. ökologischer Erzeugung, kann dies auf dem Etikett vermerkt sein. Gleichzeitig ist das EU-Bio-Logo abgebildet und die Codenummer der verantwortlichen Kontrollstelle angegeben.

Weitere Angebotsformen für Geflügel

Geflügel wird

- frisch,
- gefroren (mindestens –12 °C) oder
- tiefgefroren (mindestens –18 °C)

angeboten, entweder im Ganzen oder in Einzelteilen.

Merkmale der Handelsklasse A

- vollfleischig
- gleichmäßiger Fettansatz
- sauber
- kein Fremdgeruch
- keine Verletzungen
- kein Gefrierbrand
- Federn oder Federkiele nur an Brust, Schenkeln oder Rumpf

Herrichtungsformen

- „teilweise ausgenommen"
- „bratfertig" oder „mit Innereien"
- „grillfertig" oder „ohne Innereien"

Geflügelfleischetikett

12.3.4 Lagerung

Frisches Hausgeflügel muss nach dem Schlachten nur ein bis zwei Tage abhängen und kann danach sofort verwendet werden. Die Lagerung erfolgt bei Temperaturen zwischen -2 °C und +4 °C. Dies muss unter Einhaltung aller notwendigen hygienischen Maßnahmen geschehen, denn viele Tiere sind mit Salmonellen oder Campylobacter-Bakterien belastet. Insbesondere die Geflügelhaut ist ein idealer Keimboden für die Bakterien. Um eine Kreuzkontamination zu vermeiden, muss daher rohes Geflügel – möglichst abgedeckt – immer getrennt von gegarten Geflügelspeisen, aber auch von anderen Lebensmitteln gelagert und spätestens bis zum Verbrauchsdatum verarbeitet werden.

Die Auftauflüssigkeit muss abfließen können

Gefrorenes Geflügel ist durchgängig bei mindestens -12 °C, tiefgefrorenes bei mindestens -18 °C zu lagern. Dabei ist unbedingt auf die Einhaltung der Kühlkette zu achtern. Abhängig vom Fettgehalt des tiefgefrorenen Geflügels ist etwa ab dem vierten Monat mit Qualitätsverlusten zu rechnen.

Im Gegensatz zum Hausgeflügel muss Wildgeflügel länger abhängen. Dies geschieht üblicherweise im Federkleid. Beim Abhängen entwickelt sich dann der typisch süßliche, strenge und intensive Verwesungsgeruch von Wildtieren, der sogenannte Hautgoût. Heutzutage wird Wildgeflügel in der Regel küchenfertig angeliefert.

12.3.5 Verarbeitung und Zubereitung

Geflügel waschen

Geflügel binden (bridieren)

Geflügel bardieren

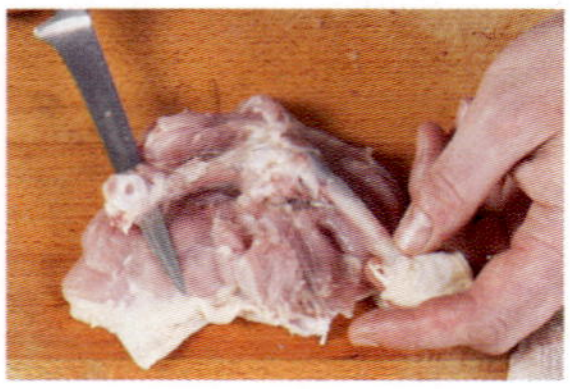

Geflügel auslösen

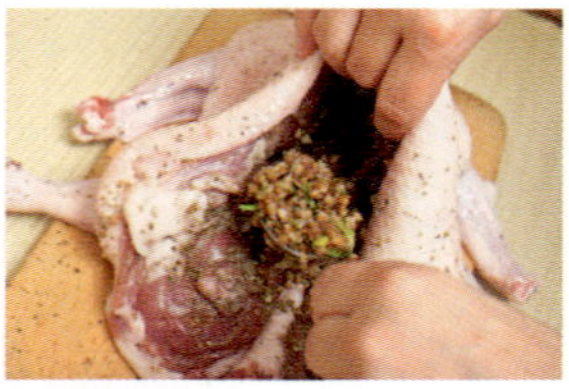

Geflügel füllen

Hygienischer Umgang mit Geflügel
Aufgrund möglicher mikrobiologischer Risiken sind bei der Verarbeitung von Geflügel hohe Anforderungen an die Arbeitsplatz- und Personalhygiene zu stellen.

Gefrorenes oder tiefgefrorenes Geflügel wird zur Verarbeitung zunächst aus der Verpackung genommen und im Kühlschrank oder Kühlraum bei Temperaturen bis max. +7 °C aufgetaut. Das Auftauwasser muss ungehindert abfließen können und darf keinen Kontakt zu anderen Lebensmitteln haben. Ist das Geflügel aufgetaut, wird es unter fließendem Wasser gründlich gewaschen und dann mit Küchenkrepp abgetrocknet.

Die Verarbeitung von Geflügel muss getrennt von anderen Rohstoffen erfolgen, am besten mit separaten Arbeitsgeräten an einem separaten Arbeitsplatz. Nach dem Arbeiten mit Geflügel sind die Hände sowie alle Arbeitsflächen und Arbeitsgeräte gründlich zu reinigen und gegebenenfalls zu desinfizieren.

Vorbereitungsarbeiten bei Geflügel
Heutzutage wird Geflügel in der Regel garfertig angeliefert. Dennoch können vor dem Garen einige weitere Arbeiten notwendig sein, insbesondere dann, wenn Geflügel im Ganzen eingekauft wird:

- **Waschen:** Das Geflügel im Ganzen – gegebenenfalls nach dem Auftauen – innen und außen gründlich waschen und dann mit der Bauchöffnung nach unten zum Abtropfen am besten in einen Durchschlag stellen.
- **Binden (Bridieren):** Mithilfe von Küchengarn Flügel und Keulen fest an den Geflügelkörper binden, damit sie beim Garen, insbesondere beim Braten und Grillen, dieselbe Garzeit haben und nicht vorzeitig verbrennen.
- **Bardieren:** Das Geflügel, insbesondere die Geflügelbrust, mit Scheiben von dünnem Speck umwickeln, um das Austrocknen beim Braten zu verhindern. Dies ist vor allem bei Wildgeflügel erforderlich.
- **Auslösen und Füllen:** Insbesondere kleine Geflügeltiere, wie Stubenküken, Rebhühner oder Wachteln, werden oft gefüllt zubereitet. Dann ist es sinnvoll, vor dem Füllen die Knochen auszulösen, d. h. herauszutrennen.

Das nach dem Auslösen zurückbleibende Knochengerüst wird in der Fachsprache „Karkasse“ genannt.

- **Spalten:** Werden Hähnchen gegrillt, werden sie vorher mit einem schweren stabilen Messer längsseits an der Wirbelsäule entlang in zwei Teile gespalten.
- **Zerlegen:** Für bestimmte Garverfahren, wie Frittieren oder Schmoren, die Flügel abschlagen, dann die Keulen abtrennen und schließlich das Geflügel in Brust- und Rückenteile zerlegen.

Typische Garverfahren
Das garfertig vorbereitete Geflügel kann im Ganzen oder in Teilen verwendet werden. Junges Geflügel eignet sich vor allem zum Grillen und Braten, ältere Tiere eher zum Kochen und Schmoren. Wildgeflügel wird typischerweise gebraten oder geschmort.

Wichtig ist aufgrund der Keimbelastung, dass das Geflügel bei allen Zubereitungsarten durchgegart ist. Der Garzustand wird immer an den Geflügelkeulen überprüft. Das Geflügel ist dann gar, wenn sich das Fleisch vom Beinknochen ablösen lässt und der beim Anstechen austretende Fleischsaft klar ist. Dies erfordert eine Kerntemperatur von 80 °C über mindestens 3 Minuten oder eine Kerntemperatur von 70 °C über mindestens 10 Minuten. Dies kann mit einem Bratenthermometer gut kontrolliert werden.

Kontrolle der Kerntemperatur
Bei der Temperaturkontrolle mit dem Kernthermometer ist darauf zu achten, dass der Knochen nicht berührt wird, da dieser in der Regel heißer ist als das umgebende Fleisch.

12.4 Wild

12.4.1 Begriffsbestimmung

Nach der europäischen Hygieneverordnung für Lebensmittel tierischen Ursprungs gelten als Wild alle wild lebenden Tiere, die für den menschlichen Verzehr gejagt werden, einschließlich der Säugetiere, die in einem geschlossenen Gehege unter ähnlichen Bedingungen leben wie frei lebendes Wild. Unterschieden wird zwischen Haarwild und Federwild. Zum Haarwild gehören z. B. Rehwild, Damwild und Rotwild, Wildschweine, Hasen und Wildkaninchen. Das Federwild (Wildgeflügel) wurde in Kapitel 12.3.1 beschrieben. Das Fleisch des geschossenen Wildtiers wird Wildbret genannt.

12.4.2 Qualität und Nährwert

Die Fleischqualität eines Tiers ist in der Regel von vielen Faktoren abhängig. Als wichtigste seien hier genannt:
- Bewegungsintensität der Tiere
- Lebensraum und das zur Verfügung stehende Futter
- Alter der Tiere
- Jagdzeit
- Vorgang der Schlachtung bzw. der Tötung der Tiere

Wildtiere bewegen sich intensiv; ihre Nahrung ist abwechslungsreich und besteht vor allem aus frischen Kräutern und Gräsern. Da die Tiere nicht geschlachtet, sondern geschossen werden, erfahren sie, sofern sie nicht gehetzt werden, vor ihrer Tötung keinen Stress, der die Qualität des Fleisches negativ beeinflussen würde. Zudem bluten die Tiere auch nicht so intensiv aus.

Jagdzeiten Haarwild

Wildbret	Jagdzeit in Deutschland
Rehwild	Mai bis Februar
Damwild	Juli bis Februar
Rotwild	Juni bis Februar
Wildschwein	Juni bis Januar
Hasen	Oktober bis Dezember
Wildkaninchen	ganzjährig

Jagd in der Paarungszeit
Werden Tiere in der Paarungszeit gejagt und erlegt, können insbesondere die männlichen Tiere einen Geschlechts- und Uringeruch haben.

Reh

Hirsch

Wildschwein

Kaninchen

Aus diesen Gründen unterscheidet sich das Fleisch von Wildtieren in Farbe und Geschmack erheblich von dem der Schlachttiere: Das Fleisch ist besser durchblutet und hat einen höheren Gehalt an Muskelfarbstoffen. Die Muskelfasern sind feiner, die Muskeln aber stärker ausgeprägt. Der Bindegewebsanteil ist niedrig und es ist nur wenig Fett eingelagert.

Frisch erlegtes Wild unterliegt der Fleischuntersuchung. Ist es genusstauglich, stellt der zuständige Veterinär eine entsprechende Bescheinigung aus. Allesfresser wie Wildschweine, aber auch Dachse und Bären müssen zusätzlich auf Trichinen (Fadenwürmer) untersucht werden.

Voraussetzungen für eine gute Qualität von Wildfleisch:

- Auswahl der Tiere: Es sollte nur gesundes, gut genährtes und nicht gehetztes Wild aus freier Wildbahn geschossen werden.
- fachgerechtes Erlegen des Tiers: Verletzen Kugeln die Eingeweide, können Darmbakterien in das Fleisch gelangen.
- schnelles Ausnehmen des Tiers; ansonsten verdirbt das Fleisch.
- sachgerechte Versorgung des Fleisches unter Einhaltung aller hygienischen Standards
- rasches Abkühlen; danach Einhaltung der Kühlkette
- Einhaltung der optimalen Zeit für die Fleischreifung: Dabei entwickelt sich der typische leicht säuerliche Geruch und Geschmack.

Verkaufsargumente für Wild und Wildspeisen

- Wildbret ist schmackhaft, nährstoffreich und kalorienarm.
- Wild enthält viel hochwertiges Eiweiß.
- Wildbret ist in der Regel mager. Bis auf Wildschwein ist der Fettgehalt niedrig. Wild eignet sich daher für energiearme Kost.
- Aufgrund des niedrigen Fettgehalts ist auch der Cholesteringehalt beim Wild recht gering.
- Wildbret enthält eine Reihe von B-Vitaminen sowie von Mineralstoffen und Spurenelementen.
- Wild enthält einen hohen Anteil an sogenannten Fleischbasen wie Kreatin, die appetitanregend wirken.

Wild in der Kritik

- Wildbret ist besonders anfällig für Verderb, insbesondere bei falscher Lagerung.
- Die Innereien von Wild sind oft mit Rückständen belastet, insbesondere mit Schwermetallen; daher sollten sie nur selten gegessen werden.
- Der Bedarf an Wildfleisch ist in Deutschland höher als das heimische Angebot. Daher werden die Tiere heute oft in Gehegen gehalten; dies ist manchmal nicht artgerecht. Zudem besteht ein hoher Importbedarf.

12.4.3 Einkauf und Lagerung

Bis auf Wildkaninchen und Hasen wird Wild heute in der Regel zerlegt und meistens tiefgefroren im Handel angeboten. Bevorzugte Teilstücke sind Rücken, Keule und Schulter, allerdings werden auch Hals, Brust und Bauch angeboten. Die beste Fleischqualität haben Tiere im Alter von etwa zwei Jahren, bei Wildkaninchen und Hasen Tiere im ersten Lebensjahr.

Wildbret muss ähnlich wie Schlachtfleisch einige Zeit abhängen: kleinere Tiere zwischen drei und fünf Tagen, größere ungefähr eine Woche. Nach der Reifung kann frisches, küchenfertiges Wildfleisch nur noch kurze Zeit (ein bis zwei Tage) aufbewahrt werden. Die ideale Lagertemperatur liegt zwischen 2 °C und 4 °C. Die Lagerdauer von tiefgefrorenem Wildfleisch ist vom Fettgehalt der Tiere abhängig: je weniger Fett, desto länger die Lagerdauer. Tiefgefrorenes Wildbret ist mürber als frisches.

Lagerzeiten von tiefgefrorenem Wild

Tierart	Lagerzeit
Wildschwein	6–10 Monate
Hase und Wildkaninchen	8 Monate
Reh- und Hirschwild (mager)	12–18 Monate
Teilstücke (gespickt)	1–3 Monate

12.4.4 Verarbeitung und Zubereitung

Folgende **Verarbeitungsschritte** können anfallen:
- Parieren und Zuschneiden der Fleischstücke
- Marinieren des Fleisches älterer Tiere
- Spicken oder Bardieren magerer Fleischteile

Wildknochen splittern leicht (Verletzungsgefahr!); daher die Knochen immer sägen, nicht hacken.

Aufgetautes Fleisch darf nicht mariniert werden, da es ansonsten wegen der gelockerten Zellstruktur zu hohen Auslaugverlusten des Fleisches kommt.

Zubereitung
Im Wildbret können sich die unterschiedlichsten Mikroorganismen befinden. Daher muss es immer gut durcherhitzt sein, d. h., die Kerntemperatur muss mindestens 10 Minuten lang 70 °C oder 3 Minuten 80 °C betragen. Das Fleisch jüngerer Tiere ist zart und eignet sich zum Braten oder Grillen. Es wird entweder im Ganzen (z. B. gebratener Hasenrücken) oder zerteilt als Steak, Kotelett oder Geschnetzeltes zubereitet. Das Fleisch älterer Tiere sowie das Fleisch aus Hals-, Brust- und Bauchbereich wird bevorzugt geschmort (z. B. Hasenpfeffer, Hirschragout).

12.5 Fische und Meeresfrüchte

12.5.1 Einteilung der Fische

Fische sind Wirbeltiere, die durch Kiemen atmen und ihre Körpertemperatur der Umgebungstemperatur anpassen können.

Einteilung nach verschiedenen Kriterien

Kriterium	Einteilung	Beschreibung	Beispiele
Körperform	Rundfische	Körperform ist im Querschnitt rund	Forelle, Zander, Karpfen, Lachs, Makrele, Thunfisch, Kabeljau
	Plattfische	platte Körperform; Fische schwimmen in Seitenlage	Heilbutt, Steinbutt, Scholle, Seezunge, Flunder
Skelettform	Knorpelfische	Skelettgerüst besteht aus Knorpeln	Hai, Rochen
	Knochenfische	Skelett ist verknöchert, besteht aus Gräten	fast alle anderen Arten
Fettgehalt	Magerfische	Fettgehalt liegt unter 1 %	Dorsch, Zander, Schleie, Hecht, Scholle
	mittelfette Fische	Fettgehalt zwischen 1 % und 10 %	Forelle, Karpfen, Heilbutt
	Fettfische	Fettgehalt liegt über 10 %	Makrele, Lachs, Aal, Hering

Kriterium	Einteilung	Beschreibung	Beispiele
Qualität	Konsumfische	großes Angebot, evtl. niedriger Preis	Seelachs, Hering, Kabeljau, Forelle
	Edelfische	eingeschränktes Angebot, evtl. höherer Preis	Seezunge, Heilbutt, Steinbutt, Seeteufel, St.-Peters-Fisch, Zander, Pangasius
Lebensraum	Süßwasserfische	leben in Binnengewässern, wie Seen, Bächen und Flüssen	Forelle, Karpfen, Zander, Hecht, Pangasius, Tilapia
	Salzwasserfische (werden oft auch als Seefische bezeichnet)	leben im Meer	Kabeljau/Dorsch, Schellfisch, Seelachs, Heringsfische, Red Snapper, Seeteufel, Drachenfisch, St.-Peters-Fisch, alle Plattfische
	Wanderfische (werden lebensmittelrechtlich den Süßwasserfischen zugeordnet)	leben in Binnengewässern und im Meer	Aal (laicht im Meer), Lachs (laicht in Flüssen)

Süßwasserfische

Bachforelle

Hecht

Karpfen

Pangasius

Tilapia

Zander

Wanderfische

Aal

Lachs

Plattfische

Heilbutt

Scholle

Seezunge

Steinbutt

Salzwasserfische

Dorade

Hering

Kabeljau

Red Snapper

Rotbarsch

Seeteufel

Stör

Thunfisch

12.5.2 Nährwert und Eignung

Von den mehr als 20 000 Fischarten werden bei uns etwa 100 Arten küchentechnisch genutzt und tragen somit zu unserer Ernährung bei. Aufgrund der in ihnen enthaltenen wertvollen Nährstoffe sind sie für uns ein wichtiges Lebensmittel. Allerdings unterscheiden sich die einzelnen Fischarten im Gehalt an Fett, Eiweiß und Mineralien erheblich.

Verkaufsargumente für Fisch

- Fische enthalten viel Eiweiß, das biologisch hochwertig und leicht verdaulich ist.
- Fische haben einen hohen Anteil an mehrfach ungesättigten Fettsäuren, vor allem ω-3-Fettsäuren.
- Fische sind ein guter Lieferant für fettlösliche Vitamine.
- Fische enthalten viel Jod.
- Fische haben nur wenig Bindegewebe und sind daher zart und leicht verdaulich.
- Fische (außer den Fettfischen) liefern weniger Energie als Fleisch.

Fisch in der Kritik

- Fische enthalten je nach Fanggebiet hohe Mengen an Schadstoffen, wie z. B. Schwermetalle und Dioxine, da diese sich im Fisch anreichern können.
- Fische können von Parasiten, wie z. B. Nematoden, den Larven kleiner Fadenwürmer, befallen sein.
- Fische enthalten viele Bakterien, wie z. B. Salmonellen oder Listerien. Diese können sich auch in gekühlten rohen Lebensmitteln vermehren.
- Fische haben einen hohen Gehalt an Histamin, das allergische Reaktionen und Herz-Kreislauf-Probleme verursachen kann.

Fettgehalt
Der Fettgehalt der Fische verändert sich mit der Jahreszeit. Am höchsten ist er bei jugendlichen Fischen und bei fortpflanzungsfähigen Fischen kurz vor der Laichzeit.

Fetteinlagerung
Bei Fettfischen ist der Fettvorrat im Fleisch eingelagert. Bei Magerfischen ist das Fett in der Bauchhöhle eingebettet und wird bei der Verarbeitung entfernt.

12.5.3 Einkauf und Lagerung

Kennzeichnung
Beim Verkauf von Fischen und Meeresfrüchten sind folgende Angaben rechtlich vorgeschrieben:

- die für die Vermarktung zulässige **Handelsbezeichnung** (besondere regionale Namen wie auch wissenschaftliche Namen können zusätzlich genannt sein)
- die **Produktionsmethode**:
  - bei Meeresfischen: „... gefangen in ...“
  - aus Seen und Flüssen: „... aus Binnenfischerei“
  - aus der Zucht: „... gezüchtet ...“ oder „... aus Aquakultur“
- das **Fanggebiet** oder Herkunftsland (für Meeresfische gibt es definierte Fanggebiete; bei Fischen aus der Binnenfischerei sowie bei der Zucht in „Aquakultur“ muss das Ursprungsland genannt werden)

Diese Kennzeichnungsvorschriften gelten sowohl für frische und gefrorene Fische als auch für konservierte Fische und Fischereierzeugnisse.

Hersteller von Fischprodukten, die mit dem blauen Umweltsiegel MSC des Marine Stewardship Council MSC (Rat zur Bewahrung der Meere) gekennzeichnet sind, garantieren, dass der verwendete Fisch nachweislich aus einer nachhaltig geführten und überprüften Fischerei stammt. Die 1997 gegründete Organisation MSC kontrolliert die Verwendung des Siegels auf allen Stufen der Vermarktung.

MSC-Siegel
Das MSC-Siegel steht für folgende Prinzipien:

- Fisch für immer bewahren
- Auswirkungen auf das maritime Ökosystem minimieren
- verantwortungsvolles Management

ZERTIFIZIERTE NACHHALTIGE FISCHEREI MSC www.msc.org/de ™

Weitere Fisch-Labels mit unterschiedlichen Anforderungen

VERANTWORTUNGSVOLLE FISCHZUCHT asc ZERTIFIZIERT ASC-AQUA.ORG ™

biofisch

FRIEND OF THE SEA ©

Frischemerkmale

- **Geruch:** Frischer Fisch riecht kaum, auf keinen Fall tranig oder säuerlich; am besten ist der Geruch in der Bauchhöhle oder am Kiemendeckel zu kontrollieren.
- **Augen:** Die Augen sind prall und klar.

- **Haut:** Die Haut ist natürlich glänzend und straff. Sie darf keine Druckstellen oder Beschädigungen aufweisen. Die Schleimschicht – sofern vorhanden – ist klar und durchsichtig.
- **Kiemen:** Bei frischem Fisch sind die Kiemen leuchtend rot und die einzelnen Kiemenblättchen gut erkennbar.

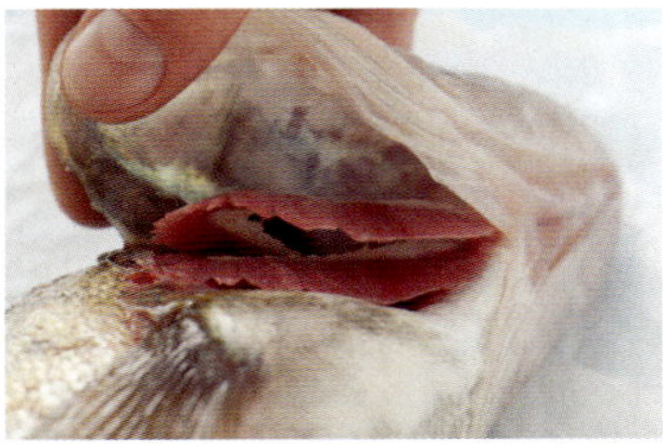

- **Fleisch:** Das Fleisch ist fest und elastisch.
- **Bauchhöhle:** Bei ausgenommenen Tieren muss die Bauchhöhle sauber und geruchsneutral sein.

Was ist drin in Fischstäbchen?

Für die Herstellung von Fischstäbchen werden in der Regel die Filets einer einzigen Fischart (meistens Seelachs) verwendet. Die geputzten Filets werden in Blöcken geschichtet und schockgefrostet. Aus den Blöcken werden dann die Fischstäbchen geschnitten. Diese werden gewürzt und paniert, kurz frittiert und wieder eingefroren. Bei der gesamten Verarbeitung bleibt eine Kerntemperatur von –18° C erhalten.

Merkmale von frischem Fisch

Gemäß den Leitsätzen sind Frischfische Fische, die nach dem Fang unbehandelt bleiben oder nur gereinigt, ausgenommen, zerteilt oder so gekühlt werden, dass das Fischgewebe nicht gefriert.

Da Fisch ein empfindliches und leicht verderbliches Nahrungsmittel ist, ist es wichtig, schon beim Einkauf auf eine gute Qualität und die Frische der Fische zu achten.

Lagerung von frischem Fisch

Frischer Fisch wird im Kühlhaus – getrennt von anderen Lebensmitteln – in Thermoboxen auf zerstoßenem Eis bei 0 °C bis 2 °C gelagert. Der Fisch sollte dabei auf einem Gitter/Locheinsatz liegen und das Tauwasser muss abfließen können. Das Eis ist jeden Tag zu erneuern. Die maximale Lagerdauer sollte drei Tage nicht übersteigen.

Fisch kann leicht verderben. Da sich dabei das Eiweiß des Fischfleisches zersetzt, beginnt er unangenehm zu riechen. Die Eiweißabbauprodukte können zu schweren Vergiftungen führen.

Lagerung von tiefgefrorenem Fisch

Da Fisch schnell verdirbt, wird er oft schon auf hoher See direkt nach dem Fang verarbeitet. Dazu wird er geköpft, ausgenommen, eventuell filetiert und bei –40 °C schockgefrostet. So behält er seine optimale Qualität. Bei der Anlieferung ist zu überprüfen, ob die Verpackung intakt ist und die Tiefkühlkette eingehalten wurde. Tiefgefrorener Fisch ist bei -18 °C zu lagern.

Aufgetauter oder angetauter Fisch darf nicht wieder eingefroren werden.

12.5.4 Verarbeitung und Zubereitung

Verarbeitung von frischem Fisch

Wird frischer Fisch verarbeitet, sind meistens folgende Verarbeitungsschritte erforderlich:

- Entfernen von Kopf und Flossen
- Schuppen und Waschen der Fische oder
- Abziehen ihrer Haut (vor allem bei Plattfischen)
- Filetieren oder Portionieren der Fische
- Ziselieren, d. h. Einschneiden der Filets, um ein gleichmäßiges Garen zu gewährleisten

Verarbeitung von tiefgefrorenem Fisch

Tiefgefrorener Fisch kann entweder aufgetaut oder gefroren verarbeitet werden. Außerdem werden verschiedene zubereitete Tiefkühlprodukte angeboten, wie beispielsweise Fischstäbchen, panierte oder unpanierte Fischfilets, Schlemmerfilets und fertige Fischmenüs.

Zubereitung von Fisch

Innerhalb der Speisenfolge von Menüs ist Fisch vielseitig einsetzbar. So kann er als Fingerfood, kalte oder warme Vorspeise, Suppe, Zwischengericht oder Hauptgang angeboten werden.

Dabei kann Fisch roh oder gegart verzehrt werden. Typische Zubereitungsmöglichkeiten für rohen Fisch sind Carpaccio, Sushi und Sashimi (siehe Kapitel 12.18.1). Wird Fisch roh verzehrt, muss er vorher immer tiefgefroren werden, damit eventuell vorhandene Parasiten zuverlässig vernichtet werden. Im Gegensatz zu den Parasiten sind die meisten Bakterien allerdings kälteresistent. Daher sollten Menschen mit einem geschwächten Immunsystem auf rohen oder nicht erhitzten Fisch verzichten.

Typische Garverfahren für Fisch sind Pochieren, Dämpfen, Dünsten, Garen in Folie, Braten, Grillen und Frittieren (siehe auch Kapitel 9.3.3).

Zubereitungsarten

Soll der Fisch „blau gekocht" werden, muss die Schleimhaut des Fisches erhalten bleiben und der Fischsud angesäuert werden.

Gedünsteter Fisch wird hinterher oft mit Sauce überzogen, mit Käse bestreut und dann gratiniert.

Angebraten wird immer auf der Hautseite. Im Backofen wird der Fisch häufig unter einer Kruste, einem Speckmantel oder in einem Teigmantel gebraten.

12.5.5 Fischkonservierung/Fischerzeugnisse

Neben Frischfisch und tiefgefrorenen Fischen bzw. Fischprodukten gibt es im Handel viele haltbar gemachte und somit lange angebotsfähige Fischerzeugnisse. Übliche Konservierungsmethoden bei Fisch sind:

- **Salzen**, wie z.B. bei Matjes (Hering vor der Geschlechtsreife bzw. vor der Laichzeit), Salzhering (stark gesalzener und somit lange haltbarer Hering) oder Lachs
- **Trocknen**, wie z.B. bei Stockfisch und Klippfisch
- **Räuchern:** Typische Beispiele sind der Räucherlachs, die geräucherte Makrele und der Räucheraal. Als Schillerlocken werden die geräucherten Bauchlappen des Dornhais (gefährdete Fischart) bezeichnet, als Bückling die geräucherten Heringe.
- **Marinieren:** Marinierte Fische gibt es in Tunken, Mayonnaise oder Remoulade. Sie können auch pflanzliche Bestandteile wie Äpfel oder Gurken enthalten. Typische Beispiele sind der Rollmops (Salzhering ohne Kopf und Schwanz, gefüllt und dann gerollt) und Bismarckhering (sauer eingelegte, ausgenommene Heringe ohne Kopf).

Trendfood mit Fisch und Fischcremes

Stockfisch

Räucherlachs

Räuchermakrele

Rollmops

Ein häufig verwendetes Fischerzeugnis ist **Surimi.** Es besteht aus einer aus zerkleinertem und mehrmals gewaschenem Fischfleisch hergestellten weißen Fischmasse, die mit Salz oder Zucker und Gewürzen konserviert und dann geformt wird. Sie dient meist als Imitat für Krebs- oder Krabbenfleisch.

Surimi

Echter Kaviar

Ketakaviar

Deutscher Kaviar

Kaviar
Kaviar ist der gereinigte und gesalzene Rogen vom Stör. Bei uns bekannt sind:

- Belugakaviar
- Sevrugakaviar
- Ossietrakaviar

Die ideale Lagertemperatur für Kaviar liegt bei -2 °C.

Als preisgünstigere Alternative wird der Kaviarersatz angeboten. Hier werden der rot leuchtende und besonders empfindliche Ketakaviar vom Lachs sowie der kleinkörnige, oftmals schwarz gefärbte deutsche Kaviar vom Seehasen unterschieden.

12.5.6 Meeresfrüchte

Die in der Küche verwendeten Meeresfrüchte werden unterteilt in:

- Krustentiere bzw. Krebstiere
- Muscheln
- Weichtiere bzw. Kopffüßer

Meeresfrüchte werden lebend oder konserviert gehandelt. Ihr Fleisch enthält wenig Fett, ist aber reich an biologisch hochwertigem, aber schnell verderblichem Eiweiß. Daher gelten für die Lagerung bzw. Verarbeitung der Meeresfrüchte folgende Regeln:

- Lebende Tiere sind im Kühlhaus bei Temperaturen zwischen 2 °C und 4 °C (keinesfalls auf Eis!) aufzubewahren und sollten innerhalb von zwei Tagen verarbeitet werden.
- Gegarte Meeresfrüchte müssen innerhalb eines Tages verarbeitet werden.
- Aufgetautes Fleisch von Meeresfrüchten muss sofort verarbeitet werden und darf auf keinen Fall wieder eingefroren werden.
- Mit Meeresfrüchten zubereitete Speisen dürfen nicht wieder aufgewärmt werden.

Krustentiere bzw. Krebstiere
Krustentiere leben in allen Gewässern dieser Welt. Sie verfügen über einen Panzer, der regelmäßig abgeworfen und erneuert wird. Zu den Krustentieren gehören der Hummer, die Languste und der Kaisergranat sowie die Garnelen (spanisch Gambas, englisch Shrimps), Krabben und Taschenkrebse.

Hummer

Languste

Kaisergranat

Garnele

Nordseekrabbe

Taschenkrebs

Die kleinere **Nordseegarnele** aus dem Wattenmeer der Nordsee wird umgangssprachlich meist als **Nordseekrabbe** bezeichnet.

Muscheln
Muscheln sind durch harte Schalen geschützte Weichtiere. Die Schalen können mithilfe eines stark ausgeprägten Schließmuskels geschlossen werden. Muschelfleisch ist auch aufgrund seines Eiweißgehalts sehr hochwertig und gilt vielerorts als Delikatesse. Muscheln werden heutzutage meist in Aquakulturen gezüchtet.

Zu den Muscheln gehören unter anderem die Auster, St.-Jakobs-Muschel, Miesmuschel und Venus- oder Herzmuschel.

Werden Austern roh verzehrt, ist darauf zu achten, dass sie vor dem Öffnen noch leben. Der Verzehr toter Tiere kann zu Vergiftungen führen.

Der Verzehr von Miesmuscheln kann bei Menschen zu Vergiftungserscheinungen führen, wenn die Muscheln giftiges Plankton verzehrt haben. Darüber hinaus reagieren manche Menschen allergisch auf das Muscheleiweiß.

Kopffüßer
Zu den Kopffüßern zählen Kraken, Tintenfische und Kalmare. Ihr Körper besteht aus einem Kopf mit Fangarmen und einem Rumpf mit den Eingeweiden und dem Tintenbeutel. Kopffüßer leben fast in allen Meeren der Erde. Sie sind schnelle Schwimmer. Bei Gefahr können sie sehr schnell ihre Farbe wechseln und zur Verteidigung Tinte verspritzen.

Die Tinte (Sepia) der Sepien (echte Tintenfische) dient zum Färben von Lebensmitteln (z. B. Nudeln und Saucen).

Muschelsaison
Traditionell haben Muscheln nur in den Monaten mit „r" Saison. Dies kommt daher, dass früher die Miesmuschel nur zwischen September und April gefangen werden durfte. Zudem sind sie bei kalten Temperaturen besser vor Verderb geschützt. Heutzutage allerdings sind Muscheln, nicht zuletzt auch wegen neuer technischer Möglichkeiten, das ganze Jahr über in guter Qualität verfügbar.

Auster

St.-Jakobs-Muschel

Miesmuschel

Herzmuschel

Kalmar

Tintenfisch

12.6 Eier

12.6.1 Begriffsbestimmung und Aufbau

Wird von Eiern gesprochen, sind darunter immer die Eier von Hühnern zu verstehen. Eier von anderen Tierarten müssen nach diesen benannt sein, z. B. Wachteleier, Enteneier.

Den Aufbau des Eies zeigt die Zeichnung rechts, die Größenverhältnisse der verschiedenen Eiersorten die Abbildung auf der nächsten Seite.

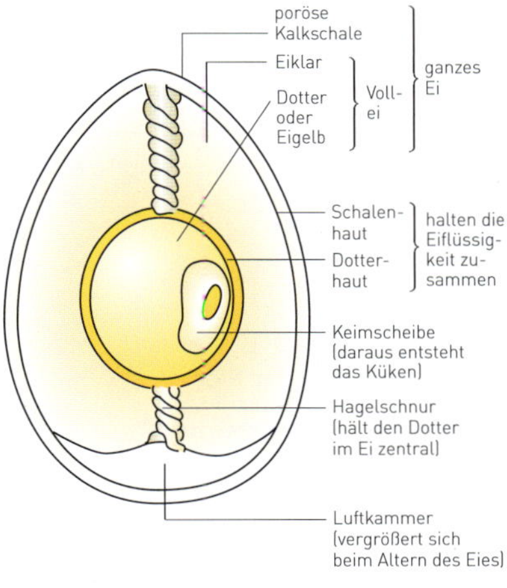

Aufbau des Eies

12.6.2 Nährwert und Eignung

Da Eier alle für die Entwicklung der Küken notwendigen Nährstoffe beinhalten, sind sie für den Menschen eine vielseitige Nährstoffquelle und insbesondere in der ovo-lacto-vegetabilen Kost ein wesentliches Lebensmittel. Ihre Nährstoffe, deren Zusammensetzung in Abhängigkeit von der Fütterung schwanken kann, können vom Menschen gut verwertet werden.

Straußenei, Entenei, Hühnerei, Wachtelei

Verkaufsargumente für Eier und Eierspeisen
- Eier liefern Eiweiß mit einer hohen biologischen Wertigkeit.
- Eier sind reich an den fettlöslichen Vitaminen D und K sowie an dem wasserlöslichen Vitamin B_{12}.
- Eier enthalten viel Kalzium und Eisen.
- Eier enthalten viel Lecithin, das am Fettstoffwechsel des Menschen beteiligt ist.
- Eier und Eierspeisen sind in der Regel gut verdaulich

Eier in der Kritik
- Eier enthalten viel Fett bei gleichzeitig ungünstiger Zusammensetzung der Fettsäuren.
- Eier haben einen hohen Gehalt an Cholesterin.
- Eier sind aus mikrobieller Sicht nicht unbedenklich, insbesondere im Hinblick auf die Belastung durch Salmonellen. Unachtsamkeit im Umgang mit frischen Eiern führt immer wieder zu teilweise schweren Erkrankungen, im Einzelfall auch zum Tode der Betroffenen.
- Eier enthalten oft Rückstände von legal oder illegal eingesetzten Tierarzneimitteln (z. B. Antibiotika) oder Futtermittelzusatzstoffen. Auch Umweltgifte werden gelegentlich in Eiern nachgewiesen

DHA-Eier
Als DHA-Eier werden mit Omega-3-Fettsäuren angereicherte Eier bezeichnet. Dies wird durch Zugabe von Leinsamen und Algen ins Futter der Hühner erreicht. Ihr cholesterinsenkender Effekt ist allerdings umstritten.

Achtung beim Eiereinkauf
Die Angabe der Packstelle sagt nichts über die Herkunft der Eier aus. In der Packstelle werden die Eier sortiert, gekennzeichnet und verpackt. Es ist rechtlich zulässig, dass die Eier in einem anderen Land als dem Herkunftsland gepackt werden. Für die Herkunft der Eier ist allein der Stempel auf dem Ei maßgeblich.

Gewichtsklassen der Eier

Bezeichnung	Gewicht
XL – sehr groß	73 g und mehr
L – groß	63 g bis unter 73 g
M – mittel	53 g bis unter 63 g
S – klein	unter 53 g

12.6.3 Einkauf

Erste Orientierungshilfe beim Einkauf ist die **Verpackung der Eier.** Hier sind folgende Angaben vorgeschrieben:
- Name und Anschrift der Herstellers, Verpackers oder Verkäufers
- Kennnummer der Packstelle
- Angabe der Güteklasse
- Angabe der Gewichtsklasse
- Anzahl der verpackten Eier
- Mindesthaltbarkeitsdatum (28. Tag nach dem Legen)
- Datum, ab wann die Eier im Handel kühl zu lagern sind (ab dem 18. Tag nach dem Legen)
- Hinweise für den Verbraucher: „Bei Kühlschranktemperaturen aufzubewahren"; „Nach Ablauf des Mindesthaltbarkeitsdatums durcherhitzen"
- Angabe der Haltungsart

Eier dürfen ab dem 22. Tag nach dem Legen nicht mehr im Handel verkauft werden.

Qualitätskriterien der Güteklassen

Klasse A oder „frisch"	Schale: sauber und unbeschädigt Luftkammer: nicht größer als 6 mm Eiklar: klar, durchsichtig Dotter: beim Durchleuchten nur schattenhaft wahrnehmbar Keim: nicht sichtbar entwickelt Geruch: kein Fremdgeruch zulässig
Klasse A „Extra"	Wie bei Eiern der Klasse A, aber Luftkammer nicht größer als 4 mm. Gesetzlich erlaubt ist die Banderole „Extra" bis zum 9. Tag nach dem Legen bzw. 7. Tag nach dem Verpacken.
Klasse B	Alle Eier, die nicht der Klasse A bzw. A „Extra" entsprechen. Beachte: Eier der Klasse B dürfen nur an die Nahrungsmittelindustrie abgegeben werden.

Zweite Orientierungshilfe beim Einkauf sind die Eier selbst. Die Schale sollte keine groben Verschmutzungen aufweisen und unversehrt sein. Der gesetzlich vorgeschriebene Stempel auf den Eiern gibt einen Hinweis auf die Art der Tierhaltung und das Herkunftsland der Eier.

Ei mit Stempel

Bedeutung des Stempels auf Eiern

Art der Tierhaltung	Herkunftsland	Betriebsnummer
0 = Ökologische Haltung („Bio-Eier") 1 = Freilandhaltung 2 = Bodenhaltung 3 = Käfighaltung oder Kleingruppenhaltung	AT = Österreich DE = Deutschland DK = Dänemark FR = Frankreich IT = Italien NL = Niederlande	Die beiden ersten Stellen geben das Bundesland an, die dritte bis sechste Stelle den Betrieb und die siebte Stelle den jeweiligen Stall.

Betriebe mit ökologischer Haltung garantieren bessere Stallbedingungen für die Hühner, verwenden nur Futtermittel aus biologischem Anbau und verzichten auf den Zusatz von Färbemitteln und Antibiotika im Futter.

Verbot der Käfighaltung
In Deutschland ist die Käfighaltung (Legebatterie) seit 2010, in der EU seit 2012 verboten. Kleingruppenhaltung ist derzeit allerdings noch erlaubt.

Kleingruppenhaltung

12.6.4 Lagerung

Frisch gelegte Eier sind im Innern meistens keimfrei. Die intakte Schale bzw. die Schalenhaut schützt die Eier vor dem Verderb. Zudem verfügt das Eiklar über Substanzen, die antimikrobiell wirken. Dennoch steigt die Keimzahl mit zunehmender Lagerdauer und in Abhängigkeit von den Lagerbedingungen (insbesondere der Lagertemperatur). Daher sollten Eier möglichst frisch verwendet werden.

Werden Eier gelagert, muss eine nachteilige Beeinflussung der Eier selbst, aber auch anderer Lebensmittel ausgeschlossen sein. Daher gilt:

- Eier getrennt von anderen Lebensmitteln lagern. Auch die Kartons sind oft stark keimbelastet und sollten daher nicht mit anderen Lebensmitteln in Berührung kommen.
- Eier vor Fremdgerüchen, Stößen und Sonneneinstrahlung schützen.
- Beschädigte Eier sofort aussortieren.
- Eier sauber, trocken und bei möglichst konstanter Temperatur lagern.
- Eier ab dem 18. Tag nach dem Legen bei einer Temperatur zwischen +5 °C und +8 °C lagern.
- Eier vor dem Ende des Mindesthaltbarkeitsdatums (28. Tag) verarbeiten.

Während der Lagerung der Eier kommt es zu folgenden Veränderungen:

- Durch die poröse Kalkschale verdunsten Wasser und Aromastoffe. Die Luftkammer vergrößert sich, das Aroma der Eier verändert sich.
- Das zunächst zähflüssige Eiklar wird dünnflüssiger. Gleichzeitig lässt seine antimikrobielle Wirkung nach. Salmonellen und andere Bakterien können sich leichter vermehren.
- Bakterien und Enzyme bauen die Inhaltsstoffe des Eies zu Stoffwechselprodukten ab, die übel bzw. faul riechen.

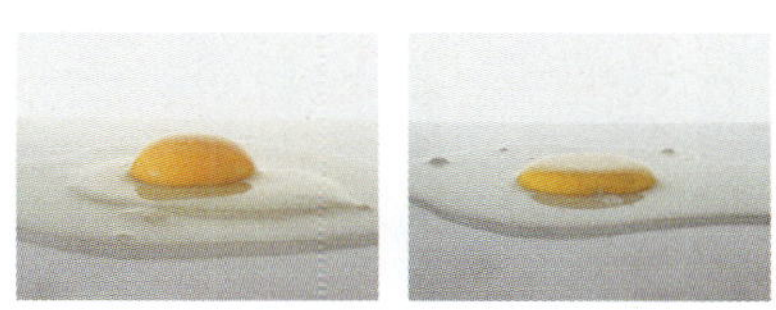
Eidotter eines frischen und eines alten Eies

Schwimmprobe:
frisches Ei, älteres Ei, verdorbenes Ei

Beurteilungsmöglichkeiten für die Frische der Eier

Verfahren	frische Eier	„ältere" Eier
Schüttelprobe	kaum Schüttelgeräusche wahrnehmbar	starke Schüttelgeräusche wahrnehmbar
Durchleuchten	kleine Luftkammer	größere Luftkammer
Schwimmprobe	bleibt in Salzlösung unten liegen	das dicke Ende des Eies richtet sich nach oben auf
Aufschlagen	hoch gewölbtes Eidotter, zähes Eiklar	abgeflachtes Eidotter, Eiklar läuft auseinander

12.6.5 Verarbeitung und Zubereitung

Verarbeitung

Aufgrund möglicher mikrobiologischer Risiken sind bei der Verarbeitung von Eiern hohe Anforderungen an die Arbeitsplatz- und Personalhygiene zu stellen:

- Die Verarbeitung von Eiern sollte an einem separaten Arbeitsplatz erfolgen.
- Eier sollten erst unmittelbar vor der Verarbeitung aufgeschlagen werden. Damit keine Eierschalen in die Eiermasse geraten, sollen Eier in einem separaten Gefäß aufgeschlagen werden. Eiermassen müssen vollständig verbraucht werden, Reste dürfen nicht eingefroren oder anderweitig gelagert werden.
- Nach dem Arbeiten mit Eiern sind die Hände und alle Arbeitsgeräte gründlich zu reinigen und gegebenenfalls zu desinfizieren. Die Arbeitsflächen sind sorgsam zu reinigen.

Pasteurisierte Eiprodukte

> Um der Gefährdung der Gäste durch Salmonellen vorzubeugen, ist es sinnvoll, auf pasteurisierte Eier oder pasteurisierte Eiprodukte zurückzugreifen. Sie werden meist in Tetrapaks angeboten und sind gut lagerfähig.

Die Verwendung von Eiern ist sehr vielseitig. Sie dienen als:

- Hauptrohstoff in Eierspeisen
- Garnitur oder Garniturbestandteil
- Lockerungsmittel (als Eischnee)
- Bindemittel (vor allem bei Backwaren oder Suppen)
- Färbemittel (z. B. bei Backwaren)
- Klärmittel (z. B. für das Klären von Suppen)
- Emulgator (aufgrund des Lecithins; z. B. bei Herstellung einer Mayonnaise oder Sauce Hollandaise)

Zubereitung

Eier können mit unterschiedlichen Garmethoden zubereitet werden.

Garmethoden für Eier

Garmethode	Beispiele
Kochen	hart oder weich gekochte Eier
Pochieren	verlorene Eier; Eier im Näpfchen
Braten	Spiegelei; Rührei; Omelett
Frittieren	frittiertes Ei

Verlorene Eier

Eier im Näpfchen

Eier können kalt oder warm gereicht werden. Sie dienen als Vorspeisen, Zwischengerichte und Snacks oder sind Bestandteil von Suppen und Saucen, Salaten und Beilagen sowie Hauptgängen und Desserts. Werden roheihaltige Speisen nicht durchgegart, gelten besondere gesetzliche Bestimmungen:

- **Warm** zu verzehrende Speisen (z. B. Sauce Hollandaise) müssen innerhalb von **zwei Stunden** nach der Herstellung abgegeben werden.
- **Kalt** zu verzehrende Speisen (z. B. Tiramisu, Mayonnaise oder Mousse au Chocolat) müssen innerhalb von zwei Stunden nach der Herstellung auf höchstens +7 °C abgekühlt werden und innerhalb von **24 Stunden** verkauft werden. Alternativ können sie eingefroren werden. Dann ist aber zu beachten, dass das Auftauen ebenfalls bei maximal +7 °C erfolgt und die Speisen innerhalb von 24 Stunden nach dem Auftauen abgegeben werden müssen.

Achtung – hier ist Vorsicht geboten

- Suppen und Saucen, die mit rohen Eiern legiert sind
- Dressings, bei deren Herstellung rohe Eier verwendet wurden
- Speisen, bei denen rohe Eier (z. B. als Eischnee) untergezogen wurden, insbesondere Süßspeisen
- rohe Teige, die mit Eiern hergestellt wurden
- Tartar mit rohem Ei

In Einrichtungen der Gemeinschaftsverpflegung, in denen besonders empfindliche, kranke oder alte Menschen leben, müssen roheihaltige Speisen einem Verfahren unterzogen werden, das die Salmonellen sicher abtötet. Von den Speisen sind zudem Rückstellproben zu nehmen.

12.7 Milch

12.7.1 Begriffsbestimmung

Wird von Milch gesprochen, ist darunter immer Kuhmilch zu verstehen. Milch von anderen Tierarten muss nach diesen benannt sein, z. B. Schafsmilch.

Kuhmilch

Schafsmilch

12.7.2 Nährwert und Eignung

Da Milch ursprünglich für die Kälber bestimmt ist, enthält sie alle notwendigen Nährstoffe, die diese für ihre Entwicklung brauchen. Milch ist daher ein vollwertiges Lebensmittel. Ihre Nährstoffe, deren Zusammensetzung in Abhängigkeit von der Fütterung schwanken kann, können vom Menschen gut verwertet werden. Die Milch ist eine Fett-in-Wasser-Emulsion (siehe Kapitel 11.1.3) und besteht zu etwa 87 % aus Wasser. Die festen Nährstoffe (13 %) schwimmen fein verteilt in ihr und werden als Trockenmasse bezeichnet.

Laktoseintoleranz
Manche Erwachsene leiden unter einer Laktoseintoleranz. Sie können den Milchzucker nicht verdauen. Das führt zu Verdauungsstörungen mit Blähungen und Durchfall.

Milcheiweißallergie
Von der Laktoseintoleranz ist die Milcheiweißallergie zu unterscheiden. Diese geht mit einer aktiven Immunreaktion gegen das Kuhmilcheiweiß einher.

Verkaufsargumente für Milch
- Milcheiweiß hat eine hohe biologische Wertigkeit.
- Das Milchfett ist gut verdaulich, da es in der Milch fein verteilt und emulgiert vorliegt.
- Der Milchzucker unterstützt die Verdauung. Er dient den Darmbakterien als Nahrung und fördert ihre Vermehrung und ihr Wachstum. So sorgt er für ein gesundes Darmmilieu.
- Milch ist ein bedeutender Lieferant von Kalzium, Phosphor und Jod.
- Milch enthält viel Vitamin A und fast alle Vitamine der B-Gruppe.
- Milch enthält zudem Lecithin, das am Fettstoffwechsel des Menschen beteiligt ist.
- Milchsäurebakterien stärken das Immunsystem und können der Entstehung von Darmkrebs entgegenwirken.

Milchsorten, Handelsformen

Die beim Milchbauern auf dem Hof gewonnene Kuhmilch wird **Rohmilch** genannt. Sie wird lediglich gefiltert und gekühlt. Ansonsten ist sie völlig unbehandelt, d. h., sie besitzt noch die natürlichen Bakterien der Milch. Diese können für Menschen mit verminderten Abwehrkräften (wie z. B. Säuglinge, Schwangere oder alte Menschen) gefährlich werden. Daher gelten für den Verkauf von Rohmilch und Rohmilchprodukten besondere Hygienevorschriften. Rohmilch aus eigener Herstellung darf als **„Milch ab Hof"** direkt an den Verbraucher verkauft werden. In den Handel kommt sie als **„Vorzugsmilch"**.

Die meiste Milch wird allerdings an die Molkereien geliefert und dort zu standardisierten Milchsorten weiterverarbeitet. Diese lassen sich nach Art der Wärmebehandlung und nach ihrem Fettgehalt unterscheiden.

Milchkennzeichnung

Folgende Arten der **Wärmebehandlung** sind möglich:
- **Pasteurisieren**: Hier wird die Milch kurzzeitig auf etwa 75 °C erwärmt. Dadurch werden die meisten Mikroorganismen abgetötet. Geschmack und Konsistenz der Milch werden nur leicht verändert. Zudem geht nur ein geringer Teil der Vitamine verloren. Pasteurisierte Milch kommt als sogenannte **Frischmilch** in den Handel. Ungeöffnet und bei etwa 6 °C gelagert bleibt sie bis zu 10 Tage genießbar. Eine besondere Form der pasteurisierten Milch ist die **ESL-Milch** (ESL = extended shelf life). Sie wird in einem besonderen Verfahren kurzzeitig auf etwa 120 °C erhitzt. Dadurch verlängert sich die Haltbarkeit auf etwa 3 Wochen.
- **Ultrahocherhitzen**: Die Milch wird für etwa 2 bis 3 Sekunden auf 135 °C bis 150 °C erhitzt und direkt wieder abgekühlt. Dadurch werden alle Mikroorganismen abgetötet. Es gehen aber bis zu 20 % der Vitamine verloren. Ultrahocherhitzte Milch, die als **H-Milch** – meist in Tetrapaks abgefüllt – in den Handel kommt, ist ungeöffnet mehrere Wochen haltbar.
- **Sterilisieren**: Beim Sterilisieren wird die Milch für mindestens 20 Minuten unter Überdruck auf etwa 135 °C erhitzt und damit dauerhaft haltbar gemacht. Die **Sterilmilch** ist so teilweise über Monate haltbar. Allerdings werden so gut wie alle Vitamine zerstört. Auch die biologische Wertigkeit der Eiweiße wird herabgesetzt. Zudem verändern sich der Geschmack und die Farbe der Milch.

Im Hinblick auf den **Fettgehalt** werden folgende Milchsorten unterschieden:

- **Landmilch**: Bei der „**Landmilch**" bleibt der Fettgehalt naturbelassen. Sie wird allerdings pasteurisiert und homogenisiert. Kommt sie aus kontrollierter ökologischer Landwirtschaft wird sie auch als „**Biomilch**" verkauft.
- **Vollmilch**: Sie hat einen Fettgehalt von 3,5 %. Normalerweise wird sie pasteurisiert und homogenisiert und dann unter der Bezeichnung „**Frische Vollmilch**" verkauft.
- **Teilentrahmte Milch**: Hier wird der Fettgehalt auf 1,5 % bis 1,8 % eingestellt. Sie wird auch als „**Fettarme Milch**" bezeichnet.
- **Entrahmte Milch**: Hier beträgt der Fettgehalt höchstens 0,3 %. Allerdings gehen bei der Bearbeitung der Milch auch alle fettlöslichen Vitamine verloren. Die entrahmte Milch kommt als „**Magermilch**" in den Handel.

Neben den oben genannten Produkten findet sich noch die **laktosefreie Milch** im Handel. Bei ihr wurde auf enzymatischem Wege die Laktose entzogen.

Weitere Milchprodukte sind:

- **Kondensmilch**: Bei Kondensmilch wird die Milch durch Verdampfen des Wassers eingedickt. Dies geschieht bei Unterdruck, da so ein eventuell möglicher Kochgeschmack vermieden wird.
- **Trockenmilch**: Sie kommt als Pulver in den Handel. Bei ihr wurde das Wasser der Milch vollständig entzogen. Trockenmilch ist lange lagerfähig.

Homogenisieren

Beim Homogenisieren wird die Milch durch feine Düsen gespritzt. Dabei zerreißen die Fettkügelchen der Milch. Sie können sich nicht mehr zusammenballen und nicht mehr nach oben steigen (aufrahmen). So bleibt die Milch homogen.

Nicht homogenisierte Milch und homogenisierte Milch

Was ist drin im Kaffeeweißer?

Kaffeeweißer ist kein Milchprodukt, sondern wird aus pflanzlichen Rohstoffen – meist Soja – hergestellt.

12.7.3 Einkauf und Lagerung

Kennzeichnung

Auf der Milchverpackung müssen sich folgende Angaben befinden:

- Verkehrsbezeichnung/Milchsorte
- Angabe des Fettgehalts in Prozent
- europäisches Identitätskennzeichen, das Auskunft über die Molkerei gibt
- Mindesthaltbarkeitsdatum
- Art der Wärmebehandlung
- Füllmenge
- eventuelle Anreicherungen mit Milcheiweiß, Mineralstoffen oder Vitaminen. In diesem Fall ist eine Nährwertkennzeichnung verpflichtend.
- freiwillige Angaben, wie z. B. homogenisiert" oder „ohne Gentechnik"
- eventuell das EU-Bio-Logo für Produkte, die nach der EG-Öko-Verordnung hergestellt wurden. Betriebe, die einem ökologischen Anbauverband angehören, können auch das Verbandszeichen tragen.

Europäisches Identitätskennzeichen

Das Identitätskennzeichen gibt nicht nur Auskunft über den Milcherzeuger, sondern auch darüber, wo die Milch bearbeitet oder verpackt wurde.

Lagerung

Frischmilch wird, da sie leicht verdirbt, vor Luft, Licht, Wärme und Fremdgeruch geschützt und am besten bei einer Temperatur von bis zu 8 °C aufbewahrt. Auf das Mindesthaltbarkeitsdatum ist zu achten.

12.7.4 Verarbeitung

Milchprodukte/Milcherzeugnisse

Milch wird als Grundlage für Eis und Süßspeisen verwendet. Daneben kann Milch auch Suppen und Saucen sowie Teigen und Massen für Gebäck zugesetzt werden.

Wird Milch erhitzt, beginnen sich bei etwa 70 °C die Inhaltsstoffe der Milch zu verändern. Die Eiweiße gerinnen und bilden auf der Milch eine Haut. Gleichzeitig reagiert der Milchzucker zusammen mit dem Eiweiß und setzt sich auf dem Boden ab: Die Milch brennt an. Dabei karamellisiert der Milchzucker und es kommt zu dem typischen Kochgeschmack der Milch.

Aufschlagen von Sahne
Sahne kann erst ab einem Fettgehalt von 27 % steif geschlagen werden.

Milch kann auch zu **Milcherzeugnissen** verarbeitet werden. Hier werden angeboten:

- **gesäuerte Milchprodukte** wie Sauermilch, Buttermilch, Kefir oder Joghurt
- **Sahneprodukte** wie Kaffeesahne, Schlagsahne oder Crème double
- **gesäuerte Sahneprodukte** wie Sauerrahm, Schmand oder Crème fraîche
- **Butter** und Buttermischungen

12.8 Käse

Lab
Lab ist ein eiweißspaltendes Enzym aus dem Kälbermagen.

Bei der Käseherstellung werden der Milch entweder Lab oder Milchsäurebakterien zugesetzt. Dadurch gerinnt das Milcheiweiß: Die Milch wird dickgelegt. Geleichzeitig werden die restlichen flüssigen, also nicht dickgelegten Bestandteile der Milch, die sogenannte Molke, abgetrennt. Der so entstandene Käsebruch enthält neben dem Milcheiweiß noch das Milchfett sowie einige Mineralstoffe und die fettlöslichen Vitamine. Er wird anschließend weiterbearbeitet und muss dann reifen. Dies führt zu erwünschten Veränderungen der Konsistenz, der Farbe, des Geruchs und des Geschmacks.

Käse lässt sich nach vielen Kriterien einteilen. Die wichtigsten sind:

- **Milchart**: Käse kann unter anderem aus der Milch von Kühen, Ziegen, Schafen oder Büffeln gewonnen werden.
- **Herkunftsland**: Einige der typischen Herkunftsländer sind:
  - **Deutschland:** Harzer, Mainzer oder Tilsiter
  - **Frankreich:** Camembert, Brie oder Comté
  - **Italien:** Gran Padano, Pecorino, Ricotta, Bel Paese oder Mozzarella
  - **Niederlande:** Gouda oder Edamer
  - **Schweiz:** Emmentaler, Appenzeller, Greyerzer, Raclette
  - **Großbritannien**: Stilton, Chester oder Cheddar
- **Art der Gerinnung**: Wird der Milch Lab zugesetzt, entsteht **Süßmilchkäse.** Hierzu gehören die meisten bekannten Käsesorten. Werden der Milch Milchsäurebakterien zugegeben, entsteht **Sauermilchkäse.** Hierzu zählen beispielsweise der Harzer und Mainzer.
- **Reifezeit**: Die meisten Käsearten müssen reifen. Die Reifezeit kann zwischen wenigen Wochen und mehreren Jahren liegen. Käse, der nicht gereift ist, wird **Frischkäse** genannt. Hierzu gehören z. B. Quark, Ricotta oder auch der Mozzarella.

Hart- und Weichkäsesorten

- **Wassergehalt:** Hier werden unterschieden:
  - **Weichkäse:** z. B. Brie, Camembert, Limburger oder Feta
  - **halbfester Schnittkäse:** z. B. Stilton, Bel Paese oder die Blauschimmelkäse
  - **Schnittkäse:** z. B. Tilsiter, Appenzeller, Raclettekäse, Edamer oder Gouda
  - **Hartkäse:** z. B. Emmentaler, Greyerzer, Comté, Grand Padana, Pecorino, Chester oder Cheddar
- **Fettgehalt:** Bei der Einteilung von Magerkäse über Halbfettkäse bis hin zum Doppelrahmkäse werden die Fettstufen berücksichtigt. Dabei wird der Fettgehalt immer auf die sogenannte Trockenmasse im Käse bezogen und als „% Fett i. Tr." angegeben. Die Trockenmasse enthält alle Bestandteile des Käses, also Eiweiß, Fett, Kohlenhydrate, Vitamine und Mineralstoffe, mit Ausnahme des noch im Käse befindlichen Wassers.

Käse ist bei seiner Lagerung vor Austrocknung zu schützen. Die Lagertemperatur sollte in der Regel 10 °C nicht überschreiten. Frischkäse und Quark sind am besten bei Temperaturen um 4 °C zu lagern. Die Lagerdauer reicht von ca. 1 Woche bei Frischkäse bis zu mehreren Monaten bei Hartkäse.

Frisch- und Weichkäsesorten

Berechnung der Fettmenge im Käse
Bei einem Verzehr von 200 g Käse mit einem Fettgehalt von 40 % i. Tr. und einem Wassergehalt von 55 % werden 200 · 0,45 · 0,4 = 36 g Fett aufgenommen.

Erläuterung: Wenn der Käse einen Wassergehalt von 55 % hat, hat er automatisch eine Trockenmasse von 45 % (siehe Kapitel 18.3.8).

12.9 Obst

12.9.1 Einteilung

Obst ist die Sammelbezeichnung für alle roh essbaren Früchte und Samen von Bäumen, Sträuchern oder mehrjährigen Stauden. Obst kann kultiviert sein oder als Wildform gesammelt werden. Obst wird in verschiedene Sorten eingeteilt:

Kernobst

Apfel

Birne

Quitte

Steinobst

Aprikose

Kirsche

Mirabelle

Pfirsich

Pflaume und Zwetschge

Beerenobst

Brombeere

Erdbeere

Hagebutte

Heidelbeere

Himbeere

rote Johannisbeere

schwarze Johannisbeere

Moosbeere (Cranberry)

Stachelbeere

Weintraube

Beerenähnliche Früchte/Wildbeeren

Holunder

Maulbeere

Sanddorn

Schlehe

Schalenobst

Cashewnuss

Edelkastanie (Marone)

Erdnuss

Haselnuss

Kokosnuss

Macadamia

Mandel

Muskat

Paranuss

Pecannuss

Pistazie

Walnuss

Südfrüchte

Ananas

Banane

Grapefruit

Kumquat

Kiwi

Limette

Mandarine

Mango

Orange

Pampelmuse

Pomelo

Zitrone

Exotische Früchte

Cherimoya

Feige

Granadille

Granatapfel

Kaki

Litschi

Maracuja

Papaya

Physalis

Pitaya

Rambutane

Sternfrucht (Karambole)

12.9.2 Nährwert/Inhaltsstoffe

Obst hat einen hohen Gehalt an Wasser, ist reich an Mineralstoffen und Vitaminen (vor allem Vitamin C sowie B_1 und B_2) und enthält auch Ballaststoffe (vor allem Zellulose und Pektin). Sein Energiegehalt ist relativ gering. Es enthält zwar teilweise viel Zucker (vor allem Trauben- und Fruchtzucker), allerdings kaum Eiweiß und Fett. Obst ist leicht verdaulich und regt den Appetit und die Verdauung an. Schalenobst dagegen ist energiereich. Es enthält nur wenig Wasser, dafür viele Kohlenhydrate, Eiweiße und Fette.

Früchte mit einem hohen Vitamin-C-Gehalt
Besonders hoch ist der Vitamin-C-Gehalt bei Zitrusfrüchten, Johannisbeeren und Hagebutten.

12.9.3 Einkauf und Lagerung

Trotz seiner geringen Haltbarkeit wird Obst aufgrund der weltweiten Vermarktung das ganze Jahr über in guter Qualität angeboten.

Obstsalate to go

Aus ökologischen, aber auch aus ökonomischen Gründen ist es dennoch sinnvoll,
- die Saisonzeiten der einzelnen Obstsorten zu berücksichtigen,
- es von regionalen Anbietern zu beziehen,
- Produkte aus biologischem/integriertem Anbau zu bevorzugen.

Obst sollte möglichst nur kurz gelagert werden, da viele Obstsorten nachreifen. Dabei wird das Obst weich und eventuell matschig, es kann zu schimmeln oder faulen beginnen. Manche Obstsorten verlieren auch Wasser und werden dadurch schrumpelig.
Wird Schalenobst zu lange gelagert, kann es aufgrund seines Fettgehalts schnell ranzig werden. Problematischer ist allerdings die Gefahr der Schimmelbildung bei zu feuchter Lagerung, da die Schimmelpilze das giftige Aflatoxin bilden. Verschimmeltes Schalenobst muss auf jeden Fall entsorgt werden.

12.9.4 Verwendung

Obst kann vielseitig verwendet werden, z. B.:
- frisch als Tafelobst
- getrocknet (Rosinen, Trockenfrüchte)
- kandiert
- als Marmelade oder Konfitüre
- als Fruchtmark
- gedünstet als Kompott
- verarbeitet in Süßspeisen und Kuchen
- als Teil von Salaten
- als Beilage von Fleischgerichten oder
- als Garnitur

12.10 Gemüse

12.10.1 Einteilung

Zum Gemüse gehören alle Pflanzen und Pflanzenteile ein- oder zweijähriger Pflanzen, die roh oder gegart gegessen werden können. Die übliche Einteilung der Gemüse geschieht nach den verwendeten Pflanzenteilen. Sie ist nicht verbindlich. Auch Überschneidungen sind nicht zu vermeiden.

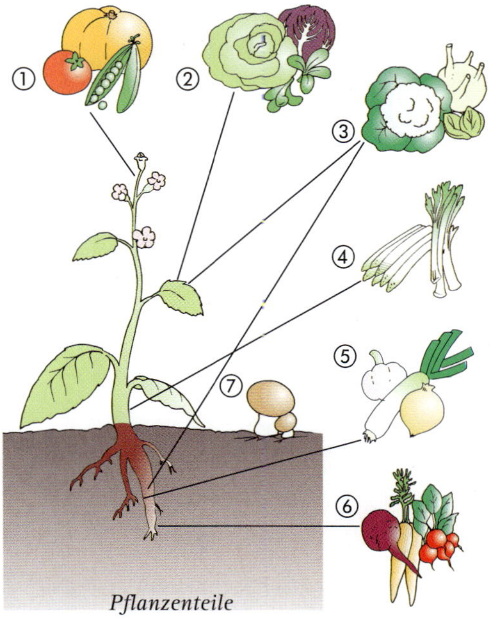

① Frucht- und Samengemüse
② Blattgemüse, Blattsalate
③ Kohlgemüse
④ Wurzelsprossen/Stängelgemüse
⑤ Zwiebelgemüse
⑥ Wurzel- und Knollengemüse
⑦ Speisepilze

Pflanzenteile

Blattgemüse

Zu den Blattgemüsen zählen alle Salatpflanzen, wie z. B. Eisbergsalat, Feldsalat, Chicorée, Radicchio, Kopfsalat, Endiviensalat, Lollo rosso und Lollo bianco sowie Spinat und Mangold. Während die Salatpflanzen roh verzehrt werden, werden Spinat und Mangold – auch aufgrund ihrer Bitterstoffe – meistens gegart, zumindest aber blanchiert.

Eisbergsalat

Feldsalat

Rucola/Rauke

Radicchio

Endiviensalat

Lollo rosso

Stängel- oder Sprossgemüse

Hierzu zählen insbesondere der Staudensellerie und der Rhabarber sowie der grüne und weiße Spargel. Weißer Spargel wächst unter der Erde. Er wird gestochen, bevor die Stangen aus der Erde stoßen. Bekommen die Köpfe Licht, färben sie sich zunächst violett bzw. bläulich, später werden sie grün. Grünspargel wächst dagegen über der Erde. Dabei lagert er Blattgrün (Chlorophyll) ein. Er schmeckt kräftiger und braucht – bis auf die Enden – nicht geschält werden. Die Spargelsaison geht in der Regel Mitte (24.) Juni zu Ende.

Staudensellerie

Rhabarber

Grüner Spargel

Weißer Spargel

Gemüse oder Gewürz?

Gemüse, das als Gemüse und Gewürz verwendet wird (z. B. Paprika), wird dann dem Gemüse zugerechnet, wenn es innerhalb einer Mahlzeit eine erkennbare Hauptkomponente ist.

Gemüse oder Obst?

Die Unterscheidung zwischen Gemüse und Obst ist nicht immer eindeutig. Oft ist sie traditionell oder kulturell bedingt.

Grobgemüse oder Feingemüse?

Gemüse kann auch in Grobgemüse und Feingemüse eingeteilt werden. Grobgemüse, wie Rotkohl, Wirsing, Sellerie oder Grünkohl, hat eine feste, Feingemüse, wie Tomaten, Spinat oder Spargel, eine feine Zellwandstruktur.

Blattgemüse oder Sprossgemüse?

Chicorée wird manchmal dem Blattgemüse, manchmal dem Sprossgemüse zugerechnet.

Wurzel- und Knollengemüse

Manche Pflanzen speichern ihre Nährstoffe in verdickten Wurzeln oder in Knollen oberhalb der Wurzeln. Hierzu zählen Möhre bzw. Karotte, Schwarzwurzel, Knollensellerie, Pastinake, Meerrettich, Rote Rübe, Rettich und Radieschen. Auch die Kartoffel gehört dazu (siehe Kapitel 12.14). Wurzel- und Knollengemüse ist gut lagerfähig.

Möhre/Karotte

Schwarzwurzel

Knollensellerie

Pastinake

Rote Rübe

Fruchtgemüse
Beim Fruchtgemüse sind die Früchte, in denen die Samen der Pflanze heranwachsen, fleischig verdickt. Sie haben einen hohen Wassergehalt, enthalten aber kaum Eiweiß und Fett (bis auf die Avocado). Zum Fruchtgemüse zählen u. a. alle Kürbisgewächse wie Gurke, Kürbis und Zucchini, aber auch Paprika, Tomate, grüne Erbsen und Bohnen sowie Aubergine, Avocado, Fenchel und Okraschote.

Aubergine

Avocado

Fenchel

Kürbis

Okraschote

Kohlgemüse
Kohlgemüse wird typischerweise im Winter angeboten. Es enthält viel Vitamin C, aber auch blähende Substanzen. Bei der Zerkleinerung werden ätherische Senföle freigesetzt, die das typische Kohlaroma ausmachen. Zu den Kohlgemüsen gehören u. a. Blumenkohl, Brokkoli und Romanesco, Weiß- Grün- und Rotkohl, Wirsing und Rosenkohl sowie Chinakohl und Paksoi. Kohlrabi wird manchmal dem Kohlgemüse, manchmal dem Knollengemüse zugerechnet.

Brokkoli

Chinakohl

Grünkohl

Romanesco

Wirsing

Zwiebelgemüse
Zwiebeln sind Speicherorgane der Zwiebelgewächse. Obwohl sie einen hohen Gehalt an Zuckerstoffen haben und deswegen beim Anschwitzen karamellisieren können, schmecken sie aufgrund der in ihnen enthaltenen Schwefelverbindungen scharf und reizen die Tränendrüsen. Zu den Zwiebelgemüsen zählen die Küchen- und Gemüsezwiebel, die Perlzwiebel, die Schalotte, die Frühlings- und Lauchzwiebel sowie der Knoblauch.

Gemüseerzeugnisse
Neben den Gemüsen gibt es auch Gemüseerzeugnisse. Hierzu gehören u. a.:

- Gemüsesäfte
- Essiggemüse, wie z. B. Mixed Pickles und Essiggurken
- Gärungsgemüse, wie z. B. Sauerkraut

Frühlingszwiebel

Knoblauch

Zwiebel, Perlzwiebel, Schalotte

12.10.2 Nährwert/Inhaltsstoffe

Gemüse hat einen hohen Gesundheitswert und Genusswert: Es ist zum einen kalorienarm, da es viel Wasser, aber wenig Eiweiß, Kohlenhydrate und Fett enthält, zum anderen ist es reich an Vitaminen und Mineralstoffen, oft auch an Ballaststoffen sowie bioaktiven sekundären Pflanzenstoffen. Viele Sorten enthalten intensiv wahrnehmbare und den Appetit anregende Geruchs- und Geschmacksstoffe.

12.10.3 Einkauf, Lagerung und Verarbeitung

Gemüse wird aufgrund der weltweiten Vermarktung das ganze Jahr über in guter Qualität angeboten.

Qualitätsanforderungen an Gemüse

Gemüse sollte mindestens folgende Eigenschaften haben:

- gesund, unversehrt und sauber
- frisch und entsprechend feucht
- reif
- keinen Fremdgeruch, keinen Fremdgeschmack
- keinen Schädlingsbefall

Aus ökologischen, aber auch aus ökonomischen Gründen ist es dennoch sinnvoll,

- die Saisonzeiten der einzelnen Gemüsearten zu berücksichtigen, da das Gemüse dann ausgereift und geschmackvoll sowie preisgünstig ist,
- es von regionalen Anbietern zu beziehen, da aufgrund kürzerer Transportwege die Umwelt geringer belastet wird,
- Produkte aus biologischem und integriertem Anbau zu bevorzugen.

Gemüse ist möglichst kurz, dunkel, kühl und bei hoher Luftfeuchtigkeit zu lagern. Eventuell kann es abgedeckt oder in feuchte Tücher eingewickelt werden. Gemüse wird für kalte und warme Vorspeisen, für Suppen, vor allem aber für Beilagen im Hauptgang verwendet.

12.11 Keimlinge und Hülsenfrüchte

Keimlinge

Keimlinge bzw. Sprossen entstehen aus den Samen der Pflanzen. Als Lebensmittel eignen sich vor allem die Keimlinge bzw. Sprossen von:

- Getreide
- Hülsenfrüchten
- Gartenkresse, Rettich, Radieschen und Sonnenblumen

Keimlinge und Sprossen enthalten Vitamine, Mineralstoffe und Ballaststoffe. Sie haben einen herzhaften Geschmack. Verwendet werden sie für Salate, als Einlage von Suppen oder zum Garnieren.

Rote Bohnen

Rote Linsen

Sojabohnen

Mungobohnen

Als **Hülsenfrüchte** werden die reifen und getrockneten **Samenkerne** von Erbsen, Bohnen, Linsen sowie von Mungo- und Sojabohnen bezeichnet. Sie haben einen hohen Gehalt an Eiweiß, Vitaminen und Mineralstoffen, vor allem aber an Ballaststoffen. Sie sind sättigend und teilweise schwer verdaulich. Vor dem Garen müssen sie mehrere Stunden lang in Wasser eingeweicht werden. Grüne Erbsen und Bohnen zählen nicht zu den Hülsenfrüchten, sondern zu den Fruchtgemüsen.

12.12 Pilze

Von den Speisepilzen ist nur der oberirdische Fruchtkörper essbar. Die eigentliche Pflanze, das sogenannte **Pilzmyzel**, liegt unter der Erde. Unterschieden werden Wildpilze, die zwischen Frühjahr und Herbst gesammelt und daher nur saisonal angeboten werden. Die Zuchtpilze dagegen sind während des ganzen Jahres erhältlich.

Wildpilze

Maronenröhrling

Morchel

Pfifferling

Steinpilz

Trüffel

Zuchtpilze

Austernseitling

Hallimasch

Kräuterseitling

Shiitake

Zuchtchampignon

Verkaufsargumente für Pilze
- Pilze sind kalorienarm.
- Sie enthalten kaum Fett und nur wenig Kohlenhydrate.
- Sie enthalten Mineralstoffe in nennenswerten Mengen.
- Sie haben einen aromatischen Geschmack.

Pilze in der Kritik
- Wildpilze können viele Schadstoffe, insbesondere Schwermetalle enthalten.
- Waldpilze haben oft eine erhöhte Strahlenbelastung.
- Pilze haben teilweise schlecht abbaubare Eiweißstoffe und sind deswegen nur schwer verdaulich.
- Pilze können schnell verderben; dies kann zu Vergiftungen führen.
- Die versehentliche Verwendung von giftigen Pilzen kann zu schweren Vergiftungserscheinungen oder zum Tod führen.

12.13 Küchenkräuter, Gewürze und Würzmittel

Küchenkräuter sind Pflanzen, deren Blätter – frisch oder getrocknet – in der Küche vorwiegend aufgrund ihrer ätherischen Öle als Gewürze oder zum Garnieren verwendet werden. Sie können kultiviert sein oder als Wildkräuter gesammelt werden.

Kultivierte Kräuter

Basilikum

Dill

Estragon

Kerbel

Liebstöckel

Majoran/Oregano

Petersilie

Pfefferminze

Rosmarin

Salbei

Schnittlauch

Thymian

Wildkräuter und Wildblumen

Bärlauch

Brunnenkresse

Gänseblümchen

Huflattich

Löwenzahn

Sauerampfer

Die **Trockengewürze** werden meist nach den verwendeten Pflanzenteilen unterschieden. Beispiele sind:

Blüten/Blütenteile

Kapern

Nelken

Safran

Samen

Koriander

Kümmel

Muskat

Sternanis

Früchte

Paprika

Piment

Vanille

Wacholder

Blätter (siehe auch Kräuter)

Estragon

Lorbeer

Majoran

Petersilie

Rinde

Zimt

Wurzeln

Ingwer

Kurkuma

Meerrettich

Gewürzmischungen
Neben den Gewürzen gibt es auch Gewürzmischungen. Hierzu gehören z. B. Curry, Gulasch- und Lebkuchengewürz oder auch Kräuter der Provence.

Eigenschaften von Küchenkräutern und Gewürzen
Küchenkräuter und Gewürze enthalten zwar nur wenig Nährstoffe, aber viele ätherische Öle. Diese verbessern den Geruch und Geschmack der Speisen. Gleichzeitig regen sie den Appetit an und fördern die Verdauung. Viele Speisen werden durch die Zugabe von Gewürzen bekömmlicher. Sie hemmen zudem das Wachstum der Mikroorganismen und haben somit auch eine konservierende Wirkung.

Zu den **Würzmitteln** gehören:
- süße Würzstoffe, wie z. B. Zucker, Zuckeraustauschstoffe und Süßstoffe (siehe Kapitel 11.1.13), aber auch Honig und Sirupe (Zuckerrübensirup, Ahornsirup)
- salzige Würzstoffe, wie z. B. Steinsalz, Siedesalz, Meersalz, Himalaya-Salz, aber auch jodiertes Speisesalz und Nitritpökelsalz
- saure Würzstoffe wie Essig (Tafelessig, Weinessig, Kräuteressig, Balsamicoessig) oder Zitronensaft
- Würzsaucen wie z. B. Chilisauce, Ketchup, Tabascosauce, Sojasauce oder Worcestershire-Sauce
- Senf

Würzmittel (Ahornsirup, Salz, Essig, Sojasauce)

12.14 Kartoffeln

12.14.1 Einteilung

Kartoffeln sind unterirdische Wurzelverdickungen der Kartoffelpflanze. Sie dienen ihr als Nährstoffspeicher und enthalten daher wichtige Nährstoffe. Es gibt weltweit derzeit mehr als 5000 verschiedene Sorten, davon sind in Deutschland über 120 zugelassen. Sie unterscheiden sich in

- Schalenfarbe (gelb, rötlich und blau-violett)
- Fleischfarbe (weiß, hellgelb, intensiv gelb und blau-violett)
- Knollenform (lang, oval, rund und nierenförmig)
- Erntezeitpunkt
- Stärkegehalt
- Kocheigenschaft

Kartoffelpflanze

Kartoffelsorten

Zusammenhang zwischen Erntezeitpunkt, Bezeichnung und Kocheigenschaft

Art	Erntezeitpunkt (in Deutschland)	Bezeichnung	Stärkegehalt	Kocheigenschaft	Verwendungsmöglichkeit
frühe Sorten	vor dem 10. August	Speisefrühkartoffeln	unter 14 %	festkochend	Kartoffelsalat, Pellkartoffeln, Aufläufe, Gratins, Bratkartoffeln
mittelfrühe Sorten	bis Mitte September	Speisekartoffeln	14–16 %	vorwiegend festkochend	Beilagen für Gerichte mit Sauce, können aber auch festkochende Sorten ersetzen
mittelspäte bis späte Sorten	ab Mitte September bis November	Speisekartoffeln	über 16 %	mehligkochend	Folienkartoffeln, Suppen, Püree, Zubereitungen aus Kartoffelmasse, Klöße

12.14.2 Nährwert/Inhaltsstoffe

Kartoffeln enthalten vor allem Stärke, aber auch viel Eiweiß. Fett ist so gut wie nicht vorhanden. Kartoffeln haben zudem viel Vitamin C, einige Mineralstoffe und einen hohen Gehalt an den wertvollen sekundären Pflanzenstoffen.

Verkaufsargumente

- Kartoffeln sind gesunde Lebensmittel mit einem hohen Nährwert.
- Gekochte Kartoffeln sind leicht verdaulich.
- Kartoffeln (gekocht) sind kalorienarm; nur bei Zubereitung mit Fett (z. B. frittiert) oder durch Saucen erhöht sich ihr Energiegehalt beträchtlich.
- Kartoffeln haben einen neutralen Eigengeschmack und passen harmonisch zu vielen Speisen.

Kartoffeln in der Kritik

- Kartoffeln sind Nachtschattengewächse; sie können das hitzestabile Solanin enthalten, das Übelkeit und Erbrechen verursacht; Solanin befindet sich in grünen Teilen der Schale und, wenn die Kartoffel weiterreift, in den Trieben. Dieses vor der Verarbeitung unbedingt entfernen.
- Kartoffelprodukte, die bei Temperaturen über 180 °C frittiert oder gebacken werden, wie z. B. Pommes frites oder Chips, können Acrylamid enthalten, das als krebserregend gilt.
- Viele Kartoffelprodukte, insbesondere die in Fett gegart sind, haben einen hohen Energiegehalt. Gleichzeitig sind fast alle Vitamine zerstört.

12.14.3 Einkauf, Lagerung und Zubereitung

Die Ware sollte folgende Eigenschaften besitzen:

- unbeschädigt
- trocken
- sortenrein
- gesund
- ganz
- sauber
- reif
- nicht keimend

Kartoffeln aus biologischem Anbau enthalten weniger Nitrat und weniger Rückstände aus Pflanzenschutzmitteln; bei verarbeiteten Kartoffelprodukten aus ökologischem Anbau verzichten die Hersteller auf eine Vielzahl von Zusatzstoffen.

Lagerung

Kartoffeln sollten möglichst frisch verbraucht werden. Vor allem Speisefrühkartoffeln sollten nicht länger als eine Woche gelagert werden. Sollte eine längere Lagerung unumgänglich sein, dann sind die Kartoffeln dunkel, kühl (5°–10 °C), trocken und luftig zu lagern. Eine Stapelhöhe von 40 cm sollte nicht überschritten werden.

Zubereitungsmöglichkeiten

Kartoffelzubereitungen dienen meist als Sättigungsbeilage; sie können aber auch Bestandteil von Salaten oder Suppen sein.

12.15 Getreide

12.15.1 Getreidesorten

Ölsamen

Sesam, Mohn, Leinsamen, Sonnenblumenkerne und Kürbiskerne sind besonders ölhaltige Samen verschiedener Pflanzen. Sie zählen nicht zu den Getreidearten.

Zur Familie der Getreide gehören sieben Sorten:
Weizen, Gerste, Roggen, Hafer, Hirse, Mais und Reis (siehe Kapitel 12.16). Dinkel ist mit dem Weizen verwandt, Grünkern ist unreif geernteter Dinkel, der geröstet und getrocknet wurde.

Weizen

Dinkel

Grünkern

Gerste

Roggen

Hafer

Hirse

Mais

12.15.2 Aufbau und Nährwert des Getreidekorns

Die Früchte des Getreides werden als Körner bezeichnet. Ein Getreidekorn besteht im Wesentlichen aus der Randschicht, dem Keimling und dem Mehlkörper.

Die **Randschicht**, die auch als **Kleie** bezeichnet wird, umfasst die Frucht- und Samenschale sowie die direkt darunterliegende Aleuronschicht. Die Schalenteile enthalten viele Ballaststoffe, Vitamine und Mineralstoffe, die Aleuronschicht vor allem biologisch hochwertiges Eiweiß und verschiedene Enzyme.

Der **Keimling**, aus dem im Ackerboden eine neue Getreidepflanze heranwachsen soll, ist ebenfalls reich an Vitaminen (insbesondere der B-Gruppe), Mineralstoffen und hochwertigem Eiweiß. Zusätzlich aber enthält er Fett mit vor allem ungesättigten Fettsäuren.

Der **Mehlkörper**, der etwa 80 % des Getreidekorns ausmacht, besteht hauptsächlich aus Stärke sowie etwas Eiweiß.

Weizen, Roggen, Gerste und Hafer enthalten ein Eiweiß, das Gluten oder Klebereiweiß genannt wird.

Mais, Reis und Hirse sind glutenfrei.

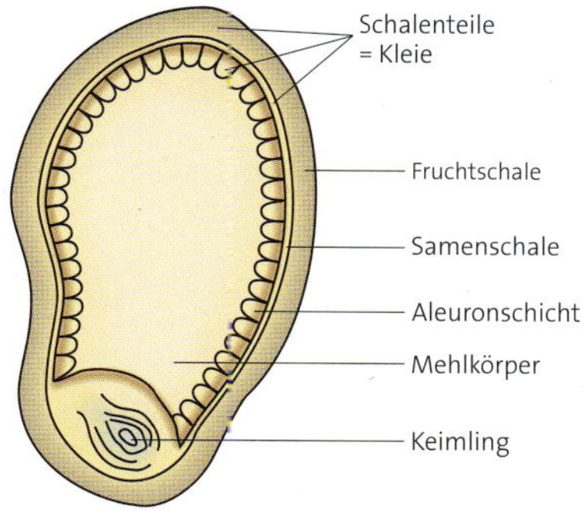

Aufbau des Getreidekorns

Verwandte des Getreides und getreideartige Pflanzen
Getreide wie **Dinkel**, **Einkorn** oder **Emmer**, die oft als Bio-Getreide angeboten werden, sind Unterarten des Weizens.
Tricitale ist eine Kreuzung aus Weizen und Roggen. **Wildreis** ist der Samen einer nordamerikanischen Gräserart. Auch **Buchweizen** ist kein Getreide, sondern ein Knöterichgewächs.
Er wird aber wie Getreide verwendet.

12.15.3 Getreideprodukte

Wird das Getreidekorn in der Mühle gemahlen, entstehen je nach
- Feinheit des Mahlprozesses und
- Ausmahlungsgrad

unterschiedliche Produkte.

Nach der **Feinheit des Mahlprozesses** werden unterschieden:
- **Schrot:** nur grob gemahlen; verwendet für die Herstellung von Schrotbrot
- **Grieß:** etwas feinkörniger gemahlen; verwendet für die Herstellung von Nudeln, Grießklößchen oder Desserts
- **Dunst:** griffig gemahlen; industriell verwendet für die Herstellung von Teigwaren
- **Mehl:** fein gemahlen; das wichtigste Mahlerzeugnis

Schrot

Nach dem **Ausmahlungsgrad** werden unterschieden:
- **Vollkornerzeugnisse:** enthalten bis auf die Fruchtschale alle Bestandteile des gereinigten Korns; sie sind gesundheitlich sehr wertvoll, können aber aufgrund des enthaltenen Fetts schnell ranzig werden.
- **Auszugsmehle:** je nachdem, wie viel von den Randschichten ausgemahlen wurde, entsteht mehr oder weniger helles Mehl; der Ausmahlungsgrad wird durch die **Mehltype** bzw. Typenzahl des Mehls ausgedrückt. Diese gibt an, wie viel Milligramm Mineralstoffe in 100 g wasserfreiem Mehl enthalten sind.

Ranziges Getreidemehl
Getreidemehl, das mit dem Keimling vermahlen wurde, kann ranzig werden!

Zusammenhang zwischen Typenzahl, Ausmahlungsgrad und Farbe des Mehls

Mehltype	Menge der Mineralstoffe in 100 g wasserfreiem Mehl	Ausmahlungsgrad	Bestandteile	Farbe des Mehls
405	405 mg Mineralstoffe	niedrig (ca. 50 %)	nur Mehlkörper	hell
1600	1 600 mg Mineralstoffe	hoch (ca. 85 %)	Mehlkörper und Teile der Randschichten	dunkel

Graupen

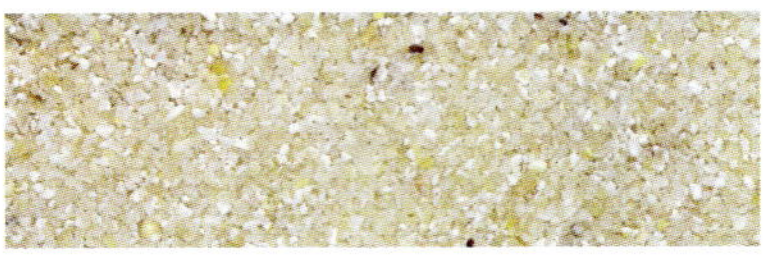
Grütze

Flocken

Weitere Getreideerzeugnisse

Aus dem Getreidekorn können auch andere Produkte hergestellt werden:

- **Graupen:** abgerundete Körner, durch Schälen, Schleifen und Polieren des Getreidekorns (oft Gerste) hergestellt; Verwendung als Suppeneinlage.
- **Grütze:** geschälte und zerschnittene Körner, meist von Hafer, Gerste oder Buchweizen; Verwendung für Suppen oder zur Herstellung von Breien.
- **Flocken:** geschälte Körner (meistens vom Hafer), gedämpft, gequetscht und dann getrocknet; Verwendung für Müsli, Cornflakes (aus Maisflocken), Porridge oder Gebäck.
- **Stärke:** durch Auswaschen des Mehlkörpers (meistens von Weizen, Mais oder Reis) mit Wasser gewonnen; dient als Bindemittel.

Lagerung von Mehl und anderen Getreideerzeugnissen

Mehl und andere Getreideerzeugnisse sollen in verschlossenen Verpackungen bei Temperaturen von max. 20 °C, trocken, bei niedriger Luftfeuchtigkeit gelagert werden.

12.16 Reis

Reis ist ein Getreide, das in den Tropen und Subtropen angebaut wird. Er ist relativ geschmacksneutral und von daher vielseitig verwendbar. Beim Garen mit Wasser oder einer anderen Flüssigkeit verkleistert die Stärke. Der Reis quillt auf und vergrößert sein Volumen.

Reis lässt sich wie folgt unterteilen:

- nach der biologischen Sorte und
- nach der Bearbeitung des Reiskorns

Reissorten	Eigenschaften	Verwendung
Langkornreis (z. B. Patna oder Basmati)	▪ 6–8 mm lang ▪ hart und glasig ▪ eiweißreich ▪ nach dem Kochen locker und körnig	▪ Beilagen ▪ Salate ▪ Reisgerichte (wie Pilaw)
Rundkornreis (z. B. Arborio oder Vialone)	▪ 4–5 mm lang ▪ mattweiß ▪ quillt stark auf, verklebt leicht ▪ wird beim Kochen weich und breiig	▪ Risotto ▪ Paella ▪ Süßspeisen

Klebreis

Klebreis ist ein besonders stärkehaltiger Rundkornreis, der die Stärke beim Garen abgibt. Er wird z. B. für Sushi verwendet.

Wilder Reis

Wildreis ist streng genommen gar kein Reis, sondern der Samen einer Grasart, die vor allem an den Fluss- und Seeufern in Nordamerika und Ostasien wächst. Er ist dunkel und von leicht nussartigem Geschmack. Die Garzeit des vorgequollenen Wildreises liegt bei etwa 30 Minuten. In der Regel wird er mit Langkornreis gemischt.

Bearbeitung des Reiskorns	Eigenschaften
Vollkorn-, Braun- oder Naturreis	▪ ungeschält (nur entspelzt) ▪ enthält viele Ballaststoffe und Vitamine ▪ schmeckt kräftig ▪ hat eine längere Garzeit ▪ kann aufgrund des Fettgehalts ranzig werden
Weißreis bzw. geschliffener Reis	▪ geschält und geschliffen ▪ Silberhaut ist entfernt ▪ enthält fast nur Stärke und etwas Eiweiß ▪ lange lagerfähig
Parboiled Reis	▪ entspelzter Reis wird mit Druck und Dampf behandelt ▪ Vitamine und Mineralstoffe werden ins Innere gepresst ▪ Außenschicht wird geglättet ▪ Reiskorn ist kochfest
Schnellkochreis	▪ vorgegart und getrocknet ▪ wird schnell gar

Langkornreis

Naturreis

Geschälter Reis

Parboiled Reis

Rundkornreis

Naturreis

Geschälter Reis

12.17 Convenience-Produkte

12.17.1 Definition und Einteilung

Convenience-Produkte sind vorgefertigte Lebensmittel, die durch die Lebensmittelindustrie eine Vorverarbeitung erfahren haben und dabei in der Regel mithilfe bestimmter Verfahren haltbar gemacht worden sind. Sie weisen einen höheren Bearbeitungsgrad auf als Rohware. Meistens werden sie nach der Fertigungsstufe wie folgt eingeteilt:

Convenience-Stufe	Grad	Definition	Beispiele	Mögliche Arbeitsschritte bis zur nächsten Fertigungsstufe
Grundstufe*	0	unbehandelte Ware	Tierhälften	entbeinen, parieren und zerlegen
küchenfertig	1	Lebensmittel müssen vor dem Garen noch vorbereitet werden	entbeintes und zerlegtes Fleisch	zerkleinern oder portionieren
garfertig bzw. zubereitungsfertig	2	ohne weitere Vorbereitung nach Rezeptur zu garen oder zuzubereiten	portioniertes Fleisch, sogenannte „ready cuts"	würzen, garen
regenerier- bzw. anrichtefertig	3	durch Wärmezufuhr werden die Speisen verzehrfertig	vorgegartes Fleisch	aufwärmen, regenerieren, anrichten
verzehr- bzw. tischfertig	4	zum sofortigen Verzehr geeignet	fertige Menükomponenten	

* Beachte: Die Grundstufe im Sinne der Definition stellt kein Convenience-Produkt dar.

Convenience-Produkt

Vorteile der Convenience-Produkte

Betriebswirtschaftliche Vorteile	Küchentechnische Vorteile	Hygienische Vorteile
▪ Zeitersparnis bei der Zubereitung ▪ weniger Abfall ▪ geringe Garverluste ▪ genaue Kalkulation ▪ geringe Preisschwankungen ▪ ganzjährige Beschaffungsmöglichkeit ▪ geringer Lagerflächenbedarf	▪ geringes Zubereitungsrisiko ▪ standardisiertes Endprodukt ▪ kürzere Garzeiten ▪ hohe Sortimentsbreite und -tiefe über alle Fertigungsstufen hinweg ▪ geringer Maschinenpark erforderlich	▪ permanente Qualitätskontrollen der Lieferanten ▪ geringer Verderb bei der Lagerung ▪ geringeres hygienisches Risiko bei der Lagerung und Zubereitung ▪ Vermeidung kritischer Rohstoffe möglich

Die Nachteile von Convenience Produkten bestehen vor allem in:

- der Vereinheitlichung des Angebots, selbst bei unterschiedlichen Anbietern
- der mangelnden Originalität bei der Weiterverarbeitung der Produkte
- dem daraus resultierenden Problem eines „Einheitsgeschmacks"
- teilweise teuren und ökologisch wenig sinnvollen Einwegverpackungen
- höheren Einkaufspreisen

Standard-Convenience-Produkt

12.17.2 Produktbereiche und -entwicklungen

Derzeit kommen jedes Jahr etwa 4000 bis 5000 neue Convenience-Produkte auf den Markt. In diesem Zusammenhang hat sich eine Reihe von Produktsegmenten entwickelt, die den unterschiedlichen Ansprüchen der gastronomischen Betriebe Rechnung tragen. Die Segmente unterscheiden sich in **Fertigungsgrad**, **Produktqualität** und hinsichtlich des Verfahrens der **Haltbarmachung**.

Standard-Convenience-Produkte

Standard-Convenience-Produkte sind in der Regel frische Produkte mit niedriger Fertigungsstufe. Sie sind küchenfertig wie z. B. geputzte und gewaschene Salate oder garfertig wie z. B. geputztes, gewaschenes und zerkleinertes Gemüse.

High-Convenience-Produkt

High-Convenience-Produkte

Dies sind Fertigprodukte mit einer hohen Bearbeitungsstufe wie z. B. Tiefkühlprodukte zum Garen oder zum Regenerieren (sogenanntes „Chilled-Food") und gekühlte Lebensmittel in Gastronorm-Kunststoffschalen bzw. als Monopack im Spezialbeutel zum Dampfdruckgaren im Konvektomaten oder in der Mikrowelle. High-Convenience-Produkte sind normalerweise schnell und ohne größere Fachkenntnisse zuzubereiten.

Premium-Convenience-Produkte
Premium-Produkte sind in der Regel tiefgekühlte oder gekühlte anspruchsvolle Feinkost-Spezialitäten wie Amuse-Bouche, Fingerfood, Vorspeisen oder Desserts. Sie sind in enger Zusammenarbeit zwischen Hersteller und Kunde gefertigt, oft in sogenannten Manufakturen, d. h. in industriellen Mengen, aber in einer handwerklichen Küche.

Premium-Convenience-Produkt

Homemade-Touch-Convenience-Produkte
Hierunter fallen Produkte mit einem hohen Bearbeitungsgrad, die sich aber hinsichtlich Aussehen, Rezeptur und Geschmack an hausgemachten Speisen orientieren.

Convenience-Produkte nach Maß
Diese finden sich vor allem in der Systemgastronomie. Sie sind vom Hersteller speziell nach Vorgaben der Kunden entwickelt und gefertigt worden. So können sie den unterschiedlichen Ansprüchen und Angeboten der einzelnen Konzepte Rechnung tragen.

Convenience-Produkte nach Maß

Clean-Label-Convenience-Produkte
Dies sind Convenience-Produkte ohne künstliche Aromen, ohne Geschmacksverstärker und ohne Farb- und Konservierungsstoffe. Beispiele sind Suppen und Saucen ohne Farbstoffe oder Geschmacksverstärker, Eis ohne Farbstoffe und Desserts ohne Farb- und Konservierungsstoffe. Clean-Label-Convenience-Produkte erfordern in der Regel höherwertige Rohstoffe. Da sie allerdings keine deklarationspflichtigen Zusatzstoffe enthalten, benötigen sie bei der Abgabe bzw. auf Speisekarten keine Kennzeichnung von Zusätzen.

Clean Label

Bio-Convenience-Produkte
Für Bio-Convenience Produkte gelten die EU-Rechtsvorschriften für den ökologischen Landbau. Diese regeln die Erzeugung von Bio-Produkten, insbesondere die Qualität der Rohstoffe und erlaubte Zusätze bei der Verarbeitung, ferner die Kennzeichnung und die Kontrollverfahren. Bio-Convenience Produkte müssen mindestens 95 % Zutaten aus ökologischer Erzeugung enthalten.

Das Angebot an Bio-Convenience-Produkten entspricht mittlerweile in etwa dem konventionellen Bereich. Bio-Convenience-Produkte sind in allen Bearbeitungsstufen verfügbar.

Bio-Convenience-Produkt

Fair-Trade-Convenience-Produkte
Dies sind zertifizierte Produkte aus dem Fair-Trade-Handel (siehe Kapitel 13.2.1). Das Segment ist allerdings noch recht klein.

12.18 Komponenten eines Menüs

12.18.1 Kalte Vorspeisen

Molekularküche
Abweichend von der klassischen Menüfolge werden bei der Molekularküche, die Mitte der 1990er-Jahre aufkam, viele (in der Regel mehr als 20) kleine Gänge mit geschmacksintensiven Kreationen wie Schäumen, Gelees, Extrakten und Destillaten serviert. Dabei nutzt sie – ausgehend von den grundlegenden physikalischen, chemischen und biochemischen Prozessen bei der Zubereitung der Speisen – die Möglichkeiten der modernen Lebensmitteltechnologie, um neue Gerichte mit neuartigen Eigenschaften zu schaffen.

Der Begriff Vorspeise kommt aus der klassischen Speisenfolge. Dort wird zwischen kalten und warmen Vorspeisen unterschieden. Kalte Vorspeisen können bei Stehempfängen als **Fingerfood**, als Blickfang auf Büfetts oder als Auftakt eines Menüs angeboten werden. Sie sollen leicht und appetitanregend sein, aber gleichzeitig den ersten Hunger stillen. Die Portionen sind eher klein, die Speisen teilweise pikant gewürzt, oft farbenfroh und optisch ansprechend angerichtet und garniert. Die Verzehrtemperatur soll zwischen 5° und 10° C liegen.

Viele der klassischen Vorspeisen sind auch auf Speisekarten in der Systemgastronomie zu finden, variantenreich verändert und beeinflusst durch die internationale Küche. Die klassische Funktion der Vorspeisen als Auftakt einer Speisenfolge dagegen ist in der Systemgastronomie weitestgehend aufgehoben.

Antipasti, Tapas und **Mezes/Mezedes** sind die italienische, spanische bzw. griechische/türkische Bezeichnung für kalte, aber auch warme Vorspeisen bzw. Appetithäppchen.

Da fast alle Lebensmittel als Grundlage einer Vorspeise dienen können, ist in Verbindung mit den vielfältigen Verarbeitungs- und Zubereitungsmöglichkeiten dieser Rohstoffe die Angebotspalette riesig.

Vinaigrette
Vinaigrette ist ein Essig-Öl-Dressing, abgeschmeckt mit Salz, Pfeffer und Zucker, verfeinert mit frischen Kräutern (Estragon, Kerbel, Petersilie, Schnittlauch), manchmal auch mit fein gewürfelten Zwiebeln und hart gekochten und dann passierten Eiern.

Frenchdressing
Frenchdressing ist ein Essig-Öl-Dressing, dem Senf zugegeben wird.

Cocktailsauce
Cocktailsauce besteht aus einer würzig abgeschmeckten Mayonnaise mit Tomatenketchup, geriebenem Meerrettich, Cognac, Worcestershiresauce und Zitronensaft; eventuell wird etwas geschlagene Sahne untergehoben.

Thousand-Island-Dressing
Thousand-Island-Dressing ist eine leichte Mayonnaise, die mit Chilisauce und Paprika gewürzt ist und der fein gewürfelte rote und grüne Paprikaschoten zugegeben werden.

Salate und Rohkost

Einfache Salate bestehen aus verschiedenen zerkleinerten rohen oder gegarten Lebensmitteln, die entweder mariniert oder mit einem Dressing versehen sind. Verarbeitet werden in der Regel Blattsalate, rohe oder gegarte Gemüse, Pilze und Obst, teilweise ergänzt mit Käse und Schinken, gegrilltem oder gebratenem Rind- oder Geflügelfleisch sowie Fisch oder Meeresfrüchten. Durch Zugabe von hart gekochten Eiern (in Scheiben geschnitten, geviertelt oder gehackt), Keimlingen, Nüssen und frischen Kräutern können sie geschmacklich und optisch aufgewertet werden.

Grundlage für **Dressings** und **Marinaden** können sein:

- Essig und Öl wie z. B. bei der Vinaigrette oder beim French Dressing
- Mayonnaise wie z. B. bei der Cocktailsauce oder dem Thousand-Island-Dressing
- Blauschimmelkäse wie z. B. beim Roquefortdressing

Einfache Salate liefern viele Vitamine, Mineral- und Ballaststoffe. Dressings bzw. Marinaden mit Fett sorgen dafür, dass auch die fettlöslichen Vitamine vom Körper resorbiert werden können.

Die zusammengesetzten bzw. **komplexen Salate** dagegen sind kalorienreich und meist sättigend. Typische komplexe Salate sind z. B. Kartoffel-, Nudel- und Reissalate, Eier- und Wurstsalate, Rindfleisch- oder Geflügelsalate sowie der Waldorfsalat.

Zur **Rohkost** gehören Blattsalate sowie rohes und unbehandeltes Gemüse. Im Gegensatz zu den Salaten ist Rohkost weder angemacht noch mariniert. Geeignete Salatsaucen oder Dips werden separat gereicht. Neben den klassischen Dressings finden sich hier auch solche auf Joghurt-, Dickmilch- oder Buttermilchbasis wie z. B. Joghurtdressing, Avocado-Dip (Guacamole) oder Knoblauchcreme (Aioli).

Im Rahmen eines Menüs werden Salate als Vorspeise angeboten. Daneben können sie aber auch als Beilage zu einem Hauptgang gereicht werden oder – insbesondere die komplexen Salate – sogar eine eigenständige Mahlzeit (mit Brot und Butter) sein. Salate können – auf tiefen Tellern oder Desserttellern angerichtet – dem Gast serviert oder am Salatbüfett zur Selbstbedienung angeboten werden.

Caesar Salad besteht ursprünglich aus Römersalat, Croutons und Parmesankäse und einer Vinaigrette als Dressing, wird aber heute in vielen Variationen, z. B. mit Tomaten, Garnelen oder Geflügelbrust, angeboten.

Rohkost

Kalte Vorspeisen mit bzw. aus Gemüse

Neben den Salaten finden sich auf der Speisekarte weitere Gemüsezubereitungen, die aber auch als Fingerfood, Appetithäppchen oder Snacks (siehe Kapitel 12.18.6) angeboten werden können. Hierzu gehören u. a.:

- gefüllte Artischockenböden
- Tomaten mit Mozzarella und Basilikum
- marinierte Gemüse wie Auberginen, Zucchini und Paprika
- gefüllte Gemüse wie Peperoni und Pilze
- eingelegte Oliven
- mit Reis oder anderen Zutaten gefüllte Weinblätter

Antipasti

Cocktails

Vorspeisencocktails werden in gekühlten Cocktailgläsern serviert. Hochwertige, entsprechend zerteilte Zutaten werden auf fein geschnittenen Salatstreifen (der sogenannten Chiffonade) angerichtet und mit einer pikanten Cocktailsauce übergossen. Anschließend werden die Cocktails optisch ansprechend garniert. Klassische Beispiele sind Shrimpscocktail und Geflügelcocktail. Alternativ können Cocktails auch mit frischem Gemüse oder Obst hergestellt werden (z. B. Avocadococktail oder Melonencocktail).

Avocadococktail

Brotspeisen

Zu den Brotspeisen zählen vor allem:

- Canapés und Cockailhappen
- Schnittchen
- Sandwiches
- Toasts

Canapés sind dekorativ belegte, mundgerecht zubereitete Appetitschnittchen aus Weißbrot oder Pumpernickel, die auf Platten angerichtet und in der Regel zu Stehempfängen oder als festliche Imbissspeisen gereicht werden. Zunächst wird das Brot mit Butter oder einer Buttermischung bestrichen und dann mit Salat und hochwertigen Zutaten belegt. Zuletzt wird das Canapé ansprechend garniert.

Canapés

Cocktailhappen

Bruschetta

Sandwich

Nachos mit Dips

Pastete

Klassische Canapé-Kombinationen sind z. B.:

- Räucherlachs mit Meerrettichsahne, Dill oder Petersilie
- Shrimps auf einer pikanten Mayonnaise mit Olivenscheibe und Dill
- Roastbeefröllchen mit Remoulade und Cornichon
- Geflügelbrust mit Weinbrandsahne und Mandarinenstückchen
- Roquefortcreme mit Weintrauben

Cocktailhappen dagegen sind kleine mundgerechte Bissen mit oder ohne Brot, die zurechtgeschnitten, dann belegt, garniert und mit einem Spießchen zusammengehalten werden.

In ähnlicher Weise wie die Canapés werden **Schnittchen** hergestellt. Grundlage ist hier meistens Ciabatta oder Baguette, das in nicht zu dünne Scheiben geschnitten, dann ähnlich wie die Canapés zunächst mit einer Buttermischung bestrichen und schließlich mit Salat und hochwertigen Zutaten belegt werden. Eine mittlerweile auch gerade in der Systemgastronomie weitverbreitete Variante ist **Bruschetta**. Das Brot – ursprünglich ein einfaches, frisch geröstetes Brot mit harter Kruste – wird mit Knoblauch eingerieben, dann mit Olivenöl beträufelt und anschließend mit fein geschnittenen Tomatenstücken und Basilikum belegt.

Sandwiches bestehen aus zwei dünnen, eventuell getoasteten und dann in Recht- oder Dreiecke geschnittenen Weißbrotscheiben, die mit Butter bestrichen, anschließend mit Schinken, Käse, Wurst oder Geflügelfleisch belegt und schließlich zusammengeklappt werden. Sandwiches gibt es in vielfältigen Variationen. Sie werden auch als Snacks zwischendurch angeboten.

Toasts werden meistens entrindet, goldgelb geröstet und anschließend z. B. mit Schinken, Roastbeef oder Wurst, Räucherlachs oder Forellenfilets belegt. Als warme (Vor-)Speisen werden sie mit einer Sauce Hollandaise überzogen, dann überbacken und anschließend ausgarniert.

In der Systemgastronomie werden auch **Nachos** angeboten. Dies sind Tortilla-Chips, d. h. aus Maismehl hergestellte Chips. Sie werden in der Regel zusammen mit verschiedenen Dips verkauft.

Pasteten und Terrinen

Pasteten und Terrinen können aus Schlachtfleisch, Geflügel oder Wild sowie aus Fischen und Meeresfrüchten, aber auch verschiedenen Gemüsen hergestellt werden. Die Zutaten werden zunächst zu einer Farce verarbeitet, die pikant abgeschmeckt ist. Eine Farce besteht aus Zutaten, die fein gewolft und von einer bestimmten Konsistenz sind. Bei Pasteten wird diese Farce in einen Teig gefüllt und dann im Ofen gebacken. Bei Terrinen hingegen wird die Farce in eine feuerfeste Form gefüllt und dann im Wasserbad pochiert. Nach dem Erkalten werden die Pasteten und Terrinen aufgeschnitten und dann meistens mit einem kleinen Salatbukett und einer geeigneten Sauce angerichtet.

Gefüllte Eier

Um Eier füllen zu können, müssen diese zunächst hart gekocht werden. Dann werden sie geschält, halbiert und das Eigelb ausgekratzt. Das Eigelb wird durch ein Sieb passiert und mit Butter oder einer Mayonnaise zu einer cremigen Füllung verarbeitet. Die Füllung wird je nach Geschmacksrichtung abgeschmeckt und in die Eihälften gespritzt. Zum Schluss werden die gefüllten Eihälften nach Wunsch garniert, z.B. mit feinen Gemüsen (Spargelspitzen, Cocktailtomaten oder Oliven) oder Meeresfrüchten (Sardellen, Shrimps oder Kaviar).

Gefüllte Eier

Kalte Vorspeisen mit bzw. aus Fischen und Meeresfrüchten

Fische und Meeresfrüchte haben einen hohen Nährwert bei einem gleichzeitig relativ geringen Sättigungswert. Dies macht sie zu beliebten Rohstoffen für Vorspeisen. Sie können roh, gekocht oder pochiert, aber auch mariniert oder geräuchert angeboten werden. Typische Vorspeisen sind:

- Salate wie z.B. Herings- oder Thunfischsalat, aber auch Heringsstip
  Als Heringsstip wird ein traditionelles Fischgericht aus filetierten, gesäuerten oder gesalzenen Heringen bezeichnet, die zusammen mit Zwiebeln, Äpfeln und Gewürzgurken, manchmal auch mit Sellerie, in mundgerechte Stücke geschnitten sind und dann mit verschiedenen Gewürzen und Kräutern in einer leichten Mayonnaise, die eventuell mit Sauerrahm oder Sahne verfeinert ist, serviert werden.
- Canapés oder Cocktailhappen mit z.B. geräuchertem oder gebeiztem Lachs oder Forelle
- Vorspeisencocktails wie z.B. Shrimps- oder Hummercocktail
- Terrinen wie z.B. Terrine von der Lachsforelle mit weißem und grünem Spargel
- rohe Fischspeisen wie z.B. Matjes- oder Lachstartar auf Schwarzbrot, Sashimi (traditionelles rohes Fischgericht aus Japan), Sushizubereitungen oder Carpaccio, aber auch Austern auf Crushed Eis oder Kaviar auf Blinis

Heringsstip

Hygiene bei Sushi und Sashimi

Aus hygienischen Gesichtspunkten ist es sinnvoll, den Fisch vorher tiefzugefrieren, da hierbei eventuell im Fischfleisch vorhandene Parasiten abgetötet werden.

***Sashimi:** roher, in dünne Scheiben geschnittener Fisch, oft angerichtet mit japanischem Meerrettich (Wasabi), eingelegtem Ingwer (Gari) und Sojasauce*

***Sushi:** Zubereitung aus rohem Fisch oder rohen Meeresfrüchten, gesäuertem Reis, Gemüse und Nori (getrockneter und gerösteter Seetang)*

***Lachscarpaccio:** roher, sehr dünn geschnittener, marinierter Lachs*

Kalte Vorspeisen mit bzw. aus Schlachtfleisch, Wild und Geflügel

Typische kalte Vorspeisen aus Schlachtfleisch sind:

- rohe Fleischspeisen wie z.B. Tatar, Rindercarpaccio oder Hackfleisch
- Wurstwaren wie Mettwurst, Leberwurst oder Salami
- roher oder gekochter Schinken wie z.B. Lachsschinken, Parmaschinken, Serranoschinken oder Bündnerfleisch
- gekochtes Fleisch wie z.B. Vitello tonnato

- gebratenes Fleisch wie z.B. Roastbeef, Medaillons vom Rinderfilet, Tranchen vom Schweine- oder Kalbsbraten, Medaillons vom Kalbs- oder Rehrücken, Geflügel- oder Fasanenbrust
- Vorspeisencocktails
- Canapés, Sandwiches oder Toasts sowie
- Pasteten und Terrinen

***Tatar:** Schabe- oder Hackfleisch vom Rind mit einem maximalen Fettgehalt von 6 %, mit rohem Eigelb, fein gehackten Zwiebeln, Cornichons und Sardellenfilets und Kapern sowie einer pikanten Sauce*

***Rindercarpaccio:** pariertes, dünn aufgeschnittenes Rinderfilet, mit Öl bestrichen, mit Salz und Pfeffer gewürzt und mit etwas Zitronensaft mariniert, meist serviert mit gehobeltem Parmesan und mariniertem Rucola*

***Vitello tonnato:** gekochtes Kalbfleisch, dünn aufgeschnitten und mit einer Thunfischsauce (aus Mayonnaise, Thunfisch, Kapern und Sardellen) überzogen*

***Gebratene Medaillons:** aus Rücken vom Kalb oder Schwein geschnitten, in Form gebracht, gebraten und garniert*

12.18.2 Brühen, Suppen und Eintöpfe

Die Einteilung der Suppen kann nach verschiedenen Kriterien geschehen:

- nach **Bindung** in klar und gebunden
- nach **Temperatur** in warm und kalt
- nach **Herkunft** in regional, national und exotisch

Unterscheidung nach Bindung

Zu den klaren Suppen gehören die Brühen (z.B. Rinderbouillon), die Kraftbrühen (z.B. Geflügelkraftbrühe) und die Essenzen (z.B. Rebhuhnessenz).

Klare Suppe

Klare Suppen enthalten viele Aromastoffe und ätherische Öle und wirken dadurch appetitanregend. Serviert werden sie in der Regel in Suppentassen, die Portionsgröße liegt zwischen 150 bis 200 ml, bei Essenzen um 100 ml.

Mögliche Einlagen sind:

- Würfel, Streifen, Rauten oder Perlen von Gemüse
- Reis oder Teigwaren
- Klößchen/Nocken aus Quark, Grieß, Fleisch- oder Fischfarce
- Eierstich oder Eierflocken
- Pfannkuchenstreifen
- Röstbrot (Croutons)
- Profiterols

Gebundene Suppe

Beispiele für die gebundenen Suppen sind Tomatencreme- und Spargelcremesuppe, Kartoffelsuppen, Eintöpfe und Kürbissuppen.
Gebundene Suppen können im Gegensatz zu den klaren Suppen durchaus sättigend wirken. Sie dienen dann auch als Ersatz eines Hauptgangs oder auch als komplette Zwischenmahlzeit. Dies gilt insbesondere für Gemüsesuppen und Eintöpfe. Ihre Portionsgröße kann bis zu 750 ml betragen.

Unterscheidung nach Temperatur

Neben den warmen Suppen gibt es auch solche, die kalt angeboten werden. Sie haben meist einen hohen Vitamin- und Mineralstoffgehalt. Insbesondere in der warmen Jahreszeit dienen sie als erfrischende Abwechslung. Zu den kalten Suppen gehören:

- **Milchkaltschalen:** Basis ist Milch und Zucker; eine Bindung kann durch Zugabe von Eiern erfolgen; oft gezuckerte und gegebenenfalls zerkleinerte Früchte als Einlage; z.B. Milchkaltschale mit Blaubeeren
- **Fruchtkaltschalen:** Basis sind zerkleinerte Früchte und Zucker; Flüssigkeit ist entweder Wasser und/oder Wein; eine Bindung kann durch Zugabe von Kartoffelstärke oder Fruchtmark erfolgen; z.B. Erdbeerkaltschale
- **geeiste Brühen:** Grundbrühen oder Kraftbrühen werden im Froster geeist; z.B. geeiste Rinderkraftbrühe
- **kalte Gemüsesuppen:** Gemüse wird nicht erhitzt, sondern direkt püriert; eventuell wird Öl, Gemüsesaft oder etwas Brühe zugesetzt, alles wird pikant gewürzt; z.B. Gazpacho
- **kalte Kartoffelsuppen:** Kartoffeln werden gekocht, püriert und abgekühlt; eventuell wird etwas Brühe zugesetzt; alles wird pikant gewürzt; z.B. Vichysoisse (kalte frz. Kartoffelsuppe)

Kalte Fruchtsuppe

Gazpacho

Unterscheidung nach Herkunft

Suppen, die aus bestimmten Regionen Deutschlands stammen, werden als Regionalsuppen bezeichnet, Suppen, die typisch für ein Land sind, als Nationalsuppen. Für die Gruppe der exotischen Suppen werden spezielle, teilweise ungewöhnliche Zutaten verwendet.

Flädlesuppe

Minestrone

Suppen nach Herkunft

Regionalsuppen	Nationalsuppen	exotische Suppen
▪ Berliner Löffelerbsensuppe ▪ Rheinische Kartoffelsuppe ▪ Bayerische Leberknödelsuppe ▪ Schwäbische Flädlesuppe ▪ Hamburger Aalsuppe	▪ ungarische Gulaschsuppe ▪ russische Borschtsch ▪ italienische Minestrone ▪ französische Bouillabaisse ▪ japanische Misosuppe	▪ Haifischflossensuppe ▪ Känguruschwanzsuppe ▪ Schwalbennestersuppe

12.18.3 Warme Vorspeisen und Zwischengerichte

In der klassischen Menüfolge werden warme Vorspeisen und Zwischengerichte nach der Suppe gereicht und bilden die Verbindung zum Hauptgang. Sie sollen den Appetit anregen und nicht sättigen; daher sind die Portionen in der Regel eher klein. Ähnlich wie bei den kalten Vorspeisen ist das Angebot sehr groß.

Überbackener Spargel

Gegrilltes Gemüse mit Halloumi

Gemüse- und Pilzgerichte

Typische Angebotsformen sind:

- gekochtes, gedämpftes, oder nur blanchiertes Gemüse wie z. B. Spargel, Brokkoli, Blumenkohl oder Spinat; anschließend kann es mit einer Sauce Hollandaise bzw. einer Buttersauce überzogen, mit einer Rahmsauce verfeinert oder mit Käse überbacken (gratiniert) werden
- gedünstetes Gemüse wie z. B. Ratatouille (Schalotten, Paprika, Zucchini und Auberginen gedünstet und dann tomatisiert)
- sautiertes Gemüse wie z. B. Paprikaschoten, Karotten, Lauchzwiebeln, Zuckerschoten oder auch Champignons: Das Gemüse wird kurz in der Pfanne oder – wie in der Systemgastronomie häufig üblich – im Wok geschwenkt
- gebackenes Gemüse wie z. B. Gemüsegratins: Die Zutaten werden mit Eigelb und einer Sahnesauce, eventuell unter Zugabe von etwas Käse, vermengt und dann in Auflaufformen im Ofen gebacken
- gegrilltes Gemüse: Das Gemüse oder die Pilze werden zerkleinert, eventuell mit Knoblauch eingerieben und dann mit etwas Fett kurz bei hohen Temperaturen gegrillt
- frittiertes Gemüse: Das Gemüse wie z. B. Champignonköpfe, Zucchinischeiben oder Zwiebelringe wird entweder nur paniert oder durch einen Ausbackteig gezogen und anschließend frittiert

Wedges

Gnocchi

Kartoffelgerichte

Kartoffelgerichte sind gerade in der Systemgastronomie beliebte Vorspeisen. Angeboten werden insbesondere Gratins, frittierte Kartoffelspeisen wie Pommes frites und die im Ofen gebackenen Kartoffelecken bzw. Kartoffelspalten (engl. wedges) bzw. die klassische Ofenkartoffel, oft in Kombination mit verschiedenen Dips, wie z. B. Sour Cream, Aioli oder Crème fraîche.

Auch **Gnocchi** und **Schupfnudeln** gehören im eigentlichen Sinne zu den Kartoffelspeisen, da sie aus Kartoffelteig geformt werden. Gnocchi sind klein und rundlich und werden im Salzwasser gar gezogen. Oft werden sie mit Salbeibutter oder einer herzhaften Sauce serviert. Schupfnudeln sind etwas länglich und an beiden Enden spitz zulaufend, werden in Salzwasser gegart und dann mit etwas Butter kurz in der Pfanne angebraten. Sie können mit einer pikanten Sauce oder süß, z. B. mit Zimt und Zucker, serviert werden.

Nudelgerichte/Pasta

Nudelgerichte sind in der Systemgastronomie weitverbreitet. Sie werden „al dente“ (d. h. bissfest) gekocht und in Kombination mit anderen Lebensmitteln in vielen Variationen angeboten.

Klassische Zugaben zu Nudeln sind Pesto (aus Basilikum, Pinienkernen, Knoblauch und Olivenöl, eventuell auch Parmesan), Pomodoro (aus Basilikum, Zwiebeln, Knoblauch, Olivenöl und Tomaten), Carbonara (aus Eiern, Sahne, Parmesan und Schinken oder Speck) oder nur über die Nudeln geriebener Parmesankäse.

Nudeln gibt es in vielen Formen, allein in Deutschland sind es über 100, z. B.:

- Schnüre oder Fäden: Spaghetti, Fedeli, Vermicelli
- Bänder oder Streifen: Tagliatelle, Linguine, Fettucine
- Spiralen: Fusilli
- Zylinder oder Röhren: Makkaroni, Penne, Canneloni, Rigatoni
- Muscheln oder Wellen: Conchiglie, Oreciette
- Schmetterlinge: Farfalle
- gefüllte Nudeln: Tortellini, Ravioli oder Lasagne; auch Wan-Tan-Nudeln

Verschiedene Nudelsorten

Der Nudelteig besteht in der Regel nur aus Weizen(vollkorn)mehl oder Weizengrieß und Wasser sowie etwas Salz und eventuell ein wenig Öl. Durch Zugabe bestimmter Rohstoffe kann seine Farbe variiert werden:

- schwarz: Sepiatinte (aus dem Tintenbeutel der Tintenfische)
- grün: Spinat, Petersilie oder Brennnessel
- rot: Tomaten, Paprika oder Rote Bete
- orange: Karotten oder Safran

Gefüllte Nudeln

Eiernudeln müssen mindestens 100 g Vollei auf 1000 g Weizenmehl enthalten.

Spätzle sind Nudeln, die nicht bissfest, sondern zart und weich sein sollen. Sie werden deshalb nicht geformt und getrocknet, sondern direkt von einem Brett oder durch die Spätzlepresse in das kochende Wasser gegeben.

Gnocchi und Schupfnudeln

Gnocchi und Schupfnudeln zählen laut Lebensmittelrecht nicht zu den Teigwaren, da sie vorwiegend aus Kartoffeln bestehen.

Glasnudeln

Glasnudeln sind keine Teigwaren, da sie aus der Stärke von Sojabohnen, Mungobohnen oder anderen Hülsenfrüchten hergestellt werden.

Reisspeisen

Die typische Zubereitung ist Risotto, ein Reisgericht, das in vielen Varianten auf den Speisekarten zu finden ist. In der Regel wird hierfür Rundkornreis – meistens sind es die Sorten Arborio oder Vialone – verwendet. Zunächst werden feine Zwiebelwürfel in Öl glasig angeschwitzt, dann wird der gewaschene Reis zugegeben und mitgeschwitzt. Nun wird mit Brühe abgelöscht und der Reis aufgekocht. Da die Flüssigkeit beim Kochen einreduziert, muss immer wieder heiße Flüssigkeit zugegeben werden, so lange bis der Reis außen eine cremige Konsistenz hat, innen aber noch bissfest ist. Zur Vollendung werden Butter und geriebener Parmesan untergezogen. Risotto kann mit weiteren Zutaten wie z. B. Gemüsen, Pilzen oder Meeresfrüchten angeboten werden.

Risotto mit St.-Jakobs-Muscheln

Teigspeisen

Teigart/Hauptzutaten	Zubereitungsmöglichkeiten
einfacher Teig aus Maismehl	▪ Tortillas ▪ Enchiladas ▪ Quesadillas ▪ Tacos
einfacher Teig aus Weizenmehl	▪ Tacos ▪ Fajitas ▪ Burritos
Teig aus Weizenmehl mit Eiern und Milch	▪ Pfannkuchen ▪ Palatschinken ▪ Crêpes
Teig aus Buchweizenmehl mit Hefe, Eiern und Milch	▪ Blinis
Mürbeteig	▪ Tartes ▪ Quiches ▪ Flammkuchen
Hefeteig	▪ Pizza
Blätterteig	▪ Blätterteigtaschen ▪ Blätterteigpastetchen
Ausbackteig	▪ Krapfen ▪ Fritto misto ▪ Tempura

Tacos

Fajitas

Flammkuchen

Speisen mit bzw. aus Teig

Diese sind gerade in der Systemgastronomie stark verbreitet und werden dort oft auch als Snacks „to go“ verkauft.

Bei der **Tortilla** handelt es sich um ein dünnes, rundes Fladenbrot (ursprünglich aus Mittelamerika), das typischerweise aus Mais bzw. Maismehl hergestellt wird. Tortillas können mit unterschiedlichen Zutaten wie Fleisch, Gemüse oder Käse belegt oder gefüllt werden. **Enchiladas** sind gefüllte Tortillas, die meistens mit einer Sauce überzogen sind. Die Füllung besteht aus Chili und Fleisch, Geflügel oder Gemüse. Werden die Tortillas vorher gegrillt, werden sie als **Quesadilla** bezeichnet.

Tacos sind Fladenbrote aus Mais- oder Weizenmehl, die nach Belieben mit unterschiedlichen Zutaten belegt und meist mit einer scharfen Salsasauce abgeschmeckt und dann geklappt werden. Tacos werden immer als Snack aus der Hand gegessen.

Bei den **Fajitas** handelt es sich um Tortillas, die allerdings aus Weizenmehl hergestellt sind. Sie werden meist mit gegrilltem Rind- oder Geflügelfleisch und verschiedenen Gemüsen belegt. Dazu werden verschiedene Dips gereicht. In vielen Restaurants ist es heutzutage üblich, die Zutaten in einer Eisenpfanne bratend zu servieren, sodass der Gast sich die Tortillas selbst belegen kann. Gefüllte Fajitas sind **Burritos**.

Pfannkuchen werden in einer heißen Pfanne in Butter ausgebacken. Sie können süß (als Nachspeise) oder herzhaft belegt sein. Manchmal werden sie auch gefüllt angeboten. **Palatschinken** sind dünne Pfannkuchen aus der österreichischen, **Crêpes** aus der französischen Küche.

Blinis, die aus der russischen Küche stammen, werden in Form dünner Fladen zubereitet. Diese werden von beiden Seiten gebacken. Manchmal werden sie auch eingerollt. Sie können sowohl mit Quark, Sauerrahm und Crème fraîche als auch mit Hackfleisch, geräuchertem Fisch oder Kaviar angeboten werden.

Tartes bestehen aus einem Mürbeteig, der weder Salz noch Zucker enthält. Sie können süß (als Nachspeise), aber auch herzhaft belegt sein und werden in einer typischen Tarte-Form gebacken. Tartes, die in kleinen Formen gebacken werden, werden Tartelettes genannt. Bei der **Quiche** handelt es sich um eine Variante der Tarte aus einem herzhaften Mürbeteig, der mit einer würzigen Füllung in einer runden Form gebacken ist. Klassisch ist die Quiche Lorraine, deren Füllung aus Speck und Zwiebeln, geriebenem Käse sowie Eiern und Milch und eventuell Sauerrahm besteht. Grundlage für **Flammkuchen** ist ein sehr dünner Boden aus Teig, der mit unterschiedlichen Zutaten belegt und dann im Ofen kurz bei starker Hitze gebacken wird. Tartes, Quiches und Flammkuchen stammen ursprünglich aus dem französischen Raum.

Die **Pizza** ist ein dünnes Fladenbrot aus einfachem Hefeteig mit Tomatensauce und Käse als Basis sowie mit unterschiedlichen Auflagen. Sie wird bei hohen Temperaturen im Ofen gebacken.

Blätterteigtaschen und **Blätterteigpastetchen** werden mit unterschiedlichen Füllungen wie z.B. Ragout aus verschiedenen Gemüsen, Kalbfleisch, Hühnerfleisch oder Meeresfrüchten angeboten. Eine klassische Zubereitung ist die Königinnenpastete, die mit Ragoût fin gefüllt ist. Ragoût fin ist ein feines Ragout aus gekochtem und in kleine Würfel geschnittenem Kalbfleisch und gedünsteten Champignons, das mit einer hellen Sahnesauce gebunden und anschließend mit Käse gratiniert wird.

Blätterteigsnack

Krapfen sind Stückchen von gegartem Gemüse und Meeresfrüchten, die durch einen Ausbackteig gezogen und anschließend frittiert werden. Der Ausbackteig besteht vor allem aus Weizenmehl, Eiern und ein wenig Öl sowie Wasser, Wein oder Bier als Flüssigkeit. In Italien ist diese Zubereitungsart als **Fritto misto** bekannt. Die asiatische Variante ist der **Tempurateig.** Grundlage ist hier allerdings Reismehl. Besonders zum Ausbacken geeignet sind z.B. Zucchini, Spargelspitzen, Karotten und Zwiebeln sowie Garnelen und andere Meeresfrüchte.

Gemüse im Tempurateig

Eierspeisen

Während früher auf vielen Angebotskarten warme Vorspeisen aus Eiern, wie z.B. pochierte Eier und Spiegeleier, häufig zu finden waren, werden diese heute aufgrund möglicher mikrobieller Risiken nur noch selten angeboten. Omeletts und Rühreier stehen jedoch auf vielen Speisekarten, da bei ihnen aufgrund der höheren Gartemperaturen und längeren Garzeiten das Risiko vermindert ist. Zudem lassen sich Omeletts und Rühreier aus pasteurisierten Eiern herstellen.

Omelett

Speisen mit bzw. aus Fischen und Meeresfrüchten

Neben kleinen Portionen von Fischgerichten werden vor allem Zubereitungen von Shrimps bzw. Gambas oder Riesengarnelen angeboten, eventuell zusammen mit Salat, Brot oder anderen Beilagen. Dabei werden die Meeresfrüchte gegrillt oder auf einen Spieß gesteckt und dann gebraten. Darüber hinaus finden sich auf den Tageskarten – saisonal oft in der Zeit von September bis ungefähr März – verschiedene Muschelgerichte (z.B. Muscheln in Gemüse- oder Weißweinsud).

Garnelenspieß

Speisen mit bzw. aus Schlacht- und Geflügelfleisch

Auch hier ist die Angebotspalette eher klein und beschränkt sich vorrangig auf Ragouts, die mit Saucen gebunden und mit geeigneten Beilagen serviert werden, sowie auf knusprig gebratene (eventuell auf einen Spieß gesteckte) oder panierte und dann frittierte Flügel und Schenkel vom Hähnchen.

Chicken Wings und Drumsticks

12.18.4 Hauptgänge

Ein Hauptgang besteht klassisch aus folgenden Komponenten:

- Hauptzutat
- Sauce
- Gemüsebeilage
- Sättigungsbeilage

Klassischer Hauptgang

Saisonaler Hauptgang

Aufgrund der großen Vielfalt sowohl in der klassischen als auch in der Systemgastronomie kann hier nur auf einige Beispiele eingegangen werden. Zum Hauptgang dazu wird manchmal ein Beilagensalat sowie Toast und Butter gereicht.

a) Hauptzutaten

In der Regel sind die wichtigsten Hauptzutaten Zubereitungen von tierischen Produkten, d.h. solche von Schlachtfleisch, Geflügel, Wild und Fisch. Nur in Ausnahmefällen wie z.B. bei Gemüse- oder Kartoffelgratins, einigen Nudel- oder Reisgerichten oder saisonal bedingt in der Spargelzeit stehen pflanzliche Rohstoffe als Hauptzutat im Vordergrund. Diese sind im Kapitel „Warme Vorspeisen und Zwischengerichte“ besprochen.

Schlachtfleisch

Die Art der Zubereitung beim Schlachtfleisch ist vorrangig abhängig von seinem Anteil an Bindegewebe. Bindegewebsreiches, wenig zartes Fleisch wird gekocht, gedünstet oder geschmort. Fleisch mit wenig Bindegewebe dagegen wird gebraten, sautiert oder gegrillt.

Zubereitungen von Fleischstücken mit einem hohen Anteil an Bindegewebe

Garart	Rind	Kalb	Schwein	Lamm
kochen, pochieren	▪ Tafelspitz ▪ Rinderbrust	▪ Kalbsblankett	▪ Pökelrippchen ▪ Eisbein	▪ Blankett vom Lamm
dünsten	▪ Rindergulasch	▪ Kalbsfrikassee	▪ Szegediner Gulasch	▪ Lammcurry
schmoren	▪ Rinderroulade ▪ Ochsenschwanzragout ▪ Rinderschmorbraten ▪ Sauerbraten	▪ Kalbsinvoltini ▪ Ragout	▪ Schweinekamm	▪ Lammragout ▪ Lammkeule

Verarbeitung von Fleischstücken mit wenig Bindegewebe

Die Fleischteile mit wenig Bindegewebe sind vor allem der Rücken, Teile aus der Keule (beim Schwein: Schinken) und das Filet. Damit sie auch nach dem Garen noch zart und saftig sind, müssen sie gut abgehangen sein.

Die wichtigste Zubereitungsart ist das Braten. Einzelportionen, d.h. kleine Stücke, werden in der Pfanne, große Stücke über längere Zeit im Ofen gebraten. Geschnetzeltes wird nur kurz in der Pfanne geschwenkt (sautiert).

Typische Kurzbratgerichte

Kurzbratgerichte	Fleischteile	Zubereitung
Steaks und Medaillons	Rücken, Filet, Hüfte	von dunklem Fleisch (Rind und Lamm): naturell gebraten, in unterschiedlichen Garstufen von hellem Fleisch (Kalb und Schwein): in Mehl gewendet, durchgebraten
Koteletts (mit Knochen)	Rücken	von dunklem Fleisch (Rind und Lamm): naturell gebraten, in unterschiedlichen Garstufen von hellem Fleisch (Kalb und Schwein): in Mehl gewendet, durchgebraten
Schnitzel	Rücken, Teile der Keule	von hellem Fleisch (Kalb und Schwein): paniert (siehe Kapitel 9.3.2) gebraten

Unterschiedliche Garstufen beim Rind

Garstufe (deutsch / französisch / englisch)	Kerntemperatur
stark blutig (blau) / bleu / rare	bis 48 °C 
blutig / saignant / medium rare	49 °C bis 55 °C 
rosa / rose / medium	56 °C bis 64 °C 
auf den Punkt (halb rosa) / à point / medium well	65 °C bis 71 °C 
durch / bien cuit / well done	ab 72 °C 

Werden große Stücke im Ganzen gebraten, werden diese zunächst scharf angebraten und dann im Ofen weitergegart. Hier gilt, dass Bratenstücke vom Schwein und Kalb durch, solche vom Rind und Lamm dagegen nur rosa gebraten werden sollen. Dann ist das Fleisch saftig und hat seinen vollen Geschmack. Typische Bratenstücke sind Rinderbraten aus der Keule und Roastbeef, Schweinebraten aus dem Schinken, Kalbsbraten aus Rücken und Keule sowie das Lammkarree.

Geschnetzeltes

Geschnetzeltes sind Zubereitungen, bei denen das Fleisch in Streifen zerkleinert ist. Dadurch wird der Garprozess verkürzt. Damit es beim Garen nicht zu trocken wird, wird das Fleisch nur kurz angebraten und dann in der Pfanne geschwenkt. Dabei ist darauf zu achten, dass das Fleisch nicht zu kochen beginnt. Dadurch würde es trocken und hart. Beispiele für Geschnetzeltes sind „Züricher Geschnetzeltes" (aus der Kalbskeule geschnitten) und Filetgulasch „Stroganow" (aus dem Rinderfilet geschnitten).

Hamburger

Fleisch, das gegrillt wird, sollte vorher geölt oder mariniert sein, damit es während des Grillprozesses nicht austrocknet. Bei kleinen Fleischteilen bietet es sich an, sie vorher auf einen Spieß zu stecken.

Hackfleisch

Hackfleisch kann als großes Stück im Ofen gebraten werden (Hackbraten) oder als Einzelportion in der Pfanne (Hacksteak bzw. Deutsches Beefsteak, Frikadelle oder Burger). Eine weitere Möglichkeit besteht darin, es in Brühe zu kochen (z. B. Königsberger Klopse).

Wild

Das Fleisch jüngerer Tiere ist zart und eignet sich zum Braten oder Grillen. Es wird entweder im Ganzen (z. B. gebratener Hasenrücken) oder zerteilt als Steak, Kotelett oder Geschnetzeltes zubereitet. Das Fleisch älterer Tiere sowie das Fleisch aus Hals-, Brust- und Bauchbereich wird bevorzugt geschmort (z. B. Hasenpfeffer, Hirschragout).

Rehkoteletts

typische Gewürze bei der Zubereitung von Wild	geeignete Beilagen zu Wild
▪ Petersilie ▪ Thymian ▪ Rosmarin ▪ Estragon ▪ Wacholderbeeren	▪ Pilze ▪ Rotkohl, Rosenkohl, Wirsing, Maronen, Nüsse ▪ gefüllte Birnen, Trauben, Bratäpfel, Preiselbeeren ▪ Kartoffelpüree, Kroketten und Klöße ▪ Nudeln und Spätzle

Salat mit gegrillter Hähnchenbrust

Geflügel

Typische Garverfahren beim Hausgeflügel sind Kochen, Dünsten, Schmoren, Braten im Ofen oder in der Pfanne, Grillen und Frittieren, beim Wildgeflügel Braten oder Schmoren.

Zubereitungsarten

Garmethode	Beispiele	Zubereitung	Beilagen	Besonderheit
Kochen	Blankett vom Suppenhuhn	in Brühe mit Wurzelgemüse garen, auslösen, in Würfel schneiden und in heller Sauce binden	zarte Gemüse und grüne Salate, dazu Salzkartoffeln oder Reis	wird auf Speisekarten oft als Frikassee angeboten
Dünsten	Frikassee von der Poularde	Poularde zerteilen, würzen und mit Butter anschwitzen, mit Mehl bestäuben, ablöschen und in Geflügelbrühe garen	Tomaten, Erbsen, Spargel, Champignons, dazu Kartoffeln, Reis oder Spätzle	kann auch poëliert werden, d. h. mit Farbgebung gedünstet werden
Schmoren	Coq au vin	Hühnchen zerteilen, anbraten, mit Rotwein ablöschen und schmoren	Einlage: Speckwürfel, Champignons, Perlzwiebeln, Kräuter; mit Brot servieren	vor allem auch für älteres Geflügel geeignet
Braten in der Pfanne	Putensteaks, Entenbrust	Geflügel würzen und von beiden Seiten braten	viele Kombinationen möglich	Entenbrust kann mit Haut gebraten werden
Braten im Ofen	Gänsebraten	gefüllte Gans mit warmem Wasser ansetzen, häufig begießen, zum Ende hin Brust knusprig braten	Rotkohl, Bratapfel, Klöße	keine Zugabe von Fett nötig, da genügend Fett austritt
Grillen	Brathähnchen	Geflügel marinieren und würzen, unter Wenden knusprig grillen	pikante Sauce, frittierte oder gebackene Kartoffeln, Salate	kann auch am Spieß gegrillt werden
Frittieren	frittierte Hühnerbrust	scharf gewürzte Stücke von der Hühnerbrust in Mehl wenden und durch einen Ausbackteig ziehen, anschließend frittieren	Tomatensauce, Krautsalat oder Blattsalate, Kartoffelvariationen	je größer das Frittiergut, umso niedriger die Gartemperatur

Pochierter Lachs

Fisch in Folie

Fische

Fische können auf unterschiedliche Weise gegart werden:

- **Pochieren:** Dies geschieht in einem geeigneten Fischsud. Soll der Fisch „blau gekocht“ werden, muss die Schleimhaut des Fisches erhalten bleiben und der Fischsud angesäuert werden.
- **Dämpfen:** Hierzu können die Fische vorher mariniert werden. Dann werden sie in speziellen Gargefäßen mit Siebeinsatz oder im Konvektomaten im Dampf gegart.
- **Dünsten:** Bei dieser Methode wird das Gargefäß ausgefettet und mit Zwiebelwürfelchen bestreut. Der Fisch wird aufgelegt, mit etwas Flüssigkeit begossen und zugedeckt gegart. Gedünsteter Fisch wird hinterher oft mit Sauce überzogen, mit Käse bestreut und dann gratiniert.
- **Garen in Folie:** Dies ist ein Garverfahren, das dem Dünsten sehr ähnlich ist. Der Fisch wird gewürzt, mit Öl bestrichen und eventuell zusammen mit Gemüse in Folie eingewickelt und dann im Backofen bei etwa 180 °C gegart. Durch die Hitze wird Flüssigkeit aus dem Fisch oder Gemüse abgegeben. Gleichzeitig entwickelt sich Dampf, der die Folie ballonartig aufbläht. Der Fisch wird also zugleich gedämpft und gedünstet.

- **Braten:** Fische können sowohl in der Pfanne wie auch im Backofen gebraten werden. Für das Braten in der Pfanne werden die Fische oder Fischfilets nach dem Würzen entweder nur gemehlt oder paniert. Angebraten wird immer auf der Hautseite. Im Backofen wird der Fisch häufig unter einer Kruste, einem Speckmantel oder in einem Teigmantel gebraten.
- **Frittieren:** Häufig wird der Fisch vorher paniert oder durch einen Teig gezogen. Die Gartemperatur sollte 175° C nicht übersteigen. Nach dem Frittieren den Fisch vorsichtig entfetten und direkt servieren.
- **Grillen:** Geeignet sind vor allem Fische mit einem festen Fleisch. Die Fische werden mariniert, gesalzen und dünn mit Öl bepinselt und dann auf dem vorgeheizten Grill gegart.

Forelle Müllerin Art

Frittierter Fisch

Gegrillte Dorade

Als Beilagen für pochierten, gedämpften oder gedünsteten Fisch eignen sich leichte Gemüse und Pilze, Blattsalate, gekochte Kartoffeln oder Reis. Dazu werden oft Senf-, Kräuter- bzw. Fischsaucen oder Buttermischungen gereicht. Als Garnitur dienen meist Zitronenstücke und Dill.

Als Beilagen für gebratenen, frittierten oder gegrillten Fisch eignen sich mediterranes Gemüse, ausgebackene Zwiebelringe und gebratene oder frittierte Kartoffelzubereitungen. Oftmals werden dazu Kräuterbutter oder Buttermischungen gereicht. Als Garnitur dienen Tomaten und ausgebackene Kräuter.

b) Saucen

Saucen müssen zu dem jeweiligen Gericht passen. Sie sollen vom Geschmack her mit ihm harmonieren, appetitlich aussehen und eine angenehme Konsistenz haben. Bei der Vielzahl der Saucen ist folgende Einteilung möglich:

- Temperatur (kalt und warm)
- Farbe (braun und weiß bzw. dunkel und hell)
- Ausgangsmaterial (Fonds, Milch bzw. Sahne, Ei und Fett, andere Rohstoffe)

Warme Saucen

Bei den warmen Saucen kann zwischen braunen, weißen, aufgeschlagenen und Spezialsaucen unterschieden werden.

braune Saucen	weiße Saucen	aufgeschlagene Saucen	eigenständige Saucen
▪ Jus (Bratensaft) ▪ Demi-glace ▪ Madeirasauce ▪ Jägersauce ▪ Wildsauce	▪ Champignonsauce ▪ Senfsauce ▪ Dillsauce ▪ Meerrettichsauce ▪ Pilzrahmsauce ▪ Käsesauce	▪ Holländische Sauce ▪ Berner Sauce ▪ Choronsauce ▪ Dijonsauce ▪ Schaumsauce	▪ Tomatensauce ▪ Currysauce ▪ Fruchtsaucen, wie z. B. Apfel- oder Preiselbeersauce

Kalte Saucen

Grundlage vieler kalter Saucen ist die **Mayonnaise**. Sie ist ähnlich wie die Holländische Sauce eine Emulsion. Grundbestandteil ist ebenfalls Eigelb, das unter Zugabe von Öl kalt aufgeschlagen wird. Abgeschmeckt wird die Mayonnaise mit Essig, Zitronensaft und Salz.

Lagerung von Mayonnaise
Wird Mayonnaise oder eine ihrer Ableitungen aus frischen Eiern hergestellt, darf sie gekühlt maximal 24 Stunden aufbewahrt bzw. verwendet werden.

Kalte Saucen

Aus der Mayonnaise können u. a. folgende Saucen (Ableitungen) hergestellt werden:

- **Remouladensauce** (Zugabe von gehackten Gewürzgurken, Kapern und Sardellen sowie Senf, Pfeffer und frisch gemahlenen Kräutern)
- **Cocktailsauce** (Zugabe von Tomatenketchup, geriebenem Meerrettich, Worcestershiresauce, Cognac und Zitronensaft)
- **Chantillysauce** (Zugabe von Cayennepfeffer, Zitronensaft und geschlagener Sahne)

Verwendung finden Mayonnaise und ihre Ableitungen bei Gerichten von Ei, Fisch und Krustentieren sowie bei manchen Gemüsen. In der kalten Küche werden sie zum Anmachen verschiedener Salate oder als Basis für einige Dressings eingesetzt, aber auch zu kalten Fleisch- oder Fischgerichten gereicht.

Dips

Kalte eigenständige Saucen

Hierzu gehören:

- Cumberlandsauce: verwendet zu Pasteten und Terrinen, kaltem Braten und kalten Wildgerichten
- Meerrettichsahne: geeignet für kalte und warme Fischzubereitungen, kalte und warme Eierspeisen sowie Grillgerichte und kalte und warme Gerichte vom gekochten Rindfleisch
- Minzsauce: verwendet für Hammel- und Lammgerichte
- Pesto: für Nudeln und andere Teigwaren
- Essig-Öl-Saucen: als Dressing für Salate
- Dip-Saucen: als Dips für Rohkost und verschiedene Snacks

Buttermischungen

Buttermischungen

Buttermischungen können nicht direkt den Saucen zugerechnet werden, aber sie dienen der optischen wie geschmacklichen Ergänzung von Speisen. So werden sie z.B. zu kurzgebratenen Schlachtfleischgerichten, aber auch zu verschiedenen Fischen und Meeresfrüchten gereicht. Außerdem sind sie als kalte Buttermischung Grundlage für Canapés, Sandwiches oder belegte Brote.

warme Buttermischungen	kalte Buttermischungen
▪ zerlassene Butter ▪ braune Butter ▪ Bröselbutter ▪ Zitronenbutter	▪ Kräuterbutter ▪ Knoblauchbutter ▪ Colbertbutter ▪ Schneckenbutter

Ratatouille

c) Gemüsebeilagen

Gemüsebeilagen sollen die Hauptgerichte optisch und geschmacklich ergänzen. Sie werden – wenn möglich – mit frischen Kräutern gewürzt, ihr Eigengeschmack sollte aber erhalten bleiben. In der Regel hat Gemüse nur wenig Kalorien, dafür aber einen höheren Vitamin- und Mineralstoffgehalt. Deshalb sollte es wenn möglich schonend, am besten direkt vor dem Servieren („à la minute") zubereitet werden. Warmhalten von Gemüsebeilagen ist zu vermeiden. Besser ist es, Gemüse nach dem Garen abzukühlen und bei Bedarf wieder zu erwärmen. Eine Portionsgröße Gemüse beträgt ca. 80–120 g.

Zubereitungsart	Beispiele	Besonderheiten
Blanchieren	Spinat, Mangold	als Vorbereitung auch für Wirsing, Weißkohl und Zwiebeln möglich
Kochen	Blumenkohl, Brokkoli, Spargel, Bohnen, Grünkohl, Hülsenfrüchte	Gemüse sollte nach dem Kochen noch knackig sein; Kochwasser eventuell weiterverwenden; Hülsenfrüchte vor dem Kochen in reichlich Wasser einweichen
Dämpfen	Blumenkohl, Spargel, Kohlrabi	Gemüse sollte nach dem Dämpfen noch knackig sein
Dünsten	fast bei allen Gemüsen möglich	Gemüse können naturell, glasiert, in Sahnefond oder mit Sauce gebunden angeboten werden
Sautieren	vor allem Pilze, aber auch andere, bereits vorgegarte Gemüse	Pilze unbedingt vorher gut waschen
Schmoren	Zwiebeln, Gemüsepaprika, Wirsing, Kohlarten	Garverfahren wird insbesondere für gefüllte Gemüsezubereitungen angewendet
Frittieren	Auberginenscheiben, Champignons, Zucchinischeiben, Blumenkohlröschen	Gemüse kann roh oder vorgegart, paniert oder im Ausbackteig sein; frittiertes Gemüse abtropfen lassen und sofort servieren
Grillen	Auberginen, Gemüsepaprika, Zucchini, Maiskolben	rohe Gemüse vorher mit Öl bepinseln

Gegartes Gemüse kann anschließend gratiniert, d.h. mit Sauce und Käse überbacken, oder auch, wie z.B. Karotten, Sellerie, Maronen und Hülsenfrüchte, püriert werden.

d) Sättigungsbeilagen

Typische Sättigungsbeilagen sind Kartoffeln, Reis und Nudeln. Trotz ihres hohen Stärke- und teilweise auch Eiweißgehalts haben sie (bis auf wenige Zubereitungsarten) eine niedrige Energiedichte von unter 1,5 kcal pro Gramm. Eine Portionsgröße beträgt 150–200 g.

Kartoffeln

Kartoffeln können auf unterschiedliche Weise zubereitet werden und sind daher vielseitig verwendbar.

Weitere Vorteile sind:

- Sie sind preiswert.
- Sie sind das ganze Jahr über verfügbar.
- Bei ihrer Verarbeitung entsteht nur eine geringe Menge an Abfall.
- Sie sind gut lagerfähig.
- Sie haben einen neutralen Eigengeschmack.
- Sie passen deshalb harmonisch zu vielen anderen Speisebestandteilen.

Zubereitungsart	Beispiele
gekochte Zubereitungen aus ganzen Kartoffeln	▪ Salzkartoffeln ▪ Pellkartoffeln
gebratene oder frittierte Zubereitungen aus geschnittenen Kartoffeln	▪ Bratkartoffeln ▪ Schlosskartoffeln ▪ Kartoffelgratin ▪ Pommes frites ▪ Kartoffelchips ▪ Waffelkartoffeln
gebratene Zubereitungen aus geriebenen oder geraspelten Kartoffeln	▪ Kartoffelpuffer/Reibekuchen ▪ Rösti
Zubereitungen aus gekochten und pürierten Kartoffeln	▪ Kartoffelpüree ▪ Kroketten ▪ Herzoginkartoffeln ▪ Kartoffelplätzchen/-puffer ▪ Schupfnudeln ▪ Gnocchi ▪ Kartoffelklöße
gebackene Zubereitungen aus ganzen Kartoffeln	▪ Folienkartoffeln ▪ Kartoffelecken („Wedges“)

Gebratene Süßkartoffeln

Nur entfernt verwandt mit der Kartoffel, aber ebenso wie sie als Sättigungsbeilage verwendbar, ist die **Süßkartoffel**, die auch Batate genannt wird. Die Knollen werden gewaschen und gegebenenfalls geschält. Dann können sie gekocht, gebraten, gebacken oder frittiert werden. Ebenfalls wie die Kartoffel können sie auch mit Schale im Ofen gebacken werden.

Spaghetti mit Lachs

Nudeln

Nudeln werden aus Weizenmehl, Hartweizengrieß oder aus Vollkornmehlen von Weizen, Roggen und Dinkel mit oder ohne Eier unter Zugabe von Wasser hergestellt. Es gibt sie in vielen Formen. Als Sättigungsbeilage umfasst eine Portion etwa 60 g Rohgewicht. Nudeln werden in sprudelndem Salzwasser bissfest („al dente") gekocht. Sind sie selbst hergestellt, beträgt die Garzeit in Abhängigkeit von der Art des verwendeten Mehls und der Dicke der Teigwaren 2 bis 5 Minuten, bei industriell gefertigten Nudeln sind die Packungsbeilagen zu beachten.

Wird Öl zum Kochwasser gegeben, verhindert das zwar ein Zusammenkleben der Nudeln, gleichzeitig aber auch ein Benetzen der gegarten Nudeln mit Sauce.

Langkornreis mit Wildreis gemischt

Reis

Reis benötigt zum Garen viel Flüssigkeit. Als Beilage beträgt das Gewicht einer Portion 60–70 g. Folgende Zubereitungen sind möglich:

- gekochter Reis: Der Langkornreis wird mit kaltem Wasser abgewaschen und dann in kochendem Salzwasser (für 1 kg Reis rechnet man etwa 10 l Wasser) gegart. Ist er gar, wird er durch ein Sieb abgeschüttet. Eventuell wird etwas Butter untergezogen bzw. Fleisch, Fisch oder Gemüse zugegeben.
- Pilawreis: Zunächst werden Zwiebelwürfel angeschwitzt, dann wird Langkornreis zugegeben und so lange mit angeschwitzt, bis er glasig ist. Nachdem der Reis mit Brühe abgelöscht wurde (für 1 kg Reis rechnet man etwa 1,5 l Brühe), wird er zugedeckt fertig gegart. Zum Schluss wird eventuell etwas Butter untergezogen, evtl. auch Fleisch oder Gemüse zugegeben.
- Risotto: Dies ist eine Zubereitung aus Rundkornreis; man rechnet pro kg Reis mit etwa 3 l Brühe; zur Herstellung siehe Seite 373.

Polenta

Polenta

Polenta ist ein fester Brei, der aus Maisgrieß, regional auch aus Buchweizen- oder Esskastanienmehl hergestellt wird. Sie wird meistens als Beilage zu geschmorten Fleischgerichten wie z. B. zu Ragout oder Gulasch serviert.

Bulgur

Bulgur

Bulgur, der auch Perlweizen genannt wird, ist ein vorgegarter Weizen. Er wird ähnlich wie Reis gekocht oder gedämpft und dann vor dem Servieren mit etwas Butter angeschwitzt.

Couscous

Couscous

Couscous, ein Gericht aus Nordafrika, wird aus Grieß von Weizen, Gerste oder Hirse hergestellt. Couscous wird nicht gekocht, sondern gedämpft und eignet sich als Beilage für Gerichte von Rind, Lamm und Geflügel.

12.18.5 Desserts

Der Begriff Dessert (Nachspeise) stammt aus der klassischen Speisenfolge und bezeichnet eine meist süße, kalte oder warme Speise, die nach dem Hauptgericht bzw. der Käseplatte gereicht wird. Trotz der in der Regel kleinen Portionsgröße haben die meisten von ihnen aufgrund ihrer Zusammensetzung (viel Zucker und Fett) einen hohen Kaloriengehalt. Desserts lassen sich wie folgt einteilen:

- Gebäck und Kuchen
- gefrorene Nachspeisen
- kalte Nachspeisen
- warme Nachspeisen

Unterschied zwischen Teigen und Massen

Die Hauptzutat von Teigen ist Mehl und Flüssigkeit. Ihre Konsistenz ist fest bzw. elastisch. Massen bestehen vor allem aus Eiern, Zucker und Fett. Dadurch sind sie eher weich und fließend.

Gebäck und Kuchen

Gebäck und Kuchen können aus verschiedenen Teigarten bzw. sogenannten Massen hergestellt werden. Diese unterscheiden sich in den verwendeten Rohstoffen, der Verarbeitung und der Art der Teiglockerung.

Hefeteig

Blechkuchen, wie Obst- oder Streuselkuchen, Bienenstich

Berliner Pfannkuchen

Plundergebäck, wie Rosinenschnecken oder Puddingteilchen

Donut (auch aus Rührteig)

Englischer Muffin

Mürbeteig

Torten- und Kuchenboden

Tortelett

Cookie

Kipferl

Spritzgebäck

Blätterteig

Croissant

Schweinsohr

Schnecke

Apfelstrudel

Cremeschnitte

Rührmasse

Rührkuchen

Brownie

Blechkuchen

Cupcake

Kranzkuchen

Biskuitmasse

Tortenboden

Biskuitschnitte

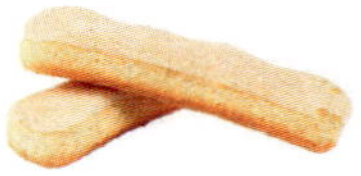

Löffelbiskuit

Brandmasse

Windbeutel

Spritzkuchen

Eclair

Makronenmasse

Makrone

Mandelhörnchen

Nussecke

Hippenmasse

Hippenrolle

Eistüte

Schlotfeger

Softeis mit Topping

Frozen Yogurt

Gefrorene Nachspeisen

Eisspeisen gehören zu den beliebtesten Nachspeisen. In der Systemgastronomie werden sie mit unterschiedlichen **Toppings** (ein die Geschmacksrichtung bestimmender Zusatz) in vielen Abwandlungen angeboten. Sie wirken erfrischend und leicht, haben aber ebenso wie viele andere Süßspeisen einen hohen Kaloriengehalt. Hygienisch gesehen zählen sie zu den risikoreichen Lebensmitteln, da sich Mikroorganismen in ihnen gut und schnell vermehren können. Für die Herstellung und Verarbeitung von Eis gelten daher strenge Hygienevorschriften. Nicht zuletzt deshalb greifen immer mehr Unternehmen auf industriell erzeugte Eisspeisen zurück.

Softeis ist keine eigenständige Speiseeissorte, sondern eine besondere Eiszubereitung, die in einem Gefrierautomaten hergestellt wird. Dabei wird eine flüssige unterkühlte Eismasse, die zu großen Teilen aus Milch besteht, bei der Entnahme gefroren und unter Überdruck mit Luft aufgeschäumt. Das Softeis hat eine weiche, zart schmelzende Konsistenz. Sein Aroma ist intensiver.

Ein Dessert, das mit dem Speiseeis verwandt ist, ist **Frozen Yogurt**. Es ähnelt in der Herstellung dem Softeis. Hauptsächliche Zutaten sind Joghurt, Milch und Zucker.

Kalte Nachspeisen
Zu den Nachspeisen, die kalt serviert werden, gehören verschiedene **Cremes**, **Flammeris** und **Puddinge** sowie unterschiedliche **Früchtezubereitungen**.

Typische in der Systemgastronomie verwendete **Cremes** sind Crème brulée, Mousse au chocolat, Erdbeercreme sowie Vanille- oder Schokoladenpudding.

Flammeris sind Süßspeisen, die ihre Bindung durch Stärke erhalten. Die Stärke kann entweder dem Rohstoff entstammen oder zugesetzt sein. Typische Beispiele sind Grießflammeri, süße Reisspeisen wie Milchreis oder Reis Trauttmansdorff und die Grützen wie z.B. Rote Grütze.

Fruchtspeisen können entweder aus einzelnen Früchten hergestellt werden (z.B. frische Erdbeeren mit Sahne oder Birnenkompott) oder aus mehreren Früchten bestehen (Obstsalate).

Kalte Nachspeisen

Warme Nachspeisen
Zu den in der Systemgastronomie häufig angebotenen warmen Süßspeisen gehören vor allem süße Pfannkuchen, Crêpes und Waffeln, seltener finden sich Krapfen (frz. „beignets") und Aufläufe (frz. „souffles").

Crêpe

12.18.6 Snacks

Snacks sind meist kleine Gerichte aus verschiedenen Rohstoffen, pikante Gebäckzubereitungen oder nahrhafte Desserts. Sie sind schnell verfügbar und leicht „to go", d.h. aus der Hand zu verzehren. So stellen sie eine Möglichkeit dar, spontan den Appetit zu befriedigen bzw. den Hunger zu stillen.

Typische Angebote sind:
- **Brüh- und Bratwürste** wie z.B. Currywurst oder Hotdog (Wiener Würstchen im Brot, eventuell mit Sauerkraut)
- **Kartoffelzubereitungen** wie z.B. Pommes frites oder Wedges (gebratene Kartoffelspalten)
- **Burger:** weiches Brötchen mit gegrillten Scheiben aus Hackfleisch (sogenannten Patties), Geflügelfrikadellen oder Fischfilets und weiteren Auflagen
- **Chicken Wings:** panierte und dann frittierte Geflügelschenkel
- **Döner Kebab:** auf den Drehspieß gestecktes und gegrilltes Fleisch, ursprünglich vom Hammel oder Lamm, aber auch von Geflügel oder Kalb; dünn geschnitten und dann mit Gemüsen und einer Sauce in ein aufgeschnittenes Fladenbrot gegeben
- **Pizza:** ein dünnes Fladenbrot aus einfachem Hefeteig mit unterschiedlichen Auflagen, bei hohen Temperaturen im Ofen gebacken
- **Wraps:** dünne, mit einer Füllung aus Gemüse oder Salat, gebratenem Fleisch und einer Sauce gerollte Fladenbrote; warm oder kalt angeboten
- **Brotzubereitungen** wie z.B. belegte Brötchen, Baguettes, Ciabatta oder Sandwiches
- **Backwaren** wie Brownies, Donuts, Muffins oder Waffeln
- **Eiszubereitungen** wie Softeis oder Frozen Yogurt

Currywurst

Döner Kebab

Brötchensnacks

12.19 Let's think about ... identifying different foods!

Ihr Arbeitgeber hat Ihnen und weiteren Auszubildenden Ihres Betriebs angeboten, Sie für einen Wettbewerb der Systemgastronomie auf internationaler Ebene anzumelden. An dem Wettbewerb nehmen jedes Jahr Trainee-Teams aus ganz Europa teil. Nachdem Sie sich die Bewerbungsunterlagen angesehen haben, ist das Interesse groß. Eine der zu lösenden Aufgaben wird eine Waren-Rallye sein. Diese Art Aufgabe kennen Sie bereits von der Zwischenprüfung, aber jetzt wird die Rallye auf Englisch stattfinden. Sie sind sich nicht sicher, ob Sie das bewältigen können. Ihr Ausbilder sichert Ihnen seine Hilfe zu und versorgt Sie mit Übungsunterlagen.

1. Ordnen Sie jedem Bild auf einem Zettel sowohl die richtigen deutschen und englischen Begriffe als auch die richtige Beschreibung – siehe folgende Seite – zu.

A

B
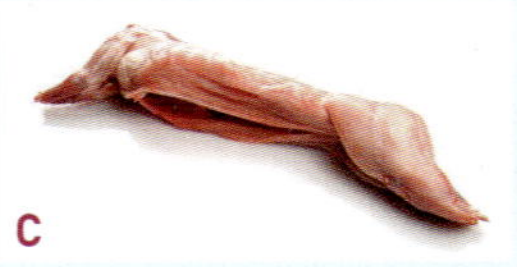
C
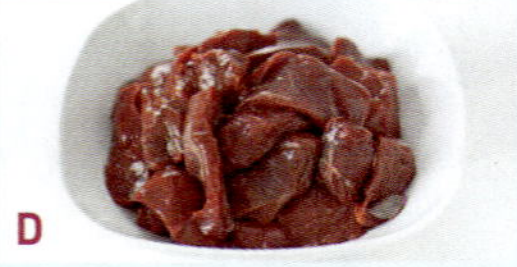
D

E

F

G

H

I

J

K

L

M

N

O

P

Q

R

S

T

U

V

W

X

1 venison goulash
2 cranberries
3 fillet steak
4 chicken wings
5 cottage cheese
6 turkey
7 chanterelles
8 bay leaves
9 trout
10 Emmentaler cheese
11 Swiss chard
12 scallops
13 hare
14 oatmeal
15 Dover sole
16 Mozzarella cheese
17 pork sausages
18 potato dumplings
19 salmon steak
20 rack of lamb
21 shrimp[AE], prawn[BE]
22 quails
23 whipped cream
24 Brussels sprouts

25 Würstchen vom Schwein
26 Hähnchenflügel
27 Pute
28 Hase
29 Haferflocken
30 Seezunge
31 Wachteln
32 Lachssteak
33 Forelle
34 Lorbeerblätter
35 Preiselbeeren
36 Rinderfilet
37 Emmentaler
38 Garnele
39 Mangold
40 geschlagene Sahne
41 Hirschgulasch
42 Jakobsmuscheln
43 Mozzarella
44 Pfifferlinge
45 Kartoffelklöße
46 Lammkarree
47 Hüttenkäse
48 Rosenkohl

I A gold-coloured mushroom which tastes best when growing wild in the woods.

II One of the biggest varieties of poultry, often cut into strips, roasted and used as a topping on salads and sandwiches.

III The green leaves of a beet with a whitish stalk (another variety has dark green leaves and a reddish stalk) can be prepared like spinach.

IV A fresh cheese made from cow's milk. The texture is quite moist and crumbly. Its taste is mild and plain.

V A variety of cabbage cultivated for its little round sprouts. The name is supposed to come from a big Belgian city.

VI The part of the bird's body which is used for flying. This particular variety is very popular if marinated and deep-fried.

VII Salt-water creatures whose soft bodies are protected by two hard shells. The big muscle as well as the roe is edible.

VII Stewed dice of meat served in a lot of sauce. Originally made from beef, here made from meat from deer.

IX Ball-shaped dough boiled or poached in water or other liquids. A potato side dish, which is very popular e.g. in southern Germany and Austria.

X An animal similar to a rabbit but much bigger. The meat is darker though and has a stronger taste.

XI A portion of the rib section of a lamb with usually eight ribs. It can be served as chops or in one piece.

XII Flakes made from oat grain.

XIII A cheese speciality from Switzerland made of cow's milk. The original has a lot of big holes in it.

XIV The fat that floats to the surface of standing milk can be beaten with a whisk into a fluffy consistency; it's often served with cakes, tarts or used in the preparation of e.g. desserts.

XV Raw sausages made of minced pork.

XVI One of the finest and lean meat cuts; part of the beef saddle/tenderloin. You can roast it whole or sliced e.g. as a chateaubriand.

XVII Wild fowl of a fairly small size; the eggs are a speciality.

XVIII These berries are quite tart. They are usually cooked into a sauce and eaten with meats. They also make good chutneys, pies and muffins. If dried, they can be used like raisins.

XIX An Italian speciality; the original variety is made of buffalo's milk. It's often used on pizzas as it melts very well.

XX The only part of these salt-water creatures which can be eaten is the long meaty tail. Their size varies from very small to really big. They get their typical reddish colour when cooked.

XXI Fresh or more often dried leaves from a bush; very aromatic, they are used for flavouring stews and pies in Mediterranean cooking.

XXII A slice of a popular bigger fresh-water fish, often bred in fish farms; the reddish flesh contains a lot of fat.

XXIII An expensive flat salt-water fish; it has firm flesh with only a little fat. It can be prepared as a whole fish or filleted.

XXIV A medium-sized fresh-water fish living in rivers which is often prepared whole. The smoked variety is popular as a cold starter.

2. Ihr Kollege, mit dem Sie sich zusammen auf den Wettbewerb vorbereiten, versteht nicht alle englischen Beschreibungen. Deshalb übersetzen Sie diese für ihn. Dabei nehmen Sie die folgenden Vokabeln zu Hilfe.

beet	Rübe
chop	Kotelett
consistency	Konsistenz
deer	Wild (Tiere)
dice	Würfel
dough	Teig
fowl	Geflügel
muscle	Muskel
roe	Rogen
shell	Schale
side-dish	Beilage
texture	Konsistenz
topping	Belag
variety	Art, Sorte
whisk	Schneebesen
ball-shaped	ballförmig
crumbly	krümelig
lean	mager
meaty	fleischig
moist	feucht, saftig
plain	hier: neutral
raw	roh
tart	säuerlich
to breed, bred, bred	züchten
to fillet	filetieren
to float	schwimmen, treiben

12.20 Aufgaben

1 | Nennen und erläutern Sie die Ziele des Lebensmittelrechts.

2 | Erklären Sie die Begriffe:
Lebensmittel, Lebensmittelimitate, Novel Food, Genfood, Functional Food.

3 | a) Was ist unter „Schlachtfleisch" zu verstehen?
b) Auf welche Qualitätsmerkmale ist beim Einkauf von Fleisch zu achten?
c) Nennen Sie typische Garverfahren für Fleisch.
d) Formulieren Sie speisekartengerecht jeweils fünf Vor- und Hauptspeisen mit Fleisch als Hauptkomponente.

4 | a) Erläutern Sie ausführlich, was aus hygienischer Sicht bei der Lagerung und Verarbeitung von Geflügel zu beachten ist.
b) Nennen und erläutern Sie fünf für die Systemgastronomie typische Geflügelspeisen.

5 | Nach welchen Kriterien lassen sich Fische einteilen? Nennen Sie zu jedem Kriterium mindestens fünf Fischarten.

6 | Stellen Sie die Bedeutung von Fisch für die menschliche Ernährung dar.

7 | Bereiten Sie eine Schulung zum Thema Lagerung und Verarbeitung von Fisch unter Beachtung folgender Themenschwerpunkte vor:
- Frischemerkmale von Fisch
- Hygieneregeln bei der Lagerung und Verarbeitung
- typische Gar- und Konservierungsverfahren

8 | a) Zeichnen Sie ein Hühnerei und beschriften Sie seine Bestandteile.
b) Erläutern Sie die wichtigsten gesetzlichen Regeln zum Umgang mit Hühnereiern.

9 | Erklären Sie am Beispiel Milch folgende technische Verfahren:
homogenisieren, pasteurisieren, ultrahocherhitzen, sterilisieren, kondensieren.

10 | Stellen Sie dar, warum Rohmilch und Rohmilchprodukte „kritische Lebensmittel" sind.

11 | Zählen Sie fünf konkrete Beispiele für die Verwendung von Obst in der Küche auf.

12 | Geben Sie jeweils fünf typische Gemüsesorten für folgende Saisonzeiten an:
a) Frühling/Frühsommer
b) Herbst/früher Winter

13 | Nennen und erläutern Sie fünf Antipasti aus Gemüse. Ergänzen Sie die Zusammenstellung um fünf weitere Antipasti-Zubereitungen.

14 | Erstellen Sie ein Salatbüfett mit zehn unterschiedlichen Salatangeboten (einfach und komplex) sowie geeigneten Dressings. Begründen Sie Ihre Auswahl.

15 | Listen Sie zu zehn Gewürzen und Küchenkräutern Ihrer Wahl jeweils drei typische Verwendungsmöglichkeiten auf.

16 | a) Erarbeiten Sie einen Überblick über die wichtigsten Nährstoffe von Kartoffeln und Reis.
b) Nennen Sie vier Vorteile von Kartoffeln, Nudeln und Reis als Sättigungsbeilage.

17 | Ihre Filiale möchte eine Angebotsinsel (Free Flow) mit unterschiedlichen Pastaarten und geeigneten Saucen einrichten. Ein Mitarbeiter soll die Bestellung entgegennehmen, die Pasta zubereiten und mit der gewählten Sauce auf einem Teller anrichten. Planen Sie den Aufbau der Angebotsinsel inklusive aller notwendigen Arbeitsgeräte und Geschirrteile.

18 | Für ein Gericht berechnen Sie Materialkosten von 5 €. Die Fertigungszeit liegt bei etwa 20 Minuten, der durchschnittliche Stundenkostensatz Ihrer Mitarbeiter bei 18 €. Sie überlegen stattdessen den Einsatz eines Convenience-Produkts, das 9 € kostet und eine Fertigungszeit von 5 Minuten hat. Treffen Sie eine Entscheidung und begründen Sie diese.

19 | Sie essen zwei Käsebrote mit je 30 g Käsebelag. Dadurch nehmen Sie 21,6 g Fett zu sich. Wie hoch ist der Fettgehalt des Käses in der Trockenmasse, wenn der Käse einen Wasseranteil von 40 % hat?

13 Getränke und Getränkeherstellung

- Sortimentsgestaltung
- alkoholfreie Getränke
- alkoholhaltige Getränke
- Heißgetränke
- Misch- und Mixgetränke

Getränkeverbrauch in Deutschland (Liter pro Kopf)

Getränkeart	2010	2011
Alkoholgetränke	**137,2**	**136,9**
davon: Bier	107,4	107,2
Wein	20,5	20,2
Schaumwein	3,9	4,1
Spirituosen	5,4	5,4
Alkoholfreie Getränke	**290,8**	**295,7**
davon: Wässer	136,3	140,6
Erfrischungs-getränke	118,2	120,1
Fruchtsäfte	36,3	35,0
Heiß- und Hausgetränke	**311,5**	**308,2**
davon: Bohnenkaffee	153,3	151,6
Schwarzer Tee	25,0	25,0
Kräuter-/Früchtetee	50,8	48,6
Milch	82,4	83,0
Insgesamt	**739,5**	**740,8**

(Quelle: ifo Institut)

Trendgetränke

13.1 Sortimentsgestaltung

Getränke gehören zu den wichtigsten Lebensmitteln, da für eine gesunde Ernährung eine ausreichende Flüssigkeitszufuhr unabdingbar ist. Oft liefern Getränke auch Nährwerte und lebenswichtige Mineralstoffe und Vitamine. Kaffee, Tee, Kakao und alkoholhaltige Getränke gehören zu den Genussmitteln, da sie nicht wegen ihres Nährwerts, sondern wegen des besonderen Geschmacks bzw. der anregenden Wirkung verzehrt werden.

Daher ist das Getränkeangebot ein bedeutender Bestandteil eines gastronomischen Konzepts. Außerdem sind Getränke ein wichtiger Gewinnbringer. Das Getränkeangebot sollte immer auf die angebotenen Speisen abgestimmt werden. Je anspruchsvoller das Speisenangebot, desto breiter und tiefer ist das Getränkeangebot. Ein erkennbarer Trend ist, dass sich das Sortiment immer mehr in die Breite entwickelt und immer anspruchsvoller wird, damit für jeden Gast etwas dabei ist. Alkoholfreie wie alkoholhaltige Mischgetränke ermöglichen eine breite Angebotspalette und die Einbeziehung aktueller Trends in die Angebotsgestaltung des Betriebs. Spaß- und Genussfaktoren, Wellness und Nachhaltigkeit, aber auch Fertigprodukte (coffee to go/ready to drink) liegen immer mehr im Trend.

Der Vergleich des Pro-Kopf-Verbrauchs an Getränken zeigt, dass Kaffee, Erfrischungsgetränke, Mineralwässer und Bier am häufigsten konsumiert werden.

13.2 Alkoholfreie Getränke

13.2.1 Kaffee

Kaffee ist das meistkonsumierte Getränk Deutschlands. Laut Deutschem Kaffeeverband lag der durchschnittliche Pro-Kopf-Verbrauch 2012 bei ca. 150 Litern im Jahr. Der durchschnittliche Verbrauch von Bier betrug laut Deutschem Brauer-Bund im selben Zeitraum zum Vergleich ca. 105 Liter. Daher ist es nicht verwunderlich, dass Deutschland weltweit der drittgrößte Kaffeemarkt nach USA und Brasilien ist.

Kaffee als Lifestyle-Getränk ist in der Systemgastronomie ein fester Bestandteil und wird immer beliebter. Dabei steigt das Angebot an Fairtrade-Kaffee (siehe nächste Seite) ebenfalls stetig.

Fazit: Kaffee ist ein Modegetränk. Ein markantes Beispiel hierfür ist das Wachstum deutscher Kaffeebar-Marken. So hat z.B. McCafé im Jahr 2012 laut food-service (03/2013) 34 neue Einheiten eröffnet.

Coffee to go erfreut sich weiter wachsender Beliebtheit. Trendige Cafés werden in immer neuen Kombinationen eröffnet, z.B. im Waschsalon.

Kaffeeröster bringen ständig neue Konzepte und Kaffeevollautomaten auf den Markt, die oft sämtliche Gästewünsche erfüllen. Im Vordergrund stehen dabei Produktqualität, die Vielfalt der Spezialitäten, Bedienungsfreundlichkeit, Hygiene und Design. Kaffee-Spezialitäten gelten als Zauberwort, wenn es um zusätzlichen Umsatz im Gastgewerbe geht, und haben viele Unternehmen der Systemgastronomie bewogen, eigene Konzepte zu entwickeln.

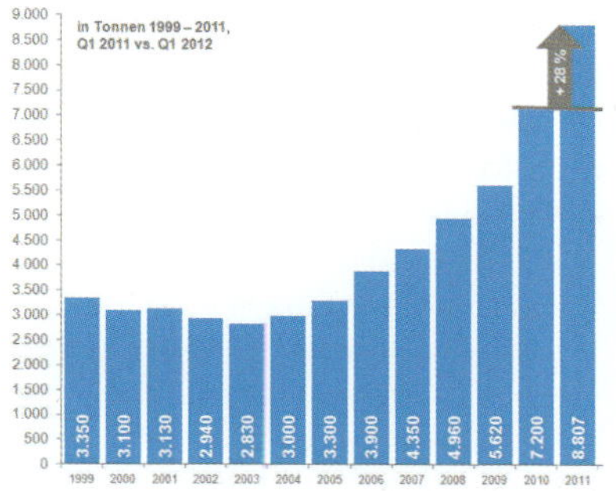

Absatzentwicklung von Fairtrade-Kaffee in Tonnen (30 % des Kaffees werden über den Außer-Haus-Marktbereich verkauft)

Kaffeebar auf Expansionskurs (McCafé)

Kaffeebar mit neuem Konzept (Wash & Coffee)

Kaffeebar-Konzepte in Deutschland 2012

R	Vj.	Marke	D-Start	Units[1]	R	Vj.	Marke	D-Start	Units[1]
1	(1)	McCafé	2003	817	14	(13)	Meyerbeer Coffee	2003	23
2	(2)	Tchibo	1955	558	15	(12)	World Coffee	1997	22
3	(3)	Starbucks	2002	160	15	(16)	sfcc	1999	22
4	(4)	Segafredo	1989	87	17	(16)	Cafetiero	1998	21
5	(5)	Coffee Fellows	1999	70	18	(18)	Einstein[4]	1998	17
5	(6)	chicco di caffè	2003	70	19	(20)	Cup&Cino	2002	13
7	(7)	Gastro-Kanne	1990	54	20	(22)	Caffeetante	2007	11
8	(8)	Caffè Dallucci	2008	45	20	(23)	Black Bean	1998	11
9	(10)	Coffeeshop Comp.	1999	35	22	(23)	aran	1998	10
10	(19)	Burger King Café	2009	31	23	(21)	Coffee Bay	2000	8
11	(15)	Campus Suite	2004	29	23	(-)	pano	2011	8
12	(11)	Balzac Coffee	1998	28			Gesamt		2.178
12	(13)	Primo Espresso	2003	28					

1) 31.12.2012 © food-service

(Quelle: Zeitschrift „food-service/Deutscher Fachverlag. Weitere Informationen über www.dfv-archiv.de)

Geschichte

Kaffee kommt ursprünglich aus Äthiopien, aus den Bergwäldern des alten Königreichs Kaffa, und wurde dann in Mittel- und Südamerika kultiviert.
Einer Legende nach wurde der Kaffee dadurch entdeckt, dass ein Maronitermönch eine Viehherde beobachtete, die sich sonderbar bewegte. Die Hirten aus Kaffa in Abessinien beklagten, dass die Tiere ungewöhnlich lebhaft waren, bis spät in die Nacht keine Ruhe fanden und keine Anzeichen von Müdigkeit zeigten. Der Mönch fand auf der Weide der Tiere eine dunkelgrüne Pflanze mit kirschähnlichen Früchten. Aus diesen Früchten bereitete der Mönch einen Sud, den er trank. Er stellte fest, dass seine Müdigkeit schwand und er problemlos nachts wach bleiben konnte, um seinen Gebeten nachgehen zu können. Die in dieser Legende angesprochene Region Kaffa im abessinischen Hochland Äthiopiens ist vermutlich die Urheimat der Kaffeepflanze und gab dem Getränk seinen Namen.
Die ersten Kaffeehäuser eröffneten im 16. Jahrhundert in Konstantinopel (Istanbul), dann in Venedig und um 1675 in Bremen, Hamburg und Wien.

Kaffeepflanzen

Es gibt ca. 80 Arten von Kaffeepflanzen. Wirtschaftlich bedeutend davon sind der Coffea Arabica und Coffea Robusta.

Inhaltsstoffe und deren Wirkung
Neben Rohfasern, Eiweiß, Fett und Gerbstoffen enthalten Kaffeebohnen weitere Bestandteile:

- **Koffein** ist das anregende, in größeren Mengen schädliche Alkaloid Trimethylxanthin. Wird zu viel Koffein aufgenommen, kann es zu Herzklopfen, Schweißausbrüchen und nervösem Zittern kommen.
- **Trigonellin** hat eine ähnliche Wirkung wie Koffein. Es wird jedoch während der Röstung stark abgebaut.
- **Chlorogensäuren** fördern die Magensäureproduktion und können zu Sodbrennen führen.
- **Röststoffe** werden während des Röstens gebildet und regen die Darmtätigkeit und den Appetit an.

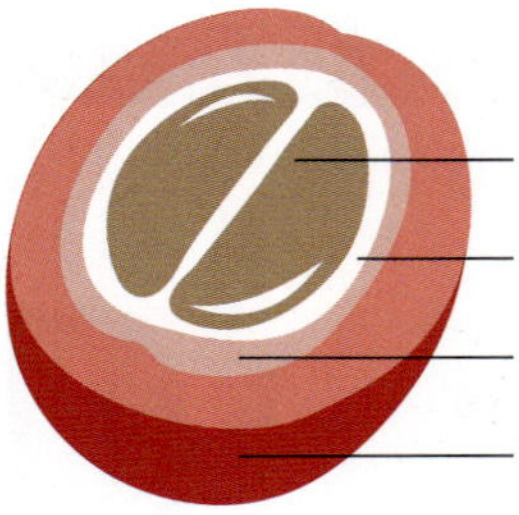

Aufbau der Kaffeekirsche

Unterschiede zwischen Coffea Arabica und Coffea Robusta

	Coffea Arabica	Coffea Robusta
Anteil an der Weltproduktion	75 %	24 %
Anbauländer	ursprünglich Äthiopien, heute hauptsächlich Brasilien und Kolumbien	afrikanische Länder, Indonesien
Pflanze	hohe Ansprüche an Boden und Klima	widerstandsfähig und ertragreich
Bohneneinschnitt	gewellt	gerade
Geschmack	volles Aroma, edel und rassig	würzig, robust; doppelt so viel Koffein

Eine Besonderheit ist **Kopi Luwak**, die seltenste und teuerste Kaffeesorte (bis zu 1.000 €/kg) der Welt. Schleichkatzen fressen Kaffeekirschen und scheiden die Bohnen aus. Durch Fermentation der Bohnen im Darm der Katzen entsteht ein besonderer Geschmack.

Anbau

Die Kulturpflanze Kaffee wird heute in über 80 Ländern der Erde angebaut. Kaffee wächst ausschließlich im tropisch-äquatorialen Klima, im sogenannten „Kaffeegürtel". Je nach Gebiet und Lage der Kaffeeplantage wird zwischen Hochland- und Tieflandkaffee unterschieden. Hochlandkaffee wächst in einer Höhe zwischen 600 m und 2000 m und Tieflandkaffee unter 600 m.

Die Kaffeepflanze kann als Baum eine Höhe von bis zu 15 m erreichen. In den Plantagen werden aber meist 2 bis 3 m hohe Sträucher kultiviert. Aus den strahlend weißen fünfgliedrigen Blüten der Pflanze entwickeln sich die Fruchtansätze und anschließend die Kaffeekirschen.

Die wichtigsten Kaffee-Anbaugebiete

- Brasilien (ca. 45 % der Weltproduktion)
- Kolumbien
- Mittelamerika
- Ostafrika
- Vietnam

Kaffeeanbau im Kaffeegürtel (helle Bohnen) und Konsumländer (dunkle Bohnen)

Ein Kaffeezweig kann gleichzeitig Blüten sowie unreife und reife Früchte tragen. Von der Saat des Kaffeebaums bis zur ersten Blüte vergehen drei Jahre, bis zur ersten richtigen Ernte mindestens fünf Jahre.

Kaffeeblüte und Kaffeekirsche

Ernte und Aufbereitung

Nach dem Pflücken der Kirschen, werden diese aufbereitet: Der Kern der Kaffeekirsche – die zwei Bohnen – sind trocken oder nass herauszutrennen:

- **Trockenverfahren** (vorwiegend für Robusta-Bohnen): Die Kirschen werden auf Trockenplätzen ausgebreitet und zwei bis drei Wochen täglich bewegt und gewendet. Anschließend werden die trockenen Früchte vom Fruchtfleisch getrennt.
- **Nassverfahren** (vorwiegend für Arabica-Bohnen): In einem Wassertank sinken die schweren reifen Kirschen auf den Grund und die unreifen Kirschen können abgeschöpft werden. Das Fruchtfleisch wird von Maschinen entfernt.

Nach der Aufbereitung der Kaffeekirschen wird der Rohkaffee geröstet.

Röstung

Die Röstung findet im Bestimmungsland statt, wo die nationalen Vorlieben berücksichtigt werden. Bei der Röstung verliert die Bohne an Gewicht, wächst aber bis auf das Doppelte ihrer ursprünglichen Größe. Die Bohne wechselt ihre Färbung von Grün über diverse Gelbtöne bis hin zur gewünschten Kaffeebräune.

Die eigentliche Geschmacksbildung und Aromaentfaltung setzen am Ende der Röstung ein. Hier kommt es auf die richtige Sekunde an, um die Röstung zu beenden, bevor die Bohne verbrennt. Nur die perfekte Balance aus Temperatur und Zeit ergibt eine hervorragende Qualität mit dem gewünschten Geschmack von schokoladig bis herzhaft und fruchtig.

Nach der Röstung muss die Bohne sofort abgekühlt werden, damit sie nicht nachröstet und den gewünschten Geschmack behält.

Verschiedene Röstgrade

Röstungen

- **Filterkaffeebohnen** werden kurz und heiß geröstet.
- **Espressobohnen** werden lange geröstet und sind deshalb dunkel.
- Eine **Mischröstung** ist eine Mischung grüner Bohnen, die dann geröstet wird.
- Eine **Provenienzenröstung** ist eine individuelle Röstung einzelner Provenienzen (Herkünfte), die danach gemischt wird.

Das Rösten der Bohne bewirkt, dass

- das Wasser in der Bohne verdampft und die Bohne dadurch 1/5 ihres Gewichts verliert,
- die Zellen der Bohne aufplatzen und daher ihr Volumen verdoppeln,
- Duft- und Geschmacksstoffe entstehen,
- der Zucker in der Bohne karamellisiert und die Bohne braun wird.

Mahlung

Die Mahlung der Kaffeebohnen ist ein weiterer wichtiger Aspekt für die Qualität einer guten Tasse Kaffee. Am besten werden die Bohnen unmittelbar vor dem Brühen in der benötigten Menge frisch gemahlen, damit die flüchtigen Aromastoffe nicht verloren gehen.

Der Mahlgrad des gerösteten Kaffees muss auf das jeweilige Zubereitungsverfahren abgestimmt werden: Für Filterkaffee werden die Bohnen auf eine Kornstärke von 0,3 bis 0,5 mm gemahlen, Espressozubereitungen benötigen einen Mahlgrad von 0,2 mm.

Kaffee-/Espresso-Vollautomaten stellen die benötigte Menge Kaffeemehl mit einem integrierten Mahlwerk her und justieren den Mahlgrad individuell, damit die Geschmacks- und Aromastoffe optimal extrahiert werden.

Mahlwerk einer Kaffeemaschine

Kaffeelot

Kaffeemehlmenge

Damit Kaffee weder zu stark noch zu wässrig schmeckt, wird von den meisten Kaffeeexperten eine Kaffeemehlmenge von 6 bis 8 g/Tasse empfohlen. Kaffeelote vereinfachen die richtige Dosierung.

Brühen

Für schmackhaften Kaffee ist die **Wasserqualität** von großer Bedeutung. Das Wasser sollte

- mineral- und sauerstoffhaltig sein,
- einen Härtegrad zwischen 7 und 14 Grad haben,
- über einen pH-Wert von 6,5 bis 7,5 verfügen.

Zu weiches Wasser begünstigt eine Überextraktion und führt zu einem bitteren Kaffeegeschmack. Zu hartes Wasser oder Wasser mit viel Chlor führt zu einer Beeinträchtigung der Aroma- und Geschmacksentfaltung.

Barista
Ein Barista ist zugleich Kaffeespezialist und Kaffeekünstler. Er kennt sich im Umgang mit Espressomaschinen und mit den verschiedenen Kaffeesorten aus. Die Bezeichnung Barista ist das italienische Wort für Bartender.

Beim Brühen entfaltet sich die Vielfalt der Aromen. Die ideale Aufgusstemperatur liegt bei 90 bis 95 Grad.

Die **Brühzeit** variiert je nach Geschmacksintensität. Milder Kaffee sollte vier bis sechs Minuten, voll aromatischer Kaffee mindestens sechs Minuten gebrüht werden. Eine zu lange Brühzeit trägt dazu bei, dass der Kaffee bitter wird, eine zu kurze, dass sich das Geschmacksaroma nicht vollständig entfalten kann.

Zubereitungsverfahren in der Systemgastronomie

- **Filtermaschine:** Der gemahlene Kaffee wird in einem Papier- oder Me tallfilter mit ungefähr 90 °C heißem Wasser aufgegossen.
- **Siebträgermaschine mit Dampfdruck/halbautomatische Kaffeemaschine:** Der Kaffee/Espresso wird unter Druck stark konzentriert zubereitet. Gut zubereitet hat dieser Kaffee/Espresso immer eine „Crema“.

> Crema bezeichnet den dichten, bräunlichen Schaum, der sich an der Oberfläche des richtig zubereiteten Espressos oder Kaffee Crema bildet. Die Crema bindet einen großen Teil des Aromas.

Kaffeevollautomat

- **Vollautomatische Kaffeemaschine:** Diese Maschinen garantieren eine gleichbleibende Qualität des Kaffees, da die genaue Einstellung des Mahlgrads, die Pulver- und Wassermenge, die Brühtemperatur etc. automatisch erfolgen. Einfache Bedienung und eindeutige Menüführung sowie HACCP-Zertifizierung vervollständigen das professionelle Profil und machen diese Maschinen speziell im Free-Flow- und Catering-Bereich einsetzbar, da sich die Gäste ganz unkompliziert selbst bedienen können.

(Weitere Beschreibung der Kaffeemaschinen siehe auch Kapitel 3.16.3.)

Regeln für Kaffeezubereitung
Gute Kaffeequalitäten erfordern:

- fachgerechte Lagerung
- optimalen Mahlgrad
- richtige Dosierung des Kaffeemehls
- gute Wasserqualität
- optimale Brühtemperatur und -zeit
- sauberes und vorgewärmtes Geschirr
- frische Zubereitung

Handelsformen/Kaffeesorten

Der klassische Filterkaffee ist aus der Gastronomie nicht wegzudenken. Bedarfsgerecht frisch gebrüht, ist er ein verlässlicher Umsatzbringer und wird aus **Bohnenkaffeemischungen** oder **sortenreinen Bohnenkaffees** im Aufgussverfahren/mit Filterkaffeemaschinen hergestellt.

Außerdem werden spezielle Kaffeesorten angeboten. Hierzu gehören:

- **Entkoffeinierter oder koffeinarmer Kaffee:** Vor dem Röstprozess wird das Koffein mithilfe von Wasserdampf, Kohlenstoffdioxid oder anderen Lösungsmitteln aus den rohen Kaffeebohnen herausgelöst.
- **Säurearmer/reizarmer Kaffee:** Für Menschen mit empfindlichem Magen (Galle, Leber) wird aus den Bohnen mit Wasserdampf und Lösungsmitteln ein Teil der Gerbsäure entfernt.
- **Kaffeeextrakt:** Durch Wasserentzug wird ein Auszug aus Röstkaffee hergestellt. Er wird meist als Instant-Kaffee gefriergetrocknet, aber auch als flüssiger Kaffeeextrakt für Automaten angeboten.
- **Aromatisierte Kaffeemischungen:** Die Bohnen werden nach dem Rösten mit natürlichen oder naturidentischen Aromen besprüht. Die geschmacklichen Qualitäten des Basiskaffees bleiben spürbar, die zusätzlichen Aromen (Amaretto, Haselnuss etc.) runden den Kaffeegeschmack ab.
- **Kaffee-Ersatzmittel/Surrogate** sind Röstprodukte aus anderen Pflanzen, wie Gerstenmalz (Caro-Kaffee), Feigen oder Zichorien.
- **Convenience-Kaffee-Drinks:** Sie bestehen aus Kaffeeextrakt, Milchpulver, Kakaopulver oder anderen Geschmacksstoffen (Vanille, Marzipan, Zimt) und werden mit heißem Wasser aufgegossen.

Lagerung von Kaffee

Kaffee sollte in verschließbaren Behältern wie folgt aufbewahrt werden:

- trocken
- licht- und luftgeschützt
- kühl

Kaffeezubereitungen/Spezialkaffees

Mit der Entstehung der Kaffeekonzepte in der Systemgastronomie hat sich eine unendliche Vielfalt von Kaffeezubereitungen entwickelt. Ein Beispiel sind die Flavoured Coffees, eine Kombination von Kaffee und Sirup, z.B. Vanille, Haselnuss, Karamell, Minze oder Banane. Hier ist das Angebot meist saisonal gestaltet, Kokos- und Erdbeersirup werden im Sommer angeboten, Eierlikör zu Ostern, während der Wintermonate sind Zimt- und Lebkuchensirup beliebt. Sirup mildert die Röstaromen und spricht besonders Gäste an, die Kaffee nicht gerne pur trinken.

Flavoured Coffee = aromatisierter Kaffee

Trendgetränke wie Frappuccino oder Frappé aus Kaffee und Eiscreme mit Flavour und Schokostreuseln sind aus dem Angebot nicht mehr wegzudenken. Hier sind die Kenntnisse des Personals hinsichtlich der Produkte und der fachgerechten Zubereitung gefragt, um Fantasie und Kreativität professionell zu kombinieren.

Verbände, Zulieferer, Schulen und private Dozenten veranstalten Workshops und Seminare rund um den Kaffee. Als anerkannte Instanz für Ausbildung und Zertifizierung gilt die SCA (Speciality Coffee Association of Europe) in London, aber auch die meisten Kaffeekonzepte haben eigene Schulungszentren.

Fairtrade Kaffee

Das unabhängige Fairtrade-Siegel gibt die Sicherheit, dass damit ausgezeichnete Produkte die internationalen Standards für einen fairen Handel erfüllen.

www.fairtrade-deutschland.de

Die GEPA ist ein Fair Handelsunternehmen, das Produkte und Rohstoffe von auf dem Weltmarkt benachteiligten Produzenten der südlichen Länder zu fairen Bedingungen importiert und in Deutschland vermarktet. Die GEPA hat 1986 als erstes Unternehmen fair gehandelten Biokaffee auf dem deutschen Markt angeboten.

www.gepa.de

Surrogat

Vollautomatische Zubereitung von Kaffeespezialitäten

Espresso

Cappuccino

Latte macchiato

Café au Lait

Caffè mocha

Eis-Macchiato

Die Grundlage des Kaffeeangebots in der Systemgastronomie bilden die folgenden Kaffeezubereitungen:

- **Espresso:** dunkel geröstetes Kaffeemehl im Dampfdruckverfahren hergestellt
- **Espresso macchiato:** Espresso mit einem Schuss Milchschaum
- **Ristretto:** konzentrierter Espresso mit weniger Wasser zubereitet
- **Cappuccino:** Espresso mit heißer Milch und Milchschaum
- **Caffè Latte:** heiße Milch oder Milchschaum über den Espresso gegeben
- **Latte macchiato:** Espresso in die Milch und den festen Milchschaum gegeben, sodass drei Schichten entstehen
- **Café au Lait (Milchkaffee):** Filterkaffee und heiße Milch im Verhältnis 1 : 1
- **Caffè mocha:** Espresso mit heißer Milch, Kakao und Schokoflavour und ggf. Sahne
- **Caffè doppio:** doppelter Espresso in großer Tasse
- **Caffè fredo:** Espresso mit viel kalter Milch und Eiswürfeln
- **Espresso granita/Café granitée:** Espresso, gezuckert, gefroren und dann zerstoßen im Glas, ggf. mit Sahne
- **Eiskaffee und Eis-Macchiato:** Kaffeespezialitäten mit Eiscreme

13.2.2 Tee

Tee ist ein Aufgussgetränk aus aufbereiteten

- Blättern,
- Blattknospen und
- zarten Stielen

des Teestrauchs.

Tee wird in der Systemgastronomie in einer großen Geschmacks- und Aromavielfalt angeboten. Heiß oder mit Eis getrunken passt Tee zu jeder Tages- und Jahreszeit. Mehr noch als beim Kaffee kommt es beim Tee auf gastronomische Inszenierung und passende Mischungen an. Ein neuer Trend und eine gänzlich neue Form der Darreichung – typisch für die Systemgastronomie – ist der Tea to go.

Geschmacksvariante: Chai Powder green und spiced

Der Teestrauch ist eine der ältesten Kulturpflanzen der Welt. Sein Aufguss wurde in China als Heilmittel und Genussmittel getrunken. Fast 5000 Jahre alt, wurde Tee erst im 17. Jahrhundert in Europa bekannt. 1610 importierten die Holländer Tee nach Amsterdam und so kam der Tee auch rasch nach Deutschland.

Die Schriftzeichen für Tee stammen aus dem Mandarin. Einige Länder übernahmen das Mandarin-Wort Chai, bekannt in der Systemgastronomie z. B. als Chai Latte für Tee mit aufgeschäumter Milch

Tea to go

Teeanbaugebiete

Wie beim Kaffee sind auch für die Charakteristik des Tees die Pflanze, das Anbaugebiet und Klima, die Bodenbeschaffenheit und Lage von Bedeutung. Je nach Lage des Anbaugebiets werden unterschieden:

- **Hochlandtee:** zart duftender Tee mit feinem Aroma, z. B. aus Darjeeling am Himalaya im Norden Indiens. Die besten Hochlandtees stammen aus Höhenlagen um 2 000 bis 2 500 m ü. NN.
- **Mittellandtee:** wächst auf 300 bis 1 200 m über dem Meeresspiegel und hat ein stärkeres Aroma und einen kräftigen Geschmack.
- **Tieflandtee:** kräftig im Geschmack. Die Teesträucher wachsen schnell und mehrere Ernten sind möglich. Tieflandtee wird hauptsächlich für Teemischungen und aromatisierte Tees verwendet.

Die wichtigsten Teeanbaugebiete

- Indien (Assam, Darjeeling)
- Sri Lanka (Ceylon)
- China, Japan
- Indonesien (Sumatra, Java)
- Afrika (Kenia)
- Georgien

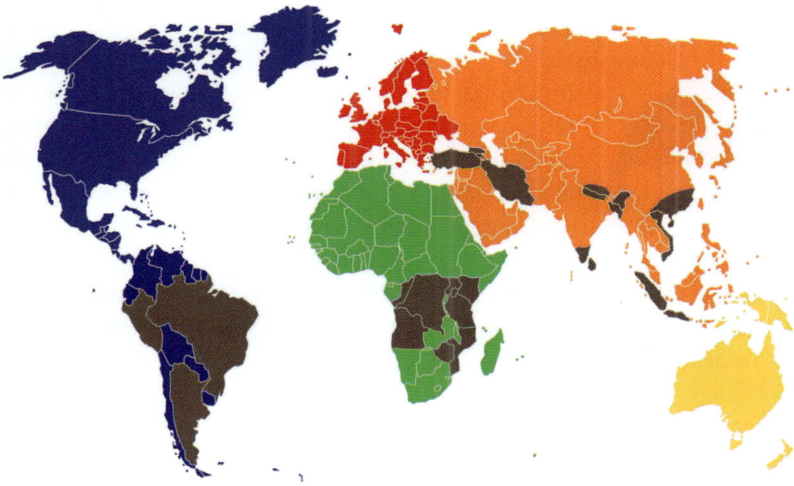

Teeanbaugebiete (braun gekennzeichnete Länder)

Teeernte

Oft werden nur die jüngsten, ersten zwei Blätter und die Blattknospe, **two leaves and a bud,** geerntet, denn je jünger die Blätter sind, desto feiner ist der Teegeschmack. Wird auf Quantität gesetzt, werden auch ältere Blätter geerntet.

Teegarten

Aufwendige und zeitintensive orthodoxe Teeherstellung

Schwarzer Tee und Oolong Tee

Pflücken
↓
Welken
↓
Rollen
Zellstruktur wird aufgebrochen,
Aromen entwickeln sich
↓
Fermentieren (schwarzer Tee) | Halb fermentieren (Oolong Tee)
↓
Trocknen
↓
Sortieren nach verschiedenen Blattgraden

Grüner Tee

Pflücken
↓
Dämpfen
↓
Rollen
↓
Trocknen
↓
Sortieren nach verschiedenen Blattgraden

Erntezeiten der Teeblätter

- **First Flush:** die ersten Tees nach der Winterzeit, die ersten Triebe, heller Tee mit herb-bitterem Aroma
- **Inbetween:** Ernte zwischen der First-Flush- und Second-Flush-Periode
- **Second Flush:** von Ende Mai bis Anfang Juli, der zweite Trieb, dunkler Tee mit würzigem Aroma
- **Autumnal:** von August bis Oktober während der Regenzeit geerntet,

Inbetween und Autumnal erreichen Gebrauchsqualität und sind günstiger

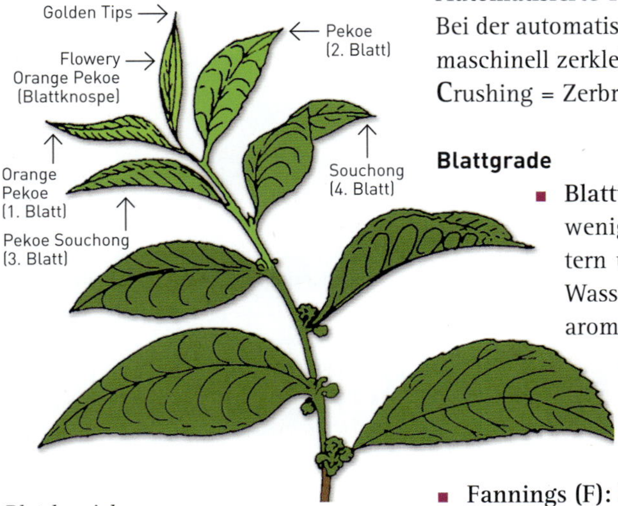

Blattbezeichnungen

Automatisierte Teeherstellung

Bei der automatisierten Teeherstellung werden die Blätter nach dem Welken maschinell zerkleinert. Dies wird als CTC-Verfahren bezeichnet:
Crushing = Zerbrechen/Zermalmen, Tearing = Zerreißen, Curling = Rollen

Blattgrade

- **Blatttee:** Die Teeblätter werden bei der Aufbereitung möglichst wenig gebrochen. Der Tee besteht daher aus ganzen Blättern und/oder Blattfragmenten. Bei der Zubereitung kann das Wasser diese nur wenig auslaugen und der Tee wird leicht und aromatisch.
- **Broken Tee (B):** Die Teeblätter werden bei der Aufbereitung mehrmals gebrochen. Dadurch werden beim Zubereiten mehr Geschmacks- und Aromastoffe gelöst, die den Tee intensiver und aromatischer schmecken lassen.
- **Fannings (F):** Kleine Blattteilchen, die beim Sieben der eben beschriebenen Sortierungen anfallen. Sie färben den Tee intensiv und werden aus diesem Grund beigemischt und für Teebeutel verwendet.
- **Dust (D):** Kleinstblättriger Tee und Teeteilchen. Sie eignen sich gut für Teebeutel.

Blattgrade

Teesorten

- **Schwarzer Tee:** voll fermentierte Teeblätter in unterschiedlicher Qualität
- **Schwarzteemischungen:** Die meisten im Handel befindlichen Sorten sind Mischungen (Blend), um einen gleichbleibenden Geschmack zu gewährleisten. Klassische Teemischungen sind:
  - englische Teemischung aus Darjeeling, Assam und Ceylontees
  - Ostfriesenmischung aus Assam-, Java- und Sumatratee
- **Oolong Tee:** halb fermentierter Tee mit mildem Geschmack
- **Grüner Tee:** unfermentierter Tee, die Blätter werden gedämpft und behalten ihre grüne Farbe. Grüner Tee hat ein feines Aroma, schmeckt aber durch den hohen Gerbsäureanteil (keine Fermentation) etwas bitter.
  Bekannte Grünteesorten sind **Gunpowder** (Teekügelchen) und **Chun Mee** (kleines, geschnittenes Blatt).
  Matcha ist ein pulverisierter Grüntee, der bis heute auch für eine japanische Teezeremonie verwendet wird. Der Tee ist dunkelgrün und ausgeprägt aromatisch.
- **Weißer Tee:** nicht fermentiert und gedämpft, besteht ausschließlich aus weiß-silbrigen Blattknospen und den ersten beiden nachstehenden Blättchen.
- **Rauchtee:** große Blätter (Souchong), über harzreichen Hölzern geröstet, auch der Tee bekommt ein rauchiges Aroma
- **Aromatisierte Tees:** zur Geschmacksvielfalt aromatisierte Tees. Bei grünem Tee geschieht dies z. B. mit Jasminblüten, bei schwarzem Tee mit ätherischen Ölen, z. B. der Bergamotte (**Earl Grey**).
  Die Geschmacksvariationen bei aromatisierten Tees sind zahlreich und reichen heute über Orangen, Ingwer, Vanille, Zimt, Lemongrass bis hin zu Chili und Schokolade. Aromatisierte Tees werden besonders für kalte Getränke gerne verwendet.

Inhaltsstoffe und deren Wirkung

- Das **Koffein** putscht nicht auf, sondern regt an. Es wirkt nicht über Herz und Kreislauf, sondern direkt auf das Gehirn und das zentrale Nervensystem. Die Konzentrationsfähigkeit wird deutlich erhöht.
- Die **Gerbsäure (Tannin)** beruhigt den Magen und Darm und sorgt dafür, dass der Körper das Koffein erst langsam aufnimmt. Dies erklärt die lang anhaltende, belebende Wirkung von Tee.
- **Spurenelement**e sind für den gesamten Organismus wichtig.
- **Fluorid** ist besonders wichtig für gesunde Zähne.
- **Ätherische Öle** geben Aroma und sind gesund.

Teeähnliche Getränke

Für diese Getränke werden Aufgüsse von stark aromatischen Pflanzenteilen von Früchten, Blüten, Blättern und Wurzeln zubereitet.

Bekannte Sorten sind z. B.: Hibiskustee, Fencheltee, Kamillentee, Hagebuttentee, Orangenblütentee, Holundertee, Sanddorntee, Mangotee, Apfeltee.

Teeähnliche Getränke enthalten weder Alkaloide noch Gerbstoffe und sind deshalb für Kinder gut geeignet. Außerdem wird ihnen oft eine beruhigende oder heilende Wirkung zugeschrieben. Kräuter- und Wohlfühltees werden immer mehr zu Trendgetränken.

Kamillentee

Für die Systemgastronomie typisch sind der

- **Pfefferminztee** aus gezupften und gewaschenen Minzeblättern oder ganzen Stängeln, die mit siedendem Wasser übergossen einen Kräutertee mit besonderer Farbe und besonderem Duft ergeben.
- **Rotbuschtee/Rooibostee** aus den Blättern und Ästen eines südafrikanischen Strauchs hergestellt. Aufgegossen hat er eine rotbraune Farbe und schmeckt süßlich-aromatisch. Er ist auf jeder Teekarte vertreten.

Entkoffeinierte Tees, Teeextrakte, Instant-Teeprodukte und Eistee zählen zu den speziell behandelten Teegetränken. Eistee wird direkt mit Tee oder mit Teeextrakten (mindestens 0,12 % Teeextrakt), die auch mit Fruchtsaft vermischt sein können, hergestellt.

Pfefferminztee aus frischen Minzeblättern

Teezubereitung

Von der richtigen Zubereitung hängt es ab, ob der Tee sein Aroma voll entfalten kann. Frisches, reines Wasser wird kurz aufgekocht und sprudelnd über den Tee gegossen. Wasser, das schon zehn Minuten gedampft hat, ist „totgekocht". Nur sehr hartes oder chlorhaltiges Wasser sollte zwei bis drei Minuten kochen, damit sich der Kalk absetzt und das Chlor entweicht.

Schwarzer Tee entwickelt sein Aroma nur in kochendem Wasser.

Tee muss ziehen und entwickelt sich im Laufe der Minuten ganz unterschiedlich. Soll beispielsweise schwarzer Tee anregend wirken, sind bis zu drei Minuten Ziehzeit angemessen, soll er beruhigend wirken, bis zu fünf Minuten.

Daher ist es wichtig, den Gast nach seinen Teewünschen zu fragen.

LeafCup

Dies ist ein ganz besonderer Teebeutel für maximalen Genuss bei minimalem Zeitaufwand. Es handelt sich um portionierten losen Blatttee für die Tasse in einem Netz aus Naturfasern.

> Bei der Dosierung des Tees schmälert Sparsamkeit den Genuss! Als Regel gilt: ein Teelöffel bzw. ein Teebeutel mit 2 g Tee je Tasse.

> Schwarzer Tee sollte nicht länger als fünf Minuten ziehen, sonst wird das Getränk bitter.

Bei grünem, weißem und Oolong Tee kochendes Wasser vor dem Aufguss auf ungefähr 80 °C abkühlen lassen.

Nach dem Ziehen Portionsbeutel herausnehmen bzw. den Tee durch ein Sieb abgießen und ansprechend präsentieren und servieren.

Ziehdauer

Teesorte	Ziehdauer
schwarzer Tee	3–5 Min.
weißer Tee	5–7 Min.
chinesischer Grüntee	2–3 Min.
japanischer Grüntee	1–1,5 Min.
Früchte- und Kräutertee	5–10 Min.

Samovar
Der Samovar ist eine ursprünglich russische Teemaschine. Der eigentliche Tee wird in einer separaten Kanne mit einer großen Menge an Teeblättern als Konzentrat hergestellt. Der trinkbare Tee besteht aus einer kleinen Menge Teekonzentrat, die mit heißem Wasser aus dem Samovar verdünnt ist.

Tee hat sich als stilvolles Getränk etabliert, sei es im Lounge-Bereich oder als To-go-Getränk. Zum Grundangebot gehören mindestens zwei gute schwarze und ein grüner Tee sowie eine Auswahl an Früchte- und Kräuterteesorten. Da es einen Automaten, der per Knopfdruck einen trinkfertigen Darjeeling in die Tasse oder die Kanne presst, nicht gibt, verlangt der Teeservice in der Gastronomie stets ein Minimum an Inszenierung, einen professionellen, liebevollen Service. Einige Teehersteller bieten daher Schulungen und sogar eine Ausbildung zum Tea-Master an.

Teelagerung
Tee wird kühl und dunkel, trocken und luftdicht verschlossen gelagert. Da Tee schnell fremde Gerüche annimmt, darf er nicht neben anderen, stark riechenden Dingen gelagert werden.
Lose Tees oder Teebeutel werden am besten in Dosen aufbewahrt.

13.2.3 Kakao

Kakaopflanze

Kakaofrüchte mit Kakaobohnen

Anbau und Verarbeitung
Kakao ist ein Aufgussgetränk aus dem Pulver von Kakaobohnen, das aus den aufbereiteten Samen der Kakaofrucht hergestellt wird. Das Ursprungsland des Kakaos ist Mexiko, wobei heute auch Venezuela, Kolumbien und Ecuador sowie die afrikanischen Staaten Ghana, Guinea, Nigeria und Kamerun von Bedeutung sind. Die Kakaobohnen werden in die Verbraucherländer exportiert und dort weiterverarbeitet. Die Bohnen werden

gereinigt → geröstet → gebrochen → gemahlen

Es entsteht eine breiige, dunkelbraune Kakaomasse. Diese Masse lässt sich durch Pressen in Kakaobutter und Presskuchen trennen. Der Presskuchen wird zu Pulver zermahlen. Kakaobutter und -pulver dienen als Ausgangsprodukt für die Schokoladenerzeugung und die Kakaopulverherstellung.

Kakaosorten
Ursprünglich gab es wohl zwei Sorten:
- Die Sorte CRIOLLO ist in Venezuela beheimatet und bedeutet Einheimische. CRIOLLO-Kakao ist mild im Geschmack, verfügt über viele Nebenaromen und ist wenig bitter.
- Die Sorte FORASTERO wurde später eingeführt und bedeutet Fremdling. FORASTEROS haben nur wenig Aroma, sind bitter und säuerlich im Geschmack, dafür jedoch robust im Anbau und ertragreich.
- Die Mischung beider Sorten, die aus Trinidad eingeführt wurde, wird als TRINITARIO bezeichnet. TRINITARIO-Kakaos besitzen ausdrucksstarke Aromen, einen kräftigen Geschmack und sind leicht säuerlich.
- Kakao aus Ecuador gehört eigentlich zu den TRINITARIO-Kakaos, wird aber NACIONAL genannt und gilt als exklusiver Kakao.

Kakaolagerung
Kakaopulver trocken und vor Geruchseinwirkung geschützt aufbewahren. Kakaopulver darf nicht feucht werden, es schimmelt und entwickelt einen muffigen Geruch.

Kakaoerzeugnisse

- **Kakaopulver:** Je nach abgepresster Menge Kakaobutter wird zwischen schwach entöltem Kakaopulver mit vollem Aroma und stark entöltem Kakaopulver mit vermindertem Aroma unterschieden. Kakaopulver ist frei von Zucker und zugesetzten Aromen.
- **Schokoladenpulver:** Fertigpulver mit dem meisten Kakao (ab 32 %) mit Zucker und Zusätzen. Das Schokoladenpulver ist leichter löslich und wird auch als Trinkschokolade bezeichnet.
- **Kakaohaltige Getränkepulver:** Diese Pulver sind durch eine Spezialbehandlung (Instantisierung) leicht in Milch löslich. Sie enthalten einen hohen Anteil an Zucker (bis 80 %). Oft wird diesen Produkten Lecithin als Emulgator zugefügt, um die Auflösung zu optimieren, damit sie auch in kalten Flüssigkeiten löslich sind.
- **Kakaotrunk:** Milchmischgetränke, die aus Milch unter Zusatz von Kakaopulver und Zucker hergestellt werden und als pasteurisiertes, ultrahocherhitztes (H-Kakaotrunk) oder sterilisiertes Produkt erhältlich sind.

> Mit dem Fairtrade-Siegel ausgezeichnete Trinkschokoladen ergänzen das nachhaltige Angebot.

Kakaozubereitung

Bei der Zubereitung von Kakaogetränken gibt es unterschiedliche Verfahren, je nach Kakaoerzeugnis. Kakao unterscheidet sich von der Zubereitung von Kaffee und Tee in der Regel aufgrund seiner Zubereitung mit Milch. Außerdem wird das Kakaopulver mitverzehrt. Das Kakaopulver löst sich nicht in der Flüssigkeit, sondern wird aufgeschwemmt (suspendiert).

> Niemals mit feuchtem Löffel das Kakaopulver aus der Dose entnehmen → Gefahr von Schimmel!

Der klassische Kakao wird zubereitet, indem das Pulver mit kaltem Wasser angerührt wird (mit oder ohne Zucker). Anschließend wird es mit heißer Milch aufgegossen oder aufgekocht und mit geschlagener Sahne garniert.

Für die Systemgastronomie sind Trinkschokoladen besonders attraktiv. Als Pulver, Granulat oder Drops müssen sie leicht löslich und für den Dispenser geeignet sein. Trinkschokoladen bestehen aus Schokoladenpulver, Kakaobestandteilen, Voll- und Magermilchpulver, Salz und Vanillin und sind aus diesem Grund nicht so bitter wie der klassische Kakao.

Trinkschokoladen werden in den Sorten Vollmilch, dunkle und weiße Trinkschokolade angeboten. Idealerweise sollten die Produkte sowohl von Hand als auch mit der Maschine zubereitet werden können.

Um Geschmacksnuancen zu erzeugen, können die Produkte auch mit Aromasirup verfeinert werden. Aber auch fertig aromatisierte Sorten mit z. B. Karamell-, Vanillenoten oder Aromen von Orangen sind für die Systemgastronomie nicht ungewöhnlich.

Schokolade auf Knopfdruck

Pulverkakao

Instantkakao

Fairtrade-Trinkschokolade

Schokolade zum Löffeln

Inhaltsstoffe und deren Wirkung

An anregenden Stoffen enthält Kakao neben geringen Mengen an Koffein das **Theobromin.** Allerdings hat das Theobromin keine zentral anregende Wirkung wie z. B. das Koffein. Deshalb ist Kakao auch als Getränk für Kinder geeignet.

Geschmacksvarianten

Karamell

Orange

Weiße Schokolade

Zimt

Schokoladenkaffee *Trinkschokolade*

Für Gäste mit einer Laktoseintoleranz ist es wichtig, dass sich das Produkt auch nur mit Wasser herstellen lässt.

Kakaospezialitäten

- **Eisschokolade:** Vanilleeis mit kalter Trinkschokolade
- **Schokoladenkaffee:** Milchschokolade und heißer Kaffee
- **Trinkschokolade:** Bitterschokolade mit heißer Milch aufgegossen

13.2.4 Wässer

Getränke-Selfservice
In vielen Ländern ist es üblich, den Gästen zu den Mahlzeiten kostenlos Karaffen oder Krüge mit Trinkwasser zu servieren. In der Systemgastronomie werden Getränke je nach Anbieter als „all you can drink" präsentiert und für den Gast gekühlt aus einer Zapfanlage zum Selfservice angeboten.

Wasser ist ein neutraler Begleiter zu allen Speisen. Außerdem ist es ein idealer Durstlöscher und auch für Diäten und Schonkost geeignet, da es energiefrei ist (keine Kalorien enthält).

Einige Gäste haben schon vor dem Essen großen Durst und möchten ihn erst mal schnell sowie alkoholfrei und ohne Völlegefühl stillen. Darüber hinaus neutralisiert Wasser die Geschmacksrezeptoren der Zunge und erlaubt einen unverfälschten Geschmack von Speisen oder Wein.

Wässer sind also fester Bestandteil gepflegter Gastlichkeit, dabei sind Wässer und Erfrischungsgetränke nicht länger nur ein Durstlöscher, sondern ein Lifestyle-Getränk.
Betriebswirtschaftlich ist Mineralwasser ein deckungsbeitragsstarkes Element, da keine Maschinen, kaum Energie und kein zeitaufwendiger Service notwendig sind.

Mineralwässer

Mineralwasser muss in der Originalflasche serviert werden!

Trinkwasser
Trinkwasser wird zum direkten Genuss, zur Zubereitung von Speisen, zur Herstellung von Lebensmitteln und zur Reinigung verwendet. Trinkwasser oder Leitungswasser wird in Deutschland aus Grundwasser und Oberflächenwasser (Seen, Talsperren, Uferfiltrat von Flüssen) gewonnen und kann somit zahlreichen Umwelteinflüssen ausgesetzt sein. Das Wasser kann zur Aufbereitung – gemäß Trinkwasserverordnung – mit einer Reihe von Chemikalien versetzt werden. Vor der Einspeisung durch die Wasserversorger ins Rohrnetz wird es aber kontrolliert. Kommt das Trinkwasser aus einem eigenen Brunnen oder Quelle, muss das Wasser, wenn es für die Zubereitung von Speisen und Getränken sowie für die Geschirrreinigung verwendet wird, von einer Gesundheitsbehörde überprüft werden.

Wassersommelier
Das Wissen um das richtige Wasser zum Essen oder Wein gewinnt immer mehr an Bedeutung und damit auch die Ausbildung zum Wassersommelier:

www.doemens.org/de/genussakademie/wassersommelier.html

Trinkwassersorten

- **Tafelwasser** ist einwandfreies Trinkwasser mit unterschiedlichen Zusätzen, die das Wasser vor allem geschmacklich verbessern. Auf dem Etikett muss „Tafelwasser" stehen und die Zusätze müssen auf dem Etikett genannt werden. Für die Gastronomie hat Tafelwasser im Gegensatz zu Mineralwasser den großen Vorzug, offen ausgeschenkt werden zu können. So kann der Gast sich auch selbst an Zapfanlagen bedienen.

- **Quellwasser** ist Wasser aus unterirdischen Wasservorkommen. Es bedarf keiner amtlichen Anerkennung, sondern muss nur den Trinkwasserkriterien entsprechen.
- **Sodawasser** ist Wasser mit Kohlensäure versetzt (ab 4 g pro Liter) und wird in der Gastronomie aus der Flasche oder einem Sodasteamer bzw. Sodasiphon (siehe Kapitel 3.17.2) zum Mischen mit alkoholfreien und alkoholhaltigen Getränken eingesetzt.

Trinkwasserverordnung
www.gesetze-im-internet.de/bundesrecht/trinkwv_2001/gesamt.pdf

Die detaillierten Anforderungen an Trinkwasser sind in der „Verordnung über die Qualität von Wasser für den menschlichen Gebrauch (Trinkwasserverordnung)" geregelt. §

Die Grundanforderungen an Trinkwasser sind:
- frei von Krankheitserregern und schädlichen Stoffen
- farblos, klar, geschmacklos
- angenehmer, erfrischender Geschmack

Bei der Aufbereitung sind chemische Zusätze, wie z.B. Chlor, zugelassen

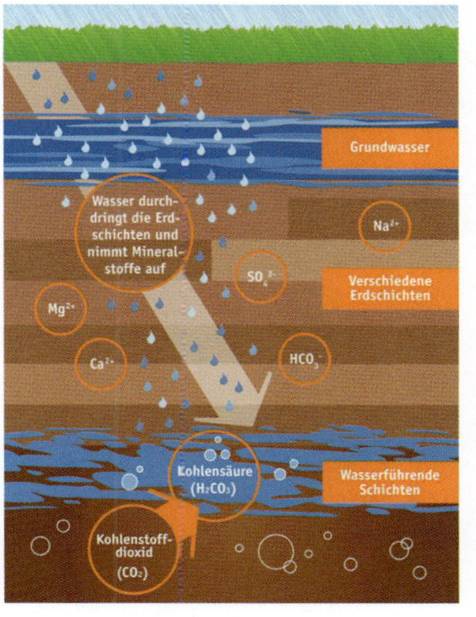

Entstehung von Mineralwasser

Natürliches Mineralwasser

Entstehung: Regenwasser sickert durch die verschiedenen Boden- und Gesteinsschichten und nimmt die darin enthaltenen Mineralstoffe und Spurenelemente auf. In kohlenstoffdioxidhaltigen Böden, die vor allem in vulkanischen Gebieten vorkommen, wird das Wasser mit Kohlensäure angereichert. Je langsamer das Wasser in die Tiefe sickert, desto mehr Mineralstoffe, Spurenelemente und Kohlensäure kann es aufnehmen. Gleichzeitig wird es durch die Gesteinsschichten gereinigt und gefiltert. Das Wasser sammelt sich tief unter der Erde in Quellen als natürliches Mineralwasser. Die unterschiedliche Zusammensetzung der Inhaltsstoffe bestimmt den individuellen Geschmack des jeweiligen Wassers.

Abfüllung: Die Abfüllung muss direkt am Quellort sein, in die für den Endverbraucher bestimmten Gefäße mit dichtem Verschluss. Ein natürliches Mineralwasser kommt aus unterirdischen, vor Verunreinigungen geschützten Wasservorkommen und ist so von natürlicher Reinheit.

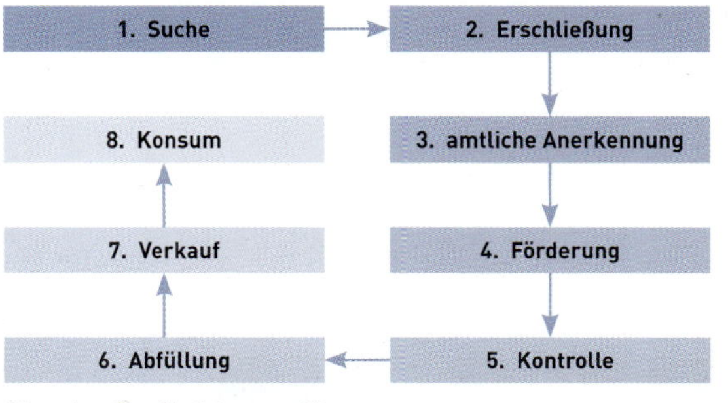

Von der Quelle bis zum Konsumenten

Für ein natürliches Mineralwasser ist eine amtliche Anerkennung erforderlich.

Kennzeichnung: Das Flaschenetikett ist die Visitenkarte eines Mineralwassers und enthält alle gesetzlich vorgeschriebenen Angaben (siehe rechts):
- Herkunft, d.h. Quellname und Ort der Quellnutzung ①
- Name des Abfüllers ②
- Verkehrsbezeichnung „natürliches Mineralwasser" ③
- charakteristische Inhaltsstoffe ④
- Hinweis auf Analysedatum ⑤
- Mindesthaltbarkeitsdatum ⑥

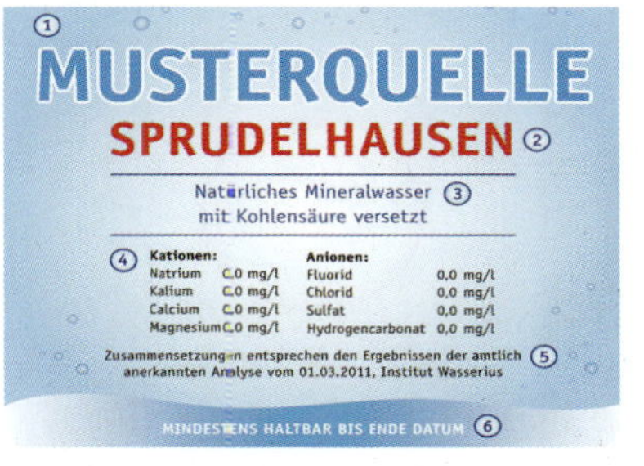

Mineralwasseretikett

Pro-Kopf-Verbrauch von Mineral- und Heilwasser

(Quelle: Verband Deutscher Mineralbrunnen e.V., Mai 2013)

Getränke auf Basis von Mineralwasser

Liegt der Kohlensäuregehalt besonders hoch (natürlich oder hinzugefügt), wird das Wasser als Säuerling bezeichnet.
Häufig werden das Analysedatum und der Zusatz „enteisent" angegeben. Beide Angaben sind gesetzlich nicht mehr vorgeschrieben.

> Enteisent/entschwefelt bedeutet, dass das ursprünglich im Wasser enthaltene Eisen/der enthaltene Schwefel herausgefiltert wurde.

Darüber hinaus gibt es weitere, nicht gesetzlich geschützte Angaben für Mineralwasser, die von den Anbietern unterschiedlich eingesetzt werden. Hierzu gehören z. B.:

- naturelle, still, leicht, medium
- Flavoured Water für natürliches Mineralwasser, das mit Auszügen von Früchten aromatisiert ist
- Near-Water-Produkte für Getränke auf Wasserbasis, die mit Aromen, Kräutern oder Mineralstoffen versetzt sind

Mineralwasser ist das beliebteste alkoholfreie Kaltgetränk der Deutschen.

Heilwasser

Heilwasser stammt wie natürliches Mineralwasser aus unterirdischen und vor Verunreinigung geschützten Wasservorkommen. Es besitzt aufgrund seiner Inhaltsstoffe nachweisbar vorbeugende, krankheitslindernde oder heilende Wirkungen, die anhand wissenschaftlicher Studien nachgewiesen werden müssen. Während Mineralwasser der Lebensmittelgesetzgebung unterliegt, ist Heilwasser ein Arzneimittel im Sinne der Arzneimittelverordnung.

13.2.5 Frucht- und Gemüsesäfte

Frucht- und Gemüsesäfte sind gute Vitamin- und Mineralstofflieferanten und somit fester Bestandteil einer gesunden Ernährung. Sie sind ideale Begleiter zu Vollwertgerichten und Speisen aus der vegetarischen Küche, dürfen aber auch zum Frühstück nicht fehlen. Frisch gepresste Gemüse- und Fruchtsäfte, oft zusammengestellt nach den Wünschen des Kunden, werden häufig in Saftbars angeboten. Ein leicht gesalzener Tomatensaft ist ein beliebtes Gemüsegetränk im Air-Catering.

Saftbar (Mr. Clou)

Frucht- und Gemüsesäfte werden unterschiedlich hergestellt:

- Die Früchte/das Gemüse werden direkt gepresst (Direktsaft).
- Früchte oder Gemüse werden in einer Mühle zerkleinert und gepresst oder passiert. Gemüse wird meist vorher blanchiert. Der entstandene Saft wird gefiltert (außer bei naturtrüben Säften), pasteurisiert und abgefüllt.
- Die Früchte/das Gemüse werden zu Saft verarbeitet und dann unter Vakuumbedingungen konzentriert. Zuerst wird das Aroma und dann das Wasser entzogen. Das Fruchtsaftkonzentrat wird tiefgekühlt und ist gut transportierbar. Zur Aufbereitung werden dem Konzentrat die natürlichen Aromen und Wasser zugefügt. Abschließend erfolgt die Pasteurisierung zur Haltbarmachung. Dank diesem Verfahren sind Säfte von allen Früchten auf der ganzen Welt das ganze Jahr erhältlich.

Fruchtsaft darf weder mit Konservierungsstoffen, Farbstoffen oder Zucker versetzt sein und muss zu 100 % aus dem Saft der Frucht bestehen, die auf dem Etikett angegeben ist (EU-Fruchtsaftrichtlinie).

Lieblingssäfte
Am liebsten trinken die Deutschen Orangensaft. Auf Platz 2 rangiert Apfelsaft, gefolgt von Multivitaminsaft. Ein neuer Trendsetter ist Rhabarbernektar.

Multivitaminsäfte sind Fruchtsäfte aus mehreren Fruchtsorten, die meist mit Vitaminen angereichert wurden.

Auch Gemüsesaft enthält 100 % Gemüse, wobei der Saft aus unterschiedlichen Gemüsesorten bestehen kann. Die Gemüsesorten werden auf dem Etikett nach ihrem Gewichtsanteil absteigend aufgezählt. Gemüsesaft darf mit Zutaten wie Salz, Zucker, Gewürzen, Kräutern und natürlichen Säuren verfeinert werden.

Die ideale Serviertemperatur für Frucht- bzw. Gemüsesäfte liegt zwischen 8 und 12 °C, da sich in diesem Bereich Aroma und Textur des Safts optimal ergänzen. Eiswürfel werden nur auf Wunsch des Gasts dazugegeben, da sie das Getränk und den Geschmack verwässern.

Smoothies (smooth = fein, cremig)
Basis für dieses Lifestyle-Getränk ist das Fruchtpüree der entsprechenden Frucht, welches mit Säften gemischt eine fein-cremige Konsistenz erhält. Darüber hinaus können Smoothies mit Joghurt, Milch oder Eiscreme geschmacklich variiert werden.

Smoothies

13.2.6 Frucht- und Gemüsenektare

Fruchtnektar ist eine Mischung aus Fruchtsaft oder Fruchtmark, Wasser und Zucker bzw. Süßstoff. Aroma-, Farb- und Konservierungsstoffe dürfen nicht hinzugefügt werden.

Gemüsenektar ist eine mit Wasser verdünnte Aufbereitung aus Gemüsesaft oder Gemüsemark. Zur Geschmacksverbesserung ist der Zusatz von Zucker bzw. Süßstoff zulässig, auch in Form von Flüssigzucker oder Sirup. Gemüsenektar hat mindestens 40 % Gemüseanteil (Ausnahme: Rhabarber mit 25 % Fruchtanteil).

Unterschiedlicher Fruchtgehalt in Erfrischungsgetränken

13.2.7 Fruchtsaftgetränke, Limonaden und andere Erfrischungsgetränke

Fruchtsaftgetränke
Fruchtsaftgetränke bestehen aus Fruchtsaft, Wasser, Zucker, Fruchtsäuren, natürlichen Aromastoffen und evtl. Kohlensäure.

Fruchtsäuren und Aromastoffe sind zusammen mit dem Zucker wesentlicher Bestandteil des Geschmacks bei diesen Produkten. Der Vitamin- und Mineralstoffgehalt ist durch die Verdünnung mit Wasser erheblich geringer als bei Fruchtsaft.

Fruchtsaftgetränke und Limonaden

Fruchtsaftlimonaden

Kräuter- und Ingwerlimonaden

Colalimonaden

Bitterlimonade

Malzlimonade

Limonaden und Brausen

Limonaden bestehen aus Trinkwasser, natürlichem Mineralwasser oder Quell- und/oder Tafelwasser, das mit Aromaextrakten und/oder natürlichen Aromastoffen und Fruchtsäuren versetzt wird. Als Süßungsmittel kann Zucker oder Zuckercouleur verwendet werden.

Zur Herstellung von Limonaden wird Wasser mit Kohlensäure versetzt und dann mit Limonadengrundstoff und Süßungsmittel vermischt und in Flaschen oder Dosen abgefüllt. Der Limonadengrundstoff ist für die jeweilige Limonadensorte typisch und seine Rezeptur daher ein Herstellergeheimnis.

Brausen werden nicht nur aus natürlichen Stoffen hergestellt, sondern können auch mit künstlichen oder naturidentischen Aroma- und Farbstoffen hergestellt werden. Der Begriff Brause wird oft als Synonym für den Begriff Limonade verwendet. Ein aktuelles Beispiel ist das In-Getränk Fassbrause, bei dem es sich meist trotz des Namens um eine Limonade handelt. Als der Begriff Fassbrause zum ersten Mal auftauchte, wurde das Getränk aus Wasser, Zucker und Malzaromen hergestellt. Einige Brauereien mixen es heute aus Limonade und alkoholfreiem Bier.

In der Systemgastronomie werden Limonaden und Brausen oft mit Zapfanlagen ausgeschenkt (siehe Kapitel 3.16.2).

Fruchtsaftlimonaden

Sie enthalten einen Saftanteil, der als Mindestfruchtgehalt auf dem Etikett angegeben ist. Natürliche Aromen und Fruchtfleisch können den Geschmack abrunden, z. B. Fanta oder Sinalco oder Orangina oder Bluna.

Kräuter- und Ingwerlimonaden

Der Limonadengrundstoff ist geschmacklich durch natürliche Kräuterauszüge geprägt, z. B. Almdudler oder Ginger Ale.

Colalimonaden

Der Limonadengrundstoff enthält als Säuerungsmittel Phosphorsäure und als anregenden Stoff Koffein (max. 250 mg/l), z. B. Coca-Cola, Pepsi Cola, afri cola, fritz-kola.

Bitterlimonaden

Sie enthalten Bitterstoffe, z. B. Chinin, aus der Rinde des Chinabaums. Sind mehr als 15 mg Chinin je Liter in der Limonade vorhanden, wird sie als Tonic bezeichnet, z. B. Tonic Water oder Bitter Lemon.

Biologische Erfrischungsgetränke

Eine neue Limonadenart, die aktuell als Lifestyle-Getränk bezeichnet werden kann. Wie bei Bier werden für ihre Herstellung nur die Ausgangsstoffe Wasser und Malz verwendet. Bei der Gärung entsteht dann durch ein patentiertes Verfahren kein Alkohol, sondern der Zucker wird in Gluconsäure umgewandelt. Diese milde Fruchtsäure in Kombination mit natürlichen Frucht- oder Kräuteraromen bestimmt den unverwechselbaren Geschmack dieses Getränks, z. B. Bionade.

Energiereduzierte Erfrischungsgetränke
Bei energiereduzierten Fruchtsaftgetränken, Limonaden und Brausen wird der Zucker ganz oder teilweise durch Süßstoff ersetzt. Sie werden oft auch als Lightprodukte vermarktet. Die Süßung auf der Basis von Stevia hält auch bei Getränken ihren Einzug.

Mit Stevia gesüßte Getränke

Energydrinks
Energydrinks sind leistungssteigernde Getränke für mentale und körperliche Fitness über einen kurzen Zeitraum. Die leistungssteigernden Effekte sind mit der Koffein- oder Guaranawirkung zu erklären. Guarana ist eine koffeinhaltige Pflanze aus Südamerika. Auch die spezielle Kombination der Inhaltsstoffe (schnell verwertbare Kohlenhydrate und der Stoffwechselbeschleuniger Taurin) können dazu beitragen.

Energydrinks

Erfrischungsgetränke aus Tee

Eistee
Eistee wird direkt aus Tee oder mit Extrakten aus Tee hergestellt. Nach traditionellem Rezept wird ein Aufguss aus Schwarztee mit Zitronensaft und Zucker bereitet. Die im Handel angebotenen Eistees sind meist Variationen mit Grün-, Früchte- oder Kräutertee und in Kombination mit Fruchtsaft hergestellt. Sie müssen mindestens 0,12 % Teeextrakt enthalten. Beliebt sind Sorten wie Pomegranate (Granatapfel), Peach und Eistees auf Grüntee-Basis.

Kombucha
Kombucha ist eine gesüßte Teemischung, vergoren mit Hefe, Milchsäurebakterien und dem Kombuchapilz.

Bubble Tea
Bubble Tea ist ein Getränk auf der Basis von gesüßtem grünem oder schwarzem Tee. Es kann mit Milch, Joghurt und Sirup versetzt und wie ein Milchshake zubereitet werden.

Bubble Tea

13.2.8 Sirupe

Sirupe werden beim Mischen sowohl zum Süßen als auch zur Geschmacksverbesserung und zum Erreichen schöner Farben verwendet. Sirupe entstehen durch Kochen oder spezielle Techniken aus zuckerhaltigen Flüssigkeiten wie Zuckerwasser, Zuckerrübensaft, Fruchtsäften und Pflanzenextrakten (Dicksaft). Der erhaltene Sirup gewinnt dann durch das Versetzen mit unterschiedlichsten Aroma- und Farbstoffen eine weitere Variationsmöglichkeit. Daher ist die Sirupvielfalt enorm.

Verwendungsmöglichkeiten
- für die Verfeinerung von Heißgetränken
- für die Aromatisierung von Milchmischgetränken und Smoothies
- für die Herstellung unterschiedlichster Bargetränke
- für die Herstellung von Saucen, Dressings, Desserts und Kuchen

Sirupe

13.2.9 Alkoholfreie Mischgetränke

Alkoholfreie Mischgetränke sind aus einem modernen, gastorientierten Getränkeangebot nicht mehr wegzudenken, da sie im Rahmen einer gesunden Ernährung nicht nur für Kinder und Schwangere, sondern auch für gesundheitsbewusste Gäste eine wichtige Alternative darstellen.

Alle beschriebenen alkoholfreien Getränke können zur Herstellung von Mischgetränken verwendet werden. Damit besteht eine große Variationsbreite für den gastronomischen Betrieb. Frucht- und Gemüsesäfte, Limonaden und Sirupe lassen sich hervorragend z. B. zu **Cocktails** verarbeiten, die als frische, alkoholfreie Getränke gerne bestellt werden.

Die Zubereitung vieler alkoholfreier Mischgetränke wird gerne vor dem Gast durchgeführt und dann auch als To-go-Variante angeboten. Die Zubereitung ist dabei wie bei den alkoholischen Mischgetränken mit den beschriebenen vier Arbeitstechniken möglich (siehe Kapitel 13.3.9).

Florida

Karotten Mary

Beispiele für alkoholfreie Cocktails sind:
- **Florida:** Maracujasirup, Zitronensaft, Ananassaft, Orangensaft, Grapefruitsaft
- **Virgin Caipirinha:** Limetten, Rohrzucker, Crushed Eis, Zitronenlimonade
- **Virgin Colada:** cremiger Mix aus Kokossirup, Sahne, Ananassaft
- **Karotten Mary:** Karottensaft, Tomatensaft, Zitronensaft, Selleriesalz, Tabasco, Worcestershiresauce, frisch gemahlener Pfeffer

Milchmischgetränke

Milchmischprodukte sind im To-go-Angebot in der Systemgastronomie ein fester Bestandteil. Sie werden kalt oder warm serviert und oft als kleine Zwischenmahlzeit verzehrt. Die Herstellung erfolgt unter Verwendung von Obst, Säften, Speiseeis, Kakaoprodukten oder Kaffee, aber auch mit Kräutern, Gewürzen oder Honig. Drei unterschiedliche Gruppen sind zu unterscheiden:
- Fruchtmilch
- Milchshakes/Milch mit Eiscreme
- Milch-Frappés/Milch mit Crushed Eis

Milchmischgetränk

13.3 Alkoholhaltige Getränke

13.3.1 Bier

Biermarkt in Deutschland

Bier ist in Deutschland ein beliebtes alkoholisches Getränk, sodass viele Gastronomen die unterschiedlichsten Biersorten im Angebot haben. Der Bierkonsum in Deutschland hat in den letzten Jahren abgenommen, umso wichtiger ist es für den Gastronomen, ein breites „Bier-Portfolio" anzubieten. Die meisten Brauereien versuchen, mit Biermixgetränken dem Trend gegenzusteuern und sich den veränderten Trinkgewohnheiten anzupassen. Aber auch internationale Marken sind gefragt und für die Systemgastronomie mit internationalen Speisen und internationalen Konzepten ein wichtiger Erfolgsfaktor.

Die Freien Brauer – ein Verbund führender unabhängiger Privatbrauereien
www.die-freien-brauer.de

Ausbildung zum Biersommelier
www.biersommelier.de

Weiterhin ergeben sich große Chancen, insbesondere für regionale Marken, durch sogenannte „Craft Biere“. Die Biere weisen meist einen außergewöhnlichen Geschmack auf, der durch aufwendige Handarbeit, seltene und ausgefallene Zutaten entsteht. Oft haben diese Biere eine besondere Flaschenform und -größe.

Mit der Ausbildung zum Biersommelier werden Servicekräfte für die gehobene Bierkultur qualifiziert, die dem Gast fachlich die Biervielfalt und den Biergenuss näherbringen.

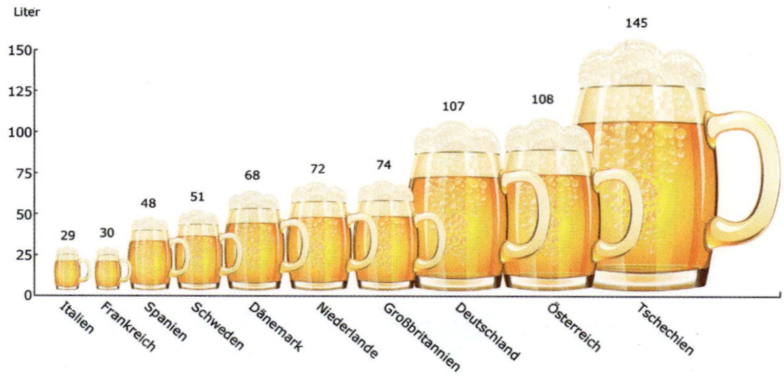

Jährlicher Pro-Kopf-Konsum von Bier 2012
(Quelle: Zahlen auf Grundlage des Deutschen Brauer-Bundes e.V.)

Bier liegt in Deutschland zusammen mit seinem Sorten- und Markenreichtum und höchsten Qualitätsansprüchen in historischer Verantwortung. Herzog Wilhelm IV. verkündete 1516 das Reinheitsgebot. Es bestimmt heute, dass Bier nur aus den Rohstoffen Wasser, Hopfen und Getreide hergestellt werden darf. 1551 wurde der Begriff Hefe in den Gesetzestext integriert.

Craft Biere

Bierbestandteile

Brauwasser ist der Hauptbestandteil des Biers. Zum Brauen wird nur besonders hochwertiges Wasser verwendet. Aus diesem Grund gibt es deutsche Brauereien, die auch einen eigenen Brunnen besitzen.

Um die **Gerste** für den Brauprozess verwenden zu können, muss Malz daraus gemacht werden. Malz entsteht in der Mälzerei durch Keimen der für das Bier bestimmten Getreidesorten. In der Regel werden Gerste, aber auch Weizen und Roggenkörner verwendet. In der Mälzerei werden die Inhaltsstoffe der Körner aufgeschlossen. Zuerst werden die Körner eingeweicht, damit sie dann bei 15–18 °C keimen können (Grünmalz). Anschließend werden sie bei hohen Temperaturen von 85–120 °C gedarrt (getrocknet) und die Wurzelkeime abgerieben. Es entsteht das Braumalz. Die beim Mälzen entstandene Maltose (siehe Kapitel 11.1.2) macht eine Gärung überhaupt erst möglich. Das Malz gibt dem Bier seine Geschmacksfülle und seine Farbe. Stark gedarrtes Getreide für dunkle Biere, schwach gedarrtes Getreide für helle Biere.

Gemälztes Getreide

Hopfen ist die „Seele des Biers“, denn durch den Hopfen bekommt das Bier seinen herb-aromatischen Geschmack. Der Hopfen sorgt für die Haltbarkeit des Biers und gibt dem Bierschaum seine Stabilität.

Brauhopfen

Die **Hefe** macht das Bier zu einem alkoholischen Getränk, denn sie bringt die Bierwürze zum Gären. Sie ist für die alkoholische Gärung verantwortlich. Es werden zwei Gärverfahren und in Folge zwei Bierarten unterschieden:

- **Gärung mit untergärigen Hefen**
  Zur Herstellung untergäriger Biere findet die Gärung gekühlt unter 10 °C statt und die Hefen (Saccharomyces carlsbergensis) sinken nach Beendigung der Gärung zu Boden.

Obergärige Biere	**Untergärige Biere**
Altbier	Pils
Malzbier	Helles Lagerbier
Berliner Weiße	Bockbier
Stout	Dunkles
Porter	Schwarzbier
Weizenbier	Exportbier
Kölsch	Diätbier

- **Gärung mit obergärigen Hefen**
  Bei der Obergärung sind höhere Gärtemperaturen (15 °C bis 22 °C) erforderlich. Im klassischen Verfahren steigt während der Gärung die obergärige Hefe (Saccharomyces cerevisiae) an die Oberfläche.

Die obergärige Braumethode ist die wesentlich ältere Methode, denn die Temperaturbedingungen, wie sie für die untergärige Methode benötigt werden, lagen bis zur Einführung der Kühltechnik nur im Winter vor.

Der Brauprozess

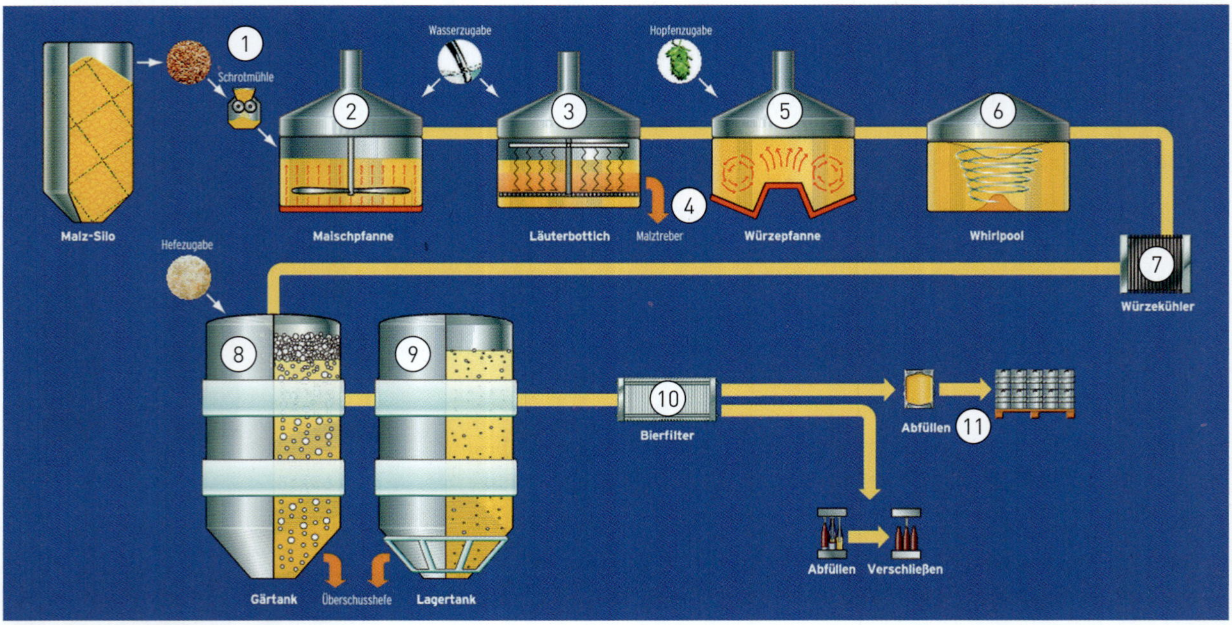

Quelle: Deutscher Brauer-Bund e.V.

1. Mahlen des gemälzten Getreides (Braumalz) in der **Schrotmühle.** Es entsteht das Malzschrot.
2. Vermischen des Malzschrots in der **Maischpfanne** mit Wasser zur Maische und Erhitzen der Maische, damit sich durch die natürlichen Enzyme des Getreides die Stärke in löslichen Malzzucker umwandelt.
3. Trennung der festen Bestandteile der Maische von der Flüssigkeit im **Läuterbottich.**
4. Verwendung des Rückstands, dem **Malztreber**, als Viehfutter.
5. Die geläuterte Würze fließt in die **Würzpfanne.** Zugabe von Hopfen und Kochen der Würze für 1 bis 2 Stunden.
6. Entfernung noch verbliebener Trübstoffe im **Whirlpool.**
7. Kühlen der Würze im **Würzekühler.**
8. Zugabe der Hefe in den **Gärtank.** Die Hefe wandelt den Zucker in Alkohol und Kohlensäure um. Abzug der überschüssigen Hefe.
9. Lagerung des fertigen Jungbiers im **Lagertank.** Hier rundet sich der Geschmack des Biers ab, die Kohlensäure wird gebunden, die restliche Hefe setzt sich auf dem Boden oder an der Oberfläche ab (unter- bzw. obergäriges Bier) und das Bier wird klar.
10. Filtration des Biers im **Bierfilter** (Ausnahme: hefetrübes Bier).
11. Abfüllung des fertigen Biers in **Flaschen oder Fässer.**

Virtuelle Brauereiführung
www.brauer-bund.de

Bierflaschenformen

Longneckflasche, Bügelflasche, Infinium-Flasche (Champagnerflasche)

Stammwürze ist der Gehalt an gelösten Stoffen in der Würze (Biersud) vor der Gärung.
Die Stammwürze wird in Prozent angegeben und bestimmt den Alkoholgehalt des Biers.

Alkoholfreies Bier

Auch alkoholfreies Bier wird streng nach dem deutschen Reinheitsgebot hergestellt. Es gibt zwei unterschiedliche Herstellungsverfahren:

- Die Bildung von Alkohol wird während des Gärprozesses gestoppt, was auch bei der Herstellung von Malzbier geschieht.
- Der Alkohol wird dem Bier nach abgeschlossenem Brauvorgang entzogen.

Ein sehr geringer Rest Alkohol ist als geschmackliche Komponente aber auch im alkoholfreien Bier enthalten. Bier darf als alkoholfreies Bier bezeichnet werden, wenn der Alkoholgehalt höchstens 0,5 % vol beträgt. Mittlerweile reicht die Palette des Angebots von Pils über Weizenbier bis hin zu regionalen Bieren wie Kölsch und Alt, sodass fast jeder Gast beim alkoholfreien Bier auf seinen Geschmack kommt. Beträgt der Alkoholgehalt 0,5–1,5 % vol, wird es als alkoholarmes Bier bezeichnet.

Leichtbier/Lightbier

Auch Leichtbier wird nach dem deutschen Reinheitsgebot hergestellt. Es enthält weniger Alkohol und somit auch weniger Energie. Mithilfe eines speziellen Brauverfahrens wird ein großer Teil des bei der Gärung entstandenen Alkohols entzogen oder es wird die Alkoholbildung während der Gärung vermindert. Der Alkoholgehalt liegt bei 2,0–3,2 % vol und der Energiegehalt ist um 30–40 % reduziert.

Kohlenhydratreduziertes Bier

Bei diesen Bieren werden beim Brauprozess die Kohlenhydrate zu fast 100 % vergoren. Diese Biere haben daher sowohl einen um mindestens 30 % bis hin zu 60 % geringeren Anteil an verwertbaren Kohlenhydraten und daraus resultierend auch einen geringeren Energiegehalt. Auf den Alkoholgehalt hat dieser Brauprozess keinen Einfluss.

Glutenfreies Bier

In diesen alkoholhaltigen oder alkoholfreien Getränken, die wie Biere eingebraut werden, wird das in Gerste, Roggen oder Weizen enthaltene Gluten (Eiweißgemisch) entfernt. Diese Biere sind zum Konsum für Menschen, die an Zöliakie (siehe Kapitel 11.4.2) erkrankt sind, geeignet.

Bierpflege – Fassbier

Bierpflege fängt im Keller, d.h. bei der Lagerung an. Die richtige Kühlung und ein optimal eingestellter Kohlensäuredruck garantieren die Frische und eine perfekte Schaumkrone.

Fachgerechte Lagerung

- Der Kühlraum darf aus hygienischen Gründen nicht zur Lagerung von anderen Lebensmitteln genutzt werden, auch nicht für Leergut.
- Im Bierkeller sollte eine Wasserzapfstelle vorhanden sein. Zudem sollte der Boden wasserundurchlässig mit einem Senkschacht versehen sein.

Biergattungen

- Bier mit niedrigem Stammwürzegehalt von 1,5 % – 6,9 %
- Schankbier mit einer Stammwürze von 7,0 % – 10,9 %
- Vollbier mit einer Stammwürze von 11,0 % – 15,9 %
- Starkbier mit einer Stammwürze von mindestens 16 %

Alkoholfreies Bier

Leichtbier

Kohlenhydratreduziertes Bier

Glutenfreies Bier

- Bier ist immer kühl zu lagern. Die Kellertemperatur sollte 5–8 °C betragen. Bei sehr langen Leitungen zur Zapfstelle ist eine Begleitkühlung (1–2 °C) erforderlich.
- Für jede Biersorte ist eine gesonderte Leitung mit eigenem Zwischendruckregler und Zapfhahn zu installieren.
- Die Leitungen verlaufen immer erst steigend und dann waagerecht, damit sich keine Kohlensäureblasen darin festsetzen können und keine hygienischen Probleme entstehen.
- Die Kühlmaschine des Bierkellers steht in einem separaten Raum, nur der Verdampfer befindet sich im Bierkeller und auch die Kohlensäureflaschen stehen separat, abseits von Wärmequellen (Explosionsgefahr).

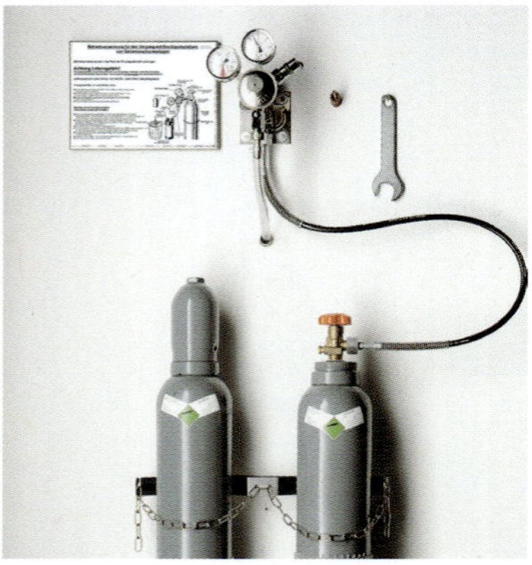

Richtig angeschlossene Druckgasflasche

Druck-einstell-schraube

Druckminderer zur Druckregelung

Kohlensäuredruck

- Um eine gleichbleibende Qualität anbieten zu können, muss der Betriebsdruck ermittelt und eingestellt werden. Dies geschieht fachgerecht in Abhängigkeit von Sättigungsdruck und Förderdruck. Ist der Betriebsdruck einmal vom Fachmann festgestellt, sollte die Einstellung nicht mehr verändert werden. Die Kohlensäure hat folgende Aufgaben:
- Die durch die Gärung entstandene biereigene Kohlensäure bestimmt die Frische und Schaumkrone des Biers. So muss beim Fassbierausschank Kohlensäure aus der Kohlensäureflasche das Bier herausdrücken, damit nicht die Kohlensäure aus dem Bier entweicht (Sättigungsdruck). Der Sättigungsdruck berechnet sich aus dem Kohlensäuregehalt des Biers und der Lagertemperatur.

Jede Biersorte braucht ihren eigenen Betriebsdruck.

- Außerdem dient die Kohlensäure dazu, das Bier vom Fass zum Zapfhahn zu befördern (Förderdruck).

Kohlensäureflaschen dürfen nie liegend betrieben werden (Explosionsgefahr) und sind deshalb zwingend gegen Umfallen zu sichern.

Fachgerechter Anschluss der Fässer

Das übliche Keg-System erlaubt einen einfachen Anschluss der Bierfässer an die Leitungen.

Das Keg-System

Schutzkappe abnehmen

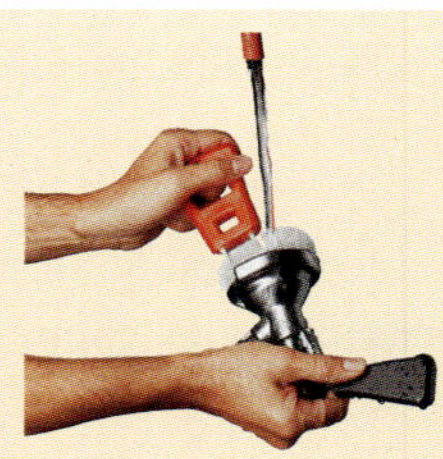

Fitting und Zapfkopf mit fließendem Wasser und speziellen Bürsten reinigen

Anschlag über den Verschluss schieben

Hebel nach unten drücken. Dadurch werden die Ventile für Bier und Kohlensäure geöffnet und es kann gezapft werden. Wenn der Zapfkopf einen Absperrhahn hat, muss dieser nach dem Aufsetzen des Zapfkopfs geöffnet und vor dem Abnehmen geschlossen werden.

Zum Abnehmen des Zapfkopfs den Hebel nach oben ziehen und den Zapfkopf vom Verschluss nehmen. Danach Schutzkappe wieder auflegen.

Bier zapfen

Ein sauberes Bierglas ist die Grundvoraussetzung für ein frisch gezapftes Bier. Dazu wird das Glas in warmem Wasser mit Gläserbürste und Reinigungsmittel grundgereinigt und anschließend in kaltem Wasser nachgespült. Biergläser müssen fettfrei sein, da sonst keine einwandfreie Schaumkrone entsteht. Im offenen Ausschank genügt es, wenn die Gläser auf dem Gläserrost abtropfen, sie sollten innen nicht abgetrocknet werden. Auf keinen Fall sollte in warme, trockene Gläser gezapft werden, da die Schaumbildung dann zu stark ist.

Das Vorurteil, dass ein perfekt gezapftes Pils sieben Minuten braucht, ist weitverbreitet. Ein Bier mit dem richtigen Kohlensäuregehalt und perfekter Schaumkrone sollte jedoch in maximal drei Minuten gezapft sein. Es schmeckt besser, weil es noch seinen ursprünglichen Gehalt an Kohlensäure aufweist.

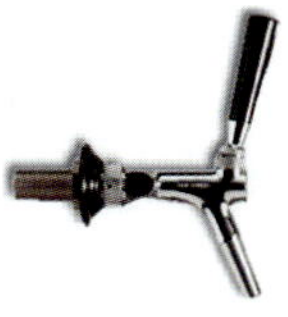

Kolbenhahn

Kugelhahn

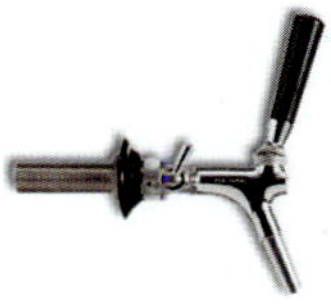

Kompensatorhahn

Zapfvorgang

Das Glas schräg unter den ganz geöffneten Zapfhahn halten, sodass das Bier die Wandung entlanglaufen kann, damit möglichst wenig Kohlensäure verloren geht.

Das zu 2/3 gefüllte Glas zugunsten der Schaumhaltbarkeit für eine kurze Zeit abstellen.

Beim Nachzapfen den Hahnauslauf nicht ins Bier eintauchen, sonst wird Luft hineingedrückt und die Kohlensäure entweicht.

Nach dem Aufsetzen der Schaumkrone ist ein Bier nach maximal zwei bis drei Minuten servierfertig.

Den „Nachtwächter“, das Bier, das nachts in der Leitung geblieben ist, sowie den ersten „Schuss“ nach dem Fasswechsel immer weggießen.

Mobile Zapfsysteme

Ob im Biergarten oder beim Catering, mobile Zapfgeräte sind zum festen Bestandteil in der Systemgastronomie geworden. Beim mobilen Ausschank sind Besonderheiten zu beachten, da oft große Schankmengen innerhalb kurzer Zeit und besondere technische Anforderungen berücksichtigt werden müssen.

Informationen über mobile Zapfsysteme
www.brauer-bund.de/ausschank-pflege/mobiler-ausschank.htm:
Flyer mobiler Ausschank
Broschüre Mobile Schankanlagen
Dokumentation für den mobilen Ausschank

Hygieneleitfaden – Getränkeschankanlagen
www.brauer-bund.de/download/Archiv/PDF/ausschank/hygieneleitfaden.pdf

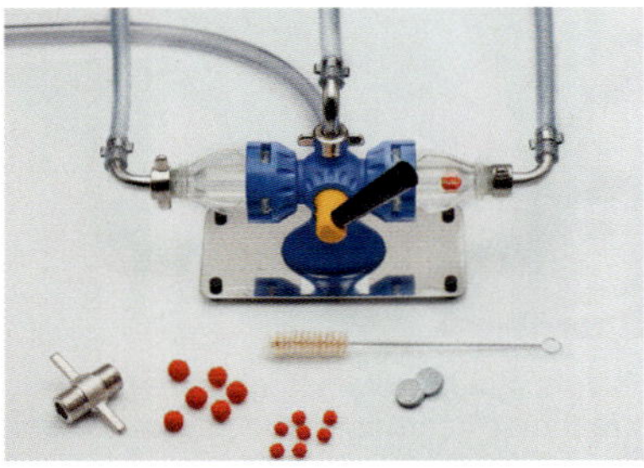

Gerät für die chemisch-mechanische Reinigung der Leitungen

Bierhygiene

Für die Reinigung der Schankanlage ist der Gastronom selbst verantwortlich. Er hat die Verpflichtung zur Durchführung, kann sich aber von betrieblichen Fachkräften oder externen Dienstleistern unterstützen lassen. Es gelten die Betriebssicherheitsverordnung und die Grundätze der Europäischen Lebensmittelhygiene-Verordnung (DIN 6650-6).

> Beim Reinigen sind auch der Zapfkopf und der Zapfhahn der Schankanlage zu reinigen sowie der Zapfhahn zu desinfizieren.

Bierpflege – Flaschenbier

Auch Flaschenbier wird kühl und lichtgeschützt gelagert. Trendbiere und Biermischgetränke werden oft mit Zitronen- oder Orangenspalten im Flaschenhals oder auch mit Strohhalm serviert und brauchen nicht unbedingt ein Glas. Wird ein Flaschenbier mit Glas serviert, muss dieses hygienisch einwandfrei sein. Es benötigt keinen Füllstrich.

Einschenken

Das Glas mit frischem kaltem Wasser spülen.

Das auf ca. 5 °C gekühlte Bier zügig ins Glas einschenken.

Etwa eine Minute setzen lassen.

Dann nachschenken.

Angaben auf dem Bieretikett

- Verkehrsbezeichnung/Handelsmarke
- Biersorte
- Brauerei bzw. Abfüller
- Füllinhalt
- Alkoholgehalt
- Zutaten
- Mindesthaltbarkeitsdatum

Beim Einschenken von **Weizenbier** sollte das Glas leicht schräg gehalten werden, sodass das Bier langsam am Rand des Glases entlangläuft. Zuerst wird bis auf einen kleinen Rest eingeschenkt. Dieser Rest wird mit der Hefe, die sich am Boden abgesetzt hat, aufgeschüttelt und nachgeschenkt. So verteilt sich die Hefe im Glas und die Schaumkrone ist perfekt.

Fehlerquellen beim Bierausschank

Fehler	Ursachen
das Bier läuft nicht	▪ das Fass oder die Kohlensäureflasche ist leer ▪ die Bierleitung ist geknickt, verstopft oder eingefroren ▪ der Keg-Zapfkopf ist defekt
das Bier läuft trüb	▪ das Bier ist zu kalt (Kältetrübung) ▪ Bierleitungen oder Armaturen sind nicht sauber ▪ die Schankanlage hat zu viel Druck (CO_2-Trübung)
das Bier schäumt zu stark	▪ das Bier oder die Gläser sind zu warm ▪ in den Leitungen ist Belag von Bierstein ▪ der Kohlensäuredruck stimmt nicht
das Bier schäumt zu wenig	▪ das Bier ist zu kalt ▪ der Kohlensäuredruck ist zu niedrig ▪ die Gläser sind nicht sauber ▪ das Reinigungsmittel ist ungeeignet

13.3.2 Wein

Wein ist ein Getränk mit Tradition. Bereits seit der Antike ist der Genuss von Wein fester Bestandteil einer gepflegten Ess- bzw. Trinkkultur. Die bedeutendsten Weinanbaugebiete liegen immer noch in Europa. Die „Neue Welt“, d. h. Anbaugebiete in Übersee, gewinnen jedoch immer mehr an Bedeutung.

Der Weinberg

Der Weinberg mit den Einflussfaktoren Boden, Klima und Lage ist eine wichtige Voraussetzung für einen perfekten, vielfältigen Weinbau.

Rotschiefer

Mergel

Kies

Kalkstein

Boden

Der Boden prägt den Charakter eines Weins. Tief wurzelt der Rebstock im Boden, aus dem er Nahrung zieht. Daher gibt es Böden, die besonders gute Weine oder besonders große Mengen von Wein hervorbringen. Ob z. B. felsige Böden, Schiefer, Kies oder Sand, die Reben gedeihen unterschiedlich und werden nachhaltig beeinflusst. Aufgrund der unterschiedlichen Bodenbeschaffenheit schmecken gleiche Rebsorten in jedem Anbaugebiet anders.

Klima

Weinanbau findet in der Regel auf der Welt nur zwischen dem 30. und 50. Grad nördlicher Breite (europäische und nordamerikanische Anbaugebiete) sowie dem 30. und 40. Grad südlicher Breite (Chile, Argentinien, Südafrika, Australien und Neuseeland) statt. Es darf weder zu kalt noch zu heiß und trocken sein. Weiterhin hat auch das „Kleinklima“ eines Weinbergs einen Einfluss auf den Weinanbau. Faktoren wie der Winkel der Sonneneinstrahlung, die Nähe zum Wasser, ob Fluss, See oder Meer, aber auch eine schützende Hügel- oder Gebirgskette sind zu beachten.

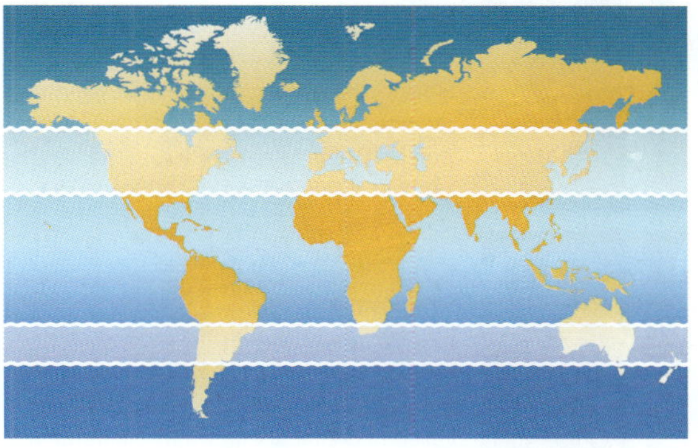

Die Klimagürtel für den Weinanbau

Lage

In den kühlen Weinanbaugebieten Europas werden zum Weinanbau Berghänge bevorzugt, die nach Süden gerichtet sind. Hier treffen die Sonnenstrahlen konzentriert auf und erwärmen den Boden. In Südeuropa und Übersee sind Flachlagen üblich, denn die Trauben reifen fast automatisch aufgrund des Klimas mit viel Sonne. So wird je nach Anbauland und Klima in Hanglagen, Steillagen, Tallagen, Kessellagen, Flachlagen, gelegen an Wäldern, Seen oder auch in Meeresnähe Wein angebaut.

Optimaler Winkel der Sonneneinstrahlung beim Weinanbau

Weinrebe und Rebsorten

Die Weinrebe war eine wild wachsende Kletterpflanze, die im Laufe der Zeit kultiviert wurde. Sie kann 10 bis 20 m hoch werden. An einem Rebstamm mit einem tief greifenden, stark verästelten Wurzelstock gedeihen, in dichten Rispen angeordnet, die Weinbeeren/Trauben.

Die Traube besteht aus der Schale mit Gerb- und Farbstoffen, dem Fruchtfleisch mit Saft und den Kernen, die ebenfalls Gerbstoffe und Öle enthalten.

Kurzbeschreibung ausgewählter Rebsorten

Cabernet Sauvignon
Diese Rebsorte wird heute auf der ganzen Welt angebaut, hat ihre Heimat aber im Bordeaux-Gebiet. Grundsätzlich bietet Cabernet Sauvignon kräftiges Tannin, eine dunkle Farbe bei später Reife.

Blaufränkisch/Lemberger
Blaufränkisch, oft aus dem Burgenland in Österreich, taucht als Lemberger aus Württemberg in Deutschland auf. Aus dieser Rebsorte lassen sich leichte und fruchtige, manchmal auch tanninreiche Weine mit einer intensiven rot-lila Farbe ausbauen.

Merlot
Auch der Merlot hat seine Heimat in Frankreich. (Merlot stammt aus dem Französichen: Merle = Amsel. Der Name weist auf die Vorliebe der Amseln für rote Rebsorten hin.) Merlot spielt heute in fast allen Weinbauregionen der Welt eine Rolle. Der Merlot ist weich, hat ein leichtes Pflaumenaroma und besticht durch seine dunkelrote Farbe.

Sangiovese
Eine der wichtigsten und häufigsten Rebsorten in Italien (z. B. für Chianti). Sangiovese-Weine haben eine kräftige Farbe und eine ausgeprägte Struktur von Tanninen und Säuren.

Pinot noir
In Deutschland als Spätburgunder, in der Schweiz und Österreich als Blauburgunder bezeichnet, ist der Pinot noir die hochwertige Rebsorte der kühleren Weinanbaugebiete. In der neuen Welt ist der Pinot noir in Neuseeland, Kalifornien und Australien nicht mehr wegzudenken. Je nach Anbauland entwickelt der Pinot noir komplexe Fruchtaromen.

Syrah
Eine klassische Rebsorte, die zunächst im Rhônetal in Frankreich kultiviert wurde, aktuell aber auch als Shiraz bezeichnet, in Australien, USA, Chile und Südafrika eine Rolle spielt. Diese Rebsorte liefert ein würziges Beerenaroma mit ausgeprägtem Tanningehalt.

Tempranillo
Diese spanische Rebsorte ergibt tiefdunkle, trockene, bukettreiche und langlebige Rotweine. Im Duorotal ist Tempranillo eine der meistangebauten Trauben und wird zur Portweinherstellung verwendet. Auch in Argentinien, Chile, Israel und Marokko ist diese Rebsorte beliebt.

Chardonnay
Chardonnay gehört zu den am meisten angebauten Weißweintrauben. Ursprünglich aus Burgund wird der Chardonnay heute bevorzugt auch in Übersee angebaut. Charakteristisch sind Körperreichtum und Nussaroma, das oft auch als rauchig bezeichnet wird.

Sauvignon blanc
Diese weiße Rebsorte ist in der ganzen Welt verbreitet. Charakteristisch ist ihr pikantes Johannisbeer- und Stachelbeeraroma, je nach Anbauland mit Mineraltönen und ausgeprägter Säure.

Pinot blanc
Der weiße Burgunder wird in vielen europäischen Ländern angebaut, vor allem in Frankreich. Apfel- oder birnenfruchtiges Aroma mit dezenter Säure ist charakteristisch für Spitzenqualitäten aus Europa.

Pinot gris
In Deutschland als Grauburgunder, in Italien als Pinot grigio bezeichnet, gehört diese Rebsorte, obwohl die Haut der Beeren rötlich gefärbt ist, zu den weißen Rebsorten. Kräftige und säurebetonte Weißburgunder aus Deutschland stehen leichten und spritzigen Pinot grigios aus Italien gegenüber.

Riesling
Der Riesling wächst in fast allen deutschen Anbaugebieten, wird aber auch auf der ganzen Welt gerne angebaut. Riesling stellt besonders hohe Anforderungen an die Lage, bringt dafür aber rassige, aromatische Weine mit charakteristischer Säure sowie hochwertige edelsüße Weine hervor

Wie viele Rebsorten es gibt, ist nicht genau feststellbar, es sind wohl einige Tausend. Die Rebsorte ist grundsätzlich für den Geschmackstyp des Weins verantwortlich. Deshalb wird die Rebsorte oft auf dem Etikett genannt. Darüber hinaus werden auch Weine aus mehreren Weinen unterschiedlicher Rebsorten verschnitten (Cuvée) und so eine Qualitätsverbesserung (Geschmack und Farbe) erreicht. In den gesetzlichen Bestimmungen einiger Länder sind die für die Erzeugung von Qualitätsweinen zugelassenen Rebsorten festgelegt.

Weinrebe

Weinherstellung (Vinifikation oder Vinifizierung)
Während der Hauptlese werden die gesunden, vollreifen Trauben geerntet. Für die Lese ist das Mostgewicht entscheidend, denn es gibt den natürlichen Zuckergehalt vor der Gärung an. Dieser ist für den Winzer von Bedeutung, denn so kann er einschätzen, wie die Qualität der Trauben ist und wie er die Venifizierung vorzunehmen hat. In Deutschland wird das Mostgewicht in Öchsle (° Oe) angegeben.

Die Trauben werden zunächst maschinell oder von Hand von ihrem Stielgerüst (Kämme) getrennt, d. h. **entrappt.**

Querschnitt durch die Beere

Messung des Zuckergehalts
Der natürliche Zuckergehalt kann mit einer Mostwaage oder einem Refraktometer gemessen werden.

Anschließend werden sie durch Walzen gequetscht, damit der Saft austreten kann. Die erhaltene breiige Flüssigkeit wird **Maische** genannt. Für Weiß- oder Roséweine wird die Maische bereits nach kurzer Standzeit abgepresst. Sie sind hell gekeltert. Bei der Rotweinherstellung wird die Maische vorgegoren oder erhitzt, damit die erwünschten Farb- und Geschmacksstoffe, die sich in der Schale befinden, herausgelöst werden.

In einer Presse (Kelter) wird die Maische gepresst und dabei die Traubenrückstände (Trester) vom Saft getrennt. Es entsteht der **Most.**

Der Most kann nun mit Zucker oder Traubendicksaft angereichert werden, damit der Wein bei der Gärung einen höheren Alkoholgehalt erreicht.

Der Most wird oft geschwefelt, um eine Oxidation, eine Bräunung und unerwünschtes Wachstum von Mikroorganismen zu verhindern.

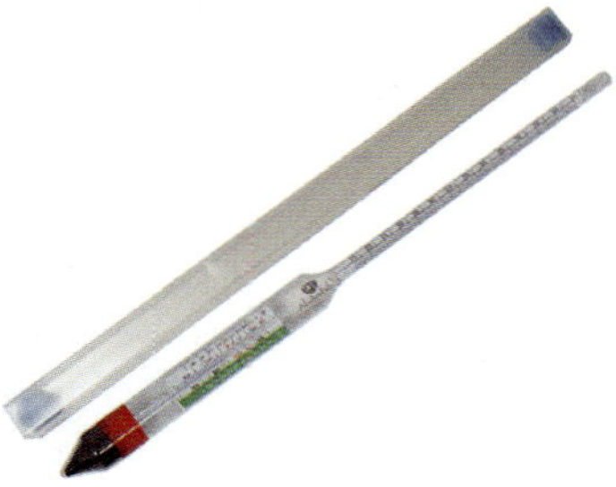

Mostwaage

Jetzt findet die **Gärung** statt. Hefen, die sich schon auf den Trauben befanden und/oder zugegebene Reinzuchthefen wandeln Zucker in Alkohol und Kohlensäure um. Durch die Gärung wird der Most zum **Jungwein.**

Abschließend wird der Jungwein durch Filtration von der Hefe getrennt und kann dann nachgären, reifen und ausgebaut werden. Die Lagerung erfolgt im Stahltank oder Holzfass (z. B. Barrique). Mit optimalem Ausbaustadium wird der Wein möglichst steril in Flaschen gefüllt.

Refraktometer

Barrique ist ursprünglich ein Fass aus der französischen Allier- oder Limousineiche, heute werden auch andere Eichensorten verwendet. Die Füllmenge beträgt 225 Liter.

Toasting ist das Ausfeuern eines Fasses. Viele Barriquefässer werden bei der Herstellung ausgebrannt. Durch dieses Toasten bekommt das Fass Röstaromen, die auch den Geschmack des Weins beeinflussen.

Weißwein- und Rotweinherstellung

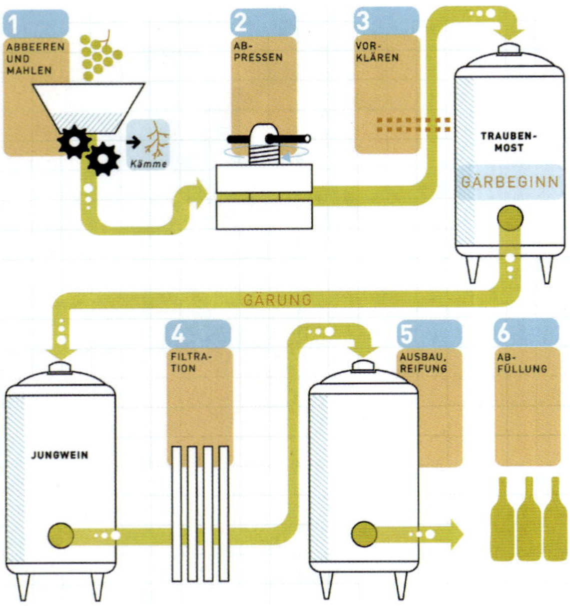

Herstellung von Weißwein (Quelle: www.deutscheweine.de)

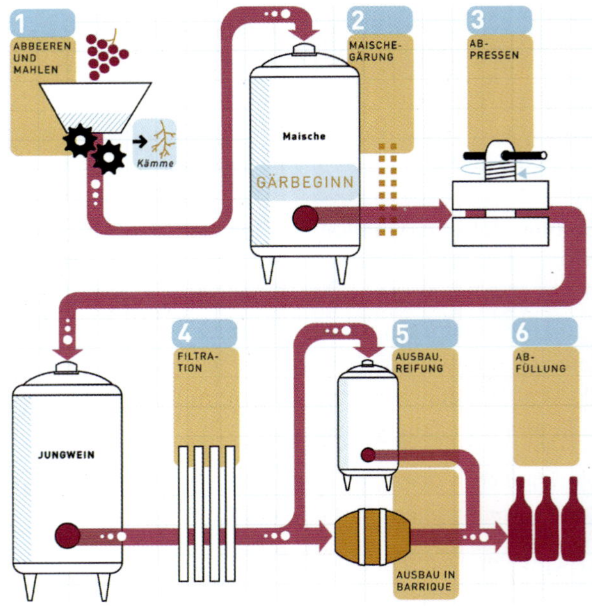

Herstellung von Rotwein (Quelle: www.deutscheweine.de)

Weißweine können nicht nur aus weißen Trauben, sondern auch aus blauen Trauben gekeltert werden. Der Traubensaft hat in der Regel eine graugrüne Farbe, egal von welcher Traubenart er stammt.

Spezielle Weinarten

Neben der Vinifikation der oben beschriebenen Weinarten Weiß-, Rosé- und Rotwein gibt es in Deutschland einige spezielle Weine:

- **Rotling:** ein Wein mit blass- bis hellroter Farbe. Hierfür werden weiße und rote Trauben oder deren Maischen zusammen nach dem Rotweinverfahren verarbeitet.
  - **Schillerwein:** ein Qualitäts-Rotling aus Württemberg
  - **Badisch Rotgold:** ein Qualitäts-Rotling aus Baden
  - **Schieler:** ein Qualitäts-Rotling aus Sachsen
  - **Weißherbst:** Qualitäts-Roséwein aus einer Rebsorte, meist blauer Spätburgunder oder blauer Portugieser. Die Rebsorte muss auf dem Etikett angegeben werden.

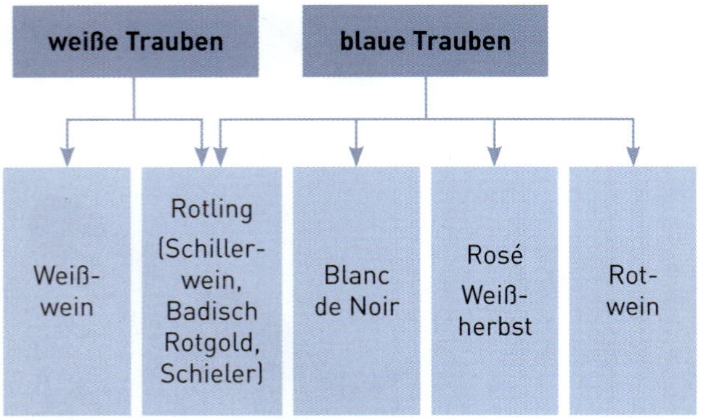

Traubenfarben für die Weinherstellung

Auf der ganzen Welt ist es ein beliebtes und immer mehr in Mode kommendes Verfahren, aus blauen Trauben einen Weißwein zu keltern, einen **Blanc de Noirs.** Diese Bezeichnung ist im Weinrecht nicht definiert, wird aber von der Weinkontrolle geduldet.

Europäische Weine

Güteklassen

Nachdem die europäischen Weinanbauländer bereits im 20. Jahrhundert ein gemeinsames Weingesetz mit einheitlichen Güteklassen formuliert haben, hat die EU im 21. Jahrhundert ein neues EU-Weinrecht erlassen. Grundgedanke des neuen EU-Rechts ist ein Dreistufensystem mit zwei Siegeln.

Geschützte geografische Angabe (Quelle: Amtsblatt der Europäischen Union)

Güteklassen
- Weine ohne geschützte Herkunftsangabe (ohne Siegel)
- Weine mit geschützter geografischer Angabe (mit Siegel)
- Weine mit geschützter Ursprungsbezeichnung (mit Siegel)

Geschützte Ursprungsbezeichnung (Quelle: Amtsblatt der Europäischen Union)

Was nationale Qualitäts- und Prädikatsangaben betrifft, hatten die Mitgliedsländer bis 31. Dezember 2011 Zeit, traditionelle Bezeichnungen EU-gemäß zu definieren und bei der EU zum Schutz einzureichen, damit sie weiter gelten. So konnten Erzeugergemeinschaften und Einzelproduzenten den Schutz einer geografischen Angabe oder Ursprungsbezeichnung beantragen.

Zusammenfassend bleibt zu bemerken, dass sich das neue Gesetz bewähren muss. Es kann erst in Kraft treten, wenn jedes Land eine Liste seiner verschiedenen Herkunftsbezeichnungen und regionalen Besonderheiten erarbeitet und festgelegt hat. Dies wird erfahrungsgemäß noch dauern.

Der Gastronom sollte beide Gesetzesvarianten bzw. Güteklassen kennen. Sie werden hier für die wichtigsten europäischen Weinanbauländer dargestellt.

Deutschland

Deutschland zählt zu den nördlichsten europäischen Weinanbauländern und hat 13 Anbaugebiete. Jeder deutsche Wein muss mit einer Güteklasse gekennzeichnet sein. Die Voraussetzungen dafür sind von unterschiedlichen Faktoren abhängig:
- Einhaltung der festgelegten geografischen Herkunft
- Herstellung nur aus hierfür geeigneten Rebsorten
- Lesetermin
- Leseart
- Hektarhöchstertragsbegrenzung
- festgelegte Mindestmostgewichte
- ausschließliche Anwendung zulässiger Herstellverfahren
- Berücksichtigung analytischer Grenzwerte

Deutsche Gütebezeichnungen nach neuer Verordnung	Deutsche Gütebezeichnungen nach alter Verordnung
Deutscher Wein – Wein ohne Siegel	Tafelwein
Wein mit geschützter geografischer Angabe – g. g. A.	Landwein
Wein mit geschützter Ursprungsbezeichnung – g. U.	Qualitätswein bestimmter Anbaugebiete – QbA (13 Anbaugebiete)
	Qualitätswein mit Prädikat oder Prädikatswein – QmP

Gefrorene Trauben – Eiswein

Bezeichnung „Classic"
Wein aus einer klassischen, gebietstypischen Rebsorte, der einem gehobenen Anspruch entspricht. Dieser Wein ist gehaltvoll, kräftig, aromatisch und schmeckt trocken.

Bezeichnung „Selection"
Ausgewählte Standorte, Ertragsbegrenzung und Handlese sind für eine überragende Qualität verantwortlich. Im Rheingau werden diese trockenen Spitzenweine auch als **„erstes Gewächs"** bezeichnet.

Prädikatsstufen in aufsteigender Reihenfolge

Kabinett	reife Trauben mit geringem Alkoholgehalt
Spätlese	vollreife Trauben, in später Lese geerntet
Auslese	vollreife Trauben, kranke und unreife Trauben wurden vor der Weinbereitung entfernt
Beerenauslese	überreife, edelfaule Weintrauben
Eiswein	Trauben, die ausschließlich in gefrorenem Zustand (−7 °C) gelesen und gefroren gekeltert werden
Trockenbeerenauslese	rosinenartig eingeschrumpfte, edelfaule Trauben

Deutsches Weinsiegel
Einige deutsche Weine tragen das von der DLG vergebene Weinsiegel mit unterschiedlichen Farben für drei Geschmacksrichtungen:

gelb	**grün**	**rot**
trockene Weine	halbtrockene Weine	liebliche Weine

Wein aus Trauben aus ökologischem Anau und Öko-Wein
Immer mehr Gastronomen bieten auch Weine an, die ein Bio-Logo tragen, denn diese Weine stellen ein wachsendes Segment im deutschen Weinangebot dar. Die Trauben dafür wurden nach den EU-Rechtsvorschriften für den ökologischen Landbau produziert. Ab der Weinlese 2012 muss außerdem die Kellerwirtschaft zertifiziert sein. Ökologischer Landbau hat für deutsche Winzer schon seit Jahrzehnten Tradition. 1985 gründete sich in Deutschland der erste und heute größte Verband von Ökowinzern „ECOVIN" mit heute mehr als 220 Mitgliedern. Es gibt noch weitere Verbände, in denen biologisch arbeitende Betriebe organisiert sind.

DE-ÖKO-000
EU-Landwirtschaft

EU-Bio-Logo: Ab dem 01.08.2012 hergestellter Wein kann als ökologischer/biologischer Wein bezeichnet werden und muss dann mit dem EU-Bio-Logo gekennzeichnet werden. Er muss dafür nach bestimmten zugelassenen Verfahren der ökologischen/biologischen Weinbereitung hergestellt werden. Außerdem dürfen nur die für die Weinherstellung erlaubten Erzeugnisse und Stoffe verwendet werden. Der frühere Hinweis „Wein aus Trauben aus ökologischem Anbau" ist nur für Weine zulässig, die bis zum 31.07.2012 nach den Vorgaben produziert wurden.

ECOVIN

Ecovin: Der Verband ist der einzige Verband, der sich ausschließlich um Weinbau kümmert, und verfügt daher über eine maßgebliche Richtlinienkompetenz.

Bioland

Bioland: Für Weine mit strengeren Anbauregeln als die EU-Öko-Verordnung sowie speziellen Vorgaben für die Verarbeitung der Trauben.

Naturland

Naturland: Ökolandbau weltweit – aktives Qualitäts-, Boden- und Begrünungsmanagement führen zu Öko-Trauben und Öko-Wein höchster Qualität.

demeter

Demeter: Verband für biodynamische Wirtschaftsweise mit strengen Vorschriften für den Weinbau und lockeren für die Kellerarbeit.

Frankreich

Weinbezeichnungen	**Geschmacksstufen**
Vin blanc = Weißwein	sec = trocken
Vin rosé = Roséwein	demi-sec = halbtrocken
Vin rouge = Rotwein	doux = süß

Weinanbaugebiete	blaue Rebsorten	weiße Rebsorten
Bordeaux	Cabernet Sauvignon	Aligoté
Bourgogne/Burgund	Cabernet Franc	Chardonnay
Corse/Korsika	Cinsault	Chenin blanc
Val de Loire/Loiretal	Gamay	Gewürztraminer
Alsace/Elsass	Grenache	Muscadelle
Provence	Malbec	Pinot blanc
Côtes-du-Rhône	Merlot	Pinot gris
Languedoc-Roussillon	Petit Verdot	Sauvignon blanc
	Pinot noir	Sémillon
	Syrah	Viognier

Französische Gütebezeichnungen nach neuer Verordnung

Vin de France = Wein aus Frankreich

Indication Géographique Protégée – **IGP** = Wein mit geschützter geografischer Angabe

Apellation d´Origine Protégée – **AOP** = Wein mit geschützter Ursprungsbezeichnung

Französische Gütebezeichnungen nach alter Verordnung

Vin de table = Tafelwein

Vin de pays = Landwein

Vin délimité de qualité supérieure – **VDQS** = Wein mit höherer Qualität aus bestimmten Anbaugebieten

Appelation d´Origine contrôlée – **AOC** = Wein mit kontrollierter Herkunft

Italien

Weinbezeichnungen	**Geschmacksstufen**
Vino bianco = Weißwein	secco = trocken
Vino rosato = Roséwein	amabile = lieblich
Vino rosso = Rotwein	dolce = süß

Weinanbaugebiete	blaue Rebsorten	weiße Rebsorten
Emilia Romagna	Barbera	Chardonnay
Friuli/Friaul	Cabernet Sauvignon	Cortese
Lazio/Latium	Canaiolo nero	Dolcetto
Lombardia/Lombardei	Dolcetto	Malvasia
Piemonte/Piemont	Lambrusco	Moscato
Sardegna/Sardinien	Merlot	Pinot bianco
Sicilia/Sizilien	Montepulciano	Pinot grigio
Alto Adige/Südtirol	Nebbiolo	Prosecco
Trentino/Trentin	Nero d'Avola	Sauvignon blanc
Toscana/Toskana	Pinot nero	Trebbiano
Umbria/Umbrien	Primitivo	Verdicchio
Veneto/Venetien	Sangiovese	Vernaccia bianco

Italienische Gütebezeichnungen nach neuer Verordnung	**Italienische Gütebezeichnungen nach alter Verordnung**
Vino = Wein aus Italien	Vino da tavola = Tafelwein
Indicazione Geografica Protetta – **IGP** = Wein mit geschützter geografischer Angabe	Vini da tavola indicazione geografica tipica – **IGT** = Tafelwein mit typischer geografischer Herkunft
Denominazione di Origine Protetta – **DOP** = Wein mit geschützter Ursprungsbezeichnung	Denominazione di origine controllata – **DOC** = Qualitätswein mit kontrollierter Ursprungsbezeichnung
	Denominazione di origine controllata et garantita – **DOCG** = Qualitätsweine mit kontrollierter und garantierter Ursprungsbezeichnung

Spanien

Weinbezeichnungen		**Geschmacksstufen**	
Vino blanco	= Weißwein	seco	= trocken
Vino rosado	= Roséwein	abocado	= halbsüß
Vino tinto	= Rotwein	dulce	= süß

Weinanbaugebiete	blaue Rebsorten	weiße Rebsorten
Andalucía/Andalusien	Garnacha tinta	Garnacha blanca
Cataluna/Katalonien	Garciano	Malvasia
Navarra	Moscadel	Macabeo
Rioja	Tempranillo	Palomino
		Pedro Ximénez

Spanische Gütebezeichnungen nach neuer Verordnung	**Spanische Gütebezeichnungen nach alter Verordnung**
Vino = Wein aus Spanien	Vinos de Mesa = Tafelwein
Indicación Geográfica Protegida – **IGP** = Wein mit geschützter geografischer Angabe	Vinos de la Tierra = Landwein
Denominación de Origen Protegida – **DOP** = Wein mit geschützter Ursprungsbezeichnung	Vinos de Calidad con Indicación Geografica – **IG** = Qualitätswein eines bestimmten Anbaugebiets
	Denominación de Origen – **DO** = Qualitätsweine mit kontrollierter Ursprungsbezeichnung
	Denominación de Origen Calificada **DOCa** = Qualitätswein mit besonders kontrollierten Bestimmungen

Die neue Weinwelt

Experimentierfreude, geografische und klimatische Voraussetzungen machen die Weinanbauländer der neuen Welt interessant und geben Entwicklungspotenzial für hervorragende, ausdrucksstarke Weine.

Weine aus den USA, Argentinien, Chile, Südafrika, Australien und Neuseeland gehören heute zu internationalen Spitzenweinen, die in die ganze Welt exportiert werden. Die Weinwirtschaft in diesen Ländern boomt und ein Ende ist nicht abzusehen. Exemplarisch werden hier vier dieser Weinanbaugebiete vorgestellt.

Der sogenannte „Winemaker" in den Weinländern der neuen Weinwelt hat in der Regel wesentlich weniger Einschränkungen als der europäische Winzer. Es gibt weniger gesetzliche Vorgaben und oft keine Beschränkungen bei der Arbeitsweise oder dem Einsatz von Hilfsmitteln.

Holzchips

Die beim Barrique-Ausbau entstehenden Geschmackskomponenten des Eichenholzes werden immer häufiger durch die Zugabe von Holzchips erzeugt. Die Chips werden in den Stahltank gegeben und bewirken je nach Einwirkungszeit unterschiedliche Holztöne im Geschmack des Weins. Die Bezeichnung „Barrique" ist in diesem Fall aber untersagt.

Die größten Wein produzierenden Nationen der Welt

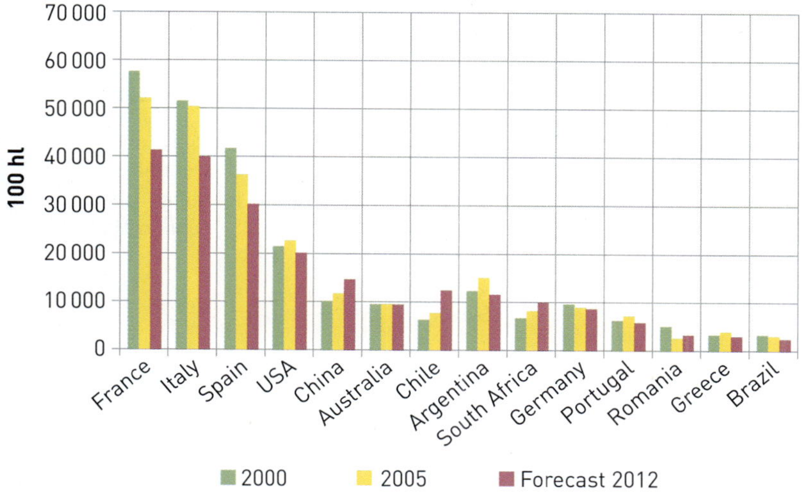

(Quelle: OIV (International Organisation of Vine and Wine) Statistical Report on World Vitiviniculture)

Argentinien

Weinanbaugebiete	**blaue Rebsorten**	**weiße Rebsorten**
Catarmarca Mendoza La Rioja Rio negro Salta San Juan	Babera Bonarda Cabernet Sauvignon Merlot Pinot noir Sangiovese Tempranillo	Chardonnay Chenin blanc Pedro Ximenez Torrontes Weißburgunder

Unterteilung nach dem argentinischen Weingesetz
Vinos Communes = Wein ohne Ursprungsbezeichnung
Vinos Finos = Weine mit geschützter Ursprungsbezeichnung
DOC Denominación de Origen Calificada =
Weine mit geschützter Ursprungsbezeichnung

Chile

Weinanbaugebiete	blaue Rebsorten	weiße Rebsorten
Aconcagua Valle central Region del Sur	Cabernet Sauvignon Carignan Carmenère Merlo Pinot noir	Chardonnay Sauvignon blanc Sauvignon vert Sémillon

Die drei wichtigsten Weinbaugebiete Chiles verfügen über weitere Unterregionen. Diese beginnen in der Regel mit der Bezeichnung „Valle“ (Tal).

Im chilenischen Weinbau wird an einem Konzept der geschützten Herkunftsbezeichnungen gearbeitet.

Südafrika

Weinanbaugebiete	blaue Rebsorten	weiße Rebsorten
Coastal Region Breede River Valley Klein Karoo Olifants River Overberg	Cabernet Sauvignon Cinsault Merlot Pinotage (Kreuzung zwischen Pinot noir und Cinsault) Syrah	Chenin blanc Chardonnay Riesling Sauvignon blanc

Das WO (Wine of Origin System) unterteilt die Weinanbaugebiete in Regionen, Distrikte und Wards. So ist z. B. Stellenbosch ein Distrikt aus der Coastal Region.

Unterteilung nach dem südafrikanischen Weingesetz
Non-Certified Wines = Weine ohne Ursprungsbezeichnung
Certified Wines = Weine mit geschützter Ursprungsbezeichnung
In der Etikettensprache wird der Wine of Origin als Wein mit kontrollierter Ursprungsbezeichnung gesetzlich anerkannt.

Australien

Weinanbaugebiete	blaue Rebsorten	weiße Rebsorten
Neusüdwales/ New South Wales Südaustralien Victoria Westaustralien	Cabernet Sauvignon Merlot Pinot noir Shiraz	Chardonnay Riesling Sauvignon blanc Sémillon

Die einzelnen Weinbauregionen sind in kleinere Gebiete eingeteilt. So ist z. B. das Barossa Valley ein wichtiges und weltweit bekanntes Gebiet in der Region Südaustralien. Der hier beheimatete Weinerzeuger Penfold zählt wohl zu den berühmtesten Rotweinkellereien Australiens.

Das australische Weingesetz ist tolerant und industriefreundlich. Die Weinproduktion wird von wenigen Großkonzernen bestimmt.

Weinetikett

Das Weinetikett kann als „Visitenkarte" eines Weins bezeichnet werden. Der Gast erfährt alle wichtigen Informationen und auch das Servicepersonal wird in die Lage versetzt, mithilfe des Etiketts, dem Gast eine fachgerechte Empfehlung zu geben.

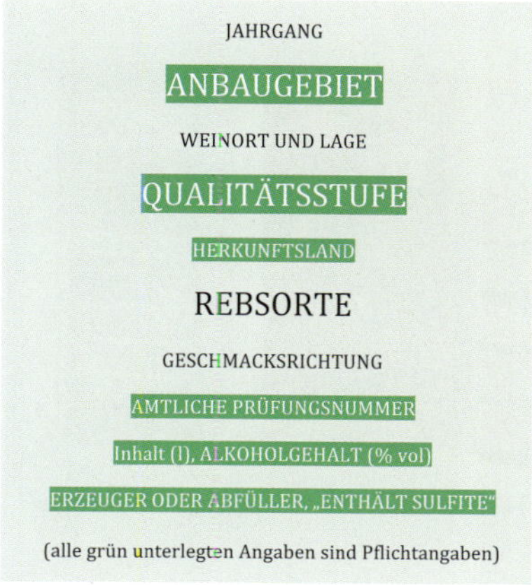

Weinetikett

Weinflaschen

Wein wird in unterschiedlichen Flaschenformen und Flaschengrößen angeboten:

- 0,2 l Miniflasche
- 0,375 l Halbe Flasche
- 0,5 l Halbe Flasche
- 0,75 l Ganze Flasche
- 1,0 l Ganze Falsche
- 1,5 l Magnumflasche
- 3,0 l Doppelmagnum-Flasche

Flaschenformen

Schlegelflasche

Burgunderflasche

Bocksbeutel

Bordeaux-Flasche

Je dunkler eine Weinflasche ist, desto besser wird der Wein vor der schädlichen UV-Strahlung geschützt.

Weinkorken

- Die klassische Weinflasche ist mit einem **Naturkorken** verschlossen. Die Korkeiche liefert mit ihrer Rinde den Grundstoff. Oft muss der Naturkork jedoch für Fehltöne im Wein herhalten. Wenn Wein korkig schmeckt („Korkschmecker"), ist dies auf einen fehlerhaften Korken zurückzuführen.
- Eine preiswerte Alternative sind **Synthetikkorken** die inzwischen dem Naturkorken in Optik und Verhalten sehr ähnlich sind.
- Der **Glasstopfen** gehört zu einer weiteren Alternative auf dem Verschlussmarkt. Das Vollmaterial mit eingearbeiteter Kunststofflippe bewegt sich auf Daumendruck mit einem Klick aus dem Flaschenhals.
- **Schraubverschlüsse** bestehen aus einer Blechkappe mit einem Kunststoffpolster als Dichtmaterial. Seitdem dieser Verschluss teilweise für Spitzenweine verwendet wird, ist er auch beim Verbraucher und damit beim Gast akzeptiert. Dieser Verschluss ist praktisch und wird somit im systemgastronomischen Betrieb gerne verwendet.

Die Frage, welcher Verschluss der beste ist, ist eine Frage der Praktikabilität, der Gewohnheit und vielleicht auch des Gefühls.

Korkeiche

Korken

Weinlagerung

Wein ist ein sensibles Getränk und bedarf somit einer professionellen Lagerung. Die ideale Lagerung erfolgt

- dunkel,
- geruchsfrei/mit guten hygienischen Voraussetzungen,
- gut belüftet,
- ohne Temperaturschwankung. Die ideale Temperatur liegt zwischen ca. 8 °C (Weißwein) und ca. 16 °C (Rotwein).
- Weine, die mit Naturkork verschlossen sind, müssen liegend gelagert werden, da sonst der Korken austrocknet und schrumpft.

Weinlager

Weinkühlschrank

Korkenzieher

Schmetterling

Gewindekorkenzieher

Glockenmodell

Korkenspange

Kellnermesser

Kapselschneider

Leverpull

Weinkorb

Weinkaraffe

Serviettenmanschette

Flaschenausgießer (Drop Stop)

Für eine optimale Lagerung und Präsentation **im Restaurant** eignen sich Weinklimaschränke oder professionelle Flaschenkühlschränke. Hier liegen die Flaschen in unterschiedlichen Temperaturzonen (von unten nach oben, zwischen 5 °C bis 6 °C und 17 °C bis 18 °C) je nach Bedarf richtig gekühlt. Bei Weinen, die zu warm gelagert werden, setzt eine frühzeitige Alterung ein.

Weinservice

Der professionelle Service beim Wein bestimmt den Umsatz, denn nur mit korrektem Handling schmeckt der Wein dem Gast. Zudem zeigt der Betrieb erneut die nötige Kompetenz, die für sein Image nicht zu unterschätzen ist. Grundsätzlich ist zu unterscheiden, ob Weine im offenen Ausschank oder in Flaschen angeboten werden.

Wird der Wein offen ausgeschenkt, geschieht dies in Gläsern (0,1 l/0,2 l), manchmal in Karaffen (0,2 l bis 1,0 l). Ein neuer Trend in der Systemgastronomie sind Selfservice-Weinstationen, an denen der Gast selbst „zapft“. Im offenen Ausschank müssen die Gläser oder Karaffen mit einem Füllstrich versehen sein (siehe Kapitel 3.7.1).

Weine, die als Flaschenweine angeboten werden, sollten am Tisch des Gasts geöffnet werden. Hierzu werden folgende Materialien benötigt:

- Weinflasche
- Weinkühler oder eventuell Weinkorb (Rotwein)
- Korkenzieher/Kellnermesser
- kleiner Teller für den Korken
- Serviette
- Probierglas

Serviceschritte:

- Die Flasche präsentieren, dabei das Etikett zu dem Gast drehen, der bestellt hat. Eine kurze Weinbeschreibung (Herkunft, Rebsorte etc.) geben.
- Die Flasche auf dem Tisch/Servicetisch abstellen.
- Bei vorhandener Staniolkapsel diese vorher entfernen.
- Die Flasche entkorken oder aufdrehen.
- Den Flaschenmund falls nötig mit der Serviette säubern.
- Bei Rotwein eventuell den Flaschenhals mit einer Manschette aus einer Serviette oder einem Flaschenausgießer versehen, um Tropfen aufzufangen.
- Wenn erforderlich, den Wein dekantieren.

Dekantieren = Umfüllen in eine Dekantierkaraffe

Vorteile des Dekantierens:

- Ablagerungen (Depot) im Wein werden entfernt.
- Der Wein „atmet“, der Sauerstoff verbessert Bukett und Geschmack.

Wein von rechts eingießen.

Das Bukett beschreibt den Geruch eines Weins und ist ein Kriterium bei der Qualitätsbeurteilung.

- Dem Gastgeber/Besteller einen Probeschluck einschenken und nach dessen Zustimmung den anderen Gästen einschenken. Zum Schluss das Glas des Bestellers auffüllen. Das Flaschenetikett ist auch beim Einschenken für den Gast sichtbar.

Wein vorsichtig und nicht mit einem großen Schwall ins Glas gießen.

Die eingeschenkte Weinmenge sollte nie mehr als die Hälfte des Glases füllen.

Die richtige Serviertemperatur gewährleistet den optimalen Trinkgenuss.

frappieren = herunterkühlen
chambrieren = auf Zimmertemperatur bringen

Weingläser

Das Weinglas ist die „Bühne" für den Wein, auf der der Wein seine Charaktereigenschaften präsentiert. Material und Form eines Glases haben erheblichen Einfluss auf Farbe, Bukett und Geschmack:

- Ein einwandfreies Glas ist durchsichtig, damit der Gast die Farbe des Weins unverfälscht beurteilen kann.
- Dickwandige Gläser sind ungeeignet, sie beeinflussen Temperatur und Geschmack.
- Die Größe des Glases ist verantwortlich dafür, dass sich die Weinaromen entfalten können (siehe Kapitel 3.7.3).
- Die richtige Glasform und die Beschaffenheit des Glasrands bestimmen, an welcher Stelle der Zunge der Wein landet. Erst dann kann der Gast den wahren Geschmack des Weins wahrnehmen.

Weißwein, meist kühl serviert, sollte in Gläsern mit kleinerem Kelch ausgeschenkt werden, da sich die Temperatur darin nicht so schnell erhöht wie z. B. in bauchigen Rotweingläsern.

Wein-Sensorik

Die sensorische Beurteilung von Wein hat drei Schwerpunkte, dabei sind die Sinnesorgane die Sensoren.

Der Sehsinn

Mit dem Auge werden die Farbe, die Klarheit, die Konsistenz und der evtl. vorhandene Kohlensäuregehalt wahrgenommen.
Der Farbton gibt an, wie alt und in welchem Zustand sich der Wein befindet. Junge Weißweine sind hellgelb, mit zunehmendem Alter goldgelb. Junge Rotweine kräftig rot bis rot-violett, mit zunehmendem Alter entsteht ein rostiges Rot.

Selfservice-Weinstation (La Baracca)

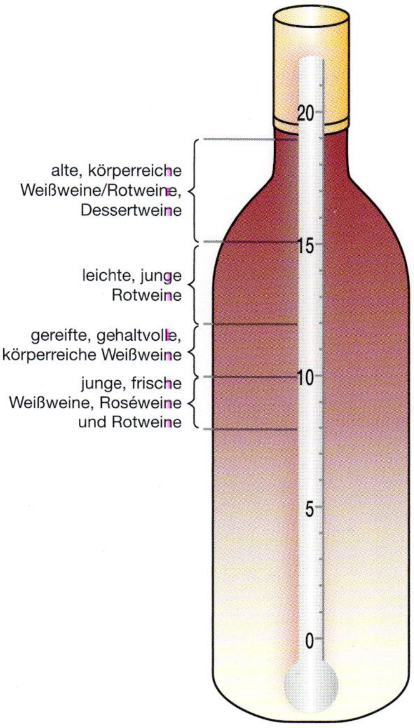

Ideale Trinktemperaturen

Weingläser

Aromarad
Die Aromaräder des Deutschen Weininstituts für Weißwein und Rotwein zeigen, wie Geruchs- und Geschmacksempfindungen beschrieben werden können.

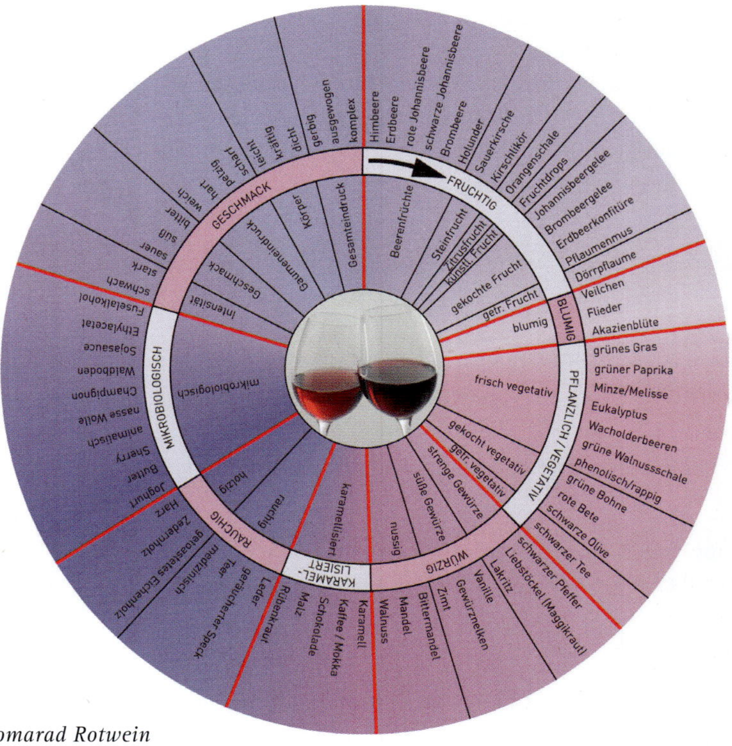

Aromarad Rotwein

Die Klarheit beschreibt, ob der Wein trübe, blind oder blank ist und ob Unreinheiten vorhanden sind. Die Konsistenz wird durch die Viskosität charakterisiert und beschreibt den Wein mit Eigenschaften wie wässrig, dicht, ölig oder zähflüssig.

Der Geruchssinn

Mit der Nase werden die Aromen und das Bukett des Weins wahrgenommen. Jeder Wein duftet, zeigt eine Vielfalt von Aromen und unterschiedlichen Geruchskomponenten. Zunächst wird das Weinglas ohne Bewegung gehalten und das Primärbukett erschlossen. In einem weiteren Schritt wird das Glas geschwenkt, Aromen und Bukettstoffe können sich von einer größeren Oberfläche entfalten (Sekundärbukett).

Der Geschmackssinn

Gaumen, Rachen und Zunge sind mit Geschmacksknospen versehen, wobei die Zunge eindeutig den Hauptanteil des Geschmacks liefert. Dabei werden auf der Zunge fünf Geschmacksrichtungen in verschiedenen Zonen wahrgenommen (süß, salzig, sauer, bitter, umami). Die Gesamtheit aller Geschmacksstoffe wird als Körper bezeichnet. Bei der Geschmacksprüfung wird ein Schluck Wein aufgenommen, im Mund gut verteilt (kauen) und dann heruntergeschluckt oder ausgespuckt. Der Nachgeschmack (Abgang) gehört auch zum Geschmackserlebnis.

Korrespondierende Weine
- leichte Weine zu leichten Speisen
- kräftige Weine zu kräftigen Speisen
- komplexe Weine zu einfachen Speisen
- einfache Weine zu komplexen Speisen

Korrespondenz von Wein und Speisen

Hier geht es in erster Linie um eine fachgerechte Beratung, denn Weine sind meistens auch Begleiter eines guten Essens. Neben den allgemeinen Richtlinien (siehe Kapitel 14.1.4) bestimmt die Speise die Wahl des Weins.

> Der Geschmack des Weins soll den Geschmack der Speise unterstreichen oder einen Kontrast zu ihr bilden.
> Der Wein darf aber nie den Geschmack der Speise überdecken.

Bei der Kombination von Wein und Speisen gibt es viele Aspekte und Meinungen. Daher sind die beschriebenen Grundsätze nur Anhaltspunkte, die auch durch die moderne, trendorientierte Küche mit ihren unterschiedlichsten Aromen immer neue Aspekte erfahren. Gewährleistet werden muss, dass bei beiden Komponenten, Wein und Speise, das Genusserlebnis intensiver und anregender wird.

Folglich ist es unabdingbar für einen professionellen Weinservice, dass der Servicemitarbeiter den Charakter der angebotenen Weine und die Zubereitung und den Geschmack der angebotenen Speisen kennt. Probieren geht über Studieren, lautet die Devise, wenngleich auch die Informationsmöglichkeiten im digitalen Markt hervorragend sind. Interessierte finden auf Online-Plattformen und in Wein-Netzwerken ausführliche Informationen. Apps bieten für Fachleute vielfältige Informationen und immer mehr Flaschen sind auf dem Etikett mit einem QR-Code ausgestattet, der alle wichtigen Informationen zum Wein bereithält.

Grundsätze zur Weinfolge

- leicht vor schwer
- kühl vor warm
- jung vor alt
- trocken vor lieblich
- Weiß- vor Rosé- und Rotwein
- alkoholarm vor alkoholreich

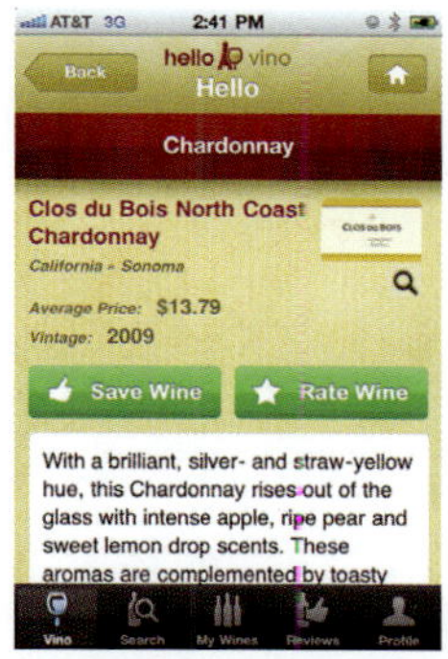

Wein-App mit Weinsteckbriefen (Vino mobile)

13.3.3 Likörwein

Likörweine werden hinsichtlich ihrer Herkunft, ihres Geschmacks oder Einsatzes wie folgt eingeteilt:

- **Südweine** (Herkunft)
- **Süßweine** (Geschmack)
- **Dessertweine** (Einsatz)

Vor allem die vorwiegend süßlichen Arten eignen sich als Digestif, einige trockene Arten werden als anregender Aperitif gereicht (z. B. Sherry Fino).
Likörweine haben einen Alkoholgehalt von mindesten 15 % vol und höchstens 22 % vol. Sie werden in zwei Gruppen unterschieden:

- **Gespritete Likörweine**
  Dem Wein wird oft nach kurzer Gärung Weingeist (Weindestillat) zugegeben und damit die Gärung unterbrochen. Es entsteht ein alkoholreicher, meist trockener Wein mit geringem Zucker- und Extraktgehalt.
- **Konzentrierte Likörweine**
  Die Trauben trocknen schon am Weinstock oder nach dem Lesen auf Stroh. Danach werden sie mit Most, Wein oder eingedicktem Traubensaft versetzt. Es entsteht ein sehr süßer Wein mit hohem Zucker- und Extraktgehalt (Malaga aus Spanien).

Europäische Likörweine

Bezeichnung	Herkunft	Herstellungsart
Madeira	Portugal/ Insel Madeira	gespritet
Malaga	Spanien	konzentriert
Marsala	Italien/ Insel Sizilien	gespritet
Portwein	Portugal	gespritet
Samos	Griechenland	gespritet
Sherry	Spanien	gespritet
Tokajer	Ungarn	konzentriert

Sherry

Sherry gehört zu den beliebtesten Likörweinen, er ist ein echter Spanier aus Andalusien und einer der ältesten Weine der Welt. Er darf ausschließlich in der Region zwischen den drei Städten Sanlúcar de Barrameda, Jerez de la Frontera und El Puerto de Santa Maria produziert werden. Hier sind die klimatischen Gegebenheiten einzigartig und nicht kopierbar.

Der Zeremonienmeister: der Venenciador

Das magische Sherry-Dreieck

Füllung der Fässer
Die Oberfläche des Weins muss Kontakt zur Luft haben, damit sich die Hefen vermehren können. Daher werden die Fässer nicht ganz gefüllt.

Fass mit Flor

Sherrytypen: Cream, Oloroso, Manzanilla Passada, Amontillado, Palo Cortado, Fino, Manzanilla

Sherry wird aus den Rebsorten Palomino, Pedro Ximénez und Moscatel gekeltert. Im Jungwein wird der Alkoholgehalt durch Zugabe von Weingeist auf mindestens 15 % vol erhöht.
Die Sherry-Weine lagern in hohen kathedraleähnlichen Bodegas, die der Wind vom nahen Atlantik belüftet. Diese Luftzufuhr ist wichtig, damit sich eine Florschicht aus Hefe (Blume) auf der Oberfläche des Weins bilden kann. Die Hefen, die bei der Sherry-Herstellung verwendet werden, steigen während des Gärungsprozesses an die Oberfläche. Sie brauchen Sauerstoff, um sich vermehren zu können, und bilden dann eine dicke Hefeschicht (Flor oder Blume). Diese Hefeschicht deckt den Wein luftdicht ab und schützt ihn vor Oxidation und bräunlicher Verfärbung.

Weine, auf deren Oberfläche sich eine dicke Florschicht gebildet hat, werden zu einem „leichten, eleganten Fino". Der Sherry Fino ist sehr trocken, leicht und sehr hell. Weine mit vollem Körper und weniger Flor werden zu einem süßen, dunklen „Oloroso". Beide Grundarten des Sherrys lagern zunächst als unverschnittene Weine eines Jahrgangs.

In einer weiteren Phase durchläuft der Sherry ein System, das weltweit einmalig ist, das Solera-Verfahren. In langen Reihen liegen die Fässer drei- oder vierstöckig übereinander. Aus der untersten Fassreihe wird mehrmals im Jahr etwas Wein zur Fertigstellung entnommen. Die gleiche Menge wird aus der darüberliegenden Reihe nachgefüllt, diese wiederum wird aus der dritten Reihe vervollständigt und so fort. In die oberste Reihe wird frischer Wein eingefüllt. Der ältere Sherry gibt so Geschmack an den jüngeren Sherry weiter und sorgt für eine gleichbleibende Qualität. Durch die Vielfalt der Kombinationsmöglichkeiten entsteht die große Variationsbreite. Für alle Sherrys ist eine Lagerzeit von mindestens drei Jahren vorgeschrieben.

Je trockener ein Sherry, desto heller seine Farbe.
Je süßer ein Sherry, desto dunkler seine Farbe.

Das Solera-Verfahren

Portwein
Dieser Likörwein hat seinen Namen von der nordportugiesischen Hafenstadt Porto, er wächst jedoch im 100 Kilometer entfernten Dourotal. Die dortigen Terrassenlagen sind ideal für die sortenrein angebauten Grundweine. Nach Ernte, Weinbereitung und kurzer Lagerung in Holzfässern gelangt der Wein in die Stadt Vila Nova de Gaia, gegenüber der Stadt Porto.

Hier wird der Wein umgefüllt. Es beginnen der Reifeprozess von mindestens zwei Jahren und die anschließende Vermählung von Weinen aus verschiedenen Lagen und Jahrgängen.
Jeder Portwein lagert für mindestens zwei Jahre im großen Fass und wird dann je nach Qualität in ein kleines Fass (Pipe) oder in eine möglichst luftdichte, dunkle Flasche zur Alterung und Reifung umgefüllt.

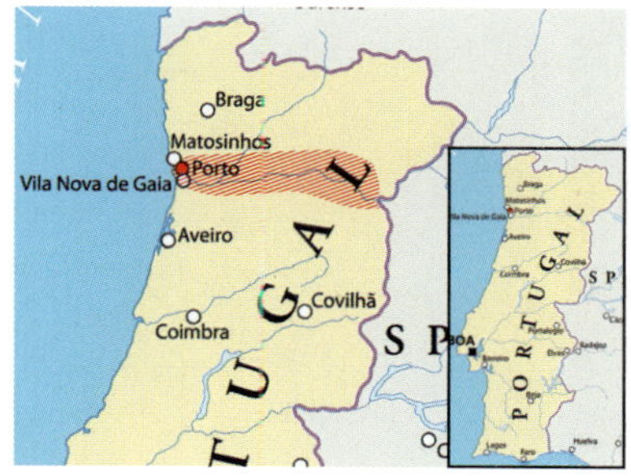

Anbaugebiet für Portwein

Geschmacksrichtungen bei Portwein

- **White Port:** aus weißen Trauben, trocken bis halbtrocken
- **Pink Port:** aus Roséwein, leicht und fruchtig
- **Ruby Port:** aus roten Trauben mit rubin-kirschroter Farbe, junger Port mit jungem, fruchtigem Geschmack
- **Tawny Port:** lagert wie alle roten Portweine zunächst im großen Fass, wird dann aber in kleine Fässer (Pipen) umgefüllt, bekommt eine hellere Farbe und einen gewichtigen Geschmack, auch mit Nuancen von Gewürzen, Honig und Trockenfrüchten
- **Vintage Port:** sehr alter, schwerer, vollmundiger Port aus roten Trauben, der immer in der Flasche reift. Nur die besten Jahrgänge werden zu Vintage-Jahrgängen erklärt.

Süßegrade bei weißem Portwein

Bezeichnung	Süßegrad
muito doce	very sweet
doce	sweet
meio seco	medium dry
seco	dry
extra seco	extra dry

13.3.4 Wein-Aperitif

Wermut/Vermouth

Der Ursprung des Wermuts liegt in Italien, im Piemont. Hier werden bis heute hervorragende Grundweine mit Alkohol aufgespritet und mit Zucker und aromatischen Pflanzenteilen versetzt. Geschmacksgebender Bestandteil und Namensgeber ist das Wermutkraut. Die weiteren Kräuterauszüge (z. B. Salbei, Melisse, Thymian, Schalen von Bitterorangen oder Zitronen etc.) sind streng gehütete Firmengeheimnisse.

Vermouth/Wermut Bianco, Rosso und D'oro

> Die Schreibweise „Vermouth" wird nur für italienische und französische Produkte verwendet.

Lillet

Leichter und floraler Weinaperitif, benannt nach den Gründern der Firma, den Brüdern Lillet. Seit 1872 werden die Weine aus dem Bordelais mit Extrakten von Zitrusfrüchten und Kräutern im Holzfass mit einem unvergleichlichen Geschmack und Aroma hergestellt. Lillet sollte stets gekühlt serviert werden.

13.3.5 Schaumwein

Schaumwein ist die Sammelbezeichnung für alle schäumenden Weine, dabei ist die Herstellung nach verschiedenen Verfahren möglich.
Basis für die Schaumweinherstellung sind „Jungweine", das sind Weine, die gerade die erste Gärung vollzogen haben (Stillweine). Diese Stillweine – je nach Produkt aus unterschiedlichen Rebsorten, Lagen, Jahrgängen – werden zu einer Cuvée vermischt.

Agraffe/Schaumweinverschluss

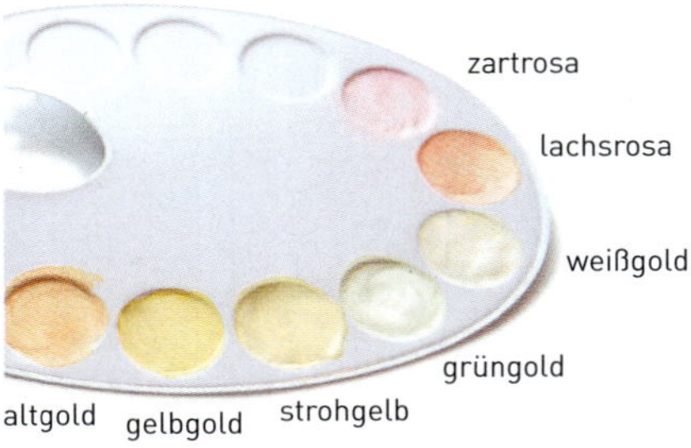

Schaumweinfarben

Schaumweine weltweit

Champagner:
Frankreich (Champagne), traditionelles Flaschengärverfahren/ méthode champenoise

Vin Mousseux:
Frankreich, Oberbegriff für alle Schaumweine (außer Champagner), z. B. **Crémant**, Blanquette

Sekt:
- Deutschland, Oberbegriff für Qualitätsschaumweine
- Österreich und Schweiz, Oberbegriff für Schaumweine

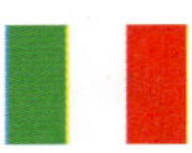

Spumante:
Italien, Oberbegriff für Schaumweine

Cava:
Spanien, traditionelles Flaschengärverfahren

Krimsekt:
Halbinsel Krim (gehört als selbstständige Republik zur Ukraine), traditionelles Flaschengärverfahren

Sparkling Wine:
USA, mit einer zweiten Gärung hergestellt („classic method")

Dieses Verschneiden der Grundweine/Stillweine wird auch als Assemblage bezeichnet. Die Assemblage wird nur von erfahrenen Kellermeistern durchgeführt, denn hierbei wird die Persönlichkeit, der Charakter des Schaumweins festgelegt.

Ein weiteres Merkmal der Schaumweinherstellung ist meistens die zweite Gärung. Der Cuvée wird eine sogenannte Fülldosage zugegeben, die aus gelöstem Zucker und Hefe besteht. Es entstehen Alkohol und Kohlensäure und so wird aus dem stillen Wein ein prickelnder Schaumwein.

Einmalige Gärung

Hier werden die Moste, die bei der Weinbereitung entstehen, vor Ende der alkoholischen Gärung durch Hefeentfernung und Kaltlagerung süß gehalten. Der zuckerhaltige Jungwein wird in Flaschen gefüllt, um dann bis zum höchstmöglichen Druck weiterzugären (z. B. Asti Spumante, Clairette de Die).

Zweifache Gärung

- Flaschengärung
  Die Cuvée wird mit der Fülldosage in drucksichere Schaumweinflaschen abgefüllt, damit die zweite Gärung stattfinden kann. Es entwickeln sich Alkohol und Kohlensäure. Nach dieser Gärung reift der Schaumwein auf der Hefe in der Regel ein Jahr lang. Die Flaschen lagern auf schrägen Rüttelpulten mit dem Hals nach unten und müssen gedreht und gerüttelt werden (in modernen Kellereien machen das Rüttelmaschinen). Die Hefe setzt sich so am Flaschenhals unter dem Korken ab. Nach Abschluss des Rüttelns wird der Flaschenhals in eine Gefriersalzlösung von minus 20 °C eingetaucht. Die Heferückstände gefrieren und beim Öffnen der Flasche schleudert der Druck der Kohlensäure den Eispfropfen heraus (Degorgieren).
  Der fehlende Flascheninhalt wird mit der Versanddosage (Mischung aus Zucker und Wein) aufgefüllt. Diese Versanddosage bestimmt die Geschmacksrichtung des Schaumweins und gibt den endgültigen Geschmack. Jetzt wird die Flasche verkorkt, mit einer Agraffe (Drahtkorb) gesichert und mit einem Etikett versehen.
- Transvasierverfahren
  Der Wein gärt in der Flasche zu Schaumwein. Ist die zweite Gärung abgeschlossen, werden die Flaschen in einen Gegendruckbehälter entleert, das aufwendige Flaschenrütteln entfällt. Jetzt wird die Hefe ausgefiltert, die Versanddosage hinzugegeben und wieder in Flaschen abgefüllt.
  Auf dem Etikett kann „Flaschengärung" angegeben werden.
- Großraumgärung
  Die Cuvée wird mit der Zucker-Hefe-Lösung in große Edelstahltanks bis zu 250 000 Liter Inhalt gefüllt. Mithilfe von Rührwerken werden Wein und Dosage gemischt und eine zweite Gärung erfolgt. Nach 3–8 Wochen wird die Hefe ausgefiltert und der Schaumwein auf Flaschen gezogen.

Imprägnierverfahren

Die Grundweine werden bei dieser Methode mit einem Dosagelikör und CO_2 versetzt (z. B. Perlwein, Frizzante).

Flaschengärung

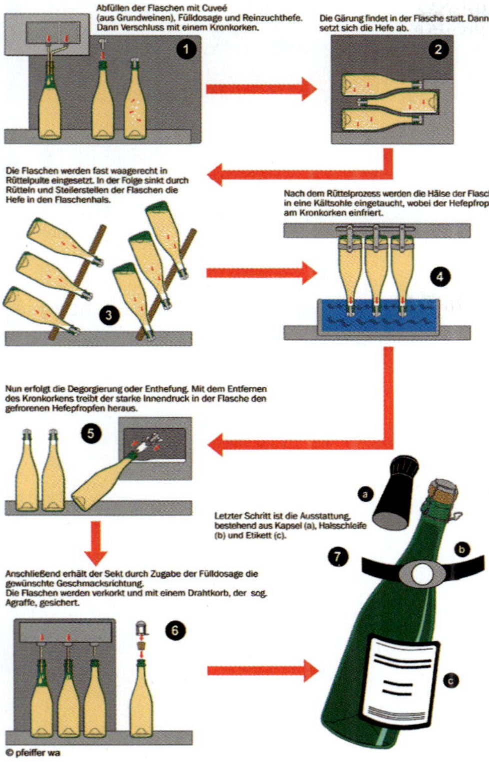

Großraumgärung

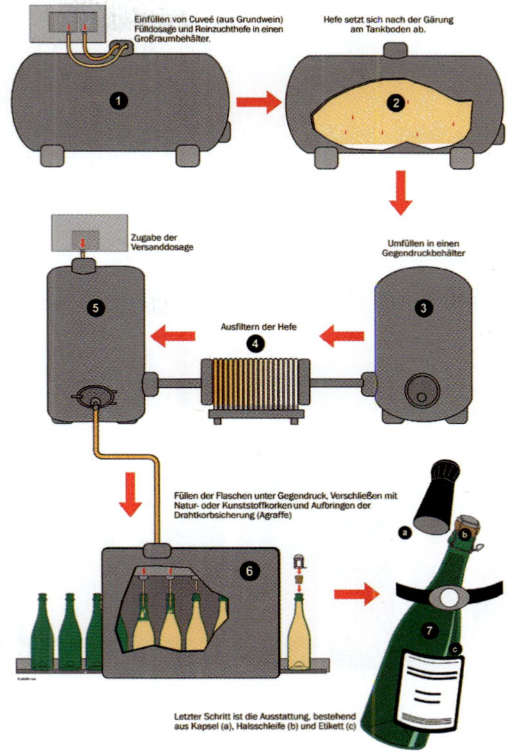

Transvasierverfahren

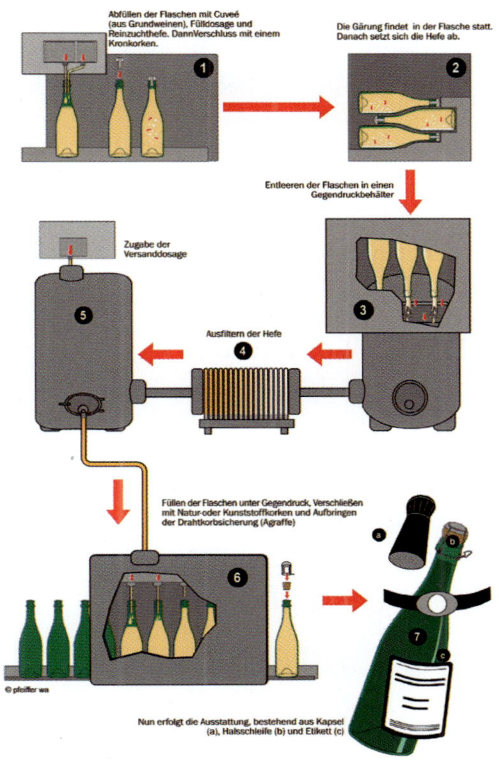

Champagner ist eine geschützte Herkunftsbezeichnung für Schaumweine aus der Champagne. Die zugelassenen Rebsorten (Chardonnay, Pinot noir, Pinot meunier) müssen aus der Champagne stammen und dort verarbeitet werden.

Qualitätsschaumwein und **Sekt** sind nach der EG-Verordnung identisch. Sie müssen mindestens einen Alkohohlgehalt von 10 % vol und einen Druck von mindesten 3,5 bar haben.

Schaumweinflaschen

Flaschengrößen

Schaumwein wird in unterschiedlichen Flaschengrößen angeboten:

- 0,2 l Pikkolo
- 0,375 l Halbe Flasche
- 0,75 l 1/1 Flasche
- 1,5 l Magnum
- 3,0 l Doppelmagnum oder Jerobéam
- 4,5 l Rehobéam
- 6,0 l Methusalem oder Imperial
- 9,0 l Salmanazar
- 12 l Balthasar
- 15 l Nebukadnezar

Schaumweinservice

Schaumweine sind beim Versand bereits trinkreif und müssen nicht mehr längere Zeit gelagert werden. Sie sollten kühl (ca. 12 °C), dunkel und liegend gelagert werden.

Geschmacksstufen und Restzuckergehalt bei Schaumweinen

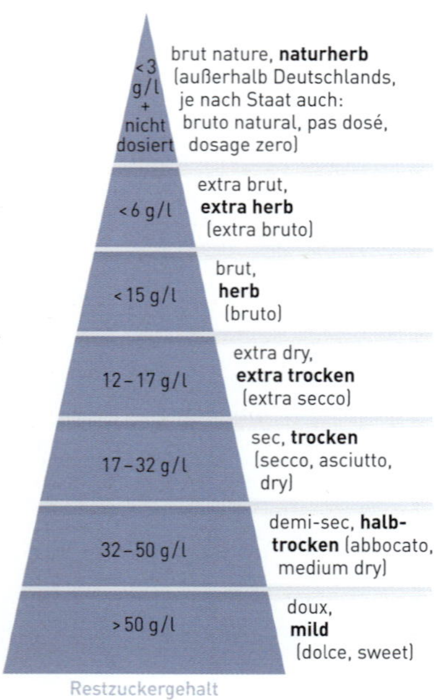

Die ideale Trinktemperatur liegt zwischen 6 und 8 °C, für hochwertige Champagner sogar bei 10 °C.
Je süßer der Schaumwein, desto kühler sollte er serviert werden.

Schaumweine sind ideale Aperitifs. Sie schmecken erfrischend und wirken appetitanregend.

13.3.6 Spirituosen

Als Spirituose gilt eine alkoholische Flüssigkeit, die zum menschlichen Verzehr bestimmt ist und mindestens 15 % vol aufweist (Ausnahme Eierlikör). Weiterhin sind bestimmte organoleptische Eigenschaften (Geschmack, Geruch, Farbe, Aussehen und Konsistenz) zu erfüllen.

Zur Erzielung eines Alkoholgehalts über 15 % vol müssen alkoholhaltige Flüssigkeiten destilliert werden.

Unter Alkohol wird in der Gastronomie das für den Menschen genießbare Ethanol verstanden.

Alkohol ist ein natürliches Produkt, das durch Gärung entsteht. Die Bildung von Alkohol (Ethanol) aus Zucker durch Hefen wird als alkoholische Gärung bezeichnet. Enthält das Ausgangsprodukt keinen Zucker, sondern Stärke, muss diese erst zu Zucker abgebaut werden. Jetzt kann die Hefe mithilfe von Enzymen Zucker in Alkohol und Kohlenstoffdioxid umwandeln. Das Kohlenstoffdioxid, gelöst in Flüssigkeit, wird zu Kohlensäure. In der Getränkeindustrie wird das Verfahren der alkoholischen Gärung durch den gezielten Einsatz spezieller Bier-, Wein- oder Brennereihefen eingesetzt.

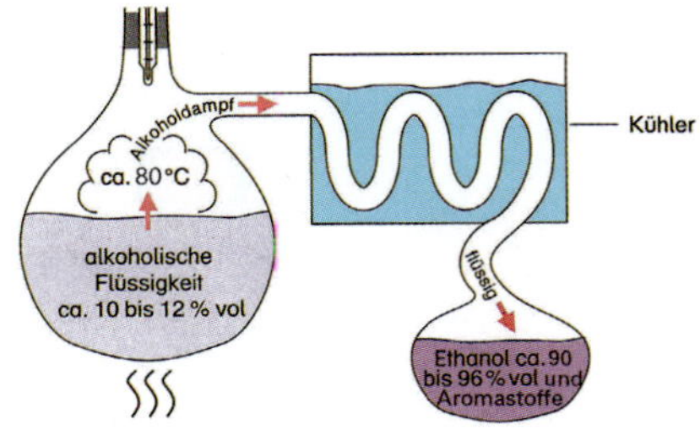

Prinzip der Destillation

Alkoholische Gärung

Zucker — Enzyme der Hefe → Alkohol + Kohlensäure

Die Hefen bilden nicht unbegrenzt Alkohol, denn bei 15 bis 16 % vol sterben die Hefezellen durch die Alkoholeinwirkung ab und die Gärung kommt zum Stillstand. Getränke mit einem höheren Alkoholgehalt müssen destilliert werden.

> Der Alkoholgehalt wird in Volumenprozent, abgekürzt % vol, angegeben. Dieser Wert gibt an, wie viel Milliliter reiner Alkohol in 100 ml Flüssigkeit enthalten sind.

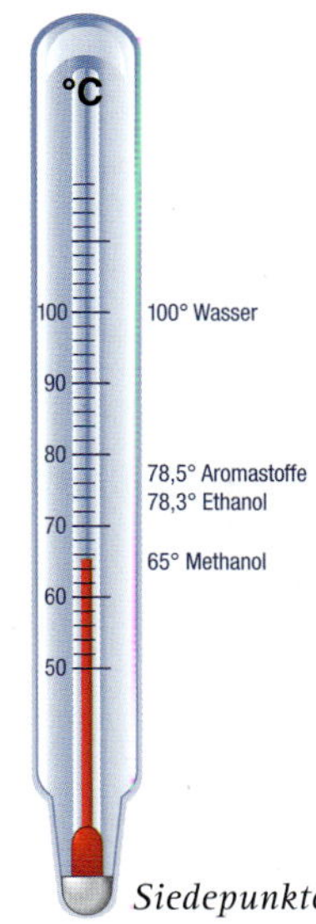

Siedepunkte

Alkoholische Destillation

Unter dem Begriff Destillation wird hier die Gewinnung hochprozentigen Alkohols aus einer schwach alkoholhaltigen Flüssigkeit verstanden. Da Alkohol einen niedrigeren Siedepunkt als Wasser aufweist, kann durch Erhitzen der schwach alkoholhaltigen Flüssigkeit der früher verdampfende Alkohol extrahiert und anschließend verflüssigt werden. Der gewonnene Rohalkohol/Raubrand kann weiterhin in aufwendigen Verfahren mehrmals feiner destilliert werden. Das hochprozentige Feindestillat, meistens hoch konzentriert, wird dann mit speziell aufbereitetem Wasser auf Trinkstärke reduziert. Die Mindestalkoholgehalte einzelner Spirituosen (z. B. Korn, Rum, Whisky) sind in der EU-Spirituosenverordnung von 2008 festgelegt. Der in % vol angegebene Gehalt ist der Mindestalkoholgehalt. Höhere Alkoholgehalte sind länderspezifisch zugelassen.

Je nach den verwendeten Rohstoffen unterscheidet sich der Prozess der Destillation, d. h. die Herstellung der Spirituose:

- **Zuckerhaltige Rohstoffe (Obst, Zuckerrohr):**
  Die Rohstoffe werden zerkleinert und dadurch der in den Rohstoffen enthaltene Zucker in Flüssigkeit gelöst (Maische). Die Maische wird durch Zugabe von Hefe vergoren und anschließend destilliert.
- **Stärkehaltige Rohstoffe (Getreide, Kartoffeln):**
  Die Stärke muss zunächst in gärfähigen Zucker umgewandelt werden. Die Rohstoffe werden gekeimt oder ungekeimt zerkleinert und eingeweicht. Die Stärke wandelt sich nun in Zucker um. Die jetzt süße Maische wird mit Hefe vergoren und anschließend destilliert.
- **Alkoholhaltige Rohstoffe (Wein, vergorener Obstmost):**
  Sie können direkt destilliert werden.

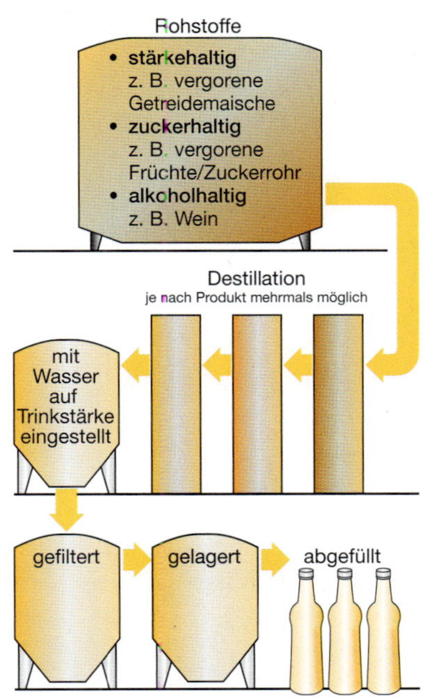

Herstellung von Spirituosen

Ballon-Cognacglas

Tulpen-Cognacglas

- Asbach Uralt
- Osborne Veterano
- Vecchia Romagna
- Metaxa

- Hennesy
- Hine
- Otard
- Remy Martin
- Courvoisier
- Camus

- Clés des Ducs
- Marquis de Montesquiou
- Samalens

- Barbero
- Frattina
- Julia
- Nonino
- Moet&Chandon Marc de Champagne

Destillate aus Wein

Weinbrand/Brandy sind Produkte aus Weindestillat, die Bezeichnungen werden weltweit für verschiedenartigste Spirituosen verwendet. Weinbrand stammt meist aus Österreich oder Deutschland, Brandy aus Spanien, Italien, Griechenland oder Portugal. Weinbrand und Brandy reifen mindestens 6 Monate im kleinen Fass (unter 1 000 l), im großen Fass mindestens 12 Monate.

Weinbrand und Brandy haben eine ideale Trinktemperatur bei 18 °C, sonst werden die Aroma- und Geschmacksentfaltung beeinträchtigt.

Nur in bauchigen Schwenkern, die sich nach oben verengen und so die aufsteigenden Bukettstoffe verdichten, entfaltet sich das volle Bukett.

Cognac ist ein Destillat aus Weinen, das ausschließlich aus Frankreich aus dem Weinanbaugebiet Charente stammt. In dieser Region um das Städtchen Cognac wird nach einem besonderen Destillationsverfahren (charentaiser Brennverfahren) aus drei zugelassenen Rebsorten (Ugni blanc, Colombar, Folle blanche) der zunächst klare Brand hergestellt, der dann in Eichenfässern lagert, reift und Farbe bekommt. Die Reifung des Cognacs wird unter anderem durch die Porosität des Holzfasses beeinflusst. Es besteht ein indirekter Kontakt zur umgebenden Luft, sodass der Cognac einerseits Sauerstoff aufnehmen, aber auch Sauerstoff und Flüssigkeit abgeben kann. Dieser Teil hat die Bezeichnung „Anteil der Engel". Nach Lagerung und Reifung werden die unterschiedlichen Cognacs verschnitten (Vermählung/Mariage) Es ist eine besondere Kunst des Kellermeisters, die Destillate so zu vermischen, dass eine einheitliche Qualität oder eine neue Kreation entsteht.

Altersangaben bei Cognac

- V.S. (very special) = mindestens 2 Jahre alt
- V.S.O.P. (very special old pale) = mindestens 4 Jahre alt
- X.O. (extra old) = mindestens 6 Jahre alt, oft werden 20- bis 40-jährige Cognacs angeboten

Armagnac ist das älteste französische Weindestillat aus dem Südwesten Frankreichs, der Gascogne. Der zu brennende Wein kann mit Kräutern, Haselnüssen und Pflaumen versetzt werden, die dem Armagnac sein besonderes Aroma verleihen.

Tresterbrand, Grappa, Marc sind Destillate aus vergorenem Trauben- oder Obsttrester (Pressrückstände bei der Mostbereitung). Neben rebsortenreinen Tresterbränden werden Tresterbrände auch aus Trester-Cuvées hergestellt. Die Destillate entstehen glasklar oder werden in Holzfässern manchmal bis zu zehn Jahren und länger gelagert und nehmen einen goldbraunen Farbton an. In Deutschland und Österreich sind es meist die Winzer, die ihre eigenen Tresterbrände herstellen. In Frankreich (Marc) und Italien (Grappa) haben sich große Unternehmen etabliert, die ausschließlich Tresterbrände produzieren.

Calvados wird in Frankreich (Normandie und Bretagne) aus Apfelwein (Cidre), oft mit einem kleinen Anteil Birnenwein hergestellt. Calvados ist eine geschützte Bezeichnung (kontrollierte Ursprungsbezeichnung). Der Cidre wird ein bis zwei Jahre gelagert, bevor er destilliert wird und dann mindestens ein Jahr in Holzfässern reift.

- Busnel
- Gilbert
- Père Magloire
- Château du Breuil
- Papidoux

Destillate aus Obst

Destillate aus Obst unterscheiden sich in der Herstellung:

- Für **Obstwasser (z. B. Kirschwasser, Zwetschgenwasser, Sliwowitz)** werden frische Früchte oder deren Most vergoren und destilliert.
- Für **Obstgeist (z. B. Himbeergeist)** werden in der Regel zuckerarme Früchte in Ethanol eingemaischt (Mazeration oder Digestion). Die Aromastoffe der Früchte gehen dabei in den zugesetzten Alkohol über. Anschließend wird destilliert.

Mazeration
Früchte oder Kräuter werden in kaltem, hochprozentigem Neutralalkohol eingelegt, damit Aroma-und Geschmacksstoffe in den Alkohol übergehen.

Digestion
Früchte oder Kräuter werden in warmem, hochprozentigem Neutralalkohol eingelegt, damit Aroma- und Geschmacksstoffe in den Alkohol übergehen.

> Werden Destillate aus Obst zu kalt serviert, können sich die Aromen der Spirituose nicht entfalten. Die Trinktemperatur für Destillate aus Obst liegt daher zwischen 15 °C und 18 °C.

- Etter
- Fassbind
- Morand
- Nusbaumer
- Rouyer
- Schladerer
- Ziegler

Destillate aus Getreide

Destillate aus Getreide sind Spirituosen, die ausschließlich durch Destillation einer vergorenen Maische aus dem vollen Korn von Getreide gewonnen werden.

Korn/Doppelkorn ist ein typisch deutsches Destillat, das aus Getreide hergestellt wird (Roggen, Weizen, Gerste Hafer und Buchweizen). Der Alkoholgehalt von Korn muss mindestens 32 % vol, der von Doppelkorn mindestens 38 % vol betragen.

- Berentzen Korn
- Fürst Bismarck
- Doornkaat
- Echter Nordhäuser

Ist der Korn mit Kümmel aromatisiert, wird er als Kümmel oder Kümmelkorn bezeichnet. Korn kann auch mit Wacholderbeeren oder Wacholderdestillat aromatisiert werden.

Kümmel

Wacholder

Whisky/Whiskey wird durch Destillation einer Maische aus gemälztem Getreide mit oder ohne das volle Korn anderer Getreidearten hergestellt.

Die Schreibweise hängt vom Erzeugerland ab:
Schottland und Kanada → Whisky
Irland und USA → Whiskey

> Blended Whisky ist der Verschnitt von verschiedenen Whiskys, z. B. Malt- und Grain-Whiskys.

Whisky-Brennblasen

Whiskybezeichnungen nach ihrem Ausgangsstoff
- Malz/Malt Whisky aus Gerste
- Korn/Grain Whisky aus verschiedenen Getreidesorten zum Verschneiden
- Bourbon Whisky aus mindestens 51 % Mais
- Rye Whisky aus mindestens 51 % Getreide

Whiskybezeichnungen bezogen auf ihre Herstellung
Single = Der Whisky kommt aus einer einzigen Destillerie.
Vintage = Der Whisky ist ein Jahrgangswhisky.
Single Cask = Der Whisky stammt aus einem einzelnen Fass.

Scotch Whiskys sind bekannt für ihren typischen Rauchgeschmack, der sich beim Darren des Getreidemalzes über dem Torffeuer entwickelt. Das verwendete Berg- oder Moorwasser stellt eine weitere Geschmackskomponente dar.

- Ballantine's
- Chivas Regal
- Dimple
- Glenfiddich
- Glenlivet
- Johnnie Walker
- White Horse

Irish Whiskeys werden aus ungemälzter und gemälzter Gerste bereitet, die in einem Heißluftofen gedarrt wird. Irish Whiskey hat deshalb keinen Rauchgeschmack. Irish Whiskeys sind meistens blended Whiskeys.

- Bushmills
- Paddy
- Tullamore Dew

American Whiskeys stammen meist aus den Bundesstaaten Kentucky (Bourbon Whiskey) und Tennessee. Sie bestehen als Grundmaterial aus Mais und sind deshalb schwerer, kräftiger und in der Regel ein wenig süßlich.

- Four Roses
- Jack Daniels
- Jim Beam
- Wild Turkey

Canadian Whiskys haben als Ausgangsstoff vorwiegend Roggen und Mais, aber auch andere Getreidesorten. Weiterhin sind Zusätze von Sherry oder Obstwein in geringem Maße erlaubt. Canadian Whiskys sind leicht, geschmacksneutral und oft heller als die anderen Whiskys.

- Black Velvet
- Canadian Club
- Glenville
- Seagram's
- Crown Royal

Wodka
Grundmaterialien für Wodka sind meistens Getreidemischungen, aber auch Kartoffeln und Melasse finden Verwendung. Durch mehrmaliges Destillieren verliert der Wodka fast alle Geschmacksstoffe und wird zu einer neutral schmeckenden Spirituose. Diese Geschmacksneutralität erklärt seine außerordentliche Vielseitigkeit im gastronomischen Angebot.

- Moskovskaja
- Grasovka
- Absolut

Aromatisierte Destillate
Aromatisierte Spirituosen werden aus Ethanol landwirtschaftlichen Ursprungs (Neutralalkohol), der natürlich aromatisiert wird, hergestellt.

Gin ist ein Destillat aus Getreide (Gerste und Roggen), das sein besonderes Aroma in erster Linie durch Zugabe von Wacholderbeeren erlangt. Dieser Wacholderbeerengeschmack muss gemäß EU-Verordnung vorherrschen.

- Beefeater
- Bombay
- Finsbury
- Gordon's
- Tanqueray
- Seagram's

Genever hat keinen so markanten Wacholderbeerengeschmack, wird aber auch aus Getreide mit Wacholderbeeren destilliert. Das holländische Nationalgetränk wird in den aromatischen „oude“ (alten) und den weniger aromatischen „jonge“ (jungen) Genever unterschieden.

- De Kuyper
- Bols

Aquavit ist die Bezeichnung für eine Spirituose, deren Aromatisierung aus der Destillation mit Kümmelsamen und/oder Dillsamen stattgefunden hat. Besonders in Dänemark, aber auch in den anderen skandinavischen Ländern ist Aquavit sehr beliebt.

- Aalborg
- Bommelunder
- Linie Aquavit
- Malteserkreuz

Kümmelsamen

Dillsamen

Anisgetränke sind Anisspirituosen, die mit Extrakten aus Anis, Sternanis, Fenchel und anderen Pflanzenteilen aromatisiert werden. Das aus Anis, Sternanis und Fenchel destillierte Anethol ist für das klassische Anisaroma der Spirituosen verantwortlich.

- Pernod
- Ricard
- Ouzo 12
- Yeni Raki
- Molinari Sambuca

Anis

Sternanis

Fenchel

Zu den Anisgetränken zählen folgende Anisdestillate und Anisliköre:

- **Absinth** – Mazeration mit Wermut, Anis, Fenchel und weiteren Kräutern
- **Ouzo** – Destillat aus Anissamen, Fenchel und Gewürzen
- **Pastis** – Mazeration oder Destillat aus Sternanis, Fenchel, natürlichen Extrakten von Süßholz und Kräuteressenzen
- **Raki** – Destillat aus Trauben, Rosinen und Anissamen
- **Anisette/Anisados/Sambuca** – Anisliköre aus Frankreich, Spanien, Italien

Destillate aus Agaven

Agaven sind Pflanzen, die auch als Jahrhundertpflanze bezeichnet werden. Sie wachsen oft Jahrzehnte, blühen ein einziges Mal und sterben dann.

Tequila ist die bekannteste Spirituose aus der Agave. Die Herzstücke der Agaven werden zu Sirup verarbeitet, dieser dann fermentiert und destilliert. Die Produktion findet in Mexiko in der Provinz Jalisco um die Stadt Tequila statt und ist durch ein Gesetz als „Denominación de Origen (DOC)" weltweit geschützt.

Tequila: Destillat aus Agaven

Servieren von Tequila

- Junger klarer Tequila wird mit Salz und Limette/Zitrone genossen.
- Junger goldfarbener Tequila harmoniert mit Orange und einer Prise Zimt.

Der klare Tequila mit frischem Geschmack steht dem in Eichenfässern gelagerten braunen Tequila mit schwerem, rauchigem Aroma gegenüber:

- **Tequila silver oder blanco** – klarer, direkt nach der Destillation abgefüllter Tequila
- **Tequila golden oder joven oder orr** – eingefärbter Tequila (Zuckersirup/Karamell oder durch Eichenhozfasslagerung)

Mezcal wird aus dem Fruchtfleisch verschiedener Agavenarten hergestellt, hat jedoch keine DOC. Manchmal wird Mezcal mit einer Mottenraupe in der Flasche angeboten (fälschlicherweise oft als Wurm bezeichnet).

- Sierra
- Sauza
- Silla
- Montezuma

- Bacardi
- Captain Morgan
- Havana Club
- Meyer's

Rum: Destillat aus Zuckerrohr

Zuckerrohr

- Canario
- Nêga Fulô
- Pitú

- Andalö: Sanddornlikör
- St. Germain: Holunderblütenlikör
- Esprit de June: Weinblütenlikör

Destillate aus Zuckerrohr

Rum wird in den meisten Fällen aus Zuckerrohrmelasse (dunkelbrauner Zuckersirup) hergestellt (mindestens 37,5 % vol). Lediglich frischer Zuckerrohrsaft sowie gehäckseltes Zuckerrohr und Gewürzmischungen werden als geschmacksgebende Zutaten der Maische zugefügt und dann destilliert.

Der frische Brand lagert mindesten sechs Monate bis mehrere Jahre, ja sogar Jahrzehnte auf unterschiedlichste Weise. Für weißen Rum werden Stahltanks verwendet oder behandelte Fässer, die keine Farbe abgeben. Brauner Rum lagert in Holzfässern, die Geschmack und Farbe abgeben. Es kann auch Zuckercouleur oder Karamellsirup hinzugefügt werden.

Original-Rum muss aus dem Herstellungsland stammen und darf nicht verändert werden.

Echter Rum ist ein Original-Rum, der in Deutschland auf eine Trinkstärke von mindestens 37,5 % vol herabgesetzt wurde.

Rum-Verschnitt ist eine Mischung aus Original-Rum (mindestens 5 %) und neutralem Alkohol.

Cachaça wird aus dem Saft des grünen, frisch geernteten Zuckerrohrs hergestellt. Cachaça darf nach brasilianischem Recht nur in Brasilien hergestellt werden und muss mindestens 38 % vol und höchstens 48 % vol enthalten. Produkte mit höherem Alkoholgehalt (bis 54 % vol) werden als Aguardente (Feuerwasser) bezeichnet. Die Destillation erfolgt durch ein besonders schonendes Verfahren, damit der fruchtige, herbsüße Geschmack des Zuckerrohrs erhalten bleibt. Qualitativ hochwertiger Cachaça reift in Holzfässern. Cachaça wird meist zum Mixen verwendet. Hier ist er die Basis für alle Batidas, passt gut zu Säften und ist Bestandteil des Kultcocktails Caipirinha.

Liköre

Liköre sind Spirituosen aus aromatisierten Destillaten mit Zusatz von Zucker. Für die meisten Liköre ist ein Mindestzuckergehalt von 100 g Invertzucker (Gemisch aus Traubenzucker und Fruchtzucker) je Liter vorgeschrieben. Beinahe unüberschaubar ist die Vielfalt an Sorten und Marken im Likörsegment. Immer wieder bringen Hersteller Neuheiten auf den Markt. Dazu gehören viele kleine, regionale Spezialitätenanbieter. Es werden verschiedene Likörsorten unterschieden.

Methoden zur Aromatisierung

- **Infusion:** Früchte, Kräuter etc. werden zur Aromatisierung in Alkohol getränkt und der aromatisierte Alkohol destilliert.
- **Perkolation:** Auf einem Filter liegen zerkleinerte Früchte, Gewürze etc. Aufsteigende Alkoholdämpfe dringen durch den Filter durch, wobei sie aromatisiert und anschließend kondensiert werden.
- **Emulsion:** Herstellung einer emulgierten Mischung von Ethanol, Zucker, Wasser und Geschmacksstoffen. Basis der meisten Emulsionsliköre sind Milch, Sahne, Ei oder Schokolade.
- **Kompositionsmethode:** Ethanol wird mit künstlichen Essenzen und Kompositionen versetzt.

Fruchtsaftliköre werden mit dem Saft der namensgebenden Fruchtart durch Maischegärung hergestellt.

Fruchtaromaliköre werden aus Früchten, Fruchtteilen oder natürlichen Fruchtaromen gewonnen. Bei der Mazeration wird kalter Alkohol mit Früchten angereichert, gelagert, gepresst und gefiltert.

Fruchtbrandys entstehen aus Fruchtsaft- oder Fruchtaromalikören unter Zugabe von Obstdestillat aus der namensgebenden Frucht.

Kräuter-, Gewürz-, Bitterliköre sind Spirituosen, die aus Fruchtsäften und/oder natürlichen ätherischen Ölen, natürlichen Essenzen und Zucker hergestellt werden.

Emulsionsliköre sind Liköre, die mit Sahne, Milch oder Schokolade/Schokoladenpulver und Eiern zusammen mit Alkohol und Zucker homogenisiert werden. Je nach Geschmack werden Gewürze und Aromen zugefügt. Alle Zutaten werden so verbunden, dass eine Emulsion entsteht.

Sonstige Liköre lassen sich in keine der genannten Gruppen einordnen.

Fruchtsaftliköre
- Guyot Crème des Cassis
- Eckes Edelkirsch
- Heering Cherry

Fruchtaromaliköre
- Cointreau
- Curaçao
- Grand Marnier
- Grüne Banane
- Southern Comfort

Fruchtbrandys
- Apricot Brandy
- Cherry Brandy
- Maraschino

Kräuter-, Gewürz-, Bitterliköre
- Jägermeister
- Fernet Branca
- Campari
- Aperol

Emulsionsliköre
- Batida de Coco
- Baileys
- Amarula

13.3.7 Alkoholhaltige Heißgetränke

Am häufigsten werden folgende alkoholhaltigen Heißgetränke angeboten:
- **Irish Coffee:** Kaffee mit braunem Zucker, Irish Whiskey und halb geschlagener Sahne
- **Pharisäer:** brauner Rum mit Zucker, heißem Kaffee und Sahnehaube
- **Rüdesheimer Kaffee:** Würfelzucker mit Weinbrand Asbach Uralt flambiert, heißem Kaffee und Sahnehaube
- **Grog:** vorgewärmter Rum mit heißem Wasser bzw. Eiern und Zucker
- **Glühwein:** Rotwein mit Gewürzen (Zimt, Nelke usw.) und Früchten (Zitrone, Orange usw.) erhitzt und mit Zucker abgeschmeckt
- **Punsch:** Wein und Spirituosen (original mit Rum und Arak) – manchmal auch Tee oder Fruchtsäfte – und Gewürze erhitzt und serviert
- **Russische Schokolade:** Trinkschokolade mit Wodka bzw. Rum und Sahnehaube

Eiergrog

Punsch

13.3.8 Mischgetränke

Mischgetränke mit Bier

Biermischgetränke bestehen meistens aus Bier, vermischt mit Erfrischungsgetränken oder Fruchtsäften oder exotischen Beigaben wie Tequilaaroma oder Energiegetränken. Sie sind für die Systemgastronomie als Lifestyle- oder Trendgetränk ein Umsatzbringer, aber als Trendgetränk häufig nur kürzere Zeit aktuell. Die Vielfalt am Markt wächst rasch und unterliegt einer zeitgeistgesteuerten Schnelllebigkeit. Biermischgetränke müssen nicht dem Reinheitsgebot entsprechen. Aus diesem Grund dürfen sie nur unter der Bezeichnung „Biermischgetränk" auf den Markt gebracht werden.

Mischgetränke mit Bier

Mischgetränk mit Bier

Folgende Biermischgetränke werden häufig angeboten:

- **Alsterwasser:** helles Bier mit Orangen- oder Zitronenlimonade
- **Radler:** helles Bier mit Zitronenlimonade
- **Berliner Weiße:** Berliner Weißbier mit Waldmeister- oder Himbeersirup

Mischgetränke mit Wein

Für diese Getränke wird Wein mit Erfrischungsgetränken, Fruchtsäften oder Aromen gemischt:

- **Weinschorle** wird süß mit Limonade oder sauer mit Mineralwasser „gespritzt".
- **Bowle** ist ein Gemisch aus Wein, Sekt, manchmal auch Spirituosen (meist Likör), Fruchtsäften, Mineralwasser, Früchten und Kräutern.

Mischgetränke mit Wein

Mischgetränke mit Spirituosen

Diese Getränke werden umgangssprachlich oft als Alcopops bezeichnet. Es sind fertig abgefüllte Getränke, in denen Limonaden mit Spirituosen (z. B. Wodka, Rum, Cachaça, Tequila, Gin) vermischt sind. Sie schmecken meist fruchtig und sind aufgrund des Kohlensäuregehalts erfrischend. Der Alkoholgehalt ist kaum zu schmecken und daher sind die meisten Flaschen/Dosen mit einem Hinweis versehen, dass die Abgabe an Personen unter 18 Jahre verboten ist.

13.3.9 Bargetränke/Mixgetränke

Alkoholische Mischgetränke mit Spirituosen

Mixen ist keine Zauberei, obwohl es dem Gast an der Bar oft als solche präsentiert wird (Show-Bar-Keeping). Das Mixen aus der freien Hand ist eine Kunst, die nur wenige Barkeeper beherrschen, denn dazu gehört ein sicheres Gefühl für das richtige Maß. Da an der Bar mit teuren alkoholischen Zutaten gearbeitet wird, ist beim freien Mixen die Gefahr groß, dass sich der Gewinn bei einer nicht exakten Arbeitsweise reduziert bzw. dass er verloren geht.

Daher ist es empfehlenswert, ein Messglas oder einen Messbecher zu verwenden und die Zutaten exakt abzumessen. Der klassische Messbecher (Jigger) besteht aus einem Becher mit 2 cl und einem Becher mit 4 cl.

Weiterhin sollte der Barkeeper, bevor er mit dem Mixen beginnt, alle notwendigen Zutaten und Instrumente griffbereit auf die Arbeitsbank gestellt haben (Mise en place). Cocktailgläser sollten immer vorgekühlt sein. Dafür werden sie vor der Zubereitung der Cocktails mit Eis gekühlt oder aus dem Kühlschrank entnommen.

Volumen für alkoholische Mixgetränke

- Shortdrinks → bis 8 cl Inhalt
- Longdrinks → mehr als 8 cl Inhalt

Grundsätzlich werden Mixgetränke in alkoholfreie und alkoholische Mixgetränke unterteilt. Außerdem werden Mixgetränke danach unterschieden, wann sie gereicht werden:

- **Before-Dinner-Drinks** oder **Aperitifs** sind trockene Mixgetränke, die nur wenig süße Zutaten enthalten. Sie wirken appetitanregend und werden deshalb vor dem Essen getrunken.
- **After-Dinner-Drinks** oder **Digestifs** sind süße, meist mit Likören, Sirup oder Sahne hergestellte Mixgetränke, die die Verdauung fördern sollen.

Cocktailmaschinen

„Schnell gemixt und schnell serviert", so werben Cocktailmaschinenhersteller. Servicekräfte ohne spezielles Fachwissen können mithilfe dieser Maschinen Cocktails mixen und servieren. Gleichbleibende Qualität bei voller Kostenkontrolle sind weitere Vorteile dieser Angebotsform, die besonders für Catering-Unternehmen praktisch einsetzbar ist.
Die Cocktailmaschine liefert entweder per Knopfdruck alle Zutaten (Ingredienzien), abgemessen nach einer festgelegten Rezeptur, die dann nur noch im Shaker oder Mixglas aufbereitet werden müssen, oder sogar den fix und fertigen Cocktail zum direkten Abfüllen in das passsende Glas.

Cocktailmaschinen

Cocktails

Cocktail heißt auf Deutsch „Hahnenschwanz". Zur Entstehung des Namens gibt es verschiedene Anekdoten. Eine ist, dass der Cocktail seinen Namen den bunten Schwanzfedern verdankt. Diese wurden nach Hahnenkämpfen dem unterlegenen Hahn ausgerupft und beim anschließenden Umtrunk mit einem Drink „on the cock's tail" begossen. Für Getränke, die bei geselligen Anlässen serviert wurden, wurde daraufhin der Name „Cocktail" verwendet. Eine weitere Anekdote besagt, dass ein Wirt auf seinem Tresen einen Porzellanhahn hatte, in den er jeweils die Reste aus Getränkeflaschen goss. Von Zeit zu Zeit hat er diesen Hahn geleert und da das Ausgießen aus dem Hahnenschwanz erfolgte, wurde dieses Mixgetränk „Cocktail" genannt.

Cocktailkreation

> Weder die Menge des Alkohols noch die Menge der Flüssigkeit in einem Cocktail sind wichtig, sondern ihre Ausgewogenheit.

Cocktails sind Mixgetränke, aber nicht alle Mixgetränke sind Cocktails. Als **alkoholische Cocktails** werden in der Regel **Shortdrinks** bezeichnet, die aus mindestens zwei verschiedenen alkoholischen Zutaten mit oder ohne Zugabe von alkoholfreien Getränken im Shaker geschüttelt oder im Mixglas verrührt werden. Für einen Cocktail gibt es oft unterschiedliche Rezepte.

> Als Barstock wird die Gesamtheit aller alkoholischen und nicht alkoholischen Getränke in einer Bar bezeichnet.

Basisgetränke im Barstock

- Cognac/Weinbrand/Brandy
- American, Canadian, Irish Whisk(e)y
- Wodka
- weißer und brauner Rum
- Gin
- Tequila
- Liköre (Kirsch/Orange/Crème de Cacao)
- Sekt und Champagner

Mixzutaten zur Geschmacksgebung und/oder Geschmacksabrundung

- Limonaden – Cola, Bitter Lemon, Ginger Ale, Tonic Water
- Milchprodukte – Milch, Sahne, Vanilleeis
- Zucker – Würfelzucker, brauner Zucker, Läuterzucker
- Gewürze und Gewürzsaucen – Muskat, Nelken, Zimt, Pfeffer, Salz, Tabasco
- Obst/Gemüse/Kräuter – Orangen, Zitronen, Staudensellerie, Pfefferminze
- Frucht- und Gemüsesäfte –Tomaten-, Orangen-, Zitronen-, Ananassaft

Garnituren

Die Garnitur eines Getränks ist elementar für die Präsentation und sollte außerdem auf den Genuss einstimmen. Aus diesem Grund ist die Kreativität des Barkeepers besonders gefragt und folgende Regeln sind zu beachten:

- Garnituren müssen essbar sein.
- Garnituren müssen der Geschmacksrichtung des Drinks entsprechen.
- Garnituren müssen in der Größe im Verhältnis zum Volumen des Drinks stehen.
- Der Barkeeper berührt die Garnitur vor dem Gast nicht mit den Fingern, sondern mit einer Zange, Messer oder/und Gabel.
- Mixgetränke mit Garnitur werden mit Unterteller und einer Cocktailserviette serviert.

Cocktails mit Garnituren

Vielfalt der Mixgetränke

Die Kreativität eines Barkeepers und die Vielseitigkeit seines Aufgabengebiets spiegeln sich u. a. in den folgenden Getränkevarianten wider:

- Bier-Mixgetränke
- Cobblers
- Coladas
- Collinses
- Coolers
- Daises
- Fancy Drinks
- Fizzes
- Flips und Egg-Nogs
- Floaters
- Frappés
- Freezes
- Hangover-Drinks
- Hot drinks
- Juleps
- Milk Shakes
- Punches
- Pick-me-up-Cocktails
- Slings
- Sorbets
- Sours

Martini Dry
Gin, Wermut extra dry, Olive

Bloody Mary
Wodka, Zitronensaft, Tabasco, Worcestershiresauce, Salz, Pfeffer, Tomatensaft

Cosmopolitan
Wodka, Triple Sec, Cranberrysaft, Lime Juice

Margarita
Tequila, Triple Sec, Limetten- oder Zitronensaft, Salzrand

Sex on the beach
Wodka, Pfirsichlikör, Orangensaft, Cranberrysaft

Zutaten für Mixgetränke

Drei Zutaten sind bedeutend für den Geschmack der Mixgetränke, und zwar die Basis/Base, der Richtungsweiser/Modifier und der Aromageber/Flavouring Part/Colouring Part.

Basis/Base

In vielen Büchern über Mixgetränke werden die Cocktails nach der Basisspirituose aufgelistet. Die Basis ist fast immer der Hauptbestandteil. Sie ist eine Zutat, die die Cocktailrichtung bestimmt. So ist beispielsweise die Basisspirituose und gleichzeitig der größte Anteil beim Whiskey Sour der Whiskey, beim Daiquiri der Rum. Selbstverständlich können auch zwei Spirituosen, die miteinander harmonieren, zusammen die Basis bilden.

Richtungsweiser/Modifier

„The modifying Agent“ ist der zweitwichtigste Teil bei der Cocktailzusammensetzung. Dieser darf jedoch nicht so dominierend sein, dass sich der Cocktail in diese Richtung verändert. Der Modifier beeinflusst die Richtung des Cocktails allerdings nicht maßgeblich.

Aromageber/Flavouring Part/Colouring Part

Der dritte Bestandteil des Cocktails ist von der Menge her der kleinste. Er bringt trotz seines geringen Anteils – oft ist es nur ein Dash (Spritzer) – das „gewisse Etwas“ in den Cocktail. Er rundet ihn ab und bringt ihn auf den Punkt. Dieser dritte Bestandteil bestimmt oft die Farbe – von zart bis kräftig – und das Aroma – von süß bis bitter.
Mit dieser Zutat muss vorsichtig umgegangen werden. Ein wenig zu viel davon, kann den Cocktail ungenießbar machen (z. B. Angostura).
Flavouring und Aromatic und Colouring Part können kleinste Mengen von Spirituosen, Likören, Sirupen und Bittern sein.

Mixen

Mixen bedeutet „vermischen“. Dafür gibt es in der Bar grundsätzlich vier Möglichkeiten.

Rühren im Rühr- oder Mixglas

Im Mixglas werden in erster Linie Cocktails verrührt, die aus reinen und klaren Alkoholika bestehen. Gerührte Cocktails präsentieren sich nach ihrer Fertigstellung transparent und enthalten weder Säfte noch Sahne oder sonstige Trübstoffe. Bei der Zubereitung werden zuerst Eiswürfel und die Zutaten in das Mixglas gegeben. Dann wird mit dem Barlöffel schnell und kräftig in drehender Bewegung von unten nach oben gerührt.

Schütteln im Shaker

Das Schütteln im Shaker gilt als das klassische Mixen. Auf diese Weise werden alle Cocktails zubereitet, die schwer mischbare Zutaten wie Liköre, Sirup, Sahne oder Eier enthalten. Es werden zwei- oder dreiteilige Shaker angeboten, die aus Chrom, Silber oder Kunststoff gefertigt sind. Sie fassen normalerweise 0,5 bis 0,7 Liter. In den Shakern lassen sich maximal drei bis vier Cocktails schütteln.

Bei der Zubereitung wird zuerst das Eis in den Unterteil des Shakers (beim Boston-Shaker in das Glas (siehe Kapitel 3.17.2) gegeben und anschließend werden die Zutaten entsprechend der Rezeptur hinzugefügt. Der geschlossene Shaker wird dann in waagerechter Haltung in Schulterhöhe vom Körper weg und wieder zum Körper hin geschüttelt. So ist der Kühlweg am längsten und damit die Kühlung am intensivsten. Die Dauer des Schüttelns richtet sich nach der Menge und Art des Inhalts. Meist wird 10 Sekunden geschüttelt. Länger als 25 Sekunden sollte nie geschüttelt werden, damit der Cocktail nicht verwässert.
Nach dem Schütteln wird der Shaker abgesetzt und mit einem Strainer abgeseiht (beim Boston-Shaker aus dem Metalloberteil, da dieses größer als das Glasteil ist). Wurden mehrere Cocktails auf einmal gemixt, muss beim Ausgießen darauf geachtet werden, dass die Gläser im Wechsel gefüllt werden. Dadurch sind alle Cocktails gleich gut gekühlt und keiner wässriger als der andere.

Mixen im Elektromixer oder Blender
Die Zubereitung im Elektromixer oder Blender beschränkt sich nicht nur auf Drinks, die feste Cremes oder auch Speiseeis enthalten. Ebenso sind das Pürieren von Früchten sowie die Herstellung von Frozen Drinks im Elektromixer gebräuchlich. Der Elektromixer als Aufsatzmixer oder Stabmixer ist insbesondere für die Zubereitung von größeren Mengen geeignet.
Als Eis sind Crushed Eis und Eiswürfel geeignet, da im Elektromixer größere Eisstücke zerkleinert werden können. Werden mehrere Drinks gleichzeitig zubereitet, kann auf das Eis verzichtet werden (dry blend). Die fertigen Drinks werden dann in Gläser, die zu 2/3 mit Eis gefüllt sind, abgegossen.
Gravierende Nachteile des Elektromixers sind die Geräuschentwicklung und der fehlende Showeffekt, sodass die Anwendung nicht im unmittelbaren Gästebereich stattfinden sollte. Beim Blender ist es besonders unangenehm, wenn beim unachtsamen Entfernen des Metallbechers durch die Rührblätter des Quirls ein lautes metallisches Kreischen entsteht.

Zubereitung im Trinkglas und Aufgießen von Spirituosen
Für Drinks, die direkt **im Trinkglas angerichtet** werden, wird der Ausdruck „built in glass“ verwendet, also „im Glas gebaut“. Dies ist die einfachste Art, einen Drink herzustellen. Klassiker sind z. B. Caipirinha oder Champagner-Cocktail, die an jeder Bar angeboten werden.
Aufgegossen werden Spirituosen, die mit einem „Filler“, einem alkoholfreien Getränk, zu einem Drink verlängert werden. Bei der Zubereitung wird eine Spirituose auf Eis in das Gästeglas gegossen und mit dem Filler aufgefüllt, z. B. Wodka Lemon.

Trinkfertige und vorportionierte Mixgetränke
Brandaktuell ist ein Trend, der für die Systemgastronomie in Zukunft eine wichtige Rolle spielen könnte. Premix-Cocktails (Ready-to-drink) sind trinkfertig gemixt und einzeln portioniert. Sie überzeugen mit Geschmack und Barqualität. Einfach geschüttelt und auf Eis gegossen, werden so schnell und perfekt Cocktails zubereitet. Der in einer pfandfreien Verpackung befindliche Cocktail ist ungekühlt mehrere Monate haltbar.

Frozen Margarita
Tequila, Limettensaft, Crushed Eis

Frozen Strawberry Daiquiri
weißer Rum, Erdbeersirup, Crushed Eis

Piña Colada
weißer und brauner Rum, Coconut-Cream, Ananassaft, Sahne

Tequila Sunrise
Tequila, Orangensaft, Grenadinesirup

Long Island Ice Tea
weißer Rum, Gin, Wodka, Tequila, Triple Sec, Zuckersirup, Zitronensaft, Cola

Mojito
Cachaça, Minzezweige, weißer Rohrzucker, Limettensaft, Sodawasser

Caipirinha
Cachaça, Rohrzucker, Limettensaft

13.4 Let's think about ... drinks!

Sie arbeiten in einem Unternehmen, das Filialen mit einer Kombination aus Restaurant und Bar betreibt. Sie sind zurzeit an der Bar eingesetzt und ein englischer Gast mit nur wenig Deutschkenntnissen wundert sich über die merkwürdigen Namen, die einige Getränke auf der Karte haben.

1. Sie erklären ihm, woraus die Getränke bestehen.

- Almdudler
- Aperol Spritz
- Bananenweizen
- Hugo
- Kiba
- Radler
- Weinschorle
- Alsterwasser
- Apfelschorle
- Berliner Weiße
- Kalte Ente
- Maibowle
- Russe
- ...

2. Ergänzen Sie diese Liste um die in Ihrem Betrieb üblichen Spezial- oder Mixgetränke.

Ein deutscher Gast hört das Gespräch mit und möchte nun seinerseits wissen, welche speziellen Getränke es in UK gibt. Da dieser Gast kaum Englisch spricht, müssen Sie vermitteln.

3. Erklären Sie dem deutschen Gast die Getränke, die Ihnen der englische Gast beschreibt.

ABV (alcohol by volume)	Volumenprozent
cold punch	Bowle
herbs	Kräuter
juice drink	Fruchtsaftgetränk
juice nectar	Fruchtnektar
lemonade	Limonade (Zitrone)
mix	Mischung
orangeade	Limonade (Orange)
peel	Schale
punch	Bowle
sirup^{AE}/syrup^{BE}	Sirup
sparkling wine	Schaumwein/Sekt
spring water	Quellwasser
spritzer	Schorle
(drinking) straw	Trinkhalm
table water	Tafelwasser
wheat	Weizen
woodruff	Waldmeister
to blend	mischen
to mix	mischen
to prepare	zubereiten
light	leicht
pale	hell (Bier)
sparkling	sprudelnd
tart	säuerlich

Black Velvet stout with champagne

Cider slightly sparkling apple wine

Perry pear cider

Pimm's Cup No. 1 Pimm's is a liqueur with an ABV of 25 % containing gin (varieties of this original version contain scotch or rum or brandy or vodka or …), quinine and a mix of various herbs. As a cocktail it is served with cucumber slices, pieces or slices of citrus fruits and strawberries as well as borage or – nowadays – rather fresh mint.

Shandy beer mixed with a soft drink which traditionally is lemonade but occasionally it can also be seen made with ginger beer

Snake bite beer with cider

Snake bite black beer, cider and blackcurrant cordial or even crème de cassis (also known as **Snakebite and Black** or **Diesel**)

Spritzer wine with lemonade

Die Systemzentrale Ihres Unternehmens in Reading, UK, möchte in ihren Bars zwei weitere typisch englische Getränke einführen und schickt daher den Filialen in Deutschland die entsprechenden Rezepturen.

Snake Bite Black

glass	ingredients	preparation
medium tumbler	2 cl blackcurrant cordial (alt.: crème de cassis) 10 cl cold, dry cider 15 cl cold ale	pour the ingredients in this order into the glass

Black Velvet

glass	ingredients	preparation
champagne flute	stout dry champagne	» half fill the glass with stout » carefully top up with champagne » on request, stir gently

Im Gegenzug will die Systemzentrale darüber informiert werden, welche nationalen oder regionalen Spezialgetränke in den deutschen Filialen angeboten werden und wie sie herzustellen sind.

4. Sie werden beauftragt, für die folgenden Getränke entsprechende Rezeptkarten (Gläser, Zutaten und Herstellung) auf Englisch zu erstellen:

- Alsterwasser
- Apfelschorle
- Bananenweizen
- Berliner Weiße
- Kalte Ente
- Kiba
- Radler
- Russe

13.5 Aufgaben

1 | Zählen Sie Gruppen alkoholfreier Getränke auf.

2 | Stellen Sie die Anforderungen zusammen, die an Mineralwasser gestellt werden.

3 | Definieren Sie den Begriff „Fruchtsaftgetränk".

4 | Geben Sie an, welche Limonaden und Brausen in Ihrem Betrieb ein wichtiger Bestandteil des Getränkeangebots sind.

5 | Nennen Sie fünf wichtige Anbauländer für Kaffee und erläutern Sie die wesentlichen Unterscheidungsmerkmale zwischen Hochland- und Tieflandkaffee.

6 | Welche wesentlichen Veränderungen erfährt die Kaffeebohne beim Röstvorgang?

7 | Erklären Sie den Unterschied zwischen Espresso macchiato, Latte macchiato und Cappuccino.

8 | Beschreiben sie die Herstellung eines Chai Latte.

9 | Welche Wirkung auf den menschlichen Organismus hat die unterschiedliche Ziehdauer bei Schwarztee?

10 | Wodurch unterscheidet sich die Zubereitung eines Kakaogetränks von einer Trinkschokolade?

11 | Immer mehr Gäste erwarten ein attraktives Angebot an Säften und Limonaden. Erkunden Sie das Angebot auf dem aktuellen Markt und erstellen Sie eine kleine Getränkekarte mit zehn alkoholfreien Erfrischungsbetränken für die Sommerzeit.

12 | Listen Sie die Rohstoffe auf, die in Deutschland zur Bierherstellung nach dem Reinheitsgebot verwendet werden dürfen.

13 | Erklären Sie den Begriff Stammwürze.

14 | Benennen Sie die Faktoren für ein professionell gezapftes Bier.

15 | Welche Angaben können Sie einem Weinetikett entnehmen?

16 | Nennen Sie drei weiße und drei rote Rebsorten und beschreiben Sie den Geschmack.

17 | Welche Regeln müssen beim Wein als korrespondierendes Getränk zur Speise beachtet werden?

18 | Formulieren Sie die Arbeitsschritte der klassischen Flaschengärung bei Schaumwein.

19 | Zählen Sie fünf bekannte Likörweine und deren Herkunftsländer auf.

20 | Unterscheiden Sie vier Rohstoffgruppen, aus denen Spirituosen hergestellt werden können. Geben Sie für jede Rohstoffgruppe konkrete Beispiele aus dem Getränkeangebot Ihres Betriebs an.

21 | Erklären Sie einem Gast die typischen Merkmale folgender Spirituosen: Tequila, Calvados, Cachaça, Sambuca, Ramazotti.

22 | Für den Bierausschank ist folgende Abrechnung vorzunehmen: 196 Gläser je 0,2 l und 358 Gläser je 0,4 l. Wie viel Liter Bier wurden ausgeschenkt?

23 | Eine Flasche Gin enthält 0,75 l. Bestimmen Sie, wie viele Gläser mit 4 cl Inhalt rechnerisch ausgeschenkt werden können.

24 | Für eine Sonderveranstaltung mit 150 Personen sind 200 Caipirinhas als Aperitif geplant. Für jeden Cocktail sind neben anderen Zutaten 4 cl Cachaça erforderlich. Wie viel ganze Flaschen mit 0,7 l sind anzufordern?

25 | Bei einer Weinprobe mit 20 Personen sind vereinbarungsgemäß je Gast acht Gläser mit je 0,1 l Wein zu degustieren. Der Schankverlust wird mit fünf Prozent berücksichtigt. Geben Sie an, wie viel Literflaschen bereitgestellt werden müssen.

26 | Für die Herstellung von 1 Liter Kakaogetränk werden laut Rezeptur 1 l Milch zu 0,70 €, 60 g Kakaopulver zu 2,70 € je kg und 120 g Zucker zu 0,90 € je kg benötigt. Berechnen Sie den Materialwert für eine Tasse Kakao mit 200 ml Inhalt.

14 Angebotskarten

- Speisen- und Getränkekonzept
- Menüzusammenstellung
- Speise- und Getränkekarten
- Menükarten
- rechtliche Grundlagen

14.1 Angebotszusammenstellung

14.1.1 Individuelle Angebote

Individuelle Angebotsgestaltung (Café Extrablatt)

Die Angebotszusammenstellung ist eine Grundvoraussetzung für die Erstellung von Angebotskarten. In der Systemgastronomie werden mit der Angebotszusammenstellung die Speisen und Getränke passend zum System und der Corporate Identity (siehe Kapitel 1.3.1) konzipiert. Hierbei setzen die Betriebe unterschiedliche Schwerpunkte. Das Angebot kann entweder speisen- oder getränkeorientiert ausgerichtet sein oder Speisen und Getränke werden gleichberechtigt berücksichtigt. Die Gäste werden immer qualitätsbewusster und honorieren ein breites Angebot mit hervorragenden Produkten. Daher entscheiden sich die meisten Systemgastronomen für ein kombiniertes Angebot von Speisen und Getränken mit individuellen Schwerpunkten. Das Speisen- und Getränkeangebot wird konzeptionell von der Marketingabteilung geplant (siehe Kapitel 15.5.1).

14.1.2 Speisenkonzept

Nachhaltigkeit beim Speisenkonzept (Wiesenlust)

Die früher üblichen klassischen Mahlzeitenarten haben sich in der Zusammensetzung und in der Abfolge stark gewandelt. Geänderte Lebensgewohnheiten und internationale Einflüsse haben bei Speisenkonzepten und Mahlzeitenarten zu einer großen Variationsbreite und neuen Konzepten geführt, z. B. to go oder Home Delivery.

Der ernährungsbewusste Gast verlangt abwechslungsreiche, gesunde, ernährungsphysiologisch ideal zusammengestellte Speisen. Der umweltbewusste Gast setzt seine Priorität auf nachhaltige Angebote. Einige Betriebe werben mit „sauberen" Speisekarten (Clean Label), d. h., in diesem Betrieb werden nur Produkte verwendet, die keine auf der Speisekarte kennzeichnungspflichtigen Zusatzstoffe enthalten.

14.1.3 Getränkekonzept

Moderne Getränkekonzepte spielen in der Systemgastronomie eine bedeutende Rolle. Trendige Konzepte, z. B. Fassbrause und Trendbiere, aber auch klassische Angebote wie Cocktails setzen neue Impulse für die Getränkeszene in Deutschland. Getränke repräsentieren oft eine Art Philosophie und Lebenseinstellung, dabei zahlt sich Kreativität bei der Gestaltung des Angebots immer aus. Es gilt, aktuelle Trends in die Angebotsgestaltung des Betriebs einzubeziehen. Spaß- und Genussfaktoren, Wellness und Nachhaltigkeit, aber auch Fertigprodukte (ready to drink) liegen immer mehr im Trend.

Spaßfaktor beim Getränkekonzept (Sausalitos)

In der Gastronomie gewinnen Getränke dann weiter an Bedeutung, wenn sie mit Speisen kombiniert werden können (siehe Kapitel 14.1.4). Je anspruchsvoller das Speisenangebot, desto breiter und tiefer sollte das auf die angebotenen Speisen abgestimmte Getränkeangebot sein.

14.1.4 Regeln für die Zusammenstellung von Menüs

Nach klassischem Verständnis ist ein Menü durch eine festgelegte Reihenfolge einer variablen Anzahl von Gängen definiert, wobei die verschiedenen Speisen und Getränke aufeinander abgestimmt sein sollten. Da die Servicekräfte früher für jede neu aufgetragene Speise einen Gang zur Küche machen mussten, werden die einzelnen Speisen auch als Gänge eines Menüs bezeichnet. Ein Menü wird in der Regel zu einem festgelegten Anlass, einem bestimmten Motto oder als Aktion mit einem festgelegten Preis angeboten.

Von einem klassischen Menü ist aus heutiger Sicht ab drei Gängen die Rede, z. B.:

Suppe	Hauptgang	Dessert

Dieses Menü kann für besondere Anlässe durch zusätzliche Speisen und Zwischengerichte auf fünf bis sechs Gänge erweitert werden:

Kalte Vorspeise	Suppe	Warme Vorspeise	Hauptgang	Käse	Dessert

Der Hauptgang ist immer der Höhepunkt und besteht in der klassischen Gastronomie aus vier Komponenten:

- Hauptbestandteil (Fisch, Fleisch usw.)
- Sauce
- Gemüsebeilage
- Sättigungsbeilage

Bei der Menüzusammenstellung wird der Hauptgang zuerst und danach die restlichen Gänge ausgewählt und zugeordnet.

Leitlinien für die Zusammenstellung von Menüs
Eine perfekte Menüzusammenstellung verlangt die Berücksichtigung vieler Aspekte, die Küchen- und Servicepersonal gemeinsam abstimmen sollten.

Organisatorische Aspekte

- Anlass:
  Festveranstaltung, themenorientierte Menüs
- Uhrzeit:
  Lunch oder Dinner
- Gästekreis:
  Alter der Gäste (Kinder, Senioren), Personenzahl (kleine oder große Gästegruppen), Ernährungsverhalten (Vegetarier, Allergiker)
- Preis:
  Zahlungsbereitschaft des Veranstalters/Gasts
- Arbeitstechnische und personelle Voraussetzungen:
  Die rationelle Zeitplanung hängt von den technischen Möglichkeiten in Küche und Serviceraum und der Anzahl der vorhandenen Mitarbeiter ab.

Flying Büfett
In der modernen Menüfolge stellen Küchenchefs immer öfter eigene Regeln auf. Ganze Menüs werden als „Flying Büfett" z. B. auf Happy Spoons serviert. Der kreativen Küchen- und Servierkunst sind keine Grenzen gesetzt.

Menüarten
Neben den fachlichen Grundsätzen wird die Zusammensetzung der Menüs auch den örtlichen und zeitlichen Gegebenheiten sowie den individuellen Bedürfnissen der Gäste angepasst, z. B.:

- Quick Lunch
- Business Lunch
- Galadinner
- Kindermenü
- Seniorenmenü
- Vegetarisches Menü
- Aktionsmenü
- Weihnachtsmenü
- Halloweenmenü
- Muttertagsmenü
- Hochzeitsmenü
- Fischmenü
- Spargelmenü

Speisekarte für Kinder

Menü im Fast-Food-Bereich

Insbesondere im Fast-Food-Bereich wird der Begriff Menü oft für verschiedene Speisenkomponenten und ein Getränk verwendet. Die klassische Bedeutung des Begriffs spielt hier keine Rolle.

Big Mac Menü (McDonald's)

Farbkontrast

Küchentechnische Aspekte

- Harmonie der Speisenfolge:
  Geschmackliche Eintönigkeit sollte stets vermieden werden, so ist die organoleptische (geruchliche, geschmackliche, optische) Zusammenstellung der einzelnen Speisen zu beachten. Vielseitigkeit und Abwechslung machen ein Menü interessant:
  - keine Wiederholung der Rohstoffe (z. B. Geflügelsalat auf Friséesalat, Hühnerbrühe mit Eierstich, Paprika-Putenpfanne mit Basmatireis
  - keine Wiederholung der Zubereitungsart
  - keine Wiederholung der Geschmacksrichtung
- Farbkontraste:
  Das Auge isst mit und so ist die visuelle Wirkung der Gerichte zu berücksichtigen, gleiche Farben der Speisen und der einzelnen Komponenten sollten vermieden werden (z. B. Tomatensuppe mit Basilikumravioli, Putensteak mit Paprikarahmgemüse, Rote Grütze mit Sahnehaube).
- Sättigungswert:
  Die Menge der Speisen pro Gang hängt von der Anzahl der Gänge und der Beschaffenheit der Speisen ab (leicht, schwer, gehaltvoll).
- Gästekreis:
  Bei besonderen Kostformen können nicht immer die klassischen Menüregeln eingehalten werden.
- Jahreszeit:
  Die Verwendung jahreszeitlicher Produkte steht im Vordergrund einer bewussten, gesunden Ernährung. Außerdem sind diese Produkte meist preiswert und wohlschmeckend.

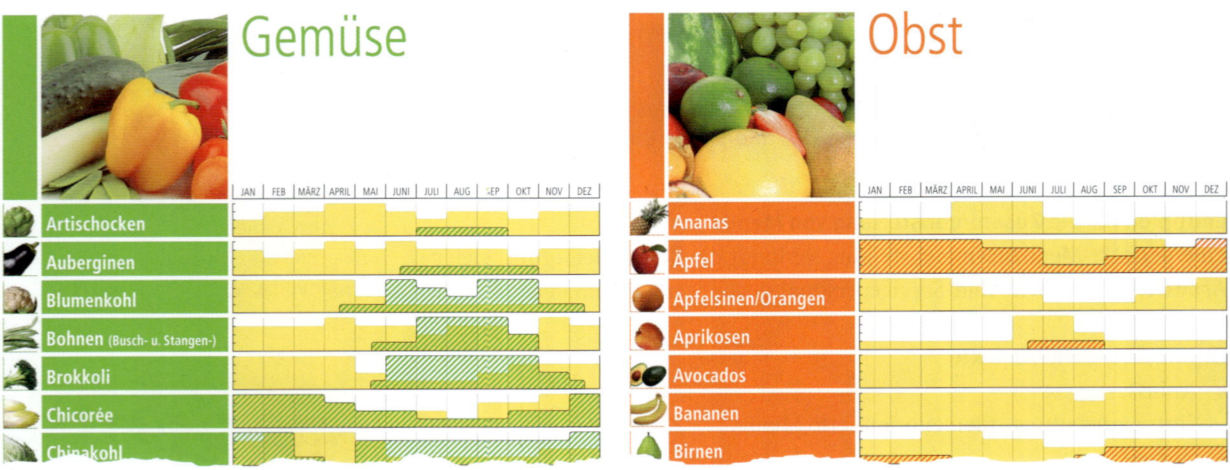

aid-Saisonkalender (Ausschnitt)

Amuse Gueule

Sorbet

Ergänzungen

Ein Appetithäppchen (Gaumenfreude, Amuse Bouche, Amuse Gueule) soll die Zeit des Wartens auf den ersten Gang verkürzen und wird als Aufmerksamkeit des Hauses, als Gruß aus der Küche angeboten.

Ein Sorbet oder Granité (Eisgetränk) wird als Erfrischung und Neutralisierung des Gaumens vor dem Hauptgang, aber nie direkt nach der Suppe serviert.

Käse wird meist nach dem Hauptgang vor dem Dessert verzehrt, da der Wein des Hauptgangs weiter getrunken werden kann. Die alte Regel „Käse schließt den Magen" gilt also nicht mehr.

Kaffee wird nicht in die Menüreihenfolge aufgenommen, bildet jedoch bei jeder Speisenfolge den Abschluss. Dazu werden Gebäck (z. B. Amarettini oder Petits Fours) oder Pralinen serviert.

Espresso mit Amarettini

Korrespondenz von Wein und Speise

Um die Korrespondenz zwischen Wein und Speise zu berücksichtigen, werden Speisen und Weine nach Speise- und Weintypen klassifiziert. Prinzipiell sind bei der Empfehlung zur Korrespondenz von Wein und Speise zwei Schwerpunkte zu beachten:

1. **Grundsatz:**
   Harmonie von Wein und Speise
   - Der Geschmack des Weins sollte den Geschmack der Speisen unterstreichen oder konterkarieren (entgegenarbeiten), aber nie überdecken oder unterdrücken.
   - Die Regel „Heller Wein zu hellem Fleisch" und „Dunkler Wein zu dunklem Fleisch" ist zwar allgemein geläufig, jedoch heute nicht immer angebracht und nicht unbedingt verpflichtend. Säure und Bitterstoffe im Wein und in den Speisen addieren sich, Zucker in Speisen und Süße im Wein heben sich gegenseitig auf.
   - Wird bei der Zubereitung einer Speise Wein verwendet, sollte dieser auch als korrespondierendes Getränk serviert werden.
2. **Grundsatz:**
   Harmonie in der Getränkefolge
   - Ebenso wie die Speisenfolge soll die Getränkefolge in Aroma und Geschmack sowie in Gehalt und Fülle eine Steigerung erfahren.
   - Weißweine sollten grundsätzlich vor Rotweinen angeboten werden.
   - Leichte Weine sollten vor schwereren Weinen angeboten werden.
   - Die Weine zu einer Menüfolge sollten sich in Qualität und Alter steigern.
   - Trockene Weine sollten immer vor lieblichen Weinen serviert werden.

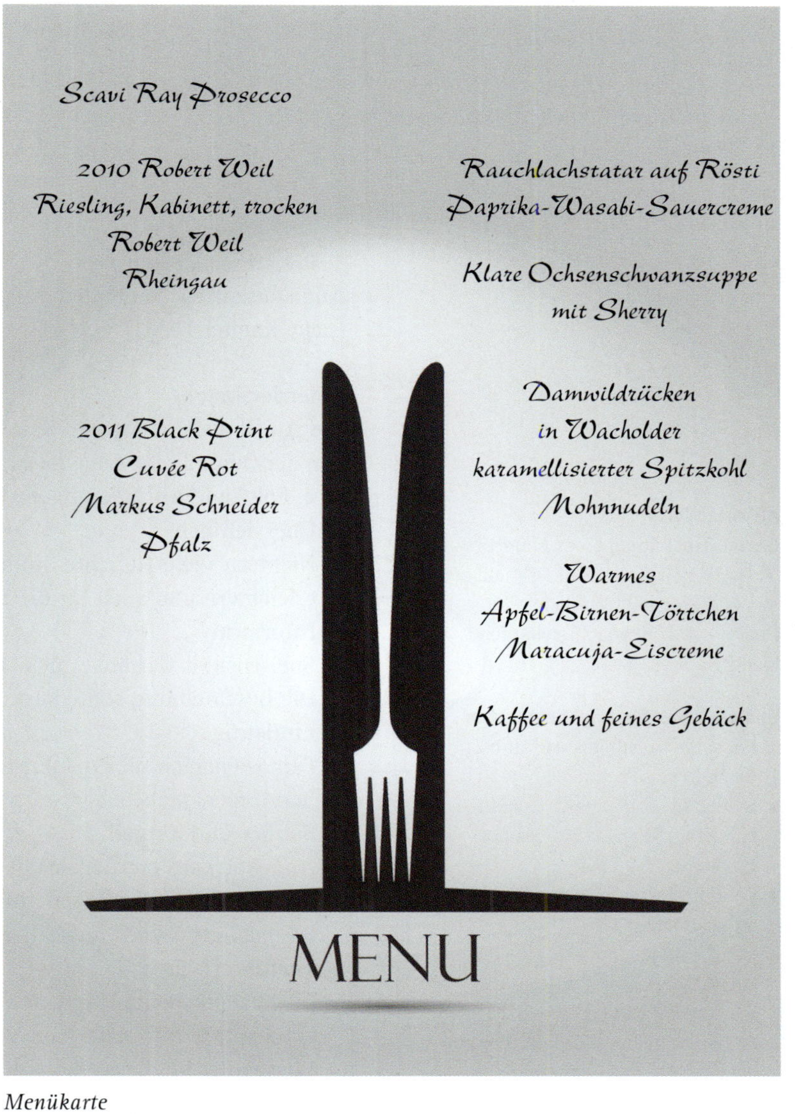

Menükarte

CHEESEBURGER

WAS IST DRIN?

Deine Balance im Blick

Nährwerte	pro 100g	Portion				
Brennwert / kJ	1063	1275	Glutenhaltiges Getreide	Ja	Senf	Ja
Brennwert / kcal	254	305	Krebstiere	Nein	Sesamsamen	Ja
Eiweiß / g	13	16	Eier	Ja	Schwefeldioxid, Sulfite	Nein
Kohlenhydrate / g	25	30	Fisch	Nein	Lupinen	Nein
davon Zucker / g	6	7	Erdnüsse	Nein	Weichtiere	Nein
Fett / g	11	13	Soja	Nein		
gesättigte Fettsäuren / g	6	7	Milch (einschl. Lactose)	Ja		
Ballaststoffe / g	2	2	Schalenfrüchte	Nein		
Salz / g	1,3	1,6	Sellerie	Nein		

Angebotskarte mit Inhaltsstoffen (Stand: Juni 2013, McDonald's)

14.2 Angebotskarten

14.2.1 Anforderungen an Angebotskarten

Angebotskarten sind ein wirksames Instrument in der Verkaufsförderung (siehe Kapitel 15.5.6) und auch aus betriebswirtschaftlicher Sicht ein nicht zu unterschätzendes Element. Sie haben insbesondere folgende Aufgaben:

1. **Verkaufsangebot**
Angebotskarten präsentieren ein Speisen- und Getränkeangebot, das auch den Tatsachen entsprechen muss. Irreführende oder unklare Bezeichnungen sollten nicht verwendet werden (siehe Kapitel 14.3). Immer häufiger enthalten die Karten Zusatzinformationen, z.B. über die Inhaltsstoffe.

2. **Werbemittel**
Angebotskarten sollen verführen, den Gast zum Konsum verleiten. Mit einer gelungenen Internet-Präsentation (App, Homepage) kann der Gastronom eine hohe Reichweite für das Angebot seines Betriebs erzielen.

3. **Preisinformation**
Angebotskarten beinhalten gesetzlich vorgeschriebene Preisinformationen (siehe Kapitel 14.3.1).

Anforderungen

Die Angebotskarte ist die Visitenkarte des Betriebs, denn Gäste schließen von der Qualität der Angebotskarte auf die Qualität der Küche und des Service. Folgende Anforderungen sind zu beachten:

- **Übersichtlich**
Nicht zu viele Gerichte anbieten, Angebotskarten sollten die Auswahl erleichtern und auch für die Servicekräfte leicht zu handhaben sein.
- **Informativ**
Speisen und Getränke nicht nur aufzählen, sondern auch beschreiben. Die Beschreibung sollte Lust auf das Produkt machen.
- **Eindeutig**
Fantasienamen für Produkte erläutern, das erleichtert auch die Arbeit des Servicepersonals.
- **Sauber und aktuell**
Angebotskarten pflegeleicht herstellen. Fettflecken, Essensreste oder Eselsohren wirken unappetitlich. Keine korrigierten Karten verwenden. Beschädigte Karten aussortieren.
- **Verführerisch**
Eine ansprechende, perfekte Gestaltung ist verkaufsfördernd. Durch verkaufsaktive Informationen wird das Interesse des Gasts geweckt. Das Wissen der Werbepsychologie sollte beachtet sein.

AIDA-Modell

Bei der Gestaltung einer Angebotskarte ist Psychologie im Spiel! Deshalb sollte das AIDA-Modell (Attention – Interest – Desire – Action) beachtet werden (siehe Kapitel 15.5.4).

Design-Tipps für Angebotskarten

- Passt die Angebotskarte zum Stil des Betriebs?
- Erzielt die Angebotskarte Aufmerksamkeit und weckt sie positive Emotionen?
- Wird der Gast direkt, d.h. persönlich angesprochen?
- Hat die Angebotskarte ein klares Gestaltungskonzept (Layout, Schriftart, Farben, Fotos)?
- Ist das Handling (Größe, EDV-Tauglichkeit) der Karte stimmig?

- **Lesbar**
  Auf eine fehlerlose Rechtschreibung und einheitliche Ausdrucksweise achten. Abkürzungen, Trennstriche und Kommas vermeiden.
  Die Sprache (regional, national, international) ist vom Betriebstyp abhängig. Für die Beratung ausländischer Gäste sind Karten in der jeweiligen Fremdsprache von Nutzen und hinterlassen einen professionellen Eindruck. Ein Sprach-Mix ist generell zu vermeiden.
  Die Schrifttype und Schriftgröße sollte auch für Gäste mit verminderter Sehkraft lesbar sein.
- **Handlich**
  Keine Miniaturkarten oder Riesenmappen anbieten, dabei zweckmäßige Materialien einsetzen. Eine Angebotskarte sollte möglichst lange haltbar und praktikabel sein.
- **Exakt**
  Gesetzliche Vorschriften beachten (siehe Kapitel 14.3).
- **Modern**
  Die technischen Möglichkeiten nutzen, z.B. Bestellung per Smartphone oder Tablet-PC.

Angebotskarte als App (Call a Pizza)

> Eine gut konzipierte und gestaltete Angebotskarte ist übersichtlich und macht Lust auf den Verzehr von Speisen und Getränken.

Bestellen per Smartphone

14.2.2 Arten von Angebotskarten

Je nach System, Angebot oder z.B. Tageszeit werden in gastronomischen Betrieben den Gästen unterschiedliche Angebotskarten in verschiedenen Größen, Formen und Materialausführungen vorgelegt.

Viele Gastronomen nutzen Angebotskarten nicht nur, um über ihr Angebot an Speisen und Getränken zu informieren, sondern auch, um die Gäste emotional anzusprechen. Die große Variationsbreite der Präsentation von Angebotskarten bietet viele neue Möglichkeiten des Handlings, der Gästeansprache und der Kundenbindung.

Angebotskarten auf Papier, gedruckt oder handgeschrieben
Einige Firmen bieten ihren Vertriebspartnern professionelle Unterstützung bei der kreativen Gestaltung und dem Druck ihrer Angebotskarten an. Die Erstellung der Karten kann mithilfe von professionellen Softwareprogrammen erfolgen.

Speisekarte auf einer Wandtafel

Angebotskarten auf Menuboards, Displays oder Aufstelltafeln
Besonders im Fast-Food-Segment wird das Speisen- und Getränkeangebot auf großen Charts aufgelistet. Vor oder in Restaurants geschieht dies oft auf Tafeln.

Getränke- und Speisekarten

Menuboard

Straßentafel

Frisbee-Tafeln

Tischdisplay

Tablet-Speisekarte und Live-Blick in die Küche

Angebotskarten via Internet bzw. Webseite, mobile Webseite und als App für Tablet-PCs und Smartphones

Weltweit nutzen immer mehr Restaurants Tablet-Computer für ihre Angebotskarten im Restaurant. Die Bestellung wird einfach durch Berührung des Absendebuttons an die Küche versendet.

Für ein gelungenes Online-Marketing ist die Präsentation der Angebotskarte im Netz besonders wichtig. Kassensysteme und E-Mail-Programme ermöglichen die direkte Weitergabe der Speisekarte an die Website, Facebook-Seite und als App.

Professionelle Anbieter bieten dem Gastronomen Unterstützung und Support bei der Erstellung der Angebotskarten an, oft auch in einer Kompaktlösung als cloudbasierte Business-Software. Hier wird die Angebotskartenerstellung und -verwaltung mit den Elementen Internetpräsenz, Kundenverwaltung, Kassensystem, Tischreservierung, Warenwirtschaft, Franchise, Statistik, Bestellsystem und Kalkulation kombiniert und verknüpft.

Speisekarten im Internet

Die Internet-Plattform www.Speisekarte.de ermöglichte es, die Angebotskarten auch auf die Facebook-Seite des Restaurants einzubinden. Sie erscheint dort als eigenständiger Reiter mit der Bezeichnung „Speisekarte". Die Aktualisierung der Karte läuft über die Webseite. Außerdem kann zu jedem ausgewählten Gericht von der Speisekarte ein Bild hochgeladen werden.

www.speisekarte.de

Angebotskarte im Internet (Besitos)

14.2.3 Speisekarten

Je nach der gastronomischen Ausrichtung eines Betriebs gibt es im systemgastronomischen Bereich eine große Vielfalt von unterschiedlichsten Speisenangeboten und demzufolge sehr unterschiedliche Speisekarten.

Auf der einen Seite gibt es Speisekarten, die sich an der klassischen Menüfolge orientieren (siehe Kapitel 14.2.5), auf der anderen Seite Speisekarten, die losgelöst von jeglicher klassischen Anbindung sind, jedoch modern und kreativ für junge, trendige Angebotsformen. Für alle Speisekarten gelten die unter 14.2.1. beschriebenen Grundsätze und die unter 14.3. beschriebenen rechtlichen Vorschriften.
Prinzipiell werden Speisekarten in mehrere Kategorien unterschieden.

Speisekarten-Service
Bei Lunchtime kann der Gastronom sein Angebot eingeben. Das Unternehmen verteilt es automatisch in alle verfügbaren analogen, digitalen und mobilen Medienkanäle.

www.lunchtime.de

Standardkarten

Standardkarten sind Speisekarten, in denen das Angebot für einen längeren Zeitraum, unabhängig von Aktionen, Saisonangeboten etc. angeboten wird. Hier steht das bewährte, qualitativ hochwertige, meist standardisierte Produkt im Vordergrund. Standardkarten können im Umfang der angebotenen Speisen deutlich variieren.

Angebotsumfang
Das Angebot der Speisekarte sollte nicht zu umfangreich sein, damit die Übersichtlichkeit gewahrt bleibt und dem Gast die Auswahl nicht unnötig erschwert wird. Bei vielen unterschiedlichen Gerichten ist der daraus entstehende Zeitfaktor zu beachten. Oft hat die Verkleinerung einer Karte eine Qualitätssteigerung zur Folge. Außerdem ist ein schneller Warenumschlag optimal, da der Lagerbestand klein gehalten werden kann.

Die große Speisekarte (à la carte) ist eine Angebotskarte für das Mittags- und/oder Abendgeschäft, die nach der klassischen Speisenfolge (siehe Kapitel 14.1.4) aufgebaut ist. Der Gast kann aus einer variationsreichen Auswahl von Vorspeisen, Suppen, Zwischengerichten, Hauptgerichten und Desserts bestellen.

Die kleine Speisekarte dient als Angebot außerhalb der Hauptessenszeit oder richtet sich nach der Betriebsgröße und dem Betriebskonzept. So ist für getränkeorientierte Konzepte meist nur eine kleine Speisekarte sinnvoll.

Die vegane Küche entwickelt sich zum Trendsetter. Auch nicht rein vegane Konzepte haben immer häufiger vegane Gerichte auf der Speisekarte und bieten z.B. den Cappuccino auch mit Sojamilch an.

Aktions-, Spezial- und Spezialitätenkarten

Diese Karten werden für aktuelle Aktionen, Anlässe oder Gästegruppen konzipiert. Meist werden sie in die Standardkarte eingelegt oder als separater Flyer, Tischaufsteller, Karte und oft auch als Newsletter per Mail verschickt. Die Gestaltung und Aufmachung sollte auf die Standardkarte abgestimmt sein.

Themen für Aktionskarten und bestimmte Zielgruppen:

- Business Lunch, Candle-Light-Dinner, Quick Lunch
- vegetarische Menüs/Green Label/Vegie Fun
- Tagesspezialitäten/Tageskarten
- Saisonkarten
- Weihnachten, Silvester, Ostern, Wildgerichte, Länderwochen
- Frühstückskarten
- Dessertkarten
- Kinderkarten

Speisekarte mit vegetarischen und nicht vegetarischen Angeboten (dean & david)

Verkaufsbüfett (Le Buffet)

Büfettkarten

Büfetts gibt es zu jeder Tageszeit (Frühstück, Brunch, Mittag, Abendessen) und zu den unterschiedlichsten Themen (Karibik, Silvester, Hochzeit).

Büfettkarten beschreiben das komplette Speisenangebot, aus dem der Gast die für ihn interessanten Speisen auswählen kann. Bei der Gestaltung der Büfettkarten muss somit aufgrund der Vielfältigkeit und Menge des Angebots besonders auf eine übersichtliche Gestaltung Wert gelegt werden. Diese Karten enthalten einen Preis, der oft als Fixpreis pro Person angegeben wird.

Verkaufsbüfetts (z. B. Salatbüfetts, Free-Flow-Büfetts) bieten oft verschiedene Portionsgrößen zu festen Preisen an (siehe Kapitel 14.3.1).

14.2.4 Getränkekarten

Getränkekarte (Aposto)

Die Getränkekarte informiert über:

- Art des Getränks
- Angebotsform (Flasche, Glas, Becher, Fassbier)
- Ausschankmenge (Liter- bzw. Zentiliterangabe)
- Preis

Einzelne Getränkegruppen (siehe Kapitel 13) werden getrennt aufgeführt, z. B.:

- alkoholfreie Getränke
- Biere
- Schaumweine
- Mischgetränke
- Digestifs
- Heißgetränke
- Weine
- Spirituosen
- Aperitifs
- Cocktails

Die Weinkarte

Bei einem umfangreichen Weinangebot ist es sinnvoll, eine gesonderte Weinkarte anzubieten. Dabei ist die Gästezielgruppe zu beachten und das Weinangebot an das Speisenangebot anzupassen.

Gliederung für Weinkarten:

- offene Weine vor Flaschenweinen
- inländische Weine vor ausländischen Weinen
- Weißweine vor Rosé- und Rotweinen
- einfache Weine (Qualitätsstufen) vor gehobenen Qualitäten

Weinkarte (Chilli Club)

Erläuterungen für Weinangebote:

- Jahrgang
- Bezeichnung/Name des Weins
- Rebsorte bzw. Cuvée
- Qualitätsstufe
- Erzeuger
- Anbaugebiet/Anbauland
- Ausschankmenge
- kurze Beschreibung und Geschmacksangabe
- Preisangabe

Angebotskarten für Aufgussgetränke

Coffee-Bar-Konzepte sind aus der Systemgastronomie nicht mehr wegzudenken und auch hier gibt es eine große Vielfalt an Angebotskarten. Bei diesen Konzepten werden in den Angebotskarten oft die Getränkeangebote mit Food-Angeboten (Paninis, Sandwiches, Croissants, Muffins etc.) kombiniert.

Gliederung für Angebotskarten mit Aufgussgetränken:
- warme Aufgussgetränke ohne Alkohol
- warme Aufgussgetränke mit Alkohol
- kalte Aufgussgetränke ohne Alkohol
- kalte Aufgussgetränke mit Alkohol

Erläuterungen für Aufgussgetränke:
- Warenbezeichnung
- Portionsgröße (z. B.Tasse, Glas, small, tall)
- Unterteilung der Getränke für den Sofortverzehr und To-go-Bereich

Kaffeekarte (Cup&Cino)

Die Barkarte

In der modernen Szene-Gastronomie sind Bargetränke ein wichtiger Umsatzfaktor. Die Angebotskarten enthalten alkoholische und nicht alkoholische Getränke. Die Mischgetränke werden in Short- und Longdrinks, in Cocktails, Fancy Drinks und weitere Kategorien unterteilt. Oft sind die Angebote nach Spirituosen geordnet; Drinks mit Tequila, Drinks mit Rum, Drinks mit Wodka etc.

Wichtig für eine Barkarte ist die genaue Angebotsbezeichnung. Besonders bei Mischgetränken wird der Gast über Produktbezeichnung und Zusammensetzung des Getränks informiert, z. B. **Long Island Ice Tea:** Gin, weißer Rum, Tequila, Wodka, Triple Sec, Cola, Zitrone.

Barkarte (SILO4)

14.2.5 Menükarten

Klassische Menükarten werden vom Betrieb oder in Absprache mit dem Gast zu einem bestimmten Anlass mit genau festgelegten Speisenfolgen konzipiert. Oft werden auch korrespondierende (passende) Getränkeempfehlungen hinzugefügt (siehe Kapitel 14.1.4).

Neben den grundsätzlichen Regeln für Angebotskarten (siehe Kapitel 14.2.1) sind folgende Regeln zu beachten:
- Datum und Anlass auf der Vorderseite der Menükarte festhalten.
- Design der Menükarte dem Anlass entsprechend gestalten.
- Reihenfolge der einzelnen Gänge nach dem klassischen Menü (siehe Kapitel 14.1.4) berücksichtigen.
- Jeden Gang, jedes Gericht in einer Hauptzeile mit dem Wesentlichen beschreiben, Beilagen oder Anrichteweisen in den Nebenzeilen erläutern.
- Garnituren exakt erklären, zu viele Erläuterungen verwirren den Gast.
- Bei Wahlmenükarten können die Gäste sich aus mehreren alternativ angebotenen Speisen eine eigene Kombination zusammenstellen.
- Die Speisenfolge auf der rechten Seite und die Getränkeabfolge auf der linken Seite einer Menükarte aufreihen.
- Die zu einem Gang empfohlenen Weine auf gleicher Höhe wie den dazugehörenden Gang platzieren.
- Kaffee und Gebäck werden auf der rechten Seite der Menükarte erwähnt, obwohl Kaffee zu den Getränken gehört.

Reihenfolge bei der Nennung von Gerichten
- Hauptmaterial mit Sauce und Garnitur
- Gemüsebeilage
- Sättigungsbeilage
- Beilagensalat

Beispiel:
Rindersteak mit Pfeffersauce, Brokkoli-Bohnen-Paprika-Gemüse und Spätzle

Klassische Anordnung auf dem Teller

Verbraucherschutz
Der Verbraucher ist den Herstellern und Anbietern von Waren und Dienstleistungen aufgrund mangelnder Fachkenntnis unterlegen. Deshalb muss er besonders geschützt werden (z. B. durch besondere Vorschriften zu Verbraucherverträgen, das Wettbewerbsrecht, den gesundheitlichen Verbraucherschutz und transparente Verbraucherinformation).
Außer den Behörden können auch private Verbraucherschutzvereine einschreiten, wenn die Vorschriften zur Gestaltung von Angebotskarten verletzt werden. Dann erfolgen sogenannte Abmahnungen (strafbewehrte Unterlassungserklärung).
Das klassische Leitbild des „mündigen Verbrauchers" findet sich in der Realität nicht immer wieder: Verbraucher handeln nicht immer rational; ein „Zuviel" an Information können sie nicht verarbeiten.

Verbraucherzentrale
www.vzbv.de

14.3 Rechtliche Bestimmungen für Angebotskarten

Aus Sicht des Verbraucherschutzes soll der Gast (= Endverbraucher) durch die Angebotskarte in die Lage versetzt werden, eine aufgeklärte Entscheidung über seine Bestellung zu treffen. Deshalb gelten gesetzliche Mindestanforderungen für die Informationen, die auf allen Angebotsmedien enthalten sein müssen, sowie Vorschriften zur Art und Weise der Information. Die Vorgaben betreffen zum einen die Preisauszeichnung, zum anderen die Kennzeichnung der angebotenen Lebensmittel.

Leitsatz: Angebotskarten sind nach dem Gebot der Wahrheit und Klarheit zu gestalten.

14.3.1 Preisauszeichnung

Bei der Preisbildung ist das Unternehmen grundsätzlich frei. Bei der Preisauszeichnung muss jedoch sichergestellt werden, dass der Gast die tatsächlichen Kosten ohne besondere Erschwernisse erkennen und vergleichen kann. Geregelt ist dies in der Preisangabenverordnung (PAngV):

Speise- und Getränkekarten	Die Preise müssen in Preisverzeichnissen angegeben werden. Diese müssen entweder ▪ auf Tischen ausgelegt (mindestens eine Speisekarte pro Tisch) oder ▪ jedem Gast vor Entgegennahme von Bestellungen und auf Verlangen bei Abrechnung vorgelegt oder ▪ gut lesbar angebracht werden (z. B. auf Tafeln, Displays). Es müssen **alle** Speisen und Getränke aufgeführt sein. Es können einheitliche Karten oder auch gesonderte Verzeichnisse wie Menükarte, Weinkarte, Dessertkarte, Aktionskarte verwendet werden. Gehen Speisen oder Getränke aus, müssen sie gestrichen werden.
Selbstbedienung	Wenn Speisen und Getränke in Schaukästen oder Verkaufsständen sichtbar ausgestellt werden oder wenn sie vom Gast selbst entnommen werden können, müssen sie durch **Preisschilder oder Beschriftung direkt an der Ware** ausgezeichnet werden.
Eingang der Gaststätte	Zusätzlich ist am Eingang ein Preisverzeichnis anzubringen, aus dem die **wesentlichen** angebotenen Speisen und Getränke ersichtlich sind. Der Aushang, z. B. in einem **Schaukasten**, muss unmittelbar neben dem Eingang angebracht sein. Wird er zerstört, muss ein Provisorium angebracht werden. Der Aushang muss gut lesbar und leicht verständlich sein.
Endpreis	Es muss ein Endpreis (= Inklusivpreis) angegeben werden, in dem die jeweils zu zahlende **Umsatzsteuer,** aber auch Bedienungsgeld, Gedecke oder Zuschläge für Musik, Heizung etc. enthalten sind. Wenn es ein **Eintrittsgeld** oder einen **Mindestverzehr** gibt, ist dies anzugeben. Bei der Abgabe von **loser Ware** genügt die Angabe des **Grundpreises**, auch wenn der Gast erst an der Kasse den Endbetrag erfährt.
Grundpreis	Wenn Ware **nach Gewicht** berechnet wird, so muss der Grundpreis (z. B. €/100 g beim Salat an der Salatbar) angegeben werden.
Bezeichnung und Menge	Soweit es der allgemeinen Verkehrsauffassung entspricht, sind die **Verkaufseinheit** und die **Gütebezeichnung** anzugeben. In der Systemgastronomie bedeutet dies insbesondere: ▪ genaue Produktbezeichnung ▪ Menge angeben, wo vorgeschrieben oder üblich, z. B. Glas Bier 0,3 l; Rumpsteak 200 g; 6 Weinbergschnecken ▪ Angabe „Preis nach Gewicht", z. B. bei Fisch oder Fleisch, ist nicht zulässig, es muss nach Preis je 100 g angegeben werden. ▪ Angabe kleine Portion/große Portion ist möglich

14.3.2 Lebensmittelkennzeichnung

Der Gast soll wissen, was er bestellt und verzehrt.

Kennzeichnung von Lebensmitteln in **Fertigpackungen** Lebensmittelkennzeichnungs-Verordnung (LMKV)	Kennzeichnung von **Zusatzstoffen** Insbesondere Zusatzstoff-Zulassungsverordnung (ZZulV), Aromenverordnung
Kenntlichmachung von Lebensmitteln	
Weitere Kennzeichnungen z. B. Öko-Kennzeichenverordnung, Nährwert-Kennzeichnungsverordnung (NKV), EU-Lebensmittelinformationsverordnung (je nach Vorschrift ab Dez. 2014 bzw. ab Dez. 2016)	Korrekte Verwendung von Verkehrsbezeichnungen Lebensmittel-, Bedarfsgegenstände- und Futtermittelgesetzbuch (LFGB), Leitsätze des Deutschen Lebensmittelbuchs, Käseverordnung

Verkehrsbezeichnungen

Das Lebensmittel-, Bedarfsgegenstände- und Futtermittelgesetzbuch (LFGB) schützt den Verbraucher sowohl vor Gesundheitsschäden als auch vor Täuschung. Lebensmittel dürfen daher insbesondere nicht unter irreführender Bezeichnung in den Verkehr gebracht werden (siehe Kapitel 12.1.2). Das LFGB ergänzt und spezifiziert also die allgemeinen Vorschriften des Wettbewerbsrechts (siehe Kapitel 15.7.2).

Was in der Karte steht, muss auch stimmen.

Maßstab des LFGB ist die allgemeine Verkehrsauffassung/Verbrauchererwartung. Diese kann im Einzelfall sehr schwer festzustellen sein. Bestimmte Bezeichnungen sind festgelegt (z. B. Prädikatsstufen und Anbaugebiete durch das Weingesetz oder die Bedeutung des „deutschen Reinheitsgebots" durch die Bierverordnung (siehe Kapitel 13.3.1). Andere können sehr unterschiedlich verstanden werden.

In den **Leitsätzen des Deutschen Lebensmittelbuchs** werden Herstellung und Beschaffenheit hunderter Lebensmittel beschrieben, so wie es dem redlichen Hersteller- und Handelsbrauch unter Berücksichtigung der Erwartung der Durchschnittsverbraucher entspricht. Daran hat sich der Gastronom bei der Formulierung seiner Angebotskarte zu orientieren.

Verpackte Lebensmittel

Viele Kennzeichnungsvorschriften gelten nur für verpackte Ware. Sie sind daher für den Systemgastronomen aus Käufersicht relevant (siehe Kapitel 12.1.3).

Kennzeichnung von Zusatzstoffen in der Karte

Vom Systemgastronomen gegenüber seinem Gast zu beachten sind dagegen die Vorschriften zur Kennzeichnung von Zusatzstoffen. Zusatzstoffe dürfen nur eingesetzt werden, wenn sie gesetzlich zugelassen sind.

E-Nummern

Zugelassene Lebensmittelzusatzstoffe werden in Europa (dafür steht das „E") mit sogenannten E-Nummern bezeichnet. Ascorbinsäure (Vitamin C) heißt z. B. E 300. Mit der Nummer wird nachgewiesen, dass der Zusatzstoff das vorgeschriebene Zulassungsverfahren durchlaufen hat, gesundheitlich unbedenklich und technologisch notwendig ist.

Echtheit von Abbildungen

Der Begriff „artgerechte Tierhaltung" ist nicht gesetzlich definiert und nicht besonders geschützt. Wird aber z. B. in der Speisekarte darauf hingewiesen und dazu ein Foto von der Kuhweide des Lieferanten XY abgebildet, dann müssen Bild und Lieferant echt sein und bei der Haltung auf angeborene Verhaltensweisen der Tiere Rücksicht genommen werden.

Beispiele für Täuschungen

Zahlreiche Beispiele für festgestellte oder vermutete Täuschungen, insbesondere bei verpackten Lebensmitteln, enthält

www.lebensmittelklarheit.de

Leitsätze

Die Leitsätze sind vollständig auf der Webseite des Bundesverbraucherschutzministeriums zu finden.

www.bmelv.de

Beispiele aus den Leitsätzen

- Ein „Wiener Schnitzel" ist ein paniertes Kalbsschnitzel. Wird ein Schweineschnitzel angeboten, ist die richtige Bezeichnung „Schnitzel Wiener Art".
- „Kirschsaft" ist ein Fruchtsaft aus Sauerkirschen.
- „Alkoholfreies" Bier darf bis zu 0,5 % vol. Alkohol enthalten.
- „Geflügelsalat" muss mindestens 25 % Geflügelfleisch enthalten.
- Ein „Filet" ohne Angabe der Tierart stammt vom Rind. „Putenfilet", „Schweinefilet" etc. sind als solche zu benennen.
- Ein „Hamburger" (Fleischanteil) enthält außer Rindfleisch und ggf. Salz und Gewürzen keine weiteren Zutaten.

Die Kenntlichmachung erfolgt in der Speise- und Getränkekarte oder in Imbissbetrieben über entsprechende Tafeln oder Aushänge. Dies kann auch über Fußnoten (z. B. Kennziffern an der einzelnen Speise mit Erläuterung am Ende) erfolgen. Lose Ware (z. B. auf Büfetts) kann über Schilder gekennzeichnet werden. Die Schrift muss gut sichtbar, leicht lesbar und unverwischbar sein. Die Zusatzstoffe müssen den einzelnen Speisen oder Getränken eindeutig zugeordnet werden können. Wenn die technologische Wirkung des Zusatzstoffs im Endprodukt nicht mehr vorhanden ist, muss er ausnahmsweise nicht gekennzeichnet werden.

Informationen über Zusatzstoffe
www.zusatzstoffe-online.de
www.das-ist-drin.de

Vielfach werden Produkte mit Zusatzstoffen heute von gesundheitsbewussten Gästen als minderwertig angesehen. Will der Gastronom Kennzeichnungen vermeiden, muss (und kann) er zumindest teilweise auf Produkte ohne Zusatzstoffe ausweichen (sogenannte „Clean Label Produkte").

Kennzeichnungsrichtlinien

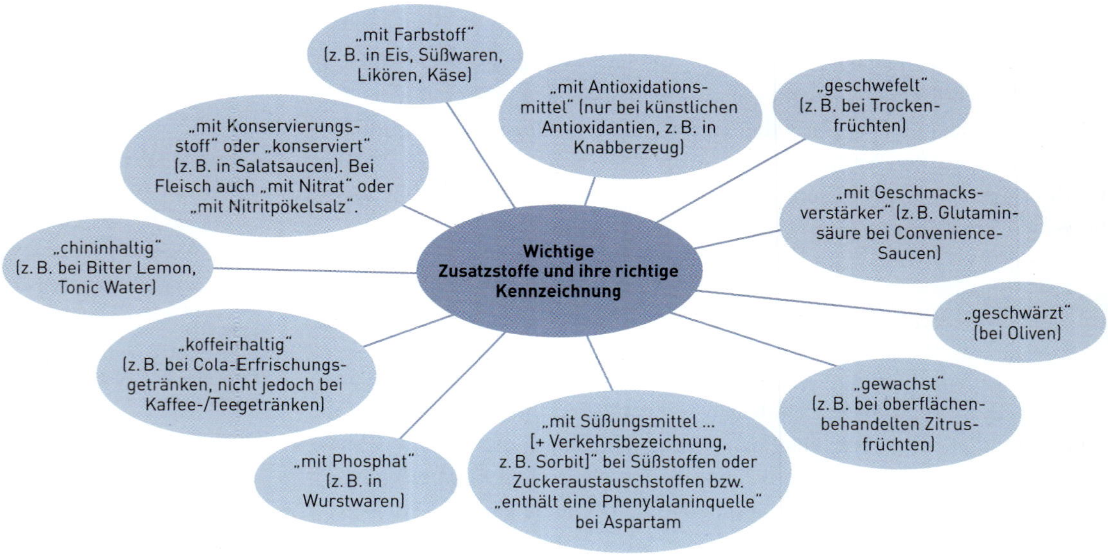

Zusätzliche Angaben und Kennzeichnungen

Einerseits gibt es einen rasanten Fortschritt bei der industriellen Produktion von Lebensmitteln. Andererseits ist bei vielen Verbrauchern das Problembewusstsein gestiegen, was ihr Konsum für die Umwelt oder ihre eigene Gesundheit bewirkt. Daraus entwickelt sich ein wachsendes Informationsbedürfnis der Gäste und der Öffentlichkeit auch über das Angebot im Restaurant. Viele Systemgastronomie-Unternehmen tragen dem Rechnung, indem sie in der Speisekarte oder ergänzend im Internet zusätzliche, freiwillige Angaben machen. Dabei ist zu beachten:

Bio in der Speisekarte
Details zur Verwendung von „Bio" in der Speisekarte und zur Zertifizierung befinden sich in der DEHOGA-Broschüre „Bio mit Brief und Siegel" unter

www.dehoga-bundesverband.de/publikationen/bio-broschuere

1. Wer in der Gastronomie **„Bioprodukte"** anbieten und in der Karte als solche bezeichnen will, muss zuvor eine Zertifizierung nach dem Ökokennzeichnungsgesetz durchführen. Um ein Gericht oder ein Menü als „Bio" bezeichnen zu dürfen, müssen alle Komponenten die Anforderungen erfüllen.

2. Sehr im Trend liegen **regionale Produkte**. Einige Namen sind als „geschützte Ursprungsbezeichnung (g. U.)", „geschützte geografische Angabe" (g. g. A.) oder „garantierte traditionelle Spezialität" (g. t. S.) durch die EU geschützt (Beispiele siehe Kapitel 15.7.1). Bei Bezeichnungen wie „aus unserer Region", „von hier" oder „hergestellt aus heimischem ..." ist jedoch nicht eindeutig definiert, wofür sie stehen. Die EU arbeitet an einem einheitlichen Regionalsiegel. Auch in Deutschland gibt es verschiedene Regionalsiegel; werden diese verwendet, müssen die jeweiligen Bestimmungen eingehalten werden. Werden konkrete Angaben gemacht (z. B. „Gemüse aus der Mark Brandenburg", „Wir verwenden nur Ostseefisch"), müssen diese wahr und nachprüfbar sein.
3. **Gentechnik-Produkte** müssen mit dem Zusatz „gentechnisch verändert" gekennzeichnet werden. Seit 2008 ist unter sehr strengen Voraussetzungen auch eine Kennzeichnung „ohne Gentechnik" möglich.
4. Verboten sind nach dem LFGB Aussagen, die sich auf die Beseitigung, Linderung oder Verhütung von Krankheiten durch angebotene Lebensmittel beziehen. Andere **gesundheitsbezogene Angaben** (z. B. „Calcium stärkt die Knochen") müssen durch allgemein akzeptierte wissenschaftliche Daten abgesichert sein. Die Substanz, auf die sich die Angabe bezieht, muss im Endprodukt in einer ausreichenden Menge vorhanden sein.
5. Eine verpflichtende **Nährwertkennzeichnung** in Speisekarten wird immer wieder diskutiert. Heute wie auch nach dem zukünftigen EU-Recht ab 2014 sind aber entsprechende Angaben in der Gastronomie (anders als bei verpackter Ware) freiwillig. Wenn allerdings nährwertbezogene Angaben gemacht werden, muss der Brennwert (in kJ und kcal) sowie mindestens der Gehalt an Eiweiß, Kohlenhydraten und Fett angegeben werden.
6. **Allergenkennzeichnung**
   Nach der EU-Lebensmittelinformationsverordnung müssen ab Dezember 2014 auch bei loser Ware in Restaurants, Informationen über Allergien oder Unverträglichkeiten auslösende Zutaten und Verarbeitungshilfsstoffe gegeben werden. Details zur Umsetzung in Deutschland standen zum Zeitpunkt der Drucklegung noch nicht fest. Schon heute halten viele Restaurants auf Nachfrage Informationen bereit (siehe Kapitel 14.2.1).

HESSEN À LA CARTE

Regionalsiegel

Gesundheitsbezogene Aussage bei grünem Tee

Das Oberlandesgericht Brandenburg hat entschieden: Das Angebot von grünem Tee darf nicht mit der Aussage verbunden werden, dieser wirke vorbeugend gegen Krebs und senke die Cholesterinwerte.

DEHOGA-Leitfaden „Gute Gastgeber für Allergiker"

Der Leitfaden gibt Tipps, wie auf die Bedürfnisse der Allergiker im Gastgewerbe eingegangen werden kann.

Kennzeichnungspflichtige Allergene nach EU-Recht ab Dezember 2014

- Gluten
- Krebstiere
- Eier
- Fisch
- Erdnüsse
- Soja
- Milch
- Schalenfrüchte
- Sellerie
- Senf
- Sesam
- Schwefeldioxid und Sulfite
- Lupinen
- Weichtiere

Frühstück	
Omelette Natur mit	4,80 €
Tomate	+1,00 €
Spinat[1]	+1,00 €
knusprigem Bacon[2,3,4]	+1,50 €
Breakfast Early Bird	3,80 €
Croissant, Butter Marmelade	
bis 11.00 Uhr heißes Getränk inklusive	
Burger	
Hamburger[1,2]	
Hamburger[1,2] 150 g	6,50 €
Hamburger[1,2] 250 g	7,80 €
California and Pacific Coast	
Thai Green Curry	8,80 €
gebratene Hähnchenbruststreifen, asiatisches Gemüse mariniert in einer Currysauce, serviert mit Basmati Reis	

Softdrinks		
Colalimonade[1,6], Colalimonade light[1,5,6]		
Orangenlimonade[1,2,4], Zitronenlimonade[1,2] ...	0,2 l	2,50 €
...	0,4 l	3,60 €
Energy-Drink[1,6,7] ...	0,25 l	3,50 €
Bier		
Pitcher ...	1,5 l	10,80 €
Aperitifs		
Prosecco ...	0,1 l	4,00 €
Anislikör[1] ...	5 cl	4,00 €
Cocktail		
Black Devil ...		7,00 €
Rum, Wermut, schwarze Olive[8]		

[1] mit Farbstoff [2] mit Konservierungsmittel [3] mit Geschmacksverstärker [4] mit Antioxidationsmittel [5] mit Süßungsmittel [6] koffeinhaltig [7] taurinhaltig [8] geschwärzt

(Auszug aus einer Speise- und Getränkekarte)

14.4 Let's think about ... the menu!

Sie machen Ihre Ausbildung bei einer Bistrokette, die kleine internationale Gerichte im Selfservice anbietet. Für die Präsentation der Speisen in den Selbstbedienungsvitrinen wird jedes Gericht auf kleinen Kärtchen für die Gäste beschrieben. Bisher gab es diese Beschreibungen nur auf Deutsch. Sie möchten aber auch Ihren nicht Deutsch sprechenden Gästen diese Informationen bieten.

1. Sie werden beauftragt, die Beschreibungen der Gerichte ins Englische zu übertragen.

Filet Wellington

Ein mit einer würzigen Paste aus Geflügelleber und Pilzen umhülltes Rinderfilet im Blätterteigmantel

Salat Caprese

Mozzarellabällchen, geviertelte Tomaten, frische Rucolablätter und Basilikumblätter mit einem Kräuterdressing

Chili con Carne

Eintopfgericht aus Rinderhack, zubereitet mit Kidneybohnen, Chili, roten und grünen Paprikaschoten, Petersilie

Paella

Spanisches Gericht aus Reis, mit Gewürzen aus geräuchertem Paprika und Safran, vermischt mit Garnelen, Muscheln und Chorizo

Lachsquiche

Schottischer Lachs, gereifter Cheddarkäse und frischer Lauch in einer Sauce aus Sahne und Freilandeiern

Vanille-Cupcakes

Vanillebisquit, überzogen mit Zuckerglasur und dekoriert mit bunten Zuckerkugeln

Pasta mit Spinat

Nudeln, vermischt mit grünem Pesto, Spinat, gegrillten Tomaten und gerösteten Pinienkernen, garniert mit Basilikum

Profiteroles

Brandteig, gefüllt mit geschlagener Sahne, beträufelt mit Schokoladensauce und mit Puderzucker bestäubt

2. Anlässlich einer internationalen Sportveranstaltung, die in Ihrer Stadt stattfinden wird, hat das Management entschieden, Gerichte aus UK für diese Woche in die Angebotskarte aufzunehmen. Sie werden gebeten, für die Speisekarte die englischen Beschreibungen aus einem Kochbuch ins Deutsche zu übertragen.

Coleslaw

Shredded white cabbage and julienne carrots in a free range egg mayonnaise dressing with chives

Shepherd's Pie

Minced British lamb mixed with onions, peas and carrots beneath buttery mashed potatoes with mature Cheddar cheese served with broccoli and roast potatoes

Kippers

Fillets of herring, salted and cold smoked

Crumble

Seasonal rhubarb and juicy strawberries topped with an all butter oat crumble

Porridge

Oatmeal boiled up in hot milk served with brown sugar and fruits

Mixed grill

Fried sausages, fried rashers of bacon, fried slices of black pudding, baked beans in tomato sauce, fried eggs, fried slices of bread

14.4 Aufgaben

1 | Zählen Sie Arten von Speisekarten auf, die im Tagesgeschäft eines Betriebs eingesetzt werden können.

2 | Beschreiben Sie Gestaltungselemente für Angebotskarten, die verkaufsfördernd wirken.

3 | Erläutern Sie die Einflussfaktoren, die beim Erstellen von Speise- und Getränkekarten zu berücksichtigen sind.

4 | Fassen Sie den Aufbau eines modernen Menüs zusammen.

5 | Erarbeiten Sie 3 Menüvarianten mit je 3 Gängen.

6 | Warum sind betriebliche Voraussetzungen in Bezug auf Küche und Service bei der Festlegung des Speisenangebots zu berücksichtigen?

7 | Welcher Gang sollte bei der Erstellung eines Menüs als Erstes festgelegt werden?

8 | Unterscheiden Sie Lunch-Menüs von Dinner-Menüs.

9 | Erstellen Sie je ein 3-Gang-Menü mit saisonalen Produkten für die Jahreszeiten Frühling, Sommer, Herbst und Winter und erstellen Sie entsprechende Menükarten.

10 | Ein Gast bestellt ein Rumpsteak mit Kräuterbutter, Brokkoli und Pommes frites. Zeichnen Sie einen Teller, auf dem die einzelnen Bestandteile des genannten Gerichts nach der klassischen Anrichteweise platziert sind.

11 | Entwerfen Sie eine Speisekarten mit fünf Gerichten für Vegetarier.

12 | Welche Hauptgetränkegruppen sollten auf einer Getränkekarte aufgeführt sein?

13 | Zeigen sie Bespiele auf, wovon die Gliederung einer kombinierten Getränkekarte abhängig sein kann.

14 | Erläutern Sie die Richtlinien, die bei der Erstellung der Weinkarte zu berücksichtigen sind.

15 | Charakterisieren Sie Gestaltungsmöglichkeiten, die bei Getränkekarten der Verkaufsförderung dienen.

16 | Welche Bedeutung haben die korrespondierenden Getränke als Menübegleitung?

17 | Nennen Sie grundlegende Regeln für die Aufeinanderfolge von Getränken als Begleiter der Speisenfolge.

18 | Begründen Sie, warum Klarheit und Wahrheit des Angebots beim Erstellen von Angebotskarten wichtigste Faktoren sind.

19 | Erklären Sie den AIDA-Effekt, der bei der Angebotskarte berücksichtigt werden sollte.

20 | Entwerfen Sie eine kleine Snack-Angebotskarte unter Berücksichtigung des AIDA-Effekts. Präsentieren Sie diese Karte mit den entsprechenden Erläuterungen Ihren Mitschülern.

21 | Unterscheiden Sie Menükarten von Speisekarten.

22 | Erläutern Sie die Bedeutung der Lebensmittelkennzeichnung in Bezug auf die Zusatzstoffangaben bei der Erstellung von Angebotskarten.

23 | Welche Nennvolumen sind für Flaschen folgender Getränkegruppen in Angebotskarten üblich?
a) Erfrischungsgetränke
b) Bier
c) Wein
d) Schaumwein

24 | Die Materialkosten für ein Gericht auf der Menükarte betragen 4,50 €. Der Betrieb kalkuliert mit einem Gesamtaufschlag von 250 %. Wie viel Euro beträgt der Inklusivpreis?

25 | Bei einem Dinner für eine Hochzeit beläuft sich die Rechnung auf 1.890 €. Weisen Sie die Mehrwertsteuer aus.

26 | Ein Betrieb kalkulierte bisher mit einem Gesamtaufschlag von 280 %. Der neue Betriebsleiter will auf eine Berechnung mit dem Kalkulationsfaktor umstellen. Mit welchem Kalkulationsfaktor wird jetzt gerechnet?

15 Marketing

- Entstehung einer gastronomischen Marke
- Marktforschung
- Marketingplanung
- Marketinginstrumente
- Marketing-Controlling
- Recht im Marketing

15.1 Grundlagen

Mit rund 227000 umsatzsteuerpflichtigen Unternehmen des Gastgewerbes (Quelle: Statistisches Bundesamt, veröffentlicht 2013) bietet der deutsche Markt ein großes und vielfältiges Angebot. Im Schnitt kommt somit auf 350 Einwohner in Deutschland ein gastgewerbliches Angebot. Mit Ausnahme von ländlichen Regionen ist das Angebot größer als die Nachfrage. Insbesondere wenn es mehrere Betriebe in unmittelbarer Nähe zueinander gibt und der Gast nicht auf ein bestimmtes Restaurant festgelegt ist, findet er in der Regel einen freien Platz zum Essen und/oder zum Trinken.

Bei einem Blick in unterschiedliche Betriebe fällt auf, dass es gastronomische Betriebe gibt, die nahezu leer sind, andere jedoch so voll sind, dass die Gäste keinen freien Platz mehr finden.

Wenig besuchtes Restaurant

Gut besuchtes Restaurant

Wie kommt es zu diesen beiden Extremen?

Ein Grund ist, dass volle Bars und Restaurants weitere Gäste anziehen. Potenzielle Gäste auf der Suche nach einem passenden Angebot gehen davon aus, dass die bereits anwesenden Gäste wissen, dass es dort „gut ist". Umgekehrt meiden potenzielle Gäste ein leeres Restaurant.

> Erfolg zieht Erfolg an und umgekehrt. Betriebe, die bereits Probleme haben, können ihre Situation daher nur unter großen Anstrengungen ändern.

Die Anwendung von **Marketinginstrumenten** hilft dabei, dass ein gastronomischer Betrieb von Anfang an zu den Gewinnern gehört. Das sind die Betriebe, die viele Gäste haben, die gerne einen entsprechenden Umsatz machen, der notwendig ist, um wirtschaftlich erfolgreich zu sein. Fehlen die Gäste in einem laufenden Betrieb, dann kann eine Marketingorientierung dabei helfen, die Ursache zu finden und Maßnahmen zu ergreifen, um zusätzliche Gäste zu gewinnen.

Insbesondere in der Individualgastronomie fehlt teilweise die Erfahrung, welche Bedeutung Marketing hat, oder die positive Wirkung der investierten Mittel wird bezweifelt. Aber es gibt hier auch zunehmend Betreiber, die Marketing professionell praktizieren und damit erfolgreich sind.

In der Gastronomie ist die Systemgastronomie bei der Anwendung der Marketinginstrumente ein Vorreiter, denn ab einer gewissen Unternehmensgröße und Komplexität nimmt die Bedeutung bzw. Nutzung von modernen Management- und Marketingmethoden zu.

Die großen Unternehmen bzw. Marken der Systemgastronomie in Deutschland wie beispielsweise McDonald's, Burger King, Subway, KFC, Pizza Hut und Starbucks nutzen heute die Bandbreite der Marketingmöglichkeiten wie TV-Werbung, Anzeigen, Öffentlichkeitsarbeit, Social Media in einem vergleichbaren Ausmaß wie andere „große Marken" – beispielsweise Coca-Cola, Apple, Audi, Nivea etc.
Ist somit nur für größere Betriebe bzw. für die Systemgastronomie ein umfassendes Marketing wichtig bzw. anwendbar?

Marketing mithilfe einer Homepage (Hallo Pizza)

> Jeder gastronomische Betrieb sollte – unabhängig von seiner Größe – zumindest einige Grundsätze des Marketings berücksichtigen.

Gastronomische Betreiber müssen sich Fragen zur Gästeorientierung ihres Angebots stellen und in der Lage sein, diese zu beantworten. Diese Auseinandersetzung ist notwendig, um sich im eingangs beschriebenen Wettbewerb bzw. im Überangebot gastronomischer Betriebe durchzusetzen.

Fragen zur Gästeorientierung

- Welche Bedürfnisse haben (meine) Gäste?
- Warum kommen Gäste in meinen Betrieb – bzw. werden die Bedürfnisse der Gäste in meinem Betrieb befriedigt?
- Was unterscheidet mich von anderen gastronomischen Betrieben?
- Wie zufrieden sind meine Gäste?

15.2 Der gastronomische Betrieb als Marke

Die Grundlagen zum „Marketing für die Gastronomie" müssen nicht neu erfunden werden, denn sie basieren auf dem allgemeingültigen bzw. branchenunabhängigen Wissen zu Marketing. Seit über 100 Jahren beschäftigt sich die Wissenschaft zunächst an Universitäten in den USA mit dem Begriff Marketing bzw. der Vermarktung von Produkten. Ausgewählte Erkenntnisse daraus werden im Folgenden im Überblick dargestellt und auf die Gastronomie bzw. Systemgastronomie bezogen.

15.2.1 Marke und Marketing – Definitionen und Ziele

Zunächst soll allgemein, d. h. noch unabhängig von der Gastronomie, dargestellt werden, was eine **Marke** auszeichnet bzw. was die Anforderungen an eine Marke sind und welche Bedeutung der Begriff Marketing hat.

Spontan denkt man bei Marken oft an Produkte bzw. Marken, die über Werbefilme im Fernsehen bekannt gemacht werden, beispielsweise aus dem Bereich der Konsumgüter für den privaten Gebrauch. Die Bandbreite der angebotenen Marken ist allerdings wesentlich größer.

Die zehn weltweit erfolgreichsten Marken auf Basis einer Bewertung durch das Unternehmen Interbrand

Rang	Marke	Markenwert in Millionen Dollar
1	Coca-Cola	77,839
2		76,568
3	IBM	75,532
4	Google	69,726
5	Microsoft	57,853
6		43,682
7	M	40,062
8	intel	39,385
9	SAMSUNG	32,893
10	TOYOTA	30,280

(Quelle: www.interbrand.com – Best Global Brands – Top 100 Brands 2012)

Kennzeichen des Verkäufermarkts
- Der Verkäufer (Gastronom) befindet sich grundsätzlich in der stärkeren Position.
- Es gibt wenige/keine Angebote bzw. wenige/keine Wettbewerber vor Ort.
- Die Nachfrage ist größer als das Angebot.

Historische Entwicklung von Marken

Früher wurden Produkte dort verkauft oder konsumiert, wo sie produziert wurden. Das heißt, es gab beispielsweise in einem Ort einen Hersteller von Schuhen und alle Einwohner kauften ihre Schuhe dort ein. Die Anbieter dieser Produkte hatten in diesem sogenannten **Verkäufermarkt** eine starke Position und einen starken Einfluss auf die Preise bzw. die Qualität der Produkte.

Mit zunehmender Mobilität, steigendem Wettbewerb und einem überregionalen Verkauf der Produkte wurde es notwendig, sich von anderen Anbietern zu unterscheiden, denn der Käufer hatte nun die Möglichkeit, zwischen mehreren Angeboten zu wählen. Die Produkte wurden gekennzeichnet – historisch fand diese Kennzeichnung bereits viel früher statt, z. B. indem ein Rind ein Brandzeichen erhielt.

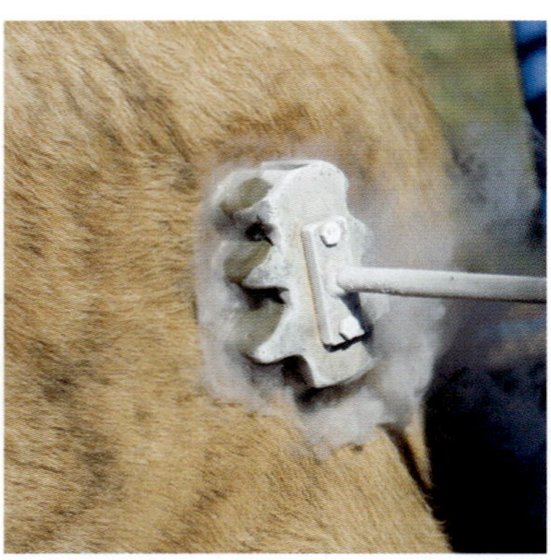

Rinderkennzeichnung

Parallel dazu arbeiteten die Hersteller daran, dass ihre Produkte zusätzliche bzw. besondere Eigenschaften bekamen – übertragen auf das Beispiel der Kennzeichnung von Rindern sollte das Rindfleisch nicht nur satt machen, sondern auch besonders zart sein. In diesem Zusammenhang spricht man von einem **Zusatznutzen** (besonders zart), neben dem Grundnutzen, den Hunger zu stillen.

Der Zusatznutzen einer Marke macht es grundsätzlich möglich, höhere Preise zu nehmen, als für ein „unmarkiertes" Produkt.

Allerdings ist es notwendig, den besonderen Nutzen einer Marke bekannt zu machen. Denn gerade in der heutigen Zeit, in der die Verbraucher mit einem Überangebot an Produkten mit ähnlichen Funktionen beispielsweise in einem Supermarkt konfrontiert werden, haben Marken auch die Funktion, Kaufentscheidungen zur vereinfachen. Verbraucher kaufen Produkte bzw. Marken, die sie kennen und denen sie vertrauen.

Eine Marke „zu machen", beinhaltet nicht nur die Aufgabe, Produkte mit einem Zusatznutzen zu entwickeln und diesen zu kommunizieren, noch wichtiger ist es, herauszufinden, welche Bedürfnisse Verbraucher haben bzw. welche Bedürfnisse bei Verbrauchern noch geweckt werden können. Da es vielfach nicht möglich ist, die unterschiedlichen Bedürfnisse aller Verbraucher anzusprechen, macht es Sinn, sich auf eine bestimmte Gruppe von Verbrauchern zu konzentrieren, die ähnliche Bedürfnisse haben. Diese Gruppe wird als **Zielgruppe** bezeichnet (siehe Kapitel 15.4.5).

Auf Basis dieser historischen Betrachtung kann eine Marke wie folgt beschrieben werden:

> Eine **Marke** bietet einer bestimmten Zielgruppe einen zusätzlichen Nutzen, der sich von anderen Angeboten (bzw. Marken) unterscheidet.

Ein weiteres Kennzeichen von Marken besteht darin, dass diese Unterscheidung auch in den Köpfen der Konsumenten abrufbar ist, d.h., die Marken sind nicht nur bekannt, sondern bei den Konsumenten mit gewissen Eigenschaften belegt.

Eine Marke kann daher auch als Vorstellungsbild von einem Objekt bzw. Produkt beschrieben werden. Dieses Vorstellungsbild wird auch als **Image** bezeichnet. Wer Marken „macht" bzw. Marketing praktiziert, hat vereinfacht gesagt die Aufgabe, aus einem Produkt oder einem Angebot eine Marke „zu machen".

> **Marketing** umfasst somit die Maßnahmen, die dazu dienen, dass sich ein Angebot von anderen Angeboten unterscheidet und diese Tatsache einerseits für die Zielgruppe interessant ist und andererseits auch bei der Zielgruppe bekannt ist.

Die gastronomische Marke

Diese grundsätzlichen Erläuterungen zur Entstehung von Marken und zum Marketing sollen nun auf die Gastronomie übertragen werden.

Da das Angebot an gastronomischen Betrieben sehr groß ist und viele Angebote sich kaum unterscheiden, hat eine gastronomische Marke folgende Aufgabe bzw. Definition:

Kennzeichen des Käufermarkts

- Der Käufer (Gast) befindet sich grundsätzlich in der stärkeren Position.
- Das Angebot ist vielfältig und übersteigt die Nachfrage.
- Der Wettbewerb ist groß.

Marken „im Kopf" des Konsumenten

Imagevermittlung durch Werbung (Le Crobag)

Platz 7 der weltweit erfolgreichsten Marken besetzt McDonald's (2012)

Eine **gastronomische Marke** bietet einer bestimmten Zielgruppe einen zusätzlichen Nutzen, der sich von anderen gastronomischen Angeboten (bzw. Marken) unterscheidet.

Die Maßnahmen, die hierfür notwendig sind, müssen zunächst geplant und anschließend umgesetzt werden. In einer darauffolgenden Kontrollphase muss bewertet werden, ob es die richtigen Maßnahmen waren. Auf die (System-)Gastronomie übertragen lässt sich Marketing wie folgt definieren:

Marketing einer Gastronomie umfasst somit die Planung, Umsetzung und Kontrolle der Maßnahmen von gastronomischen Betrieben bzw. einer gastronomischen Zentrale mit dem Ziel, ein für bestimmte Gäste möglichst relevantes und unverwechselbares Angebot zu schaffen, dieses Angebot bekannt zu machen und als positives Image zu verankern.

Ein Blick auf die Liste der weltweit erfolgreichsten Marken auf Seite 470 zeigt, dass es mit McDonald's auch einem systemgastronomischen Anbieter bzw. einer gastronomischen Marke gelungen ist, sich unter den Top 10 zu etablieren. Weitere gastronomische Marken unter den Top 100 in diesem Ranking sind die bereits genannten Marken KFC, Pizza Hut und Starbucks.

15.2.2 Die Bestandteile einer gastronomischen Marke

Zu einer Marke gehören vereinfacht gesagt ein Markenname (in Wort und/oder Bild) sowie die entsprechenden Produkte und/oder Dienstleistungen. Gastronomische Marken haben im Vergleich zu etwas „einfacheren" Produkten wie beispielsweise einer „Milchmarke" die Besonderheit, dass sich die Marke einerseits aus einer Vielzahl von „anfassbaren" Produkten, aber auch aus Dienstleistungen zusammensetzt.

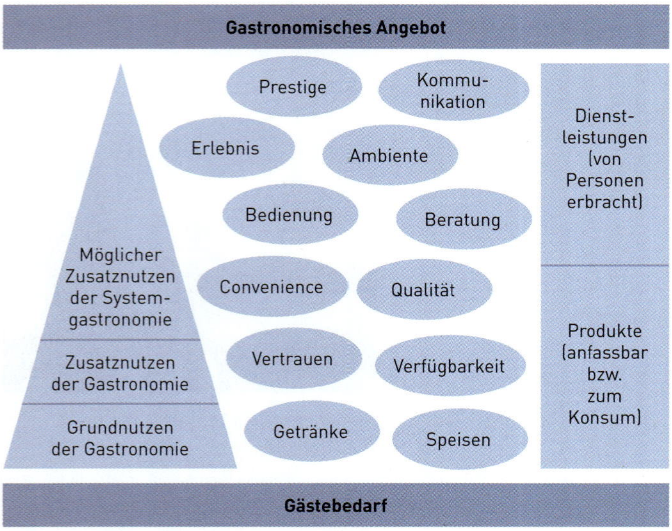

Grundnutzen und Zusatznutzen in der Systemgastronomie

Die „anfassbaren" Produkte sind die Speisen und Getränke, aber auch die Einrichtung. Die Dienstleistungen beinhalten beispielsweise den Service, d.h. das Personal, das die Bestellung aufnimmt und anschließend serviert – freundlich und kompetent. Diese Produkte und Dienstleistungen müssen dem Gast einen Grundnutzen liefern und sollten möglichst darüber hinaus einen Zusatznutzen bieten. Dieser Zusatznutzen kann beispielsweise darin bestehen, dass die Qualität der Speisen besonders ist (z.B. Sterne-Gastronomie), die Freundlichkeit der Servicekraft oder das Ambiente der Gastronomie ein Erlebnis für den Gast darstellt oder der Gast den Besuch eines bestimmten gastronomischen Betriebs als prestigeträchtig einordnet.

Das gastronomische Konzept

Im Zusammenhang mit der gastronomischen Marke wird in der Praxis auch über das gastronomische Konzept gesprochen. Das Konzept beschreibt die Eckpunkte des gastronomischen Betriebs. Durch ein schriftlich ausgearbeitetes Konzept ist es möglich, eine Vorstellung des geplanten gastronomischen Angebots zu erhalten, auch ohne dass der Betrieb bereits real ist.

Die Besonderheit der Systemgastronomie besteht zum einen darin, dass sich das Konzept in der Regel bereits bewährt hat, d.h., das Angebot bietet einer bestimmten Zielgruppe nachweislich einen Nutzen. Zum anderen entstehen ab einer gewissen Unternehmensgröße bzw. Anzahl von gastronomischen Betrieben Wettbewerbsvorteile **(Synergieeffekte)**, z.B. hinsichtlich der Entwicklung neuer Produkte oder einer Werbekampagne. So können beispielsweise in einer Zeitungsanzeige in einer Stadt mehrere Standorte des Konzepts beworben werden. Ist bereits eine Bekanntheit bzw. ein Image der gastronomischen Marke vorhanden, so profitieren weitere Standorte davon.

Mögliche Vorteile und Nachteile einer Marke in der Systemgastronomie aus Gästesicht

Vorteile	Nachteile
▪ konstante Qualität durch Standards bzw. Zentraleinkauf ▪ Synergieeffekte beim Marketing ▪ Vertrauen durch Bekanntheit und Image	▪ geringe Flexibilität bzw. Individualität ▪ Image, dass keine frischen Produkte verwendet werden ▪ „Massenabfertigung“

Ordnen die Gäste ein Unternehmen der Systemgastronomie zu, so kann dies Vor- und Nachteile haben.

Durch die in der Regel bekannte oder gefühlte hohe Marktpräsenz fällt es der Systemgastronomie häufig leichter, Vertrauen aufzubauen. Die Gäste unterstellen der Systemgastronomie funktionierende Qualitätskontrollen. Andererseits unterstellen potenzielle Gäste je nach Konzepttyp auch, dass weniger Individualität beispielsweise beim Kochen vorhanden ist und die Produkte möglicherweise vorproduziert oder nicht frisch sind.

Systemgastronomische Betriebe in China

Die Expansion eines systemgastronomischen Konzepts hat abschließend für die (Stamm-)Gäste den Vorteil, dass sie auch bei Reisen „ihre“ Gastronomie vorfinden. Das kann zu einer höheren Kundenbindung führen. Der Erfolg der bestehenden Standorte fördert den Erfolg weiterer Standorte.

15.2.3 Aufgabenteilung Systemzentrale und Betrieb

In der Systemgastronomie werden Aufgaben im Marketing zwischen Zentrale und gastronomischem Betrieb aufgeteilt. Synergien werden dadurch erzielt, dass strategische Überlegungen und Planungsaufgaben nicht x-fach und individuell in den Betrieben erfolgen, sondern einmal in der Zentrale. In der Zentrale können sich erfahrene Marketingspezialisten umfassend mit den Planungs-, Umsetzungs- und Kontrollprozessen auseinandersetzen.

Der Betrieb setzt die in der Zentrale erarbeiteten Marketingvorgaben grundsätzlich um. Allerdings kann es durchaus Sinn machen, dass beispielsweise bei einem national tätigen Unternehmen in den Betrieben vor Ort weitere lokale bzw. regionale Marketingmaßnahmen geplant und umgesetzt werden. Diese Maßnahmen werden in der Regel durch die Zentrale zumindest überwacht bzw. durch Richtlinien eingegrenzt.

Marketingaufgaben der Systemzentrale

- Marktanalyse
- Definition des Unternehmenszwecks/-ziels
- Erarbeitung der Unternehmensgrundsätze/Leitlinien
- Festlegung Corporate Identity, Image, Identität
- Vorgabe von Marketingzielen
- Entwicklung des Marketingmix
- Budgetvorgaben
- Marketingkontrolle

Positive regionale Aktivitäten können zentral aufbereitet und anderen Betrieben als Best Practice (optimierte Vorgehensweise) vorgestellt werden.

Die Erfahrung der Betriebe im Hinblick auf lokale Gästewünsche und das direkte Feedback der Gäste bei zentral entwickelten Maßnahmen hilft dabei, zukünftige Maßnahmen anzupassen.

Die Zusammenarbeit zwischen Zentrale und den Betrieben ist keine Einbahnstraße, sondern ein Dialog mit unterschiedlichem Wissen, Verantwortungen und Aufgaben.

In Kapitel 15.4.6 wird auf die Besonderheiten bei Franchise- bzw. Eigenregiebetrieben eingegangen.

15.3 Marktforschung

Fragen der Marktforschung

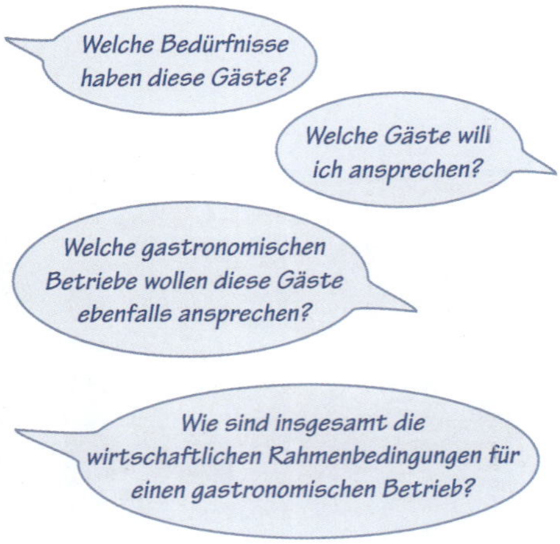

Im vorangegangenen Kapitel wurden die Hintergründe erläutert, wie ein gastronomischer Betrieb zu einer Marke wird, indem der Betrieb den Gästen einen zusätzlichen Nutzen bietet, der sich idealerweise von anderen gastronomischen Betrieben unterscheidet.

Allerdings stellt sich die Frage, welchen Nutzen die Gäste haben wollen oder welche Bedürfnisse die Gäste haben.

Die Marktforschung hat das Ziel, Informationen über Märkte (Gäste, Wettbewerber etc.) zu sammeln.

Der Markt der Systemgastronomie besteht einerseits aus den möglichen Gästen, andererseits aus den bereits bestehenden gastronomischen Betrieben. Im weiteren Sinne gehört auch das Umfeld der gastronomischen Betriebe insgesamt dazu, also auch beispielsweise Behörden, die Richtlinien zur Betreibung einer Gastronomie festlegen oder überwachen.

Die Ergebnisse der Marktforschung sollen dabei helfen, richtige Entscheidungen zu treffen, z. B. in der Phase vor der Unternehmensgründung beim gastronomischen Konzept oder bei der Standortwahl und zu einem späteren Zeitpunkt bei notwendigen Konzeptoptimierungen.

In der Praxis gibt es zu den Erfolgsfaktoren bei der Konzeptentwicklung unterschiedliche Meinungen. Gastronomische Konzepte entstehen häufig auf der Basis von Bauchentscheidungen bzw. durch den Instinkt der Betreiber. Auch wenn es zahlreiche Praxisbeispiele gibt, bei denen dieser Ansatz zum Erfolg geführt hat, sollte durch eine zusätzliche Überprüfung der Konzeptideen die Erfolgswahrscheinlichkeit erhöht werden.

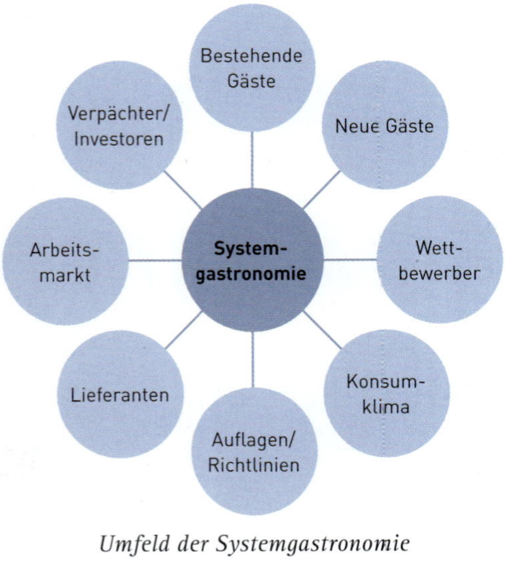

Umfeld der Systemgastronomie

Die Vorgehensweise von Markenartikelunternehmen bei Produktinnovationen mit Konzept- bzw. Akzeptanztests sollte auch bei gastronomischen Marken zumindest im Ansatz Anwendung finden.

Dazu ist es notwendig, sich mit aktuellen Gästebedürfnissen, dem Umfang dieser Bedürfnisse und bereits bestehenden gastronomischen Angeboten zu beschäftigen. Die Quellen für diese Informationen sind vielfältig.

In der Marktforschung wird bei diesen Quellen zwischen Primär- und Sekundärerhebungen unterschieden. Bei der **Primärerhebung** werden Informationen erstmals und aktuell gewonnen. Bei der **Sekundärerhebung** werden bereits bestehende Information genutzt und ggf. für die eigene Problemstellung interpretiert.

Erfolgreiche Konzeptentwicklung = Kombination aus
- Instinkt/Bauchgefühl
- Kreativität
- Marktforschung

Methoden der primären Marktforschung
- Gästebefragung (telefonisch, persönlich, per Internet usw.)
- Wettbewerbsbeobachtung
- Testessen/Testbesuche
- Teilnahme an Trendtouren bzw. sogenannten Gastroexpeditionen

Methoden der sekundären Marktforschung
Auswertung von Informationen bzw. Daten aus
- Fachliteratur
- Branchenzeitschriften
- Internet
- Verbänden
- Statistiken

15.3.1 Marktanalyse der Gäste und Gästewünsche

Wie bereits erläutert, soll die Marktforschung dabei helfen, zu verstehen, welche Erwartungen die Gäste haben, mit dem Ziel, ein differenziertes Angebot zu erstellen.

Die Marktforschung zum Gästeverhalten liefert Informationen über die aktuellen und ggf. zukünftigen Konsumgewohnheiten der gewünschten Gäste.

Marktanalyse des Gästeverhaltens
- Konsum außer Haus (was, wann, in welcher Frequenz?)
- Konsum zu Hause (was, wann, in welcher Frequenz?)
- Wechselwirkungen zwischen Außer-Haus-Konsum und Konsum zu Hause
- Istsituation
- Prognose für die Zukunft

Zur Eingrenzung der Information ist es sinnvoll, sich sowohl regional/lokal als auch auf bestimmte Zielgruppen (siehe auch Kapitel 15.4.5.) zu konzentrieren, d.h. auf die Gäste, die möglicherweise den gastronomischen Betrieb auch tatsächlich besuchen könnten. Die Betrachtung der Konsumgewohnheiten sollte idealerweise ganzheitlich betrachtet werden, d.h. inklusive der Gewohnheiten zu Hause und außer Haus einschließlich der gegenseitigen Beeinflussung der beiden Konsumorte.

In der Systemgastronomie hängt die regionale Eingrenzung von der vorhandenen oder geplanten Expansion ab. Bei einem nationalen Ansatz sind somit auch deutschlandweite Daten zum Gästeverhalten notwendig.

Die Herausforderung in der Gastronomie liegt unter anderem darin begründet, dass es im Gastronomie- bzw. Außer-Haus-Markt im Vergleich zum Lebensmitteleinzelhandel weniger Informationen zum Gästeverhalten gibt.

Im Lebensmitteleinzelhandel ist das Verhalten der Konsumenten bereits detaillierter erforscht. Markenartikelunternehmen erheben die Konsumgewohnheiten und Konsumveränderungen ihrer Kunden. Marktforschungsunternehmen können zusätzlich identische Verbraucher bzw. mit zeitlichem Abstand Verbrauchergruppen, Kunden bzw. Nicht-Kunden der Marke mehrfach befragen (sogenannte Panel-Untersuchungen), um Veränderungen bei den Konsumgewohnheiten festzustellen.

Kaufverhalten im Einzelhandel

Kaufverhalten in der Gastronomie

Außerdem lässt sich so auch die Frage beantworten, welche Verbraucher welche Marken verwenden. Weiterhin sind mehr Informationen vorhanden, wie Entscheidungen im Einzelhandelsgeschäft getroffen werden, d.h. wie sich die Konsumenten im Geschäft bewegen und sie beispielsweise durch die Platzierung der Produkte oder durch Preisaktionen beeinflusst werden können.

Welche Speisen und Getränke in der Gastronomie wann und wie nachgefragt werden bzw. wie sich der Markt insgesamt entwickelt, ist schwieriger zu ermitteln. Als Sekundärdaten stehen in Deutschland unter anderem statistische Daten der gastronomischen Anbieter und Studien zu den Konsumgewohnheiten zur Verfügung.

Marktdaten Gastronomie

Der Deutsche Hotel- und Gaststättenverband e.V. (DEHOGA Bundesverband) veröffentlicht Marktdaten Gastronomie, die auf den Daten des Statistischen Bundesamts in Wiesbaden basieren. Danach betrug beispielsweise der Jahresumsatz (netto) des Gastgewerbes in 2012 67,3 Mrd. €. Die Zahl für 2012 wurde aus der Umsatzsteuerstatistik aus 2011 hochgerechnet. Darin enthalten sind neben den Gaststätten auch die Beherbergungsbetriebe (d.h., der Umsatz bezieht sich hier nicht nur auf Speisen/Getränke, sondern auch auf Hotelzimmer) und Caterer.

Nominale Umsatzentwicklung in Hotellerie und Gastronomie (in %)

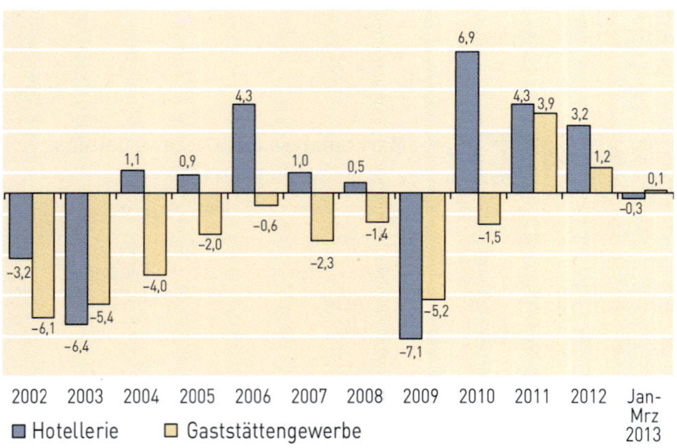

(Quelle: DEHOGA)

Die Daten werden jeweils quartalsweise veröffentlicht und mit dem Vorjahreszeitraum verglichen (siehe Tabelle). Die reale Umsatzentwicklung ist um sogenannte Preiseffekte bereinigt, d.h. um Umsatzveränderungen, die durch allgemeine Preiserhöhungen entstanden sind. Die nominale Umsatzentwicklung zeigt die „tatsächlichen" Umsatzzahlen.

Umsatzentwicklung im Gastgewerbe 1. Quartal 2013 und Gesamtjahr 2012 (Veränderungen gegenüber Vorjahreszeitraum)

Betriebsart	1. Quartal 2013		Gesamtjahr 2012		
	nominal in %	real in %	nominal in %	real in %	Nettoumsatz in Mrd. €
Hotellerie (Hotels, Hotelsgarnis, Gasthöfe, Pensionen)	−0,3	−2,3	3,2	1,5	
Beherbergungsgewerbe insgesamt	**0,0**	**−2,0**	**3,1**	**1,4**	**23,5**
Speisengeprägte Gastronomie	0,4	−1,9	1,3	−0,8	
Getränkegeprägte Gastronomie	−0,8	−2,8	0,5	−1,6	
Gaststättengewerbe insgesamt	**0,1**	**−2,0**	**1,2**	**−0,8**	**37,5**
Caterer und sonstige Verpflegungsdienstleistungen	**−1,2**	**−3,1**	**3,1**	**1,2**	**6,3**
Gastgewerbe insgesamt	**0,0**	**−2,2**	**2,1**	**0,2**	**67,3**

(Quelle: DEHOGA)

In diese Statistik fließen Betriebe ein, die gemäß der Umsatzsteuerstatistik im Schwerpunkt gastronomische bzw. gastgewerbliche Umsätze erwirtschaften.

Die Betrachtung der Daten über einen langen Zeitraum zeigt insbesondere im Bereich der Gaststätten häufig rückläufige Umsatzzahlen, vor allem in der getränkeorientierten Gastronomie. Die Jahre 2011 und 2012 stellen allerdings ein positiveres Bild dar.

Veröffentlichung von Marktdaten Gastronomie
aus Sicht der Unternehmen: Umsatzsteuerstatistik des Statistischen Bundesamts:

www.dehoga-bundesverband.de

aus Sicht der Gäste: Befragung einer repräsentativen Anzahl von Konsumenten: The NPD Group Deutschland GmbH

www.npd.com

Weitere Marktdaten Gastronomie

Das Verbraucherpanel Crest Online (NPD Group) befragt Verbraucher regelmäßig nach ihren Ausgaben im Außer-Haus-Konsum. In diesen Erhebungen sind beispielsweise auch die Ausgaben bei Backshops berücksichtigt. Wohingegen bei den Marktdaten des DEHOGA ausschließlich Umsatzdaten von Betrieben enthalten sind, die im Schwerpunkt Gastronomie betreiben.

Eine weitere potenzielle Informationsquelle für detaillierte Entwicklungen im Gästeverhalten bieten die gastronomischen Fachzeitschriften des Deutschen Fachverlags (dfv) einschließlich der Plattform Foodservice-Forum sowie Veröffentlichungen des DEHOGA Bundesverbands.

Die Studie „So is(s)t Deutschland" (Nestlé Deutschland und Deutscher Fachverlag) kann ebenfalls dabei helfen, Trends bei der Ernährung aufzugreifen, um dazu passende gastronomische Speisenangebote zu vermarkten. Dabei geht es nicht nur darum, was gegessen wird, sondern auch darum, wo und wann bzw. wie oft gegessen wird.

Hilfreiche Publikationen zu Marktdaten Gastronomie

- Jahrbuch Außer-Haus-Markt (Deutscher Fachverlag)
- Systemgastronomie in Deutschland (DEHOGA Bundesverband Fachabteilung Systemgastronomie)
- Nestlé Studie „So is(s)t Deutschland" (Deutscher Fachverlag)

Veränderungen der Gästewünsche

Für die Entstehung oder Veränderung von gastronomischen Konzepten ist die Entwicklung des Gesamtmarkts bzw. das Verbraucherverhalten ein erster Hinweis, wie sich das grundsätzliche Marktumfeld verändert. Für eine Analyse, welche Chancen sich daraus ergeben, muss jedoch eine detaillierte Betrachtung der Gästewünsche erfolgen.

Gastronomische Chancen durch den grundlegenden Strukturwandel in der deutschen Gesellschaft

- kleinere Haushalte
- mehr ältere Menschen
- mehr arbeitende Frauen
- zunehmender Bevölkerungsanteil mit Migrationshintergrund

> Einen wesentlichen Einfluss auf den Außer-Haus-Markt hat die Entstrukturierung des Alltags: Da immer mehr Menschen ständig oder teilweise wechselnde Tagesabläufe haben, also keiner bestimmten Struktur unterliegen, wird gegessen, wenn Zeit dafür ist.

Statt der traditionellen drei Mahlzeiten werden Snacks und Getränke unterwegs und schnell konsumiert. Dadurch entstand das sich rasant entwickelnde Fast-Food-Angebot. Erfolgsfaktoren waren und sind daher, dort zu sein, wo die Verbraucher unterwegs sind und den Bedarf schnell bzw. zum Mitnehmen befriedigen wollen. Die bereits bestehende Präsenz vor Ort nutzen Lebensmitteleinzelhändler, Bäckereien und Metzgereien, indem sie gastronomische Angebote für den Konsum vor Ort entwickelten.

Coffee to go – ein Trend der Zeit

> Die Grenzen zwischen dem Einkauf von Lebensmitteln im Einzelhandel und dem Verzehr in der Gastronomie werden aufgeweicht.

Auch zu Hause veränderten sich die Konsumgewohnheiten – für nur eine Person wird z. B. nicht gekocht, sondern beim Lieferservice bestellt. Parallel dazu entwickelten sich neue Geschmackstrends, zusätzlich zur Bratwurst wurden Burger, Pommes frites, Hähnchenfleisch und Nudeln stärker nachgefragt bzw. insgesamt internationale Küchenausprägungen wie italienisch oder asiatisch.

Aktuell rücken die regionale deutsche Küche bzw. regionale oder biologische Zutaten in der Gästegunst in Deutschland nach vorne, verbunden mit dem Wunsch nach gesunden und natürlichen Produkten, die möglichst nachhaltig vermarktet werden.

Zuletzt spielen die neuen Medien wie Internet und Facebook eine Rolle – nicht nur in der Vermarktung gastronomischer Betriebe (siehe Kapitel 15.5.9), sondern auch bei der Frage, womit verbringen die potenziellen Gäste unter anderem ihre Freizeit? Steht diese Zeit im Wettbewerb zu gastronomischen Besuchen oder können die sozialen Netzwerke in den gastronomischen Besuch integriert werden?

Aus den geänderten Gegebenheiten und Gästewünschen lassen sich im Markt unterschiedliche Entwicklungsmöglichkeiten ableiten.

Ermittlung der Gästewünsche

Um noch näher an die Wünsche der bestehenden Gäste bzw. potenziellen Gäste der eigenen (geplanten) Gastronomie zu kommen, sind zusätzliche Informationen im Rahmen von Primärerhebungen sinnvoll. Damit können existierende oder geplante Angebote im Hinblick auf die konkrete Nachfrage beleuchtet werden.

Primärdaten können beispielsweise bei bestehenden Betrieben durch eine Gästebefragung über einen standardisierten Fragebogen erhoben werden. Je nach Ziel der Befragung kann beispielsweise die Gästezufriedenheit mit dem bestehenden Angebot an Speisen und Getränken etc. erhoben werden.

Diese einfache Art der Befragung (Fragen 1 und 2) gibt Hinweise darauf, wo ggf. Anpassungen notwendig sind. Allerdings kann in der Regel nicht ermittelt werden, welche Maßnahmen dazu führen würden, die Defizite zu beheben. Um auch dazu Informationen zu bekommen, können offene Fragen (siehe Frage 7) gestellt bzw. bereits Überlegungen zu Optimierungsmaßnahmen im Hinblick auf die Bedeutung für den Gast abgefragt werden.

Fragebogen zur Ermittlung der Gästezufriedenheit

Liebe Gäste,
wir bitten Sie um Ihre Meinung, damit wir unsere Angebote weiter verbessern können. Bitte kreuzen Sie Zutreffendes an. Die Auswertung erfolgt anonym. Wir danken Ihnen für Ihre Unterstützung.

1 Weshalb haben Sie sich heute **hauptsächlich für einen Besuch** im ______________________ entschieden?

Bitte 1 Kreuz:

☐ Speiseangebot ☐ Getränkeangebot ☐ freundliche Mitarbeiter
☐ Ambiente ☐ zentrale Lage
☐ Sonstiges: ______________________

2 **Wie gefällt es Ihnen hier...**

	sehr gut	gut	durchschnittlich	weniger gut	schlecht
Ambiente/Atmosphäre	☐	☐	☐	☐	☐
Service/Mitarbeiter	☐	☐	☐	☐	☐
Einrichtung innen	☐	☐	☐	☐	☐
Außenbereich	☐	☐	☐	☐	☐
Sauberkeit	☐	☐	☐	☐	☐
Speiseangebot	☐	☐	☐	☐	☐
Getränkeangebot	☐	☐	☐	☐	☐
Angebote für Kinder	☐	☐	☐	☐	☐
Preis-Leistungs-Verhältnis	☐	☐	☐	☐	☐

3 Sind Sie ☐ Einheimischer ☐ Besucher/Tourist ☐ Studierender?

4 Sind Sie ☐ zum ersten Mal ☐ ab und zu ☐ regelmäßig hier?

5 Alter: ☐ unter 30 Jahre ☐ 30 bis 50 Jahre alt ☐ über 50 Jahre alt?

6 Mit wem sind Sie hier?
☐ Partner/-in ☐ Familie ☐ Kollegen ☐ Freunde ☐ allein
☐ Sonstiges: ______________________

7 Welche Verbesserungsvorschläge haben Sie für unsere Gastronomie?

Vielen herzlichen Dank für Ihre Unterstützung!

Bei geplanten gastronomischen Betrieben, die noch keine Gäste haben, kann eine stichprobenartige Befragung der Einwohner einer Stadt oder eines Stadtteils je nach Einzugsgebiet der Gastronomie erfolgen. Die Herausforderung liegt darin, eine möglichst repräsentative Auswahl an potenziellen Gästen zu befragen.

Die Befragungen können grundsätzlich direkt und mündlich über einen Fragebogen erfolgen, telefonisch oder schriftlich (z.B. online).

Eine weitere Möglichkeit, Informationen über das Gästeverhalten zu gewinnen, besteht darin, im Rahmen von offenen Gesprächen oder Diskussionen mit den Gästen Meinungen einzuholen oder Anregungen zu bekommen. Der Inhaber oder Betriebsleiter eines gastronomischen Betriebs kann durch eine systematische und regelmäßige Kommunikation mit Gästen Stimmungen aufnehmen und diese für Entscheidungen zu Konzeptanpassungen verwenden. Dabei ist zu beachten, dass die Objektivität bestehen bleibt und nicht z.B. negative Kritik einzelner Gäste ausgeblendet bzw. vernachlässigt oder auch überbewertet wird.

Entwicklungsmöglichkeiten, die sich aus den Gästewünschen ergeben

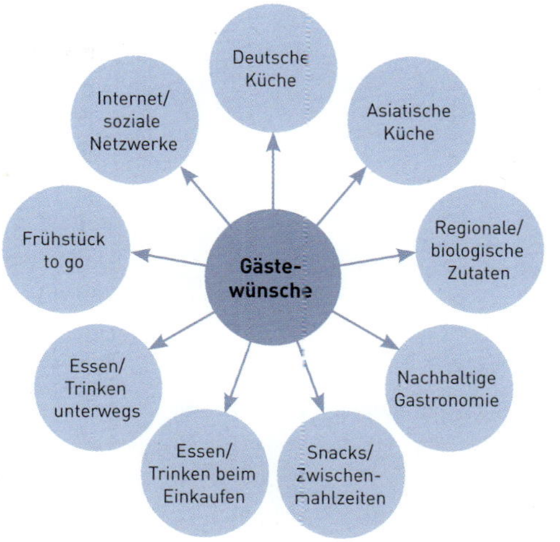

15.3.2 Marktanalyse der gastronomischen Wettbewerber

Die in Abschnitt 15.3.1. genannten Datenquellen zur Ermittlung der Gästewünsche können zusätzlich zum Gästebedarf auch allgemeine Informationen darüber geben, welche konkreten Wettbewerber sich bereits erfolgreich mit einem Gästebedarf beschäftigt haben bzw. welche Segmente sich positiv oder negativ entwickeln.

Auch allgemeine Wirtschaftsfachzeitschriften berichten gelegentlich über neue Marktteilnehmer und Maßnahmen bestehender gastronomischer Unternehmen. Unverzichtbar ist zusätzlich der Besuch von relevanten bzw. interessanten Betrieben.

AGENTUREN
SZENE PEOPLE TRENDS

Bio-Fast-Food am Spießchen

Ex-BBDO-Manager Bünting startet in Berlin ein gehobenes Bio-Takeaway als Franchise-Konzept.

Schon ein paar Jahre trägt Ex-Werbemanager Kai-Uwe Bünting die Idee vom Bio-Spießchen to go mit sich herum. Der Geistesblitz kam an einem dieser typischen Werber-Tage: ohne Frühstück aus dem Haus, von einem Meeting ins nächste und abends noch eine Kundenrunde. Um 21 Uhr gab's dann Spieß. „So etwas in Bio-Qualität, das wär's doch", dachte er sich. Doch nach 25 Jahren in der Werbung hat es noch einen Kick von außen gebraucht, bis Bünting sich zur endgültig zu Abnabelung aus der Branche entschloss. Anfang 2010 stieg er nach neun Jahren bei BBDO Berlin aus. Im Sommer entschied sich der 51-Jährige dann dafür, seine alte Idee weiterzutreiben.

Mitte April ist es nun soweit: Unter dem Markennamen Spikkies eröffnet in bester Lage im Hackeschen Quartier zunächst ein Pilotladen mit den Bio-Spießchen. 17 Spieß-Variationen von süß

Aktuelle Berichterstattung in den Medien

Im Gastronomiemarkt ist es neben der Lektüre von Veröffentlichungen zum Markt bzw. zu Wettbewerbern üblich und sinnvoll, Marktinformationen durch die direkte Beobachtung von Wettbewerbern zu gewinnen.

Art und Umfang der Wettbewerbsbeobachtungen hängen u.a. davon ab, wie weit die Planungen des gastronomischen Konzepts bereits fortgeschritten sind.

Sofern das Konzept so offen ist, dass eventuell noch nicht einmal feststeht, ob am Ende der Marktforschung überhaupt ein gastronomischer Betrieb eröffnet werden soll, kann sich eine Wettbewerbsbeobachtung auf angesagte gastronomische Objekte in den Trendmetropolen der Welt ausdehnen.

Gastronomische Trendmetropolen

- New York
- London
- Paris
- Istanbul
- Kopenhagen

Stehen die Stadt und das Konzept bereits fest, so können die Beobachtungen auf die Betriebe konzentriert werden, die eine ähnliche Zielgruppe ansprechen bzw. die sich in derselben Stadt oder Region befinden. Allerdings öffnet eine etwas breitere Wettbewerbsbeobachtung den eigenen Horizont für Ideen (siehe Checkliste).

Idealerweise umfasst bzw. erfasst die Wettbewerbsbeobachtung alle relevanten bzw. konkurrierenden Betriebe einer Stadt bzw. eines Einzugsgebiets, sodass ausgewertet werden kann, inwieweit das vorhandene Angebot und das Gästepotenzial insgesamt genügend Luft für eine weitere Gastronomie bieten. Allerdings kann die Strategie auch sein, bestehende Wettbewerber zu verdrängen.

Checkliste Wettbewerbsbeobachtung

Kriterien	Beschreibung/positiv/negativ	Ggf. Note
Qualität der Lage (je nach Uhrzeit und Wochentag inkl. Parkplatzsituation, Frequenzen)		
Optik von außen (wirkt die Außendarstellung einladend?)		
Welche Zielgruppe wird angesprochen?		
Wie ist die Auslastung nach Tageszeit/Wochentag/Saison?		
Qualität im Service		
Qualität und Auswahl der Speisen		
Qualität und Auswahl der Getränke		
Ambiente (inkl. Einrichtung, Licht, Belüftung, Musik, Dekoration)		
Erlebnis, besondere Highlights		
Sauberkeit		
Preis-Leistungs-Verhältnis		
Marketing (Homepage, Facebook, Anzeigen, Öffentlichkeitsarbeit, Events etc.)		
Besondere Zielgruppen wie Kinder, mobilitätseingeschränkte Personen etc.		
Sonstiges		

15.3.3 Marktanalyse der möglichen Standorte

Die Qualität des Standorts ist ein zentraler Erfolgsfaktor bei gastronomischen Betrieben, denn die Gäste müssen in der Regel den Ort der gastronomischen Leistung auf- bzw. besuchen, sofern es sich nicht um ein Konzept mit Lieferservice handelt. Der Aufwand, der damit aus Gästesicht verbunden ist, beeinflusst in der Regel die Häufigkeit eines Besuchs.

Die Festlegung von geeigneten gastronomischen Standorten kann zunächst grob im Bereich der sogenannten Makrostandorte nach Region oder Stadt erfolgen. Mit dieser Entscheidung verbunden sind beispielsweise die Kaufkraft einer Region oder bestimmte regionale Präferenzen.

Die detaillierte Festlegung des Mikrostandorts bezieht dann die Qualität eines Standorts innerhalb einer bestimmten Stadt, beispielsweise über die Frequenz an einer Straße oder an einem Platz, mit ein.

Falls Gäste gezielt einen bestimmten gastronomischen Betrieb aufsuchen, ist die Entfernung zwischen dem Wohn- oder Arbeitsort zur Gastronomie insgesamt relevant bzw. die Erreichbarkeit zu Fuß bzw. mit unterschiedlichen Verkehrsmitteln. Vor Ort sind bei einer Anreise mit dem Auto vorhandene Parkplätze wichtig.

Häufig sind gastronomische Objekte jedoch von spontanen Besuchen abhängig, d. h., die potenziellen Gäste sind ohnehin unterwegs und entscheiden sich kurzfristig vor Ort für den Besuch. In diesem Zusammenhang sind die Frequenzen der Fußgänger, der Autos bzw. der Nutzer von öffentlichen Verkehrsmitteln am Standort entscheidend.

Definition Makrostandort
Der Makrostandort umfasst einen großflächigen Bereich, z. B.:
- Bundesland
- Stadt
- Region

Definition Mikrostandort
Der Mikrostandort umfasst die nahe Umgebung, z. B.:
- Stadtteil
- Straße/Straßenseite
- angrenzende Flächen

Standortbeschreibung einer Gastronomie
- Makro-/Mikrostandort
- Art der Frequenz (nach Wochentag, Uhrzeit, Art der Kontakte)
- Umfeld (Wettbewerber, Frequenzbringer etc.)

Arten der Frequenz an verschiedenen Standorten

Art der Frequenz	Beschreibung	Gastronomiebeispiele
Auto	viele Autos fahren täglich an diesen Standorten vorbei, eine direkte Zufahrt und Parkplätze sind wichtig	Freeständer von McDonald's, Burger King, Café del Sol an Ausfallstraßen bzw. Autobahnen
öffentliche Verkehrsmittel	Nutzer von öffentlichen Verkehrsmitteln passieren den Standort, förderlich sind Wartezeiten der Reisenden	Le CroBag, Ditsch, Yorma's an Bahnhöfen mit teilweise mehreren Hunderttausend Reisenden/Besuchern pro Tag
Fußgänger in einer Fußgängerzone	bedingt durch eine Ballung von Einzelhandelsgeschäften, aber häufig auch von Büros, sind Passanten zu den Öffnungszeiten der Geschäfte vor Ort, nach Ladenschluss kann die Frequenz allerdings deutlich nachlassen	Subway, Nordsee, Block House, Vapiano, Enchilada in Einkaufsstraßen mit teilweise über 10 000 Passanten pro Stunde
Fußgänger in einer Shopping Mall	Die Kunden der Shopping-Mall nutzen die Einkaufspausen für den Besuch einer gastronomischen Einrichtung	Nordsee, McDonald's, Ditsch, Segafredo, Pham „Asia Hung" in Shopping-Centern mit mehreren Millionen Besuchern pro Jahr

Die Art der Frequenz beeinflusst nicht nur das Gäste- und somit Umsatzpotenzial, sondern auch, welches Angebot bzw. welches Konzept geeignet ist. Ein Standort mit hoher Frequenz von morgens bis in die Nacht hinein, verlangt nach einer Produktpalette für Frühstück, Mittagessen und ggf. einer Getränkeorientierung am Abend.

Bei der Systemgastronomie entscheiden die Standortkriterien auch über die Anzahl der denkbaren Betriebe in einem Land bzw. einer Region. In eine langfristige Planung der Expansion muss also einfließen, inwieweit überhaupt eine entsprechende Anzahl geeigneter Standorte vorhanden ist.

15.3.4 Prognosen

Zeiträume für die Erstellung von Prognosen
- kurzfristig: für 1–2 Jahre
- mittelfristig: für 3–5 Jahre
- langfristig: für mehr als 5 Jahre

Je länger der zeitliche Horizont wird, desto größer werden die Prognosefehler.

Die angesprochenen primär- und sekundärstatistischen Erhebungen und Daten spiegeln häufig die aktuelle Situation bzw. die Vergangenheit wider. Mit Prognosen sollen zusätzlich die zukünftigen Entwicklungen des Markts und des eigenen gastronomischen Betriebs dargestellt werden. Diese Vorausschau dient dazu, Maßnahmen zur Anpassung an sich ändernde Rahmenbedingungen ergreifen zu können.

Externe Einflüsse sind dabei die wirtschaftliche Entwicklung allgemein, die zu einem positiven oder negativen Konsumklima führen kann. Positiv auf die Gastronomie können sich beispielsweise eine voraussichtlich niedrige Arbeitslosenquote bzw. steigende Löhne und Gehälter auswirken. Geht es den Unternehmen gut, werden mehr Veranstaltungen und Geschäftsreisen durchgeführt, von denen die Gastronomie profitieren kann. Negativ für einzelne gastronomische Segmente können sich gesellschaftliche Trends auswirken.

Auch in Zukunft ist davon auszugehen, dass sich der Markt für getränkeorientierte Konzepte verhaltener entwickeln wird als der Markt der speiseorientierten Gastronomie.

Bei den Jahresplanungen können bereits bekannte Ereignisse des kommenden Jahres mit einbezogen werden, wie beispielsweise eine Fußballweltmeisterschaft oder Großveranstaltungen in der eigenen Stadt. Prognosen können durch Gästebefragungen unterstützt werden, indem das voraussichtliche Konsumverhalten abgefragt wird. Allerdings sind diese Ergebnisse sehr vorsichtig zu interpretieren, da das geplante Verhalten vom tatsächlichen Verhalten abweichen kann.

15.4 Marketingplanung

Überlegungen zur Entwicklung des Marketingmix eines Unternehmens

Aufgabe der Unternehmensführung ist es, im Rahmen der Marketingplanung in mehreren Schritten die Grundlagen für das gastronomische Konzept bzw. die gastronomische Marke sowie den Marketingmix zu schaffen. Dazu gehört es, sich zunächst zu überlegen, welche Ziele mit dem Unternehmen langfristig verfolgt werden sollen, d.h. welchen Zweck das Unternehmen hat und im Rahmen welcher Unternehmensgrundsätze diese Ziele erreicht werden sollen.

15.4.1 Unternehmenszweck, Vision, Mission und Unternehmenskultur

Begriffe wie Unternehmenszweck und Unternehmensziel, Vision und Mission sowie Unternehmenskultur werden unterschiedlich interpretiert bzw. angewendet. Daher soll zunächst verdeutlicht werden, worum es in diesem Themenkomplex übergreifend geht.

Gastronomische Objekte können aus unterschiedlichen Motiven heraus entstehen. Einige Betreiber wollen sich beispielsweise selbst verwirklichen und bauen die Gastronomie so, wie sie sich immer eine perfekte Gastronomie vorgestellt haben. Bei dieser Vorgehensweise ist es jedoch unsicher, ob das Ergebnis dann auch genügend potenziellen Gästen gefällt.

Ein Unternehmenszweck, der eine starke Marketingsichtweise einnimmt, orientiert sich primär an den Wünschen der Gäste und nicht an den Wünschen des Betreibers.

Die Konzeptentwicklung bzw. die Unternehmensführung sollten den Gast und die Bedürfnisse des Gasts in den Mittelpunkt aller Aktivitäten stellen.

Bei der Festlegung des **Unternehmenszwecks** geht es dann darum, zu beschreiben, in welcher Branche sich ein Unternehmen positionieren bzw. was es dort erreichen möchte, d.h. welche Leistungen das Unternehmen anbieten möchte. Bei der Systemgastronomie geht es somit allgemein um die kommerzielle Versorgung von Gästen mit fertig zubereiteten Speisen und Getränken – an in der Regel mehreren Standorten – mithilfe eines standardisierten gastronomischen Konzepts.

Die langfristigen (bzw. dauerhaften) **Unternehmensziele** beschreiben, welcher Zustand durch die Ausübung des Unternehmenszwecks erreicht werden soll. Die Ziele können z.B. sein:

- langfristige ökonomische Ziele wie Umsatz, Gewinn, Umsatzrentabilität
- messbare Kunden- oder Mitarbeiterzufriedenheit
- Umweltschutzziele

Die **Unternehmensvision** beschreibt häufig weit entfernte bzw. schwer greifbare Ziele. Mit dieser Vision kann die Richtung vorgegeben werden, in der die Mitarbeiter des Unternehmens sich bewegen.

Die **Unternehmensmission** beschreibt etwas konkreter, was das Unternehmen tut, um die Ziele bzw. Vision zu erreichen.

Die **Unternehmenskultur**, auch als **Unternehmensphilosophie** bezeichnet, beschreibt gemeinsame Werte, Einstellungen und Überzeugungen, nach denen das Unternehmen und seine Mitarbeiter handeln. Ein Beispiel für eine bestimmte Unternehmenskultur wäre, dass die Mitarbeiter eines Unternehmens die Überzeugung teilen und leben, dass ständige Veränderungen zur Notwendigkeit in der heutigen Wirtschaft gehören, und somit positiv damit umgehen. Im Zusammenhang mit der Unternehmenskultur kann auch die Frage der Unternehmensverantwortung beantwortet werden.

Gerade in den letzten Jahren werden Unternehmen verstärkt daran gemessen, ob sie eine gesellschaftliche Verantwortung übernehmen.

Unternehmenszweck – Beispiele

- nachhaltige Gastronomie durch biologische, regionale Zutaten
- erfolgreiche Gastronomie durch zufriedene Gäste über ein zeitgemäßes Angebot

Unternehmensziele – Beispiele

- Marktführer im Abendgeschäft in Stadt XY
- Marktführer in Deutschland im Segment Quickservice
- in 10 Jahren 50 gastronomische Filialen
- Umsatzsteigerung um x % bis 2015
- Anzahl zufriedene Gäste um x % bis ... erhöhen
- Gewinn im Jahr 201x auf y € erhöhen

Unternehmensvision – Beispiel

"McDonald's vision is to be the world's best quick service restaurant experience. Being the best means providing outstanding quality, service, cleanliness, and value, so that we make every customer in every restaurant smile."

Unternehmensmission – Beispiel

"McDonald's brand mission is to be our customers' favorite place and way to eat".

Unternehmenswerte/-kultur – Beispiele

- die Menschen, d.h. Gäste und/oder Mitarbeiter stehen im Mittelpunkt
- respektvoller Umgang mit den Mitarbeitern durch Vorgesetzte, die offen kommunizieren und mit gutem Beispiel vorangehen
- Nachhaltigkeit und Qualität, z.B. durch eine transparente Beschaffung der Zutaten

Unternehmensverantwortung durch den Einkauf regionaler Produkte (Marché®)

Der englische Begriff **„Corporate Social Responsibility"** wird in den Unternehmensveröffentlichungen als Überschrift für zahlreiche freiwillige Maßnahmen verwendet, die beispielsweise dazu dienen, Arbeitsplätze zu sichern oder die Umwelt zu schützen. Da der Besuch einer Gastronomie in der Regel öffentlich erfolgt, ist es für die Gäste zunehmend bedeutsam, dass sie sich zu einem Unternehmen bekennen, das einen Beitrag zum Umweltschutz leistet, zum Beispiel durch den Einkauf von regionalen Produkten oder durch die Förderung einer artgerechten Tierhaltung bei den Lieferanten. Potenzielle Mitarbeiter werden sich ebenfalls genau ansehen, wie sozial die Unternehmen mit den Mitarbeitern umgehen.

15.4.2 Corporate Identity, Markenidentität und Markenimage

Durch die starke Dienstleistungskomponente in der Gastronomie kommt dem Personal eine bedeutende Rolle im Marketing zu. In diesem Zusammenhang hilft es, nicht nur die Perspektive der Gäste einzunehmen, sondern daran zu arbeiten, dass die eigenen Mitarbeiter ein einheitliches Verständnis dazu haben, für welche Leistungen die eigene gastronomische Marke beim Gast stehen soll. In diesem Zusammenhang wird vom **Selbstbild** der Marke beziehungsweise der **Identität der Marke (Markenidentität)** gesprochen. Auf das gesamte Unternehmen bezogen geht es bei dieser internen Betrachtung um die **Unternehmensidentität** (Corporate Identity).

Die Corporate Identity beschreibt somit die Persönlichkeit bzw. den Charakter eines gastronomischen Unternehmens.

Die verschiedenen Bereiche der Corporate Identity (CI) werden in Kapitel 1.3.1 beschrieben.

Das **Fremdbild** beschreibt, was die Gäste von der gastronomischen Marke erwarten und wie die Gastronomie dann tatsächlich erlebt wird. Eine andere Bezeichnung für das Fremdbild einer Marke ist das **Markenimage**, d. h. das Vorstellungsbild, das ein Gast im Kopf hat, wenn er an die Gastronomie denkt. Dieses Bild kann durch sogenannte Imagefacetten oder Attribute beschrieben werden. Beispielsweise will eine Gastronomie für ganz besonders große Portionen beim Gast bekannt sein.

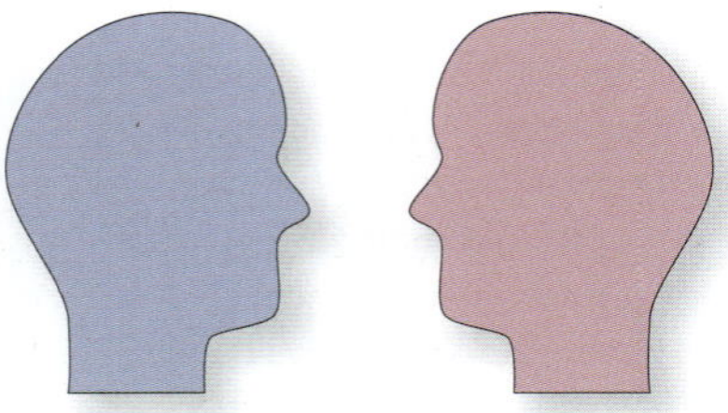

(nach Meffert/Burmann 1996, S. 35)

Weitere Beispiele für Imagefacetten oder auch Attribute einer Marke sind Eigenschaften wie Frische, Gesundheit und Nachhaltigkeit, Schnelligkeit, hochwertiges Ambiente, individuelle Zubereitung, besondere Farben und Formen, Herkunft etc.

Jeder Mitarbeiter ist Botschafter der Werte, für die das gastronomische Objekt stehen soll. Soll das gastronomische Objekt beispielsweise im besonderen Maße beim Gast das Image des gastronomischen Betriebs mit den freundlichsten Servicemitarbeitern in der Stadt haben, dann müssen das alle Mitarbeiter zunächst wissen und anschließend auch leben.

Nur so entsteht am Kontaktpunkt, an dem die gastronomische Marke auf die Gäste trifft, ein Image, das auch so nach innen im Unternehmen gewollt ist. Selbstbild und Fremdbild sind stimmig.

Die Corporate Identity beeinflusst die Marketingaktivitäten eines Unternehmens und insbesondere die Kommunikation und das Erscheinungsbild der Marke eines Unternehmens. Hierzu gehört auch das **Corporate Design**, mit dem die einheitliche Gestaltung der Schrift- und Bildzeichen (umgangssprachlich Logo genannt) einer Marke festgelegt wird. Ziel ist eine möglichst schnelle Wiedererkennung der Marke.

Stimmiges Selbstbild und Fremdbild (Sausalitos)

15.4.3 Positionierung eines Unternehmens

Das bereits angesprochene Überangebot an gastronomischen Betrieben führt zu der Notwendigkeit einer Abgrenzung des eigenen Angebots.

Aus Sicht der Gäste sollte eine Unterscheidung von anderen Betrieben erfolgen, die verstanden wird und möglichst eine positive Wirkung bei der Entscheidung für einen Besuch hat. Diese „Position“ im Vergleich zu Wettbewerbern kann mithilfe von Positionierungsmodellen erfolgen, indem vereinfacht auf die x- und y-Achsen eines sogenannten Eigenschaftsraums wichtige Eigenschaften des gastronomischen Betriebs aufgetragen werden. In der nebenstehenden Abbildung sind diese Eigenschaften die Aufenthaltsdauer und die Preisorientierung.

Beispielhafte Positionierung einer Gastronomie

Eigenschaften	Sehr wichtig	Wichtig	Weniger wichtig	Nicht wichtig
Niedrige Preise			✗	
Hohe Produktqualität	✗			
Einkauf von regionalen Produkten		✗		
Standorte in 1a-Lage			✗	
Hohe Serviceintensität	✗			
Hohe Beratungskompetenz	✗			
Gehobene Zielgruppe		✗		
Hochwertiges Einrichtungsdesign		✗		
Deutsche Küche	✗			
Deutsches Weinangebot	✗			
....				

Für die exaktere Positionierung sind jedoch deutlich mehr Eigenschaften notwendig als im Positionierungsmodell abgedeckt werden. Deren jeweiligen Ausprägungen dienen dazu, sich vom Wettbewerb abzuheben. In der Tabelle auf der vorhergehenden Seite sind beispielhafte Eigenschaften aufgeführt. Die entsprechende Ausprägung von Eigenschaften führt in der Regel zu einem Profil, das nicht jede Kombination möglich macht. Beispielsweise ist eine besonders hohe Produktqualität schwer kombinierbar mit einer besonders günstigen Preisstellung.

Ein alternativer Ansatz für eine griffige Positionierung ist die Konzentration auf eine Kerneigenschaft. Dieses sogenannte unverwechselbare Nutzenangebot (**USP** = Unique Selling Proposition) hat mehrere Vorteile. In der Werbung kann dieser Aspekt betont werden und die Mitarbeiter können sich darauf konzentrieren. Es kann also insgesamt in der Leistungserstellung darauf geachtet werden, dass diese Positionierung bestmöglich mit Leben erfüllt wird.

Ein USP (Unique Selling Proposition) beschreibt den besonderen, möglichst einzigartigen (Verkaufs-)Nutzen eines gastronomischen Betriebs, der möglichst gut kommunizierbar ist und vom Gast schnell erfasst und verinnerlicht wird.

15.4.4 Marketingziele und Marketingstrategien

Zunächst sei vorausgeschickt, dass Unternehmensziele und Marketingziele häufig große Überschneidungen aufweisen.

Für die Festlegung der Marketingmaßnahmen ist im ersten Schritt eine Definition der zu erreichenden (Marketing-)Ziele erforderlich. Diese Ziele sollten sich aus den kurz-, mittel- und langfristigen Gesamtzielen des Unternehmens ableiten (siehe Kapitel 15.4.1). In der Regel sind im **Businessplan** bzw. in den Jahresplanungen die **Marketingbudgets** hinterlegt, die zur Verfügung stehen, unter der Voraussetzung, dass auch die entsprechenden Umsatzzahlen erreicht werden.

Für eine gastronomische Marke können folgende grundsätzliche Marketingziele aufgestellt werden:

- Schaffung bzw. Steigerung der Markenbekanntheit
- Verankerung eines Markenimages bei den bestehenden und potenziellen Gästen (siehe auch Kapitel 15.4.2)
- Beeinflussung des Gästeverhaltens (Besuch der Gastronomie, Bestellung von bestimmten Speisen und Getränken etc.)
- Anzahl Gäste pro Tag, Umsatz pro Gast, Umsatz gesamt etc.
- Gewinnung bestimmter Zielgruppen (z. B. Firmenkunden)
- aktiver Verkauf bestimmter Produkte
- Gästebindung, Gästeloyalität
- Gästezufriedenheit
- Mitarbeiterzufriedenheit

Businessplan

- Beschreibung der Ziele und Strategien sowie Rahmenbedingungen, mit denen die Ziele erreicht werden sollen
- erstmalige Erstellung in der Unternehmensgründung und laufende Aktualisierung
- auch für Investitionen, Innovationen, Projekte etc.
- Zahlen, Daten, Hintergründe, Marktinformationen, Organisation, Kapitalbedarf, Wirtschaftlichkeit etc.

Für die Systemgastronomie sind in einer erweiterten Betrachtung folgende Ziele denkbar:

- Anzahl der Betriebsstätten insgesamt bzw. neue Betriebsstätten pro Jahr
- Präsenz in gewissen Städten und Regionen
- Marktanteile
- Grad der Standardisierung bei den einzelnen Betrieben

Eine eindeutige Definition der Ziele kann mithilfe der SMART-Methode erfolgen.

SMART-Ziele

S = spezifisch (präzise, eindeutig)
M = messbar
A = akzeptiert (d. h., derjenige, der die Ziele erreichen muss, ist damit einverstanden)
R = realistisch (erreichbar)
T = terminiert (d. h., der Zeitpunkt ist definiert, bis wann das Ziel zu erreichen ist)

Die **Marketingstrategie** legt im nächsten Schritt fest, wie diese Ziele erreicht werden sollen. Die Strategie hängt nicht nur von den Zielen ab, sondern auch von der Ausgangssituation.

Festlegung der Marketingstrategie

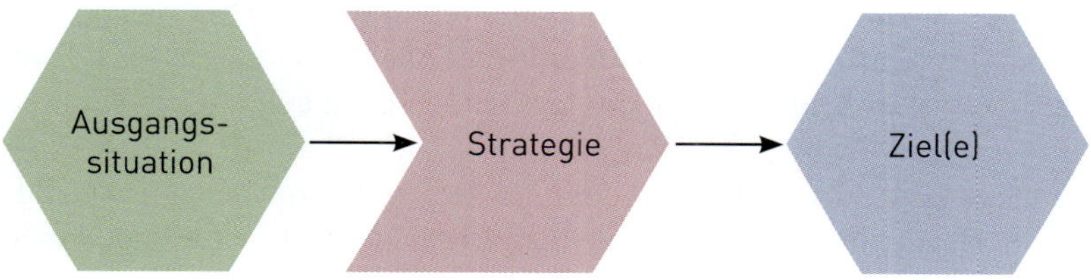

Ausgangsbasis bei einer Unternehmensneugründung ist wie bereits erläutert die Festlegung des Unternehmenszwecks – in diesem Fall das kommerzielle gastronomische Angebot von Speisen, Getränken und Dienstleistungen in einem bestimmten Markt, z. B. dem Außer-Haus-Markt. Dieser Markt kann eingegrenzt werden durch die entsprechenden Marktsegmente (beispielsweise das Segment Quickservice – auch Fast Food genannt), durch eine Definition der Zielgruppe oder auch durch die Zielregion.

Gastronomische Marktsegmente

- Quickservice
- Handelsgastronomie
- Verkehrsgastronomie
- Full-Service-Gastronomie
- Freizeitgastronomie
- Event-/Messe-/Sport-Catering

(siehe Kapitel 2.1.7)

Bei bestehenden Unternehmen hängt die Strategie davon ab, ob die bisherige Vorgehensweise geeignet ist, die gesetzten Ziele zu erreichen. Sind Anpassungen notwendig, so kann die zukünftige Strategie nach der Produkt-Markt-Matrix festgelegt werden.

Produkt-Markt-Matrix

Produkte \ Märkte	**Gegenwärtig**	**Neu**
Gegenwärtig	Marktdurchdringung	Marktentwicklung
Neu	Produktentwicklung	Diversifikation

Bei der Strategie der **Marktdurchdringung** wird versucht, mit den bestehenden gastronomischen Betrieben die bestehenden Gäste stärker an sich zu binden und/oder neue Gäste zu gewinnen, beispielswiese durch besonders attraktive (Preis-)Angebote.

Gewinnung neuer Kunden (Nordsee)

Produktdiversifikation – Beispiel (Block House)

Kommt das Unternehmen zu der Erkenntnis, dass der bestehende Markt bereits ausgeschöpft ist, kann eine **Marktentwicklung** Sinn machen, indem weitere Betriebe in neuen Regionen oder Städten eröffnet werden, eine insbesondere für die Systemgastronomie nachvollziehbare Strategie.

Bei der **Produktentwicklung** ist es denkbar, über Innovationen oder zusätzliche Angebote in bestehenden Betrieben zu wachsen, zum Beispiel über ein besonderes Frühstücks- oder Abendangebot oder über biologische Zutaten.

Diversifikation bedeutet, dass neue Produkte und neue Märkte kombiniert werden. Beispielsweise könnte ein Gastronom auf die Idee kommen, zusätzlich eine eigene Landwirtschaft zu betreiben, und diese Produkte auch an weitere Abnehmer in der Gastronomie oder im Einzelhandel zu vertreiben.

Die genannten Strategien sollten in der Systemgastronomie im Hinblick auf negative Auswirkungen beim Standardisierungsgrad bewertet werden. Das heißt, ein zu breites Angebot auf zu vielen Märkten könnte dazu führen, dass das gut laufende und strukturierte Kerngeschäft aufgeweicht wird.

Da die Effizienz der noch zu erläuternden Marketingausgaben in einem Zusammenhang mit einer klar definierten Zielgruppe steht, soll es nun darum gehen, die Festlegung der Zielgruppe genauer zu betrachten.

15.4.5 Zielgruppe

Die gastronomische Marke hat das Ziel, für eine bestimmte Zielgruppe einen Nutzen zu bieten. Im Zusammenhang mit den Überlegungen zur Positionierung des gastronomischen Konzepts wurden bereits Überlegungen zur Zielgruppe angestellt. Diese Zielgruppe gilt es, mit den Marketingmaßnahmen zu erreichen.

> Nachweislich ist eine **Zielgruppenbeschreibung** ausschließlich nach soziodemografischen Kriterien wie z. B. Alter, Geschlecht und Bildung nicht ausreichend, denn Gäste mit der identischen Ausprägung bei diesen Kriterien können sich sehr unterschiedlich in der Gastronomie verhalten.

Zeitgemäße Modelle der Zielgruppenbestimmung verwenden Beschreibungen der Lebenswelten, Lebensstile bzw. Lebenseinstellungen (z. B. Sinus Milieus oder GfK Roper Consumer Styles). Der Vorteil dieser Modelle liegt darin, dass Unternehmen das Potenzial neuer Produkte oder die Wirkung von Kommunikationsmaßnahmen in der gewünschten Zielgruppe über repräsentative Befragungen bzw. Beobachtungen testen können.

Die Herausforderung in der Systemgastronomie ist, dass nur sehr wenige große Marken der Systemgastronomie mit diesen Modellen und Daten arbeiten – auch aus finanziellen Gründen.

Soziodemografische Kriterien der Zielgruppenbildung

- Wohnort
- Alter
- Geschlecht
- Familienstand
- Bildung
- Einkommen

Es macht allerdings durchaus Sinn, Grundüberlegungen dieser Modelle aufzugreifen und Zielgruppen nach bestimmten Bedürfnissen in Abhängigkeit vom Konsumanlass und der Ausgabebereitschaft zu bilden. Dabei stehen folgende Fragen im Mittelpunkt:

- Welcher Bedarf besteht in der Gesellschaft bzw. bei den Gästen (Trends)?
- Um welchen Konsumenten und Konsumanlass handelt es sich?
  - Wer, was/wie, wann?
  - Einzelpersonen, Gruppe, Familie?
  - Lebensstil (traditionell, modern, experimentell etc.)?
  - Tageszeit, Aufenthaltsart/-dauer, privat/geschäftlich?
  - Essen, Trinken, Kommunikation, Erlebnis?
  - Preisorientierung?

Das Konsumverhalten einer Zielgruppe kann beispielsweise eher auf die traditionelle Gastronomie ausgerichtet sein und weniger auf Quickservice bzw. Fast Food. Neben der deutschen Küche können weitere „etablierte" Küchenausprägungen wie italienische Küche eine Rolle spielen – tendenziell mit Full Service. Das Einkommen einer Zielgruppe könnte mittlere bis gehobene Preise ermöglichen. Neben den speziellen Konsumanlässen, „man gönnt sich von Zeit zu Zeit etwas Besonderes", macht es Sinn, diese Zielgruppe mit gastronomischen Angeboten durch den Arbeitsalltag zu begleiten, z. B. in der Verkehrsgastronomie oder über eine Betriebsverpflegung.

Verkehrsgastronomie für die Reisenden (Stockheim)

15.4.6 Marketingvorgaben der Systemzentrale bei Betrieben in Eigenregie und Franchisebetrieben

Die Zusammenarbeit und Aufgabenteilung zwischen der Systemzentrale und den einzelnen Betrieben im Hinblick auf die Marketingplanung und Marketingumsetzung (Marketingmix) hängt unter anderem vom Grad der Standardisierung ab. Eine Stärke der Systemgastronomie – der hohe Wiedererkennungswert der einzelnen Betriebe – setzt voraus, dass die in der Systemzentrale erarbeiteten Unternehmensstandards, die Unternehmenskultur und das Corporate Design bei den Marketingmaßnahmen vor Ort umgesetzt werden.

Ein weiterer Vorteil der Standardisierung besteht darin, dass bei zentral vorgegebenen Aktionen (z. B. Gewinnspiele, Rabatte) Synergien erzielt werden können: Die Bewerbung dieser Aktion kann überregional bzw. national erfolgen, eine Zusammenarbeit mit kooperierenden Unternehmen oder Lieferanten muss nur zentral besprochen werden und die einheitliche Umsetzung von in der Regel erprobten Gewinnspielmechaniken erhöht die Erfolgsaussicht.

Es kann aber auch durchaus sinnvolle Marketingmaßnahmen geben, die auf Initiative der Betriebe vor Ort entstehen, z. B. das Sponsoring eines in der Stadt wichtigen Sportvereins. Freiräume des Betriebs können auch im Marketing nach innen helfen, z. B. über Mittarbeiterwettbewerbe zusätzliche Anreize und Motivation für zusätzliche Leistungen zu schaffen.

Einheitliche Umsetzung der Marketingmaßnahmen in den Betrieben

- Markenname/Markenzeichen/Logo (Bild, Wort bzw. Kombination)
- Außengestaltung (Außenwerbung, Fassadenfarbe, Markisen etc.)
- Innengestaltung (Tische, Stühle, Theke, Dekoration, Farben, Licht)
- Preispolitik (einheitliche Preise bzw. Abweichungen nach zentralen Vorgaben bei Regiebetrieben, z. B. in Ballungszentren)
- Produktpolitik (ein weitgehend identisches Angebot an Speisen und Getränken)
- Kommunikation: Firmenbroschüren, Aktionen etc.

Marketingmaßnahme vor Ort – Beispiel Hallo Pizza Hamburg

Auf eine ganz verrückte Idee kam der Hallo-Pizza-Hamburg-Chef Thore Jankowski, als er einen Flashmob in Hamburg organisierte, bei dem fast 80 Pizzawagen durch die Innenstadt düsten und zeigten, was sie alles drauf hatten. Natürlich wurde das Event in einem dynamischen Clip festgehalten, um ihn auf den Monitoren der Stores zu zeigen.

Marketingmaßnahme der Systemzentrale (Subway)

Marketingmaßnahme des Franchisebetriebs (Enchilada)

Eine zu starke Reglementierung durch die Zentrale kann dazu führen, dass die Betriebe dazu übergehen, Vorgaben nicht mehr kritisch zu hinterfragen, sondern einfach nur noch umsetzen. Klar definierte Grenzen der regionalen Marketingmaßnahmen sind da zu setzen, wo die Marke beschädigt werden könnte, z.B. im Hinblick auf das Image bzw. die Qualität des Systems. So könnte beispielsweise ein Betriebsleiter auf die Idee kommen, vor Ort günstige, jedoch minderwertige Zutaten einzukaufen, die das Qualitätsversprechen schädigen.

Marketingvorgaben bei Betrieben in Eigenregie

Bei (Eigen)Regiebetrieben, d.h. Betrieben, die direkt durch die Zentrale geführt werden, kann eine Umsetzung der Marketingmaßnahmen grundsätzlich angewiesen werden. Dies bedeutet, dass der Betriebsleiter der Zentrale hierarchisch unterstellt ist.

Marketingvorgaben bei Franchisebetrieben

Planung und Umsetzung von Marketingmaßnahmen in Franchisesystemen weisen eine Reihe von Besonderheiten auf. Da Franchisenehmer in einem festgelegten Rahmen selbstständig handeln können müssen, ist ihre Bindung an die Marketingvorgaben der Zentrale über die Franchiseverträge nur begrenzt möglich. Ein wichtiges Beispiel ist die Umsetzung der Preispositionierung insgesamt bzw. die Teilnahme an Rabattaktionen. Eine Anweisung des Franchisegebers (bzw. der Zentrale) an den Franchisenehmer und somit eine Preisbindung ist in Deutschland rechtlich unzulässig.

Vor dem Hintergrund der umfangreichen Selbstständigkeit des Franchisenehmers sollte durch die gastronomische Systemzentrale zunächst ein einheitliches Verständnis zur Positionierung der gastronomischen Marke und der dafür notwendigen bzw. sinnvollen Maßnahmen zwischen Franchisegeber und Franchisenehmer hergestellt werden. Über dieses Verständnis sollte die Freiwilligkeit gefördert werden, die Marke einheitlich nach außen zu kommunizieren.

Die Meinungen und Interessen der Franchisenehmer können in (Marketing-) Beiräten erfasst und bei der Planung von Marketingmaßnahmen berücksichtigt werden. Separate Marketingbudgets für zentrale Aktionen des Franchisegebers und regionale Aktionen des Franchisenehmers dienen ebenfalls dazu, einen Ausgleich der Interessen herzustellen.

Wichtig ist, dass die Systemzentrale über den Erfolg von Marketingmaßnahmen Rechenschaft ablegt – schließlich finanziert der Franchisenehmer in der Regel mit seinen Marketingbeiträgen diese Aktionen.

Für einen einheitlichen gastronomischen Markenauftritt sind jedoch auch vertragliche Vereinbarungen notwendig, die dem Franchisenehmer gewisse Grenzen bzw. Pflichten aufzeigen. Für die Gewährleistung der Qualität kann zu den Pflichten des Franchisenehmers die Teilnahme an Schulungen gehören, bei denen die Ziele und Strategien der gastronomischen Marke vermittelt werden.

15.4.7 Betriebsbezogene Einflussfaktoren auf die Marketingstrategien

Die große Bandbreite der Systemgastronomie führt dazu, dass es nicht eine einheitliche Marketingstrategie für DIE Systemgastronomie geben kann.

Kennzeichen der Systemgastronomie sind Standardisierung, zentrale Steuerung und Multiplizierbarkeit. In manchen Definitionen wird zusätzlich eine Untergrenze von drei Betrieben festgelegt.

Einige Unternehmen verfügen über eine Anzahl an Betrieben im einstelligen Bereich, andere über weit mehr als 1000 Betriebe. Auch der Jahresumsatz in Deutschland fällt sehr unterschiedlich aus. Er liegt teilweise unter 1 Mio. Euro und geht bis über 3 Mrd. Euro. Je nach Unternehmensgröße kann ein Marketingziel darin bestehen, bis zu 100000 Besucher oder bis zu 1 Milliarde Besucher pro Jahr zu erreichen. Aufgrund dieser großen Spannbreiten unterscheiden sich die Strategien dieser Unternehmen auch im verfügbaren Marketingbudget.

Weitere Einflüsse auf die Strategie haben Standorte bzw. Öffnungszeiten. An einem Bahnhof, der rund um die Uhr hohe Besucherfrequenzen aufweist, geht es aus Sicht der Gastronomie weniger darum, die Gäste in den Bahnhof zu locken, sondern darum, durch eine gute Lage im Bahnhof und eine aufmerksamkeitsstarke Außenwerbung möglichst viele Passanten zu erreichen. Ein Teil des Marketingbudgets wandert sozusagen in die Pachthöhe, mit der eine hohe Frequenz „eingekauft" wird.

Eine Gästestruktur mit sehr geringem Einkommen wird sich in erster Linie an den günstigen Preisen orientieren und nicht an einer hochwertigen Einrichtung. Eine bereits hohe Gästefrequenz führt zu Strategien, die die Verweildauer der Gäste erhöhen. Auch die Mitarbeiterstruktur hat Einfluss. Wenn es gelingt, dass die Mitarbeiter sich als Botschafter der Marke verstehen, dann kann auf weniger glaubwürdige Kommunikationswege verzichtet werden. Nicht zuletzt spielt es eine Rolle, ob das gastronomische Konzept neu eingeführt werden soll und das Ziel Markenbekanntheit im Vordergrund steht oder ein gastronomisches Konzept modifiziert werden soll und neue Angebote oder ein verändertes Image kommuniziert werden sollen.

„Kleines" Systemgastronomieunternehmen (Schwan Restaurant)

„Mittelgroßes" Systemgastronomieunternehmen (Enchilada)

„Großes" Systemgastronomieunternehmen (McDonald's)

Betriebsbezogene Einflussfaktoren auf die Marketingstrategie

- Unternehmensgröße/Umsatz
- Anzahl Betriebe/Gäste
- Standort Öffnungszeiten
- Gästefrequenz
- Gästestruktur/Zielgruppe
- Markterschließung/Marktdurchdringung
- Franchise oder Eigenregie

15.5 Marketinginstrumente (Marketingmix)

Auf Basis der in der Marketingplanung festgelegten Ziele und Strategien werden im nächsten Schritt die Maßnahmen geplant und umgesetzt. Traditionell werden die Marketingmaßnahmen bzw. die Marketinginstrumente in den sogenannten Marketingmix unterteilt – d.h. in die 4 Ps – englischsprachig Product, Price, Place und Promotion genannt. Die entsprechenden deutschsprachigen Bezeichnungen sind Produktpolitik oder Leistungs- bzw. Sortimentspolitik, Preispolitik, Distributionspolitik und Kommunikationspolitik.

Marketingmix – die 4 Ps
Product: Leistungs-/Programm-/Sortimentspolitik
Price: Preis-/Konditionspolitik
Place: Distributionspolitik
Promotion: Kommunikationspolitik

Marketingmix – die 7 Ps

Da die Gastronomie neben Produkten bzw. Gütern (Speisen und Getränke) auch Dienstleistungen (Service, Beratung etc.) anbietet, kann eine weitere Unterscheidung des Marketingmix in der Gastronomie in insgesamt 7 Ps erfolgen (siehe Abbildung) mit den zusätzlichen Bereichen Personal, Prozess und physische Gestaltung der Marke, d.h. Ausstattung der Gastronomie.

Da die Betrachtung der Personalpolitik in Kapitel 16 Personalwirtschaft erfolgt und die Personal-, Prozess- und Ausstattungspolitik auch innerhalb der Produktpolitik thematisiert werden können, sollen die Bestandteile des Marketingmix nun auf Basis der 4 Ps weiter erläutert werden.

15.5.1 Produktpolitik und Sortimentspolitik

Produktpolitik
- Produkteigenschaften
- Sortimentsbreite/-tiefe
- Dienstleistungen
- Ambiente

Die Strategien und Maßnahmen im Rahmen der Produktpolitik umfassen die Festlegung, mit welchen Produkten, Sortimenten und Dienstleistungen ein Gästebedarf befriedigt werden soll.

Dazu gehören zunächst die Eigenschaften der angebotenen Speisen und Getränke und die Art und Weise, wie diese angeboten werden – im erweiterten Sinne somit auch die Dienstleistungen im Service bzw. das Ambiente des gastronomischen Betriebs.

Zu den Produkteigenschaften gehören z.B.:
- Name/Marke
- Qualität
- Aufmachung
- Verpackung
- Portionsgröße
- Frische

Der Grundnutzen der Produkte und Dienstleistungen einer Gastronomie besteht darin, für den Konsum im Objekt fertig zubereitete Speisen und Getränke anzubieten, um den Hunger und Durst der Gäste zu stillen. Der Produktanteil ist somit beispielsweise ein Tellergericht, der Dienstleistungsanteil – einfach gesagt – die Arbeit der Servicekraft, d.h. Beratung, Bestellungsaufnahme, Servieren am Tisch, Abräumen und Kassieren. Als Zusatznutzen können besondere Dienstleistungen angeboten werden – der Gast wird beispielsweise in die Produktion einbezogen, indem er Wünsche äußern darf. Ein weiterer Zusatznutzen kann darin bestehen, dass sich der Gast durch den öffentlichen Besuch einer Gastronomie zu einem Lebensstil bekennen kann. Es ist beispielsweise prestigeträchtig, dorthinzugehen, wo ein besonders edles Ambiente geboten wird.

Ausgefallenes Ambiente im Großen Hai-Atoll im Tropen-Aquarium Hagenbeck

Sortimentsbreite und Sortimentstiefe

Das in der Gastronomie angebotene Sortiment lässt sich in der Regel durch einen Blick in die Speise- und Getränkekarte erfassen. Mit der gastronomischen Konzeption werden bereits gewisse Erwartungen der Gäste an die Sortimentsbreite und Sortimentstiefe geweckt.

Ein breites Sortiment an Speisen umfasst z. B. vegetarische Speisen, Gerichte mit Fisch und Fleisch und Nudelgerichte. Ein tiefes Sortiment bietet in den jeweiligen Gattungen mehrere Angebote wie z. B. eine Vielzahl an Fischgerichten oder unterschiedliche Kaffeespezialitäten.

> Ein breites Sortiment ist oft flach.
> Ein schmales Sortiment ist oft tief.

Unterteilung der Sortimentsbreite
breites Sortiment → (breites) Angebot verschiedener Produktgruppen, z. B. italienisches Restaurant mit Pasta-, Fisch-, Fleisch- und Pizzagerichten oder Restaurant mit verschiedenen Küchenausprägungen (deutsche, asiatische, mexikanische Gerichte usw. auf einer Speisekarte)
schmales Sortiment → Konzentration auf einen Speisenschwerpunkt, z. B. Spezialist für Pizza oder für Hamburger

Unterteilung der Sortimentstiefe
tiefes Sortiment → Angebot vieler unterschiedlicher Speisen einer Art, z. B. viele Pizzavarianten
flaches Sortiment → Angebot weniger Speisen einer Art, z. B. wenige Pasta- oder Pizzagerichte

Sortimentsdifferenzierung und Sortimentsdiversifikation

Das Sortiment kann auf zweierlei Arten verändert werden:

- durch Sortimentsdifferenzierung, wobei das bestehende Angebot ergänzt bzw. komplettiert wird. Ziel ist es, dem Gast alternative Bestellmöglichkeiten zu bieten – z. B. in Form von biologischen Produkten.
- durch Sortimentsdiversifikation, wobei das bestehende Angebot durch völlig neue Angebote ergänzt wird. Ziel ist es, zusätzliche Bestell- bzw. Kaufanreize zu schaffen – z. B. indem nicht nur Speisen und Getränke, sondern auch die in der Gastronomie „als Muster" vorhandenen Einrichtungsgegenstände käuflich erworben werden können.

Strukturierung der Gästeerwartungen

Die Produktpolitik sollte sich nach den Bedürfnissen der Zielgruppe richten, die über das gastronomische Konzept angesprochen werden soll, und somit nach der Positionierung (siehe Kapitel 15.4.3).
Die Gästeerwartungen bzw. -orientierungen bei der Produktpolitik können wie folgt strukturiert werden:

- **Herstellungs- bzw. Herkunftsorientierung**: Wie werden die Gerichte gekocht, welche Zutaten werden verwendet (z. B. regionale Produkte/Bioprodukte), welche länderspezifische Küche wird angeboten (z. B. italienisch, mexikanisch), werden die Produkte frisch vor Ort zubereitet oder in einer eigenen bzw. fremden Zentralküche vorbereitet?
- **Preisorientierung**: In welcher Preiskategorie sollen die Produkte und Dienstleistungen angesiedelt sein?
- **Qualitätsorientierung**: Wie hochwertig sollen die Speisen und Getränke sowie Service und Ambiente angesiedelt sein?
- **Situationsorientierung** bzw. Erlebnisorientierung: Welcher Konsumanlass soll angesprochen werden – z. B. der schnelle Verzehr zwischendurch oder das entspannte Abendessen zu zweit?
- **Dienstleistungsorientierung**: Soll der Gast sich selbst bedienen oder soll der Service möglichst umfassend sein, ggf. mit Zusatzleistungen wie Tischreservierungen, Parkservice für das Auto usw.?
- **Orientierung an der Komplexität**: Wie erklärungsbedürftig ist das einzelne Produkt oder die Produktbreite bzw. -tiefe?

Selfservice-Konzept (KFC)

Full-Service-Konzept (Block House)

Ausprägungen der Produkte bei ausgewählten Gastronomiesegmenten

Segmente der Gastronomie	Speisensortiment/ Getränkesortiment	Dienstleistung	Ambiente
Event-Catering	abhängig von den Wünschen und der Erlebnisorientierung der Kunden – von geringer bis großer Tiefe und Breite	von der Selbstbedienung bis zum Full Service, besondere Dienstleistungen wie Gästeeinbindung in die Erstellung der Speisen ist denkbar	angepasst an das Niveau des Events (z. B. bei Formel-1-Rennen im VIP-Bereich sehr hochwertig), das Equipment muss für den wiederholten Auf-/Abbau/ Transport geeignet sein
Messe-/Sport-Catering	geringe Tiefe und Breite durch begrenzte Konsumzeit, die Gastronomie steht in der Regel nicht im Mittelpunkt des Besuchs	häufig Selbstbedienung, in VIP-Bereichen auch Full Service	für die Masse der Besucher eher funktional, z. B. Gastronomiestände, an denen Getränke in Kunststoffbechern ausgeschenkt werden
Verkehrsgastronomie	geringe Tiefe und Breite durch begrenzte Konsumzeit, die Gastronomie steht in der Regel nicht im Mittelpunkt des Besuchs z. B. des Bahnhofs	der Verpackung der Speisen und Getränke kommt eine besondere Rolle zu („to go")	historisch eher schlichtes, funktionales Ambiente, im Zuge von Aufwertungen der Verkehrseinrichtung insgesamt wurde auch in das Ambiente der Gastronomie investiert, die Haltbarkeit der Einrichtung muss entsprechend der Frequenzen hoch sein
Freizeitgastronomie	abhängig von der Freizeitart, in Vergnügungsparks oder Kinos eher geringe Breite und Tiefe, in der Kommunikationsgastronomie bzw. in Ganztageskonzepten mit hoher Breite und Tiefe	von der Selbstbedienung bis zum Full Service, beim „To go"-Geschäft kommt der Verpackung eine besondere Rolle zu	in den Bereichen Freizeitpark/ Kino häufig funktional, allerdings mit einzelnen hochwertigeren Räumen, im Bereich der Gastronomie mit längerer Verweildauer/ Kommunikation hochwertige Einrichtung
Full-Service-Gastronomie	abhängig vom gastronomischen Konzept große Breite (internationale Küche) oder Tiefe (Steakhaus), bei getränkeorientierten Konzepten breites Angebot an Wein, Spirituosen etc.	durch Zuordnung vorgegeben: Full Service	in der Regel hochwertige Einrichtung, große Bedeutung von Licht, Musik, Design etc.
Quickservice	abhängig vom gastronomischen Konzept eingeschränkte Tiefe und Breite, für schnelle(n) Produktion/ Auswahl/Verkauf, bei Ganztageskonzepten ausgebaute Sortimente	überwiegend Selbstbedienung	in der Regel funktional/haltbar, da geringe Verweildauer, allerdings mit der Tendenz zu einer höherwertigen Einrichtung

Neben den dauerhaft angebotenen Produkten und Dienstleistungen können temporäre Angebote zusätzliche Anreize bieten. Je nach Saison oder Tageszeit kann die Speise- und Getränkekarte bzw. der Service mit Angeboten erweitert werden, die den jeweiligen dann zu erwartenden Gästebedürfnissen entspricht – zum Beispiel mehr Angebote an Heißgetränken im Winter, frisches Gemüse und Salate im Frühling und Sommer, eine schnelle, kurze Tageskarte zum Mittagstisch oder Selbstbedienung im Biergarten.

Saisonales Angebot (Hallo Pizza)

Vorteile der Standardisierung

Die Systemgastronomie strebt eine Produktpolitik an, die im hohen Maße standardisiert ist. In diesem Zusammenhang kann auch von einer Spezialisierung auf gewisse Produktausprägungen gesprochen werden. Folgende Vorteile können über diese Standardisierung in der Produktpolitik erreicht werden (siehe auch Kapitel 1.3.1):

- Durch eine klar definierte Anzahl an Produkten und begrenzte bzw. klar vorgegebene Möglichkeiten für individuelle Gästewünsche können Prozesse beschleunigt (Bestellung, Produktion, Service etc.) und die Produktivität erhöht werden.
- Durch eine Spezialisierung kann die notwendige Qualifikation beim Personal besser eingegrenzt bzw. ggf. gezielt nachgeschult werden.
- Die technische Ausstattung von Küche und Theke kann gezielt auf die Produkte ausgerichtet werden.
- Die Gäste können sich besser orientieren, denn sie wissen in der Regel, was angeboten wird und was nicht – das gastronomische Konzept hat ein klares Profil.

Produktespezialisierung (Subway)

Ambiente einer Gastronomie
- Musik abgestimmt auf die Zielgruppe und die Tageszeit
- Licht – zur Differenzierung innen und außen
- Einrichtung: Wärme/Luft (Klima), Akustik (Kommunikation, Musik, Hintergrundgeräusche etc.), Farben, Materialien, Design, Raumgefühl, Tische, Stühle, Theke, Möbel, Fußboden, Wände, Decken, Deko, Bilder, Tischdecken etc.
- Optik des Gebäudes

Bedeutung von Personal und Ambiente

Da die tatsächlich „messbare" Produktqualität der Speisen und Getränke häufig überlagert wird von subjektiven Eindrücken, kommt dem Personal eine hohe Bedeutung bei der Gesamtbeurteilung der angebotenen Leistung bzw. bei der Gästezufriedenheit zu. So kann eine schnelle Reklamationsbearbeitung bei den Speisen oder Getränken dazu führen, dass der Produktmangel überkompensiert wird. Idealerweise überzeugen Produkt **und** Service.

Eine weitere wichtige Rolle erhält in der heutigen erlebnisorientierten Gesellschaft das Ambiente eines gastronomischen Betriebs.

Der Grundnutzen einer Gastronomie (der Verkauf von Speisen und Getränken) kann grundsätzlich über eine sehr einfache Ausstattung des Gastraums erfolgen (einfache Theke, Tische und Stühle aus Kunststoff). Soll der gastronomische Besuch zu einem Erlebnis für alle Sinne werden, so geht es jedoch darum, ein hochwertiges Ambiente zu schaffen über eine Kombination verschiedener Elemente wie Raumklima, Licht, Musik, hochwertige Möblierung, Düfte etc. Die zum Ambiente passende Raumdekoration besteht aus dauerhaften Elementen wie Dekostoffen, Pflanzen, Vasen, Kerzen und aus anlassbezogenen Dekorationselementen zu Festtagen (Hochzeiten, Kommunion/Firmung, Weihnachten etc.) und passend zur Jahreszeit.

Dekorationselemente (cocos)

Produktlebenszyklus

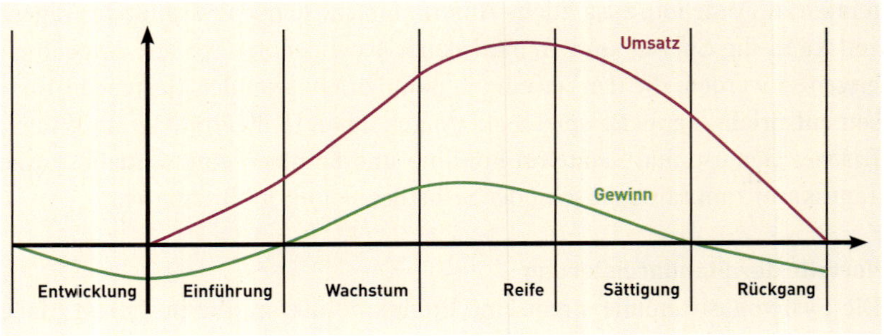

Das gastronomische Produkt bzw. die gastronomische Dienstleistung unterliegt, wie andere Produkte und Dienstleistungen auch, grundsätzlich einem Produktlebenszyklus – von der Eröffnung und ggf. bis zur Einstellung des Betriebs bzw. von der Einführung eines Produkts bis zu seiner Herausnahme aus dem Markt bzw. aus dem gastronomischen Betrieb. Je nach Sichtweise lässt sich der Produktlebenszyklus in mehrere Phasen unterteilen. Die einzelnen Phasenabschnitte dauern unterschiedlich lange. Für die entsprechende Einteilung ist eine Betrachtung von Umsatz, Gewinn und Zeit erforderlich. Jede Phase hat besondere Aufgaben im Marketing.

Entwicklung

In dieser Phase wird ein Produkt entwickelt, d. h., es wird beispielweise getestet, ob Gäste das Produkt überhaupt annehmen würden und ob eine Einführung wirtschaftlich ist. Umsätze bzw. Gewinne werden noch nicht erwirtschaftet, es entstehen Kosten durch die Entwicklung.
Marketingmaßnahmen:

- Marktforschung
- Erstellung eines Marketingkonzepts zur Einführung

Einführung

In der Einführungsphase sind hohe Marketingausgaben zu leisten. Die Umsätze steigen an, sind jedoch noch zu gering, um Gewinne zu erzielen. Zu diesem Zeitpunkt gibt es meist nur wenige Mitbewerber. In dieser Phase entscheidet sich, ob ein Produkt das Potenzial für „ein längeres Leben" hat.
Marketingmaßnahmen:

- das Produkt bekannt machen bzw. Probierkäufe/Probierbesuche erzeugen
- Öffentlichkeitsarbeit
- Werbeanzeigen

Wachstum

Die Phase beginnt mit Erreichen der Gewinnzone. Der Umsatz steigt. Die Werbeausgaben sind weiterhin hoch und die Anzahl an Mitbewerbern erhöht sich. Am Ende erreicht die Gewinnkurve tendenziell ihr Maximum, unter anderem, weil die Marketingkosten relativ zum Umsatz reduziert werden.
Marketingmaßnahmen:

- es geht weniger um Bekanntheit, sondern darum, die Kundenbindung zu erhöhen, um Wiederholungskäufe/-besuche zu erreichen
- Preispolitik, z.B. Anpassung von einzelnen Produkten nach oben oder unten
- Maßnahmen, um die Produktqualität zu erhöhen

Reife
Während der Reife wächst der Umsatz des Produkts nur noch langsam. Zum Ende der Phase kommt es zu einer Stagnation. Die Gewinne gehen zurück. Diese Phase dauert tendenziell länger.
Marketingmaßnahmen:

- Gewinnung neuer Gäste, z. B., indem die Gäste der Wettbewerber gezielt angesprochen werden
- Preise reduzieren
- Produkte modifizieren

Sättigung
In der Sättigungsphase gehen Umsatz und Gewinne zurück.
Marketingmaßnahme:

- (mit reduziertem Aufwand) den Umsatzverlust begrenzen, z. B. über Preisaktionen

Rückgang
In der Phase des Rückgangs werden absehbar keine Gewinne mehr erzielt.
Marketingmaßnahmen:

- Marketingentscheidungen zur Produkteinstellung oder zu einem Neustart (Relaunch) bzw. zu völlig neuen Produkten treffen, die idealerweise bereits für einen Start vorbereitet sind

Relaunch

- Ersatz eines bestehenden Produkts durch ein direktes Nachfolgeprodukt.
- Die Eigenschaften des bisherigen Produkts werden umfassend verändert.
- Einzelne Eigenschaften (z. B. Form, Name etc.) bleiben erhalten.

Umsetzung des Lebenszyklus
Eine der großen Herausforderungen im Modell des Produktlebenszyklus liegt darin, zu bestimmen, in welcher Phase das Produkt oder das Konzept sich tatsächlich befindet. Dazu muss z. B. prognostiziert werden, ob die Umsätze in den nächsten Tagen und Wochen weiter steigen werden oder nicht. In einer Nachbetrachtung ist es einfacher, die Phase zu bestimmen – dann ist es meistens allerdings zu spät für die entsprechenden Marketingmaßnahmen.

Die „Lebenszeit" einer Gastronomie insgesamt bzw. einzelner Angebotsbestandteile hängt vom Konzept bzw. vom Produkt ab. Die Szenegastronomie, Bars und Diskotheken haben ein tendenziell kürzeres „Leben", wohingegen manche traditionellen Gasthäuser bereits seit mehreren Hundert Jahren bestehen. Manche Trendgetränke verschwinden nach einigen Jahren vom Markt, andere Getränke wie Bier und Wein gehören schon immer zur Gastronomie.

Entscheidungen zur Produkt- und Sortimentspolitik sind somit nicht nur zu Beginn zu treffen, sondern in regelmäßigen Abständen. Dies erfolgt wie bereits erläutert im Rahmen einer Betrachtung der Phase im Produktlebenszyklus, in dem sich das gastronomische Konzept insgesamt sowie die einzelnen angebotenen Leistungen befinden. Neben einer Analyse der Markttrends (siehe auch Kapitel 15.3), helfen bei dieser Entscheidung Gästebefragungen, Verkaufsstatistiken und Wettbewerbsbeobachtungen. Auch die Lieferanten verfügen über Informationen zu Produkten, die sich gerade positiv entwickeln bzw. die voraussichtlich in der Zukunft vom Markt verschwinden.

Trendgetränk: Bubble Tea

Produktanpassung durch die Eröffnung von Cafés (McCafé)

Produktrelaunch in der Gastronomie (Wienerwald)

Produktveränderung
Sofern die entsprechenden Analysen die Notwendigkeit einer Produktveränderung ergeben, so bestehen folgende Möglichkeiten:

Produktanpassung

- schrittweise Veränderung von Schwerpunkten, z. B. von einer getränkeorientierten Gastronomie zu einer speiseorientieren Gastronomie
- Ausbau des Frühstücksangebots
- zusätzlich vegetarische, biologische oder regionale Speisen und Getränke anbieten
- die Gäste werden eher behutsam an die Veränderungen gewöhnt

Produktrelaunch

- umfassende Veränderung mehrerer Leistungen bzw. Angebote
- Angebot ggf. neu positionieren – z. B. eine komplette Umstellung auf regionale Zutaten bei der Produktion
- Ambiente neu gestalten
- die Veränderung wird ggf. im Rahmen einer kurzzeitigen Betriebsschließung, Wiedereröffnung und Marketingkampagne kommuniziert

Produktelimination

- einzelne Angebote von der Speise-/Getränkekarte entfernen
- eventuell den Betrieb schließen

Die entsprechenden Entscheidungen zu einer Produkt- oder Sortimentsoptimierung sind in der Systemgastronomie in der Regel komplexer und die Auswirkungen umfangreicher. Eine Sortimentsoptimierung sollte in allen Betrieben zu positiven Veränderungen führen. Ein Produktrelaunch ist eventuell mit hohen Investitionen verbunden, da viele Betriebe umgebaut werden müssen. Hinzu kommt, dass Marketinginvestitionen der Vergangenheit möglicherweise nutzlos bzw. kontraproduktiv werden, da mit diesen Maßnahmen Produkteigenschaften beworben wurden, die heute nicht mehr aktuell sind.

Renner-Penner-Analyse
Neben dem Lebenszyklus liefern auch die sogenannte Renner-Penner-Analyse und die BCG-Matrix Anhaltspunkte für die Sortiments- und Konzeptgestaltung bzw. für geeignete Marketingmaßnahmen.

Bei der **Renner-Penner-Analyse bzw. Schnelldreher-Langsamdreher-Analyse** können die Produkte eines Betriebs oder eines Systems mit folgenden Fragen analysiert werden:

- Wie hoch ist der Deckungsbeitrag je Produkt bzw. pro Portion (siehe Kapitel 17.8)?
- Wie hoch ist der Umsatz oder auch der kumulierte Deckungsbeitrag für dieses Produkt (durch die Anzahl der verkauften Portionen in einem bestimmten Zeitraum)?

Entsprechend ihrer Verkaufsmenge und des Deckungsbeitrags werden die Gerichte in folgende Kategorien unterteilt:

- **Renner:** hohe Verkaufsmenge, aber niedriger Deckungsbeitrag pro Gericht. Es kann erforderlich sein, das Produkt weniger stark zu bewerben bzw. die Preisstellung zu optimieren (ggf. besteht Potenzial für eine Preiserhöhung).
- **Gewinner:** hohe Verkaufsmenge bei gleichzeitig hohem Deckungsbeitrag pro Gericht. Diese Produkte sichern die Profitabilität des gastronomischen Betriebs und müssen mit Nachdruck bzw. aktiv durch das Servicepersonal verkauft werden.
- **Verlierer:** niedrige Verkaufsmenge bei niedrigem Deckungsbeitrag pro Gericht. Eine geeignete Maßnahme kann die Produkteinstellung sein.
- **Penner (Schläfer):** niedrige Verkaufsmenge bei gleichzeitig hohem Deckungsbeitrag pro Gericht. Es kann sinnvoll sein, das Produkt stärker zu bewerben bzw. aktiv zu verkaufen.

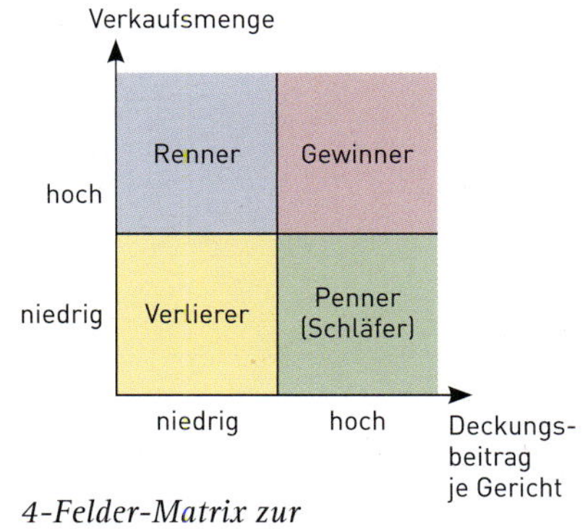

4-Felder-Matrix zur Renner-Penner-Analyse

Diese Ansätze lassen sich nicht nur bei Produkten anwenden, sondern auch bei einer Betrachtung der Filialen bzw. Standorte eines Systems. So ist es denkbar, dass eine Filiale einen hohen Umsatz erzielt (viele Gäste), jedoch einen unbefriedigenden Deckungsbeitrag. Hier geht es ggf. weniger darum, über Marketingmaßnahmen mehr Gäste anzulocken, sondern darum, Kosten zu senken.
Renner-Penner-Listen stellen allerdings nur eine Perspektive für Entscheidungen dar. Es ist denkbar, Penner oder sogar Verlierer unverändert bzw. bis auf Weiteres im Sortiment zu belassen. Gründe hierfür sind z. B.:

- das Produkt „gehört" traditionell zum Unternehmen (Unternehmensidentifikation)
- der Rückgang ist vorübergehend, z. B. aufgrund der Jahreszeit
- ein günstiges Produkt lockt Kunden an, die dann auch andere Produkte konsumieren
- den Kunden soll eine breite Preisspanne geboten werden

BCG-Matrix

Bei der **BCG-Matrix** (durch die Unternehmensberatung Boston Consulting Group entwickelt) werden die Produkte bzw. gastronomischen Konzepte entsprechend des Marktwachstums und des eigenen Marktanteils im Vergleich zum stärksten Wettbewerber dargestellt:

- **Fragezeichen (Question Marks):** Marktwachstum hoch, Marktanteil niedrig. Beispielsweise ist das Konzept noch nicht lange am Markt aktiv.
  Marketingmaßnahmen: Sie hängen davon ab, ob es gelingt, das Konzept zum Star zu entwickeln. Eventuell ist ein Marktausstieg erforderlich.
- **Sterne (Stars):** Marktwachstum hoch, Marktanteil hoch. Beispielsweise ist das gastronomische Konzept stark auf eine gesunde Küche ausgerichtet – der Markt für diese Konzepte wächst. Das Konzept ist Marktführer.
  Marketingmaßnahme: gezielte Investition, um die Stellung zu halten.
- **Arme Hunde (Poor Dogs):** Marktwachstum niedrig, Marktanteil niedrig
  Marketingmaßnahme: Das Konzept sollte vom Markt genommen werden.
- **Melkkühe (Cash Cows):** Marktwachstum niedrig, Marktanteil hoch. Beispielsweise war das Unternehmen bereits vor Jahrzehnten in diesem Segment aktiv und hat sich eine starke Marktposition erarbeitet.
  Marketingmaßnahme: vereinfacht gesagt: laufen lassen, ohne dass zu große Anstrengungen unternommen werden.

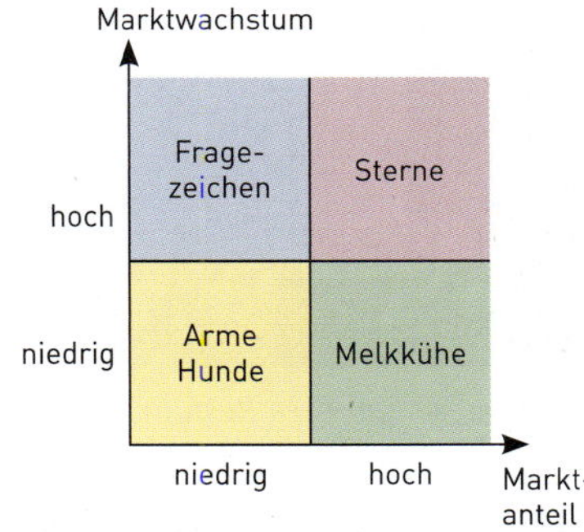

BCG-Matrix

Hilfreich kann diese Form der Analyse sein, wenn es darum geht, mehrere gastronomische Konzepte einer Systemzentrale zu analysieren und geeignete Marketingmaßnahmen so konkret zu entwickeln.

Die BCG-Matrix ist ein sehr anschauliches Modell. Allerdings muss berücksichtigt werden, dass nur zwei – wenn auch wichtige – Faktoren analysiert werden. So können durchaus auch in einem rückläufigen Markt ordentliche Gewinne erwirtschaftet werden.

Innovation „süßer Burger“ (McCafé)

Innovation: digitale Bestellung (La Baracca)

Innovation: temporäres Restaurant (Pret a Diner)

Innovation: offene Küche (Vapiano)

Produktinnovation

Bei Produkt- oder Serviceinnovationen werden neue Angebote erstellt. Der Begriff Innovation wird dabei in der gastronomischen Praxis für sehr verschiedene Maßnahmen verwendet. Eine Innovation kann im engsten Sinn ein Angebot sein, das es bislang „auf der Welt“ nicht gab. Diese Art der Innovation ist allerdings eher selten.

Als Innovationen werden aber auch neue Produktlinien, neue bzw. zusätzliche Elemente, Verbesserungen im Service, neue Techniken oder eine Neupositionierung bezeichnet. Die Grenzen zu Produktoptimierungen sind dabei fließend.

Zur Abgrenzung soll als Innovation ein neues Angebot verstanden werden, das die Mehrzahl der Gäste bislang in der Gastronomie noch nicht erlebt hat. Somit zählen zu den Innovationen auch Angebote, die es bislang nur in einem anderen Land oder in einer anderen Branche gab.

Innovationen haben mehrere wichtige Vorteile. Sie helfen dabei, das eigene Angebot von Wettbewerbern zu unterscheiden – dadurch wird die gastronomische Marke gestärkt. Gleichzeitig dienen Innovationen als Kommunikationsanlass. Gäste erzählen Dritten von diesen Neuheiten und die Medien sind offen für eine Berichterstattung im Rahmen der Pressearbeit. Dadurch können die Loyalität der bestehenden Kunden erhöht und neue Kunden gewonnen werden.

Beispiele für gastronomische Innovationen, die in den letzten Jahren/Jahrzehnten im deutschen Markt etabliert wurden:

- digitale Bestellsysteme (z. B. La Baracca)
- eine neue Form des temporären Restaurants (z. B. Pret a Diner)
- Fast-Casual-Konzepte zwischen Quickservice und Fine Dining, frische/offene Küche und hochwertiges Ambiente (z. B. Vapiano)
- Coffe to go/Kaffeespezialitäten (z. B. Latte macchiato, Cappuccino)
- vegetarische Küche (z. B. Mr. Clou)
- Verwendung von Bioprodukten (z. B. WakuWaku)
- Essen in vollständiger Dunkelheit (z. B. Unsicht-Bar)
- molekulare Küche
- Mischkonzepte aus Einzelhandel und Gastronomie (z. B. LSG, SSP)
- Wein zum Selbstzapfen (z. B. La Baracca)
- Free-Flow-Konzepte (z. B. Dinea, Marché®)

Produktpräsentation zur Verkaufssteuerung

Viele Gäste lassen sich bei der Entscheidung für ein bestimmtes Gericht oder für ein Getränk gerne im positiven Sinne beeinflussen. Die Mitarbeiter in der Gastronomie können durch die Anregung verschiedener Sinne der Gäste Verkaufsanreize schaffen.

Die Förderung des Konsums kann auf zweierlei Arten geschehen:

- appetitliche äußerliche Gestaltung des Angebots, z. B. über die Speisekarte (siehe auch Kapitel 14.2.), Displays, Plakate etc.
- „leckere" physische Warenpräsentation bis hin zu appetitanregenden Düften und Geräuschen (z. B. die Kaffeemaschine, die frisches Kaffeearoma verbreitet und mit den Geräuschen bei den Arbeitsschritten eine notwendige handwerkliche Herstellung des Kaffees vermittelt)

Zu unterscheiden ist bei der Produktpräsentation zwischen dauerhaften bzw. zeitlich befristeten Angeboten – Letztere haben zum Ziel, kurzfristig einen Verkaufsanreiz zu setzen. Für die endgültige Entscheidung möchte der Gast in der Regel wissen, wie „teuer" seine Wahl ist, d. h., eine Preisauszeichnung ist nicht nur „juristisch" notwendig, sondern auch verkäuferisch sinnvoll.

Möglichkeiten der Produktpräsentation

- Aufbau der Produkte (z. B. bei Büfetts oder in Schaukästen) zur Darstellung der Sortimentsauswahl sowie Qualität und Quantität der Produkte
- Öffnung der Küche zur Vermittlung der Sorgfalt und der Frische in der Herstellung
- Produktinszenierung über besondere Garnituren und Serviceformen (Büfettservice, Frontcooking, Free Flow und andere)
- Einsatz von Werbemitteln (Displays, Tafeln, Ständer, Plakate, Straßenaufsteller, Aufkleber, Flyer, Broschüren)
- Preisauszeichnung bzw. Preisanreize (Rabatte, Aktionspreise etc.)

15.5.2 Preisgestaltung

> Die Strategien und Maßnahmen im Rahmen der Preispolitik oder Preisgestaltung umfassen die Festlegungen, zu welchen Preisen, Rabatten und Zahlungsbedingungen die angebotenen Produkte und Dienstleistungen vermarktet werden sollen.

Der Preis ist in der Vergangenheit immer mehr zu einem zentralen Entscheidungskriterium beim Kauf von Produkten und Leistungen geworden – ganz nach dem Werbeslogan „Geiz ist Geil".

Einerseits profitieren die Konsumenten von diesem Preiskampf, der auch in der Gastronomie tobt, andererseits kann der Preis als alleiniges Verkaufsargument auf Dauer in der Regel keine solide Basis für die unternehmerische Wertschöpfung sein. Eine Ausnahme stellen Unternehmen dar, die sich bewusst als Preiseinstiegsmarke/Billigpreismarke positionieren. Das bedingt allerdings schlanke Organisationen, günstige Pachten, tendenziell wenig Ambiente und eine entsprechende Stärke im Einkauf. Für den Großteil der Systemgastronomie sollte die Preispolitik ein zwar wichtiges Instrument sein – jedoch auf der Basis von weiteren Prämissen wie Qualität und langfristigem unternehmerischem Erfolg.

In jüngster Vergangenheit belegen bzw. unterstützen Untersuchungen das Streben nach Qualität in der Gastronomie, denn ein zunehmender Anteil der Verbraucher in Deutschland ist bereit, für Qualität auch mehr zu bezahlen.

Preisgestaltung über Rabattaktionen bzw. Kombiangebote (Burger King)

Hinzu kommt, dass die Effizienz und Effektivität von Preisaktionen in der Gastronomie (im Gegensatz zum Lebensmitteleinzelhandel) noch relativ wenig erforscht ist. Das heißt, dass es teilweise nicht kontrollierbar ist, in welchem Umfang zusätzliche Gäste oder Umsätze tatsächlich auf die reduzierten Preise zurückzuführen sind. Eine weitere Herausforderung stellt die bereits in Abschnitt 15.4.6 angesprochene Unabhängigkeit von Franchisenehmern bei der Preisgestaltung dar.

Das Ziel der Preispolitik ist es, einfach gesagt: einen Preis für die angebotene Leistung festzulegen, der aus Sicht der gewünschten Gäste angemessen ist. Diese einfache Formel ist in der praktischen Umsetzung jedoch komplexer.

Zunächst ist die Frage zu stellen, wie viele Anbieter auf die Nachfrager, d. h. die Gäste, treffen. Dabei gibt es geografische Besonderheiten. Befindet sich nur ein Lokal auf einer Insel oder auf einem hohen Berg, so ist der gastronomische Betrieb in einer starken Position – in der Regel ist das Angebot bzw. der Wettbewerb jedoch größer.

Einflussgrößen bei der Preisgestaltung

- Einzigartigkeit der Leistung
- Verfügbarkeit von Alternativen
- Dringlichkeit der Gästebedürfnisse
- Leichtigkeit der Bedarfsbefriedigung
- Markentreue, Risikoreduktion des Gasts durch die Entscheidung für „Bekanntes“
- Preisniveau (Basispreis)
- Preisbewusstsein der Gäste

Wolf/Heckmann (2008), S. 217 ff.

Preispositionierung bei einem neuen Konzept

Bei der Preisgestaltung geht es bei einem neuen gastronomischen Konzept im ersten Schritt darum, das Angebot dauerhaft preislich im Markt bzw. im Vergleich zu bestehenden Angeboten zu positionieren. Die in der Hotellerie zur Verfügung stehende Sterne-Klassifizierung für diese Positionierung existiert in der Gastronomie nicht (vernachlässigt man Auszeichnungen wie z. B. Michelin-Sterne).

Durch die Festlegung des gastronomischen Konzepts erfolgt in der Regel eine Zuordnung zu einem gastronomischen Segment mit spezifischen Angeboten/Leistungen – beispielsweise zu Quickservice (bzw. Fast Food klassisch) oder zur Freizeitgastronomie. Innerhalb des Segments kann dann eine Zuordnung zu Preiseinstieg, Mittelpreis/Durchschnitt oder Preisführerschaft erfolgen. Inwieweit es für diese Preis-Leistungs-Positionierung eine Nachfrage gibt, hängt u. a. von regionalen Rahmenbedingungen wie z. B. der Kaufkraft ab.

Weitere Einflussgrößen sind z. B. die Einzigartigkeit der Leistung oder die Dringlichkeit, mit der ein Gast sie benötigt. Werden neue Leistungen angeboten, für die es noch keine Orientierung im Markt gibt, können Befragungen von potenziellen Gästen die Preisbereitschaft tendenziell ermitteln.

Möglichkeiten der Preisgestaltung

- **konkurrenzorientiert**
  Bei der Preiskalkulation dienen die Preise der hauptsächlichen Mitbewerber als Anhaltspunkte.
- **nachfrageorientiert**
  Es wird der Preis festgesetzt, den die Kunden bereit sind zu zahlen. Die „Preisbereitschaft“ wird beispielsweise durch Befragungen oder Tests ermittelt.
- **kostenorientiert**
  Die Preisgestaltung orientiert sich allein an den angefallenen Kosten. Alle angefallenen Kosten werden addiert und auf die zu erwartende Absatzmenge aufgeteilt.

Neben dieser konkurrenz- bzw. nachfrageorientierten Preisgestaltung muss jedoch zunächst überprüft werden, welche Preisgestaltung durch die eigene Kostenstruktur (Waren-/Personal-/Pachtkosten etc.) möglich ist. Dieser erste Schritt ergibt somit eine grobe Orientierung für die Preisgestaltung bzw. ein grundsätzliches Preisniveau (zu Kalkulationsbeispielen siehe Kapitel 17.7).

Preisgestaltung bei einem bestehenden Konzept

In einem zweiten Schritt werden dann die dauerhaften Details der Preisgestaltung festgelegt. Preisbandbreiten bieten bei einer etwas breiteren Zielgruppe die Möglichkeit – ähnlich wie im Lebensmitteleinzelhandel –, Produkte einer Gattung zu unterschiedlichen Preisen anzubieten.

Bei Wein und Kaffee wird dies häufig bereits praktiziert: Diverse Weinmarken werden in einem gastronomischen Konzept sowohl im Preiseinstiegs- als auch im Premiumsegment angeboten. Noch relativ selten wird dieser Ansatz im Biersortiment verfolgt.

Rahmenpreise, die insbesondere Grenzen „nach oben" setzen, können dabei helfen, Speisen und Gerichte, die im Schwerpunkt verkauft werden sollen, optisch günstig darzustellen. D. h., der deutliche Preisabstand zwischen dem teuersten Produkt und den hauptsächlich verkauften Produkten im mittleren Preissegment soll den Gästen den Eindruck vermitteln, dass ihre Entscheidung relativ gesehen (noch) preiswert ist.

Eine defensive Preisegestaltung kann besonders bei Eckprodukten sinnvoll sein, deren Durchschnittspreis in vergleichbaren Betrieben jeder Gast im Kopf hat. Darüber hinaus gilt es, Preisschwellen zu beachten (9,99 €) und ggf. Cent-Werte (5,89 € statt 5,80) zu nutzen.

Preisaktionen

In einem dritten Schritt werden preispolitische Maßnahmen entwickelt, um kurzfristige Ziele zu erreichen. Neue Angebote können über attraktive Preise oder Rabatte über eine gewisse Zeit oder eine Saison gefördert werden. Kombiangebote (Essen und Getränk) bzw. Mengenrabatte (drei Getränke zum Preis von zwei Getränken) werden eingesetzt, um Zusatzabsätze zu erzeugen oder um Anreize für ausgewählte Produkte zu bieten.

Mögliche Preisaktionen

- Preis legt der Gast fest
- Preis bei Kindern nach Alter
- Monatsrechnung
- Einheitspreise für vergleichbare Produkte
- Speisen und Getränke zum Selbstkostenpreis + Eintritt für Ambiente/Service

Mit speziellen Mittags-, Frühstücks- oder Abendangeboten können Auslastungen optimiert werden. Die Tageskarte hat in diesem Zusammenhang nicht nur die Funktion, gewisse Produkte zu verkaufen, sondern auch Preise zu testen. Zielgruppenspezifische Sonderpreise (für Kinder, Senioren, Studierende etc.) berücksichtigen die geringere Kaufkraft dieser Gäste.

Zusätzliche kreative Preisgestaltungen wie z. B. ein Preis bei Kindern, der sich nach dem Alter richtet, können dabei helfen, dass der Gast die Preise als fair erlebt bzw. er das Gefühl hat, auf die Preisgestaltung Einfluss zu nehmen.

Preisangebot (Nordsee)

Bonusprogramme und Pauschalangebote

Bonusprogramme haben sich in den letzten Jahren zunehmend auch in der Gastronomie durchgesetzt. Sie haben den Vorteil, dass Gäste an einen Betrieb gebunden werden, indem ein Vorteil für eine gewisse Anzahl von Besuchen bzw. einen gewissen Umsatz in einem Zeitraum gewährt wird.

Der Systemgastronomie bietet sich die Möglichkeit, diese Programme über Kundenkarten abzuwickeln, die in allen Betrieben akzeptiert werden. So wird auch der mobile Gast durch das System „begleitet".

Kundenkarte (VAPIANO-PEOPLE-Karte)

Pauschalangebote bieten sich insbesondere für Gruppen bzw. Firmenkunden an. Der Vorteil besteht darin, dass im Vorfeld feststeht, wie hoch das Budget für eine Veranstaltung sein muss, wenn pauschal x € für eine Auswahl an Speisen und Getränken vereinbart wurden.

Pauschalangebot „All you can eat" (Subway)

Erfolgskontrolle

Die geeignete Preisgestaltung (Dauer-, Sonderpreise, Rabatte etc.) unterstützt wesentlich die wirtschaftlichen Unternehmensziele wie Umsatz und Gewinn. Daher ist eine regelmäßige Erfolgskontrolle wichtig. Beispielsweise sollten Rabatte über zusätzliche Verkäufe ausgeglichen werden, sodass sich der Deckungsbeitrag (siehe Kapitel 17.8) insgesamt erhöht. Die Herausforderung liegt darin, weitere Einflüsse wie Preisaktionen von Wettbewerbern in der Erfolgskontrolle herauszufiltern. Der Gastronom muss also versuchen, zu beurteilen, ob gegebenenfalls eine zeitgleich stattfindende Preisaktion des benachbarten Gastronoms die Ursache für eine unbefriedigende Nachfrage nach einer Aktion ist oder aber die schlechte Bewerbung der eigenen Aktion.

Einschränkungen bei der Preispolitik bestehen, wenn das Markenimage damit negativ beeinflusst wird bzw. das gesellschaftliche Umfeld insgesamt negativ reagiert – dies betrifft z. B. sogenannte „Flatrate-Angebote" für alkoholische Getränke.

15.5.3 Distribution

In der Distributionspolitik werden die Maßnahmen geplant und umgesetzt, die das Produkt oder die Dienstleistung vom Anbieter, in diesem Fall der Gastronomie, zum Kunden, d. h. Gast bringen (Verkaufswege).

Zur Distributionspolitik in der Gastronomie kann – je nach Definition bzw. Perspektive – auch der Verkauf der Produkte und Dienstleistungen zugeordnet werden. Ein weiterer Ansatz besteht darin, diesen persönlichen Verkauf der Kommunikationspolitik zuzuordnen (siehe Kapitel 15.5.4).

Zur Distributionspolitik gehören:
- Verkauf im Betrieb
- Verkauf außerhalb des Betriebs
- Lieferservice, Catering
- Standortkriterien
- Multiplikation

Die Leistungen einer Gastronomie werden zunächst direkt im Objekt an die bestehenden Gäste verkauft. Eine wichtige Rolle nehmen somit die Servicemitarbeiter ein (siehe auch Kapitel 3.2). Über die Beratung der anwesenden Gäste können gezielt Produkte verkauft bzw. Zusatzverkäufe generiert werden, z. B. der Espresso nach dem Essen.

Zur Motivation der Servicemitarbeiter können Anreizsysteme entwickelt werden, indem die Mitarbeiter eine Prämie für eine gewisse Anzahl von Verkäufen erhalten.

Der gesamte Verkaufsprozess beinhaltet neben dem Service auch die Küche bzw. insgesamt den Serviceablauf, damit der Gast die gewünschte Qualität auch in der erwarteten Zeit erhält.

Die Unternehmensgröße vieler Anbieter in der Systemgastronomie macht eine eigene Verkaufsabteilung zur Gästegewinnung sinnvoll. Folgende Maßnahmen sind möglich:

- mit Lieferanten oder Markenartikelunternehmen zusammenarbeiten, die ein Interesse haben, dass das gastronomische Unternehmen erfolgreich ist, um dort mehr ihrer Produkte zu verkaufen
- Firmen bzw. touristische Anbieter wie Busunternehmen aktiv ansprechen
- aktiv Leistungspakete für bestimmte Anlässe, z. B. Familienfeiern, anbieten
- mit den örtlichen Tourismusorganisationen kooperieren

Kooperation mit Markenartikelunternehmen (Kühne und Burger King)

Der Einsatz moderner Informations- und Kommunikationsinstrumente unterstützt die Gästegewinnung und -bindung z. B. über eine Datenbank mit Informationen über bestehende und zukünftige Gäste.

Modere Informationstechnologie für die Gästegewinnung

- Gästedatenbanken (bestehende und potenzielle Gäste)
- Internetrecherche zu potenziellen Gästen
- Kontakte über Telefon, Mail, soziale Medien
- elektronische Marktplätze

Im Rahmen der Überlegungen, wie das Produkt zum Gast kommt, können auch Maßnahmen entwickelt werden, wie das Angebot zur Abholung von fertigen Speisen bzw. ein Lieferservice. Dazu sind die entsprechenden Transportverpackungen zu entwickeln sowie die Erfordernisse für eine Sicherung der Qualität zu berücksichtigen (wärmeisolierende Behältnisse). Denkbar sind auch Leistungen, die außerhalb des Stammbetriebs stattfinden, z. B. über das Catering auf Privat- oder Firmenveranstaltungen.

Standortwahl

Je nach der Betrachtungsweise, können Standortwahl bzw. die Multiplikationsstrategie ebenfalls in die Distributionspolitik eingeordnet werden, da mit dieser Entscheidung Maßnahmen verbunden sind, wie die angebotenen gastronomischen Produkte und Dienstleistungen zu den potenziellen Gästen gelangen. Das gastronomische Unternehmen kann somit durch einen neuen Standort – in einem anderen Stadtteil oder einer anderen Stadt – näher an bestehende Gäste rücken (die bislang eventuell eine längere Anfahrt in Kauf nehmen mussten und zukünftig nun häufiger kommen) und/oder neue Gästegruppen erschließen.

Beispielhafte Standortkriterien

- Städte ab 100 000 Einwohner
- Citylage mit hoher Fußgängerfrequenz
- Lage mit hoher Verkehrsfrequenz (Auto oder öffentliche Verkehrsmittel)
- ebenerdige Lage
- mindestens 10 m Front-/Fensterbreite
- mindestens 200 qm Gastfläche zuzüglich Nebenflächen und Terrassenflächen

In der Systemgastronomie werden mit der Expansionsstrategie zunächst **Standortkriterien** festgelegt. Diese Entscheidungen legen fest, welche bzw. wie viele Gäste in welchen Regionen erreicht werden sollen. Eine Festlegung auf Großstädte (Mindesteinwohnerzahl 100 000) begrenzt die Auswahl der Standorte z. B. auf 80 Städte in Deutschland.

Die **Multiplikationsstrategie** beinhaltet auch die Festlegung, ob neue Betriebe in Eigenregie geführt werden sollen und/oder über ein Franchisesystem (siehe auch Kapitel 2.2.1). Diese Auswahlkriterien beeinflussen ebenfalls, wie schnell eine Expansion erfolgen soll und wie schnell das gastronomische Angebot über neue Betriebe zu neuen Gästen kommen soll bzw. kann.

15.5.4 Kommunikation

Die Kommunikation einer gastronomischen Marke dient dazu, die Zielgruppe, d.h. die potenziellen und bestehenden Gäste darüber zu informieren, welche Produkte bzw. welche Dienstleistungen und welches Ambiente in dem gastronomischen Betrieb angeboten werden, mit dem Ziel, das Besuchs- und Kaufverhalten positiv zu beeinflussen.

Der grundsätzliche Kommunikationsprozess beginnt mit dem gastronomischen Unternehmen, das über geeignete Kanäle die Kommunikationsbotschaft übermittelt. Der Empfänger dieser Botschaft (Gast) soll z.B. dazu motiviert werden, das gastronomische Objekt erstmals zu besuchen. Jedoch reagiert nicht jeder Empfänger gleich auf eine Botschaft. Je nach persönlicher Situation (Stimmung, Konzentration etc.) oder auch Erfahrung des Empfängers (vorhandenes Wissen über eine gastronomische Marke) fällt die Reaktion unterschiedlich aus. Das sogenannte AIDA-Modell hilft zu verstehen, wie ein potenzieller Gast auf eine Botschaft reagiert.

Kommunikationsprozess

Sender: gastronomischer Betrieb →

Botschaft: informiert über Speisen/Getränke, Preisstellung, Ambiente, Adresse, Öffnungszeiten →

Botschaftsträger: z.B. Eröffnungsanzeige in der Tageszeitung →

Empfänger: Gast besucht den Betrieb (= Wirkung) und erzählt Dritten von seinem Besuch

Umsetzung des AIDA-Konzepts bei einem Flyer mit Vorder- und Rückseite (Sausalitos)

Attention:
Frau mit Sonnenbrille, Schrift, Gutschein

Interest:
„Summer Feeling", Grillbüfett, Musik

Desire:
Spaß, flirten, essen und Musik hören

Action:
Am 12. Mai das Sausalitos besuchen

Die Werbewirkung lässt sich in vier Phasen unterteilen:

- **Attention** (Aufmerksamkeit): Der Empfänger muss auf die Botschaft aufmerksam gemacht werden. Hierzu eignet sich ein sogenannter Eyecatcher. Er wird auch Blickfang, Hingucker oder Störer genannt. In der Werbung handelt es sich dabei um ein Text- oder Grafikelement, das die Aufmerksamkeit des Betrachters auf eine bestimmte Werbebotschaft lenken soll. Die Größe, die Farbe und der Inhalt spielen dabei eine entscheidende Rolle.
- **Interest** (Interesse): Die Botschaft sollte für den Empfänger interessant gestaltet werden, sodass er „aktiv" zuhört.
- **Desire** (Bedürfnis/Verlangen): Beim Empfänger soll der Wunsch geweckt werden, das Produkt „zu kaufen" bzw. „zu benötigen".
- **Action** (Handlung, Reaktion): Der Empfänger besucht das gastronomische Objekt bzw. bestellt ein bestimmtes Produkt.

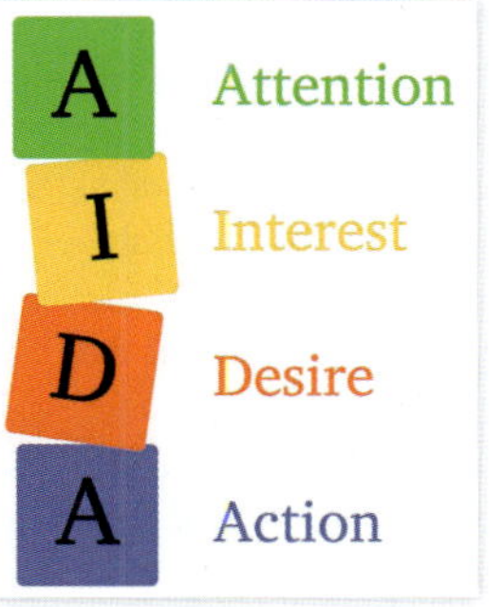

AIDA-Modell

Im erweiterten Sinne gehört zur Kommunikation auch die Vermittlung von Informationen nach innen an die eigenen Mitarbeiter sowie an weitere Interessengruppen beispielweise in der Öffentlichkeit (Behörden, Nachbarn etc.), mit denen in den Dialog getreten werden soll.

Folgende Instrumente sind der (gastronomischen) Kommunikation zuzuordnen:

Klassische Werbung: Massenkommunikation über TV, Radio, Zeitungen, Internet etc.

Öffentlichkeitsarbeit/Public Relations: Aufbau einer positiven Wahrnehmung des Unternehmens in der Öffentlichkeit

Verkaufsförderung: Maßnahmen zur (kurzfristigen) Umsatzsteigerung

Event-Marketing/Sponsoring: Nutzung von Events Dritter außerhalb der eigenen Gastronomie (Sponsoring) sowie eigene Events mit dem Ziel der Kommunikation

Direktkommunikation/Direktmarketing: individuelle Kommunikation mit bestehenden oder potenziellen Kunden

Persönlicher Verkauf: direkte Ansprache der Kunden

Neue Medien: Nutzung von Social Media/Online-Kommunikation

Die mit der Kommunikation erreichbaren Ziele können unterteilt werden in ökonomische Ziele wie z. B. Umsatz und in psychografische Ziele wie Bekanntheit oder Image. Eine Messung, ob diese Ziele erreicht werden, ist in der Regel noch relativ gut möglich. Die Herausforderung liegt allerdings darin, weitere Einflussfaktoren zu isolieren (wie z. B. Werbeaktivitäten der Wettbewerber).

Ökonomische Ziele der Kommunikation
- Umsatz
- Gewinn
- Anzahl der Gäste

Die Kommunikationsinstrumente sollen in den folgenden Kapiteln erläutert und anhand von Beispielen aus der (System-)Gastronomie veranschaulicht werden. Die neuen Medien werden aufgrund ihrer großen Bedeutung nicht der Werbung untergeordnet, sondern erhalten einen eigenständigen Abschnitt.

Psychografische Ziele der Kommunikation
- Bekanntheit
- Image
- Kauf-/Besuchsabsicht

Werbebotschaft: Informationen, Emotionen, Argumente, Nutzen etc. im Zusammenhang mit dem Produkt
Werbemittel: visuelle und/oder akustische Ausgestaltung der Werbebotschaft, z. B. Plakat, Anzeige, Radiospot
Werbeträger: Medium, über das die Zielgruppe erreicht werden soll bzw. wo das Werbemittel platziert werden soll, z. B. Zeitschriften, Radiosender, TV, Kino, Internet, Litfaßsäulen, Werbetafeln/Außenwerbung am Objekt etc.

Werbebotschaft: *Bei Burger King schmeckt es.*
Werbemittel: *Folie*
Werbeträger: *Bus*

15.5.5 Klassische Werbung, Werbemittel, Werbeträger

Voraussetzung für die klassische Werbung ist ein Werbemittel, mit dem die Werbebotschaft visuell und/oder akustisch umgesetzt wird. Die Werbebotschaft beschreibt das gastronomische Angebot objektiv oder emotional und versucht, den potenziellen Gast davon zu überzeugen, dass ein Besuch oder ein Kauf von Produkten eine gute Entscheidung ist.

Auswahl des Werbeträgers

Die Auswahl des Werbeträgers (Mediums) hängt von folgenden Kriterien ab:

- Wie ist die Zielgruppe definiert (siehe auch Kapitel 15.4.5)?
- Wie groß ist die Zielgruppe (lokal/regional begrenzt)?
- Wo bzw. wie erreiche ich meine Zielgruppe (welche Medien nutzt die Zielgruppe)?
- Wie oft will ich die Zielgruppe erreichen (wie oft nutzt die Zielgruppe das Medium)?
- Welches Medium ist für die Werbebotschaft geeignet (ein Radiospot ist eher geeignet, um Informationen zu vermitteln. Eine hochwertig gestaltete Anzeige in einer Zeitschrift kann über Bilder arbeiten, ein Kinospot kann über bewegte Bilder und eine akustische Hinterlegung Stimmungen vermitteln).
- In welchem Umfeld bzw. in welcher Situation nimmt die Zielgruppe den Werbeträger bzw. die Werbebotschaft wahr? Sind die potenziellen Gäste offen für Werbung bzw. abgelenkt/konzentriert?
- Welches Werbebudget steht zur Verfügung?
- Welche Werbeträger stehen insgesamt zur Verfügung?
- Wie groß sind die Streuverluste? Eine Tageszeitung erreicht einerseits eine große Anzahl der Einwohner einer Stadt, jedoch auch Leser, auf die das gastronomische Angebot nicht ausgerichtet ist.

Eröffnungsanzeige (Café del Sol)

Frühstückanzeige (Burger King)

Anzeigengestaltung

Die Gestaltung einer Anzeige erfolgt im Rahmen der festgelegten Corporate Identity, Positionierung bzw. der gewünschten Differenzierung. Das heißt, die festgelegten Schrift- und Bildzeichen, Slogan, Unternehmensfarben, Kernaussagen usw. werden verwendet.

Der Anlass bestimmt dann die variablen Anteile der Anzeige. Hierzu zwei Beispiele:
Werbung für die Eröffnung eines bekannten gastronomischen Konzepts:

- Datum der Eröffnung
- Adresse
- Anreize für einen Besuch im Eröffnungszeitraum

Werbung für ein neues Angebot, z B. Frühstücksangebot, in einem bestehenden Betrieb

- ab wann, wo und wie?
- Argumente für einen Besuch (warum?)

Die kreative Gestaltung einer Anzeige wird in der Systemgastronomie entweder durch die eigene Marketingabteilung oder eine Werbeagentur erfolgen. Die Ausgangsbasis für diese kreative Arbeit ist ein sogenanntes **Briefing** (Aufgabenstellung), das in der Regel schriftlich erfolgen sollte.

Inhalte eines Briefings

Die folgenden Fragestellungen beziehen sich auf eine Anzeige:

- Welches Ziel soll mit der Anzeige erreicht werden?
- Warum soll dieses Ziel erreicht werden (aktuelle Situation, Wettbewerbsaktivitäten)?
- Wer ist die Zielgruppe?
- Welche Medien sollen genutzt werden? Wo, wann, in welcher Größe, in welchem Format (z. B. 1/1-Anzeige), in welcher Qualität (Farben, z. B. vierfarbig, Papier etc.) und in welchem Umfeld von weiteren Anzeigen soll die Anzeige erscheinen?
- Produkt: Was soll „verkauft" werden? Was ist die Kernaussage? Welche weiteren Informationen sollen vermittelt werden?
- Anbieter: Um welchen gastronomischen Betrieb geht es?
- Termine: Wann soll die Anzeige fertig sein, wie erfolgt die Freigabe?
- Kosten: Welches Budget steht für die Gestaltung und Anzeigenschaltung zur Verfügung?

Aufgabe der kreativen Umsetzung ist es, die Informationen über eine möglichst hohe Aufmerksamkeitswirkung an die Zielgruppe zu vermitteln.

Grundsätze zur Aufmerksamkeitswirkung einer Anzeige

- gute Aufteilung bzw. Harmonie zwischen Wort und Bild
- Key Visual (z. B. ein attraktives Bild), das den Blick anzieht
- eine Überschrift, über die das Interesse des Lesers für den weiteren Inhalt geweckt wird
- Detailinformationen, mit denen das Produkt verkauft wird
- Hinweise für weitere Informationsquellen

Tischaufsteller (Dinea)

Bei der Freigabe der gestalteten Anzeige vor der Weitergabe der Druckvorlage an z. B. den Herausgeber/Verlag einer Zeitung, sollte eine letzte genaue Kontrolle der Informationen erfolgen – u. a. im Hinblick auf die korrekten Termine, Vollständigkeit der Informationen, Qualität der Bilder und Farben, Richtigkeit der Rechtschreibung und ggf. Einhaltung der rechtlichen Vorgaben (siehe auch Kapitel 15.7.2).

Im Zusammenhang mit der klassischen Werbung wird auch häufig von der Verwendung von Massenmedien gesprochen. Mit diesem Begriff werden bereits Vor- und Nachteile dieser Werbung deutlich.

Vorteile der klassischen Kommunikation

- schnelle Erreichbarkeit einer großen Zahl von bestehenden und potenziellen Kunden
- je nach Werbeform attraktive Kombination von Wort und Bild bis hin zur Ansprache mehrerer Sinne
- in der Regel Aktualität des Mediums
- Möglichkeit zur wiederholten Ansprache der Zielgruppe

Flyer (Enchilada)

Visitenkarte (La Baracca)

Speisekarte (Lehner's Wirtshaus)

Nachteile der klassischen Kommunikation:

- teilweise geringe Glaubwürdigkeit dieser Werbeform
- Informationsüberlastung der Verbraucher
- Streuverluste
- relativ hohe Kosten

Zur Basiswerbung einer (System-)Gastronomie im Bereich der klassischen Werbung gehört neben (Eröffnungs-)Anzeigen ein Prospekt oder Flyer (häufig in gedruckter und digitaler Form) mit den wichtigsten Informationen zu Adresse, Anreise, Öffnungszeiten, angebotenen Leistungen und Kontaktmöglichkeiten.

Als sinnvolle Ergänzung dient eine Visitenkarte des gastronomischen Betriebs, auf der ein Auszug der wichtigsten Informationen über ein handliches Format zur Verfügung gestellt wird.

Eines der wichtigsten Werbemittel (bzw. Werbeträger) in der Gastronomie ist die Speise- und Getränkekarte, der somit hier ein eigenständiges Kapitel gewidmet ist sowie das Kapitel 14 Angebotskarten.

15.5.6 Speise- und Getränkekarte

Die Erstellung der Speise- und Getränkekarte ist eine anspruchsvolle Aufgabe, denn es geht um die imageprägende „Visitenkarte" (im übertragenen Sinne) der Gastronomie. In der Praxis erfolgt eine Überarbeitung jedoch häufig nur bei anstehenden Preiserhöhungen. Die Grundlagen der Karte(n) werden in der Phase der Marketingplanung sowie über die Produkt- und Preispolitik gelegt.

Folgende Maßnahmen bzw. Aktivitäten helfen bei der regelmäßigen Überprüfung der Speise- und Getränkekarte:

- Konkurrenzanalyse bzw. die Analyse von Vorbild-/Musterbetrieben bzw. vergleichbaren Betriebstypen/Zielgruppen/Konsumanlässen
- ständiges Sammeln von guten Beispielen („weltweit")
- Kreativität des zentralen Küchenchefs bzw. Vorschläge der Küchenleiter in den Betrieben
- Beobachtung der Ernährungstrends (z. B. biologische, regionale, gesunde, leichte Gerichte)
- Auswertung der Verkaufsstatistiken
- Feedback durch das Servicepersonal
- Gästebefragungen

Bei einem etablierten Betriebstyp ist ggf. eine ausgewogene Mischung aus identischen Basisangeboten analog zu den Wettbewerbern, jedoch verbal, optisch oder produktionstechnisch „angereichert" mit zusätzlichen, differenzierenden Produkten oder Produktbestandteilen ein Wettbewerbsvorteil.

Gestaltung der Speise- und Getränkekarte

Je nach Grad der Standardisierung und Gästeerwartung an die Schnelligkeit im Service kann ein Kompromiss zwischen folgenden Faktoren sinnvoll sein:

- Anzahl an Speisen und Getränken
- Komplexität in Küche/Einkauf/Lagerung
- Frische der Produkte

Die Gestaltung der Speise- und Getränkekarte hängt auch von Ihrer Art ab, z.B. Standardkarte, Tischreiter (siehe Kapitel 14.2.2).

Aufgaben und Ziele der Speise- und Getränkekarte:

- Kaufimpulse wecken und verstärken
- eine Verbindung zwischen Produkt, Gast und Betrieb schaffen
- informieren, bei der Auswahl helfen
- gezielt Produkte fördern (Sonderangebote, Tages- oder Wochenangebote)
- das Angebot insgesamt transparent machen
- das Ambiente der Gastronomie aufnehmen
- Qualität demonstrieren über eine emotionale Gästeansprache
- einen Preisanspruch zeigen
- über die Philosophie der Gastronomie informieren
- Zeit zwischen Bestellung und Service überbrücken

Speisekarte (Enchilada)

Eine sinnvolle Nutzung der Speise- und Getränkekarte beinhaltet – sofern eine entsprechende Verweildauer der Gäste konzeptüblich ist – zusätzlich eine Konzeptbeschreibung, ggf. ausgewählte, optisch ansprechende bzw. „in Szene gesetzte" Abbildungen der Speisen und Getränke (Anmerkung: Gemeint ist hier nicht die häufig an touristischen Orten verbreitete Produktabbildung als „Übersetzungshilfe" für ausländische Gäste) oder eine Qualitätsbeschreibung über eine Herkunft der Zutaten.

Die Zeit des Gasts für eine ausführliche Betrachtung der Karte kann dadurch erhöht werden, indem auch nach der Bestellung mindestens eine Karte auf dem Tisch liegen bleibt.

Im Sinne eines Werbemittels kann es durchaus eine Überlegung sein, Speise- und Getränkekarten zum Mitnehmen auszulegen oder diese zu verkaufen oder zumindest auf der Unternehmens-Homepage zu hinterlegen.

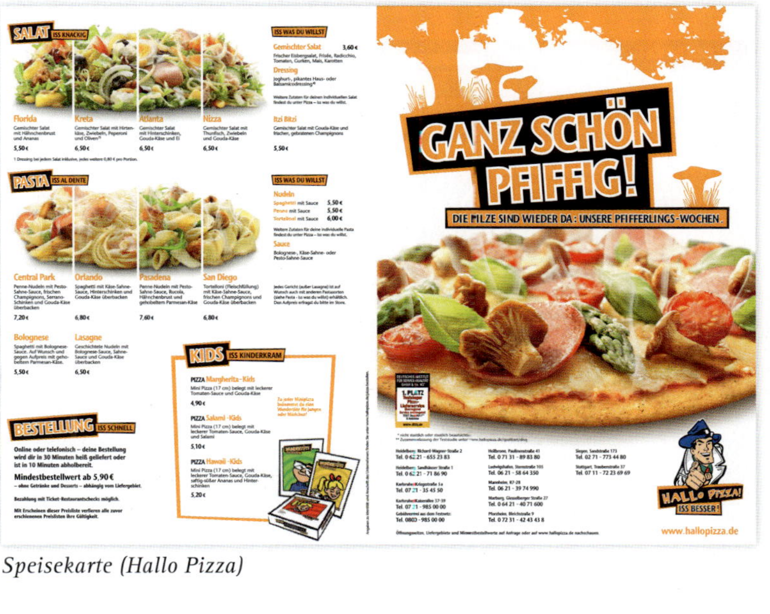

Speisekarte (Hallo Pizza)

Für eine ansprechende, erfolgreiche Getränke- und Speisekarte sind Struktur und Gestaltung von besonderer Bedeutung. Dabei sollten je nach Arte der Karte unterschiedliche Aspekte berücksichtigt werden.

Kombiangebot für eine spezielle Zielgruppe (Sausalitos)

Besondere Herausforderungen, Anregungen bzw. Rahmenbedingungen bei der Gestaltung von Speise- und Getränkekarten:

- Zukünftig werden Gäste, neben bestehenden gesetzlichen Vorschriften zur Kennzeichnungspflicht von Zusatzstoffen, verstärkt auf die Angabe von zusätzlichen Informationen wie Energiegehalt, Kohlenhydrate, Eiweiß, Fett, empfohlener Tagesbedarf, Allergene, Herkunft der Zutaten etc. achten.
- Insbesondere im Segment Quickservice will sich der Gast schnell über die Angebote informieren. Anstelle von mehrseitigen Karten in Papierform erfolgt die „Bewerbung" über beleuchtete Menüboards im Bereich des Servicecounters.
- Monitore können als Medium für aktuelle Speise- und Getränkeangebote genutzt werden. Über bewegte Bilder kann die Herstellung in der Küche gezeigt werden.
- Elektronische Karten, z. B. auf Tablet-PCs, ermöglichen eine interaktive Kommunikation sowie Detailinformationen zu den Zutaten.
- Bei besonderen Veranstaltungen, wie z.B. einem Bankett, erfolgt in der Regel eine Beschreibung des Menüs sowie korrespondierender Getränke ohne Preisauszeichnung, da die Bezahlung über eine Pauschale erfolgt.
- Im Rahmen der Preispositionierung muss entschieden werden, wie dominant die Preise in der Karte gestaltet werden sollen.

15.5.7 Verkaufsförderung, Verkaufssteuerung, Sales Promotion

Wie bereits im Kapitel 15.5.4. kurz skizziert, umfasst **Verkaufsförderung** die Planung und Umsetzung von Maßnahmen zur Schaffung von zusätzlichen und/oder kurzfristigen Kaufanreizen zur (kurzfristigen) Umsatzsteigerung, im Gegensatz zur klassischen Werbung, die eher einen langfristigen Aufbau von Markenbekanntheit und Markenimage zum Ziel hat. Basis der Verkaufsförderung sind Aktionen, die kurzfristig mehr Gäste anlocken sollen bzw. die bereits anwesenden Gäste zu mehr Konsum anregen sollen.

In jüngster Vergangenheit bieten im Internet Unternehmen wie beispielsweise Groupon oder DailyDeal Plattformen für kurzfristige Rabattaktionen an. Es werden täglich neue Angebote unter anderem aus der Gastronomie beworben. Für den Erwerb des „Deals" ist eine Registrierung erforderlich. Den Nutzern werden regional täglich Angebote per Mail unterbreitet. Zu beachten ist aus Sicht des Gastronomen, dass nicht nur erhebliche Preisnachlässe gewährt werden, sondern auch eine Provision abgeführt werden muss. Derartige Aktionen sollten daher zeitlich und zahlenmäßig limitiert sein.

Angebot bei Groupon

Grundsätzlich besteht bei Verkaufsförderungsaktionen das Risiko, dass Gäste dazu animiert werden, nur noch bei Aktionen etwas zu kaufen bzw. dass Gäste, die Leistungen außerhalb von Aktionen kaufen, sich benachteiligt fühlen. Daher ist es insgesamt sinnvoll, diese Maßnahmen sehr gezielt und begrenzt einzusetzen.

Aktionen zur Verkaufsförderung:

- besondere Produktpräsentation der Speisen, Zutaten oder Getränke z. B. über Vitrinen, auf Postern, in Regalen im Rückbüfett etc.
- erlebnisorientierte Woche der offenen Küche, d. h., die Gäste haben die Gelegenheit, den Köchen bei der Arbeit zuzuschauen
- Aktionswochen, bei denen z. B. mit einer besonderen Küchenausrichtung (z. B. Asien-Woche), einem besonderen Produkt (z. B. Spargelzeit) oder im Rahmen eines besonderen Anlasses geworben wird (Bayerische Woche zum Oktoberfest)
- Verkostungen von neuen Produkten gratis oder als Zugabe zu einem anderen Gericht
- Straßen- und Tischaufsteller, die auf eine regionale oder saisonale Spezialität hinweisen (z. B. Maibock oder Federweißer)
- Die Herkunft der Zutaten werden über Flyer erläutert und beworben
- Gutscheine, z. B. für den Kauf von zwei Produkten zum Preis von einem
- Gewinnspiele, z. B. nehmen alle Gäste im Zeitraum x an einer Verlosung teil (unter Beachtung der rechtlich zulässigen Rahmenbedingungen)
- Kostenlose Zugaben eines Cross-Marketing-Partners (z. B. eine Zeitung zum Frühstück)
- Einsatz von Merchandising-Artikeln (T-Shirts) und Give-aways (Feuerzeuge, Streichholzschachteln, kleine Geschenke etc.)
- Pauschalangebote, mehrere Produkte bzw. Leistungen werden in einem Preis zusammengefasst, z. B. beim Brunch sind alle angebotenen Produkte vom Büfett sowie Heißgetränke inbegriffen (denkbar auch durch Kooperationen mit einem Hotel Übernachtung und Frühstück/Abendessen)

Ausgefallene Produktpräsentation (Wash & Coffee)

Verkaufsförderung mit Gutscheinen (McDonald's)

Eine gute Alternative zu den genannten Aktionen bietet der Einsatz der eigenen Servicemitarbeiter beim Verkauf von Aktionsprodukten. Hier kann die persönliche Beratung durchaus den Effekt haben, dass auch hochpreisige Produkte mit einem entsprechenden Deckungsbeitrag verkauft werden und somit insgesamt der Deckungsbeitrag steigt (zum persönlichen Verkauf bzw. zu Verkaufsgesprächen siehe auch Kapitel 4.3).

15.5.8 Direktmarketing

> Unter Direktmarketing (bzw. Direktkommunikation) in der Gastronomie werden Maßnahmen verstanden, die dazu dienen, eine direkte, personalisierte Interaktion mit den bestehenden und potenziellen Gästen zu erzielen.

Da der direkte, persönliche Verkauf durch die Servicemitarbeiter bzw. durch die Verkaufsabteilung bereits angesprochen wurde, soll der Schwerpunkt hier auf den weiteren Möglichkeiten im Bereich **Direktmarketing** liegen.

Direktkommunikation

Newsletter (LeBuffet)

Newsletter (Vapiano)

Die Basis für ein effektives und effizientes Direktmarketing sind individuelle, detaillierte Informationen über die Kunden, die angesprochen werden sollen. Dazu gehören insbesondere bei den bestehenden Gästen nicht nur die Adressdaten, sondern möglichst eine breite Datenbasis mit Informationen zum individuellen Gästeverhalten.

Informationen über das Verhalten bzw. die Interessen der Gäste liefern folgende Fragen:

- Wie häufig ist der Gast hier?
- Wie viel Geld gibt der Gast aus?
- Welche Vorlieben hat der Gast bei den Speisen und Getränken?
- Interessiert sich der Gast für besondere Veranstaltungen oder Aktionsangebote etc.?
- Kommt der Gast in der Regel alleine oder mit Partner/Partnerin, in der Gruppe oder mit der Familie und mit Kindern, wie alt sind die Kinder?
- Welche Wettbewerbsbetriebe besucht der Gast?

Mit **Direktmailings** bzw. Rundschreiben (elektronisch oder per Post) können Gäste gezielt angesprochen und darüber informiert werden, dass z. B.

- neue Produkte angeboten werden,
- der Ticketverkauf für besondere Events startet (bei denen der Gast in der Vergangenheit anwesend war),
- der Gast anlässlich seines Geburtstags beim nächsten Besuch ein Geschenk erhält.

Mit diesen Maßnahmen können umsatzschwache Monate verbessert werden, Kunden insgesamt an den Betrieb gebunden werden bzw. laufend aktuelle und nützliche Informationen zur Verfügung gestellt werden. Als Anreiz bzw. nützliche Methode, damit Gäste persönliche Daten zur Verfügung stellen, dienen Kundenbindungsprogramme mit Mitglieds-/Clubkarten. Bei deren Registrierung kann eine entsprechende Datenerfassung mit Einverständnis der Gäste erfolgen.

Ein weiterer Weg des Direktmarketings ist die Nutzung von **telefonischen Kontaktdaten** für die direkte Ansprache von Gästen. Dies kann allerdings nur unter der Voraussetzung geschehen, dass der private Gast im Vorfeld sein Einverständnis gegeben hat. Sinnvoll ist die telefonische Kontaktaufnahme vor allem bei Firmenkunden und wenn bekannt ist, wie die entsprechenden Entscheidungswege bei diesen Unternehmen strukturiert sind. Hier können gezielt bei anstehenden Anlässen (z. B. Weihnachtsfeiern) Bedürfnisse abgefragt und bedarfsgerechte Angebote (schriftlich) erstellt werden.

Die Systemgastronomie sollte in der Lage sein, Direktmarketing durch das vorhandene Know-how und die Ressourcen in der Systemzentrale zu nutzen. Ein Vorteil ist dabei die höhere Anzahl an Standorten, die dabei hilft, die Kontakthäufigkeit mit mobilen Gästen auszubauen.

Vorteile des Direktmarketings

- Die Streuverluste sind gering.
- In der Regel werden interessant gestaltete Mailings beim Gast wahrgenommen.
- Die Kontaktversuche können nachverfolgt bzw. nachgehalten werden.
- Mit jedem Kontakt besteht die Möglichkeit, mehr über den Gast zu erfahren.
- Die Wirkung von Aktionen kann im Idealfall durch eine anschließende Befragung gemessen werden.

Die Risiken im Direktmarketing ergeben sich dann, wenn Gäste zu häufig mit uninteressanten Informationen kontaktiert werden. Insbesondere dann, wenn der Gast sich darüber beschwert, muss das Unternehmen sensibel reagieren und ggf. auf weitere Kontakte verzichten.

15.5.9 Online-Marketing, Social Media und Bewertungsplattformen

Unter Online-Marketing in der (System-)Gastronomie werden alle Maßnahmen verstanden, die das Internet bzw. digitale Medien als technologische Plattform nutzen. Ziel der Maßnahmen ist die Markenkommunikation bzw. der Dialog zwischen Marke und bestehenden potenziellen Gästen.

Web 2.0 – Kommunikation mit den Gästen (Sausalitos)

Die Ausprägungen und Ziele lassen sich aus der klassischen Werbung ableiten (im Internet z. B. Bannerwerbung, Videomarketing, E-Mail-Werbung), aus dem Direktmarketing (z. B. E-Mail-Marketing) und aus der Verkaufsförderung (z. B. Couponing über Rabattgutscheine, siehe auch Kapitel 15.5.7). Hinzu kommen neue Disziplinen wie Suchmaschinenmarketing und Social Media Marketing.

Das Internet bietet somit einerseits die Möglichkeiten der **Massenkommunikation**, indem das gastronomische Unternehmen Inhalte erstellt und einer gewissen Anzahl von Nutzern zur Verfügung stellt. Andererseits gibt es die Möglichkeit der **Interaktion**. Diese besteht darin, dass auch andere Nutzer (Gäste) Informationen bzw. Meinungen über die gastronomische Marke durch eine Interaktion bzw. Kommunikation mit dem Unternehmen und weiteren Nutzern (Gästen) zur Verfügung stellen können. Der Begriff Web 2.0 steht für diese neue „Rolle“ der Nutzer.

Homepage des Unternehmens

Basisinstrument der Nutzung des Internets für (gastronomische) Unternehmen) ist die eigene Homepage, auf der über Texte und Bilder vielfältige Informationen über das Unternehmen bereitgestellt werden können. Neben einer statischen Darstellung werden heute zunehmend dynamische und interaktive Inhalte angeboten, d. h., die Inhalte werden laufend aktualisiert bzw. bieten die Möglichkeit zu einem Dialog.

Homepage (Smiley's Pizza Profis)

Tischreservierung per App (Bolero)

Informationen/Aktionen auf einer gastronomischen Homepage

- Leistungsspektrum: Speise-/Getränkekarte, Informationen zu Zutaten/Lieferanten, Öffnungszeiten
- Aktionen: Brunch, Mittagstisch, Events, Geschenkgutscheine, etc.
- Kundenbindung: Durch eine Registrierung haben Gäste die Möglichkeit, regelmäßige Newsletter, SMS, Clubangebote etc. zu erhalten
- Tischreservierungen, Bestuhlungsplan, eigene oder externe Reservierungssysteme wie Livebookings, OpenTable, Bookatable, Eintrittskartenverkauf
- Standorte der Betriebe, Lageplan, Tipps zu Anreise/Parkplätzen, Größe des Objekts
- Bilder, Videos von innen und außen
- Unternehmensphilosophie, Inhaber, Personal/Team
- Jobangebote des Unternehmens
- Kontakthinweise: telefonisch, per Mail, per Post etc. (Betrieb und Zentrale)
- Gästebuch mit den Möglichkeiten aus Gästesicht Lob und Kritik zu äußern und aus Unternehmenssicht darauf einzugehen
- Unternehmensinformationen: weitere Konzepte des Unternehmens, Standortkriterien für neue Betriebe, Informationen für Investoren, Presse etc.
- Impressum: Firmenanschrift, Firmenangaben
- Links: z. B. zu Facebook, Sponsoren etc.

Wie bei allen internetbasierten Anwendungen ist die Aktualität der Informationen bzw. die ständige Beachtung von Gästemeinungen wichtig. Daher müssen entsprechende Mitarbeiterkapazitäten und -kenntnisse im Unternehmen vorhanden sein. Je nach Unternehmensgröße wird die Systemzentrale diese Aufgabe in Abstimmung mit den Betrieben übernehmen. Alternativ kann es sinnvoll sein, ein externes Unternehmen mit der Erstellung und Aktualisierung zu beauftragen. Auch dann ist eine Schnittstelle im gastronomischen Unternehmen notwendig, die im Zweifelsfall Vorgaben erstellen und Entscheidungen treffen kann (z. B. bei neuen Inhalten, massiver Gästekritik etc.).

Social Media Marketing

Historisch war die Kommunikationsrichtung zwischen einer Marke und den möglichen Konsumenten einer Marke eine Art Einbahnstraße. Das Unternehmen schrieb beispielsweise die Vorteile einer Marke auf einen Flyer und streute diesen je nach verfügbarem Budget mehr oder weniger weit. Sogenannte **Streuverluste** waren die Folge, d. h., die Flyer wurden auch an Personen verteilt, die gar nicht angesprochen werden sollten. Hinzu kommt, dass die klassische Werbung, beispielweise bei den Zuschauern an den Fernsehgeräten, häufig und zunehmend als Störung empfunden wird. Die Möglichkeiten der Kunden, den Unternehmen ein direktes Feedback auf eine Werbung zu geben, sind in dieser klassischen Kommunikation eingeschränkt.

Mit dem Internet entstanden – wie bereits angesprochen – neue Kommunikationsmöglichkeiten. Informationen konnten nun einfacher auch von einzelnen Personen erstellt und veröffentlicht werden.

Häufig ist die Erstellung und Nutzung dieser Information für die Gäste kostenlos und für die Unternehmen kostengünstig. Neu war somit, dass nicht nur große Unternehmen Information erstellen und einer breiten Masse zur Verfügung stellen konnten, sondern auch einzelne Kunden diesem Unternehmen oder anderen Kunden des Unternehmens eine Botschaft übermitteln konnten.

Markenkommunikation im Internet

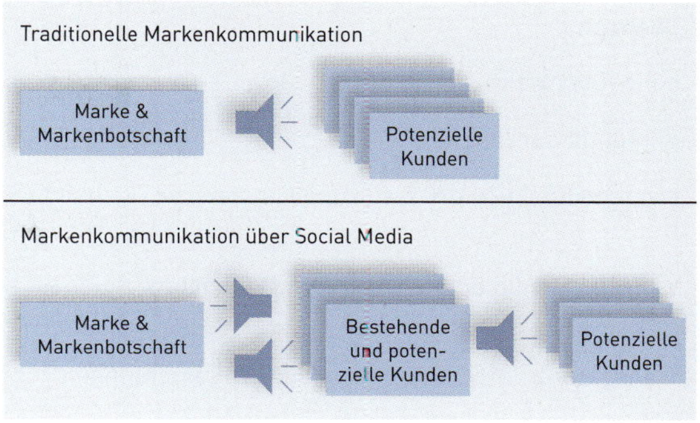

Mit dem Austausch dieser Informationen zwischen den Internet-Nutzern entstanden zunehmend sogenannte soziale Netzwerke, d.h. Gemeinschaften von Nutzern, die sich zu bestimmten Themen austauschten bzw. bestimmte Portale für den Informationsaustausch nutzen. Die beliebtesten sozialen Netzwerke sind in der Tabelle „Top 10" dargestellt. Das Ranking wird bestimmt durch die Anzahl der unterschiedlichen Nutzer bzw. Besucher. Nutzer, die das Netzwerk mehrmals besuchen, werden nur einmal gezählt (sogenannte Unique Visitors).

Die Medien bzw. Technologien für diesen Informationsaustausch werden soziale Medien oder **Social Media** genannt.

> Der Begriff **Social Media Marketing** entstand im Zusammenhang mit dem technologischen Informationsaustausch und beschreibt die Nutzung sozialer Netzwerke als Marketinginstrument – insbesondere im Bereich der Markenkommunikation

Neben den sozialen Netzwerken existieren weitere Medien für die Nutzung im Rahmen des Social Media Marketings. Dazu gehören Blogs bzw. Microblogs wie Twitter mit ca. 3,1 Millionen Unique Visitors in Deutschland. Über einen **Blog** werden kurze Texte veröffentlicht, die dann kommentiert werden können. Je nach Betrachtungsweise bzw. Definition kann Twitter ebenfalls den sozialen Netzwerken zugeordnet werden.

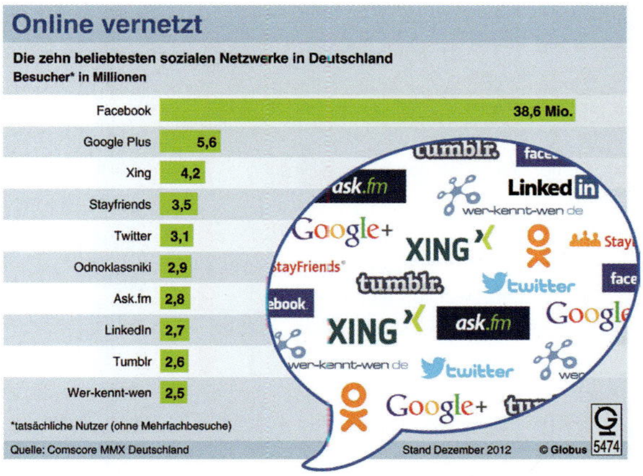

Top 10 der sozialen Netzwerke in Deutschland

Eine weitere Ausprägung der sozialen Medien sind die sogenannten **Media-Sharing-Sites** bzw. Videoplattformen. Am beliebtesten ist YouTube mit ca. 38,6 Millionen Unique Visitors in Deutschland.

Social Media in der Systemgastronomie

Die Nutzung von Social Media in der Markenkommunikation von gastronomischen Unternehmen ist in der Systemgastronomie bereits stark verbreitet, jedoch insbesondere bei vielen kleineren Unternehmen noch ausbaufähig.

Nutzung von Social Media (Celona)

Häufig wird noch die Grundsatzfrage diskutiert, ob dieses Instrument überhaupt sinnvoll ist. Ein Hintergrund ist sicherlich, dass viele Betreiber selbst noch wenig über die Möglichkeiten wissen.

Chancen und Risiken beim Social Media Marketing

Chancen	Risiken
hohe Reichweite	negative Erfahrungen werden sehr schnell kommuniziert
Aktualität der Inhalte	Sorge um Datenschutz
schnelle Reaktion der Zielgruppe und der Marke möglich	Manipulationen, z. B. durch „gefälschte Beiträge“, die somit nicht der Realität entsprechen
Vertrauen in die Empfehlung von „Bekannten“	was einmal im Netz ist, kann in der Regel nicht mehr zurückgeholt werden
Transparenz durch unterschiedliche Blickrichtungen	Meinungen sind tendenziell subjektiv und ohne entsprechendes Fachwissen (jeder Gast ist Produkttester)
negative Gästemeinungen werden rechtzeitig erkannt und Änderungen eingeleitet	die Macht der Gäste kann missbraucht werden

Social Media in Zahlen
(Stand: 2. Quartal 2011):

- 46,1 Mio. Menschen in Deutschland sind online.
- Davon sind 76 % in einem Social Network registriert.
- Fast 24 Stunden verbringen die Deutschen durchschnittlich pro Monat im Netz.
- Davon entfallen 5 Stunden auf Facebook.
- Facebook hat über 18 Mio. aktive Mitglieder in Deutschland.
- Die VZ-Netzwerke (StudiVZ, MeinVZ, SchülerVZ) haben 17,1 Mio. Mitglieder.
- Twitter hat in Deutschland knapp 500 000 aktive Nutzer.
- Jeder vierte Haushalt in Deutschland besitzt ein Smartphone.
- 10 Mio. Deutsche gehen mobil ins Internet.
- YouTube hatte im 1. Quartal 2011 20,6 Mio. Besucher (Unique Audience, d. h., Mehrfachbesuche wurden nicht gezählt).
- 73 % der deutschen Jugendlichen sehen sich regelmäßig online Videos an.

(Quelle: http://www.socialmedia-blog.de/2011/05/social-media-nutzerzahlen-deutschland-2011/)

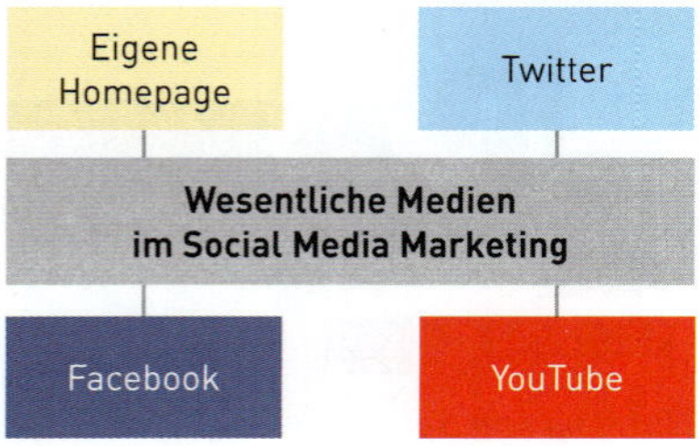

Auch wenn ein Betreiber im Rahmen seiner unternehmerischen Entscheidung festlegt, dass sein Unternehmen nicht aktiv Social Media Marketing betreibt, so kann er nicht ausschließen, dass über sein Unternehmen im Netz berichtet wird. Zumindest für den Fall einer sehr negativen Berichterstattung (oder bei Unfällen) sollten im Unternehmen Strategien vorhanden sein, welche Reaktionen gegebenenfalls sinnvoll sind.

Insgesamt bietet Social Media Marketing eine Reihe von Chancen, aber auch Risiken. Die klassische Kommunikation beispielsweise über TV und Radio ist seit Jahren gekennzeichnet durch eine sinkende Effizienz. Die Nutzer der klassischen Medien fühlen sich durch die Fülle der Information überlastet. Bei Werbepausen im TV wird häufig das Programm gewechselt.

Demgegenüber steht die stark steigende Nutzung des Internets. Inzwischen nutzen ca. 76 % der deutschen Bevölkerung das Internet (Quelle: (N)ONLINER Atlas). Allerdings muss diese Zahl insofern etwas relativiert werden, weil nicht jeder Nutzer im selben Umfang über das Wissen verfügt, die Bandbreite der Möglichkeiten im Internet tatsächlich anzuwenden. Einen nicht zu unterschätzenden Einfluss auf die Internetnutzung haben außerdem die Diskussionen um den Datenschutz.

Eine weitere Chance für gastronomische Unternehmen im Social Media Marketing liegt darin begründet, dass es auch mit kleineren Marketingbudgets möglich ist, eine Vielzahl von Kontakten zu erreichen. Hinzu kommt, dass die nachweislich hohe Wirkung der Mundpropaganda als Element im Social Media Marketing genutzt werden kann. Die Menschen vertrauen in der Regel eher Empfehlungen von Bekannten oder zumindest anderen Konsumenten als den Werbeversprechen der Unternehmen selbst. In der oberen Tabelle sind im Überblick ausgewählte Chancen und Risiken dargestellt.

Auswahl der Medien

Vor dem Hintergrund der Vielzahl von Portalen bzw. Netzwerken im Social-Media-Mix ist eine Konzentration auf die wichtigsten Plattformen sinnvoll. Auf die Bedeutung der eigenen Homepage wurde bereits eingegangen.

Facebook

Facebook ist den sozialen Netzwerken zuzuordnen, mit denen „Freunde“ (aus dem realen Leben und aus dem Netz) miteinander kommunizieren können. Für (gastronomische) Unternehmen bieten diese Netzwerke die Möglichkeit zu Beziehungsmarketing. Dabei besteht das Ziel darin, mehr loyale, zufriedene und profitable Gäste an das Unternehmen zu binden.

Facebook bietet Unternehmen die Möglichkeit, öffentliche Profile bzw. offizielle Seiten anzulegen. Sie können u.a. folgende Inhalte enthalten:

- Informationen über das Unternehmen
- Filialfinder
- Speise- und Getränkekarte
- Fotos und Videos
- Aktionen und Veranstaltungen
- Jobs

Nutzer verbinden sich über die Option „gefällt mir“ mit dem Unternehmensnetzwerk. Marketingaktivitäten, die über klassische Medien kommuniziert werden, können in Facebook integriert werden. Insbesondere die Möglichkeit, Gäste bzw. Kunden an der Gestaltung von Produkten zu beteiligen, zeigt die Chancen auf. Facebook kann somit auch als Marktforschungsinstrument genutzt werden (Facebook-Umfragetool Facebook-Questions).

Die öffentlich sichtbaren Nachrichten, die der Nutzer auf der Facebook-Seite einer Gastronomie hinterlegen kann, sind Chance und Risiko zugleich. Bei positiven Meinungen zur gastronomischen Leistung bekommt das Unternehmen einen „kostenlosen“ Werbeanstoß. Durch das Bewerten dieser Meinung („Gefällt mir“ bzw. „Kommentieren“) werden diese Anstöße aufgegriffen und multipliziert. Gleiches gilt allerdings auch für negative Meinungen. Das Unternehmen muss dann jeweils entscheiden, auf welche Meinungen reagiert wird und wann es ggf. angebracht sein kann, nicht zu reagieren. Wichtig ist jedoch immer, dass das Unternehmen die Kommentare überhaupt verfolgt und versucht, dem Nutzer einen Mehrwert zu geben.

Mit sogenannten Facebook-Applikationen können Anwendungen im Design von Facebook erstellt und auf Nutzerdaten zugegriffen werden. Beispielhaft lassen sich so Bestellvorgänge in einem Restaurant bzw. für Lieferdienste über eine derartige Applikationen abwickeln.

Facebook-Places bietet in Verbindung mit Facebook-Deals Gästen die Möglichkeit, sich in einem Restaurant einzuchecken und als Belohnung z.B. einen Rabatt auf ein Gericht oder ein Freigetränke zu erhalten. Indem nun diese Gäste ihren Freunden mitteilen, wo sie sind und was sie dafür erhalten haben, wird die Aktion multipliziert.

Diese kurze Übersicht einiger Anwendungen kann die Bandbreite der Marketingmöglichkeiten über Facebook nur im Ansatz aufzeigen. Für eine Nutzung sind unter anderem die entsprechenden juristischen Rahmenbedingungen zu beachten, so muss Werbung als solche kenntlich gemacht werden.

Gastronomische Marken in D: Top 20 Facebook-Ranking

R	Marke	Anzahl Fans am 16.07.2013
1	McDonald's D	2.247.917
2	Subway D	666.557
3	Starbucks D	571.367
4	Burger King D	545.237
5	Pizza Hut D	478.393
6	KFC D	414.463
7	Vapiano	356.460
8	Joey's Pizza	143.867
9	Hallo Pizza	87.329
11	Bräustüberl Tegernsee	58.563
10	PetitBistro (Aral)	58.346
13	Hofbräuhaus (München)	49.639
16	Sansibar (Sylt/Hamburg)	49.253
12	BoboQ	49.090
15	Jim Block	42.944
14	Cafe Extrablatt	42.284
17	Sausalitos	40.664
18	Call a Pizza	33.282
19	Le CroBag	31.395
20	Nordsee Deutschland	23.960

Stand: 16.07.2013
(Quelle: Zeitschrift „food-service“/ Deutscher Fachverlag, weitere Informationen über www.dfv-archiv.de/)

Unternehmensinformation bei Facebook (L'Osteria)

Gewinnaktion bei Facebook (Pizza Hut)

Weitere Social-Media-Plattformen in Stichworten:

- XING als Businessnetzwerk u. a. für Jobempfehlungen passend zum eigenen Profil
- Foursquare: standortbezogenes soziales Netzwerk (location based services), Gäste können sich an Standorten einchecken und tauschen via Smartphone Informationen z. B. zu gastronomischen Angeboten aus, siehe auch Facebook Places/ Deals
- Google+ als direkter, relativ neuer Wettbewerber von Facebook

Twitter

Die Nutzung von Twitter als Marketinginstrument kann unter anderem für eine Systemgastronomie zielführend sein, die eine breite Altersstruktur ansprechen möchte. Insbesondere die Gruppe der über 55-Jährigen ist dort überproportional vertreten.

Die Twitter-Nachrichten sind auf 140 Zeichen begrenzt und kommen somit dem Bedarf nach kurzen Botschaften in einer ohnehin informationsüberladenen Zeit nach. Dadurch eignen sie sich außerdem sehr gut für Smartphones. Twitter kann in der Gastronomie insbesondere für kurzfristig anstehende Aktionen (Wochenangebote, Rabatte, Kombi-Angebote etc.), Events, wichtige Informationen (z. B. geschlossene Gesellschaften) etc. im Sinne von Verkaufsförderung, aber auch Direktmarketing verwendet werden.

Voraussetzung für die effiziente Nutzung ist eine möglichst hohe Anzahl an Followern, also Twitternutzer, die die Nachrichten erhalten und hoffentlich lesen.

Tweets bei Twitter (Le Crobag)

Ein großer Kommunikationseffekt tritt dann ein, wenn über sogenannte Retweets die Nachrichten einer Gastronomie an einen Gast von diesem Gerät wiederum an seine Follower weitergeleitet werden. Besonders wertvoll sind somit Gäste mit einer großen Zahl an Followern.

YouTube

YouTube gehört zu den Mediasharing-Sites, auf denen Privatpersonen, aber auch Unternehmen Fotos und Videos veröffentlichen. Ähnlich wie bei Suchmaschinen können Nutzer nach Bildern und Videos einer gastronomischen Marke suchen, für die sie sich interessieren, weil sie z. B. darüber etwas gehört haben. Diese potenziellen Gäste erwarten auf YouTube audiovisuelle Informationen, mit denen (idealerweise unterhaltsam) das gewünschte Wissen vermittelt wird.

Für diese Suchfunktion werden Dateien mit Videos und Bildern durch einen sogenannten **Tag** (z. B. den Markennamen) gekennzeichnet. Bei Unternehmen erfolgt die YouTube-Nutzung über ein Profil, mit dem ein sogenannter Kanal anzulegen ist, der z. B. nach dem Firmennamen benannt ist. Das Unternehmensvideo kann als zeitgemäße Ergänzung zu einem gedruckten Unternehmens- bzw. Hausprospekt eingeordnet werden, mit den Vorteilen der Reichweite und der audiovisuellen Präsentation.

Im Vergleich zu klassischen Werbefilmen im TV und Kino entscheidet der Nutzer in der Regel selbst, dass er sich die Inhalte ansieht. Es ist somit von einer hohen Aufmerksamkeit beim Nutzer auszugehen, sofern die Dauer bzw. die Spannung des Videos entsprechend ausgelegt ist. Diese Voraussetzung macht deutlich, dass es wenig zielführend ist, die klassischen Werbespots auf Youtube zu hinterlegen. Es sollte weniger um Werbung als um Information bzw. Unterhaltung gehen.

Die im Netz verfügbaren Inhalte bzw. Videos zu einer gastronomischen Marke werden sowohl von den Unternehmen als auch den Gästen selbst erstellt. Ähnlich wie bei Facebook sind die Inhalte, die durch Gäste generiert werden, Chance (bei positiven Bildern) und Risiko zugleich. Auch hier gilt, dass ein positives Video, das eben nicht vom Unternehmen selbst produziert wurde, im Sinne der Mundpropaganda eine hohe Glaubwürdigkeit besitzt.

Suchmaschinenmarketing

Der Begriff Suchmaschinenmarketing hat sich parallel zur Nutzung des Internets entwickelt. Neben der Qualität des realen Standorts (siehe Kapitel 15.3.3) ist heute ein „guter Platz" bei Suchmaschinen wie Google wichtig. Ziel ist, dass der eigene gastronomische Betrieb bei der Internetsuche möglichst weit oben auf der ersten Ergebnisliste bzw. Ergebnisseite erscheint.

Der HTML-Code

- ist eine sogenannte Auszeichnungssprache,
- mit der die Inhalte eines Dokumentenformats beschrieben werden.
- Das entsprechende Dokument wird von einem Webbrowser angezeigt.

Der Titel-Tag

- beschreibt einem Nutzer bzw. einer Suchmaschine die Inhalte der Webseite.

Neben der Möglichkeit, Werbeanzeigen bei einer Suchmaschine zu kaufen, kann das gastronomische Unternehmen die Platzierung bei Ergebnislisten optimieren. Eine wichtige Maßnahme ist ein aussagekräftiger Titel-Tag als Teil des HTML-Codes. Das heißt, dass neben dem Namen der Gastronomie möglichst relevante und kurze Suchbegriffe verwendet werden, die den Schwerpunkt des gastronomischen Angebots beschreiben. Dieser Titel-Tag erscheint dann als erste Zeile im Suchergebnis.

Einen weiteren Einfluss auf das Suchergebnis hat die Qualität der Inhalte der Unternehmens-Homepage an sich. Über die Mundpropaganda machen interessierte Nutzer dann wieder andere Nutzer in Blogs, bei Facebook etc. auf eine entsprechend spannende Website aufmerksam.

Bewertungsplattformen

Auf Bewertungsplattformen bewerten üblicherweise keine professionellen Restaurantester, sondern „normale" Gäste, (die in der Regel registriert sein müssen) gastronomische Angebote. Die Glaubwürdigkeit dieser niedergeschriebenen Erfahrungen ist nachweislich aus Sicht der weiteren Gäste hoch. Häufig beginnt das Vorhaben, eine Gastronomie zu besuchen, mit der Sichtung von Bewertungen im Internet (siehe auch Kapitel 4.3.4).

Beispiele für gastronomische Bewertungsplattformen
www.restaurant-kiritik.de
www.qype.com
www.tripadvisor.de
www.citysearch.com

Plattformen wie beispielsweise Qype bieten passend zum Ort, an dem der User sich gerade aufhält, Toplisten gastronomischer Betriebe auf Basis von Bewertungen an. Die Suche kann nach Kategorien (Restaurants, Bars & Kneipen etc.) verfeinert werden.

Für den gastronomischen Betrieb geht es auch hier zunächst darum, dass er die Plattformen kennt und regelmäßig sichtet. Neben den Bewertungen hat der gastronomische Betrieb selbst die Möglichkeit, Informationen zum gastronomischen Angebot inklusive Bilder hochzuladen.

Bei negativen Bewertungen besteht grundsätzlich die Möglichkeit zu antworten. Allerdings sollte eine derartige Bewertung zunächst selbstkritisch betrachtet werden. In der Regel wird es einen konkreten Anlass aus Gästesicht gegeben haben.

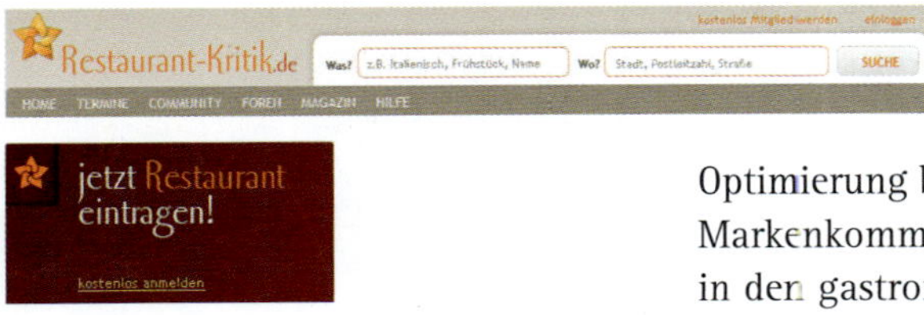

Bewertungsplattform (www.restaurant-kritik.de)

Auf Basis von internen Gesprächen mit den Mitarbeitern in Küche und Service können dann entsprechende Maßnahmen ergriffen werden. Möglich ist hier eine tatsächliche Optimierung bei Produkten und/oder Dienstleistungen oder eine veränderte Markenkommunikation, damit Gäste mit der „richtigen" Erwartungshaltung in den gastronomischen Betrieb gehen. Anschließend kann gegebenenfalls eine entsprechende Antwort auf die negative Bewertung erfolgen.

In der Systemgastronomie ist das Zusammenspiel zwischen Betrieb und Systemzentrale erfolgskritisch. Sofern sich negative Bewertungen häufen, sollte analysiert werden, ob es an der Umsetzungsqualität einzelner Betriebe liegt oder ob ein Produkt insgesamt zu optimieren ist.

Bei positiven Bewertungen entstehen die Wirkungen einer Mundpropaganda mit einer hohen Glaubwürdigkeit. Daher ist es auf der Basis einer überzeugenden gastronomischen Leistung sinnvoll, Gäste aktiv zu einer Bewertung aufzufordern. Diese Aufforderung sollte allerdings ergänzend zu den direkten Gästekontakten erfolgen, da eine sofortige Reaktion bei Mängeln noch während des Besuchs erfolgen sollte.

15.5.10 Öffentlichkeitsarbeit

1 Milliarde Gäste vertrauen McDonald's 2011

Innovative Produkte, ausgewogene Vielfalt, offener Gästedialog sowie Restaurantneueröffnungen sorgen für Umsatzwachstum

McDonald's Deutschland hat im vergangenen Jahr die Wünsche seiner Gäste konsequent in den Mittelpunkt gestellt und wurde mit deren Vertrauen belohnt. Mehr als eine Milliarde Gäste führten zu einem erfolgreichen Geschäftsjahr 2011: Der Nettoumsatz stieg im Vergleich zum Vorjahr um 5,9 Prozent. Das Erfolgsrezept des letzten Jahres – innovative Produkteinführungen, eine weiter gesteigerte ausgewogene Vielfalt, ein trendsetzender Gästedialog sowie Neueröffnungen – steht auch für 2012 im Fokus.

Pressemeldung (McDonald's)

Die Öffentlichkeitsarbeit (Public Relations) eines systemgastronomischen Unternehmens umfasst die Maßnahmen, mit denen die Bekanntheit und das Image der Systemzentrale sowie der einzelnen Betriebe in der Öffentlichkeit positiv beeinflusst werden sollen.

Die sogenannte Öffentlichkeit umfasst unterschiedliche Interessengruppen:

- Extern sollen auf der „Umsatzseite" potenzielle bzw. bestehende Gäste erreicht werden.
- Auf der „Einkaufsseite" kann eine positive Berichterstattung die Position gegenüber Lieferanten, Franchisenehmern, Investoren bzw. bei der Standortsuche stärken.
- Vor Ort kann es darum gehen, die Zusammenarbeit mit den Behörden zu verbessern, bei den angrenzenden Nachbarn eine positive Kommunikation aufzubauen oder wichtige Dienstleister wie Taxiunternehmen bzw. Taxifahrer zu informieren.
- Intern geht es darum, bestehende Mitarbeiter an das Unternehmen zu binden und potenzielle Mitarbeiter für das Unternehmen zu interessieren.

Grundsätzlich kann Öffentlichkeitsarbeit deutlich günstiger und effektiver als „bezahlte" Werbung sein. Für die Öffentlichkeitsarbeit können unterschiedliche Anlässe genutzt werden.

Das Wissen über die relevante Medienlandschaft vor Ort bzw. überregional sowie die intensive Kontaktpflege zu den Medien bzw. Ansprechpartnern ist eine wichtige Voraussetzung für die erfolgreiche Umsetzung.

Die geeigneten Printmedien werden in folgende Kategorien unterteilt:

- Fachzeitschriften (z. B. mit Bezug zu Berufen, zu besonderen Interessen/Schwerpunkten etc.) und
- Publikumszeitschriften (breit angelegte Themen bzw. Zielgruppen)

Fachzeitschriften sind ein geeignetes Medium für die Ansprache von Lieferanten bzw. Investoren. Beide Kategorien sind grundsätzlich auch denkbar für die Ansprache von Gästen und Mitarbeitern. Neben Printmedien lassen sich weitere klassische Medien wie (regionale) TV- und Radio-Sender, aber auch die entsprechenden internetbasierten Plattformen nutzen.

Instrumente der Öffentlichkeitsarbeit:

- Unternehmensbroschüren
- Veranstaltungen (Tag der offenen Tür)
- Pressemappen, Pressekonferenzen mit Texten und Bildern zum Unternehmen, zu den Angeboten bzw. Aktionen
- Unternehmenszeitschriften für eine breite interne und externe Zielgruppe (allgemeine Informationen, besondere Erfolge, Jubiläen etc.)
- Gästezeitschriften/Newsletter mit aktuellen Angeboten, Aktionen etc.
- Mitarbeiterzeitschriften/Newsletter mit neuen Produkten, erfolgreichen Aktionen, besonders engagierten Mitarbeitern etc.
- Vorträge, Diskussionsforen
- Geschäftsberichte für Aktionäre

PR-Aktion (McDonald's)

Anlässe für Pressearbeit

- Eröffnungsphase
- Geschichten um Personen (Inhaber, Betreiber, Personal)
- Aktionen zu den Jahreszeiten (z. B. Biergarteneröffnung, Weihnachtsmenü)
- Events (Konzerte, Besuche von VIPs)
- soziales Engagement

15.5.11 Trends im Marketing

Neben Web 2.0 und den entsprechenden Ableitungen sind für einen zeitgemäßen Marketingmix in der Systemgastronomie weitere Plattformen bzw. Themenbereiche einzubeziehen.

Cross-Marketing

Gastronomische Betriebe und insbesondere die starken Marken der Systemgastronomie sind für externe Marken nicht nur ein Absatzkanal, sondern auch ein möglicher Ort für deren Markenkommunikation im Sinne von Cross-Marketing.

Ziele der Kooperation zweier Marken:

- Bündelung unterschiedlicher Kompetenzen
- Gemeinsame Wertschöpfung/Erschließen von Marktpotenzialen
- Nutzen für beide Partner (Marken) durch eine Steigerung der Markenbekanntheit
- Imagetransfer von der Gastronomiemarke auf die externe Marke und umgekehrt
- Nutzen für den Endkunden (Gast)

Die Präsenz einer externen Marke in der Gastronomie bietet im Vergleich zur klassischen Kommunikation die Möglichkeit zu Probierkäufen mit realen Produkterfahrungen. Im erweiterten Sinn kann es auch um eine Kooperation mit Marken gehen, die zwar nicht konsumiert werden, aber eine gewisse Funktion bzw. Passung in der Gastronomie haben, wie z. B. Einrichtungsgegenstände.

Mögliche Markenbereiche für Cross-Marketing in der Gastronomie

- Getränke/Lebensmittel
- Kaffeemaschinen, Kühl-/Weinschrank
- Besteck/Teller/Tassen/Gläser
- Zigarette/Zigarre
- Bekleidung/Schuhe/ Schmuck
- Einrichtung (Tische, Stühle, Lampen)
- TV/Musikanlage/Lautsprecher
- externe Veranstaltungen/Events
- allgemein Kundenkarten großer Unternehmen
- bekannte Persönlichkeiten

Cross-Marketing (KFC)

Cross-Marketing (Deutsche Bahn)

Nachhaltigkeit
„Nachhaltige Entwicklung heißt, Umweltgesichtspunkte gleichberechtigt mit sozialen und wirtschaftlichen Gesichtspunkten zu berücksichtigen. Zukunftsfähig wirtschaften bedeutet also: Wir müssen unseren Kindern und Enkelkindern ein intaktes ökologisches, soziales und ökonomisches Gefüge hinterlassen. Das eine ist ohne das andere nicht zu haben."
(Quelle: http://www.nachhaltigkeitsrat.de/nachhaltigkeit/, gefunden am: 28.2.2012)

Die Chancen einer Kooperation mit starken Marken sind vielfältig:

- finanzielle Vorteile durch das Einwerben von Sponsoringmitteln
- Stärkung des gastronomischen Images
- den Gästen wird gezeigt, dass der Einkauf einen Qualitätsanspruch verfolgt

Die Systemgastronomie bietet der Markenartikelindustrie den zusätzlichen Vorteil, dass die regionale und teilweise nationale Verfügbarkeit von Betrieben eine entsprechend großräumige Kooperation ermöglicht. Allerdings bestehen für beide Marken auch Risiken, falls z. B. aus Sicht der Gäste die Marken in keiner Weise zueinander passen.

Corporate Social Responsibility (CSR)
Mit diesem Begriff wird die soziale Verantwortung eines Unternehmens – über bestehende Gesetze hinaus – beschrieben. Es geht darum, freiwillig einen nachhaltigen Beitrag zu leisten.

Folgende Ziele sollen neben ökonomischen Zielen verfolgt werden:

- **ökologische Ziele** (z. B. Verwendung von regionalen und/oder biologischen Produkten bzw. Fleisch aus artgerechter Tierhaltung, gesunde Produkte, Müllvermeidung, Energieeinsparungen etc.) und
- **soziale Ziele** (fairer Umgang mit den Mitarbeitern, Ausbildung von Mitarbeitern, sichere Arbeitsplätze, Engagement für hilfsbedürftige Mitmenschen, Förderung von Vereinen, Schulen etc.)

Die (System-)Gastronomie sollte sich dieser Verantwortung stellen und sie als Chance begreifen. Mit dem steigenden ökologischen Bewusstsein in der Gesellschaft, das sich in einer wachsenden Nachfrage nach gesunden bzw. nachhaltig erzeugten und gehandelten Lebensmitteln ausdrückt, steigt auch die Kunden- und Mitarbeiterbindung zu Marken bzw. Unternehmen, die eine ähnliche Philosophie verfolgen. Dies ist besonders wichtig für die Gastronomie, da der Besuch einer Gastronomie öffentlich ist („jeder" kann dort gesehen werden).

Die Maßnahmen im Bereich Corporate Social Responsibility erfüllen somit zwei Ziele: Glaubwürdige Aktionen leisten einen sozialen bzw. ökologischen Beitrag und dienen gleichzeitig dazu, ökonomische Ziele zu erreichen (Umsatz, Imageverbesserung, Kundenbindung etc.). Nicht zuletzt werden sich Mitarbeiter tendenziell eher für Unternehmen entscheiden, die sich hier engagieren.

Nachhaltige Unternehmensphilosophie (Subway)

Eventmarketing und Sponsoring

Sponsoring und Eventmarketing sind Instrumente der Kommunikationspolitik (auch Live-Kommunikation genannt).

> Sponsoring verfolgt das Ziel, die Bekanntheit bzw. das Image eines Unternehmens zu verbessern bzw. die gesellschaftliche Verantwortung zu dokumentieren, indem Personen und/oder Organisationen mit Geld, Sachmitteln, Dienstleistungen und Know-how gefördert werden.

Im Hinblick auf Veranstaltungen beschreibt Sponsoring die Nutzung von Veranstaltungen Dritter zur Markenkommunikation. D. h., die Veranstaltung würde in der Regel auch ohne den Sponsor stattfinden.

> Eventmarketing beschreibt die Entwicklung und Umsetzung eigener Events der betreffenden Marke zum Ziel der Markenkommunikation.

Diese Maßnahmen sind insbesondere im Hinblick auf die Erlebnisorientierung in der Gesellschaft bedeutsam und hinsichtlich der Eventnähe der Gastronomie.

Gastronomische Betriebe nutzen Events traditionell zur Umsatzgenerierung. Darüber hinaus können Events eine Werbewirkung haben, d. h., bestehende und potenzielle Gäste werden über die Teilnahme an Events bzw. über die Kommunikation von Events an die gastronomische Marke gebunden. Im Hinblick auf Cross-Marketing können externe Marken diese Events ebenfalls im Sinne von Sponsoring nutzen oder eigene Events in gastronomischen Betrieben durchführen, mit dem Ziel der Markenkommunikation.

Sponsoringarten

- Kulursponsoring: Förderung von Musik, Kunst, Theater, Veranstaltungen
- Umweltsponsoring: Unterstützung von Umweltschutzinitiativen bzw. -organisationen
- Sozialsponsoring: Förderung von Bildungseinrichtungen, Wohlfahrtsorganisationen etc.
- Sportsponsoring
- Programsponsoring: Unterstützung von Sendeformaten, u. a., in TV und Funk

Sozialsponsoring (Block House)

Mundpropaganda und Empfehlungsmarketing

Das Wissen um die Bedeutung von Mundpropaganda ist kein „neuer Trend" im Marketing. Allerdings wird insbesondere in der Systemgastronomie durch die Ausbreitung von Online-Marketing bzw. der Bewertungsplattformen in letzter Zeit intensiver an den Chancen und Risiken der Mundpropaganda gearbeitet (siehe auch Kapitel 15.5.9).

Mundpropaganda in sozialen Netzwerken

Die persönliche Weitergabe von positiven oder negativen Erlebnissen nach einem Gastronomiebesuch – mündlich oder online – wird häufig beim Empfänger als vertrauenswürdig eingestuft, da keine kommerziellen Interessen unterstellt werden. Negative Eindrücke werden überwiegend nicht sofort in der Gastronomie vor Ort in Form einer Reklamation zum Ausdruck gebracht, sondern anschließend in einem Gespräch unter Freunden oder via Facebook, Qype & Co.

Ein professionelles Empfehlungsmarketing ist darauf ausgerichtet, unzufriedene Gäste zu erkennen, Mängel umgehend zu beseitigen und zufriedene Gäste dafür zu gewinnen, dass sie als Referenzkunden bzw. „Fan" des gastronomischen Betriebs Dritten positiv berichten.

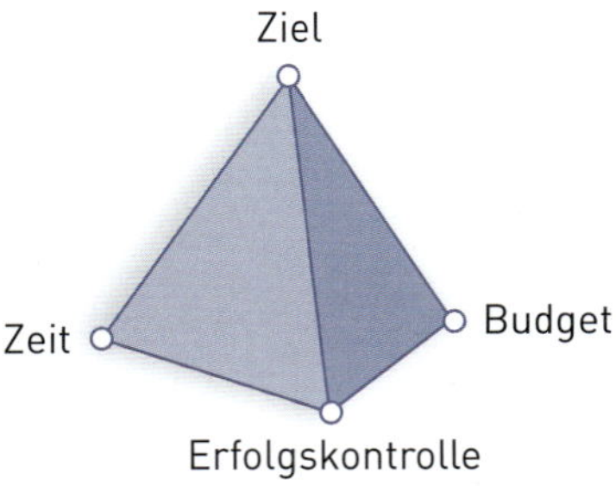

Magisches Projektdreieck

15.5.12 Aktionsplanung

Für die erfolgreiche Planung, Umsetzung und Kontrolle der Marketingmaßnahmen sind Erfahrungen und Methoden aus dem Projektmanagement hilfreich. Mittels des sogenannten magischen Projektdreiecks können die Projektziele wie angestrebte Qualität, Kosten und Zeiten/Zeitbedarf definiert werden.

Am Beispiel von Events im Rahmen der Kommunikationspolitik eines gastronomischen Unternehmens werden die Rahmenbedingungen der „Aktion Event" beispielhaft durch eine Reihe von Fragen festgelegt.

Gerade bei Events liegt der Hauptaufwand in der Planung. Das Ergebnis kann nicht nachgebessert werden, es sei denn, das Event wird wiederholt. Daher spielen Risikomanagement und Sicherheitsaspekte eine wichtige Rolle.

Fragen bei der Planung eines Events:

- Welches Ziel soll erreicht werden: z. B. x Besucher des Events, y Werbekontakte durch die Ankündigung des Events, z € Umsatz beim Event, Zufriedenheit der Eventbesucher, Kundenbindung, Neukundengewinnung, Verbesserung der Bekanntheit, Qualität des Events?
- Welches Budget steht zur Verfügung: Finanzmittel, Mitarbeiter, weitere Ressourcen (Material etc.)?
- Wann soll das Event stattfinden: Welche Zwischenschritte gibt es, bis wann kann der Termin noch verschoben werden etc.?
- Wie findet die Erfolgskontrolle statt: D. h., wie werden die Ziele messbar gemacht?

Marketingmaßnahme – „Happy Hour" (Celona)

15.5.13 Etat für Marketingmaßnahmen

In der gastronomischen Praxis werden als Methode zur Budgetfestlegung im Marketing verschiedene Methoden verwendet.

Fortschreibung aus der Vergangenheit
Diese Methode ist insoweit kritisch zu sehen, da sich in der Zukunft Rahmenbedingungen ändern können, die eine Budgeterhöhung oder -reduzierung notwendig machen.

Planungskennziffern
Die Festlegung anhand von Planungskennziffern ist eine weitere Methode. Sie beziehen sich beispielsweise auf

- einen prozentualen Anteil des Umsatzes oder Gewinns oder
- einen entsprechenden Branchenschnitt als Budgetansatz.

Der Vorteil dieser Methode mit Planungskennziffern ist, dass das Unternehmen in der Regel nicht mehr investiert, als es sich leisten kann. Allerdings ist gerade in der Startphase, in Expansionsphasen bzw. in kritischen Phasen eine Erhöhung des Marketingbudgets ggf. sinnvoll, auch ohne dass sich der Umsatz sofort parallel erhöht.

Ist die Existenz des Unternehmens unmittelbar bedroht, ist grundsätzlich auch eine übergangsweise Reduzierung des Marketingetats bzw. ein Etatstopp eine denkbare Option. Allerdings müssen in der Folge ggf. zusätzliche Mittel eingesetzt werden, um die Marke dann wieder zu stärken.

Marketingmaßnahmen mit begrenztem Budget
- Definition eines USPs/einer klaren und differenzierten Positionierung
- Gästebindung durch direkte Gästeansprache im Betrieb
- Qualitäts- und Reklamationsmanagement im Betrieb
- Mundpropaganda
- Öffentlichkeitsarbeit
- Nutzung der Möglichkeiten im Social-Media-Marketing
- Sponsoring durch externe Marken/Cross-Marketing

Dies gilt umso mehr, da die Wirkung von Marketinginvestitionen häufig zeitversetzt eintritt. Die Herausforderungen bei Branchenkennziffern liegen auch in der Zuordnung: Welche Maßnahmen werden unter Marketing verbucht, welche erscheinen in anderen Positionen?

Grundsätzlich ist die Frage zu stellen, ob die tendenziell sehr niedrigen Marketingbudgets der Gastronomie (teilweise „nur“ ca. 1 % des Umsatzes) der geeignete Maßstab für die unterschiedlichsten Ausgangssituationen bzw. Herausforderungen darstellen. So kann eine kurzfristige deutliche Erhöhung des Budgets das „Überleben“ einer Gastronomie sichern – in anderen Fällen kann diese Budgethöhe aber bereits zu Liquiditätsengpässen führen.

Ziel- und Aufgabenmethode
Bei dieser Methode wird das Marketingbudget über eine kostenmäßige Bewertung der geplanten kommunikativen Aktivitäten festgelegt. Diese Methode erscheint – bei Beachtung von zu erreichenden Liquiditätszielen bzw. Gewinnzielen – als sinnvolle Ergänzung zu den oben genannten Methoden.

Für Unternehmen, die sich in der Startphase befinden bzw. denen ein sehr begrenztes Budget zur Verfügung steht, existieren eine Reihe von kreativen Marketingmaßnahmen, die auch mit begrenzten Budgets umsetzbar sind, wie beispielswiese die direkte Gästeansprache im Umfeld der Gastronomie.

15.6 Marketing-Controlling und Beschwerdemanagement

> Der Controlling-Kreislauf aus Planung, Umsetzung, Kontrolle und ggf. Anpassung von Zielen und Maßnahmen (siehe Kapitel 17.3) hat auch für die Erfolgskontrolle bei den Marketingmaßnahmen Gültigkeit.

Im folgenden Abschnitt soll zunächst allgemein auf die Aufgaben im Marketing-Controlling eingegangen werden und anschließend auf das Beschwerdemanagement als wichtiger Teilbereich des Marketing-Controllings in der Systemgastronomie.

15.6.1 Marketing-Controlling

Die Marketingplanung, -umsetzung und -kontrolle sollten kurzfristig, mittelfristig und langfristig erfolgen. In der Planungsphase geht es dabei nicht nur um die Festlegung von Zielen, sondern auch darum, die entsprechenden organisatorischen Rahmenbedingungen zu schaffen.

Controlling-Zeiträume
- kurzfristig (1 Jahr)
- mittelfristig (2–5 Jahre)
- langfristig (5–10 Jahre)

Die Systemzentrale muss also über die erforderlichen Mitarbeiter, Arbeitsbedingungen und Entscheidungsstrukturen verfügen, die notwendig sind, eine Planung zu erstellen, umzusetzen und den Erfolg zu kontrollieren. Die große Bedeutung der Marketingarbeit kann durch eine direkte Anbindung der Marketingabteilung bzw. der Marketingmitarbeiter an die Geschäftsleitung bzw. die Inhaber dokumentiert werden.

Erfolgskontrolle der Marketingmaßnahmen im Hinblick auf:
- Effektivität, d.h., wurden die Ziele erreicht?
- Effizienz, d.h., wie wurden die Ziele erreicht, z.B. mit welchem Aufwand?

Die Überprüfung der Effizienz und Effektivität der Marketingmaßnahmen kann in der Kontrollphase durch folgende Fragen erfolgen:

Wurden die (Marketing-)Ziele erreicht (Effektivität)?

Falls ja: Kann die Zielerreichung zukünftig mit weniger Mitteleinsatz erreicht werden (Effizienz)?

Falls nein: Welche Maßnahmen müssen ergriffen werden, um das Ziel zukünftig zu erreichen (Effektivität)?

Die zu erreichenden Marketingziele werden in quantitative und qualitative Ziele unterteilt.

Quantitative Marketingziele	Qualitative Marketingziele
▪ Umsatz, Gewinn, Anzahl der Gäste, Umsatz pro Gast, Anzahl verkaufter Speisen bzw. Getränke nach Artikel, Umsatz in Aktionen, Umsatz nach Wochentagen/Tageszeit, Gäste bei Events etc.	▪ abrufbares Image bei Gästen/Nicht-Gästen, Gästezufriedenheit, Mitarbeiterzufriedenheit etc.

Die Messung der Zielerreichung der **quantitativen Ziele** kann z.B. über das eigene Rechnungswesen erfolgen – einschließlich der Frage, ob die Marketingbudgets eingehalten wurden. Allerdings berücksichtigen diese Daten keine relative Zielerreichung im Vergleich zur Branche bzw. zu relevanten Mitbewerbern. Daher sollte nach Möglichkeit bei der Bewertung der Zielerreichung einfließen, welche Maßnahmen Wettbewerber ergriffen haben und wie effizient bzw. effektiv deren Ziele erreicht wurden.

Auszeichnung „F&C-Award" für Zufriedenheit der Franchise-Partner (Joey's Pizza Service)

Die **qualitativen Marketingziele** können über entsprechende Befragungen von Gästen/Nicht-Gästen und Mitarbeitern erfolgen. Neben der Befragung bzw. Bewertung zu einem festen Zeitpunkt geht es auch um die dynamische Entwicklung von Befragungsergebnissen, d.h. beispielsweise um die Frage, wie sich das Markenimage über mehrere Jahre verändert.

Auszeichnung „Bester Arbeitgeber" (Block House)

Die Herausforderung bei der **Marketingkontrolle** besteht darin, einzelne Marketingmaßnahmen isoliert einer Wirkung zuzuordnen. Dies ist nicht immer möglich. Idealerweise kann bei einem bestimmten Gästeverhalten nachgefragt werden, was der Auslöser war. Bei dem Besuch eines Events kann dies z.B. mit der Frage erfolgen: „Wie wurden Sie auf diese Veranstaltung aufmerksam?"

15.6.2 Beschwerdemanagement

Ein wichtiges qualitatives Marketingziel ist es, möglichst zufriedene Gäste zu haben. Ein Verfahen, diese Zufriedenheit direkt zu messen, sind **Gästebefragungen**. Eine indirekte Messung kann über die Auswertung von Reklamationen erfolgen. Voraussetzung ist ein Beschwerdemanagement, damit Reklamationen auch tatsächlich erfasst und bearbeitet werden (siehe auch Kapitel 4.3.6).

Die Bedeutung der Gästezufriedenheit für den Unternehmenserfolg ist sehr hoch. Unzufriedene Gäste erzählen in der Regel nach einem Gastronomiebesuch deutlich mehr Freunden und Bekannten von ihren negativen Erlebnissen als zufriedene Gäste. Hinzu kommt, dass in vielen Fällen die Unzufriedenheit während des Besuchs nicht erkannt wird. Daher ist es wichtig, dass die Mitarbeiter im Service dem Gast rechtzeitig die Chance zur Kritik geben – z. B. kurz nachdem ein Gericht oder Getränk serviert wurde. An dieser Stelle können Fehler noch korrigiert und möglicherweise sogar in ein positives Gästeerlebnis gewandelt werden. Die Mitarbeiter benötigen für derartige Situationen vorgegebene Lösungen, z. B. indem ein Gericht nachgebessert oder ggf. nicht berechnet wird. Sinnvoll ist die systematische Einbindung der Betriebsleitung in die Reklamationsbearbeitung bzw. eine Information an die Systemzentrale, je nach Vorfall.

Die Erfassung und Bearbeitung von Reklamationen (mündlich während des Besuchs oder eventuell anschließend schriftlich oder telefonisch) dient dazu, eine Häufung von Reklamationen zu erkennen bzw. systematisch abzustellen. Soll-/Ist-Vergleiche, die Bearbeitungsdauer von Reklamationen, die Reklamationsursache (Küche, Service), die zeitliche Entwicklung von Reklamationsquoten sowie ggf. die Anzahl „verlorener Gäste" sollten dabei in kurzen Abständen wiederkehrend analysiert werden, um notwendige Anpassungen schnellstmöglich durchzuführen.

Ein Fragebogen zur Kundenzufriedenheit (siehe auch Kapitel 15.3.1), der lediglich aus oberflächlichen Marketingaspekten im Gastraum ausgelegt wird und am Ende des Tages ohne eine Analyse vernichtet wird, ist nicht nachhaltig. Sinnvoll sind Beschwerdemanagementkennzahlen, die als Führungs- bzw. Kontrollinstrument dienen. Auf Basis dieser Reklamationsbearbeitung können Mitarbeitergespräche geführt werden.

IHRE MEINUNG IST UNS WICHTIG!

Lieber Gast,

damit wir in Zukunft noch besser auf Ihre Wünsche eingehen können, möchten wir Sie bitten uns ein paar Fragen zu beantworten. Bitte helfen Sie uns unser Angebot zu verbessern.

WELCHES UNSERER RESTAURANTS HABEN SIE BESUCHT?

RESTAURANT

BITTE BEWERTEN SIE NACH DEM SCHULNOTENPRINZIP
(Note 1: sehr gut, Note 6: sehr schlecht)

die Qualität unserer Speisen	1 2 3 4 5 6
die Qualität unserer Getränke	1 2 3 4 5 6
die Auswahlmöglichkeiten in unseren Restaurants	1 2 3 4 5 6
das Ambiente	1 2 3 4 5 6
die Freundlichkeit unseres Personals	1 2 3 4 5 6
die Sauberkeit	1 2 3 4 5 6
das Preis-Leistungs-Verhältnis	1 2 3 4 5 6

SENDEN LÖSCHEN

VIELEN HERZLICHEN DANK FÜR IHR FEEDBACK.
Sie möchten uns etwas erzählen, vorschlagen oder anmerken?
Unsere Gästebeauftragte Christiane Schäfer freut sich auf Ihre Gedanken: info@vapiano.eu

Fragebogen zur Gästezufriedenheit (Vapiano)

Fragestellungen bei Mitarbeitergesprächen

- Bei welchen Mitarbeitern gibt es positive oder negative Auffälligkeiten?
- Welche Unterstützung erhalten die Mitarbeiter, um Fehler zukünftig zu vermeiden?
- Bis wann erfolgt ein erneutes Mitarbeitergespräch mit (hoffentlich) positiveren Kennzahlen?
- Bei welchen Mitarbeitern muss ggf. eine disziplinarische Maßnahme erfolgen?
- Im positiven Fall: Bei welchen Mitarbeitern kann eine „Beförderung" erfolgen?

Reklamationsbearbeitung

Lfd. Nr.	Tag	Schicht	Schichtleiter	Servicekraft	Reklamationsart	Nachbesserung	Nachfassen durch Betriebsleiter notwendig	Weitere Schritte
1	3.7.	Früh	N. N.	N. N.	Vorspeise bei Bestellung nicht aufgenommen	1 Espresso gratis	nein	
2	3.7.	Spät	N. N.	N. N.	Wartezeit, bis Essen serviert wurde > 0,75 Std.	Gast hat keine angenommen	nachträglich telefonische Kontaktaufnahme mit Gast notwendig	
3	3.7.	Spät	N. N.	N. N.	Qualität des Essens bemängelt	Küche hat nachgebessert	nein	

15.7 Recht im Marketing

Im Marketing eines systemgastronomischen Unternehmens sind drei Beziehungsebenen zu Marktteilnehmern rechtlich relevant:

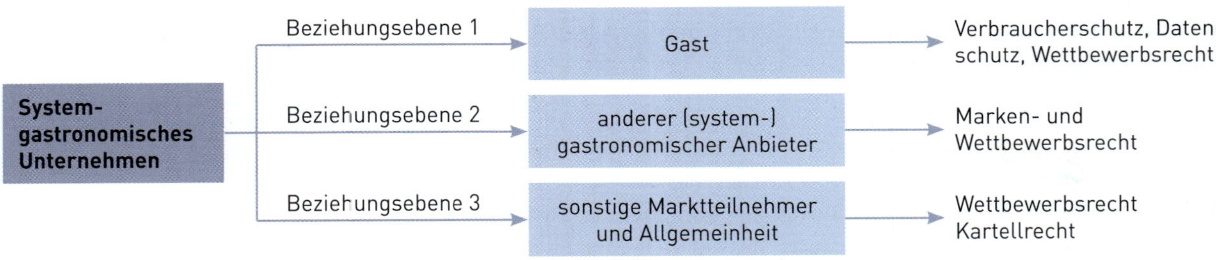

Sanktionen im Marketingrecht können insbesondere sein:

- Schadensersatz und Schmerzensgeld
- Unterlassungsansprüche und Widerrufsansprüche
- Minderung
- Abschöpfung unrechtmäßiger Gewinne
- Bußgelder
- in gravierenden Fällen strafrechtliche Sanktionen

Die Marketingabteilungen der Zentralen, aber auch die Franchisenehmer bzw. Filialen vor Ort müssen bei der Planung und Durchführung von Marketingmaßnahmen und bei jeder Art von Außenkommunikation den dadurch definierten Rechtsrahmen einhalten. Verletzen sie ihn, verschaffen sie sich dadurch auf der einen Seite einen unzulässigen Wettbewerbsvorteil gegenüber ihren gesetzestreuen Mitbewerbern. Zum anderen beeinträchtigen sie die Interessen des Verbrauchers an einer transparenten Entscheidungsfindung für ein bestimmtes Produkt oder eine Dienstleistung. Auch die Allgemeinheit hat ein Interesse an einem fairen Wettbewerb. Deshalb reagiert die Rechtsordnung auf Verstöße mit Sanktionen.

15.7.1 Markenrecht

Für das Geschäftsmodell der Systemgastronomie als Markengastronomie ist der Schutz der Marke von besonders großer wirtschaftlicher Bedeutung.

„Marken sind das neue Kapital." (Denis Hennequin, Chef der Hotelkette Accor worldwide im Interview mit der Wirtschaftswoche, 21.5.2012)

Unternehmensnamen als Wort-/Bildmarken

Unternehmensname als Bildmarke

Verpackungsform als geschützte Marke

Produktname als Wort-/Bildmarke

Das Markenrecht schützt die Identitätszeichen eines Unternehmens. Identitätszeichen sind Produktmarken im eigentlichen Sinne, aber auch Unternehmensbezeichnungen oder geografische Herkunftsangaben.

Marke im Rechtssinn

Schutzfähige Marken sind Zeichen, die geeignet sind, die Waren und Dienstleistungen eines Unternehmens von denen eines anderen Unternehmens zu unterscheiden.

Systemgastronomische Unternehmen lassen üblicherweise die Namen und Symbole des Systems markenrechtlich schützen. Dies umfasst die sogenannte Wortmarke, die Bildmarke sowie die Wort-/Bildmarke als Kombination aus beidem (grafisch gestalteter Namensschriftzug oder Logo) sowie in den meisten Fällen auch die verwendeten Farben.

Aber auch bestimmte charakteristische Produkte, die Form oder Verpackung oder bildliche Darstellungen wie Cartoons können geschützt werden.

Geschäftliche Bezeichnungen und geografische Herkunftsangaben sind keine Marken im Rechtssinn, genießen aber den gleichen Schutz wie diese. Geschäftliche Bezeichnungen sind insbesondere die **Unternehmenskennzeichen**, d.h. der Name bzw. die Firma. Sie müssen nicht extra registriert werden, um geschützt zu sein. Wenn sie jedoch unterscheidungskräftig sind, können sie gleichzeitig auch als Marke eingetragen werden. Bei **geografischen Herkunftsangaben** muss mindestens eine der Herstellungsstufen tatsächlich aus dem Ort oder der Region stammen, die genannt wird.
Beispiele hierfür aus Deutschland sind:
Allgäuer Emmentaler, Thüringer Klöße, Spreewälder Gurken, Nürnberger Rostbratwurst, Dresdner Stollen, Lübecker Marzipan, Kölsch

Unternehmenskennzeichen und Marken

- Firmenbezeichnungen wie McDonald's Deutschland Inc., Burger King Beteiligungs GmbH sind Unternehmenskennzeichen und als solche ab dem ersten Gebrauch im Geschäftsverkehr automatisch geschützt.
- Namen wie McDonald's, Burger King sind ebenfalls Unternehmenskennzeichen und gleichzeitig als Marken eingetragen und geschützt.
- Eingetragene Wort-/Bildmarken und Bildmarken wie
- sind markenrechtlich geschützt.
- Spezielle Produkte wie der „Whopper" von Burger King oder das „Happy Meal" von McDonald's sind ebenfalls Marken.

- Das Rot-Gelb von McDonald's ist eine Farbmarke, die Musik zu den entsprechenden Fernseh- oder Kino-Werbespots sind Hörmarken.

Markenschutz

Das Markengesetz schützt eingetragene Produktmarken, Unternehmenskennzeichen und geografische Herkunftsangaben.

Eintragung: Schutzfähige Marken kann der Markeninhaber ins Markenregister beim Deutschen Patent- und Markenamt eintragen lassen. Voraussetzung ist, dass die Marke die nötige Unterscheidungskraft besitzt, das Publikum nicht täuscht und kein Plagiat darstellt. Für internationale Marken ist darüber hinaus eine europäische bzw. internationale Registrierung sinnvoll. Unternehmenskennzeichen sind auch ohne Eintragung ab dem ersten Gebrauch im Geschäftsverkehr geschützt.

Nutzung: Nur der berechtigte Inhaber darf die Marke im Geschäftsverkehr nutzen. Er kann die Nutzung der Marke Dritten vertraglich gestatten, indem er eine Markenlizenz erteilt. Nach diesem Prinzip funktionieren insbesondere Franchisesysteme.

Kontrolle: Die Überwachung der Marke obliegt dem Markeninhaber selbst. Die Rechts- oder Marketingabteilungen systemgastronomischer Unternehmen lassen daher in der Regel den Markt beobachten, um unbefugte Nutzungen der Marke festzustellen und dagegen (insbesondere mit strafbewehrten Unterlassungserklärungen) vorzugehen. Wird eine Marke im Geschäftsverkehr nicht genutzt, verfällt sie nach fünf Jahren.

Nicht schutzfähig:
Bezeichnungen wie „Cafeteria", „Schnellrestaurant" oder auch „mega" oder „billig" haben keine Unterscheidungskraft und gehören zum allgemeinen Sprachgebrauch. Sie können nicht eingetragen werden.

15.7.2 Unlauterer Wettbewerb

Wer im freien Wettbewerb in Konkurrenz mit anderen Anbietern erfolgreich sein will, muss seine Produkte und Dienstleistungen attraktiv darstellen und ihre Vorzüge herausheben. Dies ist marktwirtschaftlich erwünscht und so lange unproblematisch, wie das Marketing mit fairen Mitteln betrieben wird.

Das Gesetz gegen den unlauteren Wettbewerb (UWG) schützt Mitbewerber und Verbraucher und stellt das Interesse der Allgemeinheit an einem unverfälschten Wettbewerb sicher. In erster Linie richtet es sich gegen unlautere Werbemaßnahmen. Es gilt darüber hinaus auch für alle sonstigen absatzfördernden Maßnahmen und auch für Bezugsverträge („geschäftliche Handlungen"). Darunter fallen in der Systemgastronomie insbesondere auch Speise- und Getränkekarten, Displays oder Menütafeln (siehe Kapitel 14.2.2).

Gesetz gegen den unlauteren Wettbewerb (UWG)
http://www.gesetze-im-internet.de/uwg_2004

Das Gesetz nennt verschiedene typische Beispiele für unlautere geschäftliche Handlungen, wobei Bagatellfälle nicht verfolgt werden können. Für die Systemgastronomie bedeutet dies:

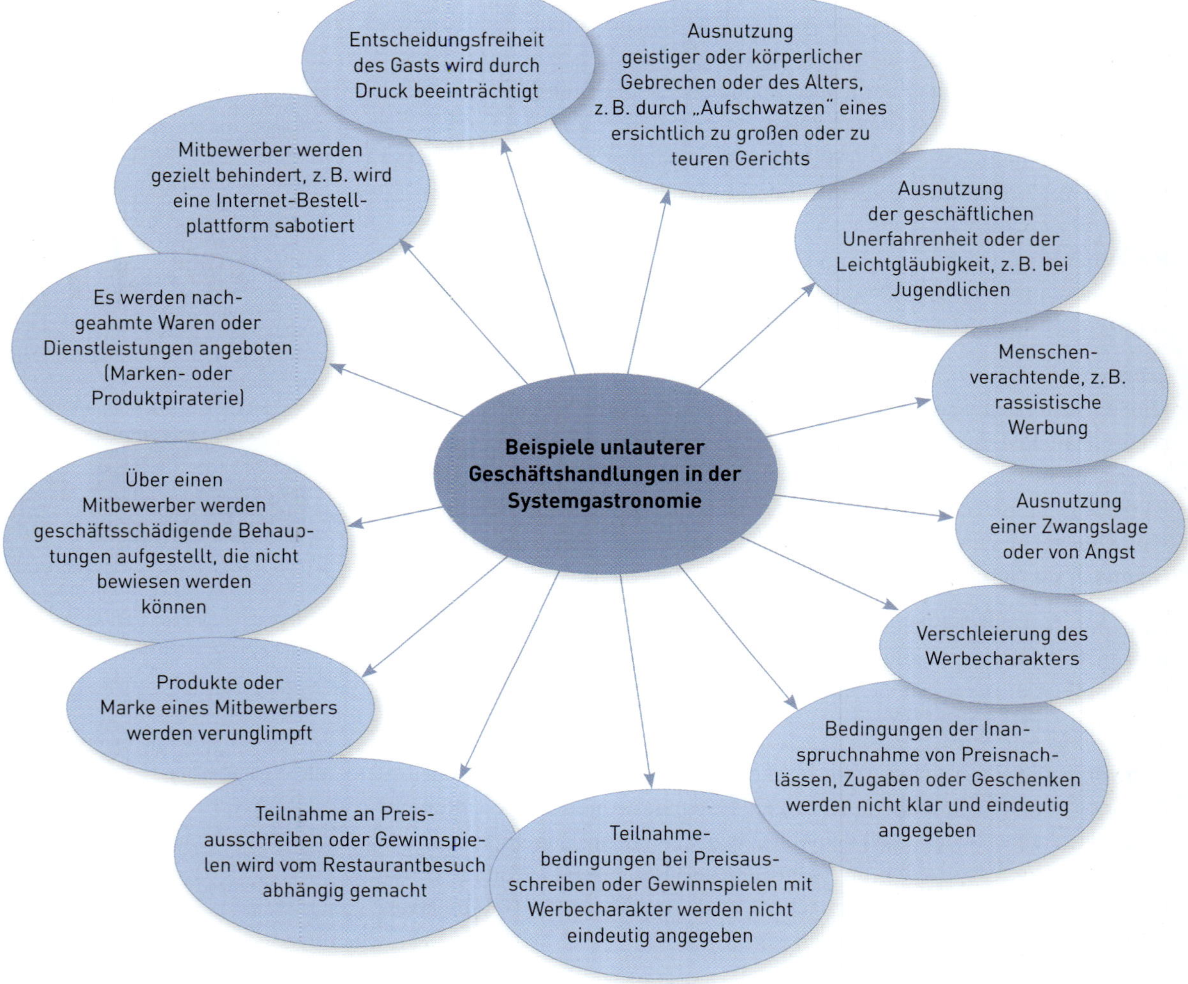

Ausgangspunkt: Unlauter und damit unzulässig sind geschäftliche Handlungen gegenüber Verbrauchern,

- wenn sie nicht der fachlichen Sorgfalt entsprechen
- und dazu geeignet sind, die Fähigkeit des Verbrauchers, sich aufgrund von Informationen zu entscheiden, beeinträchtigen
- und ihn damit zu einer Entscheidung veranlassen, die er sonst nicht getroffen hätte.

Das UWG schützt die Entscheidungsfreiheit des Verbrauchers und einen fairen Wettbewerb.

Auf vier typische Konstellationen für unlautere geschäftliche Handlungen soll im Folgenden anhand von Beispielen besonders eingegangen werden:

1. Irreführung

> Irreführung liegt vor, wenn die Werbeaussage objektiv von der Wahrheit abweicht oder subjektiv beim Verbraucher eine andere Vorstellung erweckt.

- Betriebliche oder geografische **Herkunftsangaben** müssen den Tatsachen entsprechen. Wird z. B. „bayerisches Bier“ angepriesen, muss es tatsächlich in Bayern gebraut sein. Das gilt auch, wenn nur das blau-weiße Rautenmuster oder das bayerische Landeswappen abgebildet werden, weil so der Eindruck erweckt wird, das Bier komme aus Bayern.
- Bei Aussagen über die **Qualität** und die Eigenschaften der Speisen und Getränke muss den Erwartungen eines informierten, verständigen Gasts Rechnung getragen werden. Schwierig sind Aussagen wie „hausgemacht“ oder „frisch“, da es hierfür keine verbindliche Definition gibt.
- Es wird eine Aktionsware beworben, obwohl klar ist, dass das Aktionsangebot nicht in einer angemessenen Menge zur Befriedigung der zu erwartenden Nachfrage vorhanden ist (**„Lockvogelangebote“**).
- Der vorgespiegelte Preisvorteil existiert in Wirklichkeit nicht, da das Sonderangebot dem regulären Preis entspricht (**„Mondpreise“**). Eine Werbung mit hervorgehobenen Einführungspreisen, denen durchgestrichene (höhere) Normalpreise gegenübergestellt werden, ist irreführend, wenn nicht deutlich wird, ab wann die Normalpreise verlangt werden.
- Es muss der **Endpreis** für den Verbraucher angegeben sein oder zumindest – wenn dies nicht möglich ist – die Art der Preisberechnung, z. B. bei Abrechnung nach Gewicht. Werbung mit Selbstverständlichkeiten wie „Bei uns – alle Preise inkl. MwSt.“ ist irreführend.
- Wer sein Unternehmen präsentiert, indem er auf die Bindung an einen bestimmten **Verhaltenskodex** (z. B. Umweltstandards oder Sozialbedingungen für Mitarbeiter) hinweist, muss diesen auch einhalten.
- Verboten ist sogenannte **„Schleichwerbung“**, d. h. als Information getarnte Werbung (z. B. vom Unternehmer finanzierte redaktionelle Artikel in einer Zeitung zum Zweck der Verkaufsförderung, ohne dass sich dieser Zusammenhang aus der Darstellung ergibt).
- Irreführend ist die Bewerbung eines zu bezahlenden Angebots als „gratis“.

Beispiel für Irreführung

Werden Werbeaussagen wie „Fleisch aus natürlicher Aufzucht“ getätigt, müssen sie den Tatsachen entsprechen. Auch bildliche Darstellungen sind so zu behandeln wie ausdrückliche Werbeaussagen.
Die Darstellung von frei laufenden Hühnern auf einem Bauernhof ist z. B. verboten, wenn es sich um Eier aus Käfighaltung handelt.

2. Vergleichende Werbung

> Werbung, die die Leistung von Wettbewerbern mit dem eigenen Angebot vergleicht, ist erlaubt, wenn die Aussagen nachprüfbar sind und der Wahrheit entsprechen.

- Der Wettbewerber darf nicht verunglimpft werden.
- Es dürfen nicht „Äpfel mit Birnen“ verglichen werden. Die Ware oder Dienstleistung muss also **vergleichbar** sein, sie muss sich auf den gleichen Bedarf oder Zweck beziehen.
- Preise dürfen miteinander verglichen und die Konkurrenz darf ebenfalls beim Namen genannt werden. Allerdings müssen dann auch alle wesentlichen **preisgestaltenden** Merkmale angegeben werden. Wertende Begriffe wie „am preiswertesten“ sollten vermieden werden.

Warum der Whopper im Vergleich zum BigMäc nicht besser schmecken darf

(Auszug aus einem Artikel von „Werbepsychologie online“, Stand 2. Februar 2008)

Eine ganz besondere Marketingstrategie hatte sich die Fast-Food-Kette Burger King einfallen lassen: 101 Testpersonen sollten sich entweder für die Pommes frites von McDonald's oder für die King Pommes von Burger King entscheiden. Das Ergebnis war eindeutig: 81 % bevorzugten die Fritten von Burger King. Dazu gesellten sich die Ergebnisse einer angeblichen Umfrage, in der Fast-Food-Konsumenten mit 62 % zugunsten des Whoppers zum Nachteil des BigMäc votierten. Burger King bewarb seine Produkte mit den Slogans: „Satte Mehrheit“ und „Ganz krosser Unterschied“. Dazu wurden die Umfrageergebnisse in den Anzeigen dargestellt und durch zwei Säulen visuell in Szene gesetzt.

Rechtsprechung zur Werbekampagne:

Das Kölner Landgericht entschied, dass sich aus Umfragen keine nachprüfbaren Eigenschaften von Burgern und Pommes ableiten ließen. Waren oder Dienstleistungen müssen bei vergleichender Werbung objektiv, wesentlich und nachprüfbar sein. Meinungen oder persönliche Werturteile dürfen nicht miteinander verglichen werden. Bestandteile des BigMäc sind Tomate, Gurke, Mayonnaise und Ketchup – der Whopper hingegen werde ohne Ketchup zubereitet und enthalte auch noch Käse. Da die Burger sich nicht entsprächen, könne man sie auch nicht vergleichen. Der Geschmack, auch wenn er von einer repräsentativen Testgruppe stamme, stelle keine objektive Tatsache dar.

Rechtmäßige Werbung mit der Servicestudie eines Marktforschungsinstituts (Marché)

- Werbung mit **Testergebnissen** ist zulässig, wenn es sich um den Test einer neutralen Institution handelt. Der Test muss aktuell sein, auf den Erscheinungszeitpunkt muss hingewiesen werden. Das Gesamtergebnis ist offenzulegen.

3. Unzumutbare Belästigungen

Es ist unzulässig zu werben, wenn erkennbar ist, dass der angesprochene Marktteilnehmer diese Werbung nicht wünscht.

- Wenn Passanten von **Werbern** am Weitergehen gehindert werden oder wenn ihnen gefolgt oder an Engstellen „aufgelauert“ wird, ist dies wettbewerbswidrig.
- **Telefonanrufe** zu Werbezecken sind nur zulässig, wenn der Angerufene vorher ausdrücklich seine Einwilligung erklärt hat. Das gilt auch bei automatischen Anrufmaschinen oder Fax. Im Rahmen bestehender Vertragsverhältnisse darf ein Unternehmen seine Kunden allerdings telefonisch kontaktieren. Das Unterdrücken der Rufnummer ist verboten.
- Der **Aufkleber** „keine Werbung“ am Briefkasten muss bei Flyern, Prospekten etc. beachtet werden.
- Auch von individuell adressierten **Briefen** ist abzusehen, wenn der Empfänger den Werbenden aufgefordert hat, diese zu unterlassen.
- Bei **E-Mails oder SMS** (= elektronische Post) müssen verschiedene Voraussetzungen erfüllt sein: Der Kunde hat dem Unternehmen selbst seine elektronische Adresse gegeben. Dies kann z.B. erfolgt sein im Rahmen einer Reservierung oder indem er sich auf eine Mailing-List für einen Newsletter hat setzen lassen oder eine ausdrückliche datenschutzrechtliche Einwilligung erteilt hat. Er muss bei der Erhebung der Adresse und bei jeder Verwendung darauf hingewiesen werden, dass er der Verwendung jederzeit widersprechen kann. Tut er dies, müssen die Daten gelöscht werden. Übersandt werden darf nur solche Werbung, die einen direkten thematischen Bezug zum Einverständnis des Kunden hat. Der Datenschutz ist zu beachten (siehe Kapitel 2.2.4).

Spam- bzw. Junk-Mails

Das Verbot unzumutbarer Belästigungen ist vor allem im Direktmarketing relevant. Ging es hier früher vor allem um aufdringliches Ansprechen auf der Straße und um Haustürgeschäfte, sind heute das Telefonmarketing und sogenannte Spam-Mails oder Junk-Mails bei elektronischer Werbung in den Mittelpunkt der Aufmerksamkeit gerückt.

4. Warenunterschiebung

Eine wettbewerbswidrige Warenunterschiebung liegt vor, wenn dem Gast etwas anderes serviert wird, als er bestellt und bezahlt hat.

Die Warenunterschiebung muss inhaltlich auch in engem Zusammenhang mit den Vorschriften zur Bezeichnung und Kennzeichnung von Produkten in der Speisen- und Getränkekarte (siehe Kapitel 14.3.2) gesehen werden.

Ein Verstoß gegen Kennzeichnungsvorschriften stellt in vielen Fällen gleichzeitig einen Verstoß gegen das UWG und eventuell sogar einen strafbaren Betrug dar.

Es werden folgende Typen der Warenunterschiebung unterschieden:

- Bei der **offenen Warenunterschiebung** liefert der Gastronom erkennbar ein anderes Produkt, als der Gast bestellt hat, ohne darauf hinzuweisen.
- Bei der **versteckten oder irreführenden Warenunterschiebung** ist für den Gast nicht ersichtlich, ob eine andere Marke oder Qualität geliefert wird, als er bestellt hat.
- Bei der **betrügerischen Warenunterschiebung** wird eine minderwertigere Qualität als die angepriesene geliefert.

Beispiel für eine offene Warenunterschiebung
Der Gast bestellt eine „Coke" und erhält eine 0,2 l Flasche, die erkennbar „Pepsi" enthält. Bereits dieses Verhalten ist unlauter, denn der Gastronom verlässt sich darauf, dass der Gast nicht reklamiert.

Beispiel für eine versteckte oder irreführende Warenunterschiebung
Der Gast bestellt „Coke", serviert wird in neutralem Glas aus der Postmix-Anlage Pepsi. Dabei kommt es nicht darauf an, ob das gelieferte Produkt gleichwertig ist oder nicht.

Beispiel für eine betrügerische Warenunterschiebung
Beispiele: Der Gast bestellt Mineralwasser, serviert wird Tafelwasser; die Speisekarte weist mit Käse überbackene Pizza aus, tatsächlich ist diese mit Analogkäse (Imitat aus Pflanzenfett) belegt. Wenn dem Gast hierdurch ein Vermögensschaden entsteht, also eine mindere Qualität zum höheren Preis geleistet wird, liegt darin eventuell auch ein strafbarer Betrug begründet.

15.7.3 Internetrecht

Das Internet spielt im Marketing der Systemgastronomie eine immer größer werdende Rolle. Insbesondere bei der Gestaltung der Webseite und bei Social-Media-Aktivitäten müssen neben inhaltlichen und technischen auch rechtliche Gesichtspunkte beachtet werden.

Folgende juristische Basics sind beispielsweise für die **eigene** Homepage, Facebook-Fanseiten und ähnliche Verwendungen zu beachten:

- Bei der Wahl der **Domain** müssen Marken- und Namensrechte anderer respektiert werden. Auch bewusste Verfremdungen von Marken, wie sie durch „Tippfehler" entstehen können, dürfen nicht als Domain genutzt werden. Bei Verwendung des eigenen Namens gilt gegenüber Personen mit dem gleichen Namen das „Recht des Schnelleren".
- Bei der Gestaltung der Webseite müssen **Urheberrechte** Dritter, z. B. an Schriften, Fotos, Icons, Grafiken, Ton oder Filmen, berücksichtigt werden. Soll z. B. eine Anfahrtsskizze eingebunden werden, müssen entweder die Nutzungsrechte an einer bestehenden Karte eingeholt werden oder es muss eine eigene Skizze angefertigt werden. Urheberrechte werden auch verletzt, wenn Struktur und Optik einer anderen Webseite einfach kopiert werden.
- Auch im Internet gelten bei Werbemaßnahmen die Vorschriften des **UWG** (siehe Kapitel 15.7.2).
- Nach dem Telemediengesetz muss die Webseite ebenso wie z. B. eine Facebook-Fanpage ein **Impressum** enthalten.

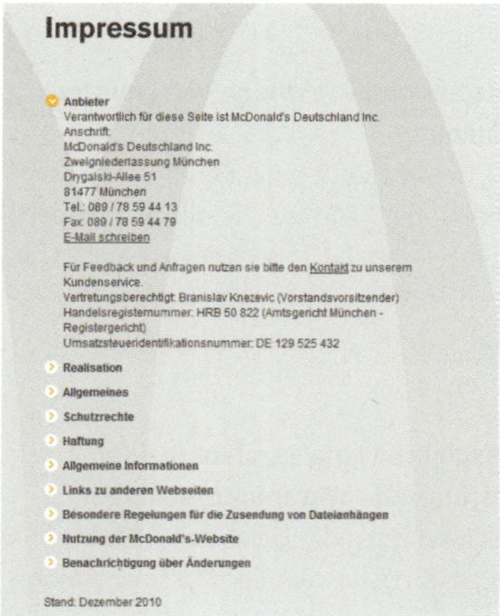

Beispiel für ein Impressum

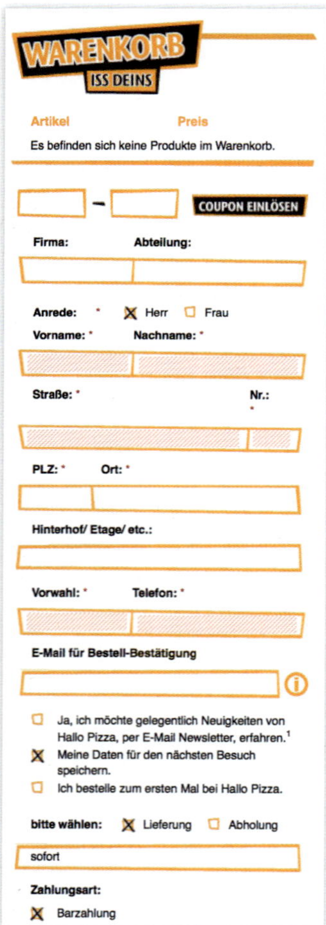

Online-Bestellformular (Hallo Pizza)

Folgende Angaben müssen im Impressum leicht erkennbar und ständig verfügbar sein:

- Name und Anschrift, bei juristischen Personen zusätzlich Rechtsform und Vertretungsberechtigter
- Angaben, die eine schnelle elektronische Kontaktaufnahme und unmittelbare Kommunikation ermöglichen, einschließlich E-Mail-Adresse
- bei Zulassungspflicht Angaben zur Aufsichtsbehörde
- gegebenenfalls Angaben zum Handelsregistereintrag
- gegebenenfalls Angabe der USt-Identifikationsnummer
- bei Kapitalgesellschaften in Liquidation bzw. in Abwicklung die entsprechende Angabe

- Wichtig ist die Aufnahme eines sogenannten **Disclaimers** (= Haftungsausschluss) für externe Links. Darin ist deutlich zu machen, dass für die Inhalte verlinkter Seiten ausschließlich deren Betreiber haften.
- Der **Datenschutz** ist zu beachten.
- Soll neben der bloßen Information und Imagepflege auch ein **Online-Vertragsschluss** ermöglicht werden (z. B. Pizza-Bestellung über die Webseite eines Home-Delivery-Anbieters), so müssen zusätzliche Verhaltenspflichten für den sogenannten E-Commerce beachtet werden. Insbesondere müssen geeignete Mittel zur Korrektur von Eingabefehlern zur Verfügung stehen, der Zugang der Bestellung muss unverzüglich elektronisch bestätigt und der Kunde muss über die Vertragsbedingungen informiert werden. Soweit keine besonderen Formvorschriften eingreifen (was bei Essensbestellungen nicht der Fall ist), ist der Online-Vertragsschluss dann ein vollgültiger Vertrag.
- Ein Sonderproblem im Gastgewerbe stellt die missbräuchliche Nutzung des Internetzugangs durch Gäste dar. In vielen Betrieben gehört es mittlerweile zum erwarteten Standard, den Gästen einen **WLAN-Zugang** zur Verfügung zu stellen. Begehen diese bei der Internetnutzung Urheberrechtsverletzungen, z. B. durch illegale Up- oder Downloads von Musik oder Filmen, besteht ein Haftungs- und Abmahnrisiko für den Gastronomen. WLAN-Zugänge in Restaurants sollten daher gesichert bzw. verschlüsselt werden.

15.8 Marketing im System

> Die grundlegenden Rahmenbedingungen für ein erfolgreiches Marketing sind allgemeingültig – unabhängig davon, ob es sich um eine Marke aus der Konsumgüterindustrie, aus der Individualgastronomie oder aus der Systemgastronomie handelt.

Es geht in der Gastronomie zunächst darum, aus Gästesicht einen Nutzen über gastronomische Produkte und Dienstleistungen zu schaffen, der sich von anderen Angeboten positiv unterscheidet. Dieser Nutzen bzw. diese Positionierung muss in der Systemgastronomie standardisiert und multipliziert werden. Das heißt, es geht um den Aufbau einer Systemzentrale (mit entsprechenden Marketingfunktionen) und um eine Multiplikation mit mindestens drei Betrieben, die aus Gästesicht eindeutig einer Marke zuzuordnen sind.

Ein Vorteil der Systemgastronomie ist somit die durch die Multiplikation vergrößerte Verfügbarkeit der Marke: lokal, regional bzw. (inter)national.

Die Verfügbarkeit multipliziert bzw. vergrößert die Sichtbarkeit der Betriebe vor Ort bzw. der Kommunikationsmaßnahmen. Das heißt, die Kontaktfrequenz nimmt zu und somit auch die Markenbekanntheit. Diese tatsächliche bzw. gefühlte „Größe" einer Marke unterstützt die Markenbildung.

Der Vorteil einer Standardisierung ist grundsätzlich verbunden mit der Vorgabe einer Spezialisierung auf Segmente bzw. Küchen-/Getränkeausrichtungen in der gastronomischen Konzeption. Ist dieses Segment bereits in den Köpfen verankert, kann eine zusätzliche gastronomische Marke von den bereits in den Köpfen der Gäste etablierten Imagefacetten profitieren.

Positionierung in der Systemgastronomie (My Indigo)

Bereits die Zuordnung einer gastronomischen Marke zur Systemgastronomie bietet eine Markenprofilierung. Die Gäste gehen tendenziell davon aus, dass die Qualität in der Systemgastronomie konstant ist, da unterstellt wird, dass ein entsprechendes Qualitätsmanagement vorhanden ist. Eine zentrale Aufgabe im Marketing einer Systemgastronomie ist es somit, eine Qualität zu definieren bzw. zu kommunizieren, die den Gästeerwartungen entspricht, und diese Qualität bestmöglich einzuhalten.

Neuer Café-Bereich eines Systemgastronomen (Burger King)

Marketing im System bedeutet, dass die Systemzentrale über möglichst viel Wissen bezüglich der Wünsche und Bedürfnisse der Gäste/Kunden verfügt, wie sich die Wünsche verändern und welche Anbieter im Markt bereits darauf eingehen. Marketing im System bedeutet weiterhin, dass ein gastronomisches Unternehmen tendenziell über die Möglichkeiten verfügt, auf Basis eines relevanten Marketingbudgets, die unterschiedlichen Instrumente der Marketingmaßnahmen (Marketingmix) einzusetzen und insbesondere die modernen Aktivitäten im Bereich Social-Media-Marketing nutzt.

Besteht eine systemgastronomische Marke seit vielen Jahren, sind die Marketinginvestitionen der Vergangenheit heute und in der Zukunft nutzbar. Auf das Markenkonto wird ständig eingezahlt – Bekanntheit und Image werden gefestigt.

Pionier in der Systemgastronomie

Wienerwald früher

Synergien bei den Marketingmaßnahmen wirken sich positiv im Ergebnis aus. Die Positionierung muss in der Regel nur einmal erstellt werden. Gleiches gilt für das Corporate Design (CD), die Corporate Identity (CI), Produktpolitik und Preispolitik. Bewährte Maßnahmen können wiederholt werden, die Aufwendungen für Kommunikationsmaßnahmen in klassischen und nicht klassischen Ausprägungen verteilen sich auf viele Betriebe.

Die Größe der systemgastronomischen Marke und deren überregionale Präsenz macht die Zusammenarbeit für weitere Marken interessant (Cross-Marketing), aber auch für Lieferanten und Investoren. Mitarbeiter vertrauen der Finanzkraft eines Systems im Hinblick auf sichere Arbeitsplätze. Zu beachten sind die Unterschiede im Marketing von Regiebetrieben bzw. Franchisebetrieben.

Wienerwald heute

15.9 Let's think about ... market research!

Ihr Bistro-Café „Airfield" am Flughafen stellt Überlegungen an, das Frühstücksangebot in Richtung „English Breakfast" zu erweitern. Im Vorfeld wollen Sie diesbezüglich eine Gästebefragung vornehmen. Die zahlreichen internationalen Gäste machen neben einer Umfrage auf Deutsch ebenfalls eine auf Englisch erforderlich. Der Betriebsleiter hofft auf Ihre kompetente Unterstützung und überlässt Ihnen einige Informationen aus Ihrer Systemzentrale in Brüssel, mit deren Hilfe Sie einen Vorschlag für die Umfrage erstellen sollen.

Das geplante Angebot „English Breakfast" soll aus folgenden Komponenten bestehen, die auch einzeln erhältlich sind:

- Nürnberger Würstchen
- Frühstücksspeck
- Bohnen in Tomatensauce
- Spiegelei
- gebratene Champignons
- gegrillte Tomate
- Toast

1. Übersetzen Sie die deutschen Begriffe in die üblichen englischen Bezeichnungen.

2. Die Umfrage soll mündlich unter den Fluggästen der Terminals vorgenommen werden. Dementsprechend formulieren Sie mithilfe der folgenden Informationen zweckmäßige Fragen für einen Fragebogen auf Englisch und Deutsch.

ABOUT QUESTIONNAIRES

A questionnaire is an instrument of market research that consists of a series of questions and prompts in order to gather information from different respondents. The advantage of questionnaires, in contrast to other surveys, is that they do not require so much work and are therefore cheaper than other instruments. They often consist of standardized questions which are simple to answer. They should be easily structured so that respondents can hear the questions and respond to them. The answers to these questions can give you very valuable information for developing your product or service, such as the price people are willing to pay. Here are some aspects that might be helpful when creating a face-to-face questionnaire, where an interviewer presents the items orally.

- It is advisable to start a questionnaire with a short introduction explaining the reason for it and giving short instructions on how to answer the questions. Tell the respondents about the role they will have (e.g. as future guests).
- When creating survey questions, be straightforward and clear. Do not write questions which are too long and therefore open to misinterpretation.

- Use clear and comprehensible wording which can easily be understood by people of all educational levels.
- Avoid questions that contain more than one item of the same category (e.g.: Do you like strawberries and apples?).
- Think of having an "open question"category after a list of "closed questions". Closed questions have the following characteristics:
  - They give you facts.
  - They are easy to answer.
  - They are quick to answer.
  - They keep control of the conversation with the respondent.

  Open questions have the following characteristics:
  - They ask the respondent to think and reflect.
  - They will give you opinions and feelings of the respondent.
  - They hand control of the conversation to the respondent.
- Try to keep your survey questionnaire to one page. Anything longer will lose the test group's interest.
- Use positive statements and avoid negatives or double negatives.
- Do not make assumptions about the respondent.
- After creating the questionnaire, have someone else read and check it. You may even want to have a few people take the survey before you introduce it to a sample group.

advantage	Vorteil
assumption	Vermutung
educational level	Bildungsniveau
market research	Marktforschung
misinterpretation	Fehlinterpretation
opinion	Meinung
prompt	Abfrage
respondent	Befragter
survey	Bestandsaufnahme
to gather	sammeln
to hand	darreichen
to require	erfordern
comprehensible	verständlich
orally	mündlich
straightforward	direkt, geradeaus
valuable	wertvoll

15.10 Aufgaben

1 | a) Erklären Sie den Begriff „Marketing".
b) Gehen Sie auf die Inhalte eines Marketingkonzepts ein.

2 | a) Erläutern Sie den Begriff „Unternehmensphilosophie".
b) Stellen Sie kurz die Unternehmensphilosophie Ihres Unternehmens dar.

3 | a) Unterscheiden Sie die Begriffe „Unternehmensziele" und „Marketingziele".
b) Formulieren Sie jeweils drei unterschiedliche Unternehmensziele und Marketingziele.

4 | Erklären Sie die Unterschiede zwischen primärer und sekundärer Marktforschung.

5 | Was verstehen Sie unter:
a) Standortanalyse
b) Mitbewerberanalyse

6 | Ihr Unternehmen plant eine Zielgruppenanalyse mithilfe einer Umfrage.
a) Welche Informationen stehen bei dieser Analyse im Mittelpunkt?
b) Entwickeln Sie einen Gästefragebogen.

7 | Definieren Sie im Rahmen der Produktpolitik folgende Begrifflichkeiten:
a) „Sortimentsbreite" und „Sortimentstiefe"
b) „Sortimentsdifferenzierung" und „Sortimentsdiversifikation"

8 | a) Beschreiben Sie mithilfe eines selbst gewählten Beispiels den Begriff „Produktlebenszyklus".
b) Ordnen Sie den einzelnen Lebensphasen Marketingmaßnahmen zu.

9 | Verdeutlichen Sie anhand konkreter Beispiele folgende Begriffe:
a) kostenorientierte Preispolitik
b) nachfrageorientierte Preispolitik
c) am Mitbewerber orientierte Preispolitik

10 | Was ist unter „Distributionspolitik" zu verstehen?

11 | Erläutern Sie im Zusammenhang mit dem Kommunikationsprozess an einem selbst gewählten Beispiel die „AIDA-Formel".

12 | Arbeiten Sie die Unterschiede zwischen „Werbemitteln" und „Werbeträgern" heraus.

13 | Finden Sie zur Erläuterung folgender Begriffe Beispiele:
a) „Sales Promotion"
b) „Public Relations"

14 | a) Definieren Sie Social Media Marketing.
b) Erläutern Sie stichpunktartig die typischen Unterschiede der einzelnen im Social Media Marketing verwendeten Plattformen.
c) Beschreiben Sie mögliche Chancen und Risiken des Social Media Marketings.

15 | Sie arbeiten in einem Unternehmen mit sechs Filialen. Die Stores liegen in Gewerbegebieten, stets in der Nähe von Fitnesscentern. Bisheriger Schwerpunkt Ihres Angebots sind hochwertige Fleischspeisen, insbesondere von Lamm und Rind. Ihre Marketingabteilung überlegt, einen zweiten Schwerpunkt auf den Bereich Salat/Gemüse zu legen.
a) Entwickeln Sie ausgehend von einer Standortanalyse und der ins Auge gefassten Zielgruppe ein Marketingkonzept. Berücksichtigen Sie hierbei insbesondere die vier Marketinginstrumente. Formulieren Sie ein Motto/einen Aufmacher/einen Werbeslogan.
b) Ergänzen Sie Ihre Speisekarte unter Beachtung der rechtlichen Rahmenbedingungen um fünf Salat- bzw. Gemüsegerichte. Begründen Sie Ihre Auswahl.

16 | Zur Einführung eines neuen Snacks wollen Sie an Ihren acht Unternehmensstandorten sechs Tage lang täglich 500 Kostproben verteilen.
a) Wie viele Packungen müssen Sie bei Ihrem Lieferanten bestellen, wenn jede Packung 20 Snacks enthält?
b) Für wie viele Tage würden die bestellten Snacks ausreichen, wenn Sie statt 500 Kostproben täglich 600 Kostproben verteilen würden?

17 | Ihr Marketingbudget wurde in diesem Jahr von 75.000 € auf 90.000 € erhöht. Wie viel Prozent betrug die Erhöhung?

16 Personalwirtschaft

- Personalbeschaffung
- Einstellung und Freisetzung
- Entlohnung
- Einsatzplanung
- Personalführung und -entwicklung
- Arbeitsrecht

16.1 Bedeutung

Personalmanagement
In der Literatur wird in Anlehnung an den englischen Begriff „human resource-management" statt von Personalwirtschaft oft auch von Personalmanagement gesprochen. In internationalen Unternehmen wird das Personalmanagement oft als Human Resources (HR) bezeichnet.

In der heutigen Zeit sind die Mitarbeiter für das Unternehmen zu einem, wenn nicht sogar zum wichtigsten Produktionsfaktor geworden. Die Qualität des Personals wirkt sich entscheidend auf die betriebliche Leistung aus. Erscheinung und Verhalten der Mitarbeiter sowie ihr Umgang untereinander prägen das Bild eines Betriebs. Daher kommt der Personalwirtschaft eine immer größere Bedeutung zu. Eine effiziente und effektive Personalarbeit bestimmt im zunehmend globalen Wettbewerb immer mehr den Unternehmenserfolg und somit ein Weiterbestehen des Unternehmens. Die **Personalwirtschaft** plant, gestaltet, organisiert und steuert die Personalarbeit. Sie stimmt die Personalpolitik auf die Unternehmenspolitik ab und trägt durch geeignete Maßnahmen mit dazu bei, die betrieblichen Ziele zu erreichen.

Wie die Personalwirtschaft innerhalb eines Unternehmens organisiert und eingebunden ist, hängt vor allem von der Unternehmensstruktur, Unternehmensgröße, Mitarbeiterzahl sowie der Wertschätzung personalwirtschaftlicher Arbeit ab. Sie kann als eigenständige Abteilung im Unternehmen existieren (teilweise sogar im Direktionsbereich). Sie ist aber auch als Stabsstelle zu finden, die die Geschäftsführung berät und unterstützt. Vor allem in kleineren Unternehmen des Gastgewerbes gehört sie dagegen zu den allgemeinen Führungsaufgaben von Vorgesetzten.

16.2 Personalbedarfsplanung

16.2.1 Grundlagen

Bedeutung von quantitativ und qualitativ
quantitativ: die Anzahl betreffend
qualitativ: die Qualität, die Eigenschaft betreffend

Die Personalbedarfsplanung ermittelt für einen bestimmten Zeitraum den **quantitativen** und **qualitativen** Personalbedarf, der nötig ist, die geplante Leistung zu verwirklichen. Ihr Ziel ist es, dem Unternehmen unter Einhaltung des Kostenbudgets

- die notwendige Anzahl von Mitarbeitern
- mit der entsprechenden Qualifikation,
- zum richtigen Zeitpunkt,
- an dem entsprechenden Ort

zur Verfügung zu stellen.

Wird z.B. deutlich, dass in der Zukunft neue Mitarbeiter oder Mitarbeiter mit neuen Qualifikationen gebraucht werden, kann das Unternehmen mit ihrer Anwerbung frühzeitig beginnen oder die eigenen Mitarbeiter können geschult und somit rechtzeitig auf die neuen Aufgaben vorbereitet werden.

Wie jede andere Planung ist auch die Personalbedarfsplanung in die Zukunft gerichtet und nimmt somit künftige Ereignisse bzw. Zustände gedanklich vorweg. Dabei sind im Gastgewerbe eher kürzere Planungszeiträume sinnvoll. Gleichzeitig muss die Personalplanung allerdings in der Lage sein, flexibel auf nicht vorhergesehene Veränderungen reagieren zu können.

16.2.2 Quantitative Personalbedarfsplanung

Die quantitative Personalbedarfsplanung ermittelt den **mengenmäßigen Personalbedarf** für einen bestimmten Zeitraum bzw. für einen zukünftigen Zeitpunkt. Sie sorgt dafür, dass zu jeder Zeit genügend Mitarbeiter zur Verfügung stehen. Je weiter der Planungszeitraum in der Zukunft liegt, desto schwieriger ist die Personalplanung. Je mehr Daten allerdings in die Planungen einfließen, umso genauer kann die Prognose werden.

Quantitative Personalbedarfsplanung für einen reibungslosen Ablauf

Damit ein aussagekräftiger **Personalbedarfsplan** erstellt werden kann, sind vier Schritte erforderlich:

1. Feststellung des aktuellen Personalbestands (aktueller Istbestand)
Der Istbestand gibt an, wie viele Mitarbeiter mit welchem Arbeitsumfang derzeit dem Unternehmen zur Verfügung stehen. Dabei ist vor allem zu unterscheiden, ob es sich um Vollzeit- oder Teilzeitbeschäftigte handelt.

2. Prognose des zukünftigen Personalbestands (zukünftiger Istbestand)
Um eine möglichst genaue Prognose des zukünftigen Personalbestands abzugeben, müssen alle bis zu dem Zeitpunkt stattfindenden Personalveränderungen berücksichtigt werden. Dies ist oft schwierig, weil viele Ab- bzw. Zugänge zum Zeitpunkt der Planung noch gar nicht abzusehen sind.

Beispiele für planbare Abgänge
- Pensionierungen
- Ablauf von befristeten Verträgen
- ausgesprochene Kündigungen oder Versetzungen
- Freistellung zu lange andauernden Fortbildungsmaßnahmen

Der zukünftige Personalbestand kann wie folgt berechnet werden:

	aktueller Istbestand
–	Abgänge
+	Zugänge
=	**zukünftiger Personalbestand**

Beispiele für planbare Zugänge
- Rückkehr von Mitarbeitern aus dem Mutterschutz oder aus der Elternzeit
- abgeschlossene Arbeitsverträge
- Übernahme von Auszubildenden

3. Prognose des Bruttopersonalbedarfs (Sollbestand)
Der Bruttopersonalbedarf oder auch Sollbestand gibt an, wie viele Mitarbeiter oder Arbeitsstunden nötig sind, um eine erwartete Leistung zu erstellen. Er setzt sich aus dem **Einsatzbedarf** und dem **Reservebedarf** zusammen:

	Einsatzbedarf
+	Reservebedarf
=	**Bruttopersonalbedarf**

Berechnung ohne Reservebedarf
Wird ohne Reservebedarf gerechnet, entspricht der Einsatzbedarf dem Bruttopersonalbedarf.

Als **Einsatzbedarf** wird die Anzahl der Mitarbeiter oder Arbeiterstunden bezeichnet, die – ohne Berücksichtigung von Ausfallzeiten – nötig sind, um die betrieblichen Leistungen zu erfüllen. Seine Berechnung kann mithilfe verschiedener Methoden geschehen:

- **Schätzungen:**
  Schätzungen sind gerade in der Gastronomie weitverbreitet, vor allem in kleineren Betrieben. Sie erfolgen meist aufgrund subjektiver Einschätzungen einzelner Personen. Ihre Zuverlässigkeit ist fragwürdig.

Der Personalbedarf in der Außengastronomie ist stark wetterabhängig

- **Statistische Verfahren:**
  Hier wird der Personalbedarf aufgrund von Vergleichszahlen aus der Vergangenheit ermittelt. Es erfolgt z. B. eine Überprüfung, wie viele Gäste an bestimmten Tagen oder zu bestimmten Zeiten kamen und welcher Personalbedarf dafür nötig war. Diese Zahlen werden auf einen neuen Zeitraum hochgerechnet.
  Auch der Einsatz von **Kennzahlen** gehört zu den statistischen Verfahren. Die in der Gastronomie am meisten verbreitete Kennzahl ist die sogenannte Arbeitsproduktivität. Sie berechnet sich wie folgt:

$$\textbf{Arbeitsproduktivität (in Euro je Arbeitsstunde)} = \frac{\text{Umsatz (in €)}}{\text{gesamte Arbeitszeit der Mitarbeiter (in h)}}$$

Der Einsatzbedarf für den zu betrachtenden Zeitraum wird dann folgendermaßen ermittelt:

$$\textbf{Einsatzbedarf (in Arbeitsstunden)} = \frac{\text{erwarteter Umsatz (in €)}}{\text{geschätzte Arbeitsproduktivität (in € je h)}}$$

- **Organisatorische Verfahren:**
  Die Ermittlung des Personalbedarfs erfolgt hier fast vollständig unabhängig von der tatsächlich anfallenden oder erwarteten Arbeitsmenge, sondern richtet sich nach den Organisationsstrukturen des Betriebs. Grundlage sind dabei vor allem der Stellenplan des Unternehmens bzw. die Anzahl der notwendig zu besetzenden Arbeitsplätze.
- **Monetäre Verfahren:**
  Hier wird der Personalbedarf anhand der budgetierten Personalkosten und der Lohnkosten der einzelnen Mitarbeiter berechnet.
- **Personalbemessungsmethoden:**
  Grundlage zur Berechnung des Einsatzbedarfs ist hier der Zeitbedarf für einen Arbeitsvorgang. Dieser wird in der Regel mithilfe arbeitswissenschaftlicher Methoden ermittelt. Es gilt die Formel:

Beispiele für Fehlzeiten/Arbeitsausfälle
- Arbeitsunfähigkeit
- Mutterschutz
- Urlaub
- Freistellung für berufliche Fortbildung

$$\textbf{Einsatzbedarf (in Personen)} = \frac{\text{anfallende Arbeitsmenge} \cdot \text{Arbeitszeit pro Arbeitsvorgang}}{\text{übliche Arbeitszeit pro Arbeitskraft}}$$

Reservebedarf ist Personal, das aufgrund von Fehlzeiten, Fluktuation von Mitarbeitern oder als Vorsorge für den Ausgleich von z. B. saisonal bedingten Auslastungsspitzen zusätzlich zum Einsatzbedarf bereitgehalten wird. Dieser wird meistens mit einem pauschalen Zuschlag berücksichtigt. Sinnvollerweise sollten die Zuschlagsquoten aber für einzelne Teilbereiche eines Unternehmens getrennt ermittelt werden.

Fluktuation
Fluktuation ist die Veränderung der Mitarbeiterzahl aufgrund von Unternehmenswechseln. Die Fluktuationsrate berechnet sich wie rechts dargestellt.

$$\textbf{Fluktuationsrate} = \frac{\text{Abgänge} \cdot 100}{\text{Ø Personalbestand}}$$

4. Berechnung der Nettopersonalbedarfs
Der Nettopersonalbedarf gibt an, ob zu einem bestimmten Zeitpunkt dem Unternehmen genügend Mitarbeiter bzw. Arbeitsstunden zur Verfügung stehen. Er lässt sich wie folgt berechnen:

	Bruttopersonalbedarf
–	zukünftiger Istbestand
=	**Nettopersonalbedarf**

oder

	Bruttopersonalbedarf
–	aktueller Istbestand
+	Abgänge
–	Zugänge
=	**Nettopersonalbedarf**

Zu beachten ist, dass bei Anwendung dieser Formel Abgänge addiert und Zugänge subtrahiert werden.

Ist der Nettopersonalbedarf positiv, fehlen Mitarbeiter; es liegt eine Unterdeckung vor. Personalbeschaffungsmaßnahmen sind notwendig.

Ist der Nettopersonalbedarf negativ, sind zu viele Mitarbeiter vorhanden; es liegt eine Überdeckung vor. Personalfreistellungen sind angebracht.

Beispiel:
Berechnung des Nettopersonalbedarfs über die Zu- und Abgänge
Bei einem errechneten Bruttopersonalbedarf von 7 Vollzeitmitarbeitern und einem derzeitigen Istbestand von 5 Vollzeitkräften und 3 Teilzeitkräften rechnen Sie bis zum Planungszeitraum mit dem Zugang von einer Vollzeitkraft und dem Weggang von 2 Vollzeitkräften.
Wie hoch ist der Nettopersonalbedarf? (Beachte: Eine Vollzeitkraft hat eine tägliche Arbeitszeit von 8 Stunden, eine Teilzeitkraft arbeitet 4 Stunden am Tag.)

Bruttopersonalbedarf:	7 VZ-MA	=	56 Arbeitsstunden
– Istbestand:	6,5 VZ-MA	=	– 52 Arbeitsstunden
– Zugänge:	1 VZ-MA	=	– 8 Arbeitsstunden
+ Abgänge:	2 VZ-MA	=	+ 16 Arbeitsstunden
= Nettopersonalbedarf	1,5 VZ-MA	=	+ 12 Arbeitsstunden

Es fehlen also bis zum Planungszeitraum eine Vollzeit- und eine Teilzeitkraft.

Beispiel:
Berechnung des Nettopersonalbedarfs über die Arbeitsproduktivität
In diesem Monat haben Sie bei einem Mitarbeitereinsatz von 750 Stunden einen Nettoumsatz von 45.000 €. Im nächsten Monat erwarten Sie aufgrund einer Aktion einen Nettoumsatz von 64.200 €.
Wie viele Vollzeitkräfte müssten Sie (bei gleicher Produktivität der Mitarbeiter) neu einstellen, wenn jeder Mitarbeiter im Monat durchschnittlich an 20 Tagen jeweils 8 Stunden arbeitet?

Berechnung der Produktivität eines Mitarbeiters:
45.000 € : 750 Arbeitsstunden = 60 € pro Arbeitsstunde (Produktivität)

Berechnung des Bruttopersonalbedarfs für den nächsten Monat:
64.200 € : 60 € pro Arbeitsstunde = 1070 Arbeitsstunden

Berechnung des Nettopersonalbedarfs:
1070 Arbeitsstunden (Bruttopersonalbedarf)
– 750 Arbeitsstunden (Istbestand)
= 320 Arbeitsstunden (Nettopersonalbedarf)

1 Mitarbeiter arbeitet an 20 Tagen jeweils 8 Stunden = 160 Stunden im Monat
→ 320 Stunden : 160 Stunden/Mitarbeiter = 2 Mitarbeiter (Nettopersonalbedarf)

Es fehlen also zwei Vollzeitkräfte.

16.2.3 Qualitative Personalbedarfsplanung

Mit der quantitativen Personalbedarfsplanung geht immer die qualitative Personalplanung einher. In der Praxis ist eine Trennung von quantitativer und qualitativer Personalbedarfsplanung nicht möglich. Neben dem Mitarbeiter als Arbeitskraft ist immer auch seine Qualifikation entscheidend.

Instrumente der qualitativen Personalbedarfsplanung sind die Stellenbeschreibung und das Anforderungsprofil.

Die Stellenbeschreibung ist die schriftliche Beschreibung einer Stelle. Sie sollte einfach, klar und verständlich formuliert sein. Sie stellt allerdings immer nur den augenblicklichen Zustand dar. Daher ist es sinnvoll, sie in bestimmten Zeitabständen zu überprüfen und gegebenenfalls anzupassen.

Stellenbeschreibung

In der Regel enthält eine Stellenbeschreibung folgende Angaben:

- Stellenbezeichnung
- Rang- oder Funktionsbezeichnung des Stelleninhabers
- Einordnung der Stelle in die Unternehmensstruktur mit Zuordnung zu einer Abteilung, Angabe des Vorgesetzten, des Stellvertreters und der direkt unterstellten Mitarbeiter
- Angabe der Lohn- oder Gehaltsgruppe bzw. der Tarifgruppe
- Zielsetzung der Stelle
- Nennung der Aufgaben und der damit verbundenen Tätigkeiten
- Anforderungen an den Stelleninhaber und erforderliche Kenntnisse
- Kompetenzen und Pflichten sowie besondere Befugnisse
- Auflistung der zur Verfügung stehenden Arbeitsmittel

Hinzu kommen die Unterschrift des Stelleninhabers, seines Vorgesetzten und eventuell des Personalleiters (siehe nächste Seite).

Die Erstellung bzw. die Überarbeitung einer Stellenbeschreibung ist zwar aufwendig und mit Kosten verbunden, sie gibt dem Stelleninhaber aber präzise Informationen über seine Aufgaben und Verantwortlichkeiten, kann so Kompetenzstreitigkeiten vermeiden helfen und erleichtert auch die Einarbeitung neuer Mitarbeiter. Insbesondere informiert sie über:

- Ziele, Aufgaben, Kompetenzen und besondere Befugnisse
- Anforderungen an den Stelleninhaber durch Auflistung der Tätigkeiten
- Beziehungen zu anderen Stellen (Über-/Unterstellung) und über die organisatorische Einbindung innerhalb eines Unternehmens

Anforderungsprofil

Das Anforderungsprofil wird mithilfe der Stellenbeschreibung erstellt. Inhalte können sein:

- Bezeichnung der Position
- Bezeichnung der Abteilung
- Auflistung der notwendigen schulischen und beruflichen Ausbildung sowie der wünschenswerten Fortbildungen
- Beschreibung der notwendigen Berufserfahrung
- Auflistung der fachlichen Anforderungen, die der Arbeitsplatz mit sich bringt
- Auflistung der persönlichen Anforderungen an den Mitarbeiter
- Beschreibung der notwendigen sozialen Kompetenzen

Anforderungsprofil

Assistent/-in in der Betriebsleitung		1	2	3	4	5
fachliche Fähigkeiten	abgeschlossenes Studium	■				
	Berufserfahrung				■	■
	Auslandserfahrung		■	■		
	Fachenglisch				■	■
soziale Fähigkeiten	Führungserfahrung				■	■
	Mitarbeitermotivation			■	■	
	Teamorientierung			■	■	
persönliche Fähigkeiten	Durchsetzungskraft				■	■
	Belastbarkeit				■	■
sonstige Fähigkeiten	Kreativität		■	■		
	Kundenorientierung				■	■

5 = sehr wichtig, 1 = weniger wichtig

Anforderungsprofile dienen als Grundlagen für Stellenanzeigen, aber auch als Leitfaden für Vorstellungsgespräche und erleichtern so die Bewerberauswahl.

Beispiel für eine Stellenbeschreibung

Unternehmen: **Einsatzort:**	**SEAFOOD GmbH** Store Hamburg	**Stellenbeschreibung**
Stellenbezeichnung: **Stelleninhaber/-in:** **Gehaltsstufe/Gehaltsbereich:** **Beschäftigungsumfang:** **Arbeitszeit:** **Vorgesetzte Stelle:** **Unmittelbar untergeordnete Stelle:** **Stellenvertretung:**	**Assistent/-in der Betriebsleitung** Frau Yilmaz außertariflich, nach Umsatz Vollzeitstelle flexibel, in Absprache mit Betriebsleiter/-in Betriebsleiter/-in Schichtleitung Schichtleitung	
Funktion/Ziel der Stelle:	• Unterstützung der Betriebsleitung • Leitung des Betriebs bei Abwesenheit der Betriebsleitung	
Hauptaufgaben/Verantwortung:	• Wahrnehmung aller Interessen im Sinne des Unternehmens • Sicherstellung aller unternehmensinternen Standards • Leitung und Einteilung der Mitarbeiter/-innen unter Beachtung aller Personalrichtlinien	

Detaillierte Aufgabenbeschreibungen:

- Unterstützung der Betriebsleitung, um bestmögliche Umsatzergebnisse zu erzielen
- in Absprache mit der Betriebsleitung Erarbeitung, Durchführung und Kontrolle von Lokal-Store-Marketingaktivitäten
- Information der Mitarbeiter/-innen über unternehmensspezifische Maßnahmen
- Leiten und Führen aller Mitarbeiter
  - Überprüfen, ob alle Personalrichtlinien eingehalten werden
  - Unterstützung der Betriebsleitung bei Personalfragen
  - Unterstützung der Betriebsleitung bei Konflikten zwischen Mitarbeiterinnen/Mitarbeitern
  - Unterstützung der Betriebsleitung bei der Übermittlung der Personaldaten an die Zentrale
  - Erstellen eines Dienstplans unter Beachtung der unternehmensspezifischen Vorgaben
  - Unterstützung der Betriebsleitung bei Schulungen und Meetings
- Umsetzen aller unternehmensinternen Vorgaben in Bezug auf
  - Warenbestellung
  - Wareneinkauf
  - Warenlagerung
- Umsetzung und Kontrolle aller hygienischen Anforderungen an
  - Personal
  - Produkte
  - Arbeitsplatz
- Sicherstellen, dass alle Gästebeschwerden seriös und professionell gehandhabt werden

Berufsbezogene Anforderungen:	**Sonstige Anforderungen:**
• Ausbildung zur Fachfrau/zum Fachmann für Systemgastronomie • mindestens 3 Jahre Berufserfahrung nach Ausbildung • Sprachkenntnisse in Englisch	• gute Kommunikationsfähigkeit • Verhandlungsgeschick • Fähigkeit zur Menschenführung

Die Stellenbeschreibung wird jährlich überprüft und aktualisiert.

Datum und Unterschrift Vorgesetzter	Datum und Unterschrift Stelleninhaber

16.3 Personalbeschaffung

16.3.1 Grundlagen

Personalbeschaffung (Joey's Pizza)

Aufgabe der Personalbeschaffung ist es, die notwendigen Mitarbeiter mit der geeigneten Qualifikation zu finden. Dabei werden grundsätzlich zwei Beschaffungswege unterschieden. Man spricht von innerbetrieblicher bzw. **interner** Personalbeschaffung, wenn für die Besetzung einer Stelle ein Mitarbeiter vorgesehen ist, der bereits im Unternehmen tätig ist. Bei der außerbetrieblichen oder **externen** Personalbeschaffung bedient man sich der Möglichkeiten des externen Arbeitsmarkts.

16.3.2 Interne Personalbeschaffung

Beispiele: Interne Personalbeschaffung
ohne Personalbewegung:
- Verlängerung der Arbeitszeiten, Mehrarbeit
- Verschiebung von Urlaub
- Übernahme von zusätzlichen Aufgaben auf höherem Anforderungsniveau durch Erhöhung der Mitarbeiterqualifikation („Job-Enrichment")
- Erweiterung des Funktionsbereichs der Stelle um Aufgaben auf gleichem Anforderungsniveau („Job-Enlargement")

mit Personalbewegung:
- interne Stellenausschreibung
- Versetzungen, Abordnungen
- Beförderungen
- Übernahme von Auszubildenden

Im Gastgewerbe ist es oftmals sinnvoll, einen kurzfristig anfallenden Personalbedarf durch eigene Mitarbeiter zu decken, gerade dann, wenn der Bedarf nur vorübergehend besteht (z.B. in Saisonzeiten). Hier bietet es sich an, mit dem Personal eine Verlängerung der Arbeitszeiten, Mehrarbeit oder Verschiebung von geplantem Urlaub zu vereinbaren. Ist der Bedarf nicht nur vorübergehend, sondern anhaltend, gibt es die Möglichkeit, durch eine Umgestaltung und Neubeschreibung der Stelle den Funktionsbereich und die Aufgaben der Mitarbeiter zu erweitern.

Andere Möglichkeiten der internen Personalbeschaffung sind Personalverschiebungen, z.B. in Form von Abordnungen oder Versetzungen aus anderen Filialen, aber auch Beförderungen oder die Übernahme von Auszubildenden.

Durch interne Stellenausschreibungen werden der Belegschaft die offenen Stellen im Unternehmen bekannt gegeben. Dies kann mittels Intranet oder durch Aushang am „Schwarzen Brett", durch Rundschreiben, Anzeigen in Mitarbeiterzeitungen oder in Mitarbeitergesprächen bzw. -besprechungen geschehen. Personalverschiebungen führen aber letztendlich immer zu anderen freien Stellen im Unternehmen, die dann gegebenenfalls extern besetzt werden müssen. Zudem ist zu überprüfen, ob für die von der Versetzung betroffenen Mitarbeiter Änderungskündigungen auszusprechen sind und der Betriebsrat mit einzubeziehen ist.

Vorteile einer internen Stellenbesetzung	Nachteile einer internen Stellenbesetzung
▪ Das Risiko einer Fehlbesetzung ist reduziert, da die Stärken und Schwächen des Mitarbeiters bekannt sind. ▪ Die Einarbeitungszeit ist kürzer, da der Mitarbeiter das Unternehmen und dessen innere Strukturen kennt. ▪ Beschaffungskosten und Beschaffungszeit sind geringer. ▪ Die Mitarbeiter sind motivierter, da sie Aufstiegs- und Entwicklungsmöglichkeiten sehen. ▪ Die Bindung des Arbeitnehmers an das Unternehmen wird verstärkt.	▪ Bei der Beschaffung kann nur auf einen zahlenmäßig eingeengten Personenkreis zurückgegriffen werden. ▪ Der Personalbedarf wird oft nicht tatsächlich gedeckt, sondern nur verschoben. ▪ Es besteht die Gefahr zunehmender Betriebsblindheit, da durch die neuen Mitarbeiter keine neuen Ideen und Anregungen von außen kommen. ▪ Spannungen/Rivalitäten zwischen potenziellen Bewerbern sind möglich. ▪ Nicht berücksichtigte Mitarbeiter sind eventuell demotiviert. ▪ Entscheidungen können aufgrund der inneren Strukturen (Beziehungen) subjektiv getroffen sein. ▪ Gegebenenfalls fallen hohe Fortbildungs- bzw. Umschulungskosten an.

16.3.3 Externe Personalbeschaffung

Bei der außerbetrieblichen oder externen Personalbeschaffung wird auf die Möglichkeiten des externen Arbeitsmarkts zurückgegriffen. Voraussetzung hierfür ist eine gezielte Öffentlichkeitsarbeit und der systematische Aufbau einer **Arbeitgebermarke** („Employer Brand"). Mithilfe strategischer Marketingmaßnahmen („Employer Branding") soll das Unternehmen als attraktiver Arbeitgeber dargestellt werden, mit dem die Bewerber bestimmte positive Arbeitgebereigenschaften verbinden. Dies soll dazu führen, dass Interessierte von sich aus mit Bewerbungen an das Unternehmen herantreten (**Initiativbewerbung** bzw. Blindbewerbung) bzw. es erleichtert im Bedarfsfall auch die aktive Personalanwerbung.

Auch durch eine funktionierende Pressearbeit in Zeitungen und Fachzeitschriften, eine gut gestaltete Homepage und die Präsenz in sozialen Medien kann sich ein Unternehmen ein positives **Image** verschaffen. Zudem lassen sich auf diesem Wege Informationen insbesondere über die Größe eines Unternehmens (wie z. B. Marktstellung, Geschäftsbereiche, Anzahl der Mitarbeiter und der Filialen) sowie über die Personalpolitik (wie z. B. die Ausbildungspolitik oder die Darstellung von Aufstiegsmöglichkeiten innerhalb des Unternehmens) gut vermitteln. Potenziell Interessierte erhalten so Vorstellungen über zu erwartende Beschäftigungsvorteile.

Tage der offenen Tür mit Betriebsbesichtigungen, Präsenz des Unternehmens auf Fachmessen, Ausstellungen und Berufsinformationsveranstaltungen (z. B. Recruitung Days) verbunden mit dem Einsatz von Broschüren und Flyern sind weitere Möglichkeiten einer systematischen Öffentlichkeitsarbeit und einer gezielten Informationsvermittlung. Nicht zuletzt zeugen positiv eingestellte Mitarbeiter vor Ort von einem guten Betriebsklima und einem kooperativem Miteinander und schaffen so ein gutes Bild in der Öffentlichkeit.

Für die aktive externe Personalsuche stehen dann dem Unternehmen verschiedene konkrete Instrumente zur Verfügung. Ihre Auswahl ist von der Bedeutung der zu besetzenden Stelle und ihren Anforderungen an die Bewerber, von der Arbeitsmarktsituation sowie von Zeit- und Kostenüberlegungen abhängig.

Zu den wichtigsten Instrumenten gehören:

- Stellenausschreibungen in Zeitungen oder Fachzeitschriften
- Stellenausschreibungen im Store mittels Aushang, Tablettsets oder Handzettel
- Stellenausschreibungen auf der eigenen Homepage; oft mithilfe von interaktiven Tools
- Angebote in Jobbörsen oder Recruiting-Börsen (Recruiting = Anwerbung)
- Nutzung der Recruiter-Plattformen in den sozialen Netzwerken
- Recruiting-Veranstaltungen an Schulen oder Hochschulen bzw. auf Karrieremessen
- Einschaltung der Bundesagentur für Arbeit
- Beauftragung von Personalvermittlern („Head-Huntern")
- Arbeitnehmerüberlassung durch Personal-Leasing-Firmen (Zeitarbeit); nur bei kurzfristigem und zeitlich beschränktem Personalbedarf angebracht

Employer Branding

Do's

- Räumen Sie dem Thema Arbeitgebermarke einen hohen Stellenwert ein.
- Finden Sie heraus, was und wen Sie wollen.
- Nehmen Sie den Blickwinkel der Bewerber ein.
- Bringen Sie Versprechen und Realität in Einklang.
- Sprechen Sie die Bewerber über die von Ihnen benutzten Kanäle an.
- Seien Sie dialogbereit und offen.

Don'ts

- Abwarten und Aussitzen ist bei Recruiting-Schwierigkeiten keine Lösung.
- Niemals nur nachziehen – Beispiel: Nicht erst die Gehälter anheben, wenn es die Wettbewerber vorgemacht haben.
- Mit Vertuschen oder Schönreden wird Glaubwürdigkeit verspielt.
- Bei unangenehmen Themen nicht verstummen! Sie vergeben eine Riesenchance, sich intensiv mit Ihrer Zielgruppe auseinanderzusetzen.

(Quelle: Zeitschrift „food service"/Deutscher Fachverlag, weitere Informationen über www.dfv-archiv.de/)

Ratgeber rund um Employer Branding
www.top-arbeitgebermarke.de

Jobinformationen per QR-Code (Vapiano)

Jobbörsen
Jobbörsen für den gesamten Arbeitsmarkt sind z. B.:
www.monster.de
www. jobScout24.de

Jobbörsen für die Gastronomie sind z. B.:
www. ahgz-jobs.de
www. hotel.career.de
www. gastronomiecareer.de
www. jobsterne.de

SEAFOOD GmbH

Machen Sie bei uns Karriere!

Wir sind ein junges, erfolgreiches Unternehmen in der Gastronomie-Branche.

Zum Unternehmen gehören über 20 Filialen in Deutschland.

Für unsere Filiale in Berlin suchen wir ab sofort einen/eine

Betriebsleiter/-in Systemgastronomie

Ihre Aufgabe
Eigenverantwortliche Leitung eines Stores

Unsere Anforderungen
- Ausbildung in der Systemgastronomie
- Leistungsfähigkeit und Flexibilität
- Teamgeist und Verantwortungsbewusstsein

Wir bieten
- intensive Einarbeitung
- schnelle Entscheidungswege
- leistungsgerechte Bezahlung

Haben Sie Interesse?
Dann senden Sie Ihre aussagekräftige Bewerbung mit Lebenslauf, Zeugnissen, Gehaltsvorstellung an ...

Stellenausschreibungen in Zeitungen und Fachzeitschriften

Stellenanzeigen in Zeitungen und Zeitschriften sind in der Gastronomie immer noch weitverbreitet. Ihr Erfolg ist insbesondere abhängig von:

- der Auswahl des geeigneten **Anzeigenträgers** (mögliche Kriterien: Druckauflage, verkaufte Auflage, Streubreite, Preise für Stellenanzeigen)
- der Festlegung des geeigneten **Erscheinungstermins** bzw. **Erscheinungsrhythmus** (mögliche Kriterien: Zeitpunkt der Einstellung, Zeitspanne für Personalauswahl, Erscheinungshäufigkeit der Zeitung bzw. der Zeitschrift)
- einer geeigneten **Anzeigengestaltung** (Layout)

Die Stellenanzeige muss den möglichen Bewerber erreichen und seine Aufmerksamkeit wecken, z. B. durch eine ansprechende Headline, Eyecatcher, Firmenlogo (AIDA-Prinzip, siehe Kapitel 15.5.4). Sie soll ihn über das Unternehmen und die offene Stelle informieren. Neben der Positionsbezeichnung und einer kurzen Stellenbeschreibung sind die sich daraus ergebenden Aufgaben und Anforderungen fachlicher und persönlicher Art darzustellen. Entlohnung und eventuell weitere Leistungen des Unternehmens, Eintrittsdatum und Ansprechpartner bzw. Kontaktadresse dürfen nicht fehlen.

Wir sind ...	→ kurze Unternehmensdarstellung
Wir suchen ...	→ Stellen-/Positionsbezeichnung (evtl. mit Eintrittstermin)
Wir erwarten ...	→ Anforderungsprofil, erforderliche Qualifikationen
Wir bieten ...	→ Aussagen über Unternehmensleistungen
Wir bitten um ...	→ Art der Bewerbung/Kontaktmöglichkeit

Geschlechtsneutrale Stellenanzeige (Gosch)

Bei Stellenanzeigen ist besonders darauf zu achten, dass sie geschlechtsneutral ausgeschrieben werden. Gesucht werden kann z. B.

- Koch/Köchin
- Putzkraft
- Restaurantleiter/-in
- Storemanager (m/w)

Nicht verwendet werden sollten dagegen Formulierungen wie „Sekretärin gesucht“ oder „... dann sind Sie unser Mann“, denn damit könnten Männer bzw. Frauen benachteiligt werden.

Solche Diskriminierungen verbietet das **Allgemeine Gleichbehandlungsgesetz** (AGG, siehe Kapitel 16.13). Ebenfalls unzulässig sind in Stellenanzeigen z. B. in aller Regel Anforderungen an das Alter, z. B. „junge dynamische Servicekraft“, „erfahrener Manager über 40“, oder an die Herkunft, z. B. „Bedienung gesucht mit Deutsch als Muttersprache“.

Um nicht den Anschein von Diskriminierung zu erwecken, sollten in Stellenanzeigen grundsätzlich tätigkeitsbezogene, nicht personenbezogene Umschreibungen gewählt werden.

Vorteile einer externen Stellenbesetzung	Nachteile einer externen Stellenbesetzung
▪ große Auswahlmöglichkeit ▪ Einbringung neuer Ideen und Impulse von außen ▪ keine „Betriebsblindheit" des Bewerbers ▪ keine personellen Abhängigkeiten	▪ höherer Zeitbedarf bei der Personalsuche ▪ sofortige Verfügbarkeit des Bewerbers unwahrscheinlicher ▪ höhere Kosten bei der Personalsuche ▪ längere Einarbeitungszeit ▪ erhöhte Gefahr einer Fehlbesetzung ▪ Demotivation der eigenen Mitarbeiter und Beeinträchtigung des Betriebsklimas

16.3.4 Personalauswahl

Ziel der Personalauswahl ist es, einen geeigneten Bewerber zur Besetzung der freien Stelle zu finden. Das Auswahlverfahren ist ein mehrstufiger Prozess, dessen Ablauf abhängig vom Unternehmen und von der zu besetzenden Stelle variieren kann.

Bei internen Bewerbern ist es möglich, sich bei der Auswahl auf die Erfahrungen zu stützen, die mit den Bewerbern bislang schon gemacht wurden, oder auf Informationen aus den Personalunterlagen zurückzugreifen (z.B. zurückliegende Beurteilungen, Teilnahmebestätigungen über Weiterbildungsmaßnahmen). Bei externen Bewerbern dagegen sind geeignete Auswahltechniken erforderlich, die eine Entscheidung möglichst zuverlässig machen. In der Praxis werden hierfür verschiedene Instrumente eingesetzt.

Auswahlverfahren

Eingang der Bewerbungsunterlagen
→ Bestätigung an Bewerber mit dem Hinweis, dass der Auswahlprozess noch einige Zeit in Anspruch nehmen wird
→ Erfassung und Auswertung der Unterlagen

Vorauswahl
→ Absageschreiben an ungeeignete Bewerber
→ Einladung geeigneter Bewerber zu Tests

Tests
→ Auswertung der Tests
→ Absage an ungeeignete Bewerber
→ Einladung geeigneter Bewerber zum Vorstellungsgespräch (evtl. mit Betriebsrundgang)
→ Auswertung der Gespräche

Auswahl
→ Information des Betriebsrats
→ Absage an nicht ausgewählte Bewerber
→ Zusage an ausgewählten Bewerber

Einstellungsverhandlung
→ Ausstellung des Arbeitsvertrags
→ Einholen der Arbeitsvertragsunterschrift
→ Anlegen der Personalstammdaten
→ Antritt der Arbeitsstelle durch den neuen Mitarbeiter

Bewerbungsunterlagen

Zu einer vollständigen Bewerbungsmappe gehören:
- ein informatives, individuell verfasstes Bewerbungsanschreiben
- ein vollständiger Lebenslauf, der die private wie berufliche Entwicklung des Bewerbers widerspiegelt
- ein angemessenes und aktuelles Lichtbild
- Kopien aller Schul-, Ausbildungs- und Arbeitszeugnisse
- Referenzen

Durch die Analyse und Auswertung der Bewerbungsunterlagen entsteht ein erster Eindruck. Folgende Punkte sind hierbei zu berücksichtigen:
- **Berücksichtigung formaler Kriterien:**
  Aufmachung, Darstellung, Aufbau, Vollständigkeit, Sauberkeit
- **Analyse des Bewerbungsschreibens:**
  - formale Analyse: Aufbau und Stil des Schreibens, gedankliche Ordnung und Klarheit des Ausdrucks
  - inhaltliche Analyse: Motivation des Bewerbers, Bezug zur Stelle, Hinweise auf besondere Kompetenzen, Informationen über Gehaltsvorstellungen oder frühesten Einstellungstermin

Bewerbungsanalyse

Einholen von Auskünften bei einem früheren Arbeitgeber
Wenn die Bewerbung nicht einen sogenannten „Sperrvermerk" trägt, kann versucht werden, mündliche Auskünfte bei einem früheren Arbeitgeber einzuholen. Dieser ist zur Auskunftserteilung allerdings nicht verpflichtet. Gibt er Auskunft, muss diese sorgfältig und wahrheitsgemäß sein, ansonsten geht er ein Schadensersatzrisiko ein.

- **Analyse der Zeugnisse:**
  - Schulzeugnisse: Noten, zusätzliche Qualifikationen, Fehlzeiten
  - Arbeitszeugnisse: Dauer der Beschäftigung, Beurteilung von Leistung, Führung und Verhalten, Austrittsgründe, Zeugnissprache/auffällige Formulierungen
  - Weiterbildungsmaßnahmen: Art der Weiterbildung, erworbene Qualifikation
- **Analyse des Lebenslaufs:**
  - Zeitfolgenanalyse: Aufbau und Dauer der schulischen und beruflichen Ausbildung, Dauer und Abfolge der Beschäftigungen, Häufigkeit des Arbeitsplatzwechsels, zeitliche Lücken
  - Positionsanalyse: Kontinuität der Weiterentwicklung in Bezug auf Stelle und Position, bisherige Branche oder Aufgabengebiete
- **Analyse des Lichtbilds:**
  Professionalität, Erscheinungsbild, Eindruck
- **Analyse von Referenzen:**
  Empfehlungen, Aussagen über Vertrauensverhältnisse und Zuverlässigkeit

Personalfragebogen

Viele Unternehmen schicken nach Eingang der Bewerbung den Bewerbern einen Personalfragebogen zu. Dieser enthält in der Regel Fragen, die für die Einstellung und die spätere Tätigkeit des Bewerbers wichtig sind. So stehen von jedem Bewerber die gleichen Basisinformationen zur Verfügung. Die komprimierte Darstellung der Daten erleichtert dabei die Vergleichbarkeit der Bewerber. Der Einsatz und die Ausgestaltung eines Personalfragebogens bedürfen allerdings der Zustimmung des Betriebsrats. Zudem ist zu beachten, dass der Bewerber auf rechtlich nicht zulässige Fragen nicht bzw. nicht wahrheitsgemäß antworten muss.

Telefoninterview

Manchmal wird mit den Bewerbern nach Eingang ihrer Bewerbung ein Termin für ein Telefoninterview vereinbart. Dies soll helfen, für das Unternehmen interessante Bewerber herauszufiltern.

Inhalte des Telefoninterviews	Beurteilungskriterien
▪ Vorstellung des Unternehmens ▪ Erhebung der persönlichen Daten des Bewerbers ▪ Fragen zur Motivation des Bewerbers ▪ Ermittlung der Kernkompetenzen des Bewerbers ▪ Fragen zu Unklarheiten und Lücken im Lebenslauf	▪ Sprachstil, Ausdrucksverhalten ▪ Kommunikationsfähigkeit, Strukturierung der Antworten ▪ Stimme, Stimmmodulation ▪ Flexibilität des Bewerbers ▪ Interesse und Engagement des Bewerbers ▪ Kooperation des Bewerbers mit Interviewer

Tests

Tests sollen helfen, die Leistungsfähigkeit der Bewerber besser einzuschätzen. Dabei werden Merkmale untersucht, die sich weder aus den Unterlagen ableiten noch in Gesprächen sicher feststellen lassen. Auch der Einsatz von Tests unterliegt der Zustimmung des Betriebsrats, sofern es einen gibt. Es werden verschiedene Testverfahren angewendet.

Persönlichkeitstests
Hier soll ein Persönlichkeitsprofil des Bewerbers anhand seiner Interessen, Werte und Motive erstellt werden. Der Bewerber muss viele Fragen beantworten, die Aussagen über bestimmte persönliche Eigenschaften zulassen, z.B. Führungsverhalten, Selbstständigkeit, Verhalten im Team, Ausdauer, Durchsetzungsvermögen.

Intelligenz- und Leistungstests
Hier werden verschiedene Faktoren, z.B. Allgemeinbildung, Zahlenverständnis, Wortschatz, aber auch Konzentrations-, Kombinations- und Denkvermögen untersucht. Andere Testgegenstände sind Geschicklichkeit und Reaktionsgeschwindigkeit.

Arbeitsproben/Praxistest
Gerade in der Gastronomie werden als Grundlage für die Personalauswahl häufig Praxistests eingesetzt. Hier müssen die Bewerber während einer bestimmten Zeit unter Beobachtung ihre praktischen Fertigkeiten unter Beweis stellen.

Beim Probearbeiten besteht keine Pflicht zur Arbeit

§ Beim Probearbeiten besteht kein Arbeitsverhältnis, sondern lediglich ein sogenanntes „Einfühlungsverhältnis". Der Bewerber ist daher nicht zur Arbeit verpflichtet, das Unternehmen auf der anderen Seite nicht zur Bezahlung. Es besteht kein Weisungsrecht, der Bewerber soll nur für kurze Zeit „schnuppern und beschnuppert werden" und darf nicht in die Betriebsorganisation eingebunden werden. Darauf sollte er schriftlich hingewiesen werden.

Assessment-Center-Technik
Das Assessment-Center ist ein differenziertes Auswahlverfahren, bei dem mehrere Bewerber gemeinsam über einen Zeitraum von ein bis drei Tagen analysiert werden. Ziel ist es, ihre Verhaltensweisen (Gruppen- und Sozialverhalten) festzustellen und eine möglichst objektive Vorhersage über die Eignung der Kandidaten in Bezug auf ihr zukünftiges Arbeitsverhalten zu treffen. Dazu werden die Bewerber mit verschiedenen Aufgaben aus der Arbeitsrealität konfrontiert. Sie bearbeiten diese Aufgaben teilweise allein, teilweise in Gruppen und stehen dabei unter ständiger Beobachtung und Bewertung von meist mehreren erfahrenen Beobachtern (i.d.R. von besonders geschulten Mitarbeitern, Vertretern der Personalabteilung und manchmal auch externen Beratern).

Die Aufgaben orientieren sich an dem Anforderungsprofil der Stelle und an praxisnahen Situationen. Die Ergebnisse werden mit den Bewerbern besprochen. Dabei macht die Methodenvielfalt und die Mehrfachbeurteilung durch verschiedene Beobachter eine höhere Objektivität in der Beurteilung wahrscheinlich. Die Beobachter sind trainiert, die Beobachtung erfolgt über einen längeren Zeitraum und die Beobachtung und Bewertung sind voneinander getrennt. Dies hilft, Fehleinschätzungen zu minimieren, um so den am besten geeigneten Bewerber auszuwählen.

Assessment-Center sind zeit- und kostenaufwendig, erfassen die Gesamtpersönlichkeit des Bewerbers aber am ehesten.

Aufgabentypen bei Auswahlverfahren
Einzelkämpferaufgabe
→ z.B. Postkorbübung, Fallstudien
Jeder gegen jeden
→ z.B. Gruppendiskussionen mit oder ohne Rollenverteilung
Einer gegen die anderen
→ z.B. Rollenspiele
Einer gegen alle
→ z.B. Präsentationen

Kriterien, die im Vorstellungsgespräch überprüft werden können

- äußerer Eindruck und Auftreten
- sprachliches Vermögen
- Auffassungsgabe und Urteilsvermögen
- Fachwissen
- Stärken und Schwächen
- Motivation
- Offenheit und Kritikfähigkeit
- Kooperationsvermögen und Flexibilität

Nach überwiegender Auffassung unzulässige Fragen bei Vorstellungsgesprächen

- Schwangerschaft
- Heiratsabsichten und Kinderwunsch
- Schwerbehinderung
- sexuelle Orientierung
- Familienverhältnisse
- Religions-, Partei- und Gewerkschaftszugehörigkeit

Offene Fragen/geschlossene Fragen

Auf offene Fragen kann frei geantwortet werden.
Beispiel: Welche Stärken haben Sie?
Geschlossen Fragen geben die Antwortmöglichkeiten bereits vor.
Beispiel: Sind Sie belastbar?

Pflicht zur Erstuntersuchung

Verpflichtend ist eine Erstuntersuchung für Jugendliche unter 18 Jahren, die in das Berufsleben eintreten (Jugendarbeitsschutzgesetz).

Vorstellungsgespräche

Ziel eines Vorstellungsgesprächs ist es, den Bewerber persönlich kennenzulernen und auf diese Art Eindrücke von ihm zu sammeln. Es gilt, das Interesse des Bewerbers an der Stelle, seine Motive und Zielsetzungen herauszufinden und gleichzeitig etwas über seine Selbsteinschätzung zu erfahren. Zusätzlich können seine schriftlichen Unterlagen überprüft werden. Daneben sollen Informationen über das Unternehmen, die Stelle und die mit ihr verbundenen Anforderungen vermittelt bzw. konkretisiert werden. Aber auch Sachfragen wie Gehaltsvorstellungen und Eintrittstermin sind anzusprechen.

Das Fragerecht beim Vorstellungsgespräch

Grundsätzlich darf der Arbeitgeber alle Fragen stellen, die für das Arbeitsverhältnis und für die Erbringung der Leistung durch den Bewerber von Bedeutung sind. Das betrifft auch persönliche Eigenschaften. Allerdings müssen die Fragen einen Zusammenhang zur angebotenen Stelle erkennen lassen und dürfen die Persönlichkeitsrechte des Bewerbers nicht verletzen.
Daneben gibt es viele Fragen, die nur dann zulässig sind, wenn sie direkt mit der Tätigkeit in Zusammenhang stehen. Dazu gehören z. B. Fragen nach Schulden und Vermögensverhältnissen, Vorstrafen und Krankheiten. So ist die Frage nach einer HIV-Infektion im Regelfall unzulässig, geht es allerdings um eine Tätigkeit mit Infektionsgefahr, so ist diese Frage gestattet. Ein Bewerber für die Buchhaltung darf nach vermögensrechtlichen Vorstrafen gefragt werden, ein Barkeeper nach seinem Alkoholkonsum.
Auf zulässige Fragen muss der Arbeitnehmer wahrheitsgemäß antworten. Tut er dies bewusst nicht, kann das Arbeitsverhältnis nachträglich angefochten werden. Auf unzulässige Fragen kann er die Antwort verweigern. Er hat sogar das Recht zur Lüge, ohne dass ihm daraus ein Nachteil entstehen darf.

Medizinische Untersuchung

Sie steht oft am Ende des Auswahlprozesses und soll aufzeigen, ob der Bewerber den physischen Ansprüchen der zukünftigen Tätigkeit gewachsen ist. Daher erfolgt sie arbeitsplatzspezifisch und wird meist vom Betriebsarzt durchgeführt.

16.4 Personaleinstellung

16.4.1 Grundlagen

Einführung eines neuen Mitarbeiters (McDonald's)

Ist ein neuer Mitarbeiter ausgewählt, sind vor der eigentlichen Arbeitsaufnahme verschiedene Punkte zu erledigen:

- Einigung über die Arbeitsbedingungen und Abschluss des entsprechenden Arbeitsvertrags
- Verwaltungsaufgaben, z. B. Anlegen der Personalakte mit allen erforderlichen Unterlagen (siehe Kapitel 16.5.3), Ausfüllen des Personalfragebogens, Anmeldung bei der Sozialversicherung
- Information über wichtige Verhaltensregeln
- Organisatorisches
- fachliche Einarbeitung
- soziale Integration

16.4.2 Arbeitsverträge und Ausbildungsverträge

Grundlage eines Arbeitsverhältnisses ist immer ein Arbeitsvertrag. Die Arbeitsvertragsparteien sind der Arbeitgeber und Arbeitnehmer.

Begriff des Arbeitnehmers

Arbeitnehmer ist, wer aufgrund eines Dienstvertrags für einen anderen persönlich abhängige, weisungsgebundene Arbeit verrichtet.

Zu unterscheiden sind Arbeitnehmer von **Selbstständigen**. Diese können aufgrund von Werk- oder ebenfalls Dienstverträgen tätig werden und unterscheiden sich dadurch, dass sie nicht weisungsgebunden und nicht in die Betriebsstruktur und -hierarchie eingebunden sind. Nehmen Selbstständige bzw. Fremdfirmen bestimmte Aufgaben in einem fremden Betrieb wahr (z. B. Reinigung, Buchhaltung), dann wird dies als **Outsourcing** bezeichnet. Wenn eine Person nur formal selbstständig ist, tatsächlich aber genauso behandelt wird wie ein Arbeitnehmer, ist diese Person **scheinselbstständig**. Der Einsatz von Scheinselbstständigen birgt ein großes Kostenrisiko für den Arbeitgeber, da ggf. nachträglich Sozialversicherungsbeiträge abzuführen sind.

Arbeitsvertrag – Dienstvertrag – Werkvertrag
Ein Arbeitsvertrag ist eine besondere Art eines Dienstvertrags. Dienstverträge sind dadurch gekennzeichnet, dass bei ihnen eine Dienst- bzw. Arbeitsleistung geschuldet wird, d. h. die Tätigkeit an sich. Auf den Erfolg oder die Qualität kommt es dabei nicht an. Darin unterscheidet sich der Dienstvertrag vom Werkvertrag, bei dem das fertige Werk geschuldet ist.

Arten von Arbeitsverträgen

Der „Grundtyp" einer abhängigen Beschäftigung ist das **dauerhafte** (= unbefristete) **Vollzeitarbeitsverhältnis.** Für die Systemgastronomie wichtige Abweichungen davon sind:

- **Teilzeitarbeitsverhältnis:**
  Ein Arbeitnehmer arbeitet weniger als die im Betrieb geltende regelmäßige Arbeitszeit (meist zwischen 38 und 40 Stunden pro Woche bzw. 169 und 173 Stunden pro Monat). Hier gibt es unterschiedlichste Möglichkeiten zwischen nur wenigen Stunden Aushilfstätigkeit bis hin zu Gestaltungen z. B. mit 35 Wochenstunden. Die Arbeitszeit kann gleichmäßig auf die Wochentage verteilt werden (z. B. montags bis freitags vormittags), sich auf einzelne Tage konzentrieren (z. B. immer am Wochenende) oder auch von Woche zu Woche wechseln. Arbeitgeber und Arbeitnehmer können dies einvernehmlich vereinbaren. Außerdem haben Mitarbeiter, die Vollzeit arbeiten, unter bestimmten Voraussetzungen einen Anspruch, in Teilzeit zu wechseln (Teilzeitanspruch). Bei Urlaub, Urlaubs- oder Weihnachtsgeld usw. werden Teilzeitbeschäftigte in der Regel im Verhältnis ihrer Arbeitszeit zur Normalarbeitszeit anteilig berücksichtigt.

  Teilzeitbeschäftigte dürfen gegenüber Vollzeitbeschäftigten nicht benachteiligt werden.

Beispiel für Berechnung der Urlaubstage bei Teilzeit
regelmäßige Arbeitszeit:
40 Stunden/Woche
Urlaubsanspruch:
25 Arbeitstage/Jahr bzw. 5 Wochen

Teilzeitkraft A arbeitet an 5 Tagen/Woche je 4 Stunden.
A ist Halbtagskraft und hat deshalb Anspruch auf die Hälfte des Urlaubsanspruchs, also 25 halbe Urlaubstage (à 4 Stunden) bzw. 5 Wochen.

Teilzeitkraft B arbeitet montags und dienstags je 8 Stunden, also 16 Wochenstunden. Berechnung bei 40 Stunden Normalarbeitszeit:
40 Wochenstunden ≙ 25 Urlaubstagen
16 Wochenstunden ≙ x Urlaubstagen

$$x = \frac{25 \cdot 16}{40} = 10 \text{ Urlaubstage}$$

Auch dies entspricht 5 Wochen mit jeweils 2 Arbeitstagen.

- **Befristetes Arbeitsverhältnis:**
  Das Arbeitsverhältnis wird von vornherein nur auf eine bestimmte Zeit geschlossen, z. B. für ein Jahr (= Zeitbefristung) oder bis zur Rückkehr eines Kollegen aus der Elternzeit (= Zweckbefristung). Befristungen können mit oder ohne besonderen Sachgrund vereinbart werden.

Teilzeit- und Befristungsgesetz
www.gesetze-im-internet.de/bundesrecht/tzbfg/gesamt.pdf

Befristete Arbeitsverträge

Befristungsart	Besonderheiten (Beispiele)	Dauer und Verlängerungen	Folgen
Befristung mit Sachgrund	▪ vorübergehender Bedarf an der Arbeitsleistung (z. B. Saison) ▪ im Anschluss an die Ausbildung ▪ zur Vertretung wie bei Schwangerschaft oder Krankheit ▪ zur Erprobung	▪ Zahl und Dauer der Verlängerungen grundsätzlich unbegrenzt	▪ Die Befristung eines Arbeitsvertrags ist nur wirksam, wenn sie schriftlich erfolgt. Bei lediglich mündlicher Befristungsabrede entsteht ein unbefristeter Arbeitsvertrag. ▪ Ein befristeter Arbeitsvertrag endet automatisch mit Zeitablauf bzw. Zweckerreichung (ohne Kündigung). ▪ Befristet beschäftigte Arbeitnehmer dürfen nicht benachteiligt werden.
Befristung ohne Sachgrund	▪ nur kalendermäßige Befristung ▪ nur bei Neueinstellung	▪ bis zur Dauer von 2 Jahren ▪ innerhalb dieser 2 Jahre maximal dreimalige Verlängerung möglich ▪ bei Existenzgründern: bis zur Dauer von 4 Jahren	

- **„Minijob“:** Dies ist eine besondere Art der Teilzeit (geringfügig entlohnte Beschäftigung) bzw. der Befristung (kurzfristige Beschäftigung) (siehe Kapitel 16.10.7).
- **Arbeit auf Abruf:** Hierbei handelt es sich um eine Variante der Teilzeit, bei der die Dauer der Arbeitszeit im Voraus festgelegt wird, die Lage aber je nach Arbeitsanfall flexibel ist.
- **Leih-/Zeitarbeitsverhältnis:** In diesem Fall besteht gar kein Arbeitsverhältnis zu dem Betrieb, in dem der Arbeitnehmer eingesetzt wird, sondern lediglich zwischen Arbeitnehmer und Zeitarbeitsfirma. Das Weisungsrecht wird für die Dauer der Überlassung auf den Einsatzbetrieb übertragen. Geregelt ist die Zeitarbeit im Arbeitnehmerüberlassungsgesetz.

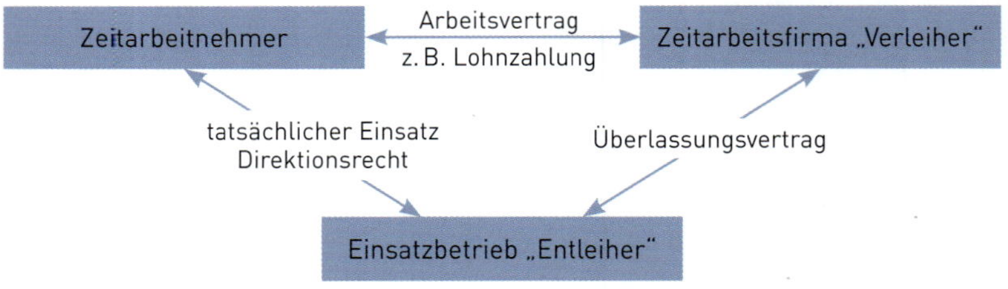

- **Ausbildungsverhältnis:** Hier wird ein Ausbildungsvertrag abgeschlossen. Soweit es keine Sonderregelungen gibt (siehe Kapitel 1.4.2), gelten für diesen die gleichen Rechtsgrundlagen wie für den Arbeitsvertrag. Die Parteien heißen Ausbildender und Auszubildender.

Schriftlicher Arbeitsvertrag

Umgangssprachlich ist häufig zu hören, jemand „arbeite ohne Arbeitsvertrag“. Gemeint ist damit nur, dass es keinen schriftlichen Arbeitsvertrag gibt. Das ist auch nicht zwingend, denn Arbeitsverträge sind **formfrei** (siehe Kapitel 10.3.1). Zu beachten ist allerdings, dass die Befristungsabrede im befristeten Arbeitsverhältnis schriftlich erfolgen muss.

Gemäß § 2 des Nachweisgesetzes müssen bestimmte Arbeitsbedingungen allerdings schriftlich niedergelegt werden:

- Name und Anschrift der Vertragsparteien
- Beschreibung der Tätigkeit
- Arbeitszeit
- Zeitpunkt des Beginns des Arbeitsverhältnisses
- bei befristeten Arbeitsverhältnissen: vorhersehbare Dauer
- Zusammensetzung und Höhe des Arbeitsentgelts einschließlich Zuschlägen, Zulagen, Prämien und Sonderzahlungen sowie anderer Bestandteile des Arbeitsentgelts und deren Fälligkeit
- bei Minijobs: Hinweis auf Möglichkeit des Verzichts auf die Rentenversicherungspflicht
- Arbeitsort oder Hinweis auf verschiedene Arbeitsorte
- Urlaubsdauer
- Kündigungsfristen
- Hinweis auf anzuwendende Tarifverträge und Betriebsvereinbarungen

Die Niederschrift muss spätestens **einen Monat** nach dem vereinbarten Beginn des Arbeitsverhältnisses erfolgen. Sie ist zu **unterzeichnen** und dem Arbeitnehmer **auszuhändigen**.

Bei Ausbildungsverträgen muss die Niederlegung gemäß Berufsbildungsgesetz unverzüglich nach Vertragsschluss, spätestens vor Beginn der Ausbildung, erfolgen (zu den Inhalten siehe Kapitel 1.4.2). Nicht schriftlich niedergelegte Ausbildungsverträge werden von der IHK nicht eingetragen.

Auch ein mündlicher Arbeitsvertrag ist ein wirksamer Arbeitsvertrag. Der Abschluss eines schriftlichen Arbeitsvertrags ist allerdings aus Beweisgründen unbedingt zu empfehlen.

Pflichten aus dem Arbeitsvertrag

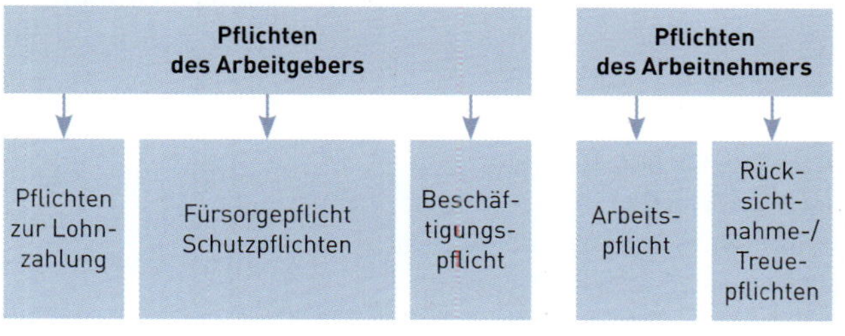

Rechte und Pflichten aus dem Arbeitsvertrag

Die Rechte und Pflichten von Arbeitgeber und Arbeitnehmer ergeben sich

- aus dem typischen Charakter des Arbeitsvertrags,
- aus dem Text des jeweiligen Arbeitsvertrags (z. B. Tätigkeit, Stundenzahl, Lohnhöhe),
- ggf. ergänzend aus Tarifverträgen und Betriebsvereinbarungen (siehe Kapitel 16.6),
- aus den gesetzlichen Regelungen.

Es entsteht ein Zusammenspiel dieser verschiedenen Regelungsebenen: Gesetzliche Regelungen, die zum Schutz der Arbeitnehmer zwingend sind, aber auch solche, die durch Arbeitsvertrag und/oder Tarifvertrag abgeändert werden können (= dispositiv).

Auch zwingende gesetzliche Regelungen können zum Vorteil des Arbeitnehmers abgeändert werden. Bei Punkten, die im Vertrag nicht geregelt sind, greifen die gesetzlichen Regelungen.

Regelungsebenen am Beispiel Kündigungsfristen

Macht der Arbeitsvertrag keine Angaben zu Kündigungsfristen, so greifen die gesetzlichen Kündigungsfristen des BGB ein. Tarifliche Kündigungsfristen können von der gesetzlichen Regelung abweichen, und zwar können sie sowohl länger als auch kürzer sein („tarifdispositiv"). Die Frist für den Arbeitnehmer darf aber nicht länger sein als die für den Arbeitgeber. Im Arbeitsvertrag können lediglich längere als die gesetzlichen Kündigungsfristen vereinbart werden.

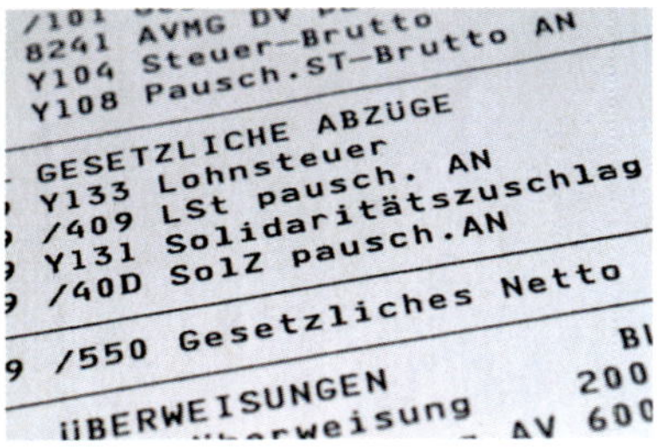

Lohnabrechnung

Lohnzahlung
Die Lohnhöhe richtet sich nach dem Arbeitsvertrag, ggf. nach dem Tarifvertrag. Bei Tarifmitarbeitern ist zur Bestimmung der Lohnhöhe eine Eingruppierung in eine Tarifgruppe vorzunehmen. Wenn der Lohn nicht ausdrücklich festgelegt ist, ist die „übliche Vergütung" zu zahlen. Sittenwidrige Lohnvereinbarungen sind nichtig, der Arbeitnehmer hat dann ebenfalls Anspruch auf die übliche Vergütung.

Fürsorge- und Schutzpflichten des Arbeitgebers
Die Rücksichtnahmepflicht gebietet, dass der Arbeitgeber Leben und Gesundheit des Arbeitnehmers schützen muss (Arbeitsschutz und Arbeitssicherheit). Für Sachen des Arbeitnehmers hat er eine Obhutspflicht.

Er muss das Persönlichkeitsrecht des Arbeitnehmers schützen und darf deshalb Informationen über den Arbeitnehmer nur in Ausnahmefällen preisgeben (Verschwiegenheitspflicht und Datenschutz, siehe Kapitel 16.5.4). Eine besondere Ausprägung ist die Gleichbehandlungspflicht (siehe Kapitel 16.13).

Arbeitspflicht
Was, wann, wo und wie der Arbeitnehmer seine Arbeit zu leisten hat, ergibt sich aus dem Arbeitsvertrag. Für die Arbeitszeiten sind auch die gesetzlichen Schutzvorschriften von besonderer Bedeutung (siehe Kapitel 16.5.4). Im Rahmen dessen hat der Arbeitgeber ein **Weisungsrecht** (= Direktionsrecht). Der Arbeitnehmer muss seine Arbeit sorgfältig erledigen und so zügig, wie er es mit seinen Möglichkeiten kann.

Beispiele für AGB-Kontrolle im Arbeitsvertrag
Arbeitsvertragsklauseln dürfen nicht überraschend sein, wichtige Dinge dürfen also z. B. nicht im „Kleingedruckten" versteckt werden. Widersprüchliche oder für den Leser unverständliche Regelungen sind unwirksam. Eine Versetzungsklausel ist nur wirksam, wenn klar ist, dass nur an eine mindestens gleichwertige Stelle versetzt werden darf.

Rücksichtnahme- und Treuepflichten des Arbeitnehmers
Der Arbeitnehmer ist verpflichtet, auf die berechtigten Interessen des Arbeitgebers Rücksicht zu nehmen. Das bedeutet beispielsweise, er muss bestehende oder drohende Schäden mitteilen (z. B. Ware, die zu verderben droht, eine kaputte Maschine), in Notfällen über seine Arbeitszeit hinaus arbeiten und darf außer bei öffentlichem Interesse nicht über Internes berichten, wenn dies dem Arbeitgeber schadet.

Arbeitsverträge basieren meist auf vom Arbeitgeber erarbeiteten Vertragsmustern, höchstens Details werden individuell verhandelt. Sie stellen daher **Allgemeine Geschäftsbedingungen (AGB)** dar. AGB unterliegen einer besonderen gesetzlichen Inhaltskontrolle nach dem BGB. Der Arbeitnehmer darf gegenüber den gesetzlichen Regelungen nicht unangemessen benachteiligt werden.

16.4.3 Verwaltungsaufgaben bei der Einstellung

Bei Beschäftigungsbeginn wird für den neuen Mitarbeiter sinnvollerweise eine **Personalakte** angelegt, in der für das Arbeitsverhältnis relevante Unterlagen gesammelt werden (siehe Kapitel 16.5.3). Außerdem muss ein **Personalstammdatenblatt** ausgefüllt werden, das u. a. Informationen über Geburtsdatum, Wohnort, Bankverbindung, Steuerklasse, Kinder, Konfession, Krankenkasse und Schulbildung enthält.

Parallel dazu sind vom neuen Mitarbeiter folgende **Einstellungsunterlagen** anzufordern:

- Kopie des Personalausweises
- Steueridentifikationsnummer
- elektronische Lohnsteuerabzugsmerkmale (ELStAM)
- Sozialversicherungsausweis mit Rentenversicherungsnummer
- Bescheinigung der Krankenkasse
- Bankverbindung
- Nachweis über Belehrung nach dem Infektionsschutzgesetz
- gegebenenfalls: Urlaubsbescheinigung des alten Arbeitgebers
- gegebenenfalls: polizeiliches Führungszeugnis
- gegebenenfalls: Erklärung über wirtschaftliche Verhältnisse (Pfändungsbescheide)
- gegebenenfalls: Kopie des Führerscheins
- gegebenenfalls: Kopie des Schwerbehindertenausweises
- gegebenenfalls: Unterlagen über vermögenswirksames Sparen
- bei Nicht-EU-Bürgern: Aufenthalts- und Arbeitserlaubnis (befristet/unbefristet)
- bei Schülern bzw. Studenten: Schul- bzw. Immatrikulationsbescheinigung
- bei Rentnern: Rentenbescheid

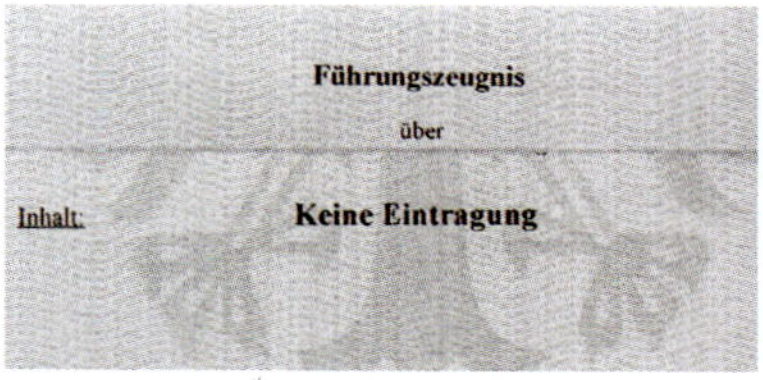

Führungszeugnis

Sofortmeldung

Seit dem 1. Januar 2009 sind Arbeitgeber in der Gastronomie dazu verpflichtet, bei Neuaufnahme eines Beschäftigungsverhältnisses bis spätestens zu dessen Aufnahme eine sogenannte Sofortmeldung an die Datenstelle der Träger der Rentenversicherung zu übermitteln. Die Sofortmeldung muss folgende Angaben enthalten:

- Vor- und Familienname
- Versicherungsnummer
- Betriebsnummer des Arbeitgebers
- Tag der Beschäftigungsaufnahme

Sie dient einer verbesserten Bekämpfung der Schwarzarbeit und der illegalen Beschäftigung.

Geltungsbereich der Sofortmeldung
Die Sofortmeldung gilt auch für Minijobber, Praktikanten oder Mitarbeiter, die nur im Büro arbeiten.

Sofortmeldung und Anmeldung zur Sozialversicherung
Neben der Sofortmeldung ist eine reguläre Anmeldung zur Sozialversicherung bis spätestens sechs Wochen nach Beginn der Beschäftigung abzugeben.

Hinweis auf Mitführungspflicht eines Personaldokuments

Arbeitnehmer in der Gastronomie müssen für eine mögliche Überprüfung ihrer Identität ihren Personalausweis oder Pass mitführen. Arbeitgeber haben ihre Arbeitnehmer schriftlich auf diese Mitführungspflicht hinzuweisen.

Sozialversicherungausweis
Der Sozialversicherungsausweis muss nicht mehr mitgeführt werden.

16.4.4 Einführung und Einarbeitung neuer Mitarbeiter

Die Einführung und die Einarbeitung des neuen Mitarbeiters beenden den Prozess der Personalbeschaffung. Ziel dieser Phase ist es, den neuen Mitarbeiter mit der für ihn noch ungewohnten Umgebung, seinem neuen Arbeitsplatz und seinen neuen Aufgaben vertraut zu machen und ihn auch sozial in das Unternehmen zu integrieren. Auf der anderen Seite dient die Einarbeitungsphase dazu, herauszufinden, ob der neue Mitarbeiter für die Stelle tatsächlich geeignet ist und die erwarteten Leistungen erbringt und ob er zum Unternehmen passt.

Mögliche Unterlagen des Unternehmens für einen neuen Mitarbeiter
- Haus-/Betriebsordnung
- Handbuch mit Checklisten
- wichtige Telefonnummern
- Dienstplan
- Belehrung über Unfallschutz
- Hinweise auf besondere Gefahren und zu Sicherheitsvorschriften
- Belehrung über hygienisches Verhalten am Arbeitsplatz
- Hinweise über Verhalten bei Krankheit oder Unfall
- Hinweise über Arbeitszeiten, Pausen und Urlaubsregelungen, Verhalten bei Krankheit/Krankmeldung
- Unterlagen über das Unternehmen (z. B. Organigramm, Speisekarten, Unternehmensleitbild)
- eventuell Berufskleidung mit Namensschild
- eventuell notwendige Schlüssel
- eventuell Werksausweis
- ggf. Betriebsvereinbarungen

1. **Begrüßung durch den Vorgesetzten und Mitarbeiter**
   Der Vorgesetzte begrüßt den neuen Mitarbeiter und händigt ihm alle für seinen beruflichen Einsatz notwendigen Informationen aus. Dann zeigt er ihm seinen neuen Arbeitsplatz und stellt ihn den Kollegen vor; anschließend werden dem neuen Mitarbeiter Umkleideräume und Sanitäreinrichtungen gezeigt, ebenso die Kantine und Sanitätsräume; gegebenenfalls wird ihm ein Mentor bzw. „Pate" zugeteilt.
2. **Einarbeitung**
   Diese erfolgt am besten mithilfe eines vorher erstellten Einarbeitungsplans; darin ist festgehalten, wer den neuen Mitarbeiter wann und wie betreut und ihm die einzelnen Arbeitsabläufe erklärt bzw. zeigt, ferner, welche Einarbeitungsmethoden (z. B. Einweisungen, Schulungen, selbstständiges Trainieren) angewendet werden, wie lange die Einarbeitungsphase dauert und welche Leistungen vom neuen Mitarbeiter bis wann erwartet werden; sinnvollerweise werden in diesem Zusammenhang auch Termine für Nachbesprechungen festgelegt, in denen Fragen geklärt, Hilfestellungen angeboten und ein Feedback gegeben werden können.

Am Ende der Einarbeitungsphase ist der neue Mitarbeiter idealerweise in das Unternehmen integriert, füllt seine Stelle aus und erbringt die volle, erwartete Arbeitsleistung.

16.5 Personalverwaltung

16.5.1 Grundlagen

Die Personalverwaltung ist die Basis für alle personellen Entscheidungen und Maßnahmen, die in einem Unternehmen anfallen. Ihr kommt somit in der Zusammenarbeit mit anderen Abteilungen im Unternehmen eine zentrale Rolle zu. Die wichtigsten Aufgaben der Personalverwaltung sind die allgemeine Personalarbeit, Organisation der Personaldaten und Personalstatistik.

16.5.2 Allgemeine Personalarbeit

Zu der allgemeinen Personalarbeit gehören
- Tätigkeiten, die mit Einstellungen, Einsatzplanung, Beförderungen, Versetzungen und Entlassungen sowie der Personalbetreuung zu tun haben
- Überwachungsaufgaben wie Erfassung der Arbeitszeit, des Urlaubs sowie des Krankenstands der Mitarbeiter
- Information und gegebenenfalls Beratung der Mitarbeiter
- Information interner Stellen wie Vorgesetze, Betriebsrat oder Unternehmensleitung
- Information externer Stellen wie IHK, Berufsgenossenschaft, Finanzamt, Krankenkasse und Rentenversicherung
- Zusammenarbeit mit innerbetrieblichen Gremien wie Betriebsrat, Schwerbehindertenvertretung, Jugend- und Auszubildendenvertretung
- Entgeltabrechnung

Betreuung der Mitarbeiter durch den Restaurant-Manager (Burger King)

16.5.3 Organisation der Personaldaten

Die Organisation der Personaldaten ist eine weitere wichtige Aufgabe der Personalverwaltung. Gerade in größeren Betrieben mit vielen Mitarbeitern fallen große Datenmengen an, die es zu sammeln, ordnen und verwalten gilt. Dies kann mithilfe einer Personalakte oder heutzutage in der Regel mit computergestützten Personalinformationssystemen geschehen. Hierzu dienen aber auch Personalakte, Personalkartei und verschiedene Personaldateien.

Grundsätze des Datenschutzes zum Führen einer Personalakte

- Alle Unterlagen über einen Mitarbeiter sind in einer Akte aufzubewahren; sollten von einem Mitarbeiter weitere Akten existieren, so ist dies in der Personalakte zu vermerken.
- Die Personalakte sollte aktuell und vollständig sein, d. h., ihre Inhalte sind in regelmäßigen Abständen zu überprüfen. Relevante Akten dürfen nicht ohne Wissen des Mitarbeiters verändert oder vernichtet werden.
- Die Personalakte muss ein zutreffendes Bild des Mitarbeiters liefern, d. h., die Unterlagen und erhobenenen Daten sind auf Richtigkeit zu überprüfen. Bei unrichtigen Angaben hat der Mitarbeiter einen Anspruch auf Berichtigung der Daten.
- Die in der Personalakte enthaltenen Daten sind vertraulich zu behandeln.

Personalakte

Die Personalakte dient zur Aufbewahrung aller Unterlagen (z. B. Schriftstücke, Belege oder Urkunden), die für die Person des Mitarbeiters und sein Arbeitsverhältnis wichtig sind. Dies kann in Papierform oder elektronisch geschehen.

Es gibt zwar keine gesetzliche Verpflichtung, eine Personalakte von Mitarbeitern anzulegen, geschieht dies aber, so hat der Mitarbeiter das Recht auf Einsichtnahme und auf Erklärungen zum Inhalt.

Als organisatorisches Hilfsmittel für die Bereitstellung von Personaldaten sollte die Personalakte übersichtlich gegliedert sein:

- **Angaben über persönliche Daten:**
  Personalstammdatenblatt, Bewerbungsunterlagen inklusive der Zeugniskopien, Personalfragebogen, gesetzliche notwendige Unterlagen wie Arbeitserlaubnis oder Bescheinigung der Infektionsschutzbelehrung, polizeiliches Führungszeugnis, Ergebnis der ärztlichen Eignungsuntersuchung, Unterlagen zu persönlichen Verhältnissen wie Familienstand oder Anzahl der Kinder
- **Vertragliche Vereinbarungen:**
  Original des Arbeitsvertrags inklusive Nachweis über alle ausgehandelten Vereinbarungen, Unterlagen über Änderungen bei Tätigkeit oder Entgelt
- **Angaben zur Tätigkeit:**
  Arbeitsplatz- bzw. Stellenbeschreibung, Beurteilungen, Leistungsbewertungen, Zwischenzeugnisse, gegebenenfalls Disziplinarmaßnahmen wie z. B. Abmahnungen, Versetzungen, Abordnungen oder Beförderungen, Bescheinigung über Weiterbildungsmaßnahmen
- **Bezüge:**
  steuerrelevante Unterlagen, Sozialversicherungsnachweis, Mitgliedsbescheinigung einer Krankenkasse, gegebenenfalls Kopie des Schwerbehindertenausweises, gegebenenfalls Pfändungsbescheide, Bankverbindung, Höhe des Arbeitsentgelts, gegebenenfalls von Prämien oder Zulagen, vermögenswirksame Leistungen, ausgehandelte und gewährte Vorschüsse oder Darlehen
- **Abwesenheit:**
  Registrierung von Fehlzeiten aufgrund von Krankheit, Heilverfahren oder Mutterschutz, Registrierung von Urlaub oder Sonderurlaub, Registrierung von sonstigen Fehlzeiten
- **Allgemeiner Schriftverkehr:**
  Schriftverkehr, z. B. mit Sozialversicherungsträger, Agentur für Arbeit oder anderen Institutionen

Einsichtnahme in die Personalakte

Einsichtnahme heißt, dass der Mitarbeiter die Unterlagen in seiner Personalakte lesen und sich Notizen machen darf, aber nicht, dass ihm die Akte überlassen werden muss bzw. er sich Inhalte kopieren darf.

Fristen für Datenspeicherungen

Daten dürfen nur so lange erfasst bzw. gespeichert sein, wie sie benötigt werden. Dabei sind gesetzliche, vertragliche und tarifrechtliche Bestimmungen zu beachten. Das Bundesdatenschutzgesetz sieht keine generellen Aufbewahrungsfristen vor. Es verlangt aber eine Löschung ab dem Zeitpunkt, ab dem die Daten nicht mehr benötigt werden.

16.5.4 Beschäftigtendatenschutz

Bundesbeauftragter für den Datenschutz und die Informationsfreiheit
www.bfdi.bund.de/DE/Home/homepage_node.html

Mitarbeiterdaten dürfen nur so weit erhoben und in Papierform erfasst bzw. elektronisch gespeichert werden, wie es zur Durchführung des Arbeitsverhältnisses erforderlich ist. Alle erfassten und gespeicherten Daten und auch die Personalakte unterliegen den Vorschriften des Datenschutzes.

Datenschutz ist ein Begriff, der mehrdeutig ist:

- Schutz vor Verlust der elektronisch oder in Papierform erfassten Daten (Datensicherheit)
- Schutz vor unerlaubtem Zugriff auf die Daten (Zugriffsschutz)
- Schutz vor Missbrauch der Daten (Missbrauchsschutz)

Schutz vor Verlust elektronisch gespeicherter Daten (Datensicherheit)
Elektronisch gespeicherte Daten können durch Stromausfall, Brand oder Wasserschaden verloren gehen, ebenso durch einen technisch bedingten Ausfall eines Geräts. Fehlbedienung oder bewusste Manipulation sind als weitere Ursachen für einen Datenverlust denkbar. Die größte Gefährdung geht aber mittlerweile von manipulativer Software aus, wie Viren, Würmer und Trojaner. Zur Vorbeugung sind folgende Sicherungsmaßnahmen sinnvoll:

- doppelte Datenspeicherung auf verschiedenen Medien, die getrennt aufbewahrt werden
- regelmäßige Datensicherung mithilfe täglicher oder wöchentlicher Backup-Routinen
- technische Sicherungsvorkehrungen am PC zur Vermeidung von Diebstahl des Geräts oder von Geräteteilen, wie Festplatte, Chip oder Speicherkarte
- Erfassung aller Geräte an einer zentralen Stelle und Dokumentation der Passwörter
- ordnungsgemäße Vernichtung aller nicht mehr im Einsatz befindlichen Datenträger
- Plausibilitätskontrollen, um Eingabefehlern vorzubeugen
- Installation eines Virenschutzprogramms und einer Firewall

Automatisierte/nicht automatisierte Datenverarbeitung
Eine automatisierte Datenverarbeitung besteht, wenn hierfür elektronische Medien, wie z. B. Computer, genutzt werden. Bei der nicht automatisierten Datenverarbeitung erfolgt die Datenverarbeitung z. B. mittels Karteikarten.

Schutz vor unerlaubtem Zugriff auf die Daten (Zugriffsschutz)
Alle Mitarbeiter, die mit Personaldaten arbeiten, sind verpflichtet, sorgfältig mit den Daten umzugehen und Diskretion über die Dateninhalte zu wahren (Wahrung des Datengeheimnisses).

Darüber hinaus sind weitere Schutzmaßnahmen notwendig, damit die Vertraulichkeit gewahrt wird, z. B.:

- **Zugangskontrolle:**
  Nur befugte Mitarbeiter erhalten Zugang zu Daten; den Kreis der Zugangsberechtigten möglichst klein halten.
- **Benutzerkontrolle:**
  Durch den Gebrauch individueller Passwörter können nur registrierte Mitarbeiter die Computer nutzen; beim Verlassen des Arbeitsplatzes müssen diese sich abmelden.

Umgang mit Passwörtern

- Das Passwort soll nicht zufällig zu erraten sein.
- Das Passwort soll aus Groß- und Kleinbuchstaben sowie aus Zahlen bestehen.
- Das Passwort ist geheim zu halten und regelmäßig zu wechseln.
- Das Passwort soll immer sichtgeschützt eingegeben werden.

- **Zugriffskontrolle:**
  Die Mitarbeiter haben gestufte Zugriffsrechte und können immer nur auf die Daten zugreifen, die sie zur Bewältigung ihrer Aufgaben brauchen.
- **Übermittlungskontrolle:**
  Der Transfer von Daten an interne und externe Stellen ist beschränkt und auch im Nachhinein nachvollziehbar.

Bundesdatenschutzgesetz
www.gesetze-im-internet.de/bundesrecht/bdsg_1990/gesamt.pdf

Schutz vor Missbrauch der Daten
Jeder Mensch hat nach einer Entscheidung des Bundesverfassungsgerichts das Recht auf „informationelle Selbstbestimmung". Das bedeutet, nur er selbst entscheidet über die Verwendung und Freigabe seiner Daten, d. h., wem wann welche Daten zugänglich gemacht werden. Mithilfe des Datenschutzes soll dieses Recht geschützt werden. So schreibt das Bundesdatenschutzgesetz eine Vielzahl von Maßnahmen zum Schutz vor Missbrauch personenbezogener Daten vor. Das Bundesdatenschutzgesetz regelt insbesondere auch die Bestellung, die Tätigkeit und die Aufgaben eines **Datenschutzbeauftragten.** Dieser ist immer dann zu bestellen, wenn in einem Unternehmen mindestens 10 Personen mit der automatisierten Erfassung bzw. 20 Personen mit der nicht automatisierten Erfassung und Verarbeitung personenbezogener Daten beschäftigt sind.

16.5.5 Personalstatistik

Die Personalstatistik hilft bei der Analyse und Kontrolle zurückliegender Zeiträume und schafft die Grundlage für Trendberechnungen oder die Erstellung von Prognosen. Somit dient sie auch als Entscheidungshilfe für künftige Planungen.
Die Auswertung der Daten geschieht in der Regel mittels Tabellen, durch Rechenoperationen als Kennzahlen oder in grafischer Form mithilfe von Diagrammen.

Kennzahlen
Wichtige Kennzahlen im Rahmen der Personalstatistik sind:

$$\text{Fluktuationsrate (in \%)} = \frac{\text{Personalabgänge} \cdot 100}{\text{Ø Personalbestand}}$$

$$\text{Personalkostenanteil (in \%)} = \frac{\text{Personalkosten} \cdot 100}{\text{Gesamtkosten des Unternehmens}}$$

$$\text{Krankheitsausfallrate (in \%)} = \frac{\text{Krankheitsausfall (in h)} \cdot 100}{\text{Sollarbeitszeit (in h)}}$$

$$\text{Überstundenquote (in \%)} = \frac{\text{Zahl der Überstunden} \cdot 100}{\text{Sollarbeitszeit (in h)}}$$

Diagrammformen

Das erhobene Zahlenmaterial wird meistens in Form von Diagrammen präsentiert. Verwendet werden hierbei vor allem:

- Säulendiagramme
- Balkendiagramme
- Liniendiagramme
- Kreisdiagramme

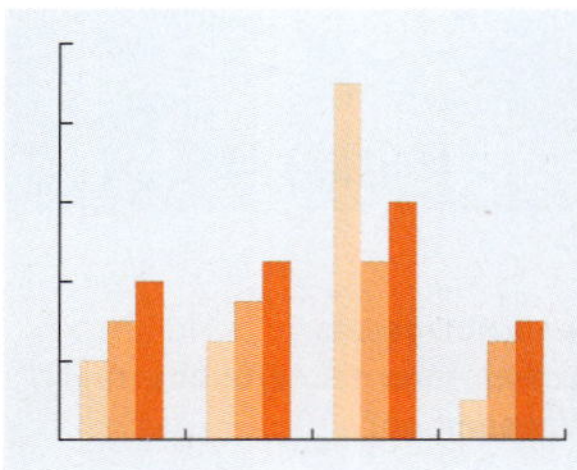

Säulendiagramm

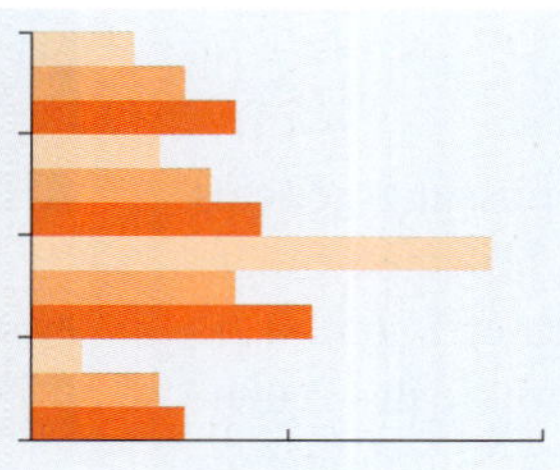

Balkendiagramm

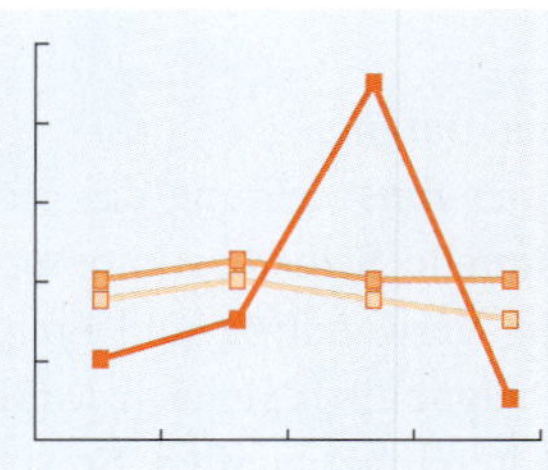

Liniendiagramm

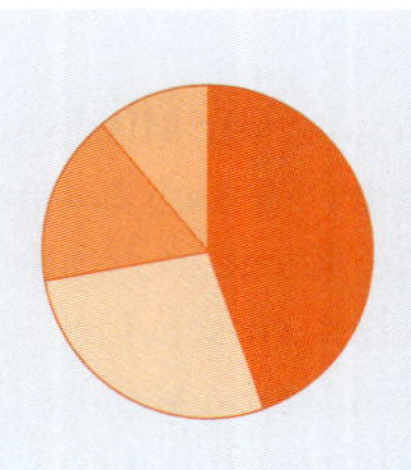

Kreisdiagramm

16.6 Tarifvertrag und Betriebsrat

Neben den gesetzlichen Regelungen sowie den individuellen Regelungen im Arbeitsvertrag kann der Inhalt eines Arbeitsverhältnisses auch durch „**kollektive**" Regelungen in **Tarifverträgen** oder **Betriebsvereinbarungen** beeinflusst werden.

Bedeutung von „kollektiv"

Kollektiv bedeutet hier, dass eine Mehrheit von Arbeitnehmern von diesen Regelungen erfasst wird. Es bedeutet aber auch, dass an der Gestaltung der Regelung eine Mehrheit von Arbeitnehmern mitgewirkt hat.

16.6.1 Abschluss und Wirkung von Tarifverträgen

Tarifverträge sind Verträge zwischen einer **Gewerkschaft** und einer **Arbeitgebervereinigung** oder zwischen einer Gewerkschaft und einem einzelnen Arbeitgeber (= Tarifvertragsparteien). Handelt ein Arbeitgeberverband den Tarifvertrag für die ihm angeschlossenen Arbeitgeber aus, wird von einem **Flächentarifvertrag** gesprochen. Schließt ein einzelner Arbeitgeber den Tarifvertrag mit der Gewerkschaft ab, handelt es sich um einen **Haustarifvertrag** (auch Firmen- oder Unternehmenstarifvertrag). In der Systemgastronomie existieren verschiedene regional oder bundesweit geltende Flächentarifverträge sowie in mehreren Unternehmen Haustarifverträge.

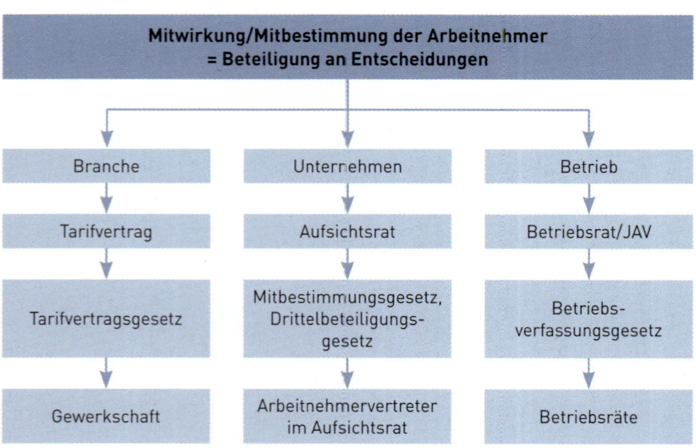

Was seine Wirkungen betrifft, so geht ein Tarifvertrag weit über einen „normalen" Vertrag hinaus: Ein gewöhnlicher Vertrag verpflichtet nur diejenigen, die ihn abgeschlossen haben. Das tut ein Tarifvertrag auf der einen Seite auch: Die Tarifvertragsparteien verpflichten sich mit der Unterzeichnung, für die Durchführung des Tarifvertrags zu sorgen und alles zu vermeiden, was seine Einhaltung gefährdet. Während der Laufzeit des Tarifvertrags unterlassen sie alle Kampfmaßnahmen („Friedenspflicht"). Diese Seite wird als **schuldrechtliche Wirkung** des Tarifvertrags bezeichnet.

Entstehung des Tarifvertrags

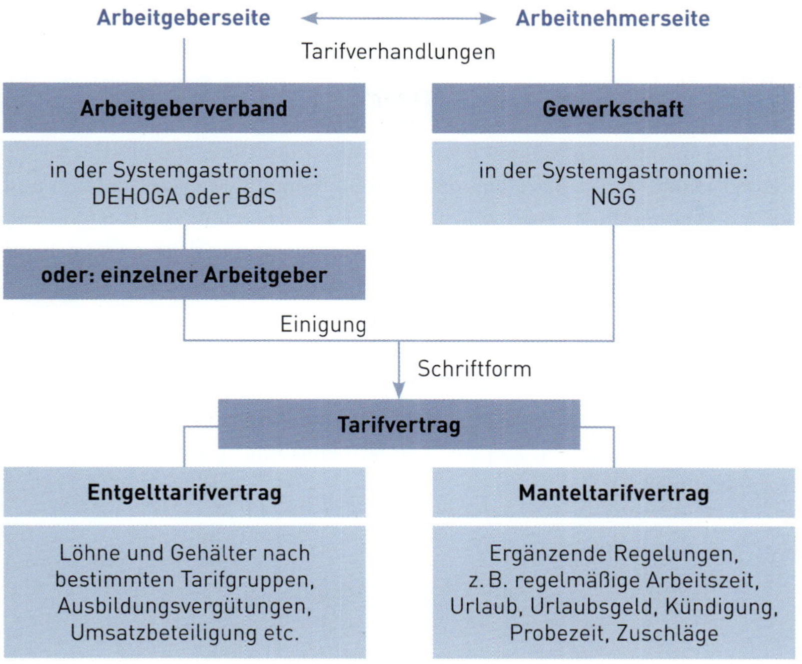

Haustarifvertrag
Dies ist ein Tarifvertrag, der zwischen einem einzelnen Arbeitgeber und der Gewerkschaft geschlossen wird. Dabei stehen die besonderen Belange des Unternehmens mehr im Vordergrund.

Wichtiger jedoch ist die andere Seite, die sogenannte **normative Wirkung.** Der Tarifvertrag hat nämlich nach dem Tarifvertragsgesetz unter bestimmten Voraussetzungen auch Einfluss auf die einzelnen Arbeitgeber und Arbeitnehmer (= Arbeitsvertragsparteien), und zwar in einer vergleichbaren Weise wie ein Gesetz:

- Die Normen des Tarifvertrags gelten zwischen den **beiderseits Tarifgebundenen** im Geltungsbereich des Tarifvertrags unmittelbar und zwingend (= normativ). Arbeitgeber sind tarifgebunden, wenn sie Mitglied im Arbeitgeberverband sind; Arbeitnehmer sind tarifgebunden, wenn sie Mitglied in der Gewerkschaft sind.
- Auch unabhängig von einer Verbands- bzw. Gewerkschaftsmitgliedschaft gelten Tarifverträge für alle Arbeitsverhältnisse, wenn sie vom zuständigen Ministerium für **allgemein verbindlich** erklärt wurden.

Bedeutung von „Norm“
Eine „Norm“ ist eine Richtschnur, Regel bzw. Vorschrift. Der Begriff „Rechtsnorm“ wird häufig als Synonym für „Gesetz“ verwendet.

Liegen die Voraussetzungen für diese normative Wirkung vor, so darf von den Regelungen des Tarifvertrags nicht zulasten des Arbeitnehmers abgewichen werden. Veränderungen zu seinen Gunsten sind jedoch möglich (z. B. längerer als der tarifliche und gesetzliche Mindesturlaub, übertarifliches Gehalt). Dies hat die Bezeichnung **Günstigkeitsprinzip.**

> Ein Tarifvertrag wirkt unmittelbar und zwingend bei beiderseitiger Tarifbindung oder Allgemeinverbindlichkeit.

Bezugnahme: Darüber hinaus kommen die Regelungen des Tarifvertrags dann zur Anwendung, wenn in dem einzelnen Arbeitsvertrag auf den Tarifvertrag Bezug genommen wird. Die Geltung ist dann allerdings nicht „normativ“, sondern „individualvertraglich“. Das bedeutet, dass abweichende Vereinbarungen (zugunsten, aber auch zulasten des Arbeitnehmers) zulässig sind.

16.6.2 Tarifautonomie und Arbeitskampf

Tarifautonomie

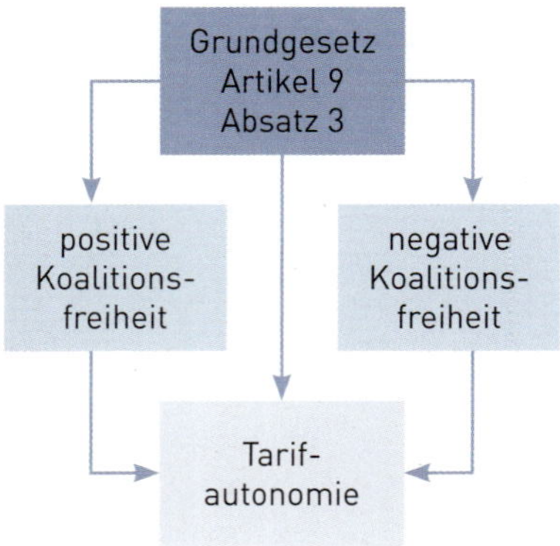

Die Befugnis der Tarifvertragsparteien, normativ und ohne staatliche Einflussnahme gesetzesgleich Regeln zu verhandeln und festzusetzen, ist die **Tarifautonomie.** Diese wird durch das Grundgesetz geschützt. Artikel 9 Absatz 3 Grundgesetz schützt die sogenannte **Koalitionsfreiheit.** Das ist die Freiheit, Koalitionen (das sind vom Staat unabhängige Gewerkschaften und Arbeitgeberverbände) zu bilden und diesen beizutreten. Auch das Recht, Koalitionen fernzubleiben (= negative Koalitionsfreiheit) ist entsprechend geschützt, ebenso wie das Recht zu **Arbeitskampfmaßnahmen.**

Tarifverträge entstehen in wechselseitigen Verhandlungen. Sie stellen daher immer einen Kompromiss zwischen den unterschiedlichen Positionen der Tarifvertragsparteien dar. Kann auf dem Verhandlungswege zunächst keine Einigung erzielt werden, kann es zum Arbeitskampf (Streik und Aussperrung) kommen.

Sozialpartner
Gewerkschaften und Arbeitgeberverbände werden auch als Sozialpartner bezeichnet, denn ihnen ist durch die Verfassung die Aufgabe zugewiesen, die Wirtschafts- und Arbeitsbedingungen zu wahren und zu fördern. Neben dem Abschluss von Tarifverträgen haben sie verschiedene gesetzliche Aufgaben wie die Mitarbeit in der Selbstverwaltung der Sozialversicherungen und die Entwicklung von Ausbildungsordnungen.

Arbeitskampfmaßnahmen

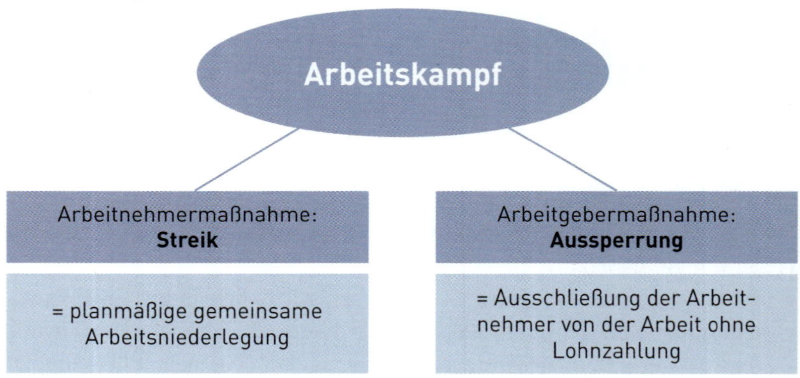

Mit Streik bzw. Aussperrung stören Arbeitnehmer bzw. Arbeitgeber gezielt die Arbeitsbeziehung, um eine bestimmte tarifliche Regelung zu erreichen. Arbeitskampfmaßnahmen sind nur unter bestimmten Bedingungen zulässig. Sie dürfen in Deutschland nur zur Erzwingung von Tarifregelungen ergriffen werden (z. B. höherer Lohn, mehr Urlaub), nicht aber zur Durchsetzung politischer Forderungen (z. B. Abschaffung der „Rente mit 67“).

Nur die Tarifvertragsparteien dürfen Arbeitskampfmaßnahmen ergreifen (nicht z. B. der Betriebsrat). Kurzfristige Streiks während der Tarifverhandlungen werden Warnstreiks genannt. Ein sogenannter wilder Streik liegt vor, wenn einzelne Arbeitnehmer ohne Streikbeschluss der Gewerkschaft die Arbeit niederlegen; wilde Streiks sind unzulässig. Die Aussperrung erfolgt praktisch immer als Abwehraussperrung, d. h. als Antwort der Arbeitgeberseite auf einen angekündigten oder bereits ausgerufenen Streik.

Ein Tarifvertrag kommt nur zustande, wenn die Tarifvertragsparteien sich am Ende einigen.

16.6.3 Betriebsrat

Ein Betriebsrat ist ein Organ auf Betriebsebene (d.h. in der Systemgastronomie in der Regel in der einzelnen Filiale), das die Belegschaft dieses Betriebs gegenüber dem Arbeitgeber vertritt.

Aufsichtsrat
Ein Aufsichtsrat wird in größeren Kapitalgesellschaften auf Unternehmensebene gebildet.

Beispiele für Beteiligungsrechte des Betriebsrats nach dem Betriebsverfassungsgesetz

allgemeine Aufgaben	soziale Angelegenheiten	Gestaltung von Arbeitsplatz, Arbeitsablauf und Arbeitsumgebung	personelle Angelegenheiten	wirtschaftliche Angelegenheiten
▪ Einhaltung von Unfallverhütungsvorschriften ▪ Vorbereitung der Wahl einer JAV ▪ Integration ausländischer Arbeitnehmer	▪ Beginn und Ende der täglichen Arbeitszeit und Pausen ▪ Aufstellung des Urlaubsplans ▪ Einführung von technischen Einrichtungen zur Überwachung ▪ Maßnahmen des betrieblichen Umweltschutzes	▪ Planungen von Neu-, Um- und Erweiterungsbauten	▪ Stellenausschreibung ▪ Personalfragebögen ▪ Beurteilungsgrundsätze ▪ Berufsbildung ▪ Einstellung ▪ Eingruppierung ▪ Versetzung ▪ Kündigung	▪ Betriebsänderung (Interessenausgleich und Sozialplan)

Die Intensität der Beteiligungsrechte ist je nach Sachgebiet unterschiedlich hoch.

Auch der Betriebsrat kann mit dem Arbeitgeber kollektive Normen vereinbaren, die dann statt einer arbeitsvertraglichen Regelung oder einer Anweisung des Arbeitgebers für alle gelten. Diese werden als **Betriebsvereinbarungen** bezeichnet. Der Tarifvertrag hat jedoch Vorrang.

Arbeitgeber und Betriebsrat sollen vertrauensvoll zusammenarbeiten. Deshalb darf der Betriebsrat nicht streiken und den Arbeitsablauf sowie den Betriebsfrieden nicht beeinträchtigen.

Beteiligungsrechte

Wahl des Betriebsrats

Wenn die Arbeitnehmer dieses Betriebs es wünschen, kann in Betrieben mit mindestens fünf ständigen wahlberechtigten Arbeitnehmern, von denen drei wählbar sind, ein Betriebsrat gewählt werden. Wahlberechtigt (= aktives Wahlrecht) sind alle Arbeitnehmer, die am Wahltag das 18. Lebensjahr vollendet haben. Wählbar (= passives Wahlrecht) sind alle wahlberechtigten Arbeitnehmer nach mindestens sechsmonatiger Betriebszugehörigkeit. Die Zahl der zu wählenden Betriebsratsmitglieder hängt von der Größe des Betriebs ab. Ab 200 Arbeitnehmern im Betrieb ist ein Betriebsratsmitglied von der Arbeit freizustellen. Die regelmäßige Amtszeit des Betriebsrats beträgt vier Jahre.

Aufgaben der JAV

- beim Betriebsrat Maßnahmen in Zusammenhang mit der Berufsausbildung und Übernahme beantragen
- über die Einhaltung der die Jugendlichen und Auszubildenden besonders schützenden Gesetze, Unfallverhütungsvorschriften, Tarifverträge und Betriebsvereinbarungen wachen
- von Jugendlichen und Auszubildenden Anregungen entgegennehmen und weiterleiten
- Integration ausländischer Jugendlicher und Auszubildender fördern
- Jugend- und Auszubildendenversammlungen einberufen

Weitere betriebsverfassungsrechtliche Organe

Neben dem Betriebsrat gibt es weitere Organe der Betriebsverfassung, z. B.:

1. **Betriebsversammlung**

Die Betriebsversammlung besteht aus allen Arbeitnehmern des Betriebs. Sie dient der Aussprache zwischen Betriebsrat und Arbeitnehmern.

2. **Gesamt- und Konzernbetriebsrat**

Gehören zu einem Systemgastronomie-Unternehmen mehrere Filialen mit Betriebsräten, so ist auf Unternehmensebene ein Gesamtbetriebsrat einzurichten. In einem Konzern im Sinne des Aktiengesetzes kann durch mehrere Gesamtbetriebsräte ein Konzernbetriebsrat eingerichtet werden.

3. **Jugend- und Auszubildendenvertretung (JAV)**

Die JAV vertritt die besonderen Belange der jugendlichen Arbeitnehmer und der Auszubildenden gegenüber dem Betriebsrat (sowie zusammen mit dem Betriebsrat gegenüber dem Arbeitgeber). Eine JAV **muss** gewählt werden, wenn in einem Betrieb **mit Betriebsrat** mindestens fünf Arbeitnehmer beschäftigt werden,

- die das 18. Lebensjahr noch nicht vollendet haben **oder**
- die zu ihrer Berufsausbildung beschäftigt werden **und** das 25. Lebensjahr noch nicht vollendet haben.

Diese genannten Personen sind auch wahlberechtigt. Wählbar sind alle Arbeitnehmer des Betriebs bis 25 Jahre. Die Zahl der JAV-Mitglieder hängt von der Betriebsgröße ab.

Verantwortlich für die Einleitung der JAV-Wahl ist der Betriebsrat. Die JAV-Mitglieder sind keine Mitglieder des Betriebsrats, die JAV hat aber ein Teilnahme- und Antragsrecht an Betriebsratssitzungen. Wenn es um Angelegenheiten geht, die überwiegend jugendliche Arbeitnehmer betreffen, hat sie auch Stimmrecht. Mitglieder des Betriebsrats können nicht in die JAV gewählt werden. Der Betriebsrat muss die JAV rechtzeitig und umfassend unterrichten.

16.7 Personaleinsatzplanung

Die Personaleinsatzplanung beschäftigt sich mit der Zuordnung der Mitarbeiter auf die verfügbaren Stellen bzw. Arbeitsplätze eines Unternehmens. Dies geschieht mithilfe von Dienstplänen, zu denen auch Urlaubs- und Fortbildungspläne gehören.

Zu berücksichtigende Faktoren bei der Erstellung von Dienstplänen

Mögliche Einflussfaktoren	Beispiele	
betriebliche Rahmenbedingungen	▪ Öffnungstage, Ruhetage ▪ Öffnungszeiten ▪ Stoßzeiten	▪ Umsatzerwartungen ▪ Personalkostenbudget
Anforderungen des Arbeitsplatzes	▪ notwendig zu besetzende Arbeitsplätze/Stellenplan ▪ Art der Stelle	▪ Stellenbeschreibung ▪ Anforderungsprofil der Stelle

Mögliche Einflussfaktoren	Beispiele	
Mitarbeitereigenschaften	▪ Qualifikation der Mitarbeiter ▪ Belastbarkeit der Mitarbeiter	▪ Produktivität der Mitarbeiter ▪ Leistungsfähigkeit einzelner Teams
Verfügbarkeit der Mitarbeiter	▪ Einsatzzeiten der Mitarbeiter laut Vertrag ▪ Ausfallzeiten einzelner Mitarbeiter (wie Urlaub, Krankheit, Freistellung)	▪ Wünsche der Mitarbeiter ▪ Berufsschulzeiten von Auszubildenden
rechtliche Grundlagen	▪ Arbeitsgesetze ▪ tarifvertragliche Regelungen	▪ Betriebsvereinbarungen ▪ Arbeitsverträge

Dienstplangerechtigkeit und Transparenz bei seiner Erstellung erhöhen die Zufriedenheit der Mitarbeiter.

Dienstpläne sollten den Mitarbeitern rechtzeitig durch Aushang oder Zustellung bekannt gegeben werden. Ist dies geschehen, so sind sie verbindlich und können nicht mehr einseitig vom Arbeitgeber geändert werden, es sei denn, es liegt ein Notfall vor.

Arbeitszeitkonten
Tarifregelungen zur Flexibilisierung der Arbeitszeit setzen in der Regel das Führen eines Arbeitszeitkontos voraus. Darin werden auf Grundlage eines Soll-/Ist-Dienstplans die tatsächlichen Arbeitszeiten elektronisch oder manuell erfasst. Innerhalb eines festgelegten Ausgleichszeitraums sind die angesammelten Plus- bzw. Minusstunden auszugleichen.

16.7.1 Rechtliche Grundlagen für die Dienstplanerstellung

Rechtlicher Ausgangspunkt für die Personaleinsatzplanung ist immer die konkrete Regelung der Arbeitszeit mit dem jeweiligen Mitarbeiter, d. h.:

- das vereinbarte **Stundenvolumen** insgesamt (z. B. Vollzeit mit 39 Wochenstunden, Halbtagstätigkeit oder andere Teilzeitregelung)
- Regelungen zur **Flexibilisierung** der Arbeitszeit (z. B. Jahresarbeitszeitkonto, bei Büroarbeitsplätzen auch Gleitzeitregelungen), meist in einem Tarifvertrag festgelegt
- Vereinbarungen zur **Verteilung bzw. Lage** der Arbeitszeit (z. B. 5- oder 6-Tage-Woche, Teildienst, Beschränkung auf bestimmte Schichten, Verteilung auf bestimmte Wochentage, rollierende freie Tage). Fehlt hierzu eine ausdrückliche Regelung, so ist der Arbeitgeber nach der Gewerbeordnung berechtigt, die Lage der Arbeitszeit sowie Pausen nach billigem Ermessen festzulegen (Weisungsrecht).
- Vereinbarungen zu **Überstunden**

Wenn die Arbeitszeitregelung einem bestimmten betrieblichen oder tariflichen Schema folgt, wird sie auch **Arbeitszeitmodell** genannt.

Den rechtlichen Rahmen für diese Arbeitszeitregelung bieten die gesetzlichen Regelungen zur Arbeitszeit. Bei der Dienstplangestaltung und bei den tatsächlich geleisteten Stunden muss dieser Rahmen eingehalten werden. Verstöße dagegen stellen Ordnungswidrigkeiten dar und können durch die Aufsichtsbehörden (Gewerbeaufsichtsamt bzw. Amt für Arbeitsschutz) mit Bußgeldern belegt werden.

Überstunden und Mehrarbeit
Mehrarbeit ist die Zeit, die über die allgemeinen gesetzlichen Arbeitszeitgrenzen hinausgeht (zum Arbeitszeitgesetz siehe nächste Seite).
Überstunden bezeichnen dagegen die Zeit, die über die individuelle regelmäßige Arbeitszeit des Mitarbeiters hinausgeht. In der Praxis werden die beiden Begriffe allerdings meist synonym verwendet.
Überstunden können zwischen Arbeitgeber und Arbeitnehmer im Einzelfall vereinbart werden. Die Anordnung von Überstunden durch den Arbeitgeber ist außerdem zulässig, wenn und soweit dies im Arbeitsvertrag, im Tarifvertrag oder einer Betriebsvereinbarung vorgesehen ist sowie in Notfällen.
Für Überstunden muss nur dann ein Zuschlag gezahlt werden, wenn dies besonders vereinbart ist.

16.7.2 Arbeitszeitgesetz

Arbeitszeitgesetz
www.gesetze-im-internet.de/bundesrecht/arbzg/gesamt.pdf

Basis des Arbeitszeitschutzes ist das Arbeitszeitgesetz (ArbZG). Es schützt Arbeitnehmer und Auszubildende. Das ArbZG gilt nicht für:

- Selbstständige
- leitende Angestellte im Sinne von § 5 Betriebsverfassungsgesetz
- Jugendliche unter 18 Jahren

Für bestimmte Arbeitnehmergruppen (z. B. Schwangere, Schwerbehinderte) wird es durch besondere Schutzvorschriften ergänzt (dazu im Folgenden mehr).

Teilweise besondere Vorschriften in der Gastronomie aufgrund der branchentypischen Öffnungs- und damit Arbeitszeiten

tägliche und wöchentliche Höchstarbeitszeit	Grundsatz: 8 Stunden werktäglich. Verlängerung auf 10 Stunden möglich, wenn Durchschnitt von 8 Stunden innerhalb von 6 Monaten nicht überschritten wird. Da auch der Samstag ein Werktag ist, beträgt somit die wöchentliche Höchstarbeitszeit 48 Stunden. Für Erwachsene gibt es keine gesetzliche 5-Tage-Woche (aber vielfach Tarifregelungen).
Sonn- und Feiertagsarbeit	Sonn- und Feiertagsruhe gilt in der Gastronomie nicht. Es müssen jedoch mindestens 15 Sonntage pro Jahr beschäftigungsfrei bleiben. Für Arbeit an einem Sonn- oder Feiertag ist ein Ersatzruhetag zu gewähren. Tarif- oder Arbeitsverträge sehen vielfach Zuschläge vor.
Nachtarbeit	Arbeit, die mehr als 2 Stunden der Nachtzeit (Zeit von 23 bis 6 Uhr) umfasst. Ausgleich bei Überschreitung der täglichen Obergrenze muss innerhalb von einem Monat erfolgen. Gestaltung nach arbeitswissenschaftlichen Erkenntnissen (z. B. bezüglich geeigneter Schichtfolgen). Nachtarbeiter haben ein Recht auf regelmäßige arbeitsmedizinische Untersuchung. Zum Ausgleich sind bezahlte freie Tage oder ein angemessener Zuschlag zu gewähren. Dazu vielfach tarifliche Sonderregelungen.
Ruhepausen	Keine Beschäftigung länger als 6 Stunden hintereinander ohne Pause. Mindestens 30 Minuten Pause bei einer Arbeitszeit von 6 bis 9 Stunden; mindestens 45 Minuten bei einer Arbeitszeit über 9 Stunden. Pausen sind keine Arbeitszeit.
Ruhezeit	Nach Beendigung der täglichen Arbeitszeit ununterbrochene Ruhezeit von mindestens 11 Stunden; in der Gastronomie bei entsprechendem Ausgleich Verkürzung um eine Stunde möglich.

16.7.3 Jugendarbeitsschutz

Das Jugendarbeitsschutzgesetz (JArbSchG) stellt eine Sonderregelung für Personen dar, die noch nicht 18 Jahre alt sind. Es gilt sowohl für minderjährige Auszubildende als auch für minderjährige Arbeitnehmer. Die Beschäftigung von Kindern (bis 14 Jahre) ist grundsätzlich verboten, Ausnahmen gelten z. B. für Schulpraktika. Für die Beschäftigung von Jugendlichen (15 bis 17 Jahre) gelten strengere Schutzvorschriften als für Erwachsene.

Jugendarbeitsschutzgesetz
www.gesetze-im-internet.de/bundesrecht/jarbschg/gesamt.pdf

Schutzvorschriften für arbeitende Jugendliche in der Gastronomie

tägliche und wöchentliche Höchstarbeitszeit tägliche Arbeitszeit = Zeit vom Beginn bis zum Ende der täglichen Beschäftigung ohne die Ruhepausen	nicht mehr als **8 Stunden** täglich und nicht mehr als **40 Stunden** wöchentlich Ausnahme: 8½ Stunden täglich zulässig bei sogenannten „Brückentagen" oder wenn an einem Wochentag (z. B. freitags) zum Ausgleich die Arbeit verkürzt ist
Ruhepausen (Arbeitsunterbrechungen von mindestens 15 Minuten)	keine Beschäftigung länger als **4 ½ Stunden** hintereinander ohne Ruhepause mindestens 30 Minuten bei Arbeitszeit von 4 ½ bis 6 Stunden mindestens 60 Minuten bei Arbeitszeit von mehr als 6 Stunden frühestens eine Stunde nach Arbeitsbeginn, spätestens eine Stunde vor Arbeitsende
Schichtzeit (tägliche Arbeitszeit unter Hinzurechnung der Ruhepausen)	nicht mehr als **11 Stunden** (im Gaststättengewerbe)
Ruhezeit (Zeit vom Schichtende bis zum neuen Schichtanfang)	Nach Beendigung der täglichen Arbeitszeit dürfen Jugendliche nicht vor Ablauf einer ununterbrochenen Ruhezeit von mindestens **12 Stunden** beschäftigt werden.
Nachtruhe	Beschäftigung von Jugendlichen über 16 Jahre: ▪ im Gaststättengewerbe generell **von 6.00 Uhr bis 22.00 Uhr** ▪ in mehrschichtigen Betrieben **bis 23.00 Uhr** ▪ vor Berufsschultagen nur **bis 20.00 Uhr**, wenn die Berufsschule vor 9.00 Uhr beginnt
Samstag und Sonntag 5-Tage-Woche	Anders als in anderen Branchen dürfen Jugendliche im Gaststättengewerbe samstags und sonntags beschäftigt werden. Allerdings gilt die 5-Tage-Woche, der Jugendliche muss also dann an einem berufsschulfreien Arbeitstag derselben Woche freigestellt werden. Jeder zweite Sonntag soll, mindestens zwei Sonntage im Monat müssen beschäftigungsfrei bleiben. Die beiden wöchentlichen Ruhetage sollen nach Möglichkeit aufeinanderfolgen.
Feiertage	Keine Beschäftigung am: 1. Januar, 25. Dezember, ersten Osterfeiertag, 1. Mai , 24. und 31. Dezember nach 14 Uhr
Urlaub	Jährlicher Mindesturlaub: ▪ **30 Werktage**, wenn der Jugendliche zu Beginn des Kalenderjahrs noch nicht **16 Jahre** alt ist ▪ **27 Werktage**, wenn der Jugendliche zu Beginn des Kalenderjahrs noch nicht **17 Jahre** alt ist ▪ **25 Werktage**, wenn der Jugendliche zu Beginn des Kalenderjahrs noch nicht **18 Jahre** alt ist ▪ möglichst in der Zeit der Berufsschulferien

16.7.4 Freistellung von Auszubildenden

Auszubildende sind nach dem Berufsbildungsgesetz für die Teilnahme am Berufsschulunterricht (einschließlich der Pausen), für Prüfungen (Zwischen- und Abschlussprüfung) sowie für notwendige Ausbildungsmaßnahmen außerhalb der Ausbildungsstätte freizustellen. Auch diese Zeiten sind bei der Einsatzplanung zu berücksichtigen. Eine Nachholung der durch die Freistellung ausfallenden betrieblichen Ausbildungszeit ist gesetzlich ausgeschlossen.

Für jugendliche Auszubildende gelten besondere Regelungen für die Freistellung zur Berufsschule

Hier gilt:

1. Für **jugendliche Auszubildende** enthält das Jugendarbeitsschutzgesetz detaillierte Freistellungs- und Anrechnungsregelungen:
   - Beginnt der Berufsschulunterricht vor 9 Uhr, darf der Auszubildende vorher nicht eingesetzt werden.
   - An Berufsschultagen mit mehr als fünf Unterrichtsstunden von mindestens je 45 Minuten einmal in der Woche darf der Auszubildende nicht eingesetzt werden. Solche Berufsschultage werden mit acht Zeitstunden auf die Arbeitszeit angerechnet. Diese Anrechnung ist unabhängig davon, ob der Unterricht während oder außerhalb der normalen Arbeitszeit stattfindet.
   - Das Gleiche gilt in Berufsschulwochen mit einem planmäßigen Blockunterricht von mindestens 25 Stunden an mindestens fünf Tagen. Solche Berufsschulwochen werden mit 40 Zeitstunden angerechnet.
   - Für die Teilnahme an Prüfungen wird die tatsächliche Zeit der Teilnahme einschließlich der Pausen auf die Arbeitszeit angerechnet.
   - An dem Arbeitstag, der der schriftlichen Abschlussprüfung unmittelbar vorangeht, muss der Arbeitgeber den Jugendlichen freistellen. Diese Freistellung wird mit acht Stunden auf die Arbeitszeit angerechnet.
   - Ein Entgeltausfall darf durch die Freistellungen nicht eintreten.

2. Für **volljährige Auszubildende** gibt es entsprechende Anrechnungsvorschriften nicht. Das führt dazu, dass ausschließlich für die tatsächliche Unterrichts- bzw. Prüfungszeit einschließlich der Pausen bezahlt freizustellen ist. Wird der Auszubildende nach der Berufsschule noch im Betrieb eingesetzt, so erstreckt sich die Freistellung auch auf die Wegezeit. Die Höchstarbeitszeiten sind zu beachten.

Mutterschutzgesetz
www.gesetze-im-internet.de/bundesrecht/muschg/gesamt.pdf

Verordnung zum Schutze der Mütter am Arbeitsplatz
www.gesetze-im-internet.de/bundesrecht/muscharbv/gesamt.pdf

Bundeselterngeld- und Elternzeitgesetz
www.gesetze-im-internet.de/bundesrecht/beeg/gesamt.pdf

16.7.5 Mutterschutz und Elternzeit

Für werdende und stillende Mütter sowie für Mütter und Väter in Elternzeit gelten besondere Schutzvorschriften hinsichtlich ihrer Arbeitszeit sowie der Art ihrer Arbeit. Die für die Personaleinsatzplanung wichtigsten Regelungen nach dem Mutterschutzgesetz (MuSchG), der Verordnung zum Schutze der Mütter am Arbeitsplatz (MuSchArbV) und dem Bundeselterngeld- und Elternzeitgesetz (BEEG) im Überblick:

Regelungen zu Mutterschutz und Elternzeit

Gestaltung des Arbeitsplatzes von werdenden oder stillenden Müttern	Bei Steharbeitsplätzen: Sitzgelegenheit zur Verfügung stellen. Bei Sitzarbeitsplätzen: Gelegenheit für kurze Arbeitsunterbrechungen Bei Gefährdung muss Umgestaltung der Arbeitsbedingungen oder ggf. der Arbeitszeiten erfolgen. Wenn dies nicht möglich ist: Arbeitsplatzwechsel.
Beschäftigungsverbote für Schwangere	Die Arbeitspflicht ruht in den letzten 6 Wochen vor der Entbindung (auf eigenen, jederzeit widerruflichen Wunsch darf die Schwangere jedoch weiterarbeiten) und bei Gefahr für Mutter oder Kind (ärztliches Zeugnis).
Beschäftigungsverbote nach der Entbindung	Keine Beschäftigung bis **8 Wochen** nach der Entbindung, auch dann nicht, wenn die Mutter das wünscht. Verlängerung auf **12 Wochen** bei Früh- und Mehrlingsgeburten

weitere Beschäftigungsverbote für werdende und stillende Mütter	Keine Beschäftigung mit schweren oder gesundheitsgefährdenden Arbeiten oder solchen mit Unfallgefahr. Keine Arbeit, bei der sie Hitze oder Kälte (Kühlhaus, ggf. Küche), Lärm (laute Musik) oder gesundheitsgefährdenden Stoffen (Rauch) ausgesetzt sind. Kein regelmäßiges Heben von Lasten über 5 kg oder gelegentlichen Lasten über 10 kg. Kein häufiges Strecken oder Beugen, kein dauerndes Hocken. Nach Ablauf des 5. Monats kein ständiges Stehen. Keine Akkordarbeit.
Mehrarbeit	Nicht zulässig, d. h. bei Erwachsenen max. **8 ½ Stunden** täglich oder **90 Stunden** in der Doppelwoche (unter 18 Jahren: **8 Stunden** täglich oder **80 Stunden** in der Doppelwoche).
Nachtarbeit	Im Gastgewerbe keine Beschäftigung zwischen **22.00 Uhr und 6.00 Uhr**.
Sonn- und Feiertagsarbeit	Im Gastgewerbe ausnahmsweise zulässig, wenn in jeder Woche einmal ununterbrochene Ruhezeit von mindestens 24 Stunden im Anschluss an eine Nachtruhe gewährt wird.
Stillzeit	Es sind bezahlte Stillzeiten zu gewähren.
Untersuchungen	Es ist bezahlte Freistellung für Untersuchungen zu gewähren.
Elternzeit	Mütter und Väter sowie Großeltern können unter bestimmten Voraussetzungen Elternzeit nehmen und somit die Verringerung ihrer Arbeitszeit und deren Ausgestaltung beim Arbeitgeber beantragen. Für die Einsatzplanung relevant: Während der Elternzeit kann das Arbeitsverhältnis entweder vollständig ruhen oder der Arbeitnehmer kann bis zu **30 Wochenstunden** Teilzeitarbeit leisten, ggf. auch verteilt auf mehrere Zeitblöcke bis zur Beendigung des achten Lebensjahrs des Kindes.

16.7.6 Schwerbehinderte

Das SGB IX (Neuntes Buch des Sozialgesetzbuchs) regelt außer einer Beschäftigungspflicht und einer Ausgleichsabgabe auch den Anspruch schwerbehinderter Arbeitnehmer gegenüber ihrem Arbeitgeber auf behinderungsgerechte Gestaltung des Arbeitsplatzes, der Arbeitsorganisation und der Arbeitszeit.

SGB IX
www.gesetze-im-internet.de/sgb_9

16.7.7 Pflegende Angehörige

Bei der Einsatzplanung zu berücksichtigende Freistellungsansprüche gibt es nach dem Pflegezeitgesetz auch für Beschäftigte, die nahe Angehörige in häuslicher Umgebung pflegen:

- Ein Anspruch auf (unbezahlte) Freistellung für maximal 10 Arbeitstage besteht, wenn in einer akut auftretenden Pflegesituation die Pflege zu organisieren ist.
- Wer für längere Zeit einen Angehörigen pflegen will, kann unter bestimmten Voraussetzungen beanspruchen, unbezahlt für maximal 6 Monate von der Arbeit ganz oder teilweise freigestellt zu werden.

Pflegezeitgesetz
www.gesetze-im-internet.de/bundesrecht/pflegezg/gesamt.pdf

Der besondere Kündigungsschutz während Mutterschutz und Elternzeit, für Schwerbehinderte und nach dem Pflegezeitgesetz wird in Kapitel 16.12.12 dargestellt. Auswirkungen auf Urlaub und Entlohnung finden sich in Kapitel 16.10.8.

16.8 Personalentwicklung und Training

16.8.1 Aufgaben und Ziele

Ziele der Personalentwicklung für die Mitarbeiter

- Förderung bislang ungenutzter Fertigkeiten und Fähigkeiten
- Anhebung des Qualifikationsniveaus
- Verbesserung von Einsatzmöglichkeiten
- Steigerung der innerbetrieblichen Mobilität
- Verbesserung der Flexibilität in neuen Situationen
- Steigerung der Eigenverantwortlichkeit
- Förderung der Selbstentfaltung
- Übernahme höherer Verantwortung durch den einzelnen Mitarbeiter
- Hilfe bei der Karriereplanung
- Förderung von Aufstiegsmöglichkeiten
- Förderung des Arbeitsmarktwerts
- Optimierung der Motivation
- positive Beeinflussung der Mitarbeiterzufriedenheit
- Sicherung von Fach- und Führungskräften
- erhöhte Identifikation der Mitarbeiter mit dem Unternehmen
- Schaffung der Bereitschaft bei den Mitarbeitern, Veränderungen als Chance wahrzunehmen
- Verbesserung von Image und Ansehen des Unternehmens

Die Arbeitswelt verändert sich permanent. Neue Produktionsverfahren werden geschaffen, neue Arbeitsmaterialien mit neuen Eigenschaften kommen zum Einsatz, Arbeitsgeräte werden weiterentwickelt. In der Gastronomie betrifft dies z.B. eine immer professionellere Küchentechnik, neue Convenience-Produkte oder strengere Hygiene- oder Umweltstandards. Auch das Speisen- und Getränkeangebot wird regelmäßig verändert und an die sich wandelnde Gästenachfrage angepasst. Der Wandel in der Informations- und Kommunikationstechnologie ist geradezu rasant, man denke nur an neue Reservierungs- und Bestellsysteme. Aber auch jenseits von Technik und Produkten gibt es permanenten Veränderungsbedarf, z.B. was eine zeitgemäße, systemkonforme und fachlich korrekte Kommunikation mit dem Gast angeht.

Ziel der Personalentwicklung ist es, neue und alte Mitarbeiter auf den verschiedenen Qualifikationsniveaus und mit den verschiedenen Aufgaben in die Lage zu versetzen, diese Herausforderungen zu meistern. Gleichzeitig wachsen in vielen Mitarbeitern im Laufe ihres Berufslebens Wünsche, sich weiterzubilden und fortzuentwickeln. Sie möchten neue, andere Aufgaben im Unternehmen übernehmen und streben nach neuen beruflichen Zielen.

Personalentwicklung = Personalbildung + Personalförderung

Genau hier setzt die Personalentwicklung an. Ihre Aufgabe ist es, die Mitarbeiter so zu schulen und zu qualifizieren, dass sie den an sie gestellten Anforderungen gerecht werden und sich gleichzeitig individuell weiterentwickeln. Bei Crew-Mitarbeitern steht hier der Aspekt des Trainings im Vordergrund, d.h., die (meist un- oder angelernten) Mitarbeiter müssen primär in die Lage versetzt werden, die täglich an sie an ihrem Arbeitsplatz gestellten Anforderungen souverän zu erfüllen. Die besonderen Herausforderungen in der Systemgastronomie liegen hier in der relativ hohen Fluktuation und den meist multikulturellen (ethnisch und sprachlich) Belegschaften. Bei Fach- und Führungskräften tritt demgegenüber der Aspekt der persönlichen Weiterentwicklung und der Karriere stärker hervor.

Personalentwicklung durch Schulungsmaßnahmen

Personalentwicklung ist immer dann erfolgreich, wenn die persönlichen Ziele des Mitarbeiters (Karriere, Zufriedenheit, Verdienstmöglichkeiten) mit den Zielen des Unternehmens (Qualität, Effektivität, Produktivität) verknüpft werden können.

Eine gute Personalentwicklung auf allen Hierarchieebenen wird immer wichtiger für das Image eines Arbeitgebers („Employer Branding“).

Die Fähigkeiten und Fertigkeiten eines Mitarbeiters, in seiner Berufswelt zielgerichtet, situationsgerecht und verantwortungsbewusst betriebliche Aufgaben zu erfüllen und Probleme zu lösen, wird in der modernen Wissenschaft als berufliche Handlungskompetenz bezeichnet. Diese setzt sich nach dem heute gängigsten Kompetenzmodell aus vier Kernkompetenzen zusammen.

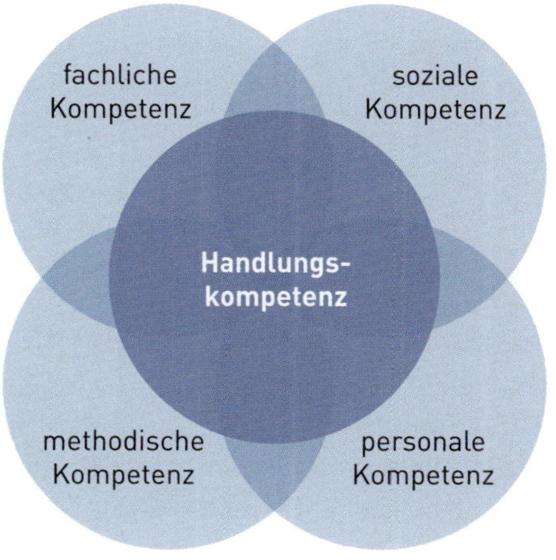

Handlungskompetenz

	Beschreibung	Beispiele
fachliche Kompetenz	Wissen und Können	Produktkenntnisse (z. B. über Kaffee, Wein, Herkunft von Zutaten), Handhabung von Arbeitsgeräten (z. B. sichere und energieeffiziente Bedienung der Fritteuse), Beherrschen von Arbeitsabläufen (z. B. Belegen eines Sandwiches)
soziale Kompetenz	Bereitschaft und Fähigkeit, mit anderen Menschen zu kommunizieren und zu kooperieren	Teamfähigkeit, Gesprächsführung, Bewältigen von Konflikten mit Kollegen oder Gästen, Umgangsformen
methodische Kompetenz	Fähigkeit, bestimmte Lern- und Arbeitsmethoden anzuwenden und Informationen zu verarbeiten	Analysefähigkeit, Nutzung verschiedener Medien (z. B. Fachliteratur, Internet) zur Informationsbeschaffung, Zeiteinteilung, Problemlösefähigkeit
personale Kompetenz	innere Einstellungen, persönliche Werte und Motive	Selbstständigkeit, Verantwortungsbewusstsein, Lern- und Leistungsbereitschaft, Disziplin, Kreativität, Fähigkeit zur Selbstmotivation

Diese drei in der Gastronomie besonders wichtigen Kernkompetenzen werden häufig als **Schlüsselqualifikationen** oder **Soft Skills** bezeichnet.

Im Alltag sind die vier Kernkompetenzen miteinander verzahnt. So gehören z. B. zu einer angemessenen Bestellannahme sowohl das Wissen über das Speisen- und Getränkeangebot und das korrekte Bonieren (Fachkompetenz) als auch die Gesprächsführung mit dem Gast (Sozialkompetenz), die Fähigkeit, die richtigen Fragen zu stellen und zu verstehen, was ein sich unklar ausdrückender Gast meint (Methodenkompetenz), sowie die darin zum Ausdruck kommende Gastorientierung (personale Kompetenz). Erfolgreiche Entwicklungsmaßnahmen und Trainings müssen dies berücksichtigen.

16.8.2 Personalentwicklungskonzepte

Interne Akademien und Kooperationen
Einige Systemgastronomie-Unternehmen unterhalten unternehmenseigene Weiterbildungseinrichtungen, die die Mitarbeiter nach den besonderen Bedürfnissen schulen und entwickeln. Dazu gehören beispielsweise die „Hamburger University" von McDonald's, die „Vii-Academy" von Vapiano, die „Alex-Academy" von Mitchells und Butlers und das „Head College" von Block House.

Hausinternes College (Block House)

Vielfach wird in der Fort- und Weiterbildung auch mit ausgewählten Partnern zusammengearbeitet, die bestimmte Qualifikationen oder Abschlüsse vermitteln.

Entwicklungsmaßnahmen und Trainings müssen strategisch und operativ geplant werden. Typische Bereiche sind:

- **Ausbildung:**
  Dazu gehören neben der dualen Berufsausbildung (siehe Kapitel 1.4.1) z. B. Praktika, Traineeprogramme oder duale Studiengänge.
- **Einarbeitung/Anlernen:**
  Insbesondere für ungelernte Mitarbeiter, Quereinsteiger oder Wiedereinsteiger (z. B. Mütter nach einer Familienpause), aber auch für Unternehmenswechsler
- **Umschulung:**
  Die Agenturen für Arbeit bzw. Jobcenter fördern einen Abschluss in einem neuen Beruf oder einen Wechsel in eine andere berufliche Tätigkeit. Gründe dafür können gesundheitliche Probleme oder Änderungen am Arbeitsmarkt sein.
- **Fort- und Weiterbildung:**
  Insbesondere Weiterbildungsabschlüsse wie z. B. Fachwirt im Gastgewerbe oder Betriebswirt (siehe Kapitel 1.4.4) werden als Aufstiegsfortbildung bezeichnet. Hiermit sollen Fachkräfte für anspruchsvollere Aufgaben qualifiziert werden und einen beruflichen Aufstieg machen können. Die Anpassungsfortbildung soll dagegen die fachliche Qualifikation der Mitarbeiter in ihrem Beruf oder Einsatzgebiet verbessern. Sie zielt also auf die Erhaltung, Erweiterung und Vertiefung der bereits vorhandenen beruflichen Fähigkeiten und Kenntnisse ab.
- **Laufbahn- und Karriereplanung:**
  Hierzu gehören Nachwuchsförderung und Führungskräfteentwicklung. Eine Besonderheit in der Systemgastronomie ist, dass auch Quereinsteiger und angelernte Kräfte viele Entwicklungsmöglichkeiten haben. Fachkräfte können in verhältnismäßig kurzer Zeit einen Aufstieg bis zu Management-/Führungspositionen durchlaufen.
- **Teamentwicklung („Teambuilding"):**
  Ein neuerer und in der Systemgastronomie sehr wichtiger Bereich der Personalentwicklung ist die Teambildung. Ziel ist es, ein Wir-Gefühl und ein positives Arbeitsklima zu schaffen. Unzufriedenheiten sollen beseitigt und die gute Zusammenarbeit innerhalb des Teams und zwischen Team und Vorgesetzten gewährleistet werden.

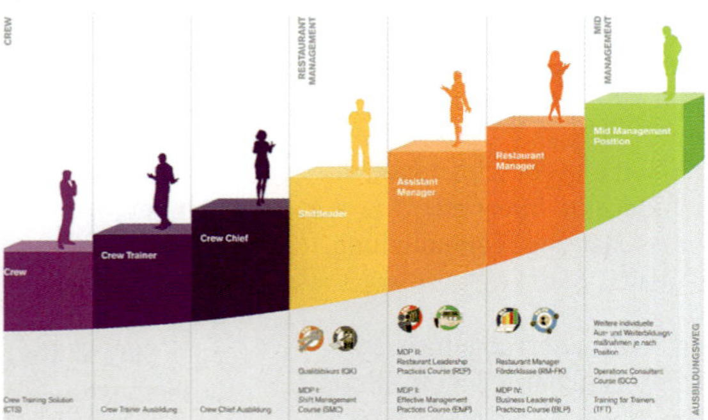

Interner Entwicklungsweg (McDonald's)

Teambildung (Burger King)

Diese Bereiche können organisatorisch auch getrennt sein: z. B. kann die Führungskräfteentwicklung in der Personalabteilung der Zentrale stattfinden, Trainings für Crew-Mitarbeiter dagegen können in der Operations-Abteilung entwickelt und vor Ort durchgeführt werden.

> Schritte bei der Entwicklung von Konzepten und Bildungsprogrammen:
> Analyse → Zieldefinition → Umsetzung → Bewertung

1. Analyse und Zieldefinition:

- Welche Kompetenzen müssen die Mitarbeiter haben, um die betrieblichen Anforderungen erfüllen zu können?
- In welchen Bereichen gibt es einen Bedarf an Maßnahmen? Wo sind Defizite aufgetreten (z. B. Qualitätsmängel, Reklamationen, hohe Fluktuation, schlechtes Betriebsklima, Verfehlung von Umsatzerwartungen)? Wo gibt es in der Zukunft Veränderungsbedarf?
- Welche Interessen und Wünsche bestehen aufseiten der Mitarbeiter?
- Über welche Aus- und Weiterbildungswege können diese Kompetenzen am besten vermittelt werden? Wo gibt es bestehende Angebote am Markt? Wo müssen eigene Angebote entwickelt werden?
- Welche Prioritäten werden gesetzt?
- Welches Budget steht zur Verfügung?

ACADEMY

Mitchells & Butlers fördert Gastro-Karrieren

Mitchells & Butlers mit eigener Trainings-Akademie für "ALEX"- und "ALL BAR ONE"-Mitarbeiter zur gezielten Karriereförderung

Bereits seit 2001 fördert Mitchells & Butlers Germany GmbH die fachliche Aus- und Fortbildung seiner Mitarbeiter. Die Türen der "Academy" stehen jedem "ALEX"- und "ALL BAR ONE"-Mitarbeiter offen.

Bernd Riegger, Geschäftsführer der Mitchells & Butlers Germany GmbH: "Die erfolgreiche Philosophie des "ALEX"-Konzeptes wird zu einem großen Teil von den Mitarbeitern geprägt. Investitionen in die berufliche Aus- und Fortbildung unserer engagierten Mitarbeiter sind demnach nicht nur eine Investition in die Karriere jedes einzelnen, sondern vor allem auch in unseren gemeinsamen, anhaltenden wirtschaftlichen Erfolg."

Motivationstraining, Mitarbeiterführung, Service- und Beschwerdemanagement, Warenpräsentation oder Finanzwesen sind nur einige der Inhalte, mit denen die "Academy" ihren "Studenten" viel Wissen und Kompetenz vermittelt. Das alles ist verbunden mit viel Praxis und noch mehr Spaß am Job und am Lernen. Bei allem Spaß geht es der "Academy" hauptsächlich um ernste Inhalte: Alle neuen Mitarbeiter, gleich auf welcher Ebene sie einsteigen, werden in dem Trainingszentrum gründlich auf die typische "ALEX"-Welt vorbereitet und erhalten einen umfassenden Blick hinter die Kulissen.

Führungskräfteentwicklung (Alex)

2. Umsetzung:

- Wer ist für das Konzept und die Organisation verantwortlich?
- Zielgruppe(n): Welche Mitarbeiter müssen bzw. können an welchen Qualifizierungsmaßnahmen teilnehmen? Ein Schulungsplan legt fest, welche Veranstaltungen wann besucht werden müssen (z. B. Erste Hilfe, Hygiene für alle mit regelmäßigen Wiederholungen, Kassensystem für Servicekräfte, Prüfungsvorbereitung für Auszubildende, Ausbilderschulungen).
- Passende Anbieter auswählen und Vereinbarungen treffen.
- Soll ein eigenes Angebot entwickelt werden, müssen (ggf. mit Partnern) Inhalte und Methoden festgelegt werden.
- Vorbereitung und Organisation der einzelnen Schulungen oder Trainings
- Eventuell Dokumentation (insbesondere bei gesetzlichen Pflichtschulungen) und Ausstellen einer Bescheinigung/eines Zertifikats

Kostenbeteiligung der Mitarbeiter
Geht die Initiative für eine Weiterbildung vom Mitarbeiter aus oder handelt es sich um eine freiwillige Maßnahme, wird meist eine Eigenbeteiligung des Mitarbeiters vorausgesetzt. Diese kann in Geld oder Zeit bestehen. Die Bedingungen sollten verbindlich geregelt werden.

3. Bewertung: Wurden die definierten Ziele erreicht?
Hat sich die Investition gelohnt?

- Erfolgskontrolle (z. B. Abschlusstest, Kennzahlenvergleich, Beobachtung, ob das Gelernte in der Praxis umgesetzt wird, Befragung der Vorgesetzten)
- Befragung der Teilnehmer
- eventuell Anpassung des Konzepts

16.8.3 Methoden

Der Erfolg einer Qualifizierungsmaßnahme (z. B. einer Schulung) hängt auch von der Wahl der geeigneten Methode ab. Welche Methode im Einzelfall die beste ist, richtet sich insbesondere nach den zu vermittelnden Inhalten, der Zielgruppe und auch den organisatorischen Rahmenbedingungen (z. B. zur Verfügung stehende Zeit, Teilnehmerzahl, Budget). Natürlich können in einer Maßnahme verschiedene Methoden miteinander kombiniert werden.

Training on the job (Campus Suite)

Die verschiedenen Methoden können insbesondere danach unterschieden werden, ob sie am Arbeitsplatz („Training on the job") oder außerhalb des Arbeitsplatzes („Training off the job") stattfinden.

„Learning by doing"
Nicht nur in Schulen und Lehrgängen, sondern auch durch Berufserfahrung und das sogenannte informelle/nicht formale Lernen werden Kompetenzen erworben. Die Personalentwicklung kann dies systematisieren.

Rotationssystem
Crew-Mitarbeiter wechseln in der Systemgastronomie typischerweise regelmäßig z. B. zwischen Gastraum, Thekenbereich und Produktion („rollierendes System") mit den entsprechenden vor- und nachgelagerten Arbeiten.

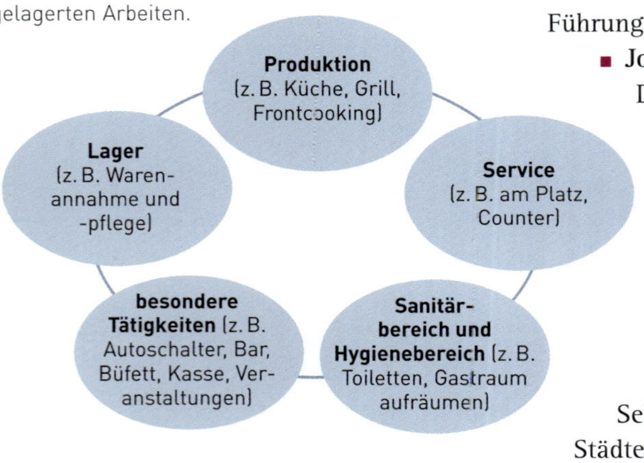

Training on the job

- **Anleitung im Arbeitsprozess:**
  Der Vorgesetzte beobachtet den einzelnen Mitarbeiter im laufenden Arbeitsprozess und gibt Feedback und Beratung.
- **Praktische Unterweisung am Arbeitsplatz:**
  Die zu erlernenden Arbeitsschritte werden zunächst vom Vorgesetzten vorgemacht und erklärt, dann vom Mitarbeiter nachgemacht (dabei ggf. korrigiert) und anschließend wiederholt geübt. Insbesondere für einfachere Arbeiten von Crew-Mitarbeitern (z. B. Speisenproduktion) oder bei neuen Arbeitsgeräten geeignet.
- **Job-Enlargement:**
  Dem Mitarbeiter werden andere, aber qualitativ gleichwertige Aufgaben übertragen. Die Arbeit wird so abwechslungsreicher, die Motivation steigt.
- **Job-Enrichment:**
  Dem Mitarbeiter werden höherwertige Aufgaben oder Sonderaufgaben (z. B. die Durchführung einer Veranstaltung oder eine Neueröffnung) übertragen. Hierdurch kann er sich bewähren, muss aber noch nicht die volle Verantwortung tragen. Geeignet z. B. bei einem Übergang auf die Führungsebene.
- **Job-Rotation:**
  Durch einen regelmäßigen Arbeitsplatzwechsel innerhalb des Betriebs übernimmt der Mitarbeiter ständig verschiedene Aufgaben und erweitert so seine Fachkenntnisse, seine praktischen Fertigkeiten, seinen Erfahrungsschatz, Überblick und seine Flexibilität.
- **Cross-Trainings oder Austauschprogramme:**
  Mitarbeiter werden in ganz anderen Abteilungen oder anderen Betrieben eingesetzt, ggf. im Tausch mit Kollegen. Dies fördert den Blick über den Tellerrand und die Selbstständigkeit, insbesondere bei Betrieben in anderen Städten oder im Ausland.
- **Mentoring:**
  Der Mitarbeiter bekommt einen erfahrenen Kollegen als Mentor oder Paten zur Seite, der ihn berät und unterstützt. Insbesondere zur Einarbeitung geeignet, damit neue Mitarbeiter sich am Arbeitsplatz zurechtfinden.
- **Trainee-Programme:**
  Länger andauernde systematische Einarbeitungsprogramme für junge angehende Führungskräfte. Diese sollen mit der Unternehmenspolitik, dem Aufbau und der Struktur des Unternehmens und den einzelnen Arbeitsanforderungen in der Breite vertraut gemacht werden.

Training off the job

- **Vortrag:**
  Ein Referent erläutert, meist mithilfe visueller Medien, ein Thema. Gut geeignet zur Vermittlung von Informationen an eine Gruppe in relativ kurzer Zeit, z. B. in Fachschulungen durch externe Spezialisten. Nachteil ist, dass die Mitarbeiter dabei meist passiv bleiben.

Training off the job (Joey's Pizza)

- **Rollenspiel:**
  Situationen aus dem beruflichen Alltag werden simuliert. Die Mitarbeiter übernehmen dabei unterschiedliche Rollen; so sollen sie Verständnis für verschiedene Standpunkte und Sichtweisen bekommen. Geeignet z. B. in Verhaltenstrainings zum Üben von Verkaufs- oder Mitarbeitergesprächen oder der Reklamationsbehandlung.
- **Konferenzmethode/Round-Table-Gespräch:**
  Das Lernen erfolgt durch aktive Teilnahme in einer Diskussionsrunde; der Mitarbeiter hört zu, stellt Fragen, analysiert Sachverhalte und stellt eigene Standpunkte dar.
- **Fallstudie und Workshop:**
  Innerhalb einer vorgegebenen Zeit wird zu einem Problem aus dem beruflichen Alltag ein Lösungsvorschlag erarbeitet und vorgestellt (z. B. in Assessment-Center oder bei der Prüfungsvorbereitung). Bei einem (moderierten) Workshop setzt sich eine kleinere Gruppe mit begrenzter Zeitdauer intensiv mit einem Thema auseinander; der Schwerpunkt liegt dabei auf der gemeinsamen Arbeit an einem gemeinsamen Ziel.
- **Betriebs- oder Informationsmeeting:**
  Kürzeres Training, das zwar im Betrieb, aber nicht direkt am Arbeitsplatz stattfindet („Training near the job"). So kann z. B. allen Mitarbeitern eine neue Aktion vermittelt oder ein konkreter Mangel (z. B. Hygiene in den Toiletten) aufgezeigt werden.
- **Veranstaltungen und Netzwerke:**
  Insbesondere Führungskräfte nutzen Veranstaltungen (z. B. Messen, Vortragsreihen, Verbandstagungen) und ein fachliches Netzwerk (z. B. Erfahrungsaustausch-Gruppen, soziale Netzwerke im Internet) systematisch für den Wissenserwerb.

Vermittlungsmethoden in der betrieblichen Ausbildung
Die genannten Methoden können auch bei Auszubildenden zur Anwendung kommen, z. B. bei Fachschulungen oder in der Prüfungsvorbereitung. Besondere Bedeutung in der alltäglichen Ausbildung im Betrieb haben folgende Methoden:

- **Lehrgespräch:** Der Ausbilder nimmt den Auszubildenden beiseite (z. B. ins Büro) und erklärt ihm eine themenbezogene Fragestellung (z. B. den Aufbau der Speisekarte).
- **Lehrunterweisung:** Nach dem Schema „Vormachen – Nachmachen – Üben" wird ein Arbeitsprozess (z. B. Bedienen des Kassensystems) vermittelt.

Wichtig ist dabei, dass auch Hintergründe vermittelt werden und der Auszubildende Gelegenheit zum Nachfragen bekommt.

Forum Systemgastronomie des Initiativkreises im DEHOGA

16.8.4 Organisation und Hilfsmittel

Sind Inhalte und Methoden einer Qualifizierungsmaßnahme festgelegt, geht es insbesondere beim „Trainings off the job" an die Organisation der einzelnen Schulung.

Folgende Punkte sind im Vorfeld zu erledigen:

- Teilnehmerzahl und Teilnehmerkreis bestimmen
- Ort auswählen (zentral oder dezentral? Filiale oder Schulungscenter?) und Raum buchen
- Zeit festlegen (z. B. Stundenvolumen, Anzahl der Schulungstage, Wochentag, Uhrzeit)
- Ablaufplan erstellen
- Trainer aussuchen, ggf. externe Referenten einladen
- (schriftliche) Einladung rechtzeitig vorher versenden
- Berücksichtigung im Dienstplan/Freistellung sicherstellen
- eventuell An- und Abreise sowie Unterkunft organisieren
- Verpflegung sicherstellen
- Hilfsmittel (Medien, technische Ausstattung, Unterlagen) festlegen und besorgen bzw. erstellen

Möglicher Ablauf einer Schulung:

1. Begrüßung
2. Vorstellungsrunde
3. Einführung in das Thema (z. B. durch Brainstorming)
4. Fachliche Inhalte (z. B. durch Vortrag)
5. Erproben der fachlichen Inhalte (z. B. durch Rollenspiel, Gruppenarbeit)
6. Pause
7. Vertiefung der fachlichen Inhalte
8. Frage-/Diskussionsrunde
9. Test
10. Verabschiedung
11. Nachbereitung (z. B. Wiederholungs-/Aufbauschulung, Erfolgskontrolle)

Einsatz elektronischer Medien
Der Einsatz multimedialer und interaktiver Medien nimmt parallel mit deren generellem Verbreitungsgrad auch in der Personalentwicklung zu.
E-Learning beinhaltet alle Formen von Lernen, bei denen elektronische und digitale Medien für die Präsentation von Lernmaterialien oder zur Unterstützung der Kommunikation zum Einsatz kommen. Recht verbreitet sind in der Systemgastronomie heute bereits webbasierte Lernprogramme, die von den Teilnehmern zeitlich und räumlich flexibel (z. B. von zu Hause aus oder im Restaurant) genutzt werden können. Die Inhalte reichen von der animierten Darstellung handwerklicher Arbeitsprozesse (z. B. Vapianos „Vii-Station") bis hin zu komplexen Lehrgängen oder Lernplattformen (z. B. „SSP Academy live"). Die Kosten sind in der Regel deutlich geringer als bei Präsenz-Schulungen. Häufig ist mit den Programmen die Möglichkeit einer Selbstkontrolle und/oder Dokumentation verbunden. Deshalb eignet sich E-Learning auch für die Prüfungsvorbereitung in der Ausbildung (mit Testfragen) oder für den Nachweis von Pflichtschulungen (z. B. Infektionsschutz, AGG). Wird E-Learning mit Präsenz-Elementen kombiniert, wird vom „**Blended Learning**" gesprochen.

Typische Hilfsmittel und ihre Verwendungsmöglichkeiten

durch den Trainer vorbereitete Medien und Hilfsmittel	Medien und Ausstattung für den interaktiven Einsatz in der Schulung	Materialien für die Teilnehmer
grafisch aufbereitete Präsentation mit Beamer	Tafel/Whiteboard	Schulungshandbuch, sonstige „Handouts"
Overhead-Projektor	Flipchart	Übungsbuch, Aufgabenblätter
Film/DVD/Dias	Pinnwand mit Metaplantechnik (Kärtchenmethode)	Wissensdatenbank/ Unternehmens-„Wiki"/ Lernplattform
Anschauungsmaterial (z. B. Produkte, Geräte)	Videokamera für Aufnahmen	Materialien, die nach der Schulung sichtbar bleiben (z. B. Aushang im Sozialraum, Plakat in der Küche)
Tools für E-Learning/ Blended-Learning	Spiele	

16.9 Personalführung

16.9.1 Grundlagen

In der Gastronomie arbeiten Menschen unterschiedlichen Alters, verschiedener sozialer und kultureller Herkunft, mit unterschiedlichen Fähigkeiten und Interessen zusammen. Deren Miteinander gilt es im Sinne des Unternehmens zu steuern und zu koordinieren.

Personalführung ist die bewusste Beeinflussung von Mitarbeitern zur Realisierung von Unternehmenszielen. Sie ist gekennzeichnet durch bestimmte **Führungsfunktionen**, den Einsatz geeigneter **Führungstechniken** und einen spezifischen **Führungsstil**.

Beispiele für intrinsische Motive
- inhaltlich attraktive Tätigkeiten
- Übertragung von Verantwortung
- Kompetenzerweiterung
- Weiterbildungsmöglichkeit
- Aufstiegschancen
- soziale Integration im Unternehmen
- Neugier

Beispiele für extrinsische Motive
- prestigeträchtiger Status oder Titel
- Sicherheit des Arbeitsplatzes
- Gewährung einer betrieblichen Altersversorgung
- Gehaltserhöhung
- Incentives, wie Geld- oder Sachprämien, Gutscheine, Sonderurlaub oder Teilnahme an Events

Eine der Hauptaufgaben der Personalführung ist es, die Mitarbeiter zu motivieren, ihre Leistung zu erbringen und so zum Unternehmensziel beizutragen. Dabei wird zwischen **intrinsischer** und **extrinsischer Motivation** unterschieden. Intrinsisch ist eine Motivation dann, wenn der Mitarbeiter die Motivation, etwas zu tun, aus sich selbst erhält. Er macht die Arbeit z. B. einfach deshalb, weil sie ihm Spaß macht. Extrinsisch ist eine Motivation dann, wenn äußere Anreize für das eigene Handeln ausschlaggebend sind. Der Mitarbeiter ist also nicht durch die Tätigkeit an sich motiviert, sondern durch die damit verbundenen Folgen, insbesondere durch die Aussicht auf daraus resultierende Vorteile oder Belohnungen.

In der Realität ist die Grenze zwischen intrinsischer und extrinsischer Motivation oft fließend. Dennoch kann die Motivation der Mitarbeiter immer nur dann gelingen, wenn die Vorgesetzten erkennen, welche Wünsche, Bedürfnisse und Ziele der einzelne Mitarbeiter hat. Insofern sollte sich die moderne Führungskraft nicht nur an dem Erreichen des Unternehmensziels orientieren, sondern auch dafür sorgen, dass die Mitarbeiter ihre persönlichen Ziele erreichen können und zufrieden sind.

Moderne Führung ist somit ein wechselseitiger Prozess zwischen Führendem und Geführten auf der Basis von gegenseitigem Vertrauen. Die Führungskraft ist nicht mehr allein Vorgesetzter, sondern unterstützt und fördert ihre Mitarbeiter individuell. Jeder Mitarbeiter erhält im idealen Fall die seiner persönlichen Situation, seinen fachlichen und sozialen Fähigkeiten entsprechende Führung.

In den systemgastronomischen Unternehmen erfolgt die Personalführung entweder durch den Unternehmer/Eigentümer (z.B. den Franchisenehmer), durch bestimmte Führungskräfte (z.B. Filialleiter, Geschäftsführer, Personalmanager) oder auch durch sonstige Vorgesetzte (z.B. Schichtleiter, Stationsverantwortliche), sofern sie Weisungsbefugnis haben.

Anreiz schaffen mit einem Azubi-Mobil (Marché)

Mitarbeiterbesprechung (Burger King)

16.9.2 Führungsfunktionen

Führungskräfte übernehmen mit ihrer Aufgabe, gemeinsam mit den Mitarbeitern Unternehmensziele zu realisieren, bestimmte Funktionen.

Ziele vereinbaren oder setzen
Hier gilt es festzulegen, welche Ziele bis zu welchem Zeitpunkt auf welche Weise erreicht sein sollen. Die Ziele sollen möglichst konkret, realistisch, positiv und eindeutig formuliert werden. Eine Beurteilung der Zielerreichung muss später auf jeden Fall möglich sein.

Einflussfaktoren auf die Personalführung
- Persönlichkeit des Führenden
- Persönlichkeitsmerkmale des Geführten
- Struktur des Unternehmens
- betriebliche Ziele
- sonstige externe und interne Rahmenbedingungen

Planen
Planen heißt, das zukünftige Handeln zu durchdenken. Auf welchen möglichen Wegen, mit welchem Aufwand und mit welchen Teilschritten kann bzw. soll das vorgegebene Ziel erreicht werden? Wege, die nicht zum Ziel führen, müssen rechtzeitig verworfen werden. Hierzu ist es notwendig, genügend Informationen zu sammeln und auszuwerten.

Entscheiden
Entscheiden heißt, sich festzulegen. Es wird einer der möglichen Wege zur Zielerreichung ausgewählt. Die alternativen Möglichkeiten werden verworfen.

Entscheidungsregeln
In der Planungsphase sind folgende Entscheidungsregeln zu beachten:
- **Minimal-Prinzip** bedeutet, mit minimalen Mitteln ein vorgegebenes Ziel erreichen.
- **Maximal-Prinzip** bedeutet, mit vorgegebenen Mitteln ein maximales/optimales Ziel zu erreichen.

Realisieren
Hier gilt es, die Entscheidungen umzusetzen. Aufgaben werden formuliert und delegiert, Aufträge erteilt. Nur Aufgaben, die kein anderer übernehmen kann, werden von der Führungskraft selbst übernommen.

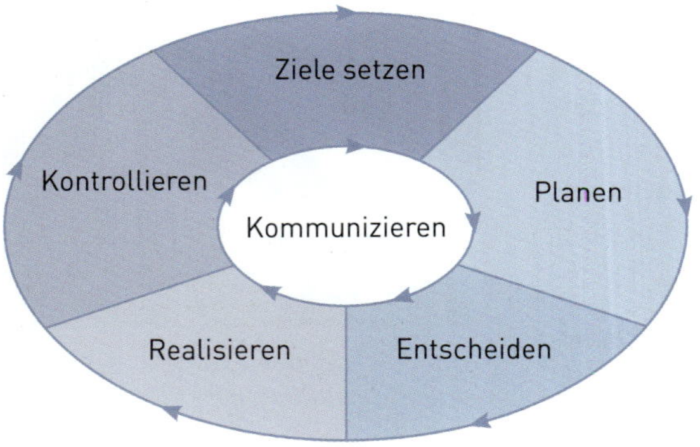

Managementkreis zur Unternehmensführung (entwickelt von der Deutschen Management-Gesellschaft)

Kontrollieren
Kontrollieren heißt, zu überprüfen, ob die Vorgaben eingehalten werden. Eventuell müssen Korrekturen erfolgen.

Diese Führungsfunktionen werden in einigen Führungstheorien auch als ein Prozess dargestellt, der immer wieder aufs Neue durchlaufen wird. Dieser sogenannte Managementkreis, ein von der Deutschen Management-Gesellschaft entwickeltes Schema, stellt die Führungsfunktionen als einzelne Schritte des Führungsprozesses wie folgt dar:

Die Aufgaben der Führungskraft in diesem Führungsprozess sind vor allem:
- Sammeln von Vorschlägen zur Zielfestlegung
- Entwicklung von Handlungsalternativen
- Treffen von Entscheidungen
- Koordination der Zusammenarbeit und der einzelnen Prozesse
- Unterstützung der Mitarbeiter bei der Realisierung der einzelnen Entscheidungen
- Kontrolle bei der Umsetzung der Aufgaben
- Beurteilung der Ergebnisse und gegebenenfalls Einleitung von Korrekturmaßnahmen

Mitarbeitergespräche

Arten	Anlässe	Ziele
▪ Beurteilungsgespräch ▪ Kritikgespräch ▪ Beratungsgespräch ▪ Jahresgespräch	▪ Einstellung ▪ Beförderung ▪ Versetzung ▪ Kündigung	▪ Motivation ▪ Leistungsverbesserung ▪ Mitarbeiterentwicklung ▪ Förderung des Betriebsklimas

Kern des Managementkreises und somit wichtigsten Führungsinstruments ist die Kommunikation zwischen Führungskraft und Mitarbeiter. Diese erfolgt meistens in Form von **Mitarbeitergesprächen** unter vier Augen und allgemeinen **Besprechungen** mit mehreren Personen. Durch diese können wichtige Informationen schnell und weitreichend weitergegeben werden.

16.9.3 Führungstechniken

Die Führungstechniken (die oft auch als Führungsprinzipien oder Führungskonzeptionen bezeichnet werden) beschreiben Verhaltensweisen und Regeln, die zur Gestaltung von Führung herangezogen werden, und dienen als Leitlinien bzw. Orientierungshilfe für das Führen von Mitarbeitern. Im Wesentlichen fallen darunter die sogenannten Management-by-Prinzipien. Die bekanntesten sind:

- **Management by Direction and Control:**
  Die Führung erfolgt durch Anweisung und Kontrolle. Die Mitarbeiter haben keine Entscheidungsbefugnis. Dies ist die traditionelle, mit einem starken Negativbild versehene, allerdings immer noch weitverbreitete Form des Führens.
- **Management by Objectives:**
  Die Führung findet durch Zielorientierung statt. Die Ziele werden gemeinsam von Mitarbeitern und Führungskräften erarbeitet, die Art und Weise allerdings, wie diese Ziele erreicht werden, wird den verantwortlichen Mitarbeitern selbst überlassen.

Jede Führungstechnik muss zielorientiert sein

- **Management by Delegation:**
  Jeder Mitarbeiter erhält einen eindeutig definierten Aufgabenbereich, in dem er selbstständig handeln und entscheiden kann. Die Führungskraft beschränkt sich auf die Dienstaufsicht und Kontrolle der Ergebnisse.
- **Management by Exception:**
  Aufgaben, die nicht reine Führungsaufgaben sind, werden an die Mitarbeiter delegiert. Der Mitarbeiter darf innerhalb eines bestimmten Ermessensspielraums selbstständig entscheiden. Nur in Ausnahmefällen oder bei unvorhergesehenen Ereignissen entscheidet die Führungskraft.
- **Management by Motivation:**
  Führung findet mithilfe von Leistungsanreizen statt. Diese sollen die Mitarbeiter motivieren.
- **Management by Empowerment:**
  Wesentliches Element dieses Führungsprinzips ist, das Können, das Wissen und die Motivation der Mitarbeiter zu erkennen und zu nutzen. Die Mitarbeiter arbeiten in (Klein-)Teams weitestgehend selbstverantwortlich und selbstbestimmt im Interesse des Unternehmens. Alle Mitarbeiter haben Zugang zu allen Informationen

16.9.4 Führungsstile

Führungsstile beschreiben die Verhaltensmuster, wie die Führungskraft mit den Mitarbeitern umgeht. Stellvertretend für eine Vielzahl von Führungsstilen seien hier drei genannt und kurz beschrieben:

Der Führungsstil beeinflusst die Mitarbeitermotivation

- **Autoritärer Führungsstil:**
  Der Vorgesetzte gibt Anordnungen, die die Mitarbeiter ausführen müssen, und kontrolliert deren Umsetzung. Die Mitarbeiter haben keinen Anteil an Entscheidungen. Die Folgen sind meist, dass der Vorgesetzte und die Mitarbeiter ein distanziertes Verhältnis zueinander haben, das Betriebsklima angespannt ist und die Mitarbeiter sich nur gering oder gar nicht mit dem Unternehmen identifizieren. Verknüpft mit dem autoritären Führungsstil ist dies Management by Direction and Control.
- **Kooperativer Führungsstil:**
  Führungskraft und Mitarbeiter gehen aufgeschlossen miteinander um. Der Führungsprozess wird gemeinsam gestaltet. Die anstehenden Aufgaben werden den Mitarbeitern vorgestellt und dann entsprechend den Fähigkeiten der einzelnen Mitarbeiter delegiert. Die Mitarbeiter können nun innerhalb bestimmter Grenzen frei handeln. Ihre Vorgehensweise wird nicht kontrolliert, nur das Ergebnis.
- **Liberaler Führungsstil (Laissez-faire-Führungsstil):**
  Dieser Führungsstil ist keine Führung im eigentlichen Sinne, denn die Führungskraft lässt den Mitarbeitern in ihrem Tun völlig freie Hand. Sie unterstützt nicht, ermahnt nicht, gibt keine Anweisungen. Dieser Führungsstil ist für die Erreichung wirtschaftlicher Ziele wenig praktikabel.

16.10 Personalentlohnung

16.10.1 Grundlagen

Vergütungen für geleistete Arbeit
- Vergütung nach Arbeitszeit (z. B. Stundenlohn, Monatslohn)
- Akkordvergütung (z. B. Zeitakkord, Stückakkord)
- Prämienlohn (z. B. Mengenprämie, Qualitätsprämie)
- Zulagen und Zuschläge (z. B. Mehrarbeitszuschlag, Nachtarbeitszuschlag, Sonn- bzw. Feiertagszuschlag, Gefahrenzulage)

Sonderformen der Vergütung
- Provision
- Erfolgsbeteiligung/Gastronomie: Umsatzbeteiligung
- Gratifikationen (z. B. Weihnachts- und Urlaubsgeld oder bei Jubiläen)
- betriebliche Altersvorsorge

Personalbeschaffungskosten sind z. B.:
- Kosten für Inserate in Zeitungen
- Kosten, die im Zusammenhang mit der Auswahl neuer Mitarbeiter entstehen
- Kosten durch die Einarbeitung neuer Mitarbeiter

Personalfreisetzungskosten sind z. B.:
- Abfindungen
- Zuzahlungen zur Altersteilzeit
- Kosten im Rahmen von Sozialplänen

Der Mitarbeiter erhält als Gegenwert für seine dem Unternehmen zur Verfügung gestellte Arbeitskraft ein **Arbeitsentgelt** (= Lohn bzw. Gehalt). Dieses ist für den Arbeitnehmer Existenzgrundlage und dient ihm zum Bestreiten seines Lebensunterhalts. Für das Unternehmen dagegen ist es ein Kostenfaktor, der den Gewinn des Unternehmens verringert. Neben dem Lohn bzw. Gehalt fallen für das Unternehmen weitere zu berücksichtigende Kosten an, die sogenannten **Lohnnebenkosten.** Hierunter werden alle Kosten verstanden, die vom Arbeitgeber zusätzlich zum Lohn zu tragen sind, wie z. B.:
- Arbeitgeberanteil an den Sozialversicherungen inklusive Unfallversicherung
- Arbeitgeberanteil an vermögenswirksamen Leistungen
- Entgeltfortzahlungen im Krankheitsfall, im Urlaub bzw. an Feiertagen
- Kosten für Qualifizierungsmaßnahmen
- Betriebsrenten bzw. betriebliche Altersversorgung
- Gratifikationen wie Weihnachts- oder Urlaubsgeld
- vom Arbeitgeber beschaffte und gestellte Berufskleidung
- Erstattungen bei Umzug
- Essensvergünstigung
- Kosten für Betriebsratstätigkeit
- Kosten für Personalbeschaffung bzw. -freisetzung

16.10.2 Lohnabrechnung

Rechtliche Bestandteile von Lohnabrechnungen
Bei Zahlung des Arbeitsentgelts muss der Arbeitgeber dem Arbeitnehmer eine Abrechnung in Textform zukommen lassen. Diese Verpflichtung entfällt nur, wenn sich gegenüber dem letzten Abrechnungszeitraum keine Veränderungen ergeben haben.

Die Abrechnung muss mindestens folgende Angaben enthalten:
- Name und Anschrift des Arbeitgebers
- Name, Anschrift und Geburtsdatum des Arbeitnehmers
- Versicherungsnummer des Arbeitnehmers
- Datum des Beschäftigungsbeginns, gegebenenfalls bei Ende der Beschäftigung das Datum des Beschäftigungsendes
- bescheinigter Abrechnungszeitraum mit darin enthaltenen Steuer- und Sozialversicherungstagen
- Zusammensetzung des Arbeitsentgelts (Arbeitslohn, Art und Höhe von Zuschüssen, Zulagen, sonstige Vergütungen, Art und Höhe der Abzüge, Abschlagszahlungen, Vorschüsse)

Weitere Angaben sind zulässig. Beispielsweise sind das die Angabe der Personalnummer, der Steuerklasse, eines eventuellen Kinderfreibetrags oder anderer Freibeträge und bei Kirchensteuerzahlung die Angabe der Religionszugehörigkeit.

Das Prinzip der Lohnabrechnung

Der Lohn berechnet sich in der Regel aus den geleisteten Arbeitsstunden und dem vereinbarten Stundenlohn. Hinzu kommen ggf. eventuelle Zulagen, Zuschläge und Sachbezüge sowie die vermögenswirksamen Leistungen.

Anschließend wird der Lohn versteuert. Auch der Solidaritätszuschlag ist zu berechnen. Grundlage für die Berechnung von Steuern und Solidaritätszuschlag ist der sogenannte **steuerpflichtige Bruttolohn.** Zudem sind Abgaben an die Sozialversicherungen abzuführen. Hier dient der **sozialversicherungspflichtige Bruttolohn** als Berechnungsgrundlage. Steuerpflichtiger und sozialversicherungspflichtiger Bruttolohn müssen allerdings nicht identisch sein. Die Überweisung der berechneten Steuern und des Solidaritätszuschlags an das Finanzamt sowie die Abführung der Sozialversicherungsbeiträge an die Krankenkasse sind vom Arbeitgeber durchzuführen. Der Arbeitnehmer erhält dann den **Nettolohn.** Für die Abrechnung ergibt sich folgendes Schema:

Lohn und Motivation

Motivation und Arbeitsleistung stimmen, wenn der erhaltene Lohn als gerecht empfunden wird. Diese Empfindung ist allerdings nicht nur von der eigenen Lohnhöhe abhängig, sondern auch von der von Kollegen, die ähnliche Tätigkeiten verrichten, und der von Vorgesetzten bzw. Untergebenen.

Entgelttarifverträge

Die konkrete Höhe der Vergütung kann in Entgelttarifverträgen geregelt sein. Dabei werden unterschiedliche Tätigkeiten je nach Anforderungsniveau unterschiedlichen Bewertungs-/Tarifgruppen zugeordnet. Für jede Bewertungs-/Tarifgruppe ist die Höhe der Vergütung festgelegt.

Lohnabrechnung

	Lohn/Arbeitslohn	
+	Zulagen	
+	Zuschläge	
+	Sachbezüge/geldwerte Vorteile	
+	vermögenswirksame Leistungen des Arbeitgebers	
=	sozialversicherungspflichtiges Brutto (Gesamt-Brutto)	
–	Steuerfreibetrag	
=	steuerpflichtiges Brutto	
–	Lohnsteuer	
–	Kirchensteuer	
–	Solidaritätszuschlag	
–	Krankenversicherung	Arbeitnehmer-Anteil
–	Rentenversicherung	Arbeitnehmer-Anteil
–	Arbeitslosenversicherung	Arbeitnehmer-Anteil
–	Pflegeversicherung	Arbeitnehmer-Anteil
=	Gesamt-Netto (nach Abzug von Steuern und Sozialversicherungsbeiträgen)	
–	Sachbezüge/geldwerte Vorteile	
–	vermögenswirksame Leistungen (des Arbeitgebers und des Arbeitnehmers)	
–	Vorschuss	
–	Pfändungen (laut Pfändungsbescheid)	
+	steuer- und sozialversicherungsfreie Aufwandsentschädigungen	
=	Auszahlung/Überweisung an den Arbeitnehmer	

Beispiel: Lohnabrechnung

Herr Müller hatte im letzten Monat bei einem Stundenlohn von 12 € eine Arbeitszeit von 180 Stunden. Zusätzlich erhält er diesmal eine Prämie von 100 €. Die vermögenswirksamen Leistungen des Arbeitgebers betragen monatlich 36 €, seine eigenen ebenfalls. Seine Lohnsteuer beträgt 12,58 %, sein Anteil an den Sozialversicherungen 21,45 %. Zudem zahlte Herr Müller Kirchensteuer in Höhe von 9 %.

Berechnung des steuerpflichtigen Bruttolohns:

	Arbeitslohn	2.160,00 €
+	Zuschuss	100,00 €
+	vermögenswirksame Leistungen des Arbeitgebers	36,00 €
=	steuerpflichtiges Brutto	2.296,00 €

Berechnung der Abzüge:

	Lohnsteuer (12,58 % vom Steuer-Brutto)	288,84 €
+	Kirchensteuer (9 % der Lohnsteuersumme!)	26,00 €
+	Solidaritätszuschlag (5,5 % der Lohnsteuersumme!)	15,89 €
+	Sozialversicherungsbeitrag (21,45 % vom Steuer-Brutto)	492,49 €
=	Summe aller Abzüge	823,22 €

Berechnung des Gesamt-Nettos:

	steuerpflichtiger Bruttolohn	2.296,00 €
–	Summe aller Abzüge	832,22 €
=	Gesamt-Netto	1.463,78 €

Überweisung an den Arbeitnehmer:

	Gesamt-Netto	1.463,78 €
–	vermögenswirksame Leistungen des Arbeitgebers	36,00 €
–	vermögenswirksame Leistungen des Arbeitnehmers	36,00 €
=	Überweisungsbetrag:	1.491,78 €

Die gesamten vermögenswirksamen Leistungen in Höhe von 72,00 € fließen dem vertraglich geregelten Zweck (z. B. einem Bausparvertrag) zu.

16.10.3 Zulagen und Zuschläge

Typische Zulagen
- Leistungszulagen: für besondere Leistungen des Arbeitnehmers, z. B. Prämien
- Erschwerniszulagen: für besondere Belastungen, z. B. Schmutz, Hitze
- Funktionszulagen: für die Übernahme besonderer Verantwortung, z. B. als Schichtleiter, Ausbilder

Arbeitszeitgesetz
www.gesetze-im-internet.de/arbzg

Einkommensteuergesetz
www.gesetze-im-internet.de/bundesrecht/estg/gesamt.pdf

Zulagen sind Leistungen des Arbeitgebers, die zusätzlich zum Grundlohn oder zum Gehalt gezahlt werden. Sie ergeben sich aus tarifrechtlichen Regelungen, Betriebsvereinbarungen oder aus dem Arbeitsvertrag. Zulagen sind immer steuer- und sozialversicherungspflichtig.

Auch Zuschläge sind zusätzliche Zahlungen des Arbeitgebers. Hierzu zählen insbesondere Nachtarbeits-, Sonn- oder Feiertagszuschläge. Durch diese honoriert der Arbeitgeber, dass Arbeitnehmer zu Zeiten arbeiten, an denen die Mehrheit der Beschäftigten arbeitsfrei hat. Für Nachtarbeit besteht ein gesetzlicher Anspruch auf Zuschlag bzw. einen besonderen Freizeitausgleich. Ein Anspruch auf weitere Zuschläge kann sich aus tarifrechtlichen Regelungen, Betriebsvereinbarungen oder aus dem Arbeitsvertrag ergeben. Werden Zuschläge gezahlt, sind diese meist (innerhalb bestimmter Grenzen) steuer- und sozialversicherungsfrei.

16.10.4 Sachbezüge/geldwerte Vorteile und vermögenswirksame Leistungen

Typische Sachbezüge/geldwerte Vorteile
- Mitarbeiterrabatt auf die Speisekarte
- Personalessen oder Zuschüsse zum Kantinenessen
- Benzingutscheine
- Überlassung eines Dienstwagens zu privaten Zwecken
- Jobticket
- Dienstwohnung

Arbeitnehmersparzulage
Die Vermögensbildung der Arbeitnehmer fördert der Staat bei bestimmten Anlageformen durch das Gewähren einer Arbeitnehmersparzulage. In der Regel beträgt die Laufzeit der geförderten Anlageformen sieben Jahre, wobei das letzte Jahr beitragsfrei ist.

Fünfte Gesetz zur Förderung der Vermögensbildung der Arbeitnehmer
www.gesetze-im-internet.de/vermbg_2/index.html

Sachbezüge/geldwerte Vorteile

Sachbezüge sind Einnahmen des Arbeitnehmers aus seinem Arbeitsverhältnis, die er nicht in Form von Geld erhält, die aber einen Geldwert haben. Sie werden deshalb auch geldwerte Vorteile genannt. Geldwerte Vorteile sind in der Regel als steuerpflichtiger Arbeitslohn anzusetzen.

Vermögenswirksame Leistungen

Vermögenswirksame Leistungen sind Geldleistungen des Arbeitgebers, die der Vermögensbildung des Arbeitnehmers dienen. Sie können im Tarifvertrag, einer Betriebsvereinbarung oder im Arbeitsvertrag vereinbart sein. Die vermögenswirksamen Leistungen werden vom Arbeitgeber direkt auf das vom Arbeitnehmer genannte Anlagekonto (z. B. Bausparvertrag, Lebensversicherung) überwiesen. Der Arbeitnehmer kann oder muss je nach Vertrag ebenfalls etwas hinzuzahlen. Werden vom Arbeitgeber zusätzlich zum Arbeitslohn vermögenswirksame Leistungen gewährt, sind diese steuer- und sozialversicherungspflichtig. Die Überweisung auf das entsprechende Anlagekonto erfolgt aus dem versteuerten und mit Sozialversicherungsbeiträgen belegten Nettolohn.

16.10.5 Lohnsteuer, Kirchensteuer und Solidaritätszuschlag

Ermittlung der Lohnsteuer
Die Lohnsteuer wird entweder mit Lohnsteuerberechnungsprogrammen berechnet oder mithilfe von Lohnsteuertabellen ermittelt.

Lohnsteuer wird auf Einkünfte aus nicht selbstständiger Arbeit erhoben. Ihre Höhe ist von folgenden Faktoren abhängig:
- Höhe des steuerpflichtigen Bruttoarbeitsentgelts
- Lohnsteuerklasse
- Anzahl der Kinderfreibeträge
- Vorliegen von Steuerfreibeträgen oder Hinzurechnungsbeträgen

In Deutschland gibt es entsprechend dem Einkommensteuergesetz sechs Lohnsteuerklassen:

Steuerklasse	Personenkreis
I	allein lebende Arbeitnehmer ohne Kinder (ledig, geschieden, dauernd getrennt lebend, verwitwet (ab Folgejahr nach Eintritt des Todesfalls))
II	alleinerziehende Arbeitnehmer mit mindestens einem Kind, für das ihnen Kindergeld oder ein Kinderfreibetrag zusteht
III	verheiratete Arbeitnehmer, deren Ehepartner keinen steuerpflichtigen Arbeitslohn bezieht, oder verheiratete Arbeitnehmer, deren Ehepartner steuerpflichtigen Arbeitslohn bezieht und in der Steuerklasse V ist
IV	verheiratete Arbeitnehmer, die beide steuerpflichtigen Arbeitslohn beziehen und beide in der Steuerklasse IV sind
V	verheiratete Arbeitnehmer, die beide steuerpflichtigen Arbeitslohn beziehen und deren Ehepartner in der Steuerklasse III ist
VI	Arbeitnehmer, die einer zweiten steuerpflichtigen Tätigkeit nachgehen oder wenn der Arbeitnehmer seine steuerliche Identifikationsnummer dem Arbeitgeber nicht vorlegt

Die Kirchensteuer ist abzuführen, wenn der Arbeitnehmer einer religiösen Gemeinschaft angehört, für die Kirchensteuer erhoben wird. Der Kirchensteuersatz ist abhängig vom Bundesland und liegt bei 8 % oder 9 % der Lohnsteuersumme.

Der Solidaritätszuschlag ist eine Ergänzungsabgabe zur Lohnsteuer und beträgt derzeit (Stand 2013) 5,5 % der Lohnsteuersumme.

Die Höhe von Kirchensteuer und Solidaritätszuschlag ergibt sich aus der Höhe der Lohnsteuersumme.

Lohnsteuer, Kirchensteuer und Solidaritätszuschlag werden vom Arbeitgeber einbehalten und müssen in der Regel bis spätestens zum zehnten Tag eines Monats an das für das Unternehmen zuständige Finanzamt gemeldet und abgeführt werden. Die Anmeldung der Lohnsteuer hat auf elektronischem Weg (ELSTER) zu geschehen.

Die fünf Säulen der Sozialversicherung

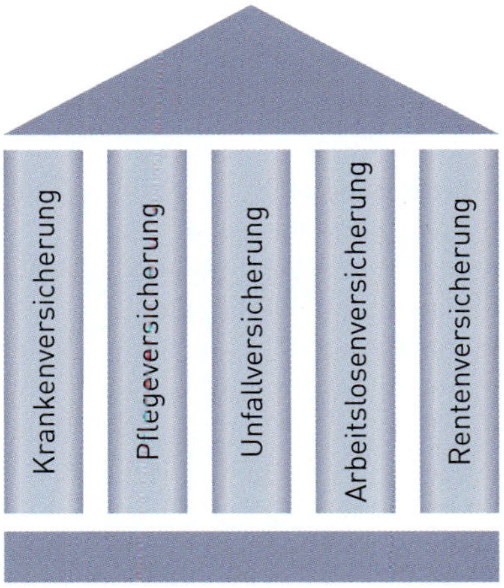

Aufgaben der Versicherungsträger
Die Träger verwalten die Versicherung, führen sie durch und tragen das Versicherungsrisiko.

Solidarprinzip
Die Tatsache, dass grundsätzlich alle Versicherten gemeinsam die zu versichernden Risiken tragen, wird als Solidarprinzip (oder Solidaritätsprinzip) bezeichnet.

16.10.6 Gesetzliche Sozialversicherungen

Die Sozialversicherungen sind Kernelement unseres Sozialsystems. Sie sind gesetzlich vorgeschrieben und somit öffentlich-rechtliche Pflichtversicherungen, d. h., alle Arbeitnehmer sind zunächst einmal sozialversicherungspflichtig. Allerdings gibt es Ausnahmen von der Versicherungspflicht. Diese betreffen insbesondere Arbeitnehmer mit einer geringfügigen Beschäftigung (siehe Kapitel 16.10.7).

Die Finanzierung der gesetzlichen Sozialversicherungen erfolgt durch die Arbeitgeber zusammen mit den Arbeitnehmern. Allein für die gesetzliche Unfallversicherung zahlt ausschließlich der Arbeitgeber die Beiträge.

Gesetzliche Sozialversicherungen, ihre Träger, versicherten Personen und Leistungen

Sozialversicherung	Träger	versicherte Personen	Leistungen (Beispiele)
gesetzliche Krankenversicherung	Krankenkassen	▪ Arbeitnehmer und deren Familienangehörige ohne eigenes sozialversicherungspflichtiges Einkommen ▪ Auszubildende ▪ Rentner und Arbeitslose	▪ Krankenbehandlung ▪ Krankengeld ▪ Gesundheitsvorsorge ▪ Leistungen bei Schwangerschaft und Entbindung
soziale Pflegeversicherung	Pflegekassen (mit den Krankenkassen identisch)	▪ jeder, der pflegebedürftig ist	▪ Leistungen bei häuslicher Pflege ▪ Leistungen bei stationärer Pflege
gesetzliche Rentenversicherung	Deutsche Rentenversicherung	▪ aus dem Arbeitsleben ausgeschiedene Arbeitnehmer, die in die Rentenversicherung eingezahlt haben	▪ Altersrente ▪ Erwerbsminderungsrente ▪ Hinterbliebenenrente
Arbeitslosenversicherung	Bundesagentur für Arbeit	▪ Arbeitslosengeld I: Arbeitslose, die sich bei der Arbeitsagentur arbeitslos gemeldet haben, ihre Anwartschaft erfüllt haben und dem Arbeitsmarkt zur Verfügung stehen.	▪ Arbeitsförderung (Beratung und Arbeitsvermittlung) ▪ Dienst-, Sach- und Geldleistungen zur Grundsicherung für Arbeitsuchende (Arbeitslosengeld)
gesetzliche Unfallversicherung	Berufsgenossenschaften und Unfallkassen	▪ alle Arbeitnehmer wie in Kapitel 6.3 beschrieben ▪ Personen in der Aus- und Fortbildung ▪ alle Personen, die für das Gemeinwohl tätig sind (Ehrenamtler) ▪ freiwillig versicherte Unternehmer	▪ Prävention ▪ Heilbehandlungen, Lohnersatzleistungen und Entschädigungsleistungen bei Unfällen am Arbeitsplatz oder auf dem direkten Weg zu und von der Arbeit sowie bei Berufskrankheiten ▪ Renten

Arbeitslosengeld II
Leistung für Bedürftige, wenn kein Anspruch auf Arbeitslosengeld I besteht. Die Leistung wird nicht durch die Arbeitslosenversicherung, sondern durch die Gemeinden erbracht.

Die Höhe der Sozialversicherungsbeiträge ist abhängig von:

- den Beitragssätzen der einzelnen Sozialversicherungen
- dem sozialversicherungspflichtigen Bruttoarbeitsentgelt der Arbeitnehmer
- bei der Unfallversicherung zusätzlich vom Unfallgeschehen in einem Gewerbezweig

Allerdings gibt es in einigen Sozialversicherungszweigen eine sogenannte Beitragsbemessungsgrenze. Der Teil des Bruttoarbeitsentgelts, der diese Grenze übersteigt, wird bei Berechnung der Sozialversicherungsabzüge nicht mitberücksichtigt.

Die **Beitragsbemessungsgrenze** gibt an, bis zu welchem Lohn Beträge zur gesetzlichen Sozialversicherung erhoben werden dürfen. Sie wird jährlich von der Bundesregierung durch eine Rechtsverordnung neu festgelegt und ist je nach Sozialversicherungszweig unterschiedlich.

Sozialversicherungsrecht
Geregelt ist das Sozialversicherungsrecht in den zwölf Büchern des Sozialgesetzbuchs
www.sozialgesetzbuch-sgb.de

Höhe der Beitragssätze
Aktuelle Höhe der einzelnen Beitragssätze:
www.lohn-info.de/beitragsberechnung.html

16.10.7 Minijob

Eine besondere Art von Arbeitsverhältnis ist der sogenannte „Minijob", d.h. die geringfügige Beschäftigung. Eine geringfügige Beschäftigung liegt vor, wenn

- der Arbeitnehmer nur geringfügig entlohnt wird, d.h. monatlich bis zu 450 € verdient, oder
- sein Beschäftigungsverhältnis nur kurzfristig ist.

Der Arbeitgeber meldet das geringfügige Beschäftigungsverhältnis bei der Minijob-Zentrale an. Diese ist bei der Knappschaft-Bahn-See angesiedelt.

Minijob-Zentrale
Sie ist deutschlandweit die zentrale Einzugs- und Meldestelle für alle geringfügigen Beschäftigungen.

www.minijob-zentrale.de

Geringfügig entlohnte Beschäftigung bis 450 €
Bei einer geringfügig entlohnten Beschäftigung darf ein Arbeitnehmer **durchschnittlich im Monat** nicht mehr als 450 € verdienen. Bei der Berechnung sind alle Sonderzahlungen wie Urlaubs- oder Weihnachtsgeld mitzuberücksichtigen.
Eine geringfügig entlohnte Beschäftigung ist für den Arbeitnehmer zunächst einmal sozialversicherungs- und steuerfrei. Dies bleibt auch so, wenn er mehrere geringfügig entlohnte Beschäftigungen ausübt, solange die Summe aller Arbeitsentgelte durchschnittlich im Monat nicht mehr als 450 € beträgt.

Sozialversicherung in der Ausbildung
Ausbildungsverhältnisse sind auch dann sozialversicherungspflichtig, wenn die Ausbildungsvergütung unter 450 € liegt. Allerdings trägt dann der Arbeitgeber die gesamten Sozialversicherungsbeiträge.

Sozialversicherungsfrei bedeutet nicht beitragsfrei.

Während bei einem Minijob für den Arbeitnehmer in der Regel Brutto gleich Netto ist, kommen auf den Arbeitgeber folgende Abgaben zu:

- Beiträge zur Krankenversicherung (derzeit 13 %)
- Beiträge zur Rentenversicherung (derzeit 15 %)
- pauschale Lohnsteuer einschließlich Solidaritätszuschlag und Kirchensteuer (derzeit 2 %)
- verschiedene Umlagen (U1–U3) und die Beiträge zur gesetzlichen Unfallversicherung

Dabei sind die Sozialversicherungsbeiträge und Umlagen zwingend vom Arbeitgeber zu tragen; die 2 %ige Pauschsteuer kann er dagegen auch auf den Arbeitnehmer „abwälzen".

Folgende Besonderheiten sind zu beachten:

- Ist der Arbeitnehmer privat krankenversichert, entfällt die Krankenversicherungsabgabe des Arbeitgebers.
- Bei der Rentenversicherung sind Arbeitnehmer, die nach dem 1. Januar 2013 einen Minijob aufgenommen haben, nunmehr versicherungspflichtig und müssen die Differenz zwischen dem normalen Beitragssatz von derzeit 18,9 % und dem Pauschalbeitrag von 15 %, d.h. 3,9 %, selbst tragen. Dadurch erwerben sie die vollen Ansprüche auf die Leistungen der Rentenversicherung. Allerdings kann der Arbeitnehmer sich von der Versicherungspflicht befreien lassen. Dann entfällt der Eigenanteil des Minijobbers.
- Legt der Arbeitnehmer dem Arbeitgeber eine Lohnsteuerkarte vor, ist der Lohnsteuerabzug entsprechend der Lohnsteuermerkmale vorzunehmen.

Im Lieferservice arbeiten oft Minijobber

Rechenbeispiel 1: rentenversicherungsfrei, Arbeitnehmer wählt Pauschsteuer
Die Servicekraft Mia Lopez arbeitet als geringfügig Beschäftigte in einem Full-Service-Betrieb der Systemgastronomie. Sie verdient 450,00 €. Mit ihrem Arbeitgeber hat sie vereinbart, dass sie selbst die Pauschsteuer trägt. Weiter hat sie einen Antrag auf Befreiung von der Rentenversicherungspflicht gestellt.

Lohnabrechnung für Mia Lopez:

Bruttolohn	450,00 €
– Pauschsteuer 2 %	9,00 €
= Nettolohn	**441,00 €**

Personalkosten für den Arbeitgeber:

Bruttolohn	450,00 €
+ 15 % Rentenversicherungsbeitrag	67,50 €
+ 13 % Krankenversicherungsbeitrag	58,50 €
= Gesamtkosten	**576,00 €**

Rechenbeispiel 2: Versteuerung nach Lohnsteuerkarte
Mia Lopez ist ausschließlich geringfügig beschäftigt und alleinstehend. Sie hat daher die Besteuerung nach Lohnsteuerkarte gewählt.

Lohnabrechnung für Mia Lopez:

Bruttolohn	450,00 €
Keine Lohnsteuer, da Einkommen unterhalb des Grundfreibetrags	
= Nettolohn	**450,00 €**

Personalkosten für den Arbeitgeber:

Bruttolohn	450,00 €
+ 15 % Rentenversicherungsbeitrag	67,50 €
+ 13 % Krankenversicherungsbeitrag	58,50 €
= Gesamtkosten	**576,00 €**

Rechenbeispiel 3: private Krankenversicherung
Mia Lopez Ehemann ist Freiberufler und beide Ehepartner daher in der privaten Krankenversicherung versichert. Mit ihrem Arbeitgeber hat sie vereinbart, dass sie selbst die Pauschsteuer trägt.

Lohnabrechnung für Mia Lopez:

Bruttolohn	450,00 €
– Pauschsteuer 2 %	9,00 €
= Nettolohn	**441,00 €**

Personalkosten für den Arbeitgeber:

Bruttolohn	450,00 €
+ 15 % Rentenversicherungsbeitrag	67,50 €
Krankenversicherungsbeitrag entfällt	
= Gesamtkosten	**517,50 €**

Für einen Arbeitnehmer mit einer geringfügigen Beschäftigung (Minijobber) gelten die gleichen arbeitsrechtlichen Regelungen wie für einen Arbeitnehmer in einer sozialversicherungspflichtigen Beschäftigung. So hat auch er Anspruch auf

- Entgeltfortzahlung im Krankheitsfall
- Feiertagsvergütung
- Kündigungsschutz
- Urlaub
- Mutterschutz

Midijob
Neben dem Minijob gibt es auch noch den sogenannten „Midijob" (Gleitzonenbeschäftigung), bei dem der Arbeitnehmer zwischen 450 € und 850 € verdienen darf. Der Arbeitnehmeranteil an den Sozialversicherungsbeiträgen steigt gleitend bis zur Höhe des Normalsatzes an.

Kurzfristige Beschäftigung

Bei einer kurzfristigen Beschäftigung ist die Beschäftigung auf maximal zwei Monate oder 50 Arbeitstage im Kalenderjahr begrenzt. Es sind grundsätzlich keine Sozialabgaben zu leisten, allerdings sind die Umlagen U1, U2 und U3 abzuführen. Eine Versteuerung findet entweder pauschal mit 25 % zzgl. Solidaritätszuschlag und Kirchensteuer oder entsprechend den Angaben auf der Lohnsteuerkarte statt.

Rechenbeispiel: kurzfristige Beschäftigung
Mia Lopez macht diesmal nur eine Urlaubsvertretung in dem Fast-Food-Betrieb, und zwar neben ihrem regulären Arbeitsverhältnis. Sie arbeitet vier Wochen lang montags, mittwochs und sonntags jeweils sechs Stunden. Der Stundenlohn beträgt montags und mittwochs 9,00 € und sonntags 12,00 €.

Die Beschäftigung läuft insgesamt 12 Arbeitstage. Das Gesamtentgelt beträgt 720,00 €. Der durchschnittliche tägliche Arbeitslohn beträgt 60,00 €. Der durchschnittliche Stundenlohn beträgt 10,00 €. Die Voraussetzungen für eine Pauschalbesteuerung liegen damit vor.
Lohnabrechnung für Mia Lopez (wenn sie keiner Kirche angehört) für die Gesamtzeit:

Bruttolohn	720,00 €
– pauschale Lohnsteuer (25 %)	180,00 €
– Sozialversicherungsbeiträge	–
– Solidaritätszuschlag (5,5 % der Lohnsteuer)	9,90 €
= Nettolohn	**530,10 €**

Personalkosten für den Arbeitgeber:

Bruttolohn	720,00 €
Sozialversicherungsbeitrag entfällt	
= Gesamtkosten	**720,00 €**

16.10.8 Lohn ohne Arbeit

Der Arbeitsvertrag ist ein gegenseitiger Vertrag. Die Entgeltzahlungspflicht ist also mit der Arbeitsleistung verknüpft. Das bedeutet grundsätzlich:

„Ohne Arbeit kein Lohn."

Ohne Arbeit kein Lohn

Von diesem Grundsatz gibt es jedoch zahlreiche gesetzliche und tarifliche Ausnahmen, die – generell gesprochen – dann eingreifen, wenn der Arbeitnehmer keine Schuld am Ausfall seiner Arbeitsleistung trägt.

Beispiele für Lohn ohne Arbeit

Entgeltfortzahlung im Krankheitsfall	Entgeltfortzahlungsgesetz (EFZG)	siehe nächste Seite
Entgeltzahlung an Feiertagen	Entgeltfortzahlungsgesetz (EFZG)	Für Arbeitszeit, die infolge eines gesetzlichen Feiertags ausfällt, hat der Arbeitgeber dem Arbeitnehmer das Arbeitsentgelt zu zahlen, das er ohne den Arbeitsausfall erhalten hätte. Da gastronomische Betriebe in der Regel auch an Feiertagen geöffnet sind und Arbeit deshalb nicht infolge (= wegen) eines Feiertags ausfällt, hat diese Regelung lediglich für Mitarbeiter in den Verwaltungsabteilungen Relevanz. In den Tarifverträgen finden sich jedoch meist Ausgleichsregelungen für Feiertagsarbeit.
Urlaubsentgelt	Bundesurlaubsgesetz (BUrlG)	siehe nächste Seite
vorübergehende Arbeitsverhinderung	§ 616 BGB	Eine bezahlte Freistellung ist zu gewähren, wenn der Arbeitnehmer für eine verhältnismäßig nicht erhebliche Zeit durch einen in seiner Person liegenden Grund unverschuldet an der Arbeitsleistung gehindert ist. Beispiele: Tod oder schwere Verletzung eines nahen Angehörigen, Geburt eines Kindes, Erkrankung eines Kindes, Zeugenaussage bei Gericht, unaufschiebbarer Arztbesuch. Nicht anerkannt werden: Verspätungen aufgrund der Wetterverhältnisse, private Prüfungen, Ausfall von Verkehrsmitteln. Ansprüche gegen die Kranken- oder Unfallversicherung (insbesondere das sog. Kinderkrankengeld) werden angerechnet. § 616 BGB kann im Arbeitsvertrag ausgeschlossen werden. Tarifverträge sehen häufig Konkretisierungen vor, d. h. Kataloge mit einer definierten Anzahl freier Tage bei Umzug, Eheschließung, Tarifverhandlungen o. Ä.
Arbeitsentgelt bei Beschäftigungsverbot nach Mutterschutzgesetz sowie Zuschuss zum Mutterschaftsgeld	Mutterschutzgesetz (MuSchG)	Der Durchschnittsverdienst ist während eines Beschäftigungsverbots weiter zu gewähren, es sei denn, es wird durch die Krankenkasse Mutterschaftsgeld gezahlt. Auch während der Zahlung von Mutterschaftsgeld (max. 13 Euro täglich) muss der Arbeitgeber die Differenz zum Nettolohn als Zuschuss zahlen. Diese Aufwendungen zzgl. der Sozialversicherungsbeiträge erhält der Arbeitgeber allerdings nach dem Aufwendungsausgleichsgesetz (AAG) von der Krankenkasse auf Antrag erstattet. Finanziert wird dies durch ein Umlageverfahren, das sogenannte U2-Verfahren, das die Krankenkasse gemäß ihrer Satzung durchführt. Hinweis: Das Elterngeld dagegen ist eine Sozialleistung des Bundes, es wird nicht vom Arbeitgeber gezahlt.
spezielle Fälle bezahlter Freistellung	z. B. Bildungsurlaub nach Landesrecht, Freistellung von Betriebsratsmitgliedern, Freistellung zur Berufsschule. Unbezahlte Freistellung können Arbeitgeber und Arbeitnehmer vereinbaren (z. B. Sabbatical), es gibt darauf aber keinen gesetzlichen Anspruch.	

Entgeltfortzahlung im Krankheitsfall

Wer unverschuldet arbeitsunfähig krank ist, hat Anspruch auf Entgeltfortzahlung durch den Arbeitgeber.

Bedingungen der Entgeltfortzahlung

Dauer	sechs Wochen; danach: Krankengeld durch die Krankenkasse
Wartezeit	mindestens vier Wochen ununterbrochene Dauer des Arbeitsverhältnisses
Höhe	100 % des durchschnittlichen Arbeitsentgelts der letzten drei Monate (inklusive Zuschläge, aber ohne Überstunden, Urlaubsgeld, Zulagen)
Mehrfacherkrankungen	▪ eine neue Krankheit begründet einen neuen Sechs-Wochen-Anspruch ▪ bei einer Fortsetzung derselben Krankheit besteht nur ein Anspruch von insgesamt sechs Wochen. Ausnahme: Seit Ende der letzten AU sind mindestens sechs Monate vergangen.

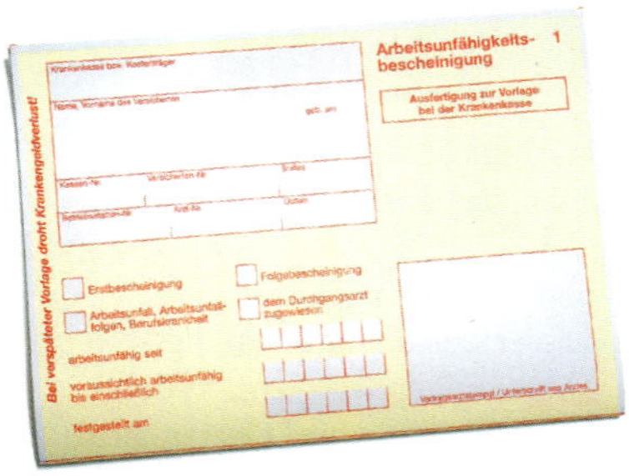

Arbeitsunfähigkeitsbescheinigung

Anzeige- und Nachweispflicht bei Krankheit

Der Arbeitnehmer ist verpflichtet, dem Arbeitgeber die **Arbeitsunfähigkeit** (AU) und deren voraussichtliche Dauer unverzüglich mitzuteilen. Über die Art der Erkrankung muss nicht informiert werden. Nach der gesetzlichen Regelung muss spätestens am vierten Tag eine ärztliche Bescheinigung („gelber Schein“) vorgelegt werden, wenn die Krankheit länger als drei Tage dauert. In vielen Arbeitsverträgen oder Tarifverträgen sind allerdings kürzere Fristen vorgesehen. Verlängert sich die AU, muss eine neue Bescheinigung vorgelegt werden.

Urlaubsgeld
Vielfach wird über das Urlaubsentgelt hinaus zusätzlich ein freiwilliges oder tarifliches Urlaubsgeld gezahlt.

Urlaub und Urlaubsentgelt

Jeder Arbeitnehmer hat in jedem Kalenderjahr einen Anspruch auf bezahlten Erholungsurlaub. Die zu zahlende Arbeitsvergütung wird als Urlaubsentgelt bezeichnet. Das Urlaubsentgelt richtet sich nach dem durchschnittlichen Verdienst der letzten dreizehn Wochen (ohne Überstunden). Es ist vor Urlaubsantritt auszuzahlen.

Urlaubsregelungen

Dauer	Der gesetzliche Mindesturlaub beträgt 24 Werktage pro Kalenderjahr (entspricht bei einer 5-Tage-Woche 20 Arbeitstagen bzw. 4 Wochen). Tarifverträge sehen häufig höhere Urlaubsansprüche vor. Schwerbehinderte haben Anspruch auf einen Zusatzurlaub von 5 Tagen jährlich (Vollzeit).
Wartezeit	Der volle Urlaubsanspruch entsteht erstmals nach sechsmonatigem Bestehen des Arbeitsverhältnisses.
Festlegung	Der Arbeitnehmer muss den Urlaub beantragen. Bei der Urlaubsgewährung muss der Arbeitgeber seine Wünsche berücksichtigen, es sei denn, dringende betriebliche Gründe oder vorrangige Wünsche von Kollegen stehen entgegen. Eine „Selbstbeurlaubung“ ist ein Kündigungsgrund.
Übertragbarkeit	Grundsätzlich ist der Urlaub bis zum Ende des Kalenderjahrs zu nehmen, sonst erlischt er. Eine Übertragung ist möglich, wenn dies vereinbart ist oder wenn dringende betriebliche oder persönliche Gründe es erfordern (dann bis 31. März).
Abgeltung	Urlaub, der wegen Beendigung des Arbeitsverhältnisses nicht mehr genommen werden kann, ist in Geld abzugelten.
Krankheit	Arbeitsunfähigkeit hat keine Auswirkungen auf den Urlaubsanspruch. Wer während des Urlaubs krank wird und ein ärztliches Zeugnis vorlegt, dessen Krankheitstage werden auf den Urlaub nicht angerechnet. Auch bei Langzeitkranken entstehen Urlaubsansprüche, die gewährt bzw. abgegolten werden müssen, auch wenn die AU bis zum Ende des Arbeitsverhältnisses bestand.

16.11 Personalbeurteilung

Die Beurteilung der Mitarbeiter ist eine der wichtigsten Aufgaben von Führungskräften. Sie läuft normalerweise in drei Phasen ab:

- **Beobachtung des Mitarbeiters:**
  Tätigkeiten, Leistungen und Verhalten des Mitarbeiters sollen möglichst genau und – wenn möglich – mithilfe standardisierter Vorgehensweisen erfasst werden; die Ergebnisse sind in geeigneter Weise zu dokumentieren.
- **Bewertung seiner fachlichen und persönlichen Qualifikation:**
  Sie erfolgt entweder rückblickend aufgrund seiner bisher erbrachten Leistung (Leistungsbeurteilung) oder zukunftsorientiert hinsichtlich seiner Entwicklungsmöglichkeiten (Potenzialbeurteilung); die Bewertung sollte anhand nachvollziehbarer und möglichst objektiver Kriterien erfolgen.
- **Beurteilungsgespräch:**
  Dieses dient zur Besprechung der Beobachtungsergebnisse sowie zur Verabredung zukünftiger Ziele.

Inhalte des Beurteilungsgesprächs

- Welche Kriterien wurden beobachtet?
- Wie waren die Ergebnisse?
- Wie werden diese Ergebnisse bewertet?
- Welche Stärken und Schwächen wurden erkannt?
- Welche Fortschritte wurden seit dem letzten Gespräch gemacht, wo ist noch Entwicklungsbedarf?
- Welche Konsequenzen ergeben sich daraus?
- Welche Erwartungen werden zukünftig gestellt?

Ziele der Personalbeurteilung

Folgende Ziele können durch die Mitarbeiterbeurteilung verfolgt werden:

- Planungshilfe bei der Personalentlohnung, insbesondere bei der Verteilung von Leistungszulagen
- Planungshilfe für einen optimalen Mitarbeitereinsatz
- Förderung der Mitarbeiterqualifikation durch erhöhte Bildungsbereitschaft des Beurteilten
- Unterstützung bei der Mitarbeiterführung
- Information und Motivation der Mitarbeiter
- Steigerung der Mitarbeiterbindung

Beurteilungsgespräch

Anlässe für Personalbeurteilungen

Mitarbeiterbeurteilungen sollten regelmäßig in bestimmten Zeitabständen erfolgen. Hierfür ist vor allem das offen geführte, sinnvollerweise von beiden Seiten gut vorbereitete Mitarbeitergespräch (Entwicklungsgespräch) geeignet. Daneben sind Beurteilungen zu bestimmten Anlässen möglich.

Beurteilungskriterien

Die Anzahl möglicher Beurteilungskriterien ist groß. Daher ist es wichtig, die Kriterien sinnvoll und für jeden einzelnen Mitarbeiter zielgerichtet auszuwählen. Ihre Anzahl sollte aus Gründen der Praktikabilität nicht zu hoch sein.

Beurteilungskriterien müssen folgenden Anforderungen genügen:

- Sie müssen für den Beruf/die Tätigkeit des Mitarbeiters im Unternehmen bedeutsam sein und sollten sich vorrangig an den Anforderungen des momentanen Arbeitsplatzes orientieren.
- Sie sollten weitestgehend unabhängig voneinander sein und müssen sich klar voneinander abgrenzen lassen.
- Die Kriterien müssen in ihrer Ausprägung eindeutig beschrieben sein, damit unterschiedliche Beurteiler zu vergleichbaren Ergebnissen kommen können.

Anlässe für Beurteilungen

- Ende der Probezeit
- Beförderung
- Versetzung
- Wechsel des bisherigen Vorgesetzten
- Wunsch des Mitarbeiters oder des Vorgesetzten
- Anstehende Lohn- oder Gehaltserhöhung
- Beendigung einer zeitlich begrenzten Arbeitsaufgabe
- Beendigung des Arbeitsverhältnisses

Die wichtigsten im Gastgewerbe sinnvollen Kriterien lassen sich in den in der Tabelle dargestellten Gruppen zusammenfassen.

Beurteilungskriterien

Fachkönnen	▪ Fachkenntnisse ▪ Fertigkeiten	▪ Auffassungsgabe ▪ Lernfähigkeit
Arbeitsverhalten	▪ Arbeitstempo ▪ Arbeitsgüte ▪ Ausdauer	▪ Belastbarkeit ▪ Einsatzbereitschaft ▪ Zuverlässigkeit
Sozialverhalten	▪ Teamfähigkeit ▪ Kritikfähigkeit ▪ Umgang mit Kollegen	▪ Umgang mit Vorgesetzten ▪ Kontaktfähigkeit ▪ Hilfsbereitschaft
Führungs-verhalten	▪ Mitarbeitermotivation ▪ Durchsetzungsvermögen ▪ Entscheidungsfähigkeit	
Verhalten gegen-über Gästen	▪ Freundlichkeit ▪ Höflichkeit	▪ Diskretion ▪ Beratungsfähigkeit
persönliches Auftreten	▪ Sauberkeit ▪ Körperpflege	▪ Erscheinungsbild ▪ Körperhaltung

Fehlerquellen bei einer Beurteilung

Bei der Beurteilung können dem Vorgesetzten leicht Fehler unterlaufen. So sind z.B. Wahrnehmungsfehler bei der Informationsaufnahme möglich, die in der Persönlichkeit bzw. Persönlichkeitsstruktur der Führungskraft liegen. Durch eine ausgeprägte Erwartungshaltung, Sympathie oder Antipathie oder durch Vorurteile entstehen Verzerrungen. Auch durch persönliche subjektive Vorlieben werden Informationen selektiert und gefiltert. Ebenfalls wird der strenge Vorgesetzte anders urteilen als ein vorsichtiger oder milder Vorgesetzter. Neben den persönlichkeitsbedingten Fehlern können aber auch allgemeine Wahrnehmungsfehler auftreten. Hierzu gehören u.a., dass viele Personen sich oft vom ersten Eindruck leiten lassen, dass von der Ausprägung eines Merkmals auf die der anderen geschlossen wird, dass Erfahrungen aus der Vergangenheit in die Gegenwart übertragen oder andersherum erst kurz zurückliegende Erfahrungen intensiver bewertet werden.

Rechtliche Grundlagen

Gesetzlich relevante Grundlagen für die Bewertung und Beurteilung von Mitarbeitern sind im Betriebsverfassungsgesetz geregelt. Danach hat jeder Arbeitnehmer folgende Rechte:

- Anhörungs- und Erörterungsrecht
- Recht auf Einsicht in die Personalakte
- Beschwerderecht bei empfundener Benachteiligung

Der Betriebsrat hat ein Mitbestimmungsrecht bei der Aufstellung allgemeiner Beurteilungsgrundsätze.

16.12 Ende des Arbeitsverhältnisses

16.12.1 Beendigungswege

Mögliche rechtliche Wege zum Ende eines Arbeitsverhältnisses:
- ordentliche oder außerordentliche **Kündigung**
- **Anfechtung** des Arbeitsvertrags, insbesondere wegen Täuschung
- beim **befristeten Arbeitsvertrag**: Zeitablauf bzw. Eintritt der vereinbarten Bedingung (z. B. Rückkehr des vertretenen Kollegen aus der Elternzeit). Das Arbeitsverhältnis endet dann automatisch, ohne dass es einer Kündigung bedarf. Achtung: Wird nach Ablauf der Befristung weitergearbeitet, entsteht ein unbefristetes Arbeitsverhältnis.
- einvernehmlicher, schriftlicher **Aufhebungsvertrag** zwischen Arbeitgeber und Arbeitnehmer
- Auflösung durch ein **Gericht**
- **Tod** des Arbeitnehmers
- Erreichen einer **vereinbarten Altersgrenze** durch den Arbeitnehmer. In den meisten Arbeits- oder Tarifverträgen ist die Regelaltersgrenze für die gesetzliche Altersrente ausdrücklich als Befristung festgelegt. Ist dies jedoch nicht der Fall, so endet das Arbeitsverhältnis auch nicht automatisch mit dem Rentenalter.

Dagegen endet das Arbeitsverhältnis nicht durch:
- Tod oder Insolvenz des Arbeitgebers
- Verkauf oder Verpachtung des Unternehmens (Betriebsübergang nach § 613 a BGB)
- Erwerbsminderung oder Berufsunfähigkeit des Arbeitnehmers
- Fernbleiben des Arbeitnehmers von der Arbeit

Personalfreisetzung
Als Personalfreisetzungen werden Maßnahmen bezeichnet, die zum Personalabbau führen, also insbesondere Kündigungen, das Auslaufenlassen befristeter Verträge oder Frühverrentungen ohne Neubesetzung, aber auch z. B. die Verkürzung von Arbeitszeiten.

Geburtsjahr	Regelaltersgrenze
1851–1946	65
1947	65 + 01 Monat
1948	65 + 02 Monate
1949	65 + 03 Monate
1950	65 + 04 Monate
1951	65 + 05 Monate
1952	65 + 06 Monate
1953	65 + 07 Monate
1954	65 + 08 Monate
1955	65 + 09 Monate
1956	65 + 10 Monate
1957	65 + 11 Monate
1958	66
1959	66 + 02 Monate
1960	66 + 04 Monate
1961	66 + 06 Monate
1962	66 + 08 Monate
1963	66 + 10 Monate
1964	67
ab 1965	67

Regelaltersgrenze

Rentenbeginnrechner
www.deutsche-rentenversicherung.de

16.12.2 Kündigung

Der häufigste Weg ist die Kündigung entweder durch den Arbeitgeber oder durch den Arbeitnehmer. Eine arbeitgeberseitige Kündigung wird als Entlassung bezeichnet. Es gibt verschiedene Arten von Kündigungen:

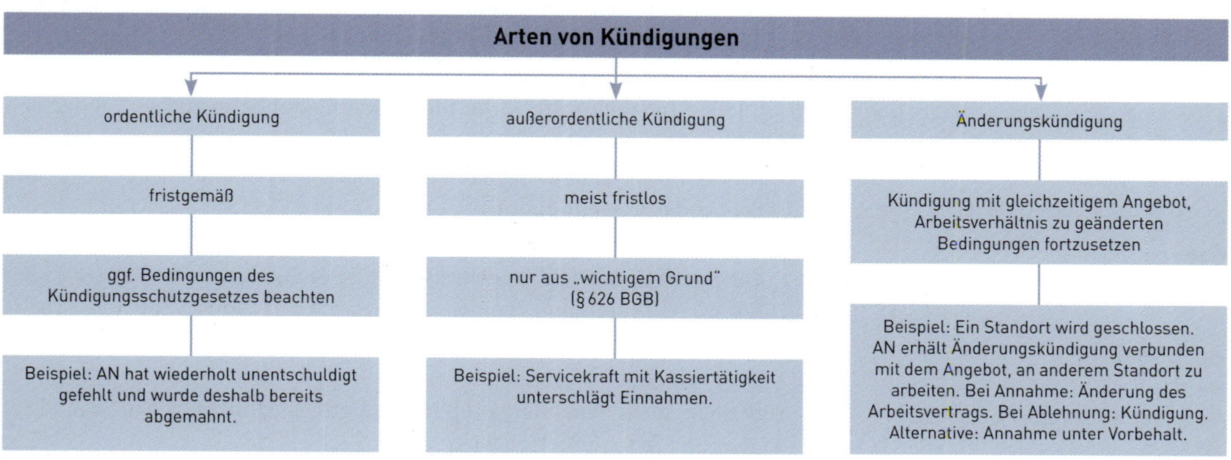

Abmahnung
Damit wird der Arbeitnehmer schriftlich auf sein konkretes Fehlverhalten hingewiesen und aufgefordert, dies zu ändern. Für den Wiederholungsfall wird ihm die Kündigung angedroht. Abmahnungen müssen vor verhaltensbedingten ordentlichen oder außerordentlichen Kündigungen erfolgt sein. Ausnahmen gelten bei besonders schweren Pflichtverstößen oder wenn das Vertrauensverhältnis irreparabel zerstört ist. Die Abmahnung kommt in die Personalakte. Der Arbeitnehmer kann dazu eine Stellungnahme abgeben. Er kann auch gegen die Abmahnung klagen.

Ermahnung
Eine mildere Maßnahme ist die Ermahnung. Dabei wird Missbilligung zum Ausdruck gebracht, jedoch keine arbeitsrechtlichen Konsequenzen angedroht.

Regelungen für gesetzliche Kündigungsfristen
Sie finden sich im § 622 BGB:
www.gesetze-im-internet.de/bgb/__622.html

Eine Kündigung durch den Arbeitgeber ist für Arbeitnehmer oft mit weitreichenden Konsequenzen verbunden. Deshalb sind die Voraussetzungen hinsichtlich Form und Inhalt streng geregelt:

- Eine Kündigung muss **schriftlich** erfolgen. Eine mündliche Kündigung ist unwirksam. Auch eine E-Mail oder ein Fax reichen nicht aus.
- Eine Kündigung muss dem Adressaten zugehen. Bewiesen werden kann dies z. B. durch persönliche Übergabe gegen Quittung oder unter Zeugen.
- Es muss eine **Anhörung des Betriebsrats** erfolgen (wenn vorhanden).
- Eine Kündigung soll immer das letzte Mittel sein. Deshalb muss bei sogenannten **verhaltensbedingten Kündigungen** (dazu unten mehr) grundsätzlich immer vorher eine Abmahnung erfolgt sein. Denn sein Verhalten kann der Arbeitnehmer steuern und deshalb auch ändern.
- Der allgemeine und besondere **Kündigungsschutz** schränkt die Kündigungsmöglichkeiten des Arbeitgebers ein. Durch eine Kündigungsschutzklage innerhalb von drei Wochen beim Arbeitsgericht kann der Arbeitnehmer sich gegen die Kündigung gerichtlich wehren.

Kündigung = letztes Mittel

Ordentliche Kündigung und Kündigungsschutzgesetz
Bei der ordentlichen (= fristgemäßen) Kündigung ist die für das jeweilige Arbeitsverhältnis geltende **Kündigungsfrist** zu beachten. Diese können sehr unterschiedlich sein. Sie ergeben sich aus dem Gesetz oder im Rahmen der gesetzlich zulässigen Möglichkeiten aus dem Tarifvertrag oder dem Arbeitsvertrag. Ist eine **Probezeit** vereinbart, gilt eine kürzere Kündigungsfrist: Nach der gesetzlichen Regelung im Arbeitsverhältnis zwei Wochen, im Ausbildungsverhältnis ist während der Probezeit die Kündigung jederzeit und ohne Einhaltung irgendeiner Frist möglich.

Vier Wochen sind bei Fristberechnungen nicht dasselbe wie ein Monat.

Anwendungsbereich des KSchG
Das KSchG gilt für Unternehmen mit mehr als zehn (Vollzeit-)Beschäftigten (ohne Auszubildende). Bei Unternehmen mit fünf bis zehn Beschäftigten gilt jedoch Kündigungsschutz für Altmitarbeiter, deren Arbeitsverhältnis vor 2004 begonnen hat. Teilzeitbeschäftigte bis 20 Wochenstunden zählen mit Faktor 0,5, solche bis 30 Stunden mit Faktor 0,75.

Wartezeit
Der Schutz des KSchG greift erst nach sechsmonatiger Betriebszugehörigkeit.

Kündigungsfrist
Sie ist der minimale Zeitraum zwischen Ausspruch der Kündigung und Ende des Arbeitsverhältnisses.

In Unternehmen der Systemgastronomie kommt in der Regel das Kündigungsschutzgesetz (KSchG) zur Anwendung, das Arbeitnehmer vor **sozial ungerechtfertigten** Kündigungen schützt. Generell ist eine Kündigung sozial ungerechtfertigt,

- wenn eine Weiterbeschäftigung nach zumutbarer Umschulung oder Fortbildung möglich wäre → **Verhältnismäßigkeitsgrundsatz,**
- wenn eine Weiterbeschäftigung unter geänderten Arbeitsbedingungen möglich wäre und der Arbeitnehmer damit einverstanden ist → **Vorrang der Änderungskündigung,**
- wenn der Einzelfall so liegt, dass trotz Vorliegen aller Voraussetzungen die Kündigung nicht angemessen wäre (z. B. Dauer der Betriebszugehörigkeit, Lebensalter, Folgen des Arbeitsplatzverlusts für den Arbeitnehmer) → **Interessenabwägung.**

Außerdem muss ein anerkannter **Kündigungsgrund** gegeben sein. Hier werden drei Arten unterschieden:

Arten einer ordentlichen Kündigung

	betriebsbedingte Kündigung	**personenbedingte Kündigung**	**verhaltensbedingte Kündigung**
Erläuterung	Wegfall des Arbeitsplatzes aufgrund einer unternehmerischen Entscheidung	fehlende Fähigkeiten und Eignung für die Ausübung der Tätigkeit	Verstöße gegen die arbeitsvertraglichen Pflichten oder die betriebliche Ordnung, Störungen im Leistungs- oder Vertrauensbereich
Sphäre	Gründe liegen beim Arbeitgeber bzw. im Unternehmen	Arbeitnehmer will, kann aber nicht	Arbeitnehmer kann, will aber nicht
Beispiele	Restaurantschließung, Verringerung von Öffnungszeiten, Umsatzrückgang, Rationalisierung (z. B. Umstellung auf weniger personalintensive Serviceform oder Küchenproduktion)	insbesondere Krankheit, Alkohol- oder Drogensucht, Führerscheinentzug bei Arbeitnehmern mit Fahrtätigkeit, Arbeitnehmer verbüßt Gefängnisstrafe	Arbeitsverweigerung, Unpünktlichkeit, Arbeitszeitbetrug, unentschuldigtes Fehlen, „Krankfeiern", Diebstahl, Verletzung von Rauch- oder Alkoholverboten, Beleidigung von Kollegen oder Vorgesetzten, Tätlichkeiten, Verstoß gegen Geheimhaltungspflicht oder Nebentätigkeitsverbot
Voraussetzungen	kein milderes Mittel (Abbau von Überstunden, Kurzarbeit, Versetzung) möglich. Durchführung einer Sozialauswahl: Entscheidung, welche von mehreren vergleichbaren Arbeitnehmern gekündigt werden. Kriterien: Betriebszugehörigkeit, Lebensalter, Unterhaltspflichten, Schwerbehinderung	negative Prognose: Auch in Zukunft wird es erhebliche konkrete Beeinträchtigungen der betrieblichen Interessen geben, z. B. ▪ es ist weiter mit häufigen Kurzerkrankungen zu rechnen ▪ hohe Entgeltfortzahlungskosten ▪ Betriebsablaufstörungen	in der Regel vorherige Abmahnung wegen gleichartigen Fehlverhaltens Ausnahme: irreparable Störung des Vertrauensverhältnisses
Maßstab	Zweckmäßigkeit der unternehmerischen Entscheidung wird nicht gerichtlich überprüft	besonders sorgfältige Interessenabwägung, keine Überbrückungsmaßnahmen möglich	bei Störungen im Leistungsbereich strenger als bei Störungen im Vertrauensbereich

Außerordentliche Kündigung

Die außerordentliche Kündigung ist in der Regel eine fristlose Kündigung. Sie ist die härteste Sanktion überhaupt im Arbeitsleben und deshalb nur unter sehr engen Voraussetzungen möglich:

- **Wichtiger Grund:** schwerwiegende Pflichtverletzung, z.B. Straftat mit Bedeutung für das Arbeitsverhältnis, Anzettelung einer Schlägerei im Betrieb, eigenmächtiger Urlaubsantritt, Abwerben von Kollegen für die Konkurrenz
- Unzumutbarkeit der Fortsetzung des Arbeitsverhältnisses bis zum Ablauf der Kündigungsfrist (Interessenabwägung)
- Einhaltung der zweiwöchigen Kündigungserklärungsfrist

Kündigungserklärungsfrist
Sie ist bei der außerordentlichen Kündigung der maximale Zeitraum zwischen Kenntnis vom Kündigungsgrund und Ausspruch der Kündigung.

Besonderer Kündigungsschutz

Wer?	Was?	Wonach?
Frauen während der Schwangerschaft und bis zum Ablauf von vier Monaten nach der Entbindung	Kündigung ausgeschlossen, es sei denn, die zuständige Behörde stimmt ausdrücklich zu	MuSchG
Eltern in Elternzeit		BEEG
Schwerbehinderte	Kündigung nur nach Zustimmung durch das Integrationsamt	SGB IX
Auszubildende	Nach Ablauf der Probezeit ist die ordentliche Kündigung ausgeschlossen.	BBiG
Betriebsratsmitglieder sowie Mitglieder des Wahlvorstands, Wahlbewerber und JAV-Mitglieder	Ordentliche Kündigung ist ausgeschlossen. Außerordentliche Kündigung nur möglich, wenn der Betriebsrat zugestimmt hat oder wenn dessen Zustimmung durch das Arbeitsgericht ersetzt wurde.	KSchG
Massenentlassungen	Bei Kündigungen einer größeren Zahl von Arbeitnehmern im selben Monat (je nach Betriebsgröße schon ab sechs Arbeitnehmern) muss der Agentur für Arbeit vorher Anzeige erstattet werden.	KSchG

Besonderer Kündigungsschutz
Für bestimmte Arbeitnehmergruppen oder in besonderen Situationen gilt ein strengerer Kündigungsschutz.

Je größer die Schutzbedürftigkeit, desto strenger der Kündigungsschutz.

Die Kündigung durch den Arbeitgeber kann an bestimmte Zustimmungs- oder Anzeigepflichten gebunden sein. Die außerordentliche Kündigung kann nie gänzlich ausgeschlossen sein, wohl aber die ordentliche.

In der Personalwirtschaft muss rechtzeitig vor Ausspruch einer Kündigung geprüft werden, welche Maßnahmen der Kündigungsschutz verlangt, denn dieser kann die benötigte Zeit für die Kündigung deutlich verlängern oder diese sogar unmöglich machen.

16.12.3 Arbeitszeugnis

Bei Ende des Arbeitsverhältnisses hat der Beschäftigte Anspruch auf Ausstellung eines Arbeitszeugnisses.

Grundsätze bei der Zeugniserstellung

- schriftlich (elektronische Form reicht nicht), mit dem PC geschrieben
- auf A4-Geschäftsbogen bzw. Briefkopf mit Name und Anschrift des Absenders
- mit Unterschrift des bzw. der Verantwortlichen (Arbeitgeber bzw. weisungsberechtigter Vorgesetzter, bei Auszubildenden auch Ausbilder)
- keine Rechtschreib- bzw. Grammatikfehler
- Zeitpunkt: unverzüglich nach Verlangen des Arbeitnehmers (d.h. nicht erst nach Ausscheiden aus dem Unternehmen, da dem Arbeitnehmer nicht zugemutet werden kann, sich nach Ausspruch der Kündigung ohne Zeugnis zu bewerben)
- wahr und wohlwollend (keine Formulierungen, die den zukünftigen Berufsweg des Arbeitnehmers unnötig erschweren)
- klar und verständlich (ohne mehrdeutige oder verschlüsselte Formulierungen)

Anspruch geltend machen
Rechtlich gesehen muss der Arbeitgeber das Arbeitszeugnis nicht automatisch erstellen – auch wenn die meisten dies tun –, sondern der Beschäftigte muss dies verlangen. Eine Ausnahme gilt für Ausbildungszeugnisse: Nach dem Berufsbildungsgesetz muss der Ausbildende immer ein Zeugnis mit Angaben über Art, Dauer und Ziel der Berufsausbildung sowie über die erworbenen beruflichen Fertigkeiten, Kenntnisse und Fähigkeiten ausstellen. Ein qualifiziertes Zeugnis muss jedoch auch der Auszubildende ausdrücklich verlangen.

Bei Verletzung der Zeugnisgrundsätze hat der Arbeitnehmer einen Zeugnisberichtigungsanspruch.

Arten von Arbeitszeugnissen

Einfaches Zeugnis	Qualifiziertes Zeugnis	Zwischenzeugnis
▪ Name des AN ▪ Art der Tätigkeit ▪ Beschäftigungsdauer ▪ Absender	Zusätzliche Angaben zu Leistung und Verhalten	Zeugnis während laufender Beschäftigung, z. B. bei Versetzung, Führungswechsel, vor längerer Arbeitsunterbrechung

Zeugnissprache

Bei Zeugnissen hat sich im Laufe der Zeit eine Standardsprache entwickelt. Wer ein Zeugnis ausstellt, sollte sich dieser unbedingt bedienen, da ansonsten Auseinandersetzungen mit dem Arbeitnehmer vorprogrammiert sind.

Zeugnisformulierungen entsprechend den Schulnoten

	Gesamtbewertung der Leistung	Typische Schlussformel, z. B.
6	... hat sich bemüht, die ihm übertragenen Aufgaben zu unserer Zufriedenheit zu erledigen	(ohne)
5	... hat die ihm übertragenen Aufgaben im Großen und Ganzen zu unserer Zufriedenheit erledigt	Er verlässt uns auf eigenen Wunsch.
4	... hat die ihm übertragenen Aufgaben (3-4: stets) zu unserer Zufriedenheit erledigt	Für die Zukunft wünschen wir ihm alles Gute.
3	... hat die ihm übertragenen Aufgaben zu unserer vollen Zufriedenheit erledigt	Wir bedauern sein Ausscheiden und wünschen ihm für die Zukunft alles Gute.
2	... hat die ihm übertragenen Aufgaben stets zu unserer vollen Zufriedenheit erledigt	Wir bedauern sein Ausscheiden sehr, danken ihm für die bei uns geleistete Arbeit und wünschen ihm auch an seiner neuen Wirkungsstätte alles Gute.
1	... hat die ihm übertragenen Aufgaben stets zu unserer vollsten Zufriedenheit erledigt	Er hat sich in unserem Haus bleibende Verdienste erworben. Wir bedauern sein Ausscheiden außerordentlich und wünschen ihm auch an seiner neuen Wirkungsstätte sowie für seinen weiteren beruflichen Werdegang alles Gute, viel Glück und Erfolg.

Für die Bewertung von Leistung und Verhalten kann und sollte auf vorhergegangene Beurteilungen (siehe Kapitel 16.11) zurückgegriffen werden.

§ Der „Normalfall" ist das gut durchschnittliche Zeugnis. Für eine bessere Bewertung trägt der Arbeitnehmer, für eine schlechtere der Arbeitgeber die Beweislast.

Zeugnisformulierungen bei der Einstellung

Auch im Bewerbungsverfahren ist im Vorteil, wer die „Codes" zu deuten vermag. Insbesondere in der Gastronomie ist jedoch zu berücksichtigen: Nicht alle kleineren Arbeitgeber beherrschen die Standardformulierungen. Vermeintlich schlechte Bewertungen können auch unbeabsichtigt sein. Das Zeugnis sollte deshalb immer nur ein Beurteilungskriterium unter mehreren sein.

„Geheimsprache"

Neben diesen klassischen Bewertungen, die in ein korrektes Zeugnis hineingehören, werden teilweise verschlüsselte Formulierungen benutzt:

Beispiel	wahre Bedeutung
erledigte alle Arbeiten ordnungsgemäß	mangelnde Eigeninitiative
hat durch seine gesellige Art zur Verbesserung des Betriebsklimas beigetragen	gesteigerter Alkoholkonsum
bewies Einfühlungsvermögen für die Belange der Belegschaft	sexuelle Belästigung
zeigt ein gesundes Selbstvertrauen	„große Klappe"
ging mit Fleiß, Ehrlichkeit und Pünktlichkeit an seine Aufgaben heran	keine fachliche Qualifikation

Eindeutige Sprache

Bei der Zeugniserstellung sollten Geheimcodes vermieden werden, die eine negative Wertung verschleiern sollen oder können.

Unzulässiger Zeugnisinhalt
- einmalige Vorfälle oder Umstände
- Betriebsratstätigkeit/Gewerkschaftsmitgliedschaft
- außerdienstliches Verhalten (z. B. Alkoholkonsum, Straftaten, Privatleben)
- Abmahnungen
- Schwangerschaft
- Krankheiten

Der Maßstab der Beurteilung und die Kriterien, die im Zeugnis Erwähnung finden, hängen von der ausgeübten Tätigkeit ab. So kommt es z. B. bei einer Führungskraft typischerweise auf Durchsetzungsvermögen, analytisches Denken, Motivationsfähigkeit und Organisationstalent an. Bei einer Servicekraft sind Ausdauer, Arbeitstempo und Flexibilität, aber auch Zuverlässigkeit und Kommunikationsgeschick von besonderer Bedeutung. Im Ausbildungszeugnis sollten neben Lernleistungen, Auffassungsgabe und Identifikation mit dem Beruf unbedingt auch soziale Kompetenzen wie Fleiß, Gewissenhaftigkeit, Einsatzwille, Teamfähigkeit Berücksichtigung finden.

Verkürztes Beispiel für ein gutes Arbeitszeugnis

Zeugnis

Herr Fritz Müller, geboren am 12.10.1985, war vom 1.3.2010 bis zum 31.3.2013 bei der SEAFOOD GmbH in der Betriebsleitung tätig. Nach kurzer Einarbeitungszeit übernahm er zunächst die Betriebsleiterassistenz in unserer Filiale in München. Seit dem 1.10.2011 hatte er die Position des Betriebsleiters in unserer Filiale in Hamburg inne.

Zu seinem umfangreichen Aufgabenbereich gehörten die Organisation und Überwachung des Service- und Küchenablaufs und der Gästebetreuung, die Personalführung (Einstellung gewerblicher Mitarbeiter, Dienstplanerstellung, Betreuung der Auszubildenden) sowie der regionale Einkauf.

Er beherrschte sein Fachgebiet sicher und führte seine Aufgaben stets zielgerichtet aus. Insbesondere bei der Neueröffnung der Filiale in Hamburg hat er Belastbarkeit und Dynamik bewiesen. Er verfügt über ein gutes Zahlenverständnis und Gewissenhaftigkeit.

Herr Müller erledigte seine Aufgaben stets zu unserer vollen Zufriedenheit.

Im Umgang mit seinen Mitarbeitern und Auszubildenden verschiedener ethnischer Herkunft hat er sowohl Durchsetzungskraft als auch Teamfähigkeit, persönliches Engagement und Empathie unter Beweis gestellt. Im Kontakt zu Lieferanten zeigte er Verhandlungsstärke und ein gewandtes Auftreten. Sein Verhalten gegenüber Gästen, Kollegen und Vorgesetzten war stets einwandfrei.

Herr Müller verlässt die SEAFOOD GmbH auf eigenen Wunsch, um sich einer neuen Aufgabe in einem anderen Unternehmen zu widmen. Wir bedauern seinen Weggang, danken ihm für sein Engagement und wünschen ihm für seine neue Aufgabe alles Gute.

Ort, Datum, Unterschrift

Zwar können vielfach Textbausteine, z. B. auch aus einer Zeugnissoftware, eingesetzt werden. Jedes Zeugnis sollte allerdings eine gewisse Individualität haben.

Typischer Aufbau eines qualifizierten Zeugnisses

1. Überschrift
2. Einstellung, Dauer der Beschäftigung, Werdegang im Unternehmen
3. Beschreibung der zuletzt ausgeübten Tätigkeit
4. Bereitschaft und Befähigung zur Leistung (Kenntnisse und Erfahrungen)
5. Arbeitsweise, Arbeitserfolge
6. Weiterbildungen
7. Gesamtbewertung der Leistung
8. Verhalten: intern, extern, Führungsverhalten
9. Grund der Beendigung des Arbeitsverhältnisses (es sei denn, der Arbeitnehmer wünscht dies nicht)
10. Schlussformel
11. Datum, Unterschrift mit Angabe der Funktion

16.12.4 Abwicklung des Austritts

Ausgleichsquittung
Mit Unterzeichnung einer Ausgleichsquittung bestätigt der Arbeitnehmer, dass keine weiteren Ansprüche gegen den Arbeitgeber mehr bestehen.

Weitere Arbeitsschritte, die neben der Erstellung und Aushändigung des Zeugnisses in der Personalverwaltung zu erledigen sind:
- abschließende Entgeltabrechnung
- Prüfung von Resturlaub: wenn möglich Urlaubsgewährung vor Beschäftigungsende, sonst Urlaubsabgeltung. Ausstellen einer Urlaubsbescheinigung (für nächsten Arbeitgeber)
- Abmeldung bei der Sozialversicherung. Arbeitnehmer erhält Nachweis.
- ggf. Rückgabe von Originalunterlagen des Arbeitnehmers (Belehrung des Gesundheitsamts nach IfSchG, Sozialversicherungsausweis)
- Rückgabe von Firmeneigentum durch den Arbeitnehmer (z. B. Schlüssel, Arbeitskleidung)

Für den Arbeitgeber, Vorgesetzten und/oder Personalleiter empfiehlt sich in den meisten Fällen das Führen eines **Austrittsgesprächs** mit dem scheidenden Arbeitnehmer. So können Erkenntnisse über Stärken und Schwächen des Unternehmens als Arbeitgeber gewonnen werden, die sich viele Arbeitnehmer während des laufenden Arbeitsverhältnisses nicht zu thematisieren trauen. Insbesondere bei arbeitnehmerseitiger Kündigung können hieraus interessante Erkenntnisse resultieren, die helfen, die Mitarbeiterbindung zu verbessern und die Fluktuation zu senken.

16.13 Gleichbehandlung in der Personalwirtschaft

Gleiches muss gleich, Ungleiches muss ungleich behandelt werden.

Dieser allgemeine Gleichheitssatz hat für Personalarbeit im Unternehmen zwei besondere Ausprägungen erfahren:

Arbeitsrechtlicher Gleichbehandlungsgrundsatz
Dieser Grundsatz bedeutet, dass einzelne Arbeitnehmer gegenüber anderen in vergleichbarer Lage nicht willkürlich, d. h. sachfremd, schlechter gestellt werden dürfen (Richterrecht).

Beispiele: Gleichbehandlungsgrundsatz

- Teilzeitbeschäftigte dürfen nicht schlechter behandelt werden als Vollzeitbeschäftigte (z. B. bei der Bezahlung oder beim Urlaub).
- Wenn für alle Arbeitnehmer die Löhne erhöht werden, dürfen nicht einzelne von den Steigerungen ausgenommen werden.

Verbot von Ungleichbehandlungen in Bezug auf das Berufsleben auf Grundlage des Allgemeinen Gleichbehandlungsgesetzes (AGG)

Merkmale, für die ein Diskriminierungsverbot gilt	Personen, die im Berufsleben von der Diskriminierung betroffen sein können	Beispiele für Bereiche, in denen keine ungleiche Behandlung erfolgen darf
▪ Rasse oder ethnische Herkunft ▪ Geschlecht ▪ Religion oder Weltanschauung ▪ Behinderung ▪ Alter ▪ sexuelle Identität	▪ Arbeitnehmer ▪ Auszubildende ▪ Praktikanten ▪ Bewerber ▪ Leiharbeitnehmer ▪ Franchisenehmer	▪ Arbeitsentgelt ▪ Arbeitsbedingungen wie Arbeitszeit, Weisungen, soziale Sicherheit, Gesundheitsdienste ▪ Einstellung, Bewerbungsverfahren (speziell zum AGG in Stellenanzeigen siehe Kapitel 16.3.3) ▪ Kündigung ▪ Weiterbildung, Personalentwicklung, Beförderungen ▪ Betriebsvereinbarungen und Tarifverträge ▪ Belästigungen durch Kollegen oder durch Dritte (Gäste, Lieferanten)

Aus dem AGG ergeben sich verschiedene Pflichten des Arbeitgebers, insbesondere muss er

- das AGG aushängen oder auslegen,
- eine Beschwerdestelle im Betrieb einrichten und diese den Beschäftigten bekannt machen,
- vorbeugende Maßnahmen gegen Diskriminierungen unter Kollegen treffen (z. B. Schulungen durchführen oder einen Verhaltenskodex vereinbaren)
- seine Arbeitnehmer gegen Benachteiligungen und Belästigungen durch Dritte schützen.

Allgemeines Gleichbehandlungsgesetz (AGG)
www.gesetze-im-internet.de/agg

16.14 Let's think about … hiring staff!

Als Restaurantleiter führen Sie ein Gespräch mit einer Schülerin aus England, die in Ihrem Betrieb ein Praktikum absolviert. Sie erzählt auch von der Berufsschule, die sie während des Praktikums ebenfalls besucht: „In college we talked about job adverts yesterday and they said that one had to be very careful when writing one because there were so many legal pitfalls. I don't see that; you just write down what kind of person you're looking for and the qualifications this person should have. Can't be that difficult."

Allgemeines Gleichbehandlungsgesetz (AGG)

§ 1 Ziel des Gesetzes

Ziel des Gesetzes ist, Benachteiligungen aus Gründen der Rasse oder wegen der ethnischen Herkunft, des Geschlechts, der Religion oder Weltanschauung, einer Behinderung, des Alters oder der sexuellen Identität zu verhindern oder zu beseitigen.

1. Um ihr die „Stolpersteine" zu verdeutlichen, erklären Sie ihr zuerst § 1 AGG.

Im Anschluss zeigen Sie ihr Entwürfe für Stellenanzeigen, die Sie in englischsprachigen Fachmagazinen veröffentlichen wollten, da Ihr Betrieb daran interessiert ist, Personal aus dem Ausland anzuwerben. Sie erklären ihr:

"These adverts were drafts by a colleague. However, our legal adviser said we couldn't publish them because like that they violated the *Act of Equal Treatment.*"

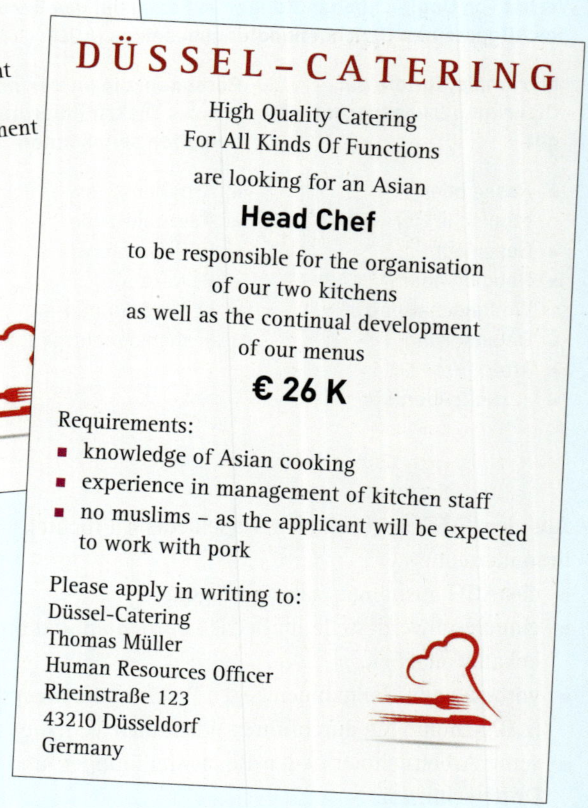

2. Zeigen Sie der Praktikantin, an welchen Stellen die Anzeigen dem AGG widersprechen, und formulieren Sie diese Stellen so um, dass die Anzeigen veröffentlicht werden können.

3. Verfassen Sie selbst eine Stellenanzeige für die Position eines stellvertretenden Personalleiters auf Englisch.

Ihr Unternehmen betreibt in mehreren deutschen Städten Restaurants, die jeweils auf eine bestimmte asiatische Nationalitätenküche spezialisiert sind.

Während Sie Dienst haben, betritt ein Mann Ihre Filiale und möchte mit jemand Verantwortlichem sprechen. Er stammt aus Indien und befindet sich zu Verwandtenbesuchen in Deutschland. Da er erwägt, hier leben und arbeiten zu wollen, hat er sich über Ihre Kette informiert und möchte gerne als Koch in Ihrem *indischen Restaurant* arbeiten. Nach einem intensiven Gespräch sind Sie davon überzeugt, dass er die fachliche Eignung besitzt und als Mitarbeiter für Ihr Restaurant infrage kommt.

4. Sie erklären ihm, wie die Bewerbung abläuft. Grundlage dafür sind folgende Auszüge aus dem „Merkblatt Spezialitätenköche" der Bundesagentur für Arbeit zur Arbeitsmarktzulassung.

- Spezialitätenköche aus Staaten, die nicht der Europäischen Union, dem europäischen Wirtschaftsraum oder der Schweiz angehören (sogenannte Drittstaaten), können für eine Beschäftigung in Spezialitätenrestaurants bis zu vier Jahre zugelassen werden ...
- Zugelassen werden nur Köche, die Staatsangehörige des Landes sind, auf dessen Küche das Restaurant spezialisiert ist ...
- Spezialitätenköche aus Indien ... müssen vor Einleitung des Visaverfahrens in Neu Delhi bei dem Bildungsträger „International Institute of Culinary Arts" (IICA) eine Qualifikationsprüfung ablegen. Für die Prüfung erhebt der Bildungsträger „IICA" eine Gebühr, die vom Arbeitgeber zu entrichten ist ...
- Zeitlicher Verfahrensablauf
  1. Ein Restaurantinhaber schließt mit einem ausländischen Koch einen Arbeitsvertrag.
  2. Mit diesem Arbeitsvertrag und weiteren Unterlagen kann bei der deutschen Auslandsvertretung im Heimatland ein Einreisevisum beantragt werden.
  3. Die deutsche Auslandsvertretung übermittelt die Antragsunterlagen an die Ausländerbehörde in Deutschland, die für den zukünftigen Wohnsitz des Kochs zuständig ist.

     Die örtliche Ausländerbehörde beteiligt die Zentrale Auslands- und Fachvermittlung (ZAV) in Bonn, die die Zulassungsvoraussetzungen prüft.
  4. Unter Einbeziehung aller Ergebnisse trifft die ZAV eine Entscheidung und übermittelt diese an die örtliche Ausländerbehörde. Von dort wird dann die deutsche Auslandsvertretung informiert, bei der der Antrag gestellt wurde.

Das Visum sollte daher möglichst frühzeitig vor der beabsichtigten Arbeitsaufnahme beantragt werden, da die Dauer des Zustimmungsverfahrens in der Regel zwei bis drei Monate beträgt.

act	Gesetz
address	Wohnsitz
aliens registration office	Ausländerbehörde
authority	Behörde
consulate	Konsulat
discrimination	Benachteiligung
educational institution	Bildungsträger
embassy	Botschaft
employer	Arbeitgeber
employment contract	Arbeitsvertrag
entry visa	Einreisevisum
fee	Gebühr
gender	Geschlecht
K = Kilo	tausend
national	Staatsangehöriger
origin	Herkunft, Ursprung
permit	Zulassung
procedure	Verfahren
ethnic	ethnisch
to admit so. to sth.	zulassen
to apply for sth.	etw. beantragen

16.15 Aufgaben

1 | a) Nennen Sie die Ziele der Personalbedarfsplanung.
b) Unterscheiden Sie zwischen
- „quantitativer“ und „qualitativer“ Personalbedarfsplanung,
- „interner“ und „externer“ Personalbeschaffung,
- „Stellenbeschreibung“ und „Stellenausschreibung“.

2 | Im August planen Sie Ihren Personalbedarf für Weihnachten.
a) Wie gehen Sie vor?
b) Welche Fragen sind hierbei zu klären?
c) Beschreiben Sie mögliche Probleme, die sich bei der Berechnung des Bedarfs ergeben können.

3 | Im Zuge einer Personalbedarfsplanung für Weihnachten stellen Sie fest, dass u.a. ein Koch/ eine Köchin fehlt.
a) Formulieren Sie stichpunktartig Ihre Vorgehensweise bei der Personalsuche. Begründen Sie die einzelnen Schritte.
b) Welche Eigenschaften sind Ihnen hinsichtlich der Personalauswahl jeweils wichtig?
c) Entwerfen Sie eine Stellenanzeige (Koch/Köchin).
d) Was ist bei der Schaltung Ihrer Stellenanzeige zu beachten?

4 | Auf Ihre Stellenanzeige melden sich viele Bewerber. Drei von diesen Bewerbern laden Sie zu einem Vorstellungsgespräch ein. Diese Vorstellungsgespräche müssen nun vorbereitet werden.
a) Überlegen Sie, was im Vorfeld zur Vorbereitung auf das Bewerbungsgespräch zu erledigen ist. Erstellen Sie hierzu eine Checkliste.
b) Zählen Sie mindestens acht wichtige Punkte auf, die während des Vorstellungsgesprächs mit den Bewerbern (aus arbeitstechnischer Sicht) zu klären sind.

5 | Schließlich entscheiden Sie sich und stellen eine Köchin neu ein. Sie schließen mit ihr einen unbefristeten Arbeitsvertrag.
a) Geben sie die Inhalte des Arbeitsvertrags an.
b) Welche Einstellungsunterlagen bzw. Informationen benötigen Sie von Ihrer neuen Mitarbeiterin?

6 | a) Beschreiben Sie, wie Sie bei der Erstellung eines Dienstplans vorgehen.
b) Welche Regeln gelten arbeitstechnisch für den Einsatz von
- Jugendlichen,
- Schwangeren bzw. Müttern?

7 | Ihre Mitarbeiter haben sich in der letzten Zeit häufig bei Ihnen über eine starke Arbeitsbelastung, verbunden mit vielen Überstunden, beschwert. Sie haben den Eindruck, dass viele von ihnen schon innerlich gekündigt haben.
a) Wie können Sie Ihre Mitarbeiter neu motivieren? Nennen Sie geeignete Möglichkeiten.
b) Überlegen Sie, wie Sie sicherstellen, dass die Unzufriedenheit Ihrer Mitarbeiter in Zukunft nicht wieder zu groß wird.

8 | Unterscheiden und beschreiben Sie:
a) ordentliche Kündigung
b) außerordentliche Kündigung

9 | Welche Arten von Arbeitszeugnissen kennen Sie? Erklären Sie diese.

10 | Sie berechnen Ihren Mitarbeiterbedarf über die Arbeitsproduktivität. Im Monat März haben Sie bei einem Mitarbeiter-Einsatz von 650 Stunden einen Netto-Umsatz von 32.500 €. Im Monat April erwarten Sie aufgrund einer Aktion einen Netto-Umsatz von 56.500 €. Wie viele Vollzeit-Mitarbeiter (8 Stunden Arbeitszeit pro Tag) müssten Sie bei gleicher Produktivität der Mitarbeiter neu einstellen, wenn jeder Mitarbeiter im April durchschnittlich (inklusive Urlaub und Krankheitsausfall) 20 Tage arbeitet?

11 | Am Ende des Monats wirken Sie bei der Lohnabrechnung von Frau Maier mit. Sie hat in dem Monat 183 Stunden zu einem Stundenlohn von 12,50 € gearbeitet. Für Frau Meier gelten folgende Daten:
18 % Lohnsteuer, 9 % Kirchensteuer,
5,5 % Solidaritätszuschlag,
20 % Eigenanteil für die Sozialversicherungen.
Frau Meier erhält von Ihrem Unternehmen vermögenswirksame Leistungen in Höhe von 13,00 €. Sie selbst entrichtet VL in Höhe von 26 €. Berechnen Sie den Auszahlungsbetrag von Frau Meier für diesen Monat.

17 Controlling und Rechnungswesen

- Controllingkreislauf
- Buchführung
- Inventur und Jahresabschluss
- Kostenrechnung
- Kennzahlen
- Planungsrechnungen und Berichtswesen

17.1 Aufgaben und Ziele des Controllings

Informationen über die aktuelle wirtschaftliche Lage sind für jeden Betriebsinhaber zwingend erforderlich

Die steigende Erwartungshaltung der Gäste insgesamt, immer schwerer zu greifende individuelle Wünsche einzelner potenzieller Gäste und der zunehmend harte Wettbewerb machen es notwendig, dass der Betreiber eines Systemgastronomiebetriebs möglichst zeitnah über die Informationen verfügt, die die wirtschaftliche Situation seines Unternehmens darstellen.

In der Systemgastronomie sind außerdem weitere Fragestellungen von Interesse:

- Welche Betriebe liegen im Rahmen der Erwartungen?
- Welche Betriebe laufen besser als geplant und können beispielsweise schwächere Betriebe kompensieren?

Im Controlling werden die Informationen bereitgestellt, die für die Unternehmensleitung relevant sind. Dazu gehören Zahlen und Daten zur aktuellen wirtschaftlichen Situation sowie Informationen zur zukünftigen Entwicklung eines Unternehmens bzw. Betriebs. Idealerweise wird im Controlling nicht nur die eigene Entwicklung betrachtet, sondern auch die Entwicklung des Marktes insgesamt.

Beispiele für Informationen, die das Controlling liefert

- eigene Personalkosten im Verhältnis zum Umsatz und im Vergleich zu vergleichbaren Wettbewerbern
- voraussichtliche positive Einflüsse einer Sport-Weltmeisterschaft auf die Umsatzentwicklung

Naturgemäß steigt die Unsicherheit über mögliche Einflussfaktoren mit der Länge des Planungszeitraums. In der Praxis führt u. a. diese Tatsache dazu, dass manche Betriebe gar nicht planen. Als Begründung geben sie an, dass sie nicht wüssten, was die Zukunft bringe. Auch wenn diese Argumentation im Ansatz nachzuvollziehen ist, müsste sie genau genommen dazu führen, dass kein Unternehmen langfristige Entscheidungen trifft, z. B. einen Pachtvertrag über 5 oder mehr Jahre abschließt oder eine langfristige Finanzierung eingeht. Diesen Verträgen liegt nämlich die Annahme zugrunde, dass es der Umsatz dieses Zeitraums erlaubt, nach Abzug der weiteren Kosten den Zahlungsverpflichtungen aus diesen Verträgen nachzukommen.

> Die Aufgabe des Controllings ist es, dem Betriebsleiter/Gastronomen rechtzeitig die Informationen (Daten, Zahlen, Werte) zur Verfügung zu stellen, anhand derer er seinen Betrieb zielorientiert steuern kann.

Einflussfaktoren auf die Planung

Das Management in der Gastronomie hat u. a. die Aufgabe, auf Basis der eigenen Ziele Strategien für die Zukunft zu entwickeln. Dabei müssen einerseits interne und andererseits externe Einflussfaktoren berücksichtigt werden. Diese lassen sich unterteilen in:

- Faktoren, die durch das Unternehmen selbst beeinflusst werden können, wie beispielsweise das Speisenangebot, und
- Faktoren, die nicht oder nur wenig beeinflussbar sind, wie beispielsweise Entwicklungen der Gastronomiebranche insgesamt.

Beispiele: interne Einflussfaktoren auf die Planung

- Angebot/Sortiment
- Preispolitik
- Produktqualität
- Servicequalität

Beispiele: externe Einflussfaktoren auf die Planung

- Ansiedlung von Wettbewerbern
- Witterungseinflüsse
- gesamtwirtschaftliche Entwicklungen (Wirtschafts- und Konjunkturkrisen)
- Veränderung von Geschmack in Bezug auf Foodangebot und Ambiente (Trendänderung)

Treten die geplanten bzw. angenommenen Einflussfaktoren tatsächlich ein, wird das Unternehmen mit hoher Wahrscheinlichkeit seine Ziele erreichen.

Andernfalls muss das Management des Unternehmens diese Planabweichungen so früh wie möglich erkennen, um geeignete Maßnahmen zu ergreifen.

Controlling bedeutet mehr als Kontrolle
Häufig wird Controlling im allgemeinen Sprachgebrauch mit Kontrolle gleichgesetzt und aus Sicht der Mitarbeiter mit Vorsicht oder Skepsis betrachtet. Die Kontrolle ist in der Tat ein Teilbereich des Controllings. Weitere Bereiche sind aber auch Planung von Prozessen und deren Steuerung. Während die Kontrolle sich auf aktuelle und vergangene Vorgänge bzw. Daten bezieht, beinhaltet die Planung den Blick in die Zukunft sowie die Entwicklung von Maßnahmen, wenn Hindernisse erkannt werden (siehe hierzu auch Kapitel 17.3).

Ableitung des Begriffs „Controlling"
Der Begriff Controlling leitet sich aus dem Englischen to control ab, was soviel bedeutet wie „steuern, messen, regeln".

17.2 Strategisches und operatives Controlling

Im Allgemeinen wird zwischen dem strategischen und dem operativen Controlling unterschieden.

Beim **strategischen Controlling** geht es vor allem darum, das Unternehmen in seiner Position am Markt weiterzuentwickeln.

Ziel des strategischen Controllings: **„Die richtigen Dinge tun!"**
Im Mittelpunkt steht die Effektivität.

Beim **operativen Controlling** geht es hauptsächlich um die Steuerung der Erfolgsziele im kurzfristigen Bereich. Das operative Controlling konzentriert sich auf die benennbaren Wert- und Zahlengrößen des Unternehmens.

Zielgrößen des operativen Controllings sind daher z.B. Jahresüberschuss, Betriebsergebnis, Kostenreduzierung, Erhaltung/Sicherstellung der Liquidität (Zahlungsfähigkeit).

Ziel des operativen Controllings: **„Die Dinge richtig tun!"**
Im Mittelpunkt steht die Effizienz.

Fragestellungen beim strategischen Controlling
- Welche Ziele soll das Unternehmen erreichen?
- Welche Chancen bzw. Risiken hat das Unternehmen? Welche Stärken und Schwächen besitzt es?
- Wie kann das Unternehmen Wettbewerbsvorteile gegenüber der Konkurrenz erlangen und verteidigen?
- Welche ist die beste Strategie für das Unternehmen? Welche Entscheidungen sollen getroffen werden?
- Wie setzt das Unternehmen die Strategieentscheidung konkret um?
- Ist das Unternehmen auf dem richtigen Weg und wie kommt es voran?

17.3 Controllingkreislauf

Unternehmensführung findet immer **zielorientiert** statt, d.h., ein Betrieb wird auf bestimmte, vorher festgelegte Ziele hin geführt, z.B. dauerhafte Steigerung des Umsatzes, Erhöhung des Pro-Kopf-Umsatzes, Reduzierung des Wareneinsatzes bei gleichbleibender Qualität.

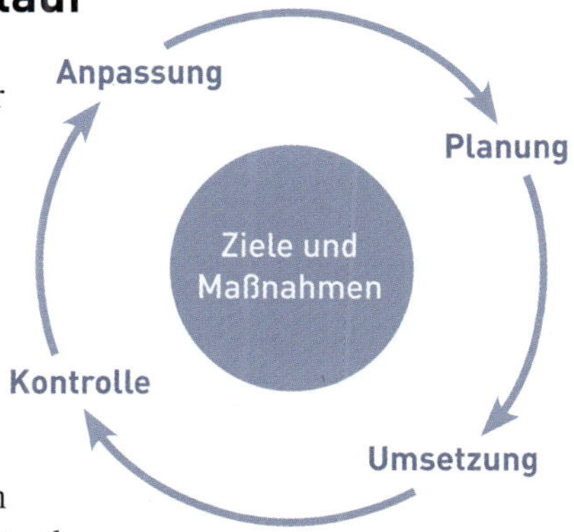

Mithilfe des Controllings wird nun **geplant**, was zu tun ist, **kontrolliert**, ob alles so läuft wie geplant und gegebenenfalls bei Abweichungen **reagiert**. Da diese Prozesse sich permanent wiederholen, wird in diesem Zusammenhang auch von einem Controllingkreislauf gesprochen.

Beispiel für die Umsetzung der Controllingphasen: „Autofahrt von Hamburg nach München"
Phasen der Autofahrt eines Gastronomen vom Stammhaus in Hamburg zu einer Filiale nach München, bei der es wichtig ist, zu einer bestimmten Uhrzeit anzukommen:
Planungsphase: Fahrtroute und Fahrtzeit werden ermittelt.
Umsetzungsphase: Der Gastronom fährt los.
Kontrollphase: Während der Fahrt wird analysiert, ob die Strecke frei ist und die Fahrtzeit eingehalten wird.
Anpassungsphase: Im Falle eines Staus müssen alternative Routen geprüft werden und eventuell die Entscheidung für eine abweichende Route anschließend umgesetzt werden.

Es handelt sich hier also um einen ständig ablaufenden Prozess aus Planung, Umsetzung, Kontrolle und Anpassung.

Beispiel für die Umsetzung der Controllingphasen
Zielvorgabe:
„Steigerung des Dessertabsatzes"
Der Verkauf der ertragreichen Produktgruppe „Desserts" soll gesteigert werden. Der Dessertumsatz soll im Verhältnis zum aktuellen Umsatz um 25 % gesteigert werden. Zeitrahmen: 3 Monate.
Feststellung des aktuellen Monatsumsatzes Desserts: 10.000,00 €, Zielgröße des geplanten Umsatzes: 12.500,00 €.

Planung: Vergrößerung des Dessertangebots (Küche), Neugestaltung der Dessertkarte, Kalkulation

Umsetzung:
- Präsentation auf Tafeln/Tischständern
- aktives Verkaufen durch das Servicepersonal (Schulung)

Kontrolle: Monatliche Ermittlung der aktuellen Umsatzzahlen für Desserts, Feststellung der Zielerreichung/Zielabweichung; Überlegungen, warum die Zielvorgabe nicht erreicht wurde, z. B. durch Befragung der Servicemitarbeiter

Anpassung: Anpassung des Angebots und der Preise an die Gästewünsche, Nachschulungen von Mitarbeitern im Service

Planung: Die Planung erfolgt entsprechend der Zielvorgabe. Es werden entsprechende Pläne erstellt. Dabei sind die Plandaten/Planzahlen die Sollwerte, die es zu erreichen gilt.

Umsetzung: Nun werden die Maßnahmen im Betrieb durchgeführt, die dazu beitragen sollen, die geplanten Ziele zu erreichen.

Kontrolle: Es werden regelmäßig Istwerte ermittelt, die mit den Plandaten (Sollwerte) verglichen werden (Soll-Ist-Vergleich). Die Abweichungen der Werte voneinander werden analysiert. Dabei steht folgende Frage im Mittelpunkt: Warum weichen die tatsächlichen Werte von den Planvorgaben ab?

Anpassung: Werden Abweichungen der Istwerte von den Sollwerten festgestellt und hat die Abweichungsanalyse die Gründe für die Abweichung ermittelt, werden Maßnahmen festgelegt, um die Planvorgaben zu erreichen bzw. die Pläne werden angepasst.

Rechnungswesen als Grundlage des Controllings
Das Controlling als fortlaufender Prozess benötigt ständig möglichst aktuelle Informationen. Kernaufgabe des Controllers ist daher die Informationsbeschaffung und -aufbereitung.

> Nur wer die richtigen Informationen zur Verfügung hat, kann sachgerecht planen, umsetzen, kontrollieren und anpassen.

Den überwiegenden Teil dieser Informationen liefert das Rechnungswesen (siehe Kapitel 17.4), über das jedes Unternehmen in unterschiedlichen Ausprägungen verfügt. Je besser das Rechnungswesen organisiert und geführt ist, desto besser ist die Zahlen- und Informationslage als Basis des Controllings. Controlling und Rechnungswesen sind eng miteinander verzahnt und werden häufig im Zusammenhang genannt.

> Grundlage und Informationsbasis des Controllings ist das Rechnungswesen.

17.4 Grundlagen des Rechnungswesens

17.4.1 Aufgaben und Bereiche des Rechnungswesens

Grundlage für Controllingprozesse sind häufig Zahlen und Werte aus dem Rechnungswesen. Das Rechnungswesen ist für die Führung eines Betriebs von entscheidender Bedeutung.

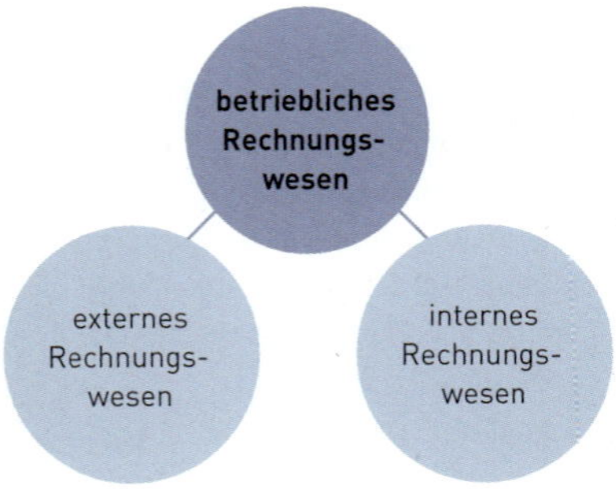

Bereiche des Rechnungswesens

> **Definition Rechnungswesen**
> Das Rechnungswesen ist ein Teilbereich der Betriebswirtschaftslehre und dient der systematischen Erfassung, Überwachung und informatorischen Verdichtung der im Betrieb entstehenden Geld- und Leistungsströme.

Entsprechend dem Adressatenkreis lässt sich das betriebliche Rechnungswesen in die beiden Bereiche externes und internes Rechnungswesen aufteilen. Der Adressat des externen Rechnungswesens (siehe Kapitel 17.5) ist – grob gesagt – die Öffentlichkeit, wie z. B. Banken, das Finanzamt, staatliche Behörden oder ein Kreditgeber. Gegenstand des externen Rechnungswesens ist die Buchhaltung mit den Rechnungswerken Bilanz sowie Gewinn-und-Verlust-Rechnung (GuV). Das interne Rechnungswesen dagegen richtet sich vor allem an die Betriebs- und Unternehmensleitung selbst. Zum internen Rechnungswesen gehören die Kosten- und Leistungsrechnung mit den verschiedenen Kalkulationsverfahren und dem Betriebsabrechnungsbogen (BAB), die Betriebsstatistik und die Planungsrechnung.

Beispiele für die Standardisierung von Abläufen mithilfe von Software

- Ermittlung der laufend benötigten Daten aus dem Geschäftsprozess (z. B. was ist wie im Kassensystem zu bonnieren?)
- Erfassung der notwendigen Daten in das Rechnungswesensystem (monatliche Verarbeitung der Daten aus dem Kassensystem im Rechnungswesen)
- Auswertung der Daten im Rechnungswesen (Darstellung der monatlichen kurzfristigen Erfolgsrechnung in einem bestimmten Monat)

„Wer seine Zahlen nicht kennt, weiß nicht, wo er steht."

17.4.2 Unterstützung des Rechnungswesens durch Software

Heute gibt es am Markt zahlreiche effiziente Softwaresysteme zum Rechnungswesen, mit denen bei richtigem Einsatz viele Ziele des externen und internen Rechnungswesens gleichzeitig erfüllt bzw. erreicht werden können. Wesentliche Datengrundlagen für das Rechnungswesen liefern:

- Kassensysteme (elektronische oder EDV-gestützte Kassen und Kassensysteme, siehe Kapitel 17.4.3)
- Warenwirtschaftssysteme (siehe Kapitel 10.6)

Nach Erfassung und Verarbeitung der Daten im Rechnungswesen können und werden unterschiedliche Ergebnisse/Auswertungen entwickelt, z. B.:

- betriebswirtschaftliche Auswertung (BWA)
- kurzfristige Erfolgsrechnung (Darstellung des Ertrags des Monats sowie der aufgelaufenen Monate)
- Vorjahresvergleich (Vergleich der Werte des laufenden Monats/Jahrs mit dem/denen des Vorjahrs)
- Offene-Posten-Listen (offene Forderungen/offene Verbindlichkeiten/Schulden) zum Stichtag
- Summen- und Saldenlisten
- Soll-Ist-Vergleich (Vergleich der Planzahlen und Istzahlen/Abweichungen der Istzahlen von den Planzahlen)
- Umsatzsteuervoranmeldung (i. d. R. monatlich an das Finanzamt zu übermitteln zur Anmeldung der Umsatzsteuer)

Leistungsfähige Rechnungswesensysteme übernehmen und verknüpfen die Daten sowohl aus dem Kassensystem als auch aus dem Warenwirtschaftssystem. Sie liefern dem Unternehmer somit die Informationen zur Führung und Steuerung eines Unternehmens.

Z-Bon Nr.: 13
22.06.2013 14:50:57 – 23.06.2013 10.33.32

Gesamt		
Menge		50,00
Umsatz		193,80
MwSt		
Brutto (19%)		193,80
MwSt (19%)		30,94
Netto (19%)		162,86
Zahlungsarten		
Bar (19%)		
162,86	30,94	193,80
Stornos		
Anzahl		2,00
Wert		4,40
Nachlass		
Anzahl		0,00
Wert		0,00
Retouren		
Anzahl		0,00
Wert		0,00
Hauptwarengruppen		
Getränke (19%)	33,00	83,40
Hauptspeisen (19%)	9,00	90,30
Vorspeisen (19%)	8,00	20,10

Ausschnitt aus einem Z-Bon (Kassenabschluss)

17.4.3 Anforderungen an Kassensysteme

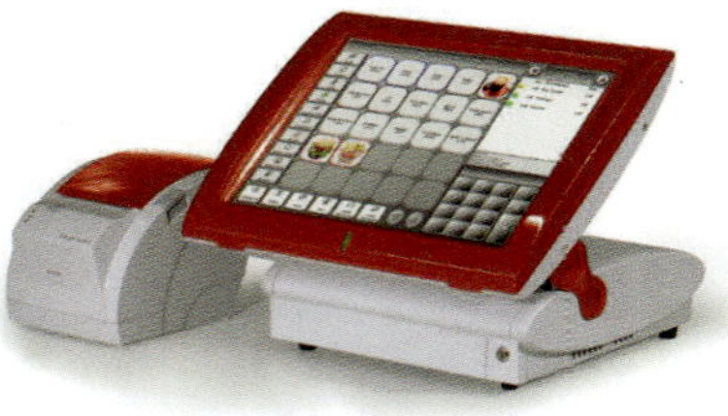

Kassensystem für die Gastronomie

Die Gastronomiebetriebe zählen zu den sogenannten bargeldintensiven Betrieben. Zwar steigt der Anteil der unbaren Bezahlung (Girocard/Kreditkarte etc.) stetig, trotzdem ist der Anteil der Barzahlungen immer noch wesentlich.

Das Finanzamt führt in gewissen Abständen steuerliche Betriebsprüfungen durch. Dabei kommt es in der Gastronomiebranche oft zu Auseinandersetzungen darüber, ob der Unternehmer alle erzielten Umsatzerlöse vollständig aufgezeichnet und damit der Besteuerung unterworfen hat. Aus diesem Grunde werden von der Finanzverwaltung bei bargeldintensiven Betrieben sehr hohe Anforderungen an die Kassenführung gestellt.

Die Kassenführung ist bei bargeldintensiven Betrieben wesentlicher Bestandteil der Ordnungsmäßigkeit der Buchführung. Weist die Kassenführung formelle Mängel auf und ist sie deshalb nicht ordnungsgemäß, kann die gesamte Buchführung verworfen werden. Dies kann zu sogenannten Umsatzzuschätzungen durch das Finanzamt führen und Steuernachzahlungen zur Konsequenz haben.

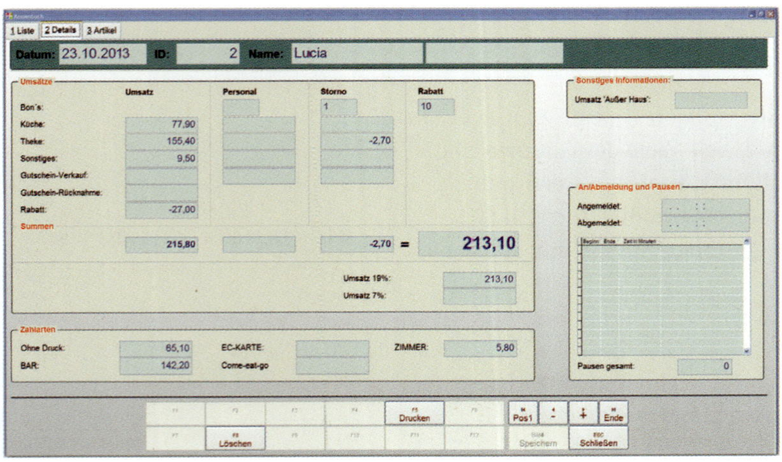

Kassenbuch

Bei einer Umsatzzuschätzung schätzt das Finanzamt in einem bestimmten Zeitabschnitt noch Umsatz zu den erklärten Umsätzen des Betriebs dazu, weil vermutet wird, dass nicht der gesamte Umsatz in den Büchern des Unternehmens verbucht wurde.

Im Rahmen der Betriebsprüfungen werden regelmäßig sogenannte Kalkulationsprüfungen durchgeführt. Dabei wird anhand der eingekauften Mengen an Food/Beverage sowie der normalen Gesamtaufschlagssätze der Sollumsatz ermittelt. Abweichungen zwischen dem vom Unternehmen erklärten Umsatz und dem durch Nachkalkulation ermittelten Umsatz können Grundlage von „Zuschätzungen" sein.

Darüber hinaus schreibt das Finanzamt inzwischen vor, dass alle Daten einer elektronischen Registrierkasse oder eines EDV-basierten Kassensystems dauerhaft digital archiviert werden müssen, damit das Finanzamt im Falle von Betriebsprüfungen hierauf zugreifen kann. (Quelle: Schreiben des Bundesfinanzministeriums vom 26.11.2010/IV A 4 – S 0316/08/10004-07)

Über die Erfüllung der Vorgaben des Finanzamts hinaus sind Kassensysteme jedoch als Informationsquelle für die Steuerung des Betriebs von wesentlicher Bedeutung.

Kassensysteme bieten heute vielfältige Auswertungsmöglichkeiten, die wichtig und hilfreich für das Controlling des Betriebs sind. Damit lassen sich verschiedene Fragen beantworten:

- Wie viel Umsatz in welchen Zeitspannen (z. B. 9.00–13.00 Uhr)?
- Wie viel Umsatz in besonderen Zeiträumen (z. B. in der Happy Hour)?
- Wie viel Umsatz mit welchen Produkten?
- Welche Produkte sind Favoriten, welche nicht, umgangssprachlich bezeichnet als „Schnell- und Langsam-Dreher", „Tops und Flops", „Renner und Penner"?
- Welcher Servicemitarbeiter macht welchen Umsatz?
- Wie viel Umsatz an welchen Tischen?
- Wie viel Umsatz mit Daily Specials?
- Wie viel Umsatz bar und unbar?
- Monatliche und jährliche Auswertung bis hin zur Produktebene (z. B. wie viele Espressi?)

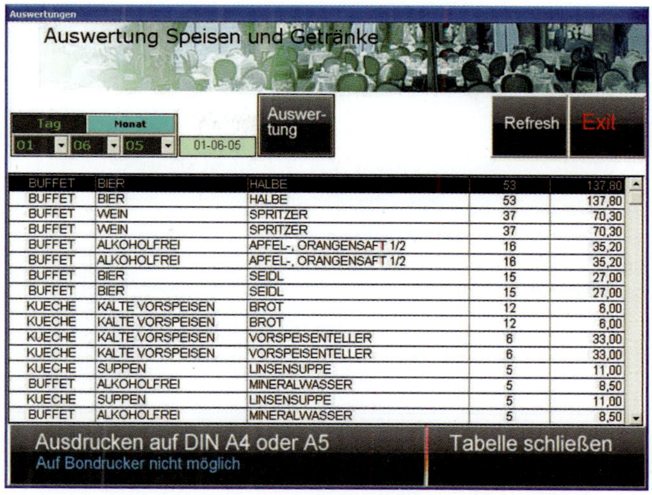

BUFFET	BIER	HALBE	53	137,80
BUFFET	BIER	HALBE	53	137,80
BUFFET	WEIN	SPRITZER	37	70,30
BUFFET	WEIN	SPRITZER	37	70,30
BUFFET	ALKOHOLFREI	APFEL-, ORANGENSAFT 1/2	16	35,20
BUFFET	ALKOHOLFREI	APFEL-, ORANGENSAFT 1/2	16	35,20
BUFFET	BIER	SEIDL	15	27,00
BUFFET	BIER	SEIDL	15	27,00
KUECHE	KALTE VORSPEISEN	BROT	12	6,00
KUECHE	KALTE VORSPEISEN	BROT	12	6,00
KUECHE	KALTE VORSPEISEN	VORSPEISENTELLER	6	33,00
KUECHE	KALTE VORSPEISEN	VORSPEISENTELLER	6	33,00
KUECHE	SUPPEN	LINSENSUPPE	5	11,00
BUFFET	ALKOHOLFREI	MINERALWASSER	5	8,50
KUECHE	SUPPEN	LINSENSUPPE	5	11,00
BUFFET	ALKOHOLFREI	MINERALWASSER	5	8,50

Auswertungsmöglichkeit nach Speisen und Getränken

17.5 Externes Rechnungswesen

Das externe Rechnungswesen ermittelt die betrieblichen Zahlen für Außenstehende. Dies können z. B. Gesellschafter, Banken oder Finanzbehörden sein. Es besteht aus drei Bereichen.

Der Gesetzgeber schreibt je nach Rechtsform und Größe des Unternehmens vor, wie das externe Rechnungswesen beschaffen sein muss. Hierzu gehören handels- und steuerrechtliche Auflagen. Verstöße gegen diese Vorschriften können haftungs- und strafrechtliche Konsequenzen haben.

Wichtigste rechtliche Grundlage für das externe Rechnungswesen ist das Handelsgesetzbuch (HGB). Außerdem sind in unterschiedlichen Steuergesetzen Vorschriften über Buchführung, Gewinnermittlung und weitere Aufzeichnungen enthalten, z. B. in der Abgabenordnung AO, dem Einkommensteuergesetz und dem Umsatzsteuergesetz. Auch in anderen Gesetzen finden sich Vorschriften zum Rechnungswesen, z. B. GmbHG oder AktG.

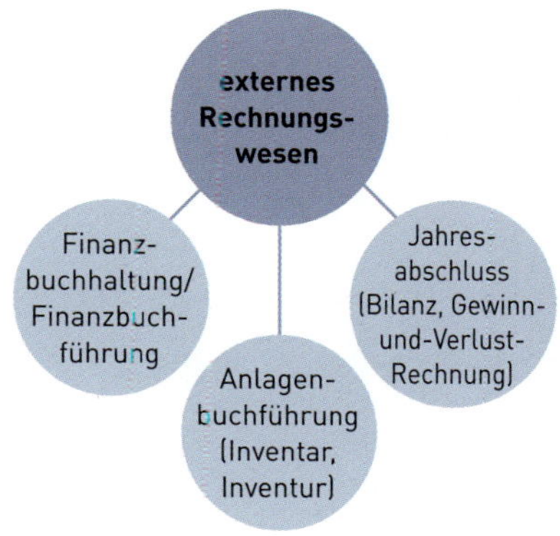

Bereiche des externen Rechnungswesens

Download Handelsgesetzbuch (HGB)
www.gesetze-im-internet.de/hgb

17.5.1 Zahlungsströme im externen Rechnungswesen

Verschiedene Begriffe, die im alltäglichen Sprachgebrauch oft synonym verwendet werden, haben in der Betriebswirtschaftslehre unterschiedliche Bedeutungen. Hierzu gehören die drei Begriffspaare:

- Einzahlungen – Auszahlungen
- Einnahmen – Ausgaben
- Ertrag – Aufwand

Einzahlungen
sind Bargeldzuflüsse, z. B. durch Barverkäufe von Produkten.

Auszahlungen
sind Abflüsse von Bargeld, z. B., wenn Rohstoffe beim Einkauf bar bezahlt werden.

Forderung
Rechnungen des Unternehmens an Kunden, die noch nicht bezahlt sind. Gegensatz: Verbindlichkeit

Verbindlichkeit
Rechnungen von z. B. Lieferanten an das Unternehmen, die das Unternehmen noch nicht bezahlt hat und damit noch schuldet. Gegensatz: Forderung

Einnahmen
umfassen neben den Einzahlungen noch Zugänge von Forderungen und Abgänge von Verbindlichkeiten.

Einnahmen
= alle Einzahlungen
+ alle Zugänge aus Forderungen
+ alle Abgänge aus Verbindlichkeiten

Ausgaben
umfassen neben den Auszahlungen noch Abgänge von Forderungen und Zugänge von Verbindlichkeiten.

Ausgaben
= alle Auszahlungen
+ alle Abgänge von Forderungen
+ alle Zugänge von Verbindlichkeiten

Ertrag
Wert aller Güter bzw. Dienstleistungen, die innerhalb eines bestimmten Zeitraums durch ein Unternehmen produziert werden

Aufwand
Wert aller Güter bzw. Dienstleistungen, die innerhalb eines bestimmten Zeitraums durch ein Unternehmen verbraucht werden

Werden die Begriffe Ertrag und Aufwand genauer betrachtet, so müssen noch weitere Unterscheidungen erfolgen:

Betrieblicher Ertrag
bezeichnet den Ertrag, der allein aufgrund betrieblicher Leistungen erzielt wird; er entspricht in der Kosten- und Leistungsrechnung den (Umsatz-)Erlösen.

Betrieblicher Aufwand
bezeichnet den Aufwand, der allein durch die betriebliche Tätigkeit entsteht; er entspricht in der Kosten- und Leistungsrechnung den Kosten.

Neutraler Ertrag
bezeichnet den Ertrag, der außerhalb des bestimmten Zeitraums oder nicht durch betriebliche Leistungen entsteht. Hierzu gehören:
- betriebsfremder Ertrag
- periodenfremder Ertrag
- außerordentlicher Ertrag

Neutraler Aufwand
bezeichnet einen Aufwand, der außerhalb des bestimmten Zeitraums oder nicht durch den Betriebszweck entsteht. Hierzu gehören:
- betriebsfremder Aufwand
- periodenfremder Aufwand
- außerordentlicher Aufwand

17.5.2 Finanzbuchhaltung/Finanzbuchführung

Buchhaltung/Buchführung
Die Abteilung im Unternehmen, die für das externe Rechnungswesen zuständig ist, ist die (Finanz-)Buchhaltung. Die Tätigkeit selbst wird als Buchführung bezeichnet. In der Regel werden aber beide Begriffe synonym verwendet.

Die Finanzbuchhaltung bzw. Finanzbuchführung ist der zentrale Bestandteil des externen Rechnungswesens. In ihr müssen sämtliche Geschäftsvorfälle in zeitlicher Reihenfolge lückenlos anhand von Belegen erfasst werden. Belege sind z. B.:
- Eingangsrechnungen/Lieferantenrechnungen
- Ausgangsrechnungen/Tagesendsummenbons

Keine Buchung ohne Beleg.

Rechtsgrundlage für die Finanzbuchhaltung:
§ 238 des Handelsgesetzbuches

(1) Jeder Kaufmann ist verpflichtet, Bücher zu führen und in diesen seine Handelsgeschäfte und die Lage seines Vermögens nach den Grundsätzen ordnungsmäßiger Buchführung ersichtlich zu machen. Die Buchführung muss so beschaffen sein, dass sie einem sachverständigen Dritten innerhalb angemessener Zeit einen Überblick über die Geschäftsvorfälle und über die Lage des Unternehmens vermitteln kann. Die Geschäftsvorfälle müssen sich in ihrer Entstehung und Abwicklung verfolgen lassen.

Aufbewahrungspflicht
Bücher und Aufzeichnungen einschließlich aller Buchungsbelege müssen nach HGB § 257 und AO § 147 10 Jahre aufbewahrt werden.

Bestandteile der Finanzbuchhaltung sind:

- **Grundbuch (oder Journal),** in dem alle Geschäftsvorfälle als Buchungssätze chronologisch erfasst werden
- **Hauptbuch**, das alle Bestandskonten, Aufwands- und Ertragskonten enthält
- **Kontokorrentbuch**, das alle Forderungen und Verbindlichkeiten enthält

Die Finanzbuchhaltung wird auch als **doppelte Buchführung** bezeichnet, da sie den Erfolg des Unternehmens auf doppelte Weise ermittelt, nämlich einerseits durch die Bilanz und andererseits durch die Gewinn-und-Verlust-Rechnung:

- In der Bilanz werden aktive Vermögenswerte (Vermögen) sowie passive Vermögenswerte (Schulden) des Unternehmens erfasst und abgebildet,
- in der Gewinn-und-Verlust-Rechnung Erträge und Aufwendungen.

Beispiel für die doppelte Buchführung
Die Löhne und Gehälter der Mitarbeiter für den Monat September in Höhe von 25.000,00 € werden überwiesen.
Dies hat folgende Auswirkungen:

- Bilanz:
  25.000,00 € Vermögensminderung (Verringerung des Bestandskontos Bank),
- Gewinn-und-Verlust-Rechnung:
  25.000,00 € Aufwand für Personalkosten

Die doppelte Buchführung ist die für Vollkaufleute und Handelsgesellschaften bzw. für bestimmte Unternehmensrechtsformen (OHG, GmbH, KG, GmbH & Co KG u. Ä.) vorgeschriebene Methode, ordnungsgemäß Bücher zu führen. Kleingewerbebetreiber und Freiberufler müssen nur Aufzeichnungen über ihre betrieblichen Einnahmen und Ausgaben führen (einfache Buchführung).

Finanzbuchhaltungskonten

Alle Geschäftsvorfälle eines Unternehmens werden im Rahmen der Finanzbuchhaltung auf Finanzbuchhaltungskonten verbucht. Unterschieden werden:

- Bestandskonten (z. B. Sachanlagen, Geldkonten, Warenbestandskonten)
- Erfolgskonten (z. B. Umsatzerlöse, Personalkosten, Raumkosten)

Geordnet sind die Konten in Kontenrahmen und Kontenplänen. Während der Kontenrahmen branchenspezifisch ist und alle für die Branche möglichen Konten beinhaltet, beinhaltet der Kontenplan nur die Konten eines bestimmten Betriebs.

Für die bessere Übersicht sind die einzelnen Konten durchnummeriert.

Kontenrahmen
Der häufig eingesetzte DATEV-Sonderkontenrahmen SKR 70 für Hotels und Gaststätten wird zum 31.12.2014 eingestellt. Alternativ stehen Branchenpakete für Hotels und Gaststätten auf Basis des SKR 03 und 04 zur Verfügung.

www.datev.de

Soll (Gewinn-und-Verlust-Rechnung)
Soll-Seite eines Finanzbuchhaltungskontos: Buchung des Aufwands.
Gegensatz: Haben

Haben (Gewinn-und-Verlust-Rechnung)
Haben-Seite eines Finanzbuchhaltungskontos: Hier werden Erträge verbucht.
Gegensatz: Soll

Beispiele: einfache Buchungssätze

1. Ein Gastronom kauft Ware im Wert von 1.000,00 € und zahlt sie bar aus der Kasse.

Konto	Betrag	Gegenkonto	Betrag
Wareneinkauf	1.000,00 €	Kasse	1.000,00 €

Buchungssatz: Wareneinkauf an Kasse 1.000,00 €

2. Ein Gastronom überweist die Haftpflichtversicherung

Konto	Betrag	Gegenkonto	Betrag
Versicherungen	612,00 €	Bank	612,00 €

Buchungssatz: Versicherungsbeiträge an Bank 612,00 €

Beispiel: zusammengesetzter Buchungssatz

Ein Kunde zahlt seine Rechnung in Höhe von 59,50 € inklusive 9,50 € Umsatzsteuer in bar.

Konto	Betrag	Gegenkonto	Betrag
Kasse	59,50 €	Umsatzerlöse	50,00 €
		Umsatzsteuer	9,50 €

Buchungssatz: Kasse an Umsatzerlöse 50,00 €
Kasse an Umsatzsteuer 9,50 €

Buchungssatz

Alle Konten haben zwei Seiten. Die linke Seite heißt „Soll", die rechte „Haben". In der doppelten Buchführung erfolgt jede Buchung eines Geschäftsvorfalls mit einer Buchung auf einem Konto und einem Gegenkonto.

Wenn auf dem Konto eine Sollbuchung erfolgt, muss auf dem Gegenkonto eine Habenbuchung erfolgen oder umgekehrt. Der Buchungssatz beschreibt, auf welchem Konto die Sollbuchung und auf welchem Konto die Habenbuchung erfolgt.

Im Buchungssatz wird das Konto, auf dem die Sollbuchung erfolgt, zuerst genannt und dann das Konto, auf dem die Habenbuchung erfolgt.

Am Ende des Jahrs werden die Bestandskonten in der Bilanz, die Erfolgskonten in der Gewinn-und-Verlust-Rechnung zusammengefasst.

17.5.3 Anlagenbuchführung (Inventar/Inventur)

Auf der Grundlage der Finanzbuchhaltung muss der Kaufmann/die Handelsgesellschaft (jedes buchführungs- und bilanzierungspflichtige Unternehmen) i. d. R. zum 31.12. eines jeden Jahrs einen Jahresabschluss erstellen. Rechtsgrundlage für den Jahresabschluss ist der § 240 des Handelsgesetzbuchs (HGB).

§ 240 Inventar

(1) Jeder Kaufmann hat zu Beginn seines Handelsgewerbes seine Grundstücke, seine Forderungen und Schulden, den Betrag seines baren Geldes sowie seine sonstigen Vermögensgegenstände genau zu verzeichnen und dabei den Wert der einzelnen Vermögensgegenstände und Schulden anzugeben.

(2) Er hat demnächst für den Schluss eines jeden Geschäftsjahrs ein solches Inventar aufzustellen. Die Dauer des Geschäftsjahrs darf zwölf Monate nicht überschreiten. Die Aufstellung des Inventars ist innerhalb der einem ordnungsmäßigen Geschäftsgang entsprechenden Zeit zu bewirken.

(3) Vermögensgegenstände des Sachanlagevermögens sowie Roh-, Hilfs- und Betriebsstoffe können, wenn sie regelmäßig ersetzt werden und ihr Gesamtwert für das Unternehmen von nachrangiger Bedeutung ist, mit einer gleichbleibenden Menge und einem gleichbleibenden Wert angesetzt werden, sofern ihr Bestand in seiner Größe, seinem Wert und seiner Zusammensetzung nur geringen Veränderungen unterliegt. Jedoch ist in der Regel alle drei Jahre eine körperliche Bestandsaufnahme durchzuführen.

(4) Gleichartige Vermögensgegenstände des Vorratsvermögens sowie andere gleichartige oder annähernd gleichwertige bewegliche Vermögensgegenstände und Schulden können jeweils zu einer Gruppe zusammengefasst und mit dem gewogenen Durchschnittswert angesetzt werden.

Bestandteile des Inventars

- **Sachwerte/Anlagevermögen**
  z. B. Grundstücke und Gebäude, Einrichtungen (Küchenanlagen, Maschinen, Fahrzeuge, Ausstattung, EDV, Einrichtung etc.). Die Sachwerte werden auch als Anlagevermögen bezeichnet.
- **Umlaufvermögen**
  z. B. Warenbestände, Forderungen, Geldbestände in bar oder auf Bankkonten
- **Verbindlichkeiten/Schulden**
  z. B. Darlehen gegenüber Banken oder Dritten, Verbindlichkeiten gegenüber Lieferanten

Das Handelsgesetzbuch verwendet den Begriff Inventar dafür, dass der Kaufmann „Inventur" macht. Inventur meint das Zählen, Bewerten und Aufzeichnen aller Werte und Schulden, die das Unternehmen des Kaufmanns hat (siehe auch Kapitel 10.5.4). Sie dient u. a. aber auch dazu, festzustellen, ob es zwischen den Sollbeständen der Buchhaltung und den tatsächlichen Istbeständen Unterschiede gibt. Somit kontrolliert und korrigiert die Inventur die Buchhaltung. Mithilfe der Inventur kann nun das Eigenkapital wie folgt berechnet werden:

Inventar

Inventar ist das durch eine Inventur erstellte Verzeichnis aller erfassten Schulden und Vermögensgegenstände.

  Vermögen
– Verbindlichkeiten

= **Eigenkapital**

17.5.4 Jahresabschluss

Der **Jahresabschluss** eines Unternehmens besteht regelmäßig aus Bilanz sowie Gewinn-und-Verlust-Rechnung.

Die **Bilanz** ist eine Bestandsrechnung auf einen Stichtag (Stichtagsrechnung), in der Regel den 31.12. eines Jahres. Aus der Bilanz des Unternehmens sind die Vermögenslage und die Finanzlage zu erkennen.

Die **Gewinn-und-Verlust-Rechnung** ist eine Zeitraumrechnung. Sie stellt dar, welche Erträge und Aufwendungen über einen Zeitraum (in der Regel ein Jahr, d.h. vom 01.01.–31.12.) angefallen sind. Aus der Gewinn-und-Verlust-Rechnung ist die Ertragslage zu erkennen.

Adressaten des Jahresabschlusses sind:
- der Staat in Form der Finanzverwaltung (der Gewinn ist Besteuerungsgrundlage)
- Gesellschafter des Unternehmens
- Banken und andere Kreditgeber
- Versicherungen

Aufbau einer Bilanz

Bei der Bilanz werden Vermögen und Kapital gegenübergestellt. Die wichtigsten Positionen auf der linken Seite (der Aktivseite) sind:
- Anlagevermögen (z. B. Sachanlagen: Gebäude und Grundstücke)
- Umlaufvermögen (z. B. Vorräte, Forderungen, Geldbestände)

Die wichtigsten Positionen auf der rechten Seite (der Passivseite) sind:
- Eigenkapital
- Verbindlichkeiten (z. B. gegenüber Kreditinstituten oder Lieferanten)
- Rückstellungen (z. B. für Steuern des abgelaufenen Geschäftsjahrs)

Aktiva

Summe der Vermögenswerte eines Unternehmens, die auf der linken Seite der Bilanz (Aktivseite) abgebildet sind: Anlagevermögen, Sachanlagen, Umlaufvermögen, Warenbestand, Forderungen, Geldbestand.

Gegensatz: Passiva

Passiva

Die Summe der Werte eines Unternehmens, die auf der rechten Seite der Bilanz (Passivseite) abgebildet sind: Eigenkapital, Rücklagen, Rückstellungen, Verbindlichkeiten.

Gegensatz: Aktiva

Die Aktivseite zeigt an, wofür das Kapital verwendet wird, die Passivseite, woher das Kapital stammt.

Bilanz

Gastro-System GmbH Bilanz zum 31.12.2013	Geschäftsjahr EUR		Geschäftsjahr EUR
AKTIVA		**PASSIVA**	
A. Anlagevermögen		**A. Eigenkapital**	
		I. Gezeichnetes Kapital	25.000,00
II. Sachanlagen	219.706,38	II. Jahresüberschuss	55.221,66
		III. Vortrag auf neue Rechnung	51.410,44
B. Umlaufvermögen			
		B. Rückstellungen	7.098,52
I. Vorräte	10.267,70		
II. Forderungen	38.352,75	**C. Verbindlichkeiten**	
III. Flüssige Mittel	88.289,10	1. Verbindlichkeiten gegenüber Kreditinstituten	92.119,47
C. Rechnungsabgrenzungsposten	856,00	2. Verbindlichkeiten aus Lieferungen und Leistungen	43.881,63
		3. sonstige Verbindlichkeiten	82.740,21
	357.471,93		357.471,93

Gewinn-und-Verlust-Rechnung (GuV)

Gastro-System GmbH Gewinn- und Verlustrechnung	2013
1. Umsatzerlöse	1.126.581,19
2. sonstige betriebliche Erträge	10.731,91
3. Materialaufwand	
a) Aufwendungen für Roh-, Hilfs- und Betriebsstoffe und für bezogene Waren	288.537,28
4. Personalaufwand	
a) Löhne und Gehälter	423.166,94
b) soziale Abgaben und Aufwendungen für Altersversorgung und für Unterstützung	76.238,42
5. Abschreibungen	
a) auf immaterielle Vermögensgegenstände des Anlagevermögens und Sachanlagen	53.030,65
6. sonstige betriebliche Aufwendungen	223.202,36
7. sonstige Zinsen und ähnliche Erträge	606,39
8. Zinsen und ähnliche Aufwendungen	18.522,18
9. Ergebnis der gewöhnlichen Geschäftstätigkeit	55.221,66
10. Steuern vom Einkommen und vom Ertrag	0
11. **Jahresüberschuss / Jahresfehlbetrag**	55.221,66

Bei der Bilanz müssen Aktivseite und Passivseite immer gleich groß sein. Dies gelingt durch Berechnung des Eigenkapitals. Dabei ist das Eigenkapital der Saldo zwischen den Vermögenswerten des Unternehmens und den Rückstellungen und Verbindlichkeiten des Unternehmens.

Rückstellung
Bildung in der Bilanz, um einen Aufwand, dessen Höhe und Fälligkeit noch nicht genau bekannt ist, im Wirtschaftsjahr zu berücksichtigen

Abschreibung
Verteilung der Anschaffungs- oder Herstellungskosten von Wirtschaftsgütern des Anlagevermögens über deren Nutzungsdauer

Umsatz
Summe aller Verkaufserlöse für Produkte eines Unternehmens in einem bestimmten Zeitabschnitt (Tag, Monat, Jahr), auch als Umsatzerlöse bezeichnet

Gewinn-und-Verlust-Rechnung
Die wichtigsten Positionen der Gewinn-und-Verlust-Rechnung von Betrieben der Systemgastronomie sind:

- Umsatzerlöse
- Materialaufwand (Wareneinsatz)
- Personalaufwand

Weitere wichtige Positionen sind:

- sonstige betriebliche Aufwendungen, hier Raumkosten (Miete, Energie/Strom/Gas/Wasser/Betriebskosten)
- Abschreibungen
- Zinsen und ähnliche Aufwendungen

Der Saldo zwischen Erträgen und Aufwendungen des Zeitraums ist der Gewinn oder Verlust.

Erträge > Aufwendungen → Gewinn
Aufwendungen > Erträge → Verlust

Der Gewinn eines Jahrs erhöht das Kapital des Unternehmens, ein Verlust vermindert es.

17.6 Internes Rechnungswesen/ Kostenrechnung

17.6.1 Grundlagen des internen Rechnungswesens

Das interne Rechnungswesen liefert dem Unternehmer zusätzlich zu den Zahlen und Werten der Finanzbuchhaltung weitere Informationen, die zur Führung des Unternehmens sinnvoll und notwendig sind. Dabei greift das interne Rechnungswesen auch auf die Daten und Informationen der Finanzbuchhaltung zurück. Hier wird das Rad nicht neu erfunden, sondern eine einheitliche Datenbasis verwendet. Idealerweise werden die Aufgaben des externen und des internen Rechnungswesens durch eine integrierte Rechnungswesen-Software erledigt.

Die Unternehmensanalyse erfolgt insbesondere mithilfe der Instrumentarien der **Kosten- und Leistungsrechnung/Kosten- und Erfolgsrechnung**. Sie wird oftmals zu einem umfassenden **Controllingkonzept** ausgebaut.

Das interne Rechnungswesen ist prinzipiell nicht an die handels- und steuerrechtlichen Auflagen und Veröffentlichungspflichten des externen Rechnungswesens gebunden. Deshalb kann es auch mit abweichenden und zusätzlichen Bewertungsansätzen arbeiten (siehe auch kalkulatorische Kosten, Kapitel 17.6.2). Zudem ist es im Gegensatz zum externen Rechnungswesen zukunftsorientiert, d. h., es operiert mit Annahmen, wie sich Kosten bzw. Preise entwickeln werden.

17.6.2 Kosten und Leistungen/Erlöse

Im Gegensatz zur Finanzbuchhaltung, die mit dem Begriffspaar Aufwand und Ertrag arbeitet, wird in der Kosten- und Leistungsrechnung vom Begriffspaar Kosten und Leistungen bzw. Erlöse gesprochen.
Daher ist es wichtig, die Kosten von den Aufwendungen abzugrenzen. Dies geschieht, indem von den Aufwendungen der neutrale Aufwand abgezogen wird und gleichzeitig zusätzliche Kosten, die sogenannten kalkulatorischen Kosten, hinzugerechnet werden.

Aufwendungen (Finanzbuchhaltung)		
neutrale Aufwendungen	betriebliche Aufwendungen	
	Grundkosten	kalkulatorische Kosten
	Kosten (Kosten- und Leistungsrechnung)	

Die kalkulatorischen Kosten lassen sich unterteilen in:

- Zusatzkosten: Sie entstehen, wenn dem Verbrauch von Gütern oder Dienstleistungen **keine** Aufwendungen gegenüberstehen, z. B. kalkulatorische Miete, kalkulatorischer Unternehmerlohn oder kalkulatorische Wagnisse.
- Anderskosten: Sie entstehen, wenn diesen Kosten ein Aufwand **in anderer Höhe** gegenübersteht, z. B. kalulatorische Zinsen oder Abschreibungen.

Kosten

Der (in Geld) bewertete Input (an Produktionsfaktoren) des Produktionsprozesses; Kosten entstehen, wenn ein Verbrauch von Gütern und Dienstleistungen vorliegt, der leistungsbezogen ist.

Leistung

Leistung ist der (in Geld) bewertete Output aus dem Produktionsprozess.

Erlös

Wert der durch ein Unternehmen verkauften Produkte; oft auch als Begriff für erbrachte Leistung verwendet.

Exkurs: Abschreibungen

Abschreibungen erfassen in der Finanzbuchhaltung den „Wertverzehr" von Anlagegütern. Die Anschaffungskosten der Wirtschaftsgüter, die länger als ein Jahr im Unternehmen verwendet werden (Sachanlagevermögen, z. B. Pkw, Tresen, Schankanlage, Küchengeräte), müssen über deren betriebsgewöhnliche Nutzungsdauer verteilt werden. Diese Kostenverteilung wird als Abschreibung bezeichnet. Hierbei wird zwischen linearer (gleichmäßiger) und degressiver Abschreibungsmethode unterschieden.

Die lineare Abschreibung verteilt die Anschaffungskosten des Wirtschaftsguts gleichmäßig auf dessen betriebsgewöhnliche Nutzungsdauer.

Beispiel für die lineare Abschreibung
Anschaffung eines Transporters für 30.000,00 €. Die betriebsgewöhnliche Nutzungsdauer beträgt 6 Jahre.
Die jährliche Abschreibung beträgt:

$$\frac{30.000{,}00\ €}{6\ \text{Jahre}} = 5.000{,}00\ €$$

$$\textbf{Linearer Abschreibungsbetrag} = \frac{\text{Anschaffungskosten}}{\text{Nutzungsdauer}}$$

Die früher außerdem übliche **degressive Abschreibung** mit jährlich fallenden Beträgen ist steuerlich nicht mehr zulässig, handelsrechtlich jedoch weiterhin nicht unüblich. Die degressive Abschreibung berücksichtigt die Tatsache, dass z. B. der Wertverlust eines Pkws oder eines Küchengeräts in den ersten Jahren regelmäßig am höchsten ist.

Beispiel für die degressive Abschreibung
Abschreibungsbetrag = Buchwert · Abschreibungssatz
(Beispiel wie oben)

Abschreibung 1. Jahr	
25 % von	30.000,00
	= 7.500,00
Restbuchwert 1. Jahr	**22.500,00**
Abschreibung 2. Jahr	
25 % von	22.500,00
	= 5.625,00
Restbuchwert 2. Jahr	**16.875,00**
Abschreibung 3. Jahr	
25 % von	16.875,00
	= 4.218,75
Restbuchwert 3. Jahr	**12.656,25**
usw.	

Kalkulatorische Abschreibung

Da die kalkulatorische Abschreibung eine vom Unternehmen individuell festgelegte Abschreibung ist, unterscheidet sie sich von der eben beschriebenen handelsrechtlichen und steuerrechtlichen Abschreibung.

Die kalkulatorische Abschreibung bezieht sich auf den Wiederbeschaffungswert des Wirtschaftsguts im aktuellen Jahr.

$$\textbf{Kalkulatorischer Abschreibungsbetrag} = \frac{\text{Wiederbeschaffungswert}}{\text{beabsichtigte Nutzungsdauer}}$$

Beispiel für die kalkulatorische Abschreibung
Anschaffung eines Transporters für 30.000,00 €. Die betriebsgewöhnliche Nutzungsdauer beträgt 6 Jahre.
Erwarteter Wiederbeschaffungswert nach 6 Jahren 33.000,00 €.
Die jährliche Abschreibung beträgt:

$$\frac{33.000{,}00\ €}{6\ \text{Jahre}} = 5.500{,}00\ €$$

Die kalkulatorische Abschreibung schreibt also beispielsweise nicht von den Anschaffungskosten eines Transporters, sondern von dessen möglicherweise gestiegenen Wiederbeschaffungskosten ab.

Amortisation/Amortisationszeit

Als Amortisation wird der Prozess bezeichnet, in dem anfängliche Investitionen in ein Objekt durch Erträge wieder zurückfließen. In diesem Zusammenhang ist der Begriff Amortisationszeit zu nennen. Er bezeichnet die Dauer, in der eine Investition bzw. Ausgabe durch Erträge zurückfließt. Man sagt z. B.: „Die Anschaffung hat sich in acht Jahren amortisiert." Für die Berechnung wird folgende Formel verwendet:

$$\textbf{Amortisationszeit} = \frac{\text{Anschaffungskosten}}{\text{jährliche Abschreibungen + Einsparungen}}$$

Beispiel für die Amortisationszeit
Es wird in eine neue Heizungsanlage investiert. Die Kosten für die Anlage in Höhe von 20.000,00 € sollen über 10 Jahre linear abgeschrieben werden. Zudem werden durch die neue Anlage jährlich 500,00 € an Heizkosten eingespart.
Wann hat sich die Anlage amortisiert?

$$\text{Abschreibung} = \frac{20.000{,}00\ €}{10\ \text{Jahre}} = 2.000{,}00\ €/\text{Jahr}$$

$$\text{Amortisationszeit} = \frac{20.000{,}00\ €}{(2.000{,}00\ € + 500{,}00\ €)} = 8\ \text{Jahre}$$

17.6.3 Kostenartenrechnung – Welche Kosten sind angefallen?

Die Kosten- und Leistungsrechnung erfolgt in drei Schritten.

- **Kostenartenrechnung** (siehe Kapitel 17.6.3): Welche Kosten sind in welcher Höhe angefallen?
- **Kostenstellenrechnung** (siehe Kapitel 17.6.4): Wo sind die Kosten angefallen?
- **Kostenträgerrechnung** (siehe Kapitel 17.6.5): Wofür sind die Kosten angefallen?

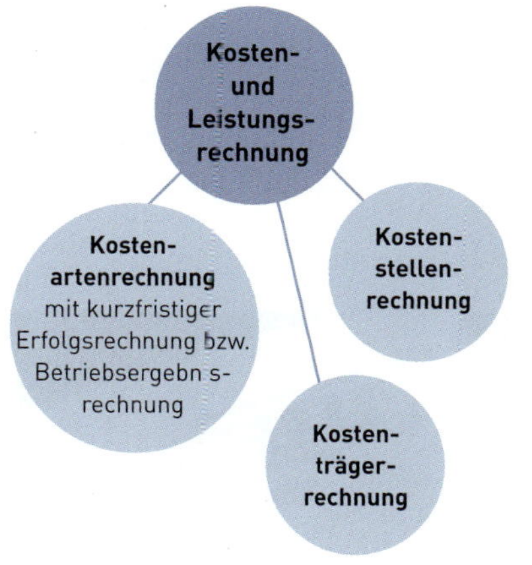

Bereiche der Kosten- und Leistungsrechnung

Die Kostenartenrechnung stellt dar, welche Kosten in welcher Höhe im Betrieb angefallen sind. Ihr Ziel ist, das Ergebnis des Gesamtbetriebs zu ermitteln. Hierzu wird die kurzfristige Erfolgsrechnung/Betriebsergebnisrechnung erstellt. Um dies zu gewährleisten, müssen die Kosten zunächst erfasst und gegliedert werden. Dies kann nach unterschiedlichen Kriterien erfolgen.

1. Einteilung nach Funktion

- **betriebsbedingte Kosten:** Sie werden durch den laufenden Betriebsprozess ausgelöst. **Beispiele:** Warenkosten (z. B. Lebensmittel, Getränke), Personalkosten (z. B. Löhne, Gehälter), Energiekosten (z. B. Strom, Gas), Betriebs- und Verwaltungskosten (z. B. Werbekosten, Fahrzeugkosten, Kosten des Rechnungswesens)
- **anlagenbedingte Kosten:** Sie entstehen durch im Betrieb verwendete Sachanlagen. **Beispiele:** Miete (z. B. Miete, Pacht), Abschreibungen (z. B. auf Sachanlagen), Instandhaltung (z. B. Reparaturen)
- **kalkulatorische Kosten:** Sie werden für Zwecke der richtigen Preisfindung verwendet; den kalkulatorischen Kosten stehen real entweder andere oder gar keine Aufwendungen gegenüber. **Beispiel:** Wenn die Einrichtung eines Betriebs abgeschrieben ist und keine tatsächlichen Kosten mehr verursacht, werden trotzdem die kalkulatorischen Abschreibungen verbucht, die der Betrieb normalerweise hätte.

2. Direkt zurechenbare und nicht direkt zurechenbare Kosten

- **Einzelkosten:** Sie können in der Kostenrechnung einzeln und direkt zugerechnet werden, z. B. das Fischfilet des Fischgerichts, die Flasche Wein, die Kosten der Servicemannschaft bei einem bestimmten Event.
- **Gemeinkosten:** Sie können nicht direkt zugerechnet werden und müssen über Kostenverteilungsschlüssel verteilt werden, z. B. die Personalkosten des Betriebsleiters (er ist für alle Bereiche des Betriebs zuständig), die Kosten der allgemeinen Verwaltung, Beiträge zu Berufsverbänden etc.

Einzelkosten: Ware

Gemeinkosten: Personal

Einzelkosten können direkt einer Kostenstelle zugeordnet werden, z. B.:
- Warenkosten Food ⟶ Kostenstelle „Speisen"
- Warenkosten Wein ⟶ Kostenstelle „Getränke"

Gemeinkosten fallen für mehrere Produkte oder Aufträge gemeinsam an. Gemeinkosten können daher im Allgemeinen nicht direkt einer Kostenstelle zugeordnet werden. Sie werden daher zunächst der allgemeinen Kostenstelle oder den Nebenkostenstellen zugeordnet.

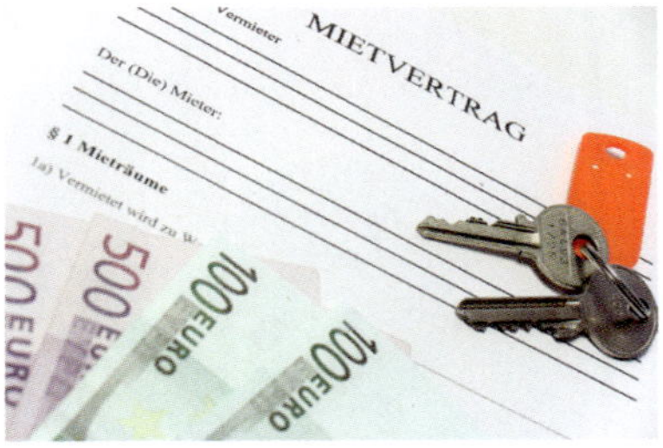

Fixkosten: Miete

Variable Kosten: Stromverbrauch

3. Fixe oder variable Kosten (nach ihrer Abhängigkeit vom Verbrauch)

- **Fixkosten:** Sie fallen in ihrer Höhe unabhängig davon an, ob und wie viel Geschäft/Umsatz erzielt bzw. wie viel verbraucht wird, z. B. Miete oder Festpacht, Grundgebühr für Strom.
- **Variable Kosten:** Die Höhe der Kosten hängt vom Verbrauch bzw. Umsatz ab, z. B. Materialkosten, Personaleinzelkosten, Verpackungskosten bei Take away, umsatzabhängige Pacht, Energiekosten.

Fixkosten = unabhängig von der Ausbringungsmenge (Küche) oder Anzahl der verkauften Speisen

Variable Kosten = abhängig von der Ausbringungsmenge (Küche) oder Anzahl der verkauften Speisen

Ein Problem bei der Berechnung der variablen Kosten stellen z. B. Mengenrabatte und der Energieverbrauch dar. Für 10 Portionen verzehnfachen sich nicht unbedingt die Energiekosten.
Die Aufteilung in Fixkosten und variable Kosten ist Voraussetzung für die Berechnung des Deckungsbeitrags und Break-even-Points (siehe Kapitel 17.8).

Zusammenhang zwischen Einzel- und Gemeinkosten sowie variablen und fixen Kosten

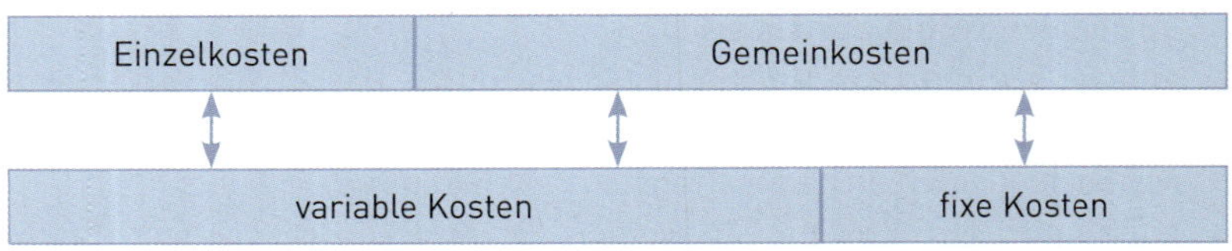

Einzelkosten sind immer variable Kosten.
Gemeinkosten können variabel oder fix sein.

Materialkosten

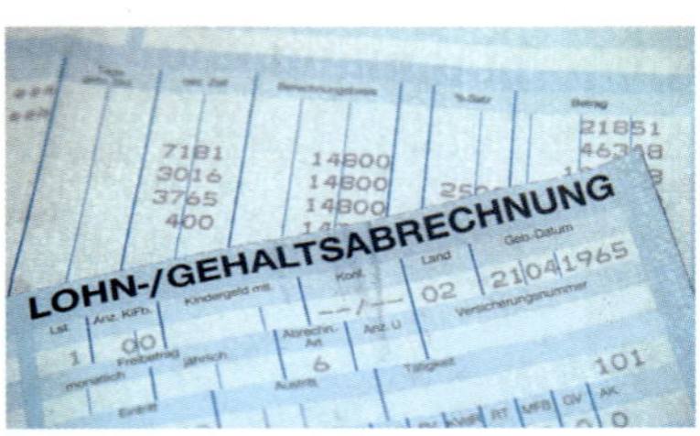

Personalkosten

4. Einteilung nach Kostenpositionen bzw. Produktionsfaktoren

Materialkosten: z. B. Kosten für Food (Lebensmittel) und Beverage (Getränke). Die Verbuchung erfolgt meist noch deutlich differenzierter, z. B.:

- Küche/Food: Fleisch, Fisch, Gemüse, Convenience, sonstige Lebensmittel
- Getränke/Beverage: Bier, Wein, Sekt, Spirituosen, alkoholfreie Getränke

Materialkosten führen immer zu Umsatz. Nur wenn die Warenbestände am Ende der Buchführungsperiode (Monat) ermittelt (Monatsinventur) und verbucht werden, kann der tatsächliche Materialeinsatz der Periode ermittelt werden.

Eine weitere Voraussetzung ist, dass auch Rabatte, Boni und Rückvergütungen verbucht werden.

Personalkosten: z. B. Löhne, Gehälter, Zuschläge für Nachtarbeit, Sonntags-, Feiertagsarbeit, Sozialversicherungsbeiträge, Berufsgenossenschaftsbeiträge, betriebliche Altersversorgungsbeiträge
Nur wer regelmäßig Arbeitszeitkontenbestände (Überstunden/Minusstunden) und Urlaubsbestände mit verbucht, kann seine tatsächlichen Personalkosten richtig und vollständig darstellen.

Weitere Kostenpositionen sind:

- **Raumkosten:** z. B. Miete, Pacht, umsatzabhängige Pacht, Pachtnebenkosten (Betriebskostenumlagen des Vermieters), Energiekosten (Gas, Wasser/Abwasser, Strom), Instandhaltung betrieblicher Räume
- **Versicherungen:** z. B. Betriebsversicherung (Einbruch, Diebstahl, Betriebsunterbrechung), Haftpflichtversicherung
- **Beiträge:** z. B. DEHOGA, BdS, Industrie- und Handelskammer
- **Gebühren:** z. B. für Außenbestuhlung, GEMA
- **Werbe-/Reisekosten:** Anzeigen, Flyer, Gelbe Seiten, Messebesuche
- **Sonstige Betriebskosten:** z. B. Fremdreinigung, Reinigungsmittel/Reinigungsbedarf, Gaststättenbedarf, Tischwäsche/Reinigung, Dekoration, Blumen, Arbeitskleidung, sonstiger Betriebsbedarf, Rundfunkgebühren, Zeitschriften, Bücher (Blumen, Tischwäsche, Kleidung usw. sind keine Materialkosten, da sie nicht direkt zu einem Umsatz führen.)
- **Verwaltungskosten:** z. B. Buchführungskosten, Abschluss- und Prüfungskosten, Rechts- und Beratungskosten, Systemadministrationskosten, Bürobedarf, Postgebühren, Telefongebühren, Kreditkartenprovisionen, Aufwendungen Geldverkehr (z. B. Kontoführung)
- **Leasing:** z. B. Fahrzeugleasing, Geräteleasing
- **Instandhaltung:** z. B. Kosten für Hard- und Softwarewartung, Kassensoftware, Instandhaltung der Betriebs- und Geschäftsausstattung
- **Abschreibungen:** z. B. Abschreibungen auf Sachanlagen (in der Regel die gleichmäßige Verteilung der Anschaffungskosten von Sachanlagen auf deren betriebsgewöhnliche Nutzungsdauer)
- **Zinsen für Fremdkapital:** z. B. Bankzinsen für Kontokorrentinanspruchnahme (Negativsaldo auf dem Girokonto), Zinsen für Bankdarlehen, Zinsen für Gesellschafterdarlehen
- **Steuern von Einkommen und Ertrag:** z. B. Gewerbesteuer und Körperschaftssteuer bei Kapitalgesellschaft, Gewerbesteuer bei Einzelunternehmen und Personengesellschaften
- **Außerordentliche Aufwendungen** (z. B. Schaden durch Einbruch und Vandalismus) und **außerordentliche Erträge** (z. B. Preisgeld Wettbewerb) werden im Rechnungswesen als außerordentlich ausgewiesen. Eine Verbuchung in den normalen Kosten würde das Bild der Auswertung verfälschen.

Kostenartenrechnung

Kostenarten		Einzelkosten	Gemeinkosten
Materialkosten	45.255,61	45.255,61	
Personalkosten	53.881,58	24.200,58	29.681,00
Raumkosten			
Miete/Pacht	5.000,00		5.000,00
Pachtnebenkosten	665,85		665,85
Strom/Gas/Wasser	4.269,04		4.269,04
Versich./Beitr./Gebü	150,48		150,48
Werbe-/Reisekosten	467,56		467,56
Ssonst. Betriebskosten	6.753,15		6.753,15
Verwaltungskosten	3.101,41		3.101,41
Instandhaltung	1.549,41		1.549,41
Abschreibungen	4.375,96		4.375,96
Zinsen Fremdkapital	1.420,00		1.420,00
Gesamtkosten	**126.890,05**	**69.456,19**	**57.433,86**

Exkurs: Kurzfristige Erfolgsrechnung (KER)/Betriebsergebnisrechnung

Eine wichtige laufende Auswertung des internen Rechnungswesens ist die kurzfristige Erfolgsrechnung. Die kurzfristige Erfolgsrechnung verarbeitet alle in einem definierten Zeitraum (z. B. Monat, aufgelaufene Monate eines Jahrs, Januar – Mai) angefallenen Kosten und Leistungen. Sie bildet den betrieblichen Erfolg des Betriebs für diesen Zeitraum ab.

Die Struktur der kurzfristigen Erfolgsrechnung ist nicht vorgeschrieben. Häufig werden individuelle Strukturen aufgestellt, die dem Informationsbedürfnis des Betriebsinhabers oder Systembetreibers entsprechen.

Die **kurzfristige Erfolgsrechnung (KER)**, auch als **Kosten- und Erfolgsrechnung** oder **Betriebsergebnisrechnung** bezeichnet, ist ein Aufgabengebiet der Betriebswirtschaftslehre. Sie ist Teil des internen Rechnungswesens und unterliegt im Vergleich zur Finanzbuchhaltung kaum gesetzlichen Vorschriften.

Beispielsschema für eine KER

Betriebsumsatz (netto)	
davon Speisen	
davon Getränke	
./. Warenkosten	
davon Lebensmittel	
davon Getränke	
= Rohertrag	
Rohertrag	Rohertrag
./. Personalkosten	./. Gesamtkosten
davon Service	
davon Küche	
davon Management	
./. Raumkosten	
davon Miete/Pacht	
davon Umsatzmiete	
davon Pachtnebenkosten	
davon Strom/Gas/Wasser	
./. Versicherungen/Beiträge/Gebühren	
./. Werbe-/Reisekosten	
./. sonstige Betriebskosten	
./. Verwaltungskosten	
./. Leasing	
./. Instandhaltung	
./. Abschreibungen	
./. Zinsen Fremdkapital	
= Betriebsergebnis	**= Betriebsergebnis**
Betriebsergebnis	
+ sonstige Erträge	
./. sonstige Aufwendungen	
./. verrechnete kalkulatorische Kosten	
= Ergebnis vor Steuern	
Ergebnis vor Steuern	
./. Steuern von Einkommen und Ertrag	
= vorläufiges Ergebnis	

Beispiel für eine individualisierte kurzfristige Erfolgsrechnung*

Bezeichnung	Juni 2012	% vom Umsatz	% vom Umsatz Speisen	% vom Umsatz Getränke
Betriebsumsatz (netto)	107.458,08	100,00		
davon Speisen	62.580,24	58,24	100,00	
davon Getränke	40.534,53	37,72		100,00
davon Biergarten	0,00			
davon sonst. Warenumsatz	0,00			
davon sonst. betr. Umsatz	4.343,31	4,04		
Warenkosten	27.284,18	25,39		
davon Lebensmittel	17.844,43	16,61	28,51	
davon Getränke	7.975,78	7,42		19,68
davon sonst. Waren	0,00			
davon Verluste	1.463,97	1,36		
Rohertrag	**80.173,90**	**74,61**		
Personalkosten	40.969,29	38,13		
davon Service	15.091,11	14,05		
davon Küche	21.403,42	19,92		
davon Management	4.474,76	4,16		
Strom/Wasser/Gas	2.924,33	2,72		
Steuern/Vers./Beitr.	566,48	0,53		
Werbe-/Reisekosten	577,44	0,54		
sonst. Betriebskosten	5.863,18	5,46		
Verwaltungskosten	3.057,83	2,85		
Summe betr.bed. Kosten	81.242,73	75,62		
Betriebsergebnis 1	**26.215,35**	**24,38**		
Miete/Pacht	4.388,28	4,08		
Leasing	678,88	0,63		
Instandhaltung	3.334,30	3,10		
Abschreibungen	2.898,08	2,70		
Abschreibungen GWG	0,00			
Zinsen Fremdkapital	346,37	0,32		
sonstige Kosten	0,00			
Summe anl.bed./sonst.Kosten	11.645,91	10,83		
Gesamtkosten	92.888,64	86,45		
Betriebsergebnis 2	**14.569,44**	**13,55**		
sonstige Erträge	2,61			
verr. kalk. Kosten	0,00			
Ergebnis vor Steuern	**14.572,05**	**13,55**		

* Das Betriebsergebnis 1 enthält die betriebsbedingten Kosten, das Betriebsergebnis 2 zusätzlich die anlagenbedingten Kosten.

17.6.4 Kostenstellenrechnung – Wo sind die Kosten angefallen?

Während bei der Kostenartenrechnung die Frage beantwortet wird, welche Kosten entstanden sind, geht es bei der Kostenstellenrechnung um die Frage, wo die Kosten angefallen sind. Die Kosten werden also nicht wie bei der Kostenartenrechnung für den gesamten Betrieb ermittelt, sondern für einzelne Bereiche des Unternehmens, die Kostenstellen.

Durch die Kostenstellenrechnung werden Leistungsbeziehungen im Unternehmen dargestellt, die Wirtschaftlichkeit einzelner Unternehmensbereiche besser kontrolliert und die Kostenträgerrechnung vorbereitet.

Werden sämtliche Kosten des Betriebs auf Kostenstellen verteilt und auf Kostenträger verrechnet, wird von der **Vollkostenrechnung** gesprochen. Werden nur Teile der Kosten des Betriebs verteilt und verrechnet, wird von der **Teilkostenrechnung** gesprochen.

Vollkosten- und Teilkostenrechnung
Die Vollkostenrechnung findet Verwendung bei der Zwillingskalkulation, die Teilkostenrechnung bei der Deckungsbeitragsrechnung.

Vorgehensweise
Zunächst ist es erforderlich, Bereiche im Unternehmen, die Kosten verursachen, zu Kostenstellen zusammenzufassen. Diese Kostenstellen müssen klar voneinander abzugrenzen sein. Die Bildung der Kostenstellen kann nach unterschiedlichen Gesichtspunkten, wie z. B. Räumlichkeiten, Funktionsbereichen oder Leistungsbereichen, geschehen. Hierzu sollte ein **Kostenstellenplan** aufgestellt werden.

Allgemeine Kostenstelle		Nebenkostenstellen		Hauptkostenstellen		
Allgemeine Kostenstelle 1	Allgemeine Kostenstelle 2	Nebenkostenstelle 1	Nebenkostenstelle 2	Hauptkostenstelle 1	Hauptkostenstelle 2	Hauptkostenstelle 3

Unter Bezug auf die Leistungserstellung im Betrieb erfolgt eine Unterscheidung in folgende Kostenstellen:

- Allgemeine Kostenstellen:
  Diese dienen dem Gesamtunternehmen und geben ihre Leistungen an andere Kostenstellen ab, ohne selbst Einnahmen zu erzielen. Hierzu gehören in der Regel die Verwaltung oder auch – gerade in der Systemgastronomie – eine zentrale Marketingabteilung.
- Nebenkostenstellen:
  Dies sind Betriebsbereiche, die mehrere Hauptleistungen anbieten, wie z. B. Restaurant, Straßenverkauf (Take away) und Lieferdienst.
- Hauptkostenstellen:
  Diese dienen der Herstellung der Hauptleistungen. Hauptleistungen sind in der Systemgastronomie die Herstellung und der Verkauf von Speisen und Getränken.
  Eine weitere Unterteilung, z. B. in Salate, Pasta, Pizza oder alkoholische und nicht alkoholische Getränke, ist denkbar.

Ein konkreter Kostenstellenplan könnte demnach z. B. so aussehen:

Allgemeine Kostenstelle	Nebenkostenstellen		Hauptkostenstellen		
Verwaltung	Restaurant	Take away	Pasta	Pizza	Getränke
↳					
	↳	↳			

↳ = gibt Leistungen an andere Kostenstellen ab

Nun müssen die in der Kostenartenrechnung erfassten Kosten auf die Kostenstellen aufgeteilt werden.

Während die Einzelkosten direkt den einzelnen Hauptkostenstellen, ja sogar den einzelnen Produkten, den sogenannten Kostenträgern, zugerechnet werden können, gelingt dies bei den Gemeinkosten nicht ohne Weiteres.

Gemeinkosten sind gerade dadurch definiert, dass sie an verschiedenen Stellen des Betriebes und für die Herstellung vieler Produkte anfallen. Daher müssen sie nach bestimmten Regeln auf die Hauptkostenstellen verteilt werden. Dies geschieht mithilfe eines sogenannten **Betriebsabrechnungsbogens** (BAB).

Der BAB ist eine Tabelle, in deren Kopfspalten zunächst die jeweiligen Kostenstellen eingetragen werden. In der Randzeile werden danach die Gemeinkosten übertragen. Für unser Beispiel könnte der BAB demnach wie folgt aussehen:

		Allgemeine Kostenstelle	**Nebenkostenstellen**		**Hauptkostenstellen**		
Kostenart	Gesamt in €	Verwaltung	Restaurant	Take away	Pasta	Pizza	Getränke
Personalkosten	55.000						
Miete	6.000						
Energie	9.000						
Betriebskosten für Fuhrpark	4.000						
Verwaltungskosten	2.000						
Kosten für							
Instandhaltung	1.000						
Reinigungskosten	1.200						
Gesamtkosten	**78.200**						

Nun werden mithilfe eines Verteilungsschlüssels die Gemeinkosten auf die Kostenstellen aufgeteilt. Dies sollte möglichst bezogen auf die tatsächliche Verursachung der Kosten geschehen, wie z. B. bei folgender Verteilung:

Kostenart	**€**	**Verteilungsschlüssel**	
Personalkosten	55.000	1 : 2 : 3 : 2 : 2 : 1	(11)
Miete	6.000	1 : 3 : 0 : 2 : 2 : 2	(10)
Energie	9.000	1 : 4 : 0 : 5 : 5 : 3	(18)
Betriebskosten	4.000	0 : 0 : 1 : 0 : 0 : 0	(1)
Verwaltungskosten	2.000	1 : 0 : 0 : 0 : 0 : 0	(1)
Instandhaltung	1.000	1 : 5 : 1 : 5 : 5 : 3	(20)
Reinigung	1.200	2 : 5 : 0 : 5 : 5 : 3	(20)
	78.200		

Danach werden die Kosten der allgemeinen Kostenstelle **(Verwaltung)** auf die restlichen Kostenstellen verteilt. Ein möglicher Verteilungsschlüssel wäre hier: 4 : 1 : 2 : 2 : 1 (10).

Zuletzt ist die Verteilung der Nebenkostenstellen auf die Hauptkostenstellen vorzunehmen. Für die Nebenkostenstelle **„Restaurant“** nehmen wir den Verteilungsschlüssel 4 : 3 : 2 (9) und für die Nebenkostenstelle **„Take away“** den Verteilungsschlüssel 5 : 3 : 2 (10) an.

Somit ergibt sich für den BAB I folgendes Bild:

		Allg. Kosten	**Nebenkosten-stellen**		**Hauptkosten stellen**		
Kostenart/ Gemeinkosten	Gesamt €	Ver-waltung €	Res-taurant €	Take away €	Pasta €	Pizza €	Getränke €
Personalkosten	55.000	5.000	10.000	15.000	10.000	10.000	5.000
Miete	6.000	600	1.800	0	1.200	1.200	1.200
Energie	9.000	500	2.000	0	2.500	2.500	1.500
Betriebskosten							
Fuhrpark	4.000	0	0	4.000	0	0	0
Verwaltungs-kosten	2.000	2.000	0	0	0	0	0
Instandhaltung	1.000	50	250	50	250	250	150
Reinigung	1.200	120	300	0	300	300	180
Summe 1	**78.200**	8.270	14.350	19.050	14.250	14.250	8.030
			3.308	827	1.654	1.654	827
Summe 2			17.658	19.877	15.904,00	15.904,00	8.857,00
					9.938,50	5.963,10	3.975,40
					7.848,00	5.886,00	3.924,00
Summe 3					33.690,50	27.753,10	16.756,40

78.200,00 €

Sind alle Gemeinkosten auf die Hauptkostenstellen verteilt, können nun unter Berücksichtigung der Einzelkosten und der jeweiligen Nettoerlöse
a) die Gemeinkostenzuschlagsätze und
b) die Leistungsergebnisse der einzelnen Kostenstellen berechnet werden.

a) Ermittlung der Gemeinkostenzuschläge
Nehmen wir an, wir ermitteln als Einzelkosten (hier: Wareneinsatz):

Hauptkostenstelle	Pasta	Pizza	Getränke
Einzelkosten in €	11.230,17	7.929,46	3.351,28

Hauptkostenstelle	Pasta	Pizza	Getränke
Nettoerlöse in €	49.412,75	39.250,80	22.118,45

Dann ergeben sich als Gemeinkostenzuschlagsätze mit der Formel:

$$\textbf{Gemeinkostenzuschlagsatz} = \frac{\text{Gemeinkosten}}{\text{Einzelkosten}} \cdot 100\ \%$$

für die Pasta:

$$\textbf{GKZ} = \frac{33.690,50}{11.230,17} \cdot 100 = \textbf{300 \%}$$

für die Pizza:

$$\textbf{GKZ} = \frac{27.753,10}{7.929,46} \cdot 100 = \textbf{350 \%}$$

für die Getränke:

$$\textbf{GKZ} = \frac{16.756,40}{3.351,28} \cdot 100 = \textbf{500 \%}$$

Diese Gemeinkostensätze werden innerhalb der Kostenträgerrechnung dazu verwendet, die Preise für die einzelnen Produkte zu kalkulieren.

b) Ermittlung der Leistungsergebnisse
Bei Berechnung der Leistungsergebnisse der einzelnen Bereiche ergibt sich daraus BAB II unter Annahme folgender Nettoerlöse:

	Pasta	Pizza	Getränke
Nettoerlös	49.412,75 €	39.250,80 €	22.118,45 €
– Wareneinsatz	11.230,17 €	7.929,46 €	3.351,28 €
= Rohgewinn	38.182,58 €	31.321,34 €	18.767,17 €
– Gemeinkosten	33.690,50 €	27.753,10 €	16.756,40 €
Leistungsergebnis	**4.492,08 €**	**3.568,20 €**	**2.010,77 €**

Beispiele für Profitcenter
Profitcenter können z. B. sein:
- Tresen 1 und Tresen 2
- Saal 1 und Saal 2
- Bar
- Café
- einzelne Betriebe einer Gastronomiekette
- einzelne Filialbetriebe eines Gastronomieunternehmens

Erfolgsrechnung für Profitcenter/Betriebsergebnisrechnung

Zuweilen werden einzelne Bereiche, Abteilungen, Einheiten eines Betriebs definiert, für die die Kosten und Ergebnisse gesondert ermittelt werden sollen. Diese Bereiche werden als Profitcenter bezeichnet.

Ein Profitcenter ist ein organisatorischer Teil eines Unternehmens, für den eine eigene Erfolgsrechnung durchgeführt wird.

Verantwortung und Entscheidungsbefugnis für die Filialen/Betriebe werden in hohem Maße den Betriebsleitern übertragen. Die einzelnen Betriebe/Abteilungen werden so zu relativ selbstständigen Einheiten. Die Filialleiter planen ihre Geschäfte innerhalb eines vorgegebenen Handlungsspielraums selbst. Für jede Sparte wird ein eigener Gewinn ermittelt und zur Beurteilung und Steuerung der Sparte herangezogen.

Durch diese leistungsorientierte Beurteilung kann die Tätigkeit des entsprechenden Bereichs besser gesteuert und auf ihre Rentabilität überprüft werden. Während auf Kostenstellen nur Kosten gebucht werden, werden diese in einem Profitcenter den Erträgen des Geschäftsbereichs bzw. der Abteilung gegenübergestellt. Die Kernidee ist also, dass das Profitcenter wie ein eigenes Unternehmen denken und agieren soll.

Neben dem Zweck der Motivation der Mitarbeiter, welche nun für ihre Gewinne verantwortlich sind und unternehmerisch handeln können, kann die Profitcenter-Kalkulation dazu genutzt werden, gewinnbringende Unternehmensbereiche von verlustbringenden zu unterscheiden.

17.6.5 Kostenträgerrechnung – Wofür sind die erfassten Kosten angefallen?

Die Kostenträgerrechnung ist nach der Kostenarten- und der Kostenstellenrechnung die dritte mögliche Stufe der Kostenrechnung. Sie erfolgt als
- Kostenträgerzeitrechnung oder als
- Kostenträgerstückrechnung.

Hier soll nur auf die **Kostenträgerstückrechnung** eingegangen werden. Dabei geht es um die zentrale Frage: „Welche Kosten sind in welcher Höhe pro Kostenträger (also pro Stück eines produzierten bzw. verkauften Produkts) angefallen?“ Es geht also darum, die Stückkosten eines Produkts zu berechnen. Zwei Verfahren können hierfür eingesetzt werden:
- die Divisionskalkulation
- die Berechnung der Selbstkosten mithilfe der Zuschlagkalkulation

Divisionskalkulation
Bei dieser Form der Berechnung werden die gesamten Kosten einer Periode durch die Anzahl der in der Periode verkauften Leistungseinheiten geteilt.

$$\textbf{Stückkosten} = \frac{\text{Gesamtkosten}}{\text{Anzahl der Leistungseinheiten}}$$

Da diese Kalkulation nur bei gleichartigen Leistungen/Produkten (z. B. Bierstand) sinnvoll ist, ist sie für die Systemgastronomie selten geeignet.

Berechnung der Selbstkosten mithilfe der Zuschlagkalkulation
Hier werden zu den Einzelkosten, die einem Produkt direkt zurechenbar sind (meist nur die Materialkosten, siehe Berechnungsbeispiel in Kapitel 17.7.2), die Gemeinkosten in Form des in der Kostenstellenrechnung (siehe Kapitel 17.6.4) berechneten Gemeinkostenzuschlagsatzes aufgeschlagen.

Damit ergibt sich folgendes Schema:

	Materialkosten
+	Gemeinkosten
=	**Selbstkosten (bzw. Stückkosten)**

Beispiel:
Berechnung der Selbstkosten
In Kap. 17.6.4 wurde für „unsere“ Pastagerichte einen Gemeinkostenzuschlagssatz von 300 % berechnet. Ausgehend von der Annahme, dass die Materialkosten für dieses Pastagericht 1,50 € betragen, ergäben sich folgende Selbstkosten:

	Materialkosten	= 1,50 €	≙ 100 %
	Gemeinkosten	= 4,50 €	≙ 300 %
=	Selbstkosten	= 6,00 €	

17.7 Internes Rechnungswesen: Kalkulation und Preisgestaltung

Nachdem in der Kostenrechnung alle Kosten erfasst worden sind, geht es nun darum, die Verkaufspreise für die einzelnen Produkte zu berechnen bzw. den Gesamtgewinn des Betriebs zu ermitteln. Dabei wird zwischen Zuschlagkalkulation und Prime-Cost-Rechnung auf der einen Seite und Deckungsbeitragsrechnung auf der anderen Seite unterschieden. Die Zuschlagkalkulation und Prime-Cost-Rechnung sind Verfahren der Vollkostenrechnung, d. h., alle Kosten fließen mit in die Kalkulation ein. Die Deckungsbeitragsrechnung berücksichtigt dagegen nur bestimmte entscheidungsrelevante Kosten. Sie gehört also zu den Verfahren der Teilkostenrechnung.

17.7.1 Berücksichtigung des Umsatzsteuersatzes bei der Kalkulation

7 % Umsatzsteuer für Speisen außer Haus

19 % Umsatzsteuer bei Verzehr im Gastraum

Beispiel für 19 % Umsatzsteuer
Ein Drei-Gänge-Menü hat einen Nettopreis von 32,77 €. Die Umsatzsteuer in Höhe von 6,23 € (19 % von 32,77 €) wird durch den Gastronomen eingenommen. Der Bruttopreis, den der Gast bezahlt, beträgt 39,00 €.
Der Gastronom muss also 6,23 € an den Staat/Fiskus abführen.

Lieferungen und sonstige Leistungen, die Unternehmen erbringen, unterliegen der Umsatzsteuer. Das Unternehmen nimmt mit dem Umsatz regelmäßig auch die Umsatzsteuer ein. Dies geschieht für und anstelle des Staats/Fiskus (Finanzamt). Das Unternehmen muss die für den Staat/Fiskus eingenommene Umsatzsteuer regelmäßig an den Staat/Fiskus abführen.

Der normale Umsatzsteuersatz beträgt 19 % vom Nettoumsatz (der sogenannten Bemessungsgrundlage). Lieferungen von Speisen (nicht Getränke!) außer Haus unterliegen dem ermäßigten Umsatzsteuersatz von 7 % (wie Lebensmittel im Einkauf). Außer-Haus-Verkäufe von Speisen (Fast Food zum Mitnehmen, Imbiss, Pizza-Lieferservice etc.) werden daher nur mit 7 % Umsatzsteuer belastet.

Werden Menüs, die aus Speisen und Getränken bestehen, außer Haus verkauft, müssen die Getränke mit 19 % belastet werden, während die Speisen 7 % Umsatzsteuer enthalten.

Die Umsatzsteuerrechtslage bezüglich der Umsatzsteuerermäßigung für Außer-Haus-Verkäufe wird seit Jahren immer wieder diskutiert.

Aufgrund der unterschiedlichen Umsatzsteuersätze ist ein getrenntes Bonieren/Erfassen der Inhaus- und Außer-Haus-Verkäufe notwendig.

Für die Berechnung der Umsatzsteuer dienen folgende Rechenwege:

Bruttoverkaufspreis (bei 19 % USt) = Nettoverkaufspreis · 1,19

Bruttoverkaufspreis (bei 7 % USt) = Nettoverkaufspreis · 1,07

Nettoverkaufspreis (bei 19 % USt) $= \frac{\text{Bruttoverkaufspreis}}{1{,}19}$

Nettoverkaufspreis (bei 7 % USt) $= \frac{\text{Bruttoverkaufspreis}}{1{,}07}$

$$\textbf{Umsatzsteuer (bei 19 \% USt)} = \frac{\text{Bruttoverkaufspreis}}{119} \cdot 19$$

$$\textbf{Umsatzsteuer (bei 7 \% USt)} = \frac{\text{Bruttoverkaufspreis}}{107} \cdot 7$$

Beispiel für 19 % und 7 % Umsatzsteuer

Ein aus einem Getränk und einer Speise bestehendes Menü, das außer Haus verkauft wird, enthält sowohl 19 % Umsatzsteuer für das Getränk als auch 7 % Umsatzsteuer für die Speise.

Quittung

Anz.	*Artikel*	*Euro*	*Gesamt*
2	Burger Menu	7,39	14,78
	Cola 0,5 l		
	Pommes		
Außen total (inkl. MwSt.)			14,78
gegeben Euro			20,00
Rückgeld Euro			5,22

	Satz	*Brutto*	*MwSt.*
inkl. MwSt.	19 %	1,04	0,17
inkl. MwSt.	7 %	13,74	0,90

Vielen Dank für Ihren Besuch!

17.7.2 Zuschlagkalkulation

Die Zuschlagkalkulation wird vorrangig zur Preisfindung eingesetzt. Es werden drei verschiedene Verfahren dafür eingesetzt:

a) Stufenschema

b) verkürztes Schema – mit Bruttoaufschlag

b) verkürztes Schema – mit Kalkulationsfaktor

Die Zuschlagkalkulation ergibt sich immer aus den Materialkosten, den Gemeinkosten, der Gewinnerwartung und der Umsatzsteuer.

a) Zuschlagkalkulation – Stufenschema

Hier wird von den Materialkosten ausgegangen und es werden zunächst die Gemeinkosten (siehe Kapitel 17.6.4) addiert. Dann werden Gewinnerwartung und Umsatzsteuer zugeschlagen. Gehen wir wieder von Materialkosten in Höhe von 1,50 € und einem Gemeinkostenzuschlagsatz von 300 % aus, ergibt sich unter Annahme einer Gewinnerwartung von 20 % und der Umsatzsteuer folgende Kalkulation.

Zuschlagkalkulation – Stufenschema

	Materialkosten (Warenkosten)
+	Gemeinkostenzuschlag
=	**Selbstkosten**
+	Gewinnerwartung
=	**kalkulierter Preis/Nettoverkaufspreis**
+	Umsatzsteuer
=	**Inklusivpreis**

(In manchen Betrieben wird auf den kalkulierten Preis ein prozentualer Anteil für die Umsatzbeteiligung des Service aufgeschlagen.)

Beispiel

100,00 %			1,50 €
300,00 %			→ 4,50 €
400,00 %	100,00 %		6,00 €
	20,00 %		→ 1,20 €
	120,00 %	100,00 %	7,20 €
		19,00 %	→ 1,37 €
		119,00 %	**8,57 €**

Auf der Speisekarte würde in diesem Fall ein runder Preis von 9,00 € oder ein Preis unterhalb der Neun-Euro-Schwelle von 8,95 € angegeben werden. Bei der folgenden Berechnung mithilfe des verkürzten Schemas und des Kalkulationsfaktors, ist es jedoch wichtig, mit dem genauen, also dem ungerundeten Wert (8,57 €) weiterzurechnen.

Wird mit einem durchschnittlichen Gesamtaufschlag, der auch als Bruttoaufschlag bezeichnet wird, gerechnet, erfolgt die Berechnung des Verkaufspreises mit einem vereinfachten Verfahren.

Selbstkosten

Zu den Selbstkosten gehören alle Kosten, die im Zusammenhang mit der Herstellung und dem Verkauf eines Produkts entstehen.

Gewinnerwartung

Erwartete Verzinsung für das in das Produkt investierte Kapital

b) Verkürztes Schema – mit Bruttoaufschlag

Der Bruttoaufschlag enthält alle Aufschlagsbestandteile, nämlich Selbstkosten, Gewinn, Umsatzsteuer. Er wird in der Regel als Prozentsatz der Materialkosten berechnet bzw. angegeben.

Es gelten folgende Formeln für die Berechnung des Bruttoaufschlags:

1. **Ermittlung des Bruttoaufschlags in €:**

   Inklusivpreis
   – Materialkosten
   Bruttoaufschlag (in €)

Beispiel
8,57 €
– 1,50 €
7,07 €

2. **Ermittlung des Bruttoaufschlags in %:**

$$\textbf{Bruttoaufschlag (in \%)} = \frac{\text{Bruttoaufschlag in € } \cdot 100\ (\%)}{\text{Materialkosten}}$$

Beispiel

$$\frac{7{,}07\ € \cdot 100\ \%}{1{,}50\ €} = \mathbf{471{,}3\ \%}$$

3. **Ermittlung des Inklusivpreises mithilfe des Bruttoaufschlags:**

   Materialkosten
   + Bruttoaufschlag (in % und €)
   = **Inklusivpreis**

Beispiel

100,0 %	1,50 €
471,3 %	7,07 €
571,3 %	**8,57 €**

c) Verkürztes Schema – mit Kalkulationsfaktor

Der Kalkulationsfaktor ist eine Unternehmenskennzahl, mit deren Hilfe in einem Schritt von den Netto-Materialkosten der Inklusivpreis (Bruttoverkaufspreis) kalkuliert werden kann.

Der Kalkulationsfaktor hat keine Einheit!

1. Berechnung des **Kalkulationsfaktors**:

$$\frac{\text{Inklusivpreis}}{\text{Materialkosten}} = \text{Kalkulationsfaktor}$$

Beispiel

$$\frac{8{,}57\ €}{1{,}50\ €} = \mathbf{5{,}713}\ \text{(Kalkulationsfaktor)}$$

2. Berechnung des **Inklusivpreises**:

   Materialkosten · Kalkulationsfaktor = Inklusivpreis

Beispiel
1,50 € · 5,713 = **8,57 €** (Inklusivpreis)

Exkurs: Ermittlung der Materialkosten

Entscheidend für eine richtige Kalkulation ist die genaue Kenntnis über die Materialkosten. Diese müssen anhand der Rezepturen (Mengen) und der Wareneinkaufspreise ermittelt werden. Besonders wichtig ist, dass bei der Berechnung der Materialkosten Zubereitungsverluste (z. B. Abschnitt, Parierverluste, Schwund, Verderb) sowie Zapf- und Schankverluste (z. B. Anstichverluste, Bierleitungsreinigungsverluste) berücksichtigt werden. Diese lassen sich in der Regel als Durchschnittswerte einbeziehen.

Beispiel: Berechnung der Gesamtmaterialkosten für 5 Pizzen

Zutaten	Mehl	Hefe	Zucker	Salz	Mozzarella	stückige Tomaten (Dose)	Tomatenmark	Pfeffer	Parmesan, frisch gerieben	Basilikum, frisch	Olivenöl	**Gesamtkosten**
Menge	500 g	30 g	½ TL	½ TL	250 g	400 g	2 EL		4 EL	1 Bund	6 EL	
Materialkosten	0,15 €	0,20 €	0,03 €	0,01 €	1,50 €	1,00 €	0,05 €		0,15 €	0,30 €	0,20 €	**3,59 €**

Somit ergeben sich als Materialkosten für eine Pizza: 3,59 € : 5 = 0,72 € je Pizza

Vorteile der Zuschlagkalkulation

- Die Zuschlagkalkulation ist ein schnelles, einfaches Verfahren, insbesondere wenn mit dem Kalkulationsfaktor gerechnet wird. So können die Preise schnell angepasst werden, wenn sich Einflussfaktoren ändern (z. B. der Einkaufspreis einer Ware).
- Der Kalkulationsfaktor und der Bruttoaufschlag sind Unternehmenskennzahlen, die für eine gewisse Zeit bestehen bleiben und daher eine einfache Berechnung ermöglichen.
- Da die Daten zur Berechnung der Zuschlagkalkulation in der Regel aus der jüngeren Vergangenheit stammen, können aktuelle oder kurzfristig erwartete Preissteigerungen/Kostensteigerungen in Form eines pauschalen Aufschlags in die Zuschlagkalkulation einbezogen werden.

Nachteile der Zuschlagkalkulation

- Die Zuschlagkalkulation ist ein starres Verfahren, da für jedes Produkt der gleiche Gemeinkostenzuschlag angesetzt wird.
- Die reine Zuschlagkalkulation lässt außer Acht, welcher Preis am Markt durchgesetzt werden kann. Wird vom Kunden ein höherer Preis akzeptiert, als er sich mittels Zuschlagkalkulation ergibt, sollte dieser verlangt werden.
- Wird ein mittels Zuschlagkalkulation ermittelter Preis vom Kunden nicht akzeptiert, muss die Preisfindung geändert werden.
- Über die Zuschlagkalkulation lässt sich nicht ermitteln, ob mit einem Produkt überhaupt Gewinn erzielt wird. Zur Beantwortung dieser Frage kann die Deckungsbeitragsrechnung (siehe Kapitel 17.8) dienen.

d) Rückwärtskalkulation

Die Rückwärtskalkulation ist im Rahmen der Zuschlagkalkulation der retrograde (rückwärtsgewandte) Kalkulationsweg. Sie wird eingesetzt, um die maximal möglichen Materialkosten bei einem vorgegebenen Inklusivpreis zu berechnen. Grundlage ist ebenfalls ein Stufenschema, das jedoch im Vergleich zur Zuschlagkalkulation umgekehrt ausgeführt wird.

Bei der Berechnung ist darauf zu achten, dass immer vom erhöhten Grundwert ausgegangen werden muss. Also im unteren Beispiel von 119 %, 120 % und 300 %.

Rückwärtskalkulation	Beispiel			
Inklusivpreis	119,00 %			8,57 €
– Umsatzsteuer	– 19,00 %			→ –1,37 €
= Nettoverkaufspreis/kalkulierter Preis	100,00 %	120,00 %		7,20 €
– Gewinn		–20,00 %		→ –1,20 €
= Selbstkosten		100,00 %	400,00 %	6,00 €
– Gemeinkosten			–300,00 %	→ –4,50 €
= Materialkosten (Warenkosten)			100,00 %	**1,50 €**

Der Materialeinsatz darf also 1,50 € nicht überschreiten, wenn der kalkulierte Gewinn von 1,20 € erreicht werden soll.

17.7.3 Primecost-Kalkulation

Die Primecost-Rechnung ist ein Kalkulationsverfahren, das im Food-&-Beverage-Management inzwischen hohe Bedeutung erlangt hat. Grund dafür ist die Tatsache, dass die Personalkosten neben dem Wareneinsatz (Materialkosten) als Kostengröße immer mehr an Bedeutung gewinnen.

Bei dieser Kalkulation wird versucht, einem einzelnen Gericht möglichst genau die Personaleinzelkosten zuzuordnen (Fertigung/Service). Die Kalkulation erfolgt nach folgendem Schema:

Primecost-Kalkulation

	Wareneinsatz
+	Personaleinzelkosten je Gericht
=	**Primecost**
+	Gemeinkosten
=	**Selbstkosten**
+	Gewinn
=	**Nettoverkaufspreis**
+	Umsatzsteuer
=	**Bruttoverkaufspreis**

Da bei der Primecost-Rechnung jedem Artikel nicht nur der Wareneinsatz, sondern auch die produktionsspezifischen Personalkosten als Einzelkosten zugerechnet werden, ist die Kalkulationssicherheit größer als bei der Zuschlagkalkulation.

Um die Primecosts berechnen zu können, müssen zuerst die Personaleinzelkosten für ein Gericht berechnet werden. Dies geschieht auf folgende Weise:

1. **Berechnung des Stundenkostensatzes:**

$$\textbf{Stundenkostensatz} = \frac{\text{Personalkosten (aus der Kostenrechnung)}}{\text{produktive Arbeitsstunden}}$$

2. **Berechnung der Personaleinzelkosten je Gericht:**

$$\textbf{Personaleinzelkosten} = \frac{\text{Stundenkostensatz} \cdot \text{Arbeitszeit pro Gericht}}{\text{60 Minuten}}$$

Auch für die Gemeinkosten muss ein neuer Zuschlag errechnet werden, da in den Gesamtgemeinkosten für den Küchenbereich die Personaleinzelkosten nicht mehr enthalten sind.

3. **Berechnung des Gemeinkostenzuschlags:**

$$\textbf{Gemeinkostenzuschlag} = \frac{\text{Gemeinkosten (ohne Personaleinzelkosten)} \cdot 100}{\text{Wareneinsatz + Personaleinzelkosten}}$$

Typischer Einsatzbereich der Primecost-Kalkulation

Die Berechnung wird häufig bei folgender Fragestellung eingesetzt: Ist es wirtschaftlicher, ein Gericht selbst zu produzieren oder auf Convenience-Produkte zurückzugreifen (siehe nebenstehendes Beispiel)?

> **Beispiel für eine Primecost-Rechnung**
>
> Eigene Herstellung:
> Stundenkostensatz: 15,00 €/Stunde
> Materialkosten: 3,00 €/Stück
> Fertigungszeit: 30 Minuten
>
> 0,5 Std. · 15,00 €/Std.
> = 7,50 € Personalkosten
> \+ 3,00 € Materialkosten
> **10,50 €** Primecost
>
> Einsatz eines Convenience-Produkts:
> Stundenkostensatz: 15,00 €/Stunde
> Materialkosten: 6,00 €/Stück
> Fertigungszeit: 15 Minuten
> 0,25 Std. · 15,00 €
> = 3,75 € Personalkosten
> 6,00 € Materialkosten
> **9,75 €** Primecost
>
> Ergebnis: obwohl das Convenience-Produkt teurer ist, lohnt sich dessen Einsatz.

Vorteile der Primecost-Kalkulation

Der Vorteil der Primecost-Rechnung gegenüber der Zuschlagkalkulation liegt darin, dass die Personalkosten als wichtiger Kalkulationsbestandteil möglichst direkt, als Einzelkosten, zugerechnet werden. Dies macht die Kostenstruktur eines Produkts transparenter.

Der in der Zuschlagkalkulation verwendete durchschnittliche Gemeinkostenzuschlag auf alle Produkte in gleicher Höhe lässt die unterschiedlichen Fertigungskosten verschiedener Produkte unbeachtet. Hier ist die Primecost-Kalkulation genauer.

Nachteile der Primecost-Kalkulation

Ein Problem der Primecost-Rechnung liegt in der genauen Ermittlung der Personaleinzelkosten für die jeweiligen Produkte. So hängt die Fertigungszeit eines Gerichts z. B. davon ab, ob 10 Portionen in einem Arbeitsgang hergestellt werden oder zu unterschiedlichen Zeiten.

Außerdem unterscheiden sich die Personalkosten der Mitarbeiter in der Fertigung und ebenso deren Arbeitseffizienz/Produktivität. In der Praxis wird daher mit Mittelwerten/Durchschnittswerten für Fertigungszeiten bzw. Personalkosten gerechnet. Das einfache Verfahren der Preisermittlung mit einem einheitlichen Kalkulationsfaktor ist bei der Primecost-Kalkulation nicht möglich.

17.7.4 Preisgestaltung

Nicht jeder kalkulierte Verkaufspreis („Preis, der genommen werden muss") lässt sich beim Gast durchsetzen. Ist dieser Preis zu hoch, wird sich das Produkt nicht verkaufen lassen. Wird es zu einem Preis angeboten, den der Gast zu zahlen bereit ist, wird mit diesem Produkt möglicherweise kein Gewinn erwirtschaftet oder es wird sogar unter den Selbstkosten verkauft. Manche Produkte müssen angeboten werden, selbst wenn die Kalkulation niedrig ist und damit wenig verdient wird, wenn die Kunden ein Angebot dieser Produkte erwarten. Bei anderen Produkten kann mit einem marktgerechten Verkaufspreis ein guter Gewinn erzielt werden.

Unabhängig von der Kalkulation kann ein Verkaufspreis nicht (deutlich) höher als der des Wettbewerbers festgesetzt werden, da die Gäste dann möglicherweise zur Konkurrenz wechseln. Andererseits braucht der Verkaufspreis nicht deutlich unter dem der Konkurrenz zu liegen, selbst wenn die Kalkulation dies zulässt.

> Vernünftige Preispolitik verlangt Augenmaß!

Verkaufspreise müssen im gesamten Umfeld des Betriebs gesehen werden.

17.8 Internes Rechnungswesen: Deckungsbeitrag und Break-even-Analyse

Deckungsbeitrag/Deckungsbeitragsrechnung
Die Deckungsbeitragsrechnung ist eine Teilkostenrechnung. Sie hat zum Ziel, denjenigen „Beitrag" eines Produkts zu ermitteln, den dieses Produkt zur Deckung der fixen Kosten sowie zur Erzielung eines Gesamtgewinns des Betriebs beiträgt.

Der Deckungsbeitrag ist also der Betrag, den ein Produkt bei einem vorgegebenen Nettoverkaufspreis über die ihm zurechenbaren variablen Kosten hinaus erwirtschaftet. Hierbei wird von vorgegebenen Preisen (Marktpreisen) für das Produkt ausgegangen.

Die Berechnung findet nach folgendem Schema statt:

Beispiel für die Berechnung des Deckungsbeitrags

Nettoverkaufspreis Flasche Wein	20,00
abzüglich variable Kosten (hier: Wareneinsatz) sowie Servicepersonalkosten-Anteil/Flasche	9,00
Deckungsbeitrag der Flasche Wein	11,00

  Nettoverkaufspreis pro Stück
– variable Kosten pro Stück
Deckungsbeitrag pro Stück

Ziel der Deckungsbeitragsrechnung ist die Feststellung, ob ein positiver Deckungsbeitrag erzielt wird, ob also beim Verkauf eines Produkts wenigstens die variablen Kosten gedeckt sind.

Der Deckungsbeitrag gibt den Betrag an, der zur Deckung der fixen Kosten zur Verfügung steht.

Bei der Deckungsbeitragsrechnung ist der **minimale Nettoverkaufspreis** immer die Summe der variablen Kosten. Der **minimale Bruttoverkaufspreis** ist immer die Summe der variablen Kosten zuzüglich der Umsatzsteuer.

Die Deckungsbeitragsrechnung bietet folgende Vorteile:
- Da die Preisuntergrenze bekannt ist, kann ein Preis innerhalb dieser Grenze angepasst werden, z.B. als Reaktion auf einen niedrigeren Preis beim Mitbewerber.
- Mithilfe der Deckungsbeitragsrechnung lässt sich der „Gewinnpunkt" berechnen (siehe Break-even-Analyse, nächste Seite).

Das Problem der Deckungsbeitragsrechnung besteht darin, die variablen Kosten exakt zu berechnen. Denn um den tatsächlichen Gewinn zu berechnen, müssen die variablen Kosten und fixen Kosten berücksichtigt werden. Dabei sind die fixen Kosten, z.B. Miete oder Pacht, Gebühren, Gehalt des Geschäftsführers, unabhängig von der Höhe der Ausbringungsmenge. Die variablen Kosten, z.B. Materialkosten, Personaleinzelkosten, Energieverbrauch, dagegen ändern sich mit der Höhe der Ausbringungsmenge.

Dies lässt sich grafisch anschaulich darstellen.

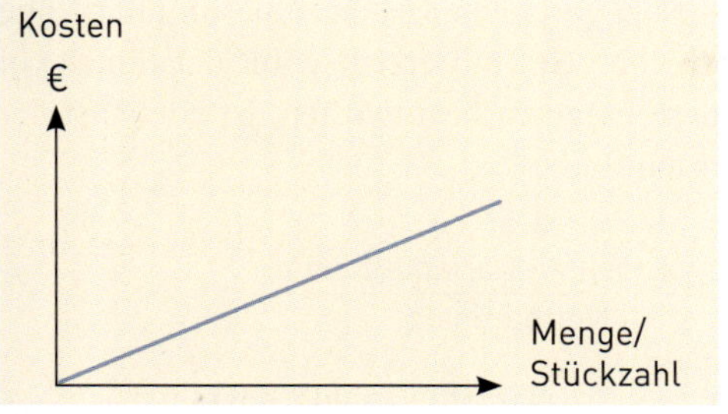

Gesamtkostenkurve variable Kosten

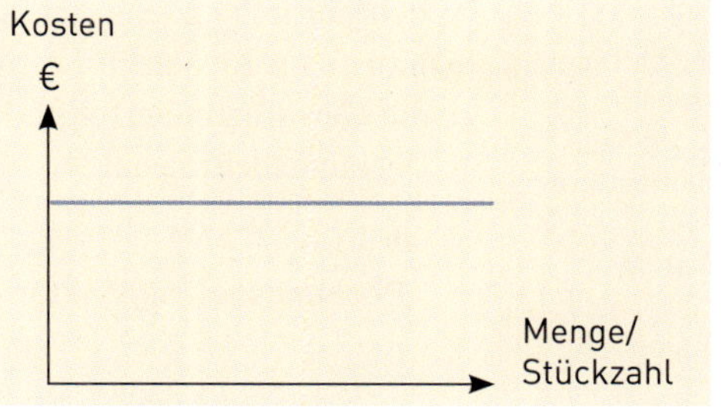

Gesamtkostenkurve fixe Kosten

Werden hingegen die jeweiligen **Stückkosten** betrachtet, ergibt sich folgendes Bild: Die variablen Stückkosten bleiben bei steigender Ausbringung konstant, die fixen Stückkosten dagegen sinken mit steigender Ausbringungsmenge.

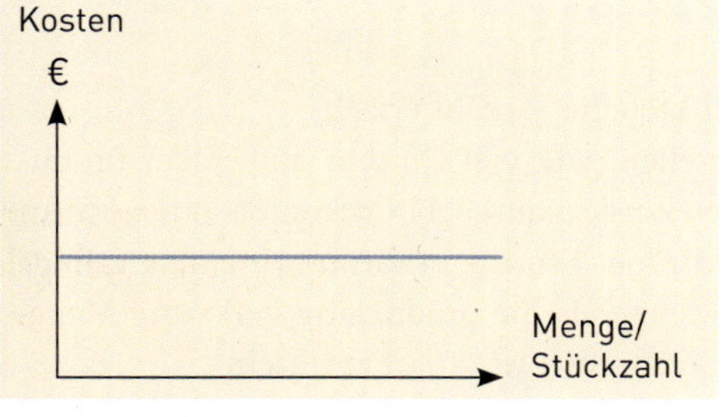

Stückkostenkurve variable Kosten

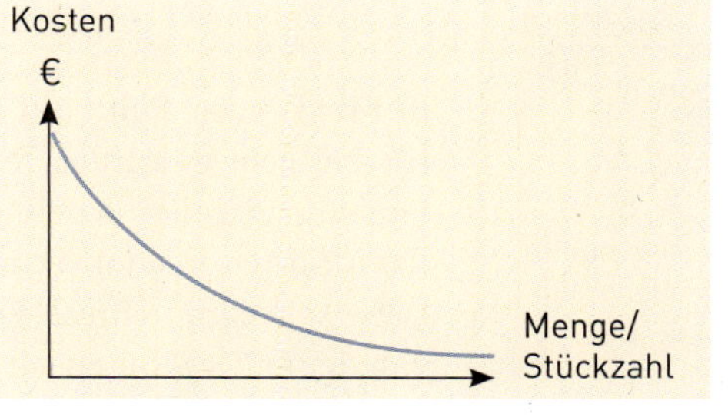

Stückkostenkurve fixe Kosten

Werden schließlich die variablen und fixen Kosten zusammengefasst, ergeben sich die Gesamtkosten wie folgt:

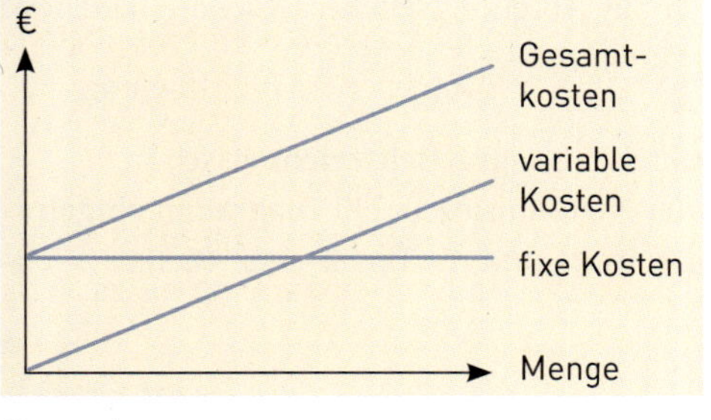

Gesamtkosten

Break-even-Analyse (Gewinnschwelle)

Die Break-even-Analyse ist ein Instrument der Gewinnplanung und Gewinnkontrolle als Entscheidungshilfe für die Unternehmensführung.

Der „Break-even-Point" ist die sogenannte Gewinnschwelle. Wenn diese Schwelle (Umsatz oder verkaufte Menge) überschritten ist, wird Gewinn erzielt. Dabei werden folgende Break-even-Points unterschieden:

a) Break-even-Point auf Betriebsebene (Betrieb erzielt Gewinn)
b) Break-even-Point auf Produktebene (Produkt erzielt Gewinn)

Beispiel für die Berechnung des Break-even-Points auf Betriebsebene
Die Fixkosten eines Betriebs betragen p. a. 500.000 €. Der durchschnittliche Wareneinsatz beträgt 30 % des Nettoumsatzes, andere variable Kosten werden vernachlässigt.
Bei welchem Nettoumsatz ist der Break-even-Point erreicht (ab welchem Umsatz wird Gewinn erzielt)?

$$\text{Deckungsbeitragsfaktor} = \frac{100\ (\%) - 30\ (\%)}{100\ (\%)} = 0{,}7$$

$$\text{Break-even-Umsatz} = \frac{500.000\ €}{0{,}7} = 714.285\ €$$

Kontrolle:

Umsatz	714.285 €
– variable Kosten (30 % von 714.285 €)	– 214.285 €
– fixe Kosten	– 500.000 €
Gewinn	0 €

Bei einem Nettoumsatz von 714.285 € sind der Wareneinsatz (30 % von 714.285 €) sowie die Fixkosten von 500.000 € gedeckt. Der Break-even-Point ist erreicht. Bei steigenden Umsätzen wird Gewinn erzielt. Der Umsatz von 714.285 € muss erzielt werden, damit keine Verluste entstehen.

Beispiel für die Berechnung des Break-even-Points auf Produktebene
Der Wein (siehe Seite 634) soll 1.000 € Fixkosten erwirtschaften.

$$\frac{1.000\ (€)}{11\ (€\ \text{je Flasche})} = 90{,}9\ \text{Flaschen}$$

Es müssen also 91 Flaschen verkauft werden.

a) Break-even-Analyse auf Betriebsebene
Hierbei geht es darum, festzustellen, wie viel Umsatz ein Betrieb monatlich/jährlich erzielen muss, damit bei variablen Kosten in bestimmter Höhe und fixen Kosten in bestimmter Höhe Gewinn erzielt wird (der Eintritt in die Gewinnzone erfolgt). Um diese Frage zu beantworten, ist zunächst der Deckungsbeitragsfaktor zu ermitteln:

$$\textbf{Deckungsbeitragsfaktor} = \frac{\text{Nettoumsatz} - \text{variable Kosten}}{\text{Nettoumsatz}} \text{ oder}$$

$$= \frac{100\ \% - \text{Prozentzahl variable Kosten}}{100\ \%}$$

Der Break-even-Point für einen Betrieb wird dann wie folgt ermittelt:

$$\textbf{Break-even-Umsatz} = \frac{\text{Fixkosten}}{\text{Deckungsbeitragsfaktor}}$$

b) Break-even-Point auf Produktebene – rechnerisch
Hierbei geht es darum, festzustellen, wie viel Umsatz mit einem Produkt monatlich/jährlich erzielt werden muss, damit bei bestimmten variablen und fixen Kosten Gewinn erzielt wird (der Eintritt in die Gewinnzone erfolgt). Diese sogenannte Break-even-Menge als die produzierte/verkaufte Menge, von der an Gewinn erzielt wird, lässt sich wie folgt ermitteln:

$$\textbf{Break-even-Menge} = \frac{\text{Fixkosten}}{\text{Deckungsbeitrag pro Stück}}$$

Der Break-even-Point kann auch auf Abteilungsebene, Geschäftsfeldebene oder anderen Ebenen ermittelt werden.

c) Break-even-Point auf Produktebene – grafisch/zeichnerisch
Werden die Gesamtkosten und der Nettoumsatz in ein Diagramm eingetragen, lassen sich der Break-even-Umsatz und die Break-even-Menge zeichnerisch ermitteln.

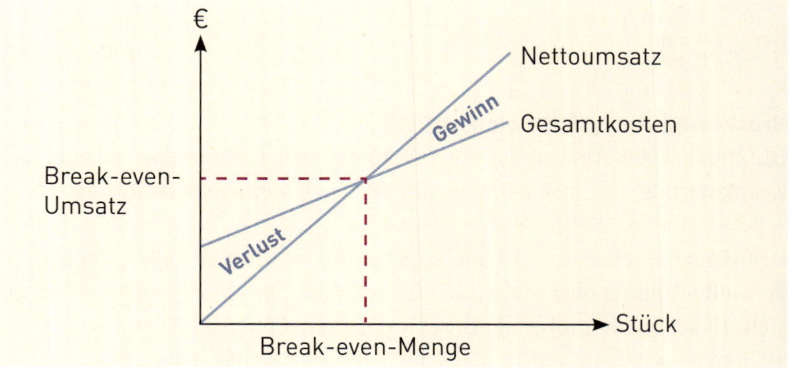

Break-even-Analyse

17.9 Kostenkontrolle und Maßnahmen zur Kostenreduzierung

Kostenkontrolle

Aufgabe der Geschäftsführung/Betriebsleitung/Controllingabteilung ist es unter anderem, die Kosten und die Kostenentwicklung des Betriebs laufend zu kontrollieren. Wichtiges Ziel des internen Rechnungswesens ist das Liefern von Zahlen und Werten für diese Kostenkontrolle.

Im Controllingkreislauf ergibt sich aus der Kostenkontrolle regelmäßig Bedarf, die Kosten anzupassen und sie so gering wie möglich zu halten. Eine Kostensenkung verfolgt das Ziel der Gewinnsteigerung. Geringere Kosten führen in der Regel zu einem höheren Gewinn. Dieses ist Teilziel jeder Unternehmensführung und Maßnahme der Existenzsicherung. Daher sind Maßnahmen zur Kostenreduzierung und -minimierung zu planen und umzusetzen. Hierbei darf die Qualität der Leistung möglichst nicht beeinträchtigt werden, da dies langfristig zu Akzeptanzverlust und Umsatzrückgängen führen kann. Als Ziel kann also wie folgt definiert werden:
Kostenreduzierung, die nicht zulasten der Qualität geht.

Beispiele für Fragen zur Kostenkontrolle

- Wie hoch ist der Wareneinsatz?
- Wie hoch ist der Wareneinsatz bei Food/Beverage?
- Wie hoch ist der Wareneinsatz eines bestimmten Produkts?
- Wie hoch sind die Personalkosten im Verhältnis zum Umsatz?
- Wie hoch sind die Gesamtkosten einer geplanten Veranstaltung?
- Wie hoch sind die Kosten für Marketing/Werbung?
- Ist es teurer, bestimmte Produkte selbst zu fertigen oder sie zuzukaufen?
- In welchen Bereichen des Unternehmens steigen die Kosten?
- Welche Kosten steigen und warum (z. B. Energiepreiserhöhungen des Versorgers)?

Wie erfolgt die Kostenkontrolle?

Die Kostenkontrolle erfolgt durch Sichtung und Auswertung aller Kostenzahlen und -daten aus dem betrieblichen Rechnungswesen, einschließlich aller Statistiken und Kennzahlen.

Maßnahmen zur Kostenreduzierung

Parallel zur Kontrolle der Kosten muss ständig überlegt werden, wie eine Reduzierung der Kosten erreicht bzw. ein Ansteigen der Kosten vermieden werden kann.
Folgende Maßnahmen könnten z. B. eingesetzt werden:

- Verringerung des Wareneinsatzes durch bessere Verwertung von Überbeständen, gezielteren Einkauf oder Einkauf bei günstigeren Lieferanten
- Fremdfertigung oder Einsatz von Convenience-Produkten, um Personalkosten zu senken
- Reduzierung der Personalkosten durch verbesserte Personaleinsatzplanung (um Überbesetzungen und Leerlauf zu vermeiden)
- Überdenken und ggf. Neugestalten, Verschlanken, Neuorganisieren, Optimieren von Prozessen/Arbeitsabläufen, um Personalkosten zu reduzieren
- Reduzierung der Werbekosten durch gezielteren Einsatz von Werbemaßnahmen oder Überprüfung des Erfolgs von Werbemaßnahmen
- Optimierung der Lagerhaltung (um Kapitalkosten, Beschaffungsaufwand, Schwund etc. zu reduzieren und ggf. bessere Einkaufskonditionen zu erzielen)
- Outsourcing bestimmter Betriebsbereiche (Reinigung, Finanzbuchhaltung etc.)
- Einrichtung energieeffizienter Verbraucher (Strom/Wasser/Heizung)

17.10 Betriebswirtschaftliche Statistik und Vergleichsrechnung

17.10.1 Statistik

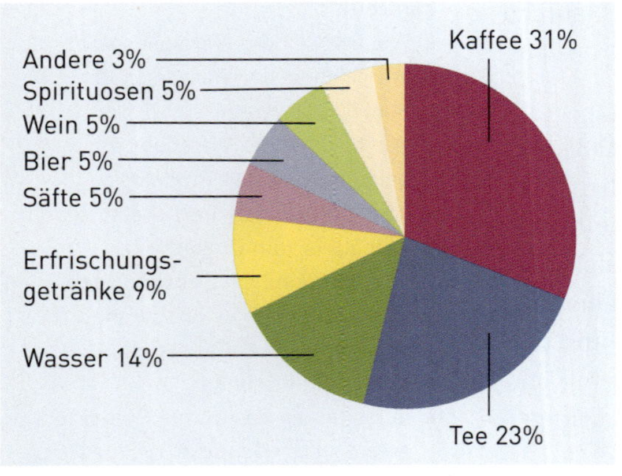

Beispiel für eine statistische Auswertung der Umsatzanteile (Tortendiagramm)

Die Statistik bereitet als Teil des betrieblichen Rechnungswesens Zahlen aus der Finanzbuchhaltung und der Kostenrechnung auf und ergänzt sie um Daten aus anderen Betriebsbereichen, z.B. Anzahl der Gäste oder Anzahl der Mitarbeiterstunden. Die Daten und Werte (das Zahlenmaterial) können rechnerisch zu Kennzahlen umgeformt werden.

17.10.2 Kennzahlen und Kennzahlensysteme

Eine moderne Unternehmensführung bedient sich regelmäßig bestimmter branchenbezogener Kennzahlen und Kennzahlensysteme. Dabei werden schwer überschaubare Daten zu aussagekräftigen Größen gebündelt. So können Informationen verdichtet, komplexe Zusammenhänge einfach dargestellt und Abhängigkeiten verdeutlicht werden.

Kennzahlen haben folgende Funktionen:

- den Erfolg des Unternehmens messbar und bewertbar zu machen
- Abläufe im Betrieb zu überwachen bzw. zu kontrollieren
- Ergebnisse verschiedener Zeiträume miteinander vergleichbar zu machen
- Ergebnisse des eigenen Unternehmens mit denen von anderen Unternehmen vergleichbar zu machen

Bestimmte, für den einzelnen Betrieb wichtige Kennzahlen werden zu Kennzahlensystemen zusammengeführt, anhand derer der Betrieb gesteuert werden soll. Hierfür werden die Kennzahlen z.B. im Zeitverlauf über Monate und Jahre gelistet, um Verläufe, Trends und Entwicklungen zu erkennen. Oft werden Frühindikatoren festgelegt, um frühzeitig negative Entwicklungen erkennen zu können.

Es gibt unterschiedliche Kennzahlen, die für die Betriebsführung interessant sein können.

1. Kennzahlen der Wirtschaftlichkeit

$$\textbf{Wirtschaftlichkeit (in \%)} = \frac{\text{Leistungen} \cdot 100}{\text{Kosten}}$$

$$\textbf{Wareneinsatzquote (in \%)} = \frac{\text{Wareneinsatz} \cdot 100}{\text{(Netto)Umsatz}}$$

$$\textbf{Personalkostenquote (in \%)} = \frac{\text{Personalkosten} \cdot 100}{\text{(Netto)Umsatz}}$$

2. Kennzahlen der Rentabilität

$$\textbf{Eigenkapitalrentabilität (in \%)} = \frac{\text{Gewinn} \cdot 100}{\text{Eigenkapital}}$$

$$\textbf{Gesamtkapitalrentabilität (in \%)} = \frac{(\text{Gewinn} + \text{Zinsaufwand}) \cdot 100}{\text{Gesamtkapital}}$$

$$\textbf{Umsatzrentabilität (in \%)} = \frac{\text{Gewinn} \cdot 100}{\text{Umsatz}}$$

$$\textbf{Kapitalumschlag} = \frac{\text{Umsatz}}{\text{Gesamtkapital}}$$

Return on Investment (in %) (ROI)

$$= \text{Umsatzrentabilität} \cdot \text{Kapitalumschlag}$$

$$= \frac{\text{Gewinn}}{\text{Umsatz}} \cdot \frac{\text{Umsatz}}{\text{Gesamtkapital}} \cdot 100$$

$$= \frac{\text{Gewinn}}{\text{Gesamtkapital}} \cdot 100$$

Rentabilität
Rentabilitäten sind Zahlen, bei denen eine Ergebnisgröße zu einer anderen Größe, die dieses Ergebnis maßgeblich mitbestimmt, in Beziehung (Relation) gesetzt wird.

Erläuterungen zu den Kennzahlen der Rentabilität

- **Umsatz:** Nettoumsatz
- **Gesamtkapital:** besteht aus Eigen- und Fremdkapital; ist auf der Passivseite der Bilanz aufgeführt
- **Gewinn:** Jahresüberschuss; durch Abschluss der Gewinn-und-Verlust-Rechnung ermittelt
- **Zinsaufwand:** sind Zinsen für Fremdkapital und somit Kosten; verringern daher in der Gewinn-und-Verlust-Rechnung den Gewinn; müssen daher bei der Berechnung des „ROI" hinzuaddiert werden
- **Kapitalumschlag:** ist eine **einheitslose** Dezimalzahl (keine Prozentzahl)
- **ROI:** beschreibt die Rentabilität einer unternehmerischen Tätigkeit, gemessen am Gewinn im Verhältnis zum eingesetzten Kapital

3. Kennzahlen des Umsatzes

Umsatz pro Gast	Umsatz je Sitzplatz
Umsatz je Mitarbeiter	Umsatz pro Mitarbeiterstunde = Produktivität

4. Kennzahlen der Liquidität

$$\textbf{Liquidität 1. Grades} = \frac{\text{flüssige Mittel} \cdot 100}{\text{kurzfristiges Fremdkapital}}$$

$$\textbf{Liquidität 2. Grades} = \frac{(\text{flüssige Mittel} + \text{kurzfristige Forderungen}) \cdot 100}{\text{kurzfristiges Fremdkapital}}$$

Liquidität
Liquidität ist die Fähigkeit, seine Verbindlichkeiten fristgerecht und uneingeschränkt begleichen zu können.

Erläuterungen zu den Kennzahlen der Liquidität

- **flüssige Mittel:** Kassenbestände, Guthaben auf Konten bei Kreditinstituten
- **kurzfristiges Fremdkapital:** kurzfristige Verbindlichkeiten, z. B. aus Lieferungen oder Kontokorrentkredite
- **kurzfristige Forderungen:** Forderungen aus Leistungen, die noch nicht voll beglichen sind, wenn z. B. Gäste ihre Rechnungen noch nicht bezahlt haben

Cashflow
Der Cashflow bezeichnet die Finanzkraft/Selbstfinanzierungskraft des Unternehmens und damit die Fähigkeit, Schulden zu tilgen, Investitionen selber zu tragen oder Gewinne auszuschütten. Ein hoher Cashflow verbessert die Kreditwürdigkeit eines Unternehmens.

Dynamischer Verschuldungsgrad
Der dynamische Verschuldungsgrad gibt an, wie viele Jahre es dauern würde, die Verschuldung zurückzuführen, wenn der gesamte Cashflow jeweils zur Schuldentilgung verwendet wird. Er dient als Maß der Kreditwürdigkeit.

5. Kennzahlen zum Cashflow

Cashflow = Betriebsergebnis + Abschreibungen auf Anlagen

$$\textbf{Dynamischer Verschuldungsgrad} = \frac{\text{Fremdkapital}}{\text{Cashflow}}$$

Erläuterungen zum Cashflow

- Betriebsergebnis: entspricht dem Unternehmensgewinn = Einnahmen – Ausgaben
- Abschreibungen: gemeint sind in der Regel die kalkulatorischen Abschreibungen; sie werden addiert, da sie dem Unternehmen zur Refinanzierung zur Verfügung stehen.

Betriebsvergleiche und Benchmarking

Die Kennzahlen, aber auch die absoluten Zahlen und Werte des eigenen Betriebs können regelmäßig mit denen von Vergleichsbetrieben (Betriebsvergleich) oder mit Branchendurchschnittswerten (Branchenvergleich) verglichen werden. Die Ergebnisse zeigen, wo der eigene Betrieb im Vergleich zu anderen steht und ob und wo Anpassungen erforderlich sind.

Im Rechnungswesen ist der Vergleich der einzelnen Betriebe ein wichtiger Faktor. Da die Betriebe oft ähnlich organisiert sind und geführt werden, werden sie vergleichbar. Ziel solcher Betriebsvergleiche ist es, festzustellen, welche Betriebe in welchen Bereichen vom Durchschnitt abweichen.

Beim **Benchmarking** geht es darum, den eigenen Betrieb auch in bestimmten Teilbereichen, z. B. Personaleinsatzquote, am **besten Betrieb** der gleichen Branche oder am besten Vergleichsbetrieb zu messen.

Kontierungsrichtlinien

Um die Vergleichbarkeit zu gewährleisten, muss das Rechnungswesen der zu vergleichenden Betriebe einheitlich aufgebaut werden. Deshalb gibt es regelmäßig vereinheitlichte Kontenpläne und Kontierungsrichtlinien, d. h. Anweisungen an die Finanzbuchhaltung, auf welchen Konten der Finanzbuchhaltung bestimme Sachverhalte zu verbuchen sind.
Auch die Struktur der Auswertungssysteme (kurzfristige Erfolgsrechnung, betriebswirtschaftliche Auswertung, Kennzahlensystem) sind gleichgeschaltet mit dem Ziel der Vergleichbarkeit der Betriebe.

17.11 Planungsrechnungen

Planungsrechnungen sollen die Zukunft des Unternehmens abbilden und dem Unternehmer ermöglichen, Istwerte und Planwerte zu vergleichen und ggf. auf Abweichungen zu reagieren. Pläne können auf Mehrjahresbasis, Jahresbasis, Monats-, Wochen- oder Tagesbasis erstellt werden. Wer wissen will, ob er im laufenden Monat zahlungsfähig ist oder Kredit benötigt, erstellt beispielsweise eine tagesgenaue oder monatsgenaue Liquiditätsplanung.

Erfolgreiche Betriebsleiter stellen Pläne auf!

Pläne werden für die Zukunft gemacht. Sie beinhalten Annahmen über Entwicklungen in der Zukunft. Gleichzeitig verwenden sie Ergebnisse aus der Vergangenheit, nämlich die tatsächlichen Zahlen der Vergangenheit. Das Planen, Umsetzen und Kontrollieren der Planerreichung sowie in der Folge das Neuplanen bilden wiederum den Controllingkreislauf ab.
Es sind unterschiedliche Teilpläne für die unterschiedlichen Bedürfnisse denkbar. In der Regel sind dies:

Ertragsplan
Hier werden Umsatzerlöse, Kosten (z. B. Materialkosten, Personalkosten, Raumkosten), sonstige betriebliche Aufwendungen, Zinsen, Steuern etc. und das Ergebnis/der Gewinn geplant.

Liquiditätsplan
Hier werden die Geldflüsse, laufenden Einnahmen und Ausgaben, Ausgaben für Investitionen oder Darlehenstilgungen etc. sowie der Bestand der flüssigen Mittel geplant.

Investitionsplan
Hier wird geplant, welche Investitionen z. B. in Sachanlagen (neue Bestuhlung, neue Tresenanlage, neue Geräte etc.) durchgeführt werden sollen und wie hoch diese Investitionen ausfallen sollen.

Maßnahmenplan
Hier werden Maßnahmen überlegt und geplant, um bestimmte Ziele zu erreichen (z. B. Marketingmaßnahmen zur Erhöhung des Dessertumsatzes) .

Budgetierung
Die Budgetierung versieht geplante Maßnahmen (z. B. Werbemaßnahmen aus der Marketingplanung) mit Geldbeträgen. Ein Budget wird erstellt, um die Ausgaben für Maßnahmen zu planen und auf das Budget zu begrenzen. In der Gastronomie wird meistens für ein Jahr im Voraus budgetiert. Das Budget ist bei allen Maßnahmen der begrenzende Faktor. Es ist darauf zu achten, dass es eingehalten wird.

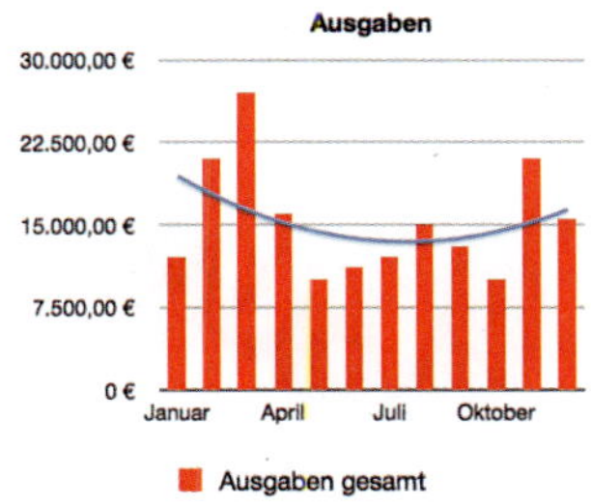

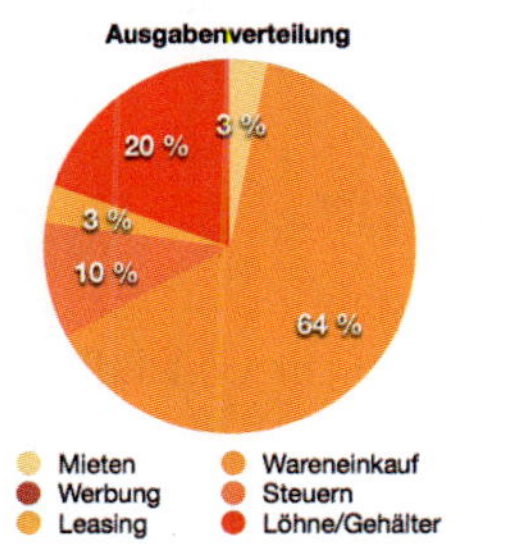

Darstellungsformen für das Berichtswesen, z. B. Säulendiagramm und Tortendiagramm

17.12 Berichtswesen

Die Auswertungen des externen und des internen Rechnungswesens, also der Finanzbuchhaltung und Kostenrechnung, werden regelmäßig in Controllingberichten, sogenannten „Reports", an die Verantwortlichen (Geschäftsführung, Systemzentrale etc.) weitergegeben.

Die Darstellungsformen sind unterschiedlich. Denkbar sind z. B. Tabellen sowie grafische Darstellungsformen, verbunden mit textlichen Erläuterungen. Die Art der Ausgestaltung ist abhängig von den Anforderungen der Geschäftsleitung.

17.13 Let's think about ... controlling!

Sie arbeiten im Rahmen Ihrer Ausbildung in der Controllingabteilung und betreuen eine englische Praktikantin, die Sie für drei Wochen begleiten soll. Sie hat ihre englischsprachigen Karteikarten mitgebracht, mit denen sie sich auf die Prüfung vorbereiten will. Sie zeigt Ihnen eine Karte, auf der sie im Unterricht Informationen über die Bedeutung von Kostenkontrolle notiert hat.

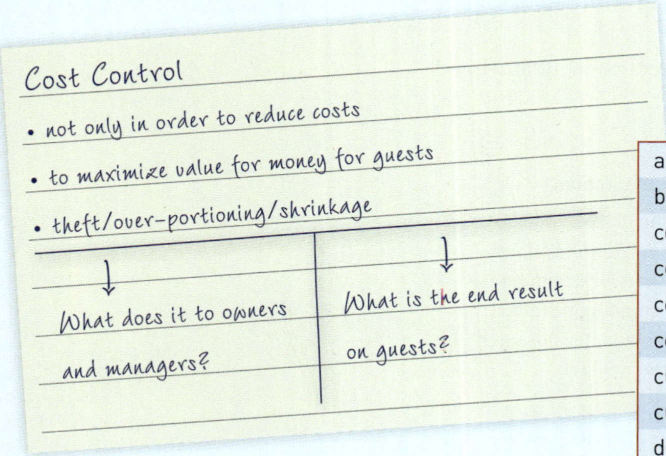

approach	Ansatz
benefit	Profit
compensation	Kompensation, Ausgleich
comptroller BE	Controller (nur finanziell)
controller	Controller (auch technisch)
cost, costs	Kosten
customer count	Gästeauslastung
customer-centric	kundenfreundlich
decrease	Abnahme, Verringerung
increase	Zunahme, Anstieg
inventory	Inventar
inventory control	Inventur
ordering	(Waren-)Bestellung
perishables	verderbliche Waren
purchase	Einkauf
receiving	Warenannahme
shortages	(Waren-)Knappheit
shrinkage	Schwund, Verlust
spoilage	Schwund, Verderb
supplier	Lieferant
value	Wert
customer-centric	kundenfreundlich
inefficient	ineffizient, unwirtschaftlich
in stock	vorrätig
insignificant	unerheblich
significant	erheblich
to benefit	profitieren
to compensate	ausgleichen
to control	kontrollieren, überprüfen
to decrease	verringern
to increase	vergrößern
to maximize	maximieren
to purchase	kaufen, erwerben
to raise	erhöhen
to reduce	reduzieren, verringern

Die Praktikantin hat dazu noch Fragen:
"I don't get it. Theft – well, I know it's stealing, but the company is rolling in money anyway, so it's only their money and it has no effect or end result for the guests. And over-portioning is certainly not bad for them. What is called the *end result for guests* in that they get better value for money. So it's in their interest, isn't it?"

1. Erklären Sie ihr

... zum Diebstahl,

- ... dass Sie mehr einkaufen müssen, wenn Material gestohlen wird, da immer genügend von einem Produkt vorrätig sein muss.
- ... dass diese Mehrkosten letztlich auf den Verkaufspreis aufgeschlagen und somit vom Kunden bezahlt werden müssen.

... zur Überportionierung,

- ... dass zu große Portionen beim Gast die Erwartung erzeugen, dass er immer so viel bekommen wird.
- ... dass diese Erwartung zur Enttäuschung führt, wenn er beim nächsten Mal „nur" eine normal große Portion erhält.

... zum Verlust bzw. Schwund,

- ... dass falsch kalkulierte Einkaufsmengen vor allem bei leicht verderblichen Lebensmitteln ein Problem darstellen können.

Eine Inventur im Lager hat ergeben, dass die tatsächlichen Bestände kleiner sind als sie sein sollten. Um dies in Zukunft zu vermeiden, soll in Schulungen auf die Wichtigkeit einer korrekten Warenannahme hingewiesen werden. Für Englisch sprechende Mitarbeiter sollen Sie eine gesonderte Schulung durchführen. Mithilfe einer Checkliste für die Warenannahme bereiten Sie die Schulung vor.

2. Erstellen Sie eine Vokabelliste, damit Sie die folgende Checkliste auf Englisch umfassend darstellen und erklären können. Ergänzen Sie diese in Ihren Notizen um weitere Kontrollpunkte und legen Sie dann ein Vokabelverzeichnis mit den notwendigen Begriffen an.

Vokabular Checkliste (Schulung)

LKW	lorry, truck
Ware	...
Warenmenge	...
Verpackung	...
sauber	...
korrekt	...
unbeschädigt	undamaged
...	...

Checkliste
Wareneingang TK

kontrolliert am ____________ (Datum) kontrolliert durch ____________ (Unterschrift)

	ja	nein	Bemerkungen
Lkw sauber			
Warenmenge korrekt			
Verpackungen unbeschädigt			
Ware sauber			
...			

17.14 Aufgaben

1 | Erläutern Sie den Begriff „Controlling“ und nennen Sie die wichtigsten Aufgaben des Controllings.

2 | Beschreiben Sie an einem selbst gewählten Beispiel aus Ihrem beruflichen Alltag den Controllingkreislauf mit seinen einzelnen Phasen.

3 | Unterscheiden Sie „externes“ und „internes“ Rechnungswesen.

4 | Grenzen Sie Auszahlungen, Ausgaben, Aufwand und Kosten voneinander ab.

5 | Definieren Sie den Begriff „Jahresabschluss“.

6 | a) Erstellen Sie eine Übersicht über den Aufbau einer Bilanz.
b) Erklären Sie die einzelnen Posten.

7 | Bereiten Sie eine kurze Schulung zu den Themen Abschreibung und Amortisation vor.

8 | Unterscheiden und erläutern Sie im Rahmen der Kosten- und Leistungsrechnung:
- Kostenartenrechnung
- Kostenstellenrechnung
- Kostenträgerrechnung

9 | a) Erarbeiten Sei ein Schema zur Zuschlagkalkulation.
b) Erläutern Sie die Begriffe „Kalkulationsfaktor“ und „Bruttoaufschlag“

10 | Berechnen Sie den Inklusivpreis, den Kalkulationsfaktor und den Bruttoaufschlag in Euro und in Prozent für ein Gericht, wenn die Materialkosten 3,00 €, der Gemeinkostenzuschlag 200 %, die Gewinnerwartung 30 % und die Mehrwertsteuer 19 % betragen.

11 | Bestimmen Sie die Höhe der Materialkosten für ein Essen, wenn mit einem Bruttoaufschlag von 350 % gerechnet wird und der Inklusivpreis 22,50 € beträgt.

12 | Wie viel Prozent beträgt der Bruttoaufschlag, wenn bei einer Zuschlagkalkulation für ein Essen außer Haus mit 350 % Gemeinkosten, einem Gewinn von 25 %, einem Bedienungsgeld von 15 % und der gesetzlichen Mehrwertsteuer gerechnet wird?

13 | Wie hoch ist nach der Primecost-Rechnung der Inklusivpreis für ein Gericht, wenn die Materialkosten 1,50 €, die Gewinnerwartung 15 % und die MwSt. 7 % betragen und die Arbeitszeit (bei einem durchschnittlichen Stundenlohn eines Mitarbeiters von 16 €) 7,5 Minuten beträgt?

14 | a) Unterscheiden Sie „variable“ und „fixe“ Kosten und nennen Sie jeweils vier geeignete Beispiele.
b) Erläutern Sie den Begriff „Deckungsbeitrag“.
c) Erklären Sie den Begriff „Break-even-Point“.

15 | In Ihrem Restaurant soll das Mittagsgeschäft belebt werden. Um die freien Kapazitäten besser zu nutzen, wird geplant, auf der Mittagskarte zusätzlich ein vegetarisches Gericht anzubieten. Der Wareneinsatz hierfür beträgt 2,00 €.
a) Wie viel Euro müssen Sie nach der Deckungsbeitragsrechnung als absolute Preisuntergrenze (netto und brutto) ansetzen?
b) Wie viele Portionen müssen Sie mindestens verkaufen, wenn durch die Aktion zusätzlich fixe Kosten in Höhe von 500,00 € entstehen und das Gericht mit einem Inklusivpreis von 10,00 € während der Aktion angeboten wird?
c) Erstellen Sie eine grafische Übersicht zur Berechnung des Break-even-Points.

16 | Sie planen mit folgenden Zahlen für die Produktion eines Gerichts:

Materialkosten:	2,50 €
Personaleinzelkosten:	1,50 €
Energiekosten:	0,50 €
sonstige variable Kosten:	0,50 €

Sie haben 4.500,00 € fixe Kosten pro Monat und eine Gewinnerwartung von 2.000,00 €. Das Gericht steht mit 12,00 € auf der Karte. Wie viele Menüs müssen Sie (nach der Deckungsbeitragsrechnung) verkaufen, um Ihre fixen Kosten zu decken und Ihre Gewinnerwartung zu erfüllen?

18 Mathematische Grundlagen

- Rechnen mit Einheiten
- Dreisatzrechnen
- Prozentrechnen
- Zinsrechnen
- Verteilungsrechnen
- Mischungsrechnen

18.1 Rechnen mit Einheiten

18.1.1 Längenmaße

Längenmaße dienen zur Angabe der Länge einer Strecke. Die Basiseinheit der Länge ist der Meter (m).

Längenmaße: 1 m = 10 dm = 100 cm = 1000 mm
1 mm = 0,1 cm = 0,01 dm = 0,001 m
1 km = 1000 m

Bedeutung der Abkürzungen: d = dezi, c = centi, m = milli, k = kilo

Regeln zur Umwandlung der Einheiten

- von der größeren zur kleineren Einheit: „Anzahl der Schritte zählen", „pro Schritt mit **10** multiplizieren"

  Beispiele:
  0,8 m sollen in mm umgewandelt werden: m → dm → cm → mm 3 Schritte → 0,8 · 10 · 10 · 10 = 800 mm
  2,5 dm sollen in cm umgewandelt werden: dm → cm 1 Schritt → 2,5 · 10 = 25 cm

- von der kleineren zur größeren Einheit: „Anzahl der Schritte zählen", „pro Schritt durch 10 dividieren"

  Beispiele:
  25 cm sollen in m umgewandelt werden: cm → dm → m 2 Schritte → 25 : 10 : 10 = 0,25 m
  480 mm sollen in dm umgewandelt werden: mm → cm → dm 2 Schritte → 480 : 10 : 10 = 4,8 dm

18.1.2 Flächenmaße

Flächenmaße dienen zur Angabe der Größe einer Fläche mit einer bestimmten Länge (a) und Breite (b).

Die Grundeinheit der Fläche ist der Quadratmeter (m^2).

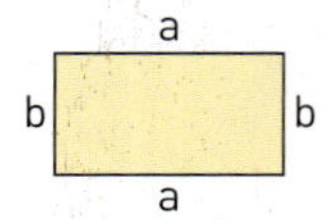

Fläche eines Vierecks: $A = a \cdot b$
$m^2 = m \cdot m$

Flächenmaße: 1 m^2 = 100 dm^2 = 10 000 cm^2 = 1 000 000 mm^2
1 mm^2 = 0,01 cm^2 = 0,0001 dm^2 = 0,000001 m^2

Regeln zur Umwandlung der Einheiten

- von der größeren zur kleineren Einheit: „Anzahl der Schritte zählen", „pro Schritt mit **100** multiplizieren"

  Beispiele:
  0,05 m^2 sollen in cm^2 umgewandelt werden: m^2 → dm^2 → cm^2 2 Schritte → 0,05 · 100 · 100 = 500 cm^2
  2,5 cm^2 sollen in mm^2 umgewandelt werden: cm^2 → mm^2 1 Schritt → 2,5 · 100 = 250 mm^2

- von der kleineren zur größeren Einheit: „Anzahl der Schritte zählen", „pro Schritt durch 100 dividieren"

  Beispiele:
  5 000 cm^2 sollen in m^2 umgewandelt werden: cm^2 → dm^2 → m^2 2 Schritte → 5 000 : 100 : 100 = 0,5 m^2
  600 mm^2 sollen in cm^2 umgewandelt werden: mm^2 → cm^2 1 Schritt → 600 : 100 = 6 cm^2

18.1.3 Raummaße

Raummaße dienen zur Angabe eines Volumens mit einer bestimmten Länge (a), Breite (b) und Höhe (c).

Die Grundeinheit des Volumens ist der Kubikmeter (m^3).

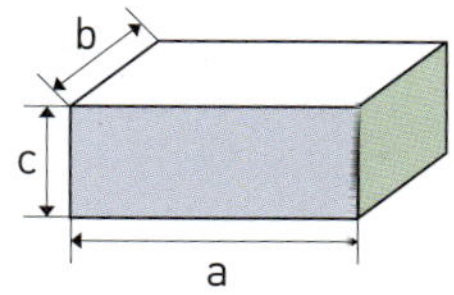

Volumen eines Quaders: $V = a \cdot b \cdot c$
$m^3 = m \cdot m \cdot m$

Raummaße: 1 m^3 = 1000 dm^3 = 1000000 cm^3 = 1000000000 mm^3
1 mm^3 = 0,001 cm^3 = 0,000001 dm^3 = 0,000000001 m^3

Regeln zur Umwandlung der Einheiten

- von der größeren zur kleineren Einheit: „Anzahl der Schritte zählen", „pro Schritt mit 1000 multiplizieren"

  Beispiele:
  0,02 m^3 sollen in cm^3 umgewandelt werden: $m^3 \rightarrow dm^3 \rightarrow cm^3$ 2 Schritte → $0{,}02 \cdot 1000 \cdot 1000 = 20\,000\ cm^3$
  40 cm^3 sollen in mm^3 umgewandelt werden: $cm^3 \rightarrow mm^3$ 1 Schritt → $40 \cdot 1000 = 40\,000\ mm^3$

- von der kleineren zur größeren Einheit: „Anzahl der Schritte zählen", „pro Schritt durch 1000 dividieren"

  Beispiele:
  50 dm^3 sollen in m^3 umgewandelt werden: $dm^3 \rightarrow m^3$ 1 Schritt → $50 : 1000 = 0{,}05\ m^3$
  6000 mm^3 sollen in dm^3 umgewandelt werden: $mm^3 \rightarrow cm^3 \rightarrow dm^3$ 2 Schritte → $6000 : 1000 : 1000 = 0{,}006\ dm^3$

18.1.4 Hohlmaße

Hohlmaße dienen ebenfalls zur Angabe eines Volumens.
Die Grundeinheit für die Hohlmaße ist der Liter (l).

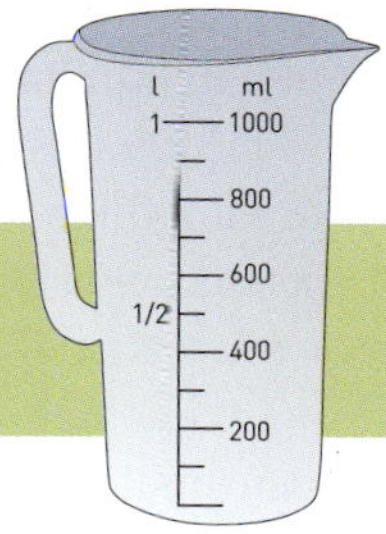

Hohlmaße: 1 l = 10 dl = 100 cl = 1 000 ml
1 ml = 0,1 cl = 0,01 dl = 0,001 l
1 hl = 100 l (hl = Hektoliter)

Regeln zur Umwandlung der Einheiten

- von der größeren zur kleineren Einheit: „Anzahl der Schritte zählen", „pro Schritt mit 10 multiplizieren"

  Beispiele:
  0,5 l sollen in ml umgewandelt werden: l → dl → cl → ml 3 Schritte → $0{,}5 \cdot 10 \cdot 10 \cdot 10 = 500$ ml
  3,5 cl sollen in ml umgewandelt werden: cl → ml 1 Schritt → $3{,}5 \cdot 10 = 35$ ml

- von der kleineren zur größeren Einheit: „Anzahl der Schritte zählen", „pro Schritt durch 10 dividieren"

  Beispiele:
  25 cl sollen in l umgewandelt werden: cl → dl → l 2 Schritte → $25 : 10 : 10 = 0{,}25$ l
  60 ml sollen in dl umgewandelt werden: ml → cl → dl 2 Schritte → $60 : 10 : 10 = 0{,}6$ dl

Für den Zusammenhang zwischen Raummaßen und Hohlmaßen gilt: 1 dm^3 = 1 l
1 cm^3 = 1 ml

18.1.5 Gewichtseinheiten

Gewichtseinheiten (Masseeinheiten) dienen zur Angabe der Masse eines Körpers.

Die Basiseinheit der Masse ist das Kilogramm (kg).

Gewichtseinheiten:	1 kg = 1000 g	1 g = 1000 mg
	1 g = 0,001 kg	1 mg = 0,001 g
	1 t = 1000 kg (t = Tonne)	

18.1.6 Zeitmaße

Zeitmaße dienen zur Angabe eines Zeitintervalls.

Die Basiseinheit der Zeit ist die Sekunde (Sek.).

Zeitmaße:	1 Minute (Min.)	= 60 Sekunden (Sek.)	
	1 Stunde (Std.)	= 60 Minuten (Min.)	
	1 Tag	= 24 Stunden	
	1 Monat	= 30 Tage	
	1 Jahr	= 12 Monate	= 360 Tage

In der kaufmännischen Mathematik wird jeder Monat mit 30 Tagen berechnet.

18.1.7 Übungsaufgaben

1. Rechnen Sie in mm (Millimeter) um und addieren Sie: 480 cm, 20 dm, 2,00 m, 0,08 m.
2. Rechnen Sie in m^2 (Quadratmeter) um und addieren Sie: 10000 cm^2, 5000 dm^2, 30000 cm^2.
3. Rechnen Sie in ml (Milliliter) um und addieren Sie: 0,05 l, $\frac{1}{8}$ l, 2 cl.
4. Ein Auszubildender schneidet 1,4 kg Lachsfilet in 43 dünne Scheiben. Er produziert dabei einen Schnittverlust von 24 g. Wie schwer ist durchschnittlich eine Lachsscheibe?
5. Eine Küche ist 13,5 m breit und 7,0 m lang. Sie soll mit Fliesen von 15 cm x 15 cm ausgelegt werden. Wie viele Fliesen sind erforderlich?
6. Wie viele Julienne/Streifen mit einer Kantenlänge 5 mm x 5 mm x 75 mm lassen sich aus einem Käsewürfel mit einer Kantenlänge von 15 cm schneiden?
7. Wie viele kleine Käsewürfel mit der Kantenlänge von 2 cm lassen sich aus einem Käsewürfel mit der Kantenlänge von 14 cm schneiden?
8. Geben Sie den Nutzraum einer Kühltruhe mit den Abmessungen 2 m x 1 m x 80 cm in Litern an.
9. Ihre Tiefkühlzelle ist 2,40 m breit, 3 m lang und 2 m hoch. Wie viel Tiefkühlpakete mit einer Länge von 80 cm, einer Breite von 60 cm und einer Höhe von 50 cm passen (fugenlos) hinein?
10. Aus einem Fass mit einem Inhalt von 0,75 hl wurden 120 Gläser zu 0,3 l ausgeschenkt. Wie viele Gläser zu 0,4 l können zusätzlich ausgeschenkt werden, wenn der Schankverlust bei dem ganzen Fass insgesamt 1,2 l beträgt?
11. Für die Zubereitung eines Cocktails wird $\frac{1}{8}$ l eines Sirups benötigt. Zusätzlich kommen 4 cl Alkohol und 100 ml Sahne hinzu. Wie viel ml Flüssigkeit brauchen Sie für 2 Cocktails?
12. Eine Fritteuse hat die Innenmaße von 50 cm x 65 cm. Der Füllstrich befindet sich in 25 cm Höhe. In der Fritteuse befinden sich 4 Heizstäbe, von denen jeder 45 cm lang, genau 3 cm hoch und 4 cm breit ist. Wie viel Liter Fett werden benötigt, um die Fritteuse bis zum Füllstrich zu füllen?

18.2 Dreisatzrechnen

Der Dreisatz ist ein mathematisches Lösungsverfahren, um aus drei gegebenen Werten eines Verhältnisses den unbekannten vierten Wert zu berechnen (einfacher Dreisatz).
Sind mehr als drei Größen angegeben, wird von einem zusammengesetzten Dreisatz gesprochen.

18.2.1 Einfacher Dreisatz

Beim einfachen Dreisatz werden der Dreisatz mit proportionalem und antiproportionalem Verhältnis unterschieden.

Einfacher Dreisatz mit proportionalem Verhältnis

Zusammenhang beim Dreisatz mit proportionalem Verhältnis:
- „je mehr, desto mehr" oder
- „je weniger, desto weniger"

Beispiel:
1000 g Zucker kosten 1,30 €. Wie teuer sind 300 g?
1 g Zucker ist billiger als 1000 g Zucker. Also liegt ein proportionales Verhältnis vor („je **weniger**, desto **weniger**").

Rechenweg:

: 1000 ↓	1000 g kosten 1,30 €	↓ : 1000
· 300 ↓	1 g kostet $\frac{1{,}30\ €}{1000}$	↓ · 300
	300 g kosten $\frac{1{,}30\ €}{1000} \cdot 300$	
	$= 0{,}39\ €$	

Auf der linken Seite durchgeführte Rechenschritte sind auch auf der rechten Seite durchzuführen.

Die drei Schritte der Rechnung lassen sich in drei Sätzen (**Dreisatz**) ausdrücken:
1. Schritt: Die Textaussage in eine mathematische Form umwandeln.
2. Schritt: Auf die Größe „1" zurückrechnen.
3. Schritt: Von der Größe „1" die gesuchte Größe berechnen.

Dabei sind folgende Regeln zu beachten:
- Gleiche Benennungen untereinanderschreiben.
- Einheiten dazusetzen.
- Gesuchte Größe rechts aufführen.

Zwei weitere mögliche Verfahren:

	Gramm	€	
: 1000 ↓	1000	1,30	↓ : 1000
· 300 ↓	1	$\frac{1{,}30}{1000}$	↓ · 300
	300	$\frac{1{,}30}{1000} \cdot 300$	
		$= 0{,}39\ €$	

oder

1000 g ≙ 1,30 €

300 g ≙ x

$$x = \frac{1{,}30\ € \cdot 300}{1000}$$

$$x = 0{,}39\ €$$

Einfacher Dreisatz mit antiproportionalem Verhältnis

Zusammenhang beim Dreisatz mit antiproportionalem Verhältnis:

- „je mehr, desto weniger" oder
- „je weniger, desto mehr"

Beispiel:
3 Auszubildende brauchen für eine Tätigkeit zusammen 90 Minuten.
Wie lange brauchen 5 Auszubildende für dieselbe Tätigkeit?
Mehr Auszubildende brauchen wahrscheinlich für die gleiche Tätigkeit weniger Zeit.
Also liegt hier ein antiproportionales Verhältnis vor („je **mehr**, desto **weniger**").

Rechenweg:

	3 Auszubildende	≙	90 Minuten	
: 3				· 3
	1 Auszubildender	≙	$90 \cdot 3$ Minuten	
· 5				: 5
	5 Auszubildende	≙	$\frac{90 \cdot 3}{5}$ Minuten	
			= 54 Minuten	

Es ist zu erkennen, dass diesmal auf der linken Seite zunächst dividiert, dagegen auf der rechten Seite multipliziert wird. Im weiteren Verlauf wird dann links multipliziert und rechts dividiert, d. h., die Rechenoperationen sind genau entgegengesetzt. Allerdings fällt auch auf, dass auf jeder Seite sowohl eine Multiplikation als auch Division durchzuführen ist.

Auch beim antiproportionalen Dreisatz sind zwei weitere Verfahren gebräuchlich:

	Auszubildende	Minuten	
	3	90	
: 3			· 3
	1	$90 \cdot 3$	
· 5			: 5
	5	$\frac{90 \cdot 3}{5}$	
		= 54 Minuten	

oder

3 Auszubildende ≙ 90 Minuten

5 Auszubildende ≙ x

$$x = \frac{90 \text{ Minuten} \cdot 3}{5}$$

x = 54 Minuten

18.2.2 Zusammengesetzter Dreisatz

Der zusammengesetzte Dreisatz besteht aus mehreren proportionalen, antiproportionalen oder einer Kombination von proportionalen und antiproportionalen Dreisätzen.

Beispiel:
Zum Putzen von 6 Kisten Salat brauchen 3 Auszubildende zusammen 18 Minuten.
Wie lange brauchen 2 Auszubildende für 8 Kisten Salat?
Hier liegt eine Kombination eines antiproportionalen Dreisatzes (**weniger** Auszubildende brauchen **mehr** Zeit) mit einem proportionalen Dreisatz (für **mehr** Kisten Salat wird **mehr** Zeit gebraucht) vor.

Rechenweg:

- Die Textaussage in eine mathematische Form umwandeln, dabei gleiche Benennungen untereinanderschreiben; auch hier sollte die gesuchte Größe „rechts stehen".
- Zunächst den antiproportionalen Dreisatz berechnen.
- Dann mit dem errechneten Ergebnis den proportionalen Dreisatz berechnen.

	3 Auszubildende	≙ 6 Kisten	≙ 18 Minuten			
: 3				· 3	
	1 Auszubildender	≙ 6 Kisten	≙ 18 · 3 Minuten			
· 2				: 2	
	2 Auszubildende	≙ 6 Kisten	≙ $\frac{18 \cdot 3}{2}$ Minuten		= 27 Minuten
	: 6			: 6	
		≙ 1 Kiste	≙ $\frac{27\ \text{Minuten}}{6}$		
	· 8			· 8	
		≙ 8 Kisten	≙ $\frac{27\ \text{Minuten} \cdot 8}{6}$		= 36 Minuten

Auch auf den zusammengesetzten Dreisatz lassen sich die beiden anderen Verfahren für Dreisatzberechnungen anwenden:

	Auszubildende	Kisten	Minuten	
	3	6	18	
: 3				· 3
	1	6	18 · 3	
· 2				: 2
	2	6	$\frac{18 \cdot 3}{2}$	
		6	= 27	
: 6				: 6
		1	$= \frac{27}{6}$	
· 8				· 8
		8	$= \frac{27}{6} \cdot 8$	
			= 36 Minuten	

oder

(3) Azubis ≙ (6) Kisten ≙ 18 Minuten

(2) Azubis ≙ (8) Kisten ≙ x

$$x = \frac{18\ \text{Minuten} \cdot ③ \cdot ⑧}{② \cdot ⑥}$$

18.2.3 Übungsaufgaben

1. Ein Sack mit 50 kg Zucker kostet 77,50 €. Wie teuer sind 2 000 g Zucker?
2. Eine Flasche Schnaps mit 0,75 l Inhalt kostet im Einkauf 11,25 €.
   Wie hoch ist der Materialwert für ein Glas mit 2 cl Inhalt?
3. Laut Rezeptur wird für die Herstellung einer Weißweinsauce für 4 Portionen $\frac{1}{4}$ Liter Sahne benötigt.
   Wie viel Sahne (in ml) ist für 18 Portionen erforderlich?
4. Ein Auszubildender kommt mit seinem Gehalt 40 Tage aus, wenn er im Durchschnitt täglich 21,00 € ausgibt.
   Wie lange reicht sein Geld, wenn seine Tagesausgaben 16,00 € betragen?
5. 3 Zimmermädchen reinigen 15 Zimmer in 5 Stunden. Welche Zeit benötigen dafür 5 Zimmermädchen?
6. Ein Hotel hat für 51 Gäste einen Lebensmittelvorrat für 24 Tage. Wie lange reichen die Lebensmittel für 36 Personen?
7. Die Häuserwand eines Hotels wird von 8 Arbeitern bei 6 Stunden Arbeitszeit pro Tag in 6 Tagen neu gestrichen.
   Wie viele Tage benötigen 12 Arbeiter bei 4 Stunden Arbeitszeit pro Tag für diese Tätigkeit?
8. 4 Mitarbeiterinnen verdienen in einem Monat (30 Tage) zusammen 10.800,00 €.
   Wie viel Euro würden bei gleicher Vergütung 9 Mitarbeiterinnen in 14 Tagen zusammen verdienen?

18.3 Prozentrechnen

Beim Prozentrechnen werden Zahlenangaben – meistens aus Gründen der Vergleichbarkeit – ins Verhältnis gesetzt.

Dabei gibt es drei Größen:
- **Grundwert (G):** Der Grundwert ist die Ausgangsgröße, auf die sich die Prozentangabe bezieht.
- **Prozentsatz (p):** Der Prozentsatz gibt an, wie viel Hundertstel des Grundwerts die Prozentangabe beträgt.
- **Prozentwert (W):** Als Prozentwert wird der berechnete Prozentsatz bezeichnet. Er hat dieselbe Einheit wie der Grundwert.

Die Prozentrechnung kann durchgeführt werden als
- Bruchrechnung: $25\ \% = \frac{25}{100}$ oder
- Dezimalrechnung: $25\ \% = 0{,}25$

Die Aussage 25 % von 800 kann daher wie folgt berechnet werden:
- $\frac{25}{100} \cdot 800 = 200$ oder
- $0{,}25 \cdot 800 = 200$

In diesen Rechnungen ist 800 der **Grundwert**, 25 % der **Prozentsatz** und 200 der **Prozentwert**.

Beim Prozentrechnen wird immer mit proportionalen Dreisätzen gearbeitet.

18.3.1 Prozentwert

Ausgehend vom Grundwert und Prozentsatz wird der Prozentwert berechnet.

$$\textbf{Prozentwert} = \frac{\text{Grundwert} \cdot \text{Prozentsatz}}{100}$$

Beispiel:
Ein Fleischstück wiegt vor dem Braten 2 600 g. Beim Braten verliert es 14 % seines Gewichts.
Wie viel Gewicht verliert das Fleischstück beim Braten?

Mögliche Rechenwege:

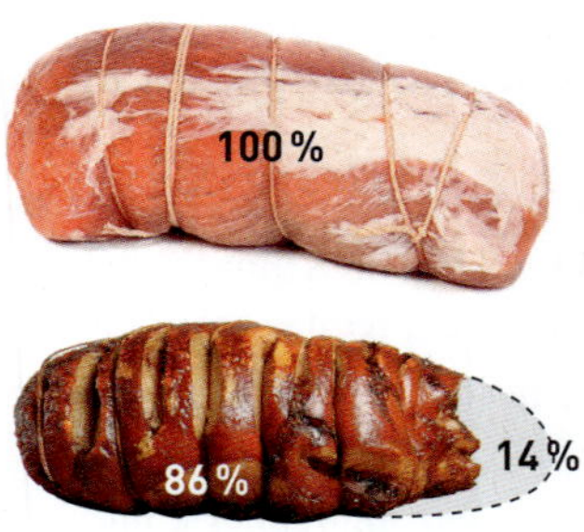

- Berechnung mithilfe eines Bruchs $\frac{14}{100} \cdot 2\,600\text{ g} = 364\text{ g}$
- Berechnung mithilfe einer Dezimalzahl $0{,}14 \cdot 2\,600\text{ g} = 364\text{ g}$
- Berechnung mithilfe der Formel $\frac{2\,600\text{ g} \cdot 14}{100} = 364\text{ g}$
- Berechnung als proportionaler Dreisatz

	%	g	
: 100	100	2 600	: 100
· 14	1	$\frac{2\,600}{100}$	· 14
	14	$\frac{2\,600}{100} \cdot 14$	
		= 364 g	

oder

$100\ \% \mathrel{\hat{=}} 2\,600\text{ g}$

$14\ \% \mathrel{\hat{=}} x$

$$x = \frac{2\,600\text{ g} \cdot 14}{100} = 364\text{ g}$$

18.3.2 Prozentsatz

Es wird berechnet, wie viel Prozent der Prozentwert bezogen auf den Grundwert beträgt.

$$\textbf{Prozentsatz} = \frac{\text{Prozentwert} \cdot 100}{\text{Grundwert}}$$

Beispiel:
Ein Fleischstück wiegt vor dem Braten 2 600 g. Beim Braten verliert es 364 g.
Wie viel Prozent seines Gewichts hat das Fleisch beim Braten verloren?

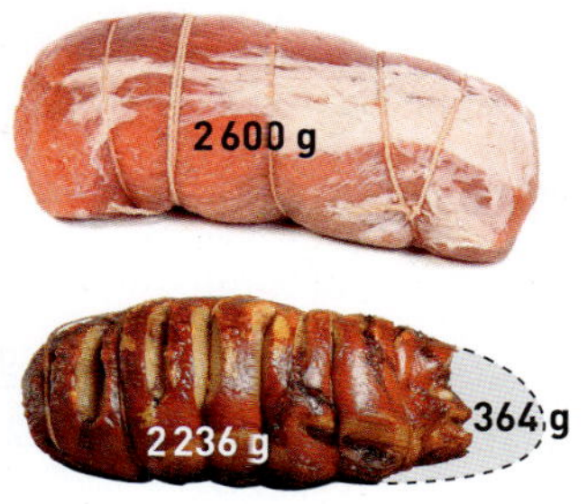

Mögliche Rechenwege:

- Berechnung mithilfe der Formel $\frac{364 \cdot 100\,\%}{2600} = 14\,\%$
- Berechnung als proportionaler Dreisatz

	g	%	
	2 600	100	
: 2 600	1	$\frac{100}{2600}$	: 2 600
· 364	364	$\frac{100}{2600} \cdot 364$	· 364
		= 14 %	

oder

2 600 g ≙ 100 %

364 g ≙ x

$$x = \frac{100\,\% \cdot 364}{2600} = 14\,\%$$

18.3.3 Grundwert

Es wird mithilfe des Prozentsatzes und Prozentwerts der Grundwert berechnet. Das Ergebnis gibt an, wie groß der Ausgangwert war, auf den sich der Prozentsatz und Prozentwert beziehen.

$$\textbf{Grundwert} = \frac{\text{Prozentwert} \cdot 100}{\text{Prozentsatz}}$$

Beispiel:
Ein Fleischstück hat beim Braten 14 % seines Gewichts verloren. Es wiegt 364 g weniger.
Wie schwer war es vorher?

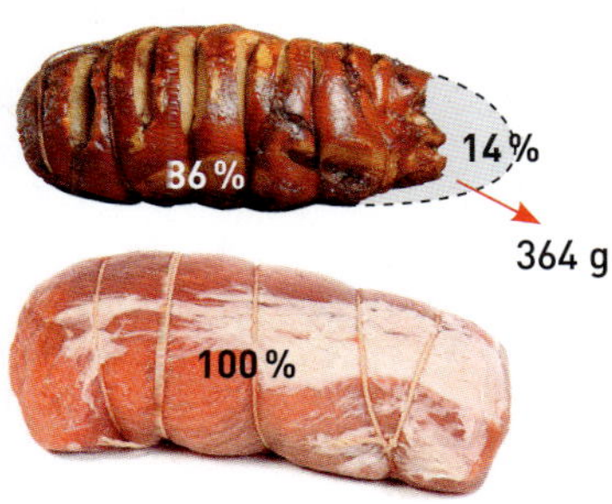

Mögliche Rechenwege:

- Berechnung mithilfe der Formel $\frac{364\text{ g} \cdot 100}{14} = 2600\text{ g}$
- Berechnung als proportionaler Dreisatz

	%	g	
	14	364	
: 14	1	$\frac{364}{14}$	: 14
· 100	100	$\frac{364}{14} \cdot 100$	· 100
		= 2 600 g	

oder

14 % ≙ 364 g

100 % ≙ x

$$x = \frac{364\text{ g} \cdot 100}{14} = 2600\text{ g}$$

18.3.4 Verminderter Grundwert

Beispiel:
Ein Fleischstück verliert beim Braten 14 % seines ursprünglichen Gewichts und wiegt nun 2 236 g.
Wie schwer war es vor dem Braten?

Das Problem bei dieser Aufgabe besteht darin, dass weder der Prozentwert noch der Grundwert vorliegen.
Bekannt ist nur der um 14 % **verminderte Grundwert.**
Daher muss folgende Überlegung angestellt werden: Wenn der Braten 14 % seines Gewichts verloren hat, dann hat er nun noch 86 % (100 % – 14 %) seines ursprünglichen Gewichts. Diese 86 % entsprechen 2 236 g.
Nun kann die Berechnung wie gewohnt erfolgen.

Mögliche Rechenwege:

- Berechnung mithilfe der Formel $\text{Grundwert} = \frac{\text{Prozentwert} \cdot 100}{\text{Prozentsatz}}$ $\quad \frac{2236\ \text{g} \cdot 100}{86} = 2600\ \text{g}$
- Berechnung als proportionaler Dreisatz

	%	g	
: 86	86	2 236	: 86
· 100	1	$\frac{2236}{86}$	· 100
	100	$\frac{2236}{86} \cdot 100$	
		= 2 600 g	

oder

86 % ≙ 2 236 g

100 % ≙ x

$$x = \frac{2236\ \text{g} \cdot 100}{86} = 2600\ \text{g}$$

18.3.5 Erhöhter Grundwert

Beispiel:
Der Preis für eine Dose Ananas wurde um 5 % erhöht und beträgt nun 1,68 €. Wie teuer war die Dose ursprünglich?

Auch hier besteht das Problem darin, dass weder der Prozentwert noch der Grundwert vorliegen.
Bekannt ist nur, dass der um 5 % **erhöhte Grundwert** 1,68 € beträgt.
Daher muss zunächst folgende Überlegung angestellt werden: Wenn der Preis für die Dose um 5 % gestiegen ist, dann beträgt er nun 105 % seines ursprünglichen Preises. Diese 105 % entsprechen 1,68 €.
Nun kann die Berechnung wie gewohnt erfolgen.

- Berechnung mithilfe der Formel $\text{Grundwert} = \frac{\text{Prozentwert} \cdot 100}{\text{Prozentsatz}}$ $\quad \frac{1{,}68\ € \cdot 100}{105} = 1{,}60\ €$
- Berechnung als proportionaler Dreisatz

	%	€	
: 105	105	1,68	: 105
· 100	1	$\frac{1{,}68}{105}$	· 100
	100	$\frac{1{,}68}{105} \cdot 100$	
		= 1,60 €	

oder

105 % ≙ 1,68 €

100 % ≙ x

$$x = \frac{1{,}68\ € \cdot 100}{105} = 1{,}60\ €$$

18.3.6 Brutto – Netto – Tara

Beim Einkauf von Produkten ist es wichtig zu wissen, ob die Mengenangaben sich nur auf die Produkte selbst beziehen oder ob die Verpackung mitgewogen wurde. Die Begriffe „brutto“, „netto“ und „Tara“ geben hierüber Auskunft:

- Das **Bruttogewicht** ist das Gewicht der Ware einschließlich ihrer Verpackung.
- Das **Nettogewicht** ist das Gewicht der Ware ohne Verpackung.
- Als **Tara** wird das Gewicht der Verpackung bezeichnet.

> Zusammenhang zwischen Bruttogewicht, Nettogewicht und Tara:
> **Bruttogewicht** = Nettogewicht + Tara

Beispiel:
Sie kaufen eine Holzkiste Apfelsinen. Das Bruttogewicht beträgt 20 kg.
Wie viel kg Apfelsinen sind in der Holzkiste, wenn das Gewicht der Kiste 10 % beträgt?
Zunächst ist folgende Überlegung anzustellen: Wenn das Gewicht der Kiste 10 % des Gesamtgewichts ausmacht, beträgt das Nettogewicht (die Apfelsinen) noch 90 %. Nun kann die Berechnung des Prozentwerts wie gewohnt erfolgen:

Mögliche Rechenwege:

- Berechnung mithilfe eines Bruchs $\frac{90}{100} \cdot 20\ \text{kg} = 18\ \text{kg}$
- Berechnung mithilfe einer Dezimalzahl $0{,}9 \cdot 20\ \text{kg} = 18\ \text{kg}$
- Berechnung mithilfe der Formel
  $\text{Prozentwert} = \frac{\text{Grundwert} \cdot \text{Prozentsatz}}{100}$ $\frac{20 \cdot 90}{100} = 18\ \text{kg}$
- Berechnung als proportionaler Dreisatz

	%	g	
	100	20	
: 100	1	$\frac{20}{100}$	: 100
· 90	90	$\frac{20 \cdot 90}{100}$	· 90

= 18 kg

oder

100 % $\hat{=}$ 20 kg

90 % $\hat{=}$ x

$x = \frac{20\ \text{kg} \cdot 90}{100} = 18\ \text{kg}$

18.3.7 Brutto für Netto

Der Begriff Brutto für Netto bedeutet, dass die Verpackung als Ware mitgewogen und als solche mitzubezahlen ist. Kostet die Apfelsinenkiste (s. o.) z. B. 40 €, so lässt sich der Preis für 1 kg Apfelsinen wie folgt berechnen:

	kg	€	
	18	40	
: 18	1	$\frac{40}{18}$	: 18

= 2,22 €

oder

18 kg $\hat{=}$ 40 €

1 kg $\hat{=}$ x

$x = \frac{40 \cdot 1}{18} = 2{,}22\ €$

Bei Brutto für Netto liegt der tatsächliche Kilopreis über dem scheinbaren Kilopreis.

18.3.8 Fett in der Trockenmasse

Auf einer Käseverpackung ist beispielsweise folgende Angabe zu finden: 40 % Fett in Tr.
Dies bedeutet, dass bei diesem Käse der Fettanteil 40 % der Trockenmasse ausmacht. Um nun genau ausrechnen zu können, wie viel Fett tatsächlich (absolut) im Käse ist, muss zuerst der Anteil der Trockenmasse bestimmt werden.

Wassergehalt + Trockenmasse = **Gewicht des Käses**

Beispiel:
Ein Käse hat einen Wassergehalt von 40 % und einen Fettgehalt von 55 % in der Trockenmasse.
Wie viel Gramm Fett sind in einem Stück Käse von 2000 g enthalten?

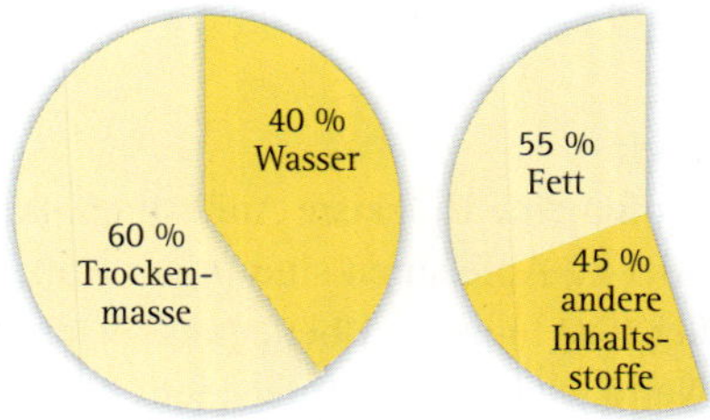

Rechenweg:

Anteil der Trockenmasse: 100 – 40 = 60 Prozent

Gewicht der Trockenmasse: $\frac{60}{100} \cdot 2000\ \text{g} = 1200\ \text{g}$ Trockenmasse

Gewicht des Fetts: $\frac{55}{100} \cdot 1200\ \text{g} = 660\ \text{g}$ Fett

Der Käse enthält 660 g Fett.

Zur Berechnung des **absoluten Fettgehalts** bezogen auf den **gesamten Käse** kann wie folgt weitergerechnet werden:

	g	%	
	2000	100	
: 2000	1	$\frac{100}{2000}$	: 2000
· 660	660	$\frac{100}{2000} \cdot 660$	· 660
		= 33 %	

oder

2000 g ≙ 100 %

660 g ≙ x

$$x = \frac{100\ \% \cdot 660}{2000} = 33\ \%$$

Der Käse enthält also absolut gesehen 33 % Fett oder 55 % Fett in seiner Trockenmasse.

18.3.9 Übungsaufgaben

1. In einer Küche werden monatlich 650 kg Kartoffeln geschält. Der Schälverlust beträgt im Durchschnitt 22 %. Wie viel kg Kartoffeln ohne Schale bleiben übrig?
2. Bei Barzahlung gewährt der Wirt bei einer Rechnungssumme in Höhe von 292,50 € einen Skonto von 3,5 %. Wie viel Euro hat der Gast zu zahlen?
3. Der Preis für eine Maschine beträgt 3.500,00 €. Der Lieferant gewährt 175,00 € Preisnachlass. Wie viel Prozent sind das?
4. Der Preis für eine Küchenmaschine in Höhe von 4.800,00 € wird um 180,00 € erhöht. Wie viel Prozent des ursprünglichen Preises beträgt der neue Preis?
5. Bei Barzahlung zieht der Wirt von der Rechnung 2 % Skonto, das sind 24,30 €, ab. Wie hoch ist die Rechnungssumme?
6. Der Preis für eine Dose Ananas wurde um 5,5 % erhöht und beträgt nun 2,45 €. Wie teuer war die Dose ursprünglich?
7. Die Pacht für ein Restaurant stieg vor 5 Jahren um 15 %. Vor Kurzem erhöhte sie sich noch einmal um 5 % und beträgt nun 12.075,00 €. Wie hoch war die Pacht ursprünglich?

8. Der Preis eines Kühlschranks wurde vor einem halben Jahr um 10 % gesenkt und jetzt wieder um 10 % erhöht. Nun kostet er 990,00 €. Wie teuer war er damals?
9. Eine Ware wiegt 4 810 g netto, das sind 84 % des Bruttogewichts.
   a) Wie hoch ist das Bruttogewicht?
   b) Wie viel Gramm beträgt die Tara?
10. Eine Firma bietet Fisch auf Eis brutto für netto zu 7,20 € je kg an. Das Eis macht 10 % des Gesamtgewichts aus. Wie teuer ist 1 kg Fisch tatsächlich?
11. Ein Käse hat einen Wassergehalt von 45 % und einen Fettgehalt von 65 % in der Trockenmasse. Wie viel g Fett enthalten 3 000 g Käse?

18.4 Zinsrechnen

Die Zinsrechnung ist ein mathematisches Verfahren, mit dessen Hilfe die Höhe der **Zinsen (Z)**, die für das Verleihen bzw. Entleihen eines bestimmten Geldbetrags, des sogenannten **Kapitals (K)**, für eine bestimmte **Laufzeit (T)** unter Berücksichtigung eines bestimmten **Zinssatzes (p)** anfallen. Zinsen werden normalerweise für ein Jahr (pro anno = p. a.) berechnet. Es sind aber sowohl kürzere als auch längere Laufzeiten möglich.

18.4.1 Zinsen

Die **Zinsgrundformel** zur Berechnung der **Zinsen** unterscheidet sich in Abhängigkeit von der Laufzeit.

	Jahre		Monate		Tage
Zinsberechnung bei unterschiedlichen Laufzeiten:	$Z = \frac{K \cdot i \cdot p}{100}$	oder	$Z = \frac{K \cdot m \cdot p}{12 \cdot 100}$	oder	$Z = \frac{K \cdot t \cdot p}{360 \cdot 100}$
Z = Zinsen (in Euro) K = Kapital (in Euro) p = Prozent- bzw. Zinssatz	i = Laufzeit in Jahren		m = Laufzeit in Monaten		t = Laufzeit in Tagen

In der Zinsrechnung hat 1 Jahr 12 Monate zu je 30 Tagen, d. h. insgesamt 360 Tage.

Um die Zinsen zu berechnen, muss häufig zunächst die Laufzeit berechnet werden.

Beispiel:
Eine Summe von 50.000,00 € wird für die Zeit vom 17.04. bis zum 22.12. desselben Jahres zu einem Zinssatz von 17 % p. a. ausgeliehen. Wie viele Zinsen sind dafür zu zahlen?

Rechenweg:
Um die Formel anwenden zu können, wird zunächst die Anzahl der Tage ausgerechnet, z. B. auf folgende Weise:

```
  22.12.
- 17.04.
  ------
   5.08.
```

Die Laufzeit beträgt 8 Monate und 5 Tage, also insgesamt $8 \cdot 30 + 5 = 245$ Tage.
Alle Angaben in die Formel einsetzen:

$$Z = \frac{50.000{,}00\ € \cdot 245 \cdot 17}{360 \cdot 100} = 5.784{,}22\ €$$

5.784,22 € Zinsen sind zu zahlen.

18.4.2 Kapital

Soll das **Kapital** berechnet werden, das aufzubringen bzw. zu entleihen ist, damit Zinsen in einer bestimmten Höhe anfallen, sind die Formeln zur Zinsberechnung wie folgt umzustellen.

Kapitalberechnung bei unterschiedlichen Laufzeiten:

	Jahre		Monate		Tage
	$K = \frac{Z \cdot 100}{p \cdot i}$	oder	$K = \frac{Z \cdot 100 \cdot 12}{p \cdot m}$	oder	$K = \frac{Z \cdot 100 \cdot 360}{p \cdot t}$

Beispiel:
Welches Kapital bringt innerhalb von 4 Monaten bei einem Zinssatz von 8 % p. a. 500,00 € Zinsen?

$K = \frac{500{,}00\ € \cdot 100 \cdot 12}{8 \cdot 4} = 18.750{,}00\ €$ Das Kapital beträgt 18.750,00 €.

18.4.3 Zinssatz

Soll der **Zinssatz** berechnet werden, der notwendig ist, damit ein bestimmtes Kapital eine bestimmte Höhe an Zinsen erwirtschaftet, sind die Formeln zur Zinsberechnung wie folgt umzustellen.

Zinssatzberechnung bei unterschiedlichen Laufzeiten:

	Jahre		Monate		Tage
	$p = \frac{Z \cdot 100}{K \cdot i}$	oder	$p = \frac{Z \cdot 100 \cdot 12}{K \cdot m}$	oder	$p = \frac{Z \cdot 100 \cdot 360}{K \cdot t}$

Beispiel:
Wie hoch ist der Zinssatz, wenn in einem Zeitraum von zwei Jahren ein Kapital in Höhe von 10.000,00 € Zinsen in Höhe von 900,00 € erwirtschaftet?

$p = \frac{900{,}00 \cdot 100\ \%}{10\,000{,}00 \cdot 2} = 4{,}5\ \%$ Der Zinssatz beträgt 4,5 % p. a.

18.4.4 Zeitraum

Soll der **Zeitraum** berechnet werden, für den bei einem bestimmten Kapital eine bestimmte Menge an Zinsen zu zahlen ist, sind die Formeln zur Zinsberechnung wie folgt umzustellen.

Zeitraumberechnung bei unterschiedlichen Laufzeiten:

	Jahre		Monate		Tage
	$i = \frac{Z \cdot 100}{K \cdot p}$	oder	$m = \frac{Z \cdot 100 \cdot 12}{K \cdot p}$	oder	$t = \frac{Z \cdot 100 \cdot 360}{K \cdot p}$

Beispiel:
Wie lange muss ein Kapital von 5.000,00 € bei einem Zinssatz von 4 % p. a. auf der Bank liegen, um Zinsen in Höhe von 150,00 € zu erwirtschaften?

$t = \frac{150 \cdot 100 \cdot 360\ \text{Tage}}{5\,000{,}00 \cdot 4} = 270\ \text{Tage}$ Das Kapital muss 270 Tage auf der Bank liegen.

18.4.5 Übungsaufgaben

1. Eine Rechnung in Höhe von 2.300,00 €, fällig am 8.4., wird erst am 1.11. des Jahres bezahlt. Wie viel Euro Verzugszinsen sind bei einem Zinssatz von 7 % p. a. zu zahlen?
2. Welches Kapital bringt in der Zeit vom 25.05 bis zum 25.08. eines Jahres bei einem Zinssatz von 4 % p. a. 250,00 € Zinsen?
3. Nach wie vielen Tagen bringt ein Kapital von 10.000,00 €, das mit 8 % p. a. verzinst wird, einen Zinsertrag von 100,00 €?
4. Herr Maier nimmt einen Kredit in Höhe von 15.000,00 € auf und zahlt nach 4 Monaten 15.400,00 € zurück. Wie hoch war der Zinssatz?

18.5 Verteilungsrechnen

Das Verteilungsrechnen wird z. B. für die Aufteilung von Gewinnen, die Verteilung von anfallenden Kosten oder manchmal bei Lohnberechnungen eingesetzt. Dies geschieht mithilfe von Verhältniszahlen, Prozentzahlen oder Brüchen.

18.5.1 Mit Verhältniszahlen

Beispiel:
Eine Prämie in Höhe von 500,00 € soll auf die drei Mitarbeiter A, B und C im Verhältnis 2 zu 3 zu 5 (2 : 3 : 5) verteilt werden. Wie viel Euro erhalten jeweils die drei Mitarbeiter?

Rechenweg:
Die Verhältniszahlen addieren: 2 + 3 + 5 = 10, d. h., insgesamt gibt es 10 Teile.
Ausrechen, wie viel Euro einem Anteil entsprechen: 500,00 € : 10 = 50,00 €
Verteilung entsprechend der Anteile:

Mitarbeiter A:	2 Anteile · 50,00 € = 100,00 €
Mitarbeiter B:	3 Anteile · 50,00 € = 150,00 €
Mitarbeiter C:	5 Anteile · 50,00 € = 250,00 €
Insgesamt (Gegenprobe)	10 Anteile · 50,00 € = 500,00 €

18.5.2 Mit Prozentzahlen

Beispiel:
Drei Kaufleute, A, B und C, haben gemeinsam einen Gewinn in Höhe von 40.000,00 € erwirtschaftet. A soll davon 25 %, B 35 % und C den Rest erhalten. Wie viel Euro erhält jeder?

Rechenweg:
Die Anteile von C berechnen: Von 100 Anteilen entfallen auf A 25 Anteile und auf B 35 Anteile.
Für C bleiben 100 – 25 – 35 = 40 Anteile übrig.

Verteilung entsprechend der Anteile:

Kaufmann A:	$\frac{25}{100} \cdot 40.000{,}00\ € = 10.000{,}00\ €$
Kaufmann B:	$\frac{35}{100} \cdot 40.000{,}00\ € = 14.000{,}00\ €$
Kaufmann C:	$\frac{40}{100} \cdot 40.000{,}00\ € = 16.000{,}00\ €$
Insgesamt (Gegenprobe)	$\frac{100}{100} \cdot 40.000{,}00\ € = 40.000{,}00\ €$

18.5.3 Mit Brüchen

Beispiel:
Von den anfallenden Frachtkosten in Höhe von 300,00 € soll auf das Produkt A $\frac{1}{5}$, auf das Produkt B $\frac{1}{3}$ und auf das Produkt C der Rest entfallen. Wie viel der Frachtkosten sind jedem Produkt zuzuordnen?

Rechenweg:
Den Anteil für Produkt C berechnen: $\frac{1}{1} - \frac{1}{5} - \frac{1}{3} = \frac{15}{15} - \frac{3}{15} - \frac{5}{15}$ (gleichnamig machen) $= \frac{7}{15}$.
Verteilung entsprechend der Anteile:

Produkt A:	$\frac{1}{5} \cdot 300{,}00$ € = 60,00 €
Produkt B:	$\frac{1}{3} \cdot 300{,}00$ € = 100,00 €
Produkt C:	$\frac{7}{15} \cdot 300{,}00$ € = 140,00 €
Insgesamt (Gegenprobe)	$\frac{15}{15} \cdot 300{,}00$ € = 300,00 €

18.5.4 Übungsaufgaben

1. Eine Prämie in Höhe von 1.650,00 € wird an die Mitarbeiter/-innen A, B, C und D im Verhältnis 10 : 8 : 7 : 5 aufgeteilt. Wie viel Euro erhält jede Mitarbeiterin/jeder Mitarbeiter?
2. Ein Gewinn in Höhe von 38.950,00 € soll an die drei Teilhaber eines Unternehmens im Verhältnis ihrer Kapitaleinlagen verteilt werden: A 90.000,00 €, B 145.000,00 €, C 175.000,00 €. Wie viel Euro erhält jeder?
3. Die Frachtkosten in Höhe von 240,00 € sollen wie folgt auf die einzelnen Produkte aufgeteilt werden. Dem Produkt A sollen $\frac{1}{4}$, dem Produkt B $\frac{1}{3}$ der Kosten und dem Produkt C der Rest zugerechnet werden. Wie viel Frachtkosten entfallen auf jedes Produkt?
4. In einem Restaurant werden die Trinkgelder am Ende des Monats nach folgendem Punktesystem verteilt:
   1 Oberkellner mit 12 Punkten, 4 Kellner mit je 10 Punkten,
   4 Jungkellner mit je 6 Punkten, 2 Auszubildende mit je 2 Punkten.
   Wie viel Euro erhält jeder, wenn am Ende des Monats 1.920,00 € Trinkgeld zusammengekommen sind?

18.6 Mischungsrechnen

Beim Mischungsrechnen werden die Berechnung des Durchschnitts und die Berechnung von Mischungsverhältnissen unterschieden.

18.6.1 Durchschnittsberechnungen

Beispiel:
In einem Betrieb soll die durchschnittliche tägliche Gästeanzahl berechnet werden. Folgende Zahlen wurden ermittelt:

Montag: 150 Gäste	Dienstag: 160 Gäste	Mittwoch: 131 Gäste	Donnerstag: 175 Gäste
Freitag: 220 Gäste	Samstag: 180 Gäste	Sonntag: 90 Gäste	

Rechenweg:
Zunächst die Gästezahlen addieren: 150 + 160 + 131 + 175 + 220 + 180 + 90 = 1106 Gäste
Die Summe der Gäste durch die Anzahl der Zählungen (hier Wochentage) teilen: 1106 Gäste : 7 Tage = 158 Gäste
Durchschnittlich kamen also pro Tag 158 Gäste.

Beispiel:
Wie teuer ist durchschnittlich ein Kilogramm Obst,
wenn folgende Mengen zu folgenden Preisen eingekauft wurden:

2 kg Pflaumen	zu 1,90 € je kg
3 kg Apfelsinen	zu 2,20 € je kg
2 kg Kiwi	zu 2,50 € je kg

Vorgehen
Zunächst werden die Gesamtkosten ermittelt.
Diese werden dann durch die gesamte Menge dividiert:

Pflaumen:	2 kg · 1,90 € =	3,80 €
Apfelsinen:	3 kg · 2,20 € =	6,60 €
Kiwi:	2 kg · 2,50 € =	5,00 €
Insgesamt:	7 kg	= 15,40 €

d. h., 1 Kilogramm kostet durchschnittlich $\frac{15{,}40\ €}{7} = 2{,}20\ €$.

18.6.2 Mischungsverhältnisse

Beispiel:
Zwei Weine sollen so gemischt werden, dass ein Liter des Verschnitts 5,00 € kostet. In welchem Verhältnis müssen die Weine gemischt werden, wenn Wein A 3,50 € je Liter und Wein B 6,00 € je Liter kostet?

Rechenweg:

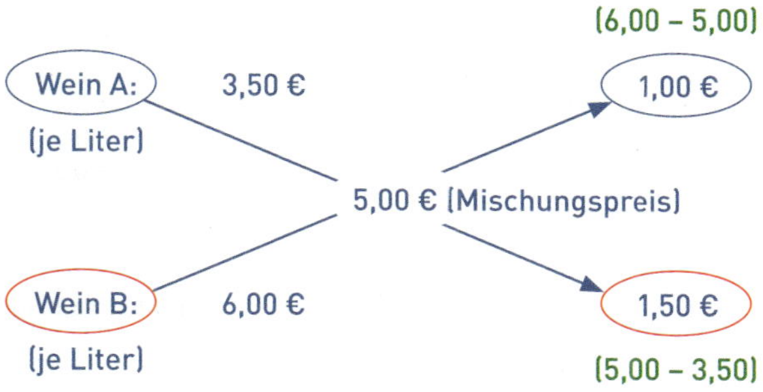

Wein A und Wein B müssen im Verhältnis 1 : 1,5 oder 2: 3 gemischt werden.

18.6.3 Übungsaufgaben

1. Wie teuer sind 220 g gemischtes Obst, wenn folgende Obstmengen gekauft wurden?
   12,5 kg Äpfel zu 2,50 € je kg 11,5 kg Birnen zu 4,20 € je kg
   8,6 kg Erdbeeren zu 2,70 € je kg 7,4 kg Ananas zu 3,50 € je kg
2. Errechnen Sie den Mischungspreis pro Liter Mehrfruchtsaft bei folgendem Mischungsverhältnis:
   A : B : C = 2 : 3 : 5
   Sorte A: 0,80 € je Liter, Sorte B: 1,20 € je Liter, Sorte C: 1,60 € je Liter
3. In welchem Verhältnis müssen zwei Kaffeesorten gemischt werden, wenn Kaffee A 7,50 € je kg und Kaffee B 12,00 € je kg kostet, die Mischung aber für 9,00 € je kg angeboten werden soll?
4. Ein Posten Originalrum (60 Liter mit 72 % Alkohol) soll auf Trinkstärke mit 32 % Alkohol reduziert werden. Wie viel Wasser muss hinzugefügt werden?

18.7 Let's think about ... measurements!

In the UK the metric and the imperial system officially stand side by side.

temperatures:

- In everyday language (e.g. in weather reports) the *Celsius* scale is used (often referred to as *centigrade*).
- Modern cookery books give temperatures (e.g. for baking) as *Celsius* grades as well as *Fahrenheit* grades, as older cookers have no Celsius scale.

Celsius	Fahrenheit	
100 °C	212 °F	to boil
80 °C	176 °F	to poach
50 °C	122 °F	
37.778 °C	100 °F	
10 °C	50 °F	
7 °C	44.6 °F	to chill
0 °C	32.0 °F	to freeze
−17.778 °C	0 °F	
−18 °C	−0.4 °F	to deep-freeze

measures of capacity:

- On the labels of beverage bottles and tins contents are stated in *litres* or *millilitres*; as additional information the capacity is also given in *pints* or *fluid ounces*.
- With milk it is the other way around: it is still sold in *pint bottles* (or *half pint bottles*, *two pint bottles* ...) and the litre measure is given as further information.
- In a pub, however, you still order your *pint* (or *half pint*) of beer, whereas spirits have to be sold in *centilitres* by law.
- Petrol is sold by the *litre*.

	litre		fluid ounce		pint (pt)		quart		gallon (gall)
UK	0.028	≈	1.00						
	0.570			≈	1.00				
	1.000			≈	1.76				
	1.136			≈	2.00	=	1.00		
	4.540			≈	8.00	=	4.00	=	1

measures of length:

- Road signs (e.g. on motorways) still give distances in *miles*.
- DIY stores state measures for boards, shelves, poles etc. in *mm*, *cm* and *metre*. Sometimes, however, to assist older people the imperial as well as the metric measures are given.
- Pizza delivery businesses give the diameter of their pizzas in *inches*.
- Strangely enough, adults' body heights are given in feet (') and inches (") (*My cousin is six foot four.*), whereas children's body heights are always in cm (e.g. when they have checks at the doctor's). At about 160 cm feet and inches come into play.

1 inch (")			≈	2,5 cm
1 foot (')	=	12"	≈	30 cm
1 yard	=	3'	≈	91 cm
1 mile	=	5280'	≈	1,6 km

numbers:

German	Million	Milliarde	Billion	Billiarde
English	million	billion	trillion	quadrillion

weights:

- By law, prices for vegetables, fruits etc. in supermarkets are now given in kilos. On markets, where older people tend to shop, many prices are still given in metric and imperial. It is, however, illegal to state prices only in imperial!
- In everyday language people still state their body weight in *stones*.

g		kg		ounce		pound (lb)		stone (st)
28,35			≈	1	=	0.63		
454			≈	16	=	1.00		
500	=	0,50	≈			1.10		
		6,36	≈			14.00	=	1

In the USA people still use only:

- Fahrenheit
- pint/gallon
- pound/stone
- inch/yard

The *United States Customary Units* are more or less identical to those of the imperial system; the US pint however is slightly less than the UK pint so that:

1 US pint	≈	0.470 liter
1 US gallon	≈	3.780 liters

Sie arbeiten in einem Unternehmen, das bundesweit in allen größeren Städten und in touristischen Zentren Bars betreibt. Immer wieder kommt es vor, dass Gäste aus angloamerikanischen Ländern Fragen zu den unterschiedlichen Maßangaben haben. Sie beantworten diesen Gästen ihre Fragen und nennen zumindest ungefähr die jeweiligen Werte.

- Sie schenken Bier in Gläsern zu 0,3 Litern aus. Ein amerikanischer Gast fragt: "Excuse me please, how much would this be in pints?"
- Ein Gast erkundigt sich nach der Entfernung vom Standort bis zur nächsten größeren Stadt. Sie sagen ihm: "Oh, that's only 6 km." Der Gast fragt: "And how many miles is that?"
- Ein Gast betritt Ihre Bar und klagt über das kalte deutsche Wetter: "It's bloody freezing cold out there. I see that the thermometer outside says 6 °C. What's that in Fahrenheit?"
- Sie unterhalten sich mit einem amerikanischen Gast über einen bekannten deutschen Basketballspieler. Er fragt Sie, ob Sie genau wissen würden, wie groß er sei. "I think he's 2.13 m." "I don't know the first thing about your strange meters. What's that in feet and inches?"
- Ein Gast bestellt: "Only a mineral water for me please. I think I've put on too much weight. This morning the scales in my hotel room said 87 kg. I'm not really sure. Can you tell me how many stones that would be?"

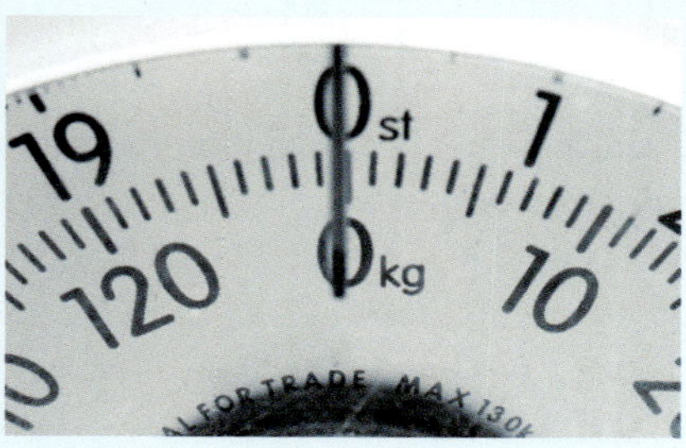

capacity	Füllmenge
diameter	Durchmesser
DIY-store	Baumarkt
imperial system	britisches Maß- und Gewichtssystem
liter[AE], litre[BE]	Liter
pole	Latte
scales	Waage

18.8 Gemischte Rechenaufgaben

1 | Eine Küche ist 12 m breit und 9 m lang. Sie soll mit Fliesen von 20 cm x 20 cm ausgelegt werden. Wie viele Fliesen sind erforderlich?

a) 27 Fliesen b) 270 Fliesen
c) 2 700 Fliesen d) 27 000 Fliesen

2 | In Ihrem Lager stehen acht Regale. Jedes Regal hat drei Regalböden. Jeder Regalboden ist 80 cm lang und 40 cm breit. Wie viel Quadratmeter Lagerfläche steht Ihnen zur Verfügung?

a) 2,88 m^2 b) 7,68 m^2
c) 28,8 m^2 d) 76,8 m^2

3 | Zwei Auszubildende brauchen für das Schälen von 20 kg Kartoffeln eine halbe Stunde. Wie viele Minuten würden fünf Auszubildende für 15 kg benötigen?

a) 9 Minuten b) 16 Minuten
c) 18 Minuten d) 56 Minuten

4 | Wenn 1 Liter Wasser 1 kg wiegt, welches Gewicht hat dann das Wasser, das in einem Gefäß mit den Abmessungen 50 cm Länge, 20 cm Breite und 20 cm Höhe ist?

a) 2 kg b) 20 kg
c) 90 kg d) 200 kg

5 | Eine Firma bietet laut Liste Fisch auf Eis brutto für netto zu 14,40 € je kg an. Das Eis macht erfahrungsgemäß 10 % des Gesamtgewichts aus. Wie hoch sind die Kosten für ein kg Fisch tatsächlich?

a) 12,96 € b) 13,09 €
c) 15,84 € d) 16,00 €

6 | Aus Ihrem Lebensmittelvorrat können Sie 60 Portionen herstellen. Wie viele Portionen könnten Sie herstellen, wenn die Portionsgröße um 20 % sinkt?

a) 48 Portionen b) 50 Portionen
c) 72 Portionen d) 75 Portionen

7 | Ein Auszubildender braucht für seinen Weg morgens zur Arbeit (30 km) mit seinem Motorrad etwa 25 Minuten. Wie hoch ist seine Durchschnittsgeschwindigkeit (in km pro Stunde)?

a) 50 km/h b) 72 km/h
c) 75 km/h d) 90 km/h

8 | Für ein Essen werden 20 Portionen Fisch zu je 160 g (verzehrfertig) benötigt. Wie viel Fisch muss eingekauft werden, wenn die Filetier- und Zubereitungsverluste jeweils 20 % betragen?

a) 3 840 g b) 4 000 g
c) 4 608 g d) 5 000 g

9 | Der Preis eines Kühlschranks wurde zweimal hintereinander um jeweils 10 % gesenkt. Jetzt kostet er 162,00 €. Wie teuer war er ursprünglich?

a) 131,22 € b) 133,88 €
c) 196,02 € d) 200,00 €

10 | Der Preis eines Kühlschranks wurde erst um 20 % gesenkt und dann wieder um 20 % erhöht. Wie viel Prozent beträgt die Preisveränderung insgesamt?

a) – 4 % b) 0 %
c) + 1 % d) + 4 %

11 | Der Einkäufer eines Betriebs kauft zu einem Listenpreis von 3.000,00 € (ohne Mehrwertsteuer) Porzellan ein. Wie viel Prozent beträgt der Preisnachlass, wenn 3.000,00 € inkl. MwSt. überwiesen werden?

a) 0 % b) 7 %
c) 16 % d) 19 %

12 | Ein Koch kauft 10 kg Tomaten mit einem Wassergehalt von 96 %. Er trocknet sie, bis sie nur noch einen Wassergehalt von 50 % haben. Wie viel Gramm Tomaten bleiben übrig?

a) 5 000 g b) 4 800 g
c) 800 g d) 400 g

13 | Wie viel Gramm Fett sind in 100 g Käse enthalten, wenn der Käse einen Wassergehalt von 35 % und einen Fettgehalt von 45 % i. Tr. hat?

a) 37,75 g b) 29,25 g
c) 19,25 g d) 15,75 g

14 | Eine Firma zahlt für ein Darlehen ihrer Bank innerhalb eines halben Jahres bei einem Zinssatz von 16 % p. a. 1 000,00 € Zinsen. Wie hoch war das Darlehen?

a) 2.000,00 € b) 2.500,00 €
c) 12.500,00 € d) 25.000,00 €

19 Lernfeldorientierte Aufgaben

- Informieren
- Planen
- Entscheiden
- Durchführen
- Kontrollieren
- Bewerten

19.1 Arbeiten in der Küche – LF 1.1

Safety first!

Sie arbeiten in der Systemzentrale einer Restaurantkette mit 20 Filialen. In diesen Filialen arbeiten rund 300 Mitarbeiter aus 10 Nationen zwischen 18 und 50 Jahren. Der Anteil der gelernten Fachkräfte liegt bei 23 %.

Bei Besuchen in Filialen sind den Regionalleitern wiederholt Mängel bei der Umsetzung der Unternehmensstandards zur Arbeitssicherheit aufgefallen. Offenbar können die Führungskräfte vor Ort mit den Problemen nicht angemessen umgehen bzw. die Sicherheitsmängel abstellen.

Die Geschäftsleitung beschließt daher die Erarbeitung einer Handreichung, die den Führungskräften Hilfestellungen für die Vermittlung der Sicherheitsstandards gegenüber den Mitarbeitern geben soll. Die von Ihnen zu erstellende Handreichung soll folgende Fragen beantworten:

1 | Welche Inhalte sind den Mitarbeitern von den Betriebsleitern bezüglich
- der notwendigen Arbeitssicherheitsmaßnahmen und
- des Verhaltens im Gefahrenfall/Notfall konkret zu vermitteln?

2 | Wie können diese Inhalte den Mitarbeitern geeignet vermittelt werden? Formulieren Sie Beispiele für die Handreichung und begründen Sie deren Verwendung.

3 | Welche Schwierigkeiten können bei der Vermittlung der Inhalte auftreten? Wie lassen sich diese Schwierigkeiten lösen?

4 | Wie können die Mitarbeiter motiviert werden, sich in Zukunft an die Arbeitssicherheitsvorschriften zu halten?

5 | Welche Ursachen kann es geben, dass die Vorschriften zur Arbeitssicherheit trotz der von Ihnen genannten Maßnahmen von den Mitarbeitern nicht beachtet werden? Entwickeln Sie zu den möglichen Ursachen geeignete Lösungsansätze.

6 | Wie sollen sich Führungskräfte gegenüber Mitarbeitern verhalten, die die Arbeitssicherheitsvorschriften weiterhin nicht umsetzen?

7 | Wo können sich die Betriebsleiter darüber hinaus – auch im Hinblick auf rechtliche Fragen – über das Thema Arbeitssicherheit informieren?

19.2 Arbeiten im Service – LF 1.2

Geplant erfolgreich

Sie sollen als Betriebsassistentin in einem zu eröffnenden Quickservice-Restaurant mit 250 Sitzplätzen in einem Einkaufszentrum eingesetzt werden. Schwerpunktmäßig sollen Familien und junge Menschen als Gästezielgruppen angesprochen werden. Das Einkaufszentrum soll in 6 Monaten mit 85 Geschäften eröffnet werden. Sie haben die konzeptionelle Verantwortung für den Servicebereich des Restaurants.

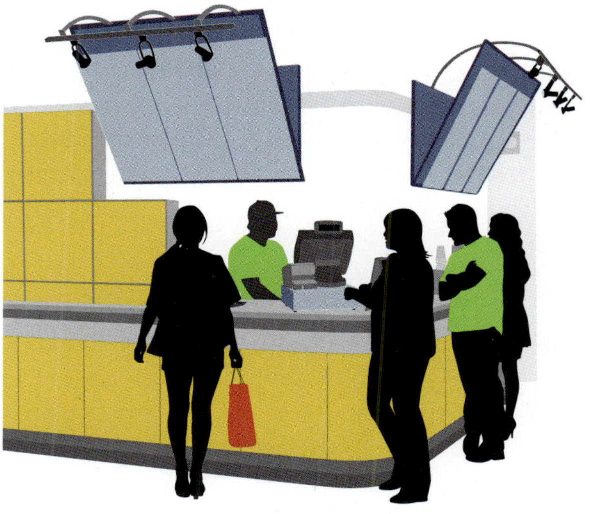

1 | Bereiten Sie eine Präsentation für die Geschäftsführung vor:

a) Entwickeln Sie ein attraktives Servicekonzept (Speisenpräsentation und Table Tops), das die oben genannten Zielgruppen anspricht.

b) Diese Neueröffnung wird von der Firmenzentrale dafür genutzt, eine neue Serviceuniform zu erproben. Recherchieren Sie im Internet und stellen Sie zwei unterschiedliche Varianten vor.

c) Das Raumkonzept für den Gästebereich soll in diesem Store zum ersten Mal besonders berücksichtigt werden. Dabei spielen Lichtdesign und Raumbegrünung eine wichtige Rolle. Machen Sie sechs Vorschläge, die nach Ihrer Auffassung auf alle Fälle beim Konzept berücksichtigt werden müssen.

d) Entwerfen Sie drei Kindermenüs, die auch durch ihre ernährungsphysiologische Ausgewogenheit bestimmt sind. Begründen Sie Ihre Auswahl.

e) Schlagen Sie drei besondere Aktionen für die Eröffnungsphase vor, die zur Bekanntmachung Ihres neuen Restaurants dienen sollen und die auf die Zielgruppen abgestimmt sind.

f) Entwickeln Sie ein Eröffnungsmenü und entwerfen Sie einen entsprechenden Werbeflyer, der auf den Boulevards im Einkaufszentrum verteilt werden kann.

2 | Lassen Sie Ihre Mitarbeiter am Counter in Rollenspielen das Verkaufsgespräch einüben, in dem besonders auf das Eröffnungsmenü hingewiesen wird. Erstellen Sie geeignete Formulierungen/Beispielsätze, die dann im Rollenspiel angewendet werden können.

3 | Für den Servicebereich müssen noch fünf neue Mitarbeiter eingestellt werden. Beschreiben Sie in Form von Standards die Anforderungen, die Sie an Ihre Mitarbeiter stellen. Die gewünschten Eigenschaften und Fähigkeiten sollen mithilfe dieser Standards in Einstellungsgesprächen abgefragt und überprüft werden können.

4 | Für die neuen Mitarbeiter sowie für das bereits vorhandene Servicepersonal soll eine Mitarbeiterschulung stattfinden. Erstellen Sie ein Konzept, das zur Neueröffnung alle wichtigen Standards beinhaltet und konzipieren Sie eine Mitarbeiterschulung, in der diese Standards eingeübt werden können.

19.3 Arbeiten im Magazin – LF 1.3

First in – First out

Seit einiger Zeit sind Sie im Rahmen Ihrer Ausbildung zum Fachmann/zur Fachfrau für Systemgastronomie im Lager/Magazin eingesetzt. Ihr Betriebsleiter bittet Sie, für Ihren Betrieb einen Leitfaden für die Arbeit im Lager/Magazin zu entwickeln.

1 | Zunächst setzen Sie sich mit den Gegebenheiten in Ihrem Unternehmen auseinander:
  a) Welche Lagermöglichkeiten sind in Ihrem Betrieb vorhanden?
  b) Wie sind die einzelnen Lagerräume eingerichtet?
  c) Welche Waren sind dort jeweils verräumt?

2 | Dann fassen Sie Folgendes zusammen:
  a) Welche Arbeiten fallen im Lager/Magazin an?
  b) Wie sind diese zu erledigen?

3 | Hierbei setzen Sie sich insbesondere mit der Warenannahme und der Durchführung einer Inventur auseinander:
  a) In welcher Weise läuft bei Ihnen eine Warenannahme ab? Welche Punkte gilt es zu berücksichtigen? Wo können Probleme auftreten?
  b) Wie wird bei Ihnen eine Inventur durchgeführt? Welche Ursachen gibt es für das Auftreten von Fehlbeständen? Wie kann das Auftreten von Fehlbeständen minimiert werden?

4 | Abschließend gehen Sie auf die Hygiene und Arbeitssicherheit ein:
  a) Was ist aus hygienischer Sicht bei der Lagerung der verschiedenen Produkte im Einzelnen zu beachten?
  b) Durch welche konkreten Maßnahmen kann der Verderb insbesondere der Frischwaren eingeschränkt werden?
  c) Was ist im Hinblick auf die Arbeitssicherheit bei den Tätigkeiten im Lager/Magazin zu berücksichtigen?

19.4 Beratung und Verkauf im Restaurant – LF 2.1

Sommernachtstraum by Cool-Catering

Als Assistentin der Betriebsleitung werden Sie damit beauftragt, eine Eventanfrage zu bearbeiten. Herr Lopez, Firmenchef der Sol GmbH, hat in einem Telefonat bereits mitgeteilt, dass er in einem von Ihrer Firma bewirtschafteten Tagungszentrum im Monat Juli eine Sommernachtsparty mit 80 Angestellten ausrichten möchte. Bei diesem Event soll es unter anderem ein sommerliches Büfett und eine karibische Cocktailbar geben.

1 | Sie werden mit der Vorbereitung des Reservierungsgesprächs beauftragt.

a) Entwickeln Sie ein attraktives Konzept für eine Abendveranstaltung (Ablauf, Dekoration usw.) zum Thema „Sommernachtstraum" für 80 Gäste.

b) Bereiten Sie einen Vorschlag für ein sommerliches Büfett mit folgenden Komponenten vor: 5 Vorspeisen/Suppen, 3 Hauptgänge (Hauptbestandteile und Beilagen) sowie 5 Desserts.

c) Entwerfen Sie eine optisch ansprechende Cocktailkarte mit zehn konkreten Vorschlägen (7 alkoholhaltige/3 alkoholfreie Cocktails) für die Veranstaltung. Diese Cocktailkarte soll nicht nur für dieses Event eingesetzt werden, sondern auch als Mailing zur Werbung an alle Kunden verschickt werden.

d) Bereiten Sie für Ihr Gespräch mit Herrn Lopez ein Function Sheet vor, das Ihnen hilft, die wichtigsten Informationen von ihm zu erfragen.

e) Führen Sie das Gespräch mit Herrn Lopez (Rollenspiel), in dem Sie Ihr Konzept präsentieren und weitere wichtige Informationen erfragen. Gehen Sie auf Änderungswünsche ein.

2 | Ihr Betriebsleiter beauftragt Sie mit der genauen Kalkulation der Cocktails. Dafür sollen Sie den Bruttoverkaufspreis berechnen. Sie arbeiten mit einem Kalkulationsfaktor von 3,5.

3 | Beschreiben Sie die Herstellung der in der Cocktailkarte präsentierten Cocktails auf Merkkarten (siehe Kapitel 13.4), damit deren Zubereitung auf einer Mitarbeiterschulung von allen eingesetzten Servicekräften erlernt werden kann.

4 | Sie werden beauftragt, für Ihr Unternehmen eine Barausrüstung anzuschaffen. Ermitteln Sie alle notwendigen Barutensilien – auch für die Cocktails – und erstellen Sie eine Tabelle mit deren Bezeichnungen und Preisen.

5 | Zwei Tage vor der Veranstaltung ruft Herr Lopez an und reduziert die Gästezahl auf 54 Personen, da Deutschland im UEFA-Cup ins Endspiel gelangt ist und an dem Termin das Endspiel stattfindet. Wie reagieren Sie?

6 | Während der Veranstaltung haben Sie besonders viel Erfolg mit der Organisation der mobilen Bar und mit der Zubereitung der Cocktails. Sie werden von Ihrem Chef mit einer Cocktailschulung belohnt und informieren sich bei der Deutschen Barkeeper Union (www.dbuev.de) über Schulungen und Ausbildungsmöglichkeiten zum Barkeeper.

19.5 Marketing – LF 2.2

Tops und Flops

Sie arbeiten in einem Full-Service-Unternehmen, das insgesamt drei Filialen in den Einkaufsstraßen großer Innenstädte hat. Der Schwerpunkt Ihres Angebots liegt bei Fleischgerichten. Da in der letzten Zeit die Umsatzzahlen stagnieren, sollen Produkte, die nicht mehr so gut laufen, von der Karte genommen und neue Produkte eingeführt werden. Sie sind beauftragt worden, Vorarbeiten für diese Maßnahme zu leisten.

1 | Wie gehen Sie vor, um das Sortiment Ihres Unternehmens zu analysieren? Auf welche Weise stellen Sie fest, welche Produkte weiterhin angeboten werden sollten und welche aus dem Angebot genommen werden sollten? Nach welchen Kriterien würden Sie entscheiden?

2 | Setzen Sie sich in diesem Zusammenhang mit folgenden Analyseverfahren auseinander:
- „Boston-Box"
- „Renner-Penner-Analyse"

Erläutern Sie eines dieser Verfahren ausführlich.

3 | Sie wollen die Wünsche der Gäste bei Ihren Entscheidungen mitberücksichtigen und erstellen deshalb mithilfe der folgenden Fragen einen Gästefragebogen:
Wie sollte der Gästefragebogen aufgebaut sein? Was soll erfragt werden? Wie sollten die Fragen formuliert sein? Welche gestalterischen Elemente sollten verwendet werden?

4 | Die Auswertung der Fragebögen und die anschließende Analyse ergeben, dass Sie zwei neue Produkte einführen möchten. Wie gehen Sie vor? Welche Gesichtspunkte müssen Sie berücksichtigen und welche Fragen sind im Einzelnen zu klären?

5 | Formulieren Sie speisekartengerecht und unter Beachtung der rechtlichen Rahmenbedingungen fünf neue Fleischgerichte (mit Sauce, Gemüse und Sättigungsbeilage). Begründen Sie Ihre Auswahl.

6 | Erstellen Sie für eines dieser neuen Gerichte eine Rezeptur.

7 | Kalkulieren Sie für dieses Gericht im Rahmen der Zuschlagkalkulation (Gemeinkostenzuschlag 250 %, Gewinnerwartung 10 %) den Speisekartenpreis. Orientieren Sie sich bei Ihrer Kalkulation an den derzeitigen Marktpreisen für die einzelnen Rohstoffe.

19.6 Wirtschaftsdienst – LF 2.3

Eine saubere Sache

Aufgrund einer Gästebefragung in Ihrem Betrieb wurde festgestellt, dass sich viele Gäste über mangelnde Sauberkeit im Restaurant beschweren. Sie werden von Ihrem Restaurantmanager beauftragt, diesen Sachverhalt zu untersuchen und ein Konzept zur Verbesserung zu erarbeiten.

1 | Erfassen Sie die Ausstattung des Gastraums (Bodenbelag, Wanddekor, Tischoberfläche, Sitzmöbel, Büfett etc.) und erstellen Sie eine Checkliste, mit deren Hilfe Sie den Istzustand der Sauberkeit im Restaurant ermitteln können (die Ausstattung des Restaurants können Sie selbst festlegen). Wo muss der kritische Punkt Sauberkeit im Gästebereich besonders beachtet werden?

2 | Bestimmen Sie den angestrebten Sollzustand in Bezug auf die Sauberkeit für die verschiedenen Bereiche im Gastraum und formulieren Sie entsprechende Standards.

3 | Legen Sie fest, welche Reinigungsgeräte und Arbeitsmittel für die verschiedenen Bereiche und unterschiedlichen Tätigkeiten im Restaurant eingesetzt werden müssen.

4 | Entscheiden Sie, welche Reinigungs-, Pflege- und Desinfektionsmittel für welche Oberflächen/Materialien im Restaurant verwendet werden sollen.

5 | Erstellen Sie einen konkreten Reinigungsplan für das Getränkebüfett.

6 | Wie stellen Sie sicher, dass die Reinigungsarbeiten durchgeführt werden?

7 | Entwerfen Sie ein Mitarbeiter-Informationsblatt, das allen Mitarbeitern die Wichtigkeit der Vorgehensweise und Arbeitsreihenfolge der Reinigungsarbeiten für professionelle, gastorientierte Sauberkeit deutlich macht.

8 | Das von Ihnen entwickelte Mitarbeiter-Informationsblatt dient als Grundgerüst für eine Mitarbeiterschulung, die Sie durchführen wollen. Beschreiben Sie diese von Ihnen geplante Veranstaltung.

9 | Sie vermuten, dass viele Mitarbeiter sich mit dem Argument rechtfertigen werden, dass sie zu wenig Zeit für die Reinigungsarbeiten hätten. Berechnen Sie den Arbeitszeitbedarf für die tägliche Grundreinigung im Restaurant.

19.7 Warenwirtschaft – LF 2.4

Buy now!
Sie arbeiten zurzeit in der Systemzentrale eines Unternehmens, das sechs Filialen in Einkaufsgalerien im Ruhrgebiet betreibt. Nahe den Galerien haben sich kleinere Fitnessbetriebe mit verschiedenen Sportmöglichkeiten (Bowling, Badminton, Squash und Tennis) angesiedelt. Schwerpunkt Ihres Angebots sind bislang hochwertige Fleischspeisen, insbesondere von Lamm und Rind. Der Einkauf Ihrer Produkte erfolgt zentral.
Unter dem Motto: „Noch mehr Fitmacher" soll Ihre Angebotspalette um den Bereich „Vorspeisen mit Salat, Gemüse und Obst" erweitert werden. Dafür müssen neue Lieferanten gefunden werden.

1 | Sie werden gebeten, für den Bereich „Salat, Gemüse und Obst" neue Lieferanten zu finden und Entscheidungskriterien für die Auswahl vorzuschlagen.
a) Beschreiben Sie detailliert, wie Sie bei der Planung der Warenbeschaffung der neuen Produkte vorgehen.
b) Welche Kriterien sind Ihnen bei der Auswahl neuer Lieferanten besonders wichtig?
c) Inwieweit können sich insbesondere die Liefer- und Zahlungsbedingungen der einzelnen Lieferanten unterscheiden? Erstellen Sie eine Übersicht.

2 | Die Geschäftsleitung hat entschieden, dass unter anderem ein Obstcocktail angeboten werden soll. Nach Rücksprache mit den sechs Filialleitern ist davon auszugehen, dass für die Einführung dieses Cocktails neben weiteren Zutaten insgesamt ca. 150 kg frische Ananas pro Monat benötigt werden. Hierfür liegen inzwischen die Angebote von drei Händlern vor.

Händler Adam:
Der Preis beträgt einschließlich der Verpackung 6,50 € je kg Ware. Bei einer Abnahme von mehr als 1000 kg pro Jahr wird rückwirkend am Ende des Jahres auf diese Menge ein Mengenrabatt von 8 % gewährt. Die Lieferung erfolgt frachtfrei zu einem Zwischenhändler bei Ihnen am Ort, jeweils innerhalb von drei Tagen nach Bestellung. Das Zahlungsziel ist 30 Tage. Bei Zahlung innerhalb von zehn Tagen werden 3 % Skonto gewährt.

Händler Berg:
Der Preis beträgt 6,40 € je kg Ware. Pro Kiste à 10 kg Ware entstehen zusätzlich 1,50 € Verpackungskosten. Die Lieferung selbst erfolgt „frei Haus", und zwar auf Abruf. Am Ende des Jahres wird ein 5 %-iger Bonus auf den getätigten Warenumsatz gewährt. Die Rechnungen sind sofort fällig.

Händler Claus:
Der Preis beträgt brutto für netto 6,00 € je kg. Die Tara macht 10 % des Gewichts aus. Es werden bei jeder Lieferung 6 % Rabatt, max. aber 20 € pro Lieferung gewährt. Die Rechnungen sind innerhalb von 14 Tagen rein netto zu zahlen. Die Lieferung erfolgt einmal in der Woche (dienstags) frei Haus.

a) Vergleichen Sie die Angebote. Erstellen Sie eine Übersicht. Berücksichtigen Sie hierbei Ihre ausgewählten Kriterien.
b) Welchen Anbieter würden Sie der Geschäftsleitung vorschlagen? Begründen Sie Ihre Entscheidung.

19.8 Systemorganisation – LF 3.1

So läuft's rund

Sie arbeiten in einem Full-Service-Restaurant, das sich auf die Zubereitung von Fischen und Meeresfrüchten spezialisiert hat. In der letzten Zeit ist in Ihrem Unternehmen immer dann, wenn die Betriebsleitung im Urlaub oder krank war, viel schiefgelaufen, weil deren Vertretung oft nicht wusste, was genau sie zu tun hat. Damit dies in Zukunft nicht wieder vorkommt, soll eine Zusammenstellung der wichtigsten Aufgaben der Betriebsleitung erfolgen.

1 | Geben Sie einen Überblick über die wichtigsten Aufgaben der Betriebsleitung. Berücksichtigen Sie dabei folgende Bereiche bzw. Aspekte:

- Mitarbeiter/Personal
- Sortiment/Produkte
- Warenwirtschaft
- Marketing
- Technik/Ausstattung
- Kommunikation mit Gästen, Lieferanten, Behörden

2 | Ihr Unternehmen legt besonderen Wert auf die Qualität der angebotenen Produkte. Erarbeiten Sie eine Checkliste mit mindestens zehn Punkten zur Qualitätssicherung Ihres Angebots.

3 | Der berufliche Alltag wird manchmal von außergewöhnlichen Situationen bestimmt.

a) Beschreiben Sie fünf mögliche Szenarien/Situationen, die sich ereignen könnten.
b) Entwickeln Sie einen kurzen Leitfaden für das Verhalten der Betriebsleitung bzw. ihrer Stellvertretung in diesen speziellen Situationen.

19.9 Personalwesen – LF 3.2

We want you!

Als Auszubildende/r im dritten Ausbildungsjahr arbeiten Sie in einem Unternehmen der Freizeitgastronomie mit dem Namen „Fresh & Funny". Ihr Unternehmen hat 20 Outlets, alle in größeren Städten gelegen, mit gutem Anschluss an das Verkehrsnetz. Die Öffnungszeiten sind von 18.00 Uhr bis 2.00 Uhr. Die Stores verfügen über eine Bar, einen abgetrennten Bereich mit Geräten der Freizeitindustrie (Billard, Dart, Kicker, elektronische Spielgeräte usw.) sowie einen gemütlich eingerichteten Essbereich. Die zweisprachige Speisekarte umfasst vor allem Salate, Pizza, Pasta, Burger und Wraps. Vorrangige Zielgruppe sind Jugendliche und junge Erwachsene.

Um in Zukunft mehr Auszubildende für Ihr Unternehmen zu finden, hat die Geschäftsleitung beschlossen, Recruiting Days an den einzelnen Standorten durchzuführen.

Als eine/r der Auszubildenden Ihres Unternehmens arbeiten Sie in einer entsprechenden Arbeitsgruppe mit.

1 | Zunächst setzen Sie sich intensiv mit dem Unternehmenskonzept von „Fresh & Funny" auseinander.
a) Welche Informationen über Ihr Unternehmen möchten Sie vermitteln?
b) Wie können Sie dies erreichen? Welche Mittel setzen Sie dafür ein?

2 | Für die Veranstaltungen soll ein Plakat entwickelt werden.
a) Skizzieren Sie ein attraktives Plakat.
b) Begründen Sie die Gestaltung.

3 | Wie schaffen Sie geeignete organisatorische und sonstige Rahmenbedingungen, damit die Besucher der Veranstaltung auf Ihr Unternehmen aufmerksam werden?

4 | Welche Informationen benötigen Interessenten, um eine gute Basis für die Ausbildungswahl zu haben?

5 | Wie könnte ein Anforderungsprofil für Auszubildende bei „Fresh & Funny" aussehen? Nennen Sie stichpunktartig wichtige Gesichtspunkte und begründen Sie diese kurz.

6 | Wie ist das weitere Vorgehen, wenn Teilnehmer der Veranstaltung ein ernsthaftes Interesse an einer Ausbildung bei Ihnen bekunden? Entwickeln Sie einen Ablaufplan.

19.10 Steuerung und Kontrolle betrieblicher Leistungserstellung – LF 3.3

Alles unter Kontrolle

Das südamerikanische Steakhaus-Konzept „El Campo" betreibt Full-Service-Restaurants in deutschen Großstädten. Sie arbeiten derzeit in der Controlling-Abteilung der Systemzentrale und befassen sich im Rahmen Ihrer Ausbildung mit dem Thema „Betriebsabrechnungsbogen". Ihr Ausbilder erwartet einen Fachbericht.

1 | Zunächst setzen Sie sich mit den Grundlagen auseinander:
a) Worin bestehen die Aufgaben eines Betriebsabrechnungsbogens (BAB) im Rahmen der Kostenrechnung?
b) Welche Voraussetzungen müssen von betrieblicher Seite für die Erstellung und den Einsatz eines BAB gegeben sein?
c) Wie ist ein BAB aufgebaut?

2 | Erstellen Sie an einem konkreten Beispiel einen BAB und ermitteln Sie die Bereichsergebnisse „Speisen" und „Getränke". Hierfür liegen Ihnen folgende Zahlen vor und es gelten die unten angegebenen Bedingungen.

	Gesamt	Speisen	Getränke
Umsatzerlöse	960.000,00 €	720.000,00 €	240.000,00 €
Wareneinsatz	250.000,00 €	200.000,00 €	50.000,00 €
Personalkosten	190.000,00 €	160.000,00 €	30.000,00 €

	Nebenkostenstelle	Nebenkostenstelle	Hauptkostenstelle	Hauptkostenstelle
Gemeinkosten	**Verwaltung**	**Restaurant**	**Speisen**	**Getränke**
350.000,00 €	160.000,00 €	50.000,00 €	100.000,00 €	40.000,00 €

- Die Verwaltungskosten sind nach folgendem Schlüssel zu verteilen:
  Restaurant : Speisen : Getränke → 3 : 5 : 2
- Die Verteilung der Restaurantkosten erfolgt nach Umsatzanteilen.

3 | Ermitteln Sie ausgehend vom BAB für ein neues Gericht im Rahmen der Zuschlagkalkulation den Speisekartenpreis. Wie hoch muss dieser sein, wenn die Materialkosten für dieses Gericht 3,00 € betragen und das Unternehmen einen Gewinnzuschlag von 25 % realisieren will?

Sachwortverzeichnis

Quellenverzeichnis

Bücher

ADAM, Helmut u. a.: Cocktailian. Das Handbuch der Bar. 2. Auflage, Wiesbaden: Verlag Tre Torri, 2011.

AkA (Hrsg.): Prüfungskatalog für die IHK-Abschlussprüfungen. Fachmann/Fachfrau für Systemgastronomie, 3. Auflage, Solingen: U-Form-Verlag, 2008.

Ansoff, Harry Igor: Management-Strategie, München: Verlag Moderne Industrie, 1966.

Assmann, Eberhard, Burhoff, Armin: Besteuerung des Hotel- und Gaststättengewerbes. 5. Auflage, Herne: NWB Verlag, 2008.

Bertling, Lutz: Erlaubt – Verboten in der Gastronomie und Gemeinschaftsverpflegung. 12. Auflage, Hamburg: Behr's Verlag, 2011.

BLOCK, Wolf-Dieter u. a.: Systemgastronomie. Systemorganisation, Personalwesen, Steuerung und Kontrolle betrieblicher Leistungserstellung. A-Linz: Trauner-Verlag, 2011.

Blech, Jörg: Leben auf dem Menschen. Berlin: Rowohlt-Verlag, 2010.

Bleeken, Renate: Lernfeld Magazin: Lehrplanorientiertes Basiswissen zu Aufgaben und Arbeitsabläufen des Magazins in gastronomischen Betrieben. Stuttgart: Matthaes Verlag, 2003.

BRANDL, Franz: Barbuch. 4. Auflage, Stuttgart: Matthaes Verlag, 2003.

BRUHN, Manfred: Unternehmens- und Marketingkommunikation. Handbuch für integriertes Kommunikationsmanagement. 2. Auflage, München: Verlag Franz Vahlen, 2011.

Buchinger, Manfred u. a.: Küche – Lebensmittel & Qualität. A-Linz: Trauner-Verlag, 2011.

CERWINKA, Gabriele u. a.: Wie kommuniziere ich souverän mit Gästen? Heidelberg: Süddeutscher Verlag/Redline Wirtschaft, 2007.

Danne, Harald; Heider-Knabe, Edda Prof. Dr.: Personalwirtschaft. Handlungsfelder und Gestaltungselemente. 1. Auflage, Berlin: Cornelsen, 2003.

DETTMER, Harald Prof. Dr. (Hrsg): Gastgewerbliche Berufe in Theorie und Praxis. 6. Auflage, Hamburg: Verlag Handwerk und Technik, 2008.

Dettmer, Harald Prof. Dr. und Hausmann Thomas Dr. (Hrsg.): Rechnungswesen/Controlling in Hotellerie und Gastronomie. 4. Auflage, Hamburg: Verlag Handwerk und Technik, 2010.

DETTMER, Harald Prof Dr. (Hrsg.): Systemgastronomie in Theorie und Praxis. 3. Auflage, Hamburg: Verlag Handwerk und Technik, 2009.

DEUTSCHES WEININSTITUT: Deutsche Weine, Seminarhandbuch. 2. Auflage, Mainz 2012.

DGE; ÖGE; SGE; SVE (Hrsg.): Referenzwerte für die Nährstoffzufuhr. 1. Auflage, 3. Nachdruck, Neustadt an der Weinstraße: Neuer Umschau Buchverlag, 2008.

Gorys, Erhard: Das neue Küchenlexikon. 13. Auflage, München: DTV, 2011.

Grüner, Hermann: Fachtheorie für ernährungswirtschaftliche Berufe. Hamburg: Verlag Handwerk und Technik, 1989.

Grüner, Hermann u. a.: Der junge Koch/Die junge Köchin. 34. Auflage, Gießen: Pfanneberg Verlag, 2011.

Hänssler, Karl Heinz (Hrsg.): Management in der Hotellerie und Gastronomie. 8. Auflage, München: Oldenbourg Wissenschaftsverlag, 2011.

HERRMANN, F. Jürgen (Hrsg.): Die Lehrküche. Lernfelder im Kochberuf. 4. Auflage. Hamburg: Verlag Handwerk und Technik, 2011.

Jung, Hans: Personalwirtschaft. 10. Auflage, München: Oldenbourg Wissenschaftsverlag, 2010.

Jossé, Germann: Basiswissen Kostenrechnung. 6. Auflage, München: DTV, 2011.

Kammerer, Helmut und Eibe Cordes: Partyservice und Catering. 2. Auflage, Stuttgart: Matthaes Verlag, 2011.

Keller, Kevin Lane: Strategic Brand Management. 2. Auflage, New Jersey: Prentice Hall, 2002.

Klett, Christian; Pivernetz, Michael: Controlling in kleinen und mittleren Unternehmen. Ein Handbuch mit Auswertungen auf der Basis der Finanzbuchhaltung. 4. Auflage, Herne: NWB Verlag, 2010.

Koerber, Karl von u. a.: Vollwerternährung – Konzeption einer zeitgemäßen und nachhaltigen Ernährungsweise. 10. Auflage, Stuttgart: Haug Verlag 2004.

Krämer, Johannes: Lebensmittel-Mikrobiologie. 6. Auflage, Stuttgart: Ulmer UTB-Taschenbuch, 2011.

Kroeber-Riel, Werner, Weinberg, Peter: Konsumentenverhalten. 8. Auflage, München: Verlag Franz Vahlen, 2003.

Loderbauer, Josef: Das Bäckerbuch. Grund- und Fachstufe in Lernfeldern. 4. Auflage, Hamburg: Verlag Handwerk und Technik, 2010.

Loidl, Christa: Praxisorientiertes Controlling für Klein- und Mittelbetriebe. 1. Auflage, Stuttgart: Taylorix Fachverlag, 1995.

Meffert, Heribert; Bruhn, Manfred: Dienstleistungsmarketing: Grundlagen – Konzepte – Methoden. Mit Fallstudien. 6. Auflage, Wiesbaden: Gabler Verlag, 2008.

Meffert, Heribert; Burmann, Christoph: Identitätsorientierte Markenführung – Grundlagen für das Management von Markenportfolios. Arbeitspapier Nr. 100, Münster: Wissenschaftliche Gesellschaft für Marketing und Unternehmensführung, 1996.

MEFFERT, Heribert; BURMANN, Christoph; KIRCHGEORG, Manfred: Marketing. 11. Auflage, Wiesbaden: Gabler Verlag, 2011.

Mitsche, Eduard u. a.: Speisen-, Menükunde und Kochen. 5. Auflage, A-Linz: Trauner Verlag, 2009.

NESTLE DEUTSCHLAND AG: So is(s)t Deutschland. Eine Studie der Gesellschaft. Frankfurt am Main: Deutscher Fachverlag, 2011.

POSSLER, Christine; THOMBANSEN, Ulla: Servicecheck, Stuttgart: Matthaes Verlag, 2011.

PRIEWE, Jens: Kleine Weinschule. 2. Auflage, München: Verlag Zabert Sandmann, 2011.

Reeves, Rosser: Reality in Advertising. New York: Knopf, 1960.

REUTEMANN, Bernd: Service-Kamasutra, Freiburg: Haufe-Lexware, 2011.

SchÄtzing, Edgar E.: Management in Hotellerie und Gastronomie. 9. Auflage, Frankfurt am Main: Deutscher Fachverlag, 2010.

SIMMETH, Frank: Gebrauchsanleitung Gast. 2. Auflage, Stuttgart: Matthaes Verlag, 2012.

Weber, Joachim: Kosten- und Finanzplanung, München: DTV, 1992.

WETTERAU, Jens u. a.: Modernes Verpflegungsmanagement. Frankfurt am Main: Deutscher Fachbuchverlag, 2007.

Wirtz, Bernd W., BURMANN, Christoph: Integriertes Direktmarketing. Grundlagen – Instrumente – Prozesse. Wiesbaden: Gabler Verlag, 2006.

Wöhe, Günter: Einführung in die Allgemeine Betriebswirtschaftslehre. 24. Auflage, München: Verlag Franz Vahlen, 2010.

WOLF, Kurt; HECKMANN, Roland: Marketing für Hotellerie und Gastronomie. Stuttgart: Matthaes Verlag, 2008.

Zarrella, Dan: Das Social Media Marketing Buch. Köln: O'Reilly Verlag, 2010.

Zech, Nicola: Administratives Event-Management in der Hotellerie. Stuttgart: Matthaes Verlag, 2010.

Zeller, Markus; Prof. Dr. Christoph Burmann und Dr. Manfred KIRCHGEORG (Hrsg.).: Die Relevanz der Gastronomie als Instrument der Markenkommunikation. Wiesbaden: Gabler Verlag, 2009.

AID-Medien

AID Special 3918/2007: Convenience-Produkte in der Gemeinschaftsverpflegung, Bonn 2007.

AID-Special 3759/2004: Cook & Chill, Bonn 2004.

AID 1024/2009: Gemüse, Bonn 2009.

AID 1003/2012: Kartoffeln und Kartoffelerzeugnisse, Bonn 2012.

AID 3729/2010 (CD): Kennwort Lebensmittel, Bonn 2010

AID 3132/2008: Küchenhygiene für Profis, Bonn 2008.

AID 3825/2005: Küche und Technik, Bonn 2005.

AID 1002/2012: Obst, Bonn 2012.

AID 1398/2009: Schädlinge in der Gemeinschaftsverpflegung, Bonn 2009.

AID 1057/2012: Tiefkühlkost – Einfrieren von A bis Z, Bonn 2012.

AID 3747/2011: Wichtige Bestimmungen des Lebensmittelrechts, Bonn 2011.

AID 1341/2012: Wild und Wilderzeugnisse, Bonn 2012.

DEHOGA-Publikationen

DEHOGA Bundesverband: Energiesparen leicht gemacht. Berlin, 2011.

DEHOGA Bundesverband: Hygiene-Leitlinie für die Gastronomie. 2. Auflage. Berlin, 2011.

DEHOGA Bundesverband: Systemgastronomie in Deutschland 2013. Berlin, 2013.

DEHOGA Bundesverband und BGN: Hotellerie und Gastronomie – effizient, sicher und wirtschaftlich – Branchenleitfaden für gute Arbeitsgestaltung, Berlin/Mannheim: 2008.

BGN-Vorschriften und Broschüren

BGI 503: Anleitung zur Ersten Hilfe

BGR 110: Arbeiten in Gaststätten

BGR 111: Arbeiten in Küchenbetrieben

BGV A1: Grundsätze der Prävention

Broschüre: Sichere Arbeit im Gastgewerbe

Broschüren und Zeitschriften

FIZ, Fischinformationszentrum: Fisch. Köln: Kölnische Verlagsdruckerei, 2008.

AHGZ, Allgemeine Hotel- und Gastronomie-Zeitung. Stuttgart: Matthaes Verlag.

E&M, Ernährung und Medizin. Stuttgart: Haug Verlag.

FIZZ, Zeitschrift für die Szenengastronomie. Neustadt an der Weinstraße: Meininger Verlag.

Food Service Wirtschaftsfachzeitschrift für professionelle Gastronomie. Frankfurt am Main: Deutscher Fachverlag.

Internet

www.akzentra.de (gefunden im Juli 2013)

www.behrs.de/media/catalog/product/7/7/779_lp_10_03_16.pdf (gefunden im Juli 2013)

www.bfr.bund.de/de/bewertung_mikrobieller_risiken_von_lebensmitteln-674.html (gefunden im Juli 2013)

www.bfr.bund.de/cm/343/warmhaltetemperatur_von_speisen_sollte_ueber_65_grad_betragen.pdf (gefunden im Juli 2013)

www.bildwoerterbuch.pons.eu/nahrungsmittel-und-kueche/nahrungsmittel/getreide.php (gefunden im Juli 2013)

www.bmelv.de/SharedDocs/Standardartikel/Ernaehrung/SichereLebensmittel/Hygiene/Identitaets-kennzeichen.html (gefunden im Juli 2013)

www.bmelv.de/SharedDocs/Standardartikel/Ernaehrung/SichereLebensmittel/Kennzeichnung/Eier-vermarktung.html (gefunden im Juli 2013)

www.bmu.de/gesetze_verordnungen/alle_gesetze_verordnungen_bmu/doc/35501.php www.bmwi.de (gefunden im Juli 2013)

www.bund.net/themen_und_projekte/nachhaltigkeit (gefunden im Juli 2013)

www.bundessortenamt.de/internet30/fileadmin/Files/PDF/bsl_kartoffeln_2012.pdf (gefunden im Juli 2013)

www.bvl.bund.de/DE/08_PresseInfothek/01_Fuer-Journalisten/01_Presse_und_Hintergrundinformationen/01_Lebensmittel/2006/2006_09_01_hi_Umgang_mit_Nebenprodukten_aus_der_Lebensmittelherstellung_und_Konfiskaten.html?nn=1401276 (gefunden im Juli 2013)

www.chefkoch.de/magazin/artikel/12,5/Chefkoch/Gefluegelfleisch.html (gefunden im Juli 2013)

www.clever.de/ratgeber/eierstempel_00151.php (gefunden im Juli 2013)

www.code-knacker.de/eg_herkunft.htm (gefunden im Juli 2013)

www.code-knacker.de/kuehlschrank.htm (gefunden im Juli 2013)

www.energiekampagne-gastgewerbe.de (gefunden im Juli 2013)

www.hausmed.de/gesund-leben/functional-food/definition-ursprung-und-geschichte-von-funktionellen-lebensmitteln (gefunden im Juli 2013)

www.hogascout.de/media/files/warenkunde_gefluegel.pdf (gefunden im Juli 2013)

homepages.fhv.at/olg/Lehre/Aktuelle_LV/TeProm/PBL-Site_TP6/1_beschaffungslogistik.pdf (gefunden im Juli 2013)

www.interbrand.com (gefunden im Juli 2013)

www.klopfermuehle.de/031ed198e9126ba01/031ed198f91245302/ (gefunden im Juli 2013)

www.lebensmittelwissen.de/lexikon/a/aw-Wert.php (gefunden im Juli 2013)

www.lebensmittellexikon.de/p0000800.php (gefunden im Juli 2013)

www.lfl.bayern.de/iem/obst-gemuese (gefunden im Juli 2013)

www.mindpicnic.de/cardbox/materialwirtschaft (gefunden im Juli 2013)

www.nachhaltigkeit.info/artikel/definitionen_1382.htm (gefunden im Juli 2013)

www.nachhaltigkeit.info/artikel/weltgipfel_rio_de_janeiro_1992_539.htm (gefunden im Juli 2013)

www.osha.europa.eu/de/publications/factsheets/79 (gefunden im Juli 2013)

www.rki.de/DE/Content/Infekt/Jahrbuch/Jahrbuch_2012.pdf?__blob=publicationFile (gefunden im Juli 2013)

www.uni-konstanz.de/ZE/Rektorat/AS/Merkblaetter/MB_11_Laerm.pdf (gefunden im Juli 2013)

www.verbraucherzentrale-bayern.de (gefunden im Juli 2013)

www.vz-nrw.de/UNIQ134761739219792/link396201A.html (gefunden im Juli 2013)

www.de.wikipedia.org/wiki/Liste_der_Gro%C3%9Fst%C3%A4dte_in_Deutschland (gefunden im Juli 2013)

www.de.wikipedia.org/wiki/Social_Media_Marketing (gefunden im Juli 2013)

www.wirtschaftslexikon.gabler.de/Definition/warenwirtschaftssystem-wws.html (gefunden im Juli 2013)

Bildquellenverzeichnis

2B FermControl GmbH, Breisach am Rhein: S. 423/1
4-elements gastroconcept R&L GmbH & Co. KG (www.campussuite.de), Salem: S. 577/2
Abraham Schinken GmbH, Seevetal: S. 190
Accente Gastronomie Service GmbH, Frankfurt am Main: S. 43/1
ACO Passavant GmbH, Stadtlengsfeld: S. 154; 201/1
ADE GmbH & Co., Hamburg: S. 279/1,2
Adelholzener Alpenquellen GmbH, Siegsdorf: S. 404/2,3
AICHINGER GmbH, Wendelstein: S. 86/1; 108/2–4
aid infodienst, Ernährung, Landwirtschaft, Verbraucherschutz e.V., Bonn: S. 236/1; 240/5; 249/3; 452/3
AIR LIQUIDE Deutschland GmbH, Düsseldorf: S. 110/2
Alan Electronics, Dreieich: S. 121/2
Alfred Kärcher Vertriebs-GmbH, Winnenden: S. 224/3,4; 225/1; 228/1
ALLPAX GmbH & Co. KG, Papenburg: S. 226; 250/2
Almdudler Limonade A. & S. Klein GmbH & Co. KG, Wien, Österreich: S. 406/3
Alpha11 Pagerlösungen, Isen: S. 107/1
Altonaer Kaviar Import Haus, Gustav Rüsch GmbH & Co. KG, Hamburg: 342/1–5
Altro GmbH, Hamburg: S. 227/2
Anheuser-Busch InBev Deutschland GmbH & Co KG, Bremen: S. 441/4
Anton Riemerschmid, Weinbrennerei und Likörfabrik GmbH & Co. KG, Erding: S. 407/5
APS Glass & Bar Supply GmbH, Hamburg: S. 113/2; 114/1–6,9,10,12–15,18–20,23–25,27–31,33–35; 426/7
ARENA Management GmbH, Köln: S. 43/2
Arla Foods Deutschland GmbH, Niederlassung Upahl: S. 347/3
Aquaculture Stewardship Council, Utrecht, Niederlande: S. 339/2
Bacardi-Martini GmbH, Wien, Österreich: 431/2–4; 442/5
Balzac Coffee Company GmbH & Co. KG, Hamburg: S. 390/10
Barry Callebaut Belgium n.v., Lebbeke, Wieze, Belgien: S. 400/4
Barstuff.de e.K., Berlin: S. 114/11,21,22,36,37
BARTH GmbH – Thermo Future Box, Kirchheim/Teck: S. 249/4
Bartscher GmbH, Salzkotten: S. 114/32; 237/2; 239/1–4,6–8; 240/1–4,6; 243/1; 248/3; 250/1; 251/3
Bauer Living GmbH – Redaktion Food & Foto, Hamburg: S. 334/2 (Bonanni, Florian), 5 (Pretscher, Tillmann)
Bayer Gastronomie GmbH, Leverkusen: S. 82/2
Bayerische Staatsbrauerei Weihenstephan, Freising: S. 410/4
BellandDual GmbH, Pegnitz (www.bellandvision.de): S. 157/5
Berentzen-Gruppe AG, Haselünne: S. 442/6
Bergquell-Brauerei Löbau, Löbau: S. 409/4
Bernard-Massard Sektkellerei GmbH, Trier: 407/6
Berufsgenossenschaft Handel und Warendistribution (BGHW), Bonn: S. 180
Berufsgenossenschaft Nahrungsmittel und Gastgewerbe (BGN), Mannheim: S. 165; 166; 171/6; 181; 189/1
BeviClean GmbH, Halsenbach: S. 414/1
Biofisch GmbH, Wien, Österreich: S. 339/3
Bio Kreis e.V. Verband für ökologischen Landbau und gesunde Ernährung, Passau: S. 153/2,8
Bioland e.V., Mainz: S. 153/3; 420/4
Bionade GmbH, Ostheim/Rhön: S. 406/8
Biopark e.V. , Güstrow: S. 153/6
Block House Restaurantbetriebe AG, Hamburg: S. 19/1; 132/2; 488/2; 493/2; 525/1; 528/2; 530/5; 576/1
Bluna ist eine Marke der Mineralbrunnen Überkingen-Teinach AG, Bad Überkingen: S. 406/2
Bolero Holding GmbH, Hamburg: S. 516
BONAMAT GmbH, Stapelfeld: S. 112/1
Brauerei C. & A. Veltins GmbH & Co KG, Meschede-Grevenstein: S. 441/3
BredemeijerGroup, Utrecht, Niederlande: S. 96/14
Bremer Baumwollbörse, Bremen: S. 221/2
BrewDog plc, Aberdeenshire, Großbritannien: S. 390/3
BSH Bosch und Siemens Hausgeräte GmbH, München: S. 391/4; 513/1
Bundesministerium für Bildung und Forschung, Berlin: S. 26
Bundesministerium für Ernährung, Landwirtschaft, Verbraucherschutz (BMELV), Berlin: S. 152/2; 326; 349/2
Bundeszentrale für gesundheitliche Aufklärung (BZgA), Köln: S. 75; 198
BURGER KING Beteiligungs GmbH, München: S. 27; 39/1; 106/1; 127/2; 160/3; 501/1,2; 505; 508/3; 531/1,3; 537/2; 560; 576/3; 581/2
BURGER KING, Flensburg: S. 508/1
Call a Pizza Marketing GmbH, Berlin: S. 455/1
Cambro Manufacturing Company, CA, USA: S. 100/4,7; 101/1–8
CASIO Europe GmbH, Norderstedt: S. 141/2–5
CE Franchise GmbH (Cafe Extrablatt), Emsdetten: S. 450/1
Celona Gastro GmbH, Oldenburg: S. 517/2; 526
CentrO Management GmbH, Oberhausen: S. 45/3
CHILLI CLUB Sandtorkai GmbH; Hamburg: S. 458/3
Cineplex Cineworld, Dettelbach: S. 42/1
CMA Centrale Marketing-Gesellschaft der deutschen Agrarwirtschaft mbH i.L., Bonn: S. 331/1–4; 350/2; 377/1–5
coa Holding GmbH, Frankfurt am Main: S. 44/3
Coca-Cola GmbH, Berlin: S. 406/5
Cocktail House Manufaktur, Sachsenkam: S. 390/6

COCKTAIL-O-MAT, Filderstadt: S. 443/1
Cölner Hofbräu P. Josef Früh KG, Köln: S. 410/2
Coffema International GmbH, Hamburg: S. 112/2
Compass Group (Schweiz) AG, Kloten, Schweiz: S. 44/1
COMPO GmbH & Co. KG, Münster: S. 203/1
Contacto Bander GmbH, Erkrath: S. 97/12; 242/3; 243/6
Corbis GmbH, Düsseldorf: S. 199 (SuperStock)
CUP&CINO Kaffeesystem-Vertrieb GmbH & Co. KG, Hövelhof: S. 138/1; 390/9; 459/1
C. Wöllhaf GastroService GmbH, Stuttgart: S. 14/2
Danone Waters Deutschland GmbH, Frankfurt am Main: S. 404/4,5
Dawn Foods Germany GmbH, Darmstadt: S. 241/1
DB Mobility Logistics AG, Berlin: S. 524/1
dean&david Franchise GmbH, Gräfelfing: S. 457
Demeter e.V., Darmstadt: S. 153/5; 420/6
dennree GmbH, Töpen: S. 333
Der Grüne Punkt – Duales System Deutschland GmbH (www.gruener-punkt.de): S. 157/2
Detia Degesch GmbH, Lautenbach: S. 196/1,2,4,6
Deutsche Energie Agentur GmbH, Berlin: S. 155/1
Deutsche Gesellschaft für Ernährung e.V. (DGE e.V.), Bonn: S. 121/1; 317
Deutsche Gesetzliche Unfallversicherung e.V. (DGUV), Berlin: S. 175; 177; 179/1
Deutsche SiSi-Werke Betriebs GmbH, Eppelheim/Heidelberg: S. 530/4
Deutsche Zöliakie-Gesellschaft e.V. (DZG), Stuttgart: S. 320/3
Deutscher Brauer-Bund e.V., Berlin: S. 409/5; 410/1; 412/1,6; 413/1–9; 414/2–5
Deutscher Franchise-Verband e.V. (DFV), Berlin: S. 48
Deutscher Hotel- und Gaststättenverband e.V. (DEHOGA Bundesverband), Berlin: S. 85/3–8; 579
Deutscher Kaffeeverband e.V., Hamburg: S. 392/2
Deutscher Tierschutzbund e.V., Bonn: S. 330/1,2
Deutsches Rotes Kreuz e.V., Berlin: S. 176/2; 183/2–5
Deutsches Weininstitut, Mainz (www.deutscheweine.de): S. 416/1,3,5,8–10,12; 418/1,2; 425/7; 428
dieKLEINERT.de, München: S. 417/1
digipen technologies GmbH, Bremen: S. 456/9
DIN Deutsches Institut für Normung e.V., Berlin: S. 17/1; 76/1; 168/1,2,4,6,8,10,11–16; 171/1–5; 172; 173/2; 178
DINEA Gastronomie GmbH, Köln: S. 40/2; 509
dpa Picture-Alliance GmbH, Frankfurt am Main: S. 35/2 (dpa Themendienst); 40/1 (Markus C. Hurek); 107/2 (picture-alliance/dpa/Gero Breloer); 146/3 (CHROMORANGE); 192/1 (BSIP), 3 (BSIP/VEM), 4 (BSIP/VEM), 5 (picture), 6 (BSIP/VEM), 7 (BSIP/CAVALLIN), 8 (BSIP/VEM), 9 (OKAPIA KG), 10 (dpa), 195/3 (picture-alliance/BSIP/CDC), 4 (picture-alliance/BSIP/CDC/SGO); 212 (J.W.Alker); 340/1,2 (Kai Remmers); 341/1 (Food Photography Eising); 415/4 (WILDLIFE/D.Harms); 425/6 (OKAPIA KG/Konrad Wothe/SAVE); 517/1 (dpa-Infografik)
Dr. Becher GmbH, Seelze: S. 231
Dr. Heidemanns-Bergweiler, Bernkastel-Kues/Mosel: S. 415/1
Duni GmbH, Bramsche-Moritz Kurschat: S. 86/2; 98/2–9; 99/1–3,11–20,22,24; 102/3,4; 103/3; 220/4,5
ebro Electronic GmbH, Ingolstadt: S. 278/2
Ecoland e.V., Wolpertshausen: S. 153/4
ECOVIN Bundesverband Ökologischer Weinbau e.V., Oppenheim: S. 420/3
EDEKA ZENTRALE AG & Co., Hamburg: S. 419/3
EIPRO Vermarktung GmbH & Co. KG, Lohne: S. 260/2; 346/2–4
Eine Welt Laden, Weißwasser: S. 398/1
Enchilada Franchise GmbH, Gräfelfing: S. 128/2; 132/1; 456/10; 458/2; 468/2; 490/3; 491/2; 510/1,3; 511/1
Eschenbach Porzellan Group, Neue Porzellanfabrik Triptis GmbH, Triptis: S. 92/15
Europäische Kommission, Brüssel, Belgien: S. 17/4; 152/1; 170/3; 419/1,2 (Amtsblatt: www.eur-lex.europa.eu); 420/2
Europa-Park, Freizeit- & Familienpark Mack OHG, Rust: S. 18/1; 82/1
Ewers-Basbay, Ute, Hamburg: S. 113/3–9; 115/1,3,4; 119/1–5; 120/1–6; 242/11–14; 432/1
FEURER Febra GmbH, Brackenheim: S. 107/3
Fix-Jouy, Sabine, Hamburg: S. 137/3; 320/2
Flensburger Brauerei Emil Petersen GmbH & Co. KG, Flensburg: S. 410/3
Food Concepts Germany GmbH, München: S. 132/3; 427/1; 500/2; 510/2
Fotolia Deutschland, Berlin, © www.fotolia.de: S. 11 (Thorsten Schmitt); 16/2 (illustrez-vous); 37 (Robert Kneschke); 63 (contrastwerkstatt); 69 (Natalia Klenova); 73/1 (ilro), 3 (T. Michel); 74/2 (coliap); 77/1 (Antonio Gravante); 83/1 (M. Dykstra), 2 (T. Michel), 3(WoGi); 90/5 (Stockcity); 91/2 (yamix); 95/2 (Monkey Business); 96/20 (Antonio Gravante); 103/4 (Springfield Gallery); 115/5 (Günter Menzl); 116/1 (Peter Atkins), 2 (Dmitry Lobanov), 3 (Stockcity); 129/1–6 (damato); 135 (Benicce); 151/2 (imagestalk); 155/2 (Nik); 160/1 (styleuneed), 2 (julvektoria); 161 (L. Kincaid); 164 (Jaff); 169/2 (contrastwerkstatt); 170/1 (twystydigi); 174/2 (beerkoff); 183/6 (Spectral-Design); 189/2 (schenkArt); 196/3 (Ayupov Evgeniy); 196/5 (Bogdan Dumitru); 197 (Robert Kneschke); 201/3 (Lucky Dragon), 4 (Onkelchen); 202 (mihalec); 207 (Unclesam); 209/1 (N-Media-Images), 2 (ZIQUIU), 3 (Marco Mayer), 4 (rufar), 5 (artcomedy); 216 (Sebastian Kaulitzki); 223/1 (PictureP.); 233/1 (Olha Ukhal), 2 (VRD); 237/3 (Vibe Images); 238/2 (Robert Kneschke); 242/10 (VRD); 243/2 (Elena Moiseeva); 245/1 (S.E. shooting); 248/1 (Inga Nielsen), 2 (Cachaco); 252/2 (mrgarry), 3 (3drenderings); 262/2 (THEsIMPLIFY); 277 (flyceo); 290/1 (Peter Kögler);

291/1 (Klaus Eppele); 291/2 (Klaus Eppele); 293 (ankiro); 295/1 (xiquence); 297/1 (Andrea Arnold); 298/2 (Elena Schweitzer), 3 (Patrick Hermans); 299 (Marco Mayer); 300/2 (robinstewart); 301/1 (Danny Hooks), 2 (Dusan Kostić), 3 (OpopO); 319/4 (spinetta); 322/1 (Liddy Hansdottir); 323/1 (tapati), 2 (Howard Sandler), 3 (O'SHI), 6 (hurricane), 7 (Emilia Stasiak), 8 (kad-vision); 325 (Markus Bormann); 329/5 (cynoclub); 332/1 (sval7), 4 (Roman Samokhin), 8 (jagodka), 9 (hallilin), 10 (cmnaumann); 336/4 (fotomaster); 338/1 (Alexander Maier), 2,3,6 (Malena und Philipp K), 7 (Witold Krasowski), 8 (Picturefoods.com), 10 (Picturefoods.com), 11 (Edward Westmacott), 12 (Picturefoods.com), 13 (ExQuisine), 14 (HelleM), 15 (Malena und Philipp K), 17 (Picturefoods.com), 20 (Picturefoods.com); 340/3 (seen); 341/3 (womue), 4, 5 (rdnzl); 342/11 (Eric Isselée); 343/1 (Lucky Dragon), 2 (ExQuisine), 4 (sergojpg); 344/1 (Arcyd), 2 (Igor Tarasov); 345/1 (by-studio), 2 (studio 74.FR); 351/2 (valery121283), 3 (Giuseppe Porzani), 4 (Meliha Gojak), 5 (Yasonya), 6 (Giuseppe Porzani), 7 (Christian Jung), 8 (valery121283), 9 (volff), 10,11 (margo555), 12 (Janine Fretz Weber), 13–16 (margo555), 17 (ExQuisine), 18 (margo555), 19 (silencefoto); 352/1 (Xavier), 2 (margo555), 3 (LianeM), 4 (ExQuisine), 5 (Dionisvera), 6 (Christian Jung), 7,8 (Giuseppe Porzani), 9 (karandaev), 11 (Dionisvera), 15 (Giuseppe Porzani), 16 (Natika), 17–20 (Giuseppe Porzani), 21 (johny87), 22 (Thomas Francois), 23,24 (Giuseppe Porzani), 25 (valery121283), 28 (Giuseppe Porzani), 29 (LianeM), 30 (unverdorben), 34–36 (Giuseppe Porzani), 37 (vasi_100); 354/1 (UMA), 2 (Christian Jung), 3 (blende40), 4,5 (Giuseppe Porzani), 6 (Lucky Dragon), 7 (Paulista), 8 (camera-me.com), 9 (marrfa), 10 (rdnzl), 11 (lightphoto), 12 (Kitty), 13 (PeJo), 14 (Wolfgang Jargstorff), 15 (Anna Kucherova); 355/1 (Leonid Shcheglov), 2 (Giuseppe Porzani), 3 (Sport Moments), 4 (womue), 5 (photocrew), 6 (motorlka), 7 (ExQuisine), 8 (blende40), 9 (Giuseppe Porzani), 10 (gandolf), 12 (Schlierner), 13 (robynmac); 356/1 (photocrew), 3 (Carola Vahldiek), 4 (ping han), 5 (Zerbor); 357/3 (Laurent Renault), 5 (Siegfried Schnepf), 6 (Yantra), 8 (Lucky Dragon), 9 (lantapix), 10 (schenkArt), 11 (Barbara Pheby), 12 (Tomboy2290), 13 (IrisArt), 14 (ExQuisine), 15 (womue), 16 (Barbara Pheby), 17 (Vitas), 18 (Barbara Pheby), 19 (fotogal), 20 (Irina Belousa), 21 (Barbara Pheby), 22 (robynmac), 23 (unverdorben), 26 (Alois), 27 (unpict); 358/1 (Giuseppe Porzani), 5 (Dionisvera), 8 (L.Bouvier), 9 (Andrea Wilhelm), 11 (photocrew9), 16 (rdnzl), 21 (akf), 22 (Joachim Opelka), 23 (karandaev); 360/1 (Xavier), 3 (Elena Schweitzer), 4 (proffelice), 5 (photocrew), 6 (proffelice), 7 (Schlierner), 9 (eyewave), 11 (Popova Olga), 12 (Liaurinko), 13 (Shakzu), 15 (L. lauser); 362/1,3 (Sea Wave), 365/3 (ferkelraggae); 367/2 (Karin Jähne), 3 (modul_a), 5 (Marén Wischnewski); 368/2 (Marzia Giacobbe), 4 (M.studio), 5 (Profotokris); 369/2 (Val Thoermer), 3 (Photographer), 4 (sashahaltam), 5 (karelnoppe); 370/3 (Mikko Pitkänen), 4 (Quade); 371/1 (Vladimir Gerasimov), 3 (Ideenkoch); 373/2 (kab-vision); 374/2 (Beboy), 3 (Manuela Manay); 375/2 (Lucky Dragon), 5 (tycoon101); 377/6 (Quade), 8 (ExQuisine); 378/1 (Boris Ryzhkov); 379/1 (diamant24); 382/5 (Lilyana Vynogradova); 383/2 (gradt), 9 (Richard Oechsner), 10 (Daorson), 13 (lantapix), 16 (21051968), 18 (womue), 19 (Beboy), 20 (Lucky Dragon); 384/2 (Natika), 4 (Doris Heinrichs), 14 (arinahabich); 385/2 (Andrea Wilhelm); 386/1 (Richard Oechsner), 4 (Edward Westmacott), 5 (ExQuisine), 6 (HLPhoto), 7 (Cornerman), 8 (K.-U. Häßler), 10 (victoria p.), 11 (schenkArt), 12 (nito), 14 (Barbara Pheby), 15 (Roman Ivaschenko), 16 (ExQuisine), 17 (thongsee), 18 (Andrea Wilhelm), 20 (blende40), 22 (LianeM), 23 (Dmitrus), 24 (rooster26); 394/1 (manu); 397/1 (photallery); 398/2–4 (sulupress), 5 (kexchen); 399/1 (Elena Schweitzer), 2 (Barbara Pheby); 400/7 (HLPhoto); 402/3 (eyewave); 405/1 (PhotoSG), 2 (DIA), 4 (Andreas Berheide); 407/4 (StefanieB.); 408/1 (spinetta), 3 (StefanieB.); 409/1 (Tatjana Rittner), 6 (Africa Studio); 415/3 (Mikhail Kalakutskiy), 5 (nuryudijes); 421/1,2 (chuck); 422 (slaved); 423/3 (Felix Pergande); 424/1 (vinz89), 2 (niroworld), 3 (slaved); 425/2 (Tobias Schäfer), 3,4 (Dominic Ziegler), 5 (Tobias Schäfer); 426/11 (–Neobrain), 12 (Renaters); 430/1 (Peter Hermes Furian); 431/1 (Peter Hermes Furian), 5 (fotobauer_11); 432/3 (Findus2000), 4 (moonrun), 5 (BabylonDesignz), 6 (Wenhao Zhu), 7 (sixmini), 9 (Martin Schumann); 436/3 (Brad Pict); 437/1 (Dionisvera), 2 (photocrew); 439/1 (Dionisvera), 2 (emer), 5 (IrisArt); 440/1 (ExQuisine), 2 (Prod. Numérik); 441/1 (BeTa-Artworks), 2 (Liv Friis-larsen); 443/4 (Jag_cz); 445/7 (ExQuisine); 446/2 (lycidas84); 447/2 (gpalmer); 452/2 (stock-creations), 5 (Lumir Stepan); 453/1 (blende40), 2 (deen-photo); 456/8 (DOC RABE Media); 459/3 (Jack Jelly); 464/3 (Joe Gough), 7 (Antonio Duarte); 465/2 (Joe Gough), 4 (L.Bouvier), 5 (Natalia Mylova), 6 (Joe Gough); 507 (thingamajigs); 525/2 (Thomas Pajot); 533 (nwf); 534/3 (fffranz); 542/1 (DOC RABE Media), 2 (Viorel Sima); 547 (puckillustrations); 550/1 (puckillustrations); 552/1 (Jürgen Hüls), 2 (S.Kobold); 555 (eccolo); 558/1 (nmann77), 2 (MH); 559 (Twilight-ArtPictures); 562 (so47); 563 (HaywireMedia); 566/2 (wildworx); 567 (Eva Kahlmann); 572 (Robert Kneschke); 574 (.shock); 582 (vege); 583 (ilro); 589/1 (wwwebmeister), 2 (auremar); 591 (benjamin-nolte); 592 (Alexander Rath); 600 (puckillustrations); 601 (RRF); 602/1,2 (puckillustrations); 605 (Gina Sander); 606 (svort); 620/1 (Andre Bonn), 2 (petra b.),

4 (Wissmann Design); 662/2 (PhotographyByMK); 666 (rnl); 669 (scusi); 673 (arahan)
F-Plan GmbH, Gesellschaft für Erstellung von Feuerwehreinsatzplänen mbH, Wiehl: S. 167; 176/1
Franke Kaffeemaschinen AG, Aarburg, Schweiz: S. 111/1
Friend of the Sea, Mailand, Italien: S. 339/4
FR L'Osteria GmbH, Nürnberg: S. 519/2
Fruchthof Northeim GmbH & Co. KG, Northeim: S. 364/2
Gäa e.V. Vereinigung ökologischer Landbau, Bundesverband, Dresden: S. 153/7
Galas, Elisabeth, Bad Breisig: S. 104/2,4; 105/2,4; 118/1,4; 119/1,2; 415/6; 427/2; 430/4; 435/3
Gastro & Soul GmbH, Hildesheim: S. 61; 508/2
Gauselmann AG, Espelkamp: S. 76/2
GeBE Elektronik und Feinwerktechnik GmbH, Germering: S. 142/1
Gebr. Graef GmbH & Co. KG, Bergheim: S. 179/2
GEPA - The Fair Trade Company, Wuppertal: S. 395/2
Getty Images Deutschland, München: S. 347/1 (Dorling Kindersley)
GGM Gastro International GmbH, Ochtrup: S. 239/5
Gintex Germany, GermanFashion Modeverband Deutschland e.V. Köln: S. 221/5; 227/1
GO IN GmbH, Landsberg am Lech: S. 88/1,2; 89/2; 90/4
Götz, Philipp, Berlin: S. 386/19
Gold-Ei Erzeugerverbund GmbH, Dietzenbach-Steinberg: S. 344/3
GOSCH Verwaltungs GmbH & Co. KG, List auf Sylt: S. 550/2
Grafisch, Berlin (www.grafisch.de): S. 42/2
GRANULDISK Sweden (HQ & Export), MALMÖ, Schweden: S. 229/2
Grom Schmuck, Pforzheim - Jewellery Made in Germany: S. 114/7
Groupon GmbH, Berlin: S. 512/2
Hahn, Konrad, München: S. 276/3; 361/2; 383/7,11,12; 385/5
Hallo Pizza GmbH, Langenfeld (www.hallopizza.de): S. 469; 490/1; 495/1; 511/2; 530/1; 536/2
Hansla Speisekarten, Hamburg (www.speisekartenmappen.de): S. 456/4
Heil, Jens, Sessenhausen: S. 24/2
Hello Vino, Inc., San Francisco, CA, USA: S. 429/1
Helmich, Ulrich, Rahden: S. 225/2
Henkel AG & Co. KGaA, Düsseldorf: S. 230/1
Hermann Pichler GmbH + Co. KG, Laichingen: S. 103/1
Heyroth & Kürbitz freie Architekten BDA - hkfa.de, Hamburg: S. 108/5; 456/5; 495/3
Hofbräuhaus, München: S. 15/1
Hohenstein Laboratories GmbH & Co. KG, Schloss Hohenstein, Boennigheim: S. 221/11
Hotelverband Deutschland (IHA), Berlin: S. 17/3
Hubert GmbH, Pfungstadt: S. 101/9; 201/5
Hugentobler Schweizer Kochsysteme AG, Schönbühl, Schweiz: S. 247/1
IDM-Informationszentrale Deutsches Mineralwasser, Bonn (www.mineralwasser.com): S. 403/1–3; 404/1
ifo Institut - Leibniz-Institut für Wirtschaftsforschung an der Universität München e.V., München: S. 390/1
Ikw, Industrieverband Körperpflege- und Waschmittel e.V., Frankfurt am Main: S. 182/1–8
illycaffè S.p.A., Niederlassung Deutschland, München: S. 112/4
Info-Zentrum Schokolade, Leverkusen: S. 400/5,6
Ingenico GmbH, Ratingen: S. 142/15
Institut für Umwelt und Lebensmittelsicherheit des Landes Vorarlberg, Bregenz, Österreich: S. 186/1,2
INTERHOGA, Gesellschaft zur Förderung des deutschen Hotel- und Gaststättengewerbes mbH, Berlin: S. 78
Inter IKEA Systems B.V., Hofheim-Wallau: S. 41/1; 159/2
International Organization for Standardization ISO Central Secretariat, Genf, Schweiz (www iso.org): S. 17/2
Interseroh Dienstleistungs GmbH, Köln: S. 157/1
INtex Publishing GmbH & Co. KG, Eitorf: S. 641
IP Gansow GmbH, Unna: S. 228/2
IQ 4 YOU GmbH, Obermeitingen: S. 442/2–4
iStockphoto, Berlin: S. 15/2 (winhorse); 16/1 (Manuela Weschke); 24/1 (Zlatko Kostic); 56 (asterix0597); 66 (Warchi); 67 (dra_schwart); 73/2 (Steve Debenport); 81 (Krzysztof Gawor); 84 (Torian Dixon); 91/3 (flashgun), 4 (cglate); 95/1 (Eduard Härkönen); 97/3 (Natallia Yaumenenka); 110/1 (gimletup); 115/6 (Yuliya Sergeeva); 122 (Marcin Sadłowski); 123 (Stanislav Fadyukhin); 126 (touring); 127/1 (joingate); 143 (sinopics); 146/1 (Lauri Patterson), 2 (Vasco); 147/1 (Debbi Smirnoff), 2 (Fred Froese); 149 (Selahattin Bayram); 150 (Susan Ridley); 153/9 (CCat82); 163 (demypic); 169/3 (Daniel Pintaric); 170/2 (Ekspansio); 183/1 (almagami); 185 (sproetniek); 201/2 (sturti); 203/2 (Kohlerphoto); 217 (Juanmonino); 219 (Jaroslav74); 220/1 (Dragan Trifunovic), 2 (Danish Khan); 221/1 (Li Ding), 10 (Ruud de Man), 12 (Micah Young), 222/1 (Andrea Evangelista), 2 (Kevin Dyer), 3 (xefstock); 232/1 (Peng Li), 2 (Photo Roller); 233/1 (ronstik); 235 (imagedepotpro); 237/1 (diego cervo); 241/2 (JaniceRichard); 243/4 (Serhiy Stakhnyk); 245/2 (paytai); 246/1 (trevorb687); 247/4 (sf_foodphoto), 5 (stocknroll); 251/2 (Brian Jenkin); 252/1 (craftvision); 255 (pixonaut); 260/1 (Dušan Kostić), 3 (karam miri); 262/1 (xyno); 268 (Levent-Konuk); 283 (Mandy Hartfree-bright); 295/3 (takepicsforfun), 4 (Evgeny Karandaev); 298/1 (pixhook); 300/1 (Ina Peters); 303 (Libor Tomáštík); 311/4 (Esben Emborg); 320/1 (Elena777); 321/1 (dml5050); 322/2 (Sebalos); 323/4 (Andreas Reh), 5 (Piotr Marcinski); 329/1 (Joe Michl), 2 (Bahadir Tanriover), 3 (Eric Isselée); 332/2 (jgroup), 5–7 (GlobalP), 11 (jpsdk), 12 (GlobalP); 334/6 (CCat82); 336/2 (Andy Gehrig); 338/18 (PicturePartners); 341/2 (Olga_Anourina), 6 (Ivan Mateev); 342/6

(grafizone), 7 (Andy Lidstone), 9 (Alexander Raths), 10 (Frankhuang); 350/1 (Ina Peters); 352/10 (Photo_HamsterMan), 13 (Creativeye99), 14 (LianeM), 26 (Andrii Gorulko), 27 (Elena Schweitzer), 31 (Alex Sudarikov), 32 (eli_asenova), 33 (Roman Samokhin), 39 (egal), 40 (LianeM); 353/1 (Cristian Baitg); 356/2 (Alasdair Thomson); 357/1 (hsvrs), 2 (Jitka Unverdorbenova), 4 (Ekaterina Ostanina), 24 (Le Do), 25 (Mantonature), 28 (Leonid Nyshko); 358/3 (marco_speranza), 12 (AlasdairJames), 14 (travismanley), 18 (scmmail), 20 (Norman Pogson); 359/1 (small_frog), 2 (arne thaysen); 360/16 (rimglow); 362/2 (Suzannah Skelton); 364/1 (Floortje); 365/2 (schulzhattingen); 370/1 (Maxim Shebeko); 372/1 (eyewave), 2 (Ina Peters), 4 (svariophoto); 373/1 (Miguel Leon), 3 (Bochkarev Photography); 375/3 (GMVozd); 376/1 (Jacek Chabraszewski), 2 (Boarding1Now); 377/7 (Ari Nousiainen); 378/2 (Sarah Bossert); 379/2 (nicolebranan); 380/1 (JackJelly9), 4 (hlphoto); 382/2 (AGfoto), 4 (Lilyana Vynogradova), 6 (svariophoto); 383/5 (JohnGollop), 8 (Donald Erickson), 15 (AgiJuken), 17 (TheCrimsonMonkey); 384/3 (orcea david), 7 (Gord Horne), 13 (akit); 385/1 (phottoman), 3 (eyewave), 4 (Ermin Gutenberger); 386/2 (asterix0597), 3 (Floortje), 13 (Picsfive), 21 (Alexander Raths); 389 (Kenneth Wiedemann); 393/2 (chi-hung cheung); 397/2 (Bartosz Hadyniak); 400/1 (Valeriy Evlakhov), 2 (Helena Lovincic), 3 (TinaFields); 407/3 (NoDerog); 408/2 (Bjorn Heller); 416/4 (Chiyacat), 11 (Chiyacat); 426/10 (Prapass Wannapinij); 430/2 (Juan Carlos de la Calle Velez), 3 (pidjoe); 432/2 (Mehmet Salih Guler); 435/2 (Joachim Angeltun); 436/1 (Fedor Patrakov), 2 (Alexirius); 439/3 (Nina Shannon), 4 (Teresa Azevedo), 6 (Leon Rafael); 443/3 (Volodymyr Goinyk); 444/1 (DNY59), 2 (Rebecca Ellis), 3 (futureimage), 4 (Eddie Berman), 5 (Birgitte Magnus); 445/1 (Danny Hooks), 2 (Zlatko Kostic), 3 (futureimage), 4 (Garik_Klimov), 5 (gabe palmer), 6 (Mark Gillow); 446/1 (kali9); 447/1 (Rakoskerti); 451/1 (Fedor Kondratenko); 452/4 (Photo_HamsterMan); 464/4 (hemorton); 467 (Brandon Laufenberg); 468/1 (slobo); 470/2 (Jeff Strauss); 471/1 (pressureUA); 473 (winhorse); 476/1 (webphotographeer); 477 (Christine Glade); 497 (Dave Walker); 538/1 (Slobodan Vasic), 2 (Andy Green); 539 (sellingpix); 541 (Stock Shop Photography LLC); 544 (aprott); 566/1 (Ljupco); 593 (Goodluz); 603 (VikramRaghuvanshi); 619/1 (svariophoto), 2 (nullplus); 642 (roberto saporito); 645 (Anthia Cumming); 652/1 (JuLee), 2 (JoeGough); 653/1 (JuLee), 2,3 (JoeGough), 4 (JuLee); 659 (Smileus); 662/1 (Lee Rogers); 663/1 (rivetti), 2 (René Mansi); 665 (serts); 667 (A-Digit); 671 (bubaone); 672/1 (catsinside), 2 (Silanti); 675 (franckreporter)

iuvamentum Unternehmergesellschaft, Fulda: S. 140

Jahreszeiten Verlag GmbH, Hamburg (www.jalag-syndication.de): S. 338/9 (Christian Teubner für GU)

Joey's Pizza Service (Deutschland) GmbH, Hamburg: S. 15/3; 45/1; 49; 139/1; 528/1; 548; 578; 628/1,2

John Wiebelitz Trademarks & Design, Hamburg: S. 390/4; 406/4

Josef Rubenbauer GmbH & Co. KG, München: S. 14/3

J.T. Ronnefeldt KG, Worpswede: S. 399/3

Jowa AG, Volketswil, Schweiz: S. 365/1

JURA Elektrogeräte Vertriebs-GmbH, Frankfurt am Main (www.jura.com): S. 395/4

kabukkiman Ltd. Deutschland, Hamburg (www.restaurant-kritik.de): S. 522/1,2

Kentucky Fried Chicken (Great Britain) Ltd., German Branch, Düsseldorf: S. 493/1; 523/2

KESSLER Kommunikationsberatung, Wiesbaden (www.schu-ju.de): S. 77/2

Klaus Großküchen GmbH, Ettlingen (www.klaus-ettlingen.de): S. 253

Kleiber, Susanne, Hamburg: S. 187/4; 304; 306/1; 343/7; 346/1; 349/1; 405/3; 435/1

Klosterbrauerei Weissenohe GmbH & Co. KG, Weißenohe: S. 409/3

Köstritzer Schwarzbierbrauerei GmbH, Bad Köstritz/Thüringen: S. 411/3

KOFLER & KOMPANIE AG, Berlin: S. 500/3

Kohrs, Elisabeth, Hamburg: S. 104/1,3; 105/1,3

Kolb&Kolb GbR, Bad Vilbel (www.wiesenlust.de): S. 450/2

Konditorei Junge GmbH & Co.KGaA, Lübeck: S. 44/2

Kooperation „Hessen à la carte", Wiesbaden: S. 463

Krausen, Scott, Dipl. Biol., Mönchengladbach: S. 102/2; 109; 187/1–3; 296; 297/2; 298/4–6; 300/3,4; 302; 306/2; 308; 313; 316; 330/3; 353/2; 361/1

Krombacher Brauerei Bernhard Schadeberg GmbH & Co. KG, Kreuztal (www.mediendatenbank.krombacher.de): S. 406/1,7; 411/1; 441/5; 442/1

La Cimbali Esprotec GmbH, Durach: S. 112/3

Landbell AG für Rückhol-Systeme, Mainz (www.landbell.de): S. 157/4

Landesvereinigung der Milchwirtschaft NRW e.V., Krefeld: S. 348

© Landratsamt Rhein-Neckar-Kreis, Heidelberg: S. 205/1

Lavazza Deutschland GmbH, Frankfurt am Main: S. 390/7; 401/5

LeBuffet Restaurant&Café Gesellschaft mbH, Essen: S. 45/4; 458/1; 514/1

Le Creuset GmbH, Kirchheim unter Teck: S. 426/9

LE CROBAG GmbH & Co. KG, Hamburg: S. 471/2; 520

Leeb Biomilch GmbH, Schlierbach, Austria: S. 347/4

Legnoart, Omegna, Italy: S. 114/8

Liebherr-International Deutschland GmbH, Biberach an der Riss: S. 276/2,4; 426/2

Lieferheld GmbH, Berlin: S. 137/2

Loderbauer, Josef, Deggendorf: S. 55/1–4; 309; 310; 321/2; 345/3,4; 383/1,3,4,6; 384/5,8,10–12

Lohmann, Andre, Ascheberg: S. 278/1
MACCHIAVALLEY GmbH, Farchant: S. 111/3
Macnetix GmbH, Berlin: S. 455/3
Marché Restaurants Schweiz AG, Kemptthal, Schweiz: S. 484; 534/1,2; 581/1
Marine Stewardship Council (MSC), Berlin: S. 339/1
Market Grounds GmbH & Co. KG, Hamburg (www.market-grounds.com): S. 396/7,8; 401/6–9
Matusz-Vad Plc., Gyër, Ungarn: S. 643/1,2
mauritius images GmbH, Mittenwald: S. 338/4 (dieKleinert)
McCafe, WIR Restaurant KG, Trier: S. 391/3
McDonald's Deutschland Inc., München: S. 34/1,2; 35/1; 45/2; 85/1,2; 139/2–4; 390/8; 452/1; 454; 472; 491/3; 498/1; 500/1; 513/2; 522/3; 523/1; 530/3; 531/2,4; 536/1; 554; 576/2
MEIKO Maschinenbau GmbH & Co. KG, Offenburg: S. 228/3,4
Melitta SystemService GmbH & Co. KG, Minden (www.melittasystemservice.de): S. 111/2; 395/3; 396/1–6; 401/1; 402/1,2
Menu Design, Pius de Castelberg, Schweiz: S. 142/2
Metro AG, Düsseldorf: 138/2
Mineralbrunnen Überkingen-Teinach AG, Bad Überkingen: S. 406/6
Mister Free GmbH, Frankfurt am Main: S. 407/1,2
Mitchells & Butlers Germany GmbH, Wiesbaden (www.dein-alex.de): S. 41/2; 137/1; 577/1
Moët Hennessy Deutschland GmbH, München: S. 434; 437/3
Mongo's Gastro GmbH, Essen: S. 18/2
Mr. CLOU ® Naturspezialitäten Handelsgesellschaft mbH, Wietze: S. 404/6
Müller's Mühle GmbH, Gelsenkirchen - Schalke: S. 362/4; 363/1–5
mvs industrial consulting GmbH, Künzell: S. 139/5
Naturland Verband für ökologischen Landbau e.V., Gräfeling: S. 153/1; 420/5
Neese, Anika, Fotodesign, Berlin: S. 205/2,3
Neumarkter Lammsbräu Gebr. Ehrnsperger e.K., Neumarkt: S. 411/4
Neuschwander GmbH, Brackenheim: S. 426/1
NordCap GmbH & Co. KG, Bremen: S. 208
NORDSEE GmbH, Bremerhaven: S. 71; 138/3; 488/1; 503/1; 530/2
orderbird AG, Berlin: S. 141/6
OrdiFy GmbH, Berlin: S. 455/2
PAPSTAR Vertriebsgesellschaft mbH & Co. KG, Kall: S. 98/1; 99/4–10; 108/1
Party Rent Group, Bocholt: S. 89/1; 90/1,2,6–11; 92/2–14,16,17; 103/2
Perfekt Konzept GmbH, Gevelsberg: S. 223/2
PICARD & WIELPÜTZ GmbH & Co.KG, Solilngen: S. 95/3,4
Pierre Nierhaus Consulting GmbH, Frankfurt am Main: S. 40/3
Pizza Hut Deutschland Marketing GmbH, Köln: S. 519/3
PosBill GmbH, Kehlbach: S. 106/2; 141/1; 610/1
Procafé, Vereinigung zur Förderung von Kaffee, Bern, Schweiz: S. 392/1
Proplanta GmbH & Co. KG, Stuttgart/Hohenheim: S. 420/1
PR.O.U.D. GmbH, Salzburg, Österreich: S. 537/1
Quatsling, Liane, Hamburg: S. 174/1; 221/13
Radeberger Gruppe KG, Frankfurt am Main: S. 411/2
RAL gemeinnützige GmbH, Sankt Augustin (www.blauer-engel.de): S. 159/1; 224/1,2
Rapp-Schwan, Kerstin, Düsseldorf: S. 491/1
RASTAL GmbH & Co. KG, Höhr-Grenzhausen: S. 93/2; 220/3
Reclay Holding GmbH, Köln: S. 157/3
Redaktion food-service/FoodService Europe & Middle East, Deutscher Fachverlag GmbH, Frankfurt am Main: S. 14/1; 25; 38; 39/2; 136; 391/2; 519/1; 549/1
Restaurant & Bar SILO4, Rostock: S. 459/2
Restaurant Vox, Berlin: S. 115/7
Revermann, Maria, Hanau-Steinheim: S. 215
Robert Koch-Institut, Berlin: S. 195/1
RÖSLE GmbH & Co. KG, Marktoberdorf: S. 96/15,16; 243/8
Rösler Oberflächentechnik GmbH, Bad Staffelstein: S. 230/3–5
Rogall, Holger, Prof. Dr. für Nachhaltige Ökonomie, Berlin: S. 151/1
SALOMON FoodWorld GmbH, Großostheim: S. 364/3
Sausalitos Holding GmbH, München: S. 113/1; 117/1; 450/3; 485/1,2; 506; 512/1; 515/1
Schmalz Distributions-Systeme AG, Nidau, Schweiz: S. 236/2
Schmid, Rudi, Hamburg: S. 191/2; 319/1–3
Schweinske Franchise GmbH, Hamburg: S. 42/3
Segafredo Zanetti Deutschland GmbH, München: S. 390/11; 401/2–3
SHATLER's Getränke GmbH, Hamburg: S. 117/2; 390/5
Shutterstock Images LLC, New York, USA: S. 33 (Liviu Ionut Pantelimon); 65 (andrea crisante); 97/5 (nito); 115/2 (Oleg V. Ivanov); 125 (Maximus256); 156 (kongsky); 169/1 (auremar); 195/5 (Jubal Harshaw), 6 (D. Kucharski K. Kucharsk); 221/9 (Moises Fernandez Acosta); 240/7 (Birgit Reitz-Hofmann); 243/3 (travel-light); 246/2 (Foodpictures), 4 (CCat82), 5 (pidjoe); 247/2 (umbertoleporini), 3 (Pathawi Boriboon); 249/2 (Bernd Juergens); 251/1 (Jacek Chabraszewski); 295/2 (Crisp); 311/1 (Kesu), 2 (Gtranquillity), 3 (Anatoly Tiplyashi); 329/4 (Erik Lam); 332/3 (panbazil); 335 (James BO Insogna), 336/1,3 (Eric Isselee); 338/5 (Paisarn Praha), 16 (sunsetman), 19 (bergamont); 343/3 (Bernd Juergens), 5 (Jiang Hongyan), 6 (imstock); 352/12 (Dionisvera), 38 (Crepesoles); 355/11 (andersphoto); 357/7 (ansem); 358/2,4,6,7 (D7INAMI7S), 10 (Andrii Gorulko), 13 (D7INAMI7S), 15 (xpixel), 17 (D7INAMI7S), 19 (Richard M Lee); 360/2 (Potapov Alexander), 8,10 (Potapov Alexander), 14 (haru); 367/1 (Nitr),

4 (Dulce Rubia); 368/1 (Pakhnyushcha), 3 (margouillat photo); 369/1 (Kamila i Wojtek Cyganek); 370/2 (HLPhoto), 5 (oksana2010), 6 (Brian Senic); 371/2 (irabel8), 4 (Bochkarev Photography); 372/3 (Igor Dutina); 374/1 (Nitr); 375/1 (IngridHS), 4 (Dulce Rubia); 378/3 (svry); 379/3 (grafvision); 380/2 (jabiru); 382/1 (Brent Hofacker), 3 (Lisovskaya Natalia); 383/14 (Catalin Petolea); 384/1 (cristi180884), 6 (MaraZe), 9 (PeJo); 449 (Boule); 451/2 (gst); 464/1 (Lilyana Vynogradova), 2 (barbaradudzinska), 5 (jabiru), 6 (Chiyacat), 8 (Irina Yum); 465/1 (Viktori), 3 (Paul Cowan); 475 (Tyler Olson); 543 (wavebreak-media); 553 (nakamasa); 620/3 (OlegDoroshin); 661 (Andrey Shtanko); 668 (Ilona Baha); 670 (iQoncept); 674 (donskarpo)

Signum Gesellschaft für angewandte Infromatik GmbH, Darmstadt: S. 288

Silit Werke GmbH & Co. KG, Riedlingen: S. 246/3

SLB Video Team, Basel, Schweiz: 386/9

Smiley's Pizza, Hamburg: S. 515/2

SoftArt, Bietigheim-Bissingen: S. 610/2

Spahn GmbH, Stadtlohn: S. 90/3

StockFood GmbH, München: S. 242/5 (Eising Studio – Food Photo & Video); 244/1 (Bischof, Harry), 2 (Brauner, M.); 249/1, (Eising Studio – Food Photo & Video); 342/8 (Eising Studio – Food Photo & Video); 347/2 (Fenot, Eric); 351/1 (Eising Studio – Food Photo & Video); 380/3 (Eising Studio – Food Photo & Video); 416/2 (Cephas, D. Mewes), 6 (Cephas, Judd), 7 (Siffert, Hans-Peter); 417/2 (Eising Studio – Food Photo & Video); 426/3–6,8 (Eising Studio – Food & Video/Stock-Food); 427/3,4 (Eising Studio – Food Photo & Video); 429/2 (Siffert, Hans-Peter); 446/3 (Urban, Martina)

Stockheim GmbH & Co. KG, Düsseldorf: S. 120/7; 489

Subway Vermietungs- und Servicegesellschaft mbH, Köln: S. 128/1; 490/2; 495/2; 504; 524/2

Sushi Circle Gastronomie GmbH, Frankfurt am Main: S. 19/2

SV – Consult GmbH, Linz, Österreich: S. 87

TABLE ROC Deutschland GmbH, Bad Driburg: S. 94/22

Tchibo GmbH, München: S. 390/12; 393/1; 401/4

Testo AG, Lenzkirch: S. 279/3

Thermoplan Deutschland GmbH, Hockenheim: S. 394/2

THE QUBE, Kempen: S. 443/2

The Woolmark Company Pty Ltd, Sydney, Australien: S. 221/6–8

Tierpark & Tropen-Aquarium Hagenbeck, Hamburg: S. 492/1

TOTAL Feuerschutz GmbH, Hamburg: S. 173/1

TransFair, Verein zur Förderung des Fairen Handels mit der „Dritten Welt" e.V., Köln-Sülz (www.fairtrade-deutschland.de): S. 318; 391/1; 395/1

TREND-PACK KRUSE GmbH, Köln: S. 396/9

TSAC Vertriebs GmbH, Essen: S. 390/2

UNICOBRES OHG, Buchenau: S. 417/3

Unilever Food Solutions, Heilbronn: S. 365/4

Vapiano – Werbekooperationsgemeinschaft GmbH & Co KG, Bonn: S. 72; 108/6; 128/3; 500/4; 503/2; 514/2; 529; 549/2

VDE Verband der Elektrotechnik Elektronik Informationstechnik e.V., Frankfurt am Main: S. 170/4,6

VEGA Vertrieb von Gatronomiebedarf GmbH, Wertingen: S. 96/1–11,13; 242/1,2,4,6–9; 243/5,7; 246/6; 456/1–3, 6,7

Verband Deutscher Sektkellereien e.V., Wiesbaden (Illustration: Peter Pfeiffer, Cochem): S. 433/1–3

Verlag Handwerk und Technik GmbH, Hamburg: S. 99/21 (Ewers); 114/17 (Ewers); 334/1 (Ewers); 425/1; 432/8

Verlag Werben & Verkaufen GmbH, München: S. 479

Wachendorf GmbH, Engeln: S. 609; 638

Weinkenner GmbH, München: S. 426/13

WESSAMAT Eismaschinenfabrik GmbH, Kaiserslautern: S. 114/26

Westindien Compagnie Seehandelsgesellschaft mbH, Flensburg: S. 409/2

Wiegand, Petra, Hamburg: S. 201/7

Wienerwald Franchise GmbH, München: S. 498/2; 537/3,4

Wilhelm Ebinger Metallwaren GmbH, Remshalden: S. 90/12; 91/1

Winterhalter Gastronom GmbH, Meckenbeuren: S. 229/1; 230/2; 238/1

woodandmore – wohnbares Design aus Berlin: S. 114/16

WMF Württembergische Metallfabrik AG, Geislingen/Steige: S. 92/1; 96/12,19,22,23; 97/1,2,4,6–11,13–15; 100/1–3;5,6,8–12; 393/3

www.alabamawinetrails.net: S. 290/2

www.fsc.org: S. 99/23

www.interbrand.com: S. 470/1

www.klofuehrer.com: S. 201/6

www.kuehnemann-informatik.de: S. 611

www.panoramio.com: S. 191/3

www.spiritdrinks.com: S. 447/3

www.unece.org: S. 170/7–11

www.wikipedia.org: S. 13 (LSG Sky Chefs); 192/2; 195/2; 206 (RolloM); 334/3 (Muffet), 4 (Deror avi); 417/4 (Fernando_G)

www.wulfen-wiki.de: S. 415/2

Zeisner Feinkost GmbH & Co. KG, Grasberg/Bremen: S. 23

ZOLLNER Weberei und Wäschefabrik GmbH + Co. KG, Vilsbiburg: S. 102/1

Zwiesel Kristallglas AG, Zwiesel (www.schott-zwiesel.com): S. 93/1; 94/1–21,23–26